Texte, Themen und Strukturen

Deutschbuch für die Oberstufe
Neue Ausgabe B

Herausgegeben von
Wolfgang Häring und Bernd Schurf

Erarbeitet von
Heinrich Biermann, Lisa Böcker, Gerd Brenner, Dietrich Erlach, Karlheinz Fingerhut, Margret Fingerhut, Cordula Grunow, Wolfgang Häring, Hans-Joachim Helmich, Christoph Kunz, Elvira Langbein, Rosemarie Lange, Angela Mielke, Bernd Schurf, Andrea Wagener und Gerhard Weber

Cornelsen

Inhalt

A Sprechen und Schreiben

B Literatur und Medien

III Epochen der deutschen Literatur

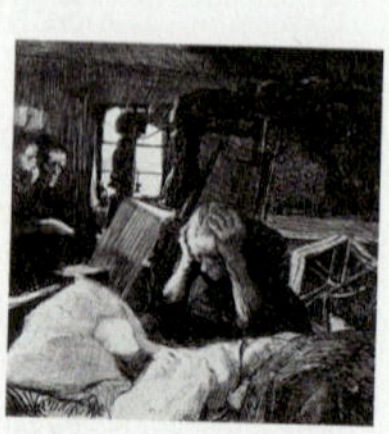

IV Medien

C Sprachbetrachtung

A Sprechen und Schreiben

Die heutige Gesellschaft wird oft als Wissens- oder Informationsgesellschaft bezeichnet, weil jeder Einzelne mit einer stetig wachsenden Flut von Informationen konfrontiert ist. In allen gesellschaftlichen Bereichen steigen deshalb die Anforderungen an diejenigen, die mit Informationen umgehen müssen. Gleichzeitig entwickelt sich aber auch das Know-how der Informationsverarbeitung weiter.
In fast allen Berufsfeldern geht es darum, sowohl in Arbeitsteams als auch individuell Informationen, die für ein bestimmtes Projekt wichtig sind,

- zu beschaffen,
- festzuhalten,
- zu verarbeiten (u.a. zu visualisieren),
- zu präsentieren und
- evtl. für längere Zeit zu speichern.

Solche Schritte der Informationsbewältigung erfordern bestimmte Techniken, die Sie im Folgenden kennen lernen. Arbeitsgruppen benötigen ein differenziertes Prozesswissen über mögliche Gesprächsformen, unterstützende Arbeitstechniken wie Kartenabfrage und Metaplan, Schreibformen in der Gruppe, z.B. Schreibkonferenzen zur Textproduktion und Textüberarbeitung, und Methoden der Teamreflexion, damit Arbeitsabläufe zügig zu den gewünschten Ergebnissen führen. Genauso wichtig ist das methodische Know-how für Phasen des individuellen Arbeitens. Hier geht es z.B. um Methoden des Recherchierens, Verfahren der effektiven Texterschließung oder um zielgerichtetes Protokollieren. Das folgende Kapitel stellt Ihnen Methoden vor, die Sie in die Lage versetzen, Ihre Arbeit – ob einzeln oder in Gruppen – abwechslungsreich und ergebnisorientiert zu gestalten.

1 Arbeitstechniken und Methoden: Tipps zum selbstständigen Lernen

1.1 Arbeiten im Team – Projekte planen und durchführen

Das Gespräch in der Gruppe

Zur Durchführung einer Unterrichtsreihe oder eines Projekts hat sich Ihre Klasse darauf verständigt, die anstehenden Aufgaben in arbeitsteiliger Gruppenarbeit zu lösen. Am Beginn Ihrer Arbeit steht…

Das Planungsgespräch

A | **Klärung:** Aufgabenstellung; zur Verfügung stehender Zeitrahmen

B | **Bestimmung:** Ziel der Arbeit; angestrebtes Produkt

C | **Entscheidung:** methodische Verfahren; Arbeitsteilung

D | **Überblick:** geeignete/notwendige Arbeitsmittel; Berater

E | **Planung:** Termine; Produktabstimmungen

1. Wenn Sie den Eindruck haben, dass Sie in der Gruppe, was Themenstellung und Zielsetzung angeht **(Phase A und B),** ganz unterschiedliche Erwartungen und Vorstellungen haben oder dass Sie wegen der Vielfalt an Ideen und Aspekten den Überblick verlieren, nutzen Sie folgende Verfahren:

Blitzlicht
In einer Reihumrunde äußert jede/r aus der Gruppe spontan einen persönlichen Kommentar zum Thema und/oder eine Erwartung. Niemand nimmt dabei Bezug auf den/die Vorredner/in.

Kartenabfrage
Jede/r schreibt auf eine Karteikarte,
- welche Meinung er/sie zum Thema hat,
- was man wissen möchte,
- was man weiß.

Die Karten lassen sich leicht zu Themenkomplexen bündeln.

Ideenbörse
In Frage kommende Teilthemen werden auf Karten an die Wand geheftet. Jede/r wählt in Ruhe aus, was ihn/sie interessiert, und sucht dabei ggf. Arbeitspartner.

Metaplan
Diese Methode ist hilfreich, wenn zu einem komplexen Sachbereich viele Karteikarten oder Notizzettel zusammengekommen sind. Das Metaplan-Verfahren hilft dann, Ordnung zu schaffen und das weitere Nachdenken zu strukturieren. Der Ablauf:
- Alle Karten werden – am besten mit Krepp-Papier – zunächst ungeordnet an eine Tafel oder Pinnwand geheftet.
- Die Gruppe sucht nun im Gespräch nach **Oberbegriffen** für die auf den Karten notierten Aussagen.
- Wird ein Oberbegriff in der Gruppe akzeptiert, wird er ebenfalls auf einer Karteikarte festgehalten und angeheftet. Die dazu passenden Karten werden darunter platziert.
- Sind alle Karten bestimmten Oberbegriffen zugeordnet und entsprechend umgehängt, können sich alle Mitglieder der Arbeitsgruppe noch einmal kurz zurückziehen und zusätzliche Ideen auf Karten notieren und den Oberbegriffen zuordnen.
- Die Gruppe diskutiert dann, ob der gesamte Umfang des Sachbereichs, der an der Tafel bzw. an der Pinnwand aushängt, im Folgenden bearbeitet werden oder ob eine Auswahl getroffen werden soll. (Nach einem vorbereitenden Gespräch zur Schwerpunktsetzung kann jedes Gruppenmitglied z. B. drei bis zehn Punkte auf die seiner Meinung nach wichtigsten Bereiche setzen.)
- Die Gruppe entscheidet evtl. abschließend, ob einige Teilbereiche aus dem Arbeitsvorhaben herausgenommen werden sollen.
- Mit Hilfe der sachgliedernden Oberbegriffe kann in der Gruppe für die folgenden Aktivitäten evtl. ein **arbeitsteiliges Vorgehen** verabredet werden.

2. Bei Ihren Planungsüberlegungen zur Arbeitsweise und zur Arbeitsorganisation **(Phasen C bis E)** können Sie sich von den folgenden Anregungen leiten lassen:

Austausch in der Gruppe

Gespräche über die Situation in der Gruppe begleiten den Arbeitsprozess. Sie beziehen sich auf die **Sachaspekte** und auf die **Beziehungsebene** der Kommunikation.

3. a) Machen Sie sich die Bedeutung der Beziehungsebene in der Kommunikation anhand der Ausführungen Watzlawicks und Schulz von Thuns (▷ S. 488 ff.) klar.
   b) Orientieren Sie sich im Gruppengespräch an den Regeln Ruth Cohns (▷ S. 478).

Feed-back und Kritikgespräch

Für eine kontinuierliche Verbesserung der gemeinsamen Tätigkeit ist es von entscheidender Bedeutung, regelmäßig über die Arbeit in der Gruppe und über die Gruppenbeziehungen miteinander zu sprechen. Will man Kritik am Verhalten anderer formulieren, muss diese gekennzeichnet sein von Offenheit und von der grundlegenden Absicht, die Beziehungen zu verbessern. Gemeinsam kann man sich auch darüber verständigen, welche **sprachlichen Formen für Kritikgespräche** wünschenswert sind. Beleidigende und spöttische Bemerkungen sind genauso zu vermeiden wie direkte Aufforderungen, Unterstellungen und Vorwürfe, die dem Kritisierten nur eine Defensivposition einräumen. Kritik am anderen ist dann angemessen formuliert, wenn jedes Gruppenmitglied sie auch für sich selbst ertragen könnte.

4. Erproben Sie in Ihrer Gruppe Sätze und Wendungen, die Sie als beleidigend oder spöttisch einschätzen, und solche, die Sie für sich selbst als konstruktiv und unterstützend empfinden.

Schreiben zur Unterstützung der Gruppenarbeit

Das Planungsgespräch wird schreibend begleitet und nachbereitet. Hierzu nutzen Sie die
▷ S. 15 f. Techniken und Verfahren des ▷ **Notierens** und **Protokollierens**. Die eigentliche Bearbeitung der Gruppenaufgabe ist ebenfalls durch verschiedene Formen des Schreibens geprägt. Im Folgenden sind die wichtigsten zusammengestellt:

Schreiben – Schreiben – Schreiben – Schreiben – Schreiben – Schreiben – Schreiben

(1) Eine schriftliche Paraphrasierung von **Themenstellungen** erleichtert das Klärungsgespräch.
(2) Das schriftliche Festhalten aller Aspekte aus der **Zieldiskussion** dient der Rückversicherung im Arbeitsprozess.
(3) Zu Beginn durchgeführte **Kartenabfragen** beschäftigen jedes Gruppenmitglied mit den eigenen Vorstellungen bzw. Erwartungen, bevor diese z. B. im ▷ Cluster- oder Mind-Map-Verfahren oder in anderer Form von allen systematisiert werden. ▷ S. 84, 36
(4) In einem detaillierten **Ablauf- und Zeitplan** werden alle Aufgaben und ihre Bearbeiter vermerkt und auch die Termine für den Zwischenaustausch.
(5) Beim arbeitsteiligen Recherchieren bzw. ▷ **Aufarbeiten von Informationen** erstellt man Ergebnispapiere und schriftliche Zusammenfassungen, auch in systematisierender oder grafischer Form. ▷ S. 33 ff.
(6) Komplexe oder schwierige Texte werden für den Gruppenaustausch umgeschrieben, zusammengefasst oder durch eine Gliederung oder ein **Konspekt** (Inhaltszusammenfassung, die die gedankliche Struktur abbildet) aufbereitet.
(7) Zwischenergebnisse aus dem Gruppenaustausch hält man protokollarisch fest. Diese ▷ **Protokolle** enthalten besonders die bereits vorgenommenen Systematisierungen und alle offenen Fragen. ▷ S. 16
(8) Alle **Präsentationsformen** und Visualisierungen werden ausprobiert und bis zum Ende der Gruppenarbeit optimiert.

Es gibt verschiedene Formen, Arbeitsprozesse schriftlich festzuhalten und auch zu bewerten. Die jeweils günstigste können Sie mit Ihrer Gruppe ausprobieren. Hier drei Anregungen:

Das **Gruppenjournal** ist eine Art Tagebuch zur Gruppenarbeit; es sollte reihum geführt werden.

Im **Simultanprotokoll** hält man, z. B. auf einer Wandzeitung im Klassenraum, Wichtiges zum Arbeitsstand, zu den Erfahrungen in der Gruppe fest, die man auch knapp kommentiert.

Jedes Gruppenmitglied kann auch ein individuelles **Lernjournal** führen.

1. Erproben Sie miteinander, in welcher Weise Sie – besonders wenn Sie zum ersten Mal längere Zeit in der gleichen Gruppe mitarbeiten – Ihre Erfahrungen im Gespräch so aufarbeiten können, dass Sie daraus für die Zukunft profitieren.
2. Im persönlichen Lernjournal sollten Sie für sich die Antworten auf folgende Fragen schriftlich festhalten:
   - Warum habe ich den Teilauftrag übernommen?
   - Was habe ich gelernt?
   - Welche Schwierigkeiten hatte ich auf der Sach- und auf der Beziehungsebene?
   - Was möchte ich noch lernen?
   - Wie schätze ich meinen Anteil am Gruppenprodukt ein?

Schreibkonferenz: Schreiben als Teamarbeit

In **Schreibkonferenzen**, die nach dem Modell der Redaktionskonferenzen von Zeitungen und Zeitschriften in die schulische Arbeit übernommen wurden, kommt dem Austausch und der Arbeit in der Gruppe für alle Phasen eines Schreibprozesses die entscheidende Bedeutung zu. Man kann Schreibaufgaben, sowohl solche mit kreativem Anspruch als auch solche, in denen z. B. eine umfassendere Analyseaufgabe gemeinsam gelöst wird, in folgenden fünf Schritten in der Gruppe beraten und bearbeiten:

Sammeln

- Ideen sammeln und in Teilen gemeinsam entfalten; hierzu Verfahren wie ▷ Brainstorming und Begriffscluster nutzen ▷ S. 86
- Im Gruppenaustausch eigenen Schwerpunkt finden
- Rückmeldungen dazu erhalten
- Beratung seitens der/des Unterrichtenden einholen

Schreiben

- Niederschrift des Textes oder von Textteilen

Kontrollieren

- Austausch über die Texte in der Gruppe
- Genaues Zuhören
- Anmerkungen mündlich oder schriftlich vornehmen
- Regeln hierfür vorab vereinbaren; Angriffs- und Verteidigungshaltungen vermeiden
- Kriterien zur ▷ Textüberprüfung entwickeln ▷ S. 39 f.

Überarbeiten

- Textüberarbeitung vor dem Hintergrund des Feed-backs individuell oder aber in der Gruppe vollziehen
- Zur Textoptimierung auch die Beratung des/der Unterrichtenden nutzen

Vorstellen

- Neuveröffentlichung bzw. Präsentation des Textes als individuelles Ergebnis oder als Gruppenprodukt

Tipps – Tipps – Tipps – Tipps – Tipps – Tipps – Tipps – Tipps – Tipps – Tipps – Tipps – Tipps

(1) Kooperatives Schreiben, Verfahren der Textoptimierung und auch die Schreibberatung lassen sich besonders gut durch die **Nutzung eines PCs** mit geeigneter Schreibsoftware realisieren.
(2) **Rechtschreibprogramme** erleichtern die Überprüfung der Texte auf Sprachrichtigkeit hin.
(3) In Teamarbeit können mit PCs auch multimediale **Hypertexte** entwickelt werden.
(4) Will man das „Schreiben vor Ort" pflegen, d. h. an literarischen Klubs teilnehmen und/oder mit Profis schreiben, kann dieses am ehesten als Gruppenschreiben organisiert und durch **E-Mails** erleichtert werden.

Projekte

Die **Projektmethode** ist eine offene Lernform. Zu ihren zentralen Merkmalen gehören u. a.:

- Orientierung an den Interessen der Beteiligten
- Selbstorganisation und Eigenverantwortlichkeit
- Gesellschaftliche Relevanz und Öffentlichkeitsbezug
- Produktorientierung
- Ganzheitliches und soziales Lernen
- Fachübergreifendes und fächerverbindendes Arbeiten

Projekte vollziehen sich in folgenden Schritten:

1. **Einstiegs-/Planungsphase:** Zieldiskussion ↔ Arbeitshilfen ↔ genaue Aufgabenstellung
2. **Erarbeitungsphase:** Informationsbeschaffung, Informationsaufnahme, Planung des Lösungswegs, Anwendung von Lösungsverfahren, Gestaltung der Lösung
3. **Abschlussphase:** Darstellung/Präsentation von Lösungsergebnissen, Lösungskritik, Transferüberlegungen

1.2 Notizen anfertigen – Protokollieren

Beim Zuhören mitschreiben

1. Fertigen Sie mit Hilfe dieser Tipps Notizen zu einer Unterrichtsstunde an und vergleichen Sie Ihre Resultate untereinander. Achten Sie insbesondere darauf, was Sie als Zuhörer/innen jeweils für wichtig und notierenswert erachtet haben.
2. Besprechen Sie die Schwierigkeiten, die Sie beim Mitschreiben hatten, und ergänzen Sie die Tipps entsprechend.

Die Mitschrift bearbeiten

▷ S. 36 f. Ausführliche Mitschriften entstehen im Unterricht bei ▷ Referaten und zum Zwecke des Protokollierens. Man nutzt dafür Blätter in der **Arbeitsmappe, Heftseiten** oder **Karteikarten.** Letztere haben den Vorteil, dass man sie leicht ordnen, umordnen und ergänzen kann.
Will man auf der Basis der Mitschrift ein Protokoll verfassen, muss man die verknappte sprachliche Form wieder entfalten und eine sinnvolle **Gliederung** entwickeln. Hierfür müssen die Aufzeichnungen oft umgruppiert und manchmal ergänzt werden, z. B. durch Nachfragen bei Mitschülerinnen und Mitschülern. Tafelanschriften, Folien, Lernplakate etc. werden möglichst originalgetreu wiedergegeben.

3. Erproben Sie anhand einer gemeinsamen Unterrichtsmitschrift auf Karteikarten verschiedene Möglichkeiten, die Ergebnisse sinnvoll zu ordnen und zu gliedern.

Ein Protokoll verfassen

Die Form des **Protokolls** spielt in vielen Bereichen eine wichtige Rolle, z. B. bei beruflichen Besprechungen, Sitzungen von Vereinen oder Ausschüssen, Gerichtsverhandlungen etc. In der Schule dient das **Unterrichtsprotokoll** dazu, den Gesprächsverlauf einer Stunde oder einen Schüler-, Lehrer- oder Expertenvortrag so wiederzugeben, dass alle, auch abwesende Gruppenmitglieder, sich informieren können über
- die einzelnen Gesprächs- oder Arbeitsphasen,
- die zentralen Frage- oder Aufgabenstellungen,
- wichtige Zwischen- und alle Endergebnisse,
- kontroverse Thesen und Argumentationen, die ggf. namentlich zugeordnet werden.

Anhand gesammelter Unterrichtsprotokolle kann man sich auch auf Prüfungen vorbereiten.

Je nach Zweck kann die Form des **Verlaufsprotokolls** (z. B. zur Darstellung naturwissenschaftlicher Experimente) oder des **Ergebnisprotokolls** (z. B. zur Zusammenfassung von Diskussionen) gewählt werden.

Aufbau/Form eines Unterrichtsprotokolls

- Bezeichnung der Veranstaltung
- Ort, Datum, Uhrzeit
- Teilnehmer/innen
- Tagesordnung/Stundenthema
- Protokolltext, gegliedert nach Tagesordnungspunkten/Themenbereichen
- Datum der Abfassung, Unterschrift des/der Protokollierenden

Protokolle stehen im Präsens. Da man einen referierenden Stil verwendet, werden die verschiedenen Beiträge in der Regel im Konjunktiv der indirekten Rede wiedergegeben.
Eine Übersicht zu den Anforderungen an ein Protokoll finden Sie auch auf S. 36.

4. Besprechen Sie gemeinsam die Protokolle zu einer Unterrichtsreihe. Achten Sie besonders darauf,
   - ob jeweils alle wichtigen Punkte protokolliert worden sind,
   - ob einige Punkte zu ausführlich oder zu knapp dargestellt sind und
   - ob Ihnen die sprachliche Form immer angemessen erscheint.

1.3 Texte erschließen: Lesen – Markieren – Exzerpieren

Den nachfolgenden Textauszug über KAROLINE VON GÜNDERODE (1780–1806) werden Sie – je nach der Fragestellung, unter der Sie ihn lesen – ganz unterschiedlich in seinen Informationen wahrnehmen und nutzen. Denkbar sind z. B. folgende thematische Kontexte:

- Dichterinnen in der ▷ Romantik ▷ S. 299 ff.
- Briefkultur und Selbstdarstellung beim ▷ Epochenumbruch 18./19. Jahrhundert ▷ S. 269 ff.
- Romantik-Rezeption im Werk Christa Wolfs: der Günderode-Essay

Zur Texterschließung sollten Sie folgende Arbeitsschritte vornehmen:

1. Schritt: Einen Überblick gewinnen

Verschaffen Sie sich einen Überblick über den Text. Falls Sie ihn für ein Referat oder eine Facharbeit verwerten wollen, tragen Sie Titel (ggf. Überschriften von Absätzen), Autor/in, Textart in Ihr ▷ Quellenprotokoll ein und fügen Sie sämtliche ▷ bibliografischen Angaben hinzu. Nun klären Sie für sich selbst in Frageform, worauf Sie von dem Text eine Antwort erwarten. Durch rasches, überfliegendes Lesen sollten Sie die Eignung und den Schwierigkeitsgrad einschätzen. ▷ S. 27 f., 29 f.

2. Schritt: Markieren

Es ist ratsam, beim zweiten Lesen mit dem Stift die Textstellen zu markieren, die

- zentrale Begriffe und Gedanken zu Ihrer Fragestellung enthalten,
- Zusammenhänge aufweisen, Widerspruch provozieren oder auf andere Auffassungen (eigene oder fremde) verweisen,
- sprachlich auffällig sind.

Arbeiten Sie hierbei neben dem Unterstreichen im Text auch mit Symbolen und Abkürzungen am Textrand, z. B.:

wichtig:	!	*nachschlagen:*	Lex.
unverständlich:	?	*wichtige Literaturangabe:*	Lit.
fragwürdig:	??	*Verweis:*	→ s. x

Knappe Bemerkungen zur Gedankenführung können spätere Exzerpte erleichtern (z. B. These, Folgerung, Beispiel, Antithese).
Markieren Sie sprachliche Auffälligkeiten im Text in einer anderen Farbe und bezeichnen Sie sie kurz am Rand (z. B. Metapher, Ironie).

3. Schritt: Exzerpieren

Nun müssen Sie die Textinformationen rekapitulieren und schriftlich in einer geeigneten Form festhalten. Hierzu fertigen Sie Exzerpte an. Ein Exzerpt ist eine exakte, übersichtliche, häufig wortgetreue Wiedergabe wichtiger Textinformationen, die der Bearbeitung einer übergreifenden Aufgabe dient. Es wird oft auch stichwortartig angelegt; wörtliche Zitate hält man fest (mit Anführungszeichen, Seiten- und Zeilenangabe), wenn man für die Weiterarbeit auf die genaue Formulierung Wert legt.

Beispiel eines Stichwort-Exzerpts zu diesem Kapitel über texterschließende Arbeitstechniken:

Erstes schnelles Lesen/Überblick: *Eignung? Fragen an den Text richten!*

Markieren/Anmerken:

- *Unterstreichungen im Text*
- *Symbole, Abkürzungen, Anmerkungen am Textrand*

▼

Hervorhebungen und Notate zur weiteren Verarbeitung der Textinformationen nutzen; unbekannte Wörter nachschlagen

Exzerpieren
(zu eigenen Fragen/zum Themenkontext)

- *Stichwort-Exzerpt (bildet Textstruktur übersichtlich ab)*
- *ausgeführtes Exzerpt mit eigener sinngemäßer Textwiedergabe und wörtlich übernommenen Zitaten*

▼

Quellenprotokoll/Arbeitsmappe

1. Fertigen Sie zum folgenden Text über Karoline von Günderode ein Exzerpt an, das nützlich wäre für die Bearbeitung der Fragestellung: „Lebensbedingungen von Autorinnen in der Romantik und Bedeutung der Briefkultur am Beispiel K. von Günderodes". Mit Markierungen und Randbemerkungen auf einer Kopie – wie sie hier für den Textanfang schon vorgenommen wurden – erleichtern Sie sich die Texterschließung, das Exzerpieren und Ihre themenorientierte Informationsverarbeitung.

Birgit Weißenborn

Einleitung zu den Briefen der Karoline von Günderode (1992)

Die Auswahl aus der mehr als vierhundert Briefe umfassenden Korrespondenz konzentrierte sich vor allem auf die Darstellung eines exemplarischen Frauenschicksals, einer ihre Grenzen sprengen wollenden, geistig und sozial auf Emanzipation zielenden Romantikerin um 1800. Sowohl aus den eigenen wie auch aus den Äußerungen ihrer Freundinnen und Vertrauten ergibt sich bezüglich der Handlungs- und Wirkungsbedingungen einer Frau in der damaligen Gesellschaft das Bild einer überaus bedrückenden und festgefahrenen Situation. Bis ins kleinste Detail lassen sich die Sorgen und Nöte, aber auch die gravierenden Existenzängste nachvollziehen, die mit aller Offenheit von den Freundinnen besprochen werden. Besonders schmerzlich tritt dabei der Unterschied zwischen dem Lebensspielraum der Männer einerseits und den überaus eingeengten Frauen andererseits zu Tage. Während die Brüder und männlichen Altersgenossen sich zu Bildungsreisen durch Europa aufmachten – den so genannten Kavalierstouren –, bereiteten sich die Mädchen und Frauen auf ihre zukünftige Rolle als Hausfrau und Mutter vor. [...] Doch selbst die Chancen, sich zu vermählen, waren keineswegs aussichtsreich. Der Konkurrenzkampf war Tagesordnung; für eine verarmte Adelige wie Karoline von Günderode keine allzu günstige Ausgangssituation.

Für den Fall des Scheiterns gab es Alternativen: Klöster, Orden, Stifte, die Großfamilie, mitunter Freunde und großzügige Bekannte. Ein sicheres „soziales Netz" war das nicht. An jede Heiratskandidatin konnten somit hohe Anforderungen gestellt werden: nicht zu dumm, nicht zu gebildet, eher attraktiv, gesellig, nicht schwatzhaft, anständig, tugendhaft, sparsam, fleißig. Ein Katalog, der bis heute nachwirkt. Da die soziale Realität auch nach der Heirat hart blieb, verwundert es nicht, wenn sich die Frauen schon bald in ihre Jungmädchenzeit zurücksehnten. Briefe waren oft das einzige Mittel, aus der Enge ihrer realen Welt auszubrechen, etwas von draußen zu erfahren, sich mit Gleichgesinnten, Leidensgenossinnen und Freundinnen von früher auszutauschen. Obschon Karoline nicht heiratete, war sie voll und ganz in dieses soziale Umfeld integriert. Je mehr man durch ihre Briefe davon erfährt, desto deutlicher zeichnen sich nach und nach die Konturen ihres Lebensweges ab.

[Karoline] lernte bereits 1797 die Familie Brentano kennen, und zwar über Sophie von La Roche, die mit ihrem Roman „Die Geschichte des Fräulein von Sternheim" einen großen Erfolg erlangt hatte. Durch ihre weiteren Romane und ihre bemerkenswerte Kunst der Selbstdarstellung wurde sie zu einem wichtigen Vorbild für Karoline. Sie hatte Zugang zu ihrem Offenbacher Salon, wo sich berühmte Literaten der Zeit, Persönlichkeiten aus dem konservativeren Adel und besonders viele Exil-Franzosen trafen. [...] Man las und las. Reale Mobilität war – sicher auch wegen des Krieges – gefährlich und den Frauen ohnehin weitestgehend verschlossen. Bettina [Brentano] und Karoline vertrieben ihre Zeit damit, auf Landkarten fiktive Italien- und Indienreisen zu unternehmen. Während die Männer ihrer Umgebung durch Europa und die Welt reisten – Clemens Brentano, Achim von Arnim, Savigny, der Fürst Pückler, die Brüder Humboldt sind bekannte Beispiele dafür –, war für sie und die meisten Frauen die „Fantasie" das einzige Land, in dem sie verkehren durften. [...]

Ohne Zweifel war das Briefeschreiben für die meisten Frauen das wichtigste Ausdrucks- und Kommunikationsmittel. Nur so hielten sie Kontakt zur Außenwelt und teilten einander ihre jeweiligen Freuden und Nöte mit. Zum Teil waren Briefe nur einfache, kurze Notizen, zum Teil wurden sie aber auch mit viel Bedacht und Aufmerksamkeit verfasst. [...]

Ihre eigentliche Berufung empfindet Karoline jedoch als Schriftstellerin. Es genügt ihr nicht, ihre kreativ-künstlerische Kraft lediglich in Form von Briefen auszudrücken. Ist es da verwunderlich, wenn sie sich wünscht, ein Mann zu sein? [...] Sie will schreiben und veröffentlichen: Gedichte, Dramen, philosophische Abhandlungen, Dialoge, Prosa. Mit diesem Anspruch beginnt ihre persönliche Tragödie. Sie wählt männliche Pseudonyme: Tian und Ion. Aber die werden schnell durchschaut, und die Autorin wird den Stürmen der Kritik ausgesetzt.

---

2. Zur Einübung des Dreischritts „Lesen – Markieren – Exzerpieren" bieten sich folgende Texte an:
   - *Samy Molcho:* Körpersprache, S. 478 f.
   - *Friedemann Schulz von Thun:* Die vier Seiten einer Nachricht, S. 489 ff.
   - *Gotthold Ephraim Lessing:* Hamburgische Dramaturgie, S. 204
   - *Friedrich Dürrenmatt:* Uns kommt nur noch die Komödie bei, S. 207 f.
   - *Benjamin Lee Whorf:* Das „linguistische Relativitätsprinzip", S. 513 f.
   - *Dieter E. Zimmer:* Wiedersehen mit Whorf, S. 515 f.

1.4 Facharbeit: Informationen beschaffen und verarbeiten

Facharbeiten sind umfangreichere schriftliche Hausarbeiten, die selbstständig zu verfassen sind. Sie ermöglichen Ihnen eigenständiges und forschendes Arbeiten, sowohl bei der Themenentfaltung als auch beim Recherchieren und Aufarbeiten von Informationen. Die Ergebnisse müssen sachangemessen, problemorientiert (oder systematisch) und optisch ansprechend schriftlich präsentiert werden.

Themenstellung und Zeitrahmen sind in der Regel durch den Unterrichtszusammenhang vorgegeben. Wenn Sie selbst an der Themensuche und -formulierung beteiligt sind, sprechen Sie diese mit der Sie betreuenden Lehrperson ab. Auch die Erwartungen an den Textumfang werden Ihnen von dem/der Betreuer/in mitgeteilt.

Was Sie in einer Facharbeit methodisch erproben, ist kennzeichnend für das jeweilige Fach. Bei fachübergreifenden Themen kann das Fachtypische mehrerer Fächer im Vergleich deutlich werden.

Formen der Informationsbeschaffung

Die nachfolgenden Ausführungen stellen an verschiedenen Beispielen zum Oberthema „Dichterinnen und Dichter in ihrer Region – Biografisch-werkgeschichtliche Erkundungen" dar, wie sich beim Recherchieren die jeweilige Schwerpunktsetzung im Thema und die gewählten Arbeitsweisen zueinander verhalten und wie sich hieraus auch die Art der Ergebnispräsentation (im eigentlichen Textteil und im dokumentierenden Anhang) ergibt.

Erkundungen können – je nach Aufgabenstellung – eher **Literaturstudien** oder aber **unmittelbare Recherchen** in Ihrer Umgebung sein. Für Ihre Arbeit bedeutet dies:

a) Sie beschaffen sich Informationen in Bibliotheken, Archiven, Museen, Institutionen wie z.B. literarischen Gesellschaften, d.h. aus Büchern (Primär- und Sekundärliteratur), Katalogen, Bildbänden, CD-ROMs etc. oder aus elektronischen Netzen.

b) Sie erhalten Informationen durch persönliche Kontaktaufnahme, durch Befragungen und Interviews, im Gespräch mit Bibliothekar(inn)en, Archivar(inn)en, Expert(inn)en in weiteren Einrichtungen, mit Autor(inn)en etc.

Es kann auch – wie nachfolgend in den Aufgabenbeispielen I und III – zu Kombinationen von Literaturstudien und direkten Erkundungen kommen. Persönliche Begegnungen ermöglichen häufig intensivere und authentischere Eindrücke.

In der Facharbeit werden die Einsichten in einem eigenen Text verarbeitet; folgende Produkte/Dokumente können in den fortlaufenden Text integriert oder im Anhang aufgeführt sein:

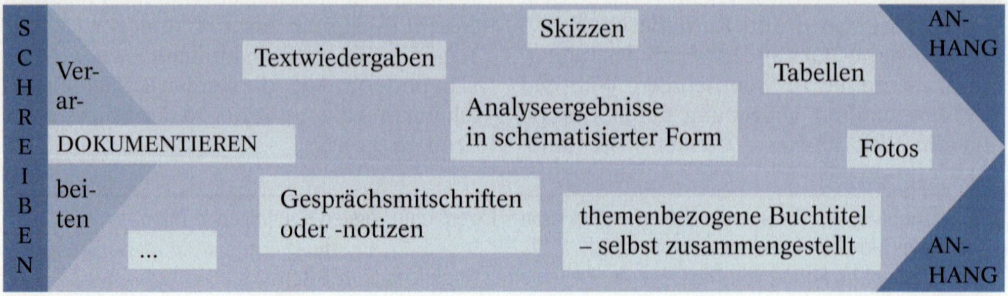

1. a) Besprechen Sie in Ihrer Klasse (ggf. arbeitsteilig), welche Arbeitsschritte die folgenden Aufgabenbeispiele I, II und III erfordern. Achten Sie darauf, in welchen Themenkontexten die Aufgaben formuliert wurden, welche Fragestellungen angedeutet sind und wie/wo recherchiert wird.
   b) Verständigen Sie sich anschließend auch darüber, was wohl im Textteil und was im Anhang der jeweiligen Facharbeit aufgearbeitet und präsentiert werden könnte.

Dichterinnen und Dichter in ihrer Region – Biografisch-werkgeschichtliche Erkundungen

Aufgabenbeispiel I: Clemens Brentano und die Stadt Dülmen

Mögliche Themenkontexte: a) Literarische Spuren vor Ort (in Kooperation mit Geschichte)
b) Romantik – Lebensläufe von Autorinnen und Autoren (Eichendorff, Günderode, E.T.A. Hoffmann, Fam. Brentano)

Fragestellungen:

- Wann/warum lebte Clemens Brentano in Dülmen?
- Kontakte; literarische Tätigkeit
- Spuren in der Stadt (Clemens-Brentano-Gymnasium, Brentanostraße ...)
- Wie hat sich im Werk Brentanos die Begegnung mit der religiösen Mystik umgesetzt?
- Rezeption/Verbreitung

Art der Recherche/ Quellen:

- Monografien/Biografien; darin: Selbstzeugnisse/Briefe
- Literaturführer (s. u.)
- Werkausgabe (Bücherei)
- Ortsbegehung/Passantenbefragung
- Recherche am Clemens-Brentano-Gymnasium: Schulschriften; Schulleiter/innen-Befragung (Gründe für die Namensgebung); Schüler-/Lehrerbefragung
- Besuch von Gedenkstätten, Archiven o. Ä.

Clemens Brentano

Dülmen

Es war nicht die Liebe zu Land und Leuten, die den Romantiker CLEMENS BRENTANO (1778–1842), gemeinsam mit ACHIM VON ARNIM Herausgeber der literarisch Epoche machenden Liedersammlung „Des Knaben Wunderhorn“ (1806–1808), 1818 nach Westfalen führte. Sein Aufenthalt bei der stigmatisierten Nonne ANNA KATHARINA EMMERICK (1774–1824) in Dülmen sollte ursprünglich nur einige Wochen dauern, zog sich aber fast sechs Jahre bis zu ihrem Tode hin. Brentano selbst: „Der Schreiber dieser Blätter erhielt zuerst durch Abschrift eines Briefes Stolbergs und später durch einen Freund, der mehrere Wochen bei der Kranken gelebt, eine umfassendere Kenntnis ihres Zustandes. Gütig aufgenommen, besuchte er sie am 17. September 1818 zum ersten Mal. Sie erlaubte ihm ..., täglich mehrere Stunden bei ihr zuzubringen, und bewies ihm mit rührender Arglosigkeit ein so kindliches Vertrauen, wie er es nie von irgendeinem Menschen genossen. Sie mochte wohl erkennen, dass sie in hohem Grade ein geistliches Almosen an ihm übte, indem sie alle ihre Führungen, Erfahrungen, Freuden und Leiden von Kind auf bis heute ohne irgendeine Scheu vor ihm aussprach, und sie tat dies bis zur freudigen Gastfreiheit, ohne alle Sorge, da sie sich von ihm nicht durch übertriebene Bewunderung in ihrer Demut gestört fühlte.“

Den ständigen Gedankenaustausch mit der Augustinerin des Klosters Agnetenberg, die ihm ihre Geschichte und Visionen anvertraute, hielt Brentano tagebuchartig auf 12 000 (!) Folioseiten fest. Nachdem Anna Katharina Emmerick in Dülmen verstorben war, verwandte er fast seine ganze Kraft darauf, die Aufzeichnungen zu einem christlichen Weltepos zu verarbeiten. Das Werk blieb jedoch ein Torso. Erst 1833 veröffentlichte Brentano – dichterisch ausgeschmückt – den dritten Teil daraus unter dem Titel „Das bittre Leiden unseres Herrn Jesu Christi. Nach den Betrachtungen der gottseligen A. K. Emmerick“, eine Art religiöses Volksbuch, das weite Verbreitung fand. Die ersten beiden Teile wurden später von anderen herausgegeben.

Von 1819 bis 1821 und 1824 lebte Brentanos Bruder CHRISTIAN (1784–1851) ebenfalls in Dülmen. 1813 und 1818 hielt sich auch LUISE HENSEL (→ Paderborn, Rheda-Wiedenbrück u. ö.) in Dülmen auf. Von ihr stammt ein Porträt der Emmerick. Ihr dritter dortiger

Aufenthalt im Jahre 1821 brachte ein Wiedersehen mit Brentano.
Vom 18. bis zum 21. November 1820 besuchte ACHIM VON ARNIM (1781–1831) die Brüder Brentano in Dülmen. Seine Eindrücke schilderte er in Briefen an seine Frau Bettina.
Literarische Stätten: Die Wohnung Brentanos in den Jahren 1818 bis 1824 war in der Coesfelder Straße. Das Grab der Anna Katharina Emmerick in der Heilig-Kreuz-Kirche wurde um 1900 auch von dem dänischen Dichter JOHANNES JÖRGENSEN (1866–1956) besucht. Eine weitere Gedenkstätte befindet ich im neuen Augustiner-Kloster vor der Stadt: Eine Sterbekammer bewahrt Erinnerungen an Luise Hensel und Brentano.

Gödden, W./Nölle-Hornkamp, I.: Dichter – Stätten – Literatouren. Ardey-Verlag, Münster 1992 (= Kulturlandschaft Westfalen, Bd. 1, herausgegeben vom Landschaftsverband Westfalen-Lippe)

Luise Hensel

Abgesehen von ihrem Aufenthalt bei der stigmatisierten Nonne Anna Katharina Emmerick in Dülmen – und in diesem Zusammenhang von ihrer bis heute viel diskutierten Freundschaft zu Clemens Brentano – ist nur wenig über Luise Hensels (→ Dülmen, Rheda-Wiedenbrück u.ö.) Beziehung zu Westfalen bekannt. Dies gilt auch für ihren mehr als zwanzigjährigen Aufenthalt in Wiedenbrück. 1816 kam es zu ihrer ersten Begegnung mit Clemens Brentano, dessen Heiratsanträge sie abwies. In den folgenden Jahren sah sie ihn wiederholt wieder. 1818 konvertierte sie zum Katholizismus – ein tiefer, von ihr geheim gehaltener Einschnitt in ihrer Biografie. Sie begann ein auf religiöse Fragen konzentriertes Tagebuch und legte ein Jungfräulichkeitsgelübde ab (1820). Mehrfach hielt sie sich in diesen Jahren am Krankenlager Katharina Emmericks in Dülmen auf.

Anna Katharina Emmerick

„In der Bauernschaft Flamschen bei Coesfeld, drei Fußstunden von Dülmen, steht unter Eichen das scheunenartige, ärmliche Bauernhaus, das Clemens Brentano mit dem Stall zu Bethlehem verglichen hat. Hier ist das ‚Annthrinken' Anna Katharina Emmerick 1778 geboren ..." (Werner Bergengruen)
Brentanos Besuch bei der stigmatisierten Nonne Anna Katharina Emmerick (→ Dülmen) fand im Herbst 1818 statt. Ihr Geburtshaus ist heute vollständig renoviert und seit 1980 Sitz des Anna-Katharina-Emmerick-Vereins (...) Tel. 02594/2372 Stadtarchiv Tel. 02594/82997

Aufgabenbeispiel II: Brigitte Reimann in Hoyerswerda und Neubrandenburg

Mögliche Themenkontexte:
a) DDR-Literatur der 60er-/70er-Jahre zwischen „Ankunft" und „Kritik"
b) Autobiografisches Schreiben: „Literatur aus dem Leben" (insbes. von Frauen)
c) Literarische Spuren vor Ort (in Kooperation mit Geschichte)

Die zu II a und b zu verfassenden Facharbeiten sind primär Literaturstudien; die zu II c erstellte wird Recherchen vor Ort einbeziehen.

Fragestellungen:
- Zwei Lebensstationen: Wann/Warum?
- Berufliche Wege?
- Schriftstellerische Tätigkeit

- Kontakte (Architekten/Literaten; bes. Christa Wolf)
- Lebenspartner (bes. S. Pitschmann)
- Werktitel-Deutung
- Wo wird das Werk B. Reimanns heute verlegt?
- Verarbeitung der Lebenserfahrungen in Hoyerswerda in „Franziska Linkerhand" (1974/1998)
- Zensur/Rezeption vor/nach 1989

Quellen:

- Biografien; Selbstzeugnisse, insbes. zwei literarische, postum veröffentlichte Tagebücher und zwei Briefkorrespondenzen (▷ S. 29 f.)
- Romane/Erzählungen
- Frühere/aktuelle Rezensionen

Brigitte Reimann wurde 1933 in Burg bei Magdeburg geboren. Von Beruf war sie Lehrerin. Erste Veröffentlichungen bereits 1955. 1960 Umzug nach Hoyerswerda, 1968 nach Neubrandenburg. Sie starb 1973 nach langer Krankheit in Berlin. Werke: „Die Frau am Pranger" (Erzählung, 1956); „Ankunft im Alltag" (Erzählung, 1961); „Die Geschwister" (Erzählung, 1963); „Franziska Linkerhand" (Roman, 1974, *▷ S. 417 ff.**)*

Aufgabenbeispiel III: „Leben und Schreiben in der Fremde?" – Autorinnen und Autoren nichtdeutscher Herkunft im Ruhrgebiet, z. B. ...

Mögliche Themenkontexte:

a) Vorbereitung einer Autorenlesung mit ortsansässigen Autor(inn)en; Dokumentation
b) Literaten in unserer Stadt – Porträts
c) Pluralität und Differenz: Begegnung von Kulturen in Sprache und Literatur
d) Schreiben in der Fremde (Emigration und Exil); Anknüpfen an literarische Traditionen

Fragestellungen:

- Welche Autor(inn)en nichtdeutscher Herkunft leben in ...? (Gesamtrecherche, dann Auswahl treffen)
- Was hat ... geschrieben? Wo veröffentlicht er/sie? Grad der Zugänglichkeit
- Gibt es Aussagen über sein/ihr Werk? (Selbstaussagen; Rezensionen)
- Finden Lesungen statt?
- Können wir ... zu uns in die Schule einladen? Zu welchem Thema liest er/sie?
- Persönliches Gespräch zur im Kursthema genannten Frage (Dialektik von Fremde und Heimat; Schreiben in zwei Sprachen o. Ä.)

Art der Recherche/ Quellen:	■ Stadtbibliothek, literarische Vereinigungen/ Autorengruppen ■ Veröffentlichungsorgane lokaler Autor(inn)en und/oder von Migrantenorganisationen ■ Sammelbände; Zeitschriften; Werkausgaben ■ ggf. Teilnahme an Lesungen oder Schullesungen in Kooperation mit örtlicher Bibliothek und/oder Migrantenorganisation ■ Internet (über eine Suchmaschine, z.B. http://www.google.de, eine Kombination von Stichwörtern wie „Schriftsteller", „Ruhrgebiet" und „Migranten" suchen)

Eine Bibliothek nutzen

In einer Bibliothek gibt es Hilfsmittel, um in der Überfülle der Informationen die Orientierung nicht zu verlieren. Sie erlauben eine gezielte und zeitökonomische Recherche. Sinnvoll ist das folgende Verfahren:

1) Das Informationsinteresse genau festlegen (**Themenabgrenzung** und **Themengliederung**)
2) Ein einschlägiges Lexikon und/oder eine CD-ROM durchsehen, um einen **ersten Überblick** über das Thema zu bekommen
3) Mit einer Mitarbeiterin bzw. einem Mitarbeiter der Bibliothek sprechen, um interessante Fundorte schnell ansteuern zu können. (Evtl. können Sie in diesem Stadium auch noch einmal mit Ihrem Lehrer/Ihrer Lehrerin oder Ihrer Arbeitsgruppe beraten, welche Aspekte des Themas wichtig sind.)
4) **Schlagwörter** und evtl. **Namen** festlegen, unter denen gesucht werden soll
5) **Kataloge** und **Datenbanken** durchsehen. (Ältere Kataloge bestehen aus Schubladen mit Karteikarten, neuere aus Microfiches und dazugehörenden Lesegeräten. Viele Bibliotheksbestände sind inzwischen auch über das Internet abrufbar. In **alphabetischen Katalogen** sind die Titel nach den Namen der Autoren und Autorinnen geordnet. **Sachkataloge** sind mit Hilfe eines Schlagwortregisters nutzbar. Oft ist auch eine **EDV-gestützte Suche** möglich. Hierbei ist oft die Kombination mehrerer Suchbegriffe sinnvoll.)
6) **Signaturen** von viel versprechenden Titeln notieren (▷ „Quellenprotokolle anfertigen", S. 27)
7) Das notierte Material gezielt anschauen (▷ „Bücher und Datenbanken nutzen", S. 25)

2. Recherchieren Sie nach diesem Verfahren zu einer selbst gewählten Aufgabenstellung im Rahmen des übergreifenden Themas „Dichterinnen und Dichter in ihrer Region". Beispiele:
   - Friedrich Schiller und Mannheim
   - Christian Friedrich Daniel Schubart in Geislingen
   - Sophie von La Roche auf Schloss Warthausen
   - Annette von Droste-Hülshoff in Meersburg
   - Martin Walser am Bodensee
   - Friederike Roth in Stuttgart

   Stellen Sie eine Liste von fünf einschlägigen Titeln zusammen.
3. Notieren Sie die Schwierigkeiten, die bei Ihrer Suche aufgetreten sind, und entwickeln Sie gemeinsam mit Ihrer Arbeitsgruppe/Klasse Lösungsstrategien.

Bücher und Datenbanken nutzen

Wenn es Dutzende von Büchern, Zeitschriften und Datenbanken zu einem Thema gibt, kann man diese nicht alle gleich intensiv studieren. Man muss das Informationsangebot gezielt und selektiv nutzen. Dazu ist folgendes Verfahren ratsam:

1) Prüfen, ob es – im Anhang eines Buches – einen **Index** gibt, in dem der Sachbereich, um den es geht, mit Hilfe von Schlagwörtern gegliedert ist. Oft stehen ein Sachindex und ein Namensindex zur Verfügung.
2) Zielführende **Suchbegriffe** finden. Die erfolgreiche Suche in einem Index hängt davon ab, ob Ihnen sinnvolle Stichwörter (Suchbegriffe) zur Verfügung stehen. Oft stellt sich heraus, dass Ihre eigenen Begriffe sich von den Begriffen unterscheiden, die der vorgefundene Index verwendet. Sie können dann folgende Strategien wählen, um die passenden Suchbegriffe zu finden:

   - **Synonyme** (ähnliche Begriffe) suchen, z. B. mit Hilfe eines Synonymwörterbuchs oder eines Thesaurus am PC. Beispiel: Land ▹ Staat.
   - **Oberbegriffe** suchen. Beispiel: Roman ▹ Epik/Prosa.
   - **Pluralformen** suchen. Beispiel: Land ▹ Länder.
   - Thema probeweise **ausweiten.** Beispiel: Badisch ▹ Dialekte.

3) Den Sachverhalt **eingrenzen.** Sind zu dem gewünschten Themenbereich Schlagwörter gefunden, ist es oft sinnvoll, das Sachfeld noch einmal einzugrenzen, bevor man Texte liest und auswertet.
   Beispiel: Romantik ▹ deutsche Romantik ▹ Heidelberger Romantik.
   Recherchieren Sie am Computer, können Sie mit dem **Kombinationsverfahren** schneller vorankommen: Geben Sie eine Kombination von zwei oder mehr Suchbegriffen ein, um die Datenbank gezielter zu durchkämmen.
4) **Seitenzahlen** zu Fundstellen notieren, damit diese im weiteren Verlauf der Recherche nicht verloren gehen.
5) Die relevanten Seiten, die sich aus dem Index ergeben, gründlich durchsehen. Finden Sie wichtige Informationen, können Sie diese **exzerpieren** (▹ S. 17 f.) oder kopieren.
6) Das **Inhaltsverzeichnis** prüfen. In Büchern, die für Sie wichtige Informationen enthalten, können Sie zusätzlich das Inhaltsverzeichnis durchsehen. Oft ergeben sich so wichtige neue Aspekte Ihres Themas, die Sie bislang evtl. noch nicht im Blick hatten.

---

4. Arbeiten Sie nach diesem Verfahren mit drei Titeln, die Sie zu Ihrem selbst gewählten Thema (Aufgabe 2) gefunden haben.
5. Stellen Sie interessantes Material für eine Facharbeit zusammen.

In elektronischen Medien recherchieren

Regula Schräder-Naef

Suche im Internet (2000)

Was bietet das Internet?

Mit dem Internet sind völlig neue Suchstrategien möglich und haben Nutzer, die wissen, was sie suchen, einen enormen Hebel zur Aufspürung externer Informationen und Wissensträger. Die Besonderheit des Internets besteht darin, dass der Datenaustausch nicht nur von Einzelnen zu vielen erfolgt, sondern mit E-Mail auch zwischen zwei Individuen oder zwischen Gruppen, und dass vielfältige interaktive Möglichkeiten bestehen. Ein weiterer wichtiger Vorteil ist die Möglichkeit des laufenden *Updatings*.

Wichtige Zeitungen und Zeitschriften bieten ihre Artikel über Internet an, zu finden sind auch Informationen über Universitäten, Ta-

gungen, Veranstaltungen, Angebote usw. Von Datenbanken im Internet können Dateien, Grafiken, Fotos u. a. kostenlos auf den eigenen Computer heruntergeladen werden.
Die Informationsanbieter errichten auf ihrem Rechner eine so genannte Homepage als Ausgangsdokument. Diese Homepage ist die Titelseite, in der der Urheber der nachfolgenden Seiten und deren Inhalt vorgestellt werden. Sie kann von allen Teilnehmenden des weltweiten Netzes unter Aufruf der entsprechenden Adresse geladen werden. Durch Anklicken von markierten Begriffen, Bildern, Feldern (Hyperlinks) der ausgewählten WWW-Seite gelangt man zu anderen Seiten, die entweder zum gleichen Computer oder zu Teilnehmenden irgendwo auf der Welt gehören können.
[…]

Wie suchen wir im Internet?

Im Internet sucht man entweder mit Hilfe von Suchmaschinen, Link-Seiten mit vielen Adressen oder ruft einzelne anderweitig bekannte Internet-Adressen auf.
Mittels Suchmaschinen können die Bestände nach speziellen Stichwörtern durchforstet werden. Manche Suchmaschinen sind von Robotern gefütterte Datenbanken, die Hyperlinks im WWW verfolgen und neue Seiten automatisch aufnehmen.
Zuverlässiger sind die Suchmaschinen und Suchdienste, bei denen Mitarbeiter die neuen Angebote sinnvoll strukturieren, beispielsweise Yahoo, Altavista, Webcrawler.
Links sind Verbindungen zu anderen Adressen. Mit der Weiterentwicklung der Programmiersprachen und Anwendungssoftware wird der Zugriff auf Daten in der ganzen Welt immer komfortabler. Beim Surfen im Internet ist es wichtig, Schlüsselwörter einzugeben, systematisch einzugrenzen, die Quelle und Daten zu beachten, da diese im Nachhinein nicht leicht rekonstruiert werden können. Was wir als wichtig erachten, können wir herunterladen und weiterbearbeiten.

Welche Probleme bestehen?

Das Internet ist vor allem nützlich für Personen, die schon relativ genau wissen, was sie suchen. Oft verläuft die Suche äußerst frustrierend, weil wir die Möglichkeiten nicht genau kennen und daher nicht ausschöpfen können.

- Es stellt sich das gleiche Problem wie bei der elektronischen Abfrage in großen Bibliotheken: Ist unser Suchbegriff zu weit, erhalten wir eine unübersehbare Fülle, ist er zu speziell, möglicherweise überhaupt keine Treffer. Die Suche nach Informationen im WWW kann extrem zeitraubend und ineffektiv sein.
- Leider verwendet jede Suchmaschine wieder leicht andere Suchbegriffe, wir müssen uns deshalb mit den Suchregeln verschiedener Suchmaschinen vertraut machen.
- Die Suche ist oft mühevoll und erfordert viel Erfahrung, um an die interessierende Information zu kommen, ohne sich zu verlieren. Die Möglichkeiten zur effektiven Suche nach Wissensquellen verbessern sich jedoch rasant.
- Durch das ständige Anklicken von Hyperlinks können wir zwar unsere Neugier befriedigen, surfen, aber uns auch verzetteln, viel Zeit verlieren und unsere Ziele und Fragen aus den Augen verlieren. Immer wichtiger wird die Konzentration auf das Wesentliche.
- Die kritische Prüfung ist angesichts der Vielzahl der sich heute bietenden Möglichkeiten, an Informationen zu kommen, so wichtig wie noch nie: Die Distanz zu den Quellen ist größer geworden, die Informationen erreichen uns über immer mehr Zwischenträger, die – wie das Beispiel Internet zeigt – selbst keiner Kontrolle unterliegen und die wir auch nicht zurückverfolgen können. Damit steigt die Gefahr, dass unqualifizierte Meinungen und Vorurteile immer weiter verbreitet werden, dass jeder sich aus der Flut gerade das ausliest, was zu seinem Weltbild passt. Noch wichtiger als bei gedruckten Texten ist deshalb bei Informationen aus dem Internet der Einbau von Kontrollstrategien, die systematische Prüfung der neuen Informationen, die Beziehung zum bisherigen Wissen und zu anderen Quellen, Rückfragen, Gegenüberstellungen.

6. Recherchieren Sie im Internet zu Ihrem selbst gewählten Thema (Aufgabe 2, S. 24).
7. Besprechen Sie auf Grund Ihrer eigenen Erfahrungen die Chancen und Risiken des Internets beim Recherchieren in Ihrer Arbeitsgruppe/Klasse.

Quellenprotokolle anfertigen

Auf Grund Ihrer Recherchen haben Sie umfangreiche und vielfältige Texte, Materialien, Aufzeichnungen zusammengetragen und auf Brauchbarkeit hin geprüft. Sie haben Mitschnitte oder Mitschriften von Interviews o. Ä. bearbeitet und Dokumente (z. B. Institutsprospekte) durch Markierungen in ihrer Informationsfülle eingegrenzt.
Sie müssen nun alle ermittelten und vorsortierten Informationen für sich selbst verfügbar halten und daraufhin überprüfen, inwieweit sie zu bestimmten Teilbereichen Ihrer Arbeit passen und ob sie in Auszügen in den Dokumenten-Anhang gelangen sollen. Hierzu eignen sich **Übersichtsblätter,** die Sie sich vorab herstellen, als Kopie vervielfältigen und ausgefüllt in Ihre **Arbeitsmappe** legen. Nach folgendem Muster (DIN-A 4-Format) können Sie auf jedem Blatt dann eine Art **Quellenprotokoll** erstellen, das ▷ bibliografische Angaben, ▷ Exzerpte und eigene Bewertungen enthält. Alle benutzten Quellen, auch die aus den elektronischen Netzen gewonnenen Informationen, müssen exakt, d. h. nach den Normen wissenschaftlichen Arbeitens, in Ihrer Facharbeit aufgeführt sein. ▷ S. 29 f., 17 f.

Quellenprotokoll

Quelle Nr.: …	
Art des Materials (ggf. Signatur):	*TEXT – BILD – MATERIAL – DOKUMENT – AUFZEICHNUNG – KOPIE*
Brauchbar für Punkt … *und …* *(Gliederung)* *(Raum für Exzerpte, Konspekte, Zusammenfassungen, eigene Skizzen, Grafiken, Seitenangaben für wörtliche Zitate)*	*Verfasser: …* *Titel: …* *Zeitschrift/Lexikon/CD-ROM/WEB-Page* *Erscheinungsort/-jahr; Seite(n)* *Gibt Antwort auf die Fragestellung: …* *Lässt sich verknüpfen mit …* *Kommentare: …*

Die Kommentare, die Sie selbst vornehmen, sollen Ihre Bewertung zur Qualität des jeweiligen Inhalts der Quelle widerspiegeln (Kritik/Zustimmung) und können einen Verweis herstellen zu ähnlichen oder ganz anderen Ansichten, die Sie kennen gelernt haben. Sie können sich beziehen auf die Art des Textes, den Stil (z. B. Polemik) und die Autorabsicht und/oder auf die Entstehungssituation. Dieses gilt auch für Aufzeichnungen von Gesprächen o. Ä.

8. Erproben Sie die Erstellung eines solchen Quellenprotokolls anhand Ihrer Bearbeitung des Textes über Karoline von Günderode (▷ S. 18 f.). Berücksichtigen Sie in Ihrem Quellenprotokoll biografische Angaben, Exzerpte, wichtige Zitate und Kommentare zur Textabsicht. Benutzen Sie ggf. auch die Rückseite Ihres Arbeitsblatts.
9. Ergänzen Sie das Quellenprotokoll im Hinblick auf den thematischen Kontext: Zu welchen Fragestellungen gibt das Material Auskunft?

Zitieren

Wollen Sie in Ihrer Facharbeit Textstellen als Belege anführen, gibt es hierfür drei Möglichkeiten:

- das umfangreichere Textzitat (in sich geschlossen als Satz oder als Folge von Sätzen wiedergegeben),
- die Einbindung eines Teilzitats in eigene hinführende oder erläuternde Sätze,
- die Paraphrasierung, d.h. die indirekte, meist stark zusammenfassende Wiedergabe des Gelesenen (oder Gehörten), in der Regel in der indirekten Rede mit Konjunktiv.

10. In der folgenden Facharbeit einer Schülerin der Oberstufe wird aus einem schriftlich vorliegenden Autoreninterview zitiert. Der erläuternde eigene Text verfolgt die Fragestellung, wie ein in der Bundesrepublik lebender türkischer Autor an Erzähltraditionen anknüpft und unter welchen Bedingungen er in Deutschland schreibt (▷ Aufgabenbeispiel III, S. 23 f.). Achten Sie im folgenden Auszug aus dieser Facharbeit auf die unterschiedlichen Weisen des Zitierens und ihre sprachliche Form.

Der Autor Ömer Polat aus Gelsenkirchen hat in einem längeren Interview[1] zunächst ausgeführt, wie er die Erzähltraditionen in seiner anatolischen Heimat einschätzt:

„In Anatolien erzählen die Volkssänger (Troubadoure) in den Cafés [...] Märchen und Volksgeschichten. In diesen Geschichten und Märchen überwiegt die Übertreibung. [...] Jeder Volkssänger (bzw. -erzähler) fügt seiner Erzählung etwas von sich selbst hinzu" (S. 21). Das Publikum habe die Geschichten „wenigstens zehn Mal gehört" und wisse genau, dass sie erfunden seien, habe aber eine große Nähe zu den Erzählern. Seit dem Osmanischen Reich sei durch das Herrschaftssystem eine größere Distanz zwischen Publikum und Erzählern bzw. Autoren entstanden. Der Roman nach westlichem Vorbild und mit stärker psychologischen Fragestellungen sei aber erst mit der oft so bezeichneten Hinwendung nach Europa entstanden und erst seit der Republikgründung verbreitet. In Romanen würden nun erlebte u n d fiktive Geschichten erzählt; die Romanautoren seien aber mit ihren Themen und Motiven viel weniger im Volk verhaftet und würden erzählerisch andere, neue Techniken verwenden (vgl. S. 21/22). „Da das Volk diese ‚Leben' [gemeint: städtische Lebensräume oder erfundene Geschichten. d.V.] nicht kennt, nimmt es an, daß das im Roman Erzählte Wirklichkeit" (S. 22) sei. Es glaube häufig auch, dass die Ich-Erzähler die Autoren selbst seien, denen das Erzählte selbst widerfahren sei (vgl. ebd.). Eine Romantradition ähnlichen Umfangs wie in Westeuropa

1 **Akçora, Nergiz/Böcker, Lisa:** Du kennst dich selbst nicht. – Was soll all dies Lesen? Reflexion der Verstehens- und Darstellungsprozesse von Literatur. Erzähltexte zur Migration. Hg.: Regionale Arbeitsstelle zur Förderung ausländischer Kinder und Jugendlicher (RAA). Gelsenkirchen 1996 (= Impulse für das Interkulturelle Lernen, Heft 6), S. 19–26

gebe es in der Türkei bis heute nicht, die Fiktionalität sei nicht wirklich akzeptiert worden.
Im Fortgang seines Interviews zieht der Autor, der selbst als Lehrer arbeitet, zunächst die Folgerung, dass im schulischen Literaturunterricht analytisch viel deutlicher zwischen Autor/in und Erzähler/in unterschieden werden müsse. Dann geht er noch auf die Darstellungsweise der früh in die Bundesrepublik eingereisten türkischen Autoren ein und erklärt, warum diese vor allem dokumentarische Texte verfasst hätten, bevor er - mit sehr persönlichen Aussagen - die gegenwärtig schwierige Situation von Autoren nichtdeutscher Herkunft im Literaturbetrieb der Bundesrepublik (oder anderer westlicher Länder) beleuchtet. Diese Ausführungen sind auf den Seiten 48 bis 51 zu finden, sollen hier aber nicht mehr referierend wiedergegeben werden, da sich zu dieser Problemstellung auch ... in einem Gespräch geäußert hat, das weiter unten wiedergegeben wird.[2]

2 Vgl. S. 12 und Dokument 5 (Auszug aus einem Interview; Transkript)

Zitieren

Wörtliche Übernahmen werden durch Anführungszeichen kenntlich gemacht. Auslassungen am Anfang, in der Mitte oder am Ende sind durch [...] anzugeben. Unvermeidliche, für das Verständnis notwendige Einfügungen und Veränderungen des Zitats muss man ebenfalls durch eckige Klammern kenntlich machen. Man hält sich an die Originalorthografie und an die vorgefundene Interpunktion.

Bibliografieren

Die Bibliografie zu einer Facharbeit über Brigitte Reimann (▷ Aufgabenbeispiel II, S. 22f.) enthält u.a. nachfolgende Titeleinträge:

Bibliografie:

Reimann, Brigitte: Ich bedaure nichts. Tagebücher 1955-1963. Hg. v. Angela Drescher. Aufbau-Verlag, Berlin, 4. Aufl. 1998
dies.: Alles schmeckt nach Abschied. Tagebücher 1964-1970. Hg. v. Angela Drescher. Aufbau-Verlag, Berlin, 3. Aufl. 1998
dies.: Franziska Linkerhand. Roman. Verlag Neues Leben, Berlin 1974. Ungekürzte Neuausgabe: Aufbau-Verlag, Berlin 1998
dies.: Aber wir schaffen es, verlaß Dich drauf! Briefe an eine Freundin im Westen. Hg. v. Ingrid Krüger. Aufbau Taschenbuch Verlag, Berlin 1999

Reimann, Brigitte/Wolf, Christa: Sei gegrüßt und lebe. Eine Freundschaft in Briefen 1964-1973. Hg. v. Angela Drescher. Aufbau Verlag, Berlin, 4. Aufl. 1994

Emmerich, Wolfgang: Kleine Literaturgeschichte der DDR. Erweiterte Ausgabe. Luchterhand Literaturverlag, Frankfurt a.M. 1989

Gottlieb, Margret: „... als wär jeder Tag der letzte" - Brigitte Reimann. Econ & List, München 1999

Grunenberg, Antonia: Aufbruch der inneren Mauer. Politik und Kultur in der DDR 1971-1990. Kapitel IV: Erzählende Literatur als Medium von Bewußtseinslagen und Konflikten. Abschnitte 1-3. Edition Temmen, Bremen o.J., S. 139-182

Klatt, Gudrun: Brigitte Reimann in ihren Briefen und Tagebüchern. In: Weimarer Beiträge. Zeitschrift für Literaturwissenschaft, Ästhetik und Kulturtheorie. Berlin/Weimar 1984, Heft 10, S. 1707-1714

Oberembt, Gert: Die Haut aus Beton (Brigitte Reimann „Franziska Linkerhand" - in der Neuausgabe ungekürzt). In: Rheinischer Merkur vom 6.11.1998, S. 12

Plavius, Heinz: Häuser, Bücher, Städte für Menschen. [Zu: „Franziska Linkerhand"] In: Neue Deutsche Literatur. Hg. v. Schriftstellerverband [der DDR]. Berlin 1975, Heft 1, S. 141-147

Bildnachweis: Die Fotos entstammen dem Verlagsprospekt 1999 des Aufbau Verlags.

11. Achten Sie darauf, in welcher Form Autor/in, Titel, Untertitel, Verlag, Erscheinungsort, Erscheinungsjahr, Seite(n) angeführt sind, wie man Artikel aus Zeitungen (Zeitschriften) oder Buchauszüge bibliografiert und einen Bildnachweis führt.

Dokumentieren

Entscheidend für den Vorgang des Dokumentierens ist es, dass eine Leserin oder ein Leser der Facharbeit im fortlaufenden Text einen eindeutigen Hinweis erhält, welches umfangreichere (den Text der Facharbeit sprengende) Material im Anhang wie dokumentiert und nummeriert ist. Hierzu bietet es sich an, mit Verweiszeichen und/oder Kürzeln zu arbeiten, wie dies in den nachfolgenden Abbildungen deutlich wird.

12. Machen Sie sich anhand der auf S. 31 f. abgedruckten Materialien klar, welche Art von Dokumenten für Facharbeiten in Frage kommen und wie man sie deklariert.

In einer Facharbeit zum Thema „Leben und Schreiben in der Fremde, dargestellt am Beispiel türkischsprachiger Autor(inn)en im Ruhrgebiet“ (▷ S. 23 f.) könnte man folgende Dokumente finden:

Dokument 1

Mevlüt Asar
DILEMMA DER FREMDE
Şiirler/Gedichte

GURBET İKİLEMİ
ORTADOĞU

Buch-Titel

Dokument 2

INHALT

99

Inhaltsverzeichnis zu „Dilemma der Fremde“

Material 1

GURBET İKİLEMİ

Ah benim şaşkın gönlüm
Bırak ustası kursun
Çağlarca uzun köprüleri
Bir kıtadan bir kıtaya

Şaşırtmasın seni
Orta yerinde Avrupa'nın
Mercedes süren
Kasketli hemşerin

Doğduğun Anadolu köyü
Öte yakası evrenin
Adına "gurbet" dediğin bu toprak
Filozoflar eskitir
Üstünde başak değil
Fabrika bacası yeşerir

Öğrensen dillerini türkülerini
Yansa da yüksek fırın ateşinde tenin
Hoş gelse de kulağına çan sesleri
Dinlenmez bu ülkede
İnsana olan sevdan senin

DILEMMA DER FREMDE

Ach mein dummes Herz
Laß den Meister bauen
Die Brücke über Jahrhunderte
Von einem Kontinent zum anderen

Laß dich nicht verwirren
Von deinem Landsmann mit Bauernmütze
Der mitten in Europa
Einen Mercedes fährt

Dein anatolisches Dorf, wo du geboren bist
Liegt am anderen Ende des Universums
Dieses Land hier, das du Fremde nennst
Wie nutzlos sind seine Philosophen
Auf diesem Boden wachsen keine Ähren
Nur Fabrikschornsteine

Wenn du auch ihre Sprache ihre Lieder lernst
Und deine Haut auch brennt im Hochofenfeuer
Die Kirchenglocken schön für deine Ohren sind
In diesem Land wird deine Menschenliebe
Nie gehört

Vollständiger Gedichttext, aus dem zitiert oder der interpretiert wurde (zweisprachig)

Dokument 3

Titel einer Veröffentlichung des Kultursekretariats Nordrhein-Westfalen

Dokument 4

Titel einer Veröffentlichung einer Regionalen Arbeitsstelle zum Thema

Dokument 5

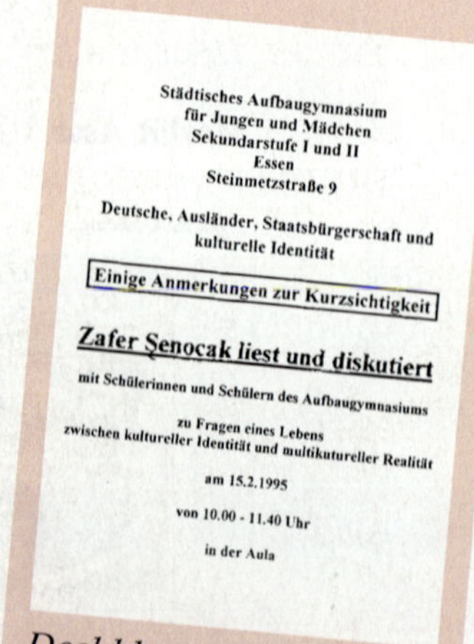

Deckblatt eines Veranstaltungsleporellos

Arbeitsschritte bei der Facharbeit im Überblick

(1) Frage- und Problemstellung (mit Beratung) ausdifferenzieren
(2) Recherchieren
(3) Informationen zusammenstellen und in Quellenprotokollen qualifizieren
(4)
- Texteinleitung schreiben und ggf. zum Abschluss des Gesamtschreibvorgangs überarbeiten
- Text für den Hauptteil gliedern, konzipieren, schreiben und überarbeiten
- Schlussteil als Ergebniszusammenfassung schreiben

(5) Dokumente in den Text eingliedern und/oder für den Anhang aufbereiten, dabei ▷ Visualisierungsmöglichkeiten prüfen ▷ S. 33 ff.
(6) Fertigstellung (am besten am PC):
- Layout für den Gesamttext entwerfen
- Deckblatt
- Inhaltsverzeichnis mit Seitenangaben
- Bibliografie
- Bezeichnungen auf Materialien im Anhang mit Textverweisen abgleichen
- Endkorrektur
- Versicherung, selbstständig gearbeitet zu haben

(7) Gegebenenfalls eine Dokumentation des eigenen Arbeitsprozesses (Entwürfe, Überarbeitungen) beifügen und dabei auf Probleme und Umwege eingehen

Die Erfolg versprechende Erstellung von Facharbeiten hängt im Wesentlichen ab
- von einer detaillierten Planung, die die eigenen Arbeitsstile und auch -probleme berücksichtigt;
- von der themengerechten Verarbeitung der recherchierten Informationen und
- von einer angemessenen Präsentation der Ergebnisse.

1.5 Visualisieren – Präsentieren – Referate halten

Visualisieren und Präsentieren

Lernleistungen kann man spürbar steigern, wenn man beim Lernen mehrere Sinne nutzt. Dabei ist es besonders wichtig, neben der üblichen verbalen Vermittlung Informationen auch mit den Augen aufzunehmen. Viele haben ein gutes visuelles Gedächtnis, das nicht ungenutzt bleiben sollte. Durch optische Reize wird die Aufmerksamkeit stark erhöht. Stützen Sie sich auch auf visuelle Darstellungen – und nicht nur auf Worte –, wenn Sie

- Texte erschließen und gedanklich verarbeiten wollen,
- Informationen effektiv notieren wollen,
- Informationen an andere weitergeben wollen, z. B. in einem Referat,
- Informationen aufbereiten wollen, z. B. bei der Vorbereitung für eine Klausur.

Schnittmengengrafik: Arten der Präsentation

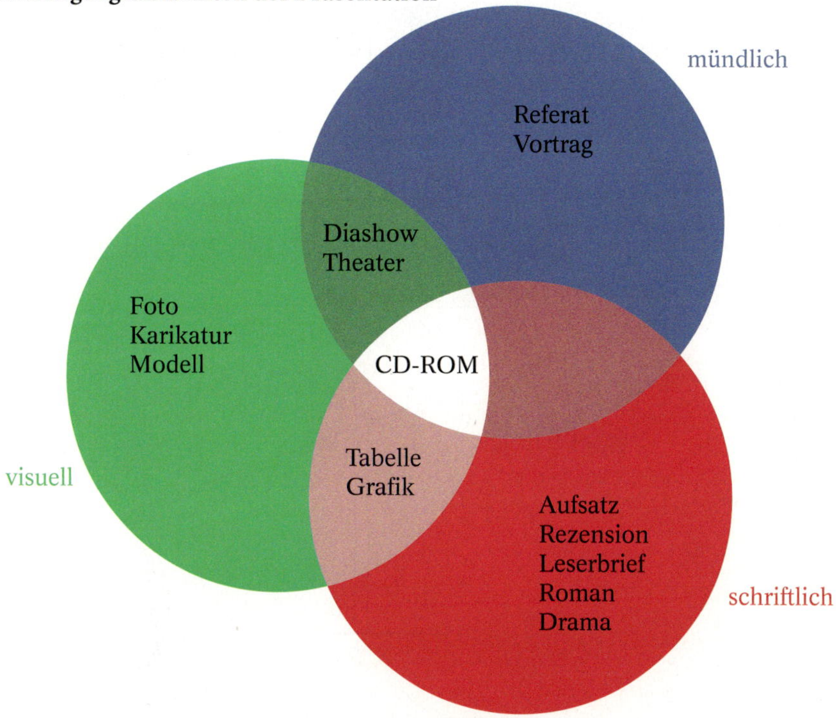

1. Ordnen Sie die folgenden Begriffe in die Schnittmengengrafik ein:

Diagramm *Poster* *Web-Page* *Gedicht* *Overhead-Folie*
Karte *Debatte* *Diskussion* *Skulptur*

2. Stellen Sie eine Schnittmengengrafik (drei Kreise) für die Bereiche „Sturm und Drang", „Klassik" und „Autoren zwischen 1760 und 1830" her. Nutzen Sie dabei die Informationen im Kapitel B III 2: „Von der Aufklärung zum Vormärz" (▷ S. 258 ff.).

Tipp Verwenden Sie die Schnittmengengrafik, um sich auf Klausuren vorzubereiten.

Stichwortbild

Visuelle Informationsaufarbeitung und -vermittlung ist besonders wirkungsvoll, wenn einzelne Informationselemente so zueinander in Beziehung gesetzt werden, dass sich ein aufschlussreiches Bild ergibt. Dieses Verfahren ist vielfältig einsetzbar, z. B. bei der **Erschließung von literarischen Texten.**

3. a) Lesen Sie die Erzählung „Ein netter Kerl" von Gabriele Wohmann (▷ S. 483).
   b) Erläutern Sie, inwiefern sich der Verlauf der Handlung in Form zweier Waagen darstellen lässt.

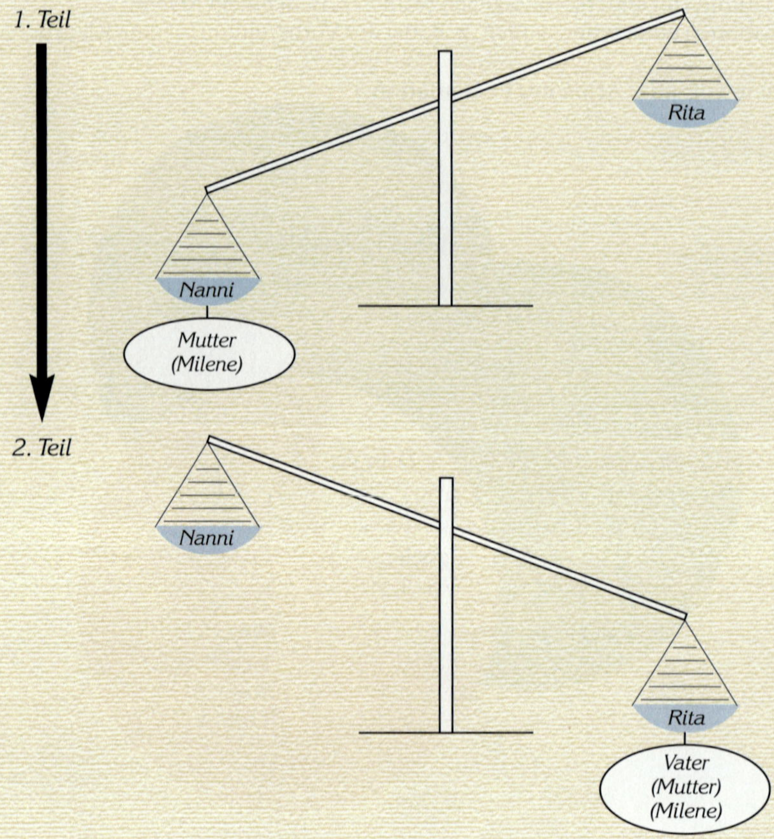

4. Ergänzen Sie die wichtigsten Informationen in dem Stichwortbild:

Hohe Redeanteile, Belustigung auf Kosten anderer, Körpersprache („sie drückte die Fingerkuppen fest ans Holz"), ironische Wiederholung, Sarkasmus, betretenes Schweigen ...

5. Entwerfen Sie selbst Stichwortbilder für Gedichte, Dramen oder Erzählungen, die Sie bearbeitet haben.

6. Nutzen Sie das folgende Zweigdiagramm, um den Anfang des Romans „Der Prozess“ von Franz Kafka (▷ S. 162 f.) gedanklich zu erschließen. Zugleich können Sie so die Ergebnisse Ihrer Analyse übersichtlich darstellen.
   a) Klären Sie den Begriff „Verhaftung“. Was sind seine Bedeutungsmerkmale, z. B. im Gegensatz zu „Einsperren“ oder „Arrest“?
   b) Machen Sie in Ihrem Diagramm klar, welche Bedeutungskomponenten des Begriffs „Verhaftung“ Kafka im Verlauf der ersten Romanseiten außer Kraft setzt.

Zweigdiagramm

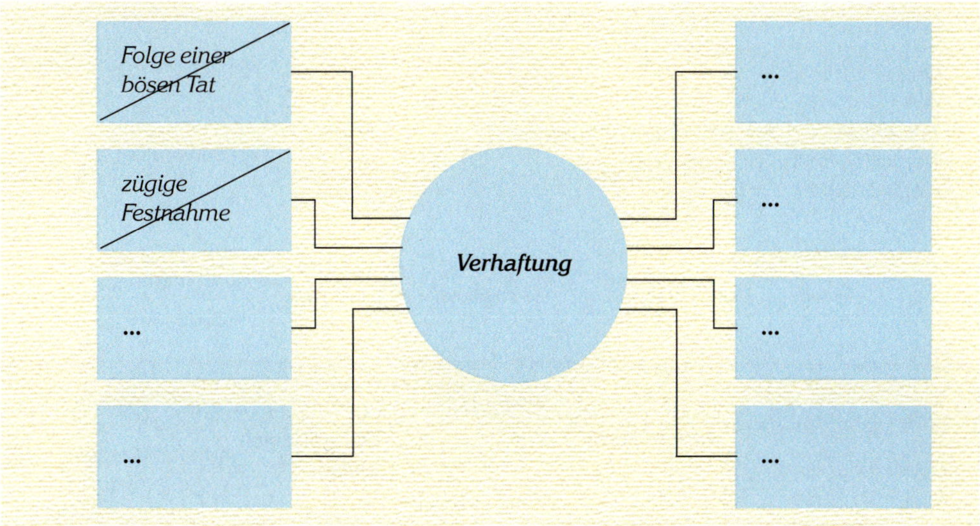

7. a) Wählen Sie einen Text aus, den Sie bereits erarbeitet haben, und setzen Sie Ihre Einsichten in ein Zweigdiagramm oder eine der folgenden Diagrammformen um.
   b) Vergleichen Sie Ihre Ergebnisse und klären Sie, welche Diagrammform für welche Art von Information am besten geeignet ist.

Netzdiagramm

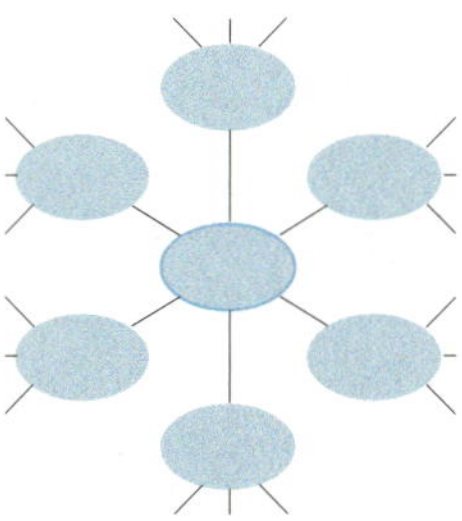

Flussdiagramm

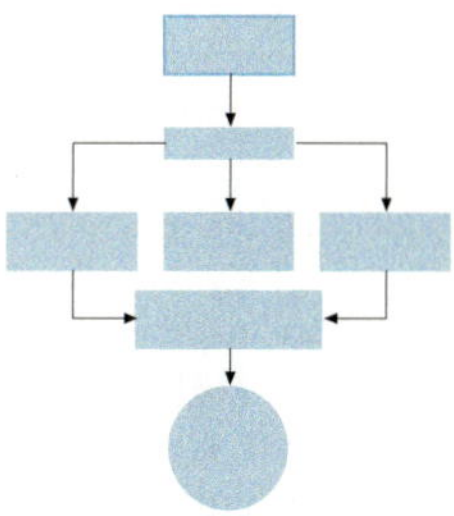

Baumdiagramm

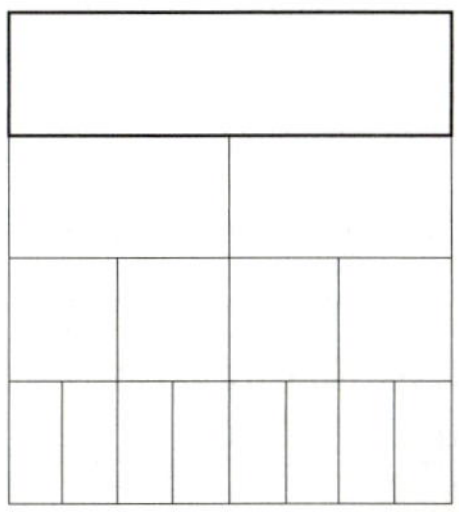

Tabelle

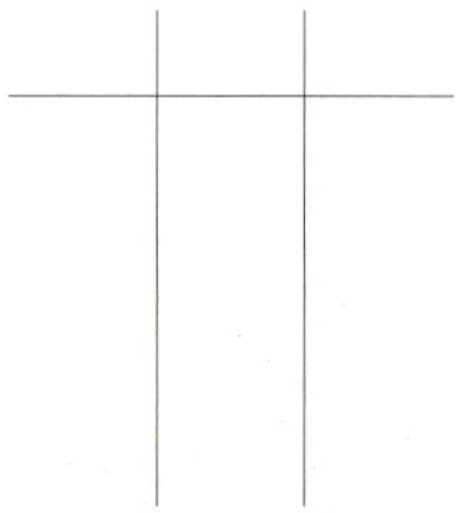

Mind-Map

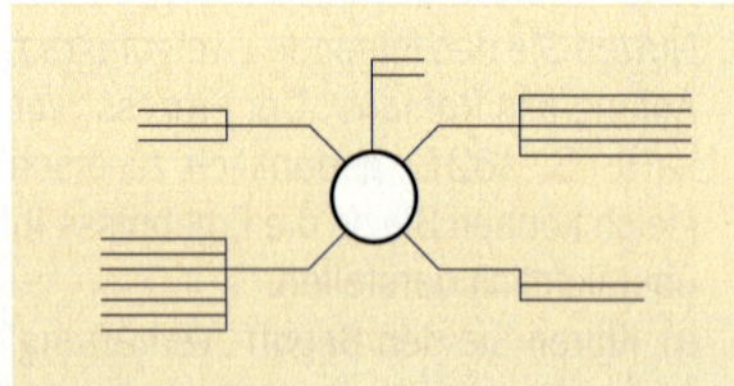

Visualisierungstechniken, wie z. B. die Mind-Map (Gedankenlandkarte), unterstützen das selbstständige Lernen. Mit einer Mind-Map können Sie

- erste Ideen zu einem Thema entwickeln,
- Ihr Verständnis von einem Begriff oder Sachverhalt gedanklich gegliedert festhalten,
- den Stoff für eine Klausur noch einmal auf andere Weise aufbereiten.

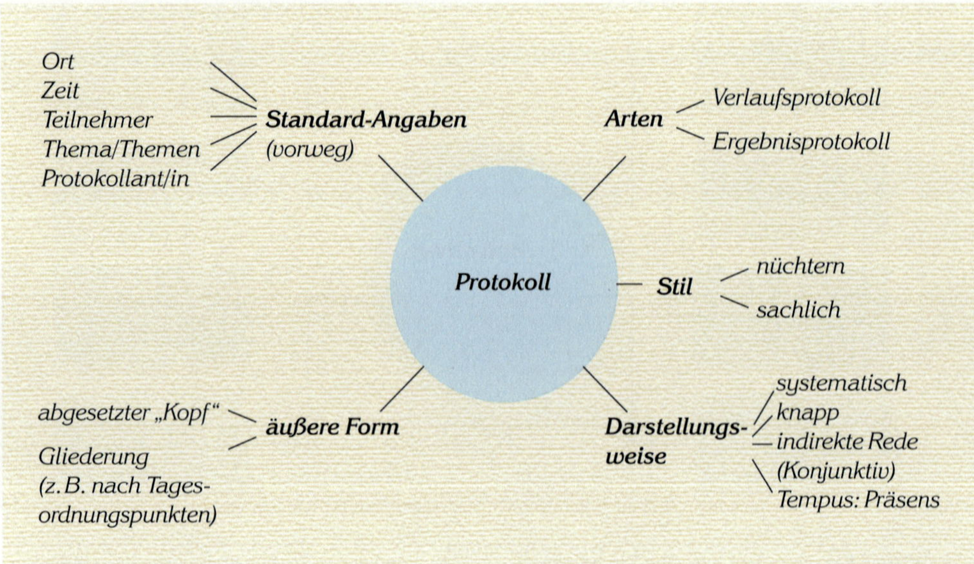

8. Fassen Sie in einer ähnlich aufgebauten Mind-Map zusammen, was eine **Facharbeit** ausmacht und welche Anforderungen mit ihr verbunden sind (▷ S. 19 ff.).
9. Entwickeln Sie eine Mind-Map zu einer **literarischen Epoche,** die Sie kennen. Orientieren Sie sich dazu im entsprechenden Kapitel des Bereichs B III: „Epochen der deutschen Literatur“ (▷ S. 240 ff.).

Referate halten

In einem **Referat** wird ein fachlich abgegrenztes Thema erschlossen und adressatengerecht dargestellt. Da die Ausarbeitungen in der Regel anderen mündlich vermittelt werden müssen, ist eine sinnvolle, die Informationsvermittlung erleichternde **Gliederung** notwendig. Um die Adressaten so intensiv wie möglich anzusprechen, sollte der Vortrag

- nicht vom Papier abgelesen, sondern – auf einige **Karteikarten** oder Stichwortzettel gestützt – möglichst frei gehalten werden,
- durch **Visualisierungstechniken** unterstützt werden,
- evtl. durch ein **Thesenpapier** ergänzt werden, auf dem zentrale Aussagen festgehalten sind.

Der Referent bzw. die Referentin sollte sich darauf einstellen, nach dem Vortrag Zuhörerfragen zu beantworten und/oder für eine Diskussion zur Verfügung zu stehen. In der folgenden Übersicht sind die einzelnen Arbeitsschritte im Vorfeld und während eines Referats stichpunktartig zusammengestellt.

Übersicht zur Anfertigung und Präsentation eines Referats

- **Thema abgrenzen**

- **Recherchieren** (Informationen sammeln)
  - □ Lexika
  - □ Expertengespräch
  - □ Bibliothek
    - □ Stichwortkatalog
    - □ Autorenkatalog
    - □ Inhaltsverzeichnisse und Indizes von Büchern
  - □ Internet
    - □ Suchprogramme (yahoo etc.)

  ↓ *Kopieren* (nicht zu viele Kopien anfertigen)

  ↓ ▷ *Exzerpieren* (stichpunktartig; für jede wichtige Information eine eigene Karteikarte anfertigen)

  ↓ ▷ *Zitieren* (nur ganz zentrale Aussagen wortwörtlich übernehmen!)

▷ S. 17 f., 28 f.

- **Informationen verarbeiten**
  - □ Das Material **gliedern** (Karteikarten können sortiert, zu Teilbereichen gruppiert werden)
  - □ Das Material visuell gestützt gedanklich verarbeiten

    ↓ Stichwortbilder ↓ Tabellen ↓ Diagramme
  - □ Die Gliederung fixieren (die sortierten Karteikarten mit „Kapitelüberschriften" versehen)

- **Vortrag vorbereiten**
  - □ Visuelle Unterstützung des Vortrags überlegen (z. B. schriftliche Gliederung an der Tafel, Folien oder Lernplakate zu Stichwortbildern, Diagrammen etc.)
  - □ Schwer merkbare Fakten (z. B. schwierige Namen, Jahreszahlen) auf den Karteikarten farbig markieren
  - □ Sich gedankliche Zusammenhänge für einen freien Vortrag einprägen, z. B. anhand von Symbolen

- **Vortrag halten**
  - □ Gegliederter Vortrag: neue Teilbereiche jeweils erst benennen, dann in Einzelheiten gehen
  - □ Blickkontakt mit den Zuhörer/innen halten (frei sprechen)
  - □ Pausen machen, Redetempo und Lautstärke variieren
  - □ Gestik und Mimik bewusst verwenden
  - □ Auf Reaktionen der Zuhörer/innen achten und den Gedankengang evtl. noch einmal präzisieren oder veranschaulichen

- **Vortrag auswerten**
  - □ Die Zuhörer/innen um Auskunft bitten, ob die unter „Vortrag halten" genannten Punkte eingehalten wurden

1.6 Texte überarbeiten

Der folgende Beispieltext enthält eine Reihe typischer Darstellungsmängel und Formfehler. Es handelt sich um kurze Auszüge aus einem Interpretationsaufsatz, der sich mit dem Roman „Das Parfüm" von Patrick Süskind befasst.

In dem historischen Roman von Patrick Süskind „Das Parfüm", wird die Geschichte des Maßenmörders Genouille erzählt, der eine besondere Fähigkeit besitzt: Er kann besser riechen als jeder andere Mensch.

Grenouille wird an einem Fischstand, wo er nach der Geburt von seiner Mutter liegen gelassen wird. Da Grenouille durch seinen Schrei gefunden wird und seine Mutter hingerichtet wird, wird er also von verschiedenen Hebammen aufgezogen. Am Ende seiner Kindheit, arbeitete er zuerst bei einem Gerber und danach als Parfumeur. Nachdem er die Kunst des Konservierens von Gerüchen gelernt hat verlässt er also seinen Meister Baldini und lebt sieben Jahre lang in einer Höhle, wo er ganz alleine war. Als er wieder raus in die Welt geht, erregt er bei den ganzen Leuten Aufsehen. […]

Schließlich gelingt es Grenouille, ein neues Opfer zu finden das er umbringt. Auf den Seiten 277 bis 280 kann man durch folgende Textstellen auf Bezugstexte des Romans wie die Weihnachtsmesse schließen. Auf Seite 278 kann man auf den Bezugstext, dass Evangelium nach Lukas, schließen, denn auf der Seite 278 sagt er: „… in tiefster Nach bei seinem Opfer saß und wachend wartete".
Im Evangelium sagt Lukas: „… Hirten, die auf dem Felde Nachtwache hielten …". […]

▷ S. 14

1. Drei bis fünf Schüler/innen bilden je eine ▷ **Schreibkonferenz,** die über den Beispieltext beraten soll.
   a) In der Schreibkonferenz werden zunächst erste Reaktionen auf den Text gesammelt und notiert.
   b) Anschließend wird eine Überarbeitung vorbereitet: Jede/r nutzt eine der auf S. 39/40 vorgeschlagenen Verbesserungsproben und notiert einige Umarbeitungsvorschläge.
   c) Die Vorschläge werden der Gruppe vorgestellt, diskutiert und weiterentwickelt.
   d) Arbeitsteilig werden die drei Abschnitte des Textes schriftlich umgearbeitet. Das Ergebnis wird in der Gruppe noch einmal vorgelesen.

2. Nutzen Sie die Methode der Schreibkonferenz regelmäßig, um Ihre Hausaufgaben- oder Klausurtexte stetig zu verbessern. Dabei sollten Sie folgende **Nachschlagematerialien** hinzuziehen: Rechtschreibwörterbuch, Stilwörterbuch, Fremdwortlexikon, Wörterbuch sinnverwandter Begriffe.

Checkliste zur stilistischen Überarbeitung eines Textes

Ersatzprobe

- Falsch geschriebene Wörter mit Hilfe der Tipps auf S. 44–47 und eines Wörterbuches durch die richtige Schreibung ersetzen.
- Zu unpassenden Wörtern mit Hilfe eines Stilwörterbuchs Alternativen vorschlagen.
- Aus der folgenden In-/Out-Liste Alternativen wählen:

In-/Out-Liste

In geschriebenen (nicht in gesprochenen) Texten verwendet man

statt	*besser*
runter(gehen)	hinunter(gehen), herunter(gehen)
rauf(laufen)	hinauf(laufen), herauf(laufen)
mal	einmal
die ganzen (Leute)	alle (Leute)
was für (Geld)	welches (Geld)
so (Personen)	solche (Personen)

- Mit Hilfe des Thesaurus am PC Alternativen zu unpassenden Wörtern suchen.
- Wortfelder nutzen, z. B.:

Wortfeld „sagen“

Der Autor/die Autorin

sagt	behauptet/stellt die Behauptung auf	versichert
weist darauf hin, dass	wirft die Frage auf	lässt durchblicken
führt aus	überlegt	berichtet
macht deutlich/klar	macht sich Gedanken darüber	beschreibt
stellt fest	will wissen	schildert
erklärt, dass	fordert dazu auf	erzählt
geht davon aus, dass	gibt zu verstehen	kündigt an
meint/vertritt die Meinung	lässt einfließen	klagt
ist der Ansicht	stellt dar	gibt Hinweise
lässt erkennen	vertritt die These	fährt fort
gibt zu bedenken, dass	argumentiert	ergänzt

- Bei Interpretationen, Erörterungen etc.: Auflistungen von Fachbegriffen nutzen, um ihre richtige Verwendung im Text zu überprüfen.

Weglassprobe

- Im Text Wörter finden, die wenig aussagen und die man streichen könnte.
- Prüfen, ob der Text Wörter aus der folgenden Liste enthält, und an der konkreten Textstelle klären, ob das Wort entfallen kann:

Füllwörter

Wörter wie die folgenden werden manchmal ohne einen besonderen Grund verwendet und sind im Textzusammenhang sinnlos.

also	irgendwie	eigentlich	natürlich
ja	gewissermaßen	(ein)mal	letztendlich

- Sätze oder ganze Abschnitte streichen, die eher vom Kern der Sache wegführen.

Erweiterungsprobe

- Mit Hilfe der Regeln auf S. 48 fehlende Kommas und sonstige Zeichen einfügen.
- Prüfen, an welchen Stellen Wörter ergänzt werden müssten, um eine optimale Information der Leserin/des Lesers zu erreichen.
- Wo es nötig erscheint, zusätzliche, weiterführende Gedanken notieren, die eine Aussage mehr entfalten und präzisieren.
- Durch Einfügen von „Gelenkwörtern" die logische Struktur des Textes verbessern:

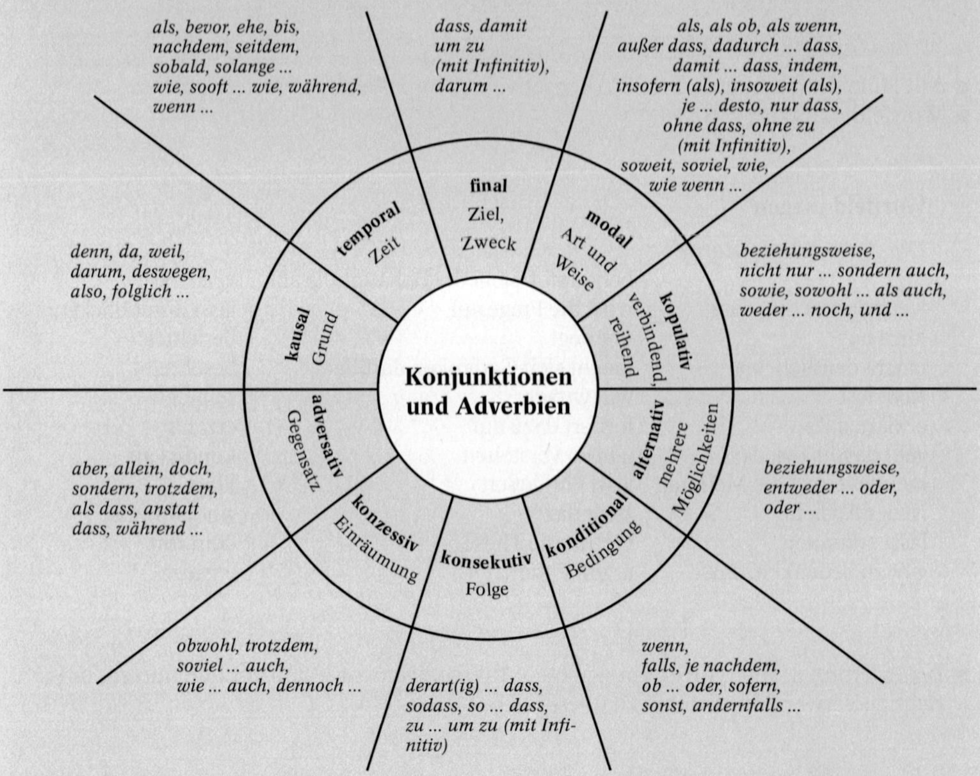

Umstellprobe

- Satzglieder umstellen, um den Satzbau zu verbessern.
- Textaussagen verschieben, um einen klareren Aufbau der Gesamtaussage zu erzielen.

1.7 Wiederholungskurs: Grammatik, Rechtschreibung, Zeichensetzung

Wortarten

Der gesamte Wortschatz unserer Sprache (ca. 350 000 Wörter) wird in Wortarten eingeteilt, wobei im Wesentlichen drei Prinzipien maßgebend sind:
(1) Bedeutung,
(2) Form und
(3) Verwendung im Satz.

(1) Die deutschen Bezeichnungen wie etwa „Tätigkeitswort", „Eigenschaftswort" oder das altertümliche „Dingwort" weisen darauf hin, dass die Wortarten einen bestimmten **Bedeutungsinhalt** vertreten. Das semantische (die Bedeutung betreffende) Einteilungsprinzip ist allerdings umstritten, weil es nicht zu einer trennscharfen Abgrenzung führt: Nomen wie *Glück, Freundschaft, Anblick* bezeichnen keine Dinge, Verben wie *sein* oder *haben* keine Tätigkeiten.

(2) Unter dem Gesichtspunkt der **Form** können die Wörter in veränderliche (flektierbare) und unveränderliche (nicht flektierbare) eingeteilt werden. Bei den flektierbaren Wörtern unterscheidet man weiter in konjugierbare (Verben) und deklinierbare (Nomen/Substantive, Adjektive, Artikel, Pronomen). Die nicht flektierbaren Wörter (Adverbien, Präpositionen, Konjunktionen, Interjektionen) werden Partikeln genannt.

Überblick über die Wortarten

flektierbar (veränderlich)

Konjugation → Verb

Deklination → Nomen/Substantiv, Adjektiv, Numeral, Artikel, Pronomen

Verb (Zeit-/Tätigkeitswort)	**Nomen/ Substantiv** (Hauptwort)	**Adjektiv** (Eigenschaftswort)	**Numeral** (Zahladjektiv)	**Artikel** (Geschlechtswort)	**Pronomen** (Fürwort)
lesen gehen werden sein wollen	*Buch Bedeutung Computer Karin*	*groß rot lieblich bedeutsam*	*zwei dritte viel manche*	*der, die, das ein, eine*	*ich, du, sie mein, dein, sein dieser, jener, der, welcher man, jeder wer? was?*

Verb bis Adjektiv: Hauptwortarten (90 % des Gesamtwortschatzes)

Artikel und Pronomen: Begleiter und Stellvertreter des Substantivs

nicht flektierbar
(unveränderlich)

Adverb (Umstandswort)	Präposition (Verhältniswort)	Konjunktion (Bindewort)	Interjektion (Ausrufewort)
dort, heute, gern, sehr, hoffentlich, deshalb	*an, auf, in, vor, nach, während, wegen, ohne*	*und, aber, denn, als, dass, weil*	*ach! oh! au! bitte?*

Partikeln

(3) Beim Gebrauch erscheinen die Wörter (Wortarten) nicht isoliert, sondern eingebunden in Sätze. Der Sprecher folgt dabei syntaktischen Regeln, was dazu führt, dass einige Wortarten sich im Schwerpunkt an bestimmten **Positionen des Satzes** einfinden. So wird das Prädikat im Deutschen grundsätzlich durch eine Verbform gebildet; das Subjekt enthält in der Regel ein Substantiv (Nomen) oder dessen Stellvertreter (Pronomen).
Die syntaktischen Regeln legen zugleich die grammatische Einordnung der Wortarten in den Satz fest. Die folgende grafische Darstellung verdeutlicht die **grammatischen Funktionen** von Verb und Nomen/Substantiv.

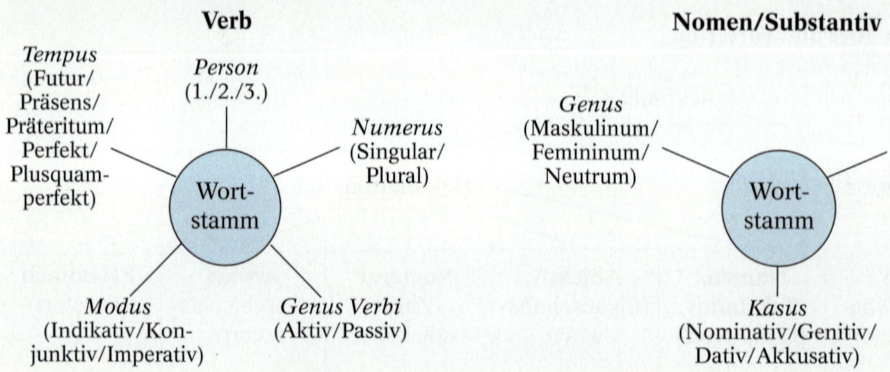

Satzglieder und Gliedsätze

Die Grundbausteine eines Satzes sind die **Satzglieder** (Subjekt, Prädikat, Objekt, adverbiale Bestimmung). Sie lassen sich durch Verschiebeproben oder durch Frageproben (▷ S. 43) ermitteln.
Die Sätze werden nach ihrer Bauform in **Haupt-** und **Nebensätze** unterschieden. Der Hauptsatz ist ein selbstständiger Satz, während der Nebensatz immer vom Hauptsatz abhängt. Die Verbindungen von Hauptsätzen bilden eine **Satzreihe** (Parataxe); die Verknüpfung von Haupt- und Nebensatz ergibt ein **Satzgefüge** (Hypotaxe).
Die **Nebensätze** können der Form, aber auch der Funktion nach unterschieden werden; der Form nach entsprechend dem Einleitewort: Relativsatz (*der, welcher* etc.), Konjunktionalsatz (*dass, wenn* etc.), Interrogativsatz (*wer, ob* etc.); der Funktion nach: Subjekt-, Objekt-, Attribut- und Adverbialsatz. Die letztgenannten Bezeichnungen bringen zum Ausdruck, dass die unter-

schiedenen Nebensätze das entsprechende Satzglied vertreten. Sie werden deshalb auch **Gliedsätze** genannt. So lässt sich etwa eine adverbiale Bestimmung in einen Adverbialsatz umformen.

Beispiel: *Wegen des schlechten Wetters* bleibt er zu Hause.

↓

Weil das Wetter schlecht ist, bleibt er zu Hause.

Die folgende Tabelle gibt einen Überblick über Merkmale und Funktionen der Satzglieder. Die **Adverbialsätze** werden auf S. 44 gesondert aufgeführt, da ihre Unterscheidung erfahrungsgemäß Schwierigkeiten bereitet.

Satzglieder

Satzglied	**Subjekt**	**Prädikat**	**Akkusativobjekt**
Frage	Wer?/Was?	–	Wen?/Was?
Beispiel	*Der Regen* macht mich traurig.	Er *schläft*.	Er weiß *das* genau.
Besonderheit	ersetzbar durch Subjektsatz: *Dass es regnet, …*	Prädikate sind oft mehrgliedrig: Er *hat* gestern *geschlafen*.	ersetzbar durch Objektsatz: Er weiß genau, *dass …*

Satzglied	**Dativobjekt**	**Genitivobjekt**	**Präpositionalobjekt**
Frage	Wem?	Wessen?	Für wen/was? Auf wen/was? etc.
Beispiel	Sie gibt *ihm* das Buch.	Sie gedenken *der Toten*.	Er freut sich *über das Buch*. Er dankt ihr *für…*
Besonderheit	–	sehr selten	ersetzbar durch entsprechende Pronominaladverbien: Sie freut sich *darüber*. Er dankt ihr *dafür*.

Satzglied	**adverbiale Bestimmung** (der Zeit, des Ortes, des Grundes etc.)	**Prädikatsnomen**	**Attribut**
Frage	Wann? Wo? Warum? etc.	–	Was für ein?
Beispiel	Sie kommt *morgen*. Er bleibt *wegen des Unwetters* zu Hause.	Er ist *Schüler*. Sie blieb *bescheiden*.	Sie liest ein *spannendes* Buch. Er mag Bücher *über Pferde*.
Besonderheit	ersetzbar durch Adverbialsatz	Prädikatsnomen sind Ergänzungen zu den Verben *sein, bleiben* und *werden*.	Attribute sind **Teile** von Satzgliedern, ersetzbar durch Relativsätze: Er mag Bücher, *die von Pferden handeln*.

Überblick über die Adverbialsätze
Die Adverbialsätze entsprechen ihrer Bedeutung und grammatischen Funktion nach den adverbialen Bestimmungen. Ihre Bezeichnung richtet sich nach den einleitenden Konjunktionen.

Art des Gliedsatzes	Häufig verwendete Konjunktionen	Beispielsatz
Temporalsatz (Zeit)	*während, als, bis, sooft, wenn, nachdem, bevor, sobald, seitdem*	*Während* Klaus Musik hörte, las Monika ein Buch.
Kausalsatz (Grund)	*weil, da, zumal*	Er kam zu spät, *weil* er aufgehalten wurde.
Konsekutivsatz (Folge)	*dass, sodass*	Er hatte intensiv gelernt, *sodass* ihm die Klausur leichtfiel.
Finalsatz (Zweck, Absicht)	*dass, damit, auf dass*	Er nahm ein Taxi, *damit* er nicht zu spät kam.
Konditionalsatz (Bedingung)	*wenn, falls, sofern*	*Falls* ich Zeit habe, werde ich dich besuchen.
Konzessivsatz (Einräumung)	*obwohl, obgleich, obschon, wenngleich*	*Obwohl* sie erkältet war, spielte sie Tennis.
Modalsatz (Art und Weise)	*dadurch, dass; indem, soweit, ohne dass, je … desto*	Das Problem lässt sich lösen, *indem* man es bespricht.
Adversativsatz (Gegensatz)	*anstatt dass, während*	Frank geht zur Bundeswehr, *während* Egon Ersatzdienst leistet.
Komparativsatz (Vergleich)	*wie, als, als ob, wie wenn, als wenn*	Es kam ihm so vor, *als wenn* er etwas gehört hätte.

Rechtschreibung

Obwohl Formen mündlicher Kommunikation (Telefon etc.) in den letzten Jahrzehnten deutlich zugenommen haben, hat in den meisten Berufen auch die Schriftsprache an Bedeutung gewonnen. Zu traditionellen Formen (postalischer Brief, schriftlicher Bericht) sind viele neue Mitteilungsformen hinzugekommen (Fax, E-Mail etc.). Sie alle erfordern schriftsprachliche Kenntnisse und Fertigkeiten. Damit bei all diesen Kommunikationsprozessen ein möglichst reibungsloses und zügiges Verstehen gesichert bleibt, ist eine **einheitliche orthografische Norm** erforderlich.
Als 1996 die Wiener Orthografiekonferenz ein reformiertes Regelwerk der deutschen Rechtschreibung verabschiedete und damit die Regelungen aus dem Jahr 1901 ersetzte, wurden in einigen Bereichen zwar die Entscheidungsspielräume des Einzelnen erweitert, dennoch bleibt auch weiterhin vieles normiert. Eine – zumindest weitgehende – Beherrschung dieser Normen ist Voraussetzung für die Teilnahme an wichtigen gesellschaftlichen Kommunikationsabläufen. Dies trifft besonders für den beruflichen und öffentlichen Gebrauch der Schriftsprache zu.
Die folgenden Informationen und Übungen zielen auf Orthografiefehler, die häufig auftreten.

1. **Zwei Zielscheiben**

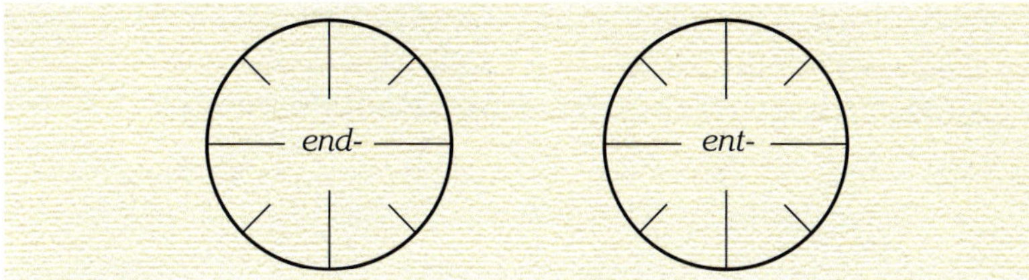

Nutzen Sie dieses Übungsverfahren, wenn es Ihnen schwerfällt, zwischen zwei ähnlichen Schreibweisen („end-"/„ent-" etc.) zu unterscheiden: Sammeln Sie mit Hilfe eines Wörterbuchs so viele Wörter wie möglich, die Ihr Schreibproblem beinhalten, und schreiben Sie sie in die beiden Zielscheiben.

2. **Symbole**

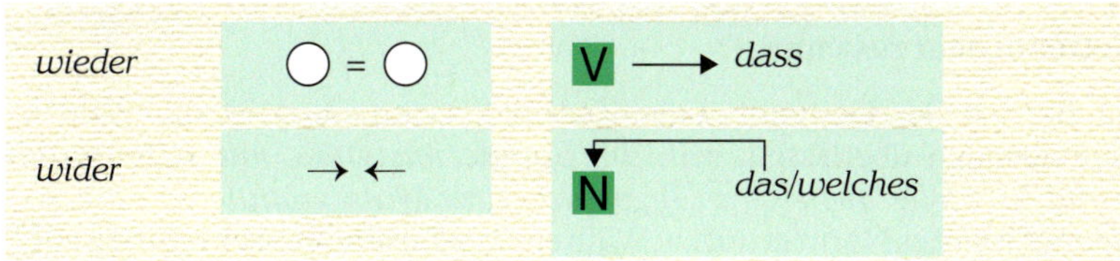

Wenn Sie ähnliche Schreibweisen (z. B. „wieder-"/„wider-", „dass"/„das") immer wieder verwechseln, können Sie sich zwei symbolhafte Zeichen überlegen, die den logischen Unterschied ausdrücken. Sammeln Sie Wörter oder Sätze und malen Sie neben jedes Wort/jeden Satz eines der beiden Symbole. Damit unterziehen Sie Ihre Schreibweise einer logischen Kontrolle.

3. Nutzen Sie die beiden Visualisierungsverfahren, um einige der folgenden Informationen zu verarbeiten.

Groß oder klein?

Nomen/Substantive werden großgeschrieben, außerdem dient die Großschreibung zur Kennzeichnung von **Satzanfängen, Eigennamen** und der **Ehrerbietung.** Schwierigkeiten ergeben sich vor allem daraus, dass alle Wortarten im Text als Nomen gebraucht werden können (*das Singen, alles Gute*) und dass ursprüngliche Nomen auch denominalisiert gebraucht werden und dann kleingeschrieben werden (*dank* seiner Spende).

Hier einige Zweifelsfälle:

groß	Beispiele
■ **nominalisierte Adjektive**	
□ auch Ordnungszahladjektive	*der Erste, der Letzte, der Nächste, jeder Zweite*
□ auch unbestimmte Zahladjektive	*alles Übrige, nicht das Geringste, jeder Einzelne*
□ auch in festen Fügungen	*im Wesentlichen, im Einzelnen, im Allgemeinen, im Dunkeln tappen*
□ auch in Paarformeln	*Arm und Reich, Alt und Jung, Groß und Klein*
■ **Farb-** und **Sprachbezeichnungen** nach Präpositionen	*auf Englisch, bei Rot*
■ Nomen in **Tageszeiten**	*heute Morgen, gestern Abend, morgen Mittag* (aber: morgens, abends, mittags)
■ Herkunftsbezeichnungen auf **-er**	*Schweizer Uhren, Berliner Luft*

klein	Beispiele
■ Herkunftsbezeichnungen auf **-isch**	*westfälischer Schinken, italienischer Salat, griechischer Wein*
■ Bestandteile von Verben wie *eislaufen, kopfstehen, leidtun* etc.	*Ich laufe eis. Er steht kopf. Es tut mir leid.*
■ *Angst, Leid, Schuld* etc. in Verbindung mit *sein, bleiben, werden*	*Mir wird angst.* (Aber: Ich habe Angst.) *Er ist schuld.* (Aber: Er hat Schuld.)

Getrennt oder zusammen?

Im Bereich der Getrennt- oder Zusammenschreibung ist die Wahl in einigen Fällen den Schreibenden überlassen, z. B.: *im Stande/imstande, mit Hilfe/mithilfe, auf Grund/aufgrund, an Stelle/anstelle, zu Tage/zutage, zu Mute/zumute, so dass/sodass.*
Dennoch gibt es Normierungen. Während die **Zusammenschreibung** mit Nomen/Substantiven (Komposita) in der Regel keine Probleme aufwirft (*Holztür, Hochhaus, Backform, Ichsucht, Jetztzeit*), treten beim Verb häufiger Schwierigkeiten auf:

getrennt	Beispiele
■ **zwei Verben**, die zu einer Wortgruppe gehören	*laufen lernen, baden gehen*
■ Verbindungen mit dem Verb *sein*	*fertig sein, zurück sein*
■ in den meisten Fällen **Partizip** und **Verb**	*geschenkt bekommen, getrennt schreiben*
■ in den meisten Fällen **Nomen** und **Verb**	*Klavier spielen, Eis essen, Auto fahren, Feuer fangen, Fuß fassen*
■ in vielen Fällen **Adjektiv** und **Verb**	*schnell laufen, scharf sehen, lang schlafen, hart arbeiten*

zusammen	Beispiele
■ viele **Partikeln** und **Verb**	*abfahren, ankommen, entgegenkommen, entlanggehen, gegenüberstellen, hinterherlaufen, emporsteigen, sich auseinandersetzen, vorwärtskommen*
■ **Adjektiv** und **Verb**, die zusammen eine übertragene Bedeutung haben	*schönfärben* (= beschönigen), *gutschreiben* (auf dem Konto), *schwerfallen* (= Mühe verursachen), *richtigstellen* (= berichtigen), *kürzertreten* (= sich einschränken), *schiefgehen* (= misslingen)
■ **Nomen** und **Verb**, wenn man mit diesen Wörtern durch Umstellung keine sinnvollen Sätze bilden kann	*notlanden* (nicht: Ich landete Not), *schlafwandeln* (nicht: Sie wandelte Schlaf)

„s“, „ß“ oder „ss“?

Seit der Rechtschreibreform von 1996 gibt es bei der Schreibung des s-Lauts nur noch wenige einfache Regeln:
Nach kurzem betontem Vokal schreibt man **ss** (Ausnahme: Kurzwörter wie *was*, *das*).
Nach lang gesprochenem Vokal und nach Diphthong (au, eu, ei) schreibt man den stimmhaften s-Laut mit einfachem **s** (auch in Wörtern, in denen der s-Laut erst bei Verlängerungsprobe stimmhaft wird: *Gras* → *Gräser, sie reist* → *reisen*); den stimmlosen s-Laut schreibt man **ß**.

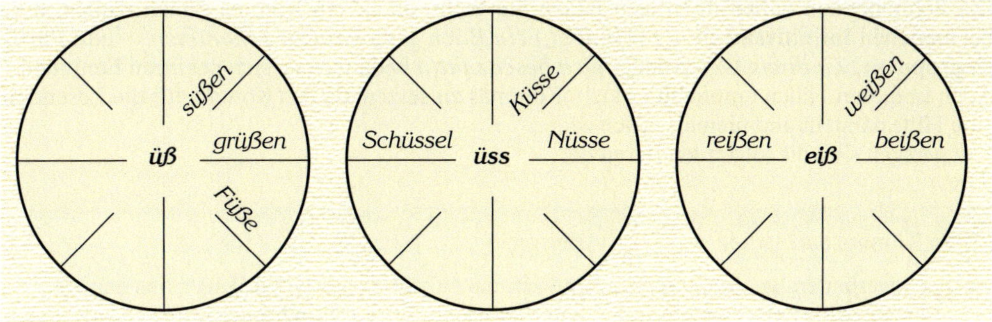

4. Entwerfen Sie weitere Zielscheiben dieser Art.

„dass“ oder „das“?

Die **Konjunktion „dass“** leitet meist einen Subjekt- oder Objektsatz ein. Diese Nebensätze kann man mit „Wer?/Was?“ bzw. „Wen?/Was?“ erfragen.
Das **Relativpronomen „das“** leitet einen Relativsatz ein. Diesen Nebensatz kann man mit „Was für ein …?“ erfragen. Außerdem lässt sich das „das“ meist durch „welches“ ersetzen.

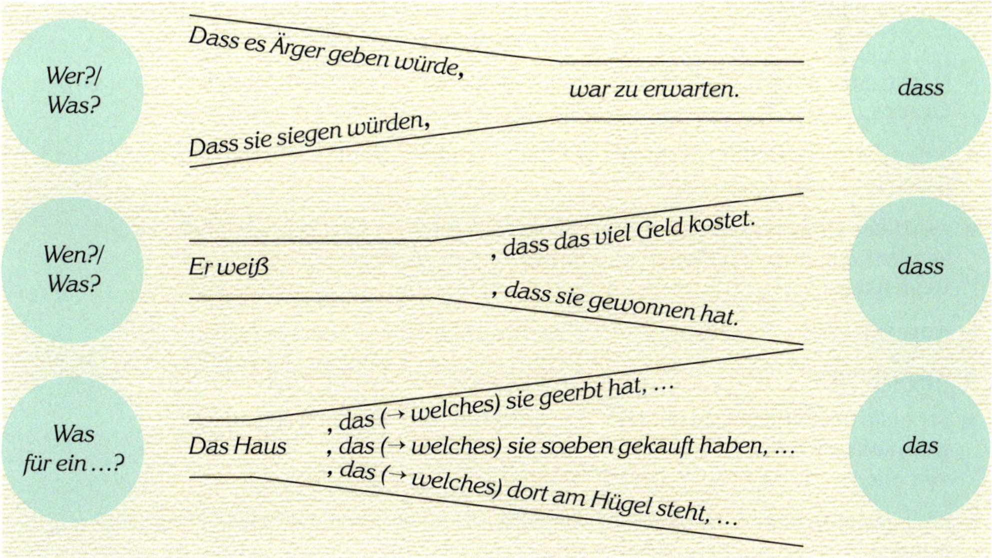

5. Überprüfen Sie Ihre Hausaufgaben- und Klausurtexte im Hinblick auf „dass“/“das“-Fehler und ordnen Sie die Verbesserungen in solche Fächer ein.

Zeichensetzung

Ein besonders fehlerträchtiger Bereich in der Schriftsprache ist die Kommasetzung. Das Komma hat im Deutschen eine doppelte Funktion: Es dient sowohl als **Pausenzeichen** (rhetorische Funktion) wie auch zur **grammatischen Gliederung des Satzes** (grammatische Funktion). Bis zu Beginn des 19. Jahrhunderts dominierte das rhetorische Prinzip, das ursprünglich allen Satzzeichen zu Grunde lag. Da die Sprechpausen subjektiven Schwankungen unterliegen, ist im Laufe der Zeit das strengere grammatische Prinzip in den Vordergrund getreten.
Die Schreibenden haben in einigen Fällen die Wahl, ob sie ein Komma setzen wollen, z. B. bei manchen **Infinitivsätzen** – „Sie hoffte*(,) ein Buch geschenkt zu bekommen*" – und **Partizipgruppen:** „*Zu ihrem Geburtstag reich beschenkt(,)* bedankte sie sich bei ihren Freunden."
Auch in diesen Fällen empfiehlt es sich, Kommas zu setzen, da das Komma für die Lesenden eine Hilfe darstellt und niemals falsch ist.
Fest geregelt sind die folgenden Bereiche:

Kein Komma darf stehen	Beispiele
■ bei adverbialen Bestimmungen, auch wenn sie umfangreich sind	Mit seinem aufwändig gestylten Wagen aus neuster amerikanischer Produktion fuhr er …
■ bei Konjunktionen, die Satzteile **anreihend** verbinden (*entweder … oder, sowohl … als auch, weder … noch, beziehungsweise, und, oder*)	Sie hatte sowohl ihren Schwager als auch ihren Onkel mitgebracht.

Durch **Komma** abgegrenzt werden	Beispiele
■ **Haupt- und Nebensätze**	Sie wussten, dass es vorbei war. Die Frau, die sie vorfanden, und das Kind …
■ **Nebensätze unterschiedlichen Grades**	Er ahnte, dass er das Kind, das auf der Treppe saß, …
■ **aufgezählte Satzteile** (falls nicht durch *und/oder* verbunden)	Er, sein Freund und ein Bekannter waren anwesend.
■ **wörtliche Rede und nachfolgender oder eingeschobener Begleitsatz**	„Wo ist das Buch?", fragte sie. „Ich habe es dir", antwortete er, „gestern geschickt."
■ **Anreden**	Dies alles, lieber Herr Maier, ist …
■ **Appositionen**	Katrin, die siegreiche Schwimmerin, war …
■ Satzteile mit **entgegensetzender Konjunktion** (*aber, jedoch, sondern* etc.)	Er war erholt, jedoch völlig abgemagert.
■ **nachgestellte nähere Bestimmungen** (oft erkennbar an Wörtern wie *und zwar, nämlich, d. h.*).	Sie hatten Geld verloren, und zwar einen größeren Betrag.
■ **herausgehobene Satzglieder**	Der Urlaub, der war fantastisch.

2 Gesprächsformen

2.1 Die Diskussion – Vorbereitung eines Statements

VIRTUELLE HOCHSCHULEN

Lernen im Cyberspace

Multimediale Techniken verlangen größere Sorgfalt und Konzentration – von Studenten und Professoren

Jeden Freitagmorgen um neun Uhr lässt sich ein Stück Multimediazukunft im Hörsaal 5 der kleinen thüringischen Technischen Universität (TU) Ilmenau besichtigen. Ein Werkstoffwissenschaftler hält seine Vorlesung über Kristallografie. Nicht in Person. In Ilmenau und auch in Dresden ist der Mann nur per Bildschirm präsent. Leibhaftig steht er in Jena.

Mit dem Verbundstudium Werkstoffwissenschaft gehen die drei thüringischen Universitäten einen neuen Weg, Medientechniken anzuwenden. Neu daran ist nicht die Televorlesung. Videoübertragungen gab es bei überfüllten Hörsälen auch schon früher. Neu ist, dass die Studenten in Ilmenau und Dresden in die Vorlesung aus Jena eingreifen können. Nach der Vorlesung laden die Studenten ihr multimedial aufbereitetes Lernmaterial aus dem Netz herunter. Sie studieren in allen drei Städten gleichberechtigt.

Jede Universität oder Fachhochschule, die auf sich hält, experimentiert mit Multimediatechniken, mit Online-Studien und Televorlesungen. Die „virtuelle Universität“ wird als Zukunftsvision propagiert. Bildungspolitiker erhoffen sich höhere Effizienz, Kritiker fürchten die Fließbandausbildung. Neues Personal taucht auf: der virtuelle Professor an der Cyber-Uni und der Telestudent. In den USA studieren, so die Studentenzeitung „Audimax“ im März, bereits Zehntausende, ohne je einen Campus betreten oder in der Mensa anstehen zu müssen.

Die meisten deutschen Unis stehen in der akademischen Lehre erst am Anfang des multimedialen Zeitalters. Die großen Hochschulen haben je nach Finanzlage und Engagement der Fachbereiche elektronische Aktivitäten entwickelt, aber Konzepte oder gar eine einheitliche Online-Philosophie fehlen. Kleinere Hochschulen preschen vor: Die Universität – Gesamthochschule – Paderborn hat – mit Unterstützung der Siemens Nixdorf Informationssysteme AG – den ersten interaktiven Hörsaal eingerichtet, mit 30 an das Internet angeschlossenen Multimediaarbeitsplätzen. *(1999)*

Feiern wir unseren Abschluss auf der Cyberspace-Party im Chat-Room oder treffen wir uns bei mir?

1. Wie beurteilen Sie das Modell des multimedialen Lernens?
2. Führen Sie eine Diskussion in der Klasse zu dem Thema: Die „virtuelle Schule“ als Zukunftsvision? Orientieren Sie sich bei der Durchführung der Diskussion an den folgenden Hinweisen.

Tagtäglich sind wir in der Familie, in der Schule, im Beruf oder im Freundeskreis mit Situationen konfrontiert, in denen wir unseren Standpunkt darlegen, ein Verhalten rechtfertigen, Entscheidungen treffen müssen. Entscheidungen, die jemand einfach diktiert, werden immer weniger akzeptiert. Gerade in einer demokratischen Gesellschaft ist die persönliche Stellungnahme zu einem Problem gefragt. Diese setzt voraus, dass man Positionen gegeneinander abwägen sowie seine Gedanken verständlich und begründet einbringen kann. In einer **Diskussion** wird ähnlich wie bei einem Tischtennismatch, bei dem die Spieler/innen den Ball hin- und herschlagen, über ein Gesprächsthema aus mehreren Perspektiven in einer möglichst sachbezogenen Form des argumentativen Meinungsaustauschs „hin-und-her"-diskutiert. Es ist das Ziel, einen Sachverhalt durch überzeugende Argumente zu klären oder ein Problem zu lösen.

Um Diskussionsbeiträge wirkungsvoll zu gestalten, ist es sinnvoll, einleitend an den Vorredner oder die Vorrednerin anzuknüpfen, dann die eigene Position klar zu formulieren sowie argumentativ zu stützen und abschließend deutlich zu machen, was man erreichen möchte. Dabei sollte man versuchen, sich so knapp und präzise wie möglich zu fassen, z. B. indem man sich auf fünf Sätze beschränkt. Ein Statement im **Fünfsatz** lässt sich je nach Diskussionssituation variieren, zwei häufige Fälle sind die folgenden:

1 Anknüpfung an Vorredner/in ↓	1. „Die eben geäußerte Meinung halte ich für …"
2 Formulierung der eigenen Position ↓	2. „Ich glaube vielmehr, dass …"
3 Argumente für die eigene Position (Fakten, Grundsätze, Expertenmeinungen) ↓	3. „Dafür spricht … und … und …"
4 Schlussfolgerung ↓	4. „Deshalb meine ich, …"
5 Appell/Vorschlag	5. „Ich schlage vor, …"

1 Anknüpfung an Vorredner/in	1. „Es wurde behauptet, …"
2 Darstellung der Gegenposition → 3 Entkräftung der Gegenargumente	2. „Dafür ist angeführt worden, dass …"
	3. „Dem muss man aber entgegenhalten, …"
4 Schlussfolgerung ↓	4. „Daher scheint es mir offensichtlich, …"
5 Appell/Vorschlag	5. „Ich meine, wir müssten …"

In Diskussionen sind die Teilnehmenden sowohl Sprecher/innen als auch Zuhörer/innen. Zur
▷ S. 15 Technik des Zuhörens gehört es, sich ▷ **Notizen** zu machen. Dadurch wird das Zuhören entlastet, Zusammenhänge werden deutlicher und das Nachfragen bzw. das eigene Argumentieren wird erleichtert.

Diskussionsformen

Diskussionen sind in unterschiedlichen Formen möglich. Aus dem Unterricht kennen Sie Diskussionen nach einem gehaltenen Referat. **Im Anschluss an einen Vortrag** haben die Zuhörer/innen meist die Gelegenheit, den Referenten spontan zu befragen, seine Thesen zu kritisieren und eigene entgegenzusetzen.

Bei einer **Diskussion am runden Tisch** sind die Teilnehmer/innen inhaltlich vorbereitet. Fachliche Kompetenz ist genauso erforderlich wie kommunikative Fähigkeiten: Habe ich dem anderen zugehört und kann dessen Argumentation entkräften? Wie reagiere ich bei Provokationen? etc.

Podiums- bzw. Forumsdiskussionen finden meist vor einer größeren Öffentlichkeit statt. Dabei werden Problemstellungen von Expertinnen und Experten vor einem Publikum erörtert, das im Anschluss an die Expertenrunde Gelegenheit bekommen kann, Fragen zu stellen oder mitzudiskutieren.

Bei einer **Fishbowl-Diskussion** sitzt die Gruppe der Diskutierenden in einem Innenkreis, eine zweite Gruppe von Beobachtenden bildet den Außenkreis. Die Beobachter/innen verfolgen das Gesprächsverhalten der Diskutierenden nach zuvor gemeinsam entwickelten Beobachtungskriterien. Im Anschluss an die zeitlich begrenzte Diskussion findet eine gemeinsame Auswertung statt.

Gesprächsleitung

Beim Austausch konträrer Meinungen ist es sinnvoll, dass ein Diskussionsleiter als Moderator die Rolle eines Vermittlers übernimmt oder zumindest als Koordinator der Beiträge fungiert.
Der/die Diskussionsleiter/in hat folgende Aufgaben:

- **Eröffnung der Diskussion:** Anrede, Begrüßung, Vorstellung der Diskussionsteilnehmer/innen, Thema der Diskussion
- **Beiträge koordinieren:** Reihenfolge festlegen und die Einhaltung überwachen, auf die Redezeit achten, aufs Thema verweisen, Argumente einfordern
- **Gesprächsverlauf lenken:** die eigene Meinung zurückhalten, gegebenenfalls die Diskussion durch weiterführende Fragen in Gang halten, zwischendurch Zusammenhänge herstellen bzw. Zwischenergebnisse festhalten, gedanklich ordnend eingreifen
- **Die Diskussion beenden:** Bilanz ziehen, offene Fragen in Erinnerung rufen, schließlich Teilnehmer/innen und Zuhörer/innen verabschieden

▷ S. 86

3. a) Führen Sie ein ▷ **Brainstorming** zu dem Stichwort „Zukunftsgestaltung" durch.
   b) Wählen Sie einen Aspekt aus, über den Sie diskutieren möchten, und formulieren Sie ein konkretes Diskussionsthema.
4. Entwickeln Sie einen **Beobachtungsbogen** zum Gesprächsverhalten von Diskussionsteilnehmerinnen und -teilnehmern. Legen Sie z. B. ein Polaritätenprofil an:

Beobachtungsbogen Gesprächsverhalten

	⊕					⊖	
beteiligt sich rege							*beteiligt sich kaum*
hört aufmerksam zu							*ist nur bei sich*
argumentiert sachlich							*redet unsachlich*
…							…

5. a) Wählen Sie für die Diskussion zu Ihrem Thema eine der auf S. 51 vorgestellten Diskussionsformen. Erproben Sie für die einzelnen Diskussionsbeiträgen auch das Fünfsatz-Verfahren (▷ S. 50).
   b) Eine Beobachtergruppe untersucht das Gespräch mit Hilfe des Beobachtungsbogens.
   c) Werten Sie Ihre Diskussionserfahrungen gemeinsam aus und formulieren Sie konkrete Tipps für das Gesprächsverhalten in Diskussionen.

Ulf Seegers

Die Zukunft aktiv mitgestalten (1998)

Ulf Seegers, 18, ist Abiturient an der Jugenddorf Christophorusschule Rostock und Geschäftsführer der I. D. Schüler-GmbH.

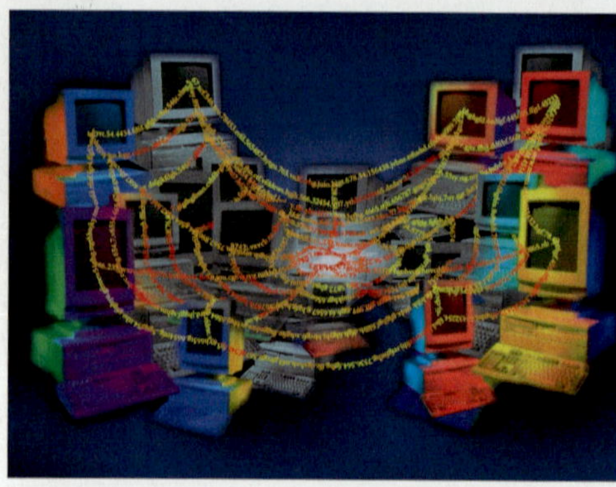

Ein Erlebnis aus der Schule: Ich bekomme eine Bio-Klausur zurück, 10 von 15 Zensurenpunkten, nur 80 Prozent des Stoffes beherrscht. Ein Vorfall, der mir zu denken geben, mir vielleicht sogar Angst machen sollte. Denn: Die Gesellschaft, in der ich lebe, entwickelt sich zu einer Wissensgesellschaft, ist es in Ansätzen bereits.
Meine Angst hält sich jedoch in Grenzen, weil ich meine, eine Wissensgesellschaft muss mehr sein als eine Ansammlung von unheimlich klugen Menschen, die schon alles wissen. Und selbst wenn es so wäre, auch in der Wissensgesellschaft kann das Wissen nicht vom Himmel fallen. Die Grundlagen müssen erlernt werden, und zwar in der Schule. Das durfte ich während der vergangenen elfeinhalb Jahre erfahren. Und eines wurde mir dabei auch klar: Die Schule kann nur den Einstieg in ein lebenslanges Lernen vermitteln. Denn die Wissensgesellschaft wird vor allem durch eines geprägt sein: Schnelllebigkeit.
Wissen, das eben noch als neu galt, wird schnell zum Standard und somit als uninteressant gelten. Daher sehe ich die Wissensgesellschaft auf keinen Fall als abgeschlossenen Zustand, sondern als rasanten Prozess. Es wird noch mehr Wissen entstehen. Außerdem wird die Verbreitung von Wissen wesentlich schneller erfolgen, und dem Einzelnen wird der Zugang zu immer mehr Wissen ermöglicht.
Doch wir leben nicht nur in einer Wissensgesellschaft, wir sind auch auf dem Weg zu einer Kommunikationsgesellschaft. Sie ist wie die Wirtschaft geprägt durch die Globalisierung. All die Veränderungen, die im 21. Jahrhundert auf uns warten, machen mir vor allem eines deutlich: Das Umfeld, in dem ich lebe, wird sich verändern und mehr von mir verlangen.
Für mich ist das aber kein Grund zur Besorgnis, denn neue Anpassungspflichten bieten auch neue Chancen. Ich sehe sie für mich

beispielsweise im Bereich der sich immer rascher entwickelnden Medien, vor allem des Internets – eine Perspektive für die Zeit nach meinem Abitur.

Außerdem hat sich die Welt seit ihrem Bestehen ständig verändert. So standen die Menschen vor 500 Jahren, als Gutenberg den Buchdruck erfand, auch vor der Entwicklung zu einer Wissensgesellschaft, wenn auch auf einem anderen Niveau als heute. Damals mussten die Menschen das Lesen lernen, heute werden Grundkenntnisse im Umgang mit dem Computer als Zugang zur unerschöpflichen, weil ständig wachsenden Wissensquelle Internet unentbehrlich.

Ich kann verstehen, dass gerade ältere Semester solchen Entwicklungen mit Sorge entgegensehen und die Gefahr einer Zweiklassengesellschaft, der Wissenden und der Unwissenden, prophezeien. Eine solche Entwicklung ist bei der steigenden Informationsflut durchaus denkbar. Umso wichtiger wird die Fähigkeit, Informationen selektieren zu können und so systematisch Wissen aufzubauen.

Zukunftsängste und Perspektivlosigkeit, wie ich sie teilweise in meiner Generation beobachten kann, sind jedoch völlig unberechtigt. Wir wachsen mit der Wissensgesellschaft und ihren multimedialen Ausläufern auf. Wir können uns an diese Gesellschaft gewöhnen und deshalb die Herausforderung annehmen, sie aktiv mitzugestalten.

Jessica R. Joffe

Nur noch Bonds und Futures? (1998)

Jessica R. Joffe aus München, 17, hat im Sommer ihre A-Levels (entspricht dem deutschen Abitur) in England gemacht; sie arbeitet derzeit in einer New Yorker Kunstgalerie und plant ein Literaturstudium.

Vor ein paar Monaten habe ich die Schule abgeschlossen. Ich war recht erfolgreich, werde aber das Gefühl der Leere und Unfähigkeit nicht los. Obwohl ich durch mehrere Schulsysteme ging, zwei Sprachen spreche, teilweise wunderbare Lehrer hatte, finde ich meine Wissensbasis doch recht schmal für das wirkliche Leben.

Im englischen Schulsystem entscheidet man sich mit 15 oder 16 Jahren, was man den Rest seines Lebens machen will. Ich wählte meine Lieblingsfächer – Geschichte und Literatur – und bestimmte so die enge Bahn meiner Zukunft. Ich kann jetzt Shakespeare und Brecht, Rilke und Keats analysieren, über die Finanzpolitik Heinrichs V. referieren, ich kenne mich aus in den Rosenkriegen und bei den französischen Louis. Und doch bleiben zwei brennende Fragen: Was kann man mit solchen Kenntnissen werden? Und: Ist mein Wissen für die Welt da draußen geeignet, bin ich richtig aufs Leben vorbereitet?

Wenn die Schule der Ort ist, wo die Leidenschaft fürs Lernen und die Freude am Wissen geweckt werden (sollten), wo ist dann der Ort, an dem wir auf das Leben in der Welt von Erfolg und Geld vorbereitet werden? Geld hat doch längst einen viel höheren Stellenwert als Bildung. Wir lernen, um ein Diplom zu bekommen, damit wir – die Anführer der Konsumgeneration – uns mindestens all das leisten können, was unsere Eltern uns in der Jugend ermöglicht haben. Strategisch richtig haben sich die Mitschüler verhalten, die eine breite Fächerkombination aus Wirtschaft, Fremdsprache und Mathematik gewählt haben. Sie werden keine Probleme haben, sich in einer Welt zu profilieren, die solche Zielstrebigkeit von ihren erfolgreichen Geldmachern erwartet. Die stromlinienförmigen Wirtschaftshochschulen für die smarten Jungen und Mädchen gelten als zukunftsträchtig. An ihnen ist kein Platz für Träumer, die logische Propädeutik lernen oder Gedichte von John Donne auseinandernehmen. Ist das die Zukunft der Wissensgesellschaft? Kann ich meine Tudor-Könige und meinen Shakespeare einpacken, und sollte ich mich fortan auf Futures und Bonds kaprizieren?

Soll ich überhaupt studieren? In unterschiedlichen Praktika kann man auch viel lernen – ein bisschen PR, ein bisschen Medien, ein bisschen Bank und ein bisschen Kunst zur Verzierung. Da Wissen heute ein schnelles Verfallsdatum hat, wird in Zukunft vielleicht ein Grundstudium ausreichen, an das bei Bedarf stets neue Lernmodule gehängt werden.

Auf solch lebenslanges Lernen bereitet die Schule heute so wenig vor wie auf Selbstständigkeit im „wirklichen“ Leben. Dafür

müsste man neben der Liebe zum Lernen nicht nur Computer und Wirtschaft, Mutter- und Zweitsprache perfekt lernen, sondern auch Verantwortung und Loyalität, Bürgersinn und Respekt für seine Peers.
Für die zukünftige Wissensgesellschaft kann nicht die Nützlichkeit der Fächer den Ausschlag geben. Weniger Latein zu Gunsten von mehr Chemie ist nicht die Frage, sondern der Bezug beider Fächer zur realen Welt, in der wir arbeiten sollen und für die wir vorbereitet werden wollen.

6. Vergleichen Sie die Texte von Ulf Seegers und Jessica R. Joffe. Welche Gemeinsamkeiten und welche Differenzen zeigen sich in den Standpunkten der beiden Jugendlichen?
7. a) Stellen Sie die Argumente zusammen, mit denen Seegers und Joffe ihre Standpunkte jeweils untermauern.
   b) Nehmen Sie Stellung zu einem der beiden Texte, indem Sie Gegenargumente entwickeln bzw. ergänzende Argumente heranziehen.

▷ S. 51
▷ S. 52

8. a) Führen Sie auf der Grundlage Ihrer Argumentesammlung eine ▷ **Fishbowl-Diskussion** durch. Werten Sie die Diskussion mit Hilfe Ihres ▷ **Beobachtungsbogens** aus.
   b) Nutzen Sie Ihre Argumentesammlung zur Durchführung einer Debatte oder eines Dialogs. Orientieren Sie sich dabei an den Hinweisen der folgenden Teilkapitel.

2.2 Die Debatte

Die Debatte ist eine genau geregelte Form der Diskussion. Es stehen sich klar abgegrenzte **Pro- und Kontra-Positionen** gegenüber, die von Einzelpersonen, aber auch von größeren Gruppen (z. B. Bundestagsfraktionen) vertreten werden können. Ein Moderator/eine Moderatorin leitet die Debatte, die Redezeit der Debattierenden ist streng begrenzt. Ziel einer Debatte ist es in der Regel, zu einer **Entscheidung** in der strittigen Frage zu gelangen. Daher stellen die beteiligten Parteien häufig Anträge, über die am Ende abgestimmt wird.

▷ S. 72 f.

Jeder Redner wird versuchen, seine Position so wirkungsvoll wie möglich zu untermauern und die gegnerische Position zu schwächen. Dazu muss man zum einen die eigenen ▷ **Argumente** (Fakten, Grundsätze/Normen) sorgfältig auswählen und der Gewichtigkeit nach anordnen, zum anderen müssen die Gegenargumente entkräftet werden: Man sucht z. B. Lücken in der Kontra-Position und man hinterfragt die Gültigkeit der gegnerischen Argumente. Hierfür werden oft bestimmte Argumentationstechniken eingesetzt:

Argumentationstechniken

Angriffstechniken

Bestreitetechnik
Die Gültigkeit der Argumente bestreiten: „Sie haben behauptet, dass... Damit unterstellen Sie ... Dabei übersehen Sie ...“

Übertreibungstechnik
„Wollen Sie mit Ihrer Behauptung andeuten, dass alle ...“

Gegenfragetechnik
„Wieso sagen Sie ...“

Umkehrtechnik
Umkehrung des Arguments durch Umkehrung des Kerns des Arguments: „Das wäre richtig, wenn die Annahme stimmte ..., aber dazu möchte ich ...“

Vorfragetechnik
Mit einer Frage den Standpunkt anderer Diskussionsteilnehmer ermitteln und sie darauf festlegen, um sie dann argumentativ angreifen zu können: „Habe ich Sie richtig verstanden, dass Sie ... behaupten wollen? – Dann muss ich Ihnen entgegenhalten ...“

Vorwegnahmetechnik
„Sie werden vermutlich einwenden, dass ... Darauf möchte ich antworten ...“

Verteidigungstechniken

Relativierungstechnik
„Das kann man auch anders sehen: ...“ – „Sehen Sie das nicht zu dramatisch?“

Kehrseitentechnik
„Ihr Standpunkt ist in einigen Aspekten richtig (oder nicht falsch). Sie übersehen dabei allerdings die Nachteile, dass ...“

Einschränkungstechnik
„So problematisch, wie Sie es darstellen, ist die Sache gar nicht: ...“ – „Welche Wirkung hat denn ... überhaupt?“

Polstertechnik
Zeitgewinn durch Einschieben von Informationen: „Sehen wir uns doch einmal ... genauer an.“ – „Sie haben eben eine Reihe von Punkten aufgeführt. Gehen wir diese Punkte einmal durch: ...“

Umformungstechnik
Sachverhalte und Standpunkte werden zu Problemen oder Fragen:
„Sie haben eben das Problem ... angeführt.“

Leerlauftechnik
Den Diskussionspartner seinen Standpunkt vortragen lassen, durch Zusammenfassen Zeit gewinnen: „Zur besseren Übersicht fasse ich noch einmal zusammen: Sie sind also der Auffassung, dass ...“

---

1. Pro-und-Kontra-Debatten auf sehr unterschiedlichem Niveau können Sie in Fernsehtalkshows verfolgen. Sehen Sie sich eine Talkshow bewusst unter dem Aspekt der Argumentationstechniken an. Untersuchen Sie dabei auch die Rolle des Moderators oder der Moderatorin. Machen Sie sich Notizen und vergleichen Sie Ihre Beobachtungen.
2. Auch Parlamentsdebatten, die im Fernsehen übertragen werden (z. B. auf dem Sender Phönix), eignen sich als Untersuchungsgegenstand für Argumentationsstrategien und Diskussionsverhalten.

2.3 Der Dialog

Im Unterschied zu den Formen der Diskussion und der Debatte geht es beim **Dialog** nicht darum, möglichst die eigene Ansicht durchzusetzen. Zweck des Dialogs ist es, die Grenzen des eigenen Verstehens zu durchbrechen. Der einzelne Dialogteilnehmer versucht nicht zu „gewinnen", d. h. immer wieder treffendere Argumente für seine Position zu finden und die Position des Gegners zu schwächen, sondern alle Beteiligten erforschen gemeinsam eine Fragestellung unter verschiedenen Blickwinkeln. Dabei kann der Einzelne zu Einsichten gelangen, die er allein nicht hätte erreichen können. Es geht beim Dialog nicht um eine Einigung oder die Herstellung eines Kompromisses, sondern um ein **umfassenderes Verständnis** für komplexe Probleme. Die Beteiligten werden dabei auch zu Beobachtern ihres eigenen Denkens.

Für einen Dialog gelten drei Grundbedingungen:

- Alle Teilnehmer/innen sollten die Bereitschaft haben, sich als gleichberechtigte Gesprächspartner/innen zu betrachten, d. h., keiner sollte sich als „Experte" oder auf Grund seiner Position einem anderen überlegen fühlen. Alle arbeiten im Team. Es geht nicht darum, wer was gesagt hat, sondern es geht um die Vielfalt der Ideen. Gegenseitiges Zuhören ist unabdingbar.
- Alle Teilnehmer/innen müssen ihre Überlegungen, Annahmen, Hypothesen „aufheben", d. h., jeder geht davon aus, dass er den besprochenen Sachverhalt noch nicht vollständig kennt, niemand meint, dass er reine Fakten vorträgt, vielmehr werden alle (!) Annahmen in einem offenen Austausch präsentiert und miteinander verglichen.
- Ein helfender Begleiter sollte darauf achten, dass die Teilnehmer/innen nicht in ein Streitgespräch verfallen. Als Beobachter und Vermittler kann er den Dialog fördern, z. B. indem er einwirft: „Das Gegenteil ist vielleicht auch wahr." Geübte Dialog-Teams benötigen keinen Helfer mehr.

Für einen Dialog setzt man sich am besten in einen Kreis. Damit es kein Gerangel um den nächsten Wortbeitrag gibt, kann ein Gegenstand, z. B. ein Stein, benutzt werden, der signalisiert, wer als Sprecher/in an der Reihe ist. Der Stein wird in die Mitte gelegt, und wer reden möchte, holt ihn sich. Er kann aber auch im Kreis weitergereicht werden. Wer den „Redestein" in den Händen hält, muss keine Sorge haben, dass ein anderer ihn unterbricht oder in einer Atempause seine eigenen Ideen zu entfalten beginnt. Damit wird die Gelegenheit gegeben, besser zuzuhören und nachzudenken. Allerdings sollte die Regel gelten: „Fasse dich kurz!"

1. In welchen schulischen und außerschulischen Situationen kann die Gesprächsform des Dialogs besonders sinnvoll sein?
2. Erproben Sie einen „freien" Dialog, indem Sie sich in einen Kreis setzen und Ihre Gesprächsbeiträge von dem lenken lassen, was Ihnen im Augenblick besonders wichtig ist.
3. Führen Sie in kleineren Gruppen Dialoge über die Frage „Wissensgesellschaft: Was bedeutet sie für uns?". Sie können dabei an die Texte von Ulf Seegers und Jessica R. Joffe (▷ S. 52 ff.) anknüpfen.
4. Tauschen Sie sich über Ihre Erfahrungen mit der Gesprächsform des Dialogs aus: Ist ein „Gesprächs-Fluss" entstanden?

3 Praktische Rhetorik

3.1 Freie Rede

1. a) Beschreiben Sie die unterschiedlichen Redesituationen, die in den Karikaturen dargestellt sind.
   b) Welchen Ansprüchen müssten die Redner/innen jeweils genügen, um erfolgreich zu sein? Legen Sie eine Tabelle an, aus der gemeinsame und unterschiedliche Anforderungen der drei Redesituationen ablesbar sind.
2. In welchen Situationen sind Sie selbst bereits als Redner/in aufgetreten? Tauschen Sie Ihre Erfahrungen aus und entwickeln Sie auf dieser Basis allgemeine Tipps, z. B. wie man sein Lampenfieber in den Griff bekommen kann, was man tun kann, wenn man den Faden verloren hat, oder wie man mit verschiedenen Reaktionen aus dem Publikum umgehen kann.

Wahrscheinlich haben auch Sie schon die Erfahrung gemacht: Die Gefahr, eine schlechte Rede zu Ohren zu bekommen, ist größer als die Wahrscheinlichkeit, einem gelungenen Vortrag zuhören zu dürfen. Das liegt keineswegs immer an der Begabung der Redner/innen: „Dichter werden geboren, Redner werden gemacht“, sagte der römische Politiker und Redner Cicero dazu. Eine gelungene Rede ist meistens das Ergebnis einer gründlichen und systematischen Vorbereitung – dies umso mehr, je weniger Übung man im freien Vortrag hat. Das heißt aber auch: Reden im Sinne von „eine Rede halten“ kann man weitgehend erlernen.
Als ersten Schritt auf dem Weg zu einem erfolgreichen Vortrag sollten Sie sich die Faktoren klarmachen, die an der Redesituation Anteil haben:

Faktoren der Redesituation

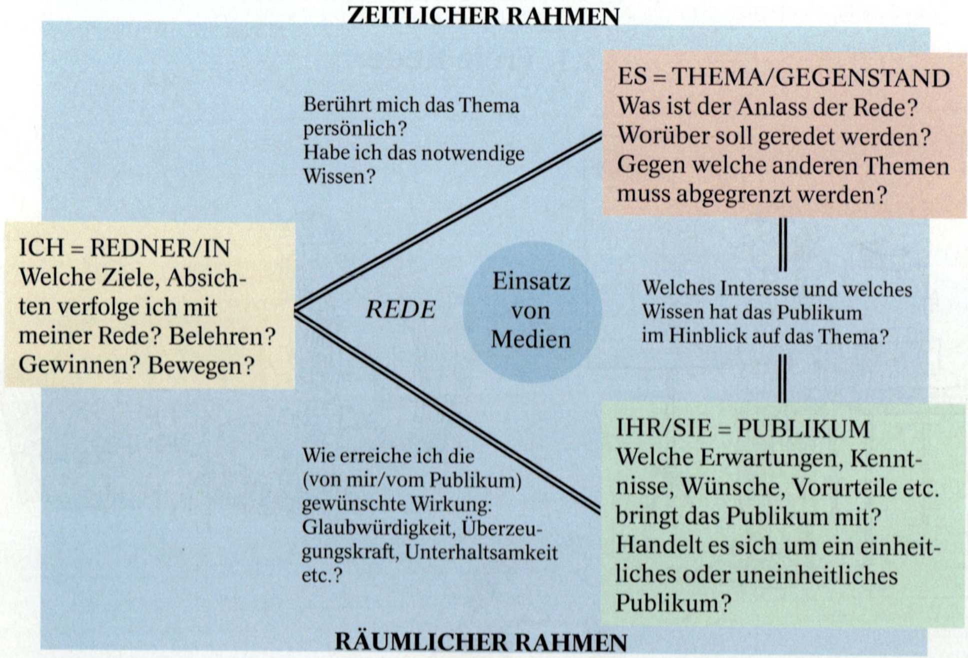

3. Im schulischen Rahmen gibt es unterschiedliche Gelegenheiten für Schülerreden. Konkretisieren Sie das Schema für folgende Anlässe:
   - Abiturrede
   - Einweihung des neuen Schulgebäudes
   - Abschiedsrede für den pensionierten Hausmeister
   - ▷ S. 10 ff. Einführungsvortrag zur Präsentation der Projektergebnisse eines ▷ fächerverbindenden Projekts
   - begründeter Antrag eines Schülervertreters auf der Schulkonferenz, z. B. zur Einrichtung einer Cafeteria

IDEMA – Fünf Schritte zur Vorbereitung und Durchführung einer Rede

▷ S. 36 Um den komplexen Anforderungen beim Planen und Halten einer Rede gerecht werden zu können, bietet auch heute noch ein Modell, das bereits die antiken Rhetoriker verwendet haben, eine ausgezeichnete Hilfe:

1. Inventio: Das Sammeln von Gedanken und Einfällen zum Thema der Rede

Das Thema der Rede ist klar – doch was kann man im Einzelnen dazu sagen? Die alten Redner waren überzeugt, dass alle geeigneten Gedanken für eine Rede in unserem Gedächtnis aufbewahrt werden und dort nur aufgefunden werden müssen. Eine moderne Methode, die uns die Suche nach den passenden Gedanken und Ideen erleichtert, ist zum Beispiel das ▷ Mind-Mapping.

2. Dispositio: Die Gliederung des gesammelten Materials

Mit der klassischen Dreiteilung Einleitung – Hauptteil – Schluss und der entsprechenden Gewichtung (kurz – ausführlicher – kurz) liegt man immer richtig. Wichtig bei aller Kürze: Suchen Sie nach einem publikumswirksamen „Aufhänger" für den gelungenen Einstieg und nach einem markanten Schlusssatz für einen ebenso gelungenen Abgang! Für eine über die Dreiteilung hinausgehende Gliederung bieten sich je nach Thema und beabsichtigter Wirkung ganz unterschiedliche Kriterien an: Chronologie, Ursache-Wirkung-Prinzip, Argumentationskette, Prinzip der Steigerung, Leitmotiv etc.

3. Elocutio: Die sprachliche Gestaltung und Ausschmückung der Rede

Von dem römischen Geschichtsschreiber Tacitus stammt das Zitat „O seltenes Glück der Zeiten, in denen du sagen darfst, was du willst, und sagen kannst, was du denkst". Den richtigen Ausdruck zu finden für die zurechtgelegten Gedanken, ist ein besonders wichtiger Schritt auf dem Weg zur Rede. Dazu gehört die Wahl einer angemessenen Stillage ebenso wie eine passende Wortwahl, ein übersichtlicher Satzbau (keine verschachtelten Satzgefüge!) und nicht zuletzt der sorgfältig bedachte Einsatz ▷ rhetorischer Mittel, die den „Schmuck" einer Rede darstellen.

> S. 225 ff.

4. Memoria: Das Einprägen der Rede

Ziel jedes Redners/jeder Rednerin ist es, den Vortrag so frei wie möglich zu halten. Nur wenn man nicht die Augen permanent auf seine Vorlage heften muss, kann man den Kontakt zum Publikum herstellen und flexibel auf die Zuhörer reagieren. Freies Sprechen verringert außerdem die Gefahr der Monotonie sowie überfrachteter Sätze. Voraussetzung dafür: Man muss die Rede weitgehend im Kopf haben. Zu diesem Zweck sollten Sie Ihr ausgearbeitetes Redekonzept in mehreren Arbeitsgängen wieder reduzieren auf ganz wesentliche Stichworte und einige kurze Hinweise zu deren Zusammenhängen. Alles, was Sie auf dem Papier weglassen, sollten Sie aber sicher in Ihrem Gedächtnis unterbringen. Nur das „Minimalpapier" (z. B. Karteikarten oder Spickzettel) nehmen Sie dann als kleine Gedächtnisstütze mit ans Rednerpult.

5. Actio: Der Redevortrag und seine Gestaltung

Achten Sie auf Ihr Sprechtempo, auf Variationen in Tonlage und Lautstärke, wirkungsvolle Beschleunigung und Pausen. Probieren Sie (kleine!) Gesten, die Ihre Aussageabsicht unterstützen, kontrollieren Sie Ihre Mimik. Falls Sie Medien einsetzen wollen, müssen diese unbedingt vorher auf ihre Funktionsfähigkeit überprüft werden – am besten an Ort und Stelle. Auch wenn es etwas Überwindung kostet: Üben Sie den Vortrag zu Hause, vor dem Spiegel oder mit einem Kassettenrekorder. Oder tragen Sie die Rede einer Person Ihres Vertrauens vor, besprechen Sie mit dieser mögliche Mängel in der Wirkung Ihres Vortrags und üben Sie die entsprechenden Stellen noch einmal. Und dann: toi toi toi!

---

1. a) Bereiten Sie in Kleingruppen Reden zu einem aktuellen Thema für eine konkrete Redesituation mit Hilfe der IDEMA-Methode vor.
   b) Halten Sie die Reden zuerst probeweise vor der Kleingruppe, dann vor Ihrer Klasse.
   c) Besprechen Sie die Wirkung der Reden anhand von Videoaufnahmen.
2. Für das rhetorische Training sind kurze Stegreifreden in der Kleingruppe besonders geeignet. Sammeln Sie hierzu Themen-Stichworte aus Ihren Alltagserfahrungen, z. B. Musik, Schularbeiten, Sport.
3. Informieren Sie sich über verschiedene Memoriertechniken und stellen Sie diese Techniken in der Klasse vor.

3.2 Prüfungsgespräch: Mündliche Abiturprüfung

Im Vergleich zu den Abiturklausuren, auf die während der gesamten Schullaufbahn durch Klassenarbeiten und Klausuren vorbereitet und hingearbeitet wird, stellt die **mündliche Abiturprüfung** eine ungewohntere Prüfungssituation dar. Aber auch auf diese können – und sollten! – Sie sich gezielt und längerfristig vorbereiten. Wichtig ist zunächst, dass Sie sich klarmachen, wie eine solche Prüfung abläuft und welche Anforderungen an Sie gestellt werden.

		ABLAUF DER PRÜFUNG
Vorbereitungsraum	30 Minuten	**1. Vorbereitung** Sie bekommen eine Aufgabe gestellt und haben eine bestimmte Zeit, diese Aufgabe zu lösen. Die Aufgabenstellungen entsprechen denen für die Klausuren (also Analyse eines fiktionalen/nichtfiktionalen Textes oder Erörterung). Umfang und Schwierigkeit des Textes/der Aufgabe sind der zur Verfügung stehenden Zeit angepasst.
Prüfungsraum	10 – 15 Minuten	**2. Vortrag** Sie tragen Ihre Ergebnisse anhand Ihrer Aufzeichnungen aus der Vorbereitungszeit vor. Die Prüferin/der Prüfer wird Ihren Vortrag nicht durch Fragen unterbrechen, allenfalls einen Hinweis auf die Zeit geben.
	10–15 Minuten	**3. Prüfungsgespräch** Der Prüfer/die Prüferin schließt an den Vortrag ein Gespräch über einen weiteren Themenkomplex des Deutschunterrichts der letzten zwei Jahre an. Es werden Ihnen dazu Fragen gestellt oder Impulse gegeben, auf die Sie mit präzise formulierten und vorgetragenen Sätzen antworten sollen.

ANFORDERUNGEN
1. Verstehensleistung Dazu gehört das richtige Erfassen der Aufgabenstellung ebenso wie ein gesichertes Textverständnis, das Erkennen thematischer Zusammenhänge und textlicher Strukturen.
2. Argumentative Leistung Aussagen über den Text sind zu belegen, sachliche und logische Zusammenhänge aufzudecken, Deutungen und eigene Positionen zu begründen.
3. Darstellungsleistung Geachtet wird auf eine deutliche Gliederung Ihres Vortrags, auf den Einsatz fachlicher Methoden und Begriffe, auf präzise Wortwahl und einen vollständigen Satzbau.
4. Kommunikative Leistung Der spezifische Anforderungsbereich der mündlichen Prüfung! Sie sollen die Fragen des Prüfers/der Prüferin richtig erfassen, angemessen in Umfang und Inhalt darauf eingehen, ggf. Schwierigkeiten im Gespräch erkennen und klären.

1. Innerhalb des Deutschunterrichts ergeben sich immer wieder Aufgabenstellungen, die sich als Übung für die Prüfungssituation im Abitur eignen. Sprechen Sie mit Ihrer Lehrkraft ab, dass solche Gelegenheiten für **Prüfungssimulationen** genutzt werden. Folgende Vorgehensweise ist möglich:
   a) Eine in Umfang und Schwierigkeit adäquate Aufgabe wird der ganzen Klasse aufgegeben, zwei oder drei Schüler/innen stellen sich für die Prüfungssimulation zur Verfügung.
   Wenn mehrere Prüfungen zur gleichen Aufgabe abgehalten werden, zeichnet sich sowohl Positives als auch Negatives im Vergleich deutlicher ab. Natürlich dürfen der zweite und der dritte Prüfungskandidat bei den Vorgängern nicht in der Prüfung anwesend sein. Die Zuhörer/innen sollen sich Notizen zu den Prüfungen machen, damit sich die Eindrücke aus den verschiedenen Prüfungen nicht vermischen.
   b) Die Prüfungsaufgabe kann im Unterricht oder zu Hause bearbeitet werden, auf jeden Fall sollte die Vorbereitungszeit der Prüfungssituation entsprechen: 30 Minuten. Konzepte für den Vortrag sollten auf Folie geschrieben werden,

sodass sie in der Klasse verglichen, kommentiert und verbessert werden können.

c) Vor dem Vortrag der „Prüflinge" sollten Sie in der Klasse Beobachtungsaufgaben absprechen. Da alle die Aufgabe bearbeitet haben, sollte jeder zu einer kompetenten Beurteilung des Prüfungsreferats in der Lage sein. Worauf besonders zu achten ist, kann mit einem Feed-back-Bogen (▷ S. 63) festgehalten werden. Die Beobachtungsaufträge können innerhalb des „Publikums" aufgeteilt werden. Wenn die technischen und zeitlichen Möglichkeiten bestehen, können Videoaufnahmen der Prüfung erstellt und ausgewertet werden.

d) Nach der „Prüfung" äußern sich zunächst die Prüflinge selbst zu ihrem Vortrag: Welche Probleme hatten sie, wie haben sie versucht, diese zu lösen, welche Fragen haben sich ergeben? etc. Die Beobachter/innen sollten dann auf diese Gesichtspunkte eingehen, ihre eigenen Eindrücke schildern und möglichst konkrete Tipps zur Verbesserung ableiten.

Ein Beispiel

Mündliche Abiturprüfung im Fach Deutsch

Aufgabenart:	Analyse eines fiktionalen Textes
Text:	Bertolt Brecht: Schlechte Zeit für Lyrik
Aufgabe:	Analysieren Sie Brechts Gedicht unter besonderer Berücksichtigung des Titels „Schlechte Zeit für Lyrik". Nehmen Sie dann kurz Stellung zu der im Gedicht vertretenen Meinung.

2. a) Lesen Sie Brechts Gedicht auf S. 386 und bearbeiten Sie die Aufgabe innerhalb von 30 Minuten. Machen Sie sich Notizen für einen mündlichen Vortrag.
   b) Vergleichen Sie Ihr Konzept mit dem Schülerbeispiel auf S. 62, das die erste Seite der Notizen wiedergibt. Führen Sie das Konzept in der angelegten Form und mit Hilfe der Tipps fort bzw. überarbeiten Sie Ihren eigenen Entwurf entsprechend.
   c) Tragen Sie Ihre Lösung vor.
   d) Reflektieren Sie Ihren Vortrag und bitten Sie dann Ihre Zuhörer/innen um eine begründete Beurteilung.
3. Nicht nur in der Klasse sollten Sie Gelegenheiten verabreden, die mündliche Abiturprüfung zu üben. Zu Ihrer persönlichen Vorbereitung empfiehlt es sich, in kleinen Gruppen mit „Leidensgenossen" mögliche Prüfungsthemen vorzubereiten. Wenn Sie sich ein Stoffgebiet, eine Lektüre, ein Thema erschlossen haben, können Sie untereinander ein kleines Prüfungsgespräch dazu inszenieren. Schon für die Vorbereitung der Prüfungsfragen müssen Sie Ihr Wissen und die dazugehörigen Methoden sicher beherrschen! Den größten Nutzen bringt Ihnen die Prüfungssimulation, wenn Sie zu dritt üben: Eine/r übernimmt die Rolle des Prüfers/der Prüferin, eine/r die des Prüflings und eine/r beobachtet den Prüfungsablauf und macht sich Notizen mit Hilfe des Feed-back-Bogens (▷ S. 63).

Konzept/Tischvorlage für die mündliche Abiturprüfung

Schreiben Sie groß und leserlich.

Geizen Sie nicht mit dem Platz – **Übersichtlichkeit** ist gefordert!

Nummerieren Sie Ihre Konzeptpapiere.

Verwenden Sie **unterschiedliche Stifte**/Farben/Textmarker.

Klären Sie für sich die Aufgabenstellung in allen ihren Teilen (z. B. durch Umformulieren in Fragen).

Verschaffen Sie sich (und dem Prüfer) zunächst einen **Überblick** über Ihre **Vorgehensweise.**

Achten Sie auf die Zeit:
- Verlieren Sie sich nicht in Details.
- Beißen Sie sich nicht zu lange an einzelnen Problemen fest.
- Setzen Sie Schwerpunkte.

Arbeiten Sie die geplanten Schritte zügig und konsequent ab.

Machen Sie Zusammenhänge durch **optische Signale** sichtbar.

Für Ihre **Stichworte** gilt:
- so ausführlich wie nötig, um den Gedankengang daran abspulen zu können;
- so kurz wie möglich, um Zeit zu sparen und frei formulieren zu können.

(1)

Text: Gedicht Bertolt Brechts aus dem Exil

Titel: „Schlechte Zeit für Lyrik“

von: 1939

Aufgabe:
Analyse
= Was wird ausgesagt? (Inhalt)
Wie wird es ausgesagt? (Form, Sprache) ← Bezug

Bes. Berücksichtigung des Titels
= Warum ist der Titel besonders aufschlussreich?

Stellungnahme
= Was halte ich von dem, was das Gedicht aussagt?

Meine Vorgehensweise:

1) Einleitung:
über den Titel und die Entstehungszeit zum Thema (kurz!)

2) Hauptteil:
- *Perspektive des Gedichts/Sprecher*
- *Gedankengang des Gedichts*
- *Besonderheiten Form/Sprache*

} (ausführlich!)

3) Schluss:
Stellungnahme: Gesellschaftskritik im Gedicht wirkungsvoll/sinnvoll? (kurz!)

1) Einleitung
Titel: Widersprüchlich? → *„Widerspruch“ als Grundmuster des Gedichts*

Schlechte Zeit | für Lyrik

↙ *Zeit des Nationalsozialismus, Kriegsbeginn*

↘ *Sinn von Lyrik in „schlechter Zeit“?* → *Themen, Form*

Der folgende **Beurteilungsbogen** (▷ S. 63) bietet ein allgemeines Raster zur Einschätzung einer Prüfungssituation. Sinnvoll ist es, die Anforderungen anhand der konkreten Aufgabenstellung zu spezifizieren. Um möglichst genaue Rückmeldungen geben zu können, sollten Sie die Beobachtungsaufträge auf mehrere Personen aufteilen, die dann nicht nur das Bewertungsraster ausfüllen, sondern auch kleine Notizen zu ihren Beobachtungen formulieren können. Bedenken Sie, dass nur konstruktive Kritik wirklich weiterhilft: Loben Sie, was gelungen ist, und sagen Sie präzise, was man wie besser machen könnte.

Simulationsübung „Mündliche Abiturprüfung": Feed-back-Bogen

Prüfungskanditat/in: ______________________

Thema/Aufgabe: ____

Beobachtungskriterien	***Beurteilung***					
	1	*2*	*3*	*4*	*5*	*6*
1. Verstehensleistung						
■ *Aufgabe richtig verstanden*						
■ *Aufgabe(n) vollständig bearbeitet*						
■ *Thema erkannt*						
■ *Textaussage richtig wiedergegeben*						
■ *Textstruktur zutreffend beschrieben*						
2. Argumentationsleistung						
■ *passende Verweise auf Textstellen*						
■ *Textzusammenhänge schlüssig erläutert*						
■ *Textdeutung überzeugend begründet*						
■ *Argumente für eigene Meinung gebracht*						
3. Darstellungsleistung						
■ *Aufgabenstellung/Vorgehensweise vorgestellt*						
■ *Vortrag gegliedert*						
■ *Fachbegriffe verwendet*						
■ *angemessene Wortwahl*						
■ *ganze, aber übersichtliche Sätze formuliert*						
4. Kommunikative Leistung						
■ *Fragen und Signale richtig verstanden*						
■ *ausführliche, aber nicht weitschweifige Antworten*						
■ *Betonung, Gestik, Mimik angemessen*						
■ *Blickkontakt zum Prüfungskomitee*						
■ *Probleme erkannt und nachgefragt/gelöst*						

Besondere Stärken: ____

Tipps zur Verbesserung: ____

3.3 Bewerbung/Vorstellungsgespräch

„Wenn unsere Firma eine Anzeige schaltet mit dem Angebot eines Ausbildungsplatzes, müssen wir mit 100 bis 130 Bewerbungen rechnen. Daraus muss ich in relativ kurzer Zeit zehn, fünfzehn, maximal zwanzig aussuchen, von denen ich glaube, dass ein Vorstellungsgespräch sich lohnt. Wie mache ich das? Erster Auswahlfilter: Wessen Bewerbung nicht den allgemeinen Normen entspricht, fällt raus. Wenn das Bild aus der Mappe fällt, erst recht. Zweiter Auswahlfilter: Wer nicht mehr zu bieten hat als eine Bewerbung, die den allgemeinen Normen entspricht, hat schlechte Chancen, mir aufzufallen und im Gedächtnis zu bleiben ..."
Dieser Kommentar einer Personalleiterin ist durchaus typisch. Heutzutage gibt es ungezählte Möglichkeiten, sich über die richtige Form einer Bewerbung zu informieren: Da darf dann auch erwartet werden, dass ein Bewerber diese Informationsmöglichkeiten nutzt und eine ordentliche, also normgerechte Bewerbungsmappe einreicht.

In eine „normgerechte" **Bewerbungsmappe** gehören (in dieser Reihenfolge):

- das **Bewerbungsschreiben,** das formal (Seitenränder, Adressfelder, Anrede- und Grußformeln) nach den Regeln eines Geschäftsbriefes abgefasst ist. Ein Beispiel und Erläuterungen dazu finden Sie auf S. 65.
- ein **Lebenslauf mit Lichtbild** (▷ S. 66)
- das letzte schulische **Zeugnis** sowie Zeugnisse über bereits erworbene Abschlüsse (nur Kopien!)
- falls vorhanden: Praktikumsbescheinigungen, Gutachten, Nachweise über absolvierte Kurse o. Ä.

Außerdem ist zu beachten:

- Die Mappe besteht aus einem unbenutzten **Schnell- oder Klemmhefter** in einer dezenten Farbe.
- Verwenden Sie gutes **weißes Papier.** Keine Flecken, Kniffe, Eselsohren ...!
- Verschicken Sie Anschreiben und Lebenslauf immer als **Originale,** nie als Kopie.
- Lesen Sie die Schreiben mehrmals im Hinblick auf **Sprachrichtigkeit** durch oder lassen Sie sie von einem Experten kontrollieren.

Wir sind ein renommiertes, innovatives Unternehmen der Grundstücks- und Wohnungswirtschaft, das seinen Kunden einen Komplettservice rund um die Immobilie bietet.

Wir suchen zur Verstärkung unseres jungen, erfolgreichen Teams

eine/n Auszubildende/n zum Kaufmann/zur Kauffrau in der Grundstücks- und Wohnungswirtschaft

Wir bieten ein vielfältiges Aufgabengebiet im Innen- und Außendienst mit sowohl technischen als auch kaufmännischen Tätigkeiten und immer im Umgang mit Menschen an einem attraktiven, mit modernster Bürotechnik ausgestatteten Arbeitsplatz.

Wir erwarten ein gepflegtes Äußeres, Sicherheit im Auftreten und im Umgang mit der deutschen Rechtschreibung.

Wir bitten um Übersendung Ihrer vollständigen Bewerbungsunterlagen an:

Rossmann Immobilien GmbH
Goethestr. 99
70174 Stuttgart
E-Mail: rossmann–immobilien@t-online.de

Was kann man tun, um sich von anderen Bewerbungen abzuheben?
Hierfür gibt es zwei Ansatzmöglichkeiten:

1. Überprüfen Sie die Stellenanzeige ganz genau im Hinblick auf die – expliziten oder impliziten – Anforderungen, die an die Bewerber gestellt werden. Überlegen Sie dann, welche dieser Erwartungen Sie erfüllen, und heben Sie dies in Ihrem Schreiben hervor. Keine Sorge – die wenigsten Bewerber erfüllen alle Wünsche der Personalchefs!
2. Machen Sie sich klar, was Sie über die üblichen Daten – Schulabschluss und Informationen durch das Berufsinformationszentrum – hinaus zu bieten haben. Vielen Dingen, die vordergründig kaum etwas mit dem Ausbildungsberuf zu tun haben, kann ein positiver Aspekt abgewonnen werden: Auslandsaufenthalte stehen für Selbstständigkeit und Sprachkenntnisse, Aushilfsjobs für Engagement und Fleiß, Praktika für Berufsinteresse und erste Berufserfahrungen, Vereinstätigkeit für Teamgeist usw.
3. Vergleichen Sie das Bewerbungsschreiben auf S. 65 mit der obigen Stellenanzeige und stellen Sie Bezüge her.
4. a) Suchen Sie sich ein Ausbildungsangebot, das Sie interessiert, und formulieren Sie dazu ein Bewerbungsschreiben.
   b) Tauschen Sie Ihre Briefe untereinander aus.

Beispiel für ein Bewerbungsschreiben

Heiko Heinz Geislingen, den 29.9.2001
In den Weingärten 89
73312 Geislingen
Tel.: 07331 12345

Rossmann Immobilien GmbH
Personalabteilung
Frau Gabriel
Goethestr. 99
70174 Stuttgart

Ihre Anzeige in der Stuttgarter Zeitung vom 27.9.01
Bewerbung um einen Ausbildungsplatz als Kaufmann in der Grundstücks- und Wohnungswirtschaft

Sehr geehrte Frau Gabriel,

auf Ihr Ausbildungsangebot in der Stuttgarter Zeitung bin ich durch die interessante Beschreibung des Berufsbildes und Ihrer Firma aufmerksam geworden. Ich bewerbe mich deshalb um eine Ausbildung zum Kaufmann in der Grundstücks- und Wohnungswirtschaft in Ihrem Haus.

Zurzeit besuche ich das Städtische Gymnasium Geislingen, das ich voraussichtlich im Mai 2002 mit der allgemeinen Hochschulreife verlassen werde.

Über den von Ihnen angebotenen Ausbildungsberuf habe ich mich im Berufsinformationszentrum und durch die Schriften des Arbeitsamtes kundig gemacht und mein Interesse an dieser Tätigkeit dadurch bestätigt gefunden.

Für die von Ihnen beschriebenen Anforderungen bringe ich entsprechende Voraussetzungen mit: In meiner Freizeit beschäftige ich mich gerne mit dem Computer und bin mit typischer Büro-Software wie Word und Excel sowie verschiedenen Grafik-Programmen vertraut. An den zuvorkommenden Umgang mit Menschen bin ich durch meine Aushilfstätigkeit als Kellner gewöhnt.
Seit Juni 2001 besitze ich den Führerschein Klasse drei.

Gerne würde ich Ihnen in einem persönlichen Gespräch einen unmittelbaren Eindruck meiner Person und meines Auftretens geben und dabei auch aus erster Hand noch mehr über die Ausbildung in Ihrer Firma erfahren. Über eine Einladung würde ich mich deshalb sehr freuen.

Mit freundlichen Grüßen

Heiko Heinz

Anlagen:
Lebenslauf mit Lichtbild
Kopie des letzten Zeugnisses
Zeugnis über Aushilfstätigkeit als Kellner

Name und Adresse, Ort und Datum

Vollständige Anschrift der Firma, möglichst Ansprechpartner/in und/oder Abteilung angeben

Betreffzeile: Hinweis auf Anlass/Gegenstand des Briefs

Anrede: möglichst namentlich, sonst „Sehr geehrte Damen und Herren“

Hinweis auf den Auslöser der Bewerbung; der eigentliche Bewerbungssatz

Angaben zur derzeitigen Tätigkeit und zum angestrebten Schulabschluss

Stichhaltige und persönliche Begründung für den Ausbildungswunsch:

Berücksichtigung besonderer Anforderungen (Bezug auf Anzeige), Aufzeigen individueller Eignung

Hinweis auf ein erwünschtes Vorstellungsgespräch

Grußformel, Unterschrift

Anlagen

Der Lebenslauf

Ein Lebenslauf gehört zu jeder Bewerbung. Nur selten wird noch ein handgeschriebener und/oder ausformulierter Text erwartet – wenn ja, ist diese Erwartung in der Stellenanzeige ausdrücklich vermerkt und sollte auf jeden Fall erfüllt werden. Ansonsten ist die tabellarische Version, wie Sie sie unten sehen, üblich. Zu beachten:

- Lassen Sie keine zeitlichen Lücken. Sonst entsteht der Eindruck, es gebe etwas zu verbergen.
- Lassen Sie ein qualitativ gutes Lichtbild machen. Darauf wird sehr geachtet. Schreiben Sie Name und Anschrift auf die Rückseite und kleben sie es leicht an den Lebenslauf.

5. Entwerfen Sie Ihren Lebenslauf. Probieren Sie dabei unterschiedliche optische Gestaltungsmöglichkeiten aus und begutachten Sie die Ergebnisse im Kurs. Orientieren Sie sich an dem folgenden Beispiel.

Lebenslauf

<u>Persönliche Daten</u>

Name:	Heiko Heinz
Anschrift:	In den Weingärten 89 73312 Geislingen
Geburtsdatum:	30.05.1983
Geburtsort:	Göppingen
Eltern:	Elisabeth Engelhardt-Heinz, Rechtsanwältin Andreas O. Heinz, Angestellter
Geschwister:	zwei ältere Schwestern

<u>Schulischer Werdegang</u>

1989–1993:	Grundschule Schillerstraße, Göppingen
1993–2001:	Städtisches Gymnasium Geislingen, angestrebter Abschluss: allgemeine Hochschulreife

<u>Berufserfahrung/Praktika</u>

1999:	dreiwöchiges Schulpraktikum in der kaufmännischen Abteilung der Firma Meier, Geislingen
seit 2001:	Aushilfstätigkeit als Kellner in der Gaststätte Sparr, Geislingen

<u>Sprachkenntnisse:</u>	Schulkenntnisse in Englisch und Französisch
<u>Weitere Qualifikationen:</u>	Computerkenntnisse (Word, Excel, Grundkenntnisse in Photoshop)
<u>Persönliche Interessen:</u>	Computer, Basketball, Film

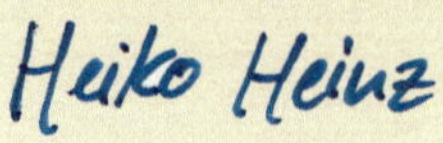

Geislingen, den 29.9.2001

Das Vorstellungsgespräch

Wenn Sie zu einem Vorstellungsgespräch eingeladen werden, haben Sie die erste Hürde genommen und stehen vor einem entscheidenden Moment im Prozess Ihrer Bewerbung.

So sollten Sie sich vorbereiten:

- Testen Sie den Weg zur Firma: Wie lange brauchen Sie, welchen Bus müssen Sie nehmen, wo gibt es Parkplätze?
- Sammeln Sie alles, was Sie an Informationen über die Firma und den Beruf bekommen können. Fragen Sie bei der Firma nach deren Broschüren und erkundigen Sie sich auch über andere Betriebe der gleichen Branche.
- Verfolgen Sie die aktuellen Ereignisse in Politik und Wirtschaft in den Medien; vielleicht gibt es gerade Tarifverhandlungen, Fusionen oder Konkurse in der Branche – das muss Sie jetzt interessieren!
- Falls im Berufsbild wichtig: Aktivieren Sie Ihre Fremdsprachenkenntnisse.
- Überlegen Sie, was Sie anziehen wollen: Ihre Kleidung sollte gepflegt, aber nicht auffallend sein. Tragen Sie nur etwas, worin Sie sich wohl fühlen und ungezwungen bewegen können.
- Nehmen Sie Kopien Ihrer Bewerbungsunterlagen und weitere Unterlagen (z. B. Arbeitsproben) mit, die eventuell von Interesse sein könnten.
- Machen Sie sich so frühzeitig auf den Weg, dass auch kleine Zwischenfälle Ihre Pünktlichkeit nicht verhindern.

Damit sollten Sie im Gespräch rechnen:

- **Fragen zu Berufswahl und Bewerbung:** Warum gerade dieser Beruf? Gerade diese Firma? Hier keine überzeugenden Antworten zu haben macht einen besonders schlechten Eindruck!
- **Fragen zu Schule, Ausbildung, Tätigkeiten:** „Problemfächer" mit entsprechenden Noten sind für Personalchefs keine Tabus – überlegen Sie, was Sie zu der Fünf in Mathe sagen können ... Erzählen Sie von beruflichen Erfahrungen bei Gelegenheitsjobs; auch wenn es sich um eine ganz andere Branche handelt, können Ihnen dann Pluspunkte für Teamgeist, Fleiß, Verlässlichkeit, Einsatzfreude o. Ä. angerechnet werden.
- **Fragen zum familiären Hintergrund, zu Freizeitinteressen, zur Persönlichkeit:** „Was ist Ihre größte Schwäche? Ihr positivster Charakterzug?" Antworten Sie offen, aber nicht weitschweifig. Wenn Ihnen die Fragen zu persönlich sind, reagieren Sie entsprechend zurückhaltend, aber weiterhin freundlich. Tabu sind Fragen nach ausgeheilten Krankheiten, Parteizugehörigkeit, Schwangerschaft u. Ä.
- **Aufforderung, selber Fragen zu stellen:** Hier keine Fragen parat zu haben wirkt interesselos. Erkundigen Sie sich nach Arbeitsbedingungen, Übernahme- und Weiterbildungsmöglichkeiten, Einsatz in anderen Filialen oder im Ausland, Organisation der Ausbildung etc. Die Frage nach der Ausbildungsvergütung ist erlaubt, sollte aber nicht Ihre einzige sein. Erkundigen Sie sich am Ende des Gesprächs, wann und wie Sie von der Entscheidung über den Ausbildungsplatz erfahren.

Beispiel für ein Vorstellungsgespräch

Heiko Heinz hat es geschafft. Auf Grund seiner Bewerbung ist er zu einem Vorstellungsgespräch bei der Rossmann Immobilien GmbH eingeladen worden. Kurz vor der vereinbarten Zeit erscheint er in der Firma und wird von einer Angestellten freundlich empfangen. Er muss noch zehn Minuten warten, dann wird er zur Personalleiterin, Frau Gabriel, ins Büro gerufen.

FRAU GABRIEL: Guten Morgen, Herr Heinz. Nehmen Sie doch bitte Platz! Haben Sie den Weg zu uns gut gefunden?

HEIKO HEINZ: Ja.

FRAU G.: Schön. – Herr Heinz, aus Ihrem Bewerbungsschreiben habe ich ein deutliches Interesse an dem Beruf des Grundstückkaufmanns herausgelesen. Was genau versprechen Sie sich denn von dieser Tätigkeit?

H. H.: Na ja, das, was Sie in Ihrer Anzeige geschrieben haben: abwechslungsreiche Aufgaben, mal hier, mal da, mit Leuten reden, am PC arbeiten und so.

FRAU G.: Und warum möchten Sie das gerade in unserem Haus tun?

H. H.: Das klang einfach klasse: „renommiertes, innovatives Unternehmen", „junges, erfolgreiches Team" und so. Da wär ich gerne bei.

FRAU G.: Wissen Sie denn etwas Genaueres über unsere Firma, z. B. was wir den Kunden konkret anbieten oder in welchem Raum wir tätig sind?

H. H.: Hm, tja also, ich denke mal, Sie verkaufen den Leuten Grundstücke, Häuser und so.

FRAU G.: Aha. – Eine andere Frage: Ihrem letzten Zeugnis entnehme ich, dass Sie in Deutsch ein „Befriedigend" haben, während Sie in manchen anderen Fächern besser stehen – liegt Ihnen Deutsch nicht so sehr?

H. H.: Das würde ich so nicht sagen. Sprachlich habe ich eigentlich keine Probleme. Aber mit diesen alten Literaturschinken, da kann ich wenig anfangen.

FRAU G.: Es gab ja in der letzten Zeit ziemlich viel Aufregung um die neue Rechtschreibung. Haben Sie davon etwas mitbekommen?

H. H.: Ja, unsere Deutschlehrerin hat versucht, uns die wichtigsten Neuerungen beizubringen, aber wir fanden das alles ziemlich überflüssig.

FRAU G.: Nun gut. – Haben Sie denn noch Fragen an mich?

H. H.: Ich wollte noch etwas fragen ... aber das fällt mir im Moment einfach nicht mehr ein.

1. a) Mit welchen Absichten und Erwartungen stellt die Personalchefin ihre Fragen?
   b) Kommentieren Sie Heiko Heinz' Antworten im Einzelnen und machen Sie Verbesserungsvorschläge.
2. Inszenieren Sie weitere Vorstellungsgespräche. Sprechen Sie dazu vorher genau die Rahmenbedingungen ab, z. B. Berufsbild und Firmenbeschreibung. Spielen Sie unterschiedliche Typen von „Personalchefs", variieren Sie die Fragen.

PROJEKTVORSCHLAG: BERUFSORIENTIERUNG UND BEWERBUNGSTRAINING

Wer nach dem Abitur in eine Ausbildung einsteigen möchte, sollte ungefähr ein Jahr vorher anfangen, sich Gedanken um seine Ausbildungswünsche zu machen, und dann aktiv mit Bewerbungen beginnen. Da eine ganze Jahrgangsstufe von diesen Erfordernissen betroffen ist, bietet es sich an, im schulischen Rahmen gemeinsam auf eine erfolgreiche Bewerbung und Berufswahl hinzuarbeiten, z. B. durch die Organisation von Berufsorientierungstagen und/oder Bewerbungstraining. Folgende Aktivitäten haben sich bewährt:

- **Beruf-Infos:**
  - ☐ BIZ-Mobil zur Schule einladen
  - ☐ Vertreter/innen unterschiedlicher beruflicher Richtungen als Referenten anwerben (z. B. Eltern, ehemalige Schüler; Behörden, aber auch Firmen haben oft eigens dafür abgestellte Mitarbeiter).
- **Training I: Bewerbungstaktik**
  Banken und Versicherungen entsenden gerne Mitarbeiter/innen, die über die richtige schriftliche und mündliche Form informieren.
- **Training II: Eignungstest**
  Material gibt's u. a. im Buchhandel, bei Banken und Versicherungen. Führen Sie den Test in der Gruppe unter realen Testbedingungen (Zeitdruck!) durch.
- **Training III: Vorstellungsgespräch**
  Personalleiter/innen von örtlichen Betrieben, Behörden etc. werden gebeten, sich Ihre Bewerbungsunterlagen anzusehen, einige Bewerbungsgespräche in kleineren Schülergruppen zu simulieren und auszuwerten.

4 Erörterndes Schreiben – Aufsatzformen

Probleme – d. h. entweder komplizierte, noch nicht hinreichend erschlossene Sachfragen oder offene, strittige Wertungsfragen – lassen sich mündlich oder schriftlich **erörtern**.

Unter einer **schriftlichen Erörterung** versteht man in der Regel eine systematische Abfolge von Denkoperationen. Ein solches Erörtern bedeutet,
- ein Problem in seinem logischen Kern zu erfassen,
- es von verwandten Problemstellungen abzugrenzen,
- es in eine Reihe von Einzelfragen aufzugliedern,
- unterschiedliche Antworten auf diese Fragen gegenüberzustellen,
- diese Antworten mit Argumenten zu begründen,
- die Argumente durch Beispiele anschaulich zu machen und
- abschließend die dargestellten Positionen persönlich zu bewerten.

Die Erörterung ist ein Instrument der Entscheidungsfindung und Meinungsbildung. Sie ist sowohl für Alltagsdiskussionen als auch für die wissenschaftliche oder journalistische Arbeit von grundlegender Bedeutung.
Im schulischen Unterricht haben sich drei Formen der Erörterung herausgebildet:
1) Das **textgebundene Erörtern** (s. u.) befasst sich mit Texten, die nicht in erster Linie der Informationsvermittlung dienen, sondern mit denen der Autor oder die Autorin durch die Darlegung eigener Ansichten in einen Meinungsstreit eingreifen will. In der textgebundenen Erörterung sind die Auffassungen des Autors/der Autorin Gegenstand einer kritischen Bewertung. Die im Text dargestellten Positionen werden mit abweichenden Positionen anderer Autoren und mit eigenen Einsichten verglichen. Daraus ergibt sich eine Bewertung der im Text vertretenen Auffassung. – Die textgebundene Erörterung kann auch eine **fachübergreifende Problemstellung** behandeln, z. B. zum Thema „Zeiterfahrungen“. Ebenso ist es denkbar, dass sich der Schreibauftrag der Erörterung auf eine bestimmte **Kommunikationssituation** bezieht, etwa die Veröffentlichung in einer Schülerzeitung.
2) Beim **freien Erörtern** (▷ S. 81 ff.) werden Positionen und Gegenpositionen zu einem aufgeworfenen Problem selbstständig – ohne Steuerung durch einen vorgelegten Text – zusammengetragen. Die abschließende Stellungnahme zu dem aufgeworfenen Problem basiert dann ganz auf der eigenen Problemerschließung.
3) Die **literarische Erörterung** (▷ S. 83 ff.) befasst sich mit Problemstellungen der Literatur und der Literaturwissenschaft. In textgebundener oder textungebundener Form werden z. B. literaturgeschichtliche Zusammenhänge, gattungstheoretische Fragen oder Fragen literarischer Wertung erörtert.

4.1 Textgebundene Erörterung

Aufbau einer textgebundenen Erörterung

A Textanalyse
Untersuchung des Argumentationsansatzes und der Argumentationsstruktur des Textes:
- Bestimmung der zentralen Problemstellung
- Erfassen des gedanklichen Grundrisses
- Analyse der Thesen und Argumente sowie der sprachlich-rhetorischen Mittel

B Kritische Stellungnahme
Argumentative Entfaltung des Problems:
- Auseinandersetzung mit den vom Autor/von der Autorin vertretenen Positionen
- Entwicklung und Begründung des eigenen Standpunkts

Analyse des Argumentationsansatzes

Hans Magnus Enzensberger

Unsere Landessprache und ihre Leibwächter (1979)

Die üblichen Klagen zuerst. Sie kommen von Herzen, aber ich kann mich, was sie betrifft, kurz fassen. Denn seit Jahren jammern Bildungsexperten, Professoren, Chefs über mangelhafte Deutschkenntnisse bei Hauptschülern, Doktoranden, Lehrlingen; ja sogar aus den Handelskammern sind diesbezügliche Seufzer zu vernehmen, gerade so, als weise ein reichliches Spesenkonto den Inhaber schon als Gralshüter der Muttersprache aus.

Diese Verwahrlosung! Dieser Amerikanismus! Diese rüden Stummelsätze aus der Discothek! Diese unglaublichen Patzer im Schulaufsatz! Und so weiter. Das kennt man. Man kennt den müden Stumpfsinn der alternativen *scene*, man kennt die berüchtigten Zwanzigjährigen, deren Wortschatz kaum über achthundert Vokabeln hinausgeht und deren Grammatik die Struktur eines Kaugummis hat; allerdings auch die Klagen darüber kennt man, ja, sie hängen einem möglicherweise schon zum Hals heraus.

Denn die Herren, die unserer Sprache da so eilfertig beispringen, als wäre sie eine altersschwache Patientin: diese muskulösen Pfleger machen sich ja nicht erst seit gestern an ihrem Rocksaum zu schaffen. Und heute wie damals bleiben ihnen nachhaltige Erfolge versagt – glücklicherweise, möchte ich meinen, wenn ich bedenke, was diese Apostel des guten, wahren und richtigen Deutsch sich schon alles geleistet haben an Dünkel, Verbohrtheit und Besserwisserei, allen voran der Herr Dr. Konrad Duden selig, der unserer Sprache, die ja wohl kaum die seine war, schon vor hundert Jahren mit seinen hageren Schulmeister-Ellbogen zu nahe getreten ist.

Da ist der Herr Doktor freilich an die Unrechte geraten. Die Sprache ist nämlich immer lebendiger und jünger als ihre arthritischen[1] Leibwächter. Sie pfeift darauf, von ihnen reingehalten und beschützt zu werden, und auf die akademische Wach- und Schließgesellschaft hat sie – *sit venia verbo*[2] – einfach keinen Bock. Die Rache der Impotenten sind die Vorschriften, mit denen unsere Kinder in der Schule mißhandelt werden. Hinter dem Rücken ihrer Aufseher aber läßt sich die Sprache munter mit den Vandalen ein, vor denen jene sie zu bewahren suchen. Großmütig wie eh und je gibt sie sich hin dem frechen, penetranten, falschen, chaotischen, gepfefferten, gemeinen, obszönen Gequassel der Fußballer, Schüler, Knastbrüder, Börsianer, Soldaten, Zuhälter, Flippies, Penner und Huren. Der reinste Horror-Trip, müßten die Herren vom zuständigen Sprachdezernat da ausrufen, wenn ihnen diese vulgäre Wendung nicht fremd wäre.

Nur, daß man unsereinen hierauf nicht mit allen Anzeichen des Entsetzens aufmerksam zu machen braucht. Sensible Ohren haben wir selber, und was mich angeht, so gebe ich gerne zu, daß ich zusammenzucke, wenn die Kids anfangen, ihre Beziehungskisten auszudiskutieren, und wenn sie wieder mal kurz abchecken, was Sache ist. Diese Redensarten finde ich deprimierend.

Wenn ich dann allerdings den Fahrkartenzwickern der Nation zuhöre, wird mir noch übler; diese Heger, Warner und Walter haben sich ja seit Opa Dudens Zeiten erschreckend vermehrt, und ganz egal, ob sie aus den Redaktionsstuben der F.A.Z., aus dem Rotary Club[3] oder aus dem Kultusministerium kommen, es ist längst nicht mehr damit getan, ihre Schriftsätze in den Papierkorb zu stopfen. „Die zur Beurteilung berufene Behörde muß sich vielmehr unter Ausschöpfung aller Erkenntnismittel – auch und gerade unter Berücksichtigung von Äußerungen des Bewerbers über seine politische Einstellung – die Überzeugung bilden, ob der Bewerber die Gewähr für die von ihm zu fordernde Verfassungstreue bietet. ‚Zweifel an der Verfassungstreue' zu haben bedeutet in diesem Zusammenhang nur, daß die bestellende Behörde nicht davon überzeugt ist, daß der Bewerber die Gewähr bietet, jederzeit die verfassungsmäßige Ordnung zu wahren … Dem

1 **arthritisch:** an einer Gelenkentzündung leidend

2 **sit venia verbo:** wenn der Ausdruck erlaubt ist

3 **Rotary Club:** internationale Vereinigung von Geschäftsleuten, Politikern, Künstlern, Ärzten

Antragsteller kann es deshalb nichts nützen, wenn er immer wieder hervorhebt, daß er sich *derzeit* durchaus legal verhalte, die geltenden Gesetze also beachte und dies weiterhin tun wolle. Das ist nicht entscheidend für die Beurteilung, ob er die Gewähr bietet, *jederzeit* die verfassungsmäßige Ordnung zu wahren." [...] Da ist mir, offen gestanden, der Disco-Slang, der Kneipen-Jargon, der Rocker-Sound, der Knacki-Argot noch lieber; denn der gedeiht und verwelkt wie die Lilien auf dem Felde, und nach ein paar Jahren bleibt nur ein Komposthaufen davon übrig, wogegen die machtgeschützten Bandwurmsätze der Schreibtischtäter immer neue Glieder, Haken und Saugnäpfe ansetzen. R

1. Welche Aussage Enzensbergers gefällt Ihnen am besten?
2. „Enzensberger befasst sich mit der deutschen Sprache." Diese Angabe ist zwar richtig, aber zu ungenau, um den Leserinnen/Lesern eines Erörterungsaufsatzes einleitend zu vermitteln, worum es geht. Grenzen Sie den **Gegenstand** des Textes in ein, zwei Sätzen präziser ein.
3. Geben Sie an, mit welchen **Leit- oder Schlüsselfragen** der Autor sich dem von ihm behandelten Gegenstand nähert. Stellen Sie sich dazu vor, der Text sei das Konzentrat eines Interviews, das Sie mit dem Autor geführt haben. Formulieren Sie die Fragen, die Sie dem Autor gestellt haben könnten, und kontrollieren Sie, ob der Text tatsächlich Antworten auf genau diese Fragen gibt. Präzisieren Sie Ihre Fragen, wenn nötig.
4. Wenn Sie eine Erörterung verfassen, werden Sie in der Regel aufgefordert, nach der Analyse des Textes einen seiner zentralen Aspekte ausführlich zu diskutieren:
   „Erörtern Sie die Problematik ..." / „Diskutieren Sie die Frage ..." / „Nehmen Sie Stellung zu ..." / „Setzen Sie sich kritisch mit der Position ... auseinander." / „Beurteilen Sie ..."
   Eine solche Erörterung fällt Ihnen leichter, wenn Sie bereits am Anfang Ihrer Arbeit Abstand zu dem Text gewinnen und alle Entscheidungsmöglichkeiten zu dem in der Aufgabenstellung aufgeworfenen Problem notieren, z. B. in einem Entscheidungsstern.
   a) Übertragen Sie den folgenden Entscheidungsstern auf ein Blatt Papier und ergänzen Sie weitere Entscheidungsmöglichkeiten.
   b) Schreiben Sie an jedes Strahlenende des Sterns Argumente, welche die dort notierte Entscheidungsmöglichkeit stützen könnten.

METHODENTRAINING

Mit einem **Entscheidungsstern** öffnen Sie Denkhorizonte. Wenn Sie andere Meinungen kritisch kommentieren und Alternativen entwickeln sollen, hilft Ihnen dieses Verfahren, sich von Vorgaben zu lösen und neue Möglichkeiten in Betracht zu ziehen.

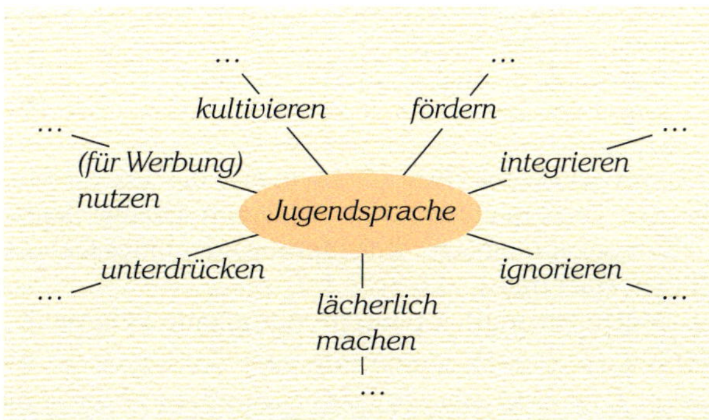

5. Texte wie der von Enzensberger greifen in der Regel in bestimmte öffentliche Diskussionen ein. Für welche **Öffentlichkeit(en)** ist dieser Text wohl gedacht? Begründen Sie Ihre Ansicht. Greifen Sie u. a. auf das Quellenverzeichnis (▷ S. 551) zurück.
6. Schreiben Sie nun die **Einleitung einer Erörterung**, die sich mit dem Enzensberger-Text befasst.
   - Geben Sie in einem Einleitungssatz Autor, Titel, Erscheinungsort und Thema an.
   - Führen Sie den Leser/die Leserin Ihres Aufsatzes zum Gegenstand Ihrer Erörterung hin, indem Sie z. B.
     - auf einen aktuellen Vorfall eingehen, den Sie selbst erlebt oder von dem Sie erfahren haben;
     - einen wichtigen Begriff (hier z. B.: „Jugendjargon") definieren;
     - den Gegenstand des Textes mit Hilfe der oben aufgelisteten Leit- oder Schlüsselfragen umreißen.

Analyse der Argumentationsstruktur

Die Sätze, aus denen sich ein meinungsbildender Sachtext wie der von Enzensberger zusammensetzt, haben nicht alle die gleiche Funktion. Die meisten Aussagen eines solchen Textes kann man den folgenden Funktionen zuordnen:

These
(Behauptung/Werturteil/Empfehlung bzw. Forderung)

↑

Argumente
(Fakten/Grundsätze bzw. Normen) stützen die These

↗ ↑ ↖

Beispiele veranschaulichen Argumente/Thesen

Belege sichern Argumente/Thesen ab

Erläuterungen verdeutlichen Argumente/Thesen

1. a) Lesen Sie Enzensbergers Text (▷ S. 70 f.) noch einmal gründlich durch und notieren Sie die zentralen **Thesen** (Kernaussagen).
   b) Schreiben Sie in Stichworten die **Argumente** und **Beispiele** heraus, mit denen Enzensberger seine Kernaussagen stützt. Ordnen Sie die Argumente und Beispiele den Thesen tabellarisch zu.
2. a) In meinungsbildenden Texten kommen oft Thesen vor, die von den Autoren selbst gar nicht als stichhaltig eingeschätzt werden. Die Autoren zitieren sie als **Gegenthesen,** um damit ihre eigentliche Position besser profilieren zu können. Weisen Sie in Enzensbergers Text einen solchen Vorgang im Einzelnen nach.
   b) Welche der von Enzensberger entwickelten Thesen könnten Ihrer Meinung nach in der Öffentlichkeit besonders strittig sein?
3. a) Formulieren Sie Enzensbergers Thesen möglichst präzise in eigenen Worten. Indem Sie die Aussage des Autors neu formulieren, vergewissern Sie sich, dass Sie den Text verstanden haben.
   b) Geben Sie die Thesen des Autors in ihrem gedanklichen Zusammenhang wieder. Machen Sie die (evtl. auch mangelnde) logische Schlüssigkeit von Enzensbergers Position deutlich.

Das **Gewicht einer These** (Kernaussage des Textes) hängt von der **Qualität der Argumente** ab, die die These stützen. „Ein Argument ist die Begründung, die uns motivieren soll, den Geltungsanspruch einer Behauptung oder eines Gebots bzw. einer Bewertung anzuerkennen" (Jürgen Habermas).
Im Folgenden werden typische Argumente vorgestellt, die zur Stützung von Thesen benutzt werden.

Argumenttypen und ihre Funktionen

Faktenargument
Die These wird durch logische Verknüpfung mit einer unstrittigen, verifizierbaren **Tatsachenaussage** gestützt. Diese Art von Argument ist oft leicht nachvollziehbar. Handelt es sich bei dem Faktenargument jedoch um einen Hinweis auf einen Einzelfall, so ist dieses Argument nicht sehr beweiskräftig; denn es kann möglicherweise durch einen anderen Einzelfall widerlegt werden. Das Faktenargument ist also bei genauer Prüfung oft nicht stichhaltig.
Beispiel: „Jugendsprache neigt zu ‚coolen' Untertreibungen. Zum Beispiel äußert sich die Hauptfigur in Plenzdorfs ‚Die neuen Leiden des jungen W.' folgendermaßen: ‚380 Volt sind kein Scherz, Leute. Es ging ganz schnell. Ansonsten ist Bedauern jenseits des Jordans nicht üblich.'"

Normatives Argument
Die These wird fundiert, indem der Autor/die Autorin sie mit allgemein oder weithin akzeptierten **Wertmaßstäben (Normen)** logisch verknüpft. In Gesellschaften, in denen eine immer größere Anzahl von Normen umstritten ist, wird eine normative Argumentation für viele Leser/innen bzw. Zuhörer/innen nicht unbedingt einleuchtend sein.
Beispiel: „Jede Gesellschaft versucht, eine Kontinuität der Generationen zu erreichen. Kulturelle Werte wie die Sprache sollen von einer Generation zur anderen weitergegeben werden. Deshalb ist eine Sprachform wie die Jugendsprache abzulehnen, da sie auf einen Bruch mit dem Bisherigen setzt."

Autoritätsargument
Die These wird dadurch untermauert, dass die Autorin/der Autor sich auf eine weithin **akzeptierte Autorität** beruft, die eine ähnliche oder identische Meinung geäußert hat. Auch diese Art von Argumentation ist oft nicht zwingend, da oft andere Autoritäten mit Gegenpositionen angeführt werden können.
Beispiel: „Die Jugendsprache attackiert die Erwachsenenwelt oft in einem herabsetzenden Ton. Professor Pörksen vom Deutschen Seminar der Universität Freiburg schreibt dazu, ‚der respektlose Umgang mit Autoritäten, ihre stilistische Herabsetzung', sei das ‚Privileg der Unterlegenen'."

Analogisierendes Argument
Eine These wird dadurch abgesichert, dass der Autor/die Autorin ein Beispiel aus einem anderen Lebensbereich als dem gerade diskutierten heranzieht, das in seinen Einzelheiten auf den eigentlichen Sachverhalt übertragbar ist. Das möglichst einleuchtend gewählte Beispiel wird genutzt, um einen Nachvollzug der These durch Parallelisierung und **Analogieschluss** nahezulegen.
Beispiel: „Aus dem schönsten Konzert wird nichts, wenn die Musiker nichts taugen: ihr Handwerk nicht beherrschen, nicht diszipliniert spielen, am liebsten alle Solisten wären, am Erfolg des Konzerts weniger interessiert sind als an ihrem persönlichen Erfolg. Das Gleiche gilt für Diskussionen."

Indirektes Argument
Das indirekte Argument soll die eigene Meinung dadurch plausibel erscheinen lassen, dass die gegenteilige Meinung als unstimmig (in sich widersprüchlich) oder realitätsfern vorgeführt oder in einer anderen Weise entkräftet wird. Solche indirekte Argumentation erscheint zunächst triftig; sie ist jedoch logisch nicht zwingend.

Einige bereits seit der Antike bekannten Argumentationsweisen, mit denen insbesondere im politischen Streit Thesen abgesichert werden sollen, gelten als unseriös, weil sie die Gefühle und nicht die Vernunft der Leser/innen oder Zuhörer/innen ansprechen. Beispiele:
Argumentum ad baculum: eine Begründung, die sich auf Befürchtungen stützt, die bei den Lesern/Leserinnen oder Zuhörern/Zuhörerinnen vermutet werden;
Argumentum ad misericordiam: eine Begründung, die sich auf Mitleid oder ähnliche Gefühle stützt;
Argumentum ad populum: eine Begründung, welche darauf angelegt ist, die Gefühle einer Volksmenge zu erregen und sie zu hindern, sich ein leidenschaftsloses Urteil zu bilden.

4. a) Überprüfen Sie, welche Möglichkeiten der Argumentation im Text von Enzensberger (▷ S. 70 f.) verwendet worden sind.
   b) Über welche anderen Mittel, die Leser/innen für seine Sichtweisen einzunehmen, verfügt Enzensberger?

Die **logische Struktur** von Argumentationen nimmt in der Regel typische Formen an, die schematisch darstellbar sind. Eine Möglichkeit ist der **dialektische Aufbau**. Hier werden einander widersprechende Positionen (Für und Wider) aufeinander bezogen, woraus sich ein neuer, weiterführender Gedanke ergibt. Diese Struktur lässt sich z. B. so schematisieren:

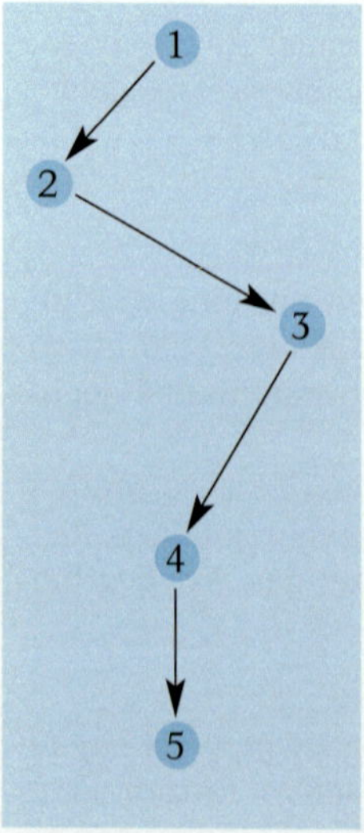

1. Ich behaupte, dass … (These)
2. Zwar …/Gewiss … (Gegenargument)
3. Aber …
   (unterstützendes Argument für die These, Entkräftung des Gegenarguments)
4. Vergleicht man beide Aspekte …
   (Gewichtung der Argumente)
5. Es wäre korrekt, wenn …/Man sollte also …
   (Schlussfolgerung/Empfehlung)

Argumentationen werden oft auch in Form einer Kette aufgebaut, die zu einer These eine Serie unterstützender Argumente und Beispiele aufbietet, Gegenmeinungen jedoch nicht einbezieht. Dieser **lineare Aufbau** könnte beispielsweise folgende Struktur haben:

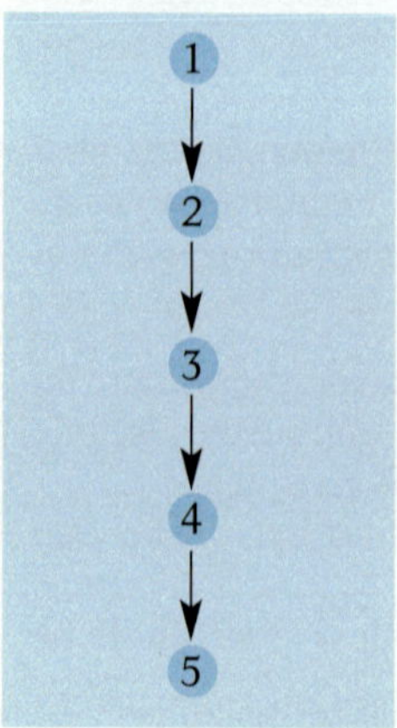

1. Ich behaupte, dass … (These)
2. Ich erinnere nur an … (Faktenargument)
3. Ein Beispiel dafür ist … (Beispiel)
4. Auch die Wissenschaft bestätigt … (Autoritätsargument)
5. Daraus ergibt sich … (Schlussfolgerung)

5. a) Betrachten Sie noch einmal den Text „Unsere Landessprache …“ von H. M. Enzensberger (▷ S. 70 f.). Zeichnen Sie – nach dem Muster der obigen Skizzen – den Argumentationsgang der Zeilen 1–59 nach.
   b) Notieren Sie neben Ihrer Skizze sprachliche Signale des Textes, die die logische Verknüpfung von These, Argumenten und Beispielen leisten, z. B. „Denn“ (▷ Z. 3), „allerdings“ (▷ Z. 19).
   c) Geht Enzensberger eher dialektisch oder linear (in Form einer Argumentationskette) vor?

Analyse der sprachlichen Mittel

Wortwahl und **Stil** sind für die Intention und Wirkung eines argumentativen Textes von entscheidender Bedeutung. Sie können unter zwei Gesichtspunkten analysiert werden, zum einen im Hinblick auf ein adressatengerechtes Vokabular, zum anderen unter dem Aspekt der Aussageabsicht.

1. Prüfen Sie die Wortwahl Enzensbergers unter stilistischen Gesichtspunkten. Nutzen Sie dabei das folgende „Haus der Stile".

Haus der Stile

dichterisch, z. B. „Lenz" (Frühling), „Odem" (Atem), „Himmelsleuchte": feierlich und bisweilen altertümlich wirkende, oft bildhafte Ausdrucksweise
fachsprachlich, z. B. „interpretieren", „zitieren": gebildete, gewisse Kenntnisse voraussetzende Ausdrucksweise
gehoben, z. B. „gesättigt sein", „wandeln", „jdm. etwas verhehlen": gepflegt wirkende, in Alltagsgesprächen gespreizt klingende Ausdrucksweise
amts- oder behördensprachlich, z. B. „Verausgabung", „Indienststellung": steif-offizielle und unpersönliche Ausdrucksweise
normalsprachlich, z. B. „gehen", „sich schlagen", „sich die Nase putzen": am wenigsten auffällige, allgemein verwendete Ausdrucksweise
umgangssprachlich, z. B. „motzen", „etw. mit jemandem haben": gelockerte, in der mündlichen Rede verwendete Ausdrucksweise des Alltags
salopp, z. B. „sich kloppen", „sich keilen", „Zaster", „Schotter", „Kröten": nicht in allen Alltagssituationen verwendbare, oft stark emotional gefärbte, häufig metaphorische Ausdrucksweise
jargonhaft, z. B. „supergeil": an eine bestimmte soziale oder berufliche Gruppe oder an eine Altersgruppe (Jugendsprache) gebundene, meist umgangssprachlich geprägte Ausdrucksweise
derb/vulgär, z. B. „verarschen", „Fresse": drastische, grobe Ausdrucksweise, die in großen Teilen einer Sprachgemeinschaft auf Ablehnung stößt

2. a) Enzensbergers Essay „Unsere Landessprache ..." (▷ S. 70 f.) erschien zuerst in der „Zeit", einer Wochenzeitung für Leser/innen mit gehobenem Bildungsniveau. Wie dürfte Enzensbergers Wortwahl auf seine Adressaten gewirkt haben?
   b) Welche Wirkung erzielt der Autor mit der betont häufigen Verwendung umgangssprachlicher Wörter („keinen Bock"), die zudem z. T. Anglizismen sind („Kids", „Horror-Trip")?
   c) „Sie pfeift darauf, von ihnen reingehalten und beschützt zu werden, und auf die akademische Wach- und Schließgesellschaft hat sie – *sit venia verbo* – einfach keinen Bock" (▷ Z. 41 ff.). Beschreiben Sie die Kombination von Stilebenen in diesem Zitat und die Wirkung, die sich daraus ergibt.
3. Listen Sie die ▷ Metaphern auf, die Enzensberger verwendet (z. B. „diese muskulösen Pfleger machen sich ... an ihrem Rocksaum zu schaffen", Z. 25 ff.), und bestimmen Sie ihre Wirkung im Textzusammenhang. ▷ S. 226
4. Schreiben Sie nun den **Mittelteil Ihres Erörterungsaufsatzes.**
   - Stellen Sie die Argumentationsstruktur und die sprachlich-rhetorischen Mittel des Enzensberger-Textes im Zusammenhang dar. Gehen Sie dabei auf möglichst viele der oben erarbeiteten Gesichtspunkte ein.
   - Bei der Analyse des Textes von Enzensberger müssen Sie mehrfach seine Gedanken wiedergeben. Achten Sie dabei auf den angemessenen Gebrauch des Konjunktivs (▷ S. 76).

Konjunktiv in der indirekten Rede

Einleitungssatz		abhängiger Satz
	vorzeitig	*dieser habe sich gesorgt* **Konj. I (Sing.)**
		diese hätten sich gesorgt **Konj. II (Plural)**
Enzensberger sagt/meint/ führt aus, ...	gleichzeitig	*dieser äußere Beschwerden* **Konj. I (Sing.)**
		diese äußerten Beschwerden **Konj. II (Plural)**
	nachzeitig	*es werde verschwinden* **Konj. I (Sing.)**
		sie würden verschwinden **Konj. II (Plural)**

Kann der Konjunktiv I nicht verwendet werden, weil die Form sich nicht von der entsprechenden Form des Indikativs unterscheidet, tritt der Konjunktiv II an seine Stelle.

Kritische Erörterung des Problems

Mit der verstehenden Analyse von Argumentationsansatz und Argumentationsstruktur haben Sie den ersten Teil **(A Textanalyse)** einer textgebundenen Erörterung bewältigt.
Im Anschluss an die Textanalyse erfolgt nun im zweiten Teil des Aufsatzes **(B Stellungnahme)** eine kritische Auseinandersetzung mit den Kernaussagen des Textes, die mit der begründeten Formulierung des eigenen Standpunktes abschließt. Dabei können Sie sowohl Ihr Alltagswissen nutzen als auch Kenntnisse, die Sie im Unterricht erarbeitet haben.

1. Besorgen Sie sich mit einer Internet-Recherche weitere Informationen zur Jugendsprache. Legen Sie für eine solche Recherche zunächst einige Schlüsselwörter wie „Jargon“ und „Jugendsprache“ fest und recherchieren Sie dann mit Hilfe verschiedener Suchmaschinen.
2. Eine erörternde Aufgabenstellung zu Enzensbergers Essay (▷ S. 70 f.) könnte lauten: „Beurteilen Sie, ob und inwiefern Enzensberger die Funktionen der Jugendsprache angemessen darstellt.“ Greifen Sie auf die Notizen in Ihrem Entscheidungsstern (▷ S. 71) zurück, um erste Antworten auf diese Frage zu geben.

Tipp In einer Klausur erfolgt die Erörterung erst im Anschluss an die Textanalyse. Daher ist es auf jeden Fall sinnvoll, in frühen Phasen der Klausur für diesen Arbeitsgang bereits Stichworte zu sammeln – z. B. mit Hilfe eines Entscheidungssterns. Ergänzen Sie diesen Entscheidungsstern fortlaufend, wenn Ihnen während der Klausur etwas einfällt.

3. Machen Sie sich klar, welche Möglichkeiten Sie haben, sich mit einem argumentativen Text auseinanderzusetzen. Welchem der folgenden Modelle (▷ S. 77 f.) entspricht Ihre Auseinandersetzung mit dem Enzensberger-Text am ehesten?

Die vier Grundtypen der kritischen Texterörterung

Modell I: Begründeter Widerspruch

In einem Text niedergelegte Positionen und eigene Ansichten decken sich nicht. Sie sind völlig anderer Meinung als der Autor/die Autorin. Es fällt Ihnen vermutlich nicht schwer, die Thesen des Autors/der Autorin zu entkräften. In kritischer Distanzierung von der Position des Autors/der Autorin können Sie Ihren Widerspruch begründen und eine eigene Meinung dagegensetzen. Diese Konstellation ergibt sich allerdings nur selten. Mögliche Denkoperationen:

- Die Stichhaltigkeit einer These durch **Gegenargumente** und/oder **Gegenbeispiele** in Zweifel ziehen, z. B. die Gegenposition eines anderen Autors referieren oder eigene Erfahrungen dagegenhalten
- Vorgetragene **Argumente entkräften,** z. B. die Geltung der ihnen zu Grunde liegenden Norm anzweifeln oder die behaupteten Tatsachen kritisch prüfen
- Die **Schlüssigkeit des Begründungsverfahrens prüfen**, also den behaupteten Zusammenhang zwischen These und zugehörigen Argumenten/Beispielen logisch überprüfen und in Zweifel ziehen; z. B. den Schluss von einem Einzelfall auf eine Aussage mit allgemeinem Anspruch als logisch nicht zureichend problematisieren
- Eine These grundsätzlich akzeptieren, aber ihre **Geltung eingrenzen,** indem der Sachverhalt zergliedert und differenziert wird („Das-kommt-darauf-an"-Methode)
- Die **Prämissen** von Aussagen des Autors/der Autorin aufdecken (weltanschauliche Grundlagen, wissenschaftliche Denkschule, persönliche Interessenlage) und so den Text kritisch einordnen

Modell II: Teilweise Übereinstimmung

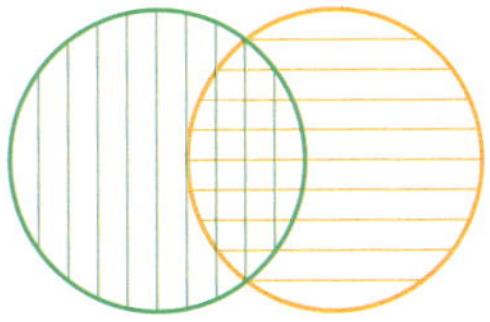

Häufiger kommt es vor, dass Sie mit einigen, vielleicht sogar mit zentralen Positionen des Autors/der Autorin übereinstimmen. Andererseits gibt es aber auch Positionen, denen Sie widersprechen möchten. Die Denkoperationen, die hier möglich sind, stellen eine Mischung aus Modell I und III dar.

Modell III: Begründete Zustimmung

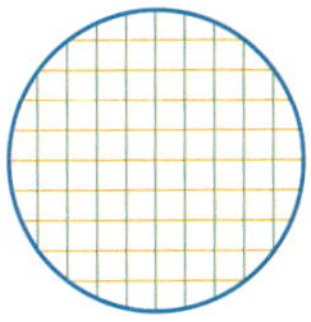

Sie sehen keine oder kaum Ansatzpunkte für eine Gegenargumentation. In diesem Fall fällt Ihnen eine kritische Auseinandersetzung mit dem Text am schwersten. Sie können immerhin die folgenden Denkoperationen durchführen:

- Mit **eigenen Erkenntnissen und Erfahrungen** Thesen des Autors/der Autorin weiter abstützen
- Mögliche **Gegenpositionen** zu Thesen des Autors/der Autorin, auch wenn sie im Text eventuell gar nicht thematisiert sind, **entkräften**
- Die logische Schlüssigkeit der vom Autor/von der Autorin entwickelten Position durch eine **persönliche Rekonstruktion der Hauptgedanken** nachweisen

Modell IV: Weiterführende Problematisierung

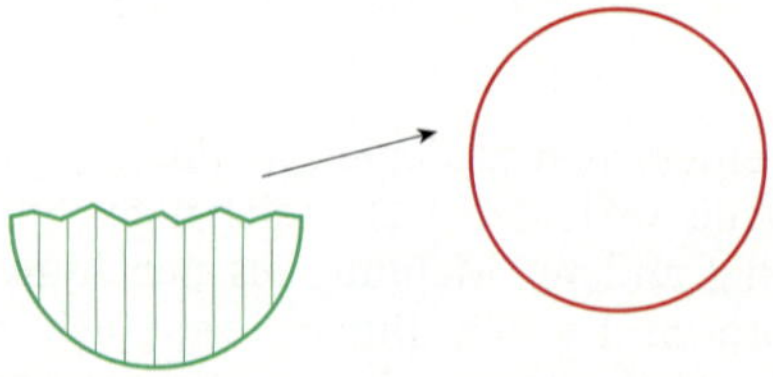

Diese Reaktion auf einen Text setzt voraus, dass Sie sich in einem Sachgebiet ziemlich gut auskennen. Sie entscheiden sich dazu, den diskutierten Sachverhalt in einen größeren Zusammenhang einzuordnen, als der Autor/die Autorin dies getan hat. Dabei weiten Sie den Blick oder heben die Fragestellung, mit der sich ein Text beschäftigt, auf eine neue Ebene. Dieses Verfahren ist anspruchsvoll. Mögliche Denkoperationen:

- **Zusätzliche Aspekte** zur Sprache bringen, welche die vom Autor/von der Autorin gewählte Problemstellung eigentlich mitbeinhalten müsste, zu denen er/sie aber nicht Stellung genommen hat
- Vom Autor/von der Autorin nicht gesehene **Konsequenzen** seiner/ihrer Position darstellen

3. Überprüfen Sie, welche der oben angegebenen Modelle der Erörterung in den folgenden Schülerbeispielen umgesetzt worden sind. (Es können auch Mischungen auftreten.)

Beispiel I: *Enzensberger verteidigt die Jugendsprache und andere Sondersprachen in seinem Aufsatz etwas halbherzig. Dramatisierend schildert er zwar, wie Schüler, Jugendliche und Studenten mit Vorschriften und Regeln der deutschen Hochsprache „mißhandelt" (Z. 47) werden; er wendet sich gegen diesen leblosen Sprachstil und gegen die konservativen Sprachpuristen, die ihn durchsetzen wollen. Andererseits ist er der Jugendsprache gegenüber aber auch sehr zurückhaltend. Vielleicht hängt das damit zusammen, dass er die Funktionen, die diese Art von Sprache für Jugendliche hat, nicht konkret und direkt anspricht und dass er vielleicht auch gar nicht über sie nachgedacht hat. Die Funktionen der Jugendsprache sind in seinen Ausführungen nur dort zu finden, wo er aufzählt, wie und was Jugendliche sprechen. Die moderne Sprachforschung hat ja herausgefunden, dass eine wichtige Funktion der Sondersprache (darin sind Gaunersprachen, Jugendsprachen und Geheimsprachen eingeschlossen) die Abgrenzung nach außen ist. Jugendliche wollen sich mit „ihrer" Sprache von der Erwachsenenwelt distanzieren, deshalb verwenden sie ihr eigenes Kommunikationsmittel, die Jugendsprache. Diese Sprache richtet sich außerdem gegen die sprachliche Vermassung in unserer Gesellschaft. Ein weiterer Aspekt kommt hinzu: In unserer Gesellschaft setzt sich immer mehr die Abstraktheit von Begriffen durch, wie Enzensberger sie anhand eines ausführlich zitierten Beispiels nachweist. Was aber will die Jugend? Sie will eine konkrete Ausdrucksweise, damit sinnliche Vorstellungen wachgerufen werden.*

In all diese Bedürfnisse Jugendlicher hat sich Enzensberger wenig hineingedacht. Trotzdem gefällt mir seine Verteidigung der Jugendsprache auch in ihrer halbherzigen Form. Enzensberger stellt ja immerhin befürwortend fest, dass die „Apostel des guten, wahren und richtigen Deutsch" (Z. 30/31), wodurch er auf metaphorische und pathetische Weise manche Sprachpädagogen und -wissenschaftler und ihren gesellschaftlichen Anhang ironisiert, bisher keine Erfolge erzielen konnten. Die komische Gegenüberstellung von lateinischen Fremdwörtern und Jugendsprache offenbart Enzensbergers eigene Einstellung: Auf die Sprachpuristen habe die Sprache selbst „sit venia verbo – einfach keinen Bock" (Z. 44/45), sagt er. Aber er setzt sich damit aufs hohe Ross des sprachgewandten Schriftstellers. Er nimmt die Jugendsprache zwar gegen die Sprachpuristen in Schutz. Aber wieso kann er sie als Sprache Jugendlicher nicht voll und ganz akzeptieren?

Beispiel II: *In dem Aufsatz von Enzensberger sind Form und Inhalt gut aufeinander abgestimmt. Der Autor benutzt in seinem Text eine Vermischung aus Jugendsprache und der Fachsprache der „Schreibtischtäter" (Z. 104/105). Diesen Mischmasch parodiert er mit Hilfe dichterischer Mittel (Metaphern, ironisch wirkende Zusammenstellungen nicht zueinander passender Sprachbrocken). Er möchte damit ausdrücken, dass man zwar versuchen kann, die Hochsprache durchzusetzen, dass es aber gar nicht zu vermeiden ist, dass immer neue Begriffe und Ausdrücke hinzukommen, denn „auf die akademische Wach- und Schließgesellschaft hat sie (die Sprache) – sit venia verbo – einfach keinen Bock" (Z. 42–45). Um die Sprache als etwas zu zeigen, das lebt und sich entwickelt, benutzt er Bilder wie „die Lilien auf dem Felde" (Z. 101), die blühen und dann verwelken, um so neue Nahrung für eine neue Sprache zu sein. Die Hüter der Muttersprache hingegen sieht er als „Impotente" (Z. 45), die eine „altersschwache Patientin" (Z. 24/25) pflegen und erhalten wollen. Ich kann mich Enzensbergers Ablehnung der Sprachpuristen anschließen, aber ich kann auch seine Skepsis der Jugendsprache gegenüber gut nachvollziehen. Für mich haben jugendliche Sondersprachen, wie sie zum Beispiel in Cliquen auftreten, keine sehr große Rolle gespielt. Es gab zwar Worte oder Ausdrücke, die in Mode waren und die ich kurze Zeit selbst verwendet habe, doch hatten diese für mich nicht die von manchen Wissenschaftlern behauptete Wichtigkeit, zum Beispiel die Funktion, die Zusammengehörigkeit einer Gruppe zu unterstreichen. Daher sind jugendsprachliche Bezeichnungen für mich – wie für Enzensberger – kein Grund zur Aufregung, zugleich sind sie aber auch nicht besonders wertvoll für mich. […] Manchmal stand vielleicht auch ein leichter Druck dahinter, wenn man diese Modebegriffe nicht benutzte. Enzensberger deutet diesen problematischen Gruppendruck mit dem Wort „scene" (Z. 15) an. Viele meinen, dass man zu einer „scene" gehören müsse. Mir gefällt die kritische Distanz von Enzensberger besser.*

4. Schreiben Sie aus den beiden Schülerbeispielen Wörter und Redewendungen heraus, die Sie an den Gelenkstellen eines eigenen Aufsatzes verwenden könnten. Legen Sie eine Liste an.

- *Vielleicht hängt das damit zusammen, dass ...*
- *Ein weiterer Aspekt kommt hinzu: ...*
- *...*

5. Verfassen Sie nun selbst den eigentlichen **Erörterungsteil Ihres Aufsatzes**.
   - Orientieren Sie sich an folgender Aufgabenstellung: „Beurteilen Sie, ob und inwiefern Enzensberger die Funktionen der Jugendsprache angemessen darstellt."
   - Ergänzen Sie Ihre Gelenkstellen-Liste (▷ Aufgabe 4), indem Sie Ihre Aufsätze wechselseitig auswerten.
   - Prüfen Sie die von Ihnen geschriebenen Aufsätze anhand der folgenden Übersicht.

Zusammenfassender Überblick zur Anfertigung einer textgebundenen Erörterung	
Mögliche Arbeitsschritte	**Besondere Anforderungen**
1. Phase: Vorbereitende Textanalyse	
Mehrmaliges Durcharbeiten des vorgelegten Textes; dabei den Verstehensprozess in Notizen umsetzen (▷ Markieren der Hauptthesen, Randbemerkungen zu Argumenttypen, logischen Verknüpfungen, Beispielen etc.).	Sich nicht im Text verlieren; Orientierungspunkte suchen. Klärung zentraler Begriffe des Textes; Versuch eigener Begriffsdefinitionen und Vergleich mit den vom Autor/von der Autorin vorgenommenen Begriffsfüllungen. (Zu welchen Aspekten schweigt der Autor? Welche hebt er besonders hervor?)

▷ S. 17 f.

Mögliche Arbeitsschritte	Besondere Anforderungen
1. Phase: Vorbereitende Textanalyse (Fortsetzung)	
Notieren von Einfällen zur kritischen Auseinandersetzung mit dem Text.	Wichtige von weniger wichtigen Aussagen unterscheiden. Wertende Aussagen des Textes identifizieren. Die Aussageabsichten des Autors /der Autorin klären; dabei auch versteckte Wertungen erkennen. Eigene Erfahrungen und Kenntnisse (Lektürewissen, Unterrichtsergebnisse etc.) zu den im Text aufgeworfenen Problemen vergegenwärtigen und mit den Textaussagen konfrontieren. Erst *nach* gründlicher Auseinandersetzung mit dem Text den Aufsatz beginnen.
2. Phase: Einleitung	
Nennung von Autor/in, Titel, Thema im Einleitungssatz. Eröffnung des Aufsatzes durch ■ Definition eines im Text verwendeten zentralen Begriffs, ■ Anbindung des Aufsatzthemas an ein aktuelles Ereignis, ■ eine Reihe von Fragen, die das Thema erschließen etc.	Die vom Autor/von der Autorin vorgenommene Themenerschließung in ihrer Begrenzung genau beschreiben. Scheinaktualisierung vermeiden.
3. Phase: Argumentationsansatz darstellen	
Klare Wiedergabe der zentralen Problemstellung im gedanklichen Zusammenhang.	Sich von vorhandenen Vorurteilen lösen. Dem Text gegenüber eine sachlich-distanzierte Haltung einnehmen (z. B. Verwendung des ▷ Konjunktivs der indirekten Rede); Wiedergabe der Textaussage ohne Vermischung mit eigenen Wertungen (diese für den Schlussteil aufsparen).
4. Phase: Argumentationsstruktur und sprachliche Mittel analysieren	
Darstellung und Analyse der zentralen Thesen im Argumentationszusammenhang: ■ Thesen ■ Argumente ■ Beispiele ■ Techniken expliziter oder impliziter Gedankenverknüpfung ■ Wortwahl/Stil	Die Thesen und Argumente des Textes nicht nur additiv nebeneinanderstellen, sondern in ihrem sachlich-logischen Zusammenhang wiedergeben. Gedankensprünge vermeiden, die sich aus der Reduktion des Textes auf einige Thesen ergeben könnten. Auf Ökonomie der Darstellung achten. Funktionslose Wiederholungen von Textaussagen vermeiden. (Es geht nicht mehr um das „Was“, sondern um das „Wie“ des Textes.)

▷ S. 76

Mögliche Arbeitsschritte	Besondere Anforderungen
5. Phase: Kritische Stellungnahme	
Prüfung der Prämissen (der politischen, weltanschaulichen, wissenschaftlichen oder sonstigen Voraussetzungen) der im Text vertretenen Positionen. Bewertung der Schlüssigkeit der im Text aufgebauten Begründungen. Begründete Zustimmung zu der im Text entwickelten Position bzw. Ablehnung oder weiterführende Problematisierung.	Dem Autor/der Autorin nichts unterstellen und auf unstatthafte Verallgemeinerung von Textaussagen verzichten. Die Problemstellung des Textes nicht verschieben: In der eigenen Stellungnahme nicht vom Aussageschwerpunkt des Textes abschweifen. Zugleich sich vom Gedankengang des Textes lösen und eigenständige Überlegungen entwickeln, um eine zu enge Anlehnung an den Text und eine bloße gedankliche Wiederholung zu vermeiden. Die eigene Position mit Argumenten und Beispielen abstützen. Entscheidung zwischen ■ entfaltendem Verfahren (ein Standpunkt wird sofort mitgeteilt und anschließend durch Argumente, Erläuterungen etc. plausibel gemacht) oder ■ hinführendem Verfahren (allmählicher Aufbau einer Argumentation von Einzelheiten her bis zur zusammenfassenden These). Sich nicht in Einzelheiten und Nebensächlichkeiten verlieren, sondern die vom Text aufgeworfenen strittigen Fragen zentral angehen.

Allgemeine Hinweise

- Bei der Textwiedergabe wird das Präsens verwendet.
- Zitate werden in die eigene Syntax integriert.
- Es sollen Redewendungen benutzt werden, die genauen Aufschluss über die Urheberschaft von Gedanken geben wie „Der Autor behauptet, dass …“ oder „Mir scheint, dass …“. Textwiedergabe und eigene Gedankenentwicklung dürfen nicht untrennbar ineinander übergehen, die Position des Autors/der Autorin wird deshalb in der ▷ indirekten Rede wiedergegeben. ▷ S. 76

4.2 Freie Erörterung: Problemerörterung

Im Deutschunterricht der Oberstufe dominiert heute die oben vorgestellte Erörterung im Anschluss an eine fachspezifische Textvorlage; dagegen ist die **textungebundene Problemerörterung** etwas zurückgetreten. Das „freie Erörtern“ ist der Alltagskommunikation erheblich näher und ist daher bereits Lerngegenstand der Mittelstufe. Von der Auseinandersetzung auf dem Schulhof über den Meinungsbeitrag für eine Schülerzeitung oder den Leserbrief bis zum problemerschließenden Zeitungsartikel und schließlich dem Essay – einer auch sprachlich anspruchsvollen Textform – gibt es viele mündliche und schriftliche Arten der Problemerörterung.

Im Alltag werden wir laufend mit strittigen Fragen konfrontiert. Im Meinungsstreit sind wir dabei oft zu Stellungnahmen herausgefordert, bei denen Wertungen oder Entscheidungen, auch

Als-ob-Entscheidungen („Wenn du zu entscheiden hättest, was würdest du tun?"), erwartet werden. Bei der Problemerörterung handelt es sich um eine systematische Vorbereitung solcher Stellungnahmen. Während sich jedoch in der Alltagskommunikation das Pro und Kontra zu einer Streitfrage meist auf verschiedene Sprecher/innen verteilt, soll der Autor einer Problemerörterung die kontroversen Standpunkte zu einer Entscheidungsfrage gesammelt vortragen. Als zunächst unparteiischer Moderator bringt er These und Antithese zur Sprache, um dann erst – abschließend – eine persönliche Stellungnahme abzugeben.

1. Wählen Sie im Kurs einen aktuellen Problembereich, den Sie erörtern möchten.
2. Nutzen Sie einige der auf S. 83 dargestellten Verfahren für eine Aspekte- und **Stoffsammlung.** (Bei einer Klausur stehen Ihnen – neben evtl. bereitgestelltem Informationsmaterial – nur die Möglichkeiten zur Verfügung, die sich auf das eigene Gedächtnis stützen.)
3. Einige dieser Verfahren (z. B. die Tabelle, das Zweigdiagramm oder die Mind-Map) helfen Ihnen gleichzeitig, Ihr Material zu **gliedern.** Bringen Sie möglichst viele der Aspekte, die Sie gesammelt haben, mit einem dieser Verfahren in eine Ordnung.
4. Recherchieren Sie zu dem gewählten Thema auch im Internet. Grenzen Sie den Suchbereich ein, indem Sie mehrere Suchbegriffe kombinieren.
5. Welcher der beiden folgenden Darstellungswege scheint Ihnen der sinnvollste zu sein, um den von Ihnen gewählten Problembereich zu erörtern? Entwerfen Sie evtl. weitere Alternativen der Darstellung.

Schema 1: Pro und Kontra im Block	**Schema 2: Laufende Antithetik**
A. Einleitung: Aktualität/Bedeutsamkeit der Problemstellung	A. Einleitung: Aktualität/Bedeutsamkeit der Problemstellung
B. Hauptteil I. These Erstes Argument/Beispiel Zweites Argument/Beispiel Drittes Argument/Beispiel usw. II. Antithese Erstes Argument/Beispiel Zweites Argument/Beispiel Drittes Argument/Beispiel usw.	B. Hauptteil These und Antithese im Überblick, dann Erstes Argument/Beispiel zur These → 1. Argument/B. zur Antithese ↙ Zweites Argument/B. zur These → 2. Argument/B. zur Antithese ↙ Drittes Argument/B. zur These → 3. Argument/B. zur Antithese usw.
D. Schluss: Ausblick auf zukünftige Entwicklung o. Ä.	D. Schluss: Ausblick auf zukünftige Entwicklung o. Ä.
Dieses Verfahren kann die entgegengesetzten Positionen systematisch aufarbeiten und im Zusammenhang darstellen. Es ist jedoch wenig farbig.	Dieses Verfahren kommt der Alltagskommunikation nahe und ist daher lebendiger. Allerdings ist es oft schwierig, jeweils einen passenden gedanklichen Anschluss zu finden.

5. Verfassen Sie nun eine freie Erörterung zu dem von Ihnen gewählten Problembereich. Achten Sie im Hauptteil insbesondere auf eine übersichtliche Gliederung sowie auf eine sinnvolle sprachliche Verknüpfung von Thesen, Argumenten und Beispielen.

Die zweite grundlegende Form der Problemerörterung ist die **lineare:** Hier wird ein Problem, das nicht in Pro und Kontra diskutiert werden kann, z. B. Fremdenfeindlichkeit, hinsichtlich der Hintergründe und Auswirkungen erörtert. Die Grundformel für den Argumentationsgang lautet: **Problem – Ursachen – Auswirkungen – Lösungsansätze.**

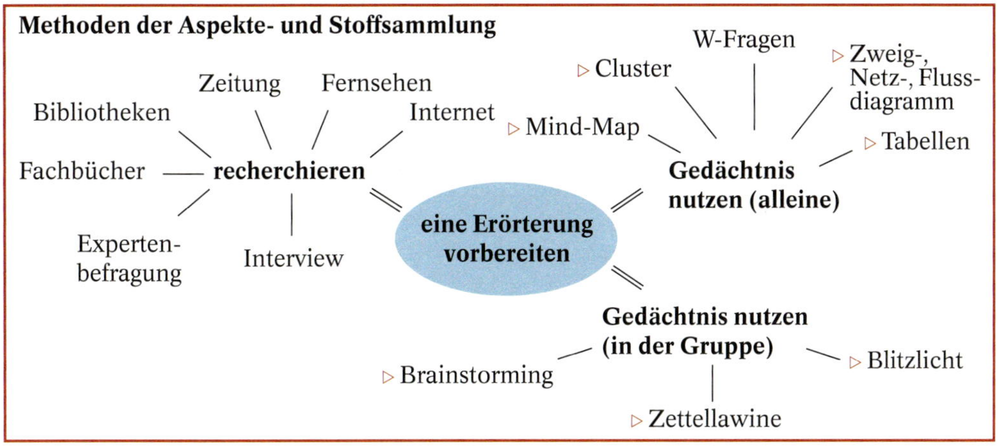

▷ S. 35 f., 84

▷ S. 11, 86, 134

4.3 Literarische Erörterung

Anders als in der textgebundenen Erörterung (▷ S. 69 ff.), die auf Sachtexten basiert, oder der textungebundenen Problemerörterung (▷ S. 81 ff.) sind bei der literarischen Erörterung Ihnen bekannte **poetische Texte** Ausgangspunkt Ihrer Überlegungen.
In einer literarischen Erörterung können Sie Ihre Kenntnisse zu einem Autor/einer Autorin, zu bestimmten literarischen Werken bzw. Epochen oder zur Literatur allgemein einbringen. Die Aufgabenstellung umfasst (im Gegensatz zu den „Sternchen-Themen") nur *einen* Arbeitsauftrag: Es wird Ihnen eine These vorgegeben, die Sie linear oder dialektisch zu erläutern und zu diskutieren haben. Da die Aufgabenstellung keine Gliederungsvorgaben macht, müssen Sie Ihre Arbeit selbstständig konzeptionieren. Auch die literarischen Beispiele, die als Belege für Ihre Argumentation dienen können, müssen Sie selbst finden. Dabei können Sie aber auf die im Unterricht erarbeiteten Inhalte zurückgreifen.

Beispiel: Globalisierung als Thema von Frischs „Homo faber"

These: Der Roman „Homo faber" von Max Frisch ist inzwischen ein halbes Jahrhundert alt – dennoch thematisiert er vor allem das Leben in der globalisierten Welt.

Aufgabenstellung: Diskutieren sie diese These zur Thematik von Frischs Roman.

1. Überlegen Sie in der Klasse gemeinsam, welche Aspekte das Thema besitzt und wie Sie an die Aufgabe herangehen können.

Der bekannte Roman von Max Frisch, der auf dem Lektüreplan der Oberstufe steht, wird oft unter dem Leitthema „Technik und Ethik" oder „Amerika und Europa" gelesen. Die Aufgabenstellung setzt an Fabers Lebensweg an: Ein Schweizer, wohnhaft in den USA, weltweit tätig für international agierende Konzerne oder Institutionen. Thematisiert werden könnte nun, ob die

Probleme Fabers mit diesem Leben in der globalen Wirtschaft zusammenhängen, ob dieser Aspekt eine von Frisch um 1950 gar nicht vorauszusehende Aktualisierung darstellt.

▷ S. 14

2. Im Folgenden finden Sie eine Stoffsammlung – als **Cluster** gestaltet –, einen Gliederungsentwurf und eine Einleitung aus einem Schüleraufsatz. Nutzen Sie die Materialien bei der Planung und Gestaltung eines eigenen Aufsatzes im Rahmen einer ▷ **Schreibkonferenz.**

Stoffsammlung

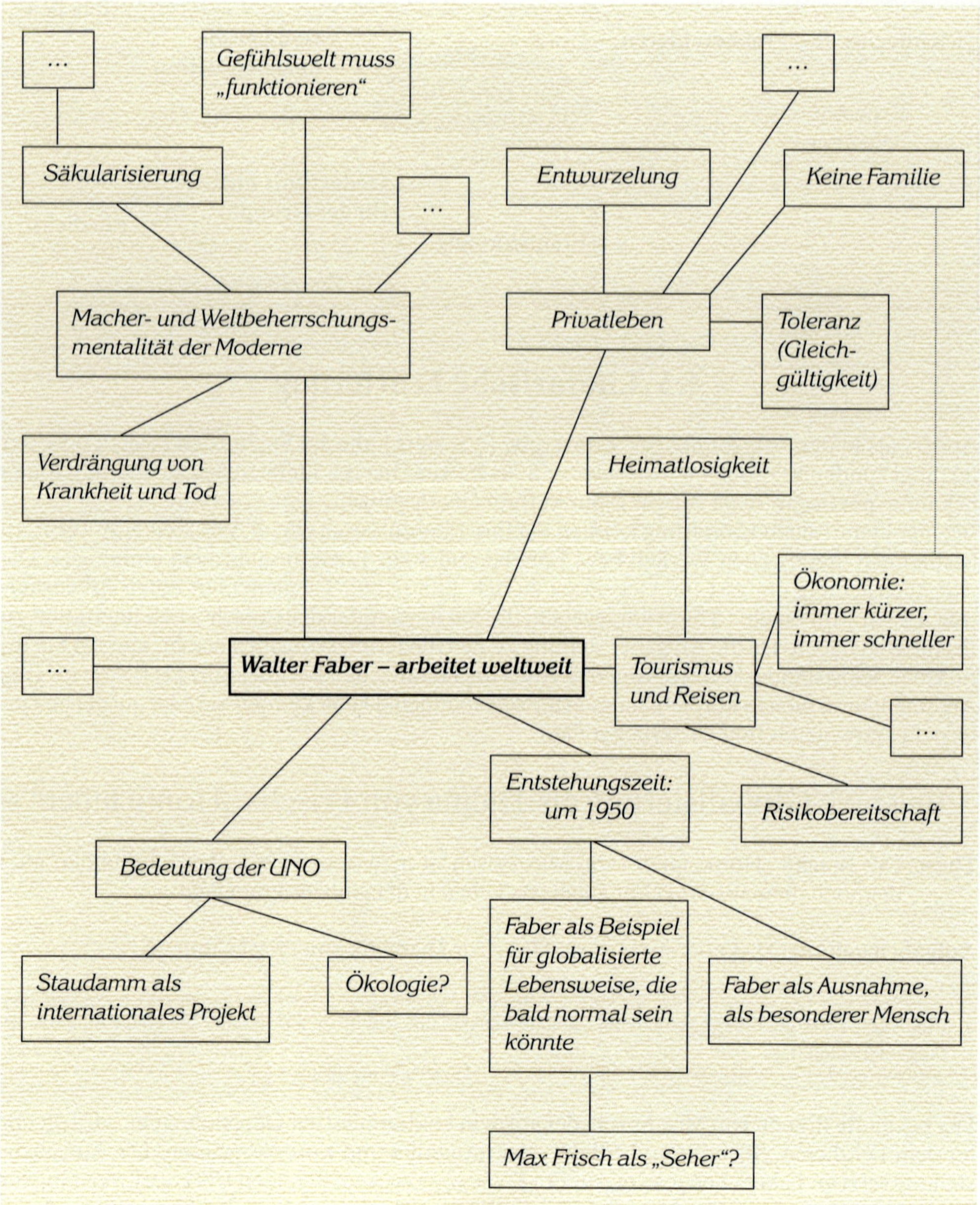

Gliederung

Einleitung: Kritik an Technikgläubigkeit als gängiges Interpretationsmuster
Erläuterung des Vorgehens in der Arbeit

Hauptteil:

I. Globalisierung und Technikgläubigkeit
1. Allgemeine Erläuterung
2. Hinweise im Roman
a) …
b) …
…
3. Zufall oder Absicht – 1. Vermutung

II. Technikgläubigkeit als Folge der Globalisierungsmöglichkeit in der Moderne
1. Allgemeine Erläuterung
2. Hinweise im Roman
a) …
b) …
…
3. Zufall oder Absicht – 2. Vermutung

III. Max Frischs Biografie und Werk als stützende Argumente
1. …
2. …
…

IV. Synthese: Der Schriftsteller als „Seher", der aktuelle Trends analysiert und in die Zukunft extrapoliert

Schluss: Max Frischs Roman – aktueller denn je: Aufforderung zum fächerverbindenden Unterricht

Einleitung

Der Titel des Romans scheint Programm zu sein: Homo faber. Zumindest sehen viele Interpretationen in dieser Formel, welche die biologische Klassifizierung des Menschen als Homo sapiens variiert und kritisiert, den Zielpunkt ihrer Deutungsversuche: die Kritik an den Allmachtsfantasien des modernen Menschen, die zu seinem Scheitern führen.
Um die Themenfrage zu beantworten, möchte ich diese Formel durch eine weitere ergänzen (wobei ich offen lassen muss, ob es sich dabei um gutes Latein handelt): Homo faber = Homo globalis? Im Folgenden möchte ich zwei Stränge verfolgen: Zum einen soll geprüft werden, ob die Technikgläubigkeit die Globalisierung fördert und sich dafür Anzeichen im Roman finden lassen; zum anderen untersuche ich die Frage, ob die Technikgläubigkeit ihrerseits vielleicht Folge eines neuen Globalisierungsverständnisses ist und es hierfür Anzeichen im Roman gibt.
…

1. Bearbeiten Sie eines der beiden folgenden Themen (▷ S. 86), indem Sie
   - eine geordnete **Stoffsammlung** erstellen, z. B. in Form einer ▷ Mind-Map; ▷ S. 36
   - eine **Gliederung** für Ihre Arbeit entwerfen;
   - Einleitung, Hauptteil und Schluss Ihres Aufsatzes **ausformulieren**.
2. Besprechen Sie Ihre Aufsätze in Kleingruppen und ▷ **überarbeiten** Sie sie. ▷ S. 39 f.

Weitere Beispiele für literarische Erörterungen

These: Der Literaturwissenschaftler Gerhard Kaiser äußert seine Furcht vor dem Verlust von Grundlagen für das Verständnis zeitgenössischer Literatur: „Mögen viele zeitgenössische Autoren, Christen oder nicht, noch in einigem Rückbezug auf die Bibel und die christliche Tradition schreiben – etwa Bertolt Brecht, Günter Grass, Max Frisch und Friedrich Dürrenmatt –, so könnten doch die literarischen Texte unserer europäischen Überlieferung bald auf ein Publikum treffen, das, wie die Einäugigen, dreidimensionale Gegenstände nur noch zweidimensional erfasst, weil biblische oder mythologische Anspielungen nicht mehr verstanden oder gar nicht mehr bemerkt werden."
Aufgabenstellung: Erläutern Sie an Ihnen bekannten Beispielen aus der deutschsprachigen Literatur des 20. Jahrhunderts, inwiefern biblische und mythologische Kenntnisse für das Verständnis der Werke von Bedeutung sind.
Hinweis zur Bearbeitung der Aufgabe: Die Aufgabe ist als lineare, nicht als dialektische Erörterung angelegt. Es geht also darum, Kaisers These, dass biblische und mythologische Kenntnisse zum Verständnis von zeitgenössischer Literatur notwendig sind, an treffenden Beispielen zu erläutern. Die Beispiele können aus dem Umkreis der „Sternchen-Themen" stammen, aber auch aus Werken der vier von Kaiser genannten Autoren.

These: Heinrich von Kleist nennt sein Drama *Amphytrion* „Ein Lustspiel nach Molière".
Aufgabenstellung: Diskutieren Sie, ob es sich bei diesem Stück nicht eher um eine Tragödie handelt.
Hinweis zur Bearbeitung der Aufgabe: Die Aufgabenstellung setzt nicht nur eine genaue Kenntnis des Gangs der Handlung voraus, sondern fordert auch zu einem Urteil über das „Happy End" des Dramas heraus. Die Aufgabenstellung kann auch an anderen Dramen Kleists erprobt werden. Dabei kann auf Kleists Biografie ebenso zurückgegriffen werden wie auf seine theoretischen Schriften. Eine Klärung der Begriffe „komisch", „tragisch" bzw. „Lustspiel/Komödie" und „Tragödie" ist Voraussetzung.

4.4 Einen Essay schreiben

Der Essay ist keine fest umrissene Textsorte. Er bietet einen großen Spielraum für Ausdrucks- und Gestaltungsmöglichkeiten. Kein gelungener Essay gleicht einem anderen. Insofern ist ein Essay frei von Strukturvorschriften und vorgefertigten Mustern. Essays verzichten auf wissenschaftlich genaue Analytik ebenso wie auf strenge Systematik der Gedankenfolge. Vielmehr ist der Essay ein assoziativ-vernetzender Gedankenspaziergang
Der Essay bietet zugleich Spielraum für die Lust am Formulieren, für das Spiel mit Sprache und die ganz persönliche Note des Stils. Der Essay ist in allem – in gedanklicher Substanz und sprachlicher Gestaltung – ein Versuch. „Versuchen" heißt im Französischen „essayer"; die essayistische Aussage ist also eine vorläufige, nicht fertige. Das Motto des essayistischen Schreibens lautet: Interessant und gewagt, aber keine ewige Wahrheit!

METHODENTRAINING

In einem **Brainstorming** ruft man zu einem Stichwort ohne vorherige Meldung in den Raum, was einem gerade durch den Kopf geht. Keine der Äußerungen, auch wenn sie noch so ungewöhnlich erscheint, soll zunächst kommentiert werden. Im Fortgang des Brainstormings kann man auf Äußerungen anderer mit eigenen Einwürfen reagieren. Nach wenigen Minuten ist das Verfahren in der Regel erschöpft.
Wenn das Ideenmaterial eines Brainstormings gesichert werden soll, empfiehlt es sich, in jeder Ecke des Raumes einen Protokollanten zu bestimmen, der alles, was in seinem Bereich gesagt wird, mitschreibt.

1. Setzen Sie sich in einem Brainstorming mit dem Wort „Grenze“ auseinander und stimmen Sie sich so auf den folgenden Anfang eines längeren Essays ein.

Ulrich von Alemann

Grenzen schaffen Frieden (1999)

„Grenze: das Ende einer Sache, jenseits dessen sie aufhört.“
(Meyers Konversationslexikon, 1894)

Meine erste Grenzerfahrung ist zugleich der erste datierbare Tag meiner Kindheitserinnerung. An meinem fünften Geburtstag, am 17. August 1949, passierte ich mit vier Geschwistern allein im Interzonenzug die innerdeutsche Grenze zwischen Thüringen und Hessen. Wir nannten sie noch sehr lange Zonengrenze, wir wussten nichts von der Gründung der Bundesrepublik und der DDR in diesem Jahr – wahrscheinlich war das meinen Eltern auch egal. Wir wollten in den Westen. Meine Eltern gingen „schwarz“ – wie es damals hieß – über die Grenze.
Herausgekommen aus dem Dorf, in dem ich aufgewachsen war, erlebte ich sensationell Neues, alles an diesem einen Tag: Dampflok, Straßenbahn, Autofahrt, Grenzbeamte, Rotkreuzschwestern, schließlich die erste Nacht, provisorisch untergebracht in einer Badewanne auf der Hühnerfarm einer Tante kurz hinter der Grenze im Westen.
Die ungeheuren Bilder vom Neuen jenseits der Grenze prägten sich unvergesslich ein. Aber noch viel wirkmächtiger beschäftigte meine Fantasie lange Jahre der Grenzübertritt meiner Eltern. Wie ging das? Schwarz! Es musste stockdunkel sein im Wald, wo schwarz gekleidete Gestalten lautlos über Zäune kletterten und Sperren, Barrikaden und Hindernisse überwanden. Manche wurden gefasst und für Tage in ein dunkles Loch gesperrt.
Grenze blieb etwas Bedrohliches. Nur einmal, in den 60er-Jahren, konnte ich mich aufraffen, Verwandte in der DDR zu besuchen. In West-Berlin fühlte ich mich unwohl. Mein jüngster Sohn war als Kind immer seltsam erleichtert, wenn wir nach dem Urlaub in Frankreich die deutsche Grenze wieder überquert hatten. Warum diese Grenzscheu? Er hatte doch kein Grenztrauma erlebt, war in den Ferien am Atlantik glücklich gewesen.
Und doch, ich will hier entgegen den eigenen Erinnerungen die These begründen, dass Grenzen nicht nur Abgrenzungen, Schranken, bedrohliche oder lästige Hindernisse sind. Eingrenzungen können auch einfrieden. Umfriedungen schaffen vertraute Sicherheit. Ein derart friedfertiger Grenzbegriff ist, dies nicht beiläufig, weit entfernt von dem Grenzbild des schrecklichen Juristen Carl Schmitt: Für ihn konstituierte das Freund-Feind-Denken die Politik. Derartige Grenzkonflikte bildeten in der Geschichte tatsächlich die häufigsten Kriegsanlässe und reichen auch in die Gegenwart, wie der Balkan demonstriert. Grenzen scheiden Freund und Feind. Aber – muss das so sein? Kluge Freunde hegen und pflegen Grenzen, um sich nicht aufzugeben. [...]

2. Welche Gesichtspunkte, die in Ihrem Brainstorming aufgetaucht sind, hat der Autor zur Sprache gebracht?
3. Inwiefern lässt sich bereits aus dem Textanfang erschließen, dass es sich um einen Essay handelt?
4. Verfassen Sie selbst einen Essay zum Thema „Grenzen“. Nutzen Sie dazu die im Kapitel A 7.4: „Freie Formen des Schreibens“ (▷ S. 132 ff.) zusammengestellten Vorschläge, um das Thema gedanklich zu entfalten.
   Entwerfen Sie evtl. auch mit anderen zusammen einen „Ideenstern“ (▷ S. 134 f.), um Ihre Gedanken weiter anzureichern. Fügen Sie die gesammelten Gedanken dann assoziativ-vernetzend in einem Text zusammen. Nutzen Sie dabei Gestaltungsmittel wie
   - Bilder (Metaphern, Vergleiche etc.),
   - Wortspiele,
   - Zitate,
   - gedankliche Zuspitzungen/Übertreibungen.

Weitere Anregungen finden Sie in dem Buch: *Rainer Nolte:* Essays von der Aufklärung bis heute. Cornelsen Verlag, Berlin 1993

5 Interpretierendes Schreiben – Aufsatzformen

Literarische Texte versteht man meist nicht auf Anhieb. Sie haben eine komplexe Struktur und fordern die analytische Leistung der Leser/innen in besonderer Weise heraus. Die Leser/innen müssen Aussagen in mehreren – auch zunächst verborgenen – Schichten des Textes entdecken und sie zueinander in Beziehung setzen. Literarische Texte sind zudem oft mit so genannten Leerstellen versehen: Einiges wird nicht ausgesprochen, sodass die Leser/innen die Bedeutung des Textes erst aktiv herstellen müssen. Ein Interpretationsaufsatz erfordert deshalb zunächst eine gründliche Textuntersuchung, erst dann kann eine Deutung gegeben werden. Der Aufsatz umfasst in der Regel die folgenden Elemente:

Aufbau einer schriftlichen Interpretation

A Einleitung und erste Leseerfahrungen
B Klärung des Verstehenshorizonts
C Textbeschreibung (inhaltlich, sprachlich)
D Deutung
E Wertung

Die Elemente eines Interpretationsaufsatzes werden im Folgenden Schritt für Schritt erarbeitet. Die Analysen befassen sich mit einem Prosatext (s. u.), einem Gedicht (▷ S. 98 ff.), einem Gedichtvergleich (▷ S. 109 ff.) und abschließend mit der besonderen Form des gestaltenden Interpretierens (▷ S. 113 f.).

5.1 Interpretation eines Prosatextes

Robert Musil

Das Fliegenpapier (1914)

Das Fliegenpapier Tangle-foot ist ungefähr sechsunddreißig Zentimeter lang und einundzwanzig Zentimeter breit; es ist mit einem gelben, vergifteten Leim bestrichen und kommt aus Kanada. Wenn sich eine Fliege darauf niederlässt – nicht besonders gierig, mehr aus Konvention, weil schon so viele andere da sind –, klebt sie zuerst nur mit den äußersten, umgebogenen Gliedern aller ihrer Beinchen fest. Eine ganz leise, befremdliche Empfindung, wie wenn wir im Dunkel gingen und mit nackten Sohlen auf etwas träten, das noch nichts ist als ein weicher, warmer, unübersichtlicher Widerstand und schon etwas, in das allmählich das grauenhaft Menschliche hineinflutet, das Erkanntwerden als eine Hand, die da irgendwie liegt und uns mit fünf immer deutlicher werdenden Fingern festhält. Dann stehen sie alle forciert[1] aufrecht, wie Tabiker[2], die sich nichts anmerken lassen wollen, oder wie klapprige alte Militärs (und ein wenig o-beinig, wie wenn man auf einem scharfen Grat steht). Sie geben sich Haltung und sammeln Kraft und Überlegung. Nach wenigen Sekunden sind sie entschlossen und beginnen, was sie vermögen, zu schwirren und sich abzuheben. Sie führen diese wütende Handlung so lange durch, bis die Erschöpfung sie zum Einhalten zwingt. Es folgt eine Atempause und ein neuer Versuch. Aber die Intervalle werden immer länger. Sie stehen da, und ich fühle, wie ratlos sie sind. Von unten steigen verwirrende Dünste auf. Wie ein kleiner Hammer tastet ihre Zunge heraus. Ihr Kopf ist braun und haarig, wie aus einer Kokosnuss gemacht; wie menschenähnliche Negeridole[3]. Sie biegen sich vor und zurück auf ihren festgeschlungenen Beinchen, beugen sich in den Knien und stemmen sich empor, wie Menschen es machen, die auf alle Weise versuchen, eine zu schwere Last zu bewegen; tragischer als Arbeiter es tun, wahrer im sportlichen Ausdruck der äußersten Anstrengung als Laokoon[4]. Und dann kommt der immer gleich seltsame Augenblick, wo das Bedürfnis einer gegenwärtigen Sekunde über

1 **forciert**: erzwungen, unnatürlich
2 **Tabiker**: an Syphilis Erkrankter im Spätstadium
3 **Negeridol**, hier: afrikanisches Götterbildnis
4 **Laokoon**, hier: antike Skulptur des von einer Schlange erwürgten trojanischen Priesters

alle mächtigen Dauergefühle des Daseins siegt. Es ist der Augenblick, wo ein Kletterer wegen des Schmerzes in den Fingern freiwillig den Griff der Hand öffnet, wo ein Verirrter im Schnee sich hinlegt wie ein Kind, wo ein Verfolgter mit brennenden Flanken stehen bleibt. Sie halten sich nicht mehr mit aller Kraft ab von unten, sie sinken ein wenig ein und sind in diesem Augenblick ganz menschlich. Sofort werden sie an einer neuen Stelle gefasst, höher oben am Bein oder hinten am Leib oder am Ende eines Flügels.

Wenn sie die seelische Erschöpfung überwunden haben und nach einer kleinen Weile den Kampf um ihr Leben wieder aufnehmen, sind sie bereits in einer ungünstigen Lage fixiert, und ihre Bewegungen werden unnatürlich. Dann liegen sie mit gestreckten Hinterbeinen auf den Ellbogen gestemmt und suchen sich zu heben. Oder sie sitzen auf der Erde, aufgebäumt, mit ausgestreckten Armen, wie Frauen, die vergeblich ihre Hände aus den Fäusten eines Mannes winden wollen. Oder sie liegen auf dem Bauch, mit Kopf und Armen voraus, wie im Lauf gefallen, und halten nur noch das Gesicht hoch. Immer aber ist der Feind bloß passiv und gewinnt bloß von ihren verzweifelten, verwirrten Augenblicken. Ein Nichts, ein Es-zieht-sie-Hinein. So langsam, dass man dem kaum zu folgen vermag, und meist mit einer jähen Beschleunigung am Ende, wenn der letzte innere Zusammenbruch über sie kommt. Sie lassen sich dann plötzlich fallen, nach vorne aufs Gesicht, über die Beine weg; oder seitlich, alle Beine von sich gestreckt; oft auch auf die Seite, mit den Beinen rückwärts rudernd. So liegen sie da. Wie gestürzte Aeroplane[5], die mit einem Flügel in die Luft ragen. Oder wie krepierte Pferde. Oder mit unendlichen Gebärden der Verzweiflung. Oder wie Schläfer. Noch am nächsten Tag wacht manchmal eine auf, tastet eine Weile mit einem Bein oder schwirrt mit dem Flügel. Manchmal geht solch eine Bewegung über das ganze Feld, dann sinken sie alle noch ein wenig tiefer in ihren Tod. Und nur an der Seite des Leibs, in der Gegend des Beinansatzes, haben sie irgendein ganz kleines, flimmerndes Organ, das lebt noch lange. Es geht auf und zu, man kann es ohne Vergrößerungsglas nicht bezeichnen, es sieht wie ein winziges Menschenauge aus, das sich unaufhörlich öffnet und schließt.

5 **Aeroplan**: Flugzeug

Robert Musil (geb. 1880 in Klagenfurt, gest. 1942 in Genf) stammte aus einer alten österreichischen Beamten-, Offiziers- und Ingenieursfamilie. Er besuchte eine Militär-Oberrealschule und studierte anschließend in Brünn Maschinenbau. Nach dem Examen arbeitete er als Assistent an der Technischen Hochschule in Stuttgart. Während der Arbeit an seinem ersten Roman „Die Verwirrungen des Zöglings Törless" (1906) gab er diesen Berufsweg auf, studierte in Berlin Philosophie und experimentelle Psychologie und schloss mit einer Dissertation ab. Den Ersten Weltkrieg erlebte Musil als österreichischer Offizier. Danach war er Mitarbeiter des Wiener Bundesministeriums für Heerwesen, schrieb Dramen und begann die mehrere Jahrzehnte dauernden Arbeiten an seinem Hauptwerk „Der Mann ohne Eigenschaften", dem Psychogramm eines wurzellos gewordenen Menschen seiner Zeit. Auch kleine Prosastücke, mit denen er sich finanziell mühsam über Wasser hielt, lassen noch das wissenschaftliche Präzisionsideal seiner Studienjahre erkennen. „Das Fliegenpapier" schrieb Musil 1913 während eines Aufenthalts in Rom, es wurde kurz vor dem Ausbruch des Ersten Weltkriegs unter dem Titel „Römischer Sommer" zum ersten Mal veröffentlicht. Heute gilt Musil neben dem Franzosen Marcel Proust (1871–1922) und dem Iren James Joyce (1882–1941) als Mitbegründer des modernen europäischen Romans.

Einleitung und erste Leseerfahrungen

1. a) Welche Angaben müssen Sie in der **Einleitung** eines Interpretationsaufsatzes machen, damit die Leser/innen wissen, worum es geht?
   b) Was ist für Sie das Thema von Musils Text „Das Fliegenpapier" (▷ S. 88 f.)? Machen Sie erste Formulierungsvorschläge und prüfen Sie, welcher Vorschlag die Gesamtaussage des Textes am exaktesten abdeckt.
   c) Fassen Sie einleitende Informationen zu Autor, Textsorte und Entstehungszeit möglichst prägnant in einem Satz zusammen.
2. Lesen Sie den Text noch einmal aufmerksam durch, um sich Ihre **ersten Leseerfahrungen** bewusst zu machen. Notieren Sie dabei in der ersten Spalte der folgenden Tabelle, wie sich Ihre Empfindungen während des Lesens Schritt für Schritt verändert haben.

Empfindungen des Lesers	*Schicksal einer Fliege*	*Aussagen über Menschen*
…	*Produktangaben zum Fliegenpapier*	…
…	*Fliege klebt mit den Enden der Beine fest*	***wir**, von einer Hand im Dunkeln gehalten*
…	*forciertes Aufrecht-Stehen, Schwirren, Widerstand*	…
…	*Erschöpfung, Einsinken*	…
…	*innerer Zusammenbruch, Fallenlassen*	…
…	*letztes Aufwachen, letztes Schwirren der Flügel*	…
…	*kleines flimmerndes Organ am Beinansatz, ansonsten bereits Leblosigkeit*	…

3. Ergänzen Sie die dritte Spalte der Tabelle und machen Sie sich dann die Wirkungsweise des Textes klar.
4. Stellen Sie für die Einleitung Ihres Interpretationsaufsatzes in zwei, drei Sätzen dar, wie der Text auf Sie als Leser/in gewirkt hat.

METHODENTRAINING

- Diskutieren Sie, welche Vor- und Nachteile das **Tabellenverfahren** bei der ersten Erschließung der mehrschichtigen Textaussage von Musils „Fliegenpapier“ gehabt hat.
- Nutzen Sie tabellarische Darstellungen bei Textanalysen, falls in einem Text **mehrschichtige Aussagen** gemacht werden. Dabei treffen Sie mit der Festlegung der Spaltenüberschriften wichtige Entscheidungen.

Klärung des Verstehenshorizonts

Zwischen Ihnen als Leser bzw. Leserin eines literarischen Textes und dem Text selbst liegt meist eine historische Distanz. Ist diese Distanz sehr groß, beträgt sie z. B. mehrere hundert Jahre, so wird einem sofort bewusst, dass der Abstand zwischen Entstehungszeitpunkt des Textes und Gegenwart überbrückt werden muss; denn die Textaussage scheint in vielem zunächst gar nicht zugänglich zu sein. Der Text muss mühsam in den eigenen Verstehenshorizont hereingeholt werden. Aber auch bei Texten jüngeren Datums gibt es diese historische Distanz, selbst wenn auf den ersten Blick kaum Zugangsprobleme zu erkennen sind.

1. Machen Sie sich die **sprachliche Distanz** zwischen Musils Text und dem gegenwärtigen Sprachgebrauch bewusst: Welche Ausdrücke und Wendungen sind heute unüblich?
2. a) Stellen Sie in einem Kontrast-Cluster die Bedeutungsdifferenzen zwischen den Wörtern „Neger“ (▷ Z. 37) und „Schwarzer“ aus heutiger Sicht dar.

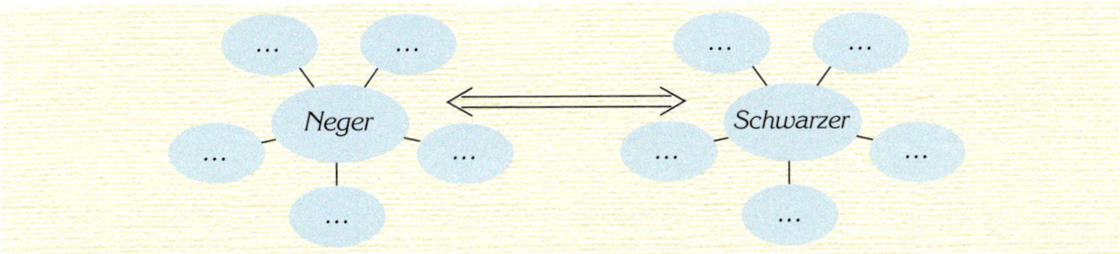

b) Suchen Sie in Wörterbüchern nach verschiedenen Bedeutungen des Wortes „Idol“ und fertigen Sie ein weiteres Kontrast-Cluster an.

METHODENTRAINING

- Fertigen Sie **Kontrast-Cluster** an, wenn Sie den Eindruck haben, dass in einem Text älteren Datums ein Wort vorkommt, für das sich sprachgeschichtlich eine **Bedeutungsverschiebung** ergeben hat.
- Nutzen Sie für solche Kontrast-Cluster die Anmerkungsapparate, die älteren literarischen Texten oft beigefügt werden.
- Machen Sie sich mit Hilfe des Kontrast-Clusters klar, wie man das Wort aus heutiger Sicht verstehen könnte, wie es aber bei der Interpretation des aus einer früheren Zeit stammenden literarischen Textes nicht verstanden werden darf.

Ein Text kann nicht nur sprachlich aus dem Verstehenshorizont der Leser/innen herausfallen. Häufig zeigt sich auch eine **kulturelle Distanz**. Zum Beispiel gehörten Elemente der klassischen Bildung (u. a. die Kenntnis antiker Sagen) zu Musils Zeit noch zum allgemeinen Wissensbestand.

3. a) Suchen Sie im „Fliegenpapier“ Wörter, über deren Bedeutung und kulturellen Zusammenhang Sie mehr wissen müssten, um die Textaussage an den entsprechenden Stellen voll verstehen zu können.
   b) Schlagen Sie die Bedeutung und den kulturellen Zusammenhang dieser Wörter in Lexika nach und referieren Sie darüber.
   c) Stellen Sie in Tabellenform dar, wie diese Wörter in die Aussage des Textes passen.

zu erläuterndes Wort	*ermittelter kultureller Zusammenhang*	*Parallelen in der Textaussage*
Laokoon	…	…

Vermutlich hat der Autor – und haben die ersten Leserinnen und Leser – des „Fliegenpapiers“ ganz andere Lebenserfahrungen gemacht als heutige Leserinnen und Leser. Auch die **historische Distanz** zwischen damaligen und heutigen Lebenserfahrungen führt bei der Lektüre eines Textes zu unterschiedlichen Verstehenshorizonten.

4. a) Überlegen Sie, welche historischen Lebenserfahrungen Musils Text zu Grunde liegen könnten.
   b) Entwerfen Sie ein Balkendiagramm zu einigen Lebenserfahrungen, die in den Text eingeflossen sein könnten bzw. die für die ersten Leser/innen des „Fliegenpapiers“ besonders wichtig gewesen sein könnten. Nutzen Sie zu Ihrer Information historische Nachschlagewerke.

qualvolles Sterben im Krieg	*Syphilis (Tabiker)*	…
ab 1880: Imperialismus führt zu kriegerischen Spannungen unter den europäischen Großmächten	*seit der Entdeckung Amerikas auch in Europa eine der gefährlichsten Geschlechtskrankheiten, unheilbar*	…
1912/1913: Balkankriege, wachsende Kriegsbereitschaft in Europa	*1905: Syphiliserreger erstmals nachgewiesen*	
1914–1918: Erster Weltkrieg	*ab 1910: erste Heilungserfolge durch Salvarsan (Paul Ehrlich)*	
	ab 1940: bessere Heilungsaussichten durch Penicillin (A. Fleming)	

5. Wie wird heute mit dem Thema umgegangen, mit dem sich der Autor befasst?
6. Stellen Sie ausführlich schriftlich dar, inwiefern es aus heutiger Sicht leicht bzw. schwer ist, Zugang zu dem Text „Das Fliegenpapier“ zu finden. Berücksichtigen Sie dabei sprachliche, kulturelle und thematische Gesichtspunkte.

METHODENTRAINING

- Fertigen Sie **historische Balkendiagramme** an, wenn Sie den Eindruck haben, dass sich in einem Text besondere historische Lebenserfahrungen niedergeschlagen haben, die man aus heutiger Sicht aus dem Blick verlieren könnte.

Textbeschreibung

Eine Textbeschreibung soll die strukturellen Besonderheiten eines Textes darstellen. Im Interpretationsaufsatz darf sie die Deutung nicht vorwegnehmen, sondern sollte sich möglichst auf beschreibende Aussagen beschränken. Das folgende Baumdiagramm fasst die Gesichtspunkte für eine Beschreibung epischer Texte in einer Übersicht zusammen.

Epische Texte	*Zeit/Handlung*	*Handlungsebene*	*innere Handlung*		*Gedachtes/Empfundenes für andere Figuren nicht Wahrnehmbares*
			äußere Handlung		*für andere Figuren Sichtbares/Spürbares*
		Verhältnis zwischen Erzählzeit und erzählter Zeit			*zeitraffend*
					zeitdehnend
					zeitdeckend
		Chronologie	*mehrsträngige Handlung*		*asynchronisches Erzählen*
					Montage
					Parallelhandlungen
			einsträngige Handlung		*Rückblende*
					Vorausdeutung
					linear
	Darbietungsformen	*über die Figuren*	*Bewusstseinsstrom (von innen)*		*erlebte Rede (Er-Form)*
					innerer Monolog (Ich-Form)
			Figurenrede (von außen)		*indirekt: indirekte Rede*
					direkt: szenisches Erzählen
		über den Erzähler			*Reflexion/Kommentar*
					Beschreibung
					Erzählbericht
	Figuren				*Held – Antiheld*
		Ausführungsgrad			*eindimensional*
					komplex/vielschichtig
		Charakterisierung			*indirekt*
					direkt
	Erzähler	*Erzählhaltung*	*distanziert*		*ablehnend*
					kritisch
					ironisch
					humorvoll
					schwankend
					neutral
					affirmativ/begeistert
		Sichtweise			*Innensicht*
					Außensicht
		Standort			*Nähe ↕ Distanz*
		Erzählform	*Ich*		
			Er	*Erzählverhalten*	*neutral*
					personal
					auktorial

1. a) Übertragen Sie das Baumdiagramm von S. 93 auf eine Wandzeitung und klären Sie dabei alle verwendeten Begriffe, z. B. anhand der Ausführungen im Kapitel B II 1.2: „Ein Modell literarischen Erzählens" (▷ S. 169 ff.).
   b) Nutzen Sie das Baumdiagramm, um möglichst genaue Angaben zu Musils „Fliegenpapier" zu machen.
2. Setzen Sie die folgende Textbeschreibung fort:

Musil lässt in seinem Prosatext „Das Fliegenpapier" einen auktorialen Erzähler zu Wort kommen, der über die mitgeteilten Vorgänge reflektiert, sie einordnet. Die Leser/innen werden an einer Stelle direkt angesprochen, wobei der Erzähler sich selbst und die Leser/innen im Personalpronomen „wir" zusammenfasst: „wie wenn wir im Dunkel gingen" (Z. 11). Der Erzähler äußert sich zunächst distanziert beschreibend, rückt dann aber immer näher an das Geschehen heran. Dabei behält er jedoch seine nüchterne Erzählhaltung bei. […]

Deutung

Es gibt zwei Möglichkeiten, die Deutung eines literarischen Textes zu strukturieren. Die erste besteht darin, den Text Schritt für Schritt, Zeile für Zeile zu interpretieren. Hierbei handelt es sich um ein **lineares Verfahren**. Der Gedankengang der Deutung folgt dem Lesegang. Bei diesem Verfahren besteht oft die Gefahr, den roten Faden zu verlieren. Im Schreibprozess werden unter Umständen Einzelheiten ungeordnet aneinandergereiht. Eine weitere Gefahr liegt darin, dass der Interpret/die Interpretin mehr oder weniger auf der Ebene der paraphrasierenden Inhaltswiedergabe verbleibt und nicht zu vertiefenden Einsichten vordringt.

Das **aspektorientierte Verfahren** gibt den linearen Lesegang als Leitlinie der Interpretation auf. Es versucht eine Deutung, die an inhaltlich-systematischen Gesichtspunkten ausgerichtet ist. Nachdem der Text mehrmals gelesen, verstanden und durch Anstreichungen und Notizen gründlich bearbeitet worden ist, werden zunächst einige Gesichtspunkte festgelegt, die bei der Interpretation eine besondere Rolle spielen sollen. Dann werden (z. B. durch ein farbiges Hervorheben entsprechender Anstreichungen oder Notizen auf dem Arbeitsblatt) alle Textbeobachtungen zusammengezogen, die sich dem ersten Gesichtspunkt zuordnen lassen. Es folgen dann Sammlungen von Beobachtungen zu weiteren Gesichtspunkten. Hier können andersfarbige Marker benutzt werden. – Der Vorzug des aspektorientierten Verfahrens liegt darin, dass eine klare Orientierung über den Zusammenhang der Interpretationsdetails ermöglicht wird. – Das lineare Interpretationsverfahren haben Sie in der Mittelstufe vermutlich bereits mehrfach erprobt; die folgenden Hinweise konzentrieren sich daher auf das aspektorientierte Verfahren.

Es empfiehlt sich, vor der Niederschrift eines Aufsatzes, also vor der endgültigen Gliederung der Interpretationsschritte, **Interpretationshypothesen** möglichst präzise und wohl überlegt zu formulieren.

1. Entwickeln Sie verschiedene Interpretationshypothesen zu Musils Text „Das Fliegenpapier". Beispiel: „Der Text verdeutlicht, dass das Leben unausweichlich auf den Tod zuläuft."
2. a) Prüfen Sie die **Reichweite** jeder Hypothese:
   - Ist sie so aussagekräftig, dass man im Rahmen dieser Hypothese wesentliche Aussagen über den Text machen kann?
   - Ist sie evtl. zu speziell, sodass sich nur wenig dazu sagen lässt; oder ist sie zu umfassend, sodass man die geplante Deutung insgesamt darunter fassen könnte?
   - Ist sie gedanklich so gefasst, dass sie von anderen Hypothesen abgegrenzt werden kann?

b) Prüfen Sie die **Vollständigkeit** der Hypothesen:
   - Sind alle wichtigen Aussagen, die Sie über den Text machen können, angesprochen?
   - Gibt es außer Hypothesen zu Inhalt und Machart des Textes weitere zum Autor, zum Epochenkontext oder zu sonstigen ▷ werkübergreifenden Aspekten? ▷ S. 102

c) mögliche **Reihenfolgen**: In welcher Reihenfolge sollten die Hypothesen bearbeitet werden? Am besten schreitet man von werkimmanenten zu werkübergreifenden Betrachtungen fort.

3. Prüfen Sie kritisch die Hypothesen auf S. 97. Wo sind Sie selbst zu ähnlichen, wo sind Sie zu anderen Ergebnissen gekommen?
4. Wählen Sie zwei Hypothesen aus und gestalten Sie diese schriftlich zu einer Deutung aus.

Wertung

Was professionelle Literaturkritiker in den Feuilletons von Tages- und Wochenzeitungen vorführen, das fällt Schülerinnen und Schülern oft nicht leicht: die **Wertung** eines literarischen Textes. Wenn es darum geht, einen Prosatext oder ein Gedicht zu beurteilen, haben Literaturkritiker einen großen Vorsprung, denn sie kennen viele vergleichbare Texte und können von daher Vergleichskriterien entwickeln. Es gibt jedoch eine Reihe von Wertungsfragen, die Sie aus Ihrer persönlichen Sicht ebenso gut beantworten können wie professionelle Kritiker.

1. a) Prüfen Sie, welche der Fragen in der folgenden Tabelle Sie einer Wertung von Musils „Fliegenpapier" zu Grunde legen können.
   b) Welche Zusatzarbeiten müssen Sie leisten, um auch die anderen Fragen qualifiziert beantworten zu können?
2. Verfassen Sie eine Wertung des Textes „Das Fliegenpapier". Setzen Sie sich darin mit mindestens zwei der unten aufgelisteten Fragen auseinander.

Wertungsfragen ...

die ein **persönliches Urteil** erfordern	die eine vielschichtige **Textanalyse** erfordern	die **weiterführende Kenntnisse** erfordern
Hat der Text für Sie einen besonderen Gegenwartsbezug? Ist der Standpunkt des Autors/der Autorin für die heutige Zeit noch interessant/wichtig? Hat der Text Sie zum Nachdenken über aktuelle Vorgänge gebracht? Inwiefern?	Ist die Aussage eher direkt oder indirekt? Falls die Aussage indirekt ist: Wie leicht lässt sie sich entschlüsseln? Welche Auswirkungen hat eine indirekte Aussage auf die Zugänglichkeit des Textes für verschiedene Lesergruppen? Sind inhaltliche Aussage und formale Gestaltung sinnvoll aufeinander abgestimmt? Ist die inhaltliche Aussage in sich schlüssig? Welche Elemente sind besonders sinnvoll aufeinander bezogen?	Ist der Text in irgendeiner Weise typisch für seine Zeit/für eine literarische Epoche? Ist der Text typisch für den Autor/die Autorin? Wodurch hebt sich der Text von anderen Texten der Epoche bzw. des Autors/der Autorin ab? Ist die verwendete Sprache eher konventionell oder experimentell?

3. Sammeln Sie einige Rezensionen literarischer Texte aus Feuilletons und stellen Sie die Wertungsgesichtspunkte zusammen, die von den Literaturkritikern entwickelt worden sind.
4. Erstellen Sie für Ihre Klasse eine Wandzeitung mit Wertungskriterien.

Interpretationsbeispiele aus Schülertexten

Bei den folgenden Bausteinen aus Schüleraufsätzen handelt es sich nicht um Mustertexte. Alternative Gestaltungen sind möglich.

Der Prosatext „Das Fliegenpapier" von Robert Musil konfrontiert den Leser mit der Unausweichlichkeit des Todes. Beschrieben wird der Todeskampf von Fliegen, die auf einem präparierten Papier festkleben, sich mehrfach gegen ihr Sterben aufbäumen und sich gerade deswegen immer mehr in ihr Schicksal verstricken.	Einleitung mit kurzer Inhaltsangabe
Der Text fesselt schnell die Aufmerksamkeit der Leser/innen. Er wirkt verstörend, weil er einer emotionslosen Versuchsbeschreibung ähnelt, obwohl es doch um das langsame Sterben von Lebewesen geht.	Erste Leseerfahrungen
Für die heutigen Leserinnen und Leser ist der Text auf den ersten Blick zwar gut verständlich, aber die historische Distanz von fast einem Jahrhundert macht sich doch bemerkbar. So ist die Aussage an einigen Stellen für heutige Leser sprachlich bereits unzugänglich oder schwierig. Der Ausdruck „Aeroplane" (Z. 83) für „Flugzeuge" z. B. ist heute nicht mehr gebräuchlich, aber noch vom Englischen her erschließbar. Andere Wörter würde man heute nicht mehr so verwenden, wie der Autor es tut. Die Bezeichnung „Neger" (Z. 37) ist heute verpönt. Als der Autor den Text schrieb, war ihre Bedeutung vermutlich wertneutral. Heute ist „Neger" jedoch ein abwertender Ausdruck und man verwendet ihn kaum noch, da man sonst des Rassismus verdächtigt werden könnte. Auch ein „Idol" (Z. 37) bedeutet im alltäglichen Sprachgebrauch heute etwas ganz anderes als in Musils Text. Der Autor meint damit wohl ein afrikanisches Götterbildnis; in der heutigen Mediengesellschaft steht das Wort „Idol" für ein Vorbild, an dem sich oft Millionen Menschen orientieren. […]	Klärung des Verstehenshorizonts sprachlich
Auch zu dem Thema des Textes hatten Leserinnen und Leser in den ersten Jahrzehnten des 20. Jahrhunderts wohl einen ganz anderen Zugang als heute. Damals war z. B. die Sterberate infolge von Syphilis (vgl. „Tabiker", Z. 20) erheblich höher als heute. Der Krieg (vgl. „klapprige alte Militärs", Z. 21) war ein zentrales Thema in der öffentlichen Diskussion und in der Literatur. Die schon seit Ende des 19. Jh.s andauernden Spannungen unter den europäischen Großmächten führten 1914 schließlich zum Ersten Weltkrieg. Heute ist der Tod dagegen vielfach tabuisiert. Tote Verwandte werden ganz schnell aus unserer Umgebung entfernt und nach einer langen Friedensphase in Mitteleuropa kennen wir das qualvolle Sterben im Krieg nur noch aus den Medien, wo es uns fern und unwirklich vorkommt. […]	inhaltlich
Musil lässt in seinem Prosatext einen auktorialen Erzähler zu Wort kommen, der […]	Textbeschreibung (▷ S. 93 f.)

Musil geht es in seinem Text sicherlich nicht nur um das langsame Sterben einer Fliege. Wie in einer Parabel kann man analoge Aussagen zu menschlichen Erfahrungen in dem Text vermuten. Der Autor legt solche Deutungen nahe; denn er zieht immer wieder Vergleiche mit menschlichen Zuständen und Empfindungen (vgl. Z. 11ff., 16ff., 20ff.). Folgende Deutungsansätze erscheinen mir wichtig:

Deutung (aspektorientiert)

Musil zeigt, dass das Leben unausweichlich auf den Tod zuläuft. […]

Der Text schildert das Zusammenspiel von Körper und Geist in einem Resignationsprozess. […]

Mit seiner betont nüchternen und quälend genauen Darstellung des Sterbens entmythologisiert der Autor den Tod und setzt sich z. B. kritisch mit der Vorstellung vom „Heldentod" auseinander, die in der militarisierten Gesellschaft der ersten Jahrhunderthälfte eine große Rolle gespielt hat. […]

Der Text lässt deutlich erkennen, dass Musil eine naturwissenschaftlich-technische Ausbildung hatte. […]

Interpretationshypothesen
(Die Deutungsansätze sind nicht im Einzelnen ausgeführt.)
Die Unterstreichung der Interpretationshypothesen ist für den Interpretationsaufsatz empfehlenswert, da sie während der Niederschrift eine rasche Orientierung erlaubt und die gedankliche Ordnung fördert.

Inhalt und Form des Textes stehen in einem seltsamen Spannungsverhältnis und das macht den Text interessant. Inhaltlich geht es um etwas Grausames und Dramatisches, die Darstellungsweise ist aber distanziert, rational, emotionslos und strahlt fast Gleichgültigkeit aus. Dadurch wird der Tod viel eindringlicher dargestellt als in Texten voller Pathos.
Die Thematik des Textes ist auch heute noch von Bedeutung. Wenn man ihn gelesen hat, kommt man z. B. ins Grübeln über die Todesurteile, die es in vielen Ländern immer noch gibt. Für die Verurteilten ist der Tod ebenso unausweichlich wie für die Fliege in Musils Text. Viele kritisieren die Emotionslosigkeit, mit der Richter Todesurteile verhängen oder mit der sich Zuschauer die Vollstreckung der Urteile ansehen. Musil spiegelt diese Emotionslosigkeit; insofern hat der Text für mich noch eine besondere Gegenwartsbedeutung.

Wertung

1. Führen Sie eine der Deutungshypothesen aus, indem Sie passende Belegstellen im Text suchen, diese Stellen in allen Einzelheiten interpretieren und ihre Erläuterungen schließlich gedanklich an die Hypothese rückbinden.
2. Stimmen Sie mit den Wertungen überein?
3. Notieren Sie Formulierungen (Textbausteine), die in ähnlicher Weise auch in anderen Interpretationsaufsätzen verwendet werden könnten.

5.2 Gedichtinterpretation

Alfred Wolfenstein
Städter (1914)

Dicht wie die Löcher eines Siebes stehn
Fenster beieinander, drängend fassen
Häuser sich so dicht an, dass die Straßen
Grau geschwollen wie Gewürgte sehn.

Ineinander dicht hineingehakt
Sitzen in den Trams die zwei Fassaden
Leute, ihre nahen Blicke baden
Ineinander, ohne Scheu befragt.

Unsre Wände sind so dünn wie Haut,
Dass ein jeder teilnimmt, wenn ich weine.
Unser Flüstern, Denken .. wird Gegröhle ..

– Und wie still in dick verschlossner Höhle
Ganz unangerührt und ungeschaut
Steht ein jeder fern und fühlt: alleine.

Ludwig Meidner:
Alfred Wolfenstein (1915)

Alfred Wolfenstein wurde 1888 in Halle an der Saale geboren. Er wuchs in der Millionenstadt Berlin auf, wo er Jura studierte und anschließend als freier Schriftsteller lebte. Von 1916 bis 1922 wohnte er in München, danach wieder in Berlin. Bekannt wurde Wolfenstein vor allem als Lyriker des ▷ Expressionismus.
▷ S. 356 ff.
Er flüchtete 1934 vor den Nationalsozialisten nach Prag und von dort während des deutschen Einmarsches 1939 nach Paris. Als deutsche Truppen 1940 auch Frankreich besetzten, wurde er von der Gestapo gefasst und gefangen gesetzt. Nach drei Monaten aus dem Gefängnis entlassen, lebte er jahrelang auf der Flucht, meist an der Südküste Frankreichs, dann kehrte er unter falschem Namen nach Paris zurück. Als Paris von den Alliierten befreit wurde, war Wolfenstein bereits schwer herzkrank und litt unter zunehmenden Depressionen. Am 22. Januar 1945 beging er Selbstmord.

Erste Leseerfahrungen

1. a) Wählen Sie aus aktuellen Zeitschriften Bilder aus, die Sie mit Wolfensteins Gedicht „Städter" gedanklich in Verbindung bringen.
   b) Gestalten Sie mit dem Text und Ihren Bildern eine **Wandzeitung.** Unterhalten Sie sich dabei darüber, welche Bilder die Aussage des Gedichts besonders gut treffen. Machen Sie auf der Wandzeitung ein paar Notizen dazu und versuchen Sie die Widersprüchlichkeit, die in der Gedichtaussage steckt, durch Kontrastbilder auszudrücken.
   c) Legen Sie auf der Wandzeitung eine Tabelle an und verteilen Sie die folgenden Wörter auf die beiden Spalten. Folgen Sie dabei genau den Zuschreibungen Wolfensteins: „beieinander", „alleine", „dicht", „unangerührt", „fern", „Fassaden", „fassen sich an"
2. Welche Einsichten in die gedankliche Struktur des Gedichts ergeben sich?

dicht
…
…

fern
…
…
…

METHODENTRAINING

Besorgen oder zeichnen Sie Kontrastbilder, wenn Sie – vor einer Interpretation mit Worten – die innere Spannung eines Textes visuell ausdrücken möchten.

Klärung des Verstehenshorizonts

1. Verfügen Sie über persönliche Erfahrungen, die einen Zugang zu der Gedichtaussage eröffnen?
2. Welche Erwartungen haben Sie an ein Leben in der Großstadt?
3. a) Sichern Sie die sprachliche Zugänglichkeit der Gedichtaussage, indem Sie die Bedeutung des Wortes „Tram" klären und die Anordnung der Sitze in einer Tram skizzieren.
   b) Machen Sie sich die kulturelle und historische Distanz zum gegenwärtigen Verstehenshorizont bewusst.
4. Halten Sie schriftlich fest, inwiefern der Text beim ersten Lesen für Sie zugänglich war. Beachten Sie dabei inhaltliche und sprachliche Aspekte.

Textbeschreibung

Textbeschreibung bei unterschiedlichen Gattungen		
Romanauszug	**Szenen eines Dramas**	**Gedicht**
Angaben zu formalen Besonderheiten wie Erzähler, Erzählverhalten, Erzählperspektive etc. und damit Einordnung des Textes in die Gattung „Roman“	Angaben zu formalen Besonderheiten wie szenischer Aufbau, Dialog, Monolog etc. und damit Einordnung in die Gattung „Drama“	Angaben zu formalen Besonderheiten wie Strophengliederung, Reim(schema) und Versmaß und damit Einordnung in die Gattung „Lyrik“
Einordnung des Auszugs in den Gesamttext (Vorstellung der hier vorkommenden Figuren, Entwicklungsstand des Geschehens etc.)	Einordnung der Szene/n in das Gesamtdrama (Vorstellung der hier vorkommenden Figuren, Entwicklungsstand der Handlung etc.)	
kurze Darstellung der inhaltlichen Schwerpunkte des Auszugs	kurze Darstellung der inhaltlichen Schwerpunkte der Szene/n	gegliederte Wiedergabe des Gedichtinhalts in eigenen Worten
Angaben zu erzähltechnischen Besonderheiten (z. B. Rückblende, Vorausdeutung, szenisches Erzählen, Erzählbericht, Beschreibung, erlebte Rede etc.)	Angaben zu strukturellen Besonderheiten der Szene/n (z. B. Auf-, Abtritte, Raumsymbolik, Nebenhandlungen etc.)	Anmerkungen zur Haltung des lyrischen Ichs/des Sprechers
Angaben zur Stilebene des Textes, zu seiner rhetorischen Gestaltung und zur Syntax		

1. a) Entnehmen Sie der Tabelle, welche Angaben zu dem Gedicht „Städter“ Sie in einer Textbeschreibung machen könnten. Tragen Sie mögliche Angaben zunächst mündlich zusammen.
   b) Nutzen Sie das Sachregister auf S. 559 f., um zu ermitteln, wo Sie nähere Angaben zu Reimschema, Versmaß, rhetorischen Figuren, Syntax usw. finden können.
2. Schreiben Sie einen Text, in dem Sie das Gedicht so umfassend wie möglich beschreiben, ohne bereits zu deuten. Dazu einige Tipps:
   - Konzentrieren Sie sich auf **nachprüfbare Sachverhalte,** von denen Sie glauben, dass die anderen Schüler/innen in Ihrer Klasse sie ebenso sehen.
   - Gehen Sie bei den rhetorischen Figuren, dem Reim, dem Metrum etc. exemplarisch vor. Geben Sie mit Hilfe der entsprechenden **Fachbegriffe** an, welche Phänomene Sie in dem Gedicht entdeckt haben, und führen Sie jeweils nur **ein Beispiel** an, ohne die angegebene Textstelle zu deuten. Es geht nur darum, festzustellen, welche strukturellen Mittel der Autor insgesamt genutzt hat.

Deutung

Bei der Deutung literarischer Texte können ganz verschiedene **Methoden** angewendet werden. In der Geschichte der Literaturwissenschaft sind zu bestimmten Zeiten bestimmte Verfahren bevorzugt worden. Heute werden alle im Folgenden angeführten Methoden als grundsätzlich berechtigt angesehen, sofern sie in der Lage sind, die Aussage und die Qualität eines dichterischen Textes auf interessante und plausible Weise herauszuarbeiten.

	Methoden der Deutung	
	werkimmanente Methode	
	werkübergreifende Methoden	
produktionsorientierte Methoden:	produktions- und leserorientierte Methoden:	leserorientierte Methode:
biografische Methode psychoanalytische Methode geistesgeschichtliche/literaturgeschichtliche Methode	literatursoziologische/ materialistisch-dialektische Methode	rezeptionsästhetische Methode
	kritisch-hermeneutische Methode	

Werkimmanente Methode

Die werkimmanente Methode umfasst eine Reihe möglicher Deutungsschritte. Immer geht es dabei darum, verschiedene Aspekte eines literarischen Textes zu benennen und den **Sinnzusammenhang** dieser Elemente herauszuarbeiten. Die wichtigsten Denkoperationen ergeben sich aus der folgenden Übersicht:

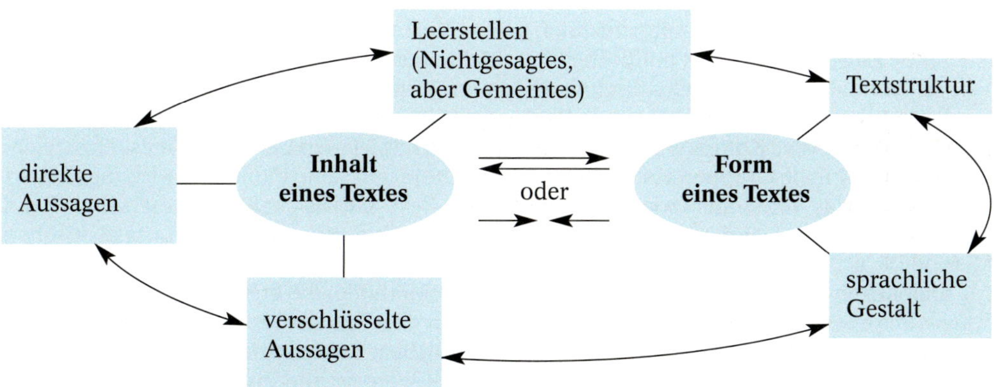

Bei der werkimmanenten Methode versucht der/die Interpretierende, möglichst viele Aspekte des Textes genau zu registrieren, sie verstehend aufeinander zu beziehen und so zu einer gesicherten Deutung der Textaussage zu kommen. Da literarische Texte auf Grund verschlüsselter Aussagen oder „Leerstellen“ und eines besonderen Verhältnisses von Inhalt und Form in sich interpretationsbedürftig sind, ist die werkimmanente Deutung die Basis jeder weiterführenden

Interpretation. Sie bleibt innerhalb der Grenzen des Textes (immanent), versucht den Text also aus sich selbst heraus zu verstehen. Auf Hintergrundwissen (Biografie der Autorin/des Autors, realgeschichtliche Bezüge, Epochenzusammenhang etc.) wird zunächst nicht zurückgegriffen.

Werkübergreifende Methoden

Die folgenden Methoden verlassen die Immanenz des Textes und ziehen außen liegende Faktoren bei der Deutung mit in Betracht.

Die **biografische Methode** zieht die Biografie des Autors/der Autorin – und besonders eigene Lebenszeugnisse – für die Deutung heran. Geprüft wird, ob und wie Lebenserfahrungen von Autorinnen und Autoren sich auf Themenwahl, inhaltliche Entfaltung und Darstellungsweise eines literarischen Textes ausgewirkt haben.

Die **psychoanalytische Methode** betrachtet Dichten als einen psychischen Prozess, dessen Ergebnis (der Text) mit Hilfe psychologischer Theorien untersucht werden kann. Geprüft wird, wie die psychische Situation eines Autors/einer Autorin sich in literarische Fantasien umgesetzt hat. Anschließend geht es um die Frage, wie man solche psychischen Prozesse psychoanalytisch aufklären kann. Dabei wird davon ausgegangen, dass wesentliche Abläufe gerade des dichterischen Prozesses unbewusst bleiben, mit Hilfe der Psychoanalyse jedoch aufgedeckt werden können.

Die **geistesgeschichtliche Methode** sieht ein dichterisches Werk in einem großen Strom typischer Ideen und Sichtweisen seiner Zeit. Geprüft wird, ob und wie Dichterkollegen und -kolleginnen sowie Repräsentanten aus Philosophie, Theologie, Kunst, Gesellschaftslehre, Naturwissenschaften etc. die Autorin/den Autor in ihrem/seinem Schaffen beeinflusst haben. Oft werden auch nur Parallelen zwischen einem dichterischen Text und den geistigen Strömungen während seiner Entstehungszeit festgestellt, ohne dass ursächliche Wirkungszusammenhänge nachgewiesen werden.

Die **literaturgeschichtliche Methode** ist eine Sonderform des geistesgeschichtlichen Verfahrens. Geprüft wird, wie ein Autor/eine Autorin im Epochenzusammenhang (z.B. Barock, Romantik, Expressionismus usw.), in dem er/sie sich befunden hat, beeinflusst worden ist und welche Deutungsmöglichkeiten sich auf Grund solcher Zusammenhänge ergeben. Diese Methode erlaubt es, Aussagen darüber zu machen, ob ein Autor mit seinen Texten für seine Zeit stilbildend war, ob er seiner Zeit vielleicht sogar voraus gewesen ist oder ob sein Text als epigonal (nachahmend) bezeichnet werden muss.

Die **literatursoziologische Methode** geht davon aus, dass es nicht ausreicht, die geistigen Einflüsse auf eine Autorin/einen Autor zu untersuchen. Vielmehr werden darüber hinaus auch Fakten aus Sozialgeschichte bzw. politischer Geschichte herangezogen. Untersucht wird also das Verhältnis von Literatur und Gesellschaft. Es wird geprüft, wie ein Autor die von ihm erfahrene gesellschaftliche Wirklichkeit in seinem Werk geistig verarbeitet und wie er mit seinem Werk in soziale und politische Konflikte seiner Zeit eingegriffen hat. Manchmal ist auch aufschlussreich, wie gesellschaftliche Gruppen auf das Werk eines Autors und seine Publikumswirkung reagiert haben. Auch das Verhältnis zwischen literarischem Text, Gesellschaft und Leserschaft kann untersucht werden. Hier ergeben sich Berührungspunkte mit der rezeptionsästhetischen Methode (s.u.).

Als **dialektisch-materialistisch** bezeichnet man eine Methode, die literatursoziologische Verfahren anwendet, dabei aber bestimmte Annahmen des Marxismus zu Grunde legt. Zum Beispiel wird vom Klassengegensatz als gesellschaftlichem Strukturprinzip ausgegangen. Ein literarischer Text wird als ein Teil gesellschaftlicher Ideologie und als ein Instrument gesellschaftlicher Herrschaft bzw. Befreiung gesehen.

Die **rezeptionsästhetische Methode** untersucht das Verhältnis zwischen einem dichterischen Text und seiner Leserschaft. Werden Leserreaktionen über längere Zeiträume betrachtet, spricht man von der Rezeptionsgeschichte. Geprüft wird, welche unterschiedlichen Verstehensprozesse ein dichterischer Text bei Lesern/Leserinnen unterschiedlicher sozialer Herkunft und verschiedener geschichtlicher Zeitpunkte ausgelöst hat.

Die kritisch-hermeneutische Methode

Das hermeneutische Verfahren kann als übergreifender methodischer Rahmen für alle bisher genannten Arbeitsweisen verstanden werden. Der heute verwendete Begriff der Hermeneutik geht im Wesentlichen auf WILHELM DILTHEY (1833–1911) zurück, der Hermeneutik als „verstehendes“, sinngemäß deutendes Verfahren definierte. Er grenzte diese grundlegende Methode der Geisteswissenschaften von den „erklärenden“ Verfahren der Naturwissenschaften ab.
Hermeneutik beruht im Wesentlichen auf der Verschmelzung von gegenwärtigem Leserhorizont und dem historischen Horizont eines literarischen Werkes. Ein zentraler Begriff dieser Methode des Verstehens ist der ▷ **hermeneutische Zirkel**: Im Verstehensprozess durchläuft die Leserin/der Leser eines literarischen Textes mehrfach den Schritt von der Erkenntnis des Teils zum Erfassen des Ganzen und umgekehrt. ▷ S. 141 ff.

1. Welche der genannten Verfahren der Literaturinterpretation sind Ihnen geläufig? Welche sind Ihnen eher unbekannt?
2. Recherchieren Sie im Internet zu Besonderheiten des Stadtlebens zu Beginn des 20. Jahrhunderts. Welche Suchwörter wären Ihrer Meinung nach zielführend und könnten die Suche beschleunigen?
3. a) Sammeln Sie mit Hilfe der Übersicht zur werkimmanenten Interpretation (▷ S. 101 f.) Stichworte zur Deutung des Gedichts „Städter“ (▷ S. 98). Ordnen Sie Ihre Stichworte tabellarisch.
   b) Schreiben Sie eine Teilinterpretation des Gedichtes, die sich auf eine **werkimmanente Betrachtung** beschränkt. Achten Sie darauf, dass Sie
      - Ihre Deutung mit Hilfe von Hypothesen gliedern,
      - ihre Deutungsansätze mit passenden Textstellen belegen,
      - die zitierten Textstellen sorgfältig erläutern,
      - die Erläuterungen jeweils gedanklich auf die Ausgangsthese beziehen.
4. Führen Sie einen **werkübergreifenden Interpretationsansatz** aus. Nutzen Sie dabei die Kurzbiografie Wolfensteins (▷ S. 98) und den folgenden zeitgenössischen Text von Kurt Pinthus.

Kurt Pinthus

Die Überfülle des Erlebens (1925)

Welch ein Trommelfeuer von bisher ungeahnten Ungeheuerlichkeiten prasselt seit einem Jahrzehnt auf unsere Nerven nieder! Trotz sicherlich erhöhter Reizbarkeit sind durch diese täglichen Sensationen unsere Nerven trainiert und abgehärtet wie die Muskulatur eines Boxers gegen die schärfsten Schläge. […]
Man male sich zum Vergleich aus, wie ein Zeitgenosse Goethes oder ein Mensch des Biedermeier seinen Tag in Stille verbrachte und durch welche Mengen von Lärm, Erregungen, Anregungen heute jeder Durchschnittsmensch täglich sich durchzukämpfen hat, mit der Hin- und Rückfahrt zur Arbeitsstätte, mit dem gefährlichen Tumult der von Verkehrsmitteln wimmelnden Straßen, mit Telefon, Lichtreklame, tausendfachen Geräuschen und Aufmerksamkeitsablenkungen. Wer heute zwischen dreißig und vierzig Jahre alt ist, hat noch gesehen, wie die ersten elektrischen Bahnen zu fahren begannen, hat die ersten Autos erblickt, hat die jahrtausendelang für unmöglich gehaltene Eroberung der Luft in rascher Folge mitgemacht, hat die sich rapid übersteigenden Schnelligkeitsrekorde all dieser Entfernungsüberwinder, Eisenbahnen, Riesendampfer, Luftschiffe, Aeroplane miterlebt […]. Wie ungeheuer hat sich der Bewusstseinskreis jedes Einzelnen erweitert durch die Erschließung der Erdoberfläche und die neuen Mitteilungsmöglichkeiten: Schnellpresse, Kino, Radio, Grammofon, Funktelegrafie. Stimmen längst Verstorbener erklingen: Länder, die wir kaum dem Namen nach kennen, rauschen an uns vorbei, als ob wir selbst sie durchschweiften.

Wertung

METHODENTRAINING

Malen Sie das nebenstehende **„Votum-Ei“** an die Tafel oder auf eine Wandzeitung. Jede/r macht ein Kreuz in das „Gelbe vom Ei“ (= sehr interessanter Text), auf die Grenze zwischen Gelb und Weiß (= interessant), in das Weiße (= einigermaßen interessant), auf die Schale (= noch erträglich) oder außerhalb des Eis (= uninteressant). Sie erhalten so einen Überblick darüber, wie der Text bei Ihnen allen angekommen ist.

1. Stellen Sie in Form eines Votum-Eis dar, wie Ihnen das Gedicht „Städter“ gefallen hat.
2. a) Nehmen Sie die Ergebnisse zum Anlass, unterschiedliche Bewertungen genauer zu begründen.
   b) Hat der Autor seine Sicht der Dinge anschaulich und eindringlich vermitteln können? Welche sprachlichen Mittel hat er dazu benutzt?
3. a) Setzen Sie sich mit einigen der Wertungsfragen aus der Tabelle auf S. 95 auseinander.
   b) Verfassen Sie anschließend eine schriftliche Wertung.

Interpretationsbeispiele aus Schülertexten

Das expressionistische Gedicht „Städter“ von Alfred Wolfenstein erschien im Jahr 1914. Es drückt die Anonymität und die Einsamkeit der Menschen in einer Großstadt aus. […]

Auch für einen heutigen Leser ist der Text noch relativ leicht zugänglich. Das vom Dichter dargestellte Problem der „Einsamkeit in der Masse“ kann ich gut nachempfinden, da ich in einer Großstadt Bekannte habe, die viele Mitbewohner ihres Hauses nicht kennen. Bis auf das Wort „Tram“ (Straßenbahn) stellt auch Wolfensteins Wortwahl die Zugänglichkeit des Textes für heutige Leserinnen und Leser kaum in Frage. Allerdings verhindern die zahlreichen Bilder eine schnelle Dekodierung des Gedichts. Auch ist vermutlich nicht jeder Rezipient mit dem realgeschichtlichen Hintergrund vertraut und könnte die Schilderung der Großstadt aus heutiger Sicht als düster-überspitzt empfinden. […]

Bei dem Gedicht handelt es sich um ein Sonett, welches aus zwei Quartetten und zwei Terzetten besteht. Die beiden Quartette bilden jeweils einen umarmenden Reim (abba, cddc), die beiden Terzette werden durch strophenübergreifende Reime nach dem Schema efg gef miteinander verbunden.

In der ersten Strophe versucht Alfred Wolfenstein den Leserinnen und Lesern einen Eindruck von der Außenfassade der Großstadthäuser und den dazwischenliegenden Straßen zu vermitteln. Er schildert die Enge und „Dichte“ einer Stadt mit ihren Fronten mehrgeschossiger Häuser. Im zweiten Quartett stellt er dar, wie sich die Fahrgäste in einer Straßenbahn stumm auf ihren Plätzen gegenübersitzen. In den folgenden Terzetten wendet sich das lyrische Ich von der Außenwelt ab und betrachtet das Innere der Häuser. Es bezieht sich nun selbst in die Betrachtung mit ein und schildert Einsamkeitserlebnisse in der drangvollen Enge eines Großstadthauses.

Wolfenstein bringt seine Sichtweise der Stadt durch eine reichhaltige Bildsprache atmosphärisch dicht zum Ausdruck. So setzt der Autor gezielt Metaphern („Straßen / Grau geschwollen“, Z. 3/4) und Vergleiche („Dicht wie die Löcher eines Siebes“, Z. 1) ein. Auch Alliterationen („Grau geschwollen wie Gewürgte“, Z. 4) und auffällige Personifikationen („drängend fassen / Häuser sich … an“, Z. 2/3) treten auf. Wolfenstein verwendet viele Enjambements und „verhakt“ so die einzelnen Zeilen zu größeren Einheiten. […]

Das Gefangensein des Einzelnen in der Masse, die in den beiden Quartetten beschrieben wird, vermittelt der Autor auch auf formaler Ebene. Da er den so genannten Hakenstil gewählt hat, fließen die Verse ineinander über; ein Gefühl der Unausweichlichkeit und Unaufhaltsamkeit wird erzeugt. Unterstrichen wird dies noch durch die Wiederholung der Wörter „ineinander" bzw. „beieinander" (Z. 2, 5 und 8) und „dicht" (Z. 1 und 5). In Vers 7/8 rückt das „Ineinander" durch ein Enjambement in die nächste Zeile; das Ineinanderüberfließen, die Haltlosigkeit, kommt so deutlich zum Ausdruck.

Hier lässt sich eine realgeschichtliche Betrachtung anschließen. Im Vorfeld der expressionistischen Epoche hatte in Deutschland eine Massenbinnenwanderung von den ländlichen Gebieten in die Städte stattgefunden, da auf dem Land Arbeitsmöglichkeiten verloren gegangen und in den Städten im Zuge der Industrialisierung neue Arbeitsplätze entstanden waren. Einige Städte, wie etwa Berlin, zeigten ein explosionsartiges Wachstum. Für die hereinströmenden Menschen wurden auf engstem Raum Mietskasernen gebaut. Die neuartigen Wohnverhältnisse und Infrastrukturen der Großstadt sind Thema des Gedichts. […]

1. Ordnen Sie diese Auszüge aus Schülertexten den Elementen eines Interpretationsaufsatzes zu.
2. Welche Formulierungen aus diesen Aufsatzelementen können Sie im sprachlichen Gerüst Ihrer eigenen Aufsätze verwenden? Schreiben Sie solche Formulierungen heraus und ordnen Sie diese den verschiedenen Aufsatzelementen zu.

Tipps: Schreibprobleme lösen

Beim schriftlichen Interpretieren treten oft ganz spezifische Probleme auf. Als schwierig erweist sich meist die Gestaltung des Deutungsteils eines Interpretationsaufsatzes.

Probleme …

- *wichtige Sachverhalte vergessen*

Deutung:

D: Hypothese 1
D: Hypothese 2
D: Hypothese 3

Wertung:

… und wie man sie lösen kann

- *Aufsatzraster*
  Vor Beginn der Arbeit auf einem Planungsbogen ein Raster für die geplante Aufsatzstruktur entwerfen; darauf mit jeweils genügend Zwischenraum die Überschriften „Einleitung", „Verstehenshorizont", „Textbeschreibung", „Deutung" – „D: Hypothese 1", „D: Hypothese 2" usw. –, „Wertung" notieren.

Probleme …

- *sich in haltlose Spekulationen verrennen*

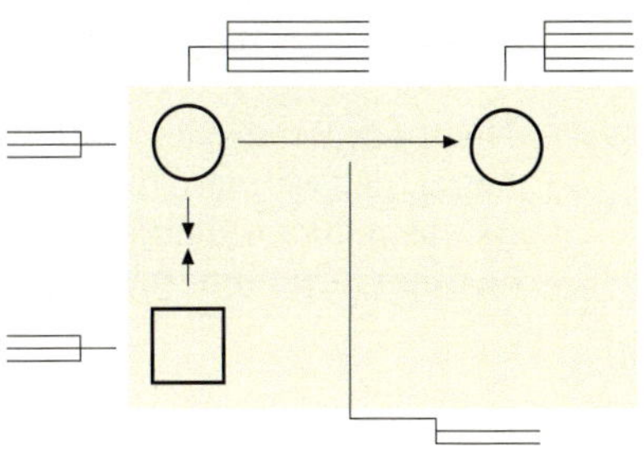

… und wie man sie lösen kann

- *aktives Lesen*
  Mehrmaliges Lesen des vorgelegten Textes; dabei auf dem Arbeitsblatt Notizen anfertigen zu: gedanklichen Bezügen (in Form von Einkreisungen, Pfeilen, Gegensatzpfeilen etc.), Interpretationsideen (in Form von Stichworten) und Fachbegriffen, die für die Textbeschreibung relevant sind. Versuchen Sie den Text so intensiv wie möglich gedanklich zu erschließen, *bevor* Sie weiterarbeiten. Sie legen so ein gutes Fundament für die Interpretation und vermeiden haltlose Spekulationen.

Tipps: Schreibprobleme lösen (Fortsetzung)

- *ungeordnete Darstellung*
  chaotische Textstruktur, viele hinzugefügte Ergänzungen, durchgestrichene Passagen, Wiederholungen etc.
- *Schreibplanung*
  Wichtig sind die Vorarbeiten *vor* der Niederschrift des Aufsatzes: Nach dem aktiven Lesen (s. o.) ist eine gedankliche Strukturierung in Form einer Schreibplanung wichtig:
  - □ auf Ihrem Planungsbogen im Rasterfeld „Deutung" einige Interpretationshypothesen entwerfen;
  - □ Hypothesen einer Prüfung unterziehen;
  - □ die Notate auf dem Arbeitsblatt mit verschiedenfarbigen Markern etc. gedanklich bündeln;
  - □ Übertragung aller Notate auf den Planungsbogen;
  - □ gezielte Nacharbeit, um einzelne Thesen am Text weiter abzustützen (oder um sie zu verwerfen!).

Zusammenfassender Überblick zur Anfertigung eines aspektorientierten Interpretationsaufsatzes

Arbeitsschritte	Verfahren	Besondere Anforderungen
1. Phase: Erstes Lesen/Spontanreaktion		
Erstes Lesen des Textes, erstes Verstehen. Spontanreaktion auf dem Arbeitsblatt stichpunktartig festhalten.		Sich durch anfängliche Verständnisprobleme nicht abschrecken lassen.
2. Phase: Vorbereitende Textanalyse		
Mehrmaliges Lesen des Textes. Dabei Verstehensprozesse in Notizen umsetzen (Unterstreichungen, Textgliederungslinien, Einkreisungen und Pfeile zur Markierung von semantischen Einheiten, von Bezügen, Gegensätzen etc.; Symbole für Reimschemata und andere formale Besonderheiten). Die anfänglichen Spontanreaktionen jetzt als Ideen-Steinbruch verwenden.	werkimmanent (alle anderen Verfahren)	Dem Drang zum verfrühten Beginn des Interpretationsaufsatzes widerstehen. Die formalen Eigenheiten des Textes nicht vernachlässigen. Nicht nur Details des Textes betrachten, sondern die Elemente in ihrer gedanklichen Verknüpfung rekonstruieren.

Arbeitsschritte	Verfahren	Besondere Anforderungen
3. Phase: Bildung von Interpretationshypothesen		
Die zentralen Aussagen des Textes, und zwar ihren inhaltlichen und formalen Ausdruck, in einigen kurzen Arbeitshypothesen schriftlich festhalten („Wegweiser“ für die spätere Niederschrift). Zuordnung der Notizen auf dem Arbeitsblatt zu den Arbeitshypothesen (evtl. mit Hilfe verschiedenfarbiger Text-Marker).		Inhaltliche Überschneidungen der Arbeitshypothesen vermeiden. Den Text mit den Hypothesen möglichst umfassend abdecken. (Die Reichweite der Hypothesen muss dem Text gerecht werden.)
4. Phase: Eröffnung des Interpretationsaufsatzes		
Formulierung einer Einleitung (Autor/in, Titel, Thema ...) und Skizzierung des Inhalts		Knapp und präzise formulieren.
Mitteilung der ersten Leseerfahrungen und Klärung des Verstehenshorizonts (inhaltliche, sprachliche und sonstige Zugänglichkeit des Textes)	rezeptionsästhetisch	Auch subjektive Äußerungen begründen.
5. Phase: Kurze Textbeschreibung		
Kurze Auseinandersetzung mit der Struktur des Textes.	werkimmanent	Inhalt, Aufbau, Sprache berücksichtigen.
6. Phase: Geordnete Wiedergabe der Textanalyse		
Schriftliche Wiedergabe der im Anschluss an die Hypothesen geordneten Analyseergebnisse. Nutzung der Arbeitshypothesen zur Abschnittbildung und als „roten Faden“ (Reihenfolge: 1. Arbeitshypothese, 2. textanalytische Erläuterungen dazu).	werkimmanent	Bloß referierende Äußerungen zum Text (Inhaltsangabe) in diesem Abschnitt vermeiden; den Gedankengang immer bis zur **Deutung** vorantreiben. Nicht zu eng an der Wörtlichkeit des Textes „kleben“. Den Text gedanklich rekonstruieren und in die eigene Sprache „übersetzen“. Interpretatorische Behauptungen nicht ohne „Beweis“ (stützende Detailarbeit am Text) lassen, sonst sind sie für den Leser – und Bewerter – nicht plausibel.

Arbeitsschritte	Verfahren	Besondere Anforderungen
6. Phase: Geordnete Wiedergabe der Textanalyse (Fortsetzung)		
		Nicht mit der Länge des Aufsatzes beeindrucken wollen, sondern mit Präzision, Stichhaltigkeit und gründlicher Entfaltung des eigenen analytischen Gedankens.
7. Phase: Kontextuierung		
Wissen über eine literarische Epoche, die Biografie des Autors/der Autorin, politisch-soziale, geistesgeschichtliche und sonstige Hintergründe des Textes, (dichtungs-)theoretische Positionen des Autors/der Autorin etc. vergegenwärtigen und dieses Wissen zur weiterführenden Kommentierung des Textes nutzen. Dazu zunächst weitere Arbeitshypothesen bilden, dann Bezüge zwischen Text und Kontext (biografisch, politisch etc.) schriftlich darlegen.	werkübergreifend: biografisch, geistesgeschichtlich, literatursoziologisch, psychologisch etc.	Den von der Aufgabenstellung geforderten Textbezug beachten. Nicht nur „Wissensgepäck" abladen. (Kriterium für die Verwendung von Hintergrundwissen ist, ob sich damit die Kommentierung des Textes weiter entfalten lässt.) Spekulative Parallelisierungen zwischen Textaussagen und historischen, biografischen oder anderen Sachverhalten vermeiden.
8. Phase: Wertung		
Formulierung eines Textabschlusses in Form einer Wertung.		Nicht auf formelhafte Wendungen ausweichen.
▷ S. 122 ff. **9. Phase: ▷ Textkontrolle/Textüberarbeitung**		
Prüfung des Aufsatzes, insbesondere im Hinblick auf Fehler in sprachlichem Ausdruck, Rechtschreibung und Zeichensetzung.		Grammatikalische und orthografische Sicherheit.
▷ S. 28 f. Die **Verfahren** der Literaturinterpretation *können* im Interpretationsaufsatz in den jeweiligen Abschnitten angegeben und in ihrem Beitrag zur Erschließung des Textes reflektiert werden.	Die im Unterricht erarbeiteten **Fachbegriffe** sollen im Interpretationsaufsatz angemessen verwendet werden. Solche Fachbegriffe liefern manchmal zusätzliche analytische Impulse.	Auf korrektes ▷ **Zitieren** (unveränderter Wortlaut, Einpassen des Zitats in die eigene Syntax, Zeilen- oder Seitenbeleg) achten.

5.3 Gedichtvergleich

Ein Gedichtvergleich stellt Sie in der Regel vor die Aufgabe, thematisch oder motivisch verwandte Gedichte aufeinander zu beziehen. Oft stammen die vorgelegten Texte aus verschiedenen literarischen Epochen. Die Aufgabenstellung kann unterschiedlich sein:

- Typ I: Zunächst soll jedes Gedicht für sich betrachtet werden; dann folgt der Vergleich.
- Typ II: Die Analyse ist von vornherein auf einige angegebene Vergleichsaspekte konzentriert.

Thema: Stadtleben

Jürgen Theobaldy

Schnee im Büro (1976)

Eine gewisse Sehnsucht nach Palmen. Hier
ist es kalt, aber nicht nur. Deine Küsse
am Morgen sind wenig, später sitze ich
acht Stunden hier im Büro. Auch du
bist eingesperrt, und wir dürfen nicht
miteinander telefonieren. Den Hörer abnehmen
und lauschen? Telefon, warum schlägt
dein Puls nur für andere? Jemand fragt:
„Wie geht's?", wartet die Antwort nicht ab
und ist aus dem Zimmer.
Was kann Liebe bewegen? Ich berechne
Preise und werde berechnet. All die Ersatzteile,
die Kesselglieder, Ölbrenner, sie gehen
durch meinen Kopf als Zahlen, weiter nichts.
Und ich gehe durch jemand hindurch
als Zahl. Aber am Abend komme ich zu dir
mit allem, was ich bin. Lese von
Wissenschaftlern: auch die Liebe ist
ein Produktionsverhältnis. Und wo sind
die Palmen? Die Palmen zeigen sich am Strand
einer Ansichtskarte, wir liegen auf dem Rücken
und betrachten sie. Am Morgen kehren wir
ins Büro zurück, jeder an seinen Platz.
Er hat eine Nummer, wie das Telefon.

Jürgen Theobaldy

Aufgabenstellung: Vergleichen Sie die beiden Gedichte „Städter" (1914) von Alfred Wolfenstein (▷ S. 98) und „Schnee im Büro" (1976) von Jürgen Theobaldy.

1. Klären und erläutern Sie das gemeinsame Thema der beiden Gedichte.
2. Welche unterschiedlichen Ausgestaltungen des Themas können Sie feststellen?

Lyrische Texte	*Figuren*	*semantisch*		…
				…
				Ironie
				…
				…
				…
				…
				…
				Symbol
				Metapher
				…
				…
		syntaktisch/strukturell		*Antithese*
				…
				Chiasmus
				…
				…
				…
				Parallelismus
				…
	Lautebene	*Metrum/Rhythmus*		…
				…
				Zäsur
			…	…
				Anapäst
				…
				…
				Onomatopoesie
		Reim		…
				Alliteration/Stabreim
				…
				…
				Binnenreim
			Endreim	…
				…
				umarmender Reim
				…
				Paarreim
	Formen	*Strophen*		…
				…
				…
				Sestine
				Quartett
				Terzett
		Gesamtaufbau		…
				Ballade
				…
				…
				…
				Sonett

Für einen Gedichtvergleich benötigen Sie eine Reihe von Kategorien, mit deren Hilfe Sie beide Texte betrachten können.

Aspekte des Gedichtvergleichs	Gedankliche Ansatzpunkte
Thema/Motiv	Welche Aspekte des Themas/Motivs werden besonders hervorgehoben? Welche treten zurück?
lyrisches Ich, Sprecher/in	Welche Grunderfahrungen bringt das lyrische Ich zum Ausdruck?
Raum: vorgestellter Ort	Welche Orte werden in dem Gedicht vorgestellt? Inwiefern bedingen sie die Erfahrungen des lyrischen Ichs?
Struktur (Aufbau, formale und sprachliche Gestaltung)	Welche strukturellen Besonderheiten weist das Gedicht auf?
Zeit: geschichtliche Bezüge	Welche Aussagen des Gedichts hängen mit seinem Entstehungsdatum zusammen? Wo gibt es Zeitkolorit?
Geistesgeschichte: literarische Epoche	In welche Epoche/literarische Strömung lässt sich der Text einordnen? Welche besondere Behandlung des Themas ergibt sich von daher?

3. Legen Sie eine Tabelle an, in der Sie zu diesen Aspekten Beobachtungen zu den Gedichten von Wolfenstein (▷ S. 98) und Theobaldy (▷ S. 109) festhalten.
4. a) Ergänzen Sie das Baumdiagramm aus S. 110 anhand der Ausführungen auf S. 220 ff.
   b) Nutzen Sie das Diagramm anschließend, um strukturelle Gemeinsamkeiten und Unterschiede zwischen den beiden Gedichten festzustellen.
5. Wie hängt die Gestaltungsweise beider Gedichte mit den verschiedenen Epochenkontexten zusammen?
6. Schreiben Sie abschließend eine vergleichende Gedichtanalyse in Form eines Aufsatzes. Äußern Sie sich darin zu der Frage, wie sich die lyrische Gestaltung des Themas zwischen 1914 und 1976 verändert hat.

Thema: Apokalypse

Aufgabenstellung: Vergleichen Sie „das ende der eulen" von Hans Magnus Enzensberger aus dem Jahr 1960 (▷ S. 231) entweder mit dem Gedicht „Weltende" (1911) von Jakob van Hoddis (▷ S. 358) oder mit „Thränen des Vaterlandes" (1636) von Andreas Gryphius (▷ S. 256).

1. Stellen Sie aus Fachbüchern (z. B. aus einem theologischen Lexikon) und aus Informationsangeboten im Internet eine möglichst präzise Information über den Begriff „Apokalypse" zusammen.
2. Welche unterschiedlichen Ausgestaltungen des Themas finden Sie in den genannten Gedichten vor?
3. Erläutern Sie die Unterschiede aufgrund Ihrer Kenntnisse der ▷ **Epochenkontexte.** ▷ S. 406 ff., 362, 257
4. Auch formal sind die drei Gedichte unterschiedlich gestaltet. Arbeiten Sie für die beiden von Ihnen ausgewählten lyrischen Texte anhand des Baumdiagramms auf S. 110 die Unterschiede heraus.
5. Erläutern Sie diese Unterschiede mit Blick auf die Aussageabsichten und Epochenkontexte.
6. Entwerfen Sie eine Gliederung für Ihren Gedichtvergleich.

Thema: Landschaftsbilder

Aufgabenstellung: Vergleichen Sie die Gedichte „Phantasus“ (1898) von Arno Holz (▷ S. 345) und „Feldwege zementiert“ (1978) von Helga M. Novak (▷ S. 402).

1. Untersuchen Sie zunächst, wie das lyrische Ich in beiden Texten vorgestellt wird.
2. Beschreiben Sie dann genau, welche Funktion die Landschaft für das lyrische Ich hat und welche Landschaftsbilder sich daraus ergeben.
3. Untersuchen Sie, wie Holz und Novak ihre Aussagen formal gestalten.
4. Beziehen Sie Inhalt und Form der Gedichte auf die Epochenkontexte, aus denen sie stammen.

Weitere mögliche Gedichtvergleiche

Menschenbild: „Das Göttliche“ von Johann Wolfgang Goethe und „Hyperions Schicksalslied“ von Friedrich Hölderlin (▷ S. 296).

Der Strom als Symbol: „Mahomets-Gesang“ und „Mächtiges Überraschen“ von Johann Wolfgang Goethe (▷ S. 291 f.).

Das Kunstprogramm der Romantik: „Wünschelrute“ von Joseph von Eichendorff und „Wenn nicht mehr Zahlen und Figuren“ von Novalis (▷ S. 307).

Sehnsucht: „Der Kuss im Traume“ von Karoline von Günderode (▷ S. 306) und „Sehnsucht“ von Joseph von Eichendorff (▷ S. 303).

Ophelia-Motiv: Gedichte von Arthur Rimbaud, Georg Heym und Gottfried Benn (▷ S. 347 f.)

1. Recherchieren Sie zunächst im Internet, z. B. unter http://www.google.de, um Ihren Gedichtvergleich weiter zu fundieren. Suchen Sie z. B. mit Hilfe der Schlüsselwörter
   - Romantik + Eichendorff + Kunstauffassung
   - Romantik + Novalis + Kunstauffassung
   - Romantik + Sehnsucht
   - Gedichte + Ophelia

5.4 Gestaltendes Interpretieren

In Klausuren und in Abiturprüfungen können Sie Ihr Textverständnis auch dadurch nachweisen, dass Sie selbst einen fiktionalen Text schreiben, der einen literarischen Ausgangstext auf sinnvolle Weise ergänzt oder weiterführt. Eine kreative Aufgabe? Auf den ersten Blick ja, doch muss hier begrifflich präzisiert werden. Mit einem enger gefassten Verständnis von Kreativität (Literatur als Anlass zum weitgehend freien Schreiben, freie Umgestaltung literarischer Vorlagen) hat das gestaltende Interpretieren nichts zu tun. Das gestaltende Interpretieren versteht
▷ S. 101 sich als Hilfe zum besseren Textverständnis. Ausgehend von möglichen ▷ **Leerstellen,** die der Text aufweist, sollen diese ausgestaltet werden. Hierbei wird Ihnen keine analytisch-interpretatorische Leistung abverlangt, sondern ein literarisches Produkt, etwa ein Brief, den die Hauptfigur an einen Freund in der Ferne schreibt, o. Ä. Dieses Produkt muss inhaltlich (welche Motive gibt die Hauptfigur z. B. für ihr Handeln an) und formal mit der Textvorlage verträglich sein. Die Erstellung des Produkts setzt also eine gute Textkenntnis und ein kompetentes Textverständnis voraus, dieses kann und soll aber durch das eigene Schreiben auch überprüft, differenziert und präzisiert werden. Im Überblick:

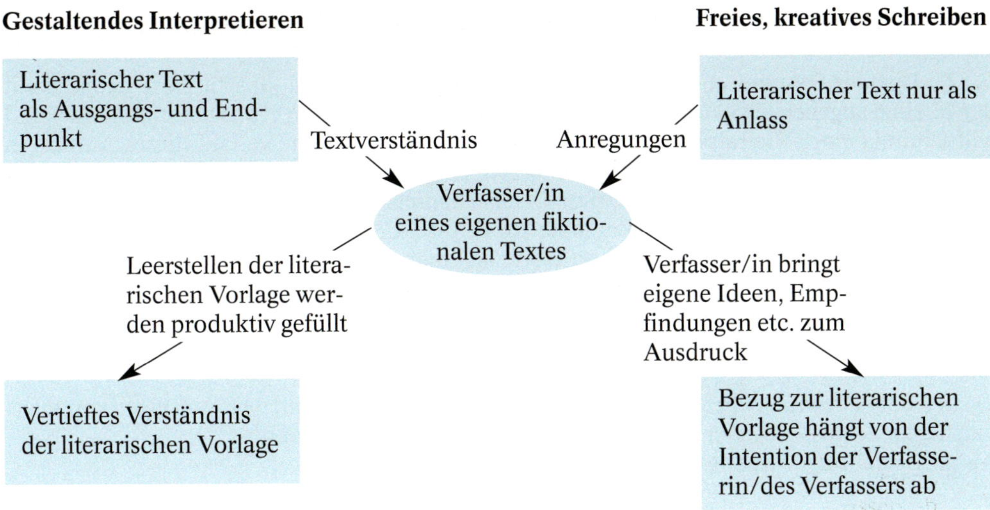

Hinführung und Einübung

Die folgenden Aufgabenstellungen geben Ihnen erste Anregungen für das gestaltende Interpretieren. Am Beispiel von Gabriele Wohmanns Erzählung „Ein netter Kerl“, Robert Musils „Das Fliegenpapier“ und Alfred Wolfensteins Gedicht „Städter“ werden Aufgaben vorgeschlagen, die eine produktive Auseinandersetzung mit einem literarischen Text fordern. In Klausuren und Abiturarbeiten werden meist produktive Gestaltungen zu *längeren* literarischen Texten (Dramen, Romanen, Erzählungen) erwartet, die Sie im Unterricht intensiv erarbeitet haben (▷ S. 114).

WECHSEL DER PERSPEKTIVE

1. Erzählen Sie den zweiten Teil der Geschichte „Ein netter Kerl“ (▷ S. 483) aus der Perspektive Ritas nach **(Ich-Perspektive).** Gestalten Sie dabei an passenden Stellen auch inneres Geschehen (Reflexionen Ritas).
2. Erzählen Sie den ersten Teil der Geschichte aus der **personalen Perspektive** der Mutter nach.

NACHBETRACHTUNG

1. Schreiben Sie eine gestaltende Interpretation zu dem Text „Das Fliegenpapier“ von Robert Musil (▷ S. 88 f.): Der Erfinder des Fliegenpapiers macht nach dem ersten Test, den er intensiv mitverfolgt hat, eine Eintragung in sein **Tagebuch.**
2. Entwerfen Sie einen Dialog. Eine 17-jährige Nutzerin des Fliegenpapiers telefoniert mit ihrem Freund. Die Empfindungen und Einsichten, die der Text enthält, sollen die beiden Gesprächspartner in dem **Telefonat** zur Sprache bringen.

TEXTSORTENWECHSEL

1. Verfassen Sie eine gestaltende Interpretation zu dem Gedicht „Städter“ von Alfred Wolkenstein (▷ S. 98): Ein junger Mann/eine junge Frau, der/die in einer Großstadt lebt, schreibt 1914 einen **Brief** an seine/ihre auf dem Land lebende Mutter und schildert Erfahrungen, wie sie in dem Gedicht zur Sprache kommen.
2. Geben Sie die Erfahrungen, die in dem Gedicht zum Ausdruck kommen, in Form einer **Reportage** wieder.
3. Erfinden Sie für den Text „Das Fliegenpapier“ eine Zusatzfigur, die das Geschehen beobachtet. Schreiben Sie für diese Figur ausführliche **Denkblasen,** so wie sie in Comics vorkommen. Diese Denkblasen sollen einerseits das Geschehen auf dem Fliegenpapier und andererseits das Verhalten des Beobachters zum Gegenstand haben.

Prüfungsaufgaben zum gestaltenden Interpretieren

1) Zu Theodor Fontane, **„Frau Jenny Treibel“:** Anlässlich einer Landpartie kann Leopold mit der von ihm angebeteten Corinna sich von den übrigen Teilnehmern etwas absondern. Leopold will Corinna einen Heiratsantrag machen. Der Erzähler zeigt den Verlauf dieses Antrags in direkter Rede. Vorausgegangen ist aber schon ein längeres und mühsames Gespräch, über das zu lesen ist: „Leopold und Corinna waren in einer Entfernung von etwa fünfzig Schritt gefolgt und hatten ihr Gespräch in herkömmlicher Art geführt, d. h., Corinna hatte gesprochen. Leopold war aber fest entschlossen, auch zu Worte zu kommen ... Ein paarmal schon war er nahe daran gewesen, eine wenigstens auf sein Ziel überleitende Frage zu tun ...“
Aufgabenstellung: Gestalten Sie das Gespräch aus, von dem hier nur zusammenfassend die Rede ist.

2) Ingeborg Drewitz schließt ihren Roman **„Gestern war Heute“** mit dem Aufzeigen von sechs möglichen Schlüssen: „Hier ließe sich enden. Oder auch an dem Sonntag.“
Aufgabenstellung: Gestalten Sie *einen* Romanschluss aus.

3) In Max Frischs Roman **„Homo faber“** berichtet Walter Faber über ein Gespräch mit Hanna: „Sie erwartete damals ein Kind. Ihre Offenbarung hörte ich ausgerechnet an dem Tage ... Das war es, was mir Hanna nicht verzeihen konnte.“
Aufgabenstellung: Schreiben Sie einen Tagebucheintrag, in dem Hanna ihre Sicht des Gesprächs wiedergibt und über seinen Verlauf nachdenkt.

Tipps für das gestaltende Interpretieren

- Machen Sie sich zunächst klar, welche Textsorte von Ihnen verlangt wird: Ein innerer Monolog z. B. ist etwas anderes als ein Brief; der innere Monolog ist eine assoziativ vorgehende Verknüpfung von Gedanken oder Gedankenfetzen, oft sprunghaft, aber auch kreisförmig variierend um einen Gedankenkern sich drehend. Dies hat Folgen für die Sprachgestaltung (Satzbau, Wortwahl u. a.).
- Die meisten Aufgaben zum gestaltenden Interpretieren beziehen sich auf das Handeln und Sprechen von Figuren in konkreten Situationen. Stellen Sie sich diese Situationen möglichst genau vor. Bei Dialogen wird z. B. nicht nur gesprochen, sie werden auch von Handlungen (vor allem von Mimik und Gestik) begleitet: Fragen Sie sich z. B., mit welcher Mimik Figur A etwas sagt, wie dies auf Figur B wirken muss. Wie wird diese Wirkung deutlich, wenn Sie die Reaktion oder Antwort von Figur B in gesprochene Sprache kleiden müssen?
- Hüten Sie sich vor pädagogisch-moralisierenden Produkten: Oft geht es um Probleme oder Entscheidungssituationen, vor denen eine Figur steht; unterstellen Sie der Figur keine Entscheidung, die nicht zu ihr passt, keine Entscheidung, die Sie selbst treffen würden oder die Sie für vorbildlich halten.
  Figuren im Roman scheitern oft, zumindest ist die Klärung der Probleme ein mühsames Unterfangen.

6 Schreiben über Sachtexte – Aufsatzformen

6.1 Analyse eines journalistischen Textes: Glosse

Klaus Harpprecht

Glucksende Peinlichkeit (1999)

In empfindsameren Zeiten wurden die schlimmsten Kalauer mit einer Mischung von Lachen, Winseln und Wehgeschrei begrüßt. Überdies war der Schuldige angehalten, wenigstens eine halbe Mark in die Festkasse zu zahlen. Heute würde mancher Kollege an jener Strafordnung rasch verarmen, und Elfriede Jelinek, die in dieser Art japsender Wortwitzelei die Erfüllung ihrer Sprachkunst zu erblicken scheint, wäre nach einem Buch und zwei Stücken die Preisgelder wieder los, die ihr Jahr um Jahr aufgedrängt werden.

Der Kalauer, einst als pubertäre Entgleisung des Geistes nur mit Anflügen verlegener Scham präsentiert, hat längst die seriösesten und gediegensten Gazetten erobert. „Pina Bausch und Bogen“, las man mit Wehmut in der *Frankfurter Allgemeinen Zeitung*. Eine Musik-Kritik im selben Blatt sorgte dafür, dass der „Fidelio“-Kerker zum „fidelen Gefängnis“ à la „Fledermaus“ mutierte, während eine verehrte Kollegin von der *ZEIT* keinen Anstand nahm, besagte „Fledermaus“ zur „Fleddermaus“ degenerieren zu lassen. In einem putzmunteren Feuilleton über Castorf, Schlingensief und Genossen stellte sie die Recken des Regietheaters als fürchtenswerte „Krawallerie“ und als „Demolière-Truppe“ bloß. Recht hatte sie. Und wer sollte der *Süddeutschen Zeitung* widersprechen, die in einer Anmerkung zu John Fuegis Biografie bekannte: „Was Brecht ist, muss Brecht bleiben“, sekundiert von der 3sat-Redaktion, die ihren Zuschauern eine Sendereihe *Alles was Brecht ist* offerierte.

Die Technik des Witzes ist deutlich genug: Es gilt, eine gängige Redewendung in einer überraschenden Volte[1] und manchmal auf Biegen und Brechen zu variieren. Was diese Kleinkunst, sofern es eine ist, mit Calau zu schaffen hat, einem gemütlich-melancholischen Städtchen am Rande des Spreewaldes, steht dahin. Man sagt, ein Redakteur des Berliner Satire-Blattes *Kladderadatsch* habe die Kaschemmen und die Spinnstuben des Nestes für die übelsten Scherze, die er auftischte, verantwortlich gemacht. Vielleicht verhielt es sich, wie die Legende sagt: In der preußischen Hauptstadt schien – im Jahre 1858 – der windige Begriff kreiert worden zu sein, hergeleitet nicht nur von Calau, sondern zugleich vom französischen *calembour*[2]. Ein klassisches Beispiel ist allerdings zehn Jahre älter: Varnhagen von Enses spöttischer Hinweis auf die „Reichs-Verwesung“.

Die welsche[3] Herkunft verrät nichts von der glucksenden Peinlichkeit, die uns überkommt, wenn wir – wieder in der *Süddeutschen* – in einer Abhandlung über das Internet lesen: „Die Gedanken sind Brei.“ Im nämlichen Blatt: „Weniger ist Khmer.“ Und schlimmer (in einem Gruß zum neunzigsten Geburtstag von Albrecht Goes): „Anything Goes.“ Solches Allotria entspricht offensichtlich einer Grundstimmung des tückischen Münchner Neo-Biedermeier: „Wer den Wal hat, hat die Qual“ – „Die Gedanken sind Blei“ – „Der neue Klotz am Rhein“ – „Der Widerspenstigen Lähmung“.

Die krönende Formel, mit der wir uns verabschieden, ein Tränchen heiteren Schmerzes im Auge: „Am deutschen Tresen soll die Welt genesen.“ Dafür gab man früher einen aus.

1 **Volte**, hier: Kunstgriff

2 **calembour**: Wortspiel

3 **welsch**, hier: französisch

Karl Korn

Glossen (1961)

Nach langem Zögern hat sich die Feuilletonredaktion dieser Zeitung entschlossen, jeden Tag für diese Seite eine Glosse zu schreiben. Glossen sind Anmerkungen. Sie sind nicht ganz dasselbe wie Kommentare. Die Politiker kommentieren. Das Ereignis oder die Ereignisse werden ihnen täglich sozusagen serviert. Im Kommentar wird zu einem politischen Tagesereignis Stellung genommen. Die Glosse ist nicht ganz dasselbe. Mit Glossen hat die Literatur in unserem Lande angefangen. Unsere älteste aufgezeichnete Literatur sind Glossarien, Wörterbücher. Darin werden lateinische Wörter nicht nur übersetzt, sondern gleichsam paraphrasiert, umschrieben, definiert und ausgedeutet. Glossen im Feuilleton sind Anmerkungen und Bemerkungen. Die Franzosen nennen solches Aperçus. Zwar liefert der so genannte Kulturbetrieb, auf den zu schimpfen schon nicht mehr fein ist, seit sich drittrangige Köpfe an dieses Geschäft herangemacht haben und den Kadaver ausnehmen, täglich „Ereignisse“, die man politisch kommentieren könnte. Unsere Glossen sollen dies Gebiet nicht auslassen. Aber sie sind auf Anderes aus. Nicht selten wird fälschlich angenommen, der gegenwärtig lebende Mensch habe weder mehr die Zeit noch die Gabe der Reflexion. Dies ist eine halbe Wahrheit und ein ganzer Irrtum. Es wird mehr reflektiert, d.h. im Denken zurückgeworfen, als man oberflächlich annimmt. Je rationalisierter, verwalteter und erfasster das Leben wird, umso mehr wird es reflektiert. Die Frage ist, wie man diese Reflexionen, die oft in Sekundenschnelle wie rote Lämpchen auf Schalttafeln aufblitzen, fixiert. Die Schwierigkeit wird sein, irgendeine Bemerkung – es wird etwas bemerkt, heißt auch, dass etwas gemerkt wird – so zu fassen, dass sie mehr ist als nur die Beobachtung eines Vorgangs. Damit ist gleich die andere Schwierigkeit verbunden, dass nur selten ausgesprochen werden kann und soll, was die Fabel lehrt. Das „Exemplum docet“[1] ist oft schlechter Stil. Wir machen einen Versuch.

1 **Exemplum docet** (das Beispiel lehrt), hier: der belehrende Stil

1. Inwiefern ist Klaus Harpprechts Text (▷ S. 115) eine Glosse? Nutzen Sie die Ausführungen von Karl Korn, um diese Frage zu beantworten.
2. a) Diskutieren Sie, wo die Glosse in das folgende Textsorten-Dreieck eingeordnet werden müsste.
   b) Ordnen Sie weitere Arten von Sachtexten, z. B. die politische Rede, in das Schema ein.

Textsorten und Sprachfunktionen

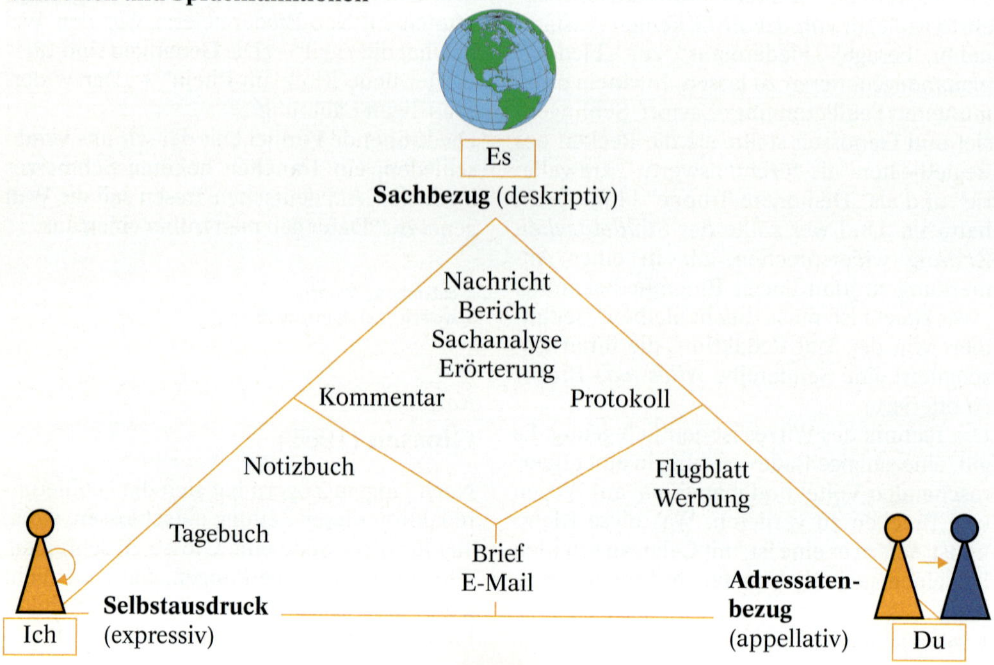

3. Stellen Sie in einem kurzen Text dar, welche Absichten eine Glosse verfolgt und wie sie sich von ähnlichen Textsorten unterscheidet.
4. a) Wogegen polemisiert Harpprechts Glosse (▷ S. 115)? Fassen Sie die Antwort in einigen möglichst präzisen Sätzen zusammen.
   b) Die angeführten Kalauer nehmen auf dichterische Werke, Opern, Operetten, Namen von Dichtern, bekannte Zitate Bezug. Schlagen Sie unbekannte Namen und Begriffe nach und klären Sie die Anspielungen.
5. Welche Adressatengruppen kann Harpprecht mit dieser Glosse ansprechen?
6. a) An welchen Stellen und durch welche Formulierungen wirkt Harpprechts Text spöttisch?
   b) Welche anderen Absichten außer Spott entnehmen Sie der Glosse von Harpprecht?
7. Verfassen Sie eine **Sachtextanalyse** zu Harpprechts Glosse. Darin können Sie Elemente verwenden, die Sie bereits erarbeitet haben:
   - Geben Sie zunächst in einem Einleitungssatz Autor, Titel, Thema und Textsorte an.
   - Stellen Sie in der Einleitung Ihrer Analyse dar, welche Ziele mit einer Glosse verfolgt werden können (▷ Aufgabe 3).
   - Erklären Sie dann, um welchen Sachverhalt es Harpprecht in seiner Glosse geht (▷ Aufgabe 4).
   - Stellen Sie dar, welche Ziele Harpprecht mit seiner Glosse verfolgt (▷ Aufgaben 5 und 6). Weisen Sie die Wirkungsabsichten des Textes an einigen ausgewählten Stellen im Einzelnen nach.
   - Beurteilen Sie die Wirkungsmöglichkeiten der Glosse, indem Sie überlegen, welche Leser/innen Harpprecht mit seinem Text erreichen kann und welche vermutlich nicht (▷ Aufgabe 5).

Robert Leicht

Justizmord (1999)

Der peinliche Rekord ist, kaum aufgestellt, bereits eingestellt worden. Eben war in den Vereinigten Staaten die 500. Hinrichtung nach der neuerlichen Freigabe durch den Supreme Court vollzogen, da ging es schon wieder weiter. In der vorigen Woche wurde in Texas der 36 Jahre alte Troy Dale Farris mit einer Giftspritze ums Leben gebracht.

Und dieser Fall zeigt: Selbst in der prinzipiell skandalösen Praxis der Todesstrafe gibt es noch Differenzierungen – zum noch Skandalöseren. Im Fall Farris hatte – wie die Justiz selbst eingestand – die Polizei am Tatort schlampig gearbeitet, war Beweismaterial verloren gegangen, hatten Zeugen einander widersprochen. Gegen das Opfer des Justizmordes lagen keine Indizien vor. Das Urteil stützte sich allein auf die Aussage eines Mitangeklagten, der sich damit freikaufte. Nicht einmal der Begnadigungsausschuss votierte, ungewöhnlich genug, einmütig für die Hinrichtung. Aber George Bush jr., der Gouverneur, will vielleicht Präsident werden. Gnadenlos.

Selbst Erben im vormaligen Reich des Bösen, die Herrscher in Moskau, haben dem Europarat den Verzicht auf die Todesstrafe immerhin versprochen. Und die einzige Weltmacht, die moralische?

1. a) Als journalistische Stilform ist die Glosse ein polemischer Kurzkommentar. Fassen Sie in einem Satz zusammen, wogegen Robert Leicht in seiner Glosse polemisiert.
   b) Welche Formulierungen zeigen eine besondere polemische Schärfe der journalistischen Argumentation?
2. a) Stellen Sie den Inhalt der Glosse möglichst genau in eigenen Worten dar.
   b) Können Sie Robert Leichts Zorn in der Sache nachvollziehen?
3. Analysieren Sie Robert Leichts Glosse. Dabei können Sie sich an den folgenden Gliederungsvorschlag halten. Nutzen Sie beim Schreiben die Formulierungshilfen zur Wiedergabe von Sachtexten (▷ S. 118 f.).

Sachtextanalyse

- **Einleitungssatz** (Autor, Titel, Thema, Textsorte)
- **kurze Einführung** in die Problematik, die in dem zu behandelnden Text angesprochen ist:
  - eine kurze Reihe von Fragen, die man sich zu dem Thema stellen kann und mit denen sich der Text auseinandersetzt, oder
  - Anknüpfung an ein aktuelles Ereignis oder
  - Definition eines Begriffs, der in dem Text eine zentrale Rolle spielt
- **Wiedergabe des Inhalts** in eigenen Worten (unter Verwendung klarer sprachlicher Signale wie z. B. des Konjunktivs der ▷ indirekten Rede, die das Mitgeteilte als referierte Fremdposition kennzeichnen) ▷ S. 76
- **Analyse der Ziele/Wirkungsabsichten**, die mit dem Text verfolgt werden (▷ Übersicht über „Strategien der Beeinflussung" auf S. 121 f. und Liste der rhetorischen Mittel auf S. 225 ff.)
- **Wertung** des Textes:
  - Wertung der Position, die der Autor/die Autorin einnimmt
  - Wertung der Machart und der Überzeugungskraft des Textes

Formulierungshilfen zur Wiedergabe von Sachtexten

I. Formulierungen zur Wiedergabe eines Textes, der einen Sachverhalt darstellt:

Der Autor *präsentiert* eine Reihe von Informationen zu …
Der Text *thematisiert* …
Die Autorin *erklärt* diesen Sachverhalt mit Hilfe von …
Ergänzend *weist* sie *darauf hin*, dass …
Der Autor *zählt* eine Reihe von Zielen *auf*, die mit … verfolgt werden können.
Außerdem *macht* der Autor *Angaben zu* …
Weiterhin *geht* die Autorin auf den Aspekt des … *ein*.
In diesem Zusammenhang *nennt* die Autorin folgende *Sachverhalte:* …
In diesem Kontext *spricht* die Autorin *von* …

II. Formulierungen zur Wiedergabe eines Textes, der sich kritisch mit einem Sachverhalt auseinandersetzt:

Der Text *behandelt das Problem* der …
Die Autorin *setzt sich mit der Frage auseinander*, ob …
Der Autor beginnt mit der einleitenden *These*, dass …
Er *behauptet* in diesem Zusammenhang weiter, …
Der Autor *bemängelt*, dass …
Dazu *stellt* der Autor zunächst *klar*, dass …
Eben hier liegt *in seinen Augen* das Problem; dass nämlich …
Der Autor *bestreitet entschieden*, dass …
Um seine *ablehnende Haltung* zu begründen, weist er auf … hin.
Die *zentrale These* des Autors ist, dass …/Daraus ergibt sich die *Kernthese* …
Weiterhin *kritisiert* der Autor, dass …
… *so* der Autor, … / … wie der Autor *meint*.
Gegen Ende seines Textes *bezeichnet* der Autor … *als* einen …
Der Autor schließt seine Ausführungen mit dem *Vorwurf an die Adresse* von …, dass …
Damit *widerspricht* die Autorin einigen anderen Wissenschaftlern.

III. Formulierungen zur Wiedergabe eines Textes, der Leserinnen und Leser zu etwas bewegen will:

Die Autorin stellt sich nicht als neutrale Vermittlerin von Pro- und Kontra-Argumenten dar, sondern *votiert* eindeutig für ... Sie *will* die Leserinnen und Leser *dazu bewegen*, ...
Die Autorin hat sich offensichtlich zum Ziel gesetzt, die Leserinnen und Leser *auf ihre Seite zu ziehen*; denn sie ...
In Zeile ... sagt die Autorin ganz offen, was sie *beim Leser erreichen* möchte: ...
Der Text enthält Wertungen, die nicht auf den ersten Blick erkennbar sind. Die Autorin will *die Leserinnen und Leser auf suggestive Weise für ihre Ansichten einnehmen.*
An mehreren Stellen benutzt die Autorin ein auffällig *pejoratives (abwertendes)/aufwertendes Vokabular.* ... bezeichnet sie z. B. als „..."
Die Autorin *warnt offen* vor ...

6.2 Rhetorische Analyse: Reden untersuchen

1. a) Zeichnen Sie mehrere aktuelle Reden auf (z. B. Parlamentsreden). Nutzen Sie dabei Fernsehsender, die auf die Wiedergabe öffentlicher Reden spezialisiert sind (z. B. Phönix).
   b) Recherchieren Sie im Internet unter der Adresse http://www.bundestag.de oder http://www.europarl.de. Finden Sie Links, die Sie zu Reden von Abgeordneten oder Ministerinnen und Ministern führen, und drucken Sie interessante Reden aus, die Sie dort entdecken.
   c) Schauen Sie die Reden aufmerksam an und wählen Sie diejenige Rede aus, die bei Ihnen die nachhaltigste Wirkung hinterlässt.
2. Nutzen Sie den folgenden Fragenkatalog, um der Wirkung der von Ihnen ausgewählten Rede auf die Spur zu kommen.

Leitfragen zur Redeanalyse

I. Redesituation

(1) An welchem Ort wird die Rede gehalten? Wie stellt der Redner/die Rednerin sich darauf ein?

(2) Wie ist die Raumsituation: Blickkontakt zu allen oder nicht, Redner/in integriert oder hervorgehoben (Rednerpult), symbolhaftes Raumarrangement (Fahnen etc.)?

(3) Welche Art von Publikum findet der Redner oder die Rednerin vor: sozial/bildungsmäßig/weltanschaulich gemischt oder homogen, Fach- oder Laienpublikum, kritisch, uninteressiert? Wie stellt er/sie sich darauf ein?

(4) Welche Medien sind einbezogen? Welche Folgen hat das?

(5) Auf welches gesellschaftliche Umfeld trifft die Rede? Wie bezieht die Rednerin/der Redner dieses Umfeld ein?

(6) Gibt es einen besonderen Anlass für die Rede?

II. Inhalt der Rede

(7) Welche Sachverhalte spricht der Redner/die Rednerin an?

(8) Aus welchen Bereichen stammen diese Sachverhalte?

(9) Welche Hauptaussagen enthält die Rede?

(10) Welche weltanschaulichen Bindungen des Redners/der Rednerin werden deutlich?

III. Redeabsicht

(11) Welche Wirkung will die Rednerin/der Redner erzielen? Woran erkennt man das?

(12) Wie stellt der Redner/die Rednerin sich selbst dar?

(13) Legt der Redner/die Rednerin eigene Interessen offen oder sind sie verdeckt wirksam?

(14) Will die Rednerin/der Redner eher
- informieren oder belehren,
- angreifen oder sich/andere verteidigen,
- beschwichtigen oder dramatisieren,
- aufklären/zum Nachdenken anregen oder manipulieren,
- Gegensätze ausgleichen oder verschärfen?

Verfolgt er/sie andere Ziele?

(15) Bestätigt die Rede eine allgemein anerkannte Ansicht oder regt sie zu Auseinandersetzungen an? Werden Gegensätze dabei eher ausgeglichen oder verschärft?

(16) Welche wichtigen Begriffe versucht die Rednerin/der Redner zu „besetzen"?

(17) Wer sind die Adressatinnen/Adressaten von Vorwürfen, Appellen, Forderungen etc.?

IV. Struktur der Rede und rednerische Mittel

(18) Wie ist die Rede inhaltlich gegliedert?

▷ S. 72 f.
(19) Welche ▷ Argumenttypen werden verwendet? Wird offen oder verdeckt argumentiert, werden wichtige Prämissen aufgedeckt oder verschwiegen?

(20) Mit welchen Beispielen/Belegen werden die Argumente veranschaulicht?

(21) Sind die Gedankenverbindungen eher explizit logisch oder eher assoziativ?

(22) Welche Besonderheiten der sprachlichen Gestaltung sind zu erkennen?

▷ S. 225 ff.
(23) Welche ▷ rhetorischen Figuren werden verwendet? Aus welchen Bereichen stammen die Metaphern und welche Funktion haben die Bildbereiche?

(24) Enthält die Rede Anklänge an bestimmte Sprachschichten und Stile (Sakralsprache, Umgangssprache etc.)?

▷ S. 42 ff.
(25) Welcher ▷ Satzbau, welche Satzarten liegen vor?

(26) Welche abwertenden und aufwertenden Adjektive und Nomen sind wichtig? Für oder gegen wen nimmt der Redner/die Rednerin damit Partei? Gibt es weitere sprachliche In-Group- und Out-Group-Signale?

▷ S. 121 f.
(27) Welche ▷ rhetorischen Strategien dienen der Verstärkung, Aufwertung, Abwertung, Beschwichtigung etc.?

V. Redeweise

(28) Wie wird die Aussage vorgetragen?

(29) Spricht die Rednerin/der Redner eher flüssig oder stockend?

(30) Wie intensiv und wie angemessen werden Gestik und Mimik verwendet?

(31) Wie wird der Vortrag rhythmisiert? Werden Tempo und Lautstärke variiert oder sind sie eher gleich bleibend?

(32) Bezieht der Redner/die Rednerin Reaktionen des Publikums ein oder geht er/sie eher darüber hinweg?

3. Prüfen Sie anhand der folgenden Übersicht zu den „Strategien der Beeinflussung", auf welche Weise die von Ihnen ausgewählte Rede auf Zuhörer/innen Einfluss nimmt.
4. Verfassen Sie eine **Redeanalyse:**
   - Teilen Sie in einem Einleitungssatz wichtige Fakten über Redner/in, Redeort, Thema und Adressaten mit.
   - Stellen Sie Redesituation, Redeinhalt, Redeabsichten, Redestruktur und -mittel sowie Redeweise im Einzelnen dar. Arbeiten Sie dabei insbesondere heraus, inwiefern die Redestruktur und die rhetorischen Strategien die Redeabsichten unterstützen.
   - Beurteilen Sie abschließend die Art und Weise, wie der Redner/die Rednerin die Zuhörer beeinflussen will und inwiefern das aus Ihrer Sicht gelungen ist.

Strategien der Beeinflussung

Die folgenden Techniken der Beeinflussung finden Sie häufig in politischen Reden und Debatten, aber auch in anderen Redeformen. Die Verfahren können auch in Mischformen auftreten.

Aufwertung

- Eigennützige Ziele oder Gruppeninteressen als Interesse aller darstellen
- Von einer Sache, die man selbst vertritt, günstige Aspekte betonen und ungünstige nicht erwähnen oder herunterspielen
- Aus einem für die Wir-Gruppe günstigen Einzelfall Verallgemeinerungen ableiten
- Der Wir-Gruppe positive Werte wie Freiheit, Gerechtigkeit oder Ehrlichkeit zuschreiben, z. B.: „Wir halten unser Versprechen."
- Unverfängliche, „neutrale" Unterstützer der eigenen Meinung benennen (▷ Autoritätsargument) ▷ S. 73
- Der Wir-Gruppe Einigkeit und Harmonie zuschreiben
- Zur Kennzeichnung der Wir-Gruppe „aufwärts"-Metaphorik verwenden, z. B.: „Wir erleben einen ungeahnten Aufschwung."
- Im Zusammenhang mit der Wir-Gruppe Verben verwenden, die Dynamik und Entschlusskraft ausdrücken, z. B.: „Wir haben … durchgesetzt."

Abwertung

- Dem Gegner Fehler zuschreiben, für die er nicht verantwortlich zu machen ist, und allgemein Ursachen für Fehlentwicklungen dem Gegner anlasten
- Von einer Sache, die der Gegner vertritt, ungünstige Aspekte betonen und günstige nicht erwähnen oder herunterspielen
- Aus einem für die gegnerische Position ungünstigen Einzelfall Verallgemeinerungen ableiten
- Parzellierung des Gegners (so tun, als ob Teile der gegnerischen Gruppe längst die eigene Position unterstützen)
- Einen Gegner mit einem gemeinsamen „Feind“ in Verbindung bringen
- Den Gegner mit negativen Werten wie „Unterdrückung“, „Zwang“, „Ungerechtigkeit“ oder „Betrug“ („Wählerbetrug“) in Zusammenhang bringen
- Dem Gegner politisch-moralische Defizite unterstellen
- Der gegnerischen Gruppe Zerstrittenheit und Handlungsunfähigkeit zuschreiben, z. B.: „Die Koalitionspartner geraten sich in die Haare.“
- Im Zusammenhang mit der gegnerischen Gruppe Verben oder Redewendungen verwenden, die Entschlusslosigkeit, Planlosigkeit oder Chaos ausdrücken, z. B.: „zögern“, „können sich nicht entschließen“, „haben kein Konzept“
- Zur Kennzeichnung des Gegners pejorative (abwertende) Metaphern-Bereiche wählen, z. B.
  - Krankheits-Metaphern wie „Gift für unser Land“, „Wahnsinn“
  - Sucht-Metaphern wie „Fortschrittsrausch“
  - Brand-Metaphern wie „entfachen einen Streit“ oder „Es knistert im Gebälk“, um eine Bedrohungskulisse aufzubauen
  - Kindlichkeits-Metaphorik, um den Gegner als unreif und unverantwortlich zu charakterisieren, z. B.: „sie zanken“
  - „abwärts“-Metaphorik, um Ängste vor persönlichem und gesellschaftlichem Niedergang zu nutzen
- Dem Gegner manipulative Absichten zuschreiben, z. B.: „Rattenfänger“
- Gegnerische Äußerungen verzerrt oder verkürzt zitieren, um sie besser in ein negatives Licht rücken zu können

Dramatisierung

- Metaphorik aus Bereichen wie Krieg einsetzen, z. B.: „Front“, „Schlacht“, „Lager“, „Angriff“
- Ängste und Befürchtungen der Zuhörerschaft wecken
- Fehler des Gegners maßlos übertreiben, z. B.: „Untergang Deutschlands“

Beschwichtigung und Ablenkung vom Thema

- Kritische Sachverhalte durch Euphemismen (Beschönigungen) und sonstige entdramatisierende Umschreibungen im Bewusstsein der Zuhörer/innen relativieren
- Problematische Sachverhalte als natürlich oder unabwendbar kaschieren
- Mit Hilfe einer Gemeinschafts-Ideologie Interessenunterschiede verdecken, z. B.: „Wir alle müssen Lasten tragen“; „schließlich muss jeder etwas beitragen“
- Mit einer Strategie der Relativierung die Zuhörer/innen von einer konsequenten Vertretung ihrer Interessen abbringen, z. B. durch Partikeln wie „zwar – aber“, „sowohl – als auch“
- Problematische Sachverhalte tabuisieren, um sie der öffentlichen Erörterung zu entziehen

6.3 Analyse längerer Sachtexte

Sowohl in einem Studium als auch bei vielen beruflichen Tätigkeiten stehen Sie vor der Herausforderung, umfangreichere Sachtexte bis hin zu Buchlänge bewältigen zu müssen. Die Verarbeitung solcher Texte, z. B. wissenschaftlicher oder wissenschaftsjournalistischer Abhandlungen, erfordert ein besonderes Know-how. Im Folgenden erhalten Sie ein paar Hinweise zu wichtigen Vorarbeiten solcher Analysen:

Sich des thematischen Zusammenhangs vergewissern

- Thema umreißen
- strittige Fragen notieren

▼

Aktiv lesen (sich einen Überblick über den Inhalt verschaffen)

- **Schlüsselbegriffe** unterstreichen
- **unbekannte Wörter** in Lexika bzw. Wörterbüchern nachschlagen
- zu jedem Abschnitt eine **Überschrift** formulieren
- **Randzeichen** und **Textmarkierungen**

▼

Das Gelesene gedanklich verarbeiten (den Text durchmustern und die Aussagen rekonstruieren)

- Begriffe in einem Modell mit **Oberbegriff** und untergeordneten Begriffen darstellen
- eine Übersicht über den Text in Form eines **Clusters** erstellen
- mit der **Treppenmethode** die Textaussagen gewichten und gedanklich aufeinander beziehen

▼

Sich mit einer zentralen These/Information des Textes auseinandersetzen

Längere Sachtexte eignen Sie sich meist in umfassenden Arbeitszusammenhängen an. Wenn Sie sich das bereits erworbene **Vorwissen** vergegenwärtigen, können Sie Neues besser einordnen.

Randzeichen

| ▶ wichtige Textaussage
≀ ▶ zweifelhafte, nicht ganz nachvollziehbare Darstellung
? ▶ vorerst unklare Textstelle, über die Sie noch einmal nachdenken müssen (evtl. nach einer gründlichen Zweit- oder Drittlektüre)
! ▶ Aussage, die in besonderer Weise Ihren eigenen Ansichten entspricht

Markierungen im Text

Unterstreichung ▶ ein zentraler Begriff; ein abschnittbildender Aspekt
Unterschlängelung ▶ eine Textstelle, die erkennen lässt, mit welchen anderen Autoren/Autorinnen, mit welchen widerstreitenden Meinungen sich der Text auseinandersetzt
Einkreisung ▶ eine Textstelle, an der sich die Einstellung/ persönliche Meinung/ weltanschauliche Position des Autors oder der Autorin besonders gut nachweisen lässt

Markierungen am Rand

T = These/Behauptung
Arg = Argument
Erl = Erläuterung
Bsp = Beispiel
Zit = unterstützendes Zitat
Def = wichtige Definition
↲ ↑ = widersprüchliche Aussagen (Markierungen an zwei Textstellen; die Pfeile sind aufeinander gerichtet)
rh = Besonderheit der Aussageweise/rhetorische Figur

Treppenmethode

1. Einen Satz formulieren, der die gesamte Textaussage umfasst
2. Sätze formulieren, die ganze Abschnitte umfassen
3. Sätze formulieren, die Unterabschnitte umfassen

Weitere detaillierte Anregungen zur schriftlichen Auseinandersetzung mit umfangreicheren Sachtexten erhalten Sie in dem Band:
Gerd Brenner: Besser in allen Fächern. Sachtexte verstehen und verfassen. Oberstufe. Cornelsen Scriptor, Berlin 1996

7 Kreatives Schreiben

Der Deutschunterricht kennt zwei Formen der Auseinandersetzung mit literarischen Texten: das analysierende, interpretierende Vorgehen auf der einen Seite und das produktionsorientierte, kreative Verfahren auf der anderen. Indem Sie literarische Texte gezielt umschreiben, erweitern oder verkürzen, können Sie diese aktiv handelnd verstehen. Durch verändernde Eingriffe in Erzählungen zum Beispiel können Sie die Entscheidungen, die der Autor oder die Autorin beim Verfassen des Textes getroffen hat, in ihrer Funktion und Wirkung besser begreifen. Sie erfahren, welche Konsequenzen anders getroffene Entscheidungen haben, und Sie erkennen, wie viele und wie weit reichende Entscheidungen beim Schreiben solcher Texte möglich sind. Die „Umdichtungen" stellen so eine produktive Herausforderung mit Erkenntniswert dar: Die eigene Fantasie ist stark gefordert; zugleich ergeben sich Einsichten in die Struktur und Intention von Texten.
Das Verfassen eigener fiktionaler Texte kann ganz im Dienst der Interpretation einer literarischen Vorlage stehen (▷ Kapitel A 5.4: „Gestaltendes Interpretieren", S. 112 ff.), es kann aber auch einen mehr oder weniger starken Eigenwert gewinnen.

Eine breite Palette weiterer Möglichkeiten des kreativen Umgangs mit Texten enthält der Band: Kurzprosa: Kreatives Schreiben und Textverstehen. Erarbeitet von Gerd Brenner. Cornelsen Verlag, Berlin 2000

7.1 Kreativer Umgang mit Gedichten

1. a) Erich Fried (1921–1988) veröffentlichte 1964 ein Gedicht mit dem Titel **„Die Tiere".** Notieren Sie zunächst jede/r für sich stichpunktartig Vermutungen über einen möglichen Inhalt des Gedichts.
   b) Die Spekulationen werden nacheinander vorgetragen. So entsteht vor der Erarbeitung des Gedichts in der Klasse ein gemeinsamer Erwartungshorizont.

METHODENTRAINING

Antizipation, um erste Erwartungen an den Text zu richten: Sie registrieren, welche Gedanken der Titel eines Textes bei Ihnen auslöst.

Komposition, um dem Sinnzusammenhang eines Textes auf die Spur zu kommen: Der Sinnzusammenhang eines Textes ist zerstört worden, z. B. sind die Zeilen eines Gedichtes oder die ersten Abschnitte einer Erzählung vertauscht. Indem Sie die ursprüngliche Anordnung wiederherzustellen versuchen, kommen Sie der Logik des Textes auf die Spur.

Lücken füllen, um die inhaltliche und sprachliche Tendenz eines Textes zu erfassen und fortzusetzen: In einer Reproduktion eines literarischen Textes sind einige Wörter ausgelassen. Sie suchen Wörter, die möglichst genau zum Textumfeld passen.

2. Aus den folgenden Textbausteinen setzt sich die erste, zweizeilige Strophe des Gedichts „Die Tiere" von Erich Fried zusammen. Denken Sie sich genau in das Wortmaterial hinein und rekonstruieren Sie die beiden Gedichtzeilen.

Im Winter / ans Fenster / bis ans Haus heran / und manchmal Rehe / hungrige Vögel / kommen

3. Setzen Sie aus den folgenden Versen die zweite und dritte Strophe von Frieds Gedicht zusammen. Jede Strophe hat drei Verse.

doch es kommen
die legen sie vor die Türen
Sie stapfen voll Spinnwebmoos hervor aus den Wäldern
Nun ist noch nicht Winter
Bäume im Maul
die größeren Tiere

4. Zeigen Sie, wie das Gedicht die gängige Bedeutung des Begriffs „Tiere“ auslöscht und den Begriff dann neu zu füllen beginnt. Welche anderen Wörter des Textes wirken zunächst besonders befremdlich und leiten ein Umdenken des Lesers/der Leserin ein? Um welche „Tiere“ könnte es sich hier handeln?
5. a) In den folgenden drei Schlussstrophen des Gedichts „Tiere“ fehlen einige Wörter. Für die ersten beiden Lücken erhalten Sie jeweils drei Möglichkeiten zur Auswahl. Betrachten Sie das Textumfeld und den bisherigen Wortlaut des Gedichts genau, um entscheiden zu können, welches Wort im Ursprungstext gestanden haben könnte.
   b) Zu der letzten Leerstelle erhalten Sie keine Option. Finden Sie selbst passende Wörter, die Ihrer Meinung nach die Lücke füllen könnten. Entwickeln Sie Kriterien, um entscheiden zu können, ob ein Vorschlag angemessen ist.

Sie zwängen sich ______________________ herauf aus der Erde
(lehmverkrustet / eigenmächtig / lautstark)

kriechende Brunnen

verbissen in _______________ Steine
(leuchtende / blutende / zerlegte)

Sie frieren nicht

sie fressen und trinken nicht

sie lassen die Fliegen sitzen auf ihren _________________ Augen

Sie müssen krank sein

sie müssen erschrocken sein

6. Dieses Gedicht von Erich Fried erschien in einem Band mit dem Titel „Warngedichte“. Nutzen Sie diese Information, um einen Leitgedanken für eine Gesamtinterpretation des Textes zu formulieren. Verfassen Sie dann eine solche Interpretation.

Ernst Jandl

wien: heldenplatz (1962)

der glanze heldenplatz zirka
versaggerte in maschenhaftem männchenmeere
drunter auch frauen die ans maskelknie
zu heften heftig sich versuchten, hoffensdick.
und brüllzten wesentlich.

verwogener stirnscheitelunterschwang
nach nöten nördlich, kechelte
mit zu-nummernder aufs bluten feilzer stimme
hinsensend sämmertliche eigenwäscher.

pirsch!
döppelte der gottelbock von Sa-Atz zu Sa-Atz
mit hünig sprenkem stimmstummel.
balzerig würmelte es im männechensee
und den weibern ward so pfingstig ums heil
zumahn: wenn ein knie-ender sie hirschelte.

1938 holte Adolf Hitler Österreich „heim ins Reich". Am 15. März 1938 zog er in Wien ein und hielt auf dem Heldenplatz eine Rede, bei der Hunderttausende dem „Führer" zujubelten. Danach begann auch in Österreich rasch die Hatz auf Juden, Kommunisten, Homosexuelle und andere „Feinde" der nationalsozialistischen Weltanschauung. Noch im selben Jahr gingen Schriftsteller und Wissenschaftler wie Stefan Zweig und Sigmund Freud ins Exil. Der Schriftsteller Egon Friedell stürzte sich am Tag der Hitlerrede aus dem Fenster seiner Wiener Wohnung hinab in den Tod.

▷ S. 36

1. Das Gedicht ist auf eine assoziative Erschließung hin angelegt. Schreiben Sie nach mehrmaliger gründlicher Lektüre zu möglichst vielen Wörtern des Gedichts eine ▷ Mind-Map, in der Sie möglichst vielschichtige Assoziationen entwickeln. Nutzen Sie in Ihren Mind-Maps
   - historische Kenntnisse,
   - Ihr Wissen aus den Bereichen Turnen und Jagd,
   - sexuelle Assoziationen.

   Nehmen Sie außerdem Worterweiterungen und Wortartwechsel vor und notieren Sie entsprechende Adjektive, Verben, Substantive etc.

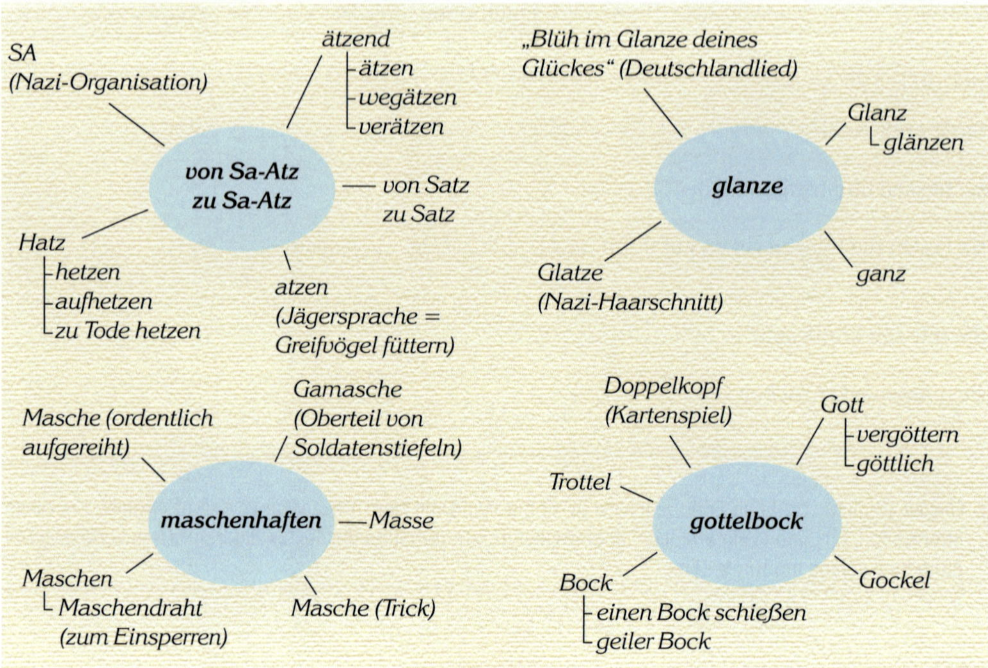

METHODENTRAINING

Mind-Map, um das assoziative Potenzial eines Textes schreibend zu erkunden: Sie registrieren, welche Gedanken ausgewählte Wörter eines Textes bei Ihnen auslösen.

2. Jandl hat
   - Wörter der deutschen Sprache zertrümmert,
   - einzelne semantische Bestandteile verändert, sodass sich verschiedene Bedeutungen überlagern,
   - die sinntragenden Einheiten neu zusammengesetzt (Erfindung neuer Komposita).

   Dabei lässt er den Leserinnen und Lesern bewusst Spielräume für persönliche Assoziationen. Wählen Sie einige Zeilen des Gedichts aus und legen Sie schriftlich dar, wie Sie diese Zeilen verstanden haben.
3. Schreiben Sie ein Gedicht zu einem Thema, mit dem Sie sich kritisch auseinandersetzen möchten.
   - Schreiben Sie einen ersten kurzen Prosatext dazu.
   - Zertrümmern Sie dann das Wortmaterial Ihres Textes.
   - Wählen Sie Assoziationsbereiche aus, die sich auf interessante Weise auf Ihr Thema beziehen lassen. (Jandl hat sich dem Phänomen „Hitler“ z. B. mit der Sprache der Jagd, des Turnens und der Sexualität genähert.)
   - Ergänzen Sie Ihre Worttrümmer mit Assoziationen aus den gewählten Bereichen in Form einer Mind-Map. Legen Sie die endgültige Fassung der veränderten Wörter erst fest, wenn die Mind-Map entwickelt ist.
   - Versuchen Sie abschließend, die veränderten Wörter in ein kritisches Gedicht zu integrieren.

7.2 Kreativer Umgang mit Prosatexten

Die folgenden Anregungen beziehen sich auf die Kurzgeschichte „Ein netter Kerl“ von Gabriele Wohmann (▷ S. 483). Alle Anregungen können Sie aber auch bei der Interpretation anderer Texte nutzen. Verschaffen Sie sich einen Überblick über die unterschiedlichen Methoden und erproben Sie sie in einem arbeitsteiligen Verfahren.

METHODENTRAINING

Automatisches Schreiben – écriture automatique, um die Aussage eines Textes auf einer anderen Ebene zu rekonstruieren: Sie wählen ein Musikstück aus, das Ihrer Ansicht nach zu einem bestimmten Text passt. Dann nehmen Sie Papier und Stift zur Hand, setzen sich entspannt hin und schließen die Augen. Sie konzentrieren sich zwei, drei Minuten lang möglichst intensiv auf eine literarische Figur des Textes. Nun öffnen Sie die Augen und notieren stichwortartig den „Film“, der beim Hören der Musik durch Ihren Kopf läuft.
Schreiben Sie – ohne Punkt und Komma und ohne Nachdenken – möglichst ununterbrochen Wörter auf, die festhalten, was Sie vor dem „inneren Auge“ sehen. Der Gedankenstrom kann durchaus sprunghaft und ungeordnet sein. Verzichten Sie auf Sätze und schreiben Sie eine Kette einzelner Wörter.

1. Bringen Sie ein rein instrumentales Musikstück mit, das Ihrer Meinung nach die Stimmung einer der Figuren am Anfang oder am Ende der Kurzgeschichte „Ein netter Kerl“ gut zum Ausdruck bringt.
2. Jede/r wählt sich eine der Figuren aus und versetzt sich möglichst genau in deren Lage.
3. Spielen Sie nun Ausschnitte aus verschiedenen Musikstücken unmittelbar nacheinander laut ab und verfassen Sie nach dem Verfahren des automatischen Schreibens einen Text zu der von Ihnen gewählten Figur.
4. Lesen Sie sich die Wortketten vor. Welche neuen Erkenntnisse zur „Psyche“ der literarischen Figuren, in die Sie sich hineinversetzt haben, ergeben sich?

METHODENTRAINING

Lipogramm, um die Aussage eines Textes mit anderen Worten nachzuvollziehen: Bei Lipogrammen handelt es sich um Texte, in denen Wörter nicht zugelassen werden, die einen bestimmten Buchstaben enthalten. Das Schreibverfahren veranlasst Sie, Sprachgebungen eines vorliegenden Textes aufzugeben und neue zu finden. Wenn Sie zu einem Text ein Lipogramm schreiben, besteht die Herausforderung darin, die Textaussage mit anderen Wörtern möglichst genau zu rekonstruieren.

Georges Perec

Anton Voyls Fortgang (1969)

Kardinal, Rabbi und Admiral, als Führungstrio null und nichtig und darum völlig abhängig vom Ami-Trust, tat durch Rundfunk und Plakatanschlag kund, dass Nahrungsnot und damit Tod aufs Volk zukommt. Zunächst tat man das als Falschinformation ab. Das ist Propagandagift, sagt man. Doch bald schon ward spürbar, was man ursprünglich nicht glaubt. Das Volk griff zu Stock und zu Dolch. „Gib uns das täglich Brot“, hallts durchs Land, und „pfui auf das Patronat, auf Ordnung, Macht und Staat“. Konspiration ward ganz normal. Komplott üblich. Nachts sah man kaum noch Uniform. Angst hält Soldat und Polizist im Haus. In Mâcon griff man das Administrationslokal an. In Rocamadour gabs Mundraub sogar am Tag: man fand dort Thunfisch, Milch und Schokobonbons im Kilopack. Waggons voll Mais, obwohl schon richtig faulig. Im Rathaus von Nancy sahs schlimm aus, fünfundzwanzig Mann schob man dort aufs Schafott, vom Amtsrat bis zum Stadtvorstand, und ruckzuck, ab war ihr

Georges Perec

Kopf. Dann kam das Mittagsblatt dran, da allzu autoritätshörig. Antipropaganda warf man ihm vor und Opposition zum Volk, darum brannt das Ding bald licht und loh. Ringsum griff man Docks an, Bootshaus und Munitionsmagazin. [...]

1. Stellen Sie fest, welcher Buchstabe in diesem Romananfang fehlt. (Der Roman von Georges Perec, einem Vertreter des Pariser „Ouvroir de littérature potentielle“, hält seine lipogrammatische Entscheidung über mehrere hundert Seiten hinweg durch, und zwar nicht nur im französischen Original, sondern auch in der deutschen Übersetzung.)
2. Schreiben Sie die Kurzgeschichte „Ein netter Kerl“ (▷ S. 483) in einem arbeitsteiligen Verfahren lipogrammatisch um: Einigen Sie sich zunächst auf bestimmte Buchstaben (z. B. „b“ und „f“), die in Ihren Verwandlungstexten nicht mehr vorkommen dürfen.
   Unterstreichen Sie dann die Wörter, die in einem Lipogramm ersetzt werden müssen. Suchen Sie nach solchen Ersatzwörtern bzw. nach ganz neuen Formulierungen, mit denen Sie die Aussage des vorliegenden Textes möglichst genau wiedergeben können.
3. Diskutieren Sie, mit welchen Umformulierungen es besonders gut gelungen ist, der ursprünglichen Aussage des Textes gerecht zu werden.

METHODENTRAINING

Perspektivenwechsel, um eine andere ▷ Erzählhaltung einzunehmen: Sie ändern die Ausgestaltung der auktorialen Perspektive, z. B. neutral, kühl-unbeteiligt, kritisch-distanziert, spöttisch etc., oder Sie nehmen die Perspektive einer der beteiligten Figuren ein und erzählen das Geschehen neu. ▷ S. 171

1. a) Sammeln Sie Haltungen, die ein **auktorialer Erzähler** zum Geschehen einnehmen kann. Stellen Sie eine Liste von Möglichkeiten zusammen: *neutral, spöttisch ...*
   b) Wählen Sie eine dieser Möglichkeiten aus und schreiben Sie die Geschichte „Ein netter Kerl" (▷ S.483) um.
   c) Diskutieren Sie die Effekte, die sich durch die Umgestaltungen ergeben.
2. Versetzen Sie sich in eine der am Geschehen beteiligten Figuren und geben Sie die Kurzgeschichte in der Ich-Perspektive wieder.
3. a) Wenn Rita die Geschichte aus ihrer Perspektive erzählt, kann der Text an mehreren Stellen einen **inneren Monolog** enthalten. Wo wäre eine solche ausführliche Wiedergabe des inneren Geschehens dieser Figur sinnvoll und wie könnten diese inneren Monologe lauten?
   b) Wie verändert sich die Geschichte auf Grund der inneren Monologe? Warum hat die Autorin sich in ihrer Version wohl auf das äußere Geschehen beschränkt?

METHODENTRAINING

Rückerinnerung, um aus Figurensicht – in zeitlicher Distanz – einen anderen Blick auf das im Text dargestellte Geschehen zu werfen: Sie setzen die literarische Fiktion fort und bringen Figuren zu einem späteren Zeitpunkt noch einmal zusammen.

4. Schreiben Sie eine Fortsetzung zu Wohmanns Kurzgeschichte „Ein netter Kerl": Zehn Jahre nach dem Geschehen sitzen dieselben Figuren noch einmal am selben Küchentisch und erinnern sich an das damalige Geschehen.
5. Schreiben Sie einen inneren Monolog, in dem eine der Figuren (z. B. die jüngere Schwester Nanni) sich zwanzig Jahre nach dem Geschehen erinnert und das Geschehen neu bewertet.

METHODENTRAINING

Figurenbrief, um zu klären, welche Art von Betroffenheit eine Figur entwickelt hat: In einer Fortsetzung der Fiktion geben Sie einer Figur Gelegenheit, die Ereignisse, die auf sie eingestürmt sind, noch einmal Revue passieren zu lassen und persönliche Empfindungen festzuhalten.

6. Am Abend des Tages, an dem das Familiengespräch in der Erzählung „Ein netter Kerl" stattgefunden hat, sitzt Rita auf ihrem Zimmer und schreibt ihrer Freundin einen Brief.
7. Die Mutter schreibt Ritas Freund einen Brief.

METHODENTRAINING

Gegentext, um eine zentrale erzählerische Entscheidung zu ändern: Mit jeder Erzählung hat ein Autor/eine Autorin eine ganze Reihe von Entscheidungen über ▷ Erzähler, Darbietungsformen und die Geschichte getroffen. Sie ändern eine dieser Entscheidungen, schreiben den Text oder eine wichtige Stelle des Textes neu und registrieren, wie sich die Umentscheidung auf den gesamten Text auswirkt. ▷ S. 169 ff.

8. Schreiben Sie einen Gegentext zu „Ein netter Kerl", in dem
   - Rita in einem früheren Stadium des Gesprächs auf „Gegenangriff" umschaltet,
   - die Mutter viel früher den Ausgang ahnt und einzugreifen versucht,
   - Ritas Freund mit dem Vater wieder zurückkommt.
9. Welche anderen Gegentexte wären möglich?

METHODENTRAINING

Sprachmusterverschiebung, um Texten eine zusätzliche, die Aussage verstärkende sprachliche Gestalt zu geben: Sie arbeiten in einen Text ein ungewöhnliches sprachliches Muster ein, das weitere, über die bisherige Sprachgebung hinausgehende Aussagemöglichkeiten bietet.

1. a) Untersuchen Sie, welche Themen in den folgenden Textanfängen mit welchen ungewöhnlichen sprachlichen Mustern dargestellt werden.

Meine lieben jungen Damen und Herren! Nachdem wir in der letzten Stunde ausführlich die Samba-Drehungen, die Cha-Cha-Spiegelungen und die Walzer-Verschiebungen konstruiert haben, ist es heute vernünftig zu fragen, ob es noch andere affine Bewegungen gibt, die unter besonderer Berücksichtigung von Tanzbein-Bogenlänge und Standbein-Krümmungsverhalten dem goldenen Boogie-Schritt nahekommen ...

Mike zog es mal wieder magnetisch in die Disko, den Pool der Objektverknüpfung. Gleich an der Eingangstür ließ eine echt scharfe Maus mit gigantisch langem Laufwerk seinen Datenspeicher heißlaufen. Sogleich startete er eine Anmachattacke, indem er erst einmal den physischen Abstand komprimierte. Sein reichlich aufgelegtes Deodorant kitzelte seinen Berechnungen zufolge gerade die Datenbahn ihrer Nase ...

Sehr geehrte Damen und Herren, nach längerem, mit wissender Geduld getragenem Leiden und wohl vorbereitet auf den Übergang in eine andere Welt, bewerbe ich mich zum dreiundvierzigsten Mal um eine Lehrstelle. Sie würden meine Tatkraft, meinen ausgewogenen Rat und meine liebenswerten menschlichen Eigenschaften in dankbarer Erinnerung behalten ...

Wenn Sie in Ihrem Kurs einen längeren Text, z. B. ein Referat, ins Plenum eintragen müssen, besteht immer wieder die Gefahr, dass ein Teil der Leute nicht richtig lädt und blöde Fragen stellt. Sie sollten Ihre Übertragung also immer für halbprofessionelle Nutzer auslegen und auf jeden Fall die Datenkompression abschalten. Sonst kann es passieren, dass nach Ihrem Vortrag der Chat-Room leer bleibt. Wählen Sie also einen geringen bis mittleren Datendurchsatz ...

b) Klären Sie, welche besonderen Wirkungen sich durch die Sprachmusterverschiebungen jeweils ergeben.

2. Unterziehen Sie nun die Kurzgeschichte „Ein netter Kerl" (▷ S. 483) auszugsweise einer Sprachmusterverschiebung.

▷ S. 86

- Sammeln Sie in einem ▷ Brainstorming Ideen für sprachliche Muster, die den Text in ein interessant-befremdliches Licht rücken.
- Überlegen Sie, zu welchen dieser Sprachmuster-Ideen Sie welche typischen Texte besorgen können.
- Besorgen Sie diese Materialien und entnehmen Sie ihnen Formulierungen, durch die Formulierungen der Kurzgeschichte ersetzt werden können.
- Verfremden Sie den Ausgangstext, indem Sie an vielen Stellen das Wortmaterial austauschen, und zwar so, dass der Ausgangstext doppelbödig wird: Die ursprüngliche Sprachgebung soll noch erkennbar sein; zugleich scheint an vielen Stellen eine zweite Sprachebene durch, sodass sich eine interessante Aussagespannung ergibt.

METHODENTRAINING: WEITERE IDEEN ZUR AUS- UND UMGESTALTUNG LITERARISCHER TEXTE

Lebensbeschreibung entwerfen: Stellen Sie sich eine der zentralen Figuren des gewählten Textes genau vor. Überlegen Sie, welche Biografie diese Figur haben könnte. Welche Lebenserfahrungen könnten für ihr Verhalten bestimmend sein? Entwerfen Sie solche Schlüsselszenen aus der Biografie der Figur.

Telefonat: Suchen Sie eine Stelle des gewählten Textes aus, an der einer der Figuren vermutlich vieles durch den Kopf geht. Lassen Sie diese Figur die Handlung unterbrechen und mit einer ihr vertrauten Person telefonieren. Was kommt wohl zur Sprache? Spielen Sie spontan mehrere Versionen dieses Telefonats. Diskutieren Sie die verschiedenen Ausgestaltungen.

Tagebucheintragung: Fingieren Sie eine Tagebucheintragung, die eine der zentralen Figuren des gewählten Textes am Abend vornimmt.

Textsortenwechsel: Erfinden Sie eine zusätzliche Figur, die das Geschehen des gewählten Textes in einer ganz anderen Textsorte (Zeitungs-, Polizeibericht etc.) wiedergibt.

7.3 Märchen kreativ umgestalten

1. Lesen Sie die Märchen „Rotkäppchen" und „Dornröschen" der Brüder Grimm, bevor Sie sich den folgenden Abwandlungen zuwenden.

Thaddäus Troll

Rotkäppchen auf Amtsdeutsch (1980)

Im Kinderanfall unserer Stadtgemeinde ist eine hierorts wohnhafte, noch unbeschulte Minderjährige aktenkundig, welche durch ihre unübliche Kopfbekleidung gewohnheitsrechtlich Rotkäppchen genannt zu werden pflegt. Der Mutter besagter R. wurde seitens ihrer Mutter ein Schreiben zustellig gemacht, in welchem dieselbe Mitteilung ihrer Krankheit und Pflegebedürftigkeit machte, worauf die Mutter der R. dieser die Auflage machte, der Großmutter eine Sendung von Nahrungs- und Genussmitteln zu Genesungszwecken zuzustellen. Vor ihrer Inmarschsetzung wurde die R. seitens ihrer Mutter über das Verbot betreffs Verlassens der Waldwege auf Kreisebene belehrt. Dieselbe machte sich infolge Nichtbeachtung dieser Vorschrift straffällig und begegnete beim Übertreten des amtlichen Blumenpflückverbots einem polizeilich nicht gemeldeten Wolf ohne festen Wohnsitz. Dieser verlangte in gesetzwidriger Amtsanmaßung Einsichtnahme in das zu Transportzwecken von Konsumgütern dienende Korbbehältnis und traf in Tötungsabsicht die Feststellung, dass die R. zu ihrer verschwägerten und verwandten, im Baumbestand angemieteten Großmutter eilend war. […]

STILWECHSEL/MÄRCHEN IN EINE FACHSPRACHE ÜBERSETZEN

2. Wie könnte die Märchenverfremdung von Thaddäus Troll weitergehen?
3. a) Welche Fachsprachen kennen Sie? Stellen Sie eine Liste zusammen.
   b) Welche dieser Fachsprachen würden Sie gern auf ein Märchen anwenden? Welche Fachsprache „passt" zu welchem Märchen?
4. Unternehmen Sie einen eigenen Schreibversuch.

Günter Kunert

Dornröschen (1972)

Generationen von Kindern faszinierte gerade dieses Märchen, weil es ihre Fantasie erregte: wie da Jahr um Jahr eine gewaltige Hecke aufwächst, über alle Maßen hoch, ein vertikaler Dschungel, erfüllt von Blühen und Welken, von Amseln und Düften, aber weglos, undurchdringlich und labyrinthisch. Die Mutigen, die sie zu bewältigen sich immer wieder einfinden, bleiben insgesamt auf der Strecke: von Dornen erspießt; hinter Verhau verfangen, gefangen, gefesselt; von giftigem Ungeziefer befallen und vom plötzlichen Zweifel gelähmt, ob es diese begehrenswerte Königstochter überhaupt gäbe. Bis eines Tages endlich der Sieger kommt: ihm gelingt, was den Vorläufern misslungen: er betritt das Schloss, läuft die Treppe empor, betritt die Kammer, wo die Schlafende ruht, den zahnlosen Mund halb geöffnet, sabbernd, eingesunkene Lider, den haararmen Schädel an den Schläfen von blauen wurmigen Adern bekräuselt, fleckig, schmutzig, eine schnarchende Vettel[1].

Oh, selig alle, die, von Dornröschen träumend, in der Hecke starben und im Glauben, dass hinter dieser eine Zeit herrsche, in der die Zeit endlich einmal fest und sicher stände.

1 **Vettel:** altes Weib

MÄRCHEN EINE ÜBERRASCHENDE WENDUNG GEBEN

1. Welche Absicht könnte Kunert mit seiner Abwandlung von „Dornröschen" verfolgen?
2. Schreiben Sie selbst ein Märchen um, indem Sie ihm eine überraschende Wendung geben. Sie können dabei die Aussage des Märchens ironisieren, dem Märchen einen tieferen Sinn abgewinnen, eigene Erfahrungen spiegeln etc.

WEITERE IDEEN ZUR UMGESTALTUNG VON MÄRCHEN

Gut und Böse oder Stark und Schwach vertauschen, z. B.: „Die sieben Wölflein und die böse Geiß". Die Geschichte von „Schneewittchen" aus der Sicht der Stiefmutter erzählen u. Ä.

Zeitsprung, z. B.: Das Märchen „Hänsel und Gretel" in das Jahr 2000 verlegen u. Ä.

7.4 Freie Formen des Schreibens

Schreiben als Selbstausdruck

Peter Groebel (20 Jahre)

Tagebuch führen (1985)

Angefangen aufzuschreiben, wie es mir geht, oder Tagebuch zu führen habe ich vor vier Jahren. Am Anfang nur so, ohne großen Hintergrund, heute schreibe ich Tagebuch, weil es mir gut hilft, den Tag noch mal zu überdenken; weil es Spaß macht, alte Eintragungen zu lesen, und weil ich mir einbilde, dass ich dadurch bewusster lebe. Ob dem wirklich so ist? Ich weiß es nicht. Gedichte schreibe ich selten, ich zitiere gerne irgendwelche und schicke anderen Leuten Briefe mit Gedichten oder Texten, von denen ich denke, sie treffen zu. Oft versuche ich aber auch, Gefühle von mir einfach so in Worte zu fassen, und schreibe sie dann auf.

Annette Seiler (16 Jahre)

Schreiben (1985)

Ich schreibe sehr gerne, hauptsächlich Briefe, Tagebuch und „Gedichte". Ich schreibe als eine Art Zu-sich-selbst-Finden, um mich auszudrücken, um mich zu befreien. Ich möchte mich damit auch mitteilen, ich schreibe nicht nur, wenn ich traurig bin, sondern auch, wenn ich mich sehr gut fühle.

Sylvia Plath (17 Jahre)

Die Zeit festhalten (1949)

Ich habe mich entschlossen, ab heute wieder Tagebuch zu führen – da kann ich meine Gedanken und Meinungen hineinschreiben, wenn ich gerade Zeit habe. Auf irgendeine Weise muss ich den Überschwang meiner siebzehn Jahre bewahren und festhalten. Jeder Tag ist so kostbar, dass ich unendlich traurig werde bei dem Gedanken, dass mir die Zeit mehr und mehr entschwindet, je älter ich werde. Jetzt, jetzt ist die ideale Zeit meines Lebens. [...]

Ich bin sehr glücklich im Moment, sitze am Schreibtisch und schaue hinüber zu den kahlen Bäumen rings um das Haus jenseits der Straße ... Immer möchte ich Beobachter sein. Ich möchte, dass das Leben mich stark berührt, aber nie so blind macht, dass ich meinen Anteil am Dasein nicht mehr ironisch und humorvoll betrachten und mich über mich selber lustig machen kann, wie ich es über andere tue.

Ich habe Angst vor dem Älterwerden. Ich habe Angst vor dem Heiraten. Der Himmel bewahre mich davor, dreimal am Tag zu kochen – bewahre mich vor dem erbarmungslosen Käfig der Eintönigkeit und Routine. Ich möchte frei sein – frei, um Menschen kennen zu lernen und ihre Geschichte – frei, um an verschiedenen Enden der Welt zu leben und auf diese Weise die Erfahrung zu machen, dass es andere Sitten und Normen gibt als die meinen. Ich glaube, ich möchte allwissend sein ...

1. Über sich und sein bisheriges Leben, über seine Umwelt und die Zukunft kann man auf verschiedene Weise nachdenken. Welche Erfahrungen haben Sie mit Schreibformen, die eine Selbstreflexion ermöglichen?
2. Die Verfasser/innen dieser Zeilen sind Jugendliche, die Tagebücher, Gedichte und Prosatexte geschrieben haben. Welche dieser Ausdrucksformen sind für Sie interessant und wichtig?
3. Wie unterscheiden sich die Schreiberfahrungen, über die die Jugendlichen hier berichtet haben, von denjenigen, die Sie im schulischen Unterricht machen?

Schreibideen

Günther Anders

Einfälle (1966)

„Wie dir das alles nur einfallen kann!", meinte staunend einer seiner Freunde, nachdem Apulejus eine neue Geschichte vorgelesen hatte.

„Wer hat das gesagt?", fragte Apulejus zurück.

„Was?"

„Dass sie *mir* eingefallen ist."

„Wem denn sonst?"

„So viel fällt unsereinem nicht ein", behauptete Apulejus bescheiden. „*Mir* eingefallen ist nur ein einziger Satz."

„Und der zweite?"

„Ist diesem ersten eingefallen."

„Und der dritte?"

„Den ersten beiden, als sie miteinander zu spielen begannen."

Der Freund schüttelte seinen Kopf. „Und welcher von den Sätzen war nun der erste Satz?"

„Der existiert nicht mehr", erwiderte Apulejus. „Der ist bald verloren gegangen. In der Menge der nachfolgenden."

„Und wie hatte dieser erste geheißen?"

„Da verlangst du etwas viel", fand Apulejus. „Soll ich mich vielleicht aller verstorbenen Sätze entsinnen?"

Dem Freund wurde die Sache unheimlich.

„Und was tust *du* dabei?", fragte er nach einer Weile. „Wenn einem Satz sein nächster einfällt?"

„Ich?", meinte Apulejus. „Ach so. Ich schreib ihn mit."

„Und *gemeint*", fragte der Freund ungläubig, „hattest du die Geschichte nicht so?"

„Was verlangst du denn von mir?", fragte Apulejus. „Hättest *du* die Geschichte vielleicht gekannt, bevor sie da war?"

1. Wie erklären Sie sich das Bestreben vieler Anfänger im kreativen Schreiben, Texte vor Schreibbeginn zu planen und zu entwerfen?
2. Welche Vorteile bietet das von Günther Anders (▷ S. 133) geschilderte assoziative Verfahren?

ZETTELLAWINE

Sie entwickeln mit der ganzen Klasse Schreibideen: Jede/r legt ein Blatt und einen Schreibstift zurecht und notiert auf ein Wort des Spielleiters/der Spielleiterin hin einen Satz. Der Satz soll der Anfang einer Erzählung sein. Er kann ein Ereignis betreffen, das Sie in letzter Zeit interessiert hat, oder einen Sachverhalt, über den Sie oft nachdenken. Es kann sich aber auch um einen ohne viel Überlegen schnell hingeworfenen Satz handeln. Oder um ein Zitat, das Sie aus einem Film oder einer Fernsehsendung oder einer Schulstunde im Ohr haben.
Spätestens nach zwei Minuten gibt der Spielleiter – falls die Lehrperson mitspielt, kann es auch ein Schüler oder eine Schülerin sein – allen anderen ein Zeichen, ihr Blatt mit dem einen Satz zwei Plätze weiter nach links zu geben. Der Satz, den man erhält, soll – der Fantasie sind keine Grenzen gesetzt – zu einem erzählenden Text erweitert werden. Nach weiteren drei Minuten wird der Erzählanfang dann wieder nach links weitergegeben. Ein Dritter schreibt ihn nun weiter. Dazu stehen fünf Minuten zur Verfügung. Anschließend kann ein vierter Verfasser einbezogen werden, bevor der Text endlich an den Schreiber/die Schreiberin des ersten Satzes zurückgeht. Zum Schluss werden die Texte verlesen.

IDEENSTERN

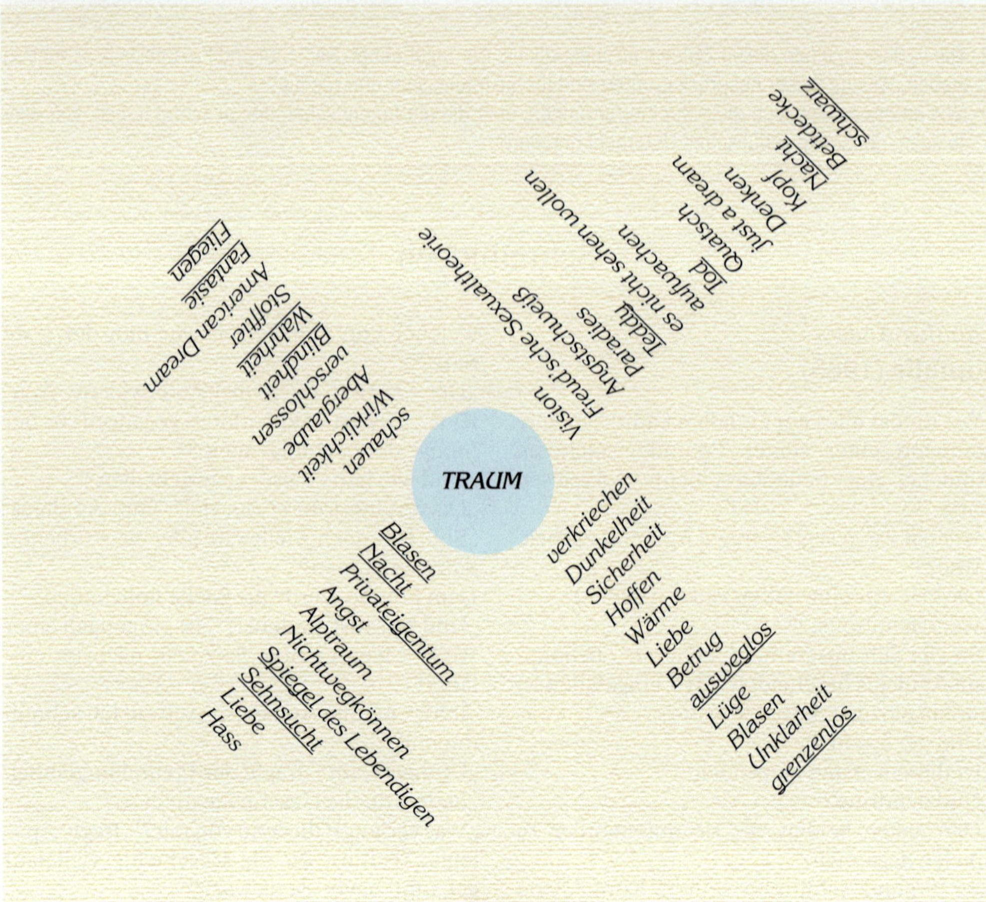

- Dieses Verfahren eignet sich dazu, Wortmaterial und Ideen für einen Text zu sammeln, wenn ein Thema bereits feststeht: Jeweils vier bis sechs Schreiber/innen setzen sich um einen Tisch, legen ein großes Blatt bereit und schreiben in die Mitte ein Wort, mit dem sich das Thema gut zusammenfassen lässt. Das Wort wird dick eingekreist; so bleibt es während der folgenden Ideenentwicklung immer im Blickpunkt. Jede/r beginnt nun, ausgehend von dem eingekreisten Wort in der Mitte, eine Assoziationskette aus Einzelwörtern oder kurzen Wortfolgen in Richtung Blattrand zu schreiben. Es entsteht so ein Ideenstern. Nach einer festgesetzten Zeit, die nicht zu lang sein sollte (z. B. zwei Minuten), wird das Blatt gedreht. Den Strahl des Sterns, den Sie nun vor sich liegen haben, lesen Sie rasch durch, um ihn dann weiterzuschreiben. Ist ein Wörterstrahl bis zum Blattrand hin vorgedrungen, beginnen Sie nahe an dem eingekreisten Ausgangspunkt einen neuen.
- Versuchen Sie, durch vergleichendes Betrachten und Kombinieren des Wortmaterials aus dem Ideenstern auf S. 134 ein Gedicht zusammenzustellen. Dabei kann sicherlich nur ein Teil der Wörter verwendet werden. Andere Wörter werden ergänzt.
- Vergleichen Sie Ihre Gedichte mit dem folgenden Schülerbeispiel „Traum“.

Traum

Konserve der Fantasie.
Eigentum der Nacht.
Fliegen in den Seifenblasen
der Sehnsucht.

Grenzenlos, schwerelos,
Platz für die Teddybären
der Kindheit.

Aber wusstest du,
dass die Rückseite des Spiegels
schwarz ist?

Blinde Tritte.
Ausweglose Wahrheit.
Der kleine Tod.

AUGENBLICK-TEXTE

Sie befinden sich zu Hause, Sie haben sich zurückgezogen und haben Ruhe. Sie erinnern sich an den heutigen Tag oder an gestern. Sie rufen sich Augenblicke vor Augen, die Sie besonders intensiv erlebt haben, Momente, die für Sie besonders „dicht“, erfahrungsreich und voller eigener Reflexionen waren. Erinnern Sie sich und notieren Sie alle Einzelheiten:

- Was war zu sehen?
- Was war zu hören?
- Was war zu riechen?
- Was ging Ihnen alles durch den Kopf?
- Wohin bewegte sich Ihre Fantasie?
- Welche Erinnerungen, welche Erwartungen und Befürchtungen drängten sich auf?

Schreiben Sie all das auf, in freier assoziativer Fügung, ohne allzu großes Bemühen, eine „logische“ Struktur in Ihren Text zu bekommen.

SPRACHWERKSTATT: VERDICHTUNG

- Oft verwendet man in ersten Textentwürfen zu viele Worte. Besonders die entbehrlichen Füllwörter aus der Alltagskommunikation finden sich naturgemäß in ersten Textversuchen. Die Texte sollten dann zusammengestrichen, „dichter“ in der Aussage gemacht werden. Verfahren Sie so: Sie überlegen zunächst, wo die Aussageschwerpunkte eines Satzes liegen. Sie streichen dann Wörter an, die Ihnen am entbehrlichsten erscheinen, und schreiben eine Neufassung ohne diese Wörter. Wenn sich dabei eine Präzisierung der Aussage, eine Konzentration auf die für Sie wichtigen Aussagen ergibt, ist die zweite Fassung in der Regel die bessere. Viele Texte – besonders Gedichte – gewinnen durch zum Teil kräftige Streichungen.
- Oft kommt es vor, dass Sie das richtige Wort nicht gefunden und an seiner Stelle zwei, drei Formulierungsanläufe genommen haben, um an das Gemeinte heranzukommen. Der Text erhält damit unnötige Längen. Verfahren Sie hier folgendermaßen: In einer Gruppe erklären Sie kurz, was Sie ausdrücken möchten, in treffenden Worten vorerst aber nicht sagen können. In einem „Blitzlicht“ (jeder macht in rascher Folge einen Formulierungsvorschlag) sammeln Sie Vorschläge der anderen Gruppenmitglieder ein. Zu jedem Ihrer Formulierungsprobleme findet ein solches „Blitzlicht“ statt. Sie nehmen die Vorschläge auf Kassette auf oder notieren sie und arbeiten dann den Text um.

B Literatur und Medien

I Autor – Werk – Leser

„Nicht selten gerät der Leser in ein Buch, weil er sich mit einer der erzählten Gestalten identifiziert, weil er in ihr findet, was er in sich finden möchte."

(Peter Härtling)

1. Vergleichen Sie das Zitat mit der Karikatur.
2. Nehmen Sie Stellung, indem Sie Ihre eigenen Leseerfahrungen mit einbeziehen.

1 Gibt es die „richtige" Interpretation?

Franz Kafka

Der Nachbar (1917)

Mein Geschäft ruht ganz auf meinen Schultern. Zwei Fräulein mit Schreibmaschinen und Geschäftsbüchern im Vorzimmer, mein Zimmer mit Schreibtisch, Kasse, Beratungstisch, Klubsessel und Telefon, das ist mein ganzer Arbeitsapparat. So einfach zu überblicken, so leicht zu führen. Ich bin ganz jung und die Geschäfte rollen vor mir her. Ich klage nicht, ich klage nicht.

Seit Neujahr hat ein junger Mann die kleine, leer stehende Nebenwohnung, die ich ungeschickterweise so lange zu mieten gezögert habe, frischweg gemietet. Auch ein Zimmer mit Vorzimmer, außerdem aber noch eine Küche. – Zimmer und Vorzimmer hätte ich wohl brauchen können – meine zwei Fräulein fühlten sich schon manchmal überlastet –, aber wozu hätte mir die Küche gedient? Dieses kleinliche Bedenken war daran schuld, dass ich mir die Wohnung habe nehmen lassen. Nun sitzt dort dieser junge Mann. Harras heißt er. Was er dort eigentlich macht, weiß ich nicht. Auf der Tür steht: „Harras, Bureau". Ich habe Erkundigungen eingezogen, man hat mir mitgeteilt, es sei ein Geschäft ähnlich dem meinigen. Vor Kreditgewährung könne man nicht geradezu warnen, denn es handle sich doch um einen jungen, aufstrebenden Mann, dessen Sache vielleicht Zukunft habe, doch könne man zum Kredit nicht geradezu raten, denn gegenwärtig sei allem Anschein nach kein Vermögen vorhanden. Die übliche Auskunft, die man gibt, wenn man nichts weiß.

Manchmal treffe ich Harras auf der Treppe, er muss es immer außerordentlich eilig haben, er huscht förmlich an mir vorbei. Genau gesehen habe ich ihn noch gar nicht, den Büroschlüssel hat er schon vorbereitet in der Hand. Im

Augenblick hat er die Tür geöffnet. Wie der Schwanz einer Ratte ist er hineingeglitten und ich stehe wieder vor der Tafel „Harras, Bureau“, die ich schon viel öfter gelesen habe, als sie es verdient.
Die elend dünnen Wände, die den ehrlich tätigen Mann verraten, den Unehrlichen aber decken. Mein Telefon ist an der Zimmerwand angebracht, die mich von meinem Nachbar trennt. Doch hebe ich das bloß als besonders ironische Tatsache hervor. Selbst wenn es an der entgegengesetzten Wand hinge, würde man in der Nebenwohnung alles hören. Ich habe mir abgewöhnt, den Namen der Kunden beim Telefon zu nennen. Aber es gehört natürlich nicht viel Schlauheit dazu, aus charakteristischen, aber unvermeidlichen Wendungen des Gesprächs die Namen zu erraten. – Manchmal umtanze ich, die Hörmuschel am Ohr, von Unruhe gestachelt, auf den Fußspitzen den Apparat und kann es doch nicht verhüten, dass Geheimnisse preisgegeben werden.
Natürlich werden dadurch meine geschäftlichen Entscheidungen unsicher, meine Stimme zittrig. Was macht Harras, während ich telefoniere? Wollte ich sehr übertreiben – aber das muss man oft, um sich Klarheit zu verschaffen –, so könnte ich sagen: Harras braucht kein Telefon, er benutzt meines, er hat sein Kanapee an die Wand gerückt und horcht, ich dagegen muss, wenn geläutet wird, zum Telefon laufen, die Wünsche des Kunden entgegennehmen, schwerwiegende Entschlüsse fassen, groß angelegte Überredungen ausführen – vor allem aber während des Ganzen unwillkürlich durch die Zimmerwand Harras Bericht erstatten.
Vielleicht wartet er gar nicht das Ende des Gesprächs ab, sondern erhebt sich nach der Gesprächsstelle, die ihn über den Fall genügend aufgeklärt hat, huscht nach seiner Gewohnheit durch die Stadt und, ehe ich die Hörmuschel aufgehängt habe, ist er vielleicht schon daran, mir entgegenzuarbeiten.

Zeichnung von Franz Kafka

1. Beschreiben Sie die Assoziationen, die der Titel der Erzählung auslöst. Vergleichen Sie diese Assoziationen mit der Bedeutung des Wortes „Nachbar“, die sich im Laufe der Lektüre einstellt.
2. Skizzieren Sie mit Hilfe der Übersicht auf S. 106 ff. eine Interpretation des Textes. Gehen Sie besonders auf die Thematik, die Erzählperspektive und die sprachliche Gestaltung ein.

Texte **lesen** und **verstehen** heißt, im Lesevorgang einen konkreten Sinn zu entfalten. Die Sinn stiftende Tätigkeit des Lesens ist immer ein subjektiver Akt, in dem Gefühl, Verstand, Fantasie und persönliche Erfahrung gleichermaßen wirksam sind. **Interpretieren** ist demgegenüber begründendes Lesen, Bewusstmachen und Überprüfen des Sinngebungsprozesses. Die Interpretation als kontrollierte Form der Deutung fordert einen analytischen Zugang, ohne jedoch die kreativen und emotionalen Momente des Verstehens aufzuheben.
Im Unterricht wie in der wissenschaftlichen Arbeit heißt Interpretieren, sich über unterschiedliche Sinnentwürfe des individuellen Lesens kritisch zu verständigen, den subjektiven Anspruch des Lesers/der Leserin auf seinen Wahrheitsgehalt hin zu prüfen und somit die Einsichten in die Bedeutung des Werks nachvollziehbar und diskutierbar zu machen. Ziel des Interpretierens kann demnach nicht ein objektives, d. h. „richtiges“ Verstehen, sondern nur ein „besseres“ Verstehen sein.

Die Interpretation wird im Unterricht oft zu einer lustlosen und sterilen Pflichtübung, weil die Schüler und Schülerinnen den Eindruck haben, die Lehrkraft hüte das Geheimnis der „richtigen“ Interpretation. Literarische Texte, wie z. B. die Werke Kafkas, sind auf Vielschichtigkeit und Offenheit der Bedeutung angelegt; dennoch verlangen sie nach bestimmten Sinnentwürfen. Diese in gemeinsamer Diskussion und Auseinandersetzung zu begründen und zu hinterfragen kann zu einem vertiefenden Verständnis des Textes bzw. zur Selbstaufklärung der Leserin/des Lesers führen.

3. Diskutieren Sie das Problem der Vieldeutigkeit eines literarischen Textes am Beispiel Ihrer eigenen Deutung von Franz Kafkas Erzählung „Der Nachbar“. Berücksichtigen Sie dabei auch die folgenden Interpretationen einer Schülerin und eines Literaturwissenschaftlers.

In Kafkas Erzählung „Der Nachbar“ geht es um die Geschichte eines jungen, dynamischen Geschäftsmanns, dessen Fassade der Selbstsicherheit durch ein alltägliches Ereignis zerstört wird. Auf den ersten Blick scheint es sich um einen sachlichen Bericht zu handeln, der durchaus unserer eigenen Erlebniswelt entstammen könnte. Bei näherer Betrachtung zeigt sich jedoch, dass hinter der einfachen sprachlichen Darstellung des Ich-Erzählers eine eigentümlich fremdartige Welt sichtbar wird. Zu fragen ist, durch welche erzählerischen Mittel beim Leser eine derart zwiespältige Wirkung entstehen kann.

Was geschieht? Ein junger Geschäftsmann lebt in einer unkomplizierten, abgeschlossenen Welt, die „so einfach zu überblicken“ (Z. 6 f.) ist. Er ist ungefährdet von Konkurrenz und unabhängig von einem möglichen Teilhaber. Da bezieht ein anderer Geschäftsmann die leer stehenden Nebenräume. Sofort empfindet der Erzähler dies als einen Einbruch in seine Welt. Warum hat er sich nicht abgesichert gegen diese Störung und die Nebenräume selbst gemietet! Es kommt zu keinem Gespräch mit dem „Nachbarn“, sondern er zieht Erkundigungen ein und sieht seine Befürchtungen bestätigt: „… ein Geschäft ähnlich dem meinigen“ (Z. 25 f.). Das Benehmen des anderen empfindet er als schattenhaft. Er verdächtigt ihn böswilliger Absichten, was durch die „elend dünnen“ (Z. 45) Wände noch begünstigt wird. Er ist der „ehrlich tätige Mann“, der andere der „Unehrliche“ (Z. 45 f.). Er glaubt, dass der andere sich seine Geschäftsverbindungen zu Nutze macht, um ihm „entgegenzuarbeiten“ (Z. 83). Gewiss, das unerhörte Ausmaß seiner Verdächtigungen wird abgeschwächt, indem er sie als übertrieben bezeichnet. Doch sein Misstrauen verliert dadurch nichts von seiner Krassheit, denn er übertreibt nur, „um sich Klarheit zu verschaffen“ (Z. 66 f.). Er erreicht aber keine Klarheit, sondern im Gegenteil eine wahnhafte Steigerung seiner Vorstellungen ins Groteske.

Der Erzählvorgang orientiert sich in seinem Aufbau streng an der unmittelbar wirkenden Perspektive des Ich-Erzählers, die gegen Einflüsse von außen völlig abgeschirmt ist. Aus der vermeintlichen Selbstsicherheit des einleitenden Berichts entwickelt sich ein fortschreitender Prozess der Verunsicherung, der sich abschließend bis zur Auflösung der Person steigert.

Der Erzähler stellt sich zunächst in übertriebenem Maße positiv dar, doch erweisen sich seine sprachlichen Äußerungen bei genauer Betrachtung als rhetorische Floskeln, die den Normen und Klischees der Geschäftswelt entsprechen. Der kurze, unverbundene Satzbau erinnert an den protokollarisch knappen Stil eines Geschäftsberichts. Die wiederholten Beteuerungen („So einfach zu überblicken, so leicht zu führen … Ich klage nicht, ich klage nicht“, Z. 6 ff.) lassen erste Zweifel an seiner Überlegenheit aufkommen.

Der Erzähler erklärt das plötzliche Auftreten des Nachbarn damit, dass er es versäumt hat, die leer stehende Nebenwohnung selbst zu mieten. Merkwürdig erscheint dabei seine Behauptung, dass ihn die nicht nutzbare Küche an diesem Schritt gehindert habe (vgl. Z. 17 ff.). Offensichtlich ist er nicht in der Lage, Bereiche in seine Pläne aufzunehmen, die sich einer ökonomischen Verwertbarkeit entziehen. Die Küche erscheint somit – im Kontrast zu den reinen Geschäftszimmern – als Raum der Gesel-

ligkeit. Solche Überlegungen lassen vermuten, dass das Verhältnis des Geschäftsmanns zu seinen Mitarbeiterinnen und darüber hinaus zu seinen Mitmenschen gestört ist.
Die Unfähigkeit, angemessen zu kommunizieren, führt zu einer verzerrten Wahrnehmung der Wirklichkeit. Dies zeigt sich z. B. in der seltsamen Tiermetaphorik: „Wie der Schwanz einer Ratte ist er hineingeglitten ...“ (Z. 40 f.), „... er huscht förmlich an mir vorbei“ (Z. 36 f.). Ähnlich wird das Telefon nicht etwa als Mittel der Verständigung gesehen, sondern als Abhörinstrument. Informationen über den anderen werden nicht durch persönliche Gespräche gewonnen, sondern durch anonyme Agenturen.
Die ausschließliche Steuerung des Verhaltens und der Wahrnehmung durch das Gesetz des geschäftlichen Handelns führt dazu, dass der Ich-Erzähler nicht in der Lage ist, ursprüngliche menschliche Bindungen einzugehen. Die Entfremdung äußert sich in neurotischen Störungen.
Die totale Einsamkeit, die sich aus der Ich-Verkrampfung ergibt, lässt sich mit dem Lebensgefühl Kafkas in Beziehung setzen. Eine Analyse von Kafkas „Brief an den Vater“ legt nahe, dass der Autor in der vorliegenden Erzählung eine Rechtfertigung für sein eigenes Leben zu geben versucht. Es hat den Anschein, als ob er sich mit dem Erzähler identifiziert und demonstrieren will, dass er zur Führung eines Geschäftes ungeeignet ist. Gerade dies hatte ihm sein Vater immer vermittelt. Der Vater dagegen verkörpert in Kafkas Leben den Typus des erfolgreichen Geschäftsmannes.
Der Hintergrund für den in der Erzählung dargestellten ökonomischen Konkurrenzkampf ist in der historisch-gesellschaftlichen Wirklichkeit Prags zu Beginn dieses Jahrhunderts zu sehen. Als Mitarbeiter einer großen Versicherung kannte und erlebte Kafka die unmenschlichen Strukturen der damaligen Arbeitswelt. Es fragt sich, ob die in der vorliegenden Parabel angesprochenen Probleme bis heute viel von ihrer Aktualität verloren haben.

Kerstin Maaß, Klasse 11

Gerhard Neumann

Interpretation zu Kafkas „Der Nachbar“ (1979)

Das im Manuskript ohne Überschrift überlieferte Fragment wurde von Kafka nicht veröffentlicht. Ein kurzer Neuansatz (H[1] 142) blieb ohne Folgen. Der Erstdruck 1931 im Band *Beim Bau der Chinesischen Mauer* trägt den jetzigen Titel. H. Binder vermutet, dass der Text mit der H 440 genannten Geschichte *Ein Kaufmann* identisch ist. Trifft diese Vermutung zu, so müsste *Der Nachbar* Ende Februar 1917 entstanden sein, ansonsten nach Ende März 1917 (KI[2] 217). Einige Elemente der Geschichte stehen in Bezug zur biografischen Situation, den „dünnen Wänden“ (F[3] 751) im Häuschen der *Alchimisten-*

1 **H:** F. Kafka, Hochzeitsvorbereitungen auf dem Lande und andere Prosa aus dem Nachlass. New York – Frankfurt/M. 1953
2 **KI:** H. Binder, Kafka-Kommentar zu sämtlichen Erzählungen. München 1975
3 **F:** F. Kafka, Briefe an Felice und andere Korrespondenz aus der Verlobungszeit. Frankfurt/M. 1967

gasse und der küchenlosen Wohnung im *Schönborn-Palais*.

Der Nachbar ist eine von Kafkas Ich-Erzählungen (wie *Eine kleine Frau*) mit strenger Perspektivierung des Geschehens durch die Erzählfigur. Die Rede des Erzählers dokumentiert eine Paradoxie: die zunehmende Last des Reibungslosen, die hoffnungslose Verwirrung des „leicht zu Führenden" (B[4] 131), die scheinbar grundlosen Verständigungsschwierigkeiten, die im Verkehrsraum des „Arbeitsapparats" (B 131) um sich greifen. Das Verhältnis zum anderen stellt sich nicht als Rede und Gegenrede her, sondern als Sprechen und Lauschen; eine Definition des Gegenübers erfolgt nicht durch den Dialog, sondern durch bange Selbstverdoppelung aus Konkurrenzangst („junger Mann", B 131), durch Entzifferung unklarer Zeichen („Harras, Bureau", B 132), durch ökonomische Umrechnung des Kommunikationswerts („Kreditwürdigkeit", B 131). Die im Text wiedergegebene Selbstvergewisserung des Ich-Erzählers rekonstruiert das Entstehen der Angst durch ein Sprechen, das dem Einzelnen durch die Arbeitsapparate als Sozialritual der ökonomischen Verwertung abgepresst wird. Hierbei durchläuft dieser Einzelne einen Prozess zunehmender Identitätsdiffusion. Die Beziehung zum anderen gestaltet sich Schritt für Schritt als Auslieferung der eigenen Eigentümlichkeit an diesen, als Verlust der selbstsicheren Rede an den „Nachbarn" (B 132), als drohende Verwertung der eigenen Existenz durch diesen. Nachbarlichkeit wird hier nicht als Möglichkeit einer Selbstverwirklichung in familialer Sozialstruktur gezeichnet, sondern als Kontrollinstanz. Das freie Spiel sprachlichen Austauschs pervertiert unter dem Druck konkurrierenden Verhaltens zum Machtapparat, der Überwacher und Überwachte produziert, durch den Sprechapparat Telefon Geständnisse erpresst, zum Sich-Ausliefern nötigt, Beziehungsfantasien erzeugt, die den anderen nur als den die eigene Identität bedrohenden Feind zu bestimmen vermögen („[...] mir entgegenzuarbeiten", B 133).

Die Bemühungen der Forschung um das Verständnis des *Nachbarn* konzentrieren sich auf die Diagnose der im Text zur Darstellung gebrachten Angstsituation. S. Hajek (1955) insistiert auf ihrem existenziellen (unerklärlichen) Aspekt, H. Richter argumentiert von der Bedrohung der Identität durch die kapitalistische Berufswelt her (1962, S. 173), T. Rutt (1969) sieht die Wurzel der Angst in den Projektionen der Erzählerfigur, W. Zimmermann (1969) sucht die Genese der Angst aus der strengen Perspektivierung des Fantasievorgangs abzuleiten, C. Stölzl verankert das beängstigende Geschehen im sozialhistorischen Hintergrund (1975, S. 74).

4 **B:** F. Kafka, Beschreibung eines Kampfes. New York – Frankfurt/M. 1954

4. a) Beschreiben Sie Aufbau und methodisches Vorgehen der Interpretationen des Literaturwissenschaftlers Gerhard Neumann und der Schülerin Kerstin Maaß (▷ S. 138 f.).
   b) Welchen Anteil haben beschreibende, deutende und wertende Äußerungen an den Interpretationen?
   c) Überprüfen Sie, ob die subjektive Ebene des Verstehens in den Interpretationen zum Ausdruck kommt. Werden spontane Leserreaktionen bzw. Veränderungen der Leseerfahrung thematisiert?
5. a) Diskutieren Sie, welche Aspekte des Textverstehens beim Interpretieren berücksichtigt werden sollten.
   b) Erörtern Sie verschiedene Möglichkeiten des sinnvollen methodischen Vorgehens bei einer schriftlichen Interpretation. Orientieren Sie sich dabei auch an Kapitel A 5: „Interpretierendes Schreiben – Aufsatzformen" (▷ S. 88 ff.).

2 Theorie des Verstehens

Die interpretierenden Leserinnen und Leser setzen sich mit der Frage nach dem Sinn eines Textes auseinander. Dieser Sachverhalt ist der Ausgangspunkt einer jeden Theorie des Verstehens. Die **Hermeneutik** als Lehre des Verstehens untersucht, wie die Leser/innen den Text als einen einheitlichen Bedeutungszusammenhang verstehen und wie sich im Bezug zu ihrer Wirklichkeitserfahrung der aktuelle und geschichtlich vermittelte Sinn des Textes konkretisiert.

Denen, die glauben, ganz auf theoretische Überlegungen verzichten zu können, lässt sich mit dem englischen Literaturwissenschaftler Terry Eagleton entgegenhalten, „dass wir ohne irgendeine Art von Theorie, wie unreflektiert und unbewusst sie auch immer sein mag, gar nicht erst wüssten, was überhaupt ein ‚literarisches Werk' ist oder wie wir es lesen sollen. Eine feindselige Einstellung der Theorie gegenüber bedeutet normalerweise eine Ablehnung der Theorien anderer und ein Übersehen der eigenen."

Das **hermeneutische Dreieck** zwischen Autor/in, Text und Leser/in liefert, geschichtlich wie systematisch gesehen, einen ersten Anhaltspunkt für die verschiedenen methodischen Vorgehensweisen beim Textverstehen.

Die Frage nach der **Intention** eines Autors ist leitender Untersuchungsaspekt der traditionellen Hermeneutik des 19. Jh.s, so vor allem bei Friedrich Schleiermacher (1768–1834) und Wilhelm Dilthey (1833–1911).

Für die Abhängigkeit eines Autors und seines literarischen Schaffens von der konkreten gesellschaftlichen Wirklichkeit interessieren sich die marxistischen Literaturkritiker. Die marxistische Literaturtheorie ist zugleich Wegbereiterin der **soziologischen** Interpretationsmethoden.

Zu Beginn des 20. Jahrhunderts entwickelt sich eine wegweisende Methode des Verstehens, die ihre Fragen ausschließlich auf den Text als eine von geschichtlichen und subjektiven Bedingungen unabhängige, eigenständige Struktur richtet. Das sprachliche Phänomen rückt damit in den Vordergrund der Untersuchung. Die beiden wichtigsten Schulen dieser Untersuchungsmethode sind der **Strukturalismus** (mit den Zentren Moskau, Prag, Paris) und die **phänomenologische** bzw. **werkimmanente** Schule der deutschen Germanistik nach dem Zweiten Weltkrieg.

Im Anschluss an Jean-Paul Sartres (1905 bis 1980) These „Lesen ist gelenktes Schaffen" plädiert die **rezeptionsorientierte** Interpretationsmethode für eine Untersuchung der Leserreaktionen auf einen Text.

Eine Renaissance der hermeneutischen Literaturbetrachtung hat der Philosoph ▷ Hans-Georg Gadamer (1900–2002) mit seinem ▷ S. 143 1959 herausgegebenen Buch „Wahrheit und Methode" hervorgerufen. Die alte umfassende Fragestellung der Hermeneutik rückt wieder in den Vordergrund einer Theorie des Verstehens: Welche grundlegenden Bedingungen steuern den Verständigungsprozess bei der Deutung literarischer Texte? Gadamer erklärt die Möglichkeit, einen Text zu erfassen, mit der „Verschmelzung" des geschichtlichen und des gegenwärtigen Verstehenshorizonts. Die „Überlieferung, aus der wir kommen", gilt Gadamer als Grundlage für den Wahrheitsanspruch eines Textes.

Die gegenwärtige Hermeneutik-Diskussion versucht, gerade die Tradition kritisch zu hinterfragen. In der Aneignung literarischer Werke und in der Anwendung ihres Sinngehalts auf die aktuelle Lebenspraxis des Verstehenden muss sich der geschichtlich vermittelte Wahrheitsanspruch der Texte erst erweisen.

In einem vereinfachten Modell könnte man das **kritisch-hermeneutische** Literaturverstehen folgendermaßen darstellen:

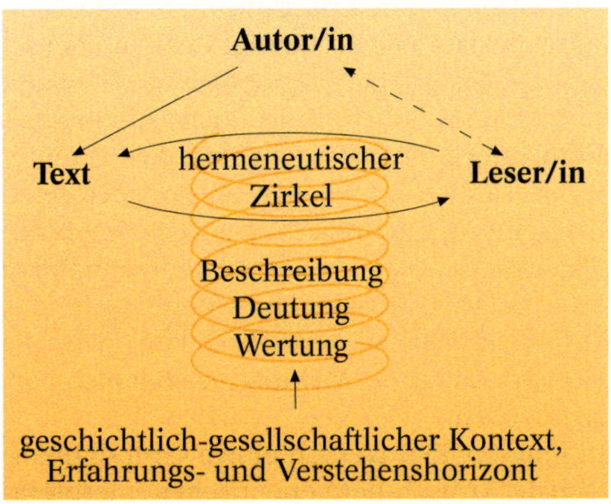

Der Begriff des **hermeneutischen Zirkels** besagt, dass eine Textdeutung vom Ganzen zu den Einzelheiten führt, von den Einzelheiten zurück zum Ganzen und so fort. Wenn ich den Text als Ganzes nicht verstanden habe, verstehe ich nicht die Einzelheiten (einzelne Textstellen und Strukturmerkmale), und umgekehrt. Das Textverständnis wird mit jedem Durchlaufen des Zirkels differenzierter, klarer und begründeter. An Stelle des Bilds vom Zirkel könnte man daher auch das Bild der Spirale verwenden.

Beim Interpretieren unterscheidet man beschreibende, deutende und wertende Aussagen. Auf der beschreibenden Ebene sind Aussagen selten strittig; sie können richtig oder falsch sein. Auf der deutenden und wertenden Ebene aber sind Aussagen in der Regel bestreitbar, d. h., ihre Plausibilität muss von Fall zu Fall nachgewiesen werden. **Interpretation** im engeren Sinne meint genau dies: Argumentation für oder gegen ein bestimmtes Textverständnis. – Beim Interpretieren wechselt man häufig zwischen beschreibender, deutender und wertender Ebene. Dabei muss man sich klarmachen, auf welcher Ebene man sich gerade befindet. So ist es durchaus nützlich, zunächst sein spontanes subjektives Textverständnis zu artikulieren („So verstehe *ich* den Text"), wenn man sich darüber im Klaren ist, dass man dabei nicht für eine allgemein gültige Interpretation *argumentiert*, sondern sein eigenes Verständnis *kundtut* und zur Diskussion stellt.

Beim Interpretieren sind historische und gegenwärtige **Verstehenshorizonte** zu unterscheiden. Ein Autor oder eine Autorin aus früheren Zeiten und die damaligen Leser/innen hatten andere Erfahrungen, Normen und Ausdrucksformen als heutige Leserinnen und Leser. Dies zu berücksichtigen hilft, einen Text zu erschließen. Eine solche **historische Verortung** heißt aber nicht, dass das vermutete Verständnis durch den Autor oder seine Zeitgenossen „richtiger" ist als das Verständnis heutiger Leser. Manchmal kann es für eine Interpretation zusätzlich wichtig sein, das Textverständnis weiterer Epochen, d. h. die **Rezeptions- und Wirkungsgeschichte,** heranzuziehen.

In jüngster Zeit werden einige Grundannahmen der kritisch-hermeneutischen Interpretationspraxis in Frage gestellt. Im Rahmen der Debatte über die so genannte Postmoderne hat sich die u. a. von JACQUES DERRIDA (1930–2004) entwickelte Methode der **Dekonstruktion** etabliert. Die traditionellen Kategorien von Subjekt, Sinn und Geschichte verlieren ihre Allgemeingültigkeit, da die homogene Einheit von aktuellen und geschichtlichen Erfahrungen des Subjekts bezweifelt wird. Demnach liegt den Texten kein monozentristischer Sinngehalt zu Grunde, sondern sie entfalten eine komplexe Struktur unterschiedlicher Sinnzentren, die vernetzt sind. Jenseits von Beliebigkeit und Eindeutigkeit entwickelt der Interpret eine für ihn schlüssige Orientierung: eine Topografie der Sinnvernetzungen. Auf dem Hintergrund der dekonstruktiven Methode gewinnt die konkrete Arbeit am sprachlichen Kunstwerk wieder an Bedeutung. Es geht darum, sprachliche Oppositionen, Brüche und Äquivalenzen aufzusuchen und von daher ein produktives Beziehungsgeflecht der wahrgenommenen Phänomene zu entwickeln.

Klaus M. Bogdal (Hg.): Neue Literaturtheorien in der Praxis. Textanalysen von Kafkas „Vor dem Gesetz". Westdeutscher Verlag, Opladen 1993

Helmut Brackert/Jörn Stückrath (Hg.): Literaturwissenschaft. Ein Grundkurs. Rowohlt Verlag, Reinbek 1992

Terry Eagleton: Einführung in die Literaturtheorie. Metzler Verlag, Stuttgart 1988

Karlheinz Fingerhut (Hg.): Kafka für die Schule. Volk und Wissen, Berlin 1996

Carsten Schlingmann: Methoden der Interpretation. Reclam Verlag, Stuttgart 1985

1. Übertragen Sie das Schaubild zur hermeneutischen Theorie des Literaturverstehens (▷ S. 141) auf eine Folie oder ein Plakat und erläutern Sie es in Form eines Kurzvortrags vor dem Kurs.
2. Verfassen Sie ein ▷ **Referat** zur Theorie des Verstehens. Nutzen Sie dabei die obigen Literaturhinweise. ▷ S. 3
3. Schreiben Sie eine ▷ **Facharbeit** zur Methodik der Interpretation. Ziehen Sie die Literaturhinweise zu Rate. ▷ S. 1

Hans-Georg Gadamer

Einander verstehen heißt, sich in etwas verstehen – der hermeneutische Zirkel (1974)

Historisches Verstehen rühmt sich seiner Vorurteilslosigkeit. Aber ist solche Vorurteilslosigkeit nicht immer nur eine bedingte? Hat dieser Anspruch nicht immer nur den polemischen Sinn, von diesem oder jenem Vorurteil frei zu sein? Ja, verdeckt nicht der Anspruch auf Vorurteilslosigkeit (wie es uns auch die menschliche Lebenserfahrung lehrt) in Wahrheit immer die zähe Hartnäckigkeit von Vorurteilen, die uns undurchschaut bestimmen? Wir kennen es aus der Arbeitsweise der Historiker zur Genüge. Sie beanspruchen, kritisch zu sein, d. h. die Quellen und Zeugnisse über eine historische Frage mit der überlegenen Gerechtigkeit eines Richters zu verhören, um hinter die Sache zu kommen. Aber liegt nicht solcher vermeintlichen Kritik immer schon die stille Wirksamkeit leitender Vorurteile zu Grunde? Am Ende aller Quellen- und Zeugenkritik steht immer ein letzter Maßstab der Glaubwürdigkeit, der von nichts anderem abhängt als davon, was man für möglich hält und zu glauben bereit ist. Ja, am Ende ist noch mehr zu sagen. Wie das wirkliche Leben, so spricht uns auch die Geschichte nur dann an, wenn sie in unser vorgängiges Urteil über Dinge und Menschen und Zeiten hineinspricht. Alles Verstehen von Bedeutsamem setzt voraus, dass wir einen Zusammenhang solcher Vorurteile mitbringen. Heidegger[1] hat diesen Tatbestand als den hermeneutischen Zirkel bezeichnet: Wir verstehen nur das, was wir schon wissen, hören nur das heraus, was wir hineinlesen. Am Maßstab der Naturerkenntnis gemessen scheint dies unerträglich ...
Daraus folgt ein Zweites: Bedeutung erschließt sich nicht, wie Dilthey[2] meint, im Abstand des Verstehens, sondern dadurch, dass wir selber in dem Wirkungszusammenhang der Geschichte stehen. [...] Geschichtliches Dasein hat stets eine Situation, eine Perspektive und einen Horizont. Es ist wie in der Malerei: Perspektive, d. h. die Ordnung der Dinge nach „näher“ und „ferner“, schließt einen Augenpunkt ein, den man einnehmen muss. So aber tritt man in ein Seinsverhältnis zu den Dingen und gehört ihrer Ordnung an, indem man sie sich zuordnet. Dann erst wird die Einmaligkeit eines Geschehens, die Erfülltheit des Augenblicks darstellbar. [...]
Wer geschichtliche Studien treibt, ist immer mit davon bestimmt, dass er selber Geschichte erfährt. Geschichte wird deshalb immer wieder neu geschrieben, weil das Gegenwärtige uns bestimmt. Es handelt sich in ihr nicht nur um Rekonstruktionen, um Gleichzeitigmachung von Vergangenem. [...] Einander verstehen heißt vielmehr, sich in etwas verstehen. Vergangenheit verstehen heißt entsprechend: sie in dem, was sie uns als gültig sagen will, hören. Der Primat der Frage vor der Aussage bedeutet für die Hermeneutik, dass man jede Frage, die man versteht, selber fragt. Verschmelzung des Gegenwartshorizontes mit dem Vergangenheitshorizont ist das Geschäft der geschichtlichen Geisteswissenschaften. Sie betreiben aber damit nur, was wir immer schon tun, indem wir sind.

1 **Martin Heidegger**: dt. Philosoph (1889–1976), führender Vertreter der dt. Existenzphilosophie

2 **Wilhelm Dilthey**: dt. Philosoph (1833–1911), Begründer der Erkenntnistheorie der Geisteswissenschaften und Hauptvertreter der hermeneutisch-historischen Methode

---

1. a) Erklären Sie, was der Verfasser unter dem Begriff „Horizontverschmelzung“ versteht.
   b) Was ist für Gadamer das entscheidende Kriterium des Wahrheitsanspruchs von Literatur? Setzen Sie sich damit auseinander.
2. Führen Sie eine ▷ **Podiumsdiskussion** durch zum Thema „Mit welchen Methoden soll Literatur in der Schule interpretiert werden?“ ▷ S. 51
   Drei von Ihnen nehmen als Literaturwissenschaftler/innen an der Diskussion teil (z. B. als Vertreter/in der soziologischen, der werkimmanenten und der kritisch-hermeneutischen Position), drei sitzen als Schüler/innen auf dem Podium. Bereiten Sie Ihre Statements mit Hilfe der Schaubilder und Referate zum Literaturverstehen (▷ Aufgabe 1/2, S. 142) vor. Bestimmen Sie auch eine Moderatorin/einen Moderator.
   Die Zuhörer/innen stellen im Anschluss an die Expertenstatements Fragen und geben eigene Stellungnahmen ab.

3 Funktion von Literatur

Dieter Wellershoff

Literatur als Simulationstechnik (1969)

Dieter Wellershoff

Literatur ist in meinem Verständnis eine Simulationstechnik.

Der Begriff ist in letzter Zeit populär geworden durch die Raumfahrt, deren vollkommen neuartige Situationen, der praktischen Erfahrung vorauslaufend, zunächst künstlich erzeugt und durchgespielt werden. Die Astronauten lernen im Übungsraum, sich den Bedingungen der Schwerelosigkeit anzupassen, sie trainieren die Steuerungsvorgänge, das Verändern und Verlassen einer Umlaufbahn, die weiche Mondlandung, den Wiedereintritt in die Erdatmosphäre, überhaupt alle kritischen Phasen des späteren Ernstfalles zunächst an Geräten, die die realen Bedingungen fingieren[1], das heißt, ohne um den Preis von Leben und Tod schon zum Erfolg genötigt zu sein. Das ist, wie mir scheint, eine einleuchtende Analogie[2] zur Literatur. Auch sie ist ein der Lebenspraxis beigeordneter Simulationsraum, Spielfeld für ein fiktives Handeln, in dem man als Autor und als Leser die Grenzen seiner praktischen Erfahrungen und Routinen überschreitet, ohne ein wirkliches Risiko dabei einzugehen. Der Leser des Abenteuerromans lässt sich auf die waghalsigsten Unternehmungen ein, weil er weiß, dass er nicht dabei umkommen wird. Er würde wesentlich vorsichtiger sein und wahrscheinlich darauf verzichten, sich durch den Urwald zu schlagen oder durch die Wüste zu reiten, wenn er sich für diese Erweiterungen seines alltäglichen Handlungsspielraums den imaginierten[3] Gefahren einschließlich der Möglichkeit seines Todes tatsächlich aussetzen müsste. Aber Abenteuer- und Reiseroman sind bloß extensive[4] Überschreitungen der Lebenspraxis und bleiben in ihrer Sichtweise meist konventionell, sie bringen neuen Stoff in gewohnten Kategorien, während die eigentliche Literatur, gleichgültig, ob sie nun ein fremdartiges oder alltägliches Material verarbeitet, vor allem die gewohnten Schemata der Erfahrung angreift und verändert. Sie versucht den Leser zu irritieren, ihm die Sicherheit seiner Vorurteile und gewohnten Handlungsweisen zu nehmen, sie macht ihm das scheinbar Bekannte unvertraut, das Eindeutige vieldeutig, das Unbewusste bewusst und öffnet ihm so neue Erfahrungsmöglichkeiten, die vielleicht verwirrend und erschreckend sind, aber auch die Enge und Abstraktheit der Routine durchbrechen, auf die er in seiner alltäglichen Praxis angewiesen bleibt. Der Gegensatz lässt sich also auch hier nachweisen: Der Tendenz des zweck- und erfolgsbestimmten Handelns, das Verhalten zu stabilisieren und die verwirrende Vielfalt der Lebensaugenblicke auf praktikable Schemata zu bringen, wirkt kompensierend die Tendenz der Literatur entgegen, diese Schemata zu stören. Gegenüber der etablierten Lebenspraxis vertritt sie also die unausgeschrittenen und verdrängten Möglichkeiten des Menschen und die Unausschöpfbarkeit der Realität und bedient damit offenbar Bedürfnisse nach mehr Leben, nach weiteren und veränderten Erfahrungen, die gewöhnlich von der Praxis frustriert werden. Aber nur deshalb, weil er nicht zum Erfolg verpflichtet ist, weil er nur fiktive Risiken eingeht, kann der Leser den Schutz seiner Gewohnheiten verlassen und neue Erfahrungen machen, einschließlich der negativen Veränderungen, die er sonst um jeden Preis vermeiden würde. Die Simulationstechnik der Literatur erlaubt es ihm, fremde Verhaltens- und

1 **fingieren:** vortäuschen
2 **Analogie:** Entsprechung
3 **imaginiert:** vorgestellt
4 **extensiv,** hier: der Menge, nicht der Art nach

Denkweisen in seinen Erfahrungsspielraum mit einzubeziehen, also weniger borniert zu sein und in Bezug auf den gesellschaftlichen Zusammenhang weniger normenkonform[5].
[...] Das abweichende und gestörte Verhalten, das gefesselte, verstümmelte und scheiternde Leben ist ein so dominantes Thema der Literatur, dass man sie eine negative Anthropologie[6] nennen könnte. Sie verweigert so ihre Anpassung an die geltenden Normen, zeigt, was der Buntdruck der Reklame verleugnet, erinnert an ungenutzte und verdorbene Kapazitäten des Menschen, aber vor allem ist die Abweichung ein Vehikel der Innovation. Ein plötzlicher Sprung in eine neue Qualität findet hier statt. Bilder äußerster Unfreiheit werden für Autor und Leser zu Erweiterungen ihrer Erfahrung, zu Möglichkeiten, alles scheinbar Bekannte, auch sich selbst neu zu sehen.

5 **normenkonform:** an die bestehenden Wertvorstellungen angepasst
6 **Anthropologie:** Lehre vom Wesen des Menschen

1. a) Worin sieht Wellershof die Funktion von Literatur?
   b) Erläutern Sie in diesem Zusammenhang den Begriff der Simulation.
2. Was verlangt Wellershof vom Leser/von der Leserin?
3. Nehmen Sie Stellung zu Wellershoffs Bewertung von Abenteuer- und Reiseromanen.

Peter Handke

Ich bin ein Bewohner des Elfenbeinturms (1969)

Literatur ist für mich lange Zeit das Mittel gewesen, über mich selber, wenn nicht klar, so doch klarer zu werden. Sie hat mir geholfen zu erkennen, daß ich da war, daß ich auf der Welt war. Ich war zwar schon zu Selbstbewußtsein gekommen, bevor ich mich mit der Literatur beschäftigte, aber erst die Literatur zeigte mir, daß dieses Selbstbewußtsein kein Einzelfall, kein Fall, keine Krankheit war. Ohne die Literatur hatte mich dieses Selbstbewußtsein gleichsam befallen, es war etwas Schreckliches, Beschämendes, Obszönes gewesen; der natürliche Vorgang schien mir als geistige Verwirrung, als eine Schande, als Grund zur Scham, weil ich damit allein schien. Erst die Literatur erzeugte mein Bewußtsein von diesem Selbstbewußtsein, sie klärte mich auf, indem sie zeigte, daß ich kein Einzelfall war, daß es anderen ähnlich erging. Das stupide System der Erziehung, das wie auf jeden von den Beauftragten der jeweiligen Obrigkeit auch auf mich angewendet wurde, konnte mir nicht mehr soviel anhaben. So bin ich eigentlich nie von den offiziellen Erziehern erzogen worden, sondern habe mich immer von der Literatur verändern lassen. Von ihr bin ich durchschaut worden, von ihr habe ich mich ertappt gefühlt, von ihr sind mir Sachverhalte gezeigt worden, deren ich nicht bewußt war oder in unbedachter Weise bewußt war. Die Wirklichkeit der Literatur hat mich aufmerksam und kritisch für die wirkliche Wirklichkeit gemacht. Sie hat mich aufgeklärt über mich selber und das, was um mich vorging.

Peter Handke

Seit ich erkannt habe, worum es mir, als Leser wie auch als Autor, in der Literatur geht, bin ich auch gegenüber der Literatur, die ja wohl zur Wirklichkeit gehört, aufmerksam und kritisch geworden. Ich erwarte von einem literarischen Werk eine Neuigkeit für mich, etwas, das mich, wenn auch geringfügig, ändert, etwas, das mir eine noch nicht gedachte, noch nicht bewußte Möglichkeit der Wirklichkeit bewußt macht, eine neue *Möglichkeit* zu sehen, zu sprechen, zu denken, zu existieren. Seitdem ich erkannt habe, daß ich selber mich durch die Literatur habe ändern können, daß mich die Literatur zu einem andern gemacht hat, erwarte ich immer wieder von der Literatur eine neue Möglichkeit, mich zu ändern, weil ich mich nicht für schon endgültig halte. Ich erwarte von der Literatur ein Zerbrechen aller endgültig scheinenden Weltbilder. Und weil ich erkannt habe, daß ich selber mich durch die Literatur ändern konnte, daß ich durch die Literatur erst bewußter *leben* konnte, bin ich auch überzeugt, durch meine Literatur andere ändern zu können. R

1. Arbeiten Sie die Kernaussagen aus Handkes Text heraus.
2. Inwieweit stimmen Handkes Aussagen mit den Gedanken von Wellershoff überein?
3. Kann Literatur das individuelle oder gesellschaftliche Leben praktisch verändern?
   a) Sammeln Sie in Gruppen Pro- und Kontra-Argumente zu diesem Thema.
   ▷ S. 50 ff. b) Führen Sie ein ▷ **Streitgespräch** durch. Neben den Vertretern der Pro- und der Kontra-Argumente brauchen Sie einen Moderator oder eine Moderatorin und eine Beobachtergruppe.
   c) Halten Sie die Ergebnisse des Gesprächs in Protokollen fest.

Marcel Reich-Ranicki

Wer schreibt, provoziert die Gesellschaft (1961)

Marcel Reich-Ranicki

Muss ein Schriftsteller gegen die Gesellschaft sein, in der er lebt? – fragte soeben Hans Mayer aus Leipzig auf dem literarischen Ost-West-Streitgespräch in Hamburg. Nein, antwortete Mayer; Molière, beispielsweise, habe die Gesellschaft seiner Zeit ausdrücklich befürwortet. Nun gut, der Schriftsteller braucht nicht unbedingt die Gesellschaft zu bekämpfen. Aber er muss sie provozieren. Denn für die Schriftsteller aller Zeiten gilt, was der Herr von Mephistopheles sagt:

> Des Menschen Tätigkeit kann allzu leicht
> erschlaffen,
> Er liebt sich bald die unbedingte Ruh;
> Drum geb ich gern ihm den Gesellen zu,
> Der reizt und wirkt und muss als Teufel
> schaffen.

Mit jeder Komödie hat Molière seine Umwelt herausgefordert. *Der Misanthrop* war ein Schrei der Empörung und des Protestes, der *Don Juan* eine einzige Anklage gegen die herrschenden Schichten. Der eigentliche Held des Stückes ist keineswegs der aristokratische Frauenverführer, sondern sein plebejischer Diener Sganarelle.

Wie Molière waren alle großen Dichter – wenn man genau hinsieht und sich von ihren Täuschungsmanövern nicht irreführen lässt – Provokateure: Dante und Shakespeare, Voltaire und Lessing, Schiller und Kleist, Dostojewskij und Gogol. Die Meister der Moderne – Proust, Kafka, Joyce, Döblin, Faulkner – haben nichts anderes getan, als die der Literatur innewohnende Provokation bis an den Rand des Möglichen zu treiben.

Und da die Dichter, die Schöpfer von Welten, ihre größten Gestalten nach dem eigenen Ebenbild formen, finden wir in der Literatur immer wieder Provokateure – zumindest Provokateure wider Willen: das Mädchen Antigone, das selbstständig handelt, statt zu gehorchen; Don Juan, der die Gesetze der Gesellschaft ignoriert; der Prinz Hamlet von Dänemark, das Urbild des einsamen Intellektuellen; der Doktor Faust, der bedauert, Theologie studiert zu haben; Karl Moor, der ein Räuber sein will; der Fürst Myschkin, den sie den „Idioten“ nennen. Provokateure sind im tiefsten Sinne des Wortes die Paare, die ihrer Liebe leben jenseits von Sitte, Ordnung und

Gesetz: Hero und Leander, Tristan und Isolde, Romeo und Julia, Ferdinand und Luise, Anna Karenina und Wronskij. Und Provokateure ihrer Umwelt sind der Galileo Galilei Brechts und jener Kosak Grigorij Melechow, der am „Stillen Don“ zu leben versuchte.

Die Geschichte der Verfolgung der Schriftsteller durch die Tyrannei ist vermutlich genauso alt wie die Geschichte der Literatur. Sobald die Machthaber begriffen, dass das Wort eine Waffe sein kann, waren ihnen die Meister des Worts nicht mehr gleichgültig. In den Briefen *Über die ästhetische Erziehung des Menschen* schreibt Schiller: „Schon im Altertum gab es Männer, welche die schöne Kultur für nichts weniger als eine Wohltat hielten und deswegen sehr geneigt waren, den Künsten der Einbildungskraft den Eintritt in ihre Republik zu verwehren.“ In dieser Hinsicht hat sich bis heute nichts geändert. Freilich gibt es zahllose Spielarten und Variationen der Verfolgung.

1. Welche Gründe gibt es, die Gesellschaft literarisch zu provozieren?
2. Entwickeln Sie mögliche Provokationsabsichten hinsichtlich einer Ihrer zuletzt behandelten Schullektüren.
3. Informieren Sie sich, wie Diktaturen auf literarische Provokationen reagieren, und stellen Sie Ihre Ergebnisse der Klasse in kurzen ▷ **Referaten** vor. ▷ S. 36f.

Umberto Eco

Autor, Werk und Leser (1983)

Der Dichter des Bestsellers „Der Name der Rose“, Umberto Eco, hat in seinem Büchlein „Nachschrift zum ‚Namen der Rose‘“ u. a. folgende Thesen vertreten, die im Zusammenhang mit der Verstehens- und der Interpretationsproblematik einerseits und der Wirkung von kunstvoller Literatur andererseits erörtert werden können.

Umberto Eco

- Ein Erzähler darf das eigene Werk nicht interpretieren, andernfalls hätte er keinen Roman geschrieben, denn ein Roman ist eine Maschine zur Erzeugung von Interpretationen. (S. 9f.)
- Nichts ist erfreulicher für den Autor eines Romans, als Lesarten zu entdecken, an die er selbst nicht gedacht hatte, die ihm von Lesern nahegelegt werden. (S. 11)
- Der Text ist da und produziert seine eigenen Sinnverbindungen. (S. 13)
- Der Autor müsste das Zeitliche segnen, nachdem er geschrieben hat. Damit er die Eigenbewegung des Textes nicht stört. (S. 14)
- Und definieren würde ich die poetische Wirkung als die Fähigkeit eines Textes, immer neue und andere Lesarten zu erzeugen, ohne sich jemals ganz zu verbrauchen. (S. 17)
- Kunst ist Flucht aus der persönlichen Emotion […]. (S. 43)
- Ich wollte den Leser unterhalten, er sollte Spaß an der Sache haben. […] Unterhalten heißt nicht zerstreuen, ablenken von den Problemen. [… Der Leser soll] auch etwas mehr über sich selbst begreifen und damit ein anderer werden. Er soll, während er sich unterhält, etwas lernen. (S. 69)

1. Erläutern Sie anhand eines Schaubilds, wie Umberto Eco die Beziehung zwischen Autor, Werk und Leser definiert.
2. Beziehen Sie Umberto Ecos Thesen zur Problematik des Verstehens auf eigene Interpretationsbeispiele, die Sie im Unterricht besprochen haben. Wie beurteilen Sie Ecos Auffassung von der Rolle des Lesers?

4 Wertung – Kritik – Markt

4.1 Literaturkritik und literarische Wertung

Um sich davon zu überzeugen, wie wenig Geschmack bis zum heutigen Tage in Deutschland herrscht, brauchen Sie nur die öffentlichen Schauspiele zu besuchen. Dort werden Sie sehen, wie man die abartigen Stücke Shakespeares aufführt, in unsere Sprache übersetzt, und wie das gesamte Auditorium vor Vergnügen außer sich gerät, während es diesen lächerlichen Farcen zusieht, die der Wilden Kanadas würdig wären. Ich nenne sie so, weil sie gegen alle Regeln des Theaters sündigen. – Shakespeare kann man diese bizarren Abweichungen verzeihen; denn die Geburt der Künste ist nie der Punkt ihrer Reife. Aber dann erscheint noch ein *Götz von Berlichingen* auf der Bühne, die verabscheuungswürdige Nachahmung dieser schlechten englischen Stücke, und das Parterre applaudiert und verlangt mit Begeisterung die Wiederholung dieser abgeschmackten Plattitüden. Ich weiß, man soll über Geschmack nicht streiten.

Friedrich der Große (1780)

1. Friedrich der Große hat diese „Literaturkritik“ auf Französisch verfasst. Überlegen Sie gemeinsam, welche Gründe ihn zu seinen Urteilen gebracht haben könnten.
2. Formulieren Sie einen fiktiven Leserbrief als Antwort auf Friedrichs „Verriss“.

Ludgera Vogt

Literarische Wertung im Zeitalter der Pluralisierung (1998)

Literarische Wertung ist ein Phänomen, das den Alltag eines jeden Lesers begleitet. Wann immer wir ein Buch zur Hand nehmen und in die dort gebotene Als-ob-Welt eintauchen, ist die Lektüre verknüpft mit Prozessen der Werturteilsbildung. Diese setzt hier oft bei einfachen Gestimmtheiten und Emotionen an: Wir sind amüsiert oder gelangweilt, fühlen uns angezogen oder abgestoßen, uns gefällt der Stil oder aber der Text erscheint belanglos, weil wir keinen Bezug zu unserer Lebenswirklichkeit herstellen können. Häufig werden unsere Einstellungen dabei schon durch die „Paratexte“ des Buches gesteuert: durch Autorennamen und Titel, durch Verlag und Umschlaggestaltung, durch Werbung und Vorworte, die jeweils bestimmte Erwartungen wecken. Zum Ende der Lektüre verdichtet sich das Urteil und findet dann mitunter auch seinen Ausdruck in einer Empfehlung oder Warnung, die wir an andere potenzielle Leser richten.

Viele der – meist unbewussten – Wertmaßstäbe, auf die wir uns beziehen, werden uns in der Schule vermittelt. Hier lernen wir, gute von schlechter Literatur, wichtige von unwichtigen Büchern und „legitime“ von „illegitimen“ Lektüren zu unterscheiden. Selbst wenn die eigene Lust beim Comic-Heft *unter dem Tisch* verweilt, so begreift doch der disziplinierte Kopf, dass der schwierige Kafka *auf dem Tisch* etwas besonders „Wertvolles“ darstellt. Die Auswahl und Kanonisierung der schulischen Lektüren, das Zeitvolumen und die Art der Beschäftigung mit dem Text – ob beispielsweise oberflächlich oder intensiv gelesen wird – sind institutionalisierte Prozesse der Konstruktion von literarischen Werthierarchien.

Schließlich aber hat das literarische Feld in modernen Gesellschaften auch eine eigenständige Institution herausgebildet, die auf Akte des literarischen Wertens spezialisiert ist: die Literaturkritik. Hier sind professionalisierte Akteure damit beschäftigt, die ästhetische „Spreu“ vom „Weizen“ zu trennen und diese Auswahl auf massenmedialem Weg publik zu machen. Literaturkritiker sind gleichsam der Klerus an den Weihestätten der Literatur, der darüber bestimmt, welcher Text ins Allerheiligste der „hohen Kunst“ eingestellt, in die Hallen der legitimen Literatur gelassen oder aber in den profanen Bereich etwa des „bloß Unterhaltenden“ verbannt wird. Literaturkritik ist die prominenteste und sichtbarste Form der gesellschaftlichen Wertungspraxis, an der sich Veränderungsprozesse, die mit sozialem Wandel einhergehen, gut ablesen lassen. […]

Was tun eigentlich Literaturkritiker, wenn sie ihren Beruf ausüben? Nun, sie nehmen zunächst einmal vor allem eine Auswahl vor. Das Ausmaß dieser Selektionsleistung wird deutlich, wenn man sich vor Augen führt, dass die „Frankfurter Allgemeine Zeitung“ mit dem in Deutschland größten Rezensionsteil aus ca. 68 000 Neuerscheinungen pro Jahr nur etwa 2100 Bücher bespricht, das sind gerade einmal 3 Prozent. Dieser Auswahlprozess stellt schon einen erheblichen Wertungsakt dar, weil hier über die Relevanz von Büchern geurteilt wird – wobei neben ästhetischen Maßstäben auch Faktoren wie die Politik des jeweiligen Feuilletonchefs, private Kontakte zu Verlegern oder Autoren und auch die Entscheidungen der Konkurrenz – „wenn alle ein Buch besprechen, können wir es nicht ignorieren“ – den Ausschlag geben können.

Sind die Bücher erst einmal selegiert, dann werden sie dem Inhalt nach vorgestellt, eingeordnet in biografische, politische oder literarische Kontexte, und sie werden gedeutet. In all diese Rezeptionshandlungen fließen Wertungen ein, die dann schließlich gebündelt werden in einem Urteil und eine daraus folgende Ablehnung oder Empfehlung des Werks.

Die Wertungen werden immer mit – implizitem oder explizitem – Bezug auf Normen vorgenommen. Literarische Normen sind Maßstäbe für gelungene oder misslungene Literatur. Dabei gelten keineswegs nur ästhetische Maßstäbe, sondern es werden oft auch moralische oder politische Kriterien berücksichtigt. […]

[Seit den 60er-Jahren] scheint, glaubt man der einschlägigen soziologischen Zeitdiagnose, vieles im Wandel. Die heutigen sozialen Welten, gleich, ob man sie als spätmodern, reflexiv-modern oder postmodern bezeichnet, weisen eine Reihe von neuen Charakteristika auf.

So lautet der nahezu einhellige Befund der Forschung, dass sich die früher festgefügten Formationen von Klassen, Schichten und sozial-moralischen Milieus zunehmend aufgelöst haben, sodass der einzelne Mensch, das Individuum, immer stärker auf sich selbst und seine sozialen Konstruktionsleistungen gestellt ist. Dieser Prozess der Individualisierung geht also einher mit einer immer größeren Vielzahl an Optionen, an Wahlmöglichkeiten und Entscheidungssituationen, die sich auf dem jeweiligen Lebensweg eröffnen. Die „Multioptionsgesellschaft“ bedeutet aber nicht nur einen Freiheitsgewinn. Die Zunahme von Optionen und die Abnahme von Einbettungen und Bindungen bringt auch eine zunehmende Orientierungslast für den Einzelnen mit sich. Der muss statt vorgegebener Biografiemuster nun seine eigene „Bastelbiografie“ erstellen und kann sich dabei auf immer weniger Selbstverständlichkeiten stützen. Diese Entwicklungen werden ergänzt durch die gegenwärtigen Prozesse der Globalisierung und der weltweiten Migration, in deren Gefolge sich die tradierten nationalkulturellen Grenzen auflösen. Entsprechend sind auch kollektive Identitätsmuster in Bewegung geraten. […]

Vor allem aber zeigt sich auf der Ebene der Lebensstile und der kulturellen Praktiken, dass an die Stelle stabiler Verhältnisse von Über- und Unterordnung, von anerkannten und stigmatisierten[1] Formen, von „hoch“ und

„nieder“ eine Pluralität nebeneinander geordneter Milieus und Geschmackspräferenzen[2] getreten ist. Wo die sozialen Hierarchien ihre Konturen verlieren, da befinden sich auch die ästhetischen Hierarchien im Fluss oder sogar in Auflösung. In dem Maße wiederum, wie Lebensstile und ästhetische Geschmacksmuster wählbar geworden sind, können sie nicht länger als zuverlässiger Indikator für soziale Zugehörigkeiten dienen. Die Distinktionsfunktion[3] literarischer Formen, die elementar auf autorisierte[4] Wertungsprozesse angewiesen war, verliert an Bedeutung oder löst sich zumindest von den überkommenen Zuordnungsmöglichkeiten ab. Freilich heißt das nicht, dass der langzeitarbeitslose Hilfsarbeiter sich jetzt einfach den Lebensstil des Jetsets aneignen kann. Aber die ständisch geschlossenen Ordnungen früherer Jahrzehnte sind heute weitgehend außer Geltung.

Dieses postmoderne Moment der sozialen Pluralisierung schlägt sich auch zunehmend auf der Objektebene nieder. Elemente populärer und elitärer Kultur, Formen von Kunst und Kitsch, reflektierte und naive Stilmuster werden zu neuen, bei den Intellektuellen wie bei der so genannten Masse gleichermaßen beliebten Montagen verbunden. Insbesondere die Gebildeten und Gutverdienenden entwickeln bei der Suche nach ästhetischem Thrill immer neues Geschick dafür, in die ehemals verbotenen Zonen des niederen Geschmacks vorzudringen. So avanciert der Kriminalroman zum gehobenen Genre, die „Bild-Zeitung“ wird zum Kult-Blatt, Comics und Fußball sind legitime Konversationsthemen beim intellektuellen Partyplausch.

1 **stigmatisiert:** gebrandmarkt, angeprangert
2 **Präferenz:** Bevorzugung
3 **Distinktion:** Unterscheidung
4 **autorisiert:** genehmigt, anerkannt

1. Listen Sie genannte Wertmaßstäbe tabellarisch auf und beurteilen Sie diese auf Grund Ihrer Leseerfahrungen.
2. Entwickeln Sie mögliche Kriterien für die Auswahl Ihrer zuletzt behandelten Schullektüre.
3. Welchen Einfluss auf die (literarische) Wertung sieht die Autorin durch die fortschreitende Globalisierung? Beurteilen Sie diesen Prozess.

Bernhard Schlink

Last der Vergangenheit

Weiter geht’s mit starken Geschichten: „Liebesfluchten“

Von Jürgen Jacobs

Bernhard Schlink, der schon 1987 einen ersten Kriminalroman veröffentlicht hat, ist ein prominenter Jurist, Professor in Berlin und Verfassungsrichter in Nordrhein-Westfalen. Ins Rampenlicht der literarischen Szene ist er mit dem sensationellen Erfolg des 1995 zuerst erschienenen Romans „Der Vorleser“ geraten. Allein in den USA sind fast zwei Millionen Exemplare dieses Buches verkauft worden. Ohne Übertreibung lässt sich sagen, dass der „Vorleser“ nach Hochhuths „Stellvertreter“ und Grass’ „Blechtrommel“ der deutschen Gegenwartsliteratur wieder einmal internationale Aufmerksamkeit verschafft hat.

Der Erfolg von Schlinks Roman gründet in seiner irritierenden Geschichte: Ein Fünfzehnjähriger wird von einer sehr viel älteren Frau verführt. Da sie Analphabetin ist, muss er ihr nach den obligaten Liebesspielen jeweils vorlesen. Eines Tages ist sie plötzlich verschwunden. Erst viele Jahre später kommt es zu einer Wiederbegegnung. Sie steht als ehemalige KZ-Wärterin vor Gericht und wird zu einer langen Gefängnisstrafe verurteilt.

Das ist eine beklemmende Geschichte, die nicht zuletzt daraus eine verstörende Wirkung bezieht, dass sie in einer präzisen und nüchternen Sprache erzählt ist und trotzdem das politisch-moralische Problem nicht einfach mit seiner juristischen Erledigung als gelöst betrachtet. Nach dem großen Erfolg des „Vorlesers“ nimmt man jetzt mit einer gewissen Spannung Schlinks neues Buch „Liebesfluchten“ in die Hand – und man wird nicht enttäuscht. Es geht in den sieben Erzählungen des Bandes um Menschen unserer unruhigen Epoche, die zu der Erkenntnis kommen, in ihrem Leben versagt zu haben, die sich ihren Bindungen entziehen, die sich durch ihre Vergangenheit beschädigt oder durch ererbte Schuld belastet fühlen.

Da gibt es in der wohl besten Geschichte des Bandes jenen alternden Ministerialbeamten, der nach dem Tod seiner Frau entdeckt, dass sie eine Affäre mit einem anderen Mann hatte. Er lernt den verflossenen Liebhaber kennen, entlarvt ihn als bramarbasierenden Luftikus und versteht doch am Ende, was seine Frau bei ihm selber vermissen musste und was sie zu dem anderen trieb.

Stasi führt in die Krise

In einigen Erzählungen spielt wieder – wie schon im „Vorleser“ – die Last einer schuldbeladenen Vergangenheit eine Rolle. Einmal ist es die verheimlichte frühere Tätigkeit für die Stasi, die eine Ehe in die Krise treibt, dann ist es die Schuld der Väter in der Zeit des Nationalsozialismus, die eine spätere Generation bedrückt und befangen macht.

In der pessimistisch gefärbten Liebesgeschichte eines jungen deutschen Juristen und einer amerikanischen Jüdin schildert Schlink, dass die durch den Holocaust verursachten Gefühle einer unaufhebbaren Distanz, eines heimlichen Misstrauens, der Gehemmtheit und Unsicherheit sich letztlich nicht überwinden lassen – auch nicht durch die große Liebe.

Dem durchweg ernsten Ton von Schlinks Erzählen hält das Mittelstück des Buches mit dem Titel „Zuckererbsen“ die Balance. Es geht hier um einen beruflich sehr erfolgreichen Mann, der sich neben seiner Ehefrau noch zwei Geliebten dauerhaft widmet. Nach einigen Jahren fühlt er sich durch das permanente Pendeln überlastet und flüchtet als eine Art falscher Mönch in ein Vagabundenleben. Nach einem Unfall sieht er sich an den Rollstuhl gefesselt. In einer burlesken Schlussszene verbünden sich seine drei Frauen in einer Art Verwertungsgesellschaft gegen ihn und machen Anstalten, seinen Namen und seine Talente auszubeuten.

All das ist in einer selbstverständlichen, überlegenen Manier erzählt, mit sensiblem Gespür für die seelischen Verwicklungen, denen die Figuren ausgesetzt sind. Schlink erweist sich auch hier in diesem neuen Band als virtuoser Erzähler, der seine Geschichten effektvoll komponiert und ihnen dadurch einen besonderen Reiz sichert, dass er die dargestellte Problematik nicht kommentierend wegerklärt oder glatt auflöst. Am Ende dieser Erzählungen bleibt immer ein verstörender Rest, eine offene Frage, die den Leser an der Geschichte festhält, auch nachdem er den letzten Satz gelesen hat.

(2000)

Bernhard Schlink: **„Liebesfluchten“**, Geschichten, Diogenes Verlag 2000

1. a) Untersuchen Sie, nach welchen Kriterien der Verfasser dieser Rezension Schlinks Erzählungen beurteilt.
   b) Wie ist die Buchbesprechung aufgebaut?
2. Tauschen Sie sich in der Klasse darüber aus, welche Kriterien für Sie selbst bei der Beurteilung eines Buchs maßgeblich sind.
3. Verfassen Sie eine Rezension zu einem Buch Ihrer Wahl, das Sie einem Freund/einer Freundin als Ferienlektüre empfehlen möchten.

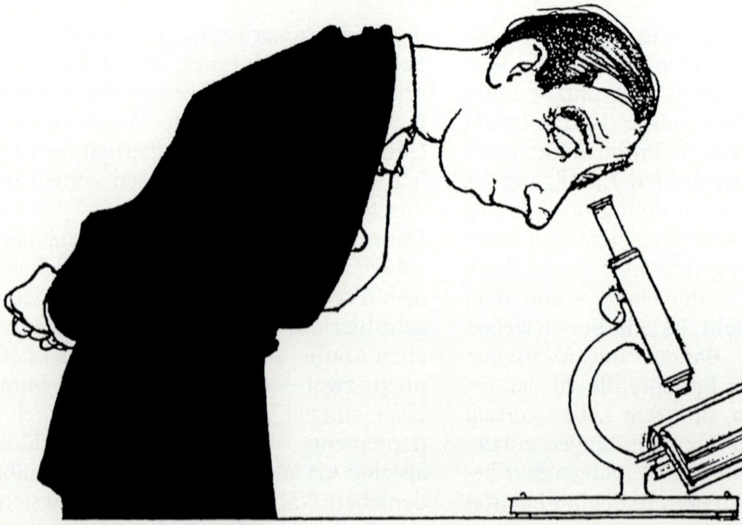

Avoine

Johannes Mario Simmel

Interview mit der „Frankfurter Rundschau" (1974)

Herr Simmel, man hat öfters versucht, Ihre Arbeiten in irgendwelche Sparten einzuteilen. Man nannte Ihre Romane Trivialliteratur, Gebrauchsliteratur. Wie stehen Sie zu solchen Kategorisierungen, wie möchten Sie sich selbst gerne sehen?

Um mit dem Ende zu beginnen. Die „Frankfurter Allgemeine" hat mich einmal in einer sehr großen Besprechung einen demokratischen Gebrauchsschriftsteller genannt. So möchte ich mich gerne sehen. Und zwar, weil mir das Wort Demokratie sehr zusagt und weil ein Schriftsteller, der gebraucht wird, etwas ist, was ich auch gerne sein möchte. Ansonsten stehe ich der deutschen Literaturkritik in zunehmendem Maße gleichgültig gegenüber, denn die Art, in der hier, im Gegensatz zum gesamten Ausland, Literaturkritik betrieben wird, gibt es in der ganzen Welt nicht.

Wir haben hier das Phänomen, dass – wenn ich jetzt überspitzt spreche – meiner Überzeugung nach Kritiker für Kritiker und nicht mehr für die Leser schreiben; sie dienen einer Befriedigung von persönlichen Ressentiments[1] oder Eitelkeiten oder Übereinstimmungen. Ich kann nicht sagen, dass meine Kritiken durchweg negativ sind. Sie sind vielleicht zu zwei Dritteln in einer Weise verzerrt und böse, dass man sie einfach nicht ernst nehmen kann, und zu einem Drittel wirklich gut und kritisch.

Diese ganze Unterscheidung zwischen hoher Literatur auf der einen und Trivialliteratur auf der anderen Seite gibt es nur in Deutschland. Ich hab in keinem anderen Land der Welt solche Kritiken bekommen wie hier, nach diesen Maßstäben gemessen.

1 **Ressentiment:** gefühlsmäßige Abneigung

1. Informieren Sie sich über den Schriftsteller Johannes Mario Simmel: Stellen Sie in **Kurzvorträgen** einige seiner Romane in Ihrer Klasse vor und berichten Sie auch über die Resonanz dieser Werke bei Lesern und Kritikern.
2. a) Entwickeln Sie auf Grund Ihrer Leseerfahrung eine tabellarische Gegenüberstellung von möglichen Kriterien hinsichtlich „hoher Literatur" und „Trivialliteratur".
   b) Diskutieren Sie Ihre Wertungen. Gehen Sie dabei insbesondere auf die Maßstäbe, die Sie anlegen, ein.
3. Schreiben Sie Kurztexte (Prosa oder Lyrik) im – durchaus überbetonten – Stile der „trivialen" Literatur, in denen vergleichbar dasselbe Motiv gestaltet wird.

Wenn Sie eine gute Idee für die eine oder andere Serie haben, schicken Sie uns doch bitte unverbindlich ein kurzes Exposé von 1–2 Seiten und die ersten 10 Seiten des geplanten Romans. Daraus kann man schon grundsätzlich sehen, ob Sie Themen und Sprache richtig treffen, und eventuelle Änderungen etc. gleich absprechen.
Inhaltlich sollen es moderne Liebesgeschichten (Frauenschicksale) sein, allerdings mit viel Gefühl geschrieben, in einer einfachen, verständlichen Sprache mit einprägsamen Bildern. Der Stoff muss in die jeweilige Serie passen, so müssen z. B. Fürsten-Romane im höheren Adelsmilieu spielen.
Silvia-Romane spielen nicht unbedingt in Adelskreisen, aber doch auf Gütern, Herrensitzen oder zumindest gesellschaftlich gehobenem Milieu; bei den Fürsten-Serien sollte der Held oder die Heldin Fürst oder Prinzessin sein; Berg- und Heimatromane sind in bäuerlicher, alpenländischer Umgebung angesiedelt.
Die Geschichte, in der immer die große Liebe zwischen zwei Menschen im Mittelpunkt steht, soll möglichst aktionsreich sein, d. h., die Handlung wird nicht durch innere Vorgänge, sondern durch Ereignisse von außen vorangetrieben. Wichtig ist auch ein spannender Anfang, der die Leser gleich zum Weiterlesen animiert. Die Kapitel sollten nicht länger als 5–6 Schreibmaschinenseiten sein und die Sprache soll wenig Fremdwörter und keine komplizierten Schachtelsätze enthalten.
Tabu sind rassistische und weltanschauliche Auseinandersetzungen, die Diskriminierung von sozialen Minderheiten, Grausamkeiten, Verherrlichung von Gewalt und Krieg. Auch so schwierige und für die Betroffenen oft so schmerzliche Probleme wie Homosexualität oder Selbstmord sollen unbedingt vermieden werden, da man diesen Dingen in einem Unterhaltungsroman in keinem Fall mit allen Konsequenzen gerecht werden kann.
Zur äußeren Form des Manuskriptes: Der Umfang des fertigen Romans beträgt max. 165 000 Anschläge. Es soll einseitig mit doppelter Zeilenschaltung geschrieben sein, d. h. 30 Zeilen pro Seite und etwa 60 Anschläge pro Zeile, die Leertasten mitgerechnet. Absätze werden durch Einrücken kenntlich gemacht. Die Gesamtlänge beträgt dann ca. 90 Manuskriptseiten.

BASTEI-VERLAG
Gustav H. Lübbe GmbH & Co.
– Frauenromanlektorat –

1. Charakterisieren Sie die Leser/innen, die mit den nach dieser Schreibanweisung entstandenen Romanen erreicht werden sollen.
2. a) Ermitteln Sie in einer (anonymen) Klassenumfrage, welche Art von Unterhaltungsliteratur Sie selbst gern lesen.
   b) Diskutieren Sie Vorzüge und Defizite Ihrer Unterhaltungslektüre.

4.2 Brauchen wir einen Literatur-Kanon?

Ulrich Greiner

Bücher für das ganze Leben (1997)

Eine ZEIT-Umfrage: Brauchen wir einen neuen Literatur-Kanon?

Wer sich heutzutage beruflich behaupten will, tut besser daran, Englisch zu lernen, Computertechnik und Mathematik. Belesenheit ist eine Zier, doch weiter kommt man ohne ihr. Die Schüler lesen im Deutschunterricht eher *Bild* als „Faust" und sie diskutieren lieber „Liebe Sünde" als „Kabale und Liebe". Das ist ein Fehler.

Die weiland untergegangene DDR hatte sich die Pflege und Aneignung des „kulturellen Erbes" zum Ziel gesetzt. Dies geschah bekanntlich mit dem Vorsatz der Parteilichkeit und mit dem Zusatz der Zensur. Aber es entsprang auch dem Willen, die Überlieferung nicht abreißen zu lassen.

Geschichte ist nicht nur die Geschichte der Könige und Generäle und nicht nur die der Bauern und der Arbeiter, sie ist auch die Geschichte der Dichter und der Philosophen, die Geschichte von Büchern, von Dramen, von Gedichten. Darin sind die Träume aufbewahrt, die Ängste und die Hoffnungen der Menschen.

Wer diese Geschichte nicht kennt, der kennt die Kultur nicht, der er angehört, der kennt sich selber nicht. […] Wen kümmert das kulturelle Erbe?

Liest man die Lehrpläne für den Deutschunterricht, so packt einen gelegentlich das Grausen. Es wächst mit der Nähe zu den Bundesländern, die seit jeher von einer SPD regiert werden, die ihren alten Verdacht gegen das Elitäre mit einer modern gewesenen Pädagogik kombiniert. In Düsseldorf zum Beispiel ist nur mehr von „Texten" die Rede, von „nichtfiktionalen" (Zeitungen, Gebrauchsanweisungen) oder „fiktionalen" (Konsalik, Goethe). Ein Lese-Kanon wird ausdrücklich abgewehrt. In CDU-Ländern wird auf literarische Kenntnis mehr Wert gelegt. Hier gibt es manchmal eine Leseliste, wird klassische Literatur noch gelesen. Überall jedoch, angesichts scheinbar neuer Herausforderungen, steht die Literatur unter Rechtfertigungsdruck.

Wir brauchen einen neuen Kanon. Allein schon deshalb, damit man über ihn streiten und das Gespräch über Literatur wieder beginnen kann. Wo kein gemeinsamer Gegenstand mehr ist, gibt es keine Diskussion. Als der Deutschunterricht in die Hände traditionsfeindlicher Didaktiker[1] geriet, wurde der Kanon abgeschafft. Er galt als Herrschaftsinstrument. Das war er auch. Jeder Kanon sagt: „Das musst du lesen, das gehört dazu, dieses nicht." Und jeder Kanon erzeugt einen Gegenkanon. Dieser kann mächtiger sein als jener. Die Entdeckung von Brecht in den 60er-Jahren war deshalb so machtvoll, weil er in der Schule nicht gelesen wurde. […]

Nun aber, da es schon lange keine Verbindlichkeiten mehr gibt und da ein Zeugnis der Reife auch jenen erteilt wird, die weder „Faust" noch „Effi Briest" noch „Mutter Courage" je gelesen haben, scheint die Lektüre dem Privatvergnügen neugieriger Schüler und der Privatinitiative gebildeter Deutschlehrer überlassen. Ja, es wird noch gelesen, vielleicht nicht weniger als früher, aber die Geschichte der Literatur als Geschichte des Geistes und seiner Höhepunkte hat kaum mehr einen festen Ort im Deutschunterricht. Dort müsste doch die Liebe zu Poesie und Sprache, die den Anfang wirklicher Sprach- und Denkfähigkeit begründet, gepflegt werden. Stattdessen studiert man die Sprache der Werbung.

Das ist Betrug an einer ganzen Generation. Unter dem Anschein von Modernität und Liberalität wird den Schülern Beliebigkeit vorgetäuscht, und nur jene, die aus einem gebildeten Haushalt mit Büchern kommen, wissen Bescheid. Aber literarische Maßstäbe gelten auch dann, wenn sie nicht mehr gewusst werden. Was zum Kanon gehört, ist, wie das Ergebnis der ZEIT-Umfrage zeigt, de facto unumstritten. […]

In diesem Land gibt es Bibliotheken und Buchhandlungen genug, das Reich der Literatur steht jedem offen, der lesen kann, und selbst im Internet lockt die Gutenberg-Gala-

1 **Didaktiker:** Fachleute für Lehren und Lernen

xis mit den Texten der Weltliteratur. Aber Lesen muss man lernen. Und dazu bedarf es der Anleitung, der Verführung anhand kanonischer Werke.
Wer den „Faust" nicht mag, und welcher Schüler hat ihn je gemocht, muss die Chance erhalten, den eigenen Widerstand an ihm auszubilden. Wo keine Verbindlichkeit mehr herrscht, gähnt die geschichtsvergessene Leere. In die stolpert hinein, wer sprachlos ist und dem Müll der Bilder nicht das Eigene entgegenzusetzen weiß. Das Eigene? Es bestünde darin, dass eine oder einer, geschult an der von den Dichtern erzählten Erfahrung, ihre oder seine Erfahrung erzählen könnte, um der eigenen Geschichte bewusst zu werden. [...]
Wir besitzen unser Selbst nicht. In den Werken der Literatur weht es uns an. Manches stünde besser, wenn wir sie läsen und darüber sprächen.

Clemens Kammler

Kann uns nur noch ein Kanon retten? (1997)

Ist es nicht einfältig, der herrschenden Wissensvielfalt und der übermächtigen Medienkultur durch ein Zwangsinstrument begegnen zu wollen, dem immer der Gebrauch der Willkür anhaften wird? [...]
Wie die religiöse Praxis der Priester und Gläubigen im Widerspruch zu den Forderungen der Kurie steht, so steht die kulturelle Praxis des überwiegenden Teils selbst der „gebildeten" Bevölkerung im heutigen Deutschland in krassem Gegensatz zu den Postulaten jener Hohepriester literarischer Bildung, die zur Verteidigung des „kulturellen Erbes" angetreten sind. Vorbei sind die Zeiten, als nach Theaterbesuchen heiße Diskussionen unter Schülern über den Inhalt des Stückes geführt wurden. Und wer heute auf Akademikerpartys den Versuch unternimmt, ein Gespräch über Literatur zu führen, erleidet in der Regel Schiffbruch. [...]
Heutige Theologen der Literatur wie Ulrich Greiner sind jedoch schnell mit Schuldzuweisungen gegen „traditionsfeindliche Didaktiker" bei der Hand. Sie glauben, sie könnten der faktischen Marginalisierung[1] der Literatur in unserer Kultur Einhalt dadurch gebieten, dass sie ihren Gegenstand mystifizieren[2] und sakralisieren[3] und sich gegen die unbotmäßige Rede von „fiktionalen Texten" verwahren, weil diese es erlaube, Goethe und Konsalik in einem Atemzug zu nennen. Doch wenn sie türenschlagend den Raum verlassen, weil jemand etwas gegen Kafka gesagt hat oder mit dem Namen Stifter nichts anzufangen wusste, ernten sie nur noch mitleidiges Achselzucken. Ihr autoritätsheischender Gestus kann den Autoritätsverlust des „kulturellen Erbes" nicht aufhalten. Niemand, schon gar nicht die heutige Schüler- und Studentengeneration, lässt sich zum Dialog zwingen.

1 **Marginalisierung:** das An-den-Rand-Rücken
2 **mystifizieren:** etwas zu einem göttlichen Geheimnis machen
3 **sakralisieren:** etwas zu einem Heiligtum erheben

1. a) Stellen Sie die Argumente für und gegen einen literarischen Kanon aus den Texten von Greiner und Kammler auf einzelnen Karteikarten zusammen.
   b) Sammeln Sie selbst weitere Argumente.
   c) Führen Sie eine **Pro-und-Kontra-Diskussion** zur Frage „Brauchen wir einen neuen Literatur-Kanon?" durch. Teilen Sie die Klasse in zwei Gruppen, die die gegnerischen Positionen vertreten, und bereiten Sie die Diskussion mit Hilfe Ihrer Argumentesammlung vor.
2. Stellen Sie selbst auf der Basis Ihrer Leseerfahrungen einen „Kanon" auf:
   a) Jede/r notiert fünf literarische Werke, die nach ihrer/seiner Meinung alle gelesen haben sollten.
   b) Bringen Sie die von Ihnen ausgewählten Titel in eine Rangliste nach der Anzahl der Nennungen. Gibt es Texte, die (fast) alle genannt haben?

4.3 Der Buchmarkt

Wenn man den Zusammenhang von Autor/in, literarischem Werk und Leserschaft genauer untersucht, stößt man auf vermittelnde Instanzen, die großen Einfluss auf die Wirkung von Literatur haben: Verlage und Buchhandel. Ein Verlag, der das Manuskript eines Autors/einer Autorin veröffentlicht, tut dies auch aus kaufmännischen Erwägungen: Das Buch soll letztlich Gewinn erbringen. Dabei knüpfen Verleger/innen gern an bekannte Interessen ihrer Leserschaft an, indem sie sich auf berühmte Autoren, aktuelle Themen oder beliebte Genres konzentrieren; manchmal versuchen sie aber auch, das Interesse der Leser/innen für ein außergewöhnliches Buch erst zu wecken.

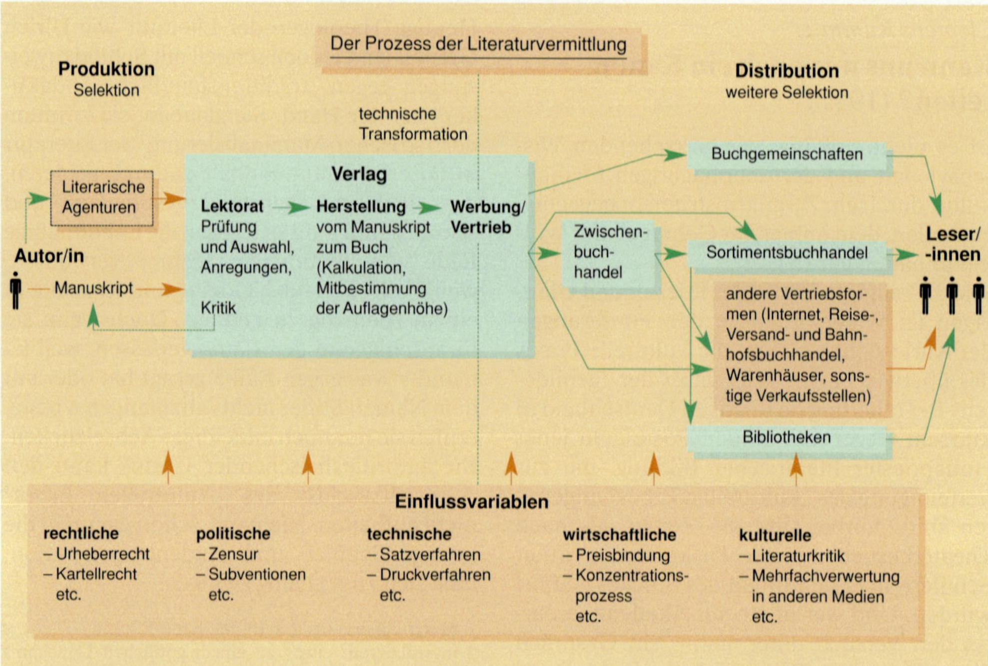

1. Beschreiben Sie den in der Grafik dargestellten Prozess in einem zusammenhängenden Text.
2. Holen Sie arbeitsteilig vertiefende Informationen zu einzelnen Aspekten der Literaturvermittlung ein (z. B. zu den in der Grafik so genannten „Einflussvariablen“) und stellen Sie Ihre Ergebnisse der Klasse vor.

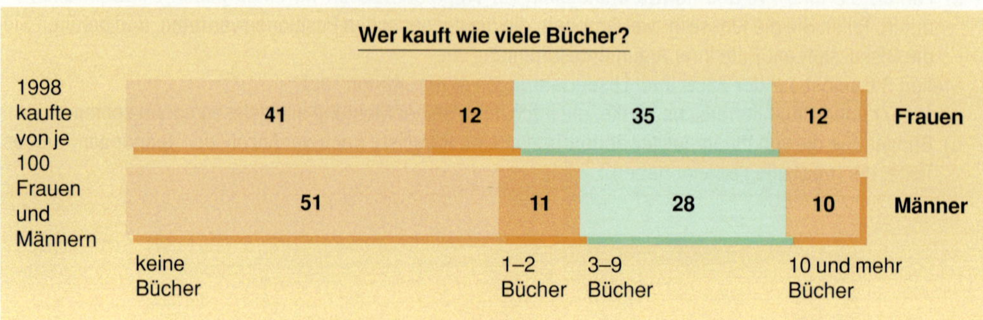

Immer mehr Bundesbürger greifen zum Buch

Frankfurt/Main (AFP) – Trotz des wieder aufkeimenden Streits um die Buchpreisbindung blicken die deutschen Verlage und Buchhändler optimistisch in die Zukunft.

Die Titelproduktion erhöhte sich laut Börsenverein 1999 um 3,5 Prozent auf 80779 Neuerscheinungen und überschritt damit erstmals die Marke von 80000. Die Durchschnittspreise der Erstauflagen seien dabei um zwei Prozent gesunken. Bei den Publikumsbüchern herrsche ein „ganz harter Wettbewerb", sagte Ulmer. Für den Verbraucher habe es insgesamt eine „positive Preisentwicklung" gegeben. Den vom Statistischen Bundesamt ermittelten Preisanstieg von 3,3 Prozent für Bücher bewerte er wegen der Berechnungsmethode skeptisch, sagte Ulmer.

Einen Aufschwung erlebte nach Branchenangaben im vergangenen Jahr die Belletristik: Sie wuchs demnach um 12,9 Prozent, womit 12,4 Prozent aller im vergangenen Jahr erschienenen Bücher zu diesem Bereich gehörten. Das stärkste Wachstum wurde allerdings für Wirtschaftsbücher verzeichnet: Sie legten um 21,6 Prozent zu und waren mit einem Anteil von 6,8 Prozent der Erstauflagen die zweitgrößte Sachgruppe. „Kapital hat Konjunktur", sagte Ulmer.

Der Internetbuchhandel erlebte ebenfalls einen weiteren Bedeutungszuwachs. Die Umsätze der deutschen Buchanbieter im Internet seien um 175 Prozent auf 82,5 Millionen Euro gestiegen, so Ulmer. Der Marktanteil des traditionellen Buchhandels, der also neben seinem Filialgeschäft zusätzlich auch im Netz Bücher vertreibt, betrage 42 Prozent.

Die Konzentration in der Buchbranche ist nach Angaben der Börsenvereins noch immer vergleichsweise gering. Die fünf größten Verlagsgruppen hätten einen Marktanteil von 22 Prozent erreicht, sagte der Vorsitzende des Verleger-Ausschusses, Hubertus Schenkel.

In den USA liege dieser Anteil bereits bei rund 50 Prozent. Trotz der Buchpreisbindung, über die Verlage die Händler zu fixen Verkaufspreisen verpflichten können, sei auch die deutsche Buchbranche nicht von der allgemeinen Entwicklung abgekoppelt, betonte Schenkel. *(2000)*

3. a) Trotz der wachsenden Konkurrenz durch andere Medien wächst auch der Buchmarkt stetig. Erörtern Sie mögliche Gründe.
   b) Diskutieren Sie, welche Folgen der Konzentrationsprozess in der Buchbranche haben könnte, den der Zeitungsartikel beschreibt.
4. Informieren Sie sich über aktuelle Verkaufszahlen im Internet: **http://www.boersenverein.de**.
5. a) Beschaffen Sie sich aktuelle **Bestsellerlisten** (z. B. in der Zeitschrift „Der Spiegel" oder im Branchenmagazin „Buchreport").
   b) Beschreiben Sie die unterschiedlichen Funktionen von Bestsellerlisten für Verlage, Leser/innen, Buchhandlungen und Büchereien.
6. Verfassen Sie eine Anleitung zur Buchbestellung über das **Internet**. Geben Sie dabei auch Tipps, wie man mit den verschiedenen Formen von Werbung für Bücher und andere Medien auf den Seiten der Internethändler umgehen sollte.
7. a) Sammeln Sie **Rezensionen** von Büchern in Zeitungen, **Klappentexte** und **Prospekte** zu Neuerscheinungen in Buchhandlungen.
   b) Vergleichen und bewerten Sie die Informationen, die Sie jeweils erhalten.
8. Tauschen Sie sich darüber aus, aus welchen Quellen Sie für gewöhnlich Ihre Informationen über Bücher beziehen. Was regt Sie am ehesten zur Lektüre eines Buches an?
9. Verfassen Sie einen ▷ **Essay:** Das Buch als geistiges Produkt und als Ware ▷ S. 86 f.

II Die literarischen Gattungen

Annemarie van Rinsum

Das Problem der Gattungen (1973)

Unter Gattungen verstand die Poetik von der Antike bis zur Aufklärung Normen für bestimmte Formen der Dichtung, nach denen sich Dichter und Kritiker zu richten hatten. Während es früher nur eine begrenzte Anzahl gab, ist heute die Zahl der Gattungen stark ausgeweitet; der Begriff ist nicht mehr eindeutig. Wir finden z.B. nicht nur den Roman, sondern auch dessen Unterabteilungen als sog. Gattungen: Briefroman, Dialogroman, historischer Roman, pikarischer[1] Roman, Abenteuerroman usw., also Gruppenbezeichnungen, die von verschiedenen Ordnungsprinzipien, formalen oder inhaltlichen, abgeleitet sind. Die moderne Gattungstheorie beschränkt die Arten nicht; sie kennt „reine" und „gemischte" und macht den Autoren keine Vorschriften; sie beschreibt die vorhandenen Arten, statt genau definierte zu fordern. Zwischen diesen Extremen fehlt es nicht an Versuchen, Gattungssysteme aufzustellen und gegeneinander abzugrenzen. Eine eindeutige Lösung dieses – ältesten – Problems der Literaturwissenschaft ist aber schon deswegen nicht möglich, weil jedes neue Werk der Literatur die bestehenden theoretischen Fixierungen ungültig machen kann.

Seit dem 18. Jh. hat sich in Deutschland die Einteilung in die drei „Naturformen der Poesie" (Goethe), Lyrik, Epik und Dramatik, durchgesetzt. Welchem der drei ein Werk zugehört, lässt sich an Form und Art der Äußerung ablesen: Wo sich ein Einzelner in gebundener Form über innere Zustände auslässt, handelt es sich um Lyrik, wo uns etwas erzählt wird (in gebundener oder ungebundener Form), um Epik, wo sich verkleidete Menschen auf einem bestimmten Schauplatz im Dialog äußern, um Dramatik. Aber diese Begriffe werden auch in einem anderen Sinne verwendet. Eine Erzählung zum Beispiel kann so spannend sein, dass wir sie als dramatisch empfinden; ein Theaterstück kann erzählende Partien enthalten, sodass wir es episch nennen; ein Roman kann lyrische Stellen aufweisen.

Unabhängig von der Dichtung wenden wir die drei Begriffe im allgemeinen Sprachgebrauch an: Ein Streit kann dramatisch sein, ein Motiv lyrisch, ein Erlebnis wie ein Roman. „Die Begriffe lyrisch, episch, dramatisch sind literaturwissenschaftliche Namen für fundamentale Möglichkeiten des menschlichen Daseins überhaupt" (Staiger).

Die zuletzt genannten Grundhaltungen wollen wir mit den Adjektiven lyrisch, episch, dramatisch bezeichnen, die Darbietungsform mit den Substantiven Lyrik, Epik, Dramatik. Als vierte Gattung kann das Didaktische gelten; da es zweckbestimmt ist, liegt es außerhalb der eigentlichen Dichtung.

1 **pikarischer Roman:** Schelmenroman als Sonderform des Abenteuerromans

1. Fassen Sie mit eigenen Worten die Position der Autorin zusammen.
2. Versuchen Sie die bislang von Ihnen im Unterricht oder privat gelesene Literatur in die im Text genannten Gattungen einzuordnen:
   a) Notieren Sie Autor/in und Titel jeweils auf einer Karteikarte.
   b) Ordnen Sie die Karteikarten an einer Pinnwand oder auf mehreren zusammengestellten Tischen nach Gattungen und Unterabteilungen. Nutzen Sie hierfür auch die folgende Grafik (▷ S. 159).
   c) Diskutieren Sie Zuordnungsprobleme.

Literarische Gattungen und ihre Formen					
Epik	*Großformen* Roman Epos Verserzählung Volksbuch *Mittlere Formen* Erzählung Novelle Brief *Kleinformen* Kurzgeschichte Fabel Parabel/Gleichnis Anekdote Märchen Sage/Legende Schwank Kalender-geschichte Reportage	Drama	*Grundformen* Tragödie (Trauerspiel) Tragikomödie Komödie (Lustspiel) *Sonderformen* Volksstück Schwank Lehrstück Dokumentarstück Episches Theater Absurdes Theater Hörspiel	Lyrik	*Formen des lyrischen Gedichts* Sonett Ode Hymne Elegie Lied *Sonderformen des Gedichts* Ballade Erzählgedicht Lehrgedicht Song Epigramm Konkrete Poesie Lautgedicht Alltagslyrik
Gattungsübergreifende Formen Satire, Groteske, Parodie, Travestie					

1 Epik

1.1 Vier Romananfänge

Theodor Fontane

Effi Briest (1895)

In Front des schon seit Kurfürst Georg Wilhelm[1] von der Familie von Briest bewohnten Herrenhauses zu Hohen-Cremmen fiel heller Sonnenschein auf die mittagsstille Dorfstraße, während nach der Park- und Gartenseite hin ein rechtwinklig angebauter Seitenflügel einen breiten Schatten erst auf einen weiß und grün quadrierten Fliesengang und dann über diesen hinaus auf ein großes, in seiner Mitte mit einer Sonnenuhr und an seinem Rande mit Canna indica[2] und Rhabarberstauden besetztes Rondell[3] warf. Einige zwanzig Schritte weiter, in Richtung und Lage genau dem Seitenflügel entsprechend, lief eine ganz in kleinblättrigem Efeu stehende, nur an einer Stelle von einer kleinen weiß gestrichenen Eisentür unterbrochene Kirchhofsmauer, hinter der der Hohen-Cremmener Schindelturm mit seinem blitzenden, weil neuerdings erst wieder vergoldeten Wetterhahn aufragte. Fronthaus, Seitenflügel und Kirchhofsmauer bildeten ein einen kleinen Ziergarten umschließendes Hufeisen, an dessen offener Seite man eines Teiches mit Wassersteg und angekettelten Boot und dicht daneben einer Schaukel

1 **Georg Wilhelm** (1595–1640): von 1620 bis 1640 Kurfürst von Brandenburg

2 **Canna indica:** tropisches Staudengewächs mit großen roten oder gelben Blüten

3 **Rondell:** rundes Beet

gewahr wurde, deren horizontal gelegtes Brett zu Häupten und Füßen an je zwei Stricken hing – die Pfosten der Balkenlage schon etwas schief stehend. Zwischen Teich und Rondell aber und die Schaukel halb versteckend standen ein paar mächtige alte Platanen.
Auch die Front des Herrenhauses – eine mit Aloekübeln[4] und ein paar Gartenstühlen besetzte Rampe – gewährte bei bewölktem Himmel einen angenehmen und zugleich allerlei Zerstreuung bietenden Aufenthalt; an Tagen aber, wo die Sonne niederbrannte, wurde die Gartenseite ganz entschieden bevorzugt, besonders von Frau und Tochter des Hauses, die denn auch heute wieder auf dem im vollen Schatten liegenden Fliesengange saßen, in ihrem Rücken ein paar offene, von wildem Wein umrankte Fenster, neben sich eine vorspringende kleine Treppe, deren vier Steinstufen vom Garten aus in das Hochparterre des Seitenflügels hinaufführten. Beide, Mutter und Tochter, waren fleißig bei der Arbeit, die der Herstellung eines aus Einzelquadraten zusammenzusetzenden Altarteppichs galt; ungezählte Wollsträhnen und Seidendocken lagen auf einem großen, runden Tisch bunt durcheinander, dazwischen, noch vom Lunch her, ein paar Dessertteller und eine mit großen, schönen Stachelbeeren gefüllte Majolikaschale[5]. Rasch und sicher ging die Wollnadel der Damen hin und her, aber während die Mutter kein Auge von der Arbeit ließ, legte die Tochter, die den Rufnamen Effi führte, von Zeit zu Zeit die Nadel nieder und erhob sich, um unter allerlei kunstgerechten Beugungen und Streckungen den ganzen Kursus der Heil- und Zimmergymnastik durchzumachen. Es war ersichtlich, dass sie sich diesen absichtlich ein wenig ins Komische gezogenen Übungen mit ganz besonderer Liebe hingab, und wenn sie dann so dastand und, langsam die Arme hebend, die Handflächen hoch über dem Kopf zusammenlegte, so sah auch wohl die Mama von ihrer Handarbeit auf, aber immer nur flüchtig und verstohlen, weil sie nicht zeigen wollte, wie entzückend sie ihr eigenes Kind finde, zu welcher Regung mütterlichen Stolzes sie voll berechtigt war. Effi trug ein blau und weiß gestreiftes, halb kittelartiges Leinwandkleid, dem erst ein fest zusammengezogener, bronzefarbener Ledergürtel die Taille gab; der Hals war frei und über Schulter und Nacken fiel ein breiter Matrosenkragen. In allem, was sie tat, paarten sich Übermut und Grazie, während ihre lachenden braunen Augen eine große, natürliche Klugheit und viel Lebenslust und Herzensgüte verrieten. Man nannte sie die „Kleine", was sie sich nur gefallen lassen musste, weil die schöne, schlanke Mama noch um eine Handbreit höher war.
Eben hatte sich Effi wieder erhoben, um abwechselnd nach links und rechts ihre turnerischen Drehungen zu machen, als die von ihrer Stickerei gerade wieder aufblickende Mama ihr zurief: „Effi, eigentlich hättest du doch wohl Kunstreiterin werden müssen. Immer am Trapez, immer Tochter der Luft. Ich glaube beinah, dass du so was möchtest."
„Vielleicht, Mama. Aber wenn es so wäre, wer wäre schuld? Von wem hab ich es? Doch nur von dir. Oder meinst du, von Papa? Da musst du nun selber lachen. Und dann, warum steckst du mich in diesen Hänger, in diesen Jungenskittel? Mitunter denk ich, ich komme noch wieder in kurze Kleider. Und wenn ich die erst wieder habe, dann knicks ich auch wieder wie ein Backfisch[6], und wenn dann die Rathenower herüberkommen, setze ich mich auf Oberst Goetzes Schoß und reite hopp, hopp. Warum auch nicht? Drei Viertel ist er Onkel und nur ein Viertel Courmacher[7]. Du bist schuld. Warum kriege ich keine Staatskleider? Warum machst du keine Dame aus mir?"
„Möchtest du's?"
„Nein." Und dabei lief sie auf die Mama zu und umarmte sie stürmisch und küsste sie.
„Nicht so wild, Effi, nicht so leidenschaftlich. Ich beunruhige mich immer, wenn ich dich so sehe ..." Und die Mama schien ernstlich willens, in Äußerung ihrer Sorgen und Ängste fortzufahren. Aber sie kam nicht weit damit, weil in ebendiesem Augenblicke drei junge Mädchen aus der kleinen, in der Kirchhofsmauer angebrachten Eisentür in den Garten eintraten und einen Kiesweg entlang auf das Rondell und die Sonnenuhr zuschritten. Alle

4 **Aloe:** tropische Lilienart
5 **Majolikaschale:** getöpferte Schale mit Zinnglasur
6 **Backfisch:** junges Mädchen
7 **Courmacher:** jemand, der einem Mädchen „den Hof macht", mit ihm flirtet

drei grüßten mit ihren Sonnenschirmen zu Effi herüber und eilten dann auf Frau von Briest zu, um dieser die Hand zu küssen. Diese tat rasch ein paar Fragen und lud dann die Mädchen ein, ihnen oder doch wenigstens Effi auf eine halbe Stunde Gesellschaft zu leisten. „Ich habe ohnehin noch zu tun, und junges Volk ist am liebsten unter sich. Gehabt euch wohl.“ Und dabei stieg sie die vom Garten in den Seitenflügel führende Steintreppe hinauf.

Und da war nun die Jugend wirklich allein. Zwei der jungen Mädchen – kleine, rundliche Persönchen, zu deren krausem, rotblondem Haar ihre Sommersprossen und ihre gute Laune ganz vorzüglich passten – waren Töchter des auf Hansa[8], Skandinavien und Fritz Reuter[9] eingeschworenen Kantors Jahnke, der denn auch, unter Anlehnung an seinen mecklenburgischen Landsmann und Lieblingsdichter und nach dem Vorbilde von Mining und Lining, seinen eigenen Zwillingen die Namen Bertha und Hertha gegeben hatte. Die dritte junge Dame war Hulda Niemeyer, Pastor Niemeyers einziges Kind; sie war damenhafter als die beiden anderen, dafür aber langweilig und eingebildet, eine lymphatische[10] Blondine, mit etwas vorspringenden, blöden Augen, die trotzdem beständig nach was zu suchen schienen, weshalb denn auch Klitzing von den Husaren gesagt hatte: „Sieht sie nicht aus, als erwarte sie jeden Augenblick den Engel Gabriel?“ Effi fand, dass der etwas kritische Klitzing nur zu sehr Recht habe, vermied es aber trotzdem, einen Unterschied zwischen den drei Freundinnen zu machen. Am wenigsten war ihr in diesem Augenblick danach zu Sinn, und während sie die Arme auf den Tisch stemmte, sagte sie: „Diese langweilige Stickerei. Gott sei Dank, dass ihr da seid.“

„Aber deine Mama haben wir vertrieben“, sagte Hulda.

„Nicht doch. Wie sie euch schon sagte, sie wäre doch gegangen; sie erwartet nämlich Besuch, einen alten Freund aus ihren Mädchentagen her, von dem ich euch nachher erzählen muss, eine Liebesgeschichte mit Held und Heldin, und zuletzt mit Entsagung. Ihr werdet Augen machen und euch wundern. Übrigens habe ich Mamas alten Freund schon drüben in Schwantikow gesehen; er ist Landrat, gute Figur und sehr männlich.“

„Das ist die Hauptsache“, sagte Hertha.

„Freilich ist das die Hauptsache, ‚Weiber weiblich, Männer männlich‘ – das ist, wie ihr wisst, einer von Papas Lieblingssätzen. Und nun helft mir erst Ordnung schaffen auf dem Tisch hier, sonst gibt es wieder eine Strafpredigt.“

Im Nu waren die Docken in den Korb gepackt, und als alle wieder saßen, sagte Hulda: „Nun aber, Effi, nun ist es Zeit, nun die Liebesgeschichte mit Entsagung. Oder ist es nicht so schlimm?“

„Eine Geschichte mit Entsagung ist nie schlimm. Aber ehe Hertha nicht von den Stachelbeeren genommen, eh kann ich nicht anfangen – sie lässt ja kein Auge davon. Übrigens nimm, so viel du willst, wir können ja hinterher neue pflücken; nur wirf die Schalen weit weg oder noch besser, lege sie hier auf die Zeitungsablage, wir machen dann eine Tüte daraus und schaffen alles beiseite. Mama kann es nicht leiden, wenn die Schlusen so überall umherliegen, und sagt immer, man könne dabei ausgleiten und ein Bein brechen.“

„Glaub ich nicht“, sagte Hertha, während sie den Stachelbeeren fleißig zusprach.

„Ich auch nicht“, bestätigte Effi. „Denkt doch mal nach, ich falle jeden Tag wenigstens zwei-, dreimal, und noch ist mir nichts gebrochen. Was ein richtiges Bein ist, das bricht nicht so leicht, meines gewiss nicht und deines auch nicht, Hertha. Was meinst du, Hulda?“

„Man soll sein Schicksal nicht versuchen; Hochmut kommt vor dem Fall.“

„Immer Gouvernante[11]; du bist doch die geborene alte Jungfer.“

„Und ich hoffe mich doch noch zu verheiraten. Und vielleicht eher als du.“

„Meinetwegen. Denkst du, dass ich darauf warte? Das fehlte noch. Übrigens, ich kriege schon einen, und vielleicht bald. Da ist mir nicht bange. Neulich erst hat mir der kleine Ventivegni von drüben gesagt: ‚Fräulein Effi,

8 **Hansa** (Hanse): Bündnis der Handelsstädte des Nord- und Ostseeraums vom 13. bis ins 17. Jahrhundert

9 **Fritz Reuter** (1810–1874): Sein dichterisches Werk in niederdeutscher Mundart befasst sich mit dem Alltag der mecklenburgischen Landbevölkerung

10 **lymphatisch:** blass und gedunsen

11 **Gouvernante:** Erzieherin

was gilt die Wette, wir sind hier noch in diesem Jahre zu Polterabend und Hochzeit.'"

„Und was sagtest du da?"

„‚Wohl möglich', sagt ich, ‚wohl möglich; Hulda ist die Älteste und kann sich jeden Tag verheiraten.' Aber er wollte davon nichts wissen und sagte: ‚Nein, bei einer anderen jungen Dame, die gerade so brünett ist, wie Fräulein Hulda blond ist.' Und dabei sah er mich ganz ernsthaft an... Aber ich komme vom Hundertsten aufs Tausendste und vergesse die Geschichte."

Franz Kafka

Der Prozess (1914/15)

Jemand musste Josef K. verleumdet haben, denn ohne dass er etwas Böses getan hätte, wurde er eines Morgens verhaftet. Die Köchin der Frau Grubach, seiner Zimmervermieterin, die ihm jeden Tag gegen acht Uhr früh das Frühstück brachte, kam diesmal nicht. Das war noch niemals geschehen. K. wartete noch ein Weilchen, sah von seinem Kopfkissen aus die alte Frau, die ihm gegenüber wohnte und die ihn mit einer an ihr ganz ungewöhnlichen Neugierde beobachtete, dann aber, gleichzeitig befremdet und hungrig, läutete er. Sofort klopfte es und ein Mann, den er in dieser Wohnung noch niemals gesehen hatte, trat ein. Er war schlank und doch fest gebaut, er trug ein anliegendes schwarzes Kleid, das, ähnlich den Reiseanzügen, mit verschiedenen Falten, Taschen, Schnallen, Knöpfen und einem Gürtel versehen war und infolgedessen, ohne dass man sich darüber klar wurde, wozu es dienen sollte, besonders praktisch erschien. „Wer sind Sie?", fragte K. und saß gleich halb aufrecht im Bett. Der Mann aber ging über die Frage hinweg, als müsse man seine Erscheinung hinnehmen, und sagte bloß seinerseits: „Sie haben geläutet?" – „Anna soll mir das Frühstück bringen", sagte K. und versuchte, zunächst stillschweigend, durch Aufmerksamkeit und Überlegung festzustellen, wer der Mann eigentlich war. Aber dieser setzte sich nicht allzu lange seinen Blicken aus, sondern wandte sich zur Tür, die er ein wenig öffnete, um jemandem, der offenbar knapp hinter der Tür stand, zu sagen: „Er will, dass Anna ihm das Frühstück bringt." Ein kleines Gelächter im Nebenzimmer folgte, es war nach dem Klang nicht sicher, ob nicht mehrere Personen daran beteiligt waren. Obwohl der fremde Mann dadurch nichts erfahren haben konnte, was er nicht schon früher gewusst hätte, sagte er nun doch zu K. im Tone einer Meldung: „Es ist unmöglich." – „Das wäre neu", sagte K., sprang aus dem Bett und zog rasch seine Hosen an. „Ich will doch sehen, was für Leute im Nebenzimmer sind und wie Frau Grubach diese Störung mir gegenüber verantworten wird." Es fiel ihm zwar gleich ein, dass er dadurch gewissermaßen ein Beaufsichtigungsrecht des Fremden anerkannte, aber es schien ihm jetzt nicht wichtig. Immerhin fasste es der Fremde so auf, denn er sagte: „Wollen Sie nicht lieber hierbleiben?" – „Ich will weder hierbleiben noch von Ihnen angesprochen werden, solange Sie sich mir nicht vorstellen." – „Es war gut gemeint", sagte der Fremde und öffnete nun freiwillig die Tür. Im Nebenzimmer, in das K. langsamer eintrat, als er wollte, sah es auf den ersten Blick fast genauso aus wie am Abend vorher. Es war das Wohnzimmer der Frau Grubach, vielleicht war in diesem mit Möbeln, Decken, Porzellan und Fotografien überfüllten Zimmer heute ein wenig mehr Raum als sonst, man erkannte das nicht gleich, umso weniger, als die Hauptveränderung in der Anwesenheit eines Mannes bestand, der beim offenen Fenster mit einem Buch saß, von dem er jetzt aufblickte. „Sie hätten in Ihrem Zimmer bleiben sollen! Hat es Ihnen denn Franz nicht gesagt?" – „Ja, was wollen Sie denn?", sagte K. und sah von der neuen Bekanntschaft zu dem mit Franz Benannten, der in der Tür stehen geblieben war, und dann wieder zurück. Durch das offene Fenster erblickte man wieder die alte Frau, die mit wahrhaft greisenhafter Neugierde zu dem jetzt gegenüberliegenden Fenster getreten war, um auch weiterhin alles zu sehen. „Ich will doch Frau Grubach –", sagte K., machte eine Bewegung, als reiße er sich von den zwei Männern los, die aber weit von ihm entfernt standen, und wollte weitergehen. „Nein", sagte der Mann beim Fenster, warf das Buch auf ein Tischchen und stand auf. „Sie dürfen nicht weggehen, Sie sind ja verhaftet." – „Es sieht so aus", sagte K. „Und warum denn?", fragte er dann. – „Wir sind nicht dazu bestellt, Ihnen das zu sagen. Gehen Sie in Ihr Zimmer und warten Sie. Das Verfahren ist nun einmal eingeleitet, und Sie werden alles zur richtigen Zeit erfahren. Ich gehe über meinen Auftrag hinaus, wenn ich Ihnen so freundschaftlich zurede. Aber ich hoffe, es hört es niemand sonst als Franz, und der ist selbst gegen alle Vorschrift freundlich zu Ihnen. Wenn Sie auch weiterhin so viel Glück haben wie bei der Bestimmung Ihrer Wächter, dann können Sie zuversichtlich sein." K. wollte sich setzen, aber nun sah er, dass im ganzen Zimmer keine Sitzgelegenheit war, außer dem Sessel beim Fenster. „Sie werden noch einsehen, wie wahr das alles ist", sagte Franz und ging gleichzeitig mit dem andern Mann auf ihn zu. Besonders der Letztere überragte K. bedeutend und klopfte ihm öfters auf die Schulter. Beide prüften K.s Nachthemd und sagten, dass er jetzt ein viel schlechteres Hemd werde anziehen müssen, dass sie aber dieses Hemd wie auch seine übrige Wäsche aufbewahren und, wenn seine Sache günstig ausfallen sollte, ihm wieder zurückgeben würden. „Es ist besser, Sie geben die Sachen uns als ins Depot", sagten sie, „denn im Depot kommen öfters Unterschleife[1] vor und außerdem verkauft man dort alle Sachen nach einer gewissen Zeit, ohne Rücksicht, ob das betreffende Verfahren zu Ende ist oder nicht. Und wie lange dauern doch derartige Prozesse, besonders in letzter Zeit! Sie bekämen dann schließlich allerdings vom Depot den Erlös, aber dieser Erlös ist erstens an sich schon gering, denn beim Verkauf entscheidet nicht die Höhe des Angebots, sondern die Höhe der Bestechung, und weiter verringern sich solche Erlöse erfahrungsgemäß, wenn sie von Hand zu Hand und von Jahr zu Jahr weitergegeben werden." K. achtete auf diese Reden kaum, das Verfügungsrecht über seine Sachen, das er vielleicht noch besaß, schätzte er nicht hoch ein, viel wichtiger war es ihm, Klarheit über seine Lage zu bekommen; in Gegenwart dieser Leute konnte er aber nicht einmal nachdenken, immer wieder stieß der Bauch des zweiten Wächters – es konnten ja nur Wächter sein – förmlich freundschaftlich an ihn, sah er aber auf, dann erblickte er ein zu diesem dicken Körper gar nicht passendes trockenes, knochiges Gesicht mit starker, seitlich gedrehter Nase, das sich über ihn hinweg mit dem anderen Wächter verständigte. Was waren denn das für Menschen? Wovon sprachen sie? Welcher Behörde gehörten sie an? K. lebte doch in einem Rechtsstaat, überall herrschte Friede, alle Gesetze bestanden aufrecht, wer wagte, ihn in seiner Wohnung zu überfallen? Er neigte stets dazu, alles möglichst leicht zu nehmen, das Schlimmste erst beim Eintritt des Schlimmsten zu glauben, keine Vorsorge für die Zukunft zu treffen, selbst wenn alles drohte. Hier schien ihm das aber nicht richtig, man konnte zwar das Ganze als Spaß ansehen, als einen groben Spaß, den ihm aus unbekannten Gründen, vielleicht weil heute sein dreißigster Geburtstag war, die Kollegen in der Bank veranstaltet hatten, es war natürlich möglich, vielleicht brauchte er nur auf irgendeine Weise den Wächtern ins Gesicht zu lachen, und sie würden mitlachen, vielleicht waren es Dienstmänner von der Straßenecke, sie sahen ihnen nicht unähnlich – trotzdem war er diesmal, förmlich schon seit dem ersten Anblick des Wächters Franz, entschlossen, nicht den geringsten Vorteil, den er vielleicht gegenüber diesen Leute besaß, aus der Hand zu geben. Darin, dass man später sagen würde, er habe keinen Spaß verstanden, sah K. eine ganz geringe Gefahr, wohl aber erinnerte er sich – ohne dass es sonst seine Gewohnheit gewesen wäre, aus Erfahrungen zu lernen – an einige, an sich unbedeutende Fälle, in denen er zum Unterschied von seinen Freunden mit Bewusstsein, ohne das geringste Gefühl für die möglichen Folgen, sich unvorsichtig benommen hatte und dafür durch das Ergebnis gestraft worden war. Es sollte nicht wieder geschehen, zumindest nicht diesmal; war es eine Komödie, so wollte er mitspielen.

1 **Unterschleif**: Unterschlagung, unrechtmäßiges Einbehalten

Thomas Mann

Der Zauberberg (1924)

Vorsatz

Die Geschichte Hans Castorps, die wir erzählen wollen, – nicht um seinetwillen (denn der Leser wird einen einfachen, wenn auch ansprechenden jungen Mann in ihm kennen lernen), sondern um der Geschichte willen, die uns in hohem Grade erzählenswert scheint (wobei zu Hans Castorps Gunsten denn doch erinnert werden sollte, dass es seine Geschichte ist, und dass nicht jedem jede Geschichte passiert): diese Geschichte ist sehr lange her, sie ist sozusagen schon ganz mit historischem Edelrost überzogen und unbedingt in der Zeitform der tiefsten Vergangenheit vorzutragen.

Das wäre kein Nachteil für eine Geschichte, sondern eher ein Vorteil; denn Geschichten müssen vergangen sein, und je vergangener, könnte man sagen, desto besser für sie in ihrer Eigenschaft als Geschichten und für den Erzähler, den raunenden Beschwörer des Imperfekts. Es steht jedoch so mit ihr, wie es heute auch mit den Menschen und unter diesen nicht zum Wenigsten mit den Geschichtenerzählern steht: sie ist viel älter als ihre Jahre, ihre Betagtheit ist nicht nach Tagen, das Alter, das auf ihr liegt, nicht nach Sonnenumläufen zu berechnen; mit einem Worte: sie verdankt den Grad ihres Vergangenseins nicht eigentlich der Zeit, – eine Aussage, womit auf die Fragwürdigkeit und eigentümliche Zwienatur dieses geheimnisvollen Elementes im Vorbeigehen angespielt und hingewiesen sei.

Um aber einen klaren Sachverhalt nicht künstlich zu verdunkeln: die hochgradige Verflossenheit unserer Geschichte rührt daher, dass sie vor einer gewissen, Leben und Bewusstsein tief zerklüftenden Wende und Grenze spielt ... Sie spielt, oder, um jedes Präsens geflissentlich zu vermeiden, sie spielte und hat gespielt vormals, ehedem, in den alten Tagen, der Welt vor dem großen Kriege, mit dessen Beginn so vieles begann, was zu beginnen wohl kaum schon aufgehört hat. Vorher also spielt sie, wenn auch nicht lange vorher. Aber ist der Vergangenheitscharakter einer Geschichte nicht desto tiefer, vollkommener und märchenhafter, je dichter „vorher" sie spielt? Zudem könnte es sein, dass die unsrige mit dem Märchen auch sonst, ihrer inneren Natur nach, das eine und andre zu schaffen hat. Wir werden sie ausführlich erzählen, genau und gründlich, – denn wann wäre je die Kurz- oder Langweiligkeit einer Geschichte abhängig gewesen von dem Raum und der Zeit, die sie in Anspruch nahm? Ohne Furcht vor dem Odium der Peinlichkeit, neigen wir vielmehr der Ansicht zu, dass nur das Gründliche wahrhaft unterhaltend sei.

Im Handumdrehen also wird der Erzähler mit Hansens Geschichte nicht fertig werden. Die sieben Tage einer Woche werden dazu nicht reichen und auch sieben Monate nicht. Am besten ist es, er macht sich im Voraus nicht klar, wie viel Erdenzeit ihm verstreichen wird, während sie ihn umsponnen hält. Es werden, in Gottes Namen, ja nicht geradezu sieben Jahre sein!

Und somit fangen wir an.

Christa Wolf

Kassandra[1] (1983)

Hier war es. Da stand sie[2]. Diese steinernen Löwen, jetzt kopflos, haben sie angeblickt. Diese Festung, einst uneinnehmbar, ein Steinhaufen jetzt, war das letzte, was sie sah. Ein lange vergessener Feind und die Jahrhunderte, Sonne, Regen, Wind haben sie geschleift. Unverändert der Himmel, ein tiefblauer Block, hoch, weit. Nah die zyklopisch gefügten Mauern[3], heute wie gestern, die dem Weg die Richtung geben: zum Tor hin, unter dem kein Blut hervorquillt. Ins Finstere. Ins Schlachthaus. Und allein.

Mit der Erzählung geh ich in den Tod.

Hier ende ich, ohnmächtig, und nichts, nichts was ich hätte tun oder lassen, wollen oder denken können, hätte mich an ein andres Ziel geführt. Tiefer als von jeder andren Regung, tiefer selbst als von meiner Angst, bin ich durchtränkt, geätzt, vergiftet von der Gleichgültigkeit der Außerirdischen gegenüber uns Irdischen. Gescheitert das Wagnis, ihrer Eiseskälte unsre kleine Wärme entgegenzusetzen. Vergeblich versuchen wir, uns ihren Gewalttaten zu entziehn, ich weiß es seit langem. Doch neulich nachts, auf der Überfahrt, als aus jeder Himmelsrichtung die Wetter unser

1 **Kassandra:** Tochter des trojanischen Königs Priamos, die während des Krieges um Troja als Priesterin und Seherin auf die Entscheidungen des Königshauses Einfluss zu nehmen suchte, mit ihren prophetischen Warnungen aber kein Gehör fand und schließlich nach der Eroberung der Stadt dem Führer der Griechen, Agamemnon, als Kriegsbeute zugeteilt wurde.

2 Die Erzählerin steht am Löwentor von Mykene, der Burg Agamemnons, und denkt an Kassandra, die dann mit der Zeile 13 ihre Geschichte zu erzählen beginnt.

3 **zyklopisch gefügte Mauer:** antike Mauer aus unbehauenen Bruchsteinen

Schiff zu zerschmettern drohten; niemand sich hielt, der nicht festgezurrt war; als ich Marpessa betraf, wie sie heimlich die Knoten löste, die sie und die Zwillinge aneinander und an den Mastbaum fesselten; als ich, an längerer Leine hängend als die anderen Verschleppten, bedenkenlos, gedankenlos mich auf sie warf; sie also hinderte, ihr und meiner Kinder Leben den gleichgültigen Elementen zu lassen, und sie statt dessen wahnwitzigen Menschen überantwortete; als ich, vor ihrem Blick zurückweichend, wieder auf meinem Platz neben dem wimmernden, speienden Agamemnon[4] hockte – da mußte ich mich fragen, aus was für dauerhaftem Stoff die Stricke sind, die uns ans Leben binden. Marpessa, sah ich, die, wie einmal schon, mit mir nicht sprechen wollte, war besser vorbereitet, auf was wir nun erfahren, als ich, die Seherin; denn ich zog Lust aus allem, was ich sah – Lust; Hoffnung nicht! – und lebte weiter, um zu sehn.

Merkwürdig, wie eines jeden Menschen Waffen – Marpessas Schweigen, Agamemnons Toben – stets die gleichen bleiben müssen. Ich freilich hab allmählich meine Waffen abgelegt, das wars, was an Veränderung mir möglich war. Warum wollte ich die Sehergabe unbedingt?

Mit meiner Stimme sprechen: das Äußerste. Mehr, andres hab ich nicht gewollt. Zur Not könnt ich es beweisen, doch wem? Dem fremden Volk, das, frech und scheu zugleich, den Wagen umsteht? Ein Grund zu lachen, gäbe es den noch: Mein Hang, mich zu rechtfertigen, sollte sich, so kurz vor mir selbst, erledigt haben.

Marpessa schweigt. Die Kinder will ich nicht mehr sehn. Sie hält sie unter dem Tuch vor mir versteckt.

Der gleiche Himmel über Mykenae wie über Troia, nur leer. Emailleschimmernd, unzugänglich, blankgefegt. Etwas in mir entspricht der Himmelsleere über dem feindlichen Land. Noch alles, was mir widerfahren ist, hat in mir seine Entsprechung gefunden. Es ist das Geheimnis, das mich umklammert und zusammenhält, mit keinem Menschen habe ich darüber reden können. Hier erst, am äußersten Rand meines Lebens, kann ich es bei mir selber benennen: Da von jedem etwas in mir ist, habe ich zu keinem ganz gehört, und noch

4 **Agamemnon:** griechischer Heerführer, s. Anm. 1

Christa Wolf

ihren Haß auf mich hab ich verstanden. Einmal, „früher“, ja, das ist das Zauberwort, hab ich in Andeutungen und halben Sätzen mit Myrine darüber sprechen wollen – nicht, um mir Erleichterung zu verschaffen, die gab es nicht. Sondern weil ich es ihr schuldig zu sein glaubte. Troias Ende war abzusehen, wir waren verloren. Aineias[5] mit seinen Leuten hatte sich abgesetzt. Myrine verachtete ihn. Und ich versuchte ihr zu sagen, daß ich Aineias – nein, nicht nur verstand: erkannte. Als sei ich er. Als kauerte ich in ihm, speiste mit meinen Gedanken seine verräterischen Entschlüsse. „Verräterisch“, sagte Myrine, die zornig mit der Axt auf das kleine Gebüsch im Graben um die Zitadelle[6] einschlug, mir nicht zuhörte, mich vielleicht gar nicht verstand, denn seit ich im Korb gefangen gesessen, sprech ich leise. Die Stimme ist es nicht, wie alle meinten, die hatte nicht gelitten. Es ist der Ton. Der Ton der Verkündigung ist dahin. Glücklicherweise dahin. Myrine schrie. Seltsam, daß ich, selbst noch nicht alt, von beinahe jedem, den ich gekannt, in der Vergangenheitsform reden muß. Nicht von Aineias, nein. Aineias lebt. Aber muß ein Mann, der lebt, wenn alle Männer sterben, ein Feigling sein? War es mehr als Politik, daß er, anstatt die Letzten in den Tod zu führen, sich mit ihnen auf den Berg Ida, in heimatliches Gelände, zurückzog? Ein paar müssen doch übrigbleiben – Myrine bestritt es –: warum nicht zuallererst Aineias und seine Leute.

5 **Aineias:** Sohn der Liebesgöttin Aphrodite, kämpfte auf Seiten der Trojaner und konnte mit einem Teil seiner Bundesgenossen den Griechen entkommen

6 **Zitadelle:** Festung

Warum nicht ich, mit ihm? Die Frage stellte sich nicht. Er, der sie mir stellen wollte, hat sie zuletzt zurückgenommen. Wie ich, leider, unterdrücken mußte, was ich ihm jetzt erst hätte sagen können. Wofür ich, um es wenigstens zu denken, am Leben blieb. Am Leben bleibe, die wenigen Stunden. Nicht nach dem Dolch verlange, den, wie ich weiß, Marpessa bei sich führt. Den sie mir vorhin, als wir die Frau, die Königin gesehen hatten, nur mit den Augen angeboten hat. Den ich, nur mit den Augen, abgelehnt. Wer kennt mich besser als Marpessa? Niemand mehr. Die Sonne hat den Mittag überschritten. Was ich begreifen werde, bis es Abend wird, das geht mit mir zugrund. Geht es zugrund? Lebt der Gedanke, einmal in der Welt, in einem andern fort? In unserm wackern Wagenlenker, dem wir lästig sind? Sie lacht, hör ich die Weiber sagen, die nicht wissen, daß ich ihre Sprache sprech. Schaudernd ziehn sie sich von mir zurück, überall das gleiche. Myrine, die mich lächeln sah, als ich von Aineias sprach, schrie: Unbelehrbar, das sei ich. Ich legte meine Hand in ihren Nacken, bis sie schwieg und wir beide, von der Mauer neben dem Skäischen Tor, die Sonne ins Meer tauchen sahn. So standen wir zum letzten Mal beisammen, wir wußten es.

R

1. Untersuchen Sie die vier Romananfänge. Beschreiben Sie möglichst genau, wie Sie als Leser/in jeweils in die Welt des Romans eingeführt werden. Gehen Sie dabei folgenden Fragen nach:
   - Welche Informationen erhalten Sie über **Ort, Milieu, Atmosphäre** und **Zeit**?
   - Welche **Figuren** lernen Sie kennen und welches Bild gewinnen Sie von diesen Figuren?
   - Finden Sie Hinweise darauf, was für eine Geschichte Sie beim Weiterlesen erwartet? Beachten Sie in diesem Zusammenhang auch den Titel.
   - Aus welcher **Perspektive** wird Ihnen die Welt des Romans dargeboten und wie trägt das dazu bei, sich in dieser Welt zurechtzufinden?
   - Was fällt Ihnen hinsichtlich der **sprachlichen Gestaltung** auf: Verständlichkeit und Eingängigkeit, Sprachebene(n), Tonfall, Stilmittel, Tempusgebrauch, Satzbau, Adressatenbezug etc.?
2. a) Diskutieren Sie, welcher der vier Romananfänge Sie am stärksten zum Weiterlesen reizt.
   b) Sammeln Sie zu jedem Romananfang die Argumente, die Sie für die Fortsetzung der Lektüre anführen können.
   c) Machen Sie sich auf Grund der Diskussion und der Argumentesammlung bewusst, was Sie von der Lektüre eines Romans erwarten.
3. Die Romananfänge sind in chronologischer Reihenfolge abgedruckt. Entsprechen sie den Erwartungen, die Sie Texten aus der betreffenden Zeit entgegenbringen? Begründen Sie Ihre Einschätzung.
4. a) Orientieren Sie sich über den Inhalt und die Autoren bzw. die Autorin der vier Romane in Literaturlexika (z. B. Kindlers Literaturlexikon), Autorenlexika und Literaturgeschichten.
   b) Vergleichen Sie die dort gefundenen Informationen mit Ihren eigenen Eindrücken und Überlegungen zu den Romananfängen.

PRODUKTIVE AUFGABEN ZU DEN ROMANANFÄNGEN

- **Effi Briest:** Wie könnte diese Unterhaltung weitergehen? Entwerfen Sie ein Gespräch, das Effi mit den drei zu Besuch gekommenen Mädchen führt.
- ▷ S. 171 f. **Der Prozess:** Setzen Sie die Überlegungen von Josef K. fort und gestalten Sie diese als ▷ inneren Monolog.
- **Der Zauberberg:** Die Geschichte Hans Castorps spielt „vor einer gewissen, Leben und Bewusstsein tief zerklüftenden Wende und Grenze", d. h. in diesem Fall vor dem Ersten Weltkrieg. Stellen Sie gemeinsam historische Ereignisse zusammen, die nach Ihrer Kenntnis Leben und Bewusstsein der Menschen verändert haben, und skizzieren Sie in Kleingruppen eine mögliche Romanhandlung vor oder nach einem solchen Ereignis.
- **Kassandra:** Schreiben Sie den Romananfang aus der Ich-Form in die Er-/Sie-Form um. Dabei steht Ihnen eine große Bandbreite von Gestaltungsmöglichkeiten zur Verfügung, über die Sie sich im Kapitel 1.2: „Ein Modell literarischen Erzählens" (▷ S. 169 ff.) informieren können.

Karl Migner

Kennzeichen des modernen Romans (1970)

Wesentlich sind zwei Tendenzen, die für die Romangestaltung im 20. Jahrhundert bestimmend werden. Erstens: die Erringung einer nahezu uneingeschränkten Freiheit für den Erzähler, für die Gestaltung des Helden, des Geschehens, der Komposition des Romans und für die Hereinnahme der unterschiedlichsten Darstellungsmittel, Stilelemente und Sprechformen. Und zweitens: die in verschiedenen Spielarten erkennbar werdende Absicht, zu einer möglichst unmittelbaren Darstellung der ganzen komplexen Wahrheit über Mensch und Welt zu kommen. Das geschieht notfalls unter Verzicht auf äußere Realitätstreue, im Extrem in allen Einzelaspekten des Romans. [...]
Das bedeutet für Autor und Leser des modernen Romans: Der von souveräner Überlegenheit abgerückte Erzähler benutzt alle denkbaren Spielformen erzählerischer Haltung und erzählerischen Vorgehens mit dem Ziel, möglichst viele Aspekte oder eine möglichst intensive Schau der gewählten Thematik zu erschließen. Das reicht von dem Eingeständnis des Autors, alles erfunden zu haben, bis zu seinem völligen Aufgehen in einer Figur, aus deren Perspektive die Welt gesehen wird. Dem Leser wird immer erneut angestrengte Bemühung um ein subtiles Verständnis von Aussage und Kompositionsform zugemutet. [...]

Die Figur

Die Frage nach dem Menschen als mehr oder weniger genau bestimmbarem Wesen ist eines der zentralen Probleme des modernen Romans. Das gilt sowohl inhaltlich wie formal, denn die Struktur des Ganzen ist entscheidend von der Konzeption dieses im Mittelpunkt stehenden Dichtungsgegenstandes abhängig. Historisch gesehen, gehört der Romanheld als vorbildhafte, bestimmten Normvorstellungen verpflichtete Figur vergangenen Epochen an und wirkt bis ins 18. Jahrhundert hinein. Er entspricht einem statischen Bild vom Menschen und von der Welt, das in einer festen Ordnung begründet liegt. Im 18. Jahrhundert setzt sich der unverwechselbare individuelle Mensch als Romanheld durch, der erstmals im Don Quijote[1] in Erscheinung trat. Mit ihm ziehen das psychologische Interesse in den Roman ein und eine Gestaltungsweise, die nach dem Prinzip von Ursache und Wirkung vorgeht und etwa erkennbar vom Charakter einer Figur auf ihre Handlungen schließt und umgekehrt.
Diese Sicherheit, den Menschen durch Beschreibung und Analyse durchschaubar machen zu können, geht im 20. Jahrhundert endgültig verloren. Auch das Interesse am Einzelschicksal eines Menschen verblasst. Und so dient die Gestaltung der Heldenfigur in zunehmendem Maße der Frage nach den Möglichkeiten und Grenzen des Menschen in der gegenwärtigen Zeitsituation. Demgemäß werden sein Selbstverständnis, sein Lebensgefühl, seine etwa für die Gegenwart charakteristische Bewusstseinslage wichtiger als singuläre[2] Erlebnisse von geringer Repräsentanz[3]. Die Heldenfigur inmitten einer ihr keineswegs mehr selbstverständlich vertrauten Umwelt, die Heldenfigur in unter Umständen keineswegs mehr schlüssig erklärbaren Aktionen, die Heldenfigur in oftmals unvollständiger, beispielsweise auf bestimmte Verhaltensweisen reduzierter Gestaltung tritt immer mehr in den Mittelpunkt des modernen Romans.
Versucht man eine Kategorisierung der Erscheinungsformen des Helden von der Konzeption der Figur – und nicht von der an ihr dargestellten Problematik – her, so lassen sich drei sehr stark ineinander übergehende Heldenbilder entwerfen. Sie alle sind zumindest tendenziell auf die Verkürzung des Menschen angelegt. Das gilt ganz besonders für den auf bestimmte Inhalte reduzierten Helden, dessen Bewusstsein oder dessen Weltverständnis allein interessieren. Das gilt für den verfremdeten Helden, der als Anti-Held, als Don-Quijote-Figur oder als verkrüppelter Außenseiter erscheint. Und das gilt ganz ausgesprochen für den Helden als Kunstfigur, als Homunkulus-Gestalt[4] etwa oder als Phänotyp[5] unserer Epoche.

1 **Don Quijote:** der 1605 und 1615 in zwei Teilen erschienene Roman „Der scharfsinnige Edelmann Don Quijote de la Mancha" des spanischen Schriftstellers Miguel de Cervantes Saavedra
2 **singulär:** einzigartig
3 **Repräsentanz:** Verkörperung des Typischen, Wesentlichen
4 **Homunkulus:** künstlicher Mensch
5 **Phänotyp:** Erscheinungsbild

Die Struktur

Neben der neuen Position, die Erzähler und Held im modernen Roman einnehmen, ist vor allem die veränderte Rolle zu nennen, die die Geschichte, die Fabel, spielt. In dem Maße, in dem der Erzähler nicht mehr primär um der Unterhaltung willen erzählt und in dem der Held nicht mehr als singuläres Individuum interessant ist, kommt es auch nicht mehr darauf an, eine in größerem oder geringerem Umfang abenteuerliche – und vor allem: geschlossene – Geschichte zu erzählen. Zweifellos kann auch das individuelle Schicksal eines Einzelnen genügend allgemeine Repräsentanz gewinnen, aber insgesamt ist die Gefahr, dass eine solche Darstellung stark verengt, sehr groß. Dabei kommt es heute immer mehr darauf an, die Frage nach dem Menschen, nach seiner Stellung in der Welt prinzipiell zu stellen. Dadurch rückt eine Zuständlichkeit eher in den Mittelpunkt als ein chronologischer Ablauf, ein Einzelproblem eher als eine Folge von Geschehnissen und prinzipiell die offene Frage, der Zweifel, die Unsicherheit eher als die gläubige Hinnahme der vorgefundenen Gegebenheiten.

Für die Bauform eines Romans hat das eine grundsätzliche Konsequenz: Die strukturierende Funktion von Held und Fabel, die durch ihre Konstitution und durch ihren Fortgang gewissermaßen „organisch“ für eine gegliederte Form sorgen, fällt ebenso aus wie ordnende Kategorien Raum, Zeit und Kausalität. Artistische Konstruktion, Montage unterschiedlicher Elemente müssen eine sehr viel kunstvollere Bauform herstellen. [...]

Das heißt, dass an die Stelle von Anschaulichkeit, Geschlossenheit und Kontinuität des Erzählens andere Kriterien zur Wertung eines Romans treten müssen: die Intensität des Erzählten sowie die Faszination, die von der Formgebung, von der Komposition auszugehen vermag. Und das heißt, dass eine Vielzahl formaler Elemente eine größere oder zumindest doch eine andere Bedeutung für die Romankomposition erhält.

1. a) Stellen Sie in einer Liste zusammen, was nach Karl Migner das Neue und Andersartige im modernen Roman ist.
   b) Aus Migners Darstellung können Sie Rückschlüsse auf die Figurengestaltung und die Erzählstruktur im traditionellen Roman ziehen; stellen Sie diese in einer parallel angelegten Liste den Kennzeichen des modernen Romans gegenüber.
2. a) Untersuchen Sie Migners Text daraufhin, welche Gründe sich für den Wandel des Erzählens in der Moderne finden lassen.
   b) Diskutieren Sie, ob Ihnen diese Gründe einleuchtend erscheinen und ob es möglicherweise andere Gründe gibt.
3. Untersuchen Sie die vier Romananfänge auf den Seiten 159–166 auf die Frage hin: traditioneller oder moderner Roman?

BUCHVORSTELLUNGEN

Wählen Sie einen der folgenden Romane aus und stellen Sie ihn dem Kurs vor (Angaben zu Verfasser/in, Titel, Inhalt, Leseeindruck, Erzählstruktur und erzählerischen Mitteln; Textprobe):

Theodor Fontane: Effi Briest (1895)
Franz Kafka: Der Prozess (1914/15)
Thomas Mann: Der Zauberberg (1924)
Wolfgang Koeppen: Tauben im Gras (1951)
Max Frisch: Homo faber (1957)
Tschingis Aitmatow: Dshamilja (1958)
Günter Grass: Die Blechtrommel (1959)
Gabriel García Márquez: Liebe in den Zeiten der Cholera (1988)
Christa Wolf: Kassandra (1983)
Patrick Süskind: Das Parfüm (1985)
Christoph Hein: Der Tangospieler (1989)
Marcel Beyer: Flughunde (1995)
Bernhard Schlink: Der Vorleser (1995)
Zoë Jenny: Das Blütenstaubzimmer (1997)

1.2 Ein Modell literarischen Erzählens

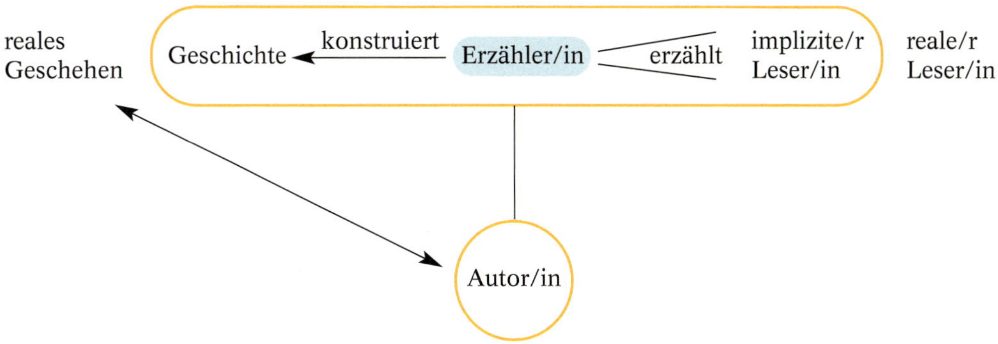

Ein Autor erschafft sich einen Erzähler oder eine Erzählerin, der/die einer vorgestellten Leserschaft eine Geschichte erzählt. Als Anregung für seine Geschichte kann er auf ein reales Geschehen, das er selbst erlebt hat oder das er einer Quelle (Geschichtsbuch, Zeitungsartikel etc.) entnommen hat, aber auch auf Fiktionen zurückgreifen. Diese Fiktionen können wiederum der eigenen Fantasie entstammen oder vorgefundenes Material aus literarischen Texten bzw. aus Filmen sein. Vollendet wird der Vorgang des Erzählens erst, wenn ein realer Leser das Erzählte aufnimmt. Im Folgenden werden die einzelnen Bestandteile dieses Erzählmodells, das **die epische Ursituation** darstellen soll, genauer beschrieben.

Der Erzähler/die Erzählerin

Das entscheidende gattungsspezifische Merkmal, das die Epik von allen anderen literarischen Gattungen auf charakteristische Weise trennt, ist der Erzähler bzw. die Erzählerin. Der Erzähler/die Erzählerin ist, wie das obige Modell verdeutlicht, streng zu unterscheiden vom Autor, dessen Name auf dem Buchrücken eines Romans oder neben dem Titel einer Kurzgeschichte steht. Der Erzähler/die Erzählerin ist die **fiktive,** im Text mehr oder minder deutlich erscheinende **Figur,** die der Autor erfindet, um uns die Geschichte zu präsentieren. Ganz deutlich wird das am Beispiel des Romananfangs von „Kassandra" (▷ S. 164 ff.). Der Roman ist von der Autorin Christa Wolf geschrieben, erzählt wird er im ersten Abschnitt von einer anonymen Erzählerin oder einem anonymen Erzähler, ab dem zweiten Abschnitt von der Titelfigur Kassandra.
Jeder Autor schafft für seinen Erzähler ein bestimmtes Erzählsystem, indem er innerhalb einer Reihe von Erzählkategorien, bewusst oder unbewusst, Auswahlentscheidungen trifft.

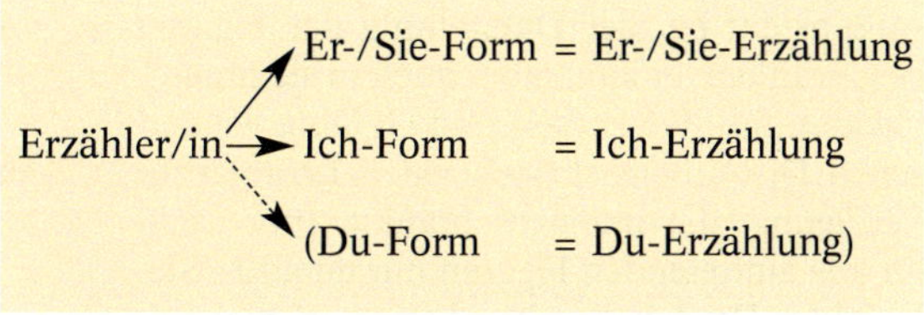

Der Autor wählt eine **Erzählform.**
In der Er-/Sie-Form erzählt der Erzähler von einer dritten Person, in der Ich-Form von sich selbst und in der Du-Form vom Angesprochenen. Diese letzte Form steht in der Übersicht in Klammern, da sie so gut wie nie vorkommt. In der **Er-/Sie-Erzählung** tritt der Erzähler als Person ganz in den Hintergrund. Der Leser erfährt nichts oder kaum etwas über den Charakter und das Leben des Erzählers, der nur ein Vermittler der Geschichte ist und hauptsächlich in Kommentaren zum Erzählten im Text erscheint. Ein **Ich-Erzähler** macht dagegen sich selbst zum Gegenstand des Erzählens und wird

für den Leser als Person greifbar. Das wird er sogar auf zweifache Weise: einmal als **erlebendes Ich,** das in die erzählte Geschichte verstrickt ist, und zum anderen als **erzählendes Ich.** Zwischen diesen beiden Ich-Aspekten kann ein großer oder kleiner Abstand bestehen, je nachdem, ob der Ich-Erzähler unmittelbar aus der erlebten Situation heraus erzählt oder von einem späteren Zeitpunkt aus darauf zurückblickt.

Der Erzähler zeigt ein bestimmtes **Erzählverhalten.**
Beim **auktorialen** Erzählverhalten greift der Erzähler in den Erzählvorgang ein: durch Kommentare zu den erzählten Vorgängen, durch allgemeine Reflexionen, Urteile über Personen, Ansprachen an den Leser, Hinweise auf kommende Ereignisse etc. Es handelt sich dabei um ein Erzählverhalten, das den Leser mehr oder minder spürbar durch die Geschichte leitet. Das vermag sowohl ein Er-/Sie-Erzähler als auch ein Ich-Erzähler. Beim **personalen** Erzählen hingegen schlüpft der Erzähler in eine oder auch abwechselnd in verschiedene Personen und erzählt aus deren **Perspektive.** Der Erzähler blickt mit den Augen der gewählten Figur in die Welt, sieht und hört nichts anderes als diese Figur, weiß nicht mehr als sie. Das **neutrale** Erzählverhalten ist dadurch gekennzeichnet, dass weder aus der Sicht einer Person erzählt noch ein kommentierender, den Leser leitender Erzähler erkennbar wird. Neutrales Erzählverhalten erweckt den Anschein höchster Objektivität. Vorgänge werden sachlich berichtet, tragen sich sozusagen selbst vor, oder das Erzählen besteht einfach darin, dass Gespräche der Figuren ohne Zwischenbemerkungen des Erzählers wiedergegeben werden („szenisches Erzählen").

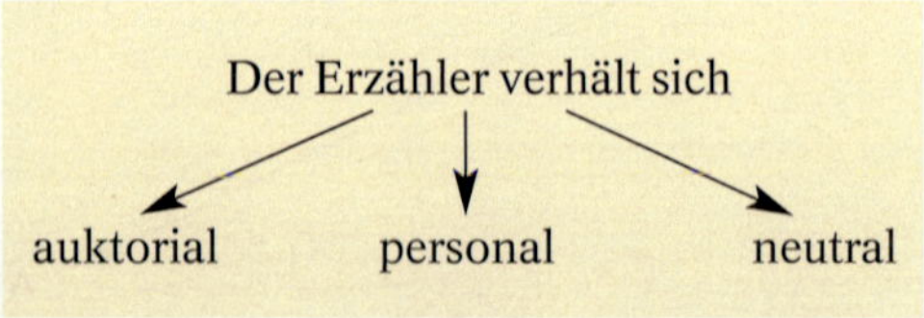

Der Erzähler nimmt einen **Erzählstandort** ein. Es gibt eine Bandbreite von Entfernungen, in denen sich der Erzähler zum Erzählten befinden kann. Sie reicht von größter Nähe, bei der unmittelbar aus dem Geschehen heraus erzählt wird, womit ein geringer Überblick, aber ein spannungsförderndes Miterleben für den Leser verbunden ist, bis hin zu einer weiten Distanz zum erzählten Geschehen. Häufig zu finden in traditionellem Erzählen ist der so genannte „olympische Erzählerstandort". Man drückt damit aus, dass der Erzähler göttergleich über der erzählten Welt thront, dass er alle Zusammenhänge kennt und alles weiß. Er wird deshalb auch der allwissende oder omnipotente Erzähler genannt.

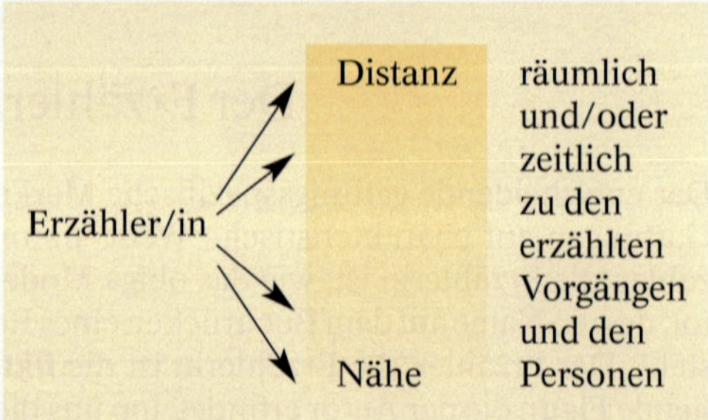

Der Erzähler erzählt aus einer bestimmten **Sichtweise**. Der Erzähler kann sich auf die Außensicht bei der Darstellung der Figuren beschränken, er kann aber auch in sie hineinblicken, ihre Gedanken und Gefühle wiedergeben. Die Außensicht steht jedem Erzähler zur Verfügung, die uneingeschränkte Innensicht für alle auftretenden Figuren nur dem Er-/Sie-Erzähler. Der Ich-Erzähler kann natürlich sein eigenes Innenleben vor dem Leser detailliert ausbreiten, vom Innenleben anderer kann er nur berichten, wenn er zugleich auch dem Leser einsichtig macht, woher er seine Kenntnisse hat, ob er zum Beispiel vom Äußeren auf das Innere schließt oder ob die betreffende Person ihm ihr Innenleben offenbart hat.

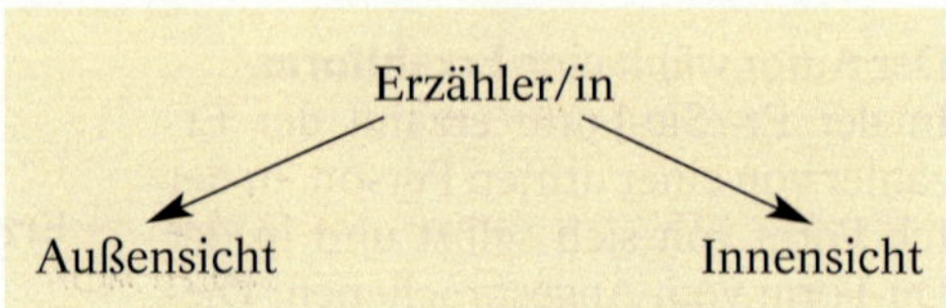

Der Erzähler zeigt eine bestimmte **Erzählhaltung.**

- Haltung des Erzählers zum erzählten Geschehen und zu den Personen
  - affirmativ
    - emphatisch (begeistert)
    - einfache Zustimmung
  - neutral
  - skeptisch-schwankend
  - distanziert
    - humorvoll
    - ironisch
    - kritisch
    - ablehnend

Die Kategorie der Erzählhaltung ist nicht ganz präzise zu trennen von der Kategorie des Erzählverhaltens. Der Begriff „neutral“ erscheint in beiden Kategorien. Es liegt aber auf der Hand, dass ein neutrales Erzählverhalten auch eine neutrale, alle Wertungen und Urteile vermeidende Erzählhaltung erfordert.

Das Erzählen und seine Darbietungsformen

- Der Erzähler behält das Wort
  - Erzählbericht und Beschreibungen
  - Reflexionen und Kommentare
- Die Figuren kommen zu Wort
  - Figurenrede
    - direkte Wiedergabe, z. B. szenisches Erzählen
    - indirekte Wiedergabe (indirekte Rede)
  - Bewusstseinsstromtechnik
    - Stream of consciousness
    - innerer Monolog
    - erlebte Rede

Die Grundform des Erzählens ist der **Erzählbericht,** der besonders beim traditionellen Erzählen vorherrscht. Hier wendet sich der Erzähler der Handlung und ihren Figuren zu, er vermittelt mehr oder minder ausführlich seinen eigentlichen Erzählgegenstand. Darin kann er dann, wenn er sich auktorial verhält, allerlei eigene **Reflexionen,** also Überlegungen und Betrachtungen, sowie **Kommentare** einstreuen. Der Erzähler wird aber auch seine Figuren zu Wort kommen lassen. Das kann er in der Form der **direkten Rede** tun, so kann er zum Beispiel Gespräche wie kleine Dramenszenen in direkter Dialogform wiedergeben (**szenisches Erzählen**), oder auch in ▷ S. 76 der Form der zusammenfassenden ▷ **indirekten Rede,** in der der Erzähler wieder stärker hervortritt und die vom Erzählerbericht nicht immer klar zu trennen ist. Zu Wort kommen die Figuren aber auch durch die besonders im modernen Erzählen häufig angewandte Technik des **Bewusstseinsstroms.** Dabei wird, zuweilen recht minutiös, aufgezeichnet, was einer Figur in einer Situation durch den Kopf geht. Der zuerst in der angelsächsischen Literatur verwendete **Stream of consciousness** reiht ganz ungefiltert Gedankenfetzen, Wahrnehmungen und Empfindungen in ihrer assoziativen Folge aneinander, wobei der Erzähler völlig zurücktritt. Werden die Gedanken und Empfindungen in der Ich-Form wiedergegeben, nennt man das **innerer Monolog**. Der Erzähler kann aber auch die Form der **erlebten Rede** wählen, wobei der Gedanken- und Empfindungsfluss einer Figur in der Er-/Sie-Form wiedergegeben wird. Die erlebte Rede wird bevorzugt vom personalen Erzähler verwendet. Sie ermöglicht es ihm, alles aus der subjektiven Perspektive einer Figur zu betrachten, ohne jedoch völlig in ihr aufzugehen, da er das distanzierende Er/Sie nicht aufgibt.

Die Geschichte

Der Autor eines epischen Textes erzählt nicht irgendetwas, was er fertig vorgefunden hat, so wie wir im Alltag von einem miterlebten Ereignis, einem Kinobesuch oder einem Traum erzählen. Er erschafft seine Geschichte erst im Akt des Erzählens, sie ist seine Fiktion. Dabei ist es völlig gleichgültig, woher er das **Geschehen** mit seinen Schauplätzen und Figuren nimmt. Das Material kann aus der Wirklichkeit stammen wie in Fontanes Roman „Effi Briest" (▷ S. 159 ff.), der Ehebruchs- und Duellskandal um eine adlige Dame im Berlin des ausgehenden 19. Jahrhunderts, aus überlieferter Literatur wie in Christa Wolfs „Kassandra" (▷ S. 164 ff.), das auf Homers Epos vom Kampf um Troja zurückgeht, aus der die eigene Lebenssituation verarbeitenden Fantasie des Autors wie im „Prozess" des Franz Kafka (▷ S. 162 f.) oder aus einer Mischung von autobiografisch Erlebtem und fiktionaler Gestaltung wie im „Zauberberg" von Thomas Mann (▷ S. 163 f.). Auf dieses Material greift der Autor zurück und lässt auf dieser Basis den Erzähler seine fiktionale Welt errichten, die nicht mit der realen Welt verwechselt werden darf. Die Sätze des Erzählers unterliegen damit nicht dem Maßstab der Nachprüfbarkeit bzw. Widerlegbarkeit. Das Geschehen, die Kette der aufgegriffenen oder erdachten Ereignisse, wird zur **Geschichte** erst dadurch, dass vom Erzähler im Erzählvorgang ein sinnhafter Zusammenhang hergestellt wird. Von der **Fabel** eines epischen Textes spricht man, wenn die oft in Nebenhandlungen sich auffächernde oder zeitlich kompliziert verschachtelte Geschichte auf den chronologisch geordneten zentralen Handlungsstrang reduziert wird. Funktion einer Inhaltsangabe ist es für gewöhnlich, die Fabel einer Geschichte wiederzugeben.

Eine wichtige Rolle im Aufbau einer Geschichte spielen die **Figuren** mit ihrem Aussehen, ihrer Herkunft, ihrer beruflichen und sozialen Stellung, ihrem Charakter, ihrem Weltbild, ihren Fähigkeiten und Schwächen, ihren Wünschen und Zielen sowie die **Konstellation der Figuren,** in der sich ihr Beziehungsgeflecht ordnen und abbilden lässt.

Weiterhin bedeutsam sind Raum und Zeit. Der **Raum** in einer Erzählung ist nicht einfach der zufällige Ereignisort. Er erhält über seine reine Gegenständlichkeit hinaus Bedeutung, indem er zum Beispiel mit den Gefühlslagen und Stimmungen der Figuren oder mit der Art des Handlungsverlaufs korrespondiert. Eine Landschaft kann beispielsweise wesentlich zur Dramatik der Handlung beitragen, sie kann auch im Extremfall reine „Seelenlandschaft" sein, das nach außen projizierte Augenblicks- oder Lebensgefühl einer Figur. Im Hinblick auf die **Zeit** muss man fragen, ob und wie deutlich die erzählte Geschichte **historisch verortet** ist, ob sie sich also klar erkennbar einer historischen Situation zuordnen lässt, und welche Bedeutung der zeitliche Rahmen für das erzählte Geschehen hat. Unter dem Aspekt der Erzähltechnik ist auch zu fragen, wie das Verhältnis von **Erzählzeit** (die Zeit, in der die Geschichte erzählt bzw. gelesen wird) und **erzählter Zeit** (der Zeitraum, in dem das erzählte Geschehen sich abspielt) gestaltet ist. Drei Möglichkeiten sind zu unterscheiden:

- Zeitdeckung: die beiden Zeiträume sind annähernd gleich, z. B. im szenischen Erzählen;
- Zeitdehnung: die Erzählzeit ist länger als die erzählte Zeit, z. B. in der Wiedergabe des Bewusstseinsstroms;
- Zeitraffung: die Erzählzeit ist kürzer als die erzählte Zeit, z. B. im Erzählerbericht, wenn immer wieder für die Handlung unwichtige Zeitspannen übersprungen oder stark zusammengefasst wiedergegeben werden.

Zur Zeitgestaltung gehört weiterhin der Umgang des Erzählers mit der **Chronologie** des erzählten Geschehens. Er kann sich streng an die zeitliche Reihenfolge der Ereignisse halten, also chronologisch erzählen, er kann aber auch in **Vorausdeutungen** nach Belieben weit vorgreifen, und er kann in **Rückblenden** Vorgeschichten und Voraussetzungen in die laufende Handlung einfügen. Es können auch mehrere **Parallelhandlungen** in einer Art **Montagetechnik** ineinander verschachtelt werden, sodass komplizierte, schwer zu überblickende Erzählstrukturen entstehen.

Der Leser/die Leserin

Im Hinblick auf den Leser/die Leserin ist zu unterscheiden zwischen dem **impliziten Leser** und dem realen Leser. Der Autor stellt sich im Akt des Schreibens eine Leserschaft vor und lässt auf dieser Basis seinen Erzähler mit einem in die Erzählung eingehenden fiktiven Leser korrespondieren. Der Erzähler kann diesen Leser ausdrücklich ansprechen, wodurch der implizite Leser im Text direkt sichtbar wird, aber auch ohne solche Ansprachen ist der implizite Leser im Text präsent, zum Beispiel darin, was der Erzähler ihm inhaltlich oder sprachlich glaubt zumuten zu können. Der **reale Leser** ist demgegenüber der Leser, der die Erzählung in einer ganz bestimmten konkreten Situation liest und sein individuelles Verständnis des Erzählten entwickelt.

1. a) Versuchen Sie zu den beiden Abschnitten „Die Geschichte" und „Der Leser/die Leserin" **Strukturskizzen** anzufertigen, die den dargestellten Sachverhalt anschaulich und übersichtlich machen. Orientieren Sie sich dabei an den vorangegangenen Abschnitten.
   b) Erläutern Sie Ihre Strukturskizzen mit eigenen Worten und überprüfen Sie gegenseitig, ob der Inhalt der Abschnitte vollständig erfasst worden ist.
2. Fertigen Sie zu den einzelnen Erzählkategorien ▷ **Referate** an: Stellen Sie Ihren Mitschülern/Mitschülerinnen die verschiedenen Kategorien mit Hilfe eines Stichwortzettels vor und erläutern Sie sie an Beispielen aus literarischen Texten (z. B. dieses Bandes). ▷ S. 36 f.
3. Fertigen Sie zu den auf S. 159–166 abgedruckten Romananfängen eine genaue Beschreibung des **Erzählsystems** an. Berücksichtigen Sie dabei sämtliche Bestandteile des epischen Modells.
4. a) Wählen Sie eine **Kurzgeschichte** (z. B. auf S. 186 ff.) und notieren Sie in einigen Sätzen Ihr erstes, vorläufiges Verständnis der Geschichte.
   b) Beschreiben Sie möglichst genau den Erzählvorgang in der Kurzgeschichte.
   c) Überprüfen Sie, ob und inwiefern die genaue Analyse des Erzählvorgangs Ihr Primärverständnis der Geschichte erweitert bzw. verändert hat.
   d) Ergänzen Sie Ihre Beschreibung des Erzählsystems der Geschichte zu einer vollständigen ▷ **Interpretation.** ▷ S. 106 ff.
5. a) Verändern Sie das Erzählsystem der ausgewählten Kurzgeschichte, indem Sie zum Beispiel die Erzählform, das Erzählverhalten, den Erzählstandort oder die Erzählhaltung wechseln.
   b) Lesen Sie Ihre Neufassung vor und besprechen Sie mit Ihren Zuhörerinnen und Zuhörern die Wirkung der Veränderungen gegenüber dem Originaltext.

ANREGUNGEN ZUM PRODUKTIVEN UMGANG MIT ERZÄHLTEXTEN UND ZUM KREATIVEN SCHREIBEN

Um zu einem tieferen Verständnis des Erzählvorgangs mit all seinen Bestandteilen zu kommen, empfiehlt es sich, auf produktive Weise Erfahrungen damit zu sammeln. Hier einige Vorschläge dazu:

- Jede/r in der Klasse schreibt einen genauen Steckbrief zu einer erfundenen Figur: Name, Alter, Aussehen, Eigenschaften und typische Verhaltensweisen, Beruf, Hobbys. Die Steckbriefe werden verlost. Jede/r schreibt eine Geschichte in der Er-/Sie-Form mit der zugelosten Figur als Hauptperson. Danach werden die Geschichten ausgetauscht und von den neuen Bearbeitern in die Ich-Form umgeschrieben. Die Er-/Sie-Geschichten und die parallelen Ich-Geschichten werden schließlich vorgelesen und verglichen.
- Die Er-/Sie-Geschichten aus dem ersten Schreibvorschlag werden erneut ausgetauscht. Diesmal ändert der Erzähler seine Erzählhaltung gegenüber der Person und dem erzählten Geschehen.
- Suchen Sie sich eine Zeitungsmeldung aus der Rubrik „Vermischtes" aus und schreiben Sie dazu eine Geschichte in einem deutlich auktorialen Erzählverhalten.
- Verfolgen Sie aufmerksam auf dem Pausenhof, im Bus, in einem Café, bei einer Familienfeier etc. die Gespräche. Machen Sie sich dabei Aufzeichnungen und schreiben Sie dann in neutralem Erzählverhalten in der Form des szenischen Erzählens einen Text, der Bestandteil eines Romans sein könnte. Skizzieren Sie dazu kurz die Romanhandlung und geben Sie Ihrem Text einen Titel.
- In den szenisch erzählten Texten des vorigen Schreibvorschlags wird der neutrale Erzähler durch einen auktorialen ersetzt, der das Gespräch zum Teil indirekt wiedergibt, der Kommentare und Reflexionen einstreut.
- Sammeln Sie Situationen, in denen zwei Menschen kurz vor einem unliebsamen Zusammentreffen stehen (ein junger Mann auf dem Weg zur Freundin, die die Beziehung beenden will; ein Schwarzfahrer in der S-Bahn und ein Kontrolleur; Prüfer und Prüfling etc.). Wählen Sie jeweils zu zweit eine Situation aus und verteilen Sie die beiden Figuren untereinander. Jeder der Partner schreibt nun in personalem Erzählverhalten in Form der erlebten Rede die Wahrnehmungen, Gedanken und Gefühle seiner Figur auf. Anschließend versuchen beide Schreiber ihre Texte zu einem gemeinsamen Text zu montieren, indem jeweils einem Abschnitt aus der einen Personensicht ein Abschnitt aus der anderen Sicht folgt. Vorbild für einen solchen personal erzählten Montagetext könnte Gabriele Wohmanns Kurzgeschichte „Die Klavierstunde" (▷ S. 189 f.) sein.
- Die Texte aus dem vorigen Schreibvorschlag werden in der Form des inneren Monologs abgefasst.
- Erzählen Sie eine Geschichte, die lange zurückliegt (vielleicht aus Ihrer Kindheit), und erzählen Sie dann dieselbe Geschichte noch einmal aus der damaligen Situation heraus (Wechsel des Erzählerstandorts).
- Beschreiben Sie einen Menschen, an den Sie sich erinnern oder den Sie erfinden, möglichst genau in einer alltäglichen Situation (an der Bushaltestelle, auf einer Parkbank, vor einem Schaufenster etc.), beschränken Sie sich dabei aber voll und ganz auf die Außensicht. Die Texte werden anschließend in der Klasse ausgetauscht und zu der vorgefundenen Außensicht wird nun eine Innensicht in Form der erlebten Rede geschrieben. Auch hier können die beiden Texte ineinander montiert werden.
- Begeben Sie sich an einen selbst gewählten Ort und nehmen Sie dort alles möglichst intensiv wahr (Gegenstände, Farben, Geräusche, Atmosphäre etc.). Fertigen Sie dann eine genaue Schilderung des Ortes an. Die Schilderungen werden ausgetauscht und nun lässt sich jede/r zu einer Geschichte anregen, die zu der vorgegebenen Schilderung passt. Entscheiden Sie sich vor dem Schreiben der Geschichte für eine Erzählform, ein Erzählverhalten und eine Erzählhaltung. Begründen Sie nach dem Vorlesen Ihre Entscheidungen hinsichtlich der Erzählkategorien.
- Lassen Sie sich von einem Bild, auf dem ein Raum, ein Gebäude, eine Straße bzw. ein Platz oder eine Landschaft wiedergegeben ist, zum Schreiben einer Geschichte anregen. Verfahren Sie im Hinblick auf die Erzählkategorien wie im vorigen Schreibvorschlag.
- Schildern Sie in der Bewusstseinsstromtechnik in Zeitdehnung die Sekunden vor einem wichtigen Ereignis: Klausurrückgabe, der Lehrer teilt die Arbeiten schon aus; das Telefon klingelt, Sie erwarten ein unangenehmes Gespräch; eine Begegnung auf der Straße, Sie möchten ihn/sie gern ansprechen; eine bedrohliche Situation: weglaufen oder standhalten?
- Schildern Sie die Landung bei einer Zeitreise in die Vergangenheit. Sie wissen nicht, in welcher Zeit Sie gelandet sind, müssen genau Ihre Umgebung beobachten, um Rückschlüsse auf die Landungszeit zu ziehen. Erzählen Sie dann eine Geschichte, die Sie für zeittypisch halten.

1.3 Epische Kleinformen

1.3.1 Motivverwandte Parabeln: Die Suche nach der Wahrheit

Lukas

Das Gleichnis vom Sämann
(um 80 n. Chr.)

Als die Leute aus allen Städten zusammenströmten und sich viele Menschen um ihn versammelten, erzählte er ihnen dieses Gleichnis: Ein Sämann ging aufs Feld, um seinen Samen auszusäen. Als er säte, fiel ein Teil der Körner auf den Weg; sie wurden zertreten, und die Vögel des Himmels fraßen sie. Ein anderer Teil fiel auf Felsen, und als die Saat aufging, verdorrte sie, weil es ihr an Feuchtigkeit fehlte. Wieder ein anderer Teil fiel mitten in die Dornen, und die Dornen wuchsen zusammen mit der Saat hoch und erstickten sie. Ein anderer Teil schließlich fiel auf guten Boden, ging auf und brachte hundertfach Frucht. Als Jesus das gesagt hatte, rief er: Wer Ohren hat zum Hören, der höre!

Seine Jünger fragten ihn, was das Gleichnis bedeute. Da sagte er: Euch ist es gegeben, die Geheimnisse des Reiches Gottes zu erkennen. Zu den anderen Menschen aber wird nur in Gleichnissen geredet, denn sie sollen sehen und doch nicht sehen, hören und doch nicht verstehen.

Das ist der Sinn des Gleichnisses: Der Samen ist das Wort Gottes. Auf den Weg ist der Samen bei denen gefallen, die das Wort zwar hören, denen es aber der Teufel dann aus dem Herzen reißt, damit sie nicht glauben und nicht gerettet werden. Auf den Felsen ist der Samen bei denen gefallen, die das Wort freudig aufnehmen, wenn sie es hören; aber sie haben keine Wurzeln: Eine Zeit lang glauben sie, doch in der Zeit der Prüfung werden sie abtrünnig. Unter die Dornen ist der Samen bei denen gefallen, die das Wort zwar hören, dann aber weggehen und in den Sorgen, dem Reichtum und den Genüssen des Lebens ersticken, deren Frucht also nicht reift. Auf guten Boden ist der Samen bei denen gefallen, die das Wort mit gutem und aufrichtigem Herzen hören, daran festhalten und durch ihre Ausdauer Frucht bringen.

1. Erklären Sie am Beispiel des „Gleichnisses vom Sämann“ die Parabelstruktur:

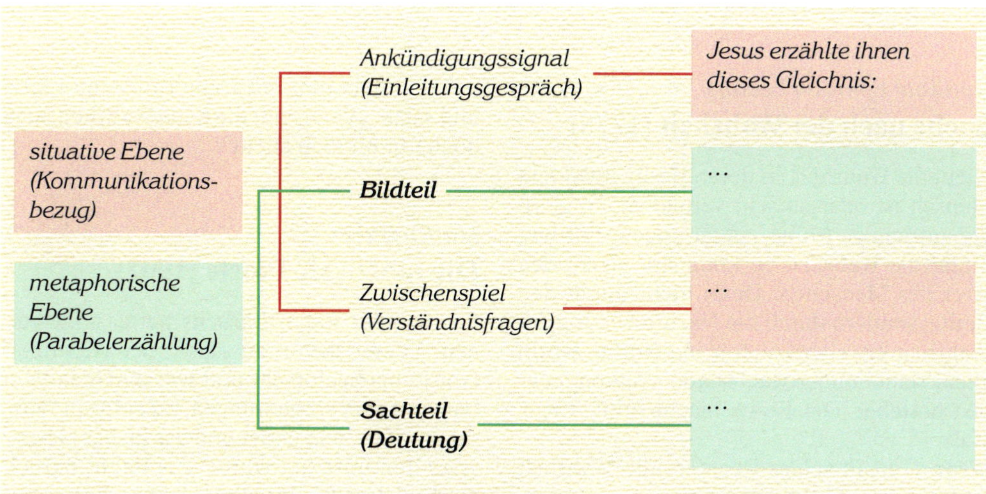

2. Suchen Sie aus dem „Neuen Testament“ weitere Gleichnisse und erläutern Sie deren parabolische Struktur.

Die Parabel

Die literarische Gattung der Parabel steht in einer alten Tradition des **veranschaulichenden Erzählens.** Die Suche nach der Wahrheit ist sowohl Anlass der biblischen als auch der philosophischen Gleichnisse der Antike, wie sie z. B. SOKRATES und PLATON erzählen. Das religiöse und philosophische Motiv der Erkenntnissuche führt in der Epoche der Aufklärung (18. Jahrhundert) zu einer Erneuerung der Formen parabolischen Schreibens. GOTTHOLD EPHRAIM LESSING knüpft dabei bewusst an die alttestamentliche Tradition der Gleichniserzählung an (▷ „Die Suche nach der Wahrheit“, s. u.). Der Philosoph und Schriftsteller MARTIN BUBER macht zu Beginn des 20. Jahrhunderts die Parabeln und Legenden der Chassidim bekannt, einer zwei Jahrhunderte zuvor entstandenen religiösen Bewegung, die eine Verinnerlichung des jüdischen Glaubens gegenüber einer starren orthodoxen Gesetzestreue anstrebte (▷ „Die fünfzigste Pforte“, s. u.). FRANZ KAFKAS Werk wird z. T. aus dieser jüdischen Tradition verstanden. Seine Türhüter-Parabel (▷ „Vor dem Gesetz“, S. 177.) lässt sich mit den chassidischen Erzählungen verbinden. Kafka hat sich auch in einer Reihe von Texten auf den Schweizer Schriftsteller ROBERT WALSER bezogen und dessen Geschichten umerzählt (▷ „Ovation“, „Auf der Galerie“, S. 179 f.). BERTOLT BRECHT hat im Exil während der nationalsozialistischen Zeit mit den „Geschichten vom Herrn Keuner“ eine Erzählform geschaffen, die am gleichnishaften Beispiel konventionelle Erwartungshorizonte in Frage stellt und den Leser zur Überprüfung seiner Denkgewohnheiten auffordert. Herr Keuner verhält sich stets anders als erwartet (▷ „Weise am Weisen ist die Haltung“, S. 178). Vorbild der Keuner-Geschichten sind u. a. die Weisheitssprüche der altchinesischen Philosophie. GÜNTER KUNERT, der Brecht und Kafka seine Lehrer nennt, zählt zu den herausragenden parabolischen Erzählern der Gegenwart (▷ „Das Bild der Schlacht am Isonzo“, S. 178).
Die Parabel versteht sich als eine Aufforderung zum Denken. Sie regt den Leser anhand eines bildhaften Beispiels an, einen entsprechenden allgemeinen Sachverhalt zu finden. Im Denkvorgang der Analogie wird der **Bildteil** (metaphorischer Bereich) der Parabel mit dem **Sachteil** (thematischer Bereich, Deutungsebene) verknüpft. Die Suche nach der Wahrheit, d. h. die Erkenntnis des sinnvollen Handelns, ist die wesentliche Intention der Gattung. Der Appellcharakter der Texte wird oft durch eine Einkleidung der Parabelerzählung in eine Gesprächssituation (situative, kommunikative Ebene) unterstützt.

Gotthold Ephraim Lessing

Suche nach der Wahrheit (1778)

Nicht die Wahrheit, in deren Besitz irgendein Mensch ist oder zu sein vermeinet, sondern die aufrichtige Mühe, die er angewandt hat, hinter die Wahrheit zu kommen, macht den Wert des Menschen. Denn nicht durch den Besitz, sondern durch die Nachforschung der Wahrheit erweitern sich seine Kräfte, worin allein seine immer wachsende Vollkommenheit bestehet. Der Besitz macht ruhig, träge, stolz. –
Wenn Gott in seiner Rechten alle Wahrheit und in seiner Linken den einzigen immer regen Trieb nach Wahrheit, obschon mit dem Zusatze, mich immer und ewig zu irren, verschlossen hielte und spräche zu mir: „Wähle!“, ich fiele ihm mit Demut in seine Linke und sagte: „Vater, gib! die reine Wahrheit ist ja doch nur für dich allein!“

Martin Buber

Die fünfzigste Pforte (1907)

Ein Schüler Rabbi Baruchs hatte, ohne seinem Lehrer davon zu sagen, der Wesenheit Gottes nachgeforscht und war im Gedanken immer weiter vorgedrungen, bis er in ein Wirrsal von Zweifeln geriet und das bisher Gewisseste ihm unsicher wurde. Als Rabbi Baruch merkte, dass der Jüngling nicht mehr wie gewohnt zu ihm kam, fuhr er nach dessen Stadt, trat unversehens in seine Stube und sprach ihn an: „Ich weiß, was in deinem Herzen verborgen ist. Du bist durch die fünfzig Pforten der Vernunft gegangen. Man beginnt mit einer Frage, man grübelt, ergrübelt die Antwort, die erste Pforte öffnet sich: in eine neue Frage. Und wieder ergründest du sie, findest ihre Lösung, stößest die zweite Pforte auf – und schaust in eine neue Frage. So fort und fort, so tiefer und tiefer hinein. Bis du die fünfzigste Pforte aufgesprengt hast. Da starrst du die Frage an, die kein Mensch erreicht; denn kennte sie einer, dann gäbe es nicht mehr die Wahl. Vermissest du dich aber, weiter vorzudringen, stürzest du in den Abgrund." – „So müsste ich also den Weg zurück an den Anfang?", rief der Schüler. „Nicht zurück kehrst du", sprach Rabbi Baruch, „wenn du umkehrst; jenseits der letzten Pforte stehst du dann – und stehst im Glauben."

Franz Kafka

Vor dem Gesetz (1914)

Vor dem Gesetz steht ein Türhüter. Zu diesem Türhüter kommt ein Mann vom Lande und bittet um Eintritt in das Gesetz. Aber der Türhüter sagt, dass er ihm jetzt den Eintritt nicht gewähren könne. Der Mann überlegt und fragt dann, ob er also später werde eintreten dürfen. „Es ist möglich", sagt der Türhüter, „jetzt aber nicht." Da das Tor zum Gesetz offen steht wie immer und der Türhüter beiseite tritt, bückt sich der Mann, um durch das Tor in das Innere zu sehn. Als der Türhüter das merkt, lacht er und sagt: „Wenn es dich so lockt, versuche es doch, trotz meines Verbotes hineinzugehn. Merke aber: Ich bin mächtig. Und ich bin nur der unterste Türhüter. Von Saal zu Saal stehn aber Türhüter, einer mächtiger als der andere. Schon den Anblick des dritten kann nicht einmal ich mehr ertragen." Solche Schwierigkeiten hat der Mann vom Lande nicht erwartet; das Gesetz soll doch jedem und immer zugänglich sein, denkt er, aber als er jetzt den Türhüter in seinem Pelzmantel genauer ansieht, seine große Spitznase, den langen, dünnen, schwarzen tatarischen Bart, entschließt er sich doch, lieber zu warten, bis er die Erlaubnis zum Eintritt bekommt. Der Türhüter gibt ihm einen Schemel und lässt ihn seitwärts von der Tür sich niedersetzen. Dort sitzt er Tage und Jahre. Er macht viele Versuche, eingelassen zu werden, und ermüdet den Türhüter durch seine Bitten. Der Türhüter stellt öfters kleine Verhöre mit ihm an, fragt ihn über seine Heimat aus und nach vielem andern, es sind aber teilnahmslose Fragen, wie sie große Herren stellen, und zum Schlusse sagt er ihm immer wieder, dass er ihn noch nicht einlassen könne. Der Mann, der sich für seine Reise mit vielem ausgerüstet hat, verwendet alles, und sei es noch so wertvoll, um den Türhüter zu bestechen. Dieser nimmt zwar alles an, aber sagt dabei: „Ich nehme es nur an, damit du nicht glaubst, etwas versäumt zu haben." Während der vielen Jahre beobachtet der Mann den Türhüter fast ununterbrochen. Er vergisst die andern Türhüter, und dieser erste scheint ihm das einzige Hindernis für den Eintritt in das Gesetz. Er verflucht den unglücklichen Zufall, in den ersten Jahren rücksichtslos und laut, später, als er alt wird, brummt er nur noch vor sich hin. Er wird kindisch, und da er in dem jahrelangen Studium des Türhüters auch die Flöhe in seinem Pelzkragen erkannt hat, bittet er auch die Flöhe, ihm zu helfen und den Türhüter umzustimmen. Schließlich wird sein Augenlicht schwach, und er weiß nicht, ob es um ihn wirklich dunkler wird oder ob ihn nur seine Augen täuschen. Wohl aber erkennt er jetzt im Dunkel einen Glanz, der unverlöschlich aus der Türe des Gesetzes bricht. Nun lebt er nicht mehr lange. Vor seinem Tode sammeln sich in seinem Kopfe alle Erfahrungen der ganzen Zeit zu einer Frage, die er bisher an den Türhüter noch nicht gestellt hat. Er winkt ihm zu, da er seinen erstarrenden Körper nicht mehr aufrichten kann. Der Türhüter muss sich tief zu ihm hinunterneigen, denn der Größenunterschied hat sich sehr zu Ungunsten des Mannes verändert. „Was willst du denn jetzt noch wissen?", fragt der Türhüter, „du bist unersättlich." – „Alle streben doch nach dem Gesetz", sagt der Mann, „wieso kommt es, dass in den vielen Jahren niemand außer mir Einlass verlangt hat?" Der Türhüter erkennt, dass der Mann schon an seinem Ende ist, und um sein vergehendes Gehör noch zu erreichen, brüllt er ihn an: „Hier konnte niemand sonst Einlass erhalten, denn dieser Eingang war nur für dich bestimmt. Ich gehe jetzt und schließe ihn."

Bertolt Brecht

Weise am Weisen ist die Haltung
(1930)

Zu Herrn K. kam ein Philosophieprofessor und erzählte ihm von seiner Weisheit. Nach einer Weile sagte Herr K. zu ihm: „Du sitzt unbequem, du redest unbequem, du denkst unbequem." Der Philosophieprofessor wurde zornig und sagte: „Nicht über mich wollte ich etwas wissen, sondern über den Inhalt dessen, was ich sagte." – „Es hat keinen Inhalt", sagte Herr K. „Ich sehe dich täppisch gehen, und es ist kein Ziel, das du, während ich dich gehen sehe, erreichst. Du redest dunkel, und es ist keine Helle, die du während des Redens schaffst. Sehend deine Haltung, interessiert mich dein Ziel nicht." [R]

Bertolt Brecht (1931)

Günter Kunert

Das Bild der Schlacht am Isonzo[1]
(1964)

Auch der Maler war in der Schlacht gewesen; bald danach fertigte er ein Gemälde an, auf dem er darstellte, was er gesehen hatte: Im Vordergrund lagen Sterbende, denen die Gedärme aus den aufgerissenen Leibern quollen, und Leichen, über die Pferde und Tanks weggegangen, dass bloß blutiger Brei geblieben, geschmückt mit Knochensplittern. Dahinter stürmten die Soldaten der gegnerischen Heere aufeinander zu, in besudelten Uniformen, angstverzerrt die Gesichter. Im Hintergrund, unterhalb des Befehlsstandes, waren Offiziere dabei, Weiber zu schwängern, Kognak zu saufen und die Ausrüstung ganzer Kompanien für gutes Geld zu verhökern.
Dies war das Bild, und es hing im Atelier des Malers, als ein Besucher erschien, der sich porträtieren lassen wollte und durch Wesen und Benehmen sich als alter General zu erkennen gab. Er erschrak vor dem Bild.
So sei die Schlacht nie gewesen, rief er, das Bild lüge! Sein blinzelnder Blick fuhr kreuz und quer das Werk ab und entdeckte dabei hinter dem zerschmetterten Schädel eines Toten eine kleine Gestalt, die trommelnd und singend und mit kühn verschobenem Helm aufs Schlachtfeld lief. Dieses Detail kaufte der General, ließ es aus dem Gemälde schneiden und einrahmen: Damit künftige Generationen sich ein Bild machen könnten von der großen Schlacht am Isonzo.

1 **Isonzo:** Fluss im heutigen Grenzgebiet zwischen Italien und Slowenien, mündet in die Adria; am Isonzo fanden im Ersten Weltkrieg von Juni 1915 bis Oktober 1917 zwölf verlustreiche Schlachten zwischen italienischen und österreichisch-ungarischen Truppen statt.

1. Verschaffen Sie sich einen Überblick über die vorliegenden Parabeln (▷ S. 176–178). Analysieren Sie in Kleingruppen jeweils einen Text unter folgenden Aspekten:
   - Welche inhaltlichen Gesichtspunkte werden besonders hervorgehoben?
   - Klären Sie die Parabelstruktur.
   - Welche erzählerischen und sprachlichen Mittel werden verwendet?
   - Formulieren Sie die Aussageabsicht des Textes.
   - Klären Sie ansatzweise den literaturgeschichtlichen Hintergrund.
   - Vergleichen Sie Ihren Schwerpunkttext mit den übrigen Parabeln im Hinblick auf Unterschiede und Gemeinsamkeiten.
2. Überlegen Sie für die Vorstellung der Arbeitsergebnisse eine möglichst anschauliche Präsentationsform, z. B. Folie, Plakat oder Tafelskizze.
3. Verfassen Sie in der Tradition der vorliegenden Parabeln selbst einen Text zum Thema „Suche nach Sinn und Wahrheit".

Robert Walser

Ovation (1912)

Stelle dir, lieber Leser, vor, wie schön, wie zauberhaft das ist, wenn eine Schauspielerin, Sängerin oder Tänzerin durch ihr Können und durch die Wirkung desselben ein ganzes Theaterpublikum zu stürmischem Jubel hinreißt, dass alle Hände in Bewegung gesetzt werden und der schönste Beifall durch das Haus braust. Stelle dir vor, dass du selber mit hingerissen seiest, der Glanzleistung deine Huldigung darzubringen. Von der umdunkelten, dicht bevölkerten Galerie herab hallen, Hagelschauern ähnlich, Beifallskundgebungen herab, und gleich dem rieselnden Regen regnet es Blumen über die Köpfe der Leute auf die Bühne, von denen einige von der Künstlerin aufgehoben und, glücklich lächelnd, an die Lippen gedrückt werden. Die beglückte, vom Beifall wie von einer Wolke in die Höhe gehobene Künstlerin wirft dem Publikum, als wenn es ein kleines, liebes, artiges Kind sei, Kusshand und Dankesgeste zu, und das große und doch kleine Kind freut sich über diese süße Gebärde, wie eben nur immer Kinder sich freuen können. Das Rauschen bricht bald in Toben aus, welches sich wieder ein wenig zur Ruhe legt, um gleich darauf von neuem wieder auszubrechen. Stelle dir die goldene, wenn nicht diamantene Jubelstimmung vor, die wie ein sichtbarer göttlicher Nebelhauch den Raum erfüllt. Kränze werden geworfen, Buketts; und ein schwärmerischer Baron ist vielleicht da, der ganz dicht am Rand der Bühne steht, den Schwärmerkopf bei der Künstlerin kleinen, kostbaren Füßen. Nun, und dieser adlige Begeisterungsfähige legt vielleicht dem umschwärmten und umjubelten Kinde eine Tausendmarknote unter das bestrickende Füßchen. „Du Einfaltspinsel, der du bist, behalte du doch deine Reichtümer!“ Mit solchem Wort bückt sich das Mädchen, nimmt die Banknote und wirft sie verächtlich lächelnd dem Geber wieder zurück, den die Scham beinahe erdrückt. Stelle dir das und andres recht lebhaft vor, unter anderm die Klänge des Orchesters, lieber Leser, und du wirst gestehen müssen, dass eine Ovation etwas Herrliches ist. Die Wangen glühen, die Augen leuchten, die Herzen zittern, und die Seelen fliegen in süßer Freiheit, als Duft, im Zuschauerraum umher, und immer wieder muss der Vorhangmann fleißig den Vorhang hinaufziehen und herunterfallen lassen, und immer wieder muss sie hervortreten, die Frau, die es verstanden hat, das ganze Haus im Sturm für sich zu gewinnen. Endlich tritt Stille ein, und das Stück kann zu Ende gespielt werden.

Franz Kafka

Auf der Galerie (1917)

Wenn irgendeine hinfällige, lungensüchtige Kunstreiterin in der Manege auf schwankendem Pferd vor einem unermüdlichen Publikum vom peitschenschwingenden erbarmungslosen Chef monatelang ohne Unterbrechung im Kreise rundum getrieben würde, auf dem Pferde schwirrend, Küsse werfend, in der Taille sich wiegend, und wenn dieses Spiel unter dem nicht aussetzenden Brausen des Orchesters und der Ventilatoren in die immerfort weiter sich öffnende graue Zukunft sich fortsetzte, begleitet vom vergehenden und neu anschwellenden Beifallsklatschen der Hände, die eigentlich Dampfhämmer sind – vielleicht eilte dann ein junger Galeriebesucher die lange Treppe durch alle Ränge hinab, stürzte in die Manege, riefe das: Halt! durch die Fanfaren des immer sich anpassenden Orchesters.

Da es aber nicht so ist; eine schöne Dame, weiß und rot, hereinfliegt, zwischen den Vorhängen, welche die stolzen Livrierten vor ihr öffnen; der Direktor, hingebungsvoll ihre Augen suchend, in Tierhaltung ihr entgegenatmet; vorsorglich sie auf den Apfelschimmel hebt, als wäre sie seine über alles geliebte Enkelin, die sich auf gefährliche Fahrt begibt; sich nicht entschließen kann, das Peitschenzeichen zu geben; schließlich in Selbstüberwindung es knallend gibt; neben dem Pferde mit offenem Munde einherläuft; die Sprünge der Reiterin scharfen Blickes verfolgt; ihre Kunstfertigkeit kaum begreifen kann; mit englischen Ausrufen zu warnen versucht; die reifenhaltenden Reitknechte wütend zu peinlichster Achtsamkeit ermahnt; vor dem großen Saltomortale das Orchester mit aufgehobenen Händen beschwört, es möge schweigen; schließlich die Kleine vom zitternden Pferde hebt, auf beide Backen küsst und keine

Huldigung des Publikums für genügend erachtet; während sie selbst, von ihm gestützt, hoch auf den Fußspitzen, vom Staub umweht, mit ausgebreiteten Armen, zurückgelehntem Köpfchen ihr Glück mit dem ganzen Zirkus teilen will – da dies so ist, legt der Galeriebesucher das Gesicht auf die Brüstung und, im Schlussmarsch wie in einem schweren Traum versinkend, weint er, ohne es zu wissen.

Georges Seurat: Der Zirkus (1891)

1. Franz Kafka kannte die Prosaskizze „Ovation" des von ihm sehr geschätzten Autors Robert Walser. Vergleichen Sie die beiden Texte im Hinblick auf Unterschiede und Gemeinsamkeiten.
2. a) Seurat ist ein bedeutender Maler des Neo-Impressionismus. Informieren Sie sich über diese Stilrichtung.
   b) Beschreiben und erklären Sie das Bild Seurats im Hinblick auf Komposition, Perspektivik, Farbnuancen und Thematik.
   c) Kafka hat das Bild Seurats möglicherweise in Paris gesehen. Lässt sich Kafkas Parabel als sprachliches Gegenstück zu Seurats Gemälde lesen?
3. ▷ S. 69 ff. Verfassen Sie eine schriftliche ▷ **Erörterung** zu der folgenden These des Literaturwissenschaftlers Walter Höllerer:
   „Vergleicht man das Prosastück von Robert Walser ‚Ovation' mit dem daran angelehnten von Franz Kafka ‚Auf der Galerie', so erkennt man, wie Kafka das Konzept von Walser weiterdachte und weiterdrehte. Was bei Walser schon in der Art von Chiffren sich ankündigt, aber noch in der Sphäre des einen, bestimmten Augenblicks, der spielerischen Impression bleibt, das überführt Franz Kafka vollends in die Fremdartigkeit und zugleich in die Allgemeingültigkeit der Parabel: Ein Teilaspekt steht für das Ganze des Weltkarussells. Schwerlich wäre ihm das so vollständig ohne den Vorgang Walsers gelungen."

1.3.2 Die Novelle

Johann Wolfgang Goethe

Gespräch mit Eckermann (1827)

Es kam sodann zur Sprache, welchen Titel man der Novelle geben solle; wir taten manche Vorschläge, einige waren gut für den Anfang, andere gut für das Ende, doch fand sich keiner, der für das Ganze passend und also der rechte gewesen wäre. „Wissen Sie was", sagte Goethe, „wir wollen es die Novelle nennen; denn was ist eine Novelle anders als eine sich ereignete unerhörte Begebenheit. Dies ist der eigentliche Begriff, und so vieles, was in Deutschland unter dem Titel Novelle geht, ist gar keine Novelle, sondern bloß Erzählung oder was Sie sonst wollen. In jenem ursprünglichen Sinne einer unerhörten Begebenheit kommt auch die Novelle in den Wahlverwandtschaften vor."

August Wilhelm Schlegel

Vorlesungen über schöne Literatur und Kunst (1803/04)

Wir brauchen jetzt das Wort Novelle für alle, besonders kleineren Erzählungen; manche Schriftsteller scheinen sogar in diese Benennung eine Entschuldigung legen zu wollen, wenn ihnen selbst die Geschichte, die sie vortragen wollen, nicht bedeutend genug erscheint. [...] Eine Begebenheit sollte anders vorgetragen werden als eine Erzählung; diese sich von Geschichte unterscheiden, und die Novelle nach jenen Mustern sich dadurch aus allen andern Aufgaben hervorheben, dass sie einen großen oder kleinern Vorfall ins hellste Licht stelle, der, so leicht er sich ereignen kann, doch wunderbar, vielleicht einzig ist. Diese Wendung der Geschichte, dieser Punkt, von welchem aus sie sich unerwartet völlig umkehrt und doch natürlich, dem Charakter und den Umständen angemessen, die Folge entwickelt, wird sich der Fantasie des Lesers umso fester einprägen, als die Sache, selbst im Wunderbaren, unter andern Umständen wieder alltäglich sein könnte. [...]
Deswegen muss es nun auch in der modernen Poesie eine eigentümliche historische Gattung geben, deren Verdienst darin besteht, etwas zu erzählen, was in der eigentlichen Historie keinen Platz findet und dennoch allgemein interessant ist.
[...] Die Gattung, welche sich dies vornimmt, ist die Novelle, und hieraus lässt sich einsehen, dass sie, um echt zu sein, von der einen Seite durch seltsame Einzigkeit auffallen, von der anderen Seite eine gewisse allgemeine Gültigkeit haben muss ...

Theodor Storm

Verteidigung der Novelle (1881)

Die Novelle, wie sie sich in neuerer Zeit, besonders in den letzten Jahrzehnten, ausgebildet hat und jetzt in einzelnen Dichtungen in mehr oder minder vollendeter Durchführung vorliegt, eignet sich zur Aufnahme auch des bedeutendsten Inhalts, und es wird nur auf den Dichter ankommen, auch in dieser Form das Höchste der Poesie zu leisten. Sie ist nicht mehr, wie einst, „die kurz gehaltene Darstellung einer durch ihre Ungewöhnlichkeit fesselnden und einen überraschenden Wendepunkt darbietenden Begebenheit"; die heutige Novelle ist die Schwester des Dramas und die strengste Form der Prosadichtung. Gleich dem Drama behandelt sie die tiefsten Probleme des Menschenlebens; gleich diesem verlangt sie zu ihrer Vollendung einen im Mittelpunkt stehenden Konflikt, von welchem aus das Ganze sich organisiert, und demzufolge die geschlossenste Form und die Ausscheidung alles Unwesentlichen; sie duldet nicht nur, sie stellt auch die höchsten Forderungen der Kunst.

1. Vergleichen Sie die drei Bestimmungen der Novelle von Goethe, Schlegel und Storm. Stellen Sie in einer ▷ **Schnittmengengrafik** Gemeinsamkeiten und Unterschiede dar. ▷ S. 33
2. Überprüfen Sie die Definitionen der drei Dichter und die nachfolgende Merkmalliste (▷ S. 182) an einem literarischen Beispiel. Geeignete Novellen sind u. a. die folgenden:

- Giovanni Boccaccio: Das Decamerone (1348–1353)
- Heinrich v. Kleist: Die Marquise von O... (1808); Michael Kohlhaas (1810/11)
- Joseph v. Eichendorff: Aus dem Leben eines Taugenichts (1826)
- Georg Büchner: Lenz (1839)
- Gerhart Hauptmann: Bahnwärter Thiel (1888)
- Arthur Schnitzler: Leutnant Gustl (1901)
- Thomas Mann: Der Tod in Venedig (1912)
- Hermann Hesse: Demian (1919)
- Günter Grass: Katz und Maus (1961)

3. Erörtern Sie anhand der von Ihnen untersuchten Novelle den Sinn und die Grenzen einer Gattungstypologie.

Merkmale der Novelle

Die Novelle als Gattung ist nicht leicht auf einen einfachen Nenner zu bringen. Sprachlich stammt der Begriff aus dem römischen Recht und bedeutet so viel wie „das Einbringen eines *neuen* Gesetzes“ (vgl. „Gesetzesnovelle“). Seit der Renaissance – vor allem bezüglich GIOVANNI BOCCACCIOS (1313–1375) „Il Decamerone“ – wird der Begriff dann als literarischer Gattungsbegriff verwendet, dessen Definition aber keineswegs eindeutig ist. Obwohl es keinen Idealtypus der Novelle gibt, treffen folgende Merkmale im Allgemeinen für diese Gattungsform zu:

- Für die Thematik gilt das Moment der **Neuheit** und **Einzigartigkeit;**
- der Erzählkern muss der **Realität,** auch wenn sie nur angenommen ist, entsprechen;
- es werden **schicksalhafte** Geschehnisse bevorzugt;
- das Geschehen wird von **überraschenden Wendungen,** Unberechenbarem und oft Seltsamem geprägt;
- man kann von einer **gesellschaftlichen Erzählsituation** ausgehen;
- in diesem Zusammenhang gilt als Intention die **Unterhaltung** oder Zerstreuung, oft verbunden mit **moralischem Anspruch;**
- formal folgt das novellistische Erzählen einer strengen **Objektivität der Darstellung;**
- im Mittelpunkt des **geschlossenen** Handlungszusammenhangs steht meist ein **Konflikt,** der **zielgerichtet** auf eine Konfliktlösung hin getrieben wird;
- der Schluss wirkt meistens **pointenhaft;**
- zentrale erzähltechnische Mittel sind **Vorausdeutungen,** die **Leitmotivtechnik** und die Verwendung eines handlungsbestimmenden, sinntragenden **Symbols** (oft eines Dingsymbols), das dann auch die Funktion eines **Wendepunktes** im Geschehen hat.

Heinrich von Kleists „Die Marquise von O...“ (1808)

Inhaltsangabe

Kleist eröffnet seine Novelle damit, dass die Marquise von O... durch Zeitungsanzeigen den Vater ihres werdenden Kindes suchen lässt, da sie ohne ihr Wissen schwanger geworden sei. In einer Rückblende wird der Hergang dieser merkwürdigen Begebenheit erzählt: Die Marquise ist die Tochter des Kommandanten einer Festungsanlage in Oberitalien. Sie ist Witwe und hat ihren Mann vor drei Jahren durch einen Unglücksfall verloren. Mit ihren beiden Kindern lebt sie ruhig und zurückgezogen im Haus der Eltern. Dieses beschauliche Leben wird jedoch jäh durch den Einbruch des Krieges beendet. Bevor der Kommandant seine Familie in Sicherheit bringen kann, wird die Festungsanlage durch russische Truppen eingenommen. Bei dem in der Nacht stattfindenden Angriff wird die Familie auseinandergerissen. Die Marquise sieht sich plötzlich einer Gruppe russischer Scharfschützen gegenüber, die ihr Gewalt antun wollen.

Ein russischer Oberst, Graf F..., rettet sie aus den Händen der Soldaten und führt die Marquise in ein sicheres Gemach, wo sie in Ohnmacht fällt. Noch ehe sie erwacht, hat sich der Graf, der ihr wie ein Engel erschienen war, wieder in den Kampf gestürzt.
Nach der Kapitulation des Kommandanten und dessen Dank an den Grafen für die Errettung seiner Tochter besucht der Befehlshaber der russischen Armee die eroberte Festung und erfährt von dem Vorfall, die Marquise betreffend. Er spricht dem Grafen wegen seines ritterlichen Verhaltens öffentlich ein Lob aus. Die Soldaten werden hingerichtet und die russischen Truppen verlassen die Festung, ohne dass die Marquise den Grafen noch einmal gesehen hat.
Die Kommandantenfamilie zieht in ein Stadthaus. Die Marquise ist untröstlich, als sie erfährt, der Graf sei in einem Gefecht tödlich verwundet worden. Nach einiger Zeit machen sich bei der Marquise körperliche Veränderungen bemerkbar, die sie irritieren, da sie diese nicht deuten kann.
Unversehens erscheint der tot geglaubte Graf F..., der nach monatelangem Überlebenskampf von seiner Verletzung genesen ist, und erkundigt sich besorgt nach dem körperlichen Wohlbefinden der Marquise. Er bittet um ihre Hand und erklärt der verdutzten Familie, dies geschehe als eine „notwendige Forderung seiner Seele". Er dringt auf sofortigen Vollzug der Vermählung und gibt dafür militärische Missionen an, die keinen Aufschub dulden. Der Kommandant verweigert an Stelle seiner völlig irritierten Tochter eine positive Antwort und empfiehlt eine längere Zeit des Kennenlernens. Der Graf reist ab, nachdem er die Zusicherung erhält, dass sich während seiner Abwesenheit die Marquise mit keinem anderen Mann vermählt.
Inzwischen stellen ein Arzt und eine Hebamme unabhängig voneinander eine Schwangerschaft bei der Marquise fest. Sie selbst kann sich dies nicht erklären. Zweifel an ihrem tugendhaften Lebenswandel weist sie entschieden zurück. Die Eltern verstoßen sie und sie zieht sich, abgeschlossen von der Welt, auf ihren Landsitz zurück.
Graf F... kehrt zurück und wirbt erneut um die Hand der Marquise. Sie weist ihn wieder zurück, da sie den Vater des werdenden Kindes finden und ihn aus Rücksicht auf das gesellschaftliche Ansehen ihrer Familie heiraten möchte.
Die Mutter der Marquise überzeugt sich mit einer List von der Unschuld der Tochter und es kommt zu einer Versöhnung auch mit dem Vater, der seine starre Ablehnung der Tochter aufgibt und sein früheres Verhalten bereut.
Nachdem die Marquise das besagte Zeitungsinserat aufgegeben hat, erscheint wiederum Graf F... und gesteht ihr endlich, dass er sie während ihrer Ohnmacht vergewaltigt hat. Nun sieht die zutiefst erschütterte Marquise einen Teufel in dem Grafen und geht die Ehe erst ein, nachdem der Graf einen Vertrag unterzeichnet hat, in welchem er auf die Rechte eines Ehemanns verzichtet, aber alle Pflichten erfüllen muss. Nach Ablauf eines Jahres kommt es durch sein musterhaftes Betragen jedoch zu einer zweiten Vermählung und beide vollziehen die Ehe, die vom Erzähler als glücklich bezeichnet wird.

1. a) Erläutern Sie den Konflikt der Marquise. Beziehen Sie die damaligen gesellschaftlichen Vorstellungen des gehobenen Bürgertums über ein uneheliches Kind in Ihre Überlegungen mit ein.
   b) Kleist bezeichnet seine Novellen als „moralische Erzählungen". Welche Intention könnte er mit dem Begriff verbunden haben?
2. a) Zeichnen Sie eine Spannungskurve der Novellenhandlung.
   b) Untersuchen Sie, welche ▷ Merkmale der Novelle Kleists „Marquise von O..." aufweist, und erläutern Sie ihre erzählerische Funktion. ▷ S. 182
3. a) Entwickeln Sie einen inneren Monolog, in dem die Marquise in ihrem Landhaus über ihre Situation nachdenkt.
   b) Gestalten Sie parallel dazu einen inneren Monolog des Grafen F..., in dem dieser, bevor er zum ersten Mal um die Hand der Marquise anhält, über sein Verhalten und seine Lage reflektiert.
4. Sprechen Sie darüber, wie sich in der Gegenwart eine solche Problematik lösen ließe.

Thomas Manns „Der Tod in Venedig“ (1912)
Inhaltsangabe

Die Hauptfigur der Novelle ist ein alternder, wegen seiner schriftstellerischen Leistungen geadelter, hoch geachteter Schriftsteller, Gustav von Aschenbach. Dieser lebt in München und leidet gelegentlich an Schreibhemmungen. Deutlich wird, dass er sich in einer existenziellen Lebens- und Schaffenskrise befindet. Als Künstler ist er von der Angst besetzt, mit seiner Lebensaufgabe nicht fertig zu werden. Er leidet unter Arbeitsmüdigkeit und Unlust, auch das Gefühl der Ungenügsamkeit befällt ihn zuweilen.

Schon als Jüngling ist er der außerordentlichen Leistung verpflichtet. Er lebt unter ständiger Anspannung und kann nicht loslassen. Sein Lieblingswort heißt „Durchhalten“, eine innere Zucht und Anstrengung hält ihn zur Arbeit an. Er arbeitet am Rande der Erschöpfung.

Durch die Erscheinung eines Fremden während eines Nachmittagsspaziergangs motiviert, beschließt er, auf unbestimmte Zeit in den Süden zu reisen, um sich damit den Anforderungen des Alltags und der Pflicht zu entziehen.

Er reist zunächst an die istrische Küste. Dort findet er jedoch keine Entspannung und er beschließt, nach Venedig weiterzureisen. An der Ablegestelle des Dampfers sieht er eine fröhliche Reisegruppe, die ebenfalls nach Venedig übersetzt. Vor einem Mitglied der Gruppe empfindet Aschenbach Ekel. Dies ist auf den ersten Blick ein Jüngling, tatsächlich aber bereits ein alter Mann, der sich verkleidet und geschminkt hat. Über die Lagune von Venedig setzt ihn ein falscher Gondoliere über, der keine Konzession besitzt.

Im vornehmen Bäderhotel nimmt Aschenbach seinen Aufenthalt. Unter den Badegästen des mondänen Hotels erblickt er einen in seinen Augen klassisch schönen, ungefähr vierzehnjährigen polnischen Jungen namens Tadzio, der dort mit seiner Familie weilt. Aschenbach verfällt nach und nach der vollkommenen Schönheit dieses Jungen. Er erlebt und reflektiert die Frage nach dem Wesen des Schönen – und d.h. auch nach der Bestimmung des Künstlers – als unlösbaren Konflikt zwischen Geist und Sinnlichkeit.

Das schwüle Wetter Venedigs, die von ihm plötzlich empfundene Enge der Stadt und Gerüchte über eine geheimnisvolle Krankheit und vereinzelte Todesfälle veranlassen Aschenbach abzureisen. Durch einen Zufall wird sein Gepäck jedoch auf ein falsches Schiff verladen, sodass er dies als willkommenen Anlass nimmt, in Venedig – in der Nähe Tadzios – zu bleiben. Jetzt beherrscht der polnische Junge sein ganzes Denken und Fühlen. Aschenbach ist zu keinen anderen Gedanken mehr fähig. Er sieht Tadzio nun jeden Tag am Strand und in der Stadt. Durch die Verliebtheit in Tadzio entdeckt er die sinnliche Seite in sich und damit den Grundkonflikt seiner Künstlerexistenz, den Antagonismus von Vernunft und Gefühl. Bei einem Friseur lässt er sich frisieren und schminken, sodass sein wahres Alter nicht mehr erkennbar ist. Die in Venedig aufgetretene geheimnisvolle Seuche, der immer mehr Menschen zum Opfer fallen, wird von den Behörden verharmlost. Aschenbach erhält durch beharrliches Fragen keine eindeutige Antwort. Wegen der geheimnisvollen Krankheit reisen immer mehr Touristen aus Venedig ab. Schließlich bricht die Cholera aus und Aschenbach fällt ihr zum Opfer.

Alle Personen haben für die Leser/innen eine vorausdeutende, den Tod symbolisierende Funktion: der Fremde, der Aschenbachs Reiselust weckt, der jung geschminkte Greis auf dem Schiff, der finstere Gondoliere und schließlich Tadzio selbst. Sie führen Aschenbach immer tiefer in die ausweglose Einsamkeit der homoerotischen Liebe und der tödlichen Krankheit.

1. a) Beschreiben Sie die Wirkung von Tadzio auf Aschenbach.
   b) Untersuchen Sie in der Novelle, mit welchen erzählerischen und sprachlichen Mitteln von der Wahrnehmung Tadzios zur Reflexion ästhetischer Grundfragen hingeführt wird.
2. Charakterisieren Sie Aschenbachs Kunstbegriff und Leistungsethos. Welche zeitbedingten Anschauungen spiegeln sich darin?
3. Gestalten Sie einen ▷ inneren Monolog Tadzios, in dem dieser sein Verhältnis zu Aschenbach reflektiert. ▷ S. 171 f.

4. Schreiben Sie eine Szene der Novelle in eine Ich-Erzählung um, in der Aschenbach als Erzähler fungiert.
5. Erläutern Sie Aschenbachs Lebens- und Schaffenskrise und vergleichen Sie diese mit der Krise von Goethes Faust.
6. Vergleichen Sie die Reiseerfahrungen von Walter Faber in Max Frischs „Homo faber“ mit denen von Gustav von Aschenbach. Welche Parallelen und Unterschiede lassen sich erkennen?

Günter Grass' „Katz und Maus“ (1961)
Inhaltsangabe

Die Novelle spielt im Zeitraum zwischen dem Sommer 1940 und dem Sommer 1944. Der in Westdeutschland lebende Pilenz erzählt – angetrieben von seinem schlechten Gewissen und motiviert durch den Franziskanerpater Alban – von seinem Jugendfreund und Mitschüler Joachim Mahlke. Pilenz hat Mahlke, dessen Adamsapfel während der Pubertät überdimensional gewachsen ist, sodass er an eine Maus erinnert, einmal eine Katze an den Hals gesetzt. Der Adamsapfel, die „ewige Maus“, ist fortan Mahlkes Schicksal und Symbol für seine Außenseiterstellung. Um den Spott der Mitwelt, der „ewigen Katze“, wegen seiner körperlichen Missbildung zu kompensieren, unternimmt Mahlke verzweifelte Anstrengungen, versucht in allen Lebenssituationen Außergewöhnliches zu leisten.
1939 nimmt er, obwohl körperlich sehr schwächlich, Schwimmunterricht und besteht die Freischwimmerprüfung. Er schließt sich einer Jungengruppe an, der auch der Erzähler Pilenz angehört und die ihre Freizeit auf dem Wrack eines polnischen Minensuchbootes verbringt, das von der deutschen Kriegsmarine bei Kriegsbeginn aufgebracht wurde und beim Abschleppversuch sank. Während des Sommers 1940 beeindruckt Joachim Mahlke seine Mitschüler als außergewöhnlich guter Schwimmer und zäher Taucher, dem es nach und nach gelingt, von waghalsigen Tauchgängen in das Innere des Schiffes eine ganze Reihe von Gegenständen mitzubringen: einen englischen Schraubenzieher, einen Feuerlöscher, Konservendosen und ein noch funktionsfähiges Grammofon. Damit ist er unbestritten der Held der kleinen Jungengruppe. Er selbst verhält sich allerdings bescheiden. Mahlke strengt sich in der Schule nicht an. Er lässt andere abschreiben und fällt nur durch seine sportlichen Leistungen auf. In sportlicher Hinsicht überrundet Joachim Mahlke bald alle Schulfreunde. Ansonsten geht er eigene Wege. Er kleidet sich altmodisch, trägt einen Schraubenschlüssel um den Hals und legt es darauf an, die anderen zum Lachen über sich zu bringen. Auf die Frage eines Lehrers gibt er sein Berufsziel bekannt: Er möchte Clown werden. Mahlke besucht regelmäßig die Frühmesse und verehrt schwärmerisch die Jungfrau Maria. Er bleibt einfaches Mitglied der Hitlerjugend. Mahlke wird von den anderen Jungen wegen seiner sportlichen Leistungen, seiner kreativen Einfälle und seiner geistigen Unabhängigkeit bewundert. Zu echten Freundschaften kommt es jedoch nicht. Mahlke bleibt ein Einzelgänger.
Im Sommer 1942 entdeckt er unter Wasser den Eingang der über der Oberfläche liegenden Funkerkabine des Schiffswracks und richtet sich dort häuslich ein. Niemand getraut sich, ihm dorthin zu folgen. Die Kabine wird zum Symbol einer Anerkennung, die durch Einsamkeit erkauft werden muss.
Als während des Krieges ein mit dem Ritterkreuz ausgezeichneter Kapitänleutnant eines U-Bootes, ein ehemaliger Schüler von Mahlkes Schule, einen Vortrag über seine Kriegserfahrungen hält und an einer gemeinsamen Turnstunde teilnimmt, entwendet ihm Mahlke aus der Umkleidekabine das Ritterkreuz. Pilenz schwimmt am nächsten Tag zum Wrack und entdeckt Mahlke mit umgehängtem Ritterkreuz in lustiger Stimmung, da der Orden seinen Adamsapfel vollkommen bedeckt. Mahlke gibt das Ritterkreuz an den Leiter seiner Schule, Oberstudienrat Klohse, zurück und wird daraufhin von der Schule verwiesen. Pilenz verliert Mahlke aus den Augen, da dieser eine andere Schule besuchen muss. Kurze Zeit später wird Mahlke – versehen mit dem Notabitur – zu einer Panzereinheit eingezogen, und bald erhält er als Unteroffizier wegen seiner hohen Abschussquote russischer Panzer selbst das Ritterkreuz.
Im Juni 1944 kommt Pilenz von seiner

militärischen Ausbildung zurück und trifft Mahlke, der als Ritterkreuzträger auf Fronturlaub eine Rede an seiner ehemaligen Schule halten möchte. Der Schulleiter Klohse jedoch lässt diese Rede unter Hinweis auf die Schulordnung nicht zu und wird deshalb von Mahlke nachts auf dem Nachhauseweg geohrfeigt. Mahlke möchte nicht mehr an die Front zurück und versteckt sich auf dem Wrack. Vermutlich verunglückt er bei seinen Tauchgängen. Pilenz macht sich auf die Suche nach Mahlke, ständig in dem Schuldbewusstsein, durch seine einstige Tat Mahlke in die Isolation und Selbstentfremdung getrieben zu haben.

1. a) Charakterisieren Sie Mahlke.
   b) Überlegen Sie, welche Bedeutung sportliche Leistungen für die Integration in eine Gruppe haben können. Beziehen Sie eventuell vorhandene geschlechtsspezifische Unterschiede in Ihre Überlegungen mit ein.
2. a) Welche Bedeutung hat das Ritterkreuz für Joachim Mahlke und die anderen Jungen?
   b) Vergleichen Sie die Reden der Ritterkreuzträger in der Novelle. Welche Unterschiede und Übereinstimmungen gibt es?
3. Sprechen Sie darüber, ob Joachim Mahlke als Kriegsheld, Widerstandskämpfer, Außenseiter oder als Clown anzusehen ist. Belegen Sie Ihre Aussagen mit entsprechenden Textauszügen.
4. ▷ S. 455 f. Verfassen Sie auf der Grundlage der Inhaltsangabe einen ▷ **Sequenzplan** für eine Verfilmung der Novelle „Katz und Maus".
5. Entwerfen Sie selbst den Handlungskern einer Novelle, in der es einem Außenseiter bzw. einer Außenseiterin gelingt, durch eine außergewöhnliche Leistung Anschluss an eine Gruppe zu finden und trotzdem eine eigenständige Persönlichkeit zu bleiben.
6. Vergleichen Sie die Novelle „Katz und Maus" hinsichtlich der Verarbeitung der nationalsozialistischen Vergangenheit mit der Erzählung „Der Vorleser" von Bernhard Schlink oder anderen Ihnen bekannten Romanen oder Erzählungen, die u. a. diese Thematik aufgreifen.

1.3.3 Die Kurzgeschichte

Ich-Suche und Spiegelbilder

Barbara Frischmuth

Die Art der Betrachtung (1980)

Ich suche mir den günstigsten Spiegel aus. Es gibt mehrere Arten von Spiegeln. Der Spiegel im Waschraum ist ein ungünstiger. Er hängt an einer blinden Wand, auf die von der Fensterreihe im rechten Winkel Licht fällt. Es ist ein Bild von amorpher[1] Schärfe, das einem entgegentritt. Das Flaumhaar über den Lippen, an den Kinnladen und dem Haaransatz zu – sonst unsichtbar – wird deutlich, indem es Licht zurückwirft. Durch einen Fehler im Schliff zieht sich das Bild merklich in die Breite. Kleine Unebenheiten in der Beschaffenheit der Oberfläche lassen die Haut fleckig erscheinen. Die Farbe der Zähne erreicht kein reines Weiß. Das Haar erscheint heller als sonst und unterschiedlich in sich selbst. Spritzer von Zahnpaste, die des Öfteren weggewischt werden, sich aber regelmäßig erneuern, lösen das Bild in Abschnitte, die den Gesamteindruck stören.

Der Spiegel in meiner Nachttischlade ist zu klein. Man muss ihn sehr weit von sich halten, um ein vollständiges Bild in ihm zu sehen. Er dient dazu, Unreinheiten in der Haut festzustellen, wobei man ihn ganz nahe ans Gesicht hält, bis die Poren – deutlich voneinander unterscheidbar – zu erkennen sind. Ich benütze ihn selten.

Es stehen uns nur wenige Spiegel zur Verfügung. Spiegel dienen dazu, die Eitelkeit zu fördern. Auch kosten sie Zeit. Man steht lange vor dem Spiegel, um das Bild, in dem man sich wiedererkennt, zu betrachten.

Es gibt viele Arten, sein Bild im Spiegel festzuhalten:

1 **amorph:** gestaltlos

Man kann ruhig stehen bleiben und das Bild, das der Spiegel von einem gibt, in Augenschein nehmen.

Man kann sich vor dem Spiegel auch bewegen, ohne das Bild dabei aus den Augen zu verlieren.

Man kann seinem Bild in die Augen sehen und alles andere nicht sehen.

Man darf die Augen nicht senken, sonst sieht man seine Augen nicht.

Man kann sich mit seinem Bild im Spiegel vor sich selber Furcht einjagen, indem man seine Gesichtsmuskeln anspannt, die Zunge so weit wie möglich aus dem Mund streckt, die Augen aus den Höhlen treten lässt, die Nasenflügel hochzieht und bellt, mit hervorgepresstem Atem, dass die Adern an Hals und Stirn sich blau unter der rötlichen Haut abheben.

Man kann seinem Bild im Spiegel einen traurigen Ausdruck verleihen, mit halb geschlossenen Lippen, zitternden Nasenflügeln, leicht gehobenen Brauen und verkleinerten Pupillen, bis man weint.

Man kann sich mit seinem Blick durch den Spiegel zum Besten halten, indem man den linken Arm abgebogen auf den eigenen Rücken legt und von dort aus versucht, mit der Hand des linken Armes über die rechte Schulter zu greifen und von dort, wenn möglich, noch um den Hals – Christa kann's –, dass es aussieht, es würgte einen jemand. Nach einer Weile fühlt man es auch.

Oft muss ich lachen, wenn ich vor dem Spiegel stehe.

Für den günstigsten halte ich den Spiegel im Krankenzimmer. Er hängt hinter der spanischen Wand über dem Waschbecken neben Sr. Rosas Bett. Man kann ihn auch ohne im Krankenzimmer zu liegen benützen, wenn nämlich Sr. Rosa vergessen hat, die Tür des Krankenzimmers abzuschließen, sobald sie zur gemeinsamen Andacht der Schwestern in die Kapelle geht.

Mein Gesicht:

Ich habe Augen. Sie besitzen eine Weiße, eine Farbe und eine Schwärze. Ihr Blick zeigt Interesse, Neugier, Zutrauen, bekundet Misstrauen, Mut oder Unmut, je nachdem, worauf der Blick dieser meiner Augen fällt oder worauf ich den Blick dieser meiner Augen fallen lasse. Hier und in diesem Augenblick richte ich den Blick meiner Augen auf das Bild des

Barbara Frischmuth

Blickes meiner Augen. Müsste ich das Bild von diesem meinem Blick beurteilen, würde ich sagen, dass es günstig, er aber forschend ist.

Wenn ich meinen Blick als den Ort auffasse, der sich zu einer Waagrechten verlängern lässt, so beginnt fünf Fingerbreit über dem Blick mein Haar. Vier Fingerbreit unter dem Blick endet meine Nase. Zwei Fingerbreit unter dem Punkt, an dem meine Nase endet, liegt parallel zu meinem Blick mein Mund, der die Breite von vier Fingern und einem halben misst. Drei Fingerbreit unter demselben hört mein Gesicht in Form eines Kinns auf. Lege ich meine Hand mit vier geschlossenen Fingern ohne Daumen mit der Handfläche nach innen auf mein Kinn, sodass der rechte kleine Finger auf dem Mittelpunkt des Kinns zu liegen kommt, und schlage dann die Hand um, sodass der Handrücken meine Wange berührt, erreiche ich mit dem kleinen Finger der rechten Hand das rechte Ohr. Drehe ich an diesem Punkt die Hand in einem Winkel von 180° und schlage sie gleichzeitig neuerdings um, ist meine rechte Augenbraue erreicht, die sich auf eine Spannweite von rund fünf Fingerbreit beläuft.

Meine Haut ist als glatt zu bezeichnen, als kindlich glatt – was noch keinen Schluss auf ihre spätere Beschaffenheit zulässt –, ein Muttermal ausgenommen, das auf halber Strecke zwischen linkem Nasenflügel und linkem Ohr seinen Platz hat.

Ich bin seit einigen Tagen erkältet, weswegen

meine Nase gerötet ist. Bei der Gesamtbetrachtung verliert sich jedoch dieser Eindruck.
Als Folge eines Unfalls in der frühen Kindheit befindet sich eine säbelförmige Narbe rechts unter dem rechten äußeren Winkel meines rechten Auges. Es ist mir nicht in Erinnerung, wie dies geschehen konnte, doch ist mir erzählt worden, ich sei eine Treppe hinuntergefallen, und man habe fürchten müssen, es würde mich das Auge kosten, doch wäre diese Befürchtung zum Glück nicht wahr geworden.
Ansonsten fällt mir an meinem Gesicht nichts auf.

1. a) Beschreiben Sie die Wahrnehmungen der Ich-Erzählerin.
   b) Sprechen Sie in Ihrer Klasse darüber, welches Verhältnis zu sich selbst die Erzählerin hat.
2. Analysieren Sie, mit welchen sprachlichen Mitteln die Ich-Suche der Erzählerin gestaltet wird.
3. In der Kurzgeschichte von Barbara Frischmuth werden zwei weibliche Personen erwähnt, Christa und Schwester Rosa. Entwerfen Sie aus der Sicht beider jeweils eine Charakterisierung der Ich-Erzählerin.

Margret Steenfatt

Im Spiegel (1984)

„Du kannst nichts", sagten sie, „du machst nichts", „aus dir wird nichts." Nichts. Nichts. Nichts.
Was war das für ein NICHTS, von dem sie redeten und vor dem sie offensichtlich Angst hatten, fragte sich Achim, unter Decken und Kissen vergraben.
Mit lautem Knall schlug die Tür hinter ihnen zu.
Achim schob sich halb aus dem Bett. Fünf nach eins. Wieder mal zu spät. Er starrte gegen die Zimmerdecke. – Weiß. Nichts. Ein unbeschriebenes Blatt Papier, ein ungemaltes Bild, eine tonlose Melodie, ein ungesagtes Wort, ungelebtes Leben.
Eine halbe Körperdrehung nach rechts, ein Fingerdruck auf den Einschaltknopf seiner Anlage. Manchmal brachte Musik ihn hoch.
Er robbte zur Wand, zu dem großen Spiegel, der beim Fenster aufgestellt war, kniete sich davor und betrachtete sich: lang, knochig, graue Augen im blassen Gesicht, hellbraune Haare, glanzlos. „Dead Kennedys" sangen: „Weil sie dich verplant haben, kannst du nichts anderes tun als aussteigen und nachdenken."
Achim wandte sich ab, erhob sich, ging zum Fenster und schaute hinaus. Straßen, Häuser, Läden, Autos, Passanten, immer dasselbe. Zurück zum Spiegel, näher heran, so nahe, dass er glaubte, das Glas zwischen sich und seinem Spiegelbild durchdringen zu können. Er legte seine Handflächen gegen sein Gesicht im Spiegel, ließ seine Finger sanft über Wangen, Augen, Stirn und Schläfen kreisen, streichelte, fühlte nichts als Glätte und Kälte.
Ihm fiel ein, dass in dem Holzkasten, wo er seinen Kram aufbewahrte, noch Schminke herumliegen musste. Er fasste unters Bett, wühlte in den Sachen im Kasten herum und zog die Pappschachtel heraus, in der sich einige zerdrückte Tuben fanden. Von der schwarzen Farbe war noch ein Rest vorhanden. Achim baute sich vor dem Spiegel auf und malte zwei dicke Striche auf das Glas, genau dahin, wo sich seine Augenbrauen im Spiegel zeigten. Weiß besaß er reichlich. Er drückte eine Tube aus, fing die weiche ölige Masse in seinen Händen auf, verteilte sie auf dem Spiegel über Kinn, Wangen und Nase und begann, sie langsam und sorgfältig zu verstreichen. Dabei durfte er sich nicht bewegen, sonst verschob sich seine Malerei. Schwarz und Weiß sehen gut aus, dachte er, fehlt noch Blau. Achim grinste seinem Bild zu, holte sich das Blau aus dem Kasten und färbte noch die Spiegelstellen über Stirn und Augenlidern.
Eine Weile verharrte er vor dem bunten Gesicht, dann rückte er ein Stück zur Seite, und wie ein Spuk tauchte sein farbloses Gesicht im Spiegel wieder auf, daneben eine aufgemalte Spiegelmaske.
Er trat einen Schritt zurück, holte mit dem Arm weit aus und ließ seine Faust in die Spiegelscheibe krachen. Glasteile fielen herunter, Splitter verletzten ihn, seine Hand fing an zu bluten. Warm rann ihm das Blut über den Arm und tröpfelte zu Boden. Achim legte seinen Mund auf die Wunden und leckte das Blut ab. Dabei wurde sein Gesicht rot verschmiert.

Der Spiegel war kaputt. Achim suchte sein Zeug zusammen und kleidete sich an. Er wollte runtergehen und irgendwo seine Leute treffen.

1. a) Notieren Sie Gedanken und Assoziationen, die Sie mit dem Begriff „Spiegel" verbinden.
   b) Mit welchen Bedeutungsnuancen spielt der Text?
2. Achim sieht im Spiegel erst sein „buntes", dann sein „farbloses Gesicht" (▷ Z. 59 ff.). Schreiben Sie einen ▷ inneren Monolog, den er in diesem Moment führt. ▷ S. 171 f.
3. Vergleichen Sie die Verwendung des Spiegelmotivs in den Kurzgeschichten von Barbara Frischmuth (▷ S. 186 ff.) und Margret Steenfatt.

Gabriele Wohmann

Die Klavierstunde (1966)

Das hatte jetzt alles keine Beziehung zu ihm: die flackernden Sonnenkleckse auf dem Kiesweg, das Zittern des Birkenlaubs; die schläfrige Hitze zwischen den Hauswänden im breiten Schacht der Straße. Er ging da hindurch (es war höchstens eine feindselige Beziehung) mit hartnäckigen kleinen Schritten. Ab und zu blieb er stehen und fand in sich die fürchterliche Möglichkeit, umzukehren, nicht hinzugehen. Sein Mund trocken vor Angst: er könnte wirklich so etwas tun. Er war allein; niemand, der ihn bewachte. Er könnte es tun. Gleichgültig, was daraus entstünde. Er hielt still, sah finster geradeaus und saugte Spucke tief aus der Kehle. Er brauchte nicht hinzugehen, er könnte sich widersetzen. Die eine Stunde möglicher Freiheit wog schwerer als die mögliche Unfreiheit eines ganzen Nachmittags. Erstrebenswert: der ungleiche Tauschhandel; das einzig Erstrebenswerte jetzt in dieser Minute. Er tat so, als bemerke er nichts davon, daß er weiterging, stellte sich überrascht, ungläubig. Die Beine trugen ihn fort, und er leugnete vor sich selbst den Befehl ab, der das bewirkte und den er gegeben hatte.

Gähnend, seufzend, streckte sie die knochigen Arme, ballte die sehr dünnen Hände zu Fäusten; sie lag auf der Chaiselongue[1]. Dann griff die rechte Hand tastend an die Wand, fand den Bilderrahmen, in dem der Stundenplan steckte; holte ihn, hielt ihn vor die tränenden Augen. Owehowehoweh. Die Hand bewahrte den sauber geschriebenen Plan wieder zwischen Bild und Rahmen auf: müde, renitent[2] hob sich der Oberkörper von den warmen Kissenmulden. Owehowehoweh. Sie

Gabriele Wohmann (1995)

stand auf; empfand leichten Schwindel, hämmernde Leere hinter der faltigen Stirnwand; setzte sich wieder, den nassen Blick starr, freudlos auf das schwarze Klavier gerichtet. Auf einem imaginären Bildschirm hinter den Augen sah sie den Deckel hochklappen, Notenhefte sich voreinanderschieben auf dem Ständer; verschwitzte Knabenfinger drückten fest und gefühllos auf die gelblichen Tasten, die abgegriffenen; erzeugten keinen Ton. Eins zwei drei vier, eins zwei drei vier. Der glitzernde Zeiger des Metronoms pendelte beharrlich und stumm von einer auf die andere Seite seines düsteren Gehäuses. Sie stand auf, löschte das ungerufene Bild. Mit der Handfläche stemmte sie das Gewicht ihres Arms gegen die Stirn und schob die lappige lose Haut in die Höhe bis zum Haaransatz. Owehoweh. Sie

1 **Chaiselongue:** Liege mit Kopflehne
2 **renitent:** widerspenstig

entzifferte die verworrene Schrift auf dem Reklameband, das sich durchs Halbdunkel ihres Bewußtseins schob: Kopfschmerzen. Unerträgliche. Ihn wegschicken. Etwas Lebendigkeit kehrte in sie zurück. Im Schlafzimmer fuhr sie mit dem kalten Waschlappen über ihr Gesicht.

Brauchte nicht hinzugehen. Einfach wegbleiben. Die Umgebung wurde vertraut: ein Platz für Aktivität. Er blieb stehen, stellte die schwere Mappe mit den Noten zwischen die Beine, die Schuhe klemmten sie fest. Ein Kind rollerte vorbei; die kleinen Räder quietschten; die abstoßende Ledersohle kratzte den Kies. Nicht hingehen, die Mappe loswerden und nicht hingehen. Er wußte, daß er nur die Mappe loszuwerden brauchte. Das glatte warme Holz einer Rollerlenkstange in den Händen haben. Die Mappe ins Gebüsch schleudern und einen Stein in die Hand nehmen oder einen Zweig abreißen und ihn tragen, ein Baumblatt mit den Fingern zerpflücken und den Geruch von Seife wegbekommen.

Sie deckte den einmal gefalteten Waschlappen auf die Stirn und legte den Kopf, auf dem Bettrand saß sie, weit zurück, bog den Hals. Noch mal von vorne. Und eins und zwei und eins. Die schwarze Taste, b, mein Junge. Das hellbeschriftete Reklameband erleuchtete die dämmrigen Bewußtseinskammern: Kopfschmerzen. Ihn wegschicken. Sie saß ganz still, das nasse Tuch beschwichtigte die Stirn: sie las den hoffnungsweckenden Slogan.

Feucht und hart der Lederhenkel in seiner Hand. Schwer zerrte das Gewicht der Hefte: jede einzelne Note hemmte seine kurzen Vorwärtsbewegungen. Fremde Wirklichkeit der Sonne, die aus den Wolkenflocken zuckte, durch die Laubdächer flackerte, abstrakte Muster auf den Kies warf, zitterndes Gesprenkel. Ein Kind; eine Frau, die bunte Päckchen im tiefhängenden Netz trug; ein Mann auf dem Fahrrad. Er lebte nicht mit ihnen.

Der Lappen hatte sich an der Glut ihrer Stirn erwärmt: und nicht mehr tropfig hörte er auf, wohl zu tun. Sie stellte sich vor den Spiegel, ordnete die grauen Haarfetzen. Im Ohr hämmerte der jetzt auch akustisch wirkende Slogan.

Die Mappe loswerden. Einfach nicht hingehen. Seine Beine trugen ihn langsam, mechanisch in die Nähe der efeubekleckstеn Villa.

Kopfschmerzen, unerträgliche. Sie klappte den schwarzen Deckel hoch; rückte ein verblichenes Foto auf dem Klaviersims zurecht; kratzte mit dem Zeigefingernagel ein trübes Klümpchen unter dem Daumennagel hervor.

Hinter dem verschnörkelten Eisengitter gediehen unfarbige leblose Blumen auf winzigen Rondellen, akkuraten Rabatten[3]. Er begriff, daß er sie nie wie wirkliche Pflanzen sehen würde.

Auf den dunklen steifen Stuhl mit dem Lederpolster legte sie das grüne, schwachgemusterte Kissen, das harte, platte. Sah auf dem imaginären Bildschirm die länglichen Dellen, die seine nackten Beine zurückließen.

Einfach nicht hingehen. Das Eisentor öffnete sich mit jammerndem Kreischlaut in den Angeln.

Kopfschmerzen, unerträgliche. Wegschicken. Widerlicher kleiner Kerl.

Die Mappe loswerden, nicht hingehen. Widerliche alte Tante.

Sie strich mit den Fingern über die Stirn. Die Klingel zerriß die Leuchtschrift, übertönte die Lockworte.

„Guten Tag“, sagte er. „Guten Tag“, sagte sie. Seine (von wem nur gelenkten?) Beine tappten über den dunklen Gang; seine Hand fand den messingnen Türgriff. Sie folgte ihm und sah die nackten braunen Beine platt und breit werden auf dem grünen Kissen; sah die geschrubbten Hände Hefte aus der Mappe holen, sie auf dem Ständer übereinanderschieben. Schrecken in den Augen, Angst vibrierte im Hals. Sie öffnete das Aufgabenbuch, las: erinnerte mit dem (von wem nur gelöschten?) Bewußtsein. Eins zwei drei vier. Töne erzeugten seine steifen Finger; das Metronom tickte laut und humorlos. R

3 **Rondell, Rabatte:** rundes Beet, schmales Beet

1. Charakterisieren Sie die Besonderheiten der Erzählweise (vor allem der Erzählperspektive) des Textes und stellen Sie Ihr Untersuchungsergebnis grafisch dar.
2. Schüler und Lehrerin durchleben jeweils einen inneren Konflikt. Entwerfen Sie Dialoge, die die widerstreitenden Stimmen in den beiden Figuren zum Ausdruck bringen.

Liebe und Partnerschaft

Heinrich Böll

An der Brücke (1949)

Die haben mir meine Beine geflickt und haben mir einen Posten gegeben, wo ich sitzen kann: ich zähle die Leute, die über die neue Brücke gehen. Es macht ihnen ja Spaß, sich ihre Tüchtigkeit mit Zahlen zu belegen, sie berauschen sich an diesem sinnlosen Nichts aus ein paar Ziffern, und den ganzen Tag, den ganzen Tag, geht mein stummer Mund wie ein Uhrwerk, indem ich Nummer auf Nummer häufe, um ihnen abends den Triumph einer Zahl zu schenken. Ihre Gesichter strahlen, wenn ich ihnen das Ergebnis meiner Schicht mitteile, je höher die Zahl, umso mehr strahlen sie, und sie haben Grund, sich befriedigt ins Bett zu legen, denn viele Tausende gehen täglich über ihre neue Brücke …

Aber ihre Statistik stimmt nicht. Es tut mir leid, aber sie stimmt nicht. Ich bin ein unzuverlässiger Mensch, obwohl ich es verstehe, den Eindruck von Biederkeit zu erwecken.

Insgeheim macht es mir Freude, manchmal einen zu unterschlagen und dann wieder, wenn ich Mitleid empfinde, ihnen ein paar zu schenken. Ihr Glück liegt in meiner Hand. Wenn ich wütend bin, wenn ich nichts zu rauchen habe, gebe ich nur den Durchschnitt an, manchmal unter dem Durchschnitt, und wenn mein Herz aufschlägt, wenn ich froh bin, lasse ich meine Großzügigkeit in einer fünfstelligen Zahl verströmen. Sie sind ja so glücklich! Sie reißen mir förmlich das Ergebnis jedes Mal aus der Hand, und ihre Augen leuchten auf, und sie klopfen mir auf die Schulter. Sie ahnen ja nichts! Und dann fangen sie an zu multiplizieren, zu dividieren, zu prozentualisieren, ich weiß nicht, was. Sie rechnen aus, wie viel heute jede Minute über die Brücke gehen und wie viel in zehn Jahren über die Brücke gegangen sein werden. Sie lieben das zweite Futur, das zweite Futur ist ihre Spezialität – und doch, es tut mir leid, dass alles nicht stimmt …

Wenn meine kleine Geliebte über die Brücke kommt – und sie kommt zweimal am Tage –, dann bleibt mein Herz einfach stehen. Das unermüdliche Ticken meines Herzens setzt einfach aus, bis sie in die Allee eingebogen und verschwunden ist. Und alle, die in dieser Zeit passieren, verschweige ich ihnen. Diese zwei Minuten gehören mir, mir ganz allein, und ich lasse sie mir nicht nehmen. Und auch wenn sie abends wieder zurückkommt aus ihrer Eisdiele – ich weiß inzwischen, dass sie in einer Eisdiele arbeitet –, wenn sie auf der anderen Seite des Gehsteiges meinen stummen Mund passiert, der zählen, zählen muss, dann setzt mein Herz wieder aus, und ich fange erst wieder an zu zählen, wenn sie nicht mehr zu sehen ist. Und alle, die das Glück haben, in diesen Minuten vor meinen blinden Augen zu defilieren, gehen nicht in die Ewigkeit der Statistik ein: Schattenmänner und Schattenfrauen, nichtige Wesen, die im zweiten Futur der Statistik nicht mitmarschieren werden …

Heinrich Böll

Es ist klar, dass ich sie liebe. Aber sie weiß nichts davon, und ich möchte auch nicht, dass sie es erfährt. Sie soll nicht ahnen, auf welche ungeheure Weise sie alle Berechnungen über den Haufen wirft, und ahnungslos und unschuldig soll sie mit ihren langen braunen Haaren und den zarten Füßen in ihre Eisdiele marschieren, und sie soll viel Trinkgeld bekommen. Ich liebe sie. Es ist ganz klar, dass ich sie liebe.

Neulich haben sie mich kontrolliert. Der Kumpel, der auf der anderen Seite sitzt und die Autos zählen muss, hat mich früh genug gewarnt, und ich habe höllisch aufgepasst. Ich habe gezählt wie verrückt, ein Kilometerzähler kann nicht besser zählen. Der Oberstatistiker selbst hat sich drüben auf die andere

Seite gestellt und hat später das Ergebnis einer Stunde mit meinem Stundenergebnis verglichen. Ich hatte nur einen weniger als er. Meine kleine Geliebte war vorbeigekommen, und niemals im Leben werde ich dieses hübsche Kind ins zweite Futur transponieren lassen, diese meine kleine Geliebte soll nicht multipliziert und dividiert und in ein prozentuales Nichts verwandelt werden. Mein Herz hat mir geblutet, dass ich zählen musste, ohne ihr nachsehen zu können, und dem Kumpel drüben, der die Autos zählen muss, bin ich sehr dankbar gewesen. Es ging ja glatt um meine Existenz.
Der Oberstatistiker hat mir auf die Schulter geklopft und hat gesagt, dass ich gut bin, zuverlässig und treu. „Eins in der Stunde verzählt", hat er gesagt, „macht nicht viel. Wir zählen sowieso einen gewissen prozentualen Verschleiß hinzu. Ich werde beantragen, dass Sie zu den Pferdewagen versetzt werden."
Pferdewagen ist natürlich die Masche. Pferdewagen ist ein Lenz wie nie zuvor. Pferdewagen gibt es höchstens fünfundzwanzig am Tage, und alle halbe Stunde einmal in seinem Gehirn die nächste Nummer fallen zu lassen, das ist ein Lenz!
Pferdewagen wäre herrlich. Zwischen vier und acht dürfen überhaupt keine Pferdewagen über die Brücke, und ich könnte spazieren gehen oder in die Eisdiele, könnte sie mir lange anschauen oder sie vielleicht ein Stück nach Hause bringen, meine kleine ungezählte Geliebte ...

1. Die Kurzgeschichte Heinrich Bölls spielt in der Nachkriegszeit. Woran ist das zu erkennen?
2. Erfinden Sie einen Traum des Ich-Erzählers von seiner „kleinen Geliebten". Das könnte z. B. der Traum von einer Begegnung in der Eisdiele sein (▷ Z. 112), es kann aber auch um einen Alptraum handeln, der die Skrupel des Erzählers spiegelt.

Wolfgang Borchert

Das Brot (1946)

Plötzlich wachte sie auf. Es war halb drei. Sie überlegte, warum sie aufgewacht war. Ach so! In der Küche hatte jemand gegen einen Stuhl gestoßen. Sie horchte nach der Küche. Es war still. Es war zu still, und als sie mit der Hand über das Bett neben sich fuhr, fand sie es leer. Das war es, was es so besonders still gemacht hatte: sein Atem fehlte. Sie stand auf und tappte durch die dunkle Wohnung zur Küche. In der Küche trafen sie sich. Die Uhr war halb drei. Sie sah etwas Weißes am Küchenschrank stehen. Sie machte Licht. Sie standen sich im Hemd gegenüber. Nachts. Um halb drei. In der Küche.
Auf dem Küchentisch stand der Brotteller. Sie sah, dass er sich Brot abgeschnitten hatte. Das Messer lag noch neben dem Teller. Und auf der Decke lagen Brotkrümel. Wenn sie abends zu Bett gingen, machte sie immer das Tischtuch sauber. Jeden Abend. Aber nun lagen Krümel auf dem Tuch. Und das Messer lag da. Sie fühlte, wie die Kälte der Fliesen langsam an ihr hochkroch. Und sie sah von dem Teller weg.
„Ich dachte, hier wär was", sagte er und sah in der Küche umher.

Wolfgang Borchert

„Ich habe auch was gehört", antwortete sie und dabei fand sie, dass er nachts im Hemd doch schon recht alt aussah. So alt wie er war. Dreiundsechzig. Tagsüber sah er manchmal jünger aus. Sie sieht doch schon alt aus, dachte er, im Hemd sieht sie doch ziemlich alt aus. Aber das liegt vielleicht an den Haaren. Bei den Frauen liegt das nachts immer an den Haaren. Die machen dann auf einmal so alt.
„Du hättest Schuhe anziehen sollen. So barfuß auf den kalten Fliesen. Du erkältest dich noch."

Sie sah ihn nicht an, weil sie nicht ertragen konnte, dass er log. Dass er log, nachdem sie neununddreißig Jahre verheiratet waren.
„Ich dachte, hier wäre was", sagte er noch einmal und sah wieder so sinnlos von einer Ecke in die andere, „ich hörte hier was. Da dachte ich, hier wäre was."
„Ich hab auch was gehört. Aber es war wohl nichts." Sie stellte den Teller vom Tisch und schnippte die Krümel von der Decke.
„Nein, es war wohl nichts", echote er unsicher.
Sie kam ihm zu Hilfe: „Komm man. Das war wohl draußen. Komm man zu Bett. Du erkältest dich noch. Auf den kalten Fliesen."
Er sah zum Fenster hin. „Ja, das muss wohl draußen gewesen sein. Ich dachte, es wäre hier."
Sie hob die Hand zum Lichtschalter. Ich muss das Licht jetzt ausmachen, sonst muss ich nach dem Teller sehen, dachte sie. Ich darf doch nicht nach dem Teller sehen. „Komm man", sagte sie und machte das Licht aus, „das war wohl draußen. Die Dachrinne schlägt immer bei Wind gegen die Wand. Es war sicher die Dachrinne. Bei Wind klappert sie immer."
Sie tappten sich beide über den dunklen Korridor zum Schlafzimmer. Ihre nackten Füße platschten auf den Fußboden.
„Wind ist ja", meinte er. „Wind war schon die ganze Nacht."
Als sie im Bett lagen, sagte sie: „Ja, Wind war schon die ganze Nacht. Es war wohl die Dachrinne."
„Ja, ich dachte, es wäre in der Küche. Es war wohl die Dachrinne." Er sagte das, als ob er schon halb im Schlaf wäre.
Aber sie merkte, wie unecht seine Stimme klang, wenn er log. „Es ist kalt", sagte sie und gähnte leise, „ich krieche unter die Decke. Gute Nacht."
„Nacht", antwortete er und noch: „Ja, kalt ist es schon ganz schön."
Dann war es still. Nach vielen Minuten hörte sie, dass er leise und vorsichtig kaute. Sie atmete absichtlich tief und gleichmäßig, damit er nicht merken sollte, dass sie noch wach war. Aber sein Kauen war so regelmäßig, dass sie davon langsam einschlief.
Als er am nächsten Abend nach Hause kam, schob sie ihm vier Scheiben Brot hin. Sonst hatte er immer nur drei essen können.
„Du kannst ruhig vier essen", sagte sie und ging von der Lampe weg. „Ich kann dieses Brot nicht so recht vertragen. Iss du man eine mehr. Ich vertrag es nicht so gut."
Sie sah, wie er sich tief über den Teller beugte. Er sah nicht auf. In diesem Augenblick tat er ihr leid.
„Du kannst doch nicht nur zwei Scheiben essen", sagte er auf seinen Teller.
„Doch. Abends vertrag ich das Brot nicht gut. Iss man. Iss man."
Erst nach einer Weile setzte sie sich unter die Lampe an den Tisch.

---

1. Bauen Sie ein ▷ **Standbild** der beiden Figuren, die in der Küche aufeinander treffen. Die Beziehung zwischen den beiden wird zunächst nur durch Gestik, Mimik und Körperhaltung zum Ausdruck gebracht. Dann äußern Beobachter und Darsteller die Gedanken oder Gefühle der Figuren in der Ich-Form.
2. a) Analysieren Sie den Erzählstil Wolfgang Borcherts.
   b) Überprüfen Sie, welche der nachfolgenden Merkmale einer Kurzgeschichte (▷ S. 194) Borcherts Erzählung aufweist.
3. Stellen Sie sich folgende Situation vor: Das Ehepaar kommt zehn Jahre später – während der Zeit des Wirtschaftswunders – auf den damaligen Vorfall zu sprechen. Gestalten Sie den Dialog im **Rollenspiel.**

▷ S. 214

Merkmale der Kurzgeschichte

- Äußere Umfangsbegrenzung/Kürze
- Reduktion und Verdichtung des Geschehens auf einen Augenblick, der für die dargestellten Figuren von besonderer Bedeutung ist
- Wiedergabe des inneren Geschehens durch Gedankenzitate, erlebte Rede, inneren Monolog usw.
- Unvermittelter Beginn und offenes Ende
- Alltäglichkeit von Thematik und Sprache
- Sprachliche Technik der Andeutungen, Verweise und Mehrdeutigkeiten

Peter Bichsel

San Salvador (1964)

Er hatte sich eine Füllfeder gekauft.

Nachdem er mehrmals seine Unterschrift, dann seine Initialen, seine Adresse, einige Wellenlinien, dann die Adresse seiner Eltern auf ein Blatt gezeichnet hatte, nahm er einen neuen Bogen, faltete ihn sorgfältig und schrieb: „Mir ist es hier zu kalt", dann, „ich gehe nach Südamerika", dann hielt er inne, schraubte die Kappe auf die Feder, betrachtete den Bogen und sah, wie die Tinte eintrocknete und dunkel wurde (in der Papeterie garantierte man, dass sie schwarz werde), dann nahm er seine Feder erneut zur Hand und setzte noch großzügig seinen Namen Paul darunter.

Dann saß er da.

Später räumte er die Zeitungen vom Tisch, überflog dabei die Kinoinserate, dachte an irgendetwas, schob den Aschenbecher beiseite, zerriss den Zettel mit den Wellenlinien, entleerte seine Feder und füllte sie wieder. Für die Kinovorstellung war es jetzt zu spät.

Die Probe des Kirchenchors dauert bis neun Uhr, um halb zehn würde Hildegard zurück sein. Er wartete auf Hildegard. Zu all dem Musik aus dem Radio. Jetzt drehte er das Radio ab.

Auf dem Tisch, mitten auf dem Tisch, lag nun der gefaltete Bogen, darauf stand in blauschwarzer Schrift sein Name Paul.

„Mir ist es hier zu kalt", stand auch darauf.

Nun würde also Hildegard heimkommen, um halb zehn. Es war jetzt neun Uhr. Sie läse seine Mitteilung, erschräke dabei, glaubte wohl das mit Südamerika nicht, würde dennoch die Hemden im Kasten zählen, etwas müsste ja geschehen sein.

Sie würde in den „Löwen" telefonieren.

Der „Löwe" ist mittwochs geschlossen.

Sie würde lächeln und verzweifeln und sich damit abfinden, vielleicht.

Sie würde sich mehrmals die Haare aus dem Gesicht streichen, mit dem Ringfinger der linken Hand beidseitig der Schläfe entlangfahren, dann langsam den Mantel aufknöpfen.

Dann saß er da, überlegte, wem er einen Brief schreiben könnte, las die Gebrauchsanweisung für den Füller noch einmal – leicht nach rechts drehen –, las auch den französischen Text, verglich den englischen mit dem deutschen, sah wieder seinen Zettel, dachte an Palmen, dachte an Hildegard.

Saß da.

Und um halb zehn kam Hildegard und fragte: „Schlafen die Kinder?"

Sie strich sich die Haare aus dem Gesicht.

1. a) Analysieren Sie die Erzählstruktur des Textes und unterscheiden Sie dabei zwischen innerer und äußerer Handlung.
   b) Der Ehemann versucht in Gedanken das Verhalten seiner Frau zu antizipieren. Wie wird diese Rollenübernahme sprachlich gestaltet?
   c) Erläutern Sie die Bedeutung des Titels.
2. „Mir ist es hier zu kalt, ich gehe nach Südamerika." Formulieren Sie einen Abschiedsbrief an Hildegard.

2 Drama

2.1 Klassisches und modernes Drama

Zwei Strukturbeispiele im Vergleich

Gotthold Ephraim Lessings „Emilia Galotti" (1772)
Inhaltsangabe

I. Aufzug, 1.–8. Auftritt

Ort: Ein Kabinett in der Residenz des Prinzen

Prinz Hettore Gonzaga, ein mit absolutistischer Macht regierender Fürst, wird durch ein Porträt, das ihm sein Hofmaler zeigt, an Emilia, die Tochter des Oberst Galotti, erinnert. Er hatte sie bei einer Abendgesellschaft flüchtig kennen gelernt, nun verliebt er sich heftig in sie. Von seinem Kammerherrn Marinelli erfährt er, dass für denselben Tag die Hochzeit Emilias mit dem Grafen Appiani angesetzt ist. Der intrigante Marinelli will sich der Gunst seines Herrn versichern und verspricht diesem, Appiani von Emilia vorerst zu trennen. Der Prinz beschließt, die Messe aufzusuchen, an der Emilia gewöhnlich teilnimmt, um sie zu treffen.

II. Aufzug, 1.–11. Auftritt

Ort: Ein Saal im Hause der Familie Galotti

Die Eltern Emilias, Odoardo und Claudia Galotti, erwarten ihre Tochter aus der Messe zurück. Nachdem Odoardo zum Landgut, auf dem die Hochzeit gefeiert werden soll, im Voraus aufgebrochen ist, erscheint Emilia in aufgeregter Verwirrung und gesteht ihrer Mutter, dass der Prinz sie in der Kirche angesprochen und ihr seine Liebe gestanden habe. Erschreckt sei sie davongestürzt (▷ S. 276 ff.). Kaum ist ihr Bräutigam eingetroffen, lässt sich auch Marinelli melden und überbringt dem Grafen Appiani den ehrenvollen Auftrag des Fürsten, am selben Tag noch eine wichtige politische Reise zu unternehmen. Marinellis Rechnung, der Graf werde die Gunst des Fürsten ebenso hoch einschätzen wie er selbst und dafür die Hochzeit verschieben, geht nicht auf. Appiani lehnt den Auftrag ab. Es kommt zu einem erbosten Streit zwischen ihm und Marinelli.

III. Aufzug, 1.–8. Auftritt

Ort: Vorsaal im ländlichen Lustschloss des Prinzen

Marinelli gesteht dem Prinzen das Scheitern seines Plans. Um die Enttäuschung und den Zorn seines Herrn zu besänftigen, schlägt er vor, Emilia zu entführen. Der Prinz lässt ihm freie Hand. Schon bald wird Emilia von den Entführern ins Lustschloss gebracht. Das ganze Unternehmen war als Überfall von Straßenräubern getarnt und Emilia glaubt sich von Marinellis Diener gerettet, ist allerdings irritiert, als ihr der Prinz gegenübertritt. Von seinem Diener erfährt Marinelli, dass Graf Appiani bei dem Überfall erschossen wurde. Emilias Mutter, die den Überfall auf die Reisegesellschaft überlebt hat, ist ihrer Tochter nachgeeilt und durchschaut schon bald Marinellis Machenschaften. Aufgeregt stürzt sie in das Zimmer, in dem der Prinz mit Emilia weilt.

IV. Aufzug, 1.–8. Auftritt

Ort: Weiterhin das Lustschloss des Prinzen

Während Claudia sich um ihre Tochter kümmert, gesteht Marinelli seinem Herrn den Tod Appianis. Der Prinz verlangt erzürnt, dass der Öffentlichkeit klargemacht werden müsse, dass er mit dem Überfall nichts zu tun habe. In diesem Augenblick trifft die Gräfin Orsina ein, die ehemalige Geliebte des Fürsten, die enttäuscht ist, von ihm nicht wie gewöhnlich empfangen zu werden. Als sie durch Marinelli von der angeblichen Rettungsaktion und der Anwesenheit Emilias erfährt, schöpft sie sofort Verdacht und beschuldigt den Prinzen des Mordes an Appiani und der Entführung Emilias. Ihren Verdacht teilt sie auch Odoardo mit, der auf der Suche nach seiner Familie auf dem Schloss eintrifft. Odoardo glaubt ihr mehr als Marinelli, der sie als Verrückte hinzustellen versucht. Die Gräfin drückt Odoardo einen Dolch in die Hand als eine Art Auftrag, sie und seine Familie zu rächen. Galotti bleibt im Schloss und schickt seine Frau mit der Gräfin in die Stadt zurück.

Zwischenspiel
Ort: Wangs Nachtlager
Die Götter sind bei ihrer Suche nach weiteren guten Menschen gescheitert, sie setzen alle Hoffnung auf Shen Te.

10
Ort: Gerichtslokal
In den Richterroben stecken die drei Götter. Shui Ta wird von den Zeugen in die Enge getrieben und bricht schließlich zusammen. Auf seine Bitte hin lassen die Richter den Saal räumen und Shui Ta gibt sich als Shen Te zu erkennen. Sie führt den Göttern vor Augen, dass man in einer schlechten Welt nicht gut sein kann, wenn man darin überleben will. Die Götter verschließen vor dieser Einsicht jedoch die Augen, wollen in Shen Te nur ihren guten Menschen sehen und schweben auf einer rosa Wolke singend zum Himmel empor.

Epilog
Vor den Vorhang tritt ein Spieler und wendet sich entschuldigend an das Publikum, man habe keinen rechten Schluss gefunden, so sei der Vorhang nun zu, aber alle Fragen offen. Sollte der Mensch oder die Welt anders sein, brauche man andere Götter oder vielleicht keine? Am Ende empfiehlt er dem Publikum, sich selbst einen Schluss zu suchen.

1. Erarbeiten Sie eine Gegenüberstellung, in der Sie anhand der Inhaltsangaben alle Unterschiede in der **Struktur** von Lessings „Emilia Galotti" und Brechts „Gutem Menschen von Sezuan" auflisten.

	Emilia Galotti	*Der gute Mensch von Sezuan*
Äußerer Aufbau		
Handlungsführung und Spannungsaufbau		
Orte und zeitliche Gliederung		
Figurenkonstellation		
Anfang und Schluss		
Verhältnis von Bühnengeschehen und Publikum		
…		

2. a) Erläutern Sie, welche Funktion die unterschiedlichen Strukturelemente im Hinblick auf die Wirkung der Stücke haben.
   b) Legen Sie Ihr Verständnis von der Wirkungsabsicht (Intention) der Stücke dar.
3. Diskutieren Sie in Ihrer Klasse, welches der beiden Stücke Sie als Lektüre und/oder als Aufführung stärker interessiert.

Das klassische Drama

Das europäische Drama hat seinen Ursprung im antiken Griechenland. Das zeigen schon einige gattungsspezifische Bezeichnungen, die aus dem Griechischen stammen: „Drama" (Handlung, Schauspiel), „Theater" (Zuschauerraum, Schauspielhaus), Szene (Bühne, Teil der Bühnenhandlung), „Dialog" und „Monolog" (Wechsel- und Einzelrede), „Tragödie" und „Komödie" (Trauerspiel und Lustspiel). Das Drama hat religiöse Wurzeln und entwickelte sich aus Kulthandlungen mit Umzügen, Verkleidungen, Gesang und Tanz. Die attischen Dichter haben ab dem 5. Jahrhundert v. Chr. aus diesen volkstümlichen Traditionen eine anspruchsvolle künstlerische Ausdrucksform entwickelt, die dann als „klassische" Tragödie oder Komödie Eingang in die Literatur des Abendlandes gefunden hat. Inhalte der griechischen **Tragödien** waren Mythen und Geschehnisse aus der Geschichte, als Thema stand die Beschränktheit des menschlichen Wollens und Könnens im Hinblick auf ethische Maßstäbe und göttliche Schicksalsmächte im Mittelpunkt. Die drei berühmtesten Tragödiendichter Athens waren Aischylos, Sophokles und Euripides. **Komödien** dagegen beschäftigten sich hauptsächlich mit gesellschaftlichen Themen, die auch für persönliche Auseinandersetzungen Raum boten. Aristophanes (um 445– um 385 v. Chr.) ist der einzige attische Dichter, von dem einige vollständige Komödien erhalten sind. Der Erste, von dem wir eine Theorie des Dramas überliefert haben und der dabei Grundsätzliches zu dessen Funktion und Struktur entwickelte, war der griechische Philosoph Aristoteles (384–321 v. Chr.). Seine „Poetik" war dabei vor allem eine – z. T. nur bruchstückhaft überlieferte – Auseinandersetzung mit den Theaterstücken seiner Zeit, insbesondere mit denen von Sophokles (um 497– um 406 v. Chr.). Die Maßstäbe und Regeln, die Aristoteles aufstellte, galten in der Geschichte des europäischen Theaters lange Zeit als verbindlich. Auch moderne Theaterschriftsteller, die sich bewusst vom klassischen Drama abwandten (z. B. Bertolt Brecht, ▷ S. 201 f.), setzten in ihren theoretischen Überlegungen meist bei ihm an, wenn sie das Neue und Andersartige ihrer Stücke aufzeigen wollten.

Aristoteles

Kennzeichen der Tragödie
(um 335 v. Chr.)

- Die Tragödie ist die Nachahmung einer edlen und abgeschlossenen Handlung von einer bestimmten Größe in gewählter Rede, derart, dass jede Form solcher Rede in gesonderten Teilen erscheint und dass gehandelt und nicht berichtet wird und dass mit Hilfe von Mitleid und Furcht eine Reinigung (Katharsis) von eben derartigen Affekten bewerkstelligt wird.
- Es dürfen also Handlungen, die gut aufgebaut sein sollen, weder an einem beliebigen Punkte beginnen noch an einem beliebigen Punkte aufhören.
- Die Teile der Handlung müssen so zusammengesetzt sein, dass das Ganze sich verändert und in Bewegung gerät, wenn ein einziger Teil umgestellt oder weggenommen wird. Wo aber Vorhandensein oder Fehlen eines Stückes keine sichtbare Wirkung hat, da handelt es sich gar nicht um einen Teil des Ganzen.
- Die Tragödie versucht so weit wie möglich, sich in einem einzigen Sonnenumlauf oder doch nur wenig darüber hinaus abzuwickeln.

1. Informieren Sie sich im Lexikon oder Internet über die genannten Dichter.
2. Versuchen Sie, Aristoteles' „Kennzeichen der Tragödie" mit eigenen Worten wiederzugeben.
3. ▷ **Referat:** Vergleichen Sie ein griechisches Drama mit einer modernen Bearbeitung. Achten Sie dabei vor allem auf folgende Aspekte: Sprache, Dialogführung, die Behandlung von Schicksal und Verantwortung. ▷ S. 36 f.
   Mögliche Stücke:
   - *Sophokles*: Antigone – *Jean Anouilh*: Antigone – *Rolf Hochhuth*: Berliner Antigone
   - *Euripides*: Iphigenie auf den Tauern – *Johann Wolfgang Goethe*: Iphigenie auf Tauris
   - *Aristophanes*: Lysistrata – *Rolf Hochhuth*: Lysistrate und die NATO

Der pyramidale Bau des Dramas nach Gustav Freytag

Der Schriftsteller und Literaturwissenschaftler Gustav Freytag hat 1863 in seinem Buch „Die Technik des Dramas“ die Theorie des klassischen, aristotelisch geprägten Dramas in stark schematisierter Form zusammengefasst, indem er die Dramenstruktur als „pyramidalen Bau“ beschrieb:

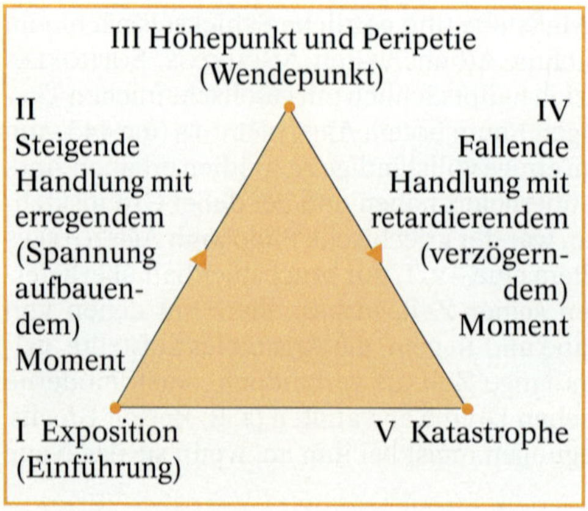

Wesentlich für die Struktur des klassischen Dramas sind die auf Aristoteles zurückgehenden drei Einheiten: **die Einheit der Handlung, der Zeit und des Ortes.** Jede Szene des Dramas erweist sich als Teil des einen geradlinigen, zeitlich eng begrenzten und an einen Ort gebundenen Handlungsstranges. Die Szenen (Auftritte) sind zu fünf Akten (Aufzügen) gebündelt. Diese fünf Akte stehen in einem die Spannung aufbauenden Funktionszusammenhang, sie bilden die Etappen, die den dramatischen Prozess in seiner idealtypischen Verlaufsform gliedern.

1. Akt, **Exposition:** Die Zuschauer/innen werden eingeführt in Zeit, Ort, Atmosphäre der Handlung; sie lernen die für die Handlung wichtigen Personen direkt (sie treten auf) oder indirekt (es wird über sie gesprochen) kennen; sie erfahren die Vorgeschichte; der Konflikt beginnt sich mehr oder minder deutlich abzuzeichnen.

2. Akt, **Steigende Handlung mit erregendem Moment:** Die Handlung erhält den entscheidenden Anschub, Interessen stoßen aufeinander, Intrigen werden gesponnen, der Ablauf des Geschehens beschleunigt sich in eine bestimmte Richtung; dadurch steigt die Spannung auf den weiteren Verlauf der Handlung und das Ende (Aufbau einer Finalspannung).

3. Akt, **Höhepunkt:** Die Entwicklung des Konflikts erreicht ihren Höhepunkt, der Held/die Heldin steht in der entscheidenden Auseinandersetzung, in der sich das weitere Schicksal entscheidet, das heißt, der Wendepunkt (die Peripetie) zu Sieg oder Niederlage, zu Absturz oder Erhöhung wird herbeigeführt.

4. Akt, **Fallende Handlung mit retardierendem Moment:** Die Handlung fällt jetzt auf das Ende zu; dennoch wird die Spannung noch einmal gesteigert, indem die Entwicklung im so genannten retardierenden Moment verzögert wird. Der Held/die Heldin scheint doch noch gerettet zu werden (zuweilen auch durch die Einführung einer neuen Person).

5. Akt, **Katastrophe:** Die Schlusshandlung bringt die Lösung des Konfliktes mit dem Untergang des Helden/der Heldin. Häufig ist jedoch der äußere Untergang, der Tod, mit einem inneren Sieg und der Verklärung des Helden/der Heldin verbunden.

1. Versuchen Sie, Gustav Freytags Schema auf die Inhaltsangaben zu Lessings „Emilia Galotti“ und Brechts „Gutem Menschen von Sezuan“ (▷ S. 195 ff.) anzuwenden, und beschreiben Sie Ihre Ergebnisse.
2. Untersuchen Sie andere Theaterstücke, die Sie im Unterricht gelesen haben, auf das Freytag'sche Schema hin.
3. Diskutieren Sie in der Klasse, welchen Sinn und Zweck solche idealtypischen Schemata haben.

Bertolt Brechts episches Theater

Das Drama, das sich an die Regeln des Aristoteles hält, wird auch als das Drama der **geschlossenen Form** bezeichnet. Ihm steht das nichtaristotelische Drama der **offenen Form** gegenüber, dessen herausragender Vertreter das epische Theater Bertolt Brechts ist. Obwohl Theaterstücke der offenen Form schon seit dem Mittelalter, z. B. in Spielen zu den hohen christlichen Feiertagen, existieren, entfalteten sie erst in der Moderne eine gegenüber dem geschlossenen Drama gleichberechtigte, wenn nicht sogar dominante Wirkungsgeschichte. Dabei konnten sich die modernen Theaterautoren auf Experimente mit einer offenen Dramenform bei Dichtern wie Goethe („Faust I") oder Büchner („Woyzeck") berufen.

1. Beschreiben Sie, welche Folgen für die Struktur eines Theaterstücks sich daraus ergeben, dass die drei aristotelischen Einheiten von Zeit, Ort und Handlung aufgegeben werden. Denken Sie dabei auch an die Konsequenzen für den Anfang und den Schluss des Stücks.
2. Welches Stück, das in Ihren Augen eine offene Form hat, kennen Sie aus der Lektüre oder einer Inszenierung?
3. Eine Parallele zur geschlossenen und offenen Form des Dramas lässt sich auf dem Gebiet des Films entdecken. Untersuchen Sie daraufhin einen „klassischen" Hollywood-Film und Tom Tykwers „Lola rennt" (▷ Kapitel B IV 3.1: „Filmvergleich ‚Lola rennt' und ‚Zwölf Uhr mittags'", S. 454 ff.).

BERTOLT BRECHT (1898–1956) entwickelte sein so genanntes **episches Theater** Ende der 20er-Jahre des 20. Jahrhunderts. Dabei vermied er für seine Werke bewusst den Begriff „Drama" und nannte sie einfach **Stücke** und sich selbst Stückeschreiber. Er setzte die geschlossene Form mit dem Drama schlechthin gleich, bezeichnete sie als „dramatische Form" des Theaters, der er seine „epische Form" entgegensetzte. In den „Anmerkungen zur Oper Aufstieg und Fall der Stadt Mahagonny" (▷ S. 202) stellt Brecht tabellarisch die beiden Formen des Theaters einander gegenüber, betont dabei allerdings, dass dieses Schema „nicht absolute Gegensätze, sondern lediglich Akzentverschiebungen" zeige.

Rudolf Schlichter: Bert Brecht (1928)

Bertolt Brecht

Die dramatische und die epische Form des Theaters (1938)

Dramatische Form des Theaters	Epische Form des Theaters
Die Bühne „verkörpert" einen Vorgang	sie erzählt ihn
verwickelt den Zuschauer in eine Aktion und	macht ihn zum Betrachter, aber
verbraucht seine Aktivität	weckt seine Aktivität
ermöglicht ihm Gefühle	erzwingt von ihm Entscheidungen
vermittelt ihm Erlebnisse	vermittelt ihm Kenntnisse
der Zuschauer wird in eine Handlung hineinversetzt	er wird ihr gegenübergesetzt
es wird mit Suggestion gearbeitet	es wird mit Argumenten gearbeitet
die Empfindungen werden konserviert	bis zu Erkenntnissen getrieben
der Mensch wird als bekannt vorausgesetzt	der Mensch ist Gegenstand der Untersuchung
der unveränderliche Mensch	der veränderliche und verändernde Mensch
Spannung auf den Ausgang	Spannung auf den Gang
eine Szene für die andere	jede Szene für sich
die Geschehnisse verlaufen linear	in Kurven
natura non facit saltus	facit saltus[1]
die Welt, wie sie ist	die Welt, wie sie wird
was der Mensch soll	was der Mensch muß
seine Triebe	seine Beweggründe
das Denken bestimmt das Sein	das gesellschaftliche Sein bestimmt das Denken[2]

R

1 **natura (non) facit saltus** (lat.): Die Natur, das Geschehen macht (keine) Sprünge.
2 Kernthese der Philosophie von Karl Marx (1818–1883)

1. Wählen Sie drei Gegenüberstellungen aus, die Sie verstanden haben, und erläutern Sie diese Ihrer Klasse mit eigenen Worten. Benutzen Sie bei Ihrer Erläuterung Beispiele aus den beiden Inhaltsangaben zu „Emilia Galotti" und „Der gute Mensch von Sezuan" (▷ S. 195 ff.).
2. Versuchen Sie, Gegenüberstellungen der Tabelle, die Ihnen nicht unmittelbar verständlich sind, mit Hilfe weiterer theatertheoretischer Texte Brechts zu erklären, z. B. „Die Bühne begann zu erzählen" (▷ S. 203), „Die Straßenszene als Grundmodell für episches Theater" (▷ S. 206) oder „Was ist mit dem epischen Theater gewonnen?" (▷ S. 207).

Bertolt Brecht

Die Bühne begann zu erzählen
(1936)

Zum Verständnis der Vorgänge war es nötig geworden, die *Umwelt*, in der die Menschen lebten, groß und „bedeutend" zur Geltung zu bringen.
Diese Umwelt war natürlich auch im bisherigen Drama gezeigt worden, jedoch nicht als selbständiges Element, sondern nur von der Mittelpunktsfigur des Dramas aus. Sie erstand aus der Reaktion des Helden auf sie. Sie wurde gesehen, wie der Sturm gesehen werden kann, wenn man auf einer Wasserfläche die Schiffe ihre Segel entfalten und die Segel sich biegen sieht. Im epischen Theater sollte sie aber nun selbständig in Erscheinung treten.
Die Bühne begann zu erzählen. Nicht mehr fehlte mit der vierten Wand zugleich der Erzähler. Nicht nur der Hintergrund nahm Stellung zu den Vorgängen auf der Bühne, indem er auf großen Tafeln gleichzeitige andere Vorgänge an andern Orten in die Erinnerung rief, Aussprüche von Personen durch projizierte Dokumente belegte oder widerlegte, zu abstrakten Gesprächen sinnlich faßbare, konkrete Zahlen lieferte, zu plastischen, aber in ihrem Sinn undeutlichen Vorgängen Zahlen und Sätze zur Verfügung stellte – auch die Schauspieler vollzogen die Verwandlung nicht vollständig, sondern hielten Abstand zu der von ihnen dargestellten Figur, ja forderten deutlich zur Kritik auf.
Von keiner Seite wurde es dem Zuschauer weiterhin ermöglicht, durch einfache Einfühlung in dramatische Personen sich kritiklos (und praktisch folgenlos) Erlebnissen hinzugeben. Die Darstellung setzte die Stoffe und Vorgänge einem Entfremdungsprozeß aus. Es war die Entfremdung, welche nötig ist, damit verstanden werden kann. Bei allem „Selbstverständlichen" wird auf das Verstehen einfach verzichtet. Das „Natürliche" muß das Moment des *Auffälligen* bekommen. Nur so konnten die Gesetze von Ursache und Wirkung zutage treten. Das Handeln der Menschen mußte zugleich so sein und mußte zugleich anders sein können. [R]

1. Fassen Sie zusammen, welche Folgen die Episierung des Theaters für Inhalt und Handlungsaufbau der Stücke, für die Einrichtung der Bühne und das Bühnenbild, für die Schauspieler/innen sowie für das Verhältnis von Dargestelltem und Zuschauer/innen hat.
2. Der so genannte **Verfremdungseffekt** hat für das epische Theater zentrale Bedeutung. Erläutern Sie mit Hilfe des obigen Textes sowie der Texte auf S. 206 und 207, was darunter zu verstehen ist.
3. Zeigen Sie an einem Beispiel aus der Inhaltsangabe zu „Der gute Mensch von Sezuan" (▷ S. 196 ff.) auf, dass der Schauspieler im epischen Theater nicht vollständig in seiner Rolle aufgeht, dass er nicht zu der dargestellten Person wird, sondern diese nur zeigt.
4. Nehmen Sie sich die Übersicht über Lessings „Emilia Galotti" (▷ S. 195 f.) vor und stellen Sie Überlegungen dazu an, wie man das Stück als episches Theater inszenieren könnte.

2.2 Wirkungsabsichten: Was will das Theater?

Auch in der Frage nach der Wirkungsabsicht des Theaters hatte Aristoteles mit seiner Definition der Tragödie für Jahrhunderte die Richtung gewiesen: Durch Mitleid und Furcht soll eine Reinigung (**Katharsis**) von derartigen Gemütsbewegungen bewirkt werden. Der schillernde Begriff der Katharsis ist im Laufe der Zeiten unterschiedlich verstanden worden, z. B. als Abhärtung gegenüber den Leidenschaften, als Sühnung im religiösen Sinne, als Heilung im medizinischen Sinne oder als Ausgleich und Versöhnung.
Noch Gotthold Ephraim Lessing (1729–1781) greift in seiner Theatertheorie auf Aristoteles' Bestimmung zurück:

Gotthold Ephraim Lessing

Hamburgische Dramaturgie (1768)

Er [Aristoteles] spricht von Mitleid und Furcht, nicht von Mitleid und Schrecken; und seine Furcht ist durchaus nicht die Furcht, welche uns das bevorstehende Übel eines andern, für diesen andern, erweckt, sondern es ist die Furcht, welche aus unserer Ähnlichkeit mit der leidenden Person für uns selbst entspringt; es ist die Furcht, dass die Unglücksfälle, die wir über diese verhängt sehen, uns selbst treffen können; es ist die Furcht, dass wir der bemitleidete Gegenstand selbst werden können. Mit einem Worte: diese Furcht ist das auf uns selbst bezogene Mitleid. [...] Wenn Aristoteles diesen Begriff von dem Affekte[1] des Mitleids hatte, dass er notwendig mit der Furcht für uns selbst verknüpft sein müsse: was war es nötig, der Furcht noch insbesondere zu erwähnen? Das Wort Mitleid schloss sie schon in sich, und es wäre genug gewesen, wenn er bloß gesagt hätte: die Tragödie soll durch Erregung des Mitleids die Reinigung unserer Leidenschaft bewirken. Denn der Zusatz der Furcht sagt nichts mehr, und macht das, was er sagen soll, noch dazu schwankend und ungewiss.

Ich antworte: wenn Aristoteles uns bloß hätte lehren wollen, welche Leidenschaften die Tragödie erregen könne und solle, so würde er sich den Zusatz der Furcht allerdings haben ersparen können, und ohne Zweifel sich wirklich ersparet haben; denn nie war ein Philosoph ein größerer Wortsparer, als er. Aber er wollte uns zugleich lehren, welche Leidenschaften, durch die in der Tragödie erregten, in uns gereinigt werden sollten; und in dieser Absicht musste er der Furcht insbesondere gedenken. Denn obschon, nach ihm, der Affekt des Mitleids, weder in noch außer dem Theater, ohne Furcht für uns selbst sein kann; ob sie schon ein notwendiges Ingredienz[2] des Mitleids ist: so gilt dieses doch nicht auch umgekehrt, und das Mitleid für andere ist kein Ingredienz der Furcht für uns selbst. Sobald die Tragödie aus ist, höret unser Mitleid auf, und nichts bleibt von allen den empfundenen Regungen in uns zurück, als die wahrscheinliche

Gotthold Ephraim Lessing (1760)

Furcht, die uns das bemitleidete Übel für uns selbst schöpfen lassen. Diese nehmen wir mit; und so wie sie, als Ingredienz des Mitleids, das Mitleid reinigen helfen, so hilft sie nun auch, als eine vor sich fortdauernde Leidenschaft, sich selbst reinigen. Folglich, um anzuzeigen, dass sie dieses tun könne und wirklich tue, fand es Aristoteles für nötig, ihrer insbesondere zu gedenken. [...] Da nämlich, es kurz zu sagen, diese Reinigung in nichts anders beruhet, als in der Verwandlung der Leidenschaften in tugendhafte Fertigkeiten, bei jeder Tugend aber, nach unserm Philosophen, sich diesseits und jenseits ein Extremum[3] findet, zwischen welchem sie inne stehet: so muss die Tragödie, wenn sie unser Mitleid in Tugend verwandeln soll, uns von beiden Extremis des Mitleids zu reinigen vermögend sein; welches auch von der Furcht zu verstehen. Das tragische Mitleid muss nicht allein, in Ansehung des Mitleids, die Seele desjenigen reinigen, welcher zu viel Mitleid fühlet, sondern auch desjenigen, welcher zu wenig empfindet. Die tragische Furcht muss nicht allein, in Ansehung der Furcht, die Seele desjenigen reinigen, welcher sich ganz und gar keines Unglücks befürchtet, sondern auch desjenigen, den ein jedes Unglück, auch das entfernteste, auch das unwahrscheinlichste, in Angst setzet. Gleichfalls muss das tragische Mitleid, in Ansehung der Furcht, dem was zu viel, und dem was zu wenig, steuern: so wie hinwiederum die tragische Furcht, in Ansehung des Mitleids.

ffekt: Gemütsbewegung, Erregung
enz: Bestandteil

3 **Extremum:** äußerster Punkt

Bertolt Brecht

Die Bühne begann zu erzählen (1936)

Zum Verständnis der Vorgänge war es nötig geworden, die *Umwelt*, in der die Menschen lebten, groß und „bedeutend" zur Geltung zu bringen.

Diese Umwelt war natürlich auch im bisherigen Drama gezeigt worden, jedoch nicht als selbständiges Element, sondern nur von der Mittelpunktsfigur des Dramas aus. Sie erstand aus der Reaktion des Helden auf sie. Sie wurde gesehen, wie der Sturm gesehen werden kann, wenn man auf einer Wasserfläche die Schiffe ihre Segel entfalten und die Segel sich biegen sieht. Im epischen Theater sollte sie aber nun selbständig in Erscheinung treten.

Die Bühne begann zu erzählen. Nicht mehr fehlte mit der vierten Wand zugleich der Erzähler. Nicht nur der Hintergrund nahm Stellung zu den Vorgängen auf der Bühne, indem er auf großen Tafeln gleichzeitige andere Vorgänge an andern Orten in die Erinnerung rief, Aussprüche von Personen durch projizierte Dokumente belegte oder widerlegte, zu abstrakten Gesprächen sinnlich faßbare, konkrete Zahlen lieferte, zu plastischen, aber in ihrem Sinn undeutlichen Vorgängen Zahlen und Sätze zur Verfügung stellte – auch die Schauspieler vollzogen die Verwandlung nicht vollständig, sondern hielten Abstand zu der von ihnen dargestellten Figur, ja forderten deutlich zur Kritik auf.

Von keiner Seite wurde es dem Zuschauer weiterhin ermöglicht, durch einfache Einfühlung in dramatische Personen sich kritiklos (und praktisch folgenlos) Erlebnissen hinzugeben. Die Darstellung setzte die Stoffe und Vorgänge einem Entfremdungsprozeß aus. Es war die Entfremdung, welche nötig ist, damit verstanden werden kann. Bei allem „Selbstverständlichen" wird auf das Verstehen einfach verzichtet. Das „Natürliche" muß das Moment des *Auffälligen* bekommen. Nur so konnten die Gesetze von Ursache und Wirkung zutage treten. Das Handeln der Menschen mußte zugleich so sein und mußte zugleich anders sein können. R

1. Fassen Sie zusammen, welche Folgen die Episierung des Theaters für Inhalt und Handlungsaufbau der Stücke, für die Einrichtung der Bühne und das Bühnenbild, für die Schauspieler/innen sowie für das Verhältnis von Dargestelltem und Zuschauer/innen hat.
2. Der so genannte **Verfremdungseffekt** hat für das epische Theater zentrale Bedeutung. Erläutern Sie mit Hilfe des obigen Textes sowie der Texte auf S. 206 und 207, was darunter zu verstehen ist.
3. Zeigen Sie an einem Beispiel aus der Inhaltsangabe zu „Der gute Mensch von Sezuan" (▷ S. 196 ff.) auf, dass der Schauspieler im epischen Theater nicht vollständig in seiner Rolle aufgeht, dass er nicht zu der dargestellten Person wird, sondern diese nur zeigt.
4. Nehmen Sie sich die Übersicht über Lessings „Emilia Galotti" (▷ S. 195 f.) vor und stellen Sie Überlegungen dazu an, wie man das Stück als episches Theater inszenieren könnte.

2.2 Wirkungsabsichten: Was will das Theater?

Auch in der Frage nach der Wirkungsabsicht des Theaters hatte Aristoteles mit seiner Definition der Tragödie für Jahrhunderte die Richtung gewiesen: Durch Mitleid und Furcht soll eine Reinigung (**Katharsis**) von derartigen Gemütsbewegungen bewirkt werden. Der schillernde Begriff der Katharsis ist im Laufe der Zeiten unterschiedlich verstanden worden, z. B. als Abhärtung gegenüber den Leidenschaften, als Sühnung im religiösen Sinne, als Heilung im medizinischen Sinne oder als Ausgleich und Versöhnung.

Noch Gotthold Ephraim Lessing (1729–1781) greift in seiner Theatertheorie auf Aristoteles' Bestimmung zurück:

Gotthold Ephraim Lessing

Hamburgische Dramaturgie (1768)

Er [Aristoteles] spricht von Mitleid und Furcht, nicht von Mitleid und Schrecken; und seine Furcht ist durchaus nicht die Furcht, welche uns das bevorstehende Übel eines andern, für diesen andern, erweckt, sondern es ist die Furcht, welche aus unserer Ähnlichkeit mit der leidenden Person für uns selbst entspringt; es ist die Furcht, dass die Unglücksfälle, die wir über diese verhängt sehen, uns selbst treffen können; es ist die Furcht, dass wir der bemitleidete Gegenstand selbst werden können. Mit einem Worte: diese Furcht ist das auf uns selbst bezogene Mitleid. [...] Wenn Aristoteles diesen Begriff von dem Affekte[1] des Mitleids hatte, dass er notwendig mit der Furcht für uns selbst verknüpft sein müsse: was war es nötig, der Furcht noch insbesondere zu erwähnen? Das Wort Mitleid schloss sie schon in sich, und es wäre genug gewesen, wenn er bloß gesagt hätte: die Tragödie soll durch Erregung des Mitleids die Reinigung unserer Leidenschaft bewirken. Denn der Zusatz der Furcht sagt nichts mehr, und macht das, was er sagen soll, noch dazu schwankend und ungewiss.

Ich antworte: wenn Aristoteles uns bloß hätte lehren wollen, welche Leidenschaften die Tragödie erregen könne und solle, so würde er sich den Zusatz der Furcht allerdings haben ersparen können, und ohne Zweifel sich wirklich ersparet haben; denn nie war ein Philosoph ein größerer Wortsparer, als er. Aber er wollte uns zugleich lehren, welche Leidenschaften, durch die in der Tragödie erregten, in uns gereinigt werden sollten; und in dieser Absicht musste er der Furcht insbesondere gedenken. Denn obschon, nach ihm, der Affekt des Mitleids, weder in noch außer dem Theater, ohne Furcht für uns selbst sein kann; ob sie schon ein notwendiges Ingredienz[2] des Mitleids ist: so gilt dieses doch nicht auch umgekehrt, und das Mitleid für andere ist kein Ingredienz der Furcht für uns selbst. Sobald die Tragödie aus ist, höret unser Mitleid auf, und nichts bleibt von allen den empfundenen Regungen in uns zurück, als die wahrscheinliche

Gotthold Ephraim Lessing (1760)

Furcht, die uns das bemitleidete Übel für uns selbst schöpfen lassen. Diese nehmen wir mit; und so wie sie, als Ingredienz des Mitleids, das Mitleid reinigen helfen, so hilft sie nun auch, als eine vor sich fortdauernde Leidenschaft, sich selbst reinigen. Folglich, um anzuzeigen, dass sie dieses tun könne und wirklich tue, fand es Aristoteles für nötig, ihrer insbesondere zu gedenken. [...] Da nämlich, es kurz zu sagen, diese Reinigung in nichts anders beruhet, als in der Verwandlung der Leidenschaften in tugendhafte Fertigkeiten, bei jeder Tugend aber, nach unserm Philosophen, sich diesseits und jenseits ein Extremum[3] findet, zwischen welchem sie inne stehet: so muss die Tragödie, wenn sie unser Mitleid in Tugend verwandeln soll, uns von beiden Extremis des Mitleids zu reinigen vermögend sein; welches auch von der Furcht zu verstehen. Das tragische Mitleid muss nicht allein, in Ansehung des Mitleids, die Seele desjenigen reinigen, welcher zu viel Mitleid fühlet, sondern auch desjenigen, welcher zu wenig empfindet. Die tragische Furcht muss nicht allein, in Ansehung der Furcht, die Seele desjenigen reinigen, welcher sich ganz und gar keines Unglücks befürchtet, sondern auch desjenigen, den ein jedes Unglück, auch das entfernteste, auch das unwahrscheinlichste, in Angst setzet. Gleichfalls muss das tragische Mitleid, in Ansehung der Furcht, dem was zu viel, und dem was zu wenig, steuern: so wie hinwiederum die tragische Furcht, in Ansehung des Mitleids.

1 **Affekt:** Gemütsbewegung, Erregung
2 **Ingredienz:** Bestandteil
3 **Extremum:** äußerster Punkt

Friedrich Schiller

Die Schaubühne als moralische Anstalt betrachtet (1784)

Die Gerichtsbarkeit der Bühne fängt an, wo das Gebiet der weltlichen Gesetze sich endigt. Wenn die Gerechtigkeit für Gold verblindet und im Solde der Laster schweigt, wenn die Frevel der Mächtigen ihrer Ohnmacht spotten und Menschenfurcht den Arm der Obrigkeit bindet, übernimmt die Schaubühne Schwert und Waage und reißt die Laster vor einen schrecklichen Richterstuhl. Das ganze Reich der Fantasie und Geschichte, Vergangenheit und Zukunft stehen ihrem Wink zu Gebot. Kühne Verbrecher, die längst schon im Staub vermodern, werden durch den allmächtigen Ruf der Dichtkunst jetzt vorgeladen und wiederholen zum schauervollen Unterricht der Nachwelt ein schändliches Leben. Ohnmächtig, gleich den Schatten in einem Hohlspiegel, wandeln die Schrecken ihres Jahrhunderts vor unsern Augen vorbei, und mit wollüstigem Entsetzen verfluchen wir ihr Gedächtnis. [...]

So gewiss sichtbare Darstellung mächtiger wirkt als toter Buchstabe und kalte Erzählung, so gewiss wirkt die Schaubühne tiefer und dauernder als Moral und Gesetze.

Aber hier *unterstützt* sie die weltliche Gerechtigkeit nur – ihr ist noch ein weiteres Feld geöffnet. Tausend Laster, die jene ungestraft duldet, straft sie; tausend Tugenden, wovon jene schweigt, werden von der Bühne empfohlen. Hier begleitet sie die Weisheit und die Religion. Aus dieser reinen Quelle schöpft sie ihre Lehren und Muster und kleidet die strenge Pflicht in ein reizendes, lockendes Gewand. Mit welch herrlichen Empfindungen, Entschlüssen, Leidenschaften schwellt sie unsere Seele, welche göttliche Ideale stellt sie uns zur Nacheiferung aus! [...]

Nicht bloß auf Menschen und Menschencharakter, auch auf Schicksale macht uns die Schaubühne aufmerksam und lehrt uns die große Kunst, sie zu ertragen. Im Gewebe unsers Lebens spielen *Zufall* und *Plan* eine gleich große Rolle: den Letztern lenken *wir*, dem Erstern müssen wir uns blind unterwerfen. Gewinn genug, wenn unausbleibliche Verhängnisse uns nicht ganz ohne Fassung finden, wenn unser Mut, unsre Klugheit sich einst schon in ähnlichen übten und unser Herz zu dem Schlag sich gehärtet hat. Die Schaubühne führt uns eine mannigfaltige Szene menschlicher Leiden vor. Sie zieht uns künstlich in fremde Bedrängnisse und belohnt uns das augenblickliche Leiden mit wollüstigen Tränen und einem herrlichen Zuwachs an Mut und Erfahrung. [...]

Die Schaubühne ist die Stiftung, wo sich Vergnügen mit Unterricht, Ruhe mit Anstrengung, Kurzweil mit Bildung gattet, wo keine Kraft der Seele zum Nachteil des andern gespannt, kein Vergnügen auf Unkosten des Ganzen genossen wird. Wenn Gram an dem Herzen nagt, wenn trübe Laune unsre einsame Stunden vergiftet, wenn uns Welt und Geschäfte anekeln, wenn tausend Lasten unsre Seelen drücken und unsre Reizbarkeit unter Arbeiten des Berufs zu ersticken droht, so empfängt uns die Bühne – in dieser künstlichen Welt träumen wir die wirkliche hinweg, wir werden uns selbst wiedergegeben, unsre Empfindung erwacht, heilsame Leidenschaften erschüttern unsre schlummernde Natur und treiben das Blut in frischeren Wallungen. Der Unglückliche weint hier mit fremdem Kummer seinen eigenen aus – der Glückliche wird nüchtern und der Sichere besorgt. Der empfindsame Weichling härtet sich zum Manne, der rohe Unmensch fängt hier zum ersten Mal zu empfinden an. Und dann endlich – welch ein Triumph für dich, Natur – so oft zu Boden getretene, so oft wieder auferstehende Natur –, wenn Menschen aus allen Kreisen und Zonen und Ständen, abgeworfen jede Fessel der Künstelei und der Mode, herausgerissen aus jedem Drange des Schicksals, durch *eine* allwebende Sympathie verbrüdert, in *ein* Geschlecht wieder aufgelöst, ihrer selbst und der Welt vergessen und ihrem himmlischen Ursprung sich nähern. Jeder Einzelne genießt die Entzückungen aller, die verstärkt und verschönert aus hundert Augen auf ihn zurückfallen, und seine Brust gibt jetzt nur *einer* Empfindung Raum – es ist diese: ein *Mensch* zu sein.

Bertolt Brecht

Die Straßenszene als Grundmodell für episches Theater (1938)

Es ist verhältnismäßig einfach, ein Grundmodell für episches Theater aufzustellen. Bei praktischen Versuchen wählte ich für gewöhnlich als Beispiel allereinfachsten, sozusagen „natürlichen" epischen Theaters einen Vorgang, der sich an irgendeiner Straßenecke abspielen kann: Der Augenzeuge eines Verkehrsunfalls demonstriert einer Menschenansammlung, wie das Unglück passierte. Die Umstehenden können den Vorgang nicht gesehen haben oder nur nicht seiner Meinung sein, ihn „anders sehen" – die Hauptsache ist, daß der Demonstrierende das Verhalten des Fahrers oder des Überfahrenen oder beider in einer solchen Weise vormacht, daß die Umstehenden sich über den Unfall ein Urteil bilden können.

Dieses Beispiel epischen Theaters primitivster Art scheint leicht verstehbar. Jedoch bereitet es erfahrungsgemäß dem Hörer oder Leser erstaunliche Schwierigkeiten, sobald von ihm verlangt wird, die Tragweite des Entschlusses zu fassen, eine solche Demonstration an der Straßenecke als Grundform großen Theaters, Theater eines wissenschaftlichen Zeitalters, anzunehmen. […]

Man bedenke: Der Vorgang ist offenbar keineswegs das, was wir unter einem Kunstvorgang verstehen. Der Demonstrierende braucht kein Künstler zu sein. Was er können muß, um seinen Zweck zu erreichen, kann praktisch jeder. Angenommen, er ist nicht imstande, eine so schnelle Bewegung auszuführen, wie der Verunglückte, den er nachahmt, so braucht er nur erläuternd zu sagen: er bewegte sich dreimal so schnell, und seine Demonstration ist nicht wesentlich geschädigt oder entwertet. Eher ist seiner Perfektion eine Grenze gesetzt. Seine Demonstration würde gestört, wenn den Umstehenden seine Verwandlungsfähigkeit auffiele. Er hat es zu vermeiden, sich so aufzuführen, daß jemand ausruft: „Wie lebenswahr stellt er doch einen Chauffeur dar!" Er hat niemanden „in seinen Bann zu ziehen". Er soll niemanden aus dem Alltag in „eine höhere Sphäre" locken. Er braucht nicht über besondere suggestive Fähigkeiten zu verfügen.

Völlig entscheidend ist es, daß ein Hauptmerkmal des gewöhnlichen Theaters in unserer *Straßenszene* ausfällt: die Bereitung der *Illusion*. Die Vorführung des Straßendemonstranten hat den Charakter der Wiederholung. Das Ereignis hat stattgefunden, hier findet die Wiederholung statt. Folgt die Theaterszene hierin der *Straßenszene*, dann verbirgt das Theater nicht mehr, daß es Theater ist, so wie die Demonstration an der Straßenecke nicht verbirgt, daß sie Demonstration (und nicht vorgibt, daß sie Ereignis) ist. Das Geprobte am Spiel tritt voll in Erscheinung, das auswendig Gelernte am Text, der ganze Apparat und die ganze Vorbereitung. Wo bleibt dann das *Erlebnis*, wird die dargestellte Wirklichkeit dann überhaupt noch erlebt?

Die *Straßenszene* bestimmt, welcher Art das *Erlebnis* zu sein hat, das dem Zuschauer bereitet wird. Der Straßendemonstrant hat ohne Zweifel ein „Erlebnis" hinter sich, aber er ist doch nicht darauf aus, seine Demonstration zu einem „Erlebnis" der Zuschauer zu machen; selbst das Erlebnis des Fahrers und des Überfahrenen vermittelt er nur zum Teil, keinesfalls versucht er, es zu einem genußvollen Erlebnis des Zuschauers zu machen, wie lebendig er immer seine Demonstration gestalten mag. Seine Demonstration verliert zum Beispiel nicht an Wert, wenn er den Schrekken, den der Unfall erregte, nicht reproduziert; *ja, sie verlöre eher an Wert*. Er ist nicht auf Erzeugung purer *Emotionen* aus. Ein Theater, das ihm hierin folgt, vollzieht geradezu einen Funktionswechsel, wie man verstehen muß.

Ein wesentliches Element der *Straßenszene*, das sich auch in der *Theaterszene* vorfinden muß, soll sie episch genannt werden, ist der Umstand, daß die Demonstration gesellschaftlich praktische Bedeutung hat. Ob unser Straßendemonstrant nun zeigen will, daß bei dem und dem Verhalten eines Passanten oder des Fahrers ein Unfall unvermeidlich, bei einem andern vermeidlich ist, oder ob er zur Klärung der Schuldfrage demonstriert – seine Demonstration verfolgt praktische Zwecke, greift gesellschaftlich ein. R

Bertolt Brecht

Was ist mit dem epischen Theater gewonnen? (1939)

Damit ist gewonnen, daß der Zuschauer die Menschen auf der Bühne nicht mehr als ganz unveränderbare, unbeeinflußbare, ihrem Schicksal hilflos ausgelieferte dargestellt sieht. Er sieht: dieser Mensch ist so und so, weil die Verhältnisse so und so sind. Und die Verhältnisse sind so und so, weil der Mensch so und so ist. Er ist aber nicht nur so vorstellbar, wie er ist, sondern auch anders, so wie er sein könnte, und auch die Verhältnisse sind anders vorstellbar, als sie sind. Damit ist gewonnen, daß der Zuschauer im Theater eine neue Haltung bekommt. Er bekommt den Abbildern der Menschenwelt auf der Bühne gegenüber jetzt dieselbe Haltung, die er als Mensch dieses Jahrhunderts der Natur gegenüber hat. Er wird auch im Theater empfangen als der große Änderer, der in die Naturprozesse und die gesellschaftlichen Prozesse einzugreifen vermag, der die Welt nicht mehr nur hinnimmt, sondern sie meistert. Das Theater versucht nicht mehr, ihn besoffen zu machen, ihn mit Illusionen auszustatten, ihn die Welt vergessen zu machen, ihn mit seinem Schicksal auszusöhnen. Das Theater legt ihm nunmehr die Welt vor zum Zugriff. [R]

Friedrich Dürrenmatt

Uns kommt nur noch die Komödie bei (1955)

Die Tragödie setzt Schuld, Not, Maß, Übersicht, Verantwortung voraus. In der Wurstelei unseres Jahrhunderts, in diesem Kehraus der weißen Rasse, gibt es keine Schuldigen und auch keine Verantwortlichen mehr. Alle können nichts dafür und haben es nicht gewollt. Es geht wirklich ohne jeden. Alles wird mitgerissen und bleibt in irgendeinem Rechen hängen. Wir sind zu kollektiv schuldig, zu kollektiv gebettet in die Sünden unserer Väter und Vorväter. Wir sind nur noch Kindeskinder. Das ist unser Pech, nicht unsere Schuld: Schuld gibt es nur noch als persönliche Leistung, als religiöse Tat. Uns kommt nur noch die Komödie bei. Unsere Welt hat ebenso zur Groteske geführt wie zur Atombombe, wie ja die apokalyptischen Bilder des Hieronymus Bosch[1] auch grotesk sind. Doch das Groteske ist nur ein sinnlicher Ausdruck, ein sinnliches Paradox, die Gestalt nämlich einer Ungestalt, das Gesicht einer gesichtslosen Welt, und genauso wie unser Denken ohne den Begriff des Paradoxen nicht mehr auszukommen scheint, so auch die Kunst, unsere Welt, die nur noch ist, weil die Atombombe existiert: aus Furcht vor ihr.

Doch ist das Tragische immer noch möglich, auch wenn die reine Tragödie nicht mehr möglich ist. Wir können das Tragische aus der Komödie heraus erzielen, hervorbringen als einen schrecklichen Moment, als einen sich öffnenden Abgrund, so sind ja schon viele Tragödien Shakespeares Komödien, aus denen heraus das Tragische aufsteigt.

Nun liegt der Schluß nahe, die Komödie sei der Ausdruck der Verzweiflung, doch ist dieser Schluß nicht zwingend. Gewiß, wer das Sinnlose, das Hoffnungslose dieser Welt sieht, kann verzweifeln, doch ist diese Verzweiflung nicht eine Folge dieser Welt, sondern eine Antwort, die er auf diese Welt gibt, und eine andere Antwort wäre sein Nichtverzweifeln, sein Entschluß etwa, die Welt zu bestehen, in der wir oft leben wie Gulliver unter den Riesen. Auch der nimmt Distanz, auch der tritt einen Schritt zurück, der seinen Gegner einschätzen will, der sich bereit macht, mit ihm zu kämpfen oder ihm zu entgehen. Es ist immer noch möglich, den mutigen Menschen zu zeigen.

Dies ist denn auch eines meiner Hauptanliegen. Der Blinde, Romulus, Übelohe, Akki[2] sind mutige Menschen. Die verlorene Weltordnung wird in ihrer Brust wieder hergestellt, das Allgemeine entgeht meinem Zugriff. Ich lehne es ab, das Allgemeine in einer Doktrin[3] zu finden, ich nehme es als Chaos hin. Die Welt (die Bühne somit, die diese Welt bedeutet) steht für mich als ein Ungeheures da, als ein Rätsel an Unheil, das hingenommen werden muß, vor dem es jedoch kein Kapitulieren geben darf. Die Welt ist größer denn der Mensch, zwangsläufig nimmt sie so bedrohliche Züge an, die von einem Punkt außerhalb

1 **Hieronymus Bosch** (um 1450–1516): niederländischer Maler
2 **Der Blinde ... Akki:** Figuren in Dürrenmatts Dramen
3 **Doktrin:** Lehrsatz

nicht bedrohlich wären, doch habe ich kein Recht und keine Fähigkeit, mich außerhalb zu stellen. Trost in der Dichtung ist oft nur allzu billig, ehrlicher ist es wohl, den menschlichen Blickwinkel beizubehalten. Die Brechtsche These, die er in seiner Straßenszene entwickelt, die Welt als Unfall hinzustellen und nun zu zeigen, wie es zu diesem Unfall gekommen sei, mag großartiges Theater geben, was ja Brecht bewiesen hat, doch muß das meiste bei der Beweisführung unterschlagen werden: Brecht denkt unerbittlich, weil er an vieles unerbittlich nicht denkt.

Endlich: Durch den Einfall, durch die Komödie wird das anonyme Publikum als Publikum erst möglich, eine Wirklichkeit, mit der zu rechnen, aber die auch zu berechnen ist. Der Einfall verwandelt die Menge der Theaterbesucher besonders leicht in eine Masse, die nun angegriffen, verführt, überlistet werden kann, sich Dinge anzuhören, die sie sich sonst nicht so leicht anhören würde. Die Komödie ist eine Mausefalle, in die das Publikum immer wieder gerät und immer noch geraten wird. Die Tragödie dagegen setzt eine Gemeinschaft voraus, die heute nicht immer ohne Peinlichkeit als vorhanden fingiert[4] werden kann: Es gibt nichts Komischeres etwa, als in den Mysterienspielen der Anthroposophen[5] als Unbeteiligter zu sitzen. R

4 **fingiert:** unterstellt
5 **Anthroposophen:** Anhänger eines von Rudolf Steiner (1861–1925) entwickelten ganzheitlichen Welt- und Menschenbildes

Eugène Ionesco

Ganz einfache Gedanken über das Theater (1963)

Soll man auf das Theater verzichten, wenn man sich weigert, ihm eine Propagandarolle zuzuweisen, und es nicht in den Dienst anderer geistiger Bereiche stellen will?

Kann es autonom sein wie Malerei und Musik?

Das Theater ist eine der ältesten Künste. Ich glaube trotz allem nicht, dass wir darauf verzichten können. Es gelingt uns nicht, dem Wunsch zu widerstehen, auf einer Bühne lebende Figuren erscheinen zu lassen, die gleichzeitig wirklich und erfunden sind. Man kann sich dem Bedürfnis, sie vor uns zum Sprechen, zum Leben zu bringen, nicht entziehen. Phantasmen Fleisch werden zu lassen, Leben zu geben, ist ein herrliches, unerhörtes, unersetzliches Abenteuer. Als ich selber diese Erfahrung machte, war ich wie geblendet. Auf der Bühne des „Noctambules“ – bei einer Probe – sah ich Figuren, die aus meiner Fantasie stammten. Ich war entsetzt. Mit welchem Recht hatte ich das getan? War das erlaubt? Nicolas Bataille, mein Regisseur und gleichzeitig Schauspieler, wie konnte er Herr Martin werden …? Das war beinahe diabolisch. Auf diese Weise, als ich zufällig für das Theater schrieb, und zwar mit der bestimmten Absicht, es lächerlich zu machen, begann ich es zu lieben, es innerlich wieder zu entdecken – und es faszinierte mich immer mehr. Was ich zu tun hatte, war mir auf einmal klar.

Ich sagte mir: Die überintelligenten Theaterschriftsteller sind dennoch unzureichende Denker, und den Denkern misslang die philosophische Sprache auf der Bühne, weil sie dem Drama zu viel Subtilitäten und Zwischentöne zumuteten. Das ist von jeder Seite sowohl zu viel als auch zu wenig. Wenn das Theater nur eine klägliche Vergröberung der Nuancen war, die mich störte, so kam das daher, weil die Vergröberung zu wenig radikal vorgenommen wurde. Das zu Grobe war in Wirklichkeit zu wenig grob, das scheinbar zu wenig Gestufte hatte zu viel Schatten.

Wenn das Wesen des Theaters in der Verstärkung der Wirkungen besteht, so musste man sie noch mehr verstärken, sie unterstreichen, zum Äußersten steigern. Das Theater aus jenem Zwischenbereich herausreißen, der weder Philosophie noch Literatur ist, heißt: ihm seinen eigenen Ort und seine eigenen Bereiche wiedergeben.

Man darf die Kunstgriffe nicht verstecken, sondern muss sie zur Schau stellen, sie rückhaltlos enthüllen und aufweisen. Die Groteske und die Karikatur war radikal zu verstärken und in Gegensatz zur blassen Geistreichelei der Salonkomödie zu setzen. Keine Salonkomödie mehr, sondern Farcen, äußerste parodistische Übertreibung. Humor, ja! Doch mit den Mitteln des Burlesken. Das Komische hart, übertrieben, ohne Zartheit. Auch keine dramatischen Komödien mehr, sondern Rückkehr zum Unerträglichen. Alles bis zum Paroxysmus[1] treiben, dahin, wo sich die Quellen des Tragischen öffnen. Ein Drama der ursprünglichen Mächtigkeit schaffen: Ursprünglich mächtige Komik steht neben ursprünglich mächtiger Tragik.

Psychologie vermeiden oder besser noch: ihr metaphysische Transparenz[2] geben. Das Theater, in der äußersten Anspannung der Gefühle beheimatet, gewinnt sein Dasein in den Gegensätzen; die Spannungssteigerung bringt die Gegenständlichkeit aus den Fugen. Auch das Gefügte der gewohnten Sprechweisen soll aufgebrochen werden.

Wenn mich die Schauspieler störten, weil ihr Tun mir unnatürlich erschien, so kam das wohl daher, weil auch sie zu natürlich sein wollten oder es auch wirklich waren. Wenn sie dieses Streben nach Natürlichkeit aufgeben könnten, würden sie die Natur wahrscheinlich auf andere Weise wieder erreichen. Sie dürfen keine Angst haben, nicht natürlich zu sein. […]

Ich habe nie den Unterschied zwischen tragisch und komisch begriffen. Das Komische, unmittelbarer Einblick in das Absurde, enthält für mich mehr Verzweiflung als das Tragische. Das Komische ist ausweglos. Ich brauche das Wort Verzweiflung: In Wirklichkeit liegt das Komische aber jenseits – oder diesseits – von Verzweiflung und Hoffnung.

Für viele mag das Tragische tröstlich sein, denn sofern es die Ohnmacht des besiegten und zerbrochenen Menschen gegenüber dem Schicksal aufweist, offenbart es gleichzeitig das Verhängnis, das unveränderlich Bestimmte, und Weltgesetze, die zwar meist unbegreiflich, aber objektiv nachweisbar sind. Und diese menschliche Ohnmacht, diese Vergeblichkeit unserer Anstrengungen, kann in gewissem Sinne auch komisch erscheinen.

Meine Komödien habe ich „Antistücke", „komische Dramen" genannt, und meine Dramen „Pseudodramen" oder „Tragische Farcen", denn mir scheint das Komische tragisch zu sein, und die Tragödie des Menschen reizt meine Spottlust. Der moderne kritische Geist kann nichts mehr ganz ernst, aber auch nichts zu leicht nehmen. […]

1 **Paroxysmus:** (eigtl. med.) anfallartige Steigerung von Krankheitserscheinungen

2 **metaphysische Transparenz:** Deutlichkeit des nicht sinnlich Wahrnehmbaren

Wenn man der Ansicht ist, Theater sei eigentlich und ursprünglich Worttheater, dann ist es natürlich schwierig zuzugeben, dass es eine eigenständige Sprache haben müsste. […]

Zunächst einmal macht das Theater auf ganz eigene Art vom Worte Gebrauch: Es fordert den Dialog, die Sprache des Kampfes und des Konfliktes. Wenn die Theatersprache vieler Autoren nur Diskussion ist, so muss das diesen Autoren als großer Fehler angerechnet werden. Es gibt auch andere Mittel, um die Sprache zu dramatisieren. Man kann ihren Ausdruck zum Paroxysmus treiben, um damit dem Theater erst sein eigentliches Maß zu geben, denn dies ist die Maßlosigkeit. Auch das Wort und seine Ausdrucksmöglichkeit muss bis zu den äußersten Grenzen gedrängt werden; die Sprache sollte fast zerspringen, der Möglichkeit der Vernichtung nicht ausweichen, um so ständig ihre nur endliche, partikulare Eignung zum tieferen Sinnausdruck zu offenbaren. Aber da ist ja nicht nur die Sprache. Das Theater ist ein lebender Vorgang, in jeder Aufführung ersteht er von neuem; es ist ein Vorgang, den man vor allem auch mit den Augen sehen kann. […]

Alles ist auf dem Theater möglich: Man kann Figuren Fleisch werden lassen; aber auch Ängste und Gegebenheiten einer unsichtbaren Innenwelt vermögen körperliche Gegenwart zu gewinnen. Es ist daher nicht nur erlaubt, sondern geboten, die Requisiten mitspielen zu lassen, den Dingen Leben zu geben, das Bühnenbild einzubeziehen und gewisse Symbole szenisch zu verwirklichen.

Peter Weiss

Notizen zum dokumentarischen Theater (1981)

1. Das dokumentarische Theater ist ein Theater der Berichterstattung. Protokolle, Akten, Briefe, statistische Tabellen, Börsenmeldungen, Abschlussberichte von Bankunternehmen und Industriegesellschaften, Regierungserklärungen, Ansprachen, Interviews, Äußerungen bekannter Persönlichkeiten, Zeitungs- und Rundfunkreportagen, Fotos, Journalfilme und andere Zeugnisse der Gegenwart bilden die Grundlage der Aufführung. Das dokumentarische Theater ent-

hält sich jeder Erfindung, es übernimmt authentisches Material und gibt dies, im Inhalt unverändert, in der Form bearbeitet, von der Bühne aus wieder. Im Unterschied zum ungeordneten Charakter des Nachrichtenmaterials, das täglich von allen Seiten auf uns eindringt, wird auf der Bühne eine Auswahl gezeigt, die sich auf ein bestimmtes, zumeist soziales oder politisches Thema konzentriert. Diese kritische Auswahl und das Prinzip, nach dem die Ausschnitte der Realität montiert werden, ergeben die Qualität der dokumentarischen Dramatik.

2. Das dokumentarische Theater ist Bestandteil des öffentlichen Lebens, wie es uns durch die Massenmedien nahegebracht wird. Die Arbeit des dokumentarischen Theaters wird hierbei durch eine Kritik verschiedener Grade bestimmt.

a) Kritik an der Verschleierung. Werden die Meldungen in Presse, Rundfunk und Fernsehen nach Gesichtspunkten dominierender Interessengruppen gelenkt? Was wird uns vorenthalten? Wem dienen die Ausschließungen? Welchen Kreisen gelangt es zum Vorteil, wenn bestimmte soziale Erscheinungen vertuscht, modifiziert, idealisiert werden?

b) Kritik an Wirklichkeitsfälschungen. Warum wird eine historische Person, eine Periode oder Epoche aus dem Bewusstsein gestrichen? Wer stärkt seine eigene Position durch die Eliminierung historischer Fakten? Wer zieht Gewinn aus einer bewussten Verunstaltung einschneidender und bedeutungsvoller Vorgänge? Welchen Schichten in der Gesellschaft ist am Verbergen der Vergangenheit gelegen? Wie äußern sich die Fälschungen, die betrieben werden? Wie werden sie aufgenommen?

c) Kritik an Lügen. Welches sind die Auswirkungen eines geschichtlichen Betrugs? Wie zeigt sich eine gegenwärtige Situation, die auf Lügen aufgebaut ist? Mit welchen Schwierigkeiten muss bei der Wahrheitsfindung gerechnet werden? Welche einflussreichen Organe, welche Machtgruppen werden alles tun, um die Kenntnis der Wahrheit zu verhindern? […]

8. Die Stärke des dokumentarischen Theaters liegt darin, dass es aus den Fragmenten[1] der Wirklichkeit ein verwendbares Muster, ein Modell der aktuellen Vorgänge, zusammenzustellen vermag. Es befindet sich nicht im Zentrum des Ereignisses, sondern nimmt die Stellung des Beobachtenden und Analysierenden ein. Mit seiner Schnitttechnik hebt es deutliche Einzelheiten aus dem chaotischen Material der äußeren Realität hervor. Durch die Konfrontierung gegensätzlicher Details macht es aufmerksam auf einen bestehenden Konflikt, den es dann, anhand seiner gesammelten Unterlagen, zu einem Lösungsvorschlag, einem Appell oder einer grundsätzlichen Frage bringt. […]

9. Das dokumentarische Theater legt Fakten zur Begutachtung vor. Es zeigt die verschiedenartige Aufnahme von Vorgängen, Äußerungen. Es zeigt die Beweggründe der Aufnahme. Einer Seite gereicht das Ereignis zum Vorteil. Eine andere Seite wird davon geschädigt. […] Authentische Personen werden als Repräsentanten bestimmter gesellschaftlicher Interessen gekennzeichnet. Nicht individuelle Konflikte werden dargestellt, sondern sozialökonomisch bedingte Verhaltensweisen. Das dokumentarische Theater, dem es, im Gegensatz zur schnell verbrauchten äußeren Konstellation, um das Beispielhafte geht, arbeitet nicht mit Bühnencharakteren und Milieuzeichnungen, sondern mit Gruppen, Kraftfeldern, Tendenzen.

10. Das dokumentarische Theater ist parteilich. Viele seiner Themen können zu nichts anderem als zu einer Verurteilung geführt werden. Für ein solches Theater ist Objektivität unter Umständen ein Begriff, der einer Machtgruppe zur Entschuldigung ihrer Taten dient. Der Ruf nach Mäßigkeit und Verständnis wird als ein Ruf derer gezeigt, die ihre Vorteile nicht verlieren möchten. […]
Bei der Schilderung von Raubzug und Völkermord ist die Technik einer Schwarzweiß-Zeichnung berechtigt, ohne jegliche versöhnliche Züge auf Seiten der Gewalttäter, mit jeder nur möglichen Solidarität für die Seite der Ausgeplünderten.

1 **Fragment:** Bruchstück

11. Das dokumentarische Theater kann die Form eines Tribunals annehmen. Auch hier hat es nicht Anspruch darauf, der Authentizität eines Gerichtshofs von Nürnberg, eines Auschwitzprozesses in Frankfurt, eines Verhörs im amerikanischen Senat, einer Sitzung des Russell-Tribunals[2] nahezukommen, doch kann es die im wirklichen Verhandlungsraum zur Sprache gekommenen Fragen und Angriffspunkte zu einer neuartigen Aussage bringen. Es kann, durch den Abstand, den es gewonnen hat, die Auseinandersetzung von Gesichtspunkten her nachvollziehen, die sich im ursprünglichen Fall nicht stellten. Die auftretenden Figuren werden in einen geschichtlichen Zusammenhang versetzt. Gleichzeitig mit der Darlegung ihrer Handlungen wird die Entwicklung gezeigt, deren Ausschlag sie sind, und es wird aufmerksam gemacht auf noch bestehende Folgeerscheinungen. Anhand ihrer Tätigkeiten wird der Mechanismus demonstriert, der weiterhin in die Wirklichkeit eingreift. Alles Unwesentliche, alle Abschweifungen können weggeschnitten werden zu Gunsten der eigentlichen Problemstellung. Verloren gehen die Überraschungsmomente, das Lokalkolorit, das Sensationelle, gewonnen wird das Allgemeingültige. Auch kann das dokumentarische Theater das Publikum in die Verhandlungen einbeziehen, wie es im wirklichen Prozesssaal nicht möglich ist, es kann das Publikum gleichsetzen mit den Angeklagten oder den Anklägern, es kann es zu Teilnehmern einer Untersuchungskommission machen, es kann zur Erkenntnis eines Komplexes beitragen oder eine widerstrebende Haltung aufs Äußerste provozieren.

12. Einige Beispiele zur formalen Verarbeitung des dokumentarischen Materials:

a) Meldungen, und Teile von Meldungen, in zeitlich genau bemessenen Abschnitten rhythmisch geordnet. Kurze Momente, nur aus einer Tatsache, einem Ausruf bestehend, werden abgelöst durch längere, kompliziertere Einheiten. Auf ein Zitat folgt die Darstellung einer Situation. In schnellem Bruch verändert sich die Situation zu einer anderen, gegensätzlichen. Einzelsprecher stehen einer Mehrzahl von Sprechern gegenüber. Die Komposition besteht aus antithetischen Stücken, aus Reihen gleichartiger Beispiele, aus kontrastierenden Formen, aus wechselnden Größenverhältnissen. Variationen eines Themas. Steigerung eines Verlaufes. Einfügung von Störungen, Dissonanzen.

b) Das Faktenmaterial sprachlich bearbeitet. In den Zitaten wird das Typische hervorgehoben. Figuren werden karikiert, Situationen drastisch vereinfacht. Referate, Kommentare, Zusammenfassungen werden von Songs übernommen. Einführung von Chor und Pantomime. Gestisches Ausspielen der Handlung, Parodien, Benutzung von Masken und dekorativen Attributen. Instrumentalbegleitung. Geräuscheffekte.

c) Unterbrechungen in der Berichterstattung. Einblendung einer Reflexion, eines Monologs, eines Traums, eines Rückblicks, eines widersprüchlichen Verhaltens. Diese Brüche im Handlungsverlauf, die Unsicherheit erzeugen, die von der Wirkung eines Schocks sein können, zeigen, wie ein Einzelner oder eine Gruppe von den Ereignissen getroffen wird. Schilderung innerer Realität als Antwort auf äußere Vorgänge. Doch sollen solche heftigen Verschiebungen nicht Verwirrung herbeiführen, sondern aufmerksam machen auf die Vielschichtigkeit des Ereignisses, die verwendeten Mittel nie Selbstzweck, sondern belegbare Erfahrung sein.

d) Auflösung der Struktur. Kein berechneter Rhythmus, sondern Rohmaterial, kompakt oder in ungebundenem Strom, bei der Darstellung von sozialen Kämpfen, bei der Schilderung einer revolutionären Situation, der Berichterstattung von einem Kriegsschauplatz. Vermittlung der Gewaltsamkeit im Zusammenstoß der Kräfte. Doch auch hier darf der Aufruhr auf der Bühne, der Ausdruck von Schrecken und Empörung nicht unerklärt und ungelöst bleiben. Je bedrängender das Material ist, desto notwendiger ist das Erreichen eines Überblicks, einer Synthese.

2 **Russell-Tribunal:** nach dem engl. Philosophen Bertrand Russell (1872–1970) benannte Jury, die als private Institution Menschenrechtsverletzungen ins öffentliche Bewusstsein rufen will

1. a) Arbeiten Sie heraus, welche Wirkungsabsicht Lessing, Schiller, Brecht, Dürrenmatt, Ionesco und Weiss (▷ S. 204–211) dem Theater jeweils zuschreiben. Erklären Sie dabei die Begriffe „aristotelisches", „episches", „dokumentarisches" und „absurdes" Theater.
   b) Stellen Sie fest, wo sich Gemeinsamkeiten erkennen lassen und wo Unterschiede bestehen.
   c) Stellen Sie die unterschiedlichen Formen und Wirkungsabsichten des Theaters grafisch auf einem Wandplakat dar. Ordnen Sie Ihnen bekannte Autorinnen/Autoren und Theaterstücke zu.
2. a) Gehen Sie von der fiktiven Annahme aus, die sechs Schriftsteller hätten sich zu einem Gespräch über die Wirkungsmöglichkeiten des Theaters getroffen. Stellen Sie aus den vorliegenden Texten geeignete Zitate zu einer Textcollage zusammen. Formulieren Sie dann selbst Fragen und Überleitungen.
   b) Führen Sie in der Klasse ein theatertheoretisches Streitgespräch durch, in dem sechs Schüler/innen die Rollen Lessings, Schillers, Brechts, Dürrenmatts, Ionescos und Weiss' einnehmen und unter Leitung einer Moderatorin/eines Moderators ihre Auffassung von den Aufgaben des Theaters in Abgrenzung zu den anderen Positionen darlegen. Der/die Moderator/in fordert dann das Publikum auf, sich an dem Gespräch zu beteiligen, indem es Fragen stellt und eigene Auffassungen bekundet.

▷ S. 36 f., 19 ff.

3. ▷ **Referat/Facharbeit:** Formen und Wirkungsabsichten des Theaters (z. B. aristotelisches Theater, episches Theater, Dokumentartheater, absurdes Theater)

2.3 Inszenieren und Interpretieren

Das Drama ist von seiner Anlage her Theaterstück, also prinzipiell für die **Inszenierung auf der Bühne** bestimmt. Der geschriebene Text gleicht der Partitur eines Musikstücks, die ihre Wirkung auch erst in der Realisierung im Konzertsaal entfalten kann. Von daher ist das bloße Lesen eines Dramas eine ergänzungsbedürftige Rezeptionsweise. Wenn Sie ein Drama im Unterricht behandeln, sollten Sie also die Spielpläne der umliegenden Theater verfolgen, um womöglich eine Inszenierung des gelesenen Stücks zu besuchen, oder Sie sollten sich zumindest die Videoaufzeichnung einer Inszenierung besorgen.
Sie können aber auch selbst während der Lektüre eines Dramas in einen Inszenierungsprozess einsteigen, das Stück sozusagen **szenisch interpretieren.** Das bedeutet nicht, dass Sie das gesamte Stück zu einer Aufführung bringen, aber Sie können durch eine Reihe von inszenatorischen Verfahrensweisen so an dem Stück arbeiten, dass Sie sich ein anschauliches und lebendiges Bild von seiner Realisierung auf dem Theater machen können. Im Folgenden sind einige solcher Verfahrensweisen als Anregungen vorgeschlagen.
Außerdem finden Sie auf S. 213 f. Vorschläge zum **gestaltenden Interpretieren,** mit deren Hilfe Sie sich ein vertieftes Verständnis von vier bedeutenden „klassischen" Dramen erarbeiten können. Tipps zum gestaltenden Interpretieren erhalten Sie im Kapitel A 5.4 auf S. 114.

SZENISCHES INTERPRETIEREN

1. **Rollenprofile schreiben:** Rollenprofile sind Selbstdarstellungen in der Ich-Form, mit denen Sie sich die Figuren eines Stücks schreibend aneignen können. Gliedern Sie Ihren Text in drei Absätze, die Sie mit folgenden Sätzen einleiten:
   - „Ich bin in folgende Situation geraten: ..."
   - „Meine Wünsche und Ziele sind: ..."
   - „Zu den anderen Personen in dieser Situation habe ich folgende Beziehung und Einstellung: ..."

   Sie können die Rollenprofile zu **Rollenbiografien** erweitern, indem Sie über die Informationen hinaus, die Sie aus der Szene bzw. dem Stück erhalten, sich die Lebensumstände, Einstellungen, Gedanken, Gefühle, Gewohnheiten „Ihrer" Figur genau vorstellen.

2. **Rollenprofile pantomimisch entwickeln:** In der vorigen Übung haben Sie sich die Personen schreibend angeeignet, nun geschieht dasselbe körperlich. Sie stellen sich intensiv vor, wie eine Person dasteht, wie sie geht, wie sie sitzt, welche Tätigkeiten für ihren Alltag typisch sind und wie sie diese verrichtet. Das alles führen Sie der Klasse pantomimisch vor; dabei muss konzentrierte Stil-

le herrschen. Sie bekommen dann Rückmeldungen; Mitschüler/innen führen vor, wie sie sich Haltungen und Bewegungen der Person vorstellen, und Sie können in einer zweiten Präsentation die erhaltenen Anregungen einarbeiten.

3. **Sprechrollen vorbereiten:** Sie wählen sich einige Sätze „Ihrer" Person aus unterschiedlichen Textstellen aus, lernen sie auswendig und sprechen sie so, wie Sie sich die Sprechweise der Person vorstellen. Es sollten laut und leise zu sprechende Sätze sein. Denken Sie beim Sprechen auch an Mimik, Gestik und Körperhaltung.

4. **Eine szenische Lesung durchführen:** Wenn Sie sich mit den Personen durch Übungen, wie sie in den Arbeitsanregungen 1–3 vorgeschlagen werden, vertraut gemacht haben, können Sie Ausschnitte aus Szenen oder ganze Szenen vor der Klasse mit verteilten Rollen vorlesen. Das Buch in der Hand hindert Sie an einem freien Spiel, dennoch können Standorte eingenommen, Gänge gemacht, Gebärden und Gesichtsausdrücke angedeutet werden.

5. **Szenen improvisiert spielen:** Die Textbücher werden zur Seite gelegt und ein Szenenausschnitt oder eine ganze Szene wird frei gespielt. Die Bewegungen der Personen, ihr Agieren und ihre Körpersprache sind wichtiger als der Text, an den sich die Schauspieler/innen in freier Improvisation anlehnen können.

6. **Eine Serie von Standbildern aufnehmen:** Wie ein Standbild gebaut wird, erfahren Sie auf S. 214. Sie wählen mehrere Momente einer Szene aus und erarbeiten für diese Momente (z. B. in Kleingruppen) Standbilder.
   Mit einer Polaroidkamera können Sie Ihre Standbilder aufnehmen und erhalten so eine Bilderfolge, die den Verlauf der Szene deutlich werden lässt.

7. **Regieanweisungen schreiben:** Jedes Drama besteht aus einem Primärtext, das sind die Dialoge und Monologe, also alles das, was die Schauspieler zu sprechen haben, und einem Sekundärtext, das sind die Anweisungen, in denen der Autor mitteilt, wie die Szene eingerichtet werden soll und wie die Schauspieler sich zu verhalten haben. Diese Anweisungen sind für gewöhnlich recht sparsam, stehen in Klammern oder sind durch das Druckbild vom Primärtext abgesetzt. Die Regieanweisungen können nun zu einem umfassenden Paralleltext zu den Rollentexten ausgearbeitet werden, sodass ein genaues Bild vom gesamten Ablauf der Szene entsteht. Dabei sollte mehr oder minder ausführlich eingegangen werden auf
   - das Bühnenbild,
   - die Kostüme,
   - Maske und Frisuren,
   - die Beleuchtung,
   - die Positionen der Personen und ihre Gänge auf der Bühne,
   - ihre Haltung, Gestik, Mimik und Sprechweise in wichtigen Momenten der Handlung,
   - Geräusche auf der Bühne und aus dem Off.

Lohnenswert nach solchen szenischen bzw. inszenatorischen Versuchen ist es, sich die Aufführung des erarbeiteten Stücks im Theater oder in einer Videoaufzeichnung anzusehen, um zu vergleichen, wie Profis damit umgegangen sind und ob deren produktive Interpretation mit Ihren eigenen Vorstellungen übereinstimmt.

GESTALTENDES INTERPRETIEREN

1. **Sophokles: Antigone**
   - Nachdem Kreon der Antigone wegen Übertretung seines Gebots das Todesurteil in Aussicht gestellt hat, verfasst er eine Tagebuchnotiz. Dabei denkt er auch daran, die Notiz für eine spätere Autobiografie zu verwenden, die ihn in einem günstigen Licht erscheinen lassen soll. Verfassen Sie diesen Tagebucheintrag.
   - Der Wächter, der Kreon Antigones Tat hinterbracht hat, bekommt Gewissensbisse, nachdem er erfährt, dass Antigone sterben muss. Er setzt sich damit in einem Brief an seine Frau auseinander. Schreiben Sie diesen Brief.
   - Antigone beginnt nach ihrer Verurteilung an der Gerechtigkeit der Götter zu zweifeln. Entwerfen Sie einen inneren Monolog, in dem diese Auseinandersetzung deutlich wird.

2. **Gotthold Ephraim Lessing: Emilia Galotti**
   - Im 2. Aufzug, 6. Auftritt flüchtet sich Emilia vor den Nachstellungen des Prinzen in der Kirche in den Schutz ihrer Familie. Gestalten Sie die Szene in der Kirche, in der es zum Gespräch zwischen Emilia und dem Prinzen kommt.
   - Kurz vor ihrer Hochzeit mit dem Grafen Appiani spricht Emilia mit ihrer besten Freundin ganz

offen über die geplante Heirat und über die Zudringlichkeiten des Prinzen in der Kirche. In diesem Gespräch charakterisiert sie Appiani und den Prinzen. Entwerfen Sie den Dialog.

- Im 5. Aufzug, 7. Auftritt fordert Emilia ihren Vater indirekt auf, sie zu ermorden. Gestalten Sie diese Szene neu, indem sie andere – auch unerwartete – Lösungsmöglichkeiten für den Konflikt von Emilia und ihrem Vater vorstellen.
- Am Schluss des bürgerlichen Trauerspiels denkt der Prinz über sein Leben und seine Schuld am Tod von Emilia nach. Verfassen Sie einen inneren Monolog.

3. **Friedrich Schiller: Kabale und Liebe**
   - Während seiner Haftzeit nach dem Tode seines Sohnes Ferdinand denkt der Präsident über das Geschehen und über sein Leben nach. Formulieren Sie einen inneren Monolog.
   - Bevor Lady Milford, vom Hofleben angewidert, das Land verlässt, hat sie eine Unterredung mit dem Herzog. Gestalten Sie diese Szene.
   - Nachdem Luise den von Wurm erzwungenen Brief verfasst hat, denkt sie über ihr Handeln und über ihr Verhältnis zu Ferdinand nach. Verfassen Sie einen inneren Monolog.

4. **Johann Wolfgang Goethe: Faust I**
   - Formulieren Sie in einem inneren Monolog die Lebens- und Schaffenskrise eines heute lebenden Wissenschaftlers.
   - Gestalten Sie die Schülerszene im Faust neu, indem Sie einen heutigen Schüler und einen Lehrer/eine Lehrerin auftreten lassen, der/die in ironischer Weise die einzelnen Schulfächer vorstellt.
   - Nachdem Faust und Gretchen miteinander geschlafen haben, denken sie beide über ihre Beziehung nach. Verfassen Sie zwei innere Monologe.

Standbild bauen

1. Der Erbauer oder die Erbauerin des Standbildes (= Regisseur) sucht sich diejenigen Personen aus der Gruppe aus, die von ihrer äußeren Erscheinung her in das Bild passen, das er/sie vor Augen hat (also Eignung im Hinblick auf Körpergröße, Geschlecht, Haare, Statur usw.).
2. Der Regisseur baut mit den ausgewählten Mitspielerinnen und Mitspielern das Bild Schritt für Schritt auf, indem er die Haltung der Mitspieler so lange mit seinen Händen formt, bis sie die richtige Position eingenommen haben. Der Gesichtsausdruck (die Mimik) kann vom Regisseur vorgemacht und dann vom jeweiligen Spieler nachgespielt werden. Die Mitspieler müssen sich dabei völlig passiv verhalten: Sie dürfen sich nicht gegen bestimmte Haltungen sperren.
3. Während der „Bauphase“ wird nicht gesprochen.
4. Wenn das Standbild fertig komponiert ist, erstarren alle Spieler für 30 bis 60 Sekunden, um sich selbst meditativ in die eingenommene Haltung einzufühlen und um den Beobachterinnen und Beobachtern Gelegenheit zu geben, das entstandene Bild wirken zu lassen.
5. Danach wird das Standbild beschrieben und interpretiert: zuerst von den Beobachtern, dann von den Spielern. Dabei kommt es vor allem darauf an, die Beziehungen zwischen den Spielern zu deuten. Man kann auch versuchen, eine Überschrift oder ein Thema zu definieren, und dann den Regisseur fragen, ob er zustimmt.
6. Zum Schluss wird der Regisseur befragt, welche Absichten er beim Bau des Standbildes gehabt hat.
7. Wenn keine Einigkeit über die Deutung des Bildes zu erzielen ist, kann der Regisseur aufgefordert werden, das Standbild zu verändern. Ebenso gut kann eine andere Schülerin oder ein anderer Schüler zum Regisseur ernannt werden, der dann eine Korrektur vornimmt.

Hilbert Meyer

3 Lyrik

3.1 Was ist ein Gedicht? – Theoretische Reflexionen

Johann Wolfgang Goethe

Gedichte sind gemalte Fensterscheiben (1815)

Gedichte sind gemalte Fensterscheiben!
Sieht man vom Markt in die Kirche hinein,
Da ist alles dunkel und düster;
Und so sieht's auch der Herr Philister[1]:
Der mag denn wohl verdrießlich sein
Und lebenslang verdrießlich bleiben.

Kommt aber nur einmal herein!
Begrüßt die heilige Kapelle;
Da ist's auf einmal farbig helle,
Geschicht' und Zierrat glänzt in Schnelle,
Bedeutend wirkt ein edler Schein;
Dies wird euch Kindern Gottes taugen,
Erbaut euch und ergetzt die Augen!

1 **Philister:** Spießbürger ohne Sinn für die Kunst

Günter Kunert

So soll es sein (1974)

Zwecklos und sinnvoll
soll es sein
zwecklos und sinnvoll
soll es auftauchen aus dem Schlamm
daraus die Ziegel der großen Paläste
entstehen um wieder zu Schlamm zu zerfallen
eines sehr schönen Tages

zwecklos und sinnvoll
soll es sein
was für ein unziemliches Werk
wäre das
zur Unterdrückung nicht brauchbar
von Unterdrückung nicht widerlegbar
zwecklos also
sinnvoll also

wie das Gedicht.

1. a) Vergleichen Sie die Aussagen Goethes und Kunerts über Gedichte.
   b) Was lässt sich aus der Form der Gedichte über Goethes und Kunerts Auffassung von Lyrik schließen?
2. Goethe und Kunert unterhalten sich über die Frage: „Was ist ein Gedicht?" Formulieren Sie den Dialog. Sie können sich selbst als dritter Gesprächspartner in die Unterhaltung einmischen.

Um eine genaue Klärung der Begriffe „Lyrik" und „Gedicht" wird von Dichtern und Literaturwissenschaftlern seit Jahrhunderten gerungen. Aus dieser Diskussion können die folgenden Texte nur einen kleinen Ausschnitt bieten. Bevor Sie sich mit diesen Erklärungsversuchen auseinandersetzen, sollten Sie selbst eine Begriffsbestimmung versuchen.

3. Schlagen Sie in einem etymologischen Wörterbuch nach und klären Sie die Wortbedeutung des Begriffs „Gedicht".
4. a) Verfassen Sie einen kurzen Artikel, in dem Sie Ihr Verständnis der Begriffe „Lyrik" und „Gedicht" erklären.
   b) Tauschen Sie die Artikel aus und besprechen Sie Unterschiede und Gemeinsamkeiten Ihres Vorverständnisses.

Friedrich Hassenstein

Was ist ein Gedicht? (1994)

Ein Gedicht lässt sich als ein besonders reich und dicht strukturierter Text beschreiben, bei dem die normalsprachliche syntaktisch-semantische Kodierung von der metrischen, also der Versifikation, noch einmal überformt ist. Es handelt sich jedoch nicht um eine bloße Zweischichtigkeit, denn der „Reichtum" und die „Dichte" kommen durch einen Wechselbezug der Elemente zu Stande, zu denen neben den klanglichen Faktoren (Lautmalerei, Lautsymbolik, Rhythmus) die evokative[1] Wortwahl, unkonventionelle sprachliche Bilder, Durchbrechungen stilistischer und grammatischer Gewohnheiten und andere Abweichungen von der Alltagssprache gehören. Diese Merkmale werden, wenn sie, wie z. B. ein ungewollter Gleichklang, funktionslos in der Alltagssprache auftreten, meist als störend oder „komisch“ empfunden. Im Übrigen können alle Faktoren bis auf das Metrum nicht nur im „Gedicht“, sondern in jedem sprachlich anspruchsvollen, bewusst gestalteten Text auftreten. [...]

Zum Reichtum und zur Dichte des „Gewebes“ – das Wort „Text“ bedeutet ja nichts anderes – gesellen sich beim Gedicht weitere Merkmale, die seine Unterscheidung von anderen Texten ermöglichen. So wie sich das gesprochene und gehörte Gedicht durch metrische und strophische, oft auch mit Hilfe von Reimen abgesicherte Ordnung in der Zeit mühelos als Gedicht erkennen lässt, offenbart sich das geschriebene oder gedruckte optisch-räumlich durch sein Schriftbild. So kurz das Gedicht ist und so arm an „Stoff“ und „Zweck“ es sein kann, es trifft auf Grund seiner äußeren Merkmale beim Leser auf keine falschen Erwartungen, denn er weiß, dass sein Verständnis keine Kenntnis von Sach- und Erzählzusammenhängen voraussetzt; ein Gedicht „steht für sich“. Weiterhin helfen bei dieser Orientierung die Art des Buches oder der Platz in der Zeitung, wo man das Gedicht findet, und schließlich auch das, was man so über Gedichte weiß: wie wörtlich man Verse nehmen darf, welche Themen darin üblich sind, dass sie uns fürs Erste mit der gleichen Unverbindlichkeit entgegentreten wie andere Texte der Belletristik oder des Feuilletons. Kompensation für das, was Gedichten an Stofflichkeit und Zweckbezügen mangelt, können die Überschrift, textinterne Anspielungen auf Reales oder Aktuelles oder der Gedichtschluss sein, der durch eine Pointe oder rationale Sentenz den Leser gleichsam in die Prosa der Lebenszusammenhänge entlässt. Vielleicht kennt dieser auch den Verfasser und gewinnt sein Textverständnis dadurch, dass er das Gedicht dem Bild zuordnet, das er von diesem Menschen hat, oder er erkennt eine Gedichtart wieder: ein Sonett, ein Haiku, einen Limerick, und freut sich daran, wie diese Form neu und kunstreich gefüllt worden ist. Wenn er einen Gedichtzyklus liest, können sich die einzelnen Gedichte gegenseitig erklären. Es zeigt sich: Die reiche und dichte Struktur eines Gedichtes bewirkt zwar, dass dieses weniger von situativen und kommunikativen Stützen abhängig ist als andere Texte, aber eine Theorie vom absoluten, autonomen, in sich ruhenden und einzig aus seiner Kraft wirkenden Kunstgebilde „Gedicht“ lässt sich daraus nicht ableiten. Es ist keineswegs gesagt, dass dem Dichter selber bewusst ist, was sich alles an seinem Gedicht entdecken lässt. Hier zeigt sich die Geschichtlichkeit seines Schaffens, die zugleich die Vielfalt möglicher gesellschaftlicher Funktionen der Gedichte bedingt. [...]

Der Dichter kann nicht wissen, was mit den Worten, Klängen, Bildern seiner Verse für den einzelnen Leser oder Hörer mitschwingt, denn dieser bringt seine sprachliche Sozialisation mit und trägt sie an das Gedicht heran. Dieses ist vieldeutig, und zwar insofern, als es von vielen je auf ihre Weise gedeutet werden kann, ganz abgesehen von jener Vieldeutigkeit, die ein Dichter seinen Versen vorsätzlich geben kann, um den Beziehungsreichtum, von dem die Rede war, zu intensivieren. Der Dichter weiß auch nicht, was sich im Lauf der Zeit an seine Verse anheften und was aus ihnen verloren gehen wird. Ein Gedicht ist ein historisches Gebilde, dessen Evokationskraft[2] schwinden oder wachsen kann. Das Schwinden ist wahrscheinlicher, denn Reime und Metaphern nutzen sich ab, Anspielungen und Vergleiche stoßen eines Tages ins Leere, Symbole und Mythen geraten in Vergessenheit. Vielleicht ist der Hintergrund, auf dem die poetische Abweichung vom alltäglichen Sprachgebrauch sichtbar wurde, verloren gegangen, sodass sie unverständlich geworden ist, vielleicht ist sie auch konventionell geworden wie so manche Errungenschaften der klassisch-romantischen Lyrik, von denen die heutigen Schüler nicht recht einsehen wollen, was daran das Besondere ist.

1 **evokativ:** bestimmte Vorstellungen enthaltend

2 **Evokation:** das Hervorrufen bestimmter Vorstellungen

1. Hassensteins kompakter Text bedarf einer gründlichen Lektüre:
   a) Schlagen Sie alle Ihnen unbekannten Begriffe nach.
   b) Gliedern Sie den Text und fassen Sie die Aussagen der Sinnabschnitte zusammen.
   c) Können Sie einzelne Aussagen auf Grund Ihrer persönlichen Leseerfahrung bestätigen?
2. Belegen Sie Hassensteins These, dass die in Gedichten verwendeten sprachlichen Mittel – bis auf das Metrum – auch in anderen „sprachlich anspruchsvollen, bewusst gestalteten" Texten auftreten (▷ Z. 19 ff.). Als Untersuchungsmaterial können Sie die Texte von Wolfgang Weyrauch und Ulla Hahn (▷ S. 218 ff.) wählen.

Karl Otto Conrady

Kleines Plädoyer für Neutralität der Begriffe Lyrik und Gedicht (1994)

Wohin man auch blickt, es führt zu keinem tauglichen Gattungsbegriff, wenn versucht wird, das *Wesen* der Lyrik zu bestimmen. Immer stellen sich Ausgrenzungen ein, auch wenn über sie nicht gesprochen wird; denn die angebotenen Wesensbestimmungen passen nie auf sämtliche Gedichte, die in der „Großgattung" untergebracht werden müssen, weil sie anderswo (beim Drama oder Roman/Epos) überhaupt keinen Platz finden können. [...] Aber nicht die (ob mit Zustimmung oder Ablehnung) zu besichtigende Wirklichkeit künstlerischer Formen hat sich der Theorie anzubequemen, sondern die Theorie einer Gattung muss so gefasst sein, dass Aussperrungen vermieden werden. [...] Deshalb habe ich im knappen Vorwort zu einer Gedichtsammlung, die beabsichtigt, möglichst viele variantenreiche Beispiele dieser Dichtungsart in einem einzigen Band leicht zugänglich zu machen, folgende „Minimaldefinition" angeboten: „Zur Lyrik gehören alle Gedichte, und Gedichte sind sprachliche Äußerungen in einer speziellen Schreibweise. Sie unterscheiden sich durch die besondere Anordnung der Schriftzeichen von anderen Schreibweisen, und zwar durch die Abteilung in Verse, wofür bei der ‚visuellen Poesie' die Bildgestaltung mit den Mitteln des (nicht immer nur) sprachlichen Materials und der Schrift eintritt. Der Reim ist für die Lyrik kein entscheidendes Merkmal. – Mehr sollte an allgemeinen Bestimmungen nicht festgeschrieben werden. Der Autor entscheidet durch seine Wahl der Anordnung des Textes, ob er ihn als ‚Gedicht', als ‚Lyrik' ansieht und gesehen haben will." Dieser letzte Satz soll eigens verdeutlichen, dass es nach Verabschiedung der normativen Poetik vor weit über 200 Jahren nicht die Gattungstheoretiker sein können, die die Erlaubnis für den Zutritt zu einer der drei „Großgattungen" erteilen, sondern dass es die Urheber der Werke (die „Primärautoren") sind, die darüber zu befinden haben. Gattungsdefinitionen müssen sich den produktiven Autoren anpassen, nicht umgekehrt. Wie anders wären Weiterentwicklungen, tief greifende Umgestaltungen und provokative Neuerungen in den Gattungen einzubürgern? Man könnte darangehen, dem Oberbegriff „Lyrik" den Garaus zu machen und dafür neue, den einzelnen Spielarten angepasste Bezeichnungen zu installieren und sich damit zu begnügen. Das dürfte jedoch in Anbetracht des auch im allgemeinen Sprachgebrauch gängigen Begriffs „Lyrik" eher zu Verwirrungen und zu Komplikationen der Verständigung führen.

[...]

Mit meinem Versuch einer neutralen Definition trage ich auch der behutsam zurückhaltenden Beschreibung Rechnung, die Günther und Irmgard Schweikle in ihrem „Metzler Literaturlexikon" im Artikel „Lyrik" anbieten, in unübersehbarer Gegenwendung gegen die Formulierung in Gero von Wilperts „Sachwörterbuch der Literatur": Lyrik lasse „im Hinblick auf die Vielfalt ihrer historisch, kulturell und gesellschaftlich unterschiedlich ausgeprägten Erscheinungsweisen keine einheitliche und vollständige Begriffsbestimmung zu".

1. Schlagen Sie die Artikel „Lyrik" in den beiden bei Conrady genannten Literaturlexika nach und vergleichen Sie. Welche Schlüsse lassen sich aus dem Vergleich ziehen?

2. Untersuchen Sie, welche Rolle der Dichter für die Begriffsbestimmung von „Gedicht" bei Hassenstein und bei Conrady spielt.
3. a) Warum kann man gerade bei der Lyrik von einer „Großgattung" sprechen? Ziehen Sie die folgende Begriffssammlung zur Erklärung heran.
   b) Schlagen Sie Ihnen unbekannte Begriffe in einem Literaturlexikon nach.
   c) Probieren Sie unterschiedliche Kategorisierungsmöglichkeiten der genannten Begriffe aus. Erörtern Sie im Kurs die Probleme, die dabei auftauchen.

Naturlyrik Meistersang ERLEBNISLYRIK ***Scherzgedicht***
galante Lyrik **Stimmungslyrik** Ballade politische Lyrik
SONETT Tagelied **KONKRETE POESIE** ODE Haiku
hermetische Lyrik Gebrauchslyrik Spruchdichtung VERSEPOS
DRAMATISCHES GEDICHT Hymne *Minnesang* religiöse Lyrik
Liebeslyrik Gedankenlyrik LIMERICK *Rondeau*

Wolfgang Weyrauch

Wozu sind Gedichte da? (1959)

Wolfgang Weyrauch

Zunächst möchte ich Sie also fragen: Was ist ein Gedicht? Doch schon fürchte ich, dass diese Frage falsch gestellt ist. Erschöpft sie sich nicht im Poetischen? Ist denn ein Gedicht allein? Oder befindet es sich nicht im Zustand der Kommunikation mit allem, was es umgibt? Wird es nicht von seiner Umgebung bestimmt, so, wie es seinerseits die Wirklichkeit bestimmt? Sollte mithin meine erste Frage nicht heißen: Was ist, im Jahre 1959 und in diesem Land, ein Gedicht? Damit hängt die zweite Frage zusammen: Sind Gedichte – Gedichte im Jahre 1959 und in diesem Land – nur einfach da, wie man es oft hören kann, oder sind sie nicht auch, und dies vielleicht vor allem, zu etwas da? Falls das aber so wäre, wozu sind sie da? Zur Verminderung des Bösen und somit zur Vermehrung des Guten? Ist es möglich, dass ihre Reime und Rhythmen die Gewalt der Gewaltlosigkeit gegen die Macht der offenkundigen und versteckten Mächte setzen? Können sich, vom andern Ende aus gefragt, unsere Gedichte überhaupt entziehen? Sind sie nicht Drehscheiben, in welche Zustände, Begebenheiten und Gegenstände der Zeit und des Orts, hineingefahren und aus denen die Metaphern der Lyrik hinausgefahren werden, nachdem sich jene und diese miteinander vermischt haben? [...] Stecken also nicht die Lyriker, ihre Gedichte und Sie, die Leser dieser Gedichte, in ursächlichen, unlöslichen, ja sich deckenden Zusammenhängen? Falls man so kühn ist, die Dichter für die Stellvertreter der Propheten zu halten, die in die Verschollenheit sanken, versteht es sich dann nicht von selbst, dass ihre Dichtungen, so frage ich weiter, sich nicht nur um die Ursachen kümmern, sondern auch – und sei es nur um einen einzigen Zentimeter – vor den künftigen Ereignissen hereilen? [...] Dies alles eingerechnet, können, ja dürfen Sie, meine Damen und Herren, sich vor so genannten experimentellen Gedichten scheuen? Können, ja, dürfen Sie bei kosmetischen

Versen beharren, wie ich mir jene Afterpoesie zu benennen gestatte, die sich, an diesem Tag und an diesem Ort, auf Claudius oder Rainer Maria Rilke schminkt? Ich bin, und nun frage ich allerdings nicht mehr, sondern antworte unumwunden, für diejenigen neuen Gedichte, welche die Dichtung – und also den Menschen – vom Fleck befördern, aus der Bewegungslosigkeit, aus den überholten Ordnungen. Wollen Sie, bitte schön, in Postkutschen fahren? Ganz gewiss nicht. Verzichten Sie, bitte, auch in der Lyrik darauf.

Ulla Hahn

Für den, der fragt (1988)

Wie Gedichte entstehen?

Im Gehen. Mit den Füßen auf der Erde, mit den Wörtern im Kopf. Aus der Gangart erwächst ein Rhythmus, Wörter nähern sich, Bilder begleiten mich, halten mit mir Schritt, bis sie mich zum Inne-Halten, Aufschreiben nötigen. Dann entsteht das Gedicht: aus Ergangenem. Wie ist es dir ergangen? Was hast du begangen? Nur, was sich bewegt, lebt.
Dichter sind Sammler. Sie „suchen mit Fleiß, um durch Zufall zu finden“ (Valery).
Was? Eine Strophe (großes Glück), eine Zeile (Glück), ein präzises Bild (komplizierte Bilder sind meist beliebig), einen Rhythmus, ein Wort. Jeden Einfall gleich und sogleich ernst zu nehmen gehört zum Handwerk. Jedes Wort kann sich aus dem „Steinbruch der Stille“ (Stifter) lösen, kann als Feuerwerk von Bedeutungen aufflammen in der Reibung mit einem anderen. Nicht nur die Dinge werden im Gedicht von ihrem gewöhnlichen Gebrauch gerückt; auch die Wörter werden in Bewegung versetzt, aus ihren festgezurrten Bedeutungen gelöst. Der Dichter muss den „Geisterblick“ (Eichendorff) haben, der blitzartig das Entlegenste aneinanderrückt; dann schließen die Wörter einander auf.
Das Wunderbare: wenn sich die Wörter im Gedicht zu wandeln beginnen; vom Zeichen, das Wirklichkeit benennt, zum Ding, das Wirklichkeit schafft. Eine Wirklichkeit nicht nach den Gesetzen der Schwerkraft oder Grammatik, sondern nach denen der Poesie, die der Dichter gemeinsam mit den Wörtern in jedem Gedicht neu erfindet. Eine Wirklichkeit der Wortdinge.
Immer beginnt während des Schreibens eine Reaktion der Wörter untereinander. Den Wörtern muss man ihren Willen lassen, ihnen zu Willen sein. Mitunter benehmen sie sich wie die Dinge in Charlie Chaplins Filmen, entziehen sich jedem Werben auf groteske Weise, schießen quer und sperren sich, bis sie sich schließlich wie von selbst zusammenfügen. Vorsicht vor Adjektiven als emotionalem Schmieröl!
Eine bestimmte Strecke ist von den ersten Wörtern, den Bildern, dem Rhythmus vorgegeben. Dann gilt es Meister Ekkehart zu folgen: ganc âne wec den smâlen stec. Der Weg entsteht im Gehen. Aus jedem Schritt erwächst Kraft für den nächsten. Ob der Weg steinig oder eben, der Dichter ihn leichtfüßig oder hinkend gegangen ist, egal. In der Kunst geht es nicht nach Mühe und Belohnung. Entscheidend ist das Ergebnis. Das fertige Gedicht soll nicht nach Schweiß riechen. Die Ketten, in denen der Dichter tanzt (Nietzsche), darf man nicht klirren hören. Nur mit Absicht. Doch *jedes* geschriebene Gedicht ist besser als das beste geträumte. Es muss gegangen sein. Nur so entsteht das Gedicht. Und der Dichter selbst.

Und warum – Gedichte?

Meine Großmutter ließ nichts verkommen. Von ihr lernte ich, jeden scheinbar noch so wertlosen Gegenstand zu beachten, seine Schönheit zu erkennen, ihm Bedeutung zu verleihen, die mit seinem profanen Gebrauch nichts zu tun hatte. Von ihr lernte ich das Sammeln, das Finden. Von ihr lernte ich das Spielen. Ich lernte das Wundern. Die Freude, mich selbst zu überraschen. Lernte das Verwandeln der Wirklichkeit.
Heute brauche ich dazu keine alten Knöpfe, keine Troddeln, Porzellanscherben, Splitter aus Glas, keine verbogenen Löffel, bartlosen Schlüssel mehr. Heute bin ich auf Wörter und Silben aus, steck sie zu mir mit der gleichen verschämten Kühnheit wie einen rot geäderten Rheinkiesel als Kind, spreche ihnen Bedeutung zu im Gedicht, wundere und freue mich, wenn sie Funken schlagen und sprühen wie Feuersteine.

Verwandlung, Magie. Nichts ist, was es scheint zu sein. Wieso ein Perlmuttknopf? Hier kommt der Kaiser. Ein blaues Stück Glas vor Augen: mein Dorf das Morgenland. So wie ein Ding kann jedes Wort verwandelt werden und selbst verwandeln. Weil im Gedicht jedes Wort wie im Zauberspruch gleich gültig ist. Jede Silbe, ja selbst die Pause, gesetzlich geschützt. Ein Gedicht ist das freiheitlich-demokratischste Gebilde der Welt.

1. Bei dem Text von Weyrauch handelt es sich um einen Auszug aus seiner Einleitung zu der Gedichtanthologie „expeditionen – deutsche lyrik seit 1945“, erschienen 1959. Wie macht sich die Funktion des Textes in Inhalt und Form bemerkbar?
2. „Wozu“ und „warum“ Gedichte?, fragen Weyrauch und Hahn. Geben die beiden Dichter ähnliche oder abweichende Antworten?

3.2 Zur Struktur lyrischer Texte: Grundlagen der Gedichtinterpretation

Gedichte sind sprachliche Gebilde, die ein besonders hohes Maß an Strukturiertheit aufweisen. Die moderne Literaturwissenschaft spricht von der **Überstrukturiertheit** lyrischer Texte, ohne damit aber eine negative Wertung im Sinne eines Zuviel, eines Übertreibens zu verbinden. Überstrukturiertheit heißt: Die lexikalische Bedeutung der Wörter (Denotation) wird auf vielfältige Weise überlagert von sprachlichen Bezügen und Verbindungen; diese rufen bei den Lesern/Leserinnen verschiedene assoziative Mitbedeutungen (Konnotationen) hervor und verleihen dem Gedicht seine schillernde Vieldeutigkeit.
Die folgenden Aufgaben und Informationen sollen eine Beobachtungs- und Formulierungshilfe bieten bei der Beschäftigung mit den unterschiedlichen sprachlichen Ebenen, auf denen sich der Vorgang der Überstrukturierung abspielt.

Der Vers: Grundelement des Gedichts

Lyrische Texte sind in der Regel in **Versen** abgefasst – das heißt, die Zeilen brechen an einer vom Dichter und nicht zufällig vom Buchformat bestimmten Stelle ab. Diese Brechung des Sprachflusses gibt den Wörtern durch ihre besondere Stellung (z. B. am Versanfang oder -ende) eine besondere Akzentuierung. Neben den horizontalen Bezügen, die sich durch die Wort- und Satzfolge ergeben, stellen sich durch die Anordnung der Verse vertikale Bezüge her, die durch klangliche und optische Mittel verstärkt werden können.

Rolf Dieter Brinkmann

Gedicht (1975)

Zerstörte Landschaft mit Konservendosen, die Hauseingänge leer, was ist darin? Hier kam ich mit dem Zug nachmittags an, zwei Töpfe an der Reisetasche festgebunden. Jetzt bin ich aus den Träumen raus, die über eine Kreuzung wehn. Und Staub, zerstückelte Pavane, aus totem Neon, Zeitungen und Schienen dieser Tag, was krieg ich jetzt, einen Tag älter, tiefer und tot? Wer hat gesagt, dass sowas Leben ist? Ich gehe in ein anderes Blau.

1. Brinkmanns Text trägt den Titel „Gedicht“. Bringen Sie den Text in eine Form, die Ihrem Empfinden nach dieser Bezeichnung entspricht. Vergleichen Sie Ihre Ergebnisse zunächst im Kurs, dann mit dem Original in Brinkmanns Gedichtsammlung „Westwärts 1 & 2“.
2. Beschreiben Sie genau, wie sich in den Texten von Brinkmann und Roman Ritter (▷ S. 221) zusätzliche Betonungen und Bedeutungen durch die Anordnung der Zeilen als Verse ergeben.
3. Beurteilen Sie Brinkmanns „Gedicht“ aus Sicht der literaturtheoretischen Texte von Friedrich Hassenstein und Karl Otto Conrady (▷ S. 215 ff.).

Roman Ritter

Zeilenbruch und Wortsalat (1982)

Es gab Zeiten, in denen man meinte, ein Gedicht sei das, was sich reimt. Es gab Zeiten, in denen man meinte, ein Gedicht sei das, was unverstanden bleiben muss. Heute weiß man: Ein Gedicht ist das, was die Zeilen bricht. Moment mal – warum eigentlich die perlenden Einfälle vor die Prosa werfen?

Es gab Zeiten,
in denen man meinte,
ein Gedicht sei das,
was sich reimt.

Es gab Zeiten,
in denen man meinte,
ein Gedicht sei das,
was unverstanden bleiben muss.

Heute
weiß man:
Ein Gedicht ist das,
was die Zeilen bricht.

Dieser Text spricht aus, warum er sich zum Gedicht erhebt: weil die Zeilen brechen.

Verhältnis von Vers und Satz im Gedicht		
Zeilenstil	**Enjambement**	**Hakenstil**
Satzende und Versende stimmen überein; der Vers schließt mit einer Pause.	Zeilensprung: Der Satz überspringt das Versende und setzt sich im folgenden Vers fort. Am Versende entsteht keine Pause.	Eine Folge von Enjambements, sodass die Verse durch die übergreifenden Satzbögen gleichsam verhakt erscheinen.

Klang, Reim und Rhythmus

Wesentlich beteiligt am Sinnaufbau eines Gedichtes ist die lautliche Ebene, die in einigen Extremformen lyrischer Gestaltung, wie sie z. B. in der Romantik, im Dadaismus oder in der konkreten Poesie zu finden sind, sogar zum Hauptbedeutungsträger wird. Dort ist die Sprache nur noch Klang- bzw. Bildmaterial, ihre inhaltliche Bedeutung tritt ganz zurück.
Doch auch in weniger von Wortmusik und Buchstabencollagen bestimmten Gedichten sind End- und Binnenreime, Alliterationen und Lautmalereien an der Sinnkonstitution beteiligt. Dasselbe gilt für die metrisch-rhythmische Ausgestaltung der Gedichte. Fallende und steigende Versmaße beeinflussen durch ihre Rhythmisierung (fließend, wogend, schreitend, drängend, abgehackt etc.) den Hör- bzw. Leseprozess und damit das Verständnis.

Ulla Hahn

Winterlied (1981)

Als ich heute von dir ging
fiel der erste Schnee
und es machte sich mein Kopf
einen Reim auf Weh.

Denn es war die Kälte nicht
die die Tränen mir
in die Augen trieb es war

Ach da warst du schon zu weit
als ich nach dir rief
und dich fragte wer die Nacht
in deinen Reimen schlief.

Ulla Hahn

1. a) In Ulla Hahns Gedicht (▷ S. 221) fehlt ein Vers. Begründen Sie, an welcher Stelle.
   b) Formulieren Sie einen Vers, der an jener Stelle passen würde. Beachten Sie dabei Form und Inhalt des Gedichts.
2. Lesen Sie in Ulla Hahns Gedichtsammlung „Herz über Kopf“ nach, wie der Vers im Original lautet. Erläutern Sie den Einsatz und die Wirkung von Reim und Rhythmus im Gedicht.

Reim

Endreim
Der genaue Gleichklang der Versenden vom letzten betonten Vokal an („Wind“ – „Kind“; „Erden“ – „werden“)
Endreimschemata:
Paarreim: aa
Kreuzreim: abab
umarmender Reim: abba
Schweifreim: aabccb
dreifache Reimreihe: abcabc
Haufenreim: aaa ...

Binnenreim
Zwei oder mehrere Wörter in ein und demselben Vers reimen sich.

Anfangsreim
Reim der ersten Wörter zweier Verse

Schlagreim
Zwei unmittelbar aufeinander folgende Wörter reimen sich.

Assonanz
Unreiner Reim: Nur die Vokale, nicht aber die Konsonanten stimmen überein („sagen“ – „Raben“).

Stabreim
Mehrere Wörter beginnen mit demselben Buchstaben (auch: Alliteration).

Versmaß

Die Lehre vom Versmaß nennt man **Metrik.** Die Metrik orientiert sich an den Grundprinzipien der Sprache, die sie beschreibt. Für die antiken Sprachen war das die Länge/Kürze der Silben, für die deutsche Sprache ist dies vor allem das Prinzip von betonten und unbetonten Silben. Auch die Versmaße deutscher Lyrik werden in der Regel mit den alten griechischen Begriffen bezeichnet. Kleinste Einheit eines Metrums ist der so genannte Versfuß:

Jambus (steigend): x x́ z. B. Gedícht

Trochäus (fallend): x́ x z. B. Díchter

Anapäst (steigend): x x x́ z. B. Anapäst

Daktylus (fallend): x́ x x z. B. Dáktylus

(x́ = Hebung/betont x = Senkung/unbetont)

Strophen- und Gedichtformen

erste strophe erste zeile
erste strophe zweite zeile
erste strophe dritte zeile
erste strophe vierte zeile

zweite strophe erste zeile
zweite strophe zweite zeile
zweite strophe dritte zeile
zweite strophe vierte zeile

dritte strophe erste zeile
dritte strophe zweite zeile
dritte strophe dritte zeile

vierte strophe erste zeile
vierte strophe zweite zeile
vierte strophe dritte zeile

(*Gerhard Rühm, 1970*)

1. a) Das Gedicht von Gerhard Rühm (▷ S. 222) trägt als Titel den Namen einer Gedichtform: welchen?
   b) Informieren Sie sich über die von Rühm dargestellte Gedichtform: Welche Merkmale hat Rühm in seinem Text umgesetzt, welche nicht?
   c) Lesen Sie andere Gedichte, die in der von Rühm bedichteten Form geschrieben sind, und untersuchen Sie die Funktion der Form für die Aussageabsicht.
2. Lassen sich auch andere Gedichtformen in jener Art präsentieren, die Rühm verwendet? Versuchen Sie sich an Hymne, Lied, Haiku o. a.

Strophenformen

Distichon (Pl. Distichen): Besteht aus zwei Versen: einem daktylischen Vers mit sechs Versfüßen (Hexameter) und einem daktylischen Vers mit fünf Versfüßen (Pentameter)

Einfache Liedstrophe: Vierzeilige Strophe mit der Tendenz zu **alternierendem Metrum** (regelmäßiger Wechsel von betonten und unbetonten Silben) und Reimbindung von mindestens zwei Versen (*abac* o. Ä.)

Sestine: Sechszeilige Strophe mit regelmäßigem Reimschema, z. B. *aabbcc* oder *ababcc*

Verspaarkette: Eine Folge von Verspaaren, oft durch Paarreim verbunden

Gedichtformen

Ballade: Strophisch regelmäßig gegliederte, längere Gedichtform mit Reim und Tendenz zu festem Metrum. Wesentlich für die Ballade ist ihr erzählender Charakter.

Elegie: Gedichtform, die zumeist eine resignierend-wehmütige Stimmung ausdrücken will, in der Form elegischer Distichen (s. o.).

Haiku: Kürzeste Gedichtform, bestehend aus drei Versen zu 5-7-5 Silben. Diese Form erfordert eine maximale Konzentration der Aussage bei knappster Wortwahl. In der japanischen Tradition ist das Haiku ursprünglich ein Naturgedicht.

Hymne: Ein der Ode verwandter, feierlicher Preis- und Lobgesang, Ausdruck hoher Begeisterung. Entsprechend dem ekstatischen Ausdruck kennt die Hymne keine formalen Regelmäßigkeiten: kein Reim, freie Rhythmen, kein fester Strophenbau.

Lied: Strophisch gebaute Gedichtform mit relativ kurzen Versen und Reimbindung. Reim und Metrum werden oft nicht streng durchgehalten. Zuweilen ist ein **Refrain** (Kehrreim) zu finden, d. h. die regelmäßige Wiederholung eines oder mehrerer Verse an einer bestimmten Stelle jeder Strophe.

Ode: Reimlose, strophisch gegliederte, lange Gedichtform, die einem festen Metrum folgen kann, aber nicht muss. Typisch für die Ode ist der hohe, pathetische Sprachstil, der zur Würde und Größe der behandelten Themen passt.

Sonett: Zwei vierzeiligen Strophen (Quartetten), meist mit dem Reimschema *abba/abba*, folgen zwei dreizeilige Strophen (Terzette), wobei Letztere in der Regel im Reimschema verbunden sind, z. B. *cdc/dcd* oder *cde/cde* oder *ccd/eed*. Der formalen Zäsur (Einschnitt) zwischen Quartetten und Terzetten korrespondiert in der Regel auch ein inhaltlicher Kontrast.

Sprachliche Bilder

Das vielleicht wichtigste Element der Bedeutungskonstitution lyrischer Texte ist die Ebene der Bildlichkeit. Die Art und Weise, wie die sprachlichen Bilder konstruiert und kombiniert sind, bestimmt die Aussage eines Gedichtes weitgehend. Unterschieden werden können

- rational nachvollziehbare Übertragungsvorgänge zwischen Sach- und Bildbereich, wie sie für **Wie-Vergleiche** typisch sind, z. B.: „das Leben ist wie ein Jahrmarkt";
- verstandesmäßig nicht auflösbare Verschmelzungen von Sach- und Bildbereich, wie sie für viele **Metaphern** bezeichnend sind, z. B.: „Schläft ein Lied in allen Dingen" (▷ S. 307);
- die von aller Wirklichkeit und allem alltäglichen Sprachgebrauch abgelösten, Bild- und Sachbereich scheinbar willkürlich zusammenzwingenden **Chiffren**. Man spricht hier auch von „absoluten Metaphern". Ihr Sinn ist nur aus dem Zusammenhang eines Gedichts oder aller Gedichte eines Autors erschließbar, z. B. „Schwarze Milch der Frühe" (▷ S. 396).

Bedeutungsvoll für die Sinnkonstitution eines Gedichts sind auch

- die Sprachschicht (Hochsprache, Umgangssprache, Jargon etc.);
- Wortfelder (Bereich der Natur, der Technik, der Verwaltung etc.);
- die Sprechweise (pathetisch/feierlich ergriffen, lakonisch/kurz angebunden, belehrend etc.).

Christoph Meckel
Rede vom Gedicht (1974)

Das Gedicht ist nicht der Ort, wo …

Hier ist die Rede von …

Das Gedicht ist der Ort …

1. Suchen Sie mehrere unterschiedliche – auch bildliche – Ergänzungen zu den drei Versanfängen aus Christoph Meckels „Rede vom Gedicht". Probieren Sie dann verschiedene Arrangements der vervollständigten Verse aus.
2. a) Vergleichen Sie Ihre Texte im Kurs.
   b) Lesen Sie das Original in Meckels Gedichtsammlung „Wen es angeht" nach und stellen Sie Unterschiede zu Ihren eigenen Produkten heraus. Differenzieren Sie dabei zwischen inhaltlicher Aussage und sprachlicher Gestaltung.

Rhetorische Figuren

Die nachfolgend aufgeführten rhetorischen Figuren (▷ S. 225 ff.)werden keineswegs nur in der Lyrik, sondern in Texten aller Gattungen eingesetzt. Besonders bedeutend ist ihr Gebrauch zum Beispiel in der ▷ **öffentlichen Rede** (bei Gericht, in der Politik) oder in der Werbung. Dort werden diese Mittel gezielt eingesetzt, um eine bestimmte Wirkung zu erzielen.

▷ S. 119 ff., 492 ff.

Ein Großteil der Stilmittel ist seit der Antike bekannt, was sich noch heute an den meist griechischen Fachbegriffen ablesen lässt. Wichtiger als die Kenntnis dieser „Vokabeln" ist es für Sie zunächst, ein Gespür für den bewussten Umgang mit sprachlichen Mitteln zu entwickeln. Bei einem Satz wie „Im Traum/nicht einmal mehr/suche ich/mein verlorenes Paradies/bei dir" sollten Sie z. B. auf die ungewöhnliche Stellung der Satzglieder aufmerksam werden. Diese Besonderheit kann man umschreiben, man kann sich darüber aber auch mit dem Fachbegriff „Inversion" verständigen – das ist bei manchen rhetorischen Figuren unkomplizierter und kürzer. Es impliziert zudem das Verständnis dafür, dass hier nicht eine sprachliche Ungeschicktheit unterlaufen ist, sondern ein Stilmittel bewusst eingesetzt wird, um eine bestimmte Wirkung zu erzielen. Für eine kompetente Verständigung über die sprachlichen Strategien von Lyrik und anderen Texten ist die Kenntnis rhetorischer Termini hilfreich.

1. Rhetorische Mittel entfalten ihre Wirkung auf unterschiedlichen sprachlichen Ebenen. Man kann unterscheiden zwischen
   - Klangfiguren,
   - Wortfiguren,
   - Satzfiguren,
   - Gedankenfiguren.

   a) Ordnen Sie die rhetorischen Mittel aus der folgenden Zusammenstellung diesen unterschiedlichen Bereichen zu (Mehrfachzuordnungen sind möglich).

   b) Definieren Sie dann die genannten Oberbegriffe.
2. Die Identifizierung von rhetorischen Mitteln ist kaum um ihrer selbst willen von Interesse, sondern hauptsächlich für die Erkenntnis ihrer Funktion und Wirkung, die z. B. liegen können in einem Zugewinn von
   - Anschaulichkeit, Vorstellbarkeit,
   - Nachdruck, Betonung, Eindringlichkeit,
   - Sinnlichkeit, ästhetischem Reiz,
   - Kommunikation, Einbezug des Adressaten,
   - Spannung, Erwartung.

   Überlegen Sie, welches Wirkungspotenzial in den nachfolgend aufgelisteten rhetorischen Mitteln jeweils hauptsächlich vorhanden ist.

Beachten Sie: Endgültige Aussagen über die Wirkung bestimmter sprachlicher Mittel können nur unter Berücksichtigung des jeweiligen Kontextes getroffen werden!

Rhetorische Figur	Beispiel	Definition
Akkumulation, die	*Nenn's Glück! Herz! Liebe! Gott!*	Reihung von Begriffen zu einem – genannten oder nicht genannten – Oberbegriff
Allegorie, die	*Gott Amor* für *Liebe*	konkrete Darstellung abstrakter Begriffe, oft durch ▷ **Personifikation**
Alliteration, die	*Milch macht müde Männer munter.*	Wiederholung des Anfangslauts von Wörtern
Allusion, die	*Es weiß wohl jeder, was hier gemeint ist.*	Anspielung
Anapher, die	*Er schaut nicht die Felsenriffe/ Er schaut nur hinauf …*	Wiederholung eines oder mehrerer Wörter an Satz-/Versanfängen
Antithese, die	*Nicht du/um der Liebe willen/ sondern/um deinetwillen/ die Liebe*	Entgegenstellung von Gedanken und Begriffen
Apostrophe, die	*Du schönste Wunderblume süßer Frauen!*	feierliche oder betonte Anrede, Anruf
Chiasmus, der	*Ich schlafe am Tag, in der Nacht wache ich.*	symmetrische Überkreuzstellung von semantisch oder syntaktisch einander entsprechenden Satzgliedern
Correctio, die	*Er war von schöner, von außergewöhnlich schöner Gestalt.*	Korrektur eines zu schwachen Ausdrucks

▷ S. 227

Rhetorische Figur	Beispiel	Definition
Ellipse, die	*Je früher der Abschied, desto kürzer die Qual.*	unvollständiger Satz; Auslassung eines Satzteils/Wortes, das leicht ergänzbar ist
Epipher, die	*Doch alle Lust will Ewigkeit,/ will tiefe, tiefe Ewigkeit!*	Wiederholung gleicher Wörter am Satz-/Versende
Euphemismus, der	*vollschlank* statt *dick*	Beschönigung
Hendiadyoin, das	*Beistand und Hilfe* *einzig und allein*	Verknüpfung zweier sinnverwandter (synonymer) Wörter, meist Substantive
Hyperbel, die	*ein Meer von Tränen*	starke Übertreibung
Inversion, die	*Der Schultern warmer Schnee wird werden kalter Sand.*	Umkehrung der geläufigen Wortstellung im Satz
Ironie, die	*Das hast du ja mal wieder toll hinbekommen!*	unwahre Behauptung, die durchblicken lässt, dass das Gegenteil gemeint ist
Klimax, die	*Veni, vidi, vici* *(Ich kam, sah und siegte.)*	dreigliedrige Steigerung
Litotes, die	*Sie hat nicht wenig darunter gelitten.*	Bejahung durch doppelte Verneinung
Metapher, die	*Der verstand ist ein messer in uns*	Bedeutungsübertragung; sprachliche Verknüpfung zweier semantischer Bereiche, die gewöhnlich unverbunden sind
Metonymie, die	*Das Weiße Haus macht wieder einmal Schlagzeilen.*	Ersetzung eines gebräuchlichen Wortes durch ein anderes, das zu ihm in unmittelbarer Beziehung steht: z. B. Autor für Werk, Gefäß für Inhalt, Ort für Person
Neologismus, der	*Berufsjugendliche; Nebelspinne*	Wortneuschöpfung
Onomatopoesie, die	*schnattattattattattattattattern; zutschen und nuckeln und lutschen*	Lautmalerei
Oxymoron, das	*beredtes Schweigen;* *geliebter Feind*	Verbindung zweier Vorstellungen, die sich ausschließen

Rhetorische Figur	Beispiel	Definition
Paradoxon, das	*Vor lauter Individualismus tragen sie Uniform.*	Scheinwiderspruch
Parallelismus, der	*Das Schiffchen fliegt, der Webstuhl kracht.*	Wiederholung gleicher syntaktischer Fügungen
Paronomasie, die	*Lieber arm dran als Arm ab.*	Wortspiel durch Verbindung klangähnlicher Wörter
Periphrase, die	*Der den Tod auf Hiroshima warf/Ging ins Kloster*	Umschreibung
Personifikation, die	*Vater Staat*	Vermenschlichung, ▷ **Allegorie**
Pleonasmus, der	*der nasse Regen*	Wiederholung eines charakteristischen semantischen Merkmals des Bezugswortes
Repetitio, die	*Wir haben Nein gesagt. Wir sagen Nein, und wir werden Nein sagen.*	Wiederholung
Rhetorische Frage, die	*Wer ist schon perfekt?*	scheinbare Frage, bei der jeder die Antwort kennt
Symbol, das	*Taube* als Symbol des Friedens; *Ring* als Symbol der Treue und Ewigkeit	Sinnbild, das über sich hinaus auf etwas Allgemeines verweist; meist ein konkreter Gegenstand, in dem ein allgemeiner Sinnzusammenhang sichtbar wird
Synästhesie, die	*Sehe mit fühlendem Aug/ fühle mit sehender Hand*	Verbindung unterschiedlicher Sinneseindrücke
Synekdoche, die	*Sie leben alle unter einem Dach.*	Ein Teil steht für das Ganze oder umgekehrt.
Tautologie, die	*Es ist, was es ist; nie und nimmer; in Reih und Glied*	Wiederholung eines Begriffs bzw. Ersetzung durch ein sinnverwandtes Wort („Zwillingsformeln")
Vergleich, der	*Achill ist stark wie ein Löwe.*	Verknüpfung zweier semantischer Bereiche durch Hervorhebung des Gemeinsamen (des sog. tertium comparationis)
Zeugma, das	*Als Viktor zu Joachime kam, hatte sie Kopfschmerzen und Putzjungfern bei sich.*	ungewohnte Beziehung eines Satzteiles auf mehrere andere, meist des Prädikats auf ungleichartige Objekte

▷ S. 225

LERNKARTEI RHETORISCHE MITTEL

Rhetorische Mittel in ihrem Einsatz zu erkennen und in ihrer Wirkung zu durchschauen fördert Ihr Verständnis *von* und vielleicht auch das ästhetische Vergnügen *an* Texten. Rhetorische Mittel selbst zu benutzen vergrößert Ihre sprachliche Überzeugungskraft und Ausdrucksfähigkeit. Sie können Ihre aktiven und passiven rhetorischen Kenntnisse und Fähigkeiten trainieren, indem Sie sich eine Lernkartei zu diesem Thema anlegen. Sie brauchen dafür

- Karteikarten oder Zettel im Format DIN A7 oder A6,
- einen entsprechend großen Karton o. Ä. zum Aufbewahren der Karten/Zettel.

So gehen Sie vor:

- Übertragen Sie zunächst die Begriffe aus der Liste rhetorischer Figuren (▷ S. 225 ff.) auf die Karten:
  - □ den Namen der rhetorischen Figur auf die Vorderseite, die Definition auf die Rückseite;
  - □ auf der Rückseite können Sie weitere Informationen notieren, z. B. die Zuordnung zu bestimmten Figurentypen, Hinweise zur Wirkung, Hinweise auf verwandte oder ähnliche Mittel.
- Legen Sie zu jeder rhetorischen Figur noch eine zweite (evtl. andersfarbige) Karte an:
  - □ auch hier schreiben Sie den Begriff auf die Vorderseite;
  - □ auf die Rückseite das in der Liste angegebene Beispiel, dann alle weiteren Beispiele, auf die Sie bei Ihrem Umgang mit Texten aufmerksam werden.

Ihre Sammelaktivität sollte sich keineswegs nur auf den Deutschunterricht beschränken, sondern auch das Sprachmaterial aus anderen Fächern – z. B. den Fremdsprachen – mit einbeziehen.

- In gewissen zeitlichen Abständen können Sie dann mit Hilfe der Lernkarten testen, inwiefern Ihnen die Begriffe noch geläufig sind und ob Sie die Beispiele zuordnen können.
- Auch eine Erweiterung des Begriffe-Pools ist möglich – schlagen Sie in entsprechender Fachliteratur (z. B. in Handbüchern zur Rhetorik oder Literaturlexika) nach.

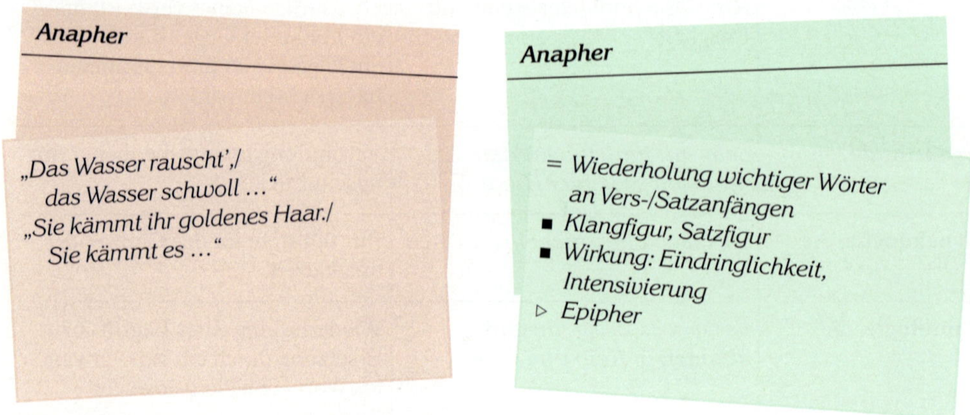

RHETORIK-QUIZ

Von Zeit zu Zeit können Sie Ihre Lernkartei auch für eine Quiz-Stunde im Unterricht benutzen. Quiz-Aufgaben können sein:

- ein vorgegebenes rhetorisches Mittel definieren
- eine rhetorische Figur anhand ihrer Definition identifizieren
- ein Beispiel der entsprechenden rhetorischen Figur zuordnen
- zu einer vorgegebenen Figur in einer bestimmten Zeit ein Beispiel formulieren

3.3 Gedichtvergleiche

Neben der Einzelinterpretation trägt besonders der Vergleich von Gedichten zu deren Verständnis bei. Es lassen sich Gedichte mit gleichem Thema oder gleichem Motiv aus demselben Zeitraum oder aus unterschiedlichen Epochen nach formalen, inhaltlichen und intentionalen Kriterien untersuchen. Vor allem der (geistes-)geschichtliche Kontext, in dem ein Gedicht entstanden ist, wird durch die vergleichende Betrachtung erhellt.
Nachfolgend werden drei Vergleichsreihen vorgestellt:

- Naturgedichte vom 18. Jahrhundert bis zur Gegenwart
- Liebesgedichte vom Mittelalter bis zur Gegenwart
- Gedichte gegen den Krieg vom 17. Jahrhundert bis zur Gegenwart

1. a) Erörtern Sie im Unterrichtsgespräch weitere Motive, die sich in Gedichten vergleichen lassen.
   b) Stellen Sie in einem ▷ **Referat** eine solche Vergleichsreihe von etwa zehn Gedichten vor, die Sie in Gruppen von je zwei oder drei für einen Vergleich besonders ergiebige Gedichte gliedern, und begründen Sie Ihre Auswahl. ▷ S. 36 f.
2. Nutzen Sie bei den Gedichtvergleichen dieses Kapitels die Anregungen aus Kapitel A 5.3 (▷ S. 109 ff.) zum vergleichenden Interpretieren von Gedichten.

Naturgedichte vom 18. Jahrhundert bis zur Gegenwart

Seit jeher übte der Bereich der Natur eine besondere Anziehungskraft auf die Lyriker/innen aus. Immer wieder fanden sie dort ihre Themen und Motive. Das hat sich bis heute kaum geändert. Allerdings haben mit der Gefährdung der Natur durch den Menschen viele neue, ungewohnte Töne in die Naturgedichte Eingang gefunden. Neben dem Erfassen der lebendigen Natur im lyrischen Bild stehen poetische Reflexionen über die Bedingungen von Naturgedichten und Klagen bzw. Anklagen wegen der Bedrohung unseres Lebensraums mit politischer Zielrichtung.

Eduard Mörike

Im Frühling (1832)

Hier lieg ich auf dem Frühlingshügel:
Die Wolke wird mein Flügel,
Ein Vogel fliegt mir voraus.
Ach, sag mir, alleinzige Liebe,
Wo du bleibst, dass ich bei dir bliebe!
Doch du und die Lüfte, ihr habt kein Haus.

Der Sonnenblume gleich steht mein Gemüte offen,
Sehnend,
Sich dehnend
In Lieben und Hoffen.
Frühling, was bist du gewillt?
Wann werd ich gestillt?

Die Wolke seh ich wandeln und den Fluss,
Es dringt der Sonne goldner Kuss
Mir tief bis ins Geblüt hinein;
Die Augen, wunderbar berauschet,
Tun, als schliefen sie ein,
Nur noch das Ohr dem Ton der Biene lauschet.

Ich denke dies und denke das,
Ich sehne mich und weiß nicht recht, nach was:
Halb ist es Lust, halb ist es Klage;
Mein Herz, o sage,
Was webst du für Erinnerung
In golden grüner Zweige Dämmerung?
– Alte unnennbare Tage!

Bertolt Brecht
Über das Frühjahr (1928)

Lange bevor
Wir uns stürzten auf Erdöl, Eisen und Ammoniak
Gab es in jedem Jahr
Die Zeit der unaufhaltsam und heftig grünenden Bäume.
Wir alle erinnern uns
Verlängerter Tage
Helleren Himmels
Änderung der Luft
Des gewiß kommenden Frühjahrs.
Noch lesen wir in Büchern
Von dieser gefeierten Jahreszeit
Und doch sind schon lange
Nicht mehr gesichtet worden über unseren Städten
Die berühmten Schwärme der Vögel.
Am ehesten noch sitzend in Eisenbahnen
Fällt dem Volk das Frühjahr auf.
Die Ebenen zeigen es
In alter Deutlichkeit.
In großer Höhe freilich
Scheinen Stürme zu gehen:
Sie berühren nur mehr
Unsere Antennen. R

Carl Grossberg: Brücke über die Schwarzbachstraße in Wuppertal (1927)

1. a) Wie nimmt das lyrische Ich in Mörikes Gedicht „Im Frühling" (▷ S. 229) die Natur wahr?
   b) Beschreiben Sie, wie sich seine Empfindungen angesichts seiner Sinneseindrücke verändern.
   c) Untersuchen Sie die Verwendung von Bildern, Metaphern und Vergleichen.
2. a) Welches Lebens- und Naturgefühl wird in Brechts Gedicht „Über das Frühjahr" ausgedrückt?
   b) Analysieren Sie die sprachliche Gestaltung des Gedichts.
3. Vergleichen Sie die Aussagen der Gedichte „Über das Frühjahr" und „Im Frühling". Beziehen Sie in Ihre Untersuchung auch die unterschiedlichen Entstehungszeiten der beiden Gedichte mit ein. Informieren Sie sich über die Literatur des Biedermeier (▷ S. 314) und der Weimarer Republik (▷ S. 367 f.).
4. Vergleichen und interpretieren Sie die beiden Gedichte „Septembermorgen" von Eduard Mörike (s. u.) und „Morgens" von Jakob van Hoddis (▷ S. 231). Achten Sie insbesondere darauf, welche Bedeutung die Natur jeweils für das lyrische Ich gewinnt und wie dies sprachlich zum Ausdruck kommt.

Eduard Mörike
Septembermorgen (1828)

Im Nebel ruhet noch die Welt,
Noch träumen Wald und Wiesen:
Bald siehst du, wenn der Schleier fällt,
Den blauen Himmel unverstellt,
Herbstkräftig die gedämpfte Welt
In warmem Golde fließen.

Jakob van Hoddis

Morgens (1914)

Ein starker Wind sprang empor.
Öffnet des eisernen Himmels blutende Tore.
Schlägt an die Türme.
Hellklingend laut geschmeidig über die eherne Ebene der Stadt.
Die Morgensonne rußig. Auf Dämmen donnern Züge.
Durch Wolken pflügen goldne Engelflüge.
Starker Wind über der bleichen Stadt.
Dampfer und Kräne erwachen am schmutzig fließenden Strom.
Verdrossen klopfen die Glocken am verwitterten Dom.
Viele Weiber siehst du und Mädchen zur Arbeit gehn.
Im bleichen Licht. Wild von der Nacht. Ihre Röcke wehn.
Glieder zur Liebe geschaffen.
Hin zur Maschine und mürrischem Mühn.
Sieh in das zärtliche Licht.
In der Bäume zärtliches Grün.
Horch! Die Spatzen schrein.
Und draußen auf wilderen Feldern
Singen Lerchen.

Hans Magnus Enzensberger

das ende der eulen (1960)

ich spreche von euerm nicht,
ich spreche vom ende der eulen,
ich spreche von butt und wal
in ihrem dunkeln haus.
dem siebenfältigen meer,
von den gletschern,
sie werden kalben zu früh,
rab und taube, gefiederten zeugen
von allem was lebt in lüften
und wäldern, und den flechten im kies,
vom weglosen selbst, und vom grauen moor
und den leeren gebirgen.

auf radarschirmen leuchtend
zum letzten mal, ausgewertet
auf meldetischen, von antennen
tödlich befingert floridas sümpfe
und das sibirische eis, tier
und schilf und schiefer erwürgt
von warnketten, umzingelt
vom letzten manöver, arglos
unter schwebenden feuerglocken,
im ticken des ernstfalls.

wir sind schon vergessen,
sorgt euch nicht um die waisen,
aus dem sinn schlagt euch
die mündelsichern gefühle.
den ruhm, die rostfreien psalmen.
ich spreche nicht mehr von euch,
planern der spurlosen tat,
und von mir nicht, und keinem.
ich spreche von dem was nicht spricht,
von den sprachlosen zeugen,
von ottern und robben,
von den alten eulen der erde. [R]

Volker Braun
Durchgearbeitete Landschaft (1974)

Hier sind wir durchgegangen
Mit unseren Werkzeugen

Hier stellten wir etwas Hartes an
Mit der ruhig rauchenden Heide

Hier lagen die Bäume verendet, mit nackten
Wurzeln, der Sand durchlöchert
Bis in die Adern, umzingelt der blühende Staub

Mit Stahlgestängen, aufgerissen die Orte
Überfahren mit rohen Kisten, abgeteuft die
teuflischen Schächte mitleidlos

Ausgelöffelt die weichen Lager, zerhackt, verschüttet,
zersiebt, das Unterste gekehrt nach oben und
durchgewalkt und entseelt und zerklüftet

Hier sind wir durchgegangen.

Und bepflanzt mit einem durchdringenden Grün
Der Schluff, und kleinen Eichen ohne Furcht

Und in ein plötzliches zartes Gebirge
Die Bahn, gegossen aus blankem Bitum

Das Restloch mit blauem Wasser
Verfüllt und Booten: der Erde
Aufgeschlagenes Auge

Und der weiße neugeborene Strand
Den wir betreten

Zwischen uns. R

Uwe Pfeifer: Familie am Auto (1978)

1. Wie nimmt das lyrische Ich die Natur in den Gedichten „das ende der eulen" (▷ S. 231) und „Durchgearbeitete Landschaft" wahr?
2. a) Arbeiten Sie Unterschiede sowie Gemeinsamkeiten in den Aussagen der Gedichte von Enzensberger und Braun heraus.
   b) Vergleichen Sie diese mit der Aussage des Gedichts „Septembermorgen" von Eduard Mörike (▷ S. 230).

WEITERE NATURGEDICHTE FÜR EINEN VERGLEICH

- *Johann Wolfgang Goethe:* An den Mond (▷ S. 273) – *Günter Kunert:* Mondnacht (▷ S. 273) – *Joseph v. Eichendorff:* Mondnacht (▷ S. 300)
- *Johann Wolfgang Goethe:* Mahomets-Gesang – Mächtiges Überraschen (▷ S. 291 f.)
- *Nikolaus Lenau:* An den Frühling (▷ S. 312) – *Annette v. Droste-Hülshoff:* Der Weiher (▷ S. 312)
- *Annette v. Droste-Hülshoff:* Der Weiher (▷ S. 312) – *Georg Britting:* Raubritter (▷ S. 380) – *Karl Mickel:* Der See (▷ S. 415)
- *Hugo v. Hofmannsthal:* Vorfrühling (▷ S. 343 f.) – *August Stramm:* Vorfrühling (▷ S. 344)
- *Arno Holz:* Phantasus (▷ S. 345) – *Sarah Kirsch:* Im Sommer (▷ S. 415)
- *Helga M. Novak:* Feldwege zementiert (▷ S. 402) – *Ulla Hahn:* Schöne Landschaft (▷ S. 402)

ANREGUNGEN ZUM KREATIVEN SCHREIBEN VON NATURGEDICHTEN

1. Wählen Sie ein eng begrenztes Thema aus dem Bereich der Natur, z. B. einen bestimmten Eindruck von einer Landschaft, an den Sie sich gut erinnern oder den Sie herbeiführen, einen einzelnen Naturgegenstand, vielleicht auch etwas aus Ihrer städtischen Umgebung, das ein Stück Natur verdrängt hat.
   Nutzen Sie bei der Ausgestaltung Ihres Gedichts das sprachliche Material der Gedichte dieses Abschnitts (▷ S. 229–232). Lassen Sie Ihr Gedicht z. B. mit den Worten Enzensbergers beginnen: „ich spreche von ..."
2. Verfassen Sie aus heutiger Sicht einen Gegentext zu einem Naturgedicht einer früheren Epoche. Sie können von einem Gedicht dieses Bands oder einer Anthologie ausgehen.

Liebesgedichte vom Mittelalter bis zur Gegenwart

Dietmar von Aist

Abschied am Morgen (um 1170)

Slâfest du, friedel ziere?
man wecket uns leider schiere.
ein vogellîn sô wol getân,
daz ist der linden an daz zwî gegân.

Ich was vil sanfte entslâfen,
nu rüefest du kint ‚wâfen'.
liep âne leit mac niht gesîn.
swaz du gebiutest, daz leiste ich, friundîn mîn.

Diu frouwe begunde weinen:
Du rîtest und lâst mich eine.
wenne wilt du wider her zuo mir?
ôwê, du füerest mîn fröude sament dir!

Dietmar von Aist (Große Heidelberger Liederhandschrift, um 1310–1340)

Schläfst du noch, Liebling?
Man weckt uns nämlich leider schon.
Ein kleiner, frecher Vogel,
der sitzt auf dem Zweig der Linde.

Ich habe so schön geschlafen,
und nun, Mädchen, weckst du mich so grausam.
Liebe ohne Leid, das gibt es wohl nicht.
Aber was du willst, das tu ich, meine Freundin.

Die Frau begann zu weinen:
Du reitest weg und lässt mich wieder allein.
Wann willst du wieder her zu mir?
O weh, du nimmst mein Glück mit dir!

Johann Wolfgang Goethe

Willkommen und Abschied (1789)

Es schlug mein Herz, geschwind zu Pferde!
Es war getan fast eh gedacht.
Der Abend wiegte schon die Erde,
Und an den Bergen hing die Nacht;
Schon stand im Nebelkleid die Eiche,
Ein aufgetürmter Riese, da,
Wo Finsternis aus dem Gesträuche
Mit hundert schwarzen Augen sah.

Der Mond von einem Wolkenhügel
Sah kläglich aus dem Duft hervor,
Die Winde schwangen leise Flügel,
Umsausten schauerlich mein Ohr;
Die Nacht schuf tausend Ungeheuer,
Doch frisch und fröhlich war mein Mut:
In meinen Adern welches Feuer!
In meinem Herzen welche Glut!

Dich sah ich, und die milde Freude
Floss von dem süßen Blick auf mich;
Ganz war mein Herz an deiner Seite
Und jeder Atemzug für dich.
Ein rosenfarbnes Frühlingswetter
Umgab das liebliche Gesicht,
Und Zärtlichkeit für mich – ihr Götter!
Ich hofft' es, ich verdient' es nicht!

Doch ach, schon mit der Morgensonne
Verengt der Abschied mir das Herz:
In deinen Küssen welche Wonne!
In deinem Auge welcher Schmerz!
Ich ging, du standst und sahst zur Erden
Und sahst mir nach mit nassem Blick:
Und doch, welch Glück, geliebt zu werden!
Und lieben, Götter, welch ein Glück!

1. Untersuchen Sie, aus welcher Perspektive in Dietmar von Aists „Abschied am Morgen" (▷ S. 233) jeweils gesprochen wird.
2. Vergleichen Sie Dietmar von Aists Gedicht mit Goethes „Willkommen und Abschied" im Hinblick auf die Erwartungen an die Liebe sowie die Rollen von Mann und Frau.

Johann Wolfgang Goethe

Maifest (um 1770)

Wie herrlich leuchtet
Mir die Natur!
Wie glänzt die Sonne!
Wie lacht die Flur!

Es dringen Blüten
Aus jedem Zweig
Und tausend Stimmen
Aus dem Gesträuch

Und Freud und Wonne
Aus jeder Brust.
O Erd', o Sonne,
O Glück, o Lust,

O Lieb', o Liebe,
So golden schön
Wie Morgenwolken
Auf jenen Höhn,

Du segnest herrlich
Das frische Feld,
Im Blütendampfe
Die volle Welt!

O Mädchen, Mädchen,
Wie lieb ich dich!
Wie blinkt dein Auge,
Wie liebst du mich!

So liebt die Lerche
Gesang und Luft,
Und Morgenblumen
Den Himmelsduft,

Wie ich dich liebe
Mit warmem Blut,
Die du mir Jugend
Und Freud' und Mut

Zu neuen Liedern
Und Tänzen gibst.
Sei ewig glücklich,
Wie du mich liebst.

1. a) Analysieren Sie die Beziehung zwischen der Liebesempfindung des lyrischen Ichs und seiner Wahrnehmung der Natur.
   b) Welche Rolle schreibt das lyrische Ich der Frau zu?
   c) Inwiefern kommen in diesem Gedicht spezifische Elemente der Sturm-und-Drang-Epoche zum Ausdruck? Informieren Sie sich auf der Seite 284 f. über diese Epoche.

2. Das „Maifest" ist wie die Erstfassung von „Willkommen und Abschied" in einer Zeit entstanden, da Goethe eine Liebesbeziehung zu der Pfarrerstochter Friederike Brion unterhielt.
   a) Informieren Sie sich über die biografischen Hintergründe von Goethes sog. Sesenheimer Dichtung.
   b) Vergleichen Sie die beiden Gedichte im Hinblick auf ihre Form, ihre sprachliche Gestaltung sowie das Verhältnis von Liebe und Natur.
3. Vergleichen Sie die Empfindung des lyrischen Ichs für die Geliebte in Goethes „Maifest", Mörikes „An die Geliebte" und Brechts „Entdeckung an einer jungen Frau" (s. u.). Gehen Sie auch der Frage nach, welches Eigenleben das jeweilige lyrische Ich den Frauen zugesteht.

Eduard Mörike

An die Geliebte (1830)

Wenn ich, von deinem Anschaun tief gestillt,
Mich stumm an deinem heil'gen Wert vergnüge,
Dann hör ich recht die leisen Atemzüge
Des Engels, welcher sich in dir verhüllt,

Und ein erstaunt, ein fragend Lächeln quillt
Auf meinem Mund, ob mich kein Traum betrüge,
Dass nun in dir, zu ewiger Genüge,
Mein kühnster Wunsch, mein einz'ger, sich erfüllt?

Von Tiefe dann zu Tiefen stürzt mein Sinn,
Ich höre aus der Gottheit nächt'ger Ferne
Die Quellen des Geschicks melodisch rauschen.

Betäubt kehr ich den Blick nach oben hin,
Zum Himmel auf – da lächeln alle Sterne;
Ich kniee, ihrem Lichtgesang zu lauschen.

Eduard Mörike

Bertolt Brecht

Entdeckung an einer jungen Frau (1925)

Des Morgens nüchterner Abschied, eine Frau
Kühl zwischen Tür und Angel, kühl besehn.
Da sah ich: eine Strähn in ihrem Haar war grau
Ich konnt mich nicht entschließen mehr zu gehen.

Stumm nahm ich ihre Brust, und als sie fragte
Warum ich Nachtgast nach Verlauf der Nacht
Nicht gehen wollte, denn so war's gedacht
Sah ich sie unumwunden an und sagte:

Ist's nur noch eine Nacht, will ich noch bleiben
Doch nütze deine Zeit; das ist das Schlimme
Daß du so zwischen Tür und Angel stehst.

Und laß uns die Gespräche rascher treiben
Denn wir vergaßen ganz, daß du vergehst.
Und es verschlug Begierde mir die Stimme. R

1. Interpretieren und vergleichen Sie die beiden Gedichte „An die Geliebte“ von Eduard Mörike und „Entdeckung an einer jungen Frau“ von Bertolt Brecht (▷ S. 235).
Berücksichtigen Sie besonders die jeweilige Wahrnehmung der Geliebten durch das lyrische Ich.

Else Lasker-Schüler

Ein Liebeslied (1943)

Komm zu mir in der Nacht – wir schlafen engverschlungen.
Müde bin ich sehr, vom Wachen einsam.
Ein fremder Vogel hat in dunkler Frühe schon gesungen,
Als noch mein Traum mit sich und mir gerungen.

Es öffnen Blumen sich vor allen Quellen
Und färben sich mit deiner Augen Immortellen ...

Komm zu mir in der Nacht auf Siebensternenschuhen
Und Liebe eingehüllt spät in mein Zelt.
Es steigen Monde aus verstaubten Himmelstruhen.

Wir wollen wie zwei seltene Tiere liebesruhen
Im hohen Rohre hinter dieser Welt.

Sarah Kirsch

Die Luft riecht schon nach Schnee (1977)

Die Luft riecht schon nach Schnee, mein Geliebter
Trägt langes Haar, ach der Winter, der Winter der uns
Eng zusammenwirft steht vor der Tür, kommt
Mit dem Windhundgespann. Eisblumen
Streut er ans Fenster, die Kohlen glühen im Herd, und
Du Schönster Schneeweißer legst mir deinen Kopf in den Schoß

Ich sage das ist
Der Schlitten der nicht mehr hält, Schnee fällt uns
Mitten ins Herz, er glüht
Auf den Aschekübeln im Hof Darling flüstert die Amsel [R]

1. Untersuchen Sie, welche Sehnsüchte und Wünsche das lyrische Ich in den beiden Gedichten „Ein Liebeslied“ und „Die Luft riecht schon nach Schnee“ äußert.
2. Erörtern Sie, in welchen Gedichten dieses Kapitels (▷ S. 233–236) es sich um idealisierende Vorstellungen von Liebesbeziehungen handelt.

WEITERE LIEBESGEDICHTE FÜR EINEN VERGLEICH

- Minnelieder (▷ S. 243–246)
- *Walther von der Vogelweide:* Under der linden (▷ S. 245 f.) – *Sarah Kirsch:* Zuversicht (▷ S. 403)
- *Johann Wolfgang Goethe:* Willkommen und Abschied (▷ S. 234) –
  Friederike Mayröcker: falsche Bewegung (▷ S. 403)
- *Johann Wolfgang Goethe:* Maifest (▷ S. 234) – *Ulla Hahn:* Lied der Amsel (▷ S. 403)
- *Erich Fried:* Was es ist (▷ S. 403) – *Eva Strittmatter:* Liebe (▷ S. 416)

ANREGUNGEN ZUM KREATIVEN SCHREIBEN VON LIEBESGEDICHTEN

1. a) Schreiben Sie, ohne abzusetzen, drei Minuten lang ungefiltert alles auf, was Ihnen zu einer Liebesbeziehung durch den Kopf geht.
   b) Greifen Sie bestimmte Sätze oder Wendungen heraus, die Ihnen besonders aussagekräftig erscheinen, und „verdichten" Sie sie: Streichen Sie Füllwörter, ersetzen Sie Ausdrücke durch treffendere, erproben Sie Metaphern und Vergleiche etc.
   c) Ordnen Sie die bearbeiteten Wendungen zu Versen und Strophen.
2. Nehmen Sie ein Liebesgedicht aus diesem Band oder aus einer Anthologie als Ausgangsmaterial und wählen Sie eine der folgenden Möglichkeiten:
   - einen Gegentext schreiben, z. B. zu einem idyllisierenden Gedicht ein desillusionierendes verfassen
   - Textcollagen herstellen
   - nach dem Muster eines Gedichts einen Analogtext schreiben
   - ein monologisches Gedicht in ein dialogisches überführen (z. B. Antwortstrophen)

Politische Lyrik: Gedichte gegen den Krieg

Matthias Claudius

Kriegslied (1779)

's ist Krieg! 's ist Krieg! O Gottes Engel wehre
Und rede du darein!
's ist leider Krieg – und ich begehre
Nicht schuld daran zu sein!

Was sollt ich machen, wenn im Schlaf mit Grämen
Und blutig, bleich und blass
Die Geister der Erschlagnen zu mir kämen
Und vor mir weinten, was?

Wenn wackre Männer, die sich Ehre suchten,
Verstümmelt und halb tot
Im Staub sich vor mir wälzten und mir fluchten
In ihrer Todesnot?

Wenn tausend, tausend Väter, Mütter, Bräute,
So glücklich vor dem Krieg,
Nun alle elend, alle arme Leute,
Wehklagten über mich?

Wenn Hunger, böse Seuch und ihre Nöten
Freund, Freund und Feind ins Grab
Versammleten, und mir zu Ehren krähten
Von einer Leich herab!

Was hülf mir Kron und Land und Gold und Ehre?
Die könnten mich nicht freun!
's ist leider Krieg – und ich begehre
Nicht schuld daran zu sein!

Friedrich von Logau

Abgedankte Soldaten (1654)

Würmer im Gewissen,
Kleider wohl zerrissen,
Wohlbenarbte Leiber,
Wohlgebrauchte Weiber,
Ungewisse Kinder,
Weder Pferd noch Rinder,
Nimmer Brot im Sacke,
Nimmer Geld im Packe,
Haben mitgenommen,
Die vom Kriege kommen:
Wer denn hat die Beute?
Eitel fremde Leute.

Matthias Claudius

1. Vergleichen Sie die beiden Gedichte „Abgedankte Soldaten“ und „Kriegslied“ (▷ S. 237) im Hinblick auf ihre zentralen Aussagen.
2. Untersuchen Sie in Matthias Claudius' „Kriegslied“, was das lyrische Ich angesichts von Tod und Zerstörung empfindet. Worauf setzt es seine Hoffnung?

Ernst Stadler

Der Aufbruch (1913)

Einmal schon haben Fanfaren
mein ungeduldiges Herz blutig gerissen,
Dass es, aufsteigend wie ein Pferd,
sich wütend ins Gezäum verbissen.
Damals schlug Tambourmarsch[1]
den Sturm auf allen Wegen,
Und herrlichste Musik der Erde
hieß uns Kugelregen.
Dann, plötzlich, stand Leben stille.
Wege führten zwischen alten Bäumen.
Gemächer lockten.
Es war süß, zu weilen und sich versäumen,
Von Wirklichkeit den Leib
so wie von staubiger Rüstung zu entketten,
Wollüstig sich in Daunen
weicher Traumstunden einzubetten.
Aber eines Morgens
rollte durch Nebelluft das Echo von Signalen,
Hart, scharf, wie Schwerthieb pfeifend. Es war
wie wenn im Dunkel plötzlich Lichter aufstrahlen.
Es war wie wenn durch Biwakfrühe[2]
Trompetenstöße klirren,
Die Schlafenden aufspringen und die Zelte abschlagen
und die Pferde schirren.
ich war in Reihen eingeschient,
die in den Morgen stießen, Feuer über Helm und Bügel,
Vorwärts, in Blick und Blut die Schlacht,
mit vorgehaltnem Zügel.
Vielleicht würden uns
am Abend Siegesmärsche umstreichen,
Vielleicht lägen wir irgendwo ausgestreckt
unter Leichen.
Aber vor dem Erraffen
und vor dem Versinken
würden unsre Augen sich an Welt und Sonne satt
und glühend trinken.

Lyonel Feininger: Siegesrausch (1918)

1 **Tambour:** Trommel
2 **Biwak:** Nachtlager im Freien

1. a) Analysieren Sie Empfindungen und Gedanken des lyrischen Ichs in Stadlers Gedicht „Der Aufbruch“.
   b) Untersuchen Sie, welche Bilder, Metaphern und Vergleiche Stadler verwendet, und erläutern Sie die Funktion dieser sprachlichen Mittel für die Textaussage.

2. Vergleichen Sie die Aussagen von Stadlers „Der Aufbruch", Matthias Claudius' „Kriegslied" (▷ S. 237) und Hermann Hesses „Der alte Mann" (s. u.). Berücksichtigen Sie dabei den historischen Kontext der Gedichte.

Marie Luise Kaschnitz

Hiroshima (1951)

Der den Tod auf Hiroshima warf
Ging ins Kloster, läutet dort die Glocken.
Der den Tod auf Hiroshima warf
Sprang vom Stuhl in die Schlinge, erwürgte sich.
Der den Tod auf Hiroshima warf
Fiel in Wahnsinn, wehrt Gespenster ab
Hunderttausend, die ihn angehen nächtlich
Auferstandene aus Staub für ihn.

Nichts von alledem ist wahr.
Erst vor kurzem sah ich ihn
Im Garten seines Hauses vor der Stadt.
Die Hecken waren noch jung und die Rosenbüsche zierlich.
Das wächst nicht so schnell, daß sich einer verbergen könnte
Im Wald des Vergessens. Gut zu sehen war
Das nackte Vorstadthaus, die junge Frau
Die neben ihm stand im Blumenkleid
Das kleine Mädchen an ihrer Hand
Der Knabe der auf seinem Rücken saß
Und über seinem Kopf die Peitsche schwang.
Sehr gut erkennbar war er selbst
Vierbeinig auf dem Grasplatz, das Gesicht
Verzerrt von Lachen, weil der Photograph
Hinter der Hecke stand, das Auge der Welt. R

Hermann Hesse

Der alte Mann (1939)

Müßt ihr denn schon wieder kriegen?
Muß die Schale, die wir Alten
Hütend in den Händen halten,
Stürzen und ihr Wein versiegen?
Nun so ist der Sinn des Lebens
Wieder einmal Wahn geworden.
Gehet schießen, gehet morden!
Unser Mühen war vergebens. R

1. a) Informieren Sie sich darüber, welche qualitative Veränderung des Krieges dem Gedicht „Hiroshima" zu Grunde liegt.
   b) Untersuchen Sie, wie Marie Luise Kaschnitz den Aspekt der Schuld beurteilt.
2. Arbeiten Sie in den Gedichten dieses Abschnitts (▷ S. 237–239) vergleichend heraus:
   - Mögliche Ursachen des Krieges
   - Wer ist für den Krieg verantwortlich?
   - Welche Konsequenzen werden gefordert?
3. Sprechen Sie über Ihre eigenen Empfindungen beim Lesen dieser Gedichte.

WEITERE KRIEGSGEDICHTE FÜR EINEN VERGLEICH

- *Andreas Gryphius:* Thränen des Vaterlandes (▷ S. 256) – *Georg Trakl:* Grodek (▷ S. 360)
- *Georg Heym:* Der Krieg (▷ S. 359) – *August Stramm:* Sturmangriff (▷ S. 360)
- *Alfred Lichtenstein:* Punkt (▷ S. 360) – *Hermann Hesse:* Leb wohl, Frau Welt (▷ S. 380)

ANREGUNGEN ZUM KREATIVEN UMGANG MIT KRIEGSGEDICHTEN

1. Erstellen Sie zu einzelnen Gedichten dieses Abschnitts (▷ S. 237–239) aktualisierende Bildcollagen.
2. Verfassen Sie Paralleltexte, indem Sie zu einzelnen Gedichten unter Beibehaltung der Form thematische Varianten entwerfen. Sie können auch das Thema beibehalten und die Textsorte verändern, z. B. aus dem Gedicht einen Kurzprosatext machen.

III Epochen der deutschen Literatur

1 Mittelalter und Barock

In einem Überblick über die deutsche Literaturgeschichte den ausgedehnten Zeitraum vom 8. bis zum 18. Jahrhundert in einem Kapitel zusammenzufassen, ist sicherlich problematisch. Fällt doch in diese Zeit der Epochenumbruch vom Mittelalter zur Neuzeit mit seinen tief greifenden Veränderungen auf fast allen gesellschaftlichen Gebieten. Bei allem Wandel gibt es aber auch starke Kontinuitäten, die eine solche großräumige Zusammenfassung rechtfertigen:
Die **Feudalgesellschaft** bleibt unangefochten bestehen. Die politische Macht und die gesellschaftlichen Privilegien sind an den Adel gebunden. Die Landesherren, Fürsten und Könige, entstammen durchweg dem Adel, die Spitzen von Verwaltung, Militär und Geistlichkeit gehören ihm überwiegend an. Zwar ändert sich die ständisch verfasste politisch-gesellschaftliche Ordnung von der mittelalterlichen Lehnspyramide (s.u.) zum absolutistischen Fürstenstaat der Barockzeit dadurch, dass sich Bedeutung und Ansehen der einzelnen Stände verschieben (so verliert der Adel zum Beispiel seine ursprüngliche politische Souveränität: das Fehderecht), doch bleibt die Gesamtordnung, die als von Gott gegeben angesehen wird, erhalten.
Das **Christentum** bildet den Rahmen des geistigen Lebens und der gesamten Kultur. Auch der Alltag der Menschen wird in entscheidendem Maße bestimmt von der christlichen Religion. Das Familienleben, Sitte und Moral, das Bildungswesen, die Künste haben sich daran zu orientieren. An dem gemeinsamen christlichen Weltbild ändert auch die Reformation nichts grundlegend, obwohl damit die Einheit der christlichen Kirche aufgehoben ist.
Kunst und Literatur verstehen sich nicht als frei, sondern als dienstbar. Sie dienen zum allergrößten Teil einem außerhalb ihrer selbst liegenden **Zweck**, zum Beispiel religiöser Erbauung und Unterweisung, der Glorifizierung eines Herrschers oder Adelsgeschlechts oder der Idealisierung und Erziehung eines Standes. Mit dieser Abhängigkeit von einem Gebrauchszusammenhang ergibt sich, dass sich der Künstler in der Art und Weise seines Arbeitens, in der Ausführung seines Werks, an Vorgaben gebunden fühlt. Da es nicht um den Ausdruck seiner Individualität und Originalität geht, hält er sich an bewährte Muster. Der Wert eines Werks ergibt sich aus der gekonnten Handhabung der tradierten Formen. „Kunst" ist sprachlich von „Können" abgeleitet.

1.1 Mittelalter

1. Erläutern Sie mit Hilfe von Lexika und Geschichtsbüchern die so genannte Lehnspyramide und damit den Aufbau der Gesellschaft im 12. Jahrhundert.

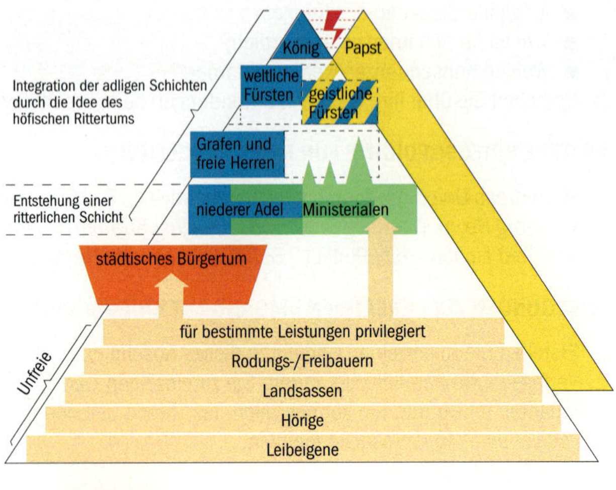

Gesellschaftsordnung im 12. Jahrhundert: die Lehnspyramide

2. Um das mittelalterliche Welt- und Menschenbild zu verstehen, muss man das so genannte **Ordo-Denken** des Mittelalters berücksichtigen. Dieses besagt, dass sich der Mensch in einer von Gott bestimmten, daher fest gefügten und eigentlich idealen „Ordnung“ befindet, der er sich entsprechend klaglos zu fügen hat. Arbeiten Sie aus folgenden Texten Begründungen, Auswirkungen und Probleme heraus und stellen Sie Ihre Ergebnisse in einer ▷ **Mind-Map** dar: ▷ S. 36

Augustinus

Vom Gottesstaat (413–426)

Der Friede also des Leibes ist der geordnete Zusammenhang der Teile, der Friede der vernunftlosen Seele die Ruhe der Triebe, der Friede zwischen dem sterblichen Menschen und Gott der im Glauben geordnete Gehorsam unter dem Gesetz, der Friede unter den Menschen die geordnete Eintracht, der Friede im Hause die im Befehlen und Gehorchen geordnete Eintracht der Bewohner, der Friede im Staat die im Befehlen und Gehorchen geordnete Eintracht der Bürger, der Friede des himmlischen Staates die wunderbar geordnete Eintracht der Gemeinschaft im Genuss Gottes und im wechselseitigen Genuss in Gott; der Friede aller Dinge aber ist die Ruhe der Ordnung. Ordnung aber ist die Verteilung gleicher und ungleicher Dinge, da jedes den ihm gemäßen Platz erhält.

Frauenlob (Heinrich von Meissen)

Die Dreiteilung der Gesellschaft (um 1300)

In drei Teile waren / von Anfang an die Leute eingeteilt, wie man lesen kann: / in Bauern, Ritter und Geistliche. / Jeder war für sich / gleich an Adel und Art / wie für den andern. Welche Aufgaben haben die Geistlichen? // Sie lehren gutes Benehmen, / Kunst, Weisheit, die Kraft der Tugend, / Friede, Demut und dazu Gottesfurcht, / sie unterweisen die Ritterschaft in ihren Pflichten. / Der Bauer hat sich das Recht bewahrt, / dass er den zwei anderen Nahrung schaffe mit Gewinn. // Nun, Geistlicher, werter Pfarrer, / lass ab von einer anderen Ordnung. / Du, stolzer Ritter, bemühe dich darum, / dass dir Ritterschaft lache, / und nimm nicht an ein anderes Leben. / Du, Bauer, sollst nicht höher streben, / das sage ich dir, um unangemessenen Ruhmes willen.

Die Literatur des Mittelalters im Überblick

Die Literatur des frühen und hohen Mittelalters (8.–13. Jahrhundert) lässt sich in zwei große Bereiche unterteilen: **geistliche** und **ritterlich-höfische Literatur**.
Die Abhängigkeit von einem Verwendungszusammenhang liegt für den breiten und weit verzweigten Strom der geistlichen Dichtung auf der Hand. In den Schreibstuben der Klöster entstand eine Literatur, die sich nur langsam, anfangs in vereinzelten Beispielen, vom Lateinischen löste und die Volkssprache, das so genannte Alt- bzw. Mittelhochdeutsche, verwendete. Sie wandte sich hauptsächlich an den Klerus, darüber hinaus auch an den kleinen Kreis gebildeter Laien, um die christliche Glaubenslehre zu vermitteln und zu festigen.
Im 12. Jahrhundert gewann eine im frühen Mittelalter noch kaum vorhandene weltliche Literatur immer größeren Raum und erlebte am Ende dieses Jahrhunderts eine erste Blütezeit. Ihr Gebrauchscharakter ist bei weitem nicht so offenkundig wie bei der geistlichen Literatur, erkennbar ist dieser Charakter indessen auch hier. Sie ist Gesellschaftskunst im Dienst eines Standes, nämlich des Ritteradels. Durch das Erlebnis der ersten Kreuzzüge hatte das Rittertum ein verstärktes Standesbewusstsein gewonnen und entwickelte das Ideal eines christlichen Dienstes voller Kampf und aktiv zu bestehender Gefahren (*vita activa*). Damit löste es sich von dem bis dahin kulturell dominierenden Klerus, der sich am Leitbild einer kontemplativen Lebensführung (*vita contemplativa*) orientierte. Vermittelt wurde das neue ritterlich-höfische Ideal durch die Darstellung vorbildlicher Verhaltensweisen in den Ritterepen (Ritterromane in gereimten Versen) dieser Zeit. Zentrale Bedeutung hatte in diesen Epen die ritterliche Standesehre. Die Inhalte entstammten hauptsächlich dem Sagenkreis um König Artus und seiner Tafelrunde.

Geistliche Literatur	**Ritterlich-höfische Literatur**
Formen: ■ Bibeltexte ■ Darstellungen des Lebens Jesu ■ Hymnen und Marienlieder ■ Legenden ■ Gebete	**Formen:** ■ Ritterepen und „Nibelungenlied" ■ Minnesang ■ politische Spruchdichtung
Autoren: Kleriker, hauptsächlich Mönche und vereinzelt auch Nonnen	**Autoren:** Mitglieder des hohen und niederen Adels, fahrende Sänger
Adressaten: die gesamte Geistlichkeit, gebildete Laien	**Adressaten:** die Gesellschaften auf Burgen und an Höfen, denen die Texte vorgetragen wurden (selbst lesen konnten nur der Klerus und eine kleine Minderheit gebildeter städtischer Patrizier und Mitglieder des Adels, hauptsächlich adlige Damen)
Sprache: Latein und zunehmend Deutsch	**Sprache:** Deutsch
Wirkungsabsicht: Festigung des christlichen Glaubens, Unterstützung bei der Gestaltung des Gottesdienstes, christliche Weltdeutung	**Wirkungsabsicht:** Unterhaltung der höfischen Gesellschaft, Vermittlung von Standesbewusstsein, Anleitung zu einem standesgemäßen Verhalten: Verfeinerung der ritterlichen Ethik und Lebensweise

Nur bedingt in diesen Zusammenhang gehört das „Nibelungenlied", das in der Form mit seinem anderen Versbau und seiner strophischen Gliederung, aber auch inhaltlich von den Artus-Epen abweicht. Der unbekannte Dichter hat seinen Stoff dem germanischen Sagenkreis der Völkerwanderungszeit entlehnt. Dabei hat er den Helden und ihren Handlungen eine ritterlich-höfische Prägung zu geben versucht, doch bleibt die düster-tragische Grundstimmung des Werkes mit seinen heroisch in den Untergang ziehenden Recken der germanischen Welt der Stoffvorlage verhaftet.

Wichtige Autoren und Werke
Hartmann von Aue (um 1160–nach 1210): Erec, Iwein (Versepen)
Walther von der Vogelweide (um 1170–um 1230): Minnelieder; politische Spruchdichtung
Wolfram von Eschenbach (um 1170–nach 1220): Parzival (Versepos)
Gottfried von Straßburg (12.–Anfang 13. Jh.): Tristan und Isolde (Versepos)
Nibelungenlied (anonymes Versepos)

1. Vergleichen Sie das Literaturverständnis des Mittelalters mit dem Literaturverständnis späterer Epochen, z. B. der Zeit um 1800 (▷ S. 284 f.), oder der heutigen Zeit.
2. Gehen Sie der Frage nach, warum die mittelalterliche Literatur, vor allem die weltliche, eine Literatur in Versen und Reimen ist, selbst in der Großform des Epos.

PROJEKTVORSCHLAG

■ Untersuchen Sie Umberto Ecos Roman „Der Name der Rose" und dessen Verfilmung im Hinblick auf die Darstellung der mittelalterlichen Welt.

- Fertigen Sie eine vergleichende Untersuchung zu folgenden mittelalterlichen Werken und ihrer Verarbeitung in der heutigen Fantasy-Literatur und im Spielfilm an:
  - Ein mittelalterlicher Roman aus der Artus-Welt (z. B. „Parzival“ auf CD-ROM) – *Marion Zimmer-Bradley:* Die Nebel von Avalon – Filme: Excalibur, Der letzte Ritter
  - Das Nibelungenlied – *Wolfgang Hohlbein:* Hagen von Tronje – Film: Die Nibelungen
- Überlegen Sie sich vor oder während Ihres Arbeitsprozesses eine wirksame Präsentation Ihrer Untersuchungsergebnisse in Wort, Bild und Ton.

Minnesang

Wie die **ritterliche Epik,** so war auch die **Lyrik des Minnesangs** adlige Gesellschaftsdichtung. Beide wurden im Rahmen des höfischen Festes den versammelten Damen und Herren vorgetragen und bestätigten den Anwesenden ihren Wert und ihre Bedeutung in der idealistisch überhöhten Darstellung von Standesmitgliedern und ihres vorbildlichen Verhaltens. Es handelte sich in dieser Literatur keineswegs um Abbilder realen Lebens; kein Ritter und keine adlige Frau entsprachen in ihrem konkreten Dasein den literarischen Helden und „hohen frouwen“. So muss man auch die komplizierte, manchmal gekünstelt wirkende Grundkonstellation des Minnesangs in seiner rein erzieherischen Funktion verstehen.
Der ritterliche Sänger wirbt um die Gunst einer Dame, von der er weiß und erwartet, dass sie sein Werben nicht erhört, da sie die Ehefrau eines hohen Herrn, oft seines Dienstherrn, ist. Die Unerfüllbarkeit seines Strebens treibt ihn zu immer neuen Steigerungen in seinen Liebesbekenntnissen und in der Anbetung der Schönheit seiner Auserwählten, zu deren Wert und Würde es aber eben gehört, zu ihm ein ausbalanciertes Verhältnis zwischen ermutigender Nähe und abweisender Distanz aufrechtzuerhalten. Die dadurch vermittelte Verfeinerung der Sitten für Mann und Frau trug zur Exklusivität des eigenen Standes in einem allgemein noch stark von der Erfüllung elementarer Lebensbedürfnisse geprägten Dasein bei.
Auch die Lieder, die sich von dem subtilen Liebeskonzept der so genannten „hohen Minne“ abwenden und der unkomplizierten Liebe einer „niederen Minne“ das Wort reden, bleiben an den höfischen Verwendungszusammenhang gebunden und stellen dort eine provokante, erfrischende Abwechslung dar, ohne in ihrer Intention etwas grundsätzlich anderes als Beitrag zur ritterlichen Selbstverständigung zu sein.

Der von Kürenberg

Ich zôch mir einen valken (um 1160)

Ich zôch mir einen valken mêre danne ein jâr.
dô ich in gezamete als ich in wolte hân
und ich im sîn gevidere mir golde wol bewant,
er huop sich ûf vil hôhe und floug in anderiu lant.

Sît sach ich den valken schône fliegen.
er fuorte an sînem fuoze sîdîne riemen,
und was im sîn gevidere alrôt guldîn.
got sende si zesamene die gerne geliep wellen sîn!

Ich zog mir einen Falken länger als ein Jahr.
Als ich ihn gezähmt hatte, so wie ich ihn haben wollte,
und ich ihm sein Gefieder mit goldenen Bändern umwand,
stieg er auf in die Höhe und flog in anderes Land.

Seitdem sah ich den Falken in seiner Schönheit fliegen.
Er führte an seinem Fuße seidene Riemen
und sein Gefieder glänzte ganz rot-gold.
Gott sende die zusammen, die sich gerne lieb haben wollen!

Große Heidelberger Liederhandschrift, um 1310–1340

Albrecht von Johansdorf

Ich vant âne huote (um 1200)

Ich vant âne huote
die vîl minneclichen eine stân.
Sa dô sprach diu guote,
waz welt îr so eine her gegân?
Frouwe, ez ist also geschehen.
Saget, war umbe sît îr her? des sult îr mir verjehen.

Mînen senden kumber
klage ich iu, vil liebe frouwe mîn.
Wê, waz saget îr tumber?
Ir mugt iuwer klage wol lâzen sîn.
Frouwe, ichn mac ir niht enbern.
So wil ich in tûsent jâren niemer iuch gewern.

Neina, küniginne!
daz mîn dienest so iht si verlorn!
Ir sît ane sinne,
daz îr bringet mich in solchen zorn.
Frouwe, iur haz tuot mîr den tot.
Wer hat iuch, vil lieber mân, betwungen ûf die nôt?

Daz hat iuwer schône,
die îr hat, vil minnecliches wîp.
Iuwer süezen dône
wolten krenken mînen stäten lîp.
Frouwe, niene welle got!
Werte ich iuch, des hetet îr êre, so wär mîn der spot.

Lât mich noch geniezen,
daz ich iu von herzen ie was holt.
Iuch mac wol verdrîzen,
daz ir iuwer wortel gegen mir bolt.
Dunkt iuch min rede niht guot?
Ja, hat sî beswäret dicke mînen stäten muot!

Ich bin ouch vîl stäte,
ob îr ruochet mîr der wârheit jehen.
Volget mîner räte,
lât die bete, diu niemer mac geschehen.
Sol ich also sîn gewert?
Got der wer iuch anderswa, des îr an mich da gert.

Sol mich dan mîn singen
und mîn dienest gegen iu niht vervân?
Iu sol wôl gelingen,
âne lôn sô sult ir niht bestan.
Wie meinet îr daz, frouwe guot?
Daz ir deste werder sît und da bî hochgemuot.

Ich fand ohne Aufsicht
die Angebetete ganz alleine.
Oh, rief diese da aus,
was wollt Ihr hier so alleine?
Herrin, es hat sich einfach so ergeben.
Sagt, warum seid Ihr hier? Gesteht mir das.

Meine ganze Sehnsucht
klag ich Euch, meine geliebte Herrin.
Ach, was redet Ihr da, Ungehobelter?
Ihr solltet Euer Klagen sein lassen.
Herrin, ich kann nicht ohne Euch sein.
In tausend Jahren werde ich Euch nicht nachgeben.

Oh, nein, Königin!
So vergeblich darf mein Dienst nicht gewesen sein!
Ihr seid von Sinnen,
dass Ihr mich so wütend macht.
Herrin, Eure Missachtung bringt mich noch um.
Wer hat Euch, mein Lieber, in diese Not gebracht?

Das war Eure Schönheit,
die Ihr besitzt, liebenswerte Frau.
Eure verführerischen Lieder
sollten mich schwach machen.
Herrin, bei Gott, das nicht!
Erhörte ich Euch, so hättet Ihr die Ehre, aber ich den Spo

Lasst mir wenigstens die Freude,
dass ich Euch immer von Herzen liebe.
Euch wird es noch leidtun,
dass Ihr Eure süßen Worte ständig an mich richtet.
Haltet Ihr meine Gedichte für nicht gut?
Doch, sie stellen meine Standhaftigkeit auf eine harte Pro

Ich bin auch sehr standhaft,
wenn Ihr mir erlaubt, die Wahrheit zu sagen.
Folgt meinem Rat,
und lasst das Werben, was niemals erhört werden wird.
Soll ich also auf diese Weise „erhört“ werden?
Gott erhöre Euch auf andere Weise, als Ihr es von mir verlan

Soll mir also mein Singen
und mein Dienst für Euch überhaupt nichts bringen?
Ihr sollt sehr wohl etwas davon haben,
Ganz ohne Lohn sollt Ihr nicht bleiben.
Wie meint Ihr das, beste Herrin?
Dass Ihr dabei desto mehr Würde entwickelt und dabei
edlen Frohsinn bewahrt.

Hartmann von Aue

Maniger grüezet mich alsô
(um 1180)

Maniger grüezet mich alsô
– der gruoz tuot mich ze mâze vrô –:
„Hartmann, gên wir schouwen
ritterlîche vrouwen.“
mac er mich mit gemache lân
und île er zuo den vrowen gân!
bî vrowen triuwe ich niht vervân,
wan daz ich müede vor in stân.

Ze vrowen habe ich einen sin:
als sî mir sint, als bin ich in;
wand ich mac baz vertrîben
die zît mit armen wîben.
swar ich kum, dâ ist ir vil,
dâ vinde ich die, diu mich dâ wil;
diu ist ouch mînes herzen spil.
waz touc mir ein ze hôhez zil?

In mîner tôrheit mir beschach,
daz ich zuo zeiner vrowen gesprach:
„vrowe, ich hân mîne sinne
gewant an iuwer minne.“
dô wart ich twerhes an gesehen.
des wil ich, des sî iu bejehen,
mir wîp in solher mâze spehen,
diu mir des niht enlânt beschehen.

Mancher begrüßt mich so –
und über diesen Gruß freue ich mich nur mäßig:
„Hartmann, auf, hofieren wir
die vornehmen Damen.“
Er soll mich in Ruhe lassen
und (alleine) zu den Damen eilen!
Bei Damen traue ich mir nichts zuwege zu bringen
als lustlos vor ihnen zu stehen.

Über die Damen habe ich folgende Meinung:
So wie sie zu mir sind, so bin ich zu ihnen.
Denn ich kann besser meine Zeit
mit Frauen verbringen, die nicht von Stand sind.
Wo ich auch hinkomme, da gibt es viele von ihnen,
und da finde ich diejenige, die auch mich will:
Die ist dann auch die Freude meines Herzens.
Was nützt mir ein zu hoch gestecktes Ziel?

In meiner Unerfahrenheit passierte es mir,
dass ich zu einer Dame sagte:
„Herrin, ich habe mein ganzes Sinnen
auf Eure Liebe gerichtet.“
Da wurde ich aber schief angesehen!
Darum will ich, das sei euch klar gesagt,
nach Frauen von solcher Art suchen,
die mich nicht auf diese Weise behandeln.

Walther von der Vogelweide

Under der linden (um 1200)

‚Under der linden
an der heide,
dâ unser zweier bette was,
Dâ mugt ir vinden
schône beide
gebrochen bluomen unde gras.
Vor dem walde in einem tal,
tandaradei,
schône sanc diu nahtegal.

Ich kam gegangen
zuo der ouwe:
dô was mîn friedel komen ê.
Dâ wart ich enpfangen,
hêre frouwe,
daz ich bin sælic iemer mê.
Kuste er mich? wol tûsentstunt:
tandaradei,
seht wie rôt mir ist der munt.

„Unter der Linde
auf der Heide,
wo unser beider Lager war,
da kann man sehn
liebevoll gebrochen
Blumen und Gras.
Vor dem Wald in einem Tal,
tandaradei,
sang schön die Nachtigall.

Ich kam gegangen
zu der Wiese,
da war mein Liebster schon vor mir gekommen.
Da wurde ich empfangen
– heilige Jungfrau! –,
dass es mich immer glücklich machen wird.
Ob er mich küsste? Wohl tausendmal,
tandaradei,
seht, wie rot mein Mund ist.

Dô het er gemachet
alsô rîche
von bluomen eine bettestat.
Des wirt noch gelachet
inneclîche,
kumt iemen an daz selbe pfat.
Bî den rôsen er wol mac,
tandaradei,
merken wâ mirz houbet lac.

Daz er bî mir læge,
wessez iemen
(nu enwelle got!), sô schamt ich mich.
Wes er mit mir pflæge,
niemer niemen
bevinde daz wan er und ich –
Und ein kleinez vogellîn,
tandaradei,
daz mac wol getriuwe sîn.‘

Da hatte er bereitet
in aller Pracht
von Blumen ein Lager.
Daran wird sich freuen
von Herzen,
wer daran vorübergeht.
An den Rosen kann er noch
– tandaradei –
sehen, wo mein Kopf lag.

Dass er bei mir lag,
wüsste es jemand
(da sei Gott vor!), so schämte ich mich.
Was er tat mit mir,
niemals soll jemand
das erfahren als er und als ich –
und die liebe Nachtigall,
tandaradei;
die wird gewiss verschwiegen sein.“

1. Untersuchen Sie die Minnelieder auf S. 243–246 unter folgenden Gesichtspunkten: das Frauenbild, das lyrische Ich und seine Befindlichkeit, das Verhältnis zwischen dem Liebenden und der Geliebten.
2. Das Falkenlied dessen von Kürenberg gilt als Beispiel für den frühen Minnesang, Albrecht von Johansdorf steht für den hohen Minnesang, während die Lieder Hartmanns von Aue und Walthers von der Vogelweide dem späten Minnesang zugerechnet werden. Weisen Sie eine Entwicklung in den Minneliedern nach, insbesondere im Hinblick auf die Stellung der Liebenden zueinander.
3. a) Schreiben Sie eines der Minnelieder in ein modernes Liebesgedicht um.
   b) Lesen Sie die Gedichte im Kurs vor und untersuchen Sie, worin die Hauptveränderungen liegen.
4. Stellen Sie in einer Übersicht die Bedeutungsentwicklung der Wörter „Weib“, „Frau“ und „Dame“ dar. Nehmen Sie dazu ein Nachschlagewerk, z. B. den „dtv-Atlas zur deutschen Sprache“, zu Hilfe.
5. Orientieren Sie sich in einer Sprachgeschichte über die Gesetzmäßigkeiten des sprachlichen Wandels vom Mittelhochdeutschen zum Neuhochdeutschen. Listen Sie die auffälligsten phonetischen, syntaktischen und semantischen Unterschiede zwischen dem Mittelhochdeutschen und dem heutigen Hochdeutsch auf.
6. ▷ S. 19 ff., 36 f. ▷ **Facharbeit/Referat:** Die kulturgeschichtliche Bedeutung des Minnesangs

Joachim Bumke: Höfische Kultur. Bd. 1 und 2., dtv. München 1986
Norbert Elias: Über den Prozess der Zivilisation. Bd. 2., Suhrkamp, Frankfurt/Main 1997

Politische Spruchdichtung

Neben dem Minnesang existiert um 1200 die so genannte **Spruchdichtung,** die – vor allem durch Walther von der Vogelweide geprägt – als eine aufschlussreiche literarische Quelle für gesellschaftliche, politische und religiöse Probleme der Zeit gilt. Neben dem gesprochenen Sprech-Spruch war wohl der lyrische Sang-Spruch sehr beliebt. Minnesänger konnten hier auf ihre persönliche Situation, zum Beispiel Abhängigkeit und wirtschaftliche Not, hinweisen oder durch ausgesprochenes Lob ihrer derzeitigen Herrn diese bewegen, ihnen gegenüber großzügig zu sein. Besonders interessant sind die politisch motivierten Lieder, die ein Licht auf die unruhige ▷ S. 241 Zeit um 1200 werfen: Walther sah die göttliche Ordnung, wie sie im ▷ Ordo-Gedanken des Mittelalters zum Ausdruck kommt, als bedroht an, da das Kaisertum in seinen Augen gefährdet war; zum einen durch den Streit zwischen den Adelsgeschlechtern der Staufer und Welfen, zum andern durch die Angriffe aus Rom, wo ein „zu junger“ Papst (Innozenz) römische Weltmachtansprüche aggressiv zum Ausdruck brachte. Das dualistische Geschichtsbild der Stauferzeit, das von der Spannung, aber vor allem vom Ausgleich zwischen Gottesreich (Papsttum) und Weltreich (Kaisertum) lebte, schien zu zerbrechen; Minnesänger dieser Zeit reagierten hierauf mit ethischen Ermahnungen, aber auch mit eindeutigen politischen Parteinahmen.

Walther von der Vogelweide (Große Heidelberger Liederhandschrift, um 1310–40)

Walther von der Vogelweide

Ich saz ûf eime steine (um 1200)

Ich saz ûf eime steine,
und dahte bein mit beine:
dar ûf satzt ich den ellenbogen:
ich hete in mîne hant gesmogen
daz kinne und ein mîn wange.
dô dâhte ich mir vil ange,
wie man zer welte solte leben:
deheinen rât kond ich gegeben,
wie man driu dinc erwurbe,
der keines niht verdurbe.
diu zwei sint êre und varnde guot,
daz dicke ein ander schaden tuot:
daz dritte ist gotes hulde,
der zweier übergulde.
die wolte ich gerne in einen schrîn.
jâ leider desn mac niht gesîn,
daz guot und weltlich êre
und gotes hulde mêre
zesamene in ein herze komen.
stîg unde wege sint in benomen:
untriuwe ist in der sâze,
gewalt vert ûf der strâze:
fride unde reht sint sêre wunt.
diu driu enhabent geleites niht,
  diu zwei enwerden ê gesunt.

Ich saß auf einem Stein
und schlug ein Bein über das andere.
Darauf stützte ich den Ellenbogen.
Ich hatte in meine Hand geschmiegt
das Kinn und meine eine Wange.
So erwog ich in aller Eindringlichkeit,
wie man auf dieser Welt zu leben habe.
Keinen Rat wusste ich zu geben,
wie man drei Dinge erwerben könne,
ohne dass eines von ihnen verloren ginge.
Zwei von ihnen sind Ehre und Besitz,
die einander oft Abbruch tun;
das Dritte ist die Gnade Gottes,
weit höher geltend als die beiden andern.
Die wünschte ich in ein Gefäß zu tun.
Aber zu unserm Leid kann das nicht sein,
dass Besitz und Ehre in der Welt
und dazu Gottes Gnade
zusammen in ein Herz kommen.
Weg und Steg ist ihnen verbaut,
Verrat lauert im Hinterhalt,
Gewalttat zieht auf der Straße,
Friede und Recht sind todwund:
bevor diese beiden nicht gesunden,
  haben die drei keine Sicherheit.

Walther von der Vogelweide

Ich hân mîn lêhen (um 1220)

Ich hân mîn lêhen, al die werlt, ich hân mîn lêhen.
nû entfürhte ich niht den hornunc an die zêhen,
und wil alle bœse hêrren dester minre flêhen.
Der edel künec, der milte künec hât mich berâten,
daz ich den sumer luft und in dem winter hitze hân.
mîn nâhgebûren dunke ich verre baz getân:
sie sehent mich niht mêr an in butzen wîs als sî wîlent tâten.
Ich bin ze lange arm gewesen ân mînen danc.
ich was sô voller scheltens daz mîn âtem stanc:
daz hât der künec gemachet reine, und dar zuo mînen sanc.

Ich hab mein Lehen, all die Welt, ich hab mein Lehen!
Nun fürchte ich nicht mehr den Februar an meinen Zehen
und ich brauche alle geizigen Herren nicht mehr anzuflehen.
Der edle König, der großzügige König hat mich versorgt,
dass ich im Sommer frische Luft und im Winter Wärme habe.
Meine Nachbarn schätzen mich jetzt sehr viel höher ein:
Sie sehen mich nicht mehr an wie eine Vogelscheuche wie bisher.
Ich bin zu lange arm gewesen ohne mein Verschulden.
Ich war so voller Bitterkeit, dass schon mein Atem stank:
Das hat der König bereinigt; auch mein Singen ist jetzt froh.

1. Bereiten Sie die beiden Sprüche Walthers für den Vortrag vor.
   a) Überlegen Sie, welche Rolle der Sprecher im Gedicht jeweils einnimmt.
   b) Versuchen Sie, Haltung und Intention des lyrischen Ichs durch die Sprechweise zum Ausdruck zu bringen.
   c) Beachten Sie die folgenden Ausspracheregeln: Nur Vokale mit Längenzeichen (ˆ) werden lang gesprochen, alle übrigen kurz. „iu“ entspricht heutigem „ü“, „ae“ heutigem „ä“, „oe“ heutigem „ö“. „ie“ wird als Diphthong (Doppellaut) gesprochen, also „i-e“ nacheinander; „z“ nach Vokal wie ein scharfes „s“, sonst wie heutiges „z“; „h“ vor Konsonanten wie heutiges „ch“.
2. a) Informieren Sie sich über die politischen Auseinandersetzungen zur Zeit Walthers von der Vogelweide.
   b) Arbeiten Sie das politische Weltbild Walthers aus seinem Spruch „Ich saz ûf eime steine“ heraus.
3. a) Informieren Sie sich über die soziale Situation des Minnesängers und erörtern Sie deren Konsequenzen für die politische Spruchdichtung.
   b) Welche Intention Walthers könnte dem Spruch „Ich hân mîn lêhen“ zugrunde liegen? Berücksichtigen Sie den folgenden Auszug aus der Interpretation Wolfgang Werths.

Wolfgang Werth

Hat er sein Lehen? (1997)

Ich hân mîn lêhen, al die werlt, ich hân mîn lêhen!
Beinahe achthundert Jahre ist es her, dass Walther dergestalt zum Spruch unter Friedrich anhob – und doch wirkt die (anno 1220?) in mittelhochdeutscher Zunge formulierte Zeile auf uns Angehörige einer fernen Nachwelt so unmittelbar, so aus übervollem Herzen hervorbrechend, als *hörten* wir, was wir lesen. […]

Gescholten, verhöhnt hat er die Herrscher, die ihm den Lohn für seine Dienste, eben das ersehnte und verdiente Lehen, schuldig geblieben waren: erst Philipp von Schwaben, dann den hochgewachsenen Kaiser Otto IV., dessen Länge eben gerade nicht das Maß seiner Großzügigkeit bestimmte. Sogar dem Musenfreund Friedrich II. hatte erst einmal klar gemacht werden müssen, dass einem Dichter, sei er auch noch so reich mit Talenten ausgestattet, der Gesang missrät, wenn er von seinem Herrn nicht mit irdischem Gut und Vorrat versehen wird. Aber nun ist alles gut, der edle, der milde König hat seinen Walther ja *berâten* und damit auch dessen Atem und Gesang gereinigt. Hat er?

Was für ein Lehen war das denn eigentlich? Ein Gut (in Würzburg?)? Eine Summe Geldes? Ein Adelsbrief, der den Empfänger aus dem Staub erhob und „in Stand“ setzte? Merkwürdig – Walther, der sonst in eigener Sache so Mitteilsame, wird da überhaupt nicht konkret. Nennt keinen Flurnamen, keine Summe, kein Datum. Auch die Archive schweigen. Dieses Dichters Erdenwallen ist nur durch ein einziges Dokument aktenkundig, den Zahlungsbeleg vom 12. November 1203: Fünf Schillinge hatte der Bischof von Passau, Wolfger von Ellenbrechtskirchen, ausgeworfen, damit sich der fahrende Sänger einen Pelzmantel kaufen konnte (woraus geschlossen wird, dass Walther von Hause aus „was Besseres“ war; einen „niederen“ Spielmann würde kein Geistlicher derart bekleidet haben). Gäbe es nicht dieses im Archäologischen Museum von Cividale del Friuli verwahrte Dokument – so gäbe es Walther für uns „nur“ in seinen poetischen Selbstaussagen. Aber bekanntlich sind Dichtung und Wahrheit nicht allemal dasselbe. [...]

Wer weiß, ob der Dichter nicht seinen sehnlichsten Wunsch zum Vater des Gedichts gemacht hat, indem der das längst Verdiente als endlich Erreichtes begrüßt, obwohl oder gerade weil es ihm realiter abermals verweigert worden ist? So authentisch sein Jubel wirkt: Er muss nicht „echt“, er könnte absichtsvoll fingiert sein. Dann wären die Worte des Lobs und Danks, die Friedrich II. gelten, beißende, den Kaiser beschämende Ironie.

Heute, fast achthundert Jahre danach, muss darüber nicht gerätselt werden. Ob poetisch realisierte Wunschvorstellung, satirische Kaiserschelte oder doch aufrichtiger Dankspruch: der Text, der die Umstände seiner Entstehung überdauert hat, erlaubt jede Lesart, der er selbst nicht widerspricht. Auch das spricht für seine poetische Kraft.

1.2 Barock (um 1600–1720)

Die Literatur zu Beginn der Neuzeit

Der Epochenumbruch vom Mittelalter zur Neuzeit

Mittelalter	*um 1500* → *Neuzeit*
Politische Verfassung Deutschlands: *Das Heilige Römische Reich Deutscher Nation als große Lehnspyramide mit dem Kaiser an der Spitze*	*Zerfall des Reiches in verschiedene Fürstentümer, die in der Barockzeit absolutistisch regiert werden*
Wirtschaft: *überwiegend Naturalwirtschaft*	*Geldwirtschaft und Frühkapitalismus*
Militär: *Ritter mit Schild und Lanze*	*Landsknechte (Söldner) mit Feuerwaffen*
Justiz: *germanisches Landrecht, Gewohnheitsrecht*	*römisches Recht, kodifiziertes Recht*
Religion: *Einheit der röm.-kath. Kirche*	*Religionsspaltung durch Reformation und Glaubenskriege*
Weltbild: *geozentrisch*	*kopernikanisch*

1. Ergänzen Sie mit Hilfe von Lexika und Geschichtsbüchern die Liste der Veränderungen vom Mittelalter zur Neuzeit (▷ S. 249).
2. Arbeiten Sie Kurzreferate zu den einzelnen Sparten der Veränderung aus. Fassen Sie Ihre Ergebnisse optisch ansprechend auf einem Plakat zusammen und gestalten Sie mit den gesammelten Plakaten eine Wandzeitung zum Thema „Epochenumbruch Mittelalter – Neuzeit".

So bedeutsam die Zeit des Epochenumbruchs auf nahezu allen Gebieten war, literarische Meisterwerke brachte sie in Deutschland mit wenigen Ausnahmen nicht hervor. Eine herausragende Bedeutung und Langzeitwirkung hatte die Bibelübersetzung MARTIN LUTHERS (1483–1546). Sie fand durch das neuartige Buchdruckverfahren des JOHANN GUTENBERG (1397–1468) rasch eine weite Verbreitung und trug damit wesentlich zur Durchsetzung einer einheitlichen deutschen Literatursprache gegenüber dem bis dahin immer noch tonangebende Latein bei.
Neben diesem Werk verblasst fast die gesamte literarische Produktion, die vielen Streit- und Flugschriften, Pamphlete, Satiren und Lehrdichtungen, welche die Kämpfe und Umwälzungen dieser bewegten Zeit begleiteten. Auch die Unterhaltungsliteratur, Schwanksammlungen und Volksbücher, gewann kaum Interesse und Anerkennung bei späteren Generationen. Nur die Schwanksammlung vom Eulenspiegel und das Volksbuch vom Doktor Faust fanden Eingang in den Kanon der auch später noch für lesenswert gehaltenen Werke.

Gottes wort bleibt ewig.
Biblia/das ist/ die gantze Heilige Schrifft Deudsch.
Mart. Luth.
Wittemberg.
Begnadet mit Kürfurstlicher zu Sachsen freiheit.
Gedruckt durch Hans Lufft.
M. D. XXXIIII.

Titelblatt von Luthers Bibelübersetzung

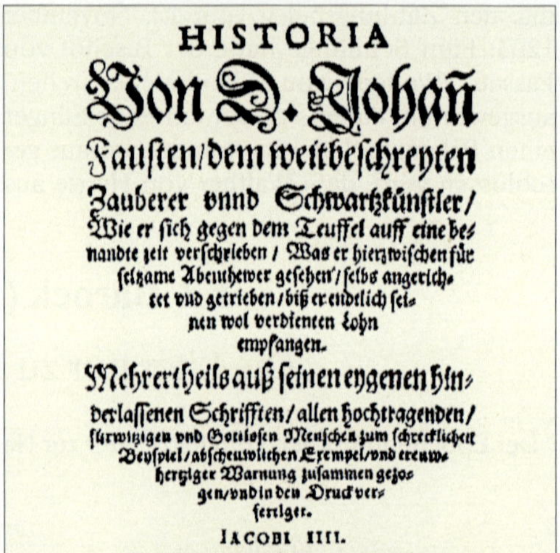
HISTORIA
Von D. Johañ Fausten/dem weitbeschreyten Zauberer vnnd Schwartzkünstler/
Wie er sich gegen dem Teuffel auff eine benandte zeit verschrieben / Was er hierzwischen für seltzame Abentheuwer gesehen/ selbs angerichtet vnd getrieben/ biß er endtlich seinen wol verdienten Lohn empfangen.
Mehrertheils auß seinen eygenen hinderlassenen Schrifften/ allen hochtragenden/ fürwitzigen vnd Gottlosen Menschen zum schrecklichen Beyspiel/ abscheuwlichen Exempel/ vnd treuwhertziger Warnung zusammen gezogen/ vnd in den Druck verfertiget.
IACOBI IIII.
Seyt Gott vnterthänig/ widerstehet dem Teuffel/ so fleuhet er von euch.
CVM GRATIA ET PRIVILEGIO.
Gedruckt zu Franckfurt am Mayn/ durch Johann Spies.
M. D. LXXXVIII.

Titelblatt des Volksbuchs vom Doktor Faust

3. Entziffern Sie das Titelblatt des Volksbuchs vom Doktor Faust und erläutern Sie, welche Literaturauffassung in der Erklärung zur Entstehung und Intention dieses Textes erkennbar wird, der nach heutigem Verständnis ein fiktionaler Text ist.

Carpe diem und Memento mori: Schlüsselmotive der Barockdichtung

Martin Opitz

Carpe diem[1] (1624)

Ich empfinde fast ein Grauen,
dass ich, Plato[2], für und für
bin gesessen über dir.
Es ist Zeit hinauszuschauen
und sich bei den frischen Quellen
in dem Grünen zu ergehn,
wo die schönen Blumen stehn
und die Fischer Netze stellen!

Wozu dienet das Studieren
als zu lauter Ungemach!
Unterdessen läuft die Bach
unsers Lebens, das wir führen,
ehe wir es inne werden,
auf ihr letztes Ende hin:
dann kömmt ohne Geist und Sinn
dieses alles in die Erden.

Holla, Junger, geh und frage,
wo der beste Trunk mag sein,
nimm den Krug und fülle Wein!
Alles Trauren, Leid und Klage,
wie wir Menschen täglich haben,
eh uns Clotho[3] fortgerafft,
will ich in den süßen Saft,
den die Traube gibt, vergraben.

Kaufe gleichfalls auch Melonen
und vergiss des Zuckers nicht,
schaue nur, dass nichts gebricht!
Jener mag der Heller schonen,
der bei seinem Gold und Schätzen
tolle sich zu kränken pflegt
und nicht satt zu Bette legt;
ich will, weil ich kann, mich letzen!

Bitte meine guten Brüder
auf die Musik und ein Glas!
Kein Ding schickt sich, dünkt mich, bass[4]
als gut Trank und gute Lieder.
Lass ich gleich nicht viel zu erben,
ei, so hab ich edlen Wein!
Will mit andern lustig sein,
muss ich gleich alleine sterben.

1 **Carpe diem** (lat.): Genieße, nütze den Tag
2 **Plato** (427–347 v. Chr.): Philosoph der griech. Antike
3 **Clotho:** griech. Schicksalsgöttin, die den Lebensfaden spinnt
4 **bass:** besser

Paul Fleming

Wie er wolle geküsset sein (1642)

Nirgends hin als auf den Mund,
Da sinkts in des Herzen Grund.
Nicht zu frei, nicht zu gezwungen,
Nicht mit gar zu fauler Zungen.

Nicht zu wenig, nicht zu viel,
Beides wird sonst Kinderspiel.
Nicht zu laut und nicht zu leise,
Bei der Maß ist rechte Weise.

Nicht zu nahe, nicht zu weit;
Dies macht Kummer, jenes Leid,
Nicht zu trucken, nicht zu feuchte,
Wie Adonis[1] Venus reichte.

Nicht zu harte, nicht zu weich,
Bald zugleich, bald nicht zugleich.
Nicht zu langsam, nicht zu schnelle,
Nicht ohn Unterscheid der Stelle.

Halb gebissen, halb gehaucht,
Halb die Lippen eingetaucht.
Nicht ohn Unterscheid der Zeiten,
Mehr alleine, denn bei Leuten.

Küsse nun ein jedermann,
Wie er weiß, will, soll und kann!
Ich nur und die Liebste wissen,
Wie wir uns recht sollen küssen.

1 **Adonis:** in der griechischen Sage jugendlicher Geliebter der Venus

Christian Hofmann von Hofmannswaldau

Vergänglichkeit der schönheit (1695)

Es wird der bleiche tod mit seiner kalten hand
Dir endlich mit der zeit umb deine brüste streichen /
Der liebliche corall der lippen wird verbleichen;
Der schultern warmer schnee wird werden kalter sand /

Der augen süsser blitz / die kräffte deiner hand /
Für welchen solches fällt / die werden zeitlich weichen /
Das haar / das itztund kan des goldes glantz erreichen /
Tilgt endlich tag und jahr als ein gemeines band.

Der wohlgesetzte fuß / die lieblichen gebärden /
Die werden theils zu staub / theils nicht und nichtig werden /
Denn opfert keiner mehr der gottheit deiner pracht.

Diß und noch mehr als diß muß endlich untergehen /
Dein hertze kan allein zu aller zeit bestehen /
Dieweil es die natur aus diamant gemacht.

Hans Baldung, genannt Grien: „Die drei Lebensalter des Weibes und der Tod" (um 1510)

Christian Hofmann von Hofmannswaldau

Die Welt (1679)

Was ist die Welt und ihr berühmtes Glänzen?
Was ist die Welt und ihre ganze Pracht?
Ein schnöder Schein in kurz gefassten Grenzen,
Ein schneller Blitz bei schwarz gewölkter Nacht.
Ein buntes Feld, da Kummerdisteln grünen,
Ein schön Spital, so voller Krankheit steckt,
Ein Sklavenhaus, da alle Menschen dienen,
Ein faules Grab, so Alabaster deckt.
Das ist der Grund, darauf wir Menschen bauen
Und was das Fleisch für einen Abgott hält.
Komm, Seele, komm und lerne weiter schauen,
Als sich erstreckt der Zirkel dieser Welt!
Streich ab von dir derselben kurzes Prangen,
Halt ihre Lust für eine schwere Last:
So wirst du leicht in diesen Port gelangen,
Da Ewigkeit und Schönheit sich umfasst.

Theodor Kornfeld

Ein Sand=Uhr (1686)

Die Zeit vergehet /
Und bald entſtehet
Der Rechnungs=Tag
Von aller Sach;
Sey fromm /
Und kom.

Der Sand verſincket /
Uns damit wincket /
Wir ſollen fort
Zum andern Orth /
Gott uns leite /
und bereite!

Das du in letzter Stund kanſt gute Rechnung machen

Miß alle Stunde woll / und richte deine Sachen;

Andreas Gryphius

Es ist alles eitel (1636)

Du siehst, wohin du siehst, nur Eitelkeit auf Erden.
Was dieser heute baut, reißt jener morgen ein:
Wo jetzund Städte stehn, wird eine Wiese sein,
Auf der ein Schäferskind wird spielen mit den Herden;

Was jetzund prächtig blüht, soll bald zertreten werden;
Was jetzt so pocht und trotzt, ist morgen Asch und Bein;
Nichts ist, das ewig sei, kein Erz, kein Marmorstein.
Jetzt lacht das Glück uns an, bald donnern die Beschwerden.

Der hohen Taten Ruhm muss wie ein Traum vergehn:
Soll denn das Spiel der Zeit, der leichte Mensch, bestehn?
Ach, was ist alles dies, was wir für köstlich achten,

Als schlechte Nichtigkeit, als Schatten, Staub und Wind,
Als eine Wiesenblum, die man nicht wiederfindt!
Noch will, was ewig ist, kein einzig Mensch betrachten.

1. Setzen Sie das Bild von Hans Baldung sowie die Gedichte auf S. 251–253 in Beziehung zueinander: Finden Sie Gemeinsamkeiten und/oder Widersprüche in der Auffassung von der Welt und dem Leben?
2. a) Untersuchen Sie anknüpfend an Beobachtungen zur Verwendung von Ausrufe- und Fragezeichen den Tonfall, den Sprachgestus und die rhetorisch-formale Gestaltung der Gedichte.
   b) Beschreiben Sie situative Kontexte, die Sie den Gedichten zuordnen könnten.
3. a) Tragen Sie aus Lyrikanthologien Gedichte zum „Carpe-diem"-Motiv und zum Motiv des „Memento mori" (bedenke, dass du sterben musst) bzw. der „Vanitas" (Nichtigkeit alles Irdischen) zusammen.
   b) Suchen Sie sich aus der in Ihrer Klasse erstellten Sammlung zwei Gedichte aus und referieren Sie über die inhaltliche und formale Ausgestaltung der oben genannten Motive.
4. Schreiben Sie zu Hofmannswaldaus Gedicht „Die Welt" ein Gegengedicht, in dem Sie Ihre Antwort auf die Eingangsfrage „Was ist die Welt ...?" formulieren. Sammeln Sie dazu in einem ersten Arbeitsschritt Bilder nach demselben Aufbauprinzip, wie Sie es in den Versen 3–8 vorfinden.

Der Dreißigjährige Krieg in der Barockliteratur

Hans Jakob Christoffel von Grimmelshausen

Der Abenteuerliche Simplicissimus Teutsch (1669)

Prägende Wirkung auf das Weltverständnis in der Barockzeit hatte der Dreißigjährige Krieg (1618–1648). Dieser Krieg steht im Zentrum von Grimmelshausens „Abenteuerlichem Simplicissimus", des bedeutendsten Romans der Zeit. In 5 Büchern wird der überaus abwechslungsreiche Lebensweg des Helden erzählt. Das erste Buch handelt von seiner Vertreibung als 10-Jähriger vom Bauernhof der Eltern durch einen Trupp marodierender Soldaten und dem anschließenden Aufenthalt bei einem Einsiedler. Dieser gibt ihm den Namen „Simplex" (der Einfältige). Die Bücher 2 bis 4 schildern die abenteuerlichen Erlebnisse des Helden als Narr, Soldat, Kavalier, Quacksalber und Pilger. Im 5. Buch schließlich beendet Simplex seine Weltfahrt, nachdem er erfahren hat, dass der Eremit, ein adliger Herr, sein wirklicher Vater war; er wird nun selbst zum Einsiedler.

Simplicii Residenz wird erobert, geplündert und zerstört, darin die Krieger jämmerlich hausen

Wiewohl ich nicht bin gesinnet gewesen, den friedliebenden Leser mit diesen Reutern in meines Knans[1] Haus und Hof zu führen, weil es schlimm genug darin hergehen wird: So erfordert jedoch die Folge meiner Histori, dass ich der lieben Posterität[2] hinterlasse, was für Grausamkeiten in diesem unserm Teutschen Krieg hin und wieder verübet worden, zumalen mit meinem eigenen Exempel zu bezeugen, dass alle solche Übel von der Güte des Allerhöchsten, zu unserm Nutz, oft notwendig haben verhängt werden müssen: Denn lieber Leser, wer hätte mir gesagt, dass ein Gott im Himmel wäre, wenn keine Krieger meines Knans Haus zernichtet, und mich durch solche Fahung[3] unter die Leut gezwungen hätten, von denen ich genugsamen Bericht empfangen? Kurz zuvor konnte ich nichts anderes wissen noch mir einbilden, als dass mein Knan, Meuder, ich und das übrige Hausgesind allein auf Erden sei, weil mir sonst kein Mensch noch einzige andere menschliche Wohnung bekannt war, als diejenige, darin ich täglich aus- und einging: Aber bald hernach erfuhr ich die Herkunft der Menschen in diese Welt und dass sie wieder daraus müssten; ich war nur mit der Gestalt ein Mensch und mit dem Namen ein Christenkind, im Übrigen aber nur eine Bestia! Aber der Allerhöchste sah meine Unschuld mit barmherzigen Augen an und wollte mich beides zu seiner und meiner Erkenntnis bringen: Und wiewohl er tausenderlei Weg hierzu hatte, wollte er sich doch ohn Zweifel nur desjenigen bedienen, in welchem mein Knan und Meuder, andern zum Exempel, wegen ihrer liederlichen Auferziehung gestraft würden.

1 **Knan:** Vater
2 **Posterität:** Nachwelt
3 **Fahung:** Gefangennahme

Das Erste, das diese Reuter taten, war, dass sie ihre Pferd einstelleten, hernach hatte jeglicher seine sonderbare Arbeit zu verrichten, deren jede lauter Untergang und Verderben anzeigte, denn obzwar etliche anfingen zu metzgen, zu sieden und zu braten, dass es sah, als sollte ein lustig Bankett gehalten werden, so waren hingegen andere, die durchstürmten das Haus unten und oben, ja das heimlich Gemach war nicht sicher, gleichsam ob wäre das gülden Fell von Kolchis[4] darinnen verborgen; andere machten von Tuch, Kleidungen und allerlei Hausrat große Päck zusammen, als ob sie irgends ein Krempelmarkt anrichten wollten, was sie aber nicht mitzunehmen gedachten, wurde zerschlagen, etliche durchstachen Heu und Stroh mit ihren Degen, als ob sie nicht Schaf und Schwein genug zu stechen gehabt hätten, etliche schütteten die Federn aus den Betten, und fülleten hingegen Speck, andere dürr Fleisch und sonst Gerät hinein, als ob alsdann besser darauf zu schlafen gewesen wäre; andere schlugen Ofen und Fenster ein, gleichsam als hätten sie ein ewigen Sommer zu verkündigen, Kupfer und Zinnengeschirr schlugen sie zusammen, und packten die gebogenen und verderbten Stück ein, Bettladen, Tisch, Stühl und Bänk verbrannten sie, da doch viel Klafter dürr Holz im Hof lag, Hafen[5] und Schüsseln musste endlich alles entzwei, entweder weil sie lieber Gebraten aßen, oder weil sie bedacht waren, nur ein einzige Mahlzeit allda zu halten; unser Magd ward im Stall dermaßen traktiert, dass sie nicht mehr daraus gehen konnte, welches zwar eine Schand ist zu melden! den Knecht legten sie gebunden auf die Erd, stecketen ihm ein Sperrholz ins Maul, und schütteten ihm einen Melkkübel voll garstig Mistlachenwasser in Leib, das nannten sie ein Schwedischen Trunk, wodurch sie ihn zwangen, eine Partei[6] anderwärts zu führen, allda sie Menschen und Vieh hinwegnahmen, und in unsern Hof brachten, unter welchen mein Knan, mein Meuder und unser Ursele auch waren. Da fing man erst an, die Stein[7] von den Pistolen, und hingegen an deren Statt der Bauren Daumen aufzuschrauben, und die armen Schelmen so zu foltern, als wenn man hätt Hexen brennen wollen, maßen sie auch einen von den gefangenen Bauren bereits in Backofen steckten und mit Feuer hinter ihm her waren, ohnangesehen er noch nichts bekannt hatte; einem andern machten sie ein Seil um den Kopf, und reitelten[8] es mit einem Bengel[9] zusammen, dass ihm das Blut zu Mund, Nas und Ohren heraussprang. In summa, es hatte jeder seine eigene Invention, die Bauren zu peinigen, und also auch jeder Bauer seine sonderbare Marter: Allein mein Knan war meinem damaligen Bedünken nach der Glückseligste, weil er mit lachendem Mund bekannte, was andere mit Schmerzen und jämmerlicher Weheklag sagen mussten, und solche Ehre widerfuhr ihm ohne Zweifel darum, weil er der Hausvater war, denn sie setzten ihn zu einem Feuer, banden ihn, dass er weder Händ noch Füß regen konnte, und rieben seine Fußsohlen mit angefeuchtem Salz, welches ihm unser alte Geiß wieder ablecken und dadurch also kitzeln musste, dass er vor Lachen hätte zerbersten mögen; das kam so artlich, dass ich Gesellschaft halber, oder weil ichs nicht besser verstund, von Herzen mitlachen musste: In solchem Gelächter bekannte er seine Schuldigkeit und öffnet' den verborgenen Schatz, welcher von Gold, Perlen und Kleinodien viel reicher war, als man hinter Bauren hätte suchen mögen. Von den gefangenen Weibern, Mägden und Töchtern weiß ich sonderlich nichts zu sagen, weil mich die Krieger nicht zusehen ließen, wie sie mit ihnen umgingen: Das weiß ich noch wohl, dass man teils hin und wider in den Winkeln erbärmlich schreien hörte, schätze wohl, es sei meiner Meuder und unserm Ursele nit besser gangen als den andern. Mitten in diesem Elend wendet' ich Braten und half Nachmittag die Pferd tränken, durch welches Mittel ich zu unserer Magd in Stall kam, welche wunderwerklich zerstrobelt aussah, ich kannte sie nicht, sie aber sprang zu mir mit kränklicher Stimm: „O Bub lauf weg, sonst werden dich die Reuter mitnehmen, guck dass du davonkommst, du siehest wohl, wie es so übel“: mehrers konnte sie nicht sagen.

4 **gülden Fell von Kolchis:** das Goldene Vlies, das in der griech. Sage die Argonauten aus Kolchis holen
5 **Hafen:** Behälter, Töpfe
6 **Partei:** Gruppe
7 **Steine:** Feuersteine

8 **reiteln:** drehen
9 **Bengel:** Stock

▷ S. 169 ff.
1. Beschreiben Sie möglichst genau die ▷ **Erzählweise** im Auszug aus dem „Simplicissimus" (▷ S. 254 f.): An welcher Stelle wechseln Erzählverhalten und Erzählstandort und welche Wirkung hat das auf den Leser?
2. Diskutieren Sie die Einstellung zum Krieg, die in der Reflexion des Geschehens zu Beginn des Textes (▷ Z. 1–37) und in der Darstellung des Überfalls deutlich wird.
3. Schreiben Sie die Darstellung des Überfalls durch Simplex in einen dokumentarischen Bericht um, der als Beitrag zu einem Geschichtsbuch über den Dreißigjährigen Krieg dienen könnte.

Andreas Gryphius

Thraͤnen des Vaterlandes/Anno 1636

WIr sind doch nunmehr gantz / ja mehr denn gantz verheeret!
Der frechen Voͤlcker Schaar / die rasende Posaun
Das vom Blutt fette Schwerdt / die donnernde Carthaun[1]/
Hat aller Schweiß / und Fleiß / und Vorrath auffgezehret.

Die Tuͤrme stehn in Glutt / die Kirch ist umgekehret.
Das Rathauß ligt im Grauß[2]/ die Starcken sind zerhaun /
Die Jungfern sind geschaͤnd't / und wo wir hin nur schaun
Ist Feuer / Pest / und Tod / der Hertz und Geist durchfaͤhret.

Hir durch die Schantz[3] und Stadt / rinnt allzeit frisches Blutt.
Dreymal sind schon sechs Jahr / als unser Stroͤme Flutt /
Von Leichen fast verstopfft / sich langsam fort gedrungen.

Doch schweig ich noch von dem / was aͤrger als der Tod /
Was grimmer denn die Pest / und Glutt und Hungersnoth /
Das auch der Seelen Schatz / so vilen abgezwungen.

1 **Carthaun:** schweres Geschütz
2 **Grauß:** Staub
3 **Schantz:** Verschanzung, Wehrbau

1. a) Beschreiben Sie, welches Bild vom Krieg in dem Gedicht von Gryphius gezeichnet wird, welche Rolle das lyrische Ich einnimmt und worin es die schlimmsten Folgen des Krieges sieht.
   b) Vergleichen Sie diese Darstellung des Krieges mit der in dem Auszug aus dem „Simplicissimus".

▷ S. 220 ff.
2. Fertigen Sie eine genaue Beschreibung der ▷ **Form des Gedichts** an, setzen Sie Form und Inhalt in Beziehung zueinander und reflektieren Sie die Bedeutung der Form für die Gesamtaussage des Gedichts.
3. a) Übertragen Sie das Gedicht Zeile für Zeile in einen Prosatext in heutigem Deutsch.
   b) Welche sprachlichen Entdeckungen können Sie dabei machen?

FÄCHERVERBINDENDER PROJEKTVORSCHLAG

Erarbeiten Sie eine multimediale Präsentation der Barockzeit:

- Suchen Sie Beispiele barocker Architektur in Ihrer Umgebung auf, drehen Sie dort einen Videofilm oder fertigen Sie Dias an.
- Bauen Sie in Ihren Videofilm oder Ihre Dia-Serie Aufnahmen von Gemälden und anderen Beispielen bildender Kunst ein.
- Sammeln Sie Texte aus der barocken Literatur, die zu den Bildern passen oder auch im Kontrast dazu stehen.
- Nehmen Sie auf Kassette Beispiele barocker Musik auf.
- Vereinigen Sie das gesamte Material zu einer Ton-Text-Klang-Collage und stellen Sie in einem Kommentar dar, inwiefern Sie in Ihrer Collage den Geist der Epoche eingefangen haben.

Epochenüberblick: Barock (um 1600–1720)

In Italien und anderen westeuropäischen Ländern entstanden während der so genannten **Renaissance** (14.–16. Jh.) unter Anknüpfung an die klassische Antike stilbildende Meisterwerke in allen Künsten. Im Gegensatz dazu entwickelte sich in Deutschland erst ein Jahrhundert später eine Hochliteratur europäischen Ranges. Ausgerechnet im Zeitalter des **Dreißigjährigen Krieges** (1618–1648), eines der fürchterlichsten Kriege, die je in Mitteleuropa ausgetragen wurden, fand die deutsche Literatur Anschluss an den Standard der Nachbarländer.
Zentren der kulturellen Entwicklung waren einmal die **Städte** mit ihren Schulen und Universitäten, vor allem aber die **Höfe** der vielen zur vollen Souveränität gelangten Territorialfürsten, die ihre Herrschaft im Sinne des Absolutismus (Vorbild: „Sonnenkönig" Ludwig XIV. in Frankreich) ausbauten. In diesen beiden Zentren fand sich die Gesellschaft, in der und für die von den barocken Dichtern geschrieben wurde; immer noch waren es fast ausschließlich Dichter und nur wenige Dichterinnen.
Um die Leistung der barocken Dichtergenerationen zu würdigen, muss man auf die Entfaltung und Verfeinerung der neuhochdeutschen Literatursprache und die Entwicklung der meisten bis heute wichtigen literarischen Gattungen und Formen hinweisen. In einer Reihe von Poetiken wie dem „Buch von der deutschen Poeterey" (1624) des MARTIN OPITZ wurden diese Gattungen und Formen normativ festgelegt und in rezeptartigen Anweisungen wurde beschrieben, wie Dichtung herzustellen sei.
Nur bestimmte Stoffe und Themen galten als literaturwürdig und wurden immer wieder bearbeitet: das Schicksal christlicher Märtyrer, die Taten antiker und ritterlicher Helden, das Herrscherlob, ländliche Idyllen und Schäferspiele, Frauenpreis und Liebe, die Aufforderung zum Lebensgenuss (Carpe diem) sowie die Ermahnung, des Todes und der Nichtigkeit alles Irdischen zu gedenken (Memento mori und Vanitas). Die Aufgabe des Poeten bestand darin, diese Inhalte in ein möglichst brillantes, den Kunstverstand des Publikums ansprechendes sprachlich-rhetorisches Gewand zu kleiden.
Solch ein Verständnis der Poesie als geschmackvolle Einkleidung von Inhalten barg die Gefahr, die Ausschmückung in Wortspiel, Metaphorik und Rhetorik immer weiter zu steigern, zumal die „Gewänder" in ihren Grundformen, d. h. die Genres und Gattungen, ja festgelegt waren. So ist zu einem Teil der barocke „Schwulst" zu erklären, der uns heute als typisch für die Zeit erscheint.
Neben der repräsentativen Auftrags- und Gesellschaftskunst im Umkreis der Residenzen, produziert von gebildeten Adligen und Bürgern, die direkt als Hofpoeten angestellt waren oder als Verwaltungsbeamte und Gelehrte in ihren Mußestunden schrieben, gab es auch eine von den niederen Ständen – soweit sie lesen konnten – rezipierte Literatur. Sie war im Wesentlichen zur Erbauung und Lebenshilfe verfasst; typisch dafür ist die vielfältige Kalenderliteratur. In diesen Umkreis gehört auch der Fortsetzungsroman „Der Abenteuerliche Simplicissimus Teutsch" des HANS JAKOB CHRISTOFFEL VON GRIMMELSHAUSEN, dem spanischen Muster des Schelmenromans nachgebildet. „Männiglich nützlich zu lesen", betont der Autor auf dem Titelblatt ganz im Sinne bekannter Rechtfertigungen der Lektüre als christliche Lebenshilfe.

Wichtige Autoren und Werke
Martin Opitz (1597–1639): Buch von der deutschen Poeterey
Andreas Gryphius (1616–1664): Sonette
Hans Jakob Christoffel von Grimmelshausen (1622–1676): Der abenteuerliche Simplicissimus Teutsch (Roman)

2 Von der Aufklärung zum Vormärz (1720–1848)

Das 18. und das beginnende 19. Jahrhundert sind die Zeit des großen Epochenumbruchs in West- und Mitteleuropa. Vorbereitet durch den Erneuerungsschub um 1500, erfolgt jetzt der entscheidende Entwicklungsschritt hin zu unserer heutigen Welt. Die bürgerliche Gesellschaft mit ihren Forderungen nach Chancengleichheit sowie Freiheit im Denken und wirtschaftlichen Handeln löst die alte, ständisch gegliederte, von der Kirche und ihrer geistigen Vormundschaft geleitete Gesellschaft ab, wenn auch noch nicht überall eine bürgerliche Staatsverfassung erreicht wird.

Die politische Entwicklung

Das zentrale Ereignis dieser Epoche war die **Französische Revolution,** die 1789 ausbrach. Sie hatte nachhaltige Wirkungen auf Deutschland, wo sie von vielen bürgerlichen Intellektuellen zunächst begeistert begrüßt wurde. Zumindest zeitweilig schuf sie eine Verunsicherung der absolutistisch regierenden Fürsten, deren Heere zunächst von den Volkstruppen der Revolution und dann von Napoleons Armeen geschlagen wurden. Zur bürgerlich-demokratischen Umwälzung, wie sie in Frankreich in den Etappen 1789, 1830 (Julirevolution) und 1848 (Februarrevolution) gelang, kam es in Deutschland indessen nicht, der späte Versuch 1848/49 scheiterte. Deutschland war zerrissen durch die Vielzahl der Klein- und Kleinststaaten territorialer Fürstentümer, außerdem in Kapitalbildung und technisch-industrieller Produktionsweise gegenüber England und Frankreich zurückgeblieben, und so fand das deutsche Bürgertum nicht die Kraft zum politischen Umsturz. Die Revolution in Deutschland spielte sich vor allem auf dem Papier ab, blieb auf Philosophie und Literatur beschränkt.

Das bürgerliche Selbstbewusstsein

Dem Standesdünkel des Adels, der in der Welt des französischen Königshofs von Versailles sein gesellschaftliches Ideal sah, setzte das Bürgertum seinen eigenen Welt-, Gesellschafts- und Lebensentwurf entgegen. Nicht die durch Herkunft und Geblüt ererbten Privilegien machen für den Bürger den Wert des Menschen aus; er entwickelt sein modernes Ich-Bewusstsein als selbstbestimmtes Subjekt aus der Entfaltung seiner intellektuellen, psychischen und physischen Fähigkeiten. Vom Individuum der Aufklärung, das sich seines eigenen Verstandes zu bedienen wagt, über das Genie des Sturm und Drang und die allseitig gebildete Persönlichkeit der Klassik bis zum hochstilisierten Ich der Romantik lässt sich dies neue Bewusstsein verfolgen, das sich auch in den politischen Forderungen des Vormärz nach demokratischeren Staats- und Gesellschaftsformen niederschlug. Dazu gehörte auch ein moralisches Überlegenheitsgefühl gegenüber dem Adel. Das freie Ich des von Natur aus guten Menschen kann und wird überall die Tugenden üben und unterscheidet sich darin von dem durch widernatürliche Zwänge deformierten Höfling, dessen Lasterhaftigkeit die bürgerlichen Schriftsteller immer wieder anprangerten.

Entwicklungstendenzen der Literatur

Freiheit und Autonomie werden auch für die Literatur gefordert. Sie soll in keinem Dienst mehr stehen, weder in dem eines Fürsten zur Unterhaltung der Hofgesellschaft noch in dem der Kirche. Sie wendet sich nicht an einen bestimmten Stand oder an eine begrenzte Gemeinde, sondern prinzipiell an alle Menschen. In der Aufklärung und der Klassik orientiert man sich zwar noch an den tradierten Normen und Regeln, überprüft sie aber auf ihre Funktion für die Aussage hin. In der literarischen Bewegung des Sturm und Drang werden all diese Normen und Regeln gänzlich verworfen. Kunst wird jetzt nicht länger als der von „Können" abgeleitete Begriff für die möglichst vollendete Beherrschung vorgegebener Formen verstanden, sondern ist der angemessene und wirkungsvolle Ausdruck der Botschaft des Künstlerindividuums. Neue Ausdrucksweisen und Formmöglichkeiten entwickeln sich damit in unübersehbarer Vielfalt.

Literarische Qualität bestimmt sich nicht mehr nach den Vorschriften von Poetiken (Lehrbüchern der Poesie), sondern nach der Wirkung, die durch das Zusammenspiel von Inhalt und Form erreicht wird.
Leser/innen sind freilich vorerst nur die wohlhabenden und gebildeten Bürger der Stadt. Nur 25% der Bevölkerung können um 1800 lesen, eine Zahl, die aber dank der allgemeinen Schulpflicht stetig wächst. Die Existenz eines freien Schriftstellers ist auf dieser Basis noch nicht möglich. Die literarische Produktion der Autoren wird häufig erheblich eingeschränkt durch die Anforderungen eines neben dem Schreiben ausgeübten bürgerlichen Berufs, ganz zu schweigen davon, dass sie noch den Repressionen der Zensur unterworfen ist, die in unterschiedlichen Formen in den einzelnen deutschen Territorien angewandt wird.
Hatten Frauen vor allem als Leserinnen von Belletristik seit dem Mittelalter einen wesentlichen Anteil an dem sich entwickelnden literarischen Leben, so traten sie jetzt zunehmend auch als Vermittlerinnen und Produzentinnen von Literatur hervor. In den Lese- und Gesprächszirkeln der so genannten Salons intellektueller Bürgerinnen trafen sich Philosophen, Künstler, Literaten und Verleger, und einzelnen Frauen gelang es auch, als Autorinnen an die Öffentlichkeit zu kommen: Mit der „Geschichte des Fräuleins von Sternheim“ der SOPHIE VON LA ROCHE erscheint 1771 der erste bedeutende Frauenroman. RAHEL VARNHAGEN, KAROLINE VON GÜNDERODE, BETTINA VON ARNIM und andere publizieren Gedichtanthologien, Briefsammlungen, Reisebilder und sozialkritische Schriften. Engagierte Schriftstellerinnen des Vormärz bringen zum ersten Mal die Frage nach der Emanzipation der Frau auf die Tagesordnung der literarischen Öffentlichkeit.

Die Leitidee der Zeit: Befreiung/Emanzipation

Gesellschaft/Politik	**Wirtschaft**	**Natur**	**Kunst/Literatur**
▪ Gleichheit, Freiheit, Brüderlichkeit als Schlagwörter der Franz. Revolution ▪ Wert des Menschen wird an seiner Leistung, an der Entfaltung seiner Fähigkeiten gemessen ▪ Tugend und allgemeine Wohlfahrt als Ergebnis einer freien Gesellschaft ▪ Abschaffung des Absolutismus und adliger Privilegien	▪ Orientierung am freien Markt ▪ Handels- und Gewerbefreiheit	▪ Natur ist Gegenstand wissenschaftlicher Erforschung ohne Einschränkungen ▪ freier Zugriff auf die Natur in Technik und Industrie ▪ Verherrlichung der Natur als schöpferischer Kraft	▪ Autonomie der Kunst ▪ Distanzierung von Normen und Regeln ▪ die Form steht im Dienste der Aussage ▪ Nachahmung der Natur in ihrer Schöpferkraft ▪ abhängige Autoren/Autorinnen werden zu freien Schriftstellern

1. Vergleichen Sie die beiden Gartenanlagen auf S. 260: Welches Verhältnis des Menschen zur Natur lassen sie erkennen?

2. Stellen Sie Texte aus der Zeit zwischen 1720 und 1848 zusammen, in denen die Natur thematisiert wird, und erläutern Sie das jeweilige Naturverständnis vor dem Hintergrund der Tatsache, dass in dieser Zeit Naturwissenschaft und Technik stark an Bedeutung gewinnen.

Französischer Schlossgarten

Englischer Schlossgarten

2.1 Aufklärung (1720–1800)

Was ist Aufklärung? – Zwei Antworten aus zwei Epochen

Immanuel Kant

Beantwortung der Frage: Was ist Aufklärung? (1784)

Aufklärung ist der Ausgang des Menschen aus seiner selbst verschuldeten Unmündigkeit. Unmündigkeit ist das Unvermögen, sich seines Verstandes ohne Leitung eines anderen zu bedienen. Selbst verschuldet ist diese Unmündigkeit, wenn die Ursache derselben nicht am Mangel des Verstandes, sondern der Entschließung und des Mutes liegt, sich seiner ohne Leitung eines andern zu bedienen! Sapere aude! Habe Mut, dich deines eigenen Verstandes zu bedienen!, ist also der Wahlspruch der Aufklärung.

Faulheit und Feigheit sind die Ursachen, warum ein so großer Teil der Menschen, nachdem sie die Natur längst von fremder Leitung freigesprochen (naturaliter majorennes), dennoch gerne zeitlebens unmündig bleiben; und warum es anderen so leicht wird, sich zu deren Vormündern aufzuwerfen. Es ist so bequem, unmündig zu sein. Habe ich ein Buch, das für mich Verstand hat, einen Seelsorger, der für mich Gewissen hat, einen Arzt, der für mich die Diät beurteilt usw., so brauche ich mich ja nicht selbst zu bemühen. Ich habe nicht nötig zu denken, wenn ich nur bezahlen kann; andere werden das verdrießliche Geschäft schon für mich übernehmen. Dass der bei weitem größte Teil der Menschen (darunter das ganze schöne Geschlecht) den Schritt zur Mündigkeit außer dem, dass er beschwerlich ist, auch für sehr gefährlich halte: dafür sorgen schon jene Vormünder, die die Oberaufsicht über sie gütigst auf sich genommen haben. Nachdem sie ihr Hausvieh zuerst dumm gemacht haben und sorgfältig verhüteten, dass diese ruhigen Geschöpfe ja keinen Schritt außer dem Gängelwagen, darin sie sie einsperreten, wagen durften, so zeigen sie ihnen nachher die Gefahr, die ihnen drohet, wenn sie es versuchen, allein zu gehen. Nun ist diese Gefahr zwar eben so groß nicht, denn sie würden durch einige Mal Fallen wohl endlich gehen lernen; allein ein Beispiel von der Art macht doch schüchtern und schreckt gemeiniglich von allen ferneren Versuchen ab. […]

Zu dieser Aufklärung aber wird nichts erfordert als Freiheit; und zwar die unschädlichste unter allem, was nur Freiheit heißen mag, nämlich die: von seiner Vernunft in allen Stücken öffentlichen Gebrauch zu machen. Nun höre ich aber von allen Seiten rufen: Räsoniert nicht! Der Offizier sagt: Räsoniert

Immanuel Kant

nicht, sondern exerziert! Der Finanzrat: Räsoniert nicht, sondern bezahlt! Der Geistliche: Räsoniert nicht, sondern glaubt! (Nur ein einziger Herr in der Welt sagt: Räsoniert, so viel ihr wollt und worüber ihr wollt; aber gehorcht!) Hier ist überall Einschränkung der Freiheit. Welche Einschränkung aber ist der Aufklärung hinderlich? welche nicht, sondern ihr wohl gar beförderlich? – Ich antworte: Der öffentliche Gebrauch seiner Vernunft muss jederzeit frei sein, und der allein kann Aufklärung unter Menschen zu Stande bringen; der Privatgebrauch derselben aber darf öfters sehr enge eingeschränkt sein, ohne doch darum den Fortschritt der Aufklärung sonderlich zu hindern. Ich verstehe aber unter dem öffentlichen Gebrauche seiner eigenen Vernunft denjenigen, den jemand als Gelehrter von ihr vor dem ganzen Publikum der Leserwelt macht. Den Privatgebrauch nenne ich denjenigen, den er in einem gewissen ihm anvertrauten bürgerlichen Posten oder Amte von seiner Vernunft machen darf. [...]
Wenn denn nun gefragt wird: Leben wir jetzt in einem aufgeklärten Zeitalter?, so ist die Antwort: Nein, aber wohl in einem Zeitalter der Aufklärung. Dass die Menschen, wie die Sachen jetzt stehen, im Ganzen genommen, schon im Stande wären oder darin auch nur gesetzt werden könnten, in Religionsdingen sich ihres eigenen Verstandes ohne Leitung eines andern sicher und gut zu bedienen, daran fehlt noch sehr viel. Allein, dass jetzt ihnen doch das Feld geöffnet wird, sich dahin frei zu bearbeiten und die Hindernisse der allgemeinen Aufklärung oder des Ausganges aus ihrer selbst verschuldeten Unmündigkeit allmählich weniger werden, davon haben wir doch deutliche Anzeigen.

Karl Jaspers

Wahre und falsche Aufklärung (1950)

Was aber ist Aufklärung?
Die Forderungen der Aufklärung richten sich gegen Blindheit des fraglosen Fürwahrhaltens; gegen Handlungen, die nicht bewirken können, was sie meinen – wie magische Handlungen –, da sie auf nachweislich falschen Voraussetzungen beruhen; gegen das Verbot des einschränkungslosen Fragens und Forschens; gegen überkommene Vorurteile. Aufklärung fordert unbegrenztes Bemühen um Einsicht und ein kritisches Bewusstsein von der Art und Grenze jeder Einsicht.
Es ist der Anspruch des Menschen, es solle ihm einleuchtend werden, was er meint, will und tut. Er will selbst denken. Er will mit dem Verstande fassen und möglichst bewiesen haben, was wahr ist. Er verlangt Anknüpfung an grundsätzlich jedermann zugängliche Erfahrungen. Er sucht Wege zum Ursprung der Einsicht, statt sie als fertiges Ergebnis zur Annahme vorgelegt zu erhalten. Er will einsehen, in welchem Sinne ein Beweis gilt und an welchen Grenzen der Verstand scheitert. Begründung möchte er auch noch für das, was er am Ende als unbegründbare Voraussetzungen zum Grunde seines Lebens machen muss: für die Autorität, der er folgt, für die Ehrfurcht, die er fühlt, für den Respekt, den er dem Gedanken und Tun großer Menschen erweist, für das Vertrauen, das er einem, sei es zur Zeit und in dieser Situation, sei es überhaupt Unbegriffenen und Unbegreifbaren schenkt. Noch im Gehorsam will er wissen, warum er gehorcht. Alles, was er für wahr hält und als recht tut, stellt er ohne Ausnahme unter die Bedingung, selbst innerlich dabei sein zu können. Er ist nur dabei, wenn seine Zustimmung in seiner Selbstüberzeugung die Bestätigung findet. Kurz: Aufklärung ist – mit Kants Worten – der „Ausgang des Menschen aus seiner selbst verschuldeten Unmündigkeit“. Sie ist zu ergreifen als der Weg, auf dem der Mensch zu sich selbst kommt.
Aber die Ansprüche der Aufklärung werden so leicht missverstanden, dass der Sinn der

Aufklärung zweideutig ist. Sie kann wahre und sie kann falsche Aufklärung sein. Und daher ist der Kampf gegen die Aufklärung seinerseits zweideutig. Er kann – mit Recht – gegen die falsche, oder – mit Unrecht – gegen die wahre Aufklärung sich richten. Oft vermengen sich beide in eins.

Im Kampf gegen die Aufklärung sagt man: sie zerstöre die Überlieferung, auf der alles Leben ruhe; sie löse den Glauben auf und führe zum Nihilismus; sie gebe jedem Menschen die Freiheit seiner Willkür, werde daher Ausgang der Unordnung und Anarchie; sie mache den Menschen unselig, weil bodenlos.

Diese Vorwürfe treffen eine falsche Aufklärung, die selber den Sinn der echten Aufklärung nicht mehr versteht. Falsche Aufklärung meint, alles Wissen und Wollen und Tun auf den bloßen Verstand gründen zu können (statt den Verstand nur als den nie zu umgehenden Weg der Erhellung dessen, was ihm gegeben werden muss, zu nutzen); sie verabsolutiert die immer partikularen Verstandeserkenntnisse (statt sie nur in dem ihnen zukommenden Bereich sinngemäß anzuwenden); sie verführt den Einzelnen zum Anspruch, für sich allein wissen und auf Grund seines Wissens allein handeln zu können, als ob der Einzelne alles wäre (statt sich auf den lebendigen Zusammenhang des in Gemeinschaft in Frage stellenden und fördernden Wissens zu gründen), ihr mangelt der Sinn für Ausnahme und Autorität, an denen beiden alles menschliche Leben sich orientieren muss. Kurz, sie will den Menschen auf sich selbst stellen, derart, dass er alles Wahre und ihm Wesentliche durch Verstandeseinsicht erreichen kann. Sie will nur wissen und nicht glauben.

Wahre Aufklärung dagegen zeigt zwar dem Denken und dem Fragenkönnen nicht absichtlich, von außen und durch Zwang, eine Grenze, wird sich aber der faktischen Grenze bewusst. Denn sie klärt nicht nur das bis dahin Unbefragte, die Vorurteile und vermeintlichen Selbstverständlichkeiten, sondern auch sich selber auf. Sie verwechselt nicht die Wege des Verstandes mit den Gehalten des Menschseins. Diese zeigen sich der Aufklärung zwar erhellbar durch einen vernünftig geführten Verstand, sind aber nicht auf den Verstand zu gründen.

1. Vergleichen Sie die beiden Definitionen von Aufklärung: Wo greift Jaspers auf Kant zurück und erläutert ihn? Auf welche Gedanken Kants geht Jaspers nicht ein und mit welchen Überlegungen geht er über Kant hinaus?
2. a) Erklären Sie an einem selbst gewählten Beispiel, was Kant unter dem öffentlichen und privaten Gebrauch der Vernunft versteht.
   b) Diskutieren Sie, ob Kants Unterscheidung zwischen dem öffentlichen und privaten Gebrauch der Vernunft immer und in allen Gesellschaftssystemen berechtigt ist.
3. a) Analysieren Sie, von welchen Voraussetzungen Adelung (s. u.) bei seiner kritischen Betrachtung der Aufklärung ausgeht.
   b) Nehmen Sie Stellung zu Adelungs Ansicht, dass Vorurteile wohltätig sein können.
4. „Segen und Fluch der Aufklärung" – sammeln Sie Material zu diesem Thema aus Zeitungen und Zeitschriften, aus Ihrer Alltagserfahrung etc. und verfassen Sie einen ▷ **Essay**. ▷ S. 86 f.
5. Beantworten Sie die abschließende Frage bei Kant „Leben wir jetzt in einem aufgeklärten Zeitalter?" für unsere heutige Zeit, indem Sie eine ▷ **Pro-und-Kontra-Diskussion** durchführen. ▷ S. 50 f.

Johann Christoph Adelung

Aufklärung und Vorurteile
(um 1780)

Aufklärung des Volkes ist ein anderes Steckenpferd der neueren Zeit, welches eben so schädlich werden kann als Überfüllung der Volksmenge. Vermehrte Erkenntnis vermehret die Begierden; mehr Begierden, als man in seinem Stande bequem befriedigen kann, veranlasset Missvergnügen mit seinem Schicksale, Drang nach den höheren Classen, Übertretung der Grenze, Laster und Zügellosigkeit der Sitten. […]

Man gebe einer jeden Classe nur gerade so viel an Aufklärung, als sie ihrem Stande [nach] gebraucht, und lasse ihr in allem Übrigen ihre Vorurteile, weil sie ihr wohltätig sind.

Die Aufgaben der Literatur

Christoph Martin Wieland

Über Rechte und Pflichten der Schriftsteller (1788)

Freiheit der Presse ist nur darum ein Recht der Schriftsteller, weil sie ein Recht der Menschheit, oder wenn man will, ein Recht polizierter Nationen[1] ist; und sie ist bloß darum ein Recht des Menschen-Geschlechts, weil die Menschen, als vernünftige Wesen, kein angelegneres Interesse haben als wahre Kenntnisse von allem, was auf irgendeine Art, direkt oder indirekter Weise, einen Einfluss auf ihren Wohlstand hat oder zu Vermehrung ihrer Vollkommenheit und Glückseligkeit etwas beitragen kann.
Die Wissenschaften, welche für den menschlichen Verstand das sind, was das Tageslicht für unsere Augen, können und dürfen also, ohne offenbare Verletzung eines unleugbaren Menschen-Rechtes, in keine andere Grenzen eingeschlossen werden als diejenigen, welche uns die Natur selbst gesetzt hat. Alles, was wir wissen können, das dürfen wir auch wissen.

Die nützlichste, also die vornehmste, aller Wissenschaften, oder, noch genauer zu reden, diejenige, in welcher alle übrigen eingeschlossen sind, ist die Wissenschaft des Menschen: Der Menschheit eignes Studium ist der Mensch. Die Wissenschaft des Menschen ist eine Aufgabe, an deren vollständiger reiner Auflösung man noch Jahrtausende arbeiten wird, ohne damit zu Stande gekommen zu sein. Diese Wissenschaft anzubauen, zu fördern, immer größere Fortschritte darin zu tun, ist der Gegenstand des Menschen-Studiums; und dieses kann auf keine andere Weise mit Erfolg getrieben werden, als indem man die Menschen, wie sie von jeher waren und wie sie dermalen sind, nach allen ihren Beschaffenheiten, Verhältnissen und Umständen kennen zu lernen sucht. […]

Die erste und wesentlichste Eigenschaft eines Schriftstellers, welcher einen Beitrag zur Menschen- und Völker-Kunde, aus eigener Beobachtung, liefert, ist: dass er den aufrichtigen Willen habe, die Wahrheit zu sagen; dass er folglich keiner Leidenschaft, keiner vorgefassten Meinung, keiner interessierten Privatabsicht wissentlich einigen Einfluss in seine Nachrichten und Bemerkungen erlaube. Seine erste Pflicht ist Wahrhaftigkeit und Unparteilichkeit; und da wir zu allem berechtigt sind, was eine notwendige Bedingung der Erfüllung unsrer Pflicht ist: so ist auch, vermöge der Natur der Sache, Freimütigkeit ein Recht, das keinem Schriftsteller dieser Klasse streitig gemacht werden kann. Er muss die Wahrheit sagen wollen und sagen dürfen. […]

So wie es keinen wissenschaftlichen Gegenstand gibt, den man nicht untersuchen, ja selbst keinen Glaubenspunkt, den die Vernunft nicht beleuchten dürfte, um zu sehen, ob er glaubwürdig sei oder nicht: so gibt es auch keine historische und keine praktische Wahrheit, die man mit einem Interdikt[2] zu belegen oder für Kontrebande[3] zu erklären berechtigt wäre. Es ist widersinnig, Staats-Geheimnisse aus Dingen machen zu wollen, die aller Welt vor Augen liegen, oder übel zu nehmen, wenn jemand der ganzen Welt sagte, was einige hunderttausend Menschen sehen, hören und fühlen.

Christoph Martin Wieland

1 **polizierte Nationen:** Nationen, die eine Verfassung, eine Ordnung haben

2 **Interdikt:** Verbot

3 **Kontrebande:** Schmuggelware

1. Arbeiten Sie die wesentlichen Gedanken des Textes von Wieland (▷ S. 263) in ein Schaubild um:

Gegenstand der Literatur:
…
…
…

Hauptmerkmale der Literatur:
…
…
…

Aufgabe der Literatur:
…

Voraussetzungen zu ihrem Entstehen:
…

2. Vergleichen Sie Wielands Gedanken zur Aufgabe der Literatur und zur Rolle des Schriftstellers mit denen anderer Autoren aus anderen Epochen, z. B. *J. W. Goethe:* Zum Schäkespears-Tag (▷ S. 269); *F. Schiller:* Die Teilung der Erde (▷ S. 286 f.); Ankündigung der Monatsschrift „Die Horen“ (▷ S. 287 f.); *T. Fontane:* Was verstehen wir unter Realismus? (▷ S. 328 f.), *Arno Holz:* Die Kunst. Ihr Wesen und ihre Gesetze (▷ S. 336); *Stefan George:* Über Dichtung (▷ S. 355).
3. Überprüfen Sie, ob und inwiefern die im folgenden Abschnitt versammelten Texte Wielands aufgeklärtem Literaturkonzept entsprechen.

Anleitungen zum richtigen Handeln

Immanuel Kant

Der kategorische Imperativ (1788)

Handle so, dass die Maxime[1] deines Willens jederzeit zugleich als Prinzip einer allgemeinen Gesetzgebung gelten könne.

1 **Maxime:** Grundsatz

1. Erläutern Sie mit eigenen Worten, zu welchem Verhalten in diesen „Lebensregeln“ geraten wird und zu welchen Folgen das Beachten dieser Regeln führen würde.
2. Tauschen Sie sich darüber aus, welchen der Hinweise zu richtigem Verhalten Sie für den überzeugendsten halten.
3. Ein zentrales Lernziel des gesamten Unterrichts in der Oberstufe ist die „persönliche Entfaltung in sozialer Verantwortlichkeit“. Diskutieren Sie diese Zielsetzung vor dem Hintergrund des kategorischen Imperativs von Kant und des zweiten Aphorismus' von Lichtenberg.

Georg Christoph Lichtenberg

Aphorismen (1770–1799)

Zweifle an allem wenigstens einmal, und wäre es auch der Satz „zweimal 2 ist 4“.

*

Es ist eine Frage, ob wir nicht, wenn wir einen Mörder rädern, grade in den Fehler des Kindes verfallen, das den Stuhl schlägt, an dem es sich stößt.

*

Bei unsrem frühzeitigen und oft gar zu häufigen Lesen, wodurch wir so viele Materialien erhalten, ohne sie zu verbauen, wodurch unser Gedächtnis gewöhnt wird, die Haushaltung für Empfindung und Geschmack zu führen, da bedarf es oft einer tiefen Philosophie, unserm Gefühl den ersten Stand der Unschuld wiederzugeben, *sich* aus dem Schutt fremder Dinge herauszufinden, *selbst* anfangen zu fühlen und *selbst* zu sprechen und, ich möchte fast sagen, auch einmal selbst zu existieren.

Gotthold Ephraim Lessing

Nathan der Weise

Dramatisches Gedicht in fünf Aufzügen (1779)

[Saladin, der moslemische Herrscher des mittelalterlichen Jerusalem, befindet sich in einem finanziellen Engpass und lässt den reichen jüdischen Kaufmann Nathan, dem man den Beinamen „der Weise“ gegeben hat, zu sich rufen, um von ihm Geld zu leihen. Um Nathans Weisheit als bloßes Gerücht zu entlarven und ihm damit leichter das Geld abpressen zu können, stellt Saladin ihm die heikle Frage, welche Religion die wahre sei, Christentum, Judentum oder Islam. Nathans Antwort besteht aus einer Geschichte:]

NATHAN: Vor grauen Jahren lebt' ein Mann in Osten,
Der einen Ring von unschätzbarem Wert'
Aus lieber Hand besaß. Der Stein war ein
Opal, der hundert schöne Farben spielte,
Und hatte die geheime Kraft, vor Gott
Und Menschen angenehm zu machen, wer
In dieser Zuversicht ihn trug. Was Wunder,
Dass ihn der Mann in Osten darum nie
Vom Finger ließ; und die Verfügung traf,
Auf ewig ihn bei seinem Hause zu
Erhalten? Nämlich so. Er ließ den Ring
Von seinen Söhnen dem geliebtesten;
Und setzte fest, dass dieser wiederum
Den Ring von seinen Söhnen dem vermache,
Der ihm der liebste sei; und stets der liebste,
Ohn' Ansehn der Geburt, in Kraft allein
Des Rings, das Haupt, der Fürst des Hauses werde. –
Versteh mich, Sultan.

SALADIN: Ich versteh dich. Weiter!

NATHAN: So kam nun dieser Ring, von Sohn zu Sohn,
Auf einen Vater endlich von drei Söhnen;
Die alle drei ihm gleich gehorsam waren,
Die alle drei er folglich gleich zu lieben
Sich nicht entbrechen konnte. Nur von Zeit
Zu Zeit schien ihm bald der, bald dieser, bald
Der Dritte, – so wie jeder sich mit ihm
Allein befand, und sein ergießend Herz
Die andern zwei nicht teilten, – würdiger
Des Ringes; den er denn auch einem jeden
Die fromme Schwachheit hatte, zu versprechen.
Das ging nun so, so lang es ging. – Allein
Es kam zum Sterben, und der gute Vater
Kömmt in Verlegenheit. Es schmerzt ihn, zwei
Von seinen Söhnen, die sich auf sein Wort
Verlassen, so zu kränken. – Was zu tun? –
Er sendet in geheim zu einem Künstler,
Bei dem er, nach dem Muster seines Ringes,
Zwei andere bestellt, und weder Kosten
Noch Mühe sparen heißt, sie jenem gleich,
Vollkommen gleich zu machen. Das gelingt
Dem Künstler. Da er ihm die Ringe bringt,
Kann selbst der Vater seinen Musterring
Nicht unterscheiden. Froh und freudig ruft
Er seine Söhne, jeden ins Besondre;
Gibt jedem ins Besondre seinen Segen, –
Und seinen Ring, – und stirbt. – Du hörst doch, Sultan?

SALADIN *(der sich betroffen von ihm gewandt)*: Ich hör, ich höre! – Komm mit deinem Märchen
Nur bald zu Ende. – Wirds?

NATHAN: Ich bin zu Ende.
Denn was noch folgt, versteht sich ja von selbst. –
Kaum war der Vater tot, so kömmt ein jeder
Mit seinem Ring', und jeder will der Fürst
Des Hauses sein. Man untersucht, man zankt,
Man klagt. Umsonst; der rechte Ring war nicht
Erweislich; –
(Nach einer Pause, in welcher er des Sultans Antwort erwartet:)
Fast so unerweislich, als
Uns itzt – der rechte Glaube.

SALADIN: Wie? das soll
Die Antwort sein auf meine Frage? …

NATHAN: Soll
Mich bloß entschuldigen, wenn ich die Ringe
Mir nicht getrau zu unterscheiden, die
Der Vater in der Absicht machen ließ,
Damit sie nicht zu unterscheiden wären.

SALADIN: Die Ringe! – Spiele nicht mit mir! – Ich dächte,
Dass die Religionen, die ich dir
Genannt, doch wohl zu unterscheiden wären.
Bis auf die Kleidung; bis auf Speis und Trank!

NATHAN: Und nur von Seiten ihrer Gründe nicht. –
Denn gründen alle sich nicht auf Geschichte?
Geschrieben oder überliefert! – Und
Geschichte muss doch wohl allein auf Treu

Und Glauben angenommen werden? – Nicht? –
Nun wessen Treu und Glauben zieht man denn
Am wenigsten in Zweifel? Doch der Seinen?
Doch deren Blut wir sind? doch deren, die
Von Kindheit an uns Proben ihrer Liebe
Gegeben? die uns nie getäuscht, als wo
Getäuscht zu werden uns heilsamer war? –
Wie kann ich meinen Vätern weniger,
Als du den deinen glauben? Oder umgekehrt. –
Kann ich von dir verlangen, dass du deine
Vorfahren Lügen strafst, um meinen nicht
Zu widersprechen? Oder umgekehrt.
Das Nämliche gilt von den Christen. Nicht? –
SALADIN: (Bei dem Lebendigen! Der Mann hat Recht.
Ich muss verstummen.)
NATHAN: Lass auf unsre Ring'
Uns wieder kommen. Wie gesagt: die Söhne
Verklagten sich; und jeder schwur dem Richter,
Unmittelbar aus seines Vaters Hand
Den Ring zu haben. – Wie auch wahr! – Nachdem
Er von ihm lange das Versprechen schon
Gehabt, des Ringes Vorrecht einmal zu
Genießen. – Wie nicht minder wahr! – Der Vater,
Beteu'rte jeder, könne gegen ihn
Nicht falsch gewesen sein; und eh' er dieses
Von ihm, von einem solchen lieben Vater,
Argwohnen lass: eh' müss er seine Brüder,
So gern er sonst von ihnen nur das Beste
Bereit zu glauben sei, des falschen Spiels
Bezeihen; und er wolle die Verräter
Schon auszufinden wissen; sich schon rächen.
SALADIN: Und nun, der Richter? – Mich verlangt zu hören,
Was du den Richter sagen lässest. Sprich!
NATHAN. Der Richter sprach: Wenn ihr mir nun den Vater
Nicht bald zur Stelle schafft, so weis ich euch
Von meinem Stuhle. Denkt ihr, dass ich Rätsel
Zu lösen da bin? Oder harret ihr,
Bis dass der rechte Ring den Mund eröffne? –
Doch halt! Ich höre ja, der rechte Ring
Besitzt die Wunderkraft beliebt zu machen;
Vor Gott und Menschen angenehm. Das muss
Entscheiden! Denn die falschen Ringe werden
Doch das nicht können! – Nun; wen lieben zwei
Von euch am meisten? – Macht, sagt an! Ihr schweigt?
Die Ringe wirken nur zurück? und nicht
Nach außen? Jeder liebt sich selber nur
Am meisten? – Oh so seid ihr alle drei
Betrogene Betrüger! Eure Ringe
Sind alle drei nicht echt. Der echte Ring
Vermutlich ging verloren. Den Verlust
Zu bergen, zu ersetzen, ließ der Vater
Die drei für einen machen.
SALADIN: Herrlich! herrlich!
NATHAN: Und also; fuhr der Richter fort, wenn ihr
Nicht meinen Rat, statt meines Spruches, wollt:
Geht nur! – Mein Rat ist aber der: Ihr nehmt
Die Sache völlig wie sie liegt. Hat von
Euch jeder seinen Ring von seinem Vater:
So glaube jeder sicher seinen Ring
Den echten. – Möglich; dass der Vater nun
Die Tyrannei des Einen Rings nicht länger
In seinem Hause dulden wollen! – Und gewiss;
Dass er euch alle drei geliebt, und gleich
Geliebt: indem er zwei nicht drücken mögen,
Um einen zu begünstigen. – Wohlan!
Es eifre jeder seiner unbestochnen
Von Vorurteilen freien Liebe nach!
Es strebe von euch jeder um die Wette,
Die Kraft des Steins in seinem Ring' an Tag
Zu legen! komme dieser Kraft mit Sanftmut,
Mit herzlicher Verträglichkeit, mit Wohltun,
Mit innigster Ergebenheit in Gott,
Zu Hülf'! Und wenn sich dann der Steine Kräfte
Bei euern Kindes-Kindeskindern äußern:
So lad ich über tausend tausend Jahre,
Sie wiederum vor diesen Stuhl. Da wird
Ein weisrer Mann auf diesem Stuhle sitzen,
Als ich; und sprechen. Geht! – So sagte der
Bescheidne Richter.

1. Erläutern Sie die Botschaft, die Nathan mit seiner „Ringparabel“ dem Sultan vermitteln will.
2. Lessing schrieb das Stück, als ihm die Fortsetzung seiner Streitschriften gegen den Hauptpastor Goeze verboten worden war, der die in Glaubensfragen wenig tolerante Lehrmeinung der Kirche vertrat. Schreiben Sie die Szene in ein Plädoyer um, das Lessing gegen die christlichen Eiferer seiner Zeit hätte halten können.
3. Diskutieren Sie darüber, ob Sie das von Nathans Richter in der Geschichte empfohlene Verhalten, sich von einer vorurteilsfreien, toleranten Menschenliebe leiten zu lassen, überall und unter allen Umständen für richtig halten.

Gotthold Ephraim Lessing

Der Tanzbär (1759)

Ein Tanzbär war der Kett' entrissen,
Kam wieder in den Wald zurück,
Und tanzte seiner Schar ein Meisterstück
auf den gewohnten Hinterfüßen.
„Seht“, schrie er, „das ist Kunst; das lernt man
in der Welt.
Tut es mir nach, wenn's euch gefällt;
Und wenn ihr könnt!“ – „Geh“, brummt ein
alter Bär,
„Dergleichen Kunst, sie sei so schwer,
Sie sei so rar sie sei,
Zeigt deinen niedern Geist und deine Sklaverei.“

Ein großer Hofmann sein,
Ein Mann, dem Schmeichelei und List
Statt Witz und Tugend ist;
Der durch Kabalen[1] steigt, des Fürsten Gunst
erstiehlt,
Mit Wort und Schwur als Komplimenten
spielt,
Ein solcher Mann, ein großer Hofmann sein,
Schließt das Lob oder Tadel ein?

1 **Kabale:** Ränke, Intrigen

Gotthold Ephraim Lessing

Zeus und das Schaf (1759)

Das Schaf musste von allen Tieren vieles leiden. Da trat es vor den Zeus und bat, sein Elend zu mindern.
Zeus schien willig und sprach zu dem Schafe: Ich sehe wohl, mein frommes Geschöpf, ich habe dich allzu wehrlos erschaffen. Nun wähle, wie ich diesem Fehler am besten abhelfen soll. Soll ich deinen Mund mit schrecklichen Zähnen und deine Füße mit Krallen rüsten? –
O nein, sagte das Schaf, ich will nichts mit den reißenden Tieren gemein haben.
Oder, fuhr Zeus fort, soll ich Gift in deinen Speichel legen?
Ach!, versetzte das Schaf, die giftigen Schlangen werden ja so sehr gehasset. –
Nun, was soll ich denn? Ich will Hörner auf deine Stirne pflanzen, und Stärke deinem Nacken geben.
Auch nicht, gütiger Vater, ich könnte leicht so stößig werden als der Bock.
Und gleichwohl, sprach Zeus, musst du selbst schaden können, wenn sich andere, dir zu schaden, hüten sollen.
Müsst ich das!, seufzte das Schaf. O so lass mich, gütiger Vater, wie ich bin. Denn das Vermögen, schaden zu können, erweckt, fürchte ich, die Lust, schaden zu wollen; und es ist besser Unrecht leiden als Unrecht tun.
Zeus segnete das fromme Schaf, und es vergaß von Stund an zu klagen.

1. Beschreiben Sie in einer Gegenüberstellung, welche gesellschaftlichen Leitbilder der Zeit in Lessings Fabeln abgelehnt und welche propagiert werden. Benennen Sie auch die Gründe, die sich den Texten für die unterschiedlichen Bewertungen entnehmen lassen.
2. a) Versuchen Sie die Fabeln auf heutige Verhältnisse zu übertragen.
   b) Diskutieren Sie, ob Sie die gesellschaftlichen Leitvorstellungen, die in den Fabeln vermittelt werden, für befolgenswert halten.

Epochenüberblick: Aufklärung (1720–1800)

Wie ein frischer Wind weht der Geist der Aufklärung durch das Europa des 18. Jahrhunderts. In Frankreich wird er zum Sturm einer großen politischen Revolution, aus der der französische Nationalstaat hervorgeht, in Deutschland bleibt er eher ein lindes Lüftchen, das aber immerhin die Geisteswelt bewegt. Denkbewegung herrscht auf allen Gebieten. Kritisches Fragen und Zweifeln gilt nur noch den weltlichen und kirchlichen Obrigkeiten als sündhaft, dem zu Selbstbewusstsein gelangten Bürger erscheint es als gutes Recht, ja als Tugend. Dies neue Selbstbewusstsein hängt zusammen mit ökonomischen Veränderungen, wie z. B. dem Manufakturwesen, die das Bürgertum zur wirtschaftlich bedeutendsten Schicht gemacht hatten. Zwei philosophische Strömungen wirken in der Aufklärung zusammen: der aus England kommende **Empirismus**, nach dem die Erkenntnis auf der Sinneswahrnehmung beruht, und der aus Frankreich stammende **Rationalismus**, nach dem die Erkenntnis aus dem Gebrauch der „ratio", der im Verstand gegründeten Denkfähigkeit, resultiert. Um Erkenntnis geht es in jedem Fall, das ganze Leben erscheint als Lernprozess. Im Prinzip ist jeder zu diesem Lernprozess befähigt, jeder Mensch kann Weisheit und Tugend verwirklichen. **Tugend** wird zu einem Leitbegriff der Epoche und ihre Beförderung zu einem Hauptziel der Aufklärung. Das Gute und das Vernünftige werden gleichgesetzt, tugendhaftes Verhalten bringt das Handeln mit dem überindividuellen, kosmisch wirksamen System der Vernunft in Einklang. Aus dieser Überzeugung erwächst der Fortschrittsoptimismus der Aufklärung, der in schroffem Gegensatz zu dem „Vanitas"-Gedanken des ▷ Barock steht. ▷ S. 251 ff.
Die Kunst der Aristokratie und des Hofes diente der Dekoration, die des aufgeklärten Bürgertums dem Ausdruck vernünftiger Gedanken und menschlicher Gefühle. Die Aufgabe der Literatur wird in Anlehnung an den antiken lateinischen Dichter Horaz in „prodesse et delectare" (nützen/belehren und erfreuen) gesehen. Einfache, auf Belehrung ausgerichtete Formen, wie zum Beispiel **Fabeln** in Prosa- und Versform, nehmen einen breiten Raum ein. Die wichtigste literarische Neuerung ist das sog. **bürgerliche Trauerspiel**, das bürgerliche Personen und ihre Weltauffassung ins Zentrum der Handlung rückt und Standeskonflikte zwischen Adel bzw. Hof einerseits und dem Bürgertum andererseits in kritischer Absicht auf die Bühne bringt (▷ „Emilia Galotti", S. 195 f. und S. 276 ff.).
Eine typische Zeiterscheinung im Bereich der Publizistik sind die aus England übernommenen „**Moralischen Wochenschriften**", die das enorm gewachsene Lesebedürfnis in der Bevölkerung befriedigen. Durch die Einführung der allgemeinen Schulpflicht (in Preußen z. B. 1716/17) war das potenzielle Lesepublikum am Ende des 18. Jahrhunderts auf 15–20 % einer geschätzten Gesamtbevölkerungszahl von 20 Millionen angewachsen. Erschienen zwischen 1730 und 1740 noch 176 neue Zeitschriften, so kamen zwischen 1766 und 1790 schon 2191 Zeitschriften in die Hände der Leser. Das Wort von der „Lesesucht" kam in Umlauf, besonders kritisch gemeint von den kirchlichen Autoritäten. Intention der „Moralischen Wochenschriften" war es, die Erkenntnisse und Einsichten der Gelehrten und Philosophen möglichst vielen bürgerlichen Leserinnen und Lesern zu vermitteln.

Wichtige Autoren und Werke

Johann Christoph Gottsched (1700–1766): Versuch einer kritischen Dichtkunst vor die Deutschen
Gotthold Ephraim Lessing (1729–1781): Minna von Barnhelm oder das Soldatenglück (Komödie), Emilia Galotti (bürgerliches Trauerspiel), Nathan der Weise (Drama)
Sophie von La Roche (1731–1807): Geschichte des Fräuleins von Sternheim (Roman)
Christoph Martin Wieland (1733–1813): Geschichte des Agathon (Roman)
Ulrich Bräker (1735–1798): Lebensgeschichte und natürliche Abenteuer des armen Mannes im Tockenburg (Autobiografie)
Georg Christoph Lichtenberg (1742–1799): Aphorismen

2.2 Epochenumbruch: Aufklärung – Empfindsamkeit – Sturm und Drang

Johann Wolfgang Goethe

Zum Schäkespears-Tag (1771)

Ich! Der ich mir alles binn, da ich alles nur durch mich kenne! So ruft ieder, der sich fühlt, und macht grosse Schritte durch dieses Leben, eine Bereitung für den unendlichen Weeg drüben. Freylich ieder nach seinem Maas. Macht der eine mit dem stärcksten Wandertrab sich auf, so hat der andre siebenmeilen Stiefel an, überschreitet ihn, und zwey Schritte des letzten, bezeichnen die Tagreise des ersten. Dem sey wie ihm wolle, dieser embsige Wandrer bleibt unser Freund und unser Geselle, wenn wir die gigantischen Schritte ienes[1], anstaunen und ehren, seinen Fustapfen folgen, seine Schritte mit den unsrigen abmessen.

Auf die Reise, meine Herren! die Betrachtung so eines einzigen Tapfs, macht unsre Seele feuriger und grösser, als das Angaffen eines tausendfüsigen königlichen Einzugs.

Wir ehren heute das Andencken des grössten Wandrers, und thun uns dadurch selbst eine Ehre an. Von Verdiensten, die wir zu schätzen wissen, haben wir den Keim in uns.

Erwarten Sie nicht, das ich viel und ordentlich schreibe, Ruhe der Seele ist kein Festtagskleid; und noch zur Zeit habe ich wenig über Schäckespearen gedacht; geahndet, empfunden wenns hoch kam, ist das höchste, wo hin ich's habe bringen können. Die erste Seite die ich in ihm las, machte mich auf Zeitlebens ihm eigen, und wie ich mit dem ersten Stücke fertig war, stund ich wie ein blindgebohrner, dem eine Wunderhand das Gesicht in einem Augenblicke schenckt.

[...]

Und ich rufe Natur! Natur! nichts so Natur als Schäkespears Menschen.
Da hab ich sie alle überm Hals.

1 **ienes:** gemeint ist der englische Dramatiker William Shakespeare (1564–1616)

Johann Wolfgang Goethe: Prometheus (um 1810)

Lasst mir Lufft dass ich reden kann!

Er wetteiferte mit dem Prometheus, bildete ihm Zug vor Zug seine Menschen nach, nur in Colossalischer Grösse; darinn liegts dass wir unsre Brüder verkennen; und dann belebte er sie alle mit dem Hauch seines Geistes, er redet aus allen, und man erkennt ihre Verwandtschafft.

Und was will sich unser Jahrhundert unterstehen von Natur zu urteilen. Wo sollten wir sie her kennen, die wir von Jugend auf, alles geschnürt und geziert, an uns fühlen, und an andern sehen. Ich schäme mich offt vor Schäkespearen, denn es kommt manchmal vor, dass ich beim ersten Blick dencke, das hätt ich anders gemacht! Hinten drein erkenn ich dass ich ein armer Sünder binn, dass aus Schäkespearen die Natur weissagt, und dass meine Menschen Seifenblasen sind von Romanengrillen aufgetrieben.

Friedrich Leopold Graf zu Stolberg

Natur (1778)

O Natur! Natur! Gott rief dir zu, als du in bräutlicher Schönheit aus dem Schoße der Schöpfung hervorgingst: sei schön! verkünde meine Herrlichkeit und bilde des Menschen Herz!

Dir dank ich, Natur, die seligsten Augenblicke meines Lebens! Du zeigtest mir deine erhabnen Schönheiten am Ufer deines Rheins und im Schatten deiner Alpen, wo du einem glücklichen Volke Freiheit schenktest und Einfalt der Sitte.

Groß und hehr erscheinest du mir auch hier am Gestade des Meeres. Oh, wie gern hebt und senkt sich mein Blick mit der krummen Woge, indem mein Ohr lauschet dem Geräusch seiner Wellen! Wenn im feierlichen Anblicke des unermesslichen Ozeans mein Auge sich verliert, dann umschweben mich Gedanken vom Unendlichen, von der Ewigkeit und meiner eignen Unsterblichkeit. Meine Seele entfleucht dieser Welt. Ich werfe dann einen Blick auf das grüne Ufer, die ruhenden Haine, die Saaten, die Triften mit hin und her irrendem Vieh, und vergnügt kehrt mein Geist zur mütterlichen Erde wieder zurück. Die ganze Natur ist Harmonie, und wir sind geschaffen, mit ihr zu harmonieren. Jede einzelne Schönheit der Natur, alle verschiedne Schönheiten der Natur in ihren mannigfaltigen Zusammensetzungen wurden vom Schöpfer bestimmt, die Saiten des menschlichen Herzens zu berühren und erklingen zu machen. Wie entzücken den Schößling der Natur diese Seelenmelodien! wie sanft sind sie! wie kühn! wie erheben sie das Herz zum Himmel! wie tauchen sie es in die süßesten Empfindungen!

1. Wie erleben Goethe (▷ S. 269) und Stolberg die epochalen Veränderungen ihrer Zeit? Formulieren Sie mit eigenen Worten, welche neuen Erfahrungen in den beiden Texten beschrieben sind.
2. Ergänzen Sie Ihr Epochenbild, indem Sie Kants „Beantwortung der Frage: Was ist Aufklärung?“ (▷ S. 260 f.) auswerten. In welchem Verhältnis stehen Aufklärung und Sturm und Drang zueinander?

Natur als Spiegel der Seele

Johann Wolfgang Goethe

Die Leiden des jungen Werthers (1774)
Brief vom 10. Mai

am 10. May.

Eine wunderbare Heiterkeit hat meine ganze Seele eingenommen, gleich denen süßen Frühlingsmorgen, die ich mit ganzem Herzen geniesse. Ich bin so allein und freue mich so meines Lebens, in dieser Gegend, die für solche Seelen geschaffen ist, wie die meine. Ich bin so glücklich, mein Bester, so ganz in dem Gefühl von ruhigem Daseyn versunken, daß meine Kunst darunter leidet. Ich könnte jetzo nicht zeichnen, nicht einen Strich, und bin niemalen ein grösserer Mahler gewesen als in diesen Augenblicken. Wenn das liebe Thal um mich dampft, und die hohe Sonne an der Oberfläche der undurchdringlichen Finsterniß meines Waldes ruht, und nur einzelne Strahlen sich in das innere Heiligthum stehlen, und ich dann im hohen Grase am fallenden Bache liege, und näher an der Erde tausend mannigfaltige Gräsgen mir merkwürdig werden. Wenn ich das Wimmeln der kleinen Welt zwischen Halmen, die unzähligen, unergründlichen Gestalten, all der Würmgen, der Mückgen, näher an meinem Herzen fühle, und fühle die Gegenwart des Allmächtigen, der uns all nach seinem Bilde schuf, das Wehen des Allliebenden, der uns in ewiger Wonne schwebend trägt und erhält. Mein Freund, wenn's denn um meine Augen dämmert, und die Welt um mich her und Himmel ganz in meiner Seele ruht, wie die Gestalt einer Geliebten; dann sehn ich mich oft und denke: ach könntest du das wieder ausdrücken, könntest du dem Papier das einhauchen, was so voll, so warm in dir lebt, daß es würde der Spiegel deiner Seele, wie deine Seele ist der Spiegel des unendlichen Gottes. Mein Freund – Aber ich gehe darüber zu Grunde, ich erliege unter der Gewalt der Herrlichkeit dieser Erscheinungen.

Johann Wolfgang Goethe
Ganymed (1774)

Wie im Morgenrot
Du rings mich anglühst,
Frühling, Geliebter!
Mit tausendfacher Liebeswonne
Sich an mein Herz drängt
Deiner ewigen Wärme
Heilig Gefühl,
Unendliche Schöne!

Dass ich dich fassen möcht
In diesen Arm!

Ach, an deinem Busen
Lieg ich, schmachte,
Und deine Blumen, dein Gras
Drängen sich an mein Herz.
Du kühlst den brennenden
Durst meines Busens,
Lieblicher Morgenwind,
Ruft drein die Nachtigall
Liebend nach mir aus dem Nebeltal.

Ich komme! Ich komme!
Wohin? Ach, wohin?

Hinauf, hinauf strebt's.
Es schweben die Wolken
Abwärts, die Wolken
Neigen sich der sehnenden Liebe,
Mir, mir!
In eurem Schoße
Aufwärts,
Umfangend umfangen!
Aufwärts
An deinem Busen,
Allliebender Vater!

Anton Raphael Mengs: Jupiter und Ganymed (1758/59)

Ganymedes, dt. Ganymed, in der griech. Sage Schönster der Sterblichen, Sohn des Königs Tros; von Zeus auf den Olymp entführt, damit er dort Mundschenk für die Götter sei. Nach späterer Version ließ Zeus ihn durch seinen Adler rauben (oder raubte ihn in Adlergestalt) und machte ihn zu seinem Geliebten (Motiv der Knabenliebe).

1. a) Welche Eigenheiten der Natur bewirken Werthers Naturbegeisterung im Brief vom 10. Mai? Schildern Sie diese in eigenen Worten.
   b) Kommentieren Sie danach in der Sprache einer nüchternen Abhandlung Werthers überschwängliche Haltung.
2. a) Fertigen Sie aus Reiseprospekten eine Bild-Text-Collage an, die die von Werther geschilderten Naturphänomene zeigt.
   b) Überlegen Sie, wo die Gemeinsamkeiten und die Unterschiede in der Einstellung zur Natur liegen.
3. Beschreiben Sie vor dem Hintergrund der antiken Sage von Zeus und Ganymed die Beziehung des Jünglings zum Schöpfergott in Goethes Hymne.

Johann Wolfgang Goethe

Die Leiden des jungen Werthers (1774)
Brief vom 18. August

am 18. Aug.

Mußte denn das so seyn? daß das, was des Menschen Glückseligkeit macht, wieder die Quelle seines Elends würde.

Das volle warme Gefühl meines Herzens an der lebendigen Natur, das mich mit so viel Wonne überströmte, das rings umher die Welt mir zu einem Paradiese schuf, wird mir jezt zu einem unerträglichen Peiniger, zu einem quälenden Geiste, der mich auf allen Wegen verfolgt. Wenn ich sonst vom Fels über den Fluß bis zu jenen Hügeln das fruchtbare Thal überschaute, und alles um mich her keimen und quellen sah, wenn ich jene Berge, vom Fuße bis auf zum Gipfel, mit hohen, dichten Bäumen bekleidet, all jene Thäler in ihren mannichfaltigen Krümmungen von den lieblichsten Wäldern beschattet sah, und der sanfte Fluß zwischen den lispelnden Rohren dahin gleitete, und die lieben Wolken abspiegelte, die der sanfte Abendwind am Himmel herüber wiegte, wenn ich denn die Vögel um mich, den Wald beleben hörte, und die Millionen Mückenschwärme im letzten rothen Strahle der Sonne muthig tanzten, und ihr lezter zuckender Blick den summenden Käfer aus seinem Grase befreyte und das Gewebere um mich her, mich auf den Boden aufmerksam machte und das Moos, das meinem harten Felsen seine Nahrung abzwingt, und das Geniste, das den dürren Sandhügel hinunter wächst, mir alles das innere glühende heilige Leben der Natur eröfnete, wie umfaßt ich das all mit warmen Herzen, verlohr mich in der unendlichen Fülle, und die herrlichen Gestalten der unendlichen Welt bewegten sich alllebend in meiner Seele. Ungeheure Berge umgaben mich, Abgründe lagen vor mir, und Wetterbäche stürzten herunter, die Flüsse strömten unter mir, und Wald und Gebürg erklang. Und ich sah sie würken und schaffen in einander in den Tiefen der Erde, all die Kräfte unergründlich. [...]

Es hat sich vor meiner Seele wie ein Vorhang weggezogen, und der Schauplatz des unendlichen Lebens verwandelt sich vor mir in den Abgrund des ewig offnen Grabs. Kannst du sagen: Das ist! da alles vorübergeht, da alles mit der Wetterschnelle vorüber rollt, so selten die ganze Kraft seines Daseyns ausdauert, ach in den Strom fortgerissen, untergetaucht und an Felsen zerschmettert wird. Da ist kein Augenblick, der nicht dich verzehrte und die Deinigen um dich her, kein Augenblick, da du nicht ein Zerstörer bist, seyn mußt. Der harmloseste Spaziergang kostet tausend tausend armen Würmgen das Leben, es zerrüttet ein Fustritt die mühseligen Gebäude der Ameisen, und stampft eine kleine Welt in ein schmähliches Grab. Ha! nicht die große seltene Noth der Welt, diese Fluthen, die eure Dörfer wegspülen, diese Erdbeben, die eure Städte verschlingen, rühren mich. Mir untergräbt das Herz die verzehrende Kraft, die im All der Natur verborgen liegt, die nichts gebildet hat, das nicht seinen Nachbar, nicht sich selbst zerstörte. Und so taumele ich beängstet! Himmel und Erde und all die webenden Kräfte um mich her! Ich sehe nichts, als ein wenig verschlingendes, ewig wiederkäuendes Ungeheur.

1. a) Welche Beziehungen zwischen der Natur und der Seelenlage des Briefschreibers Werther können Sie feststellen?
   b) Vergleichen Sie das Bild der Natur und das Bild des Menschen in den Briefen vom 18. August und vom 10. Mai (▷ S. 270).
2. Wie beurteilen Sie Werthers Gedanken: naiv, idealistisch, uninformiert, subjektiv, stimmungsabhängig, empfindungsgeleitet, erfahren, sachangemessen? Wählen Sie eines der vorgeschlagenen Urteile aus oder fällen Sie ein eigenes und begründen Sie Ihre Entscheidung.
3. Skizzieren Sie einen Antwortbrief des Adressaten, Werthers Freundes Wilhelm.

Johann Wolfgang Goethe

An den Mond (1777/1789)

Füllest wieder Busch und Tal
Still mit Nebelglanz,
Lösest endlich auch einmal
Meine Seele ganz;

Breitest über mein Gefild
Lindernd deinen Blick,
Wie des Freundes Auge mild
Über mein Geschick.

Jeden Nachklang fühlt mein Herz
Froh- und trüber Zeit,
Wandle zwischen Freud und Schmerz
In der Einsamkeit.

Fließe, fließe, lieber Fluss!
Nimmer werd' ich froh,
So verrauschte Scherz und Kuss,
Und die Treue so.

Ich besaß es doch einmal,
Was so köstlich ist!
Dass man doch zu seiner Qual
Nimmer es vergisst!

Rausche, Fluss, das Tal entlang,
Ohne Rast und Ruh,
Rausche, flüstre meinem Sang
Melodien zu,

Wenn du in der Winternacht
Wütend überschwillst,
Oder um die Frühlingspracht
Junger Knospen quillst.

Selig, wer sich vor der Welt
Ohne Hass verschließt,
Einen Freund am Busen hält
Und mit dem genießt,

Was, von Menschen nicht gewusst
Oder nicht bedacht,
Durch das Labyrinth der Brust
Wandelt in der Nacht.

Johann Wolfgang Goethe: Aufgehender Mond am Fluss (1779)

Günter Kunert

Mondnacht (1982)

Lebloser Klotz
Mond eisiger Nächte
der an bittere Märchen erinnert
an fremdes Gelebtwordensein
fern
wo die Menschen heulten
anstelle der Wölfe
über dem blassen Schnee
bis zum Verstummen darunter
Geborstenes Geröll
auf dem unsere Schatten
gelandet sind
und sich taumelnd bewegen
viel zu leicht
für die Last unserer Herkunft

auch dort sind wir hingelangt
wie immer dorthin
wo Leben unmöglich ist;

In Gleichnisse ohne Erbarmen

1. Untersuchen Sie in Goethes Gedicht „An den Mond", dessen erste Fassung vier Jahre nach dem „Werther" entstand, die Beziehung zwischen der seelischen Gestimmtheit des Sprechers, seinen sozialen Erfahrungen und seinem Naturerleben.

2. Goethe hat sich selbst auch als Maler gesehen. Vergleichen Sie sein mit Kreide gemaltes „Stimmungsbild" des aufgehenden Mondes am Fluss (im Park an der Ilm, ▷ S. 273) mit seinem Gedicht.
3. a) Vergleichen Sie Goethes und Kunerts „Mondnacht"-Gedichte. Zwischen beiden Gedichten liegen zweihundert Jahre. Finden Sie Belege für den zeitlichen Abstand in den Texten?
   b) Man kann unterstellen, dass Günter Kunert das berühmte Gedicht Goethes kannte. Welche Aussagen über Goethe, das klassische „Erlebnisgedicht" und die Beziehung zwischen Mensch und Natur können Sie in seinem Gedicht erkennen?
   c) Schreiben Sie einen fiktiven Dialog zwischen Goethe und Kunert, in dem deren unterschiedliche Perspektiven deutlich zur Sprache kommen.

▷ S. 19 ff., 36 f.

▷ **FACHARBEIT/REFERAT**

- Informieren Sie sich über Goethes erste drei Jahre in Weimar, z. B. aus dem Roman von Sigrid Damm „Vögel, die verkünden Land" oder aus einer wissenschaftlichen Biografie Goethes. Beschreiben Sie Erfahrungen, Erlebnisse, Ereignisse, die in dem Gedicht „An den Mond" verarbeitet worden sein könnten.
- Die Auseinandersetzung mit dem „bürgerlichen Erbe" der klassischen Literatur gehörte zu den Aufgaben junger Autorinnen und Autoren in der DDR. Informieren Sie sich über die Bedeutung, die in der Kultur der DDR dem „bürgerlichen Erbe" der Weimarer Klassik zugeschrieben wurde, und arbeiten Sie die Prinzipien der „Erbeauseinandersetzung" heraus.

Sophie Mereau

Das Blüthenalter der Empfindung (1794)

Es war Frühling. Ein neues Leben durchflog die Natur, aber mein Herz lieh ihren Schöpfungen nicht mehr die magische Beleuchtung einer lachenden Phantasie. Zertrümmert waren meine Träume; schmerzhaft tönte mein Gefühl in die frohen Harmonien der Schöpfung; vergebens wünschte ich in diesem Meer von Liebe und Freude mich versenken, mich auflösen zu können – mein Herz sog nur neue Nahrung, neue Wünsche und keine Befriedigung in sich. Unstät irrte ich in den Bergen umher, warf mich mit hochschlagendem Herzen in das sprossende Gras, fühlte nicht Ruhe, nicht Ermüdung. Ein einziges Pläzchen nur schien mir Frieden ahnden zu lassen. Es war ein reizendes Thal, das heimlich zwischen Bergen verstekt lag, wo kleine bebuschte Hügel sich sanft über die Ebne strekten. Zauberisch an den Berg gelehnt stand hier eine kleine einsame Hütte, in grüne liebliche Dämmerung gehüllt, und von kleinen Bächen umschlungen. Eine Hirtinn bewohnte sie ganz allein mit ihren Kindern. O! so ein liebes Weib allein wars werth, diesen Himmel zu bewohnen! – Innigst verwebt mit dem Schmelz ihrer Wiese, den Schiksalen ihrer Heerde, dem goldnen Schimmer an den Bergspizzen waren alle ihre Gedanken, ihre Träume; aber o! wie schön, wie rein, wie heilig! Thätigkeit und Ruhe, Menschenliebe und Treue und Wahrheit, alles hatte sie in diesem kleinen Cirkel gelernt und geübt. Gastfreiheit war bei ihr nicht Tugend – nur Natur. [...]
Was dem Denker die *Vernunft* lehrt, übte hier das *Gefühl* in jeder ungekünstelten Aeußerung, jeder anspruchlosen Handlung. Hier entzündete sich die Fakkel meiner Menschenliebe aufs neue, wenn das egoistische Gewebe der Welt sie zu erstikken drohte; hier huldigte ich mit inniger Empfindung der Göttlichen, die in der kunstlosen Wiesenblume, und in den schuldlosen Sitten einer Hirtin so schön sich verherrlicht.

Matthias Claudius

Über Empfindsamkeit (1775)

Du hast Recht, Vetter, es wird in diesen Jahren mit Empfindungen und Rührungen ein Unfug getrieben, dass sich ein ehrlicher Kerl fast schämen muss, gerührt zu sein [...]. Wahre Empfindungen sind eine Gabe Gottes und ein großer Reichtum, Geld und Ehre sind nichts

gegen sie; und darum kann's einem leidtun, wenn die Leute sich und andern was weismachen, dem Spinngewebe der Empfindelei nachlaufen und dadurch aller wahren Empfindung den Hals zuschnüren und Tür und Tor verriegeln.
Will dir also über diese ästhetische Salbaderei und überhaupt über Ernst der Empfindung und seine Gebärde einigen nähern Bericht und Weisung geben, wenigstens zur Beförderung der ästhetischen Ehrlichkeit und dass du auch den Vogel besser kennen mögest: denn so hoch auch die schönen Künste und Wissenschaften getrieben sind, so haben doch Ernst und Kurzweil jedwedes seine eigne Federn.

1. Vergleichen Sie Briefschreiber und Erzähler bei Goethe (▷ S. 270, 272) und Mereau. Notieren Sie dazu die reinen Fakten, die sich den Schilderungen entnehmen lassen, und ordnen Sie diesen dann die unterschiedlichen Aussagen über Empfindungen und Gefühle zu.
2. Beschreiben Sie anhand der Texte dieses Kapitels den gefühlvollen Naturenthusiasmus der Zeit um 1780 und nehmen Sie Stellung zu Matthias Claudius' skeptischem Urteil über die junge Dichtergeneration.
3. Informieren Sie sich in einer Literaturgeschichte über die Folgen des „Werther-Fiebers" und verfassen Sie aus der Sicht eines nüchternen Vertreters der Aufklärung eine Stellungnahme, z. B. einen offenen Brief mit einer Forderung an die Obrigkeit, Verbote auszusprechen und Zensur auszuüben.
4. Stellen Sie in Form einer Wandzeitung dar, wie sich unser Bild von der Natur seit der Sturm-und-Drang-Zeit verändert hat.

Sprache der Vernunft und Sprache des Herzens

Johann Wolfgang Goethe

Die Leiden des jungen Werthers

Schluss. Erste Fassung (1774)

Gegen eilfe fragte Werther seinen Bedienten, ob wohl Albert zurück gekommen sey. Der Bediente sagte: ja er habe dessen Pferd dahin führen sehn. Drauf giebt ihm der Herr ein offenes Zettelgen des Inhalts:
Wollten Sie mir wohl zu einer vorhabenden Reise Ihre Pistolen leihen? Leben Sie recht wohl.
Die liebe Frau hatte die lezte Nacht wenig geschlafen, ihr Blut war in einer fieberhaften Empörung, und tausenderley Empfindungen zerrütteten ihr Herz. Wider ihren Willen fühlte sie tief in ihrer Brust das Feuer von Werthers Umarmungen, und zugleich stellten sich ihr die Tage ihrer unbefangenen Unschuld, des sorglosen Zutrauens auf sich selbst in doppelter Schöne dar, es ängstigten sie schon zum voraus die Blicke ihres Manns, und seine halb verdrüßlich halb spöttische Fragen, wenn er Werthers Besuch erfahren würde; sie hatte sich nie verstellt, sie hatte nie gelogen, und nun sah sie sich zum erstenmal in der unvermeidlichen Nothwendigkeit; der Widerwillen, die Verlegenheit die sie dabey empfand, machte die Schuld in ihren Augen grösser, und doch konnte sie den Urheber davon weder hassen, noch sich versprechen, ihn nie wieder zu sehn. Sie weinte bis gegen Morgen, da sie in einen matten Schlaf versank, aus dem sie sich kaum aufgeraft und angekleidet hatte.

Schluss. Zweite Fassung (1783)

Gegen Eilfe fragte Werther seinen Bedienten, ob wohl Albert zurückgekommen sei? Der Bediente sagte: ja, er habe dessen Pferd dahin führen sehen. Drauf gibt ihm der Herr ein offenes Zettelchen des Inhalts:
„Wollten Sie mir wohl zu einer vorhabenden Reise Ihre Pistolen leihen? Leben Sie recht wohl!"
Die liebe Frau hatte die letzte Nacht wenig geschlafen; was sie gefürchtet hatte, war entschieden, auf eine Weise entschieden, die sie weder ahnen noch fürchten konnte. Ihr sonst so rein und leicht fließendes Blut war in einer fieberhaften Empörung, tausenderlei Empfindungen zerrütteten das schöne Herz. War es das Feuer von Werthers Umarmungen, das sie in ihrem Busen fühlte? War es Unwille über seine Verwegenheit? War es eine unmutige Vergleichung ihres gegenwärtigen Zustandes

mit jenen Tagen ganz unbefangener freier Unschuld und sorglosen Zutrauens an sich selbst? Wie sollte sie ihrem Manne entgegengehen? Wie ihm eine Szene bekennen, die sie so gut gestehen durfte und die sie sich doch zu gestehen nicht getraute? Sie hatten so lange gegeneinander geschwiegen, und sollte sie die erste sein, die das Stillschweigen bräche und eben zur unrechten Zeit ihrem Gatten eine so unerwartete Entdeckung machte? Schon fürchtete sie, die bloße Nachricht von Werthers Besuch werde ihm einen unangenehmen Eindruck machen, und nun gar diese unerwartete Katastrophe! Konnte sie wohl hoffen, daß ihr Mann sie ganz im rechten Lichte sehen, ganz ohne Vorurteil aufnehmen würde? Und konnte sie wünschen, daß er in ihrer Seele lesen möchte? Und doch wieder, konnte sie sich verstellen gegen den Mann, vor dem sie immer wie ein kristallhelles Glas offen und frei gestanden war, und dem sie keine ihrer Empfindungen jemals verheimlicht noch verheimlichen können? Eins und das andre machte ihr Sorgen und setzte sie in Verlegenheit; und immer kehrten ihre Gedanken wieder zu Werthern, der für die verloren war, den sie nicht lassen konnte, den sie leider! sich selbst überlassen mußte, und dem, wenn er sie verloren hatte, nichts mehr übrig blieb.
Wie schwer lagt jetzt, was sie sich in dem Augenblick nicht deutlich machen konnte, die Stockung auf ihr, die sich unter ihnen festgesetzt hatte! So verständige, so gute Menschen fingen wegen gewisser heimlicher Verschiedenheiten untereinander zu schweigen an, jedes dachte seinem Recht und dem Unrechte des andern nach, und die Verhältnisse verwickelten und verhetzten sich dergestalt, daß es unmöglich ward, den Knoten eben in dem kritischen Momente, von dem alles abhing, zu lösen. Hätte eine glückliche Vertraulichkeit sie früher wieder einander näher gebracht, wäre Liebe und Nachsicht wechselsweise unter ihnen lebendig worden und hätte ihre Herzen aufgeschlossen, vielleicht wäre unser Freund noch zu retten gewesen.

1. a) Wie unterscheiden sich die Überlegungen, die Lotte anstellt, in den beiden Fassungen des „Werther"?
   b) Untersuchen Sie besonders die von Goethe neu hinzugefügten Textstellen. Was kann man aus ihnen über Lottes seelische Situation erfahren, was über ihr Bild von Albert und ihr Bild von Werther?
2. Was hat sich sprachlich zwischen den beiden Fassungen geändert? Achten Sie vor allem auf die Begriffe für Gefühle und Beziehungen.

Gotthold Ephraim Lessing

Emilia Galotti (1772)

II. Akt, 6. Szene

CLAUDIA: Was ist dir, meine Tochter? was ist dir?
EMILIA: Nichts, nichts –
CLAUDIA: Und blickest so wild um dich? Und zitterst an jedem Gliede?
EMILIA: Was hab ich hören müssen? Und wo, wo hab ich es hören müssen?
CLAUDIA: Ich habe dich in der Kirche geglaubt –
EMILIA: Eben da! Was ist dem Laster Kirch' und Altar? – Ach, meine Mutter! *(Sich ihr in die Arme werfend.)*
CLAUDIA: Rede, meine Tochter! – Mach meiner Furcht ein Ende. – Was kann dir da, an heiliger Stätte, so Schlimmes begegnet sein?
EMILIA: Nie hätte meine Andacht inniger, brünstiger sein sollen als heute: nie ist sie weniger gewesen, was sie sein sollte.
CLAUDIA: Wir sind Menschen, Emilia. Die Gabe zu beten ist nicht immer in unserer Gewalt. Dem Himmel ist beten wollen auch beten.
EMILIA: Und sündigen wollen auch sündigen.
CLAUDIA: Das hat meine Emilia nicht wollen!
EMILIA: Nein, meine Mutter; so tief ließ mich die Gnade nicht sinken. – Aber dass fremdes Laster uns, wieder unsern Willen, zu Mitschuldigen machen kann!
CLAUDIA: Fasse dich! – Sammle deine Gedanken, soviel dir möglich. – Sag es mir mit eins, was dir geschehen.
EMILIA: Eben hatt' ich mich – weiter von dem Altare, als ich sonst pflege – denn ich kam zu spät –, auf meine Knie gelassen. Eben fing ich an, mein Herz zu erheben: als dicht hinter mir etwas seinen Platz nahm. So dicht hinter mir! – Ich konnte weder vor noch zur Seite rücken –

so gern ich auch wollte; aus Furcht, dass eines andern Andacht mich in meiner stören möchte. – Andacht! das war das Schlimmste, was ich besorgte. – Aber es währte nicht lange, so hört' ich, ganz nah an meinem Ohre – nach einem tiefen Seufzer – nicht den Namen einer Heiligen – den Namen – zürnen Sie nicht, meine Mutter – den Namen Ihrer Tochter! – Meinen Namen! – O dass laute Donner mich verhindert hätten, mehr zu hören! – Es sprach von Schönheit, von Liebe – Es klagte, dass dieser Tag, welcher mein Glück mache – wenn er es anders mache – sein Unglück auf immer entscheide. – Es beschwor mich – hören musst' ich dies alles. Aber ich blickte nicht um; ich wollte tun, als ob ich es nicht hörte. – Was konnt' ich sonst? – Meinen guten Engel bitten, mich mit Taubheit zu schlagen; und wann auch, wenn auch auf immer! – Das bat ich; das war das Einzige, was ich beten konnte. – Endlich ward es Zeit, mich wieder zu erheben. Das heilige Amt ging zu Ende. Ich zitterte, mich umzukehren. Ich zitterte, ihn zu erblicken, der sich den Frevel erlauben dürfen. Und da ich mich umwandte, da ich ihn erblickte –

CLAUDIA: Wen, meine Tochter?

EMILIA: Raten Sie, meine Mutter, raten Sie – Ich glaubte in die Erde zu sinken – Ihn selbst.

CLAUDIA: Wen, ihn selbst?

EMILIA: Den Prinzen.

CLAUDIA: Den Prinzen! – O gesegnet sei die Ungeduld deines Vaters, der eben hier war und dich nicht erwarten wollte!

EMILIA: Mein Vater hier? – und wollte mich nicht erwarten?

CLAUDIA: Wenn du in deiner Verwirrung auch ihn das hättest hören lassen!

EMILIA: Nun, meine Mutter? – Was hätt' er an mir Strafbares finden können?

CLAUDIA: Nichts; ebenso wenig als an mir. Und doch, doch – Ha, du kennest deinen Vater nicht! In seinem Zorne hätt' er den unschuldigen Gegenstand des Verbrechens mit dem Verbrecher verwechselt. In seiner Wut hätt' ich ihm geschienen, das veranlasst zu haben, was ich weder verhindern noch vorhersehen können. – Aber weiter, meine Tochter, weiter! Als du den Prinzen erkanntest – Ich will hoffen, dass du deiner mächtig genug warest, ihm in *einem* Blicke alle die Verachtung zu bezeigen, die er verdienet.

EMILIA: Das war ich nicht, meine Mutter! Nach dem Blicke, mit dem ich ihn erkannte, hatt' ich nicht das Herz, einen zweiten auf ihn zu richten. Ich floh –

CLAUDIA: Und der Prinz dir nach –

EMILIA: Was ich nicht wusste, bis ich in der Halle mich bei der Hand ergriffen fühlte. Und von ihm! Aus Scham musst' ich standhalten: mich von ihm loszuwinden würde die Vorbeigehenden zu aufmerksam auf uns gemacht haben. Das war die einzige Überlegung, deren ich fähig war – oder deren ich nun mich wieder erinnere. Er sprach; und ich hab ihm geantwortet. Aber was er sprach, was ich ihm geantwortet – fällt mir es noch bei, so ist es gut, so will ich es Ihnen sagen, meine Mutter. Jetzt weiß ich von dem allen nichts. Meine Sinne hatten mich verlassen. – Umsonst denk ich nach, wie ich von ihm weg und aus der Halle gekommen. Ich finde mich erst auf der Straße wieder, und höre ihn hinter mir herkommen, und höre ihn mit mir zugleich in das Haus treten, mit mir die Treppe hinaufsteigen – –

CLAUDIA: Die Furcht hat ihren besondern Sinn, meine Tochter! Ich werde es nie vergessen, mit welcher Gebärde du hereinstürztest. – Nein, so weit durfte er nicht wagen, dir zu folgen. – Gott! Gott! wenn dein Vater das wüsste! – Wie wild er schon war, als er nur hörte, dass der Prinz dich jüngst nicht ohne Missfallen gesehen! – Indes, sei ruhig, meine Tochter! Nimm es für einen Traum, was dir begegnet ist. Auch wird es noch weniger Folgen haben als ein Traum. Du entgehest heute mit eins allen Nachstellungen.

EMILIA: Aber, nicht, meine Mutter? Der Graf muss das wissen. Ihm muss ich es sagen.

CLAUDIA: Um alle Welt nicht! – Wozu? warum? Willst du für nichts und wieder für nichts ihn unruhig machen? Und wann er es auch itzt nicht würde: wisse, mein Kind, dass ein Gift, welches nicht gleich wirket, darum kein minder gefährliches Gift ist. Was auf den Liebhaber keinen Eindruck macht, kann ihn auf den Gemahl machen. Den Liebhaber könnt' es sogar schmeicheln, einem so wichtigen Mitbewerber den Rang abzulaufen. Aber wenn er ihm den nun einmal abgelaufen hat: ah! mein Kind – so wird aus dem Liebhaber oft ein ganz anderes Geschöpf. Dein gutes Gestirn behüte dich vor dieser Erfahrung.

EMILIA: Sie wissen, meine Mutter, wie gern ich Ihren bessern Einsichten mich in allem unterwerfe. – Aber, wenn er es von einem andern erführe, dass der Prinz mich heute gesprochen? Würde mein Verschweigen nicht, früh oder spät, seine Unruhe vermehren? – Ich dächte doch, ich behielte lieber vor ihm nichts auf dem Herzen.

CLAUDIA: Schwachheit! verliebte Schwachheit! – Nein, durchaus nicht, meine Tochter! Sag ihm nichts. Lass ihn nichts merken!

EMILIA: Nun ja, meine Mutter! Ich habe keinen Willen gegen den Ihrigen. – Aha! *(Mit einem tiefen Atemzuge.)* Auch wird mir wieder ganz leicht. – Was für ein albernes, furchtsames Ding ich bin! – Nicht, meine Mutter? – Ich hätte mich noch wohl anders dabei nehmen können und würde mir ebenso wenig vergeben haben.

CLAUDIA: Ich wollte dir das nicht sagen, meine Tochter, bevor dir es dein eigner gesunder Verstand sagte. Und ich wusste, er würde dir es sagen, sobald du wieder zu dir selbst gekommen. – Der Prinz ist galant. Du bist die unbedeutende Sprache der Galanterie zu wenig gewohnt. Eine Höflichkeit wird in ihr zur Empfindung, eine Schmeichelei zur Beteurung, ein Einfall zum Wunsche, ein Wunsch zum Vorsatze. Nichts klingt in dieser Sprache wie alles, und alles ist in ihr so viel als nichts.

EMILIA: O meine Mutter! – so müsste ich mir mit meiner Furcht vollends lächerlich vorkommen! – Nun soll er gewiss nichts davon erfahren, mein guter Appiani! Er könnte mich leicht für mehr eitel als tugendhaft halten. – Hui! dass er da selbst kömmt! Es ist sein Gang.

---

1. a) Tragen Sie den dramatischen Dialog mit verteilten Rollen vor.
   b) Charakterisieren Sie das Sprachverhalten von Mutter und Tochter im Hinblick auf „Sprache der Vernunft" und „Sprache des Herzens".
2. a) Schreiben Sie den Bericht der Tochter Emilia und die Argumentation der Mutter Claudia in heutige Sprache um.
   b) Kommentieren Sie die Unterschiede in der Rede von Mutter und Tochter.
3. Welches sind exakt die Erfahrungen, von denen die Tochter spricht, welches die Erfahrungen der Mutter, von denen aus sie rät und urteilt? Was können Sie daraus in Bezug auf die Stellung von Mann und Frau in der bürgerlichen Familie der damaligen Zeit schließen?

Rebellion und Revolution

Franz Kafka

Prometheus (1917)

Von Prometheus berichten vier Sagen: Nach der ersten wurde er, weil er die Götter an die Menschen verraten hatte, am Kaukasus festgeschmiedet, und die Götter schickten Adler, die von seiner immer wachsenden Leber fraßen.

Nach der zweiten drückte sich Prometheus im Schmerz vor den zuhackenden Schnäbeln immer tiefer in den Felsen, bis er mit ihm eins wurde.

Nach der dritten wurde in den Jahrtausenden sein Verrat vergessen, die Götter vergaßen, die Adler, er selbst.

Nach der vierten wurde man des grundlos Gewordenen müde. Die Götter wurden müde, die Adler wurden müde, die Wunde schloss sich müde.

Blieb das unerklärliche Felsgebirge. – Die Sage versucht das Unerklärliche zu erklären. Da sie aus einem Wahrheitsgrund kommt, muss sie wieder im Unerklärlichen enden.

Johann Heinrich Füssli: Der gefesselte Prometheus (1770/71)

Johann Wolfgang Goethe

Prometheus (1774)

Bedecke deinen Himmel, Zeus,
Mit Wolkendunst
Und übe, Knaben gleich,
Der Disteln köpft,
An Eichen dich und Bergeshöhn!
Musst mir meine Erde
Doch lassen stehn,
Und meine Hütte,
Die du nicht gebaut,
Und meinen Herd,
Um dessen Glut
Du mich beneidest.

Ich kenne nichts Ärmer's
Unter der Sonn' als euch Götter.
Ihr nähret kümmerlich
Von Opfersteuern
Und Gebetshauch
Eure Majestät
Und darbtet, wären
Nicht Kinder und Bettler
Hoffnungsvolle Toren.

Da ich ein Kind war,
Nicht wusste, wo aus, wo ein,
Kehrte mein verirrtes Aug'
Zur Sonne, als wenn drüber wär'
Ein Ohr, zu hören meine Klage,
Ein Herz wie meins,
Sich des Bedrängten zu erbarmen.

Wer half mir wider
Der Titanen Übermut?
Wer rettete vom Tode mich,
Von Sklaverei?
Hast du's nicht alles selbst vollendet,
Heilig glühend Herz?
Und glühtest, jung und gut,
Betrogen, Rettungsdank
Dem Schlafenden da droben?

Ich dich ehren? Wofür?
Hast du die Schmerzen gelindert
Je des Beladenen?
Hast du die Tränen gestillet
Je des Geängsteten?

Hat nicht mich zum Manne geschmiedet
Die allmächtige Zeit
Und das ewige Schicksal,
Meine Herrn und deine?

Wähntest du etwa,
Ich sollte das Leben hassen,
In Wüsten fliehn,
Weil nicht alle Knabenmorgen-
Blütenträume reiften?

Hier sitz ich, forme Menschen
Nach meinem Bilde,
Ein Geschlecht, das mir gleich sei,
Zu leiden, weinen,
Genießen und zu freuen sich,
Und dein nicht zu achten,
Wie ich.

1. a) Welches ist Ihrer Meinung nach das zentrale Problem, das Goethe in seiner Hymne „Prometheus“ (▷ S. 279) behandelt? Begründen Sie Ihr Urteil.
   b) Untersuchen Sie die sprachliche Gestaltung des Gedichts.
2. Informieren Sie sich über den Mythos von Prometheus (Lexikon der Antike; *Gustav Schwab:* Sagen des klassischen Altertums, Buch 1) und suchen Sie Erklärungen für die Veränderungen, die Goethe an der Geschichte vornimmt.
3. „Prometheus“ und „Ganymed“ (▷ S. 271) sind immer wieder als zwei sich gegenseitig ergänzende Haltungen Goethes beschrieben worden. Wo sehen Sie Verbindungspunkte, wo Trennungslinien?
4. Vergleichen Sie Goethes Prometheus-Hymne mit der Erschaffung des Menschen in der biblischen Schöpfungsgeschichte (1. Buch Mose): Welche Unterschiede ergeben sich dabei in Bezug auf Gott und die Menschen?
5. Welches Bild des Titanen Prometheus und welches Bild von der Macht der Verhältnisse vermitteln Kafkas „Sagen“?
6. Vergleichen Sie die bildlichen Darstellungen des Prometheus von Goethe (▷ S. 269) und Füssli.

Georg Forster

Schilderung der kurfürstlichen Residenz Mainz (1792)

Georg Forster gehörte zum Kreis der deutschen Jakobiner, die nach dem Einmarsch der französischen Revolutionstruppen ins Rheinland in der kurfürstlichen Residenzstadt Mainz eine Republik ausriefen. Die feudalen Rechte und Privilegien des Adels wurden aufgehoben. 1793 wurde Mainz von preußischem Militär besetzt.

Die Bedürfnisse und der Luxus eines zahlreichen Adels und einer nicht minder zahlreichen Priesterschaft ernähren hier eine ungeheure Menge geschäftiger Müßiggänger, Vermittler oder auch Werkzeuge ihrer Üppigkeit; einen Schwarm von Handwerkern, Krämern, Künstlern, Bedienten und Klienten, die sämtlich in der Person ihrer Herren das Ideal ihrer eigenen Vollkommenheit und das Muster, dem sie nacheifern müssen, erblicken. Wenn Müßiggang und Genuss als die Vorbilder des Volkes an seiner Spitze stehen, müssen nicht in die Länge die Sitten der arbeitenden Klassen sich verschlimmern? Wird nicht ein jeder sich bestreben, des leichten Erwerbs so bald als möglich froh zu werden? Die unbillige und unpolitische Vorliebe mancher Regenten für ihre Residenzstädte trägt ebenfalls zu dieser Erschlaffung das Ihrige bei. Ich nenne sie unbillig, weil man die Stadt nicht schonen kann, ohne den unglücklichen Landmann mit desto schwereren Lasten zu bedrücken; und unpolitisch, weil die Einkünfte des Staats ohne Nachteil der Einwohner beträchtlich erhöht und die Sitten durch rasche Betriebsamkeit geläutert und veredelt werden könnten, wenn man statt dieser Palliative[1] den großen Hauptschaden des Landes heilte und den Handel der Stadt Mainz, wozu die Natur sie bestimmt zu haben scheint, durch zweckmäßige Mittel in Flor[2] zu bringen suchte. Allein auch hier stehen die ausschließenden Vorrechte jener übermütigen Klassen im Wege, deren adeliges Nichtstun, deren tiefe Unwissenheit, deren plumpe Sinnlichkeit einem gutmütigen Volk das verderblichste Beispiel geben. Verzeihen wir ihm also immerhin seine Weichlichkeit, seine Lüsternheit, seine fade Leere, seinen Leichtsinn, solang es im ganzen Leben seiner Herren nur die Abwechslungen der Tafel, des Putzes, des Spiels, der Lustpartien, der Spazierfahrten, der Schauspiele, Konzerte und Tänze, kurz aller der unzulänglichen Mittel, die tödliche Langeweile zu scheuchen – die doch nur der Kunst, sich vernünftig und nützlich zu beschäftigen, weicht – und im ganzen Leben seiner Pfaffen nur die Sorge für den Bauch und für die Befriedigung eines noch mächtiger wirkenden Triebes erblickt.

1 **Palliative:** Linderungsmittel, die aber nicht die Ursache der Krankheit beseitigen

2 **Flor:** Blüte

Friedrich Schiller

Die Räuber (1781)
I. Akt, 2. Szene

Schänke an den Grenzen von Sachsen. Karl von Moor in ein Buch vertieft. Spiegelberg trinkend am Tisch.

KARL VON MOOR *legt das Buch weg*: Mir ekelt vor diesem tintenklecksenden Säkulum[1], wenn ich in meinem Plutarch[2] lese von großen Menschen.

SPIEGELBERG *stellt ihm ein Glas hin und trinkt*: Den Josephus[3] musst du lesen.

MOOR: Der lohe Lichtfunke Prometheus' ist ausgebrannt, dafür nimmt man itzt die Flamme von Bärlappenmehl – Theaterfeuer, das keine Pfeife Tabak anzündet. Da krabbeln sie nun wie die Ratten auf der Keule des Herkules und studieren sich das Mark aus dem Schädel, was das für ein Ding sei, das er in seinen Hoden geführt hat? Ein französischer Abbé[4] doziert, Alexander sei ein Hasenfuß gewesen, ein schwindsüchtiger Professor hält sich bei jedem Wort ein Fläschchen Salmiakgeist vor die Nase und liest ein Kollegium über die *Kraft*. Kerls, die in Ohnmacht fallen, wenn sie einen Buben gemacht haben, kritteln über die Taktik des Hannibals – feuchtohrige Buben fischen Phrases aus der Schlacht bei Cannä und greinen über die Siege des Scipio, weil sie sie exponieren[5] müssen. [...]

Da verrammeln sie sich die gesunde Natur mit abgeschmackten Konventionen, haben das Herz nicht, ein Glas zu leeren, weil sie Gesundheit dazu trinken müssen – belecken den Schuhputzer, dass er sie vertrete bei Ihro Gnaden, und hudeln[6] den armen Schelm, den sie nicht fürchten. Vergöttern sich um ein Mittagessen und möchten einander vergiften um ein Unterbett, das ihnen beim Aufstreich[7] überboten wird. – Verdammen den Sadduzäer[8], der nicht fleißig genug in die Kirche kommt, und berechnen ihren Judenzins am Altare – fallen auf die Knie, damit sie ja ihren Schlamp[9] ausbreiten können – wenden kein Aug von dem Pfarrer, damit sie sehen, wie seine Perücke frisiert ist. – Fallen in Ohnmacht, wenn sie eine Gans bluten sehen, und klatschen in die Hände, wenn ihr Nebenbuhler bankerott von der Börse geht – – So warm ich ihnen die Hand drückte – „Nur noch einen Tag“ – Umsonst! – Ins Loch mit dem Hund! – Bitten! Schwüre! Tränen! *Auf den Boden stampfend:* Hölle und Teufel! [...]

SCHWARZ: Komm mit uns in die böhmischen Wälder! Wir wollen eine Räuberbande sammeln, und du – *Moor stiert ihn an.*

SCHWEIZER: Du sollst unser Hauptmann sein! du musst unser Hauptmann sein!

SPIEGELBERG *wirft sich wild in einen Sessel*: Sklaven und Memmen!

MOOR: Wer blies dir das Wort ein? Höre, Kerl! *Indem er Schwarzen hart ergreift:* Das hast du nicht aus deiner Menschenseele hervorgeholt! Wer blies dir das Wort ein? Ja, bei dem tausendarmigen Tod! das wollen wir, das müssen wir! der Gedanke verdient Vergötterung – Räuber und Mörder! – So wahr meine Seele lebt, ich bin euer Hauptmann!

ALLE *mit lärmendem Geschrei*: Es lebe der Hauptmann!

SPIEGELBERG *aufspringend, vor sich*: Bis ich ihm hinhelfe!

MOOR: Siehe, da fällt's wie der Star von meinen Augen! was für ein Tor ich war, dass ich ins Käfig zurück wollte! – Mein Geist dürstet nach Taten, mein Atem nach Freiheit. – Mörder, Räuber! – mit diesem Wort war das Gesetz unter meine Füße gerollt. – Menschen haben Menschheit vor mir verborgen, da ich an Menschheit appellierte: weg dann von mir Sympathie und menschliche Schonung! – Ich habe keinen Vater mehr, ich habe keine Liebe mehr, und Blut und Tod soll mich vergessen lehren, dass mir jemals etwas teuer war! Kommt, kommt! – O ich will mir eine fürchterliche Zerstreuung machen – es bleibt dabei, ich bin euer Hauptmann! Und Glück zu dem Meister unter euch, der am wildesten sengt, am grässlichsten mordet, denn ich sage euch, er soll königlich belohnet werden. – Tretet her um mich ein jeder und schwöret mir Treu und Gehorsam zu bis in den Tod! – schwört mir das bei dieser männlichen Rechte.

1 **Säkulum:** Jahrhundert
2 **Plutarch** (ca. 40–120 n. Chr.): griech. Schriftsteller
3 **Josephus** (37–100 n. Chr.): jüd. Geschichtsschreiber
4 **Abbé:** Titel der weltlichen Geistlichen in Frankreich
5 **exponieren:** grammatisch erklären und übersetzen
6 **hudeln:** quälen, plagen
7 **Aufstreich:** Versteigerung, Auktion
8 **Sadduzäer:** Angehöriger einer altjüdischen Partei
9 **Schlamp:** Schleppe

Christian Friedrich Daniel Schubart

Die Fürstengruft (1783)

Da liegen sie, die stolzen Fürstentrümmer,
Ehmals die Götzen ihrer Welt!
Da liegen sie, vom fürchterlichen Schimmer
Des blassen Tags erhellt!

Die alten Särge leuchten in der dunklen
Verwesungsgruft wie faules Holz,
Wie matt die großen Silberschilde funkeln!
Der Fürsten letzter Stolz.

Entsetzen packt den Wandrer hier am Haare,
Geußt Schauer über seine Haut,
Wo Eitelkeit, gelehnt an eine Bahre,
aus hohlen Augen schaut.

[...]

Denn ach! hier liegt der edle Fürst! der Gute!
Zum Völkersegen einst gesandt,
Wie der, den Gott zur Nationenrute
Im Zorn zusammenband.

An ihren Urnen weinen Marmorgeister;
Doch kalte Tränen nur von Stein,
Und lachend grub vielleicht ein welscher[1]
Meister
Sie einst dem Marmor ein.

Da liegen Schädel mit verloschnen Blicken,
Die ehmals hoch herabgedroht,
Der Menschheit Schrecken! – Denn an ihrem
Nicken
Hing Leben oder Tod.

Nun ist die Hand herabgefault zum Knochen,
Die oft mit kaltem Federzug
Den Weisen, der am Thron zu laut gesprochen,
In harte Fesseln schlug.

[...]

Vertrocknet und verschrumpft sind die Kanäle,
Drin geiles Blut wie Feuer floss,
Das schäumend Gift der Unschuld in die
Seele,
Wie in den Körper goss.

[...]

Die liegen nun in dieser Schauergrotte
Mit Staub und Würmern zugedeckt,
So stumm, so ruhmlos! – Noch von keinem
Gotte
Ins Leben aufgeweckt.

Weckt sie nur nicht mit eurem bangen Ächzen,
Ihr Scharen, die sie arm gemacht!
Verscheucht die Raben, dass von ihrem
Krächzen
Kein Wütrich hier erwacht!

Hier klatsche nicht des armen Landmanns
Peitsche,
Die nachts das Wild vom Acker scheucht!
An diesem Gitter weile nicht der Deutsche,
Der siech vorüberkeucht!

Hier heule nicht der bleiche Waisenknabe,
Dem ein Tyrann den Vater nahm;
Nie fluche hier der Krüppel an dem Stabe,
Von fremdem Solde lahm.

Damit die Quäler nicht zu früh erwachen;
Seid menschlicher, erweckt sie nicht.
Ha! früh genug wird über ihnen krachen
Der Donner am Gericht.

Wo Todesengel nach Tyrannen greifen,
Wenn sie im Grimm der Richter weckt,
Und ihre Greul zu einem Berge häufen,
Der flammend sie bedeckt.

Ihr aber, bessre Fürsten, schlummert süße
Im Nachtgewölbe dieser Gruft!
Schon wandelt euer Geist im Paradiese,
Gehüllt in Blütenduft.

Jauchzt nur entgegen jenem großen Tage,
Der aller Fürsten Taten wiegt,
Wie Sternenklang tönt euch des Richters
Waage,
Drauf eure Tugend liegt.

Ach, unterm Lispel eurer frohen Brüder –
Ihr habt sie satt und froh gemacht –
Wird eure volle Schale sinken nieder,
Wenn ihr zum Lohn erwacht.

Wie wird's euch sein, wenn ihr vom Sonnen-
throne
Des Richters Stimme wandeln hört:
„Ihr Brüder, nehmt auf ewig hin die Krone,
Ihr seid zu herrschen wert."

1 **welsch:** französisch, italienisch

Gottlieb Konrad Pfeffel

Der freie Mann (1790)

Wer ist ein freier Mann?
Der, dem nur eigner Wille
Und keines Zwingherrn Grille
Gesetze geben kann;
Der ist ein freier Mann.

Wer ist ein freier Mann?
Der das Gesetz verehret,
Nichts tut, was es verwehret,
Nichts will, als was er kann;
Der ist ein freier Mann.

Wer ist ein freier Mann?
Wem seinen hellen Glauben
Kein frecher Spötter rauben,
Kein Priester meistern kann;
Der ist ein freier Mann.

Wer ist ein freier Mann?
Der auch in einem Heiden
Den Menschen unterscheiden,
Die Tugend schätzen kann;
Der ist ein freier Mann.

Wer ist ein freier Mann?
Dem nicht Geburt noch Titel,
Nicht Sammetrock noch Kittel
Den Bruder bergen kann;
Der ist ein freier Mann.

Wer ist ein freier Mann?
Wem kein gekrönter Würger
Mehr, als der Name Bürger
Ihm wert ist, geben kann;
Der ist ein freier Mann.

Wer ist ein freier Mann?
Der, in sich selbst verschlossen,
Der feilen Gunst der Großen
Und Kleinen trotzen kann;
Der ist ein freier Mann.

Wer ist ein freier Mann?
Der fest auf seinem Stande
Auch selbst vom Vaterlande
Den Undank dulden kann;
Der ist ein freier Mann.

Wer ist ein freier Mann?
Der, muss er Gut und Leben
Zum Raub Tyrannen geben,
Doch nichts verlieren kann;
Der ist ein freier Mann.

Wer ist ein freier Mann?
Der bei des Todes Rufe
Keck auf des Grabes Stufe
Und rückwärts blicken kann;
Der ist ein freier Mann.

1. a) Informieren Sie sich über Kosten und Hofhaltung von Versailles im 18. Jahrhundert.
   b) Erläutern Sie Forsters „Schilderung der kurfürstlichen Residenz Mainz“ (▷ S. 280) vor dem historischen Hintergrund der Französischen Revolution.
   c) Vergleichen Sie Forsters Schilderung mit dem 2. Akt, 2. Szene von Friedrich Schillers Drama „Kabale und Liebe“.
2. a) In Schillers „Räubern“ (▷ S. 281) sprechen Moor und seine Freunde über menschliche Größe in Vergangenheit und Gegenwart. Welches sind ihre Urteile und wie begründen sie sie?
   b) Formulieren Sie die Einwände Moors gegen das eigene „tintenklecksende Säkulum“ in Form von Thesen und überlegen Sie, inwieweit das Räuberleben in der damaligen Zeit eine Alternative darstellen konnte.
   c) ▷ **Referat/Facharbeit:** Lesen Sie Schillers Erzählung „Verbrecher aus verlorener Ehre“. Zeigen Sie Parallelen zu der Figur des Karl Moor auf. ▷ S. 19 ff., 36 f.
3. a) Welches sind die Vorwürfe, die der Besucher der Fürstengruft in Schubarts Gedicht (▷ S. 282) den absolutistischen Fürsten gegenüber erhebt?
   b) Informieren Sie sich über Schubarts und Schillers „Landesvater“ Carl Eugen von Württemberg und über dessen Fürstentum in der Zeit vor der Französischen Revolution.
   c) Stellen Sie eine Anklageschrift für ein „Fürstentribunal“ zusammen.
4. a) Formulieren Sie die verschiedenen Begriffe von Freiheit in Pfeffels Gedicht „Der freie Mann“ mit eigenen Worten.
   b) Vergleichen Sie Pfeffels Freiheitsbegriffe mit den heutigen Grund- und Menschenrechten.

Epochenüberblick:
Aufklärung (1720–1800) – Empfindsamkeit (1740–1780) – Sturm und Drang (1765–1785)

Mit der Einsicht, dass der Mensch als Individuum und als denkendes Wesen zu definieren sei („cogito ergo sum" – ich denke, also bin ich), hatte der französische Philosoph RENÉ DESCARTES (1596–1650) der **Aufklärung** eine gedankliche Begründung gegeben. Die Verstandesfähigkeit ist eng mit der Sprachfähigkeit verbunden. Denken und sprechen zu können unterscheidet die menschlichen von anderen Wesen. Beide Fähigkeiten müssen aber gelernt und ausgebildet werden. Die neue bürgerliche Gesellschaft des 18. Jahrhunderts setzte auf Vernunft, Bildung und Erziehung. Klare Begriffe und logisches Denken waren deren Ziel. Mit ihrer Hilfe sollte auch die **Emanzipation** der Menschen aus religiöser dogmatischer Bevormundung vorangetrieben werden. Von dem deutschen Philosophen IMMANUEL KANT (1724–1804) stammt die Aufforderung: „Habe Mut, dich deines eigenen Verstandes zu bedienen."
Die prinzipielle Ausrichtung der bürgerlichen Gesellschaft auf Vernunft und vorurteilsfreie Argumentation führte indes nicht geradlinig in eine bessere Zukunft für alle. Im Gegenteil, Verstand, klare Sprache, logisches Denken und umsichtiges Planen wurden auch zu Formen von Herrschaft und Unterdrückung missbraucht. In den Städten und Kirchen entstanden Rituale und Reglementierungen, an den Fürstenhöfen Verwaltungen, Militär- und Hofzeremonielle, die Abhängigkeiten in höchstem Maße rational ordneten und die dennoch menschenverachtend und unvernünftig waren. Gegen diese Form der Verplanung von Menschen als Soldaten, Beamte oder gewerbetreibende Bürger wandte sich die **bürgerliche Gefühlskultur.** Sie hatte einen religiösen Ursprung. Die dogmatische Enge in den Amtskirchen führte vor allem im Protestantismus zu einer alternativen Art der Frömmigkeit, der Strömung des Pietismus. Das menschliche Herz, die Fähigkeit zu fühlen und zu empfinden, standen im Mittelpunkt. Eine neue Sprache des Herzens entstand, zuerst in Kirchenliedern, dann auch in der weltlichen Literatur der Zeit der **Empfindsamkeit.** Wörter wie „Selbsterfahrung", „Lebensstrom", „Gemütlichkeit", „überfließen", „einschreiben", „zärtlich", „berührt" stammten aus dem Wortschatz des Pietismus. Hinzu kam eine Vielzahl von metaphorischen Verwendungen von Begriffen („Mutter Natur", „Tor des Herzens", „Meer der Empfindungen", „Sturm der Begeisterung") und Wendungen, die der Intensität des Gefühls Ausdruck verliehen.
Die Literatur griff diese Impulse auf und übertrug sie auf die diesseitige Welt der Stimmungen und Leidenschaften. Der junge Goethe schuf aus diesem Arsenal der Gefühlsbegriffe auch neue Wörter, z. B. „Knabenmorgenblütenträume" („Prometheus", ▷ S. 279). Die säkularisierte Empfindsamkeit bildete die Basis der gefühlsbetonten Selbstwahrnehmung der jungen Generation der **Stürmer und Dränger**. Die Kultur der Affekte ist in ihrem Geniekult gebunden an die Fähigkeit herausragender Einzelpersönlichkeiten, Begeisterung (Enthusiasmus) für etwas Bedeutsames, Wertvolles, Großes zu empfinden, die Natur, Liebe und Freundschaft, Poesie und Kunst, das Vaterland oder eine zukünftige, bessere Welt. Der Begriff „Sturm und Drang" stammt vom Titel eines Dramas des Goethe-Freunds MAXIMILIAN KLINGER (1752–1831), in dem sich ein tugendhafter junger Mann kraftgenialisch gegen die verkrustete Gesellschaft der Vätergeneration auflehnt. Er bezeichnet treffend die leidenschaftliche Sprache der Zeit: Übersteigerte Gefühlsausbrüche, revolutionäre Reden gegen das „tintenklecksende Säkulum" (Schiller, ▷ S. 281), auf „Gedankenfreiheit" und „Selbstentfaltung" abzielende philosophische Begriffe wie das „Ursprüngliche", „Schöpferische", die „Kraft" und das „Genie" prägten die Vorstellung vom Menschen als einem „frei handelnden, selbstständigen, gottähnlichen" (JAKOB MICHAEL REINHOLD LENZ, 1751–1792) Wesen. Die Begeisterung der jungen Autoren für antike Helden (Prometheus, Herkules) und für Shakespeares große Dramengestalten, die sich in den eigenen Werken spiegelt, ist eine Folge dieser Konzeption des Menschen als des großen Individuums, des Einzelnen als Persönlichkeit.

Wichtige Autoren und Werke

1750

Gotthold Ephraim Lessing (1729–1781)

Johann Wolfgang Goethe (1749–1832)

Christian Fürchtegott Gellert (1715–1769):
Fabeln und Erzählungen (1746/48)

1760

Friedrich Schiller (1759–1805)

Friedrich Gottlieb Klopstock (1724–1803):
Der Messias (1748–1773)

Gotthold Ephraim Lessing:
Hamburgische Dramaturgie (1767–69)
Minna von Barnhelm (1767)

1770

G. E. Lessing:
Emilia Galotti (1772)

Johann Wolfgang Goethe:
Götz von Berlichingen (1773)
Prometheus (1774)
Ganymed (1774)
Die Leiden des jungen Werthers (1774)

Friedrich Nicolai (1733–1811):
Die Freuden
1775 des jungen Werthers (1775)

Matthias Claudius (1740–1815):
Der Wandsbecker Bote (1771–1775)

Jakob Michael Reinhold Lenz (1751–1792):
Der Hofmeister (1774)
Die Soldaten (1776)

Friedrich Leopold Graf zu Stolberg (1750–1819):
Über die Fülle des Herzens (1778)

G. E. Lessing: Nathan der Weise (1779)

1780 *Christoph Martin Wieland* (1733–1813):
Die Abderiten (1774/80)

Friedrich Schiller:
Die Räuber (1781)
Kabale und Liebe (1784)

Immanuel Kant (1724–1804):
Beantwortung der Frage:
Was ist Aufklärung (1784)

Christian Friedrich Daniel Schubart: (1739–1791)
Die Fürstengruft (1785/86)

Karl Philipp Moritz (1756–1793):
1785 Anton Reiser (1785/90)

Die Ausbildung einer bürgerlichen Kultur in der zweiten Hälfte des 18. Jahrhunderts

- Aufbruch der bürgerlichen Gesellschaft durch Verstandeskultur **(Aufklärung)**
- Entfaltung der bürgerlichen Familien/Freundschaft durch Gefühlskultur **(Empfindsamkeit)**
- Geistige und politische Emanzipation des bürgerlichen Ich-Bewusstseins **(Sturm und Drang)**

2.3 Klassik (1786–1805)

Johann Heinrich Wilhelm Tischbein:
Goethe in der Campagna di Roma (1786/88)

Die Kunst: Freiheit und Gesetz

Friedrich Schiller

Die Teilung der Erde (1795)

„Nehmt hin die Welt!“, rief Zeus von seinen Höhen
Den Menschen zu. „Nehmt, sie soll euer sein!
Euch schenk ich sie zum Erb und ewgen Lehen,
Doch teilt euch brüderlich darein.“

Da eilt, was Hände hat, sich einzurichten,
Es regte sich geschäftig Jung und Alt.
Der Ackermann griff nach des Feldes Früchten,
Der Junker birschte durch den Wald.

Der Kaufmann nimmt, was seine Speicher fassen,
Der Abt wählt sich den edeln Firnewein[1],
Der König sperrt die Brücken und die Straßen
Und sprach: „Der Zehente[2] ist mein.“

Ganz spät, nachdem die Teilung längst geschehen,
Naht der Poet, er kam aus weiter Fern;
Ach! da war überall nichts mehr zu sehen,
Und alles hatte seinen Herrn!

1 **Firnewein:** alter, vorjähriger Wein
2 **Zehent:** steuerähnliche Abgabe auf alle landwirtschaftlichen Produkte (etwa 10%) an den adligen Lehensherrn

„Weh mir! so soll ich denn allein von allen
Vergessen sein, ich, dein getreuster Sohn?“
So ließ er laut der Klage Ruf erschallen
Und warf sich hin vor Jovis'[3] Thron.

„Wenn du im Land der Träume dich verweilet“,
Versetzt der Gott, „so hadre nicht mit mir.
Wo warst du denn, als man die Welt geteilet?“ –
„Ich war“, sprach der Poet, „bei dir.

Mein Auge hing an deinem Angesichte,
An deines Himmels Harmonie mein Ohr –
Verzeih dem Geiste, der, von deinem Lichte
Berauscht, das Irdische verlor!“

„Was tun?“, sprach Zeus. „Die Welt ist weggegeben,
Der Herbst, die Jagd, der Markt ist nicht mehr mein.
Willst du in meinem Himmel mit mir leben:
Sooft du kommst, er soll dir offen sein.“

3 **Jovis:** andere Form für Jupiter, die röm. Entsprechung des Zeus

1. Beschreiben Sie die Rolle, die Schiller dem Dichter in der Welt zuweist.
2. Vergleichen Sie Schillers Verständnis von der Rolle des Dichters mit Wielands Abhandlung „Über Rechte und Pflichten der Schriftsteller“ (▷ S. 263).
3. Grenzen Sie die Dichter-Existenz, wie sie im Sturm und Drang, z. B. in Goethes „Prometheus“ aus dem Jahre 1774 (▷ S. 279), gesehen wird, von Schillers Vorstellungen aus dem Jahre 1795 ab.
4. Welcher Platz gebührt Ihrer Meinung nach aus heutiger Sicht dem Dichter bzw. dem Künstler bei der „Teilung der Erde“?

Friedrich Schiller

Ankündigung der Monatsschrift „Die Horen“ (1794)

Zu einer Zeit, wo das nahe Geräusch des Kriegs[1] das Vaterland ängstiget, wo der Kampf politischer Meinungen und Interessen diesen Krieg beinahe in jedem Zirkel erneuert und nur allzu oft Musen und Grazien[2] daraus verscheucht, wo weder in den Gesprächen noch in den Schriften des Tages vor diesem allverfolgenden Dämon der Staatskritik Rettung ist, möchte es ebenso gewagt als verdienstlich sein, den so sehr zerstreuten Leser zu einer Unterhaltung von ganz entgegengesetzter Art einzuladen. In der Tat scheinen die Zeitumstände einer Schrift wenig Glück zu versprechen, die sich über das Lieblingsthema des Tages ein strenges Stillschweigen auferlegen und ihren Ruhm darin suchen wird, durch etwas anders zu gefallen, als wodurch jetzt alles gefällt. Aber je mehr das beschränkte Interesse der Gegenwart die Gemüter in Spannung setzt, einengt und unterjocht, desto dringender wird das Bedürfnis, durch ein allgemeines und höheres Interesse an dem, was rein menschlich und über allen Einfluss der Zeiten erhaben ist, sie wieder in Freiheit zu setzen und die politisch geteilte Welt unter der Fahne der Wahrheit und Schönheit wieder zu vereinigen.

Dies ist der Gesichtspunkt, aus welchem die Verfasser dieser Zeitschrift dieselbe betrachtet wissen möchten. Einer heitern und leidenschaftfreien Unterhaltung soll sie gewidmet sein, und dem Geist und Herzen des Lesers, den der Anblick der Zeitbegebenheiten bald entrüstet, bald niederschlägt, eine fröhliche Zerstreuung gewähren. Mitten in diesem politischen Tumult soll sie für Musen und Charitinnen[3] einen engen vertraulichen Zirkel schließen, aus welchem alles verbannt sein wird, was mit einem unreinen Parteigeist gestempelt ist. Aber indem sie sich alle Beziehungen auf den jetzigen Weltlauf und auf die nächsten Erwartungen der Menschheit verbietet, wird sie über die vergangene Welt die Geschichte und über die kommende die Philosophie befragen, wird sie zu dem Ideale veredelter Menschheit, welches durch die

1 der 1792 begonnene Krieg der Monarchien Österreich und Preußen gegen das revolutionäre Frankreich

2 **Musen:** griech. Göttinnen der Künste; **Grazien:** röm. Göttinnen der Anmut, Heiterkeit und Lieblichkeit

3 **Charitinnen:** die griech. Entsprechung der röm. Grazien; ▷ Fußnote 2

Vernunft aufgegeben, in der Erfahrung aber so leicht aus den Augen gerückt wird, einzelne Züge sammeln und an dem stillen Bau bessrer Begriffe, reinerer Grundsätze und edlerer Sitten, von dem zuletzt alle wahre Verbesserung des gesellschaftlichen Zustandes abhängt, nach Vermögen geschäftig sein. Sowohl spielend als ernsthaft wird man im Fortgange dieser Schrift dieses einzige Ziel verfolgen, und so verschieden auch die Wege sein mögen, die man dazu einschlagen wird, so werden doch alle, näher oder entfernter, dahin gerichtet sein, wahre Humanität zu befördern. Man wird streben, die Schönheit zur Vermittlerin der Wahrheit zu machen und durch die Wahrheit der Schönheit ein dauerndes Fundament und eine höhere Würde zu geben. Soweit es tunlich ist, wird man die Resultate der Wissenschaft von ihrer scholastischen[4] Form zu befreien und in einer reizenden, wenigstens einfachen, Hülle dem Gemeinsinn verständlich zu machen suchen. Zugleich aber wird man auf dem Schauplatze der Erfahrung nach neuen Erwerbungen für die Wissenschaft ausgehen und da nach Gesetzen forschen, wo bloß der Zufall zu spielen und die Willkür zu herrschen scheint. Auf diese Art glaubt man zur Aufhebung der Scheidewand beizutragen, welche die schöne Welt von der gelehrten zum Nachteile beider trennt, gründliche Kenntnisse in das gesellschaftliche Leben und Geschmack in die Wissenschaft einzuführen.

Man wird sich, soweit kein edlerer Zweck darunter leidet, Mannigfaltigkeit und Neuheit zum Ziele setzen, aber dem frivolen Geschmacke, der das Neue bloß um der Neuheit willen sucht, keineswegs nachgeben. Übrigens wird man sich jede Freiheit erlauben, die mit guten und schönen Sitten verträglich ist.

Wohlanständigkeit und Ordnung, Gerechtigkeit und Friede werden also der Geist und die Regel dieser Zeitschrift sein; die drei schwesterlichen Horen Eunomia, Dike und Irene[5] werden sie regieren. In diesen Göttergestalten verehrte der Grieche die welterhaltende Ordnung, aus der alles Gute fließt, und die in dem gleichförmigen Rhythmus des Sonnenlaufs ihr treffendstes Sinnbild findet. Die Fabel macht sie zu Töchtern der Themis und des Zeus, des Gesetzes und der Macht; des nämlichen Gesetzes, das in der Körperwelt über den Wechsel der Jahreszeiten waltet und die Harmonie in der Geisterwelt erhält.

Die Horen waren es, welche die neugeborene Venus bei ihrer ersten Erscheinung in Cypern empfingen, sie mit göttlichen Gewanden bekleideten und so, von ihren Händen geschmückt, in den Kreis der Unsterblichen führten: eine reizende Dichtung, durch welche angedeutet wird, dass das Schöne schon in seiner Geburt sich unter Regeln fügen muss und nur durch Gesetzmäßigkeit würdig werden kann, einen Platz im Olymp, Unsterblichkeit und einen moralischen Wert zu erhalten. In leichten Tänzen umkreisen diese Göttinnen die Welt, öffnen und schließen den Olymp und schirren die Sonnenpferde an, das belebende Licht durch die Schöpfung zu versenden. Man sieht sie im Gefolge der Huldgöttinnen und in dem Dienst der Königin des Himmels, weil Anmut und Ordnung, Wohlanständigkeit und Würde unzertrennlich sind.

4 **scholastisch,** hier: schulwissenschaftlich-abstrakt

5 **Eunomia, Dike, Irene:** die Göttinnen der gesetzlichen Ordnung (Eunomia), der Gerechtigkeit (Dike) und des Friedens (Irene)

Johann Wolfgang Goethe

Natur und Kunst (1800)

Natur und Kunst, sie scheinen sich zu fliehen
Und haben sich, eh' man es denkt, gefunden;
Der Widerwille ist auch mir verschwunden,
Und beide scheinen gleich mich anzuziehen.

Es gilt wohl nur ein redliches Bemühen!
Und wenn wir erst in abgemessnen Stunden
Mit Geist und Fleiß uns an die Kunst gebunden,
Mag frei Natur im Herzen wieder glühen.

So ist's mit aller Bildung auch beschaffen:
Vergebens werden ungebundne Geister
Nach der Vollendung reiner Höhe streben.

Wer Großes will, muss sich zusammenraffen;
In der Beschränkung zeigt sich erst der Meister,
Und das Gesetz nur kann uns Freiheit geben.

1. a) Arbeiten Sie Parallelen zwischen Schillers „Ankündigung" und Goethes Gedicht „Natur und Kunst" heraus.
   b) Erläutern Sie dann das Verhältnis von Freiheit und Gesetz im Bereich der Kunst.
2. Entwickeln Sie das Literaturprogramm, das sich aus den beiden Texten ableiten lässt: Gehen Sie dabei auf die Inhalte, die Wirkungsabsicht, das Verhältnis zu den Wissenschaften und die Gestaltungsprinzipien der angekündigten Literatur ein.
3. Prüfen Sie, inwiefern formaler Aufbau und sprachliche Gestaltung von Schillers Gedicht „Die Teilung der Erde" (▷ S. 286 f.) und Goethes Gedicht „Natur und Kunst" mit dem neuen Literaturprogramm übereinstimmen.
4. Suchen Sie eine Erklärung für die auffällige Vorliebe in den beiden Texten Schillers für antike Namen und Vorstellungen.

Friedrich Schiller

Idealisierung als Aufgabe des Dichters (1791)

Eine der ersten Erfordernisse des Dichters ist Idealisierung, Veredlung, ohne welche er aufhört, seinen Namen zu verdienen. Ihm kommt es zu, das Vortreffliche seines Gegenstandes (mag dieser nun Gestalt, Empfindung oder Handlung sein, *in* ihm oder *außer* ihm wohnen) von gröbern, wenigstens fremdartigen Beimischungen zu befreien, die in mehrern Gegenständen zerstreuten Strahlen von Vollkommenheit in einem einzigen zu sammeln, einzelne, das Ebenmaß störende Züge der Harmonie des Ganzen zu unterwerfen, das Individuelle und Lokale zum Allgemeinen zu erheben. Alle Ideale, die er auf diese Art im Einzelnen bildet, sind gleichsam nur Ausflüsse eines innern Ideals von Vollkommenheit, das in der Seele des Dichters wohnt. Zu je größerer Reinheit und Fülle er dieses innere allgemeine Ideal ausgebildet hat; desto mehr werden auch jene Einzelnen sich der höchsten Vollkommenheit nähern.

Friedrich Schiller

Johann Joachim Winckelmann

Gedanken über die Nachahmung der griechischen Werke in der Malerei und Bildhauerkunst (1755)

Der gute Geschmack, welcher sich mehr und mehr durch die Welt ausbreitet, hat sich angefangen zuerst unter griechischem Himmel zu bilden. Der Geschmack, den diese Nation ihren Werken gegeben hat, ist ihr eigen geblieben; er hat sich selten weit von Griechenland entfernt, ohne etwas zu verlieren, und unter entlegenen Himmelsstrichen ist er spät bekannt geworden. Und man muss gestehen, dass die Regierung des großen August[1] der eigentliche Zeitpunkt ist, in welchem die Künste, als eine fremde Kolonie, in Sachsen eingeführt worden. Unter seinem Nachfolger sind dieselben diesem Lande eigen geworden, und durch sie wird der gute Geschmack allge-

1 **August** (1526–1586): Kurfürst von Sachsen (1553 bis 1586), dessen Reichspolitik auf die Erhaltung des Friedens gerichtet war. Er förderte Industrie und Handel, ordnete Verwaltung, Münzwesen und Gesetzgebung, sorgte für Kirche und Schule und gründete die Dresdner Kunstsammlung.

mein. Die reinsten Quellen der Kunst sind geöffnet: Glücklich ist, wer sie findet und schmeckt. Diese Quellen suchen heißt nach Athen reisen; und Dresden wird nunmehr Athen für Künstler.

Der einzige Weg für uns, groß, ja, wenn es möglich ist, unnachahmlich zu werden, ist die Nachahmung der Alten, und was jemand vom Homer[2] gesagt, dass derjenige ihn bewundern lernt, der ihn wohl verstehen gelernt, gilt auch von den Kunstwerken der Alten, sonderlich der Griechen. Die Kenner und Nachahmer der griechischen Werke finden in ihren Meisterstücken nicht allein die schönste Natur, sondern noch mehr als Natur, das ist gewisse idealische Schönheiten derselben, die, wie uns ein alter Ausleger des Plato[3] lehrt, von Bildern, bloß im Verstande entworfen, gemacht sind. Die sinnliche Schönheit gab dem Künstler die schöne Natur, die idealische Schönheit die erhabenen Züge; von jener nahm er das Menschliche, von dieser das Göttliche. Ich glaube, ihre Nachahmung könne lehren, geschwinder klug zu werden, weil sie hier in dem einen den Inbegriff desjenigen findet, was in der ganzen Natur ausgeteilt ist, und in dem anderen, wie weit die schönste Natur sich über sich selbst, kühn, aber weislich, erheben kann. Sie wird lehren, mit Sicherheit zu denken und zu entwerfen, indem sie hier die höchsten Grenzen des menschlich und zugleich des göttlich Schönen bestimmt sieht. Die edle Einfalt und stille Größe der griechischen Statuen ist zugleich das wahre Kennzeichen der griechischen Schriften aus den besten Zeiten, der Schriften aus Sokrates'[4] Schule.

Alle Künste haben einen gedoppelten Endzweck: Sie sollen vergnügen und zugleich unterrichten. Der Pinsel, den der Künstler führt, soll in Verstand getunkt sein, wie jemand von dem Schreibgriffel des Aristoteles[5] gesagt hat: Er soll mehr zu denken hinterlassen, als was er dem Auge gezeigt, und dieses wird der Künstler erhalten, wenn er seine Gedanken in Allegorien nicht verstecken, sondern einzukleiden gelernt hat. Hat er einen Vorwurf[6], den er selbst gewählt oder der ihm gegeben worden, welcher dichterisch gemacht oder zu machen ist, so wird ihn seine Kunst begeistern und wird das Feuer, welches Prometheus[7] den Göttern raubte, in ihm erwecken. Der Kenner wird zu denken haben, und der bloße Liebhaber wird es lernen.

Gottfried Schadow: Büste von Auguste Wilhelmine Amalie Luise, Kronprinzessin von Preußen (1803)
Prinzessin Luise (1776–1810) galt als intelligente künftige First Lady Preußens. Napoleon suchte ihr Gespräch; in ihrem Staat wirkten Scharnhorst und Gneisenau, Kant und Fichte, Kleist und Humboldt. Als Anhängerin der klassizistischen Ideale lehnte sie in ihrer Wohnungseinrichtung den damals in Fürstenhäusern noch üblichen barocken Prunk ab und schuf sich einen bürgerlich schlichten Lebensraum.

2 **Homer:** griech. Dichter (8. Jahrhundert v. Chr.), dem die „Ilias" und die „Odyssee" zugeschrieben werden
3 **Platon:** griech. Philosoph (427–347 v. Chr.), Schüler des Sokrates
4 **Sokrates:** griech. Philosoph (470–399 v. Chr.)
5 **Aristoteles:** griech. Philosoph (384–322 v. Chr.), Schüler des Platon
6 **Vorwurf:** Thema, Gegenstand
7 **Prometheus:** Im griech. Mythos ein Titanensohn und Halbgott, der aus Ton Menschen bildete und ihnen das Feuer brachte, das Zeus den Menschen vorenthielt. Zur Strafe ließ Zeus ihn an einen Felsen des Kaukasus schmieden. (▷ S. 278 f.).

1. Vergleichen Sie Schillers Auffassung von der Dichtung (▷ S. 289) mit derjenigen Winckelmanns von der bildenden Kunst.
2. Wie begründet Winckelmann die Notwendigkeit der Nachahmung griechischer Kunstwerke?
3. Stellen Sie Beispiele antiker Bildhauerkunst im Unterricht vor und erläutern Sie die Wirkung auf den Betrachter.
4. a) Erörtern Sie am Beispiel der Büste Schadows die Funktion der Nachahmung der Antike für die Gesellschaft um 1800.
   b) Schreiben Sie einen fiktiven Brief an Schadow, in dem Sie zu seiner Kunstauffassung aus einer Realismus- oder Gegenwartsposition kritisch Stellung nehmen.

Der Strom als Symbol: Zwei Gedichte Goethes

Johann Wolfgang Goethe

Mahomets-Gesang[1] (1772/73)

Seht den Felsenquell
Freudehell,
Wie ein Sternenblick!
Über Wolken
Nährten seine Jugend
Gute Geister
Zwischen Klippen im Gebüsch.

Jünglingfrisch
Tanzt er aus der Wolke
Auf die Marmorfelsen nieder,
Jauchzet wieder
Nach dem Himmel.

Durch die Gipfelgänge
Jagt er bunten Kieseln nach,
Und mit frühem Führertritt
Reißt er seine Bruderquellen
Mit sich fort.

Drunten werden in dem Tal
Unter seinem Fußtritt Blumen,
Und die Wiese
Lebt von seinem Hauch.

Doch ihn hält kein Schattental,
Keine Blumen,
Die ihm seine Knie umschlingen,
Ihm mit Liebesaugen schmeicheln;
Nach der Ebne dringt sein Lauf,
Schlangewandelnd.
Bäche schmiegen
Sich gesellig an.
Nun tritt er
In die Ebne silberprangend,
Und die Ebne prangt mit ihm,
Und die Flüsse von der Ebne
Und die Bäche von Gebürgen
Jauchzen ihm und rufen: Bruder,
Bruder, nimm die Brüder mit,
Mit zu deinem alten Vater,
Zu dem ew'gen Ozean,
Der mit weit verbreit'ten Armen
Unsrer wartet;
Die sich, ach, vergebens öffnen,
Seine Sehnenden zu fassen;
Denn uns frisst in öder Wüste
Gier'ger Sand,
Die Sonne droben
Saugt an unserm Blut,
Ein Hügel
Hemmet uns zum Teiche.
Bruder,
Nimm die Brüder von der Ebne,
Nimm die Brüder von Gebürgen
Mit, zu deinem Vater mit!

Kommt ihr alle! –
Und nun schwillt er
Herrlicher, ein ganz Geschlechte
Trägt den Fürsten hoch empor,
Und im rollenden Triumphe
Gibt er Ländern Namen, Städte
Werden unter seinem Fuß.

Unaufhaltsam rauscht er über,
Lässt der Türme Flammengipfel,
Marmorhäuser, eine Schöpfung
Seiner Fülle, hinter sich.

1 **Mahomets-Gesang:** Mohammeds-Gesang; das Gedicht stellt aber nicht Mohammeds Lehre dar, sondern sein Wirken als religiöses Genie.

Zedernhäuser trägt der Atlas
Auf den Riesenschultern, sausend
Wehen über seinem Haupte
Tausend Segel auf zum Himmel
Seine Macht und Herrlichkeit.

Und so trägt er seine Brüder,
Seine Schätze, seine Kinder
Dem erwartenden Erzeuger
Freudebrausend an das Herz.

Johann Wolfgang Goethe

Mächtiges Überraschen

(1807/08)

Ein Strom entrauscht umwölktem Felsensaale,
Dem Ozean sich eilig zu verbinden;
Was auch sich spiegeln mag von Grund zu Gründen;
Er wandelt unaufhaltsam fort zu Tale.

Dämonisch aber stürzt mit einem Male –
Ihr folgen Berg und Wald in Wirbelwinden –
Sich Oreas[1], Behagen dort zu finden,
Und hemmt den Lauf, begrenzt die weite Schale.

Die Welle sprüht und staunt zurück und weichet
Und schwillt bergan, sich immer selbst zu trinken;
Gehemmt ist nun zum Vater hin das Streben.

Sie schwankt und ruht, zum See zurückgedeichet;
Gestirne, spiegelnd sich, beschaun das Blinken
Des Wellenschlags am Fels, ein neues Leben.

1 **Oreas:** Bergnymphe, personifiziert den Berg

1. a) Beschreiben Sie, wie in den beiden Gedichten Goethes das Bild des Stroms entwickelt wird.
   b) Deuten Sie das Symbol des Stroms in beiden Gedichten und versuchen Sie, das jeweilige Welt- und Lebensverständnis zu erfassen.
2. Setzen Sie in beiden Gedichten Form und Inhalt in Beziehung zueinander.
3. Tragen Sie beide Gedichte in Ihrem Kurs vor. Vergleichen Sie die Wirkung und tauschen Sie sich darüber aus, welches Gedicht Sie stärker anspricht.

„Edel sei der Mensch …"

Johann Wolfgang Goethe

Wilhelm Meisters Lehrjahre

(1795/96)

Auszug aus einem Erziehungs- und Bildungsroman

In einem Brief an seinen Schwager Werner begründet Wilhelm Meister seinen Entschluss, sich einer Theatertruppe anzuschließen.

Dass ich dir's mit einem Worte sage, mich selbst, ganz wie ich da bin, auszubilden, das war dunkel von Jugend auf mein Wunsch und meine Absicht. Noch hege ich eben diese Gesinnungen, nur dass mir die Mittel, die mir es möglich machen werden, etwas deutlicher sind. Ich habe mehr Welt gesehen, als du glaubst, und sie besser benutzt, als du denkst. Schenke deswegen dem, was ich sage, einige Aufmerksamkeit, wenn es gleich nicht ganz nach deinem Sinne sein sollte.

Wäre ich ein Edelmann, so wäre unser Streit bald abgetan; da ich aber nur ein Bürger bin, so muss ich einen eigenen Weg nehmen, und ich wünsche, dass du mich verstehen mögest. Ich weiß nicht, wie es in fremden Ländern ist, aber in Deutschland ist nur dem Edelmann eine gewisse allgemeine, wenn ich sagen darf personelle Ausbildung möglich. Ein Bürger kann sich Verdienst erwerben und zur höchsten Not seinen Geist ausbilden; seine Persönlichkeit geht aber verloren, er mag sich stellen,

Johann Wolfgang Goethe

wie er will. Indem es dem Edelmann, der mit den Vornehmsten umgeht, zur Pflicht wird, sich selbst einen vornehmen Anstand zu geben, indem dieser Anstand, da ihm weder Tür noch Tor verschlossen ist, zu einem freien Anstand wird, da er mit seiner Figur, mit seiner Person, es sei bei Hofe oder bei der Armee, bezahlen muss: so hat er Ursache, etwas auf sie zu halten, und zu zeigen, dass er etwas auf sie hält. Eine gewisse feierliche Grazie bei gewöhnlichen Dingen, eine Art von leichtsinniger Zierlichkeit bei ernsthaften und wichtigen kleidet ihn wohl, weil er sehen lässt, dass er überall im Gleichgewicht steht. Er ist eine öffentliche Person, und je ausgebildeter seine Bewegungen, je sonorer seine Stimme, je gehaltner und gemessener sein ganzes Wesen ist, desto vollkommner ist er. Wenn er gegen Hohe und Niedre, gegen Freunde und Verwandte immer ebenderselbe bleibt, so ist nichts an ihm auszusetzen, man darf ihn nicht anders wünschen. Er sei kalt, aber verständig; verstellt, aber klug. Wenn er sich äußerlich in jedem Momente seines Lebens zu beherrschen weiß, so hat niemand eine weitere Forderung an ihn zu machen, und alles Übrige, was er an und um sich hat, Fähigkeit, Talent, Reichtum, alles scheinen nur Zugaben zu sein.

Nun denke dir irgendeinen Bürger, der an jene Vorzüge nur einigen Anspruch zu machen gedächte; durchaus muss es ihm misslingen, und er müsste desto unglücklicher werden, je mehr sein Naturell ihm zu jener Art zu sein Fähigkeit und Trieb gegeben hätte.

Wenn der Edelmann im gemeinen Leben gar keine Grenzen kennt, wenn man aus ihm Könige oder königähnliche Figuren erschaffen kann; so darf er überall mit einem stillen Bewusstsein vor seinesgleichen treten; er darf überall vorwärts dringen, anstatt dass dem Bürger nichts besser ansteht als das reine stille Gefühl der Grenzlinie, die ihm gezogen ist. Er darf nicht fragen: Was bist du?, sondern nur: Was hast du? Welche Einsicht, welche Kenntnis, welche Fähigkeit, wie viel Vermögen? Wenn der Edelmann durch die Darstellung seiner Person alles gibt, so gibt der Bürger durch seine Persönlichkeit nichts und soll nichts geben. Jener darf und soll scheinen; dieser soll nur sein, und was er scheinen will, ist lächerlich und abgeschmackt. Jener soll tun und wirken, dieser soll leisten und schaffen; er soll einzelne Fähigkeiten ausbilden, um brauchbar zu werden, und es wird schon vorausgesetzt, dass in seinem Wesen keine Harmonie sei, noch sein dürfe, weil er, um sich auf eine Weise brauchbar zu machen, alles Übrige vernachlässigen muss.

An diesem Unterschiede ist nicht etwa die Anmaßung der Edelleute und die Nachgiebigkeit der Bürger, sondern die Verfassung der Gesellschaft selbst schuld; ob sich daran einmal etwas ändern wird und was sich ändern wird, bekümmert mich wenig; genug, ich habe, wie die Sachen jetzt stehen, an mich selbst zu denken, und wie ich mich selbst und das, was mir ein unerlässliches Bedürfnis ist, rette und erreiche.

Ich habe nun einmal gerade zu jener harmonischen Ausbildung meiner Natur, die mir meine Geburt versagt, eine unwiderstehliche Neigung. Ich habe, seit ich dich verlassen, durch Leibesübung viel gewonnen; ich habe viel von meiner gewöhnlichen Verlegenheit abgelegt und stelle mich so ziemlich dar. Ebenso habe ich meine Sprache und Stimme ausgebildet, und ich darf ohne Eitelkeit sagen, dass ich in Gesellschaften nicht missfalle. Nun leugne ich dir nicht, dass mein Trieb täglich unüberwindlicher wird, eine öffentliche Person zu sein und in einem weitern Kreise zu gefallen und zu wirken. Dazu kömmt meine Neigung zur Dichtkunst und zu allem, was mit ihr in Verbindung steht, und das Bedürfnis, meinen Geist und Geschmack auszubilden, damit ich nach und nach auch bei dem Genuss, den ich nicht entbehren kann, nur das Gute wirklich für gut und das Schöne für schön halte. Du siehst wohl, dass das alles für mich nur auf dem Theater zu finden ist und dass ich mich in diesem einzigen Elemente nach Wunsch rühren und ausbilden kann. Auf den Brettern erscheint der gebildete Mensch so gut persönlich in seinem Glanz als in den obern Klassen; Geist und Körper müssen bei jeder Bemühung gleichen Schritt gehen, und ich werde da so gut sein und scheinen können als irgend anderswo. Suche ich daneben noch Beschäftigungen, so gibt es dort mechanische Quälereien genug, und ich kann meiner Geduld tägliche Übung verschaffen.

1. Machen Sie sich den Gedankengang Wilhelm Meisters klar, indem Sie folgendes Schaubild möglichst genau ausfüllen:

Ziel des Lebens: …

Problem, dies Ziel zu erreichen: …

Entwicklung eines Adligen:	***Entwicklung eines Bürgers:***
■ …	■ …
■ …	■ …

Möglichkeit, das Problem zu lösen: …

2. Beurteilen Sie heutige Bildungseinrichtungen und Bildungsgänge im Hinblick auf Wilhelm Meisters Lebensziel. Bedenken Sie dabei auch die Möglichkeit, für die er sich am Ende entscheidet.

Johann Wolfgang Goethe

Iphigenie. IV, 1 (1786)

Iphigenie, eine Gestalt der griechischen Mythologie, ist in Goethes Drama nach Tauris verschlagen worden, wo Fremde nach alter Sitte der Göttin Diana geopfert werden. König Thoas schenkt Iphigenie aber das Leben. Eines Tages erscheinen Orest, der Bruder Iphigenies, und sein Freund Pylades auf Tauris. Sie wollen Iphigenie heim nach Athen holen und außerdem das Götterbildnis der Diana stehlen, weil sie ein Orakel missverstanden haben. Damit ihr Fluchtplan gelingt, soll Iphigenie den ihr sehr zugetanen König Thoas belügen und täuschen. Nach den antiken Vorstellungen müsste Iphigenie unbedingt den Bruder schützen und sich dem vermeintlichen Orakelspruch beugen, als modern denkender Mensch hat sie moralisch selbstständig zwischen Lüge und Wahrheit zu entscheiden.

IPHIGENIE:
Denken die Himmlischen
Einem der Erdgebornen
Viele Verwirrungen zu,
Und bereiten sie ihm
Von der Freude zu Schmerzen
Und von Schmerzen zur Freude
Tief erschütternden Übergang:
Dann erziehen sie ihm
In der Nähe der Stadt,
Oder am fernen Gestade,
Dass in Stunden der Not
Auch die Hilfe bereit sei,
Einen ruhigen Freund.
O segnet, Götter, unseren Pylades
Und was er immer unternehmen mag!
Er ist der Arm des Jünglings in der Schlacht,

Des Greises leuchtend Aug' in der
Versammlung:
Denn seine Seel' ist stille; sie bewahrt
Der Ruhe heil'ges unerschöpftes Gut,
Und den Umhergetriebenen reichet er
Aus ihren Tiefen Rat und Hilfe. Mich
Riss er vom Bruder los; den staunt' ich an
Und immer wieder an, und konnte mir
Das Glück nicht eigen machen, ließ ihn nicht
Aus meinen Armen los, und fühlte nicht
Die Nähe der Gefahr, die uns umgibt.
Jetzt gehn sie, ihren Anschlag auszuführen,
Der See zu, wo das Schiff mit den Gefährten,
In einer Bucht versteckt, aufs Zeichen lauert,
Und haben kluges Wort mir in den Mund
Gegeben, mich gelehrt, was ich dem König
Antworte, wenn er sendet und das Opfer
Mir dringender gebietet. Ach! ich sehe wohl,
Ich muss mich leiten lassen wie ein Kind.
Ich habe nicht gelernt, zu hinterhalten,
Noch jemand etwas abzulisten. Weh!
O weh der Lüge! Sie befreiet nicht,
Wie jedes andre, wahr gesprochne Wort,
Die Brust; sie macht uns nicht getrost, sie ängstet
Den, der sie heimlich schmiedet, und sie kehrt,
Ein losgedruckter Pfeil, von einem Gotte
Gewendet und versagend, sich zurück
Und trifft den Schützen. Sorg' auf Sorge schwankt
Mir durch die Brust. Es greift die Furie[1]
Vielleicht den Bruder auf dem Boden wieder
Des ungeweihten Ufers grimmig an.
Entdeckt man sie vielleicht? Mich dünkt, ich höre
Gewaffnete sich nahen! – Hier! – Der Bote
Kommt von dem Königе mit schnellem Schritt.
Es schlägt mein Herz, es trübt sich meine Seele,
Da ich des Mannes Angesicht erblicke,
Dem ich mit falschem Wort begegnen soll.

1 **Furien**: antike Rachegöttinnen

1. a) Machen Sie sich den Konflikt Iphigenies klar: Zeigen Sie auf, welche Konsequenzen mit ihren beiden Entscheidungsmöglichkeiten verbunden sind.
   b) Untersuchen Sie, welche Argumente Iphigenie für ihr Handeln anführt.
   c) Diskutieren Sie, welche Entscheidung Sie selbst an Iphigenies Stelle getroffen hätten. Reflektieren Sie dabei insbesondere, welche Wertvorstellungen für Ihre Entscheidung leitend sind.
2. Besetzen Sie die Rollen der Iphigenie, ihres Bruders Orest sowie des Königs Thoas und spielen Sie in kurzen Szenen verschiedene Lösungsmöglichkeiten des Konflikts in der Klasse durch.
3. Informieren Sie sich über das Schicksal Iphigenies in der griechischen Mythologie und in Goethes Drama.

Johann Wolfgang Goethe/Friedrich Schiller

Epigramme[1] (1788–1805)

Das Höchste
Suchst du das Höchste, das Größte? Die Pflanze kann es dich lehren:
Was sie willenlos ist, sei du es wollend – das ists!

Aufgabe
Keiner sei gleich dem andern, doch gleich sei jeder dem Höchsten.
Wie das zu machen? Es sei jeder vollendet in sich.

Schöne Individualität
Einig sollst du zwar sein, doch *eines* nicht mit dem Ganzen,
Durch die Vernunft bist du eins, einig mit ihm durch das Herz.
Stimme des Ganzen ist deine Vernunft, dein Herz bist du selber,
Wohl dir, wenn die Vernunft immer im Herzen dir wohnt.

Würde des Menschen
Nichts mehr davon, ich bitt euch. Zu essen gebt ihm, zu wohnen,
Habt ihr die Blöße bedeckt, gibt sich die Würde von selbst.

1 **Epigramm:** Spruchdichtung in Distichen (▷ S. 223)

1. Schreiben Sie die Epigramme (▷ S. 295) in kurze Prosatexte mit eigenen Worten um.
2. Welches der Epigramme spricht Sie am stärksten an? Begründen Sie Ihre Entscheidung.

Johann Wolfgang Goethe

Das Göttliche (1783)

Edel sei der Mensch,
Hilfreich und gut!
Denn das allein
Unterscheidet ihn
Von allen Wesen,
Die wir kennen.

Heil den unbekannten
Höhern Wesen,
Die wir ahnen!
Ihnen gleiche der Mensch!
Sein Beispiel lehr uns
jene glauben.

Denn unfühlend
Ist die Natur:
Es leuchtet die Sonne
Über Bös' und Gute,
Und dem Verbrecher
Glänzen wie dem Besten
Der Mond und die Sterne.
Wind und Ströme,
Donner und Hagel
Rauschen ihren Weg
Und ergreifen
Vorübereilend
Einen um den andern.

Auch so das Glück
Tappt unter die Menge,
Fasst bald des Knaben
Lockige Unschuld,
Bald auch den kahlen
Schuldigen Scheitel.

Nach ewigen, ehrnen,
Großen Gesetzen
Müssen wir alle
Unseres Daseins
Kreise vollenden.

Nur allein der Mensch
Vermag das Unmögliche:
Er unterscheidet,
Wählet und richtet;
Er kann dem Augenblick
Dauer verleihen.

Er allein darf
Den Guten lohnen,
Den Bösen strafen,
Heilen und retten,
Alles Irrende, Schweifende
Nützlich verbinden.

Und wir verehren
Die Unsterblichen,
Als wären sie Menschen,
Täten im Großen,
Was der Beste im Kleinen
Tut oder möchte.

Der edle Mensch
Sei hilfreich und gut!
Unermüdet schaff er
Das Nützliche, Rechte,
Sei uns ein Vorbild
Jener geahneten Wesen!

Friedrich Hölderlin

Hyperions Schicksalslied (1797)

Ihr wandelt droben im Licht
Auf weichem Boden, selige Genien!
Glänzende Götterlüfte
Rühren euch leicht,
Wie die Finger der Künstlerin
Heilige Saiten.

Schicksallos, wie der schlafende
Säugling, atmen die Himmlischen;
Keusch bewahrt
In bescheidener Knospe,
Blühet ewig
Ihnen der Geist,
Und die seligen Augen
Blicken in stiller
Ewiger Klarheit.

Doch uns ist gegeben,
Auf keiner Stätte zu ruhn,
Es schwinden, es fallen
Die leidenden Menschen
Blindlings von einer
Stunde zur andern,
Wie Wasser von Klippe
Zu Klippe geworfen,
Jahrlang ins Ungewisse hinab.

1. Vergleichen Sie Goethes und Hölderlins Gedicht in ihrem Aufbau und ihrer Aussage. Prüfen Sie insbesondere die verwendete Begrifflichkeit.
2. Beschreiben Sie die Form der beiden Gedichte und überprüfen Sie, inwiefern sie der Balance zwischen Freiheit und Gesetzmäßigkeit entspricht, die in der Literaturprogrammatik der Klassik gefordert wird (▷ Abschnitt „Die Kunst: Freiheit und Gesetz", S. 286 ff.).

Epochenleitbilder

	Aufklärung ⟷	*Sturm und Drang*
Mensch:	*der aufgeklärte, tugendhaft lebende Mensch*	*der „große Kerl“, der titanische Rebell (Prometheus)*
Gesellschaft:	*Toleranz im Zusammenleben; Abschaffung absolutistischer Willkür; Ziel: vernünftige Verfassung, die das Zusammenleben verbindlich regelt*	*radikale Freiheit für die Entfaltung des Individuums; Ziel: Umsturz der bestehenden gesellschaftlichen Ordnung*
Kunst/Literatur:	*Prodesse et delectare (nützen/belehren und erfreuen); der Künstler als Lehrer im Dienst der Aufklärung, der sich an alle Menschen wendet*	*„Originalwerke“ schaffen, um die Schöpferkraft des Genies auszuleben*
Natur:	*vernünftig eingerichtete Maschinerie, die es zu studieren und zu nützen gilt*	*unendlich schöpferische, gottgleiche Potenz, die nur verehrt werden kann und dem Genie als Vorbild dient*
prägende Kraft:	*Vernunft*	*Gefühl*

Klassik

Mensch:	*die allseits gebildete Persönlichkeit, die sich in den Dienst des Ganzen stellt*
...	*...*
	...

1. Vervollständigen Sie die Darstellung der Epochenleitbilder und kennzeichnen Sie dann das Verhältnis, in dem die drei Epochen zueinander stehen.
2. Überprüfen Sie die Leitbilder der drei Epochen im Hinblick auf die heutige Zeit.
   a) Welche Aspekte halten Sie aus heutiger Sicht noch für vorbildlich?
   b) Welche Leitvorstellungen der damaligen Zeit sehen Sie als überholt an?

Epochenüberblick: Klassik (1786–1805)

Jede europäische Nationalliteratur hat ihre klassische Phase. Man versteht darunter die Periode, in der in dichter Fülle und reicher Entfaltung Werke von Rang erscheinen, die prägende Wirkung auf die Kultur des Landes und internationales Ansehen gewinnen. Diese Zeiten eines literarischen Höhenkamms fallen in den verschiedenen Ländern in ganz unterschiedliche Epochen. In Italien ist es die Renaissance mit ihren Nachwirkungen (1300–1600), eingerahmt von den Dichtern DANTE und TASSO; in England ist es das sog. Elisabethanische Zeitalter (16. Jahrhundert) mit dem alles überragenden WILLIAM SHAKESPEARE; in Frankreich schließlich ist es das 17. Jahrhundert um das Dreigestirn CORNEILLE, RACINE und MOLIÈRE. Die deutsche Klassik weicht von den genannten europäischen Pendants auf dreifache Weise ab: Sie kommt mit deutlicher zeitlicher Verzögerung, sie umfasst nur einen sehr kurzen Zeitraum, nämlich den von 1786 (GOETHES Italienreise, die zu dessen Neuentdeckung der Antike führte) bis 1805 (Tod

SCHILLERS), und sie bleibt auf die Werke dieser beiden Autoren beschränkt. Gleichzeitig entstandene Produkte anderer Schriftsteller (WIELAND, HÖLDERLIN, JEAN PAUL, KLEIST) werden von der Literaturgeschichtsschreibung in der Regel der ▷ Aufklärung oder der ▷ Romantik zugeordnet. Aber auch das Frühwerk Goethes und Schillers, das zum ▷ Sturm und Drang gehört, ebenso wie das Spätwerk Goethes fallen nicht unter die Klassik und ihr Literaturkonzept, das die beiden Dichter in zeitweiliger Zusammenarbeit in Weimar entwickelten.

▷ S. 260 ff., 299 ff., 269 ff.

In deutlicher Abkehr von ihren Sturm-und-Drang-Idealen hießen die neuen Wertmaßstäbe: **Maß, Gesetz** und **Formstrenge.** Der Natur-, Gefühls- und Geniekult wurde aufgegeben zu Gunsten einer Neuorientierung auf Vernunft, Selbstzucht und sittliche Läuterung des Menschen hin. Die allseits gebildete, alle humanen Kräfte und Fähigkeiten harmonisch in Einklang bringende Persönlichkeit im Dienste der gesamten Menschheit schwebte den Klassikern als Ergebnis ihrer literarischen Bildungsarbeit vor. Ihr ästhetisches Programm war, wie das der Aufklärung, Erziehungsprogramm, aber nicht im Sinne direkt belehrender Ansprache an Verstand und Einsicht zur Erweiterung der Kenntnisse und zur Anleitung vernünftigen Handelns. Vielmehr ging es darum, das vollendet **Schöne** zu formen, weil durch die Anschauung des wahrhaft Schönen der Mensch zum **Wahren** und **Guten,** zur Veredelung seiner Denkungsart und seines Charakters gelangt. Schönheit wird als Harmonie zwischen dem Sinnlichen, das der Triebwelt zugehört, und dem Gesetz der Vernunft, das Freiheit bedeutet, verstanden. Es geht in den Werken der Klassik nicht um die Abbildung der Lebenswirklichkeit, um Wiedergabe eines gemütserregenden Erlebnisses, aber auch nicht um die kunstreiche Einkleidung eines Lehrsatzes oder einer Moral, sondern es geht um die Wahrheit. Sie erfährt der Mensch nach klassischer Theorie, wenn er in der sinnlich wahrnehmbaren individuellen Erscheinung durch künstlerische Gestaltung das Allgemeine erkennt, wenn andererseits dem Allgemeinen, also der Idee oder einem Prinzip, durch die individuelle Gestalt des sinnlich erfahrbaren Kunstwerks Leben verliehen wird.

Die Vorbilder für die Harmonie vollendeter künstlerischer Gestaltung sahen die deutschen Klassiker in den Werken der griechischen Antike. Die freien Rhythmen und die auf individuellen Ausdruck bedachte Prosasprache des Sturm und Drang wich metrisch regelmäßig gebauten Versen und einer nach strengen Kunstgesetzen durchformten Sprache.

Die Abwendung von der Wirklichkeit hin zum Reich der Utopie des ewig Wahren, Guten und Schönen und das Konzept der ästhetischen Erziehung zur Veredelung des individuellen Charakters hatte einen ganz wesentlichen Grund in der Enttäuschung über die von Gewalt und Krieg geprägte Entwicklung der Französischen Revolution, deren Beginn die bürgerlichen deutschen Dichter mit Interesse und Anteilnahme verfolgt hatten. In einer politischen Umwälzung solcher Art vermochten sie kein Heil mehr für die durchaus als bedrückend empfundenen gesellschaftlichen Verhältnisse in Deutschland zu sehen.

Wichtige Autoren und Werke

Johann Wolfgang Goethe (1749–1832): Iphigenie auf Tauris; Egmont; Torquato Tasso; Faust. Erster und zweiter Teil (Dramen); Wilhelm Meisters Lehrjahre; Wilhelm Meisters Wanderjahre; Die Wahlverwandtschaften (Romane); Reineke Fuchs (Tierepos in Versen); Aus meinem Leben. Dichtung und Wahrheit (autobiografische Schrift); Gedichte

Friedrich Schiller (1759–1805): Don Karlos, Infant von Spanien; Wallenstein-Trilogie; Maria Stuart; Die Jungfrau von Orleans; Wilhelm Tell (Dramen); Gedichte; Über die ästhetische Erziehung des Menschen, in einer Reihe von Briefen (philosophische Abhandlung)

2.4 Romantik (1795–1840)

„Das hat mit ihrem Singen …“ – Dichtung und Musik der Romantik

Ich weiß nicht, was soll es bedeuten

Text: Heinrich Heine
Musik: Friedrich Silcher

Heinrich Heine

Ich weiß nicht, was soll es bedeuten
(1823/24)

Ich weiß nicht, was soll es bedeuten,
Dass ich so traurig bin;
Ein Märchen aus alten Zeiten,
Das kommt mir nicht aus dem Sinn.

Die Luft ist kühl und es dunkelt,
Und ruhig fließt der Rhein;
Der Gipfel des Berges funkelt
Im Abendsonnenschein.

Die schönste Jungfrau sitzet
Dort oben wunderbar;
Ihr goldnes Geschmeide blitzet,
Sie kämmt ihr goldenes Haar.

Sie kämmt es mit goldenem Kamme
Und singt ein Lied dabei;
Das hat eine wundersame,
Gewaltige Melodei.

Den Schiffer im kleinen Schiffe
Ergreift es mit wildem Weh;
Er schaut nicht die Felsenriffe,
Er schaut nur hinauf in die Höh.

Ich glaube, die Wellen verschlingen
Am Ende Schiffer und Kahn;
Und das hat mit ihrem Singen
Die Lore-Ley getan.

1. a) Erproben Sie einen angemessenen Vortrag des Gedichts von Heine (▷ S. 299) in Ihrer Klasse und besprechen Sie die Wirkung der Vorträge.
   b) Untersuchen Sie den inhaltlichen Aufbau, die Rolle des lyrischen Ichs und die Form des Gedichts im Hinblick auf dessen Wirkung.
2. a) Erarbeiten Sie in Ihrem Kurs eine gesangliche Darbietung mit oder ohne Instrumentalbegleitung oder hören Sie sich eine solche Darbietung auf Tonträger an.
   b) Was leisten Vertonung und musikalische Darbietung des Gedichts?
3. Von Heines „Lore-Ley" existieren über 80 Vertonungen, die wiederum Hunderte von Bearbeitungen erfahren haben. Stellen Sie Vermutungen darüber an, warum sich dieses Lied im In- und Ausland solcher Beliebtheit erfreut.
4. ▷ **Facharbeit/Referat:** ▷ S. 19 36
   - Erarbeiten Sie das Lore-Ley-Motiv in Dichtung, Kunst und Musik.
   - Untersuchen Sie den Undine-Stoff, der dem Lore-Ley-Motiv verwandt ist. Beziehen Sie sich im Schwerpunkt auf die Erzählung „Undine" (1811) von Friedrich de La Motte Fouqué.

Erstinformationen zu beiden Themen finden Sie in:

Elisabeth Frenzel: Stoffe der Weltliteratur. Kröner, 9. Aufl., Stuttgart 1998

Joseph von Eichendorff

Mondnacht (1837)

Es war, als hätt' der Himmel
Die Erde still geküsst,
dass sie im Blütenschimmer
von ihm nun träumen müsst.

Die Luft ging durch die Felder,
die Ähren wogten sacht,
es rauschten leis die Wälder,
so sternklar war die Nacht.

Und meine Seele spannte
Weit ihre Flügel aus,
flog durch die stillen Lande,
als flöge sie nach Haus.

Caspar David Friedrich: Mann und Frau in Betrachtung des Mondes (um 1824)

Musik: Robert Schumann

Wolfgang Hufschmidt

Schumanns Vertonung von Eichendorffs „Mondnacht“ (1986)

Das Gedicht „Mondnacht“ beginnt so: „Es war, als hätt' der Himmel die Erde still geküsst“. Was ist gemeint? Himmel und Erde tun so, als ob sie zwei Menschen wären. Unschwer zu erraten, wer von beiden der Mann und wer die Frau ist, wenn man weiterliest: „Dass sie im Blütenschimmer von ihm nun träumen müsst“. *Er* – der Himmel – küsst *sie* – die Erde –, *sie* träumt von *ihm, er* ist oben, *sie* ist unten. [...] Die Berührung zwischen beiden ist – für den Betrachter – der Horizont. Dieser Begriff ist gemeint, wird aber nicht genannt. Ausgedrückt durch diese Metapher aber wird etwas, was der Begriff „Horizont“ *so* nicht ausdrücken kann, eine schimmernde Konturlosigkeit, eine zärtliche Berührung von zwei „Welten“, die gemeinhin scharf voneinander getrennt sind. Exponiert wird in dem Gedicht „Mondnacht“ die spezifische Stimmung einer „Entgrenzung“, von jeher Voraussetzung für die Fähigkeit des Menschen, seine irdische Existenz zu „transzendieren“.

So weit zunächst zum Text. Wie reagiert die Musik auf dieses Bild, wie beantwortet der Komponist Schumann die Metapher des Dichters? Der Klaviersatz beginnt, indem der zunächst tiefste und der zunächst höchste Ton der Komposition, ihre Rahmentöne, unvermittelt nebeneinandergesetzt werden. Die Vermittlung dieser beiden Rahmentöne erfolgt durch eine sanft sich abwärts neigende Figur, die nach zwei Takten eine Oktave tiefer wiederholt wird. Die Bewegung durchmisst den Tonraum von oben nach unten und mündet in Takt 5 in den Ton *h*, das *h* des Anfangs, nun aber drei Oktaven höher. In Takt 6 kommt der Ton *cis* hinzu, das *cis* des Anfangs, nun jedoch eine Oktave tiefer. Schumann beantwortet die Metapher des Textes mit einer Tonraumkomposition. Es entsteht eine Art musikalischer Geometrie, die man nachzeichnen könnte. Der Horizont, die Linie, wo Himmel und Erde sich berühren, liegt relativ hoch, wenn man ihn z. B. mit der Horizont-Darstellung in Kinderzeichnungen vergleicht: drei Viertel des Bildformats Erde und ein Viertel Himmel.

Die „Poesie“ der Metapher aber, die spezifische „Zärtlichkeit“ der Berührung drückt Schumann durch ein klangsinnliches Element aus. Die für den Klavierbegleitsatz so charakteristische Dissonanz der dichten großen Sekunde ist „Reibung“ – Berührung im sinnlichsten Sinne des Wortes.

▷ S. 98 ff.

1. Fertigen Sie eine möglichst umfassende ▷ Interpretation von Eichendorffs Gedicht „Mondnacht“ an.
2. Untersuchen Sie anhand der Partitur und einer Darbietung auf Tonträger Schumanns Vertonung des Gedichts. Sie können dabei auch auf Hufschmidts Kommentar zurückgreifen.
3. Beschreiben Sie, welche Funktionen die Musik in den Vertonungen der Gedichte Heines und Eichendorffs hat.

FÄCHERVERBINDENDER PROJEKTVORSCHLAG DEUTSCH – MUSIK

Untersuchen Sie das Verhältnis von Literatur und Musik zur Zeit der Romantik. Beziehungen lassen sich unter anderem auf folgenden Gebieten entdecken:

- Biografien von Dichtern und Musikern: Gibt es Doppelbegabungen bzw. Interessen an der jeweils anderen Kunstform?
- Bedeutung von Musik und Musikern in literarischen Werken der Zeit: Wie häufig und in welcher Absicht wird Musik thematisiert? Wo treten Musiker in Erscheinung und welche Rolle spielen sie?
- Vertonung von literarischen Texten: Welche Gedichte sind vertont worden und welche anderen Werke der Literatur regten zu Musikproduktionen, zum Beispiel Opern, an?
- Literaturtheorie und Musiktheorie: Lassen sich Übereinstimmungen in der Wirkungsabsicht, in der Vorliebe für bestimmte Genres und Formen, in der Wahl der Inhalte und in den Gestaltungsweisen feststellen?

FÄCHERVERBINDENDER PROJEKTVORSCHLAG DEUTSCH – MUSIK – KUNST

Führen Sie einen Romantik-Abend in Form eines Multi-Media-Programms durch. Erstellen Sie eine Dia-Serie von romantischen Bildern zu verschiedenen Motiven; sammeln Sie auf Kassette verschiedene Beispiele romantischer Musik und/oder studieren Sie Live-Beiträge auf diesem Gebiet ein; üben Sie den Vortrag bzw. die szenische Darbietung literarischer Texte aus der Zeit der Romantik; kombinieren Sie dann die verschiedenen Elemente zu einer Revue aus Wort, Musik und Bild.

Sehnsucht: Ein romantisches Zentralmotiv

Joseph von Eichendorff

Sehnsucht (1834)

Es schienen so golden die Sterne,
Am Fenster ich einsam stand
Und hörte aus weiter Ferne
Ein Posthorn im stillen Land.
Das Herz mir im Leib entbrennte,
Da hab ich mir heimlich gedacht:
Ach, wer da mitreisen könnte
In der prächtigen Sommernacht!

Zwei junge Gesellen gingen
Vorüber am Bergeshang,
Ich hörte im Wandern sie singen
Die stille Gegend entlang:
Von schwindelnden Felsenschlüften,
Wo die Wälder rauschen so sacht,
Von Quellen, die von den Klüften
Sich stürzen in die Waldesnacht.

Sie sangen von Marmorbildern,
Von Gärten, die überm Gestein
In dämmernden Lauben verwildern,
Palästen im Mondenschein,
Wo die Mädchen am Fenster lauschen,
Wann der Lauten Klang erwacht
Und die Brunnen verschlafen rauschen
In der prächtigen Sommernacht. –

Caspar David Friedrich:
Frau am Fenster (1822)

Joseph von Eichendorff

Aus dem Leben eines Taugenichts
(1826)

Erstes Kapitel

Das Rad an meines Vaters Mühle brauste und rauschte schon wieder recht lustig, der Schnee tröpfelte emsig vom Dache, die Sperlinge zwitscherten und tummelten sich dazwischen; ich saß auf der Türschwelle und wischte mir den Schlaf aus den Augen; mir war so recht wohl in dem warmen Sonnenscheine. Da trat der Vater aus dem Hause; er hatte schon seit Tagesanbruch in der Mühle rumort und die Schlafmütze schief auf dem Kopfe, der sagte zu mir: „Du Taugenichts! da sonnst du dich schon wieder und dehnst und reckst dir die Knochen müde, und lässt mich alle Arbeit allein tun. Ich kann dich hier nicht länger füttern. Der Frühling ist vor der Tür, geh auch einmal hinaus in die Welt und erwirb dir selber dein Brot." – „Nun", sagte ich, „wenn ich ein Taugenichts bin, so ist's gut, so will ich in die Welt gehen und mein Glück machen." Und eigentlich war mir das recht lieb, denn es war mir kurz vorher selber eingefallen, auf Reisen zu gehen, da ich die Goldammer, welche im Herbst und Winter immer betrübt an unserm Fenster sang: „Bauer, miet mich, Bauer, miet mich!", nun in der schönen Frühlingszeit wieder ganz stolz und lustig vom Baume rufen hörte: „Bauer, behalt deinen Dienst!" – Ich ging also in das Haus hinein und holte meine Geige, die ich recht artig spielte, von der Wand, mein Vater gab mir noch einige Groschen Geld mit auf den Weg und so schlenderte ich durch das lange Dorf hinaus. Ich hatte recht meine heimliche Freude, als ich da alle meine alten Bekannten und Kameraden rechts und links, wie gestern und vorgestern und immerdar, zur Arbeit hinausziehen, graben und pflügen sah, während ich so in die freie Welt hinausstrich. Ich rief den armen Leuten nach allen Seiten recht stolz und zufrieden Adjes zu, aber es kümmerte sich eben keiner sehr darum. Mir war es wie ein ewiger Sonntag im Gemüte. Und als ich endlich ins freie Feld hinauskam, da nahm ich meine liebe Geige vor, und spielte und sang, auf der Landstraße fortgehend:

„Wem Gott will rechte Gunst erweisen,
Den schickt er in die weite Welt,
Dem will er seine Wunder weisen
In Berg und Wald und Strom und Feld.

Die Trägen, die zu Hause liegen,
Erquicket nicht das Morgenrot,
Sie wissen nur vom Kinderwiegen,
Von Sorgen, Last und Not um Brot.

Die Bächlein von den Bergen springen,
Die Lerchen schwirren hoch vor Lust,
Was sollt ich nicht mit ihnen singen
Aus voller Kehl und frischer Brust?

Den lieben Gott lass ich nur walten;
Der Bächlein, Lerchen, Wald und Feld
Und Erd und Himmel will erhalten,
Hat auch mein' Sach' aufs Best' bestellt!"

Indem, wie ich mich so umsehe, kömmt ein köstlicher Reisewagen ganz nahe an mich heran, der mochte wohl schon einige Zeit hinter mir dreingefahren sein, ohne dass ich es merkte, weil mein Herz so voller Klang war, denn es ging ganz langsam, und zwei vornehme Damen steckten die Köpfe aus dem Wagen und hörten mir zu. Die eine war besonders schön und jünger als die andere, aber eigentlich gefielen sie mir alle beide. Als ich nun aufhörte zu singen, ließ die ältere stillhalten und redete mich holdselig an: „Ei, lustiger Gesell, Er weiß ja recht hübsche Lieder zu singen." Ich nicht zu faul dagegen: „Ew. Gnaden aufzuwarten, wüsst ich noch viel schönere." Darauf fragte sie mich wieder: „Wohin wandert Er denn schon so am frühen Morgen?" Da schämte ich mich, dass ich das selber nicht wusste, und sagte dreist: „Nach Wien"; nun sprachen beide miteinander in einer fremden Sprache, die ich nicht verstand. Die jüngere schüttelte einige Mal mit dem Kopfe, die andere lachte aber in einem fort und rief mir endlich zu: „Spring Er nur hinten mit auf, wir fahren auch nach Wien." Wer war froher als ich! Ich machte eine Reverenz und war mit einem Sprunge hinter dem Wagen, der Kutscher knallte und wir flogen über die glänzende Straße fort, dass mir der Wind am Hut pfiff.

Hinter mir gingen nun Dorf, Gärten und Kirchtürme unter, vor mir neue Dörfer, Schlösser und Berge auf; unter mir Saaten, Büsche und Wiesen bunt vorüberfliegend, über mir unzählige Lerchen in der klaren blauen Luft – ich schämte mich, laut zu schreien, aber innerlichst jauchzte ich und strampelte und tanzte auf dem Wagentritt herum, dass ich bald meine Geige verloren hätte, die ich unterm Arme hielt. Wie aber denn die Sonne immer höher stieg, rings am Horizont schwere weiße Mittagswolken aufstiegen, und alles in der Luft und auf der weiten Fläche so leer und schwül und still wurde über den leise wogenden Kornfeldern, da fiel mir erst wieder mein Dorf ein und mein Vater und unsere Mühle, wie es da so heimlich kühl war an dem schattigen Weiher, und dass nun alles so weit, weit hinter mir lag. Mir war dabei so kurios zu Mute, als müsste ich wieder umkehren; ich steckte meine Geige zwischen Rock und Weste, setzte mich voller Gedanken auf den Wagentritt hin und schlief ein.

1. Arbeiten Sie heraus, welche Motive in den beiden Texten Eichendorffs und dem Gemälde C. D. Friedrichs (▷ S. 303) eine Rolle spielen.
2. Vergleichen Sie das Wandern bzw. Reisen in den romantischen Texten mit heutigen Touristik-Vorstellungen. Berücksichtigen Sie dabei u. a. folgende Aspekte: Bild der Natur, Darstellung des Reisenden, Vorstellungen vom Glück in der Ferne.
3. a) „Fernweh“ – „Heimweh“ – „Sehnsucht“: Versuchen Sie die drei Gefühlsbegriffe möglichst genau zu definieren. Suchen Sie dazu möglichst viele Belegstellen zum Gebrauch dieser Begriffe. Schlagen Sie auch in Wörterbüchern nach, z. B. im Grimm'schen Wörterbuch.
   b) Überlegen Sie, warum das Fernweh und die Sehnsucht im Gefühlskult der Romantiker eine so zentrale Bedeutung hatten.
4. a) Fertigen Sie eine umfassende und detaillierte Schilderung der Welt an, aus der der Taugenichts aufbricht.
   b) Stellen Sie Vermutungen über das weitere Schicksal des Taugenichts an und beschaffen Sie sich dann Informationen über den Inhalt von Eichendorffs Erzählung.
   c) Entwerfen Sie kontrastiv eine Handlungsskizze, die auf romantische Motive verzichtet, z. B. als Vorlage für eine aktualisierende Verfilmung.

Rahel Varnhagen von Ense

Aus einem Brief an eine Freundin (1816)

So ist das Leben; es will nicht alles passen, drum müsste *alles* frei sein. Wie Vögel; Luft und Futter; einen Todesschuss, wenn es sein muss; aber keinen Titel, keine Pflicht, keinen Namen, kein Amt, keine Delikatesse[1]. Weil nur noch *Bequemlichkeit, Sorglosigkeit* und *Freiheit,* Einsamkeit – wenn ich will – mit einbegriffen für mich *existiert!* – – Und, *Pauline,* ich *könnte* glücklich sein: ich weiß es. Nicht durch ein bestimmtes Glück, eine Liebe, einen Menschen, sondern durch ungestörten Frieden, und durch andere *leben sehen.* Kränkungen gibt's nicht mehr, nur gêne und ennui[2]. Wer so Natur und Welt kennt wie wir, wer alles so vorher weiß, wer sich so über Ungewöhnliches *nicht* wundert, und wem das Gewöhnliche ewig fort so rätselhaft erscheint und zur Beschäftigung wird; wer so Grünes sieht und liebt, wer so geliebt hat oder geliebt worden ist; wer so die Einsamkeit nicht mehr ertragen kann, und nicht *entbehren*; wer das *lächerlich* große Los gefunden hat auf Eine zu treffen, die ebenso sieht und innerlich ist, bei den *verschiedensten* Gaben, welches nur noch amüsanter ist; wer so alle Naturereignisse, die unserer Vernunft wie Unsinn dünken müssen, für möglich hält: Was kann der, als mit Einem leben, der auch so ist.

Rahel Varnhagen von Ense

1 **Delikatesse,** hier: Feinfühligkeit in gesellschaftlichen Fragen
2 **gêne und ennui:** (Geld-)Verlegenheit und Langeweile

Bettina von Arnim

Aus einem Brief an Goethes Mutter (um 1806)

Wir lasen zusammen den *Werther* und sprachen viel über den Selbstmord; sie[1] sagte: „Recht viel lernen, recht viel fassen mit dem Geist, und dann früh sterben: ich mag's nicht erleben, dass mich die Jugend verlässt." Wir lasen vom Jupiter Olymp des Phidias[2], dass die Griechen von dem sagten, der Sterbliche sei um das Herrlichste betrogen, der die Erde verlasse, ohne ihn gesehen zu haben. Die Günderode sagte, wir müssen ihn sehen, wir wollen nicht zu den Unseligen gehören, die so die Erde verlassen. Wir machten ein Reiseprojekt, wir erdachten unsre Wege und Abenteuer, wir schrieben alles auf, wir malten alles aus, unsre Einbildung war so geschäftig, dass wir's in der Wirklichkeit nicht besser hätten erleben können: oft lasen wir in dem erfundenen Reisejournal und freuten uns der allerliebsten Abenteuer, die wir drin erlebt hatten, und die Erfindung wurde gleichsam zur Erinnerung, deren Beziehungen sich noch in der Gegenwart fortsetzten. Von dem, was sich in der Wirklichkeit ereignete, machten wir uns keine Mitteilungen; das Reich, in dem wir zusammentrafen, senkte sich herab wie eine Wolke, die sich öffnete, um uns in ein verborgenes Paradies aufzunehmen; da war alles neu, überraschend, aber passend für Geist und Herz; und so vergingen die Tage.

1 **Karoline von Günderode** (1780–1806), Schriftstellerin und Freundin Bettina von Arnims
2 **Phidias:** griech. Bildhauer der Antike; eines seiner Hauptwerke: Zeus von Olympia

Karoline von Günderode

Der Kuss im Traume (1802)

Es hat ein Kuss mir Leben eingehaucht,
Gestillet meines Busens tiefstes Schmachten.
Komm, Dunkelheit! mich traulich zu umnachten,
Dass neue Wonne meine Lippe saugt.

In Träume war solch Leben eingetaucht,
Drum leb ich, ewig Träume zu betrachten,
Kann aller andern Freuden Glanz verachten,
Weil nur die Nacht so süßen Balsam haucht.

Der Tag ist karg an liebesüßen Wonnen,
Es schmerzt mich seines Lichtes eitles Prangen
Und mich verzehren seiner Sonne Gluten.

Drum birg dich Aug' dem Glanze ird'scher Sonnen
Hüll dich in Nacht, sie stillet dein Verlangen
Und heilt den Schmerz, wie Lethes[1] kühle Fluten.

1 **Lethe:** Fluss der Unterwelt im griech. Mythos, aus dem die Seelen Vergessen trinken

Karoline von Gründerode

1. Vergleichen Sie Briefauszüge und Gedicht der drei Autorinnen (▷ S. 305 f.) u. a. unter folgenden Aspekten: Schreibweise, Gefühlswelt der Sprecherinnen, Stand der Emanzipation, Bezug zur Romantik.
2. Erörtern Sie, ob die Gefühle, die in diesen Texten deutlich werden, mit dem Sehnsuchtsmotiv in den Eichendorff-Texten (▷ S. 303 ff.) übereinstimmen.
3. a) Beschaffen Sie sich Informationen über das Leben der drei Autorinnen und versuchen Sie so ein Bild von der Situation literarisch tätiger Frauen in der ersten Hälfte des 19. Jahrhunderts zu gewinnen.
   b) Verfassen Sie aus der Sicht einer der drei Autorinnen einen fiktiven Tagebucheintrag. Verdeutlichen Sie darin das Lebenskonzept der Autorin.

Das Kunstprogramm der Romantik

Joseph von Eichendorff

Wünschelrute (1835)

Schläft ein Lied in allen Dingen,
Die da träumen fort und fort,
Und die Welt hebt an zu singen,
Triffst du nur das Zauberwort.

Novalis
(Georg Philipp Friedrich von Hardenberg)

Wenn nicht mehr Zahlen und Figuren (1800)

Wenn nicht mehr Zahlen und Figuren
Sind Schlüssel aller Kreaturen,
Wenn die, so singen oder küssen,
Mehr als die Tiefgelehrten wissen,
Wenn sich die Welt ins freie Leben,
Und in die Welt wird zurückbegeben,
Wenn dann sich wieder Licht und Schatten
Zu echter Klarheit werden gatten,
Und man in Märchen und Gedichten
Erkennt die ew'gen Weltgeschichten,
Dann fliegt vor Einem geheimen Wort
Das ganze verkehrte Wesen fort.

1. Interpretieren Sie das Gedicht von Eichendorff, indem Sie Titel und Inhalt in Beziehung setzen.
2. Untersuchen sie den Aufbau des Gedichts von Novalis und schreiben sie dann Kommentare zu den einzelnen Aussagen, in denen Sie diese möglichst genau erläutern.
3. Verfassen Sie, ausgehend von den beiden Gedichten, ein romantisches Literatur-Manifest, in dem Sie darlegen, was Dichtung ist und wie sie entsteht. Beziehen Sie die folgenden „Stimmen der Zeit" in Ihre Überlegungen mit ein.

Stimmen der Zeit

Religion ist Sinn und Geschmack fürs Unendliche. Die religiösen Gefühle sollen wie eine heilige Musik alles Tun des Menschen begleiten; er soll alles mit Religion tun, nichts aus Religion.
Friedrich Schleiermacher (Philosoph und Theologe)

Der wesentliche Sinn des Lebens ist Gefühl. Zu fühlen, dass wir sind, und sei es durch den Schmerz. Es ist die „sehnsuchtsvolle Leere", die uns dazu treibt, zu spielen – zu kämpfen – zu reisen – zum leidenschaftlichen Tun.
Lord Byron (engl. Schriftsteller)

Die Kunst selbst ist Religion.
Karl Friedrich Schinkel (Baumeister)

Woher sollen wir nun aber Kraft schöpfen im Zustande tiefster Entkräftung? Woher die menschliche Stärke gegen den Alles lähmenden Druck einer Zivilisation, welche den Menschen vollkommen verleugnet; gegen den Übermut einer Kultur, welche den menschlichen Geist nur als Dampfkraft der Maschine verwendet? Woher das Licht zur Erleuchtung jenes herrschenden, grausamen Aberglaubens, dass jene Zivilisation, jene Kultur an sich mehr wert seien, als der wirkliche lebendige Mensch? Dass der Mensch nur als Werkzeug jener gebietenden abstrakten Mächte Wert und Geltung habe, nicht an sich und als Mensch?
Wo der gelehrte Arzt kein Mittel mehr weiß, da wenden wir uns endlich verzweifelnd wieder an – *die Natur*. Die Natur, und nur die Natur kann auch die Entwirrung des großen Weltgeschickes allein vollbringen.
Richard Wagner (Komponist)

Ist es doch, als ob jeder Baum zu mir spräche auf dem Lande: Heilig, heilig! Im Walde Entzücken! Wer kann alles ausdrücken?
Allmächtiger im Walde! Ich bin selig, glücklich im Wald: jeder Baum spricht durch dich. O Gott! welche Herrlichkeit! In einer solchen Waldgegend, in den Höhen ist Ruhe, Ruhe, ihm zu dienen.

Ludwig van Beethoven (Komponist)

Müßiggang, Müßiggang! du bist die Lebensluft der Unschuld und der Begeisterung; dich atmen die Seligen, und selig ist, wer dich hat und hegt, du heiliges Kleinod! einziges Fragment von Gottähnlichkeit, das uns noch aus dem Paradiese blieb.
Der Fleiß und der Nutzen sind die Todesengel mit dem feurigen Schwert, welche dem Menschen die Rückkehr ins Paradies verwehren. Nur mit Gelassenheit und Sanftmut, in der heiligen Stille der echten Passivität kann man sich an sein ganzes Ich erinnern, und die Welt und das Leben anschauen.

Friedrich Schlegel (Philosoph und Schriftsteller)

In jedem Kinde liegt eine wunderbare Tiefe.

Robert Schumann (Komponist)

So vertritt die Kunst allemal die Gottheit, und das menschliche Verhältnis zu ihr ist Religion; was wir durch die Kunst erwerben, das ist von Gott, göttliche Eingebung, die den menschlichen Befähigungen ein Ziel steckt, was er erreicht.

Bettina von Arnim (Schriftstellerin)

Ich möchte all diese Kultur im Stich lassen, und mich zu dem simplen Schweizerhirten ins Gebirge hinflüchten, und seine Alpenlieder, wonach er überall das Heimweh bekommt, mit ihm spielen.

Wilhelm Heinrich Wackenroder (Schriftsteller)

Das ist die Gewalt der Liebe, dass alles Wirklichkeit ist, was vorher Traum war, und dass ein göttlicher Geist dem in der Liebe Erwachten das Leben erleuchte.

Bettina von Arnim (Schriftstellerin)

Die Vollkommenheit der Maschinen, die hier überall angewendet werden und so viele menschliche Verrichtungen übernommen, hatte für mich etwas Unheimliches; dieses künstliche Getriebe von Rädern, Stangen, Zylindern und tausenderlei kleinen Häkchen, Stiftchen und Zähnchen, die sich fast leidenschaftlich bewegen, erfüllte mich mit Grauen.

Heinrich Heine (Schriftsteller)

Wir träumen von Reisen durch das Weltall: ist denn das Weltall nicht in uns? Die Tiefen unseres Geistes kennen wir nicht. – Nach Innen geht der geheimnisvolle Weg. In uns, oder nirgends ist die Ewigkeit mit ihren Welten, die Vergangenheit und Zukunft. Die Außenwelt ist die Schattenwelt, sie wirft ihren Schatten in das Lichtreich.

Novalis (Schriftsteller)

Kinder müssen wir werden, wenn wir das Beste erreichen wollen.

Philipp Otto Runge (Maler)

Es lebe die Freiheit! – Ich meine jene uralte lebendige Freiheit, die uns in großen Wäldern wie mit wehmütigen Erinnerungen anweht, oder bei alten Burgen sich wie ein Geist auf die zerfallene Zinne stellt, jener reine kühle Lebensatem, den die Gebirgsvölker auf ihren Alpen einsaugen, dass sie nicht anders leben können, als wie es der Ehre geziemt. – Aber damit ist es nun aus. Die Wälder haben sie ausgehauen, denn sie fürchten sich vor ihnen, weil sie von der alten Zeit zu ihnen sprechen und am Ende den Ort noch verraten könnten, wo das Schwert vergraben liegt.

Joseph von Eichendorff (Schriftsteller)

Musik ist die höhere Potenz der Poesie.

Robert Schumann (Komponist)

Trägt nicht alles, was uns begeistert, die Farbe der Nacht?

Novalis (Schriftsteller)

ie Poesie heilt die Wunden, die der Verand schlägt. –
)er Sinn für Poesie hat viel mit dem Sinn ür Mystizism gemein. Er ist der Sinn für las Eigentümliche, Personelle, Ungekannte, Geheimnisvolle, zu Offenbarende. Er sieht das Unsichtbare, fühlt das Unfühlbare. – Schön, romantisch, harmonisch sind nur Teilausdrücke des Poetischen.
Das ganze Menschengeschlecht wird am Ende poetisch. Neue goldene Zeit. –

Novalis (Schriftsteller)

Wenn andere sich mit unruhiger Geschäftigkeit betäuben, o, so tauch ich mein Haupt in den heiligen kühlenden Quell der Töne unter, und die heilende Göttin flößt mir die Unschuld der Kindheit wieder ein. Wenn andere über selbst erfundene Grillen zanken, so schließ' ich mein Aug' zu vor all dem Kriege der Welt – und ziehe mich still in das Land der Musik, als in das Land des Glaubens, zurück, wo all unsere Zweifel und unsere Leiden sich in ein tönendes Meer verlieren.

Ludwig Tieck (Schriftsteller)

Die Sonne löscht alle Freuden der Nacht aus, wie die schönen Sterne, so die süßen Melodien und Harmonien der Fantasie, und die stärksten Gefühle der Vergangenheit und Zukunft. Die Nacht hat etwas Zaubrisches, was kein Tag hat; so etwas Grenzenloses, Inniges, Seliges. Das Mechanische der Zeitlichkeit, das einen spannt und festhält, weicht so sanft zurück, und man schwimmt und schwebt, ohne Anstoß, auf Momente im ewigen Leben.

Wilhelm Heinse (Schriftsteller)

In ruhiger, stiller Dämmerung, der Scheide zwischen Tag und Nacht, stehen noch die gewaltigen Überreste vergangener Jahrhunderte und erheben sich in Spitzbogen und Wölbungen als Zeugen früherer großer Vergangenheit über die kränkelnde Gegenwart.

Caspar David Friedrich (Maler)

Caspar David Friedrich: Klosterruine Eldena (1824/25)

1. Erstellen Sie auf einem großen Poster eine ▷ Mind-Map über das romantische Kunst- und Weltverständnis, soweit es aus der Zitatensammlung auf S. 307 ff. und den Texten dieses Kapitels deutlich wird. ▷ S. 36
2. Interpretieren Sie die Gemälde von Caspar David Friedrich (▷ S. 300, 303, 309) vor dem Hintergrund Ihrer Mind-Map zur Romantik.
3. ▷ **Facharbeit/Referat:** ▷ S. 19 ff., 36 f.
   - Die Volksmärchen der Brüder Grimm im Vergleich zu den Kunstmärchen der Romantik, z. B. *E. T. A. Hoffmann:* Der goldne Topf (1813/14)
   - Die Liedersammlung „Des Knaben Wunderhorn" (1808) von Achim von Arnim und Clemens Brentano als Ausdruck des romantischen Verständnisses von Volksverbundenheit

Epochenüberblick: Romantik (1795–1840)

▷ S. 260 ff.
▷ S. 286 ff.
▷ S. 269 ff.

Ende des 18. Jahrhunderts lässt sich ein auffälliger Mentalitätswandel beobachten. Der Vernunftglaube der ▷ Aufklärung und das Konzept einer ästhetischen Erziehung, wie es die ▷ Weimarer Klassik prägte, werden radikal in Frage gestellt. In mancher Beziehung knüpft das neue Denken und Weltverstehen an die Ideale des ▷ Sturm und Drang an. Das **Gefühl** wird wieder als die wichtigste menschliche Fähigkeit gefeiert. Es gilt nicht länger, die Welt zu erkennen, um vernünftig-zweckvoll in ihr zu handeln, sondern sie möglichst intensiv zu erleben. Diese Intensivierung ist zu erreichen, indem die **Welt poetisiert** oder – mit einem Wort der Zeit – „romantisiert" wird. Der Dichter Novalis beschrieb des Verfahren so: „Indem ich dem Gemeinen einen hohen Sinn, dem Gewöhnlichen ein geheimnisvolles Aussehen, dem Bekannten die Würde des Unbekannten, dem Endlichen einen unendlichen Schein gebe, so romantisiere ich es." Man kann diese Verwandlung der Alltagswelt ins Wunderbare als kollektive Reaktion auf eine Krisensituation verstehen. Der Verlauf der Französischen Revolution, die napoleonischen Kriege und die Wiederherstellung des alten absolutistischen Systems in Europa nach Napoleons Sturz zerstörten für die bürgerlichen Intellektuellen alle Hoffnung auf eine Umgestaltung der Verhältnisse aus den Ideen der Aufklärung heraus. Hinzu kam die Erfahrung, dass in der beginnenden Industrialisierung der Mensch in zunehmendem Maße nur noch in seinem ökonomischen Nutzwert gesehen wurde. So wurde die Selbstverwirklichung des Individuums als Prozess in und mit der Gesellschaft von den Schriftstellern der Romantik nicht einmal mehr als Utopie verkündet, wie das noch in der Klassik geschehen war. Der Dichter sah sich daher nicht mehr als Ratgeber und Erzieher seiner Zeitgenossen, sondern als Außenseiter. Seine Sehnsucht richtete sich auf eine idyllisch verklärte, ursprüngliche Natur, auf ein ebenso idyllisch verklärtes Leben des einfachen Volkes und auf ein nostalgisch als geordnete, heile Welt idealisiertes Mittelalter. **Sehnsucht** kann überhaupt als das Gefühl aufgefasst werden, das die Romantik kennzeichnete: Sehnsucht hat kein benennbares Motiv, sie kann damit auch nie an ein Ziel kommen. Vor diesem Hintergrund wird die Vorliebe der Romantiker für lyrisches Sprechen, namentlich für **Volksliedsammlungen** und volksliedhafte Gedichte, für **Märchen** (Sammlung der „Kinder- und Hausmärchen" durch die Brüder Grimm) und **fantastische Erzählungen** verständlich. Die Beschäftigung mit ▷ mittelalterlicher Dichtung wie dem Minnesang und dem Nibelungenlied ließ die philologische Erforschung der deutschen Sprache und Literatur entstehen, die Germanistik trat neben den Philologien der klassischen Sprachen auf den Plan.

▷ S. 240 ff.

Wichtige Autorinnen/Autoren und Werke

Jean Paul, d.i. Johann Paul Friedrich Richter (1763–1825): Siebenkäs; Flegeljahre (Romane)
Friedrich Hölderlin (1770–1843): Hymnen und Gedichte
Rahel Varnhagen von Ense (1771–1833): Briefe und Tagebuchaufzeichnungen
Novalis, d.i. Georg Philipp Friedrich von Hardenberg (1772–1801): Heinrich von Ofterdingen (Roman); Hymnen an die Nacht (Gedichte und rhythmische Prosa)
Ernst Theodor Amadeus Hoffmann (1776–1822): Die Elixiere des Teufels; Lebensansichten des Katers Murr (Romane); Nachtstücke; Die Serapionsbrüder (Erzählsammlungen)
Heinrich von Kleist (1777–1811): Amphitryon; Der zerbrochene Krug (Komödien); Penthesilea; Prinz Friedrich von Homburg (Dramen); Michael Kohlhaas (Erzählung)
Clemens Brentano (1778–1842) und *Achim von Arnim* (1781–1831): Des Knaben Wunderhorn (Volksliedersammlung)
Heinrich Heine (1797–1856): Das Buch der Lieder (Gedichte)
Karoline von Günderode (1780–1806): Gedichte und Fantasien (Gedichtsammlung)
Bettina von Arnim (1785–1859): Goethes Briefwechsel mit einem Kinde (Briefsammlung)
Jakob Grimm (1785–1863) und *Wilhelm Grimm* (1786–1859): Kinder- und Hausmärchen
Joseph Freiherr von Eichendorff (1788–1857): Aus dem Leben eines Taugenichts; Das Schloss Dürande; Das Marmorbild (Erzählungen); Gedichte

2.5 Biedermeier und Vormärz (1830–1848)

Schriftsteller zwischen Gesellschaftskritik und Wirklichkeitsflucht

Gespaltenheit des bürgerlichen Bewusstseins

Bejahung der Alltagsrealität als Welt:

- der Leistung
- des Nutzens
- der Ordnung
- der Sicherheit
- des Wohlstands
- der patriarchalischen Familienordnung

▼

Unverständnis gegenüber Kunst und Künstlertum

Ablehnung der Alltagsrealität als Welt:

- des Zwangs
- der Berechnung
- der Unfreiheit
- des Spießertums
- der Geldgier
- der Rollenzwänge, bes. für Frauen

▼

Verklärung von Kunst und Künstlertum

Offene und direkte Gesellschaftskritik

Flucht aus der Wirklichkeit (Eskapismus)

Reaktion der Künstler

1. Ordnen Sie Ihre Schul- und Privatlektüre der letzten Zeit danach ein, ob diese Ihnen eher gesellschaftskritisch oder eher eskapistisch erscheint.
2. Diskutieren Sie im Kurs darüber, welche Lektüre Sie aus welchen Gründen bevorzugen.

Die Literatur der Zeit zwischen 1830 und 1848 lässt sich dem Schaubild entsprechend in zwei große Strömungen unterteilen. Auf der einen Seite knüpften die Schriftsteller an die Kunstauffassung der ▷ Romantik an und versuchten das Reich des Schönen und der Poesie über der immer bedrückender werdenden gesellschaftlichen und politischen Situation aufrechtzuerhalten. ▷ S. 299 ff. Den Autorinnen und Autoren, die diesen Weg gehen, ist durchaus die Kluft zwischen ihrer Kunst und der Wirklichkeit ringsum bewusst. Hatten die Romantiker indessen noch versucht, der Fantasie zum Sieg zu verhelfen, Mythen und Märchen über die Alltagswelt triumphieren zu lassen, so gewinnt jetzt eine melancholisch-resignative Betrachtung des Widerspruchs zwischen Wirklichkeit und den Werten, denen die Dichter/innen sich verschrieben haben, die Oberhand. Das Sich-Verschließen vor dem als aufgeregt und laut empfundenen Getriebe der neuzeitlichen Welt, der Weg nach innen zur eigenen Gefühls- und Gedankenwelt, die Flucht in eine idyllische Natur und eine ländlich-heile Umgebung sind die zentralen Themen dieser Nachfolger der Romantik. In der Literaturgeschichtsschreibung werden sie eingeordnet unter dem Stichwort **Biedermeier** (▷ S. 312 ff.). Die zweite große literarische Strömung der Zeit, die unter dem Namen **Vormärz** (▷ S. 315 ff.) zusammengefasst wird, brachte dagegen eine auf gesellschaftliche Veränderungen ausgerichtete politische Dichtung hervor.

2.5.1 Die Literatur des Biedermeier

Annette von Droste-Hülshoff

Der Weiher (1838)

Er liegt so still im Morgenlicht,
So friedlich, wie ein fromm Gewissen;
Wenn Weste seinen Spiegel küssen,
Des Ufers Blume fühlt es nicht;
Libellen zittern über ihn,
Blaugoldne Stäbchen und Karmin,
Und auf des Sonnenbildes Glanz
Die Wasserspinne führt den Tanz;
Schwertlilienkranz am Ufer steht
Und horcht des Schilfes Schlummerliede;
Ein lindes Säuseln kommt und geht,
Als flüstre's: Friede! Friede! Friede! –

Annette von Droste-Hülshoff

Nikolaus Lenau

An den Frühling (1838)

Lieber Frühling, sage mir,
Denn du bist Prophet,
Ob man auf dem Wege hier
Einst zum Heile geht?

Mitten durch den grünen Hain,
Ungestümer Hast,
Frisst die Eisenbahn[1] herein,
Dir ein schlimmer Gast.

Bäume fallen links und rechts,
Wo sie vorwärts bricht,
Deines blühenden Geschlechts
Schont die raue nicht.

Auch die Eiche wird gefällt,
Die den frommen Schild
Ihrem Feind entgegenhält,
Das Marienbild.

Küsse deinen letzten Kuss,
Frühling, süß und warm!
Eiche und Maria muss
Fort aus deinem Arm!

Pfeilgeschwind und schnurgerad
Nimmt der Wagen bald
Blüt und Andacht unters Rad,
Sausend durch den Wald.

Lieber Lenz, ich frage dich,
Holt, wie er vertraut,
Hier der Mensch die Freiheit sich,
Die ersehnte Braut?

Lohnt ein schöner Freudenkranz
Deine Opfer einst,
Wenn du mit dem Sonnenglanz
Über Freie scheinst?

Oder ist dies Wort ein Wahn,
Und erjagen wir
Nur auf unsrer Sturmesbahn
Gold und Sinnengier?

Zieht der alte Fesselschmied
Jetzt von Land zu Land,
Hämmernd, schweißend Glied an Glied,
Unser Eisenband?

Braust dem Zug dein Segen zu,
Wenn's vorüberschnaubt?
Oder, Frühling, schüttelst du
Traurig einst dein Haupt?

Doch du lächelst freudenvoll
Auf das Werk des Beils,
Dass ich lieber glauben soll
An die Bahn des Heils.

Amselruf und Finkenschlag
Jubeln drein so laut,
Dass ich lieber hoffen mag
Die ersehnte Braut.

1 Das Gedicht entstand anlässlich des Baus der **Eisenbahn** vom Wiener Prater nach Deutsch-Wagram.

Ludwig Richter: Der Landmann bei der Aussaat (1866)

Franz Grillparzer

Der Halbmond glänzet am Himmel (1827)

Der Halbmond glänzet am Himmel,
Und es ist neblicht und kalt.
Gegrüßt sei du Halber dort oben,
Wie du, bin ich einer, der halb.

Halb gut, halb übel geboren,
Und dürftig in beider Gestalt,
Mein Gutes ohne Würde,
Das Böse ohne Gewalt.

Halb schmeckt ich die Freuden des Lebens,
Nichts ganz als meine Reu;
Die ersten Bissen genossen,
Schien alles mir einerlei.

Halb gab ich mich hin den Musen,
Und sie erhörten mich halb;
Hart auf der Hälfte des Lebens
Entflohn sie und ließen mich alt.

Und also sitz ich verdrossen,
Doch lässt die Zersplitterung nach;
Die leere Hälfte der Seele
Verdrängt die noch volle gemach.

Eduard Mörike

Denk es, o Seele! (1852)

Ein Tännlein grünet wo,
Wer weiß, im Walde,
Ein Rosenstrauch, wer sagt,
In welchem Garten?
Sie sind erlesen schon,
Denk es, o Seele,
Auf deinem Grab zu wurzeln
Und zu wachsen.

Zwei schwarze Rösslein weiden
Auf der Wiese,
Sie kehren heim zur Stadt
In muntern Sprüngen.
Sie werden schrittweis gehen
Mit deiner Leiche;
Vielleicht, vielleicht noch eh
An ihren Hufen
Das Eisen los wird,
Das ich blitzen sehe!

1. Vergleichen Sie das Erscheinungsbild der Natur in den Gedichten Annette von Droste-Hülshoffs und Nikolaus Lenaus (▷ S. 312). Gehen Sie auch auf die unterschiedliche Form der Gedichte ein.
2. Untersuchen Sie die Verwendung von Naturbildern in den Gedichten von Franz Grillparzer und Eduard Mörike (▷ S. 313). Beachten Sie dabei die jeweilige Rolle des lyrischen Ichs.
3. Wählen Sie eines der Gedichte aus und erstellen Sie dazu eine Text-Bild-Collage (z. B. aus Fotos mit eingeklebten Textelementen oder auch als Videofilm mit Sprecher/in).

Epochenüberblick: Biedermeier (1830–1848)

In der Literatur der Zeit zwischen etwa 1830 und 1848, die einerseits durch die revolutionären Demokratiebestrebungen der Pariser Julirevolution (1830) und der deutschen Nationalversammlung in der Frankfurter Paulskirche (1848) politisch bestimmt wurde und die andererseits von der vehement einsetzenden industriellen Revolution geprägt war, knüpfte eine Reihe von Schriftstellerinnen und Schriftstellern an die Kunstauffassungen von Klassik und vor allem Romantik an und versuchte, in der Dichtung eine Welt des Schönen und der Harmonie gegenüber der immer bedrückenderen politischen, wirtschaftlichen und gesellschaftlichen Situation aufrechtzuerhalten. Es wurde Sinngebung versucht, wo eigentlich Krisenbewusstsein herrschte: Enttäuschung über die politischen Rückschläge des Demokratisierungsprozesses (so z. B. die „Karlsbader Beschlüsse" von 1819 oder das Scheitern der Verfassungsgebung 1848), Unsicherheiten und Ängste bezüglich der Industrialisierung und der sozialen Auflösung von traditionellen Strukturen wie der Großfamilie. Die Dichter/innen, die diesen beängstigenden Entwicklungen mit ihren Werken eine eher heile Gegenwelt, bewahrt von Familie, Volk, Natur und Gott, entgegensetzten, waren sich zumeist der Kluft zwischen Kunst und Leben durchaus bewusst; sie wurde aber melancholisch-resignativ hingenommen und häufig auch zum Gegenstand der Poesie gemacht. Der eigene Weg nach innen, eine psychologisch immer weiter verfeinerte Selbstbeobachtung, wurde neben dem gesuchten Einklang zwischen Gemüt, sozialem Umfeld, Natur und Schöpfung zum zentralen Thema dieser Dichtung. Weiteren Stoff boten Rückgriffe in die Geschichte, die allerdings nicht aktualisierend und damit politisch verarbeitet wurden, sondern in rein bewahrend-historisierendem Sinne.
Daneben zeigt sich in der Literatur wie in der Kunst eine Neigung zur Trivialität und zum Kitsch, z. B. in Bildern einer bäuerlich-ländlichen Welt, die den traditionellen Werten verhaftet blieben. Der Wunsch nach einem bürgerlichen Dasein, das entgegen der „bösen Welt" im Zeichen von Ordnung, Ruhe und Geborgenheit steht, prägte in diesem Sinne den Biedermeierstil als Inbegriff gemütlicher bürgerlicher Wohnkultur mit bewahrender, betont moralisierender Atmosphäre; ein Stil, der im ganzen 19. Jahrhundert fortwirkte.

Wichtige Autorinnen/Autoren und Werke

Franz Grillparzer (1791–1872): König Ottokars Glück und Ende; Des Meeres und der Liebe Wellen (Dramen); Der arme Spielmann (Novelle)
Annette von Droste-Hülshoff (1797–1848): Die Judenbuche (Novelle); Gedichte
Eduard Mörike (1804–1875): Maler Nolten; Mozart auf der Reise nach Prag (Novellen); Gedichte
Adalbert Stifter (1805–1868): Bunte Steine (Erzählsammlung); Der Nachsommer; Witiko (Romane)

2.5.2 Die Literatur des Vormärz

Frühe Formen gesellschaftskritischer Reportage

Bettina von Arnim

In der Armenkolonie (1843)

299 ff. *Bettina von Arnim, die zum Kreis der ▷ Romantiker gehört, ist mit ihren Kindern bereits vor dem Tode ihres Mannes Achim von Arnim nach Berlin gezogen. Sie wurde hier in einer der größten Städte Deutschlands mit dem wachsenden Elend konfrontiert, das die ökonomischen Umwälzungen der Industrialisierung in einer überlebten gesellschaftlich-politischen Ordnung mit sich brachten. Ihre Berichte über das Armenviertel „Vogtland" in einem der Außenbezirke Berlins fasste sie zu einer Schrift unter dem Titel „Dies Buch gehört dem König" zusammen und schrieb in einem begleitenden Brief an den preußischen König Friedrich Wilhelm IV.: „Allergnädigster König! Ich könnte nicht mit gutem Gewissen vor dem König bestehen, für den das Gute zu wollen ein jeder berufen ist, wollte ich unerwähnt lassen, was ihm Nutzen oder Schaden bringt. In diesem Sinne wage ich, Euer Majestät beiliegende Papiere vorzulegen."*

Bettina von Arnim

Vor dem Hamburger Tore, im so genannten Vogtland, hat sich eine förmliche Armenkolonie gebildet. Man lauert sonst jeder unschuldigen Verbindung auf. Das aber scheint gleichgültig zu sein, dass die Ärmsten in eine große Gesellschaft zusammengedrängt werden, sich immer mehr abgrenzen gegen die übrige Bevölkerung und zu einem furchtbaren Gegengewichte anwachsen. Am leichtesten übersieht man einen Teil der Armengesellschaft in den so genannten „Familienhäusern". Sie sind in viele kleine Stuben abgeteilt, von welchen jede einer Familie zum Erwerb, zum Schlafen und Küche dient. In vierhundert Gemächern wohnen zweitausendfünfhundert Menschen. Ich besuchte daselbst viele Familien und verschaffte mir Einsicht in ihre Lebensumstände. In der Kellerstube Nr. 3 traf ich einen Holzhacker mit einem kranken Bein. Als ich eintrat, nahm die Frau schnell die Erdäpfelhäute vom Tische, und eine sechzehnjährige Tochter zog sich verlegen in einen Winkel des Zimmers zurück, da mir ihr Vater zu erzählen anfing. Dieser wurde arbeitsunfähig beim Bau der neuen Bauschule. Sein Gesuch um Unterstützung blieb lange Zeit unberücksichtigt. Erst als er ökonomisch völlig ruiniert war, wurden ihm monatlich fünfzehn Silbergroschen zuteil. Er musste sich ins Familienhaus zurückziehen, weil er die Miete für eine Wohnung in der Stadt nicht mehr bestreiten konnte. Jetzt erhält er von der Armendirektion zwei Taler monatlich. In Zeiten, wo es die unheilbare Krankheit des Beines gestattet, verdient er einen Taler monatlich; die Frau verdient das Doppelte, die Tochter erübrigt anderthalben Taler. Die Gesamteinnahme beträgt also sechseinhalb Taler im Monat. Dagegen kostet die Wohnung zwei Taler; eine „Mahlzeit Kartoffeln" einen Silbergroschen neun Pfennig; auf zwei tägliche Mahlzeiten berechnet, beträgt die Ausgabe für das Hauptnahrungsmittel dreieinhalb Taler im Monat. Es bleibt also noch ein Taler übrig zum Ankaufe des Holzes und alles dessen, was eine Familie neben rohen Kartoffeln zum Unterhalte bedarf. […]

92 a, Stube Nr. 35. Tischler Krellenberg. – Ich musste einige Mal anklopfen, bis die Stube aufgeschlossen wurde. Die Frau entschuldigte

sich damit, dass sie ihre dürftige Lage vor den Leuten im Hause geheim halten möchte. Es ist leider jetzt so, dass sich die Armen, anstatt der Reichen, der Armut schämen. Die außergewöhnliche Reinlichkeit überraschte mich angenehm: Der Fußboden war frisch gescheuert, das Küchengeschirr blank, die hellen Fenster machten das Zimmer freundlich. – In der Wiege lag ein Kind von zwei Jahren, an der Gehirnentzündung krank. Die Mutter pflegte es mit der größten Zärtlichkeit. Ich zog sie nicht gerne ab von ihrem Geschäfte, musste es aber doch, weil Krellenberg nicht zu Hause war. Ich erfuhr, dass dieser von 1822 bis 1841 als Tischlergeselle bei einem Meister gearbeitet habe, und sah aus dem schriftlichen Zeugnis, dass er wegen Mangel an Arbeit entlassen werden musste. Seit zwei Jahren wohnt er im Familienhause. Tischlerarbeit kam ihm wenig zu. Überdies sieht er nicht mehr gut, sodass er keine feinen Arbeiten annehmen kann. Seit acht Tagen arbeitet er im Taglohn als Farbenreiber. Diese Arbeit strengt ihn sehr an, denn er ist schon vierundfünfzig Jahre alt und durch Alter und Mangel geschwächt. Im letzten Winter kam er wegen Mangel an Verdienst so weit ökonomisch zurück, dass er Kleider, Betten und Werkzeug verkaufen musste. Es stehen drei Bettgestelle im Zimmer; in allen ist nichts als Stroh, beim einen nicht einmal mit einem Tuche bedeckt. Von acht Kindern leben sieben. Eine achtzehnjährige Tochter und ein dreizehnjähriger Knabe lagen achtzehn Wochen krank am Nervenfieber. Ein siebenzehnjähriger Sohn lernt das Tischlerhandwerk. Gestern hat er dem Vater fünfzehn Silbergroschen geschickt, die er aus Trinkgeldern zusammengespart hatte, um auf Ostern eine neue Weste zu kaufen. Vier Kinder von vier bis zehn Jahren besuchen die Schule. Alle sehen gescheit und hübsch aus und sind ordentlich gekleidet. Die Mutter hat bis auf einen Rock alles zur Bekleidung der Kinder hergegeben. – Weinend sagte mir diese, wie oft die Kleinen umsonst nach Brot rufen und dass der Vater diesen Morgen hungrig an die schwere Arbeit gegangen sei; der Hauswirt wolle bezahlt sein; sooft sie am Komptoir[1] des Verwalters vorbei zum Brunnen gehe, werde sie an die vier Taler Miete erinnert, jeden Tag könne man die ganze Familie aus dem Hause werfen. – K. habe sich zweimal um Unterstützung beworben bei der Armendirektion und zur Stunde noch nichts empfangen als die Armensuppe, die oft für die ganze Familie das einzige Nahrungsmittel gewesen sei.

1 **Komptoir:** Büro

Wilhelm Wolff

Das Elend und der Aufruhr in Schlesien (1844)

Nach einer mehrjährigen Festungshaft wegen revolutionärer Aktionen lebte Wilhelm Wolff zu Anfang der 40er-Jahre als Privatgelehrter und Publizist in Preußen. Er zeichnete mit seiner sorgfältig recherchierten Reportage ein kritisch-genaues Bild der Verhältnisse in der Provinz Schlesien zur Zeit des Weberaufstands. Die Zensur in Preußen verhinderte jegliche Berichterstattung darüber und Wolff floh wie so viele kritische Journalisten und Schriftsteller ins Exil. 1848 kehrte er nach Deutschland zurück, arbeitete als Redakteur und gehörte 1849 als Abgeordneter des radikaldemokratischen Flügels zur Deutschen Nationalversammlung.

Hier in den großen Dörfern Langenbielau (13 000 E.), Peterswaldau (5 000 E.) und in den übrigen Dörfern, wie Arnsdorf, Peilau usw., ist besonders die Baumwollweberei zu Hause. Die Not der Arbeiter war und ist hier nicht minder bedeutend, ja vielleicht noch mehr als in anderen Gegenden, obgleich man denken sollte, das Elend könne keinen höheren Grad erreichen, als auf dem es im Landshuter, Hirschberger, Bolkenhainer und anderen Kreisen anzutreffen ist. Schon im Winter, mit beginnendem Februar, fand in Bielau ein kleiner Aufstand statt. Ein Haufe rief durch Signale die Weber des Dorfes zusammen. Man befreite einen Kameraden, der eingesperrt worden. Durch einige Geschenke wurde die Menge beschwichtigt. Eine Untersuchung des Vorfalls folgte, doch bei der Heimlichkeit unseres Verfahrens blieb dieser Vorgang selbst in Breslau, d. h. unter dem nicht regierungsmäßigen Publikum, meist unbekannt.
Inzwischen wurde die Not und das Drängen nach Arbeit von einzelnen Fabrikanten möglichst benutzt, um für geringen Lohn viel

Ware zu erhalten. Unter diesen ragten die Gebrüder Zwanziger in Peterswaldau besonders hervor. Für eine Webe Kattun[1] von 140 Ellen, woran ein Weber 9 Tage zu arbeiten hat und wofür andere Lohnherren 32 Sgr.[2] zahlten, gaben sie nur 15 Sgr. Für 160 Ellen Barchent, welches 8 volle Tage angestrengter Arbeit erfordert, entrichteten sie 12 ½ und 12 Sgr. Lohn. Ja, sie erklärten sich bereit, noch 300 Weber in Arbeit zu nehmen, wofern diese ebenso viel für 10 Sgr. arbeiten wollten. Das bitterste Elend zwang die Armen, auch unter dieser Bedingung zu arbeiten. Von seinen 12 oder resp. 10 Sgr. musste der Weber noch 2 ½ bis 3 Sgr. an den Spuler entrichten, alle Staats-, Gemeinde- und gutsherrlichen Lasten tragen und – leben. Ach! wenn mich doch einer belehren wollte, warum der faulenzende Sohn reicher Eltern, der in Bädern, auf Reisen oder sonstwo schwelgende Besitzer von 3, 10 und 100 Gütern und Herrschaften, der müßige Kapitalist, die „wohlhabende Jugend des Landes", der Major, Oberst, General, der nach unblutigem Kriegsspiel in langer Friedenszeit sich mit einer Pension von 1000, 1500, 2000 Talern usw. zurückzieht, warum diese trotz ihres Nichtarbeitens von Jugend auf dennoch herrlich und in Freuden leben und der fleißige Arbeiter vertiert und verdumpft, aller moralischen und intellektuellen Entwicklung beraubt, für seine tägliche mühsame Arbeit von 14 bis 16 langen, langen Stunden nicht einmal so viel gewinnt, dass er mindestens die Bedürfnisse eines Tieres, die Forderungen des Magens befriedigen kann! Doch ich gehe weiter.

Das anfangs nicht allzu große Vermögen der Zwanziger war in kurzer Zeit zu großem Reichtum angewachsen. Sechs prächtige Gebäude gaben Zeugnis davon. Herrliche Spiegelscheiben, Fensterrahmen von Kirschbaumholz, Treppengeländer von Mahagoni, Kleider- und Wagenpracht sprachen der Armut der Weber Hohn. Bei der letzten Lohnverkürzung sollten die Zwanziger auf der Weber ihre Vorstellung, dass sie nun gar nicht mehr bestehen und selbst nicht mehr Kartoffeln kaufen könnten, geäußert haben, sie würden noch für eine Quarkschnitte arbeiten müssen oder, wie andere sagen: Die Weber möchten nur, wenn sie nichts anderes hätten, Gras fressen; das sei heuer reichlich gewachsen. Ich lasse diese Äußerungen dahingestellt sein; ich teile sie nur mit, weil sie in aller Munde sind. Dagegen kann ich folgenden kurzen Bericht, wie ich ihn Augenzeugen, und zwar glaubhaften Männern, nacherzähle, verbürgen.

Ein Gedicht, nach der Volksmelodie: „Es liegt ein Schloss in Österreich" abgefasst und von den Webern gesungen[3], ward gleichsam die

1 **Kattun:** Baumwolle
2 **Sgr.:** Silbergroschen

3 „Das Blutgericht" ▷ S. 319

Käthe Kollwitz: Ein Weberaufstand [1844]. Blatt 4: Weberzug (1893–97)

Marseillaise der Notleidenden. Sie sangen es zumal vor Zwanzigers Hause wiederholt ab. Einer ward ergriffen, ins Haus genommen, durchgeprügelt und der Ortspolizei überliefert. Endlich, um 2 Uhr nachmittags, den 4. Juni, trat der Strom über seine Ufer. Eine Schar Weber erschien in Nieder-Peterswaldau und zog auf ihrem Marsche alle Weber aus den Wohnungen rechts und links an sich. Alsdann begaben sie sich nach dem wenig entfernten Kapellenberge und ordneten sich paarweise und rückten so auf das neue Zwanziger'sche Wohngebäude los. Sie forderten höheren Lohn und – ein Geschenk! Mit Spott und Drohen schlug man's ihnen ab. Nun dauerte es nicht lange, so stürmte die Masse ins Haus, erbrach alle Kammern, Gewölbe, Böden und Keller und zertrümmerte alles, von den prächtigen Spiegelfenstern, Trumeaus[4], Lüsters[5], Öfen, Porzellan, Möbel bis auf die Treppengeländer herab, zerriss die Bücher, Wechsel und Papiere, drang in das zweite Wohngebäude, in die Remisen[6], ins Trockenhaus, zur Mange[7], ins Packhaus und stürzte die Waren und Vorräte zu den Fenstern hinaus, wo sie zerrissen, zerstückt und mit Füßen getreten oder in Nachahmung des Leipziger Messgeschäftes an die Umstehenden verteilt wurden. Zwanziger flüchtete sich mit seiner Familie in Todesangst nach Reichenbach. Die dasigen Bürger, welche einen solchen Gast, der die Weber auch ihnen auf den Hals ziehen konnte, nicht dulden wollten, veranlassten ihn zur Weiterreise nach Schweidnitz. Aber auch hier deuteten ihm die Behörden an, die Stadt zu verlassen, weil sie durch seine Gegenwart leicht einer Gefahr ausgesetzt sein konnten; und so fand er endlich hier in Breslau Sicherheit.

4 **Trumeau:** bis zum Fußboden reichender Wandspiegel
5 **Lüster:** Kronleuchter
6 **Remise:** Wagenschuppen
7 **Mange:** Bügelhaus

1. a) Erarbeiten Sie den Aufbau der beiden Reportagen von Bettina von Arnim und Wilhelm Wolff. Fassen Sie die Inhalte der einzelnen Teile zusammen, um ein genaues Bild der dargestellten Verhältnisse zu bekommen.
   b) Informieren Sie sich ergänzend in Geschichtsbüchern über den zeitgeschichtlichen Hintergrund.
2. Vergleichen Sie die beiden Texte im Hinblick auf die sprachliche Darstellungsweise, die Haltung ihrer Verfasser und deren Intentionen.
3. Stellen Sie in Ihrer Klasse Beispiele heutiger Formen sozialkritischer Reportagen vor und vergleichen Sie die Inhalte, die Darstellungsweisen und die Intentionen mit den beiden Reportagen aus dem Vormärz.

Käthe Kollwitz: Ein Weberaufstand [1844]. Blatt 5: Sturm (1893–97)

Der Weberaufstand: Beispiele politischer Lyrik

Das Blutgericht (1844)
Lied der schlesischen Weber[1]

Hier im Ort ist das Gericht,
Viel schlimmer als die Femen,
Wo man nicht mehr ein Urteil spricht,
Das Leben schnell zu nehmen.

Hier wird der Mensch langsam gequält,
Hier ist die Folterkammer,
Hier werden Seufzer viel gezählt
Als Zeugen von dem Jammer.

Die Herrn Zwanziger[2] die Henker sind,
Die Diener ihre Schergen,
Davon ein jeder tapfer schind't,
Anstatt was zu verbergen.

Ihr Schurken all, ihr Satansbrut!
Ihr höllischen Kujone[3]!
Ihr fresst der Armen Hab und Gut,
Und Fluch wird euch zum Lohne!

Ihr seid die Quelle aller Not,
Die hier den Armen drücket,
Ihr seid's, die ihr das trockne Brot
Noch von dem Munde rücket.

Was kümmert's euch, ob arme Leut'
Kartoffeln kauen müssen,
Wenn ihr nur könnt zu jeder Zeit
Den besten Braten essen?

Kommt nun ein armer Webersmann,
Die Arbeit zu besehen,
Find't sich der kleinste Fehler dran,
Wird's ihm gar schlecht ergehen.

Erhält er dann den kargen Lohn,
Wird ihm noch abgezogen,
Zeigt ihm die Tür mit Spott, und Hohn
Kommt ihm noch nachgeflogen.

Hier hilft kein Bitten, hilft kein Flehn,
Umsonst sind alle Klagen;
Gefällt's euch nicht, so könnt ihr gehn,
Am Hungertuche nagen.

Nun denke man sich diese Not
Und Elend dieser Armen;
Zu Hause kaum ein Bissen Brot,
Ist das nicht zum Erbarmen?

Erbarmen? Ha! ein schön Gefühl,
Euch Kannibalen! fremde;
Ein jeder kennt schon euer Ziel:
Es ist der Armen Haut und Hemde!

Oh! euer Geld und euer Gut,
Das wird dereinst zergehen
Wie Butter an der Sonne Glut,
Wie wird's um euch dann stehen?

Wenn ihr dereinst nach dieser Zeit,
Nach diesem Freudenleben,
Dort, dort in jener Ewigkeit
Sollt Rechenschaft abgeben?

Georg Weerth
Das Hungerlied (1844)

Verehrter Herr und König,
Weißt du die schlimme Geschicht?
Am Montag aßen wir wenig,
Und am Dienstag aßen wir nicht.

Und am Mittwoch mussten wir darben,
Und am Donnerstag litten wir Not;
Und ach, am Freitag starben
Wir fast den Hungertod!

Drum lass am Samstag backen
Das Brot, fein säuberlich –
Sonst werden wir sonntags packen
Und fressen, o König, dich!

1 Das Lied wurde 1844 von den aufständischen Webern gesungen, die darin eine damals bekannte Melodie aufgriffen (▷ S. 317 f.).
2 **Die Herrn Zwanziger:** schlesische Unternehmer (▷ S. 317 f.)
3 **Kujone:** Schufte

Heinrich Heine
Die schlesischen Weber (1844)

Im düstern Auge keine Träne,
Sie sitzen am Webstuhl und fletschen die Zähne:
Deutschland, wir weben dein Leichentuch,
Wir weben hinein den dreifachen Fluch –

Wir weben, wir weben!

Ein Fluch dem Gotte, zu dem wir gebeten
In Winterskälte und Hungersnöten;
Wir haben vergebens gehofft und geharrt,
Er hat uns geäfft und gefoppt und genarrt –

Wir weben, wir weben!

Ein Fluch dem König, dem König der Reichen,
Den unser Elend nicht konnte erweichen,
Der den letzten Groschen von uns erpresst
Und uns wie Hunde erschießen lässt –

Wir weben, wir weben!

Ein Fluch dem falschen Vaterlande,
Wo nur gedeihen Schmach und Schande,
Wo jede Blume früh geknickt,
Wo Fäulnis und Moder den Wurm erquickt –

Wir weben, wir weben!

Das Schiffchen fliegt, der Webstuhl kracht,
Wir weben emsig Tag und Nacht –
Altdeutschland, wir weben dein Leichentuch,
Wir weben hinein den dreifachen Fluch,

Wir weben, wir weben!

Louise Aston
Lied einer schlesischen Weberin (1846)

Wenn's in den Bergen rastet,
Der Mühlbach stärker rauscht,
Der Mond in stummer Klage
Durchs stille Strohdach lauscht;
Wenn trüb die Lampe flackert
Im Winkel auf den Schrein:
Dann fallen meine Hände
Müd in den Schoß hinein.
So hab ich oft gesessen
Bis in die tiefe Nacht,
Geträumt mit offnen Augen,
Weiß nicht, was ich gedacht;
Doch immer heißer fielen
Die Tränen auf die Händ' –
Gedacht mag ich wohl haben;
Hat's Elend gar kein End? –

Gestorben ist mein Vater –
Vor Kurzem war's ein Jahr –,
Wie sanft und selig schlief er
Auf seiner Totenbahr'!
Der Liebste nahm die Büchse,
Zu helfen in der Not;
Nicht wieder ist er kommen,
Der Förster schoss ihn tot. –

Es sagen oft die Leute:
„Du bist so jung und schön,
Und doch so bleich und traurig,
Sollst du in Schmerz vergehn?" –
„Nicht bleich und auch nicht traurig!"
Wie spricht sich das geschwind,
Wo an dem weiten Himmel
Kein Sternlein mehr ich find'!

Der Fabrikant ist kommen,
Sagt mir: „Mein Herzenskind,
wohl weiß ich, wie die Deinen
In Not und Kummer sind;
Drum willst du bei mir ruhen
Der Nächte drei und vier,
Sieh dieses blanke Goldstück!
Sogleich gehört es dir!"

Ich wusst' nicht, was ich hörte –
Sei Himmel du gerecht
Und lasse mir mein Elend,
Nur mache mich nicht schlecht!
O lasse mich nicht sinken!
Fast halt' ich's nicht mehr aus,
Seh ich die kranke Mutter
Und 's Schwesterlein zu Haus'!

Jetzt ruhn so still sie alle,
Verloschen ist das Licht,
Nur in der Brust das Wehe,
Die Tränen sind es nicht.
Kannst du, o Gott, nicht helfen.
So lass uns lieber gehn;
Wo drunten tief im Tale
Die Trauerbirken stehn! –

1. Untersuchen Sie die vier Gedichte zum Weberaufstand (▷ S. 319 f.) unter folgenden Aspekten:
   - Sprecherrolle und Adressat;
   - Thema, Motive und inhaltlicher Aufbau;
   - den Text kennzeichnende sprachliche Mittel;
   - die Wirkungsabsicht.
2. Fassen Sie die Ähnlichkeiten und die Differenzen der vier Gedichte tabellarisch zusammen.

„Friede den Hütten …“: Agitation in Flugschrift und Schauspiel

Georg Büchner

Der Hessische Landbote (1834)

Büchners Text wurde von dem Pastor Friedrich Ludwig Weidig überarbeitet, die kursiv gedruckten Passagen sind Einfügungen Weidigs. Die Flugschrift wurde im Sommer 1834 auf einer Geheimpresse gedruckt und in etwa 10 000 Exemplaren verbreitet.

Erste Botschaft

Darmstadt, im Juli 1834

Vorbericht

Dieses Blatt soll dem hessischen Lande die Wahrheit melden, aber wer die Wahrheit sagt, wird gehenkt; ja sogar der, welcher die Wahrheit liest, wird durch meineidige Richter vielleicht gestraft. Darum haben die, welchen dies Blatt zukommt, Folgendes zu beobachten:

1. Sie müssen das Blatt sorgfältig außerhalb ihres Hauses vor der Polizei verwahren;
2. sie dürfen es nur an treue Freunde mitteilen;
3. denen, welchen sie nicht trauen wie sich selbst, dürfen sie es nur heimlich hinlegen;
4. würde das Blatt dennoch bei einem gefunden, der es gelesen hat, so muss er gestehen, dass er es eben dem Kreisrat habe bringen wollen;
5. wer das Blatt nicht gelesen hat, wenn man es bei ihm findet, der ist natürlich ohne Schuld.

Friede den Hütten! Krieg den Palästen!

Im Jahre 1834 siehet es aus, als würde die Bibel Lügen gestraft. Es sieht aus, als hätte Gott die Bauern und Handwerker am fünften Tage und die Fürsten und Vornehmen am sechsten gemacht, und als hätte der Herr zu diesen gesagt: „Herrschet über alles Getier, das auf Erden kriecht“, und hätte die Bauern und Bürger zum Gewürm gezählt. Das Leben der *Vornehmen* ist ein langer Sonntag: sie wohnen in schönen Häusern, sie tragen zierliche Kleider, sie haben feiste Gesichter und reden eine eigne Sprache; das Volk aber liegt vor ihnen wie Dünger auf dem Acker. Der Bauer geht hinter dem Pflug, der *Vornehme* aber geht hinter ihm und dem Pflug und treibt ihn mit den Ochsen am Pflug, er nimmt das Korn und lässt ihm die Stoppeln. Das Leben des Bauern ist ein langer Werktag; Fremde verzehren seine Äcker vor seinen Augen, sein Leib ist eine Schwiele, sein Schweiß ist das Salz auf dem Tische des *Vornehmen*.

Im Großherzogtum Hessen sind 718 373 Einwohner, die geben an den Staat jährlich an 6 363 436 Gulden, als

1.	Direkte Steuern	2 128 131 Fl.[1]
2.	Indirekte Steuern	2 478 264 Fl.
3.	Domänen	1 547 394 Fl.
4.	Regalien	46 938 Fl.
5.	Geldstrafen	98 511 Fl.
6.	Verschiedene Quellen	64 198 Fl.
		6 363 436 Fl.

Dies Geld ist der Blutzehnte, der vom Leib des Volkes genommen wird. An 700 000 Menschen schwitzen, stöhnen und hungern dafür. Im Namen des Staates wird es erpresst, die Presser berufen sich auf die Regierung, und die Regierung sagt, das sei nötig, die Ordnung im Staat zu erhalten. Was ist denn nun das für gewaltiges Ding: der Staat? Wohnt eine Anzahl Menschen in einem Land und es sind Verordnungen oder Gesetze vorhanden, nach

1 **Fl.:** Abkürzung für Gulden (franz.: Florin)

Anonyme Karikatur um 1830

denen jeder sich richten muss, so sagt man, sie bilden einen Staat. Der Staat also sind a l l e; die Ordner im Staate sind die Gesetze, durch welche das Wohl a l l e r gesichert wird und die aus dem Wohl a l l e r hervorgehen sollen. – Seht nun, was man in dem Großherzogtum aus dem Staat gemacht hat; seht, was es heißt: die Ordnung im Staate erhalten! 700 000 Menschen bezahlen dafür 6 Millionen, d.h. sie werden zu Ackergäulen und Pflugstieren gemacht, damit sie in Ordnung leben. In Ordnung leben heißt hungern und geschunden werden.

Wer sind denn die, welche diese Ordnung gemacht haben und die wachen, diese Ordnung zu erhalten? Das ist die Großherzogliche Regierung. Die Regierung wird gebildet von dem Großherzog und seinen obersten Beamten. Die andern Beamten sind Männer, die von der Regierung berufen werden, um jene Ordnung in Kraft zu erhalten. Ihre Anzahl ist Legion: Staatsräte und Regierungsräte, Landräte und Kreisräte, geistliche Räte und Schulräte, Finanzräte und Forsträte usw. mit allem ihrem Heer von Sekretären usw. Das Volk ist ihre Herde, sie sind seine Hirten, Melker und Schinder; sie haben die Häute der Bauern an, der Raub der Armen ist in ihrem Hause; die Tränen der Witwen und Waisen sind das Schmalz auf ihren Gesichtern; sie herrschen frei und ermahnen das Volk zur Knechtschaft. Ihnen gebt ihr 6 000 000 Fl. Abgaben; sie haben dafür die Mühe, euch zu regieren; d.h. sich von euch füttern zu lassen und euch eure Menschen- und Bürgerrechte zu rauben. [...]

Das alles duldet ihr, weil euch Schurken sagen: diese Regierung sei von Gott. Diese Regierung ist nicht von Gott, sondern vom Vater der Lügen. Diese deutschen Fürsten sind keine rechtmäßige Obrigkeit, sondern die rechtmäßige Obrigkeit, den deutschen Kaiser, der vormals vom Volke frei gewählt wurde, haben sie seit Jahrhunderten verachtet und endlich gar verraten. Aus Verrat und Meineid, und nicht aus der Wahl des Volkes, ist die Gewalt der deutschen Fürsten hervorgegangen, und darum ist ihr Wesen und Tun von Gott verflucht! ihre Weisheit ist Trug, ihre Gerechtigkeit ist Schinderei. Sie zertreten das Land und zerschlagen die Person des Elenden. Ihr lästert Gott, wenn ihr einen dieser Fürsten einen Gesalbten des Herrn nennt, d. h. Gott habe die Teufel gesalbt und zu Fürsten über die deutsche Erde gesetzt. Deutschland, unser liebes Vaterland, haben diese Fürsten zerrissen, den Kaiser, den unsere freien Voreltern wählten, haben diese Fürsten verraten, und nun fordern diese

Verräter und Menschenquäler Treue von euch! – Doch das Reich der Finsternis neiget sich zum Ende. Über ein Kleines, und Deutschland, das jetzt die Fürsten schinden, wird als ein Freistaat mit einer vom Volk gewählten Obrigkeit wieder auferstehn.

1. Untersuchen Sie, wer die Adressaten dieses Flugblatts sind, wie sie angesprochen werden und welche sozialen und politischen Ziele die Verfasser verfolgen.
2. Beschreiben Sie die Argumentationsstrategie und die wirkungsvollsten rhetorischen Mittel des Textes.
3. Informieren Sie sich in einer Büchner-Biografie über die tatsächliche Wirkung der Flugschrift und über die Folgen für die beiden Verfasser.

Georg Büchner

Dantons Tod (1835)

II. Akt, 7. Szene

In seinem Drama „Dantons Tod" setzte sich Büchner nach intensiver Lektüre historischer Quellen mit der Französischen Revolution auseinander. Er übernahm dabei eine Reihe von Originalzitaten aus den Reden der Revolutionäre und machte damit erste Schritte auf dem Wege zu einem Dokumentartheater. Indessen ging es Büchner nicht nur um eine Aufarbeitung der historischen Ereignisse, sondern ebenso sehr um eine Antwort auf Fragen nach den politisch-revolutionären Zielen und Strategien seiner eigenen Zeit.

George Danton, einer der politischen Führer der Französischen Revolution, soll 1794 des Verrats an der Revolution angeklagt werden, weil er für eine Festigung der Verhältnisse auf der Basis des Erreichten (Abschaffung der Monarchie, Entmachtung des Adels) und ein Ende des Guillotinierens aller so genannten Feinde der Revolution eintritt. Die radikalen Jakobiner Robespierre und St. Just fordern vom Nationalkonvent und dem Revolutionstribunal die Verurteilung Dantons und seiner Anhänger, um den revolutionären Prozess rücksichtslos voranzutreiben. St. Just hält im Nationalkonvent die folgende Rede:

St. Just: Es scheint in dieser Versammlung einige empfindliche Ohren zu geben, die das Wort „Blut" nicht wohl vertragen können. Einige allgemeine Betrachtungen mögen sie überzeugen, dass wir nicht grausamer sind als die Natur und als die Zeit. Die Natur folgt ruhig und unwiderstehlich ihren Gesetzen; der Mensch wird vernichtet, wo er mit ihnen in Konflikt kommt. Eine Änderung in den Bestandteilen der Luft, ein Auflodern des tellurischen[1] Feuers, ein Schwanken in dem Gleichgewicht einer Wassermasse und eine Seuche, ein vulkanischer Ausbruch, eine Überschwemmung begraben Tausende. Was ist das Resultat? Eine unbedeutende, im großen Ganzen kaum bemerkbare Veränderung der physischen Natur, die fast spurlos vorübergegangen sein würde, wenn nicht Leichen auf ihrem Wege lägen.

Ich frage nun: soll die geistige Natur in ihren Revolutionen mehr Rücksicht nehmen als die physische? Soll eine Idee nicht ebenso gut wie ein Gesetz der Physik vernichten dürfen, was sich ihr widersetzt? Soll überhaupt ein Ereignis, was die ganze Gestaltung der moralischen Natur, das heißt der Menschheit, umändert, nicht durch Blut gehen dürfen? Der Weltgeist bedient sich in der geistigen Sphäre unserer Arme ebenso, wie er in der physischen Vulkane und Wasserfluten gebraucht. Was liegt daran, ob sie an einer Seuche oder an der Revolution sterben?

Die Schritte der Menschheit sind langsam, man kann sie nur nach Jahrhunderten zählen, hinter jedem erheben sich die Gräber von Generationen. Das Gelangen zu den einfachsten Erfindungen und Grundsätzen hat Millionen das Leben gekostet, die auf dem Wege starben. Ist es denn nicht einfach, dass zu einer Zeit, wo der Gang der Geschichte rascher ist, auch mehr Menschen außer Atem kommen?

Wir schließen schnell und einfach: Da alle unter gleichen Verhältnissen geschaffen werden, so sind alle gleich, die Unterschiede ab-

1 **tellurisch:** aus der Erde stammend

gerechnet, welche die Natur selbst gemacht hat; es darf daher jeder Vorzüge und darf daher keiner Vorrechte haben, weder ein Einzelner noch eine geringere oder größere Klasse von Individuen. – Jedes Glied dieses in der Wirklichkeit angewandten Satzes hat seine Menschen getötet. Der 14. Juli, der 10. August, der 31. Mai[2] sind seine Interpunktionszeichen. Er hatte vier Jahre Zeit nötig, um in der Körperwelt durchgeführt zu werden, und unter gewöhnlichen Umständen hätte er ein Jahrhundert dazu gebraucht und wäre mit Generationen interpunktiert worden. Ist es da so zu verwundern, dass der Strom der Revolution bei jedem Absatz, bei jeder neuen Krümmung seine Leichen ausstößt?

Wir werden unserm Satze noch einige Schlüsse hinzuzufügen haben; sollen einige hundert Leichen uns verhindern, sie zu machen? – Moses führte sein Volk durch das Rote Meer und in die Wüste, bis die alte verdorbne Generation sich aufgerieben hatte, eh er den neuen Staat gründete. Gesetzgeber! Wir haben weder das Rote Meer noch die Wüste, aber wir haben den Krieg und die Guillotine.

Die Revolution ist wie die Töchter des Pelias[3]: sie zerstückt die Menschheit, um sie zu verjüngen. Die Menschheit wird aus dem Blutkessel wie die Erde aus den Wellen der Sündflut mit urkräftigen Gliedern sich erheben, als wäre sie zum ersten Male geschaffen.

2 wichtige Daten im Ablauf der Französischen Revolution; **14. Juli 1789:** Sturm auf die Bastille und Beginn der Revolution; **10. August 1792:** Erstürmung der Tuilerien und Gefangennahme des Königs; **31. Mai 1793:** Entmachtung der gemäßigteren republikanischen Partei der Girondisten durch die radikaleren Jakobiner

3 **Töchter des Pelias:** In der griech. Mythologie zerstückelten die Töchter des Pelias ihren Vater, um ihn zu verjüngen.

Langer, anhaltender Beifall. Einige Mitglieder erheben sich im Enthusiasmus.

Alle geheimen Feinde der Tyrannei, welche in Europa und auf dem ganzen Erdkreise den Dolch des Brutus[4] unter ihren Gewändern tragen, fordern wir auf, diesen erhabnen Augenblick mit uns zu teilen.

Die Zuhörer und die Deputierten stimmen die Marseillaise an.

III. Akt, 9. Szene

[Danton vor dem Revolutionstribunal:]

DANTON: Eines Tages wird man die Wahrheit erkennen. Ich sehe großes Unglück über Frankreich hereinbrechen. Das ist die Diktatur; sie hat ihren Schleier zerrissen, sie trägt die Stirne hoch, sie schreitet über unsere Leichen. *Auf Amar und Vouland[5] deutend:* Seht da die feigen Mörder, seht da die Raben des Wohlfahrtsausschusses!

Ich klage Robespierre, St. Just und ihre Henker des Hochverrats an. – Sie wollen die Republik im Blut ersticken. Die Gleise der Guillotinenkarren sind die Heerstraßen, auf welchen die Fremden in das Herz des Vaterlandes dringen sollen.

Wie lange sollen die Fußstapfen der Freiheit Gräber sein? – Ihr wollt Brot, und sie werfen euch Köpfe hin! Ihr durstet, und sie machen euch das Blut von den Stufen der Guillotine lecken! *Heftige Bewegung unter den Zuhörern, Geschrei des Beifalls.*

4 **Brutus:** einer der Mörder Cäsars, der Rom vor Cäsars Streben nach einer Monarchie bewahren wollte

5 **Amar und Vouland:** Ankläger Dantons

1. a) Arbeiten Sie heraus, um welches Problem der revolutionären Entwicklung es in den beiden Reden geht.
   b) Umreißen Sie die Positionen der beiden Redner hinsichtlich dieses Problems.
2. ▷ S. 72 ff. 119 ff. Beschreiben und erläutern Sie die ▷ Argumentationsweise und die ▷ rhetorischen Mittel, mit denen St. Just in der Versammlung seine mitreißende Wirkung erzielt.
3. Schreiben Sie eine Fortsetzung der Rede Dantons, mit der Sie auf St. Justs Ausführungen im Einzelnen antworten.
4. Informieren Sie sich über Dantons Schicksal in Büchners Stück und darüber, ob Büchner für eine der beiden Seiten Partei ergreift.

FÄCHERVERBINDENDES PROJEKT DEUTSCH – GESCHICHTE: VORMÄRZ IN DER REGION

Forschen Sie anhand von stadt- oder regionalgeschichtlichen Quellenbänden und durch Besuche in Ihrem Stadtarchiv nach, was sich im Vormärz und während der 48er-Revolution in Ihrer Stadt/Ihrer Region ereignet hat. Fertigen Sie aus den Kopien der aufgefundenen Bild- und Textdokumente eine Ausstellung an, die Sie durch literarische Texte der Zeit ergänzen, die zu den Dokumenten in Beziehung gesetzt werden können.

Epochenüberblick: Vormärz (1830–1848)

Die **Julirevolution** von 1830 in Frankreich, die das Königshaus der Bourbonen endgültig entthronte und dem „Bürgerkönig" Louis Philippe zur Macht verhalf, löste in Deutschland eine starke Politisierungswelle aus. Sie gipfelte in der Massendemonstration von 25 000 demokratisch gesinnten Teilnehmern beim sog. **Hambacher Fest** (1832) und ließ das absolutistische System bis zur **Revolution von 1848** nicht mehr zur Ruhe kommen. Seit 1840 verschärften sich die wirtschaftlichen und sozialen Probleme unübersehbar, sie entluden sich immer häufiger in lokalen Aufständen, wie zum Beispiel in der Hungerrevolte der schlesischen Weber 1844. Bürgerliche Schriftsteller nahmen sich der Sache der Demokratie und der sozialen Gerechtigkeit entschiedener an als je zuvor; dabei verwendeten sie neben den traditionellen literarischen Gattungen in steigendem Maße die vielfältigen Formen der Pressepublizistik. Es war die große Zeit der **satirischen Feuilletons**, der **Flugschriften** („Der Hessische Landbote") und **Kampflieder.** Mit Büchners „Danton" entstand aber auch das erste große Revolutionsdrama, mit seinem „Woyzeck" das erste sozialkritische Stück, das sich mit dem Elend der sog. kleinen Leute beschäftigte. Einige Schriftsteller bildeten eine oppositionelle literarische Gruppe, das **Junge Deutschland.** Sie, wie auch die anderen kritischen Geister, hatten ständig mit Zensur und strafrechtlicher Verfolgung zu kämpfen, nicht wenige wurden ins Exil getrieben.
Zum Kampf für demokratische Freiheiten und soziale Gerechtigkeit gehörte auch die erste **Frauenemanzipationsbewegung.** Allerdings waren die schreibenden Frauen, die sich unterschiedlicher Textformen bedienten, um für die Gleichberechtigung einzutreten, fast ausnahmslos auf sich gestellt. Ihre Schriftstellerkollegen verhielten sich dieser Emanzipation gegenüber abwartend bis spöttisch-distanziert.

Wichtige Autorinnen/Autoren und Werke

Bettina von Arnim (1785–1859): Dies Buch gehört dem König (Reportagen)
Ludwig Börne (1786–1837): Briefe aus Paris (Briefsammlung)
Heinrich Heine (1797–1856): Deutschland. Ein Wintermärchen (Verserzählung); Reisebilder; journalistische Texte; Gedichte
Ferdinand Freiligrath (1810–1876): Ça ira; Neue politische und soziale Gedichte (Gedichtsammlungen)
Georg Büchner (1813–1837): Dantons Tod; Woyzeck (Dramen); Leonce und Lena (Komödie); Lenz (Erzählung); Der Hessische Landbote (Flugschrift)
Louise Aston (1814–1871): Meine Emanzipation (Verteidigungsschrift nach ihrer Ausweisung aus Berlin)
Georg Herwegh (1817–1875): Gedichte eines Lebendigen
Georg Weerth (1822–1856): Humoristische Skizzen aus dem deutschen Handelsleben; Leben und Taten des berühmten Ritters Schnapphahnski (satirische Feuilletons); Gedichte

3 Vom Realismus zum Expressionismus (1848–1918)

Die 48er-Revolution mit dem Ziel eines einheitlichen Nationalstaates mit demokratischer Verfassung war gescheitert. Der Grund dafür lag zum einen in fehlender organisatorischer Tatkraft und dem traditionellen deutschen Idealismus, der einem raschen Handeln im Wege stand, zum anderen aber auch in der Spaltung des Bürgertums, des Trägers der Revolution. Das konservative Reformbürgertum wurde durch die starke Beteiligung der Unterschicht an den revolutionären Aktionen verschreckt, während der radikaldemokratische bürgerliche Flügel diese Beteiligung begrüßte.

Nach einer Phase tiefer Niedergeschlagenheit in den Jahren nach der Revolution orientierte sich das primär ökonomisch interessierte Besitzbürgertum mehr und mehr in Richtung auf eine nationale Einigung, der gegenüber der Kampf um politische Selbstbestimmung und Freiheitsrechte zurücktrat. So akzeptierten schließlich die so genannten Nationalliberalen Bismarcks von oben gelenktes Vorgehen zur Gründung des Deutschen Reiches unter weit gehendem Verzicht auf demokratische Substanz in dem neuen Staatsgebilde. Auch große Teile der ehemals revolutionär gestimmten bürgerlichen Intelligenz ließen sich von der Einheitseuphorie mitreißen. Die kritischen Geister gerieten an den Rand der Gesellschaft, wo sie versuchten, die bürgerlichen Humanitäts- und Bildungsideale gegen den Zeitgeist zu verteidigen. Erst gegen Ende des 19. Jahrhunderts, als die seelische und geistige Verarmung in dem materialistischen Taumel der Gründerjahre immer deutlicher wurde und sich zeigte, dass das Bündnis von Obrigkeitsstaat und kapitalistischem Wirtschaftssystem nicht in der Lage war, die wachsenden sozialen Probleme zu lösen, entwickelte sich mit dem Krisenbewusstsein wieder ein reges, vielgestaltiges literarisches Leben. Um die Jahrhundertwende findet ein weiterer wichtiger Epochen-
▷ S. 343 ff. umbruch der deutschen Literaturgeschichte statt: der Anbruch der ▷ **Moderne**.

3.1 Bürgerlicher Realismus (1848–1890)

Realismus ist in erster Linie die Bezeichnung für eine bestimmte Schreib- und Stilform, erst in
▷ S. 333 f. zweiter Linie eine ▷ Epochenbezeichnung. Immer wenn es um die Darstellung der gegebenen Wirklichkeit geht und nicht um das Reich der Fantasie oder um formale Experimente im Sinne einer Kunst um der Kunst willen, spricht man von Realismus. Dabei ist klar, dass Realismus nicht einfach die bloße Wiederholung der Wirklichkeit im Sinne einer Reduplikation sein kann; das kann nicht einmal die Fotografie leisten, muss doch der Fotograf den Bildausschnitt bestimmen, Belichtung und Tiefenschärfe wählen etc. Noch stärker kommt in einer literarischen Wirklichkeitswiedergabe ein ästhetisch-künstlerisches Element ins Spiel. Die entscheidende Frage ist nun, welche Rolle dieses Element bei der Darstellung der Realität spielen soll, wie also das Verhältnis von kreativem Bilden und Abbilden gestaltet wird. In der Beantwortung dieser Frage unterscheiden sich die Schriftsteller, die sich als Realisten verstanden, nicht unerheblich. Vier bedeutende Realisten beschreiben ihre Vorstellung von Realismus so:

Die französische Gesellschaft ist selbst der Historiker, ich kann nur der Sekretär sein.
(Honoré de Balzac)

Realismus ist die künstlerische Wiedergabe (nicht das bloße Abschreiben) des Lebens.
(Theodor Fontane)

Wie man heutzutage ohne Beruf scheinbar gute und doch schlechte Bücher macht: absichtlich gemachte Studien in Wald und Feld, Reminiszenzen, gute Notizen, den Bauern und Jägern abgefragt und aufgeschrieben, zierliche Sächelchen appetitlich zusammengeschmiedet und mit reinlichem Stile vergoldet, aber inwendig nicht eine Spur von Notwendigkeit, von durchgehender Tiefe, und nichts fertig.

(Gottfried Keller)

Realismus ist nicht, wie die wirklichen Dinge sind, sondern wie die Dinge wirklich sind.

(Bertolt Brecht)

1. Erläutern Sie in eigenen Worten und mit Beispielen das Realismus-Verständnis der vier Schriftsteller.
2. Suchen Sie in Kunst- und Literaturlexika verschiedene Realismus-Richtungen auf und erklären Sie, was jeweils unter Realismus zu verstehen ist, z. B. bürgerlicher Realismus, kritischer Realismus, poetischer Realismus, sozialistischer Realismus, Fotorealismus etc.

Gottfried Keller

Der grüne Heinrich (1879/80)

Heinrich Lee, der Ich-Erzähler des Romans, aus dem der folgende Auszug stammt, wird wegen der Farbe seiner Kleidung, aber auch wegen seiner Unreife der „grüne Heinrich" genannt. Er will Kunstmaler werden und beginnt seine Laufbahn mit so genannten Zeichnungen nach der Natur, die er bei Spaziergängen vor der Stadt angefertigt hat. Im Sommer fährt Heinrich dann hinaus aufs Land, um seinen Onkel zu besuchen. Seine Zeichnungen nimmt er mit.

Die zahlreichen, kräftig geschwärzten Blätter verursachten im Hause meines Oheims allerdings einige Verwunderung, und im Allgemeinen sah man die Sache mit ziemlichem Respekt an; als jedoch der Oheim die Zeichnungen betrachtete, welche ich nach der Natur gefertigt haben wollte (denn ich glaubte als eine Art Münchhausen nachgerade selbst daran, vorzüglich weil die Sachen doch unter freiem Himmel entstanden waren), da schüttelte er bedenklich den Kopf und wunderte sich, wo ich denn meine Augen gehabt hätte. In seinem realistischen Sinne, als Land- und Forstmann, fand er trotz aller Unkunde in Kunstdingen den Fehler schnell und leicht heraus.

„Diese Bäume", sagte er, „sehen ja einer dem andern ähnlich und alle zusammen gar keinem wirklichen! Diese Felsen und Steine könnten keinen Augenblick so aufeinander liegen, ohne zusammenzufallen! Hier ist ein Wasserfall, dessen Masse einen der größeren Fälle verkündet, die aber über kleinliche Bachsteine stürzt, als ob ein Regiment Soldaten über einen Span stolperte; hierzu wäre eine tüchtige Felswand erforderlich; indessen nimmt es mich eigentlich wunder, wo zum Teufel in der Nähe der Stadt ein solcher Fall zu finden ist! Dann möchte ich auch wissen, was an solchen verfaulten Weidenstöcken Zeichnenswertes ist, da dünkte mich doch eine gesunde Eiche oder Buche erbaulicher" usf. [...] Gleich am ersten Tage nach meiner Ankunft stellte mir der Oheim, um mich wieder auf eine reale Bahn zu leiten, die Aufgabe, seine Besitzung, Haus, Garten und Bäume, genau und bedächtig zu zeichnen und ein getreues Bild davon zu entwerfen. Er machte mich aufmerksam auf alle Eigentümlichkeiten und auf das, was er besonders hervorgehoben wünschte, und wenn seine Andeutungen auch eher dem Bedürfnisse eines rüstigen Besitzers als demjenigen eines Kunstverständigen entsprachen, so ward ich doch dadurch genötigt, die Gegenstände wieder einmal genau anzusehen und in allen ihren eigentümlichen Oberflächen zu verfolgen. Die allereinfachsten Dinge am

Hause selbst, sogar die Ziegel auf dem Dache, gaben mir nun wieder mehr zu schaffen, als ich je gedacht hatte, und veranlassten mich, auch die umstehenden Bäume in gleicher Weise gewissenhafter zu zeichnen; ich lernte die aufrichtige Arbeit und Mühe wieder kennen, und indem darüber eine Arbeit entstand, die mich in ihrer anspruchslosen Durchgeführtheit selbst unendlich mehr befriedigte als die marktschreierischen Produkte der jüngsten Zeit, erwarb ich mir mit saurer Mühe den Sinn des Schlichten, aber Wahren.

1. Bestimmen Sie, von welchem Standpunkt aus der Onkel die Zeichnungen des grünen Heinrich kritisiert.
2. Inwiefern wird der grüne Heinrich durch seinen Onkel künstlerisch auf den Weg gebracht?

Theodor Fontane

Was verstehen wir unter Realismus? (1853)

Vor allen Dingen verstehen wir nicht darunter das nackte Wiedergeben alltäglichen Lebens, am wenigsten seines Elends und seiner Schattenseiten. Traurig genug, dass es nötig ist, derlei sich von selbst verstehende Dinge noch erst versichern zu müssen. Aber es ist noch nicht allzu lange her, dass man (namentlich in der Malerei) Misere mit Realismus verwechselte und bei Darstellung eines sterbenden Proletariers, den hungernde Kinder umstehen, oder gar bei Produktionen jener so genannten Tendenzbilder (schlesische Weber, das Jagdrecht u. dgl. m.) sich einbildete, der Kunst eine glänzende Richtung vorgezeichnet zu haben. Diese Richtung verhält sich zum echten Realismus wie das rohe Erz zum Metall: Die Läuterung fehlt. Wohl ist das Motto des Realismus der Goethe'sche Zuruf:

Greif nur hinein ins volle Menschenleben,
Wo du es packst, da ist's interessant,

aber freilich, die Hand, die diesen Griff tut, muss eine künstlerische sein. Das Leben ist doch immer nur der Marmorsteinbruch, der den Stoff zu unendlichen Bildwerken in sich trägt; sie schlummern darin, aber nur dem Auge des Geweihten sichtbar und nur durch seine Hand zu erwecken. Der Block an sich,

Adolph Menzel: Das Eisenwalzwerk (Moderne Cyklopen, 1875)

nur herausgerissen aus einem größeren Ganzen, ist noch kein Kunstwerk, und dennoch haben wir die Erkenntnis als einen unbedingten Fortschritt zu begrüßen, dass es zunächst des Stoffes, oder sagen wir lieber des Wirklichen, zu allem künstlerischen Schaffen bedarf. Diese Erkenntnis, sonst nur im Einzelnen mehr oder minder lebendig, ist in einem Jahrzehnt zu fast universeller Herrschaft in den Anschauungen und Produktionen unserer Dichter gelangt und bezeichnet einen abermaligen Wendepunkt in unserer Literatur. [...]

Wenn wir in Vorstehendem – mit Ausnahme eines einzigen Kernspruchs – uns lediglich negativ verhalten und überwiegend hervorgehoben haben, was der Realismus nicht ist, so geben wir nunmehr unsere Ansicht über das, was er ist, mit kurzen Worten dahin ab: Er ist die Widerspiegelung alles wirklichen Lebens, aller wahren Kräfte und Interessen im Elemente der Kunst; er ist, wenn man uns diese scherzhafte Wendung verzeiht, eine „Interessenvertretung“ auf seine Art. Er umfängt das ganze reiche Leben, das Größte wie das Kleinste: den Kolumbus, der der Welt eine neue zum Geschenk machte, und das Wassertierchen, dessen Weltall der Tropfen ist; den höchsten Gedanken, die tiefste Empfindung zieht er in seinen Bereich, und die Grübeleien eines Goethe wie Lust und Leid eines Gretchen sind sein Stoff. Denn alles das ist wirklich. Der Realismus will nicht die bloße Sinnenwelt und nichts als diese; er will am allerwenigsten das bloß Handgreifliche, aber er will das Wahre. Er schließt nichts aus als die Lüge, das Forcierte, das Nebelhafte, das Abgestorbene – vier Dinge, mit denen wir glauben, eine ganze Literaturepoche bezeichnet zu haben.

1. Definieren Sie mit eigenen Worten, was Fontane unter realistischer Kunst und was er unter der Wirklichkeit als Gegenstand dieser Kunst versteht.
2. Gegen welche Kunst- und Literaturrichtungen wendet sich Fontane in den Zeilen 6–17 und 63–67?
3. Führen Sie in Ihrer Klasse ein Streitgespräch über die Aufgaben und die „richtige“ Beschaffenheit von Kunst und Literatur zwischen einem Vertreter des bürgerlichen Realismus und Vertretern der Kunstrichtungen, die Fontane in seinem Text kritisiert. Als weiteren Gesprächsteilnehmer können Sie einen heutigen Schriftsteller bzw. Künstler auftreten lassen.
4. Diskutieren Sie, ob Adolph Menzels Bild auf S. 328 Fontanes Anforderungen an den Realismus entspricht.

Theodor Fontane

Frau Jenny Treibel (1893)

Jenny Treibel, geb. Bürstenbinder, stammt aus kleinbürgerlichem Milieu. Bei ihrer Heirat entscheidet sie sich gegen den Gymnasialprofessor Willibald Schmidt, der ihr den Hof macht, und für den reichen Fabrikanten Treibel, der den Titel eines Kommerzienrats trägt. Schmidts und Treibels bleiben sich aber freundschaftlich verbunden und verkehren gesellschaftlich miteinander. Wenn die Romanhandlung beginnt, lebt Schmidt, der früh verwitwet ist, mit seiner erwachsenen Tochter Corinna zusammen, die mit ihrem Temperament und ihrer geistigen Regsamkeit ganz in die Fußstapfen des Vaters tritt; Treibels haben zwei Söhne, deren Existenz ganz auf die Übernahme des väterlichen Erbes ausgerichtet ist. Bei einer Landpartie mit mehreren Bekannten und Freunden des Hauses Treibel, unter ihnen auch die Schmidts, verlobt sich Leopold, der jüngere Treibel-Sohn, heimlich mit Corinna. Der Textauszug beginnt mit der Rückkehr von dieser Landpartie.

Ziemlich um dieselbe Zeit, wo der Felgentreu'sche Wagen in der Adlerstraße hielt, um daselbst abzusetzen, hielt auch der Treibel'sche Wagen vor der kommerzienrätlichen Wohnung, und die Rätin samt ihrem Sohn Leopold stiegen aus, während der alte Treibel auf seinem Platze blieb und das junge Paar[1] – das wieder die Pferde geschont hatte – die Köpenicker Straße hinunter bis an den „Holzhof“ begleitete. Von dort aus, nach einem

1 **das junge Paar:** Treibels älterer Sohn Otto und dessen Ehefrau

herzhaften Schmatz (denn er spielte gern den zärtlichen Schwiegervater), ließ er sich zu Buggenhagens fahren, wo Parteiversammlung war. Er wollte doch mal wieder sehen, wie's stünde, und, wenn nötig, auch zeigen, dass ihn die Korrespondenz in der „Nationalzeitung“ nicht niedergeschmettert habe.

Die Kommerzienrätin, die für gewöhnlich die politischen Gänge Treibels belächelte, wenn nicht beargwöhnte – was auch vorkam –, heute segnete sie Buggenhagen und war froh, ein paar Stunden allein sein zu können. Der Gang mit Willibald hatte so vieles wieder in ihr angeregt. Die Gewissheit, sich verstanden zu sehen – es war doch eigentlich das Höhere. „Viele beneiden mich, aber was hab ich am Ende? Stuck und Goldleisten und die Honig[2] mit ihrem sauersüßen Gesicht. Treibel ist gut, besonders auch gegen mich: aber die Prosa lastet bleischwer auf ihm, und wenn er es nicht empfindet, ich empfinde es ... Und dabei Kommerzienrätin und immer wieder Kommerzienrätin. Es geht nun schon in das zehnte Jahr, und er rückt nicht höher hinauf, trotz aller Anstrengungen. Und wenn es so bleibt, und es wird so bleiben, so weiß ich wirklich nicht, ob nicht das andere, das auf Kunst und Wissenschaft deutet, doch einen feineren Klang hat. Ja, den hat es... Und mit den ewigen guten Verhältnissen! Ich kann doch auch nur eine Tasse Kaffee trinken, und wenn ich mich zu Bett lege, so kommt es darauf an, dass ich schlafe, Birkenmaser oder Nussbaum macht keinen Unterschied, aber Schlaf oder Nichtschlaf, das macht einen, und mitunter flieht mich der Schlaf, der des Lebens Bestes ist, weil er uns das Leben vergessen lässt ... Und auch die Kinder wären anders. Wenn ich die Corinna ansehe, das sprüht alles von Lust und Leben, und wenn sie bloß so macht, so steckt sie meine beiden Jungen in die Tasche. Mit Otto ist nicht viel, und mit Leopold ist gar nichts.“

Jenny, während sie sich in süße Selbsttäuschungen wie diese versenkte, trat ans Fenster und sah abwechselnd auf den Vorgarten und die Straße. Drüben, im Hause gegenüber, hoch oben in der offenen Mansarde, stand, wie ein Schattenriss in hellem Licht, eine Plätterin, die mit sicherer Hand über das Plättbrett hinfuhr – ja, es war ihr, als höre sie das Mädchen singen. Der Kommerzienrätin Auge mochte von dem anmutigen Bilde nicht lassen, und etwas wie wirklicher Neid überkam sie.

Sie sah erst fort, als sie bemerkte, dass hinter ihr die Tür ging. Es war Friedrich, der den Tee brachte. „Setzen Sie hin, Friedrich, und sagen Sie Fräulein Honig, es wäre nicht nötig.“

„Sehr wohl, Frau Kommerzienrätin. Aber hier ist ein Brief.“

„Ein Brief?“, fuhr die Rätin heraus. „Von wem?“

„Vom jungen Herrn.“

„Von Leopold?“

„Ja, Frau Kommerzienrätin... Und es wäre Antwort ...“

„Brief... Antwort... Er ist nicht recht gescheit“, und die Kommerzienrätin riss das Kuvert auf und überflog den Inhalt. „Liebe Mama! Wenn es dir irgend passt, ich möchte heute noch eine kurze Unterredung mit dir haben. Lass mich durch Friedrich wissen, ja oder nein. Dein Leopold.“

Jenny war derart betroffen, dass ihre sentimentalen Anwandlungen auf der Stelle hinschwanden. So viel stand fest, dass das alles nur etwas sehr Fatales bedeuten konnte. Sie raffte sich aber zusammen und sagte: „Sagen Sie Leopold, dass ich ihn erwarte.“

Das Zimmer Leopolds lag über dem ihrigen; sie hörte deutlich, dass er rasch hin und her ging und ein paar Schubkästen, mit einer ihm sonst nicht eigenen Lautheit, zuschob. Und gleich danach, wenn nicht alles täuschte, vernahm sie seinen Schritt auf der Treppe.

Sie hatte recht gehört, und nun trat er ein und wollte (sie stand noch in der Nähe des Fensters) durch die ganze Länge des Zimmers auf sie zuschreiten, um ihr die Hand zu küssen; der Blick aber, mit dem sie ihm begegnete, hatte etwas so Abwehrendes, dass er stehen blieb und sich verbeugte.

„Was bedeutet das, Leopold? Es ist jetzt zehn, also nachtschlafende Zeit, und da schreibst du mir ein Billett und willst mich sprechen. Es ist mir neu, dass du was auf der Seele hast, was keinen Aufschub bis morgen früh duldet. Was hast du vor? Was willst du?“

„Mich verheiraten, Mutter. Ich habe mich verlobt.“

Die Kommerzienrätin fuhr zurück, und ein Glück war es, dass das Fenster, an dem sie

2 **Fräulein Honig:** Wirtschafterin im Hause Treibel

stand, ihr eine Lehne gab. Auf viel Gutes hatte sie nicht gerechnet, aber eine Verlobung über ihren Kopf weg, das war doch mehr, als sie gefürchtet. War es eine der Felgentreus? Sie hielt beide für dumme Dinger und die ganze Felgentreuerei für erheblich unterm Stand; er, der Alte, war Lageraufseher in einem großen Ledergeschäft gewesen und hatte schließlich die hübsche Wirtschaftsmamsell des Prinzipals, eines mit seiner weiblichen Umgebung oft wechselnden Witwers, geheiratet. So hatte die Sache begonnen und ließ in ihren Augen viel zu wünschen übrig. Aber verglichen mit den Munks, war es noch lange das Schlimmste nicht, und so sagte sie denn:

„Elfriede oder Blanca?"

„Keine von beiden."

„Also ..."

„Corinna."

Das war zu viel. Jenny kam in ein halb ohnmächtiges Schwanken, und sie wäre, angesichts ihres Sohnes, zu Boden gefallen, wenn sie der schnell Herzuspringende nicht aufgefangen hätte. Sie war nicht leicht zu halten und noch weniger leicht zu tragen; aber der arme Leopold, den die ganze Situation über sich selbst hinaushob, bewährte sich auch physisch und trug die Mama bis ans Sofa.

1. Schreiben Sie ein Porträt der Titelfigur, in dem deren Lebensumstände, Gefühle und Gedanken, aber auch das Aussehen, wie Sie es sich vorstellen, deutlich werden.
2. Welches Bild von der Gesellschaft wird in dem Romanauszug entworfen? Welche Einstellung des Erzählers zu dieser Gesellschaft und ihren Repräsentanten wird in der Art des Erzählens erkennbar?
3. a) Entwerfen Sie eine Fortsetzung des Textes.
   b) Vergleichen Sie Ihre Entwürfe mit einer Inhaltsangabe des gesamten Romans. Schlagen Sie in einem Romanführer oder in „Kindlers Literaturlexikon" nach.

Gottfried Keller

Romeo und Julia auf dem Dorfe (1856)

Zwei Jugendliche in einem Schweizer Dorf, Sali und Vrenchen, verlieben sich ineinander. Aus einem nichtigen Anlass haben sich ihre Väter, zwei Bauern, verfeindet und tragen ihren Streit in unerbittlicher Starrheit mit Hilfe von Anwälten aus. Die Liebenden treffen sich heimlich auf einer Kirchweih, tanzen ausgelassen mit anderen Jungen und Mädchen hinter einem Geiger her aus dem Dorf heraus und wandern dann allein durch die abendlich-stille Landschaft.

Sie horchten ein Weilchen auf diese eingebildeten oder wirklichen Töne, welche von der großen Stille herrührten oder welche sie mit den magischen Wirkungen des Mondlichtes verwechselten, welches nah und fern über die weißen Herbstnebel wallte, welche tief auf den Gründen lagen. Plötzlich fiel Vrenchen etwas ein; es suchte in seinem Brustgewand und sagte: „Ich habe dir noch ein Andenken gekauft, das ich dir geben wollte!" Und es gab ihm den einfachen Ring und steckte ihm denselben selbst an den Finger. Sali nahm sein Ringlein auch hervor und steckte ihn an Vrenchens Hand, indem er sagte: „So haben wir die gleichen Gedanken gehabt!" Vrenchen hielt seine Hand in das bleiche Silberlicht und betrachtete den Ring. „Ei, wie ein feiner Ring!", sagte es lachend; „nun sind wir aber doch verlobt und versprochen, du bist mein Mann und ich deine Frau, wir wollen es einmal einen Augenblick lang denken, nur bis jener Nebelstreif am Mond vorüber ist oder bis wir zwölf gezählt haben! Küsse mich zwölfmal!"

Sali liebte gewiss ebenso stark als Vrenchen, aber die Heiratsfrage war in ihm doch nicht so leidenschaftlich lebendig als ein bestimmtes Entweder-oder, als ein unmittelbares Sein oder Nichtsein, wie in Vrenchen, welches nur das eine zu fühlen fähig war und mit leidenschaftlicher Entschiedenheit unmittelbar Tod oder Leben darin sah. Aber jetzt ging ihm endlich ein Licht auf und das weibliche Gefühl des jungen Mädchens ward in ihm auf der Stelle zu einem wilden und heißen Verlangen und eine glühende Klarheit erhellte ihm die Sinne. So heftig er Vrenchen schon umarmt und liebkost hatte, tat er es jetzt doch ganz anders und stürmischer und übersäete es mit Küssen. Vrenchen fühlte trotz aller eigenen Leidenschaft auf der Stelle diesen Wechsel und ein heftiges Zittern durchfuhr sein ganzes Wesen, aber ehe jener Nebelstreif am Monde vorüber war, war es auch davon ergriffen. Im heftigen Schmeicheln und Ringen begegneten sich ihre ringgeschmückten Hände und fassten sich fest, wie von selbst eine Trauung vollziehend, ohne den Befehl eines Willens. Salis Herz klopfte bald wie mit Hämmern, bald stand es still, er atmete schwer und sagte leise: „Es gibt eines für uns, Vrenchen, wir halten Hochzeit zu dieser Stunde und gehen dann aus der Welt – dort ist das tiefe Wasser – dort scheidet uns niemand mehr und wir sind zusammen gewesen – ob kurz oder lang, das kann uns dann gleich sein. –"

Vrenchen sagte sogleich: „Sali – was du da sagst, habe ich schon lang bei mir gedacht und ausgemacht, nämlich dass wir sterben könnten und dann alles vorbei wäre – so schwör mir es, dass du es mit mir tun willst!"

„Es ist schon so gut wie getan, es nimmt dich niemand mehr aus meiner Hand als der Tod!", rief Sali außer sich. Vrenchen aber atmete hoch auf, Tränen der Freude entströmten seinen Augen; es raffte sich auf und sprang leicht wie ein Vogel über das Feld gegen den Fluss hinunter. Sali eilte ihm nach; denn er glaubte, es wolle ihm entfliehen, und Vrenchen glaubte, er wolle es zurückhalten. So sprangen sie einander nach und Vrenchen lachte wie ein Kind, welches sich nicht will fangen lassen. „Bereust du es schon?", rief eines zum andern, als sie am Flusse angekommen waren und sich ergriffen; „nein! es freut mich immer mehr!", erwiderte ein jedes. Aller Sorgen ledig gingen sie am Ufer hinunter und überholten die eilenden Wasser, so hastig suchten sie eine Stätte, um sich niederzulassen; denn ihre Leidenschaft sah jetzt nur den Rausch der Seligkeit, der in ihrer Vereinigung lag, und der ganze Wert und Inhalt des übrigen Lebens drängte sich in diesem zusammen; was danach kam, Tod und Untergang, war ihnen ein Hauch, ein Nichts, und sie dachten weniger daran, als ein Leichtsinniger denkt, wie er den andern Tag leben will, wenn er seine letzte Habe verzehrt.

„Meine Blumen gehen mir voraus", rief Vrenchen, „sieh, sie sind ganz dahin und verwelkt!" Es nahm sie von der Brust, warf sie ins Wasser und sang laut dazu: „Doch süßer als ein Mandelkern ist meine Lieb zu dir!"

„Halt!", rief Sali, „hier ist dein Brautbett!"

Sie waren an einen Fahrweg gekommen, der vom Dorfe her an den Fluss führte, und hier war eine Landungsstelle, wo ein großes Schiff, hoch mit Heu beladen, angebunden lag. In wilder Laune begann er unverweilt die starken Seile loszubinden. Vrenchen fiel ihm lachend in den Arm und rief: „Was willst du tun? Wollen wir den Bauern ihr Heuschiff stehlen zu guter Letzt?" – „Das soll die Aussteuer sein, die sie uns geben, eine schwimmende Bettstelle und ein Bett, wie noch keine Braut gehabt! Sie werden überdies ihr Eigentum unten wiederfinden, wo es ja doch hin soll, und werden nicht wissen, was damit geschehen ist. Sieh, schon schwankt es und will hinaus!"

Das Schiff lag einige Schritte vom Ufer entfernt im tiefen Wasser. Sali hob Vrenchen mit seinen Armen hoch empor und schritt durch das Wasser gegen das Schiff; aber es liebkoste ihn so heftig ungebärdig und zappelte wie ein Fisch, dass er im ziehenden Wasser keinen Stand halten konnte. Es strebte Gesicht und Hände ins Wasser zu tauchen und rief: „Ich will auch das kühle Wasser versuchen! Weißt du noch, wie kalt und nass unsere Hände waren, als wir sie uns zum ersten Mal gaben? Fische fingen wir damals, jetzt werden wir selber Fische sein und zwei schöne große!" – „Sei ruhig, du lieber Teufel!", sagte Sali, der Mühe hatte, zwischen dem tobenden Liebchen und den Wellen sich aufrecht zu halten, „es zieht mich sonst fort!" Er hob seine Last in das Schiff und schwang sich nach; er hob sie auf die hochgebettete weiche und duftende Ladung und schwang sich auch hinauf, und als sie oben saßen, trieb das Schiff allmählich in die Mitte des Stromes hinaus und schwamm dann, sich langsam drehend, zu Tal.

Der Fluss zog bald durch hohe dunkle Wälder, die ihn überschatteten, bald durch offenes Land; bald an stillen Dörfern vorbei, bald an einzelnen Hütten; hier geriet er in eine Stille, dass er einem ruhigen See glich und das Schiff beinah stillhielt, dort strömte er um Felsen und ließ die schlafenden Ufer schnell hinter sich; und als die Morgenröte aufstieg, tauchte zugleich eine Stadt mit ihren Türmen aus dem silbergrauen Strome. Der untergehende Mond, rot wie Gold, legte eine glänzende Bahn den Strom hinauf und auf dieser kam das Schiff langsam überquer gefahren. Als es sich der Stadt näherte, glitten im Froste des Herbstmorgens zwei bleiche Gestalten, die sich fest umwanden, von der dunklen Masse herunter in die kalten Fluten.

Das Schiff legte sich eine Weile nachher unbeschädigt an eine Brücke und blieb da stehen. Als man später unterhalb der Stadt die Leichen fand und ihre Herkunft ausgemittelt hatte, war in den Zeitungen zu lesen, zwei junge Leute, die Kinder zweier blutarmen zu Grunde gegangenen Familien, welche in unversöhnlicher Feindschaft lebten, hätten im Wasser den Tod gesucht, nachdem sie einen ganzen Nachmittag herzlich miteinander getanzt und sich belustigt auf einer Kirchweih. Es sei dies Ereignis vermutlich in Verbindung zu bringen mit einem Heuschiff aus jener Gegend, welches ohne Schiffleute in der Stadt gelandet sei, und man nehme an, die jungen Leute haben das Schiff entwendet, um darauf ihre verzweifelte und gottverlassene Hochzeit zu halten, abermals ein Zeichen von der um sich greifenden Entsittlichung und Verwilderung der Leidenschaften.

1. Untersuchen Sie den Schluss von Kellers Novelle im Hinblick auf Denkweise und Verhalten der beiden Liebenden, die Schilderung der Natur und die Darstellung des Liebestods.
2. a) Analysieren Sie die ▷ **Erzählweise** in Kellers Text und berücksichtigen Sie dabei insbesondere Erzählhaltung und -perspektive. ▷ S. 169 ff.
   b) Vergleichen Sie die Erzählweise Kellers mit der Fontanes im Auszug aus dem Roman „Frau Jenny Treibel" (▷ S. 329 ff.).
   c) Untersuchen Sie, ob und inwiefern die Erzählweisen Kellers und Fontanes mit dem Konzept des bürgerlichen Realismus übereinstimmen.
3. a) Keller schrieb seine Novelle nach einer tatsächlichen Begebenheit, die er aus der Zeitung erfuhr. Schreiben Sie einen Zeitungsbericht, der als Quelle für die Geschichte hätte dienen können, und einen Kommentar, in dem das Ereignis reflektiert wird.
   b) Rekonstruieren Sie, ausgehend vom Schluss der Novelle „Romeo und Julia auf dem Dorfe", die vorangegangenen Handlungsschritte.
4. Übertragen Sie das „Romeo-und-Julia"-Motiv in andere Milieus und schreiben Sie dazu Geschichten, die realistisch geprägt sind. Vergleichen Sie Ihre Geschichten und deren Realismus untereinander und mit Kellers Erzählung.

FÄCHERVERBINDENDES PROJEKT DEUTSCH – FREMDSPRACHEN

Stellen Sie in Ihrem Kurs Romane unterschiedlicher europäischer Realisten vor (z. B. Balzac, Flaubert, Dickens, Tolstoi) und vergleichen Sie diese Werke im Hinblick auf Inhalt und Schreibweise mit dem bürgerlichen Realismus in Deutschland. Veröffentlichen Sie Ihre Ergebnisse in einem Reader oder in Form einer Dokumentation auf einer Stellwand.

Epochenüberblick: Bürgerlicher Realismus (1848–1890)

Dem bürgerlichen Realismus geht es um die Darstellung der Wirklichkeit, allerdings nicht im Sinne einer bloßen Widerspiegelung der vorgefundenen Realität, sondern im Sinne einer künstlerischen Gestaltung der Stoffvorlage. Bei der dichterischen Bearbeitung orientieren sich die bürgerlichen Realisten in **Roman** und **Novelle,** die als dominierende Gattungen erscheinen, am Vorbild des ▷ Bildungsromans aus der Goethezeit und in der Dramatik und Lyrik an stilistischen Mustern aus ▷ Klassik, Romantik und Biedermeier. ▷ S. 292 ff. ▷ S. 286 ff.

Zwei auffallende Tendenzen in der Themenwahl sind der **Regionalismus** und der **Historismus.** Die Autoren meiden die großen gesellschaftspolitischen Probleme und wenden sich der engeren lokalen Heimat mit ihrer Landschaft und ihren Menschen zu – oder sie ziehen

sich in die Geschichte zurück, allerdings nicht zum Zwecke politischer Aufklärung, sondern um Historienbilder auszumalen.
Im Zentrum aller Romane, Dramen und Gedichte steht weiterhin der Einzelmensch, das **Individuum,** obwohl die Wirklichkeit zunehmend von den durch Industrialisierung und Verstädterung geschaffenen Menschenmassen bestimmt wurde. Stilistisches Merkmal vieler Werke des poetischen Realismus ist der **Humor** in seinen verschiedenen Spielarten zwischen Milde und Bitterkeit. Er ermöglicht die Distanz zu dem eigentlich Unerträglichen und Empörenden in der Wirklichkeit und legt den Leserinnen und Lesern ein augenzwinkerndes Sichabfinden mit den Gegebenheiten nahe.
Auch da, wo dieser Realismus schärfere gesellschaftskritische Konturen gewinnt, wie zum Beispiel in den Romanen THEODOR FONTANES, bleibt die Anklage auf einzelne Fehler und Schwächen im Gesellschaftsgefüge beschränkt und wendet sich nie gegen das ganze System und die Bedingungen seines Bestehens.

Wichtige Autoren und Werke

Theodor Storm (1817–1888): Der Schimmelreiter (Erzählung); Gedichte
Theodor Fontane (1819–1898): Schach von Wuthenow; Frau Jenny Treibel; Effi Briest; Der Stechlin (Romane); Wanderungen durch die Mark Brandenburg (Reiseschilderung)
Gottfried Keller (1819–1890): Der grüne Heinrich (Roman); Die Leute von Seldwyla (Novellen)
Wilhelm Busch (1832–1908): Max und Moritz; Die fromme Helene (Bildergeschichten); Gedichte

3.2 Naturalismus (1880–1900)

Eine neue Kunst: Angriffe und Rechtfertigungen

Wilhelm Liebknecht

Beitrag zu einer Parteitagsdebatte der SPD (1896)

Es ging in dieser Debatte um die Frage, ob in der „Neuen Welt“, der Kulturbeilage zu allen Parteizeitungen, Texte der avantgardistischen Literatur des Naturalismus abgedruckt werden sollten.

Nun komme ich noch auf ein Moment, das von größter Bedeutung für das Proletariat ist. Das Jüngste Deutschland[1] hat als Produkt der Dekadenz, d.h. der Fäulnis der kapitalistischen Gesellschaft, eine gewisse prickelnde Lust, alle sexuellen Dinge auszumalen. Schon in der Fäulnis des alten Römerreichs hatten wir dieselbe Erscheinung. Und hier sage ich: – ich bin wahrhaftig nicht prüde, in meiner Gegenwart kann man sehr vieles sagen; aber wenn vor heranwachsenden Kindern – die „Neue Welt“ soll ja Familienblatt sein – diese geschlechtlichen Dinge behandelt werden, wie wirkt denn diese Erregung der Lüsternheit auf die Kinder! Das Proletariat wird heute schon so zu Grunde gerichtet durch soziale und ökonomische Verhältnisse; sollen wir noch dazu beitragen, Körper und Geist der Kinder des Proletariats zu ruinieren?

1 **das Jüngste Deutschland:** Eine Gruppe naturalistischer Schriftsteller, die sich in Anlehnung an das „Junge Deutschland“ der Vormärz-Zeit (▷ S. 325) das „Jüngste Deutschland“ nannte. Liebknecht ordnet sie hier der „Dekadenz“ (▷ S. 349 f.) zu, womit er sicherlich nicht das Selbstverständnis dieser Schriftsteller trifft.

Kaiser Wilhelm II.

Aus einer Rede anlässlich der Enthüllung eines Denkmals zur preußisch-deutschen Geschichte
(1901)

1894 kündigte der Monarch seine Loge im Deutschen Theater, weil dort Gerhart Hauptmanns „Die Weber" (▷ S. 338 ff.) aufgeführt wurde. 1896 wurde auf Wilhelms Anordnung dem Autor des Stücks der gerade verliehene Schillerpreis wieder aberkannt.

Wenn nun die Kunst, wie es jetzt vielfach geschieht, weiter nichts tut, als das Elend noch scheußlicher hinzustellen, wie es schon ist, dann versündigt sie sich damit am deutschen Volke. Die Pflege der Ideale ist zugleich die größte Kulturarbeit, und wenn wir hierin den anderen Völkern ein Muster sein und bleiben wollen, so muss das ganze Volk daran mitarbeiten, und soll die Kultur ihre Aufgabe voll erfüllen, dann muss sie bis in die untersten Schichten des Volkes hindurchgedrungen sein. Das kann sie nur, wenn die Kunst die Hand dazu bietet, wenn sie *erhebt, statt dass sie in den Rinnstein niedersteigt.*

1. Arbeiten Sie die Übereinstimmungen und Unterschiede in den Kunstauffassungen von Kaiser und SPD-Vorsitzendem heraus.
2. Antworten Sie in Form eines offenen Briefes auf die Kritik an der naturalistischen Kunst.

Émile Zola

Vorwort zu „Thérèse Raquin"
(1867)

Émile Zola, das französische Vorbild der deutschen Naturalisten, verteidigt sich im Vorwort zur zweiten Auflage seines Romans „Thérèse Raquin" gegen die Kritiker, die sein Werk als „Unflat" und „Kloake" bezeichnet hatten:

Ich habe in *Thérèse Raquin* Temperamente und nicht Charaktere ergründen wollen. Das kennzeichnet das ganze Buch. Ich habe Gestalten gewählt, die übermächtig von ihren Nerven und ihrem Blut beherrscht werden, die keinen freien Willen besitzen und bei jeder Handlung ihres Lebens von den verhängnisvollen Fügungen ihrer Physis fortgerissen werden. Thérèse und Laurent sind Tiere in Menschengestalt, und weiter gar nichts. Ich habe bei diesen Tierwesen Schritt für Schritt dem dumpfen Sichauswirken der Leidenschaften zu folgen versucht, dem Schub des Instinktes, den Zerrüttungen des Gehirns im Gefolge einer Nervenkrisis. Die Liebesbeziehungen meiner beiden Helden sind die Stillung eines Bedürfnisses; der Mord, den sie begehen, ist eine Folge ihres Ehebruchs, welche Folge sie auf sich nehmen wie die Wölfe das Reißen von Schafen; kurzum, was ich als ihre Gewissensbisse habe bezeichnen müssen, das besteht ganz einfach in einer Verwirrung des Organismus, in einer Rebellion des bis zum Bersten angespannten Nervensystems. Die Seele ist völlig abwesend, das gestehe ich ohne weiteres ein, weil ich es so gewollt habe.
Ich hoffe, man beginnt jetzt zu verstehen, dass ich vor allem ein wissenschaftliches Ziel verfolgt habe. Als meine beiden Hauptgestalten Thérèse und Laurent geschaffen worden waren, habe ich es mir angelegen sein lassen, mir bestimmte Probleme zu stellen und zu lösen: auf diese Weise habe ich versucht, die seltsame Verbindung zu erklären, die sich zwischen zwei unterschiedlichen Temperamenten vollziehen kann; ich habe die tiefen Verwirrungen einer sanguinischen Natur in ihrem Kontakt mit einer nervösen Natur aufgezeigt. Man möge den Roman sorgfältig lesen, dann wird man sehen, dass jedes Kapitel eine Studie über einen seltsamen physiologischen Fall darstellt. Mit einem Wort, ich habe lediglich den einen Wunsch gehabt: in den Gegebenheiten eines kraftvollen Mannes und einer unbefriedigten Frau das Tier aufzuspüren, sogar nichts zu sehen als die Bestie, und gewissenhaft die Empfindungen und Handlungen jener Menschenwesen nachzuzeichnen. Ich habe nichts getan, als an zwei lebendigen Körpern die analytische Arbeit durchzuführen, die die Chirurgen an Leichen vornehmen.

Eine der zehn Thesen der naturalistischen Schriftstellervereinigung „Durch!“ (1886)

Die moderne Dichtung soll den Menschen mit Fleisch und Blut und mit seinen Leidenschaften in unerbittlicher Wahrheit zeichnen, ohne dabei die durch das Kunstwerk sich selbst gezogene Grenze zu überschreiten, vielmehr um durch die Größe der Naturwahrheit die ästhetische Wirkung zu erhöhen.

Wilhelm Bölsche

Die naturwissenschaftlichen Grundlagen der Poesie (1887)

Für den Dichter aber scheint mir in der Tatsache der Willensunfreiheit der höchste Gewinn zu liegen. Ich wage es auszusprechen: Wenn sie nicht bestände, wäre eine wahre realistische Dichtung überhaupt unmöglich. Erst indem wir uns dazu aufschwingen, im menschlichen Denken Gesetze zu ergründen, erst indem wir einsehen, dass eine menschliche Handlung, wie immer sie beschaffen sei, das restlose Ergebnis gewisser Faktoren, einer äußeren Veranlassung und einer innern Disposition, sein müsse und dass auch diese Disposition sich aus gegebenen Größen ableiten lasse – erst so können wir hoffen, jemals zu einer wahren mathematischen Durchdringung der ganzen Handlungsweise eines Menschen zu gelangen und Gestalten vor unserm Auge aufwachsen zu lassen, die logisch sind, wie die Natur.

Arno Holz

Die Kunst. Ihr Wesen und ihre Gesetze (1891/92)

Vor mir auf meinem Tisch liegt eine Schiefertafel. Mit einem Steingriffel ist eine Figur auf sie gemalt, aus der ich absolut nicht klug werde. Für ein Dromedar hat sie nicht Beine genug, und für ein Vexierbild: „Wo ist die Katz?“ kommt sie mir wieder zu primitiv vor. Am ehesten möchte ich sie noch für eine Schlingpflanze oder für den Grundriss einer Landkarte halten. Ich würde sie mir vergeblich zu erklären versuchen, wenn ich nicht wüsste, dass ihr Urheber ein kleiner Junge ist. Ich hole ihn mir also von draußen aus dem Garten her, wo der Bengel eben auf einen Kirschbaum geklettert ist, und frage ihn: „Du, was ist das hier?“
Und der Junge sieht mich ganz verwundert an, dass ich das überhaupt noch fragen kann, und sagt: „Ein Suldat!“
Ein „Suldat“! Richtig! Jetzt erkenne ich ihn deutlich! Dieser unfreiwillige Klumpen hier soll sein Bauch, dieser Mauseschwanz sein Säbel sein, und schräg über seinem Rücken hat er sogar noch so eine Art von zerbrochenem Schwefelholz zu hängen, das natürlich wieder nur seine Flinte sein kann. In der Tat! Ein „Suldat“! Und ich schenke dem Jungen einen schönen, blank geputzten Groschen, für den er sich nun wahrscheinlich Knallerbsen, Zündhütchen oder Malzzucker kaufen wird, und er zieht befriedigt ab. Dieser „Suldat“ ist das, was ich suchte. […]
Ich habe also bis jetzt konstatiert, dass zwischen dem Ziel, das sich der Junge gestellt hatte, und dem Resultat, das er in Wirklichkeit, hier auf dem kleinen schwarzen Täfelchen vor mir, erreicht hat, eine Lücke klafft, die grauenhaft groß ist. Ich wiederhole: dass diese Lücke nur für mich klafft, nicht aber auch bereits für ihn existierte, davon sehe ich einstweilen noch ganz ab.
Schiebe ich nun für das Wörtchen Resultat das sicher auch nicht ganz unbezeichnende „Schmierage“ unter, für Ziel „Soldat“ und für Lücke „x“, so erhalte ich hieraus die folgende niedliche kleine Formel: Schmierage = Soldat – x. Oder weiter, wenn ich für Schmierage „Kunstwerk“ und für Soldat das beliebte „Stück Natur“ setze: Kunstwerk = Stück Natur – x. Oder noch weiter, wenn ich für Kunstwerk vollends „Kunst“ und für Stück Natur „Natur“ selbst setze: Kunst = Natur – x.

---

1. a) Ergänzen Sie die Zusammenstellung von programmatischen Äußerungen zum Naturalismus mit Hilfe von Literaturgeschichten und -lexika. Geben Sie bei allen Ihren Funden die Quellen an.
   b) Entwerfen Sie anhand der Auszüge aus den kunst- und literaturtheoretischen Schriften ein Programm des Naturalismus. Sie können das in Form einer Auflistung von Leitsätzen, in Form eines zusammenhängenden Textes oder in Form einer grafischen Übersicht tun.

2. Erläutern Sie vor dem Hintergrund des naturalistischen Literaturkonzepts die Probleme, die weite Teile der literarisch interessierten Öffentlichkeit, z. B. Wilhelm II. und W. Liebknecht (▷ S. 334 f.), mit der neuen Literatur hatten.
3. Vergleichen Sie das naturalistische Programm mit den Literaturprogrammen des Vormärz (▷ S. 315 ff.) und des bürgerlichen Realismus (▷ S. 326 ff.).

Fenster in die Wirklichkeit

Arno Holz/Johannes Schlaf

Papa Hamlet (1889)

Niels Thienwiebel, ein heruntergekommener, dem Alkohol verfallener Schauspieler ohne Anstellung, fristet mit seiner kranken Frau Amalie und seinem Sohn Fortinbras, einem kleinen Asthmatiker, ein elendes Leben in einer Dachstube.

Er war jetzt zu ihr unter die Decke gekrochen, die Unterhosen hatte er anbehalten.
„Nicht mal Platz genug zum Schlafen hat man!"
Er reckte sich und dehnte sich.
„So 'n Hundeleben! Nicht mal schlafen kann man!"
Er hatte sich wieder auf die andre Seite gewälzt. Die Decke von ihrer Schulter hatte er mit sich gedreht, sie lag jetzt fast bloß da . . . .
[...]
Sie hustete.
„Ach Gott, ja! Und nu bist du auch noch so krank! Und das Kind! Dies viele Nähen... Aber du schonst dich ja auch gar nicht ... ich sag's ja!"
Sie hatte wieder zu schluchzen angefangen.
„Du – hättest – doch lieber, – Niels ..."
„Ja ... ja! Ich seh's ja jetzt ein! Ich hätt's annehmen sollen! Ich hätt' ja später immer noch . . . ich seh's ja ein! Es war unüberlegt! Ich hätte zugreifen sollen! Aber – nu sag doch!!"
„Hast du ihn – denn nicht ... denn nicht – wenigstens zu – Haus getroffen?"
„Ach Gott, ja, aber ... aber, du weißt ja! Er hat ja auch nichts! Was macht man nu bloß? Man kann sich doch nicht das Leben nehmen?!"
Er hatte jetzt ebenfalls zu weinen angefangen.
„Ach Gott! Ach Gott!"
Sein Gesicht lag jetzt mitten auf ihrer Brust. Sie zuckte!
„Ach Gott! Ach Gott!!"
Der dunkle Rand des Glases oben quer über der Decke hatte wieder unruhig zu zittern begonnen, die Schatten, die das Geschirr warf, schwankten, dazwischen glitzerten die Wasserstreifen . . . .
„Ach, nich doch, Niels! Nich doch! Das Kind – ist ja schon wieder auf! Das – Kind schreit ja! Das – Kind, Niels! ... Geh doch mal hin! Um Gottes willen!!" Ihre Ellbogen hinten hatte sie jetzt fest in die Kissen gestemmt, ihre Nachtjacke vorn stand weit auf.
Durch das dumpfe Gegurgel drüben war es jetzt wie ein dünnes, heisres Gebell gebrochen. Aus den Lappen her wühlte es, der ganze Korb war in ein Knacken geraten.
„Sieh doch mal nach!!"
„Natürlich! Das hat auch grade noch gefehlt! Wenn das Balg doch der Deuwel holte! ..."
Er war jetzt wieder in die Pantoffeln gefahren.
„Nicht mal die Nacht mehr hat man Ruhe! Nicht mal die Nacht mehr!!"
Das Geschirr auf dem Tisch hatte wieder zu klirren begonnen, die Schatten oben über die Wand hin schaukelten. –
„Na? Du!! Was gibt's denn nu schon wieder? Na? ... Wo ist er denn? ... Ae, Schweinerei!"
Er hatte den Lutschpfropfen gefunden und wischte ihn sich nun an den Unterhosen ab.
„So 'ne Kälte! Na? Wird's nu bald? Na? Nimm's doch, Kamel! Nimm's doch! Na?!"
Der kleine Fortinbras jappte!
Sein Köpfchen hatte sich ihm hinten ins Genick gekrampft, er bohrte es jetzt verzweifelt nach allen Seiten.
„Na? Willst du nu, oder nicht?! – – Bestie!!"
„Aber – Niels! Um Gottes willen! Er hat ja wieder den – Anfall!"
„Ach was! Anfall! – – Da! Friss!!"
„Herrgott, Niels ..."
„Friss!!!"

„Niels!“

„Na? Bist du – nu still? Na? – Bist du – nu still? Na?! Na?!“

„Ach Gott! Ach Gott, Niels, was, was – machst du denn bloß?! Er, er – schreit ja gar nicht mehr! Er ... Niels!!“

Sie war unwillkürlich zurückgeprallt. Seine ganze Gestalt war vornüber geduckt, seine knackenden Finger hatten sich krumm in den Korbrand gekrallt. Er stierte sie an. Sein Gesicht war aschfahl.

„Die ... L-ampe! Die ... L-ampe! Die ... L-ampe!“

„Niels!!!“

Sie war rücklings vor ihm gegen die Wand getaumelt.

„Still! Still!! K-lopft da nicht wer?“

Ihre beiden Hände hinten hatten sich platt über die Tapete gespreizt, ihre Knie schlotterten.

„K-lopft da nicht wer?“

Er hatte sich jetzt noch tiefer geduckt. Sein Schatten über ihm pendelte, seine Augen sahen jetzt plötzlich weiß aus.

Eine Diele knackte, das Öl knisterte, draußen auf die Dachrinne tropfte das Tauwetter.

Tipp ....

.... Tipp ....

.... Tipp.........................

.... Tipp............

Gerhart Hauptmann

Die Weber[1]

Auszug aus dem 2. Akt (1892)

Das Stübchen des Häuslers[2] Wilhelm Ansorge zu Kaschbach im Eulengebirge. In einem engen, von der sehr schadhaften Diele bis zur schwarz verräucherten Balkendecke nicht sechs Fuß hohen Raum sitzen: zwei junge Mädchen, Emma und Bertha Baumert, an Webstühlen – Mutter Baumert, eine kontrakte[3] Alte, auf einem Schemel am Bett, vor sich ein Spulrad – ihr Sohn August, zwanzigjährig, idiotisch, mit kleinem Rumpf und Kopf und langen, spinnenartigen Extremitäten, auf einem Fußschemel, ebenfalls spulend. Durch zwei kleine, zum Teil mit Papier verklebte und mit Stroh verstopfte Fensterlöcher der linken Wand dringt schwaches, rosafarbenes Licht des Abends. Es fällt auf das weißblonde, offene Haar der Mädchen, auf ihre unbekleideten, mageren Schultern sowie dünne wächserne Nacken, auf die Falten des groben Hemdes im Rücken, das, nebst einem kurzen Röckchen aus härtester Leinewand, ihre einzige Bekleidung ist. Der alten Frau leuchtet der warme Hauch voll über Gesicht, Hals und Brust: ein Gesicht, abgemagert zum Skelett, mit Falten und Runzeln in einer blutlosen Haut, mit versunkenen Augen, die durch Wollstaub, Rauch und Arbeit bei Licht entzündlich gerötet und wässrig sind, einen langen Kropfhals mit Falten und Sehnen, eine eingefallene, mit verschossenen Tüchern und Lappen verpackte Brust.

Ein Teil der rechten Wand mit Ofen und Ofenbank, Bettstelle und mehreren grell getuschten Heiligenbildern steht auch noch im Licht. – Auf der Ofenstange hängen Lumpen zum Trocknen, hinter dem Ofen ist altes, wertloses Gerümpel angehäuft. Auf der Ofenbank stehen einige alte Töpfe und Kochgeräte, Kartoffelschalen sind zum Dörren auf Papier gelegt. – Von den Balken herab hängen Garnsträhne und Weifen[4]. Körbchen mit Spulen stehen neben den Webstühlen. In der Hinterwand ist eine niedrige Tür ohne Schloss. Ein Bündel Weidenruten ist daneben an die Wand gelehnt. Mehrere schadhafte Viertelkörbe stehen dabei. – Das Getöse der Webstühle, das rhythmische Gewuchte der Lade[5], davon Erdboden und Wände erschüttert werden, das Schlurren und Schnappen des hin- und hergeschnellten Schiffchens[5] erfüllen den Raum. Dahinein mischt sich das tiefe, gleichmäßig fortgesetzte Getön der Spulräder, das dem Summen großer Hummeln gleicht.

MUTTER BAUMERT, *mit einer kläglichen erschöpften Stimme, als die Mädchen mit Weben innehalten und sich über die Gewebe beugen:* Misst er schonn wieder knipp'n!?

EMMA *das ältere Mädchen, zweiundzwan-*

1 Zum historischen Hintergrund des Stücks ▷ S. 316ff.

2 **Häusler:** Dorfbewohner, der ein kleines Haus, aber kein eigenes Feld besitzt, sodass er Lohnarbeit leisten muss

3 **kontrakt,** hier: verkrümmt

4 **Weifen:** Garnwinden

5 **Lade, Schiffchen:** bewegliche Teile des Webstuhls

zigjährig. Indem sie gerissene Fäden knüpft: Eine Art Garn is aber das au!

Bertha, *fünfzehnjährig:* Das is aso a bissel Zucht mit der Werfte.

Emma: Wo a ock bleibt aso lange? A is doch fort schonn seit um a neune.

Mutter Baumert: Nu ebens, ebens! Wo mag a ock bleiben, ihr Mädel?

Bertha: Ängst Euch beileibe ni, Mutter!

Mutter Baumert: 'ne Angst is das immer!

Emma fährt fort zu weben.

Bertha: Wart amal, Emma!

Emma: Was ist denn?

Bertha: Mir war doch, 's kam jemand.

Emma: 's wird Ansorge sein, der zu Hause kommt.

Fritz, *ein kleiner, barfüßiger, zerlumpter Junge von vier Jahren, kommt hereingeweint:* Mutter, mich hungert.

Emma: Wart, Fritzl, wart a bissel! Großvater kommt gleich. A bringt Brot mit und Kerndl[6].

Fritz: Mich hungert aso, Mutterle!

Emma: Ich sag' dersch ja. Bis ock nich einfältich. A wird ja gleich kommen. A bringt a scheenes Brotl mit und Kerndlkoffee. – Wenn ock wird Feierabend sein, da nimmt Mutter de Karatuffelschalen, die trägt se zum Pauer, und der gibbt er derfire a scheenes Neegl Puttermilch firsch Jungl.

Fritz: Wo is er 'n hin, Großvater?

6 **Kerndl:** Körner, Getreide

Emma: Beim Fabrikanten is a, abliefern an Kette, Fritzl.

Fritz: Beim Fabrikanten?

Emma: Ja, ja, Fritzl! Unten bei Dreißichern in Perschwalde[7].

Fritz: Kriegt a da Brot?

Emma: Ja, ja, a gibbt 'n Geld, und da kann a sich Brot koofen.

Fritz: Gibbt der Großvatern viel Geld?

Emma *heftig:* O heer uf, Junge, mit dem Gerede. *Sie fährt fort zu weben, Bertha ebenfalls. Gleich darauf halten beide wieder inne.*

Bertha: Geh, August, frag Ansorgen, ob a nich will anleucht'n.

August entfernt sich, Fritz mit ihm.

Mutter Baumert, *mit überhand nehmender kindischer Angst, fast winselnd:* Ihr Kinder, ihr Kinder, wo der Mann bleibt?

Bertha: A wird halt amal zu Hauffen reingegangen sein.

Mutter Baumert: Wenn a bloß nich etwan in a Kretscham[8] gegang'n wär!

Emma: Ween ock nich, Mutter! Aso eener is unser Vater doch nich.

Mutter Baumert, *von einer Menge auf sie einstürzender Befürchtungen außer sich ge-*

7 **Fabrikant Dreißiger in Peterswaldau:** ▷ S. 317 f.

8 **Kretscham:** Kneipe, Wirtshaus

Käthe Kollwitz: Ein Weberaufstand [1844]. Blatt 1: Not (1893–97)

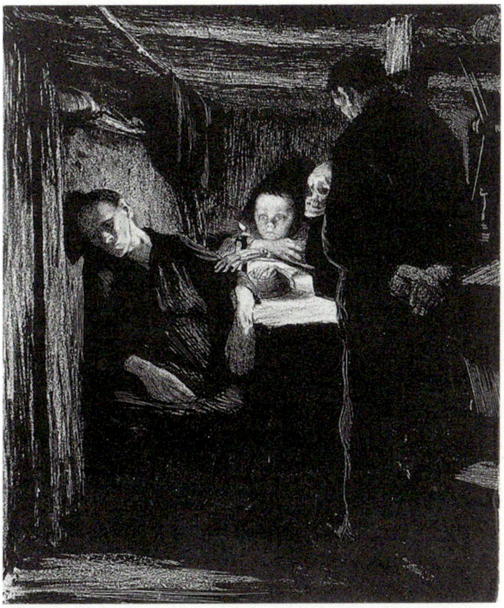

Blatt 2: Tod

bracht: Nu ... nu ... nu sagt amal, was soll nu bloß wern? Wenn a 's nu ... wenn a nu zu Hause kommt ... Wenn a 's nu versauft und bringt nischt ni zu Hause? Keene Handvoll Salz is mehr im Hause, kee Stickl Gebäck ... 's mecht an Schaufel Feuerung sein ...

Hedwig Dohm

Frauenarbeit (1874)

Zuverlässige Schriften über deutsche Frauenarbeit aufzutreiben, ist mir nicht gelungen. Entweder fehlt es an solchen Schriften oder sie herbeizuschaffen ist für eine Frau, die öffentliche Bibliotheken nur mit einem unverhältnismäßigen Aufwand von Energie und Unbescheidenheit benutzen kann, allzu schwierig. Ich musste mich mit französischen und vornehmlich englischen Schriften begnügen, die glücklicherweise ein ausreichendes und zuverlässiges Material liefern.

Die ökonomischen Verhältnisse, die Anschauungen über Frauenwesen und Frauennatur sind im zivilisierten Europa ziemlich überall dieselben; so werden auch die daraus resultierenden Tatsachen keine wesentlichen Abweichungen zeigen, und was in England und Frankreich an der Tagesordnung ist, wird auch in Deutschland üblich sein.

Alle mir über diesen Gegenstand (die Frauenarbeit) vorliegenden Schriften lassen darüber keinen Zweifel: Nie und nirgend hat man die Frau von den mühsamsten und widerwärtigsten Beschäftigungen fern gehalten, etwa auf Grund ihrer zarten Konstitution oder ihrer Schamhaftigkeit – Schranken, die aufzuführen man niemals versäumt, wo es sich um höhere und einträglichere Arbeitsgebiete handelt. Im Gegenteil, für die unteren Stände scheint der Grundsatz zu gelten: *je gröber, je anstrengender die Arbeit, desto besser für die Frauen*. Einige Stellen aus zuverlässigen Berichten bewährter englischer Schriftsteller über Frauenarbeit in England mögen das Gesagte bestätigen.

In einigen Distrikten in England finden wir die Frauen mit Bereitung der Ziegelsteine beschäftigt. Sie legen die gekneteten Steine zum Behuf des Trocknens auf dem Boden in Reihen aus, sie helfen bei dem Prozess des Feststampfens und gehen mit nackten Füßen über den nassen Ton und zuweilen auch über heiße Röhren. Tausende von Frauen sind bei Fabrikarbeiten an der Tyne in chemischen und Schnurfabriken, in Glashütten, Papiermühlen, Leimsiedereien, in Geschirr- und Tabaksfabriken beschäftigt; sie arbeiten in Baumschulen und als Feldarbeiterinnen, und stets fallen ihnen die niedrigsten, schwierigsten und schmutzigsten Arbeiten zu.

Frauen in einer Wollmanufaktur in Huddersfield (um 1880)

Im Distrikt um Vigan ist das Verfertigen der Nägel eine den Frauen sehr geläufige Beschäftigung. In jener Gegend sieht man auch Frauen an den Kanalbooten bauen, die Schleusen öffnen, die Pferde treiben, ja, man sieht sie mit den Schiffstauen über der Schulter.

In den glühenden Räumen der Baumwollenmühlen werden Frauen beschäftigt. Um die heiße Luft ertragen zu können, müssen sie halb entkleidet arbeiten. Das Schwingen der Mühlräder wirbelt eine so dichte Wolke von Staub und Schmutz auf, dass diese Frauen, um einer langsamen, aber sicheren Erstickung zu entgehen, sich gezwungen sehen, Mund und Nase mit Lumpen und Baumwolle zu verstopfen. Wenn sie ihre Arbeit verlassen, sind sie mit einer Lage fettigen Staubes und Schmutzes bedeckt. [...]

Ehe die Bill[1] für die Regulation der Bergwerke und Kohlengruben in Kraft trat, waren Tausende von Frauen und Mädchen an die Arbeiten in den Bergwerken dergestalt gewöhnt, dass sie diese Beschäftigung für den eigentlichen Zweck ihres Lebens hielten.
In den Flachsspinnereien sind die Verhältnisse von der traurigsten Art. Der Flachs wird bei einer sehr hohen Temperatur bereitet, und die Arbeit ist mit dem Verbrauch einer großen Quantität Wassers verbunden. Die Arbeiterinnen müssen den größten Teil ihrer Kleider ablegen und stehen oft bis zum Knöchel im Wasser. Die Unglücklichen, welche bei diesen Arbeiten beschäftigt werden, sterben größtenteils im Alter von 28 – 30 Jahren an langsamer Abzehrung oder auch wohl zwischen dem 18. und 20. Lebensjahre an der galoppierenden Schwindsucht, die sie oft in wenigen Tagen hinrafft. Viele kennen das Schicksal, das sie erwartet, und weihen sich dem Tode, um die fabelhafte Summe von 1 Fr. 50 Ct. pro Tag zu verdienen.
Es gibt Werkstätten und Fabriken, wo diejenigen Arbeiterinnen bevorzugt werden, welche Kinder zu versorgen haben. Der reiche Fabrikherr weiß, dass sie Brot schaffen müssen für ihre Kinder um jeden Preis und darum vor keiner Arbeit zurückschrecken. Sie lassen sich eine Verlängerung der Arbeitszeit gefallen, die in kurzer Zeit ihre Kraft und ihr Leben aufreibt.

1 **Bill:** Gesetz

1. a) Beschreiben Sie die Wirklichkeitsausschnitte, die in den drei Texten auf S. 337–341 gezeigt werden.
   b) Vergleichen Sie die drei Texte unter den Aspekten der Wirkungsabsicht und der Gattungszugehörigkeit.
   c) Welcher der drei Texte spricht Sie am stärksten an? Begründen Sie Ihre Wahl.
2. Beschreiben Sie die ▷ **Erzählweise** in „Papa Hamlet“, vergleichen Sie diese mit den Erzählweisen der epischen Texte des ▷ **bürgerlichen Realismus** und erläutern Sie die Unterschiede von ihrer Funktion für die Wirkungsabsicht her. ▷ S. 169 ff. ▷ S. 326 ff.
3. a) In Gerhart Hauptmanns Stück „Die Weber“ nehmen, wie der Ausschnitt zeigt, die Regieanweisungen einen sehr breiten Raum ein. Können Sie vor dem Hintergrund der naturalistischen Literaturtheorie die Gründe dafür erklären?
   b) Schreiben Sie den Dramendialog in Ihre Alltagssprache um und beobachten Sie, welche Folgen das für die Wirkung der Szene hat.
4. a) Informieren Sie sich, ausgehend vom ersten Absatz des Textes von Hedwig Dohm, über die Situation der Frauen, die Ende des 19. Jahrhunderts wissenschaftlich bzw. schriftstellerisch arbeiten wollten.
   b) Untersuchen Sie, worauf sich Hedwig Dohm bei der Darstellung ihres Themas stützt und wie sich dies auf die Art ihrer Beschreibung auswirkt.
5. ▷ **Referat/Facharbeit:** Stellen Sie Romane von Émile Zola (z. B. „Germinal“) vor und vergleichen Sie Textauszüge daraus mit den Textbeispielen zum deutschen Naturalismus. ▷ S. 19 ff., 36 f.

PROJEKTVORSCHLAG

- Fertigen Sie aus Elementen naturalistischer Texte und eigenen oder fremden Fotos eine Collage an.
- Verständigen Sie sich (in Kleingruppen) auf bestimmte Bereiche der Sie umgebenden Wirklichkeit. Fertigen Sie davon Fotografien an und schreiben Sie zu diesen Wirklichkeiten „naturalistische“ Texte. Das können epische, dramatische oder lyrische Texte sein. Stellen Sie aus Fotos und Texten eine Naturalismus-Wand her. Diskutieren Sie das Ergebnis unter der Fragestellung: Inwieweit ist es gelungen, die Wirklichkeit hautnah darzustellen? Welchen Sinn und Zweck erfüllt eine solche Darstellung?

Epochenüberblick: Naturalismus (1880–1900)

Ende des 19. Jahrhunderts war es dem wilhelminischen Obrigkeitsstaat, der mit dem kapitalistischen Bürgertum ein enges Bündnis eingegangen war, trotz einiger Sozialgesetze nicht gelungen, die Arbeiterschaft, die sich auf Grund der rapide beschleunigten Industrialisierung enorm vergrößert hatte, gesellschaftlich zu integrieren. Dem Kampf der Arbeiter um ökonomische Verbesserungen sowie soziale und politische Rechte begegnete die Reichsregierung mit dem so genannten „Sozialistengesetz" von 1878, das die Betätigung in sozialdemokratischen Vereinen u. Ä. verbot; erst 1890 musste dieses Gesetz auf Druck der inzwischen angewachsenen oppositionellen Kräfte zurückgenommen werden. Zu diesen Kräften gehörte auch eine neue Kunst- und Literaturrichtung, welche schonungslos die Verhältnisse in allen gesellschaftlichen Bereichen aufdecken wollte. Was den ▷ S. 326 ff. ▷ bürgerlichen Realisten der Jahrhundertmitte als Thema noch verpönt gewesen war, wie zum Beispiel die Elendsquartiere der Großstädte, das Milieu der Fabriken, Mietskasernen und Kneipen, wurde zu einem Hauptgegenstand dieser literarischen Richtung. Die Autoren, die sich zum Teil zu Gruppen und Vereinigungen wie das „Jüngste Deutschland" (Anknüpfung an das „Junge Deutschland" des Vormärz) zusammenschlossen, wollten mit ihren naturalistischen Darstellungen das Lesepublikum aufrütteln und sympathisierten mit den gesellschaftspolitischen Zielen der Arbeiterschaft, ohne sich allerdings parteilich zu binden. Sie verstanden sich mehrheitlich in erster Linie als literarische Avantgarde, der es um eine moderne Kunst zu tun war. Ohne Rücksichten auf traditionelle Grenzen des so genannten guten Geschmacks und auf bürgerliche Kunstauffassungen sollten Wirklichkeitsausschnitte möglichst in einer Deckungsgleichheit zwischen Realität und Abbild wiedergegeben werden. Dazu gehörte auch, dass die Literatur die neuesten **wissenschaftlichen Erkenntnisse** der Soziologie, Psychologie und Biologie verarbeitete. Eine wesentliche stilistische Neuerung war, dass **Umgangssprache**, **Jargon** und **Dialekt** in nie gekanntem Ausmaß Einzug in die Literatur hielten. Der individuelle Held, der autonome Einzelne, der sich frei entscheiden kann, steht nicht länger im Mittelpunkt der Erzählungen und Dramen, sondern ein Kollektiv (wie die Weber in Hauptmanns gleichnamigem Stück) oder der durch **Herkunft, Milieu** und **Zeitumstände** determinierte Mensch. In Verbindung mit der gesellschaftskritisch wirkenden Literatur des Naturalismus verschaffte sich die seit dem Vormärz lebendige **Frauenbewegung** verstärkt Gehör. Die Schriften Hedwig Dohms und anderer feministischer Autorinnen stritten für die Gleichberechtigung auf allen Stufen der Ausbildung, in der Arbeitswelt und in der Frage des Wahlrechts. Dass von den ca. 5000 Schriftstellerinnen, die man 1898 zählte, heute so wenige in den Literaturgeschichten und in den Bibliotheken zu finden sind, obwohl viele von ihnen damals durchaus erfolgreich waren, hat damit zu tun, dass Literaturgeschichtsschreibung und Pflege des literarischen Erbes männliche Domänen blieben. In diesen Zusammenhang passt, dass es einigen Autorinnen, besonders wenn sie Dramen verfassten, ratsam erschien, unter männlichen Pseudonymen zu veröffentlichen, um literarisch erfolgreich zu sein, z. B. ihre Stücke auf die Bühnen gelangen zu lassen.

Wichtige Autorinnen/Autoren und Werke

Hedwig Dohm (1833–1919): Der Seelenretter (Komödie); Sibilla Dalmar (Roman); Der Frauen Natur und Recht
Helene Böhlau (1856–1940): Die alten Leutchen (Novelle); Das Recht der Mutter (Roman)
Gerhart Hauptmann (1862–1946): Vor Sonnenaufgang; Die Weber; Fuhrmann Henschel; Rose Bernd; Die Ratten (Dramen); Der Biberpelz (Komödie); Bahnwärter Thiel (Erzählung)
Arno Holz (1863–1929)/*Johannes Schlaf* (1862–1941): Familie Selicke (Drama); Papa Hamlet (Roman)

3.3 Epochenumbruch um 1900: Naturalismus – Symbolismus – Expressionismus

3.3.1 Literatur und Kunst: Aufbruch in die Moderne

Franz von Lenbach:
Lily Merk (Ausschnitt, 1902)

Pablo Picasso:
Weiblicher Kopf (1907)

1. a) Sammeln Sie Ihre Eindrücke zu den nahezu zeitgleich entstandenen Bildern von Franz v. Lenbach und Pablo Picasso: Was erscheint Ihnen vertraut, was befremdlich?
   b) Beschreiben Sie, wie beide Künstler Farbe, Formen und Raumdarstellung einsetzen.
2. a) Besprechen Sie, was die Künstler jeweils an der Darstellung des Menschen interessiert haben mag.
   b) Welche Auffassungen von Realität spiegeln sich Ihrer Ansicht nach in den Bildern?
3. Diskutieren Sie, welche Aufgabe die Kunst jeweils haben soll.

Naturbilder um 1900: Visionen der Erneuerung und des Untergangs

Hugo von Hofmannsthal

Vorfrühling (1892)

Es läuft der Frühlingswind
Durch kahle Alleen,
Seltsame Dinge sind
In seinem Wehn.

Er hat sich gewiegt,
Wo Weinen war,
Und hat sich geschmiegt
In zerrüttetes Haar.

Er schüttelte nieder
Akazienblüten
Und kühlte die Glieder,
Die atmend glühten.

Lippen im Lachen
Hat er berührt,
Die weichen und wachen
Fluren durchspürt.

Er glitt durch die Flöte
Als schluchzender Schrei,
An dämmernder Röte
Flog er vorbei.

Er flog mit Schweigen
Durch flüsternde Zimmer
Und löschte im Neigen
Der Ampel Schimmer.

Es läuft der Frühlingswind
Durch kahle Alleen,
Seltsame Dinge sind
In seinem Wehn.

Durch die glatten
Kahlen Alleen
Treibt sein Wehn
Blasse Schatten

Und den Duft,
Den er gebracht,
Von wo er gekommen
Seit gestern Nacht.

Otto Dix: Sonnenaufgang (1913)

August Stramm
Vorfrühling (1915)

Pralle Wolken jagen sich in Pfützen
Aus frischen Leibesbrüchen schreien Halme Ströme
Die Schatten stehn erschöpft
Auf kreischt die Luft
Im Kreisen, weht und heult und wälzt sich
Und Risse schlitzen jählings sich
Und narben
Am grauen Leib
Das Schweigen tappet schwer herab
Und lastet!
Da rollt das Licht sich auf
Jäh gelb und springt
Und Flecken spritzen –
Verbleicht
Und
Pralle Wolken tummeln sich in Pfützen.

Franz von Stuck: Frühling (um 1912)

Christian Morgenstern
Frühling (1897)

Wie ein Geliebter seines Mädchens Kopf,
den süßen Kopf mit seiner Welt von Glück,
in seine beiden armen Hände nimmt,
so fass ich deinen Frühlingskopf, Natur,
dein überschwänglich holdes Maienhaupt,
in meine armen, schlichten Menschenhände,
und, tief erregt, versink ich stumm in dich,
indes du lächelnd mir ins Auge schaust,
und stammle leis dir das Bekenntnis zu:
Vor so viel Schönheit schweigt mein tiefstes Lied.

Claude Monet: Frühlingslandschaft (1894)

Arno Holz

Phantasus (1898)

Schönes, grünes, weiches Gras.
Drin liege ich.
Mitten zwischen Butterblumen!

Über mir,
warm,
der Himmel:
ein weites, zitterndes Weiß,
das mir die Augen langsam, ganz langsam
schließt.

Wehende Luft, ... ein zartes Summen.

Nun bin ich fern
von jeder Welt,
ein sanftes Rot erfüllt mich ganz,
und deutlich spür ich,
wie die Sonne mir durchs Blut rinnt –
minutenlang.

Versunken Alles. Nur noch ich.

Selig.

Rainer Maria Rilke

Herbst (1902)

Die Blätter fallen, fallen wie von weit,
als welkten in den Himmeln ferne Gärten;
sie fallen mit verneinender Gebärde.

Und in den Nächten fällt die schwere Erde
aus allen Sternen in die Einsamkeit.

Wir alle fallen. Diese Hand da fällt.
Und sieh dir andre an: es ist in allen.

Und doch ist Einer, welcher dieses Fallen
unendlich sanft in seinen Händen hält.

Egon Schiele: Herbstbaum in bewegter Luft (1912)

Georg Trakl
Der Gewitterabend (1910)

O die roten Abendstunden!
Flimmernd schwankt am offenen Fenster
Weinlaub wirr ins Blau gewunden,
Drinnen nisten Angstgespenster.

Staub tanzt im Gestank der Gossen.
Klirrend stößt der Wind in Scheiben.
Einen Zug von wilden Rossen
Blitze grelle Wolken treiben.

Laut zerspringt der Weiherspiegel.
Möven schrein am Fensterrahmen.
Feuerreiter sprengt vom Hügel
Und zerschellt im Tann zu Flammen.

Kranke kreischen im Spitale.
Bläulich schwirrt der Nacht Gefieder.
Glitzernd braust mit einem Male
Regen auf die Dächer nieder.

Vincent van Gogh: Sternennacht (1889)

Piet Mondrian: Blühende Bäume (1912)

Christian Morgenstern
Fisches Nachtgesang (1905)

—
◡ ◡
— — —
◡ ◡ ◡ ◡
— — —
◡ ◡ ◡ ◡
— — —
◡ ◡ ◡ ◡
— — —
◡ ◡ ◡ ◡
— — —
◡ ◡
—

1. Wählen Sie eins der Gedichte und eins der Bilder auf S. 343–346 für einen Vergleich aus: Spricht aus Gedicht und Bild ein ähnliches Lebensgefühl? Welche Gemeinsamkeiten und welche Unterschiede stellen Sie in der sinnlichen Wahrnehmung von Wirklichkeit fest? Gibt es formale oder inhaltliche Entsprechungen?
2. Suchen Sie Beziehungen zwischen den Gedichten: Wo nutzen die Autoren konventionelle Vorstellungen und geläufige sprachliche Mittel? Wo weichen sie davon ab? Welche neuen Ausdrucksmöglichkeiten können Sie entdecken?
3. a) Schreiben Sie zu jedem Bild einige Adjektive auf, welche die Stimmung erfassen.
   b) Welche konventionellen und welche neuen Mittel der Darstellung nutzen die Maler?
4. a) Schreiben Sie ein Gedicht zu einem der Bilder. Orientieren Sie sich am Stil eines der Autoren. Verwenden Sie die Adjektive aus Aufg. 3 a.
   b) Malen Sie ein Bild zu einem der Gedichte. Orientieren Sie sich am Stil eines der Maler.
5. Sammeln Sie Ihre ersten Eindrücke von den Besonderheiten der Kunst und Dichtung um die Jahrhundertwende in einer Tabelle.

Die Ästhetik des Hässlichen: Ophelia

Obwohl Großstädter, waren die modernen Dichter und Künstler der Jahrhundertwende fasziniert von der Natur und von der Vorstellung des Einswerdens mit der Natur, die sie in der literarischen Figur der Ophelia verkörpert fanden: Die unglückliche Selbstmörderin aus Shakespeares Drama „Hamlet“ sucht den Tod im Wasser. Als schöne Wasserleiche, die wieder Natur wird, ist sie ein beliebtes Motiv der Kunst und Dichtung der Jahrhundertwende. Der französische Dichter Arthur Rimbaud und der englische Maler John Everett Millais, Vorbilder der jungen Modernen, bilden den Anfang einer Reihe unterschiedlichster Bearbeitungen des Themas.

Alfred Kubin: Sumpfpflanzen (um 1903–04)

Arthur Rimbaud

Ophelia (1870)

Auf stiller, schwarzer Flut, im Schlaf der Sternenfeier,
Treibt, einer großen Lilie gleich, Ophelia,
Die bleiche, langsam hin in ihrem langen Schleier.
Man hört im fernen Wald der Jäger Hallala.

So, weißes Traumbild, länger schon als tausend Jahre,
Ophelia auf dem schwarzen Wasser traurig zieht;
Ihr sanft verstörter Geist, schon mehr als tausend Jahre,
Singt leis im Abendhauche sein romantisch Lied.

Der Wind küsst ihre Brust und bauscht des Schleiers Seide
Wie eine Dolde auf, vom Wasser sanft gewiegt,
Auf ihre Schulter, leis erschauernd, weint die Weide,
Auf ihrer großen Stirne Traum das Schilfblatt liegt.

Die Wasserrose seufzt, berührt von ihrem Schweben,
Zuweilen, aus dem Schlaf in einem Erlenbaum,
Weckt sie ein Vogelnest, draus bang sich Flügel heben.
Geheimnisvoll fällt Sang aus goldner Sterne Raum.

John Everett Millais: Ophelia (1851–52)

Georg Heym
Ophelia I (1910)

Im Haar ein Nest von jungen Wasserratten,
Und die beringten Hände auf der Flut
Wie Flossen, also treibt sie durch den Schatten
Des großen Urwalds, der im Wasser ruht.

Die letzte Sonne, die im Dunkel irrt,
Versenkt sich tief in ihres Hirnes Schrein.
Warum sie starb? Warum sie so allein
Im Wasser treibt, das Farn und Kraut verwirrt?

Im dichten Röhricht steht der Wind. Er scheucht
Wie eine Hand die Fledermäuse auf.
Mit dunklem Fittich, von dem Wasser feucht
Stehn sie wie Rauch im dunklen Wasserlauf,

Wie Nachtgewölk. Ein langer, weißer Aal
Schlüpft über ihre Brust. Ein Glühwurm scheint
Auf ihrer Stirn. Und eine Weide weint
Das Laub auf sie und ihre stumme Qual.

Gustav Klimt: Wasserschlangen (1904–07)

Edvard Munch: Liebespaar in Wellen (1896)

Gottfried Benn
Morgue[1]
Schöne Jugend (1912)

Der Mund eines Mädchens, das lange im Schilf
gelegen hatte,
sah so angeknabbert aus.
Als man die Brust aufbrach, war die Speiseröhre so
löcherig.
Schließlich in einer Laube unter dem Zwerchfell
fand man ein Nest von jungen Ratten.
Ein kleines Schwesterchen lag tot.
Die andern lebten von Leber und Niere,
tranken das kalte Blut und hatten
hier eine schöne Jugend verlebt.
Und schön und schnell kam auch ihr Tod:
Man warf sie allesamt ins Wasser.
Ach, wie die kleinen Schnauzen quietschten! R

1 **Morgue:** Leichenschauhaus

1. Informieren Sie sich über die Figur der Ophelia in Shakespeares Drama „Hamlet".
2. Untersuchen Sie, welchen Aspekt des Todes die Dichter jeweils ins Zentrum stellen.
3. a) Vergleichen Sie in den Gedichten das Zusammenspiel der Motive Mensch, Pflanzen, Tiere, Wasser.
   b) In welcher Weise werden diese Motive in den Bildern miteinander verknüpft?
4. Bei welchen Gedichten und Bildern kann man von einer Ästhetisierung des Todes sprechen?

Literatur und Kunst um 1900

Die Wende zum 20. Jahrhundert bedeutete nicht nur den zeitlichen Wechsel der Jahrhunderte, sondern einen **kulturellen Umbruch.** In der wachsenden Spannung zwischen fortschreitender Entwicklung zur Industriegesellschaft und starr-konservativen politischen und gesellschaftlichen Verhältnissen mit nicht mehr tragfähigen kulturellen Werten machte sich in der jungen Generation das Gefühl von Sinnentleerung, Langeweile und Untergangsstimmung breit. Mit dem Ende des bürgerlichen Zeitalters gerieten auch überkommene künstlerische Gestaltungsmittel in die Kritik der jungen Dichter, Maler und Musiker.

Die realistischen Darstellungsformen des 19. Jahrhunderts beherrschten noch die Praxis der verschiedenen Künste: Es galt, die wahrgenommene Wirklichkeit möglichst naturgetreu nachzubilden. Sie wurde dabei jedoch auch idealistisch überhöht, um harmonisch und schön zu wirken und edle, große Gefühle zu vermitteln. Mit der Jahrhundertwende änderten sich die ästhetischen Kategorien im Bereich der Literatur, der bildenden Kunst und der Musik radikal. Das neue Bewusstsein passte nicht mehr in die gefälligen Darstellungsformen des schönen Scheins. Dichter, bildende Künstler und Musiker suchten auf unterschiedlichste Weise nach neuen Wegen, um ihr inneres Erleben, das Gefühl der Desorientierung, adäquat auszudrücken. Die Darstellung der Welt, die nicht mehr als schön erlebt wurde, äußerte sich in einer Ästhetik des Hässlichen, im Zerbrechen der harmonischen Formen, in Provokation und Schock.

Vielfalt, Unterschiedlichkeit und Widersprüchlichkeit prägten die Literatur und Kunst um die Jahrhundertwende. Die ambivalente Welterfahrung äußerte sich einerseits in Angst und Orientierungslosigkeit, in der Rückbesinnung auf alte Werte (Mythen, Geschichte) sowie im Rückzug ins Subjektive (Visionen, Traum, Unbewusstes); andererseits in Aufbruchstimmung, Offenheit, Pluralität und Experiment (fortschrittliche Suche nach neuen sprachlichen und künstlerischen Mitteln). Die **Stilvielfalt** der künstlerischen und literarischen Reaktionen auf die Wahrnehmungs- und Bewusstseinsänderung am Ende des 19. Jahrhunderts bezeichnet man als Beginn der Moderne. Für die unterschiedlichen, aber zeitgleichen Strömungen in Literatur und Kunst gibt es etliche Bezeichnungen: Naturalismus, Impressionismus, Symbolismus, Dekadenz, Fin de siècle, Jugendstil, Neuromantik, Neuklassik, Expressionismus.

1. Informieren Sie sich in arbeitsteiligen Gruppen über die verschiedenen Stilbezeichnungen der beginnenden Moderne. Veranschaulichen Sie Ihre Ergebnisse möglichst durch das Vortragen von Texten, durch Bild- und Musikbeispiele.
2. Versuchen Sie eine Zuordnung einzelner Gedichte und Bilder der Seiten 343–348 zu den Stilbezeichnungen. Begründen Sie jeweils Ihre Entscheidung.
3. Der Literaturkritiker Leo Berg kommentierte schon gegen Ende des 19. Jahrhunderts die Schwierigkeit, einen umfassenden Begriff für die Stilvielfalt der Epoche zu finden: „‚Naturalismus', ‚Realismus', ‚Symbolismus', ‚Verismus', ‚Décadence', ‚Fin de siècle'! O diese Fremdwörter! Was lässt sich nicht alles mit denselben ausdrücken und – umgehen! Wie unbestimmt, wie weit, wie umfassend, wie wenig präzis, so ohne Anschaulichkeit! Wie allgemein, wie verallgemeinernd! –"
   Diskutieren Sie Bergs Einwände.
4. ▷ **Referat/Facharbeit:** Informieren Sie sich über bedeutsame Umbrüche der Jahrhundertwende, die auf verschiedenen Gebieten neue Perspektiven eröffneten und eine tief greifende Wahrnehmungs- und Bewusstseinsänderung verursachten. Zeigen Sie jeweils auf, welche traditionellen Vorstellungen durch neue Perspektiven abgelöst wurden: ▷ S. 19 ff., 36 f.
   - Die klassische Physik und neue Perspektiven durch die Quantentheorie (Max Planck, 1900) und durch die Relativitätstheorie (Albert Einstein, 1905)
   - Die traditionelle Vorstellung vom Bewusstsein und neue Perspektiven durch die Entdeckung des Unbewussten (Sigmund Freud, um 1900)
   - Die traditionelle naturgetreue Darstellungsweise in der Kunst und neue Perspektiven durch den Kubismus (Pablo Picasso, ab 1907)
   - Die klassische Harmonielehre in der Musik und neue Perspektiven durch die atonale Komposition (Arnold Schönberg, ab 1909)

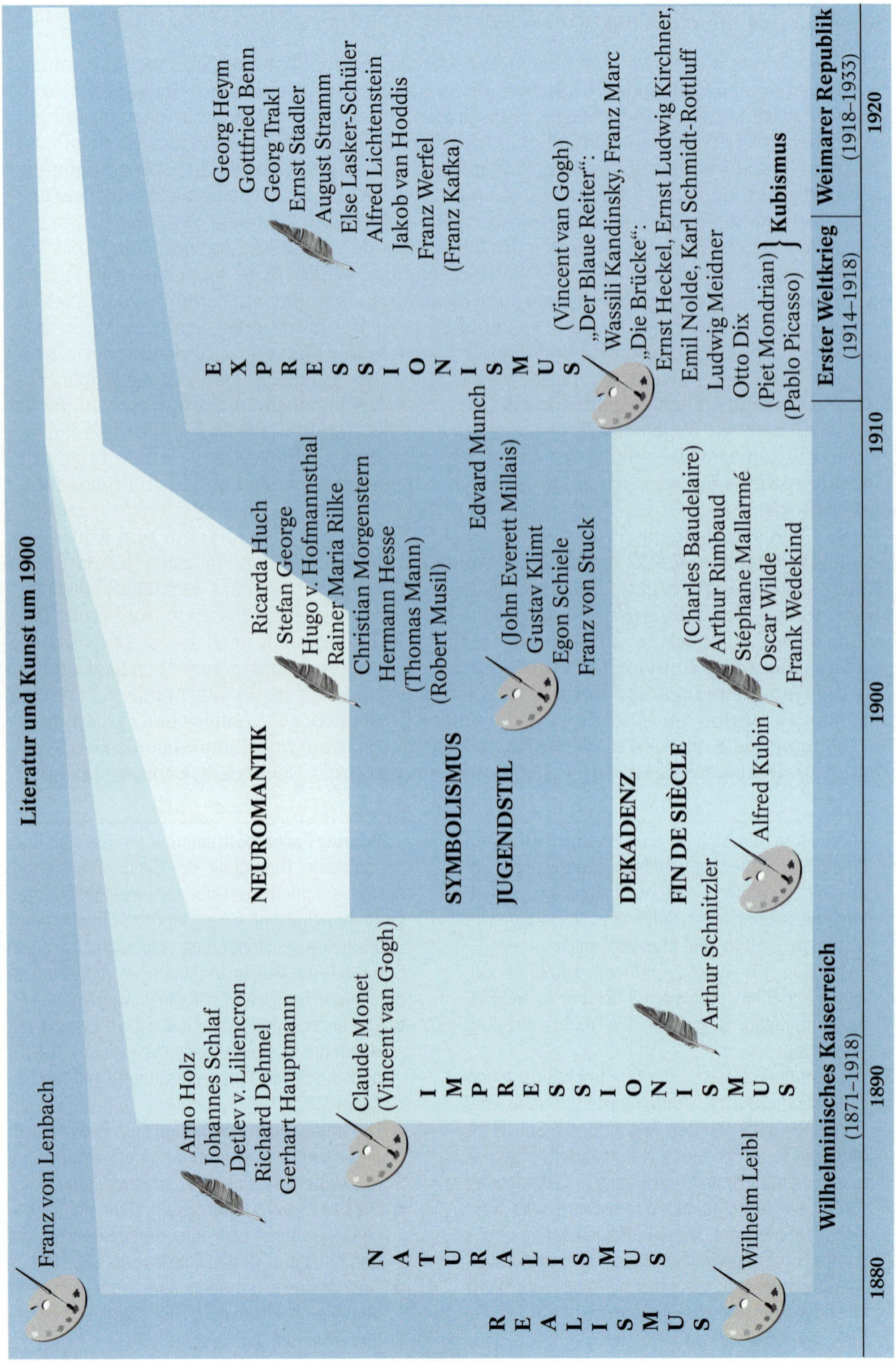
Literatur und Kunst um 1900
REALISMUS
Franz von Lenbach
Wilhelm Leibl
NATURALISMUS
Arno Holz
Johannes Schlaf
Detlev v. Liliencron
Richard Dehmel
Gerhart Hauptmann
Claude Monet
(Vincent van Gogh)
IMPRESSIONISMUS
Arthur Schnitzler
NEUROMANTIK
Ricarda Huch
Stefan George
Hugo v. Hofmannsthal
Rainer Maria Rilke
Christian Morgenstern
Hermann Hesse
(Thomas Mann)
(Robert Musil)
SYMBOLISMUS
Edvard Munch
JUGENDSTIL
(John Everett Millais)
Gustav Klimt
Egon Schiele
Franz von Stuck
DEKADENZ
FIN DE SIÈCLE
Alfred Kubin
(Charles Baudelaire)
Arthur Rimbaud
Stéphane Mallarmé
Oscar Wilde
Frank Wedekind
EXPRESSIONISMUS
Georg Heym
Gottfried Benn
Georg Trakl
Ernst Stadler
August Stramm
Else Lasker-Schüler
Alfred Lichtenstein
Jakob van Hoddis
Franz Werfel
(Franz Kafka)
(Vincent van Gogh)
„Der Blaue Reiter“:
Wassili Kandinsky, Franz Marc
„Die Brücke“:
Ernst Heckel, Ernst Ludwig Kirchner,
Emil Nolde, Karl Schmidt-Rottluff
Ludwig Meidner
Otto Dix
(Piet Mondrian)
(Pablo Picasso)
Kubismus
Wilhelminisches Kaiserreich
(1871–1918)
Erster Weltkrieg
(1914–1918)
Weimarer Republik
(1918–1933)
1880
1890
1900
1910
1920

3.3.2 Literarische Strömungen: Vom Naturalismus zum Expressionismus

Naturalismus und Impressionismus (1880–1910)

Die Dichter des ▷ Naturalismus verstehen sich als Beobachter und Erforscher der Natur. Literatur soll wie ein naturwissenschaftliches Experiment die Gesetzmäßigkeiten der Wirklichkeit aufdecken und möglichst exakt darstellen. Dieses neue Literaturprogramm bringt ARNO HOLZ in seinem Text „Die Kunst. Ihr Wesen und ihre Gesetze“ (1891) auf den Punkt: Kunst = Natur – x. „x“ stellt dabei den Faktor der künstlerischen Gestaltung dar, welcher möglichst klein gehalten werden soll.

▷ S. 334 ff.

1. Informieren Sie sich im Kapitel „Naturalismus“ über Holz' Formel (▷ S. 336) und beschreiben Sie mit eigenen Worten, wie Holz die Beziehung zwischen Natur und Kunst definiert. Welche Rolle spielt der Autor/der Künstler in diesem Prozess?
2. Erläutern Sie Holz' Formel in Bezug auf Wilhelm Leibls Gemälde „Drei Frauen in der Kirche“.
3. a) Betrachten Sie das Bild „In der Blumenwiese“ von Claude Monet. Notieren Sie Ihre Eindrücke.
   b) Sammeln Sie Merkmale, die es von Leibls etwa zeitgleich entstandenem Bild unterscheiden.
   c) Finden Sie auch Ähnlichkeiten?
4. Vergleichen Sie das Gedicht aus Arno Holz' „Phantasus“ (▷ S. 345) in seiner Stimmung mit dem Gemälde von Monet.

Wilhelm Leibl: Drei Frauen in der Kirche (1878–82)

Claude Monet: In der Blumenwiese (1876)

Epochenüberblick: Naturalismus (1880–1900) – Impressionismus (1890–1910)

Das künstlerische Vorgehen des **Naturalismus** liegt in der möglichst naturgetreuen Abbildung der Wirklichkeit. In der Orientierung am Wahrnehmbaren nach exakter naturwissenschaftlicher Methode erhoffen sich die Dichter und Künstler eine umfassende Erkenntnis. Durch die Darstellungsmittel (Dichtung: phonografische Genauigkeit, Sekundenstil) ergibt sich allerdings oft erst aus der Zusammenschau vieler Einzelteile und aus der Distanz ein überschaubares Gesamtbild. Hierin liegt die Verwandtschaft des Naturalismus zum **Impressionismus.** Die Impressionisten hatten das Vertrauen in eine überlieferte Erkenntnis von den Dingen und damit in die Darstellung einer feststehenden Welt aufgegeben. Stattdessen stellten sie flüchtige Wirklichkeitsausschnitte dar, die auf der Oberfläche der Dinge in Bewegung und Veränderung begriffen sind. Erscheinungen werden unmittelbar wiedergegeben, so wie sie mit den Sinnen in jedem Augenblick wahrgenommen werden. Hierfür fanden die Dichter und Künstler sprachliche und kompositionelle Ausdrucksformen, die dieser Wahrnehmungsweise entsprechen (Dichtung: Lautmalerei, Farbadjektive, Vokalharmonie, Auflösung des Gegenständlichen in Eindrücke; Malerei: Auflösung der Konturen, Farbtupfer, lebendiger Duktus, Auflösung des Gegenständlichen in Licht). Der Effekt impressionistischer Dichtung und Malerei ist in der Konzentration auf das äußerlich Sichtbare zwar naturalistisch, im Gebrauch der formalen Mittel jedoch frei bis zur Abstraktion.

Wichtige Autoren und Werke

Naturalismus ▷ S. 342
Arthur Schnitzler (1862–1931): Liebelei; Reigen (Dramen); Leutnant Gustl (Novelle)
Arno Holz (1863–1929): Phantasus (Gedichtsammlung)
Detlev von Liliencron (1844–1909): Gedichte

Symbolismus und Jugendstil (1890–1920)

Jean Moréas

Der Symbolismus (1886)

Eine neue Manifestation der Kunst war also zu erwarten, war notwendig und unausweichlich. Diese seit langem schwelende Manifestation ist nunmehr entflammt. [...] Und was kann der neuen Schule vorgeworfen werden, was wird ihr in der Tat vorgeworfen? Das übertriebene Gepränge, die Seltsamkeit der Metapher, ein neues Vokabular, in dem die Harmonie mit den Farben und den Linien verschmilzt: lauter Merkmale der Erneuerung. Den Namen Symbolismus haben wir schon früher vorgeschlagen: er ist die einzig vernünftige Bezeichnung für die gegenwärtige Tendenz.

Hermann Bahr

Symbolisten (1894)

Die Kunst will jetzt aus dem Naturalismus fort und sucht Neues. Niemand weiß noch, was es werden möchte; der Drang ist ungestalt und wirr; er tastet ohne Rat nach vielen Dingen und findet sich nirgends. Nur fort, um jeden Preis fort aus der deutlichen Wirklichkeit, ins Dunkle, Fremde und Versteckte – das ist heute die eingestandene Losung für zahlreiche Künstler.

Man hat manchen Namen. Die einen nennen es Décadence, als ob es die letzte Flucht der Wünsche aus einer sterbenden Kultur und das Gefühl des Todes wäre. Die anderen nennen es Symbolismus. [...]

Der neue Symbolismus braucht die Symbole ganz anders. Er will auch ins Unsinnliche, aber er will es durch ein anderes Mittel. Er schickt nicht dürftige Boten aus, von seinen unsinnlichen Freuden zu stammeln, bis ihre

Ahnungen erwachsen. Sondern er will die Nerven in jene Stimmungen zwingen, wo sie von selber nach dem Unsinnlichen greifen, und will das durch sinnliche Mittel. Und er verwendet die Symbole als Stellvertreter und Zeichen nicht des Unsinnlichen, sondern von anderen ebenso sinnlichen Dingen. Das Symbol gilt dem neuen Symbolismus sehr viel, aber es gilt ihm nur als eine Bereicherung des Handwerks. Er hat aus den Symbolen eine neue Technik gewonnen, ein vorher unbekanntes lyrisches Verfahren, eine besondere Methode der Lyrik. Es gab vor ihm das rhetorische und das realistische Verfahren; er hat ein neues geschaffen.

Die Absicht aller Lyrik ist immer die gleiche: ein Gefühl, eine Stimmung, ein Zustand des Gemütes soll ausgedrückt und mitgeteilt, soll suggeriert werden. Was kann der Künstler tun? Das Nächste ist wohl, es zu verkünden, sein inneres Schicksal zu erzählen, zu beschreiben, was und wie er es empfindet, in recht nahen und ansteckenden Worten. Das ist die rhetorische Technik. Oder der Künstler kann die Ursache, das äußere Ereignis seiner Stimmung, seines Gefühls, seines Zustandes suchen, um, indem er sie mitteilt, auch ihre Folge, seinen Zustand mitzuteilen. Das ist die realistische Technik. Und endlich, was früher noch keiner versucht hat: der Künstler kann eine ganz andere Ursache, ein anderes äußeres Ereignis finden, welche seinem Zustande ganz fremd sind, aber welche das nämliche Gefühl, die nämliche Stimmung erwecken und den nämlichen Erfolg im Gemüte bewirken würden. Das ist die Technik der Symbolisten.

Gustav Klimt: Die Erwartung (1905–10)

1. a) Gegen welche Tendenzen der Literatur wendet sich der Symbolismus, wie Bahr ihn 1894 versteht?
   b) Welche Neuerungen sieht Moréas in der Literatur und Kunst?
   c) In welcher Weise entspricht das Bild von Gustav Klimt den Merkmalen symbolistischer Kunst nach Moréas?
2. a) Informieren Sie sich über den Begriff „Symbol".
   b) Untersuchen Sie die folgenden Gedichte von Rainer Maria Rilke und Stefan George auf ihren symbolischen Gehalt.

Rainer Maria Rilke
Der Ball (1908)

Du Runder, der das Warme aus zwei Händen
im Fliegen, oben, fortgibt, sorglos wie
sein Eigenes; was in den Gegenständen
nicht bleiben kann, zu unbeschwert für sie,

zu wenig Ding und doch noch Ding genug,
um nicht aus allem draußen Aufgereihten
unsichtbar plötzlich in uns einzugleiten:
das glitt in dich, du zwischen Fall und Flug

noch Unentschlossener: der, wenn er steigt,
als hätte er ihn mit hinaufgehoben,
den Wurf entführt und freilässt –, und sich neigt
und einhält und den Spielenden von oben
auf einmal eine neue Stelle zeigt,
sie ordnend wie zu einer Tanzfigur,

um dann, erwartet und erwünscht von allen,
rasch, einfach, kunstlos, ganz Natur,
dem Becher hoher Hände zuzufallen.

1. Beschreiben Sie das sukzessive Sich-Versenken in den Gegenstand: Von welchen Beobachtungen geht der Sprecher aus, in welche Sichtweise versetzt er den Leser?
2. Untersuchen Sie, mit welchen sprachlichen Mitteln Rilke versucht, das innerste Wesen seines Gegenstandes zu erfassen.

Stefan George
komm in den totgesagten park (1897)

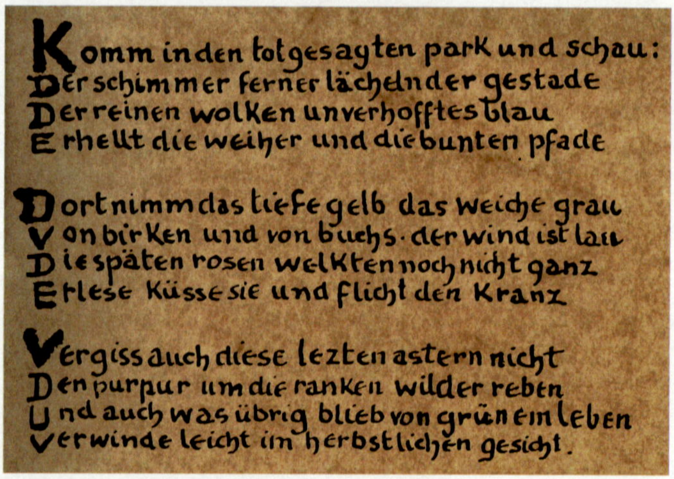
Komm in den totgesagten park und schau:
Der schimmer ferner lächelnder gestade
Der reinen wolken unverhofftes blau
Erhellt die weiher und die bunten pfade.

Dort nimm das tiefe gelb das weiche grau
Von birken und von buchs. der wind ist lau
Die späten rosen welkten noch nicht ganz
Erlese küsse sie und flicht den kranz

Vergiss auch diese lezten astern nicht
Den purpur um die ranken wilder reben
Und auch was übrig blieb von grünem leben
Verwinde leicht im herbstlichen gesicht.

1. Was halten Sie für das Thema von Georges Gedicht: Herbst/Lebensende/Schönheit des Verfalls/Unzerstörbarkeit der Natur in ihrer zyklischen Entwicklung? Wählen Sie eine der Deutungshypothesen aus und begründen Sie sie.
2. Welche Aufgabe fällt dem Leser zu?
3. Analysieren Sie die sprachlichen Mittel: Achten Sie besonders auf die Farbsymbolik und die Bilder. Untersuchen Sie auch das Reimschema und seinen Bezug zum Inhalt.
4. George bevorzugte für die Veröffentlichung seiner Gedichte eine eigentümliche Schrift. Untersuchen Sie die Besonderheiten seiner Schreibweise und setzen Sie sie in Bezug zur Form und zur Aussage des Gedichts.
5. a) Gestalten Sie ein selbst gewähltes Gedicht durch eine besondere grafische Form.
   b) Vergleichen Sie in Ihren Ergebnissen, inwieweit die Gestaltung die Textaussage mit bestimmt.

Stefan George
Über Dichtung (1903)

I
In der dichtung – wie in aller kunst-betätigung – ist jeder der noch von der sucht ergriffen ist etwas „sagen“ etwas „wirken“ zu wollen nicht einmal wert in den vorhof der kunst einzutreten.

Jeder widergeist jedes vernünfteln und hadern mit dem leben zeigt auf einen noch ungeordneten denkzustand und muss von der kunst ausgeschlossen bleiben.

Den wert der dichtung entscheidet nicht der sinn (sonst wäre sie etwa weisheit gelahrtheit) sondern die form d. h. durchaus nichts äusserliches sondern jenes tief erregende in maass und klang wodurch zu allen zeiten die Ursprünglichen die Meister sich von den nachfahren den künstlern zweiter ordnung unterschieden haben.

Der wert einer dichtung ist auch nicht bestimmt durch einen einzelnen wenn auch noch so glücklichen fund in zeile strofe oder grösserem abschnitt. die zusammenstellung – das verhältnis der einzelnen teile zueinander – die notwendige folge des einen aus dem andern kennzeichnet erst die hohe dichtung.

Reim ist bloss ein wortspiel wenn zwischen den durch den reim verbundenen worten keine innere verbindung besteht.

Freie rhythmen heisst soviel als weisse schwärze – wer sich nicht gut im rhythmus bewegen kann der schreite ungebunden.

Strengstes maass ist zugleich höchste freiheit. R

1. a) Benennen Sie die wesentlichen Forderungen, die George an die Dichtkunst stellt.
   b) Gegen welche Vorstellungen von Kunst wendet sich George?
2. a) Untersuchen Sie, inwiefern George in dem Gedicht „komm in den totgesagten park“ (▷ S. 354) seine Forderungen umsetzt.
   b) Überprüfen Sie, ob Ihre eigenen Aussagen zu dem Gedicht mit Georges Forderungen vereinbar sind.

Epochenüberblick: Gegenströmungen zum Naturalismus (1890–1920)

Die Kunst und Dichtung des **Symbolismus,** des **Jugendstils,** des **Fin de siècle** und der **Dekadenz** bilden eine entschiedene Gegenbewegung zum Naturalismus. In dem Bewusstsein, einer dem Untergang geweihten Kultur anzugehören, wenden sich die Künstler und Dichter von der alltäglichen Wirklichkeit ab und dem Geheimnisvollen, Morbiden, dem Exklusiven, der artifiziellen Schönheit zu. Durch die Ästhetisierung ihrer subjektiven Empfindungen und Wahrnehmungen schaffen sie eine Kunstwelt, die sich durch gesuchte Ungewöhnlichkeit und suggestive Präsenz des Geheimnisvollen von der technischen, sozialen Realität abhebt. Die Rätselhaftigkeit der Welt äußert sich in der Symbolkraft der Dinge, die über sich hinaus auf eine Welt des Traums, der Mystik weisen.

Wichtige Autorinnen/Autoren und Werke

Ricarda Huch (1864–1947): Gedichte
Stefan George (1868–1933): Algabal; Das Jahr der Seele (Gedichtsammlungen)
Hugo von Hofmannsthal (1874–1929): Der Tor und der Tod; Jedermann (Dramen); Gedichte
Rainer Maria Rilke (1875–1926): Die Aufzeichnungen des Malte Laurids Brigge (Roman); Das Stunden-Buch; Neue Gedichte (Gedichtsammlungen)
Thomas Mann (1875–1955): Buddenbrooks (Roman); Tonio Kröger; Der Tod in Venedig (Novellen)

Expressionismus (1905–1925)

Ernst Stadler

Form ist Wollust (1914)

Form und Riegel mussten erst zerspringen,
Welt durch aufgeschlossne Röhren dringen;
Form ist Wollust, Friede, himmlisches Genügen,
Doch mich reißt es, Ackerschollen umzupflügen.
Form will mich verschnüren und verengen,
Doch ich will mein Sein in alle Weiten drängen –
Form ist klare Härte ohn' Erbarmen,
Doch mich treibt es zu den Dumpfen, zu den Armen,
Und in grenzenlosem Michverschenken
Will mich Leben mit Erfüllung tränken.

1. Lesen Sie das Gedicht von Ernst Stadler und betrachten Sie das Bild von Franz Marc. Sammeln Sie jeweils Ihre Eindrücke zu inhaltlichen und formalen Auffälligkeiten.
2. Inwiefern entsprechen sich die Aussagen des Gedichts und des Gemäldes?

Margarete Susman

Expressionismus (1918)

Franz Marc: Kämpfende Formen (1914)

Solange wir nicht im Stande sind, die Welt aus ihren Angeln zu heben, den alten verrotteten Lebensformen neue, reinere entgegenzusetzen, sind wir ihr verfallen. Und doch ertragen wir es nicht, sie hinzunehmen; das Rasen gegen sie erfüllt uns bis zum Zerspringen; wir wollen handeln, wirken, ändern. Was ist zu tun? Nur eines! nur schreien können wir – schreien mit aller Kraft unserer armen, erstickten Menschenstimme – schreien, dass wir den grauenhaften Lärm des Geschehens übertönen – schreien, dass wir gehört werden von den Menschen, von Gott.

Dieser Schrei, der zum Himmel gellende Schrei, der nicht mehr wie noch der einsame Sehnsuchtsschrei Stefan Georges „durch güldne Harfe sausen“ will, den keine an den Mund gesetzte Flöte mehr zum Klang verschönt, der nur gehört werden will, gehört werden soll um jeden Preis als lebendige menschliche Entscheidung – er allein ist die Antwort der wachen Seele auf die furchtbare Umklammerung unserer Zeit. Wo das Entsetzliche uns überwältigt, sodass wir es nicht anschauen, nicht gestaltend beherrschen, uns ihm weder hingeben noch auch entreißen können, da bleibt uns allein, uns ihm entgegenzustemmen mit aller Kraft; es bleibt uns als Tat allein die Entscheidung. Wollen wir Befreiung? Wollen wir Erneuerung? Wollen wir, dass es anders werde? Wollen wir heraus aus diesem Strudel, aus diesem grauenvollen grauen Mischmasch von niederstem Machtwillen und verworrenem, verratenem Idealismus? Wollen wir heraus aus dieser schwersten, wehesten Verfinsterung des Geistes, die je auf Erden war? Dies ist die einzige Frage an unser Leben. Heraus, gleichviel ob in Schön-

heit oder Hässlichkeit, in Ehre oder Schmach, ja selbst ob in Liebe oder Hass. Nur heraus: den großen, gellenden Schrei ausstoßen, der uns auf ewig trenne von dem Wollen der dumpf hinnehmenden Menge, der jede Gemeinschaft mit den dumpf treibenden Mächten unserer Zeit verwirft. Entscheidung für oder wider – dies ist heute die einzige Frage an unser Menschentum.
Und diese Entscheidung, dieser Aufschrei der sich entscheidenden Seele ist Expressionismus. Er ist die Antwort auf eine Wirklichkeit, die anzuschauen, der sich hinzugeben unmöglich geworden ist. Entscheidung lebendiger Persönlichkeit gegen das blinde Rasen sinnfremder Gewalten, das ist die Seele des Expressionismus. Auch im scheinbar verrenktesten, verzerrtesten Bild der Welt, sofern es unsere geistige Welt nicht annimmt, sie anders will, sofern es sich mit innerster Kraft zur Wehr setzt gegen das nur Überkommene, sofern es ein Aufschrei wider die zur Unmöglichkeit gewordene Welt ist, lebt etwas von der Freiheit, die unsere Zeit uns heutigen Menschen gestohlen hat für Zeit und Ewigkeit.
Denn anders als in Krämpfen kann unserer Welt die Erneuerung nicht kommen, anders können wir sie nicht herbeirufen. Die Zeiten der Stille, der Anmut, der Verschlossenheit und Scham sind vorüber. Uns Unseligen kommt Gott nicht im sanften Säuseln. Der Expressionismus hat eine Sendung, die nichts mehr von Schönheit weiß.

1. a) Wie schätzt die Autorin die Dichtung des Symbolismus ein?
   b) Welche neue Aufgabe der expressionistischen Dichtung sieht sie?
2. Setzen Sie das Gedicht von Ernst Stadler und das Bild von Franz Marc (▷ S. 356) in Bezug zu Susmans Manifest des Expressionismus.
3. Untersuchen Sie, inwiefern die Gedichte auf den folgenden Seiten die Forderungen Susmans erfüllen.

In der von Unruhe und Weltmüdigkeit geprägten Zeit nach 1900 wurden verschiedenste Ereignisse als Vorboten einer nahenden Apokalypse aufgefasst. Das Erscheinen des „Halleyschen Kometen“ (1911) und der Untergang des modernsten und größten Schiffes der Welt, der „Titanic“ (1912), mehrten die grundlegende Verunsicherung der jungen Generation, welche die Sicherheit tradierter Wertvorstellungen und den Glauben an eine technisch beherrschbare Zukunft verloren hatte. Dem Geist und der Ausdruckskraft der expressionistischen Dichter und Künstler kommen bestimmte Themen und Motive entgegen, in denen sich Sinnverlust und Angst anschaulich darstellen lassen: **Großstadt, Weltende** und **Krieg**.
Die hässliche Seite des Lebens in der industriellen Zivilisation reflektierten auch schon die Naturalisten. Ihnen ging es dabei um wirklichkeitsgetreue, detailgenaue Milieustudien. Auch die Expressionisten sind von Lärm, Enge und Schmutz des modernen Lebens fasziniert. Ihnen kommt es jedoch darauf an, die dissoziierende Vielfalt der Eindrücke, wie z. B. die Reizüberflutung im ausufernden Moloch Großstadt, auszudrücken. Statt der äußeren Erscheinung interessiert sie die Prägung der menschlichen Seele durch diese Eindrücke, die sie in grotesker Verfremdung und visionärer Schau erfassen.
Die Hoffnung auf eine Veränderung der als unerträglich empfundenen Zustände lag bei einigen Autoren schon vor Ausbruch des Ersten Weltkriegs in der Vorstellung einer gewaltsamen kriegerischen Zerstörung alter Ordnungen, aus der neue, originäre Lebens- und Ausdrucksformen erwachsen sollten.

Else Lasker-Schüler

Weltende (1905)

Es ist ein Weinen in der Welt,
als ob der liebe Gott gestorben wär,
und der bleierne Schatten, der niederfällt,
lastet grabesschwer.

Komm, wir wollen uns näher verbergen …
das Leben liegt in aller Herzen
wie in Särgen.

Du! wir wollen uns tief küssen –
es pocht eine Sehnsucht an die Welt,
an der wir sterben müssen.

Ludwig Meidner: Apokalyptische Landschaft (1912)

Jakob van Hoddis
Weltende (1911)

Dem Bürger fliegt vom spitzen Kopf der Hut,
In allen Lüften hallt es wie Geschrei.
Dachdecker stürzen ab und gehn entzwei,
Und an den Küsten – liest man – steigt die Flut.

Der Sturm ist da, die wilden Meere hupfen
An Land, um dicke Dämme zu zerdrücken.
Die meisten Menschen haben einen Schnupfen.
Die Eisenbahnen fallen von den Brücken.

1. a) Sammeln Sie Ihre Eindrücke zu Jakob van Hoddis' Gedicht: Was wirkt vertraut, was wirkt befremdlich?
   b) Das Gedicht gilt als programmatisch für den frühen Expressionismus. Erläutern Sie mögliche Gründe.
2. a) Worin ähneln und worin unterscheiden sich die Gedichte von Jakob v. Hoddis und Else Lasker-Schüler?
   b) Deuten Sie die letzten beiden Verse bei Lasker-Schüler vor dem Hintergrund des Epochenumbruchs.
3. Gestalten Sie ein Bild zu einem der Gedichte: Übertragen Sie die ungewöhnlichen Inhalte in eine ähnlich ungewohnte Bildsprache. Orientieren Sie sich an Meidners Gestaltungsweise.

Georg Heym
Tagebucheintragung (1911)

Ich meine, keine Zeit war bis auf den Tag so inhaltslos wie diese. [...] Es ist immer das Gleiche, so langweilig, langweilig, langweilig. Es geschieht nichts, nichts, nichts. Wenn doch einmal etwas geschehen wollte, was nicht diesen faden Geschmack von Alltäglichkeit hinterlässt.

Franz von Stuck: Der Krieg (1894)

Georg Heym

Der Krieg (1911)

Aufgestanden ist er, welcher lange schlief,
Aufgestanden unten aus Gewölben tief.
In der Dämmrung steht er groß und unerkannt,
Und den Mond zerdrückt er in der schwarzen Hand.

In den Abendlärm der Städte fällt es weit,
Frost und Schatten einer fremden Dunkelheit,
Und der Märkte runder Wirbel stockt zu Eis.
Es wird still. Sie sehn sich um. Und keiner weiß.

In den Gassen fasst es ihre Schulter leicht.
Eine Frage. Keine Antwort. Ein Gesicht erbleicht.
In der Ferne wimmert ein Geläute dünn
Und die Bärte zittern um ihr spitzes Kinn.

Auf den Bergen hebt er schon zu tanzen an
Und er schreit: Ihr Krieger alle, auf und an.
Und es schallet, wenn das schwarze Haupt er schwenkt,
Drum von tausend Schädeln laute Kette hängt.

Einem Turm gleich tritt er aus die letzte Glut,
Wo der Tag flieht, sind die Ströme schon voll Blut.
Zahllos sind die Leichen schon im Schilf gestreckt,
Von des Todes starken Vögeln weiß bedeckt.

Über runder Mauern blauem Flammenschwall
Steht er, über schwarzer Gassen Waffenschall.
Über Toren, wo die Wächter liegen quer,
Über Brücken, die von Bergen Toter schwer.

In die Nacht er jagt das Feuer querfeldein
Einen roten Hund mit wilder Mäuler Schrein.
Aus dem Dunkel springt der Nächte schwarze Welt,
Von Vulkanen furchtbar ist ihr Rand erhellt.

Und mit tausend roten Zipfelmützen weit
Sind die finstren Ebnen flackend überstreut,
Und was unten auf den Straßen wimmelt hin und her,
Fegt er in die Feuerhaufen, dass die Flamme brenne mehr.

Und die Flammen fressen brennend Wald um Wald,
Gelbe Fledermäuse zackig in das Laub gekrallt.
Seine Stange haut er wie ein Köhlerknecht
In die Bäume, dass das Feuer brause recht.

Eine große Stadt versank in gelbem Rauch,
Warf sich lautlos in des Abgrunds Bauch.
Aber riesig über glühnden Trümmern steht
Der in wilde Himmel dreimal seine Fackel dreht,

Über sturmzerfetzter Wolken Widerschein,
In des toten Dunkels kalte Wüstenein,
Dass er mit dem Brande weit die Nacht verdorr,
Pech und Feuer träufet unten auf Gomorrh.

Alfred Kubin: Der Krieg (1907)

1. Heym schrieb das Gedicht „Der Krieg“ drei Jahre vor Ausbruch des Ersten Weltkriegs. Welche Vision vom Krieg hat er?
2. Analysieren Sie die sprachlichen Mittel in Heyms Gedicht. Achten Sie besonders auf die Farbsymbolik und die sprachlichen Bilder.

Die Dichter Georg Trakl, Alfred Lichtenstein und August Stramm nahmen am Ersten Weltkrieg teil. Lichtenstein fiel bereits 1914 in Reims, Stramm 1915 in den Rokitno-Sümpfen (Russland). Trakl war 1914 Sanitäter bei der Schlacht zwischen österreichischen und russischen Truppen in Grodek (Galizien). Das Kriegserlebnis zerrüttete ihn derart, dass er im selben Jahr in einem Garnisonshospital an einer Überdosis Kokain starb.

Georg Trakl

Grodek (1914)

Am Abend tönen die herbstlichen Wälder
Von tödlichen Waffen, die goldnen Ebenen
Und blauen Seen, darüber die Sonne
Düstrer hinrollt; umfängt die Nacht
Sterbende Krieger, die wilde Klage
Ihrer zerbrochenen Münder.
Doch stille sammelt im Weidengrund
Rotes Gewölk, darin ein zürnender Gott wohnt
Das vergossne Blut sich, mondne Kühle;
Alle Straßen münden in schwarze Verwesung.
Unter goldnem Gezweig der Nacht und Sternen
Es schwankt der Schwester Schatten durch den schweigenden Hain,
Zu grüßen die Geister der Helden, die blutenden Häupter;
Und leise tönen im Rohr die dunkeln Flöten des Herbstes.
O stolzere Trauer! Ihr ehernen Altäre
Die heiße Flamme des Geistes nährt heute ein gewaltiger Schmerz,
Die ungebornen Enkel.

Otto Dix: Krieg (1914)

Alfred Lichtenstein

Punkt (1914)

Die wüsten Straßen fließen lichterloh
Durch den erloschnen Kopf. Und tun mir weh.
Ich fühle deutlich, dass ich bald vergeh –
Dornrosen meines Fleisches, stecht nicht so.

Die Nacht verschimmelt. Giftlaternenschein
Hat, kriechend, sie mit grünem Dreck beschmiert.
Das Herz ist wie ein Sack. Das Blut erfriert.
Die Welt fällt um. Die Augen stürzen ein.

August Stramm

Patrouille (1914)

Die Steine feinden
Fenster grinst Verrat
Äste würgen
Berge Sträucher blättern raschlig
Gellen
Tod.

August Stramm

Sturmangriff (1915)

Aus allen Winkeln gellen Fürchte Wollen
Kreisch
Peitscht
Das Leben
Vor
Sich
Her
Den keuchen Tod
Die Himmel fetzen
Blinde schlächtert wildum das Entsetzen

Otto Dix: Der Krieg (Mittelteil des Triptychons, 1929–32)

1. a) Welche Auffassung von Krieg zeigt sich in den Gedichten Trakls, Lichtensteins und Stramms (▷ S. 360)?
   b) Wie verarbeiten die Autoren ihre Erfahrungen brutaler Kriegswirklichkeit literarisch? Untersuchen Sie die sprachlichen Mittel.
2. a) Vergleichen Sie die Bilder von v. Stuck, Kubin und Dix (▷ S. 358–361). In welchen spiegeln sich Ideen vom Krieg und in welchen werden tatsächliche Kriegserlebnisse verarbeitet?
   b) Welche Gestaltungsmittel finden die Künstler, um das Entsetzliche darzustellen?
3. a) Verwandeln Sie den Tagebucheintrag von Heym (▷ S. 358) in ein Gedicht nach dem sprachexperimentellen Verfahren Stramms.
   b) Illustrieren Sie ein Gedicht Stramms. Orientieren Sie sich dabei an den spitzen, aufgesplitterten Formen und den grellen Farben in Dix' Bild „Krieg" von 1914.

Epochenübersicht: Expressionismus (1905–1925)

Neben der naturalistischen Tendenz, die wahrnehmbare Wirklichkeit nachzubilden, und der gegenläufigen Tendenz, Wirklichkeit symbolisch zu überhöhen, gibt es in der jungen Generation um die Jahrhundertwende auch eine experimentell orientierte Strömung, in der Künstler und Dichter bereit sind, für neue Erfahrungen und die Darstellung inneren Erlebens alte Formen zu sprengen und einen revolutionären Neuanfang zu wagen. Die **Expressionisten** vollzogen einen radikalen Bruch mit den traditionellen ästhetischen Darstellungsweisen, indem sie die Wahrnehmungsveränderung und den Orientierungsverlust des modernen Menschen in völlig neuen Formen ausdrückten. In der expressionistischen Dichtung kommen die Gefühle und die Reaktionen des Menschen auf die tief greifende Sinnkrise zur ausdrucksstarken Darstellung. Disparatheit, Aufbrechen grammatischer Strukturen, Wortneuschöpfungen, Farbsymbolik sind Kennzeichen der Lyrik. In der Malerei wird der Eindruck, den das Äußere auf einen empfindsamen Menschen macht, durch einen gefühlsbetonten, gestischen Duktus, expressive Farbe, das Aufheben der Raumillusion, die Formenzergliederung und durch Abstraktion ausgedrückt.

Wichtige Autorinnen/Autoren und Werke

Else Lasker-Schüler (1869–1945): Die Wupper (Drama); Der siebente Tag; Meine Wunder; Theben (Gedichtsammlungen)
August Stramm (1874–1915): Du; Tropfblut (Gedichtsammlungen)
Georg Kaiser (1878–1945): Die Bürger von Calais; Gas (Dramen)
Ernst Stadler (1883–1914): Der Aufbruch (Gedichtsammlung)
Franz Kafka (1883–1924): Amerika; Der Prozess; Das Schloss (Romane); Das Urteil; Die Verwandlung; In der Strafkolonie (Erzählungen)
Gottfried Benn (1886–1956): Morgue; Söhne; Fleisch; Schutt (Gedichtsammlungen)
Georg Heym (1887–1912): Der ewige Tag; Umbra vitae (Gedichtsammlungen)
Georg Trakl (1887–1914): Gedichte
Jakob van Hoddis (1887–1942): Weltende (Gedichtsammlung)
Franz Werfel (1890–1945): Wir sind (Gedichtsammlung)

▷ S. 342, 355

1. Vergleichen Sie die Kunstbegriffe des ▷ Naturalismus, des ▷ Symbolismus und des Expressionismus:
   a) Inwiefern kann jeweils von einer Erneuerung der Literatur und Kunst gesprochen werden?
   b) Belegen Sie Ihre Thesen mit Texten und Bildern der jeweiligen Stilrichtung.
2. a) Welchen Kunstbegriff halten Sie in unserer heutigen Zeit noch für tragfähig?
   b) Welcher Kunstbegriff stößt Ihrer Meinung nach auf ein größeres Verständnis beim breiten Publikum? Begründen Sie Ihre Einschätzung.
3. Auch wir stehen am Anfang ein neuen Jahrhunderts, sogar Jahrtausends. Lässt sich in unserer Epoche eine ähnliche Krisenstimmung wie im letzten Jahrhundert ausmachen? Wenn ja, in welchen Lebensbereichen? Welche Arten der Bewältigung kennen Sie?

3.3.3 Krise der Sprache – Krise der Existenz

Friedrich Nietzsche

Über Wahrheit und Lüge im außermoralischen Sinne (1873)

Friedrich Nietzsche wendet sich in seinen kulturphilosophischen Schriften mit scharfer Kritik gegen die traditionellen Werte und Normen sowie den Bildungsbegriff der bürgerlichen Gesellschaft. Mit seinen Schriften übte er großen Einfluss auf die Literatur seiner Zeit aus.

Sie [die Menschen] sind tief eingetaucht in Illusionen und Traumbilder, ihr Auge gleitet nur auf der Oberfläche der Dinge herum und sieht „Formen“, ihre Empfindung führt nirgends in die Wahrheit, sondern begnügt sich Reize zu empfangen und gleichsam ein tastendes Spiel auf dem Rücken der Dinge zu spielen. [...] Nur durch die Vergesslichkeit kann der Mensch je dazu kommen zu wähnen, er besitze eine „Wahrheit“. Wenn er sich nicht mit der Wahrheit in der Form der Tautologie[1], das heißt mit leeren Hülsen begnügen will, so wird er ewig Illusionen für Wahrheiten einhandeln. Was ist ein Wort? Die Abbildung eines Nervenreizes in Lauten. Von dem Nervenreiz aber weiterzuschließen auf eine Ursache außer uns ist bereits das Resultat einer falschen und unberechtigten Anwendung des Satzes vom Grunde[2]. Wie dürften wir, wenn die Wahrheit bei der Genesis[3] der Sprache, der Gesichtspunkt der Gewissheit bei den Bezeichnungen allein entscheidend gewesen wäre, wie dürften wir doch sagen: der Stein ist hart: als ob uns „hart“ noch sonst bekannt wäre und nicht nur als eine ganz subjektive Reizung! Wir teilen die Dinge nach Geschlechtern ein, wir bezeichnen den Baum als männlich, die Pflanze als weiblich: welche willkürlichen Übertragungen! Wie weit hinausgeflogen über den Kanon der Gewissheit! Wir reden von einer „Schlange“: die Bezeichnung trifft nichts als das Sichwinden, könnte also auch dem Wurme zukommen. Welche willkürlichen Abgrenzungen, welche einseitigen Bevorzugungen bald der, bald jener Eigenschaft eines Dinges! Die verschiedenen Sprachen, nebeneinander gestellt, zeigen, dass es bei den Worten nie auf die Wahrheit, nie auf einen adäquaten Ausdruck ankommt: denn sonst gäbe es nicht so viele Sprachen. Das „Ding an sich“ (das würde eben die reine folgenlose Wahrheit sein) ist auch dem Sprachbildner ganz unfasslich und ganz und gar nicht erstrebenswert. Er bezeichnet nur die Relationen der Dinge zu den Menschen und nimmt zu deren Ausdruck die kühnsten Metaphern zu Hilfe. Ein Nervenreiz, zuerst übertragen in ein Bild! Erste Metapher. Das Bild wird nachgeformt in einem Laut! Zweite Metapher! Und jedes Mal vollständiges Überspringen der Sphäre, mitten hinein in eine ganz andere und neue. [...]

Wir glauben etwas von den Dingen selbst zu wissen, wenn wir von Bäumen, Farben, Schnee und Blumen reden, und besitzen doch nichts als Metaphern der Dinge, die den ursprünglichen Wesenheiten ganz und gar nicht entsprechen. Wie der Ton als Sandfigur, so nimmt sich das rätselhafte X des Dings an sich einmal als Nervenreiz, dann als Bild, endlich als Laut aus. Logisch geht es also jedenfalls nicht bei der Entstehung der Sprache zu, und das ganze Material, wohin und womit später der Mensch der Wahrheit, der Forscher, der Philosoph arbeitet und baut, stammt, wenn nicht aus Wolkenkuckucksheim, so doch jedenfalls nicht aus dem Wesen der Dinge. [...]

Was ist also Wahrheit? Ein bewegliches Heer von Metaphern, Metonymien, Anthropomorphismen[4], kurz eine Summe von menschlichen Relationen, die, poetisch und rhetorisch gesteigert, übertragen, geschmückt wurden und die nach langem Gebrauch einem Volke fest, kanonisch und verbindlich dünken: Die Wahrheiten sind Illusionen, von denen man vergessen hat, dass sie welche sind, Metaphern, die abgenutzt und sinnlos kraftlos geworden sind, Münzen, die ihr Bild verloren haben und nun als Metall, nicht mehr als Münzen, in Betracht kommen.

1 **Tautologie:** Zirkeldefinition, z. B.: Der Greis ist alt.
2 **Satz vom Grund:** Annahme, dass alles eine Ursache hat
3 **Genesis:** Entstehung
4 **Anthropomorphismus:** Übertragung menschlicher Eigenschaften auf Dinge, Tiere etc.

1. Beschreiben Sie mit eigenen Worten, wie Nietzsche die Möglichkeiten menschlicher Erkenntnis einschätzt (▷ S. 363). Was ist für ihn „Wahrheit“?
2. Nehmen Sie Stellung zu der Auffassung, die Sprache könne nicht Realität abbilden, wie sie „an sich“ ist.

Hugo von Hofmannsthal

Ein Brief (1901/02)

Dies ist der Brief, den Philipp Lord Chandos, jüngerer Sohn des Earl of Bath, an Francis Bacon, später Lord Verulam und Viscount St. Albans, schrieb, um sich bei diesem Freund wegen des gänzlichen Verzichtes auf literarische Betätigung zu entschuldigen. […]

Um mich kurz zu fassen: Mir erschien damals in einer Art von andauernder Trunkenheit das ganze Dasein als eine große Einheit: geistige und körperliche Welt schien mir keinen Gegensatz zu bilden, ebenso wenig höfisches und tierisches Wesen, Kunst und Unkunst, Einsamkeit und Gesellschaft; in allem fühlte ich Natur, in den Verirrungen des Wahnsinns ebenso wohl wie in den äußersten Verfeinerungen eines spanischen Zeremoniells; in den Tölpelhaftigkeiten junger Bauern nicht minder als in den süßesten Allegorien; und in aller Natur fühlte ich mich selber; wenn ich auf meiner Jagdhütte die schäumende laue Milch in mich hineintrank, die ein struppiges Mensch einer schönen, sanftäugigen Kuh aus dem Euter in einen Holzeimer niedermolk, so war mir das nichts anderes, als wenn ich, in der dem Fenster eingebauten Bank meines Studio sitzend, aus einem Folianten[1] süße und schäumende Nahrung des Geistes in mich sog. Das eine war wie das andere; keines gab dem andern weder an traumhafter überirdischer Natur, noch an leiblicher Gewalt nach, und so gings fort durch die ganze Breite des Lebens, rechter und linker Hand; überall war ich mitten drinnen, wurde nie ein Scheinhaftes gewahr: Oder es ahnte mir, alles wäre Gleichnis und jede Kreatur ein Schlüssel der andern, und ich fühlte mich wohl den, der im Stande wäre, eine nach der andern bei der Krone zu packen und mit ihr so viele der andern aufzusperren, als sie aufsperren könnte. […]

Mein Fall ist, in Kürze, dieser: Es ist mir völlig die Fähigkeit abhanden gekommen, über irgendetwas zusammenhängend zu denken oder zu sprechen.

1 **Foliant:** großformatiges Buch

Zuerst wurde es mir allmählich unmöglich, ein höheres oder allgemeineres Thema zu besprechen und dabei jene Worte in den Mund zu nehmen, deren sich doch alle Menschen ohne Bedenken geläufig zu bedienen pflegen. Ich empfand ein unerklärliches Unbehagen, die Worte „Geist“, „Seele“ oder „Körper“ nur auszusprechen. Ich fand es innerlich unmöglich, über die Angelegenheiten des Hofes, die Vorkommnisse im Parlament, oder was Sie sonst wollen, ein Urteil herauszubringen. Und dies nicht etwa aus Rücksichten irgendwelcher Art, denn Sie kennen meinen bis zur Leichtfertigkeit gehenden Freimut: sondern die abstrakten Worte, deren sich doch die Zunge naturgemäß bedienen muss, um irgendwelches Urteil an den Tag zu geben, zerfielen mir im Munde wie modrige Pilze. […]

Allmählich aber breitete sich die Anfechtung aus wie ein um sich fressender Rost. Es wurden mir auch im familiären und hausbackenen Gespräch alle die Urteile, die leichthin und mit schlafwandelnder Sicherheit abgegeben zu werden pflegen, so bedenklich, dass ich aufhören musste, an solchen Gesprächen irgend teilzunehmen. […] Mein Geist zwang mich, alle Dinge, die in einem solchen Gespräch vorkamen, in einer unheimlichen Nähe zu sehen: so wie ich einmal in einem Vergrößerungsglas ein Stück von der Haut meines kleinen Fingers gesehen hatte, das einem Blachfeld mit Furchen und Höhlen glich, so ging es mir nun mit den Menschen und ihren Handlungen. Es gelang mir nicht mehr, sie mit dem vereinfachenden Blick der Gewohnheit zu erfassen. Es zerfiel mir alles in Teile, die Teile wieder in Teile, und nichts mehr ließ sich mit einem Begriff umspannen. Die einzelnen Worte schwammen um mich; sie gerannen zu Augen, die mich anstarrten und in die ich wieder hineinstarren muss: Wirbel sind sie, in die hinabzusehen mich schwindelt, die sich unaufhaltsam drehen und durch die hindurch man ins Leere kommt. […]

Seither führe ich ein Dasein, das Sie, fürchte ich, kaum begreifen können, so geistlos, so gedankenlos fließt es dahin; ein Dasein, das sich freilich von dem meiner Nachbarn, meiner

Verwandten und der meisten Land besitzenden Edelleute diese Königreiches kaum unterscheidet und das nicht ganz ohne freudige und belebende Augenblicke ist. Es wird mir nicht leicht, Ihnen anzudeuten, worin diese guten Augenblicke bestehen; die Worte lassen mich wiederum im Stich. Denn es ist ja etwas völlig Unbenanntes und auch wohl kaum Benennbares, das in solchen Augenblicken, irgendeine Erscheinung meiner alltäglichen Umgebung mit einer überschwellenden Flut höheren Lebens wie ein Gefäß erfüllend, mir sich ankündet. Ich kann nicht erwarten, dass Sie mich ohne Beispiel verstehen, und ich muss Sie um Nachsicht für die Albernheit meiner Beispiele bitten. Eine Gießkanne, eine auf dem Felde verlassene Egge, ein Hund in der Sonne, ein ärmlicher Kirchhof, ein Krüppel, ein kleines Bauernhaus, alles dies kann das Gefäß meiner Offenbarung werden. Jeder dieser Gegenstände und die tausend anderen ähnlichen, über die sonst ein Auge mit selbstverständlicher Gleichgültigkeit hinweggleitet, kann für mich plötzlich in irgendeinem Moment, den herbeizuführen auf keine Weise in meiner Gewalt steht, ein erhabenes und rührendes Gepräge annehmen, das auszudrücken mir alle Worte zu arm erscheinen. [...]

Ich fühlte in diesem Augenblick mit einer Bestimmtheit, die nicht ganz ohne ein schmerzliches Beigefühl war, dass ich auch im kommenden und im folgenden und in allen Jahren dieses meines Lebens kein englisches und kein lateinisches Buch schreiben werde: und dies aus dem einen Grund, dessen mir peinliche Seltsamkeit mit ungeblendetem Blick dem vor Ihnen harmonisch ausgebreiteten Reiche der geistigen und leiblichen Erscheinungen an seiner Stelle einzuordnen ich Ihrer unendlichen geistigen Überlegenheit überlasse: nämlich weil die Sprache, in welcher nicht nur zu schreiben, sondern auch zu denken mir vielleicht gegeben wäre, weder die lateinische noch die englische noch die italienische und spanische ist, sondern eine Sprache, von deren Worten mir auch nicht eines bekannt ist, eine Sprache, in welcher die stummen Dinge zu mir sprechen, und in welcher ich vielleicht einst im Grabe vor einem unbekannten Richter mich verantworten werde.

Ich wollte, es wäre mir gegeben, in die letzten Worte dieses voraussichtlich letzten Briefes, den ich an Francis Bacon schreibe, alle die Liebe und Dankbarkeit, alle die ungemessene Bewunderung zusammenzupressen, die ich für den größten Wohltäter meines Geistes, für den ersten Engländer meiner Zeit im Herzen hege und darin hegen werde, bis der Tod es bersten macht.

A.D. 1603, diesen 22. August. Phi. Chandos

1. a) Beschreiben Sie mit eigenen Worten die Situation des Briefautors und die Folgen seiner „Krankheit“.
   b) Diskutieren Sie, welche Schwierigkeiten sich für Künstler und Dichter bei der Wahrnehmung und Verarbeitung von Wirklichkeit ergeben.
2. Untersuchen Sie die sprachliche Gestaltung des Textes:
   a) Welche Funktion haben die Vergleiche, Metaphern und Belegbeispiele, die Hofmannsthal verwendet?
   b) Erörtern Sie, aus welchem Grund Hofmannsthal die Briefform und einen fiktiven Sprecher des 17. Jahrhunderts für seinen Text wählt.
   c) Klären Sie die Paradoxie des „Briefes“.
3. Wie beurteilen Sie den Zusammenhang von Ding, Bedeutung und Wort vor dem Hintergrund der beiden Texte von Nietzsche und Hofmannsthal?

Hugo von Hofmannsthal

Franz Kafka: Die Welt als Parabel

Franz Kafka

Der Steuermann (1920)

„Bin ich nicht Steuermann?“, rief ich. „Du?“, fragte ein dunkler, hoch gewachsener Mann und strich sich mit der Hand über die Augen, als verscheuche er einen Traum. Ich war am Steuer gestanden in der dunklen Nacht, die schwach brennende Laterne über meinem Kopf, und nun war dieser Mann gekommen und wollte mich beiseite schieben. Und da ich nicht wich, setzte er mir den Fuß auf die Brust und trat mich langsam nieder, während ich noch immer an den Stäben des Steuerrades hing und beim Niederfallen es ganz herumriss. Da aber fasste es der Mann, brachte es in Ordnung, mich aber stieß er weg. Doch ich besann mich bald, lief zu der Luke, die in den Mannschaftsraum führte, und rief: „Mannschaft! Kameraden! Kommt schnell! Ein Fremder hat mich vom Steuer vertrieben!“ Langsam kamen sie, stiegen auf aus der Schiffstreppe, schwankende müde mächtige Gestalten. „Bin ich der Steuermann?“, fragte ich. Sie nickten, aber Blicke hatten sie nur für den Fremden, im Halbkreis standen sie um ihn herum, und, als er befehlend sagte: „Stört mich nicht“, sammelten sie sich, nickten mir zu und zogen wieder die Schiffstreppe hinab. Was ist das für Volk! Denken sie auch oder schlurfen sie nur sinnlos über die Erde?

Zeichnung von Franz Kafka

Franz Kafka

Gib’s auf! (1922)

Es war sehr früh am Morgen, die Straßen rein und leer, ich ging zum Bahnhof. Als ich eine Turmuhr mit meiner Uhr verglich, sah ich, dass es schon viel später war, als ich geglaubt hatte, ich musste mich sehr beeilen, der Schrecken über diese Entdeckung ließ mich im Weg unsicher werden, ich kannte mich in dieser Stadt noch nicht sehr gut aus, glücklicherweise war ein Schutzmann in der Nähe, ich lief zu ihm und fragte ihn atemlos nach dem Weg. Er lächelte und sagte: „Von mir willst du den Weg erfahren?“ „Ja“, sagte ich, „da ich ihn selbst nicht finden kann.“ „Gib’s auf, gib’s auf“, sagte er und wandte sich mit einem großen Schwunge ab, so wie Leute, die mit ihrem Lachen allein sein wollen.

Franz Kafka

Kleine Fabel (1920)

„Ach“, sagte die Maus, „die Welt wird enger mit jedem Tag. Zuerst war sie so breit, dass ich Angst hatte, ich lief weiter und war glücklich, dass ich endlich rechts und links in der Ferne Mauern sah, aber diese langen Mauern eilen so schnell aufeinander zu, dass ich schon im letzten Zimmer bin, und dort im Winkel steht die Falle, in die ich laufe.“ – „Du musst nur die Laufrichtung ändern“, sagte die Katze und fraß sie.

▷ S. 175 ff.

1. a) Untersuchen Sie die ▷ Parabeln im Hinblick auf Struktur, Figuren, sprachliche Gestaltung und Problemstellung.
   b) Deuten Sie die Parabeln: Übertragen Sie den metaphorischen Bereich der Texte (Bildteil) auf entsprechende allgemeine Sachverhalte (Sachteil).
2. a) Schreiben Sie eine Parabel mit dem Anfang: „Es war sehr früh am Morgen ... Ich ging zur Schule ...“
   b) Verfassen Sie eine Fabel mit dem Motiv der Maus aus der Sicht eines gläubigen Menschen.

4 Von der Literatur der Weimarer Republik bis zur Exilliteratur (1919–1945)

4.1 Die Literatur der Weimarer Republik (1919–1933)

Die Literatur der Weimarer Zeit literaturgeschichtlich darzustellen, scheint nahezu unmöglich. Die ideologische Zersplitterung der Gesellschaft und ihrer einzelnen Schichten und die damit verbundene unüberschaubare Vergrößerung des literarischen Marktes, der vielfältige Leseinteressen zu bedienen hatte, lässt den Traditionsstrom der Literatur sich noch weiter differenzieren, als es schon um die ▷ Jahrhundertwende der Fall war. Eine Übersicht lässt sich indessen gewinnen, wenn man von der **Polarität** ausgeht, die das politische und das geistige Leben in der Weimarer Republik beherrschte. Eine politische Linke, die in sich noch einmal gespalten war in die Verteidiger der parlamentarisch-repräsentativen Demokratie und die Anhänger eines basisdemokratischen Rätesystems, stand in permanenter Auseinandersetzung einer Rechten gegenüber, die ihre Ablehnung der demokratischen Verfassung offen bekundete. Von ihrer ideologischen Grundhaltung her war die Linke rationalistisch ausgerichtet und hatte ihre Wurzeln in der Aufklärung, während die Rechte einen Irrationalismus pflegte, der in der Romantik wurzelte. Von den konservativen Literaten wurde der gesamte westeuropäische Zivilisationsgedanke mit seinen Demokratievorstellungen als ein Weg abgelehnt, der mit deutschen Traditionen nicht zu vereinbaren sei. Kennzeichnend für die Zeit der Weimarer Republik ist, dass sich die beiden politisch-geistigen Richtungen in kompromissloser Radikalität bekämpften. Das von diesem Streit bestimmte öffentliche Leben führte zu einem Aufblühen der publizistischen **Gebrauchsliteratur.** Es war die hohe Zeit der Zeitschriften und Zeitungen (z. B. „Die Weltbühne" von CARL VON OSSIETZKY und KURT TUCHOLSKY oder „Die Fackel" von KARL KRAUS), wozu als neue Medien der Rundfunk und der Film kamen. Auch das Kabarett erlebte in diesen kulturell höchst bewegten Zeiten der „Roaring Twenties" seine erste Blütezeit.

▷ S. 343 ff.

Aufklärerische Absichten verfolgten die großen Gesellschaftsromane dieser Zeit, allen voran ALFRED DÖBLINS „Berlin Alexanderplatz". Das Bestreben dieser Romane, die Kräfte und Entwicklungen im Individuum und in der Gesellschaft aufzuzeichnen, ohne dabei tradierte Sinndeutungen und Wertsetzungen als verbindlich übernehmen zu können, machte ein von Reflexionen durchzogenes, subjektiv geprägtes Schreiben nötig. Der moderne Roman mit seinen komplexen, nicht leicht zu überblickenden Strukturen entfaltete sich in einer Reihe bedeutender, höchst eigenständiger Werke.

Ein großer Teil der Literatur war in Reaktion auf den ▷ Expressionismus von Nüchternheit und kühl-distanzierter Betrachtung der Wirklichkeit bestimmt. **Neue Sachlichkeit** war das Stichwort, mit dem diese Schreibweise bezeichnet wurde. Dazu gehört neben publizistischen Formen, z. B. der Reportage, auch die Gebrauchslyrik ERICH KÄSTNERS und BERTOLT BRECHTS.

▷ S. 356 ff.

Es gab indessen auch Versuche, den Expressionismus fortzusetzen und sein Verständnis von Sprache als frei verfügbarem Material, losgelöst von den Konventionen des Alltagsgebrauchs und den grammatischen Normen, ins Extrem voranzutreiben. Mit seinem Spiel der Sprachlaute, Wörter und Wortkombinationen begründete der **Dadaismus** eine Literaturrichtung, die bis heute in immer neuen Sprachkunstexperimenten und Lautgebilden ihre Fortsetzung gefunden hat.

Thematisch auffällig ist in der Literatur der Weimarer Republik neben der stärkeren Einbeziehung aktueller gesellschaftlich-politischer Inhalte die Verarbeitung des Krieges. Allerdings blieben die Texte, in denen der Krieg, seine Urheber und Nutznießer kritisch dargestellt wurden, in der Minderheit, obwohl sie zum Teil eine breite Wirkung erzielten, wie zum Beispiel ERICH MARIA REMARQUES „Im Westen nichts Neues".

Die beiden Pole des politischen und geistigen Lebens in der Weimarer Republik

Grundhaltung	aufklärerisch-rational ⟵⟶	irrational
Politische Orientierung	links: Verteidigung der demokratischen Republik oder Anstreben eines Rätesystems (Sozialismus)	rechts: antidemokratisch, gegen westliche Zivilisation, nationalistisch, elitär
Tradition	Aufklärung – Vormärz – Naturalismus	Romantik, Biedermeier, neuromantische Strömungen
literarische Strömungen und Beispiele	**Neue Sachlichkeit** Gebrauchslyrik von *Erich Kästner*, *Kurt Tucholsky* (1890–1935), *Bertolt Brecht*; *Erich Kästner* (1899–1974): Fabian (Roman) *Hans Fallada* (1893–1947): Kleiner Mann, was nun? (Roman) **Zeitroman** (Epochensichtung, Verarbeitung der Vergangenheit) *Thomas Mann* (1875–1955): Der Zauberberg *Hermann Hesse* (1877–1962): Der Steppenwolf *Robert Musil* (1880–1942): Der Mann ohne Eigenschaften *Alfred Döblin* (1878–1957): Berlin Alexanderplatz *Joseph Roth* (1894–1939): Radetzkymarsch *Heinrich Mann* (1871–1950): Der Untertan *Lion Feuchtwanger* (1884–1958): Die Geschwister Oppermann *Arnold Zweig* (1887–1968): Der Streit um den Sergeanten Grischa *Erich Maria Remarque* (1898–1970): Im Westen nichts Neues **Reportageliteratur** *Egon Erwin Kisch* (1885–1948): Der rasende Reporter; Hetzjagd durch die Zeit, Paradies Amerika **Kabarett, Satire** Songs, Sketches, Parodien von *Kurt Tucholsky*, *Erich Kästner*, *Frank Wedekind* (1864–1918) **Dadaismus** freies Spiel mit der Sprache als künstlerischem Material: Texte von *Kurt Schwitters* (1887–1948), *Hans Arp* (1886–1966), *Hugo Ball* (1886–1927) **episches Theater** *Bertolt Brecht* (1898–1956): Die Dreigroschenoper; Aufstieg und Fall der Stadt Mahagonny; Die heilige Johanna der Schlachthöfe **kritisches Volkstheater** *Ödön von Horváth* (1901–1938): Geschichten aus dem Wienerwald; Kasimir und Karoline *Marieluise Fleißer* (1901–1974): Fegefeuer in Ingolstadt **Arbeiterliteratur** Texte des „Bundes proletarisch-revolutionärer Schriftsteller“	**Ästhetizismus** Lyrik von *Stefan George* (1868–1933), *Gottfried Benn* (1886–1956), *Rudolf Alexander Schröder* (1878–1962), *Hans Carossa* (1878–1956) **Innerlichkeit** Naturlyrik von *Wilhelm Lehmann* (1882–1968), *Oskar Loerke* (1884–1941) **Heimatliteratur** Romane von *Ludwig Ganghofer* (1855–1920) **Kriegsverherrlichung** *Ernst Jünger* (1895–1998): In Stahlgewittern **völkische Literatur** Romane von *Hans Grimm*, *Will Vesper*, *Hans Friedrich Blunck*

Essayistische Reflexion: Geist und Macht

Heinrich Mann

Geist und Staat (1931)

Der Geist und der Staat sind die beiden alles umfassenden Großmächte, deren Verhältnis, falls es existiert, wir verstehen müssen. Erst dann werden wir die ihnen untergeordneten Teilkräfte miteinander vergleichen können. Dies sind auf der einen Seite die Künste und die Wissenschaften, auf der anderen die politischen Gewalten.

Wir nennen Geist die menschliche Fähigkeit, der Wahrheit nachzugehen ohne Rücksicht auf Nutzen oder Schaden und Gerechtigkeit zu erstreben sogar wider praktische Vernunft. Der Staat hingegen vertritt die Menschennatur gerade so weit, als sie Vorteil sucht und sich seinetwegen auch mit dem Schlechten abfindet.

Der Staat ist vom Zweck bestimmt. Zweckhaft Gesinnte, denen die Macht dazu gegeben war, haben ihn errichtet. Sogar die Gerechtigkeit des Staates ist zweckvoll. Sie wird keineswegs vom Streben nach Wahrheit und unbedingtem Gleichmaß bestimmt. Sie ist nicht sittlich im Sinn des geistigen Gewissens. Dieses wohnt weder in der ursprünglichen Gerechtigkeit des Staates noch in irgendeiner anderen seiner Funktionen. Sein Wesen selbst ist nicht Sittlichkeit, sondern der Nutzen.

Der Geist aber ist sittlich in sich selbst, und Sittlichkeit vollendet sich einzig in ihm. Außerhalb des Geistes, besonders in den Handlungen, kommt sie nicht endgültig vor.

Von den frühesten Zeiten bis heute hat jeder sittliche Fortschritt ungeheure Hindernisse zu überwinden gehabt, und gerade unsere Zeit kann sehen, dass selbst die erreichten niemals gesichert sind. Rückfälle ereignen sich, das von drei Jahrtausenden unermüdlich gezüchtete Gewissen kann wanken, könnte untergehen. In gewissen Augenblicken der Geschichte scheint es von neuem Problem zu werden, ob sittliches Handeln der Natur des Menschen überhaupt entspricht. Der Verdacht entsteht dann, sein eigentliches Gesetz sei die Gewalt – noch dazu ist es für sehr viele kein Verdacht, sondern ihre liebste Hoffnung.

Trotzdem lässt sich wohl sagen, dass in der Welt auch sittlich gehandelt wird. Religionen, Philosophien und mit den anderen Künsten die Dichtkunst sorgen seit besonders dreitausend Jahren dafür, dass die Gewissen nie völlig einschlafen. Sogar dem Staat muss nachgesagt werden, dass die menschlichen Gewissen, wenn sie zahlreich und stark werden, ihm zeitweilig Anstrengungen, die ihm sonst fern lägen, dennoch abgewinnen. Die Einrichtungen, die „sozial" heißen, sind nicht zuerst zum Nutzen des Staates, sondern als gerechte Sorge für Menschen, sie sind demnach sittlich gedacht. Mit ihren Feinden, den inneren wie den äußeren, verfahren einige Staaten milder, als sie durchaus müssten – selbst jetzt noch, wo Härte und Grausamkeit in der Welt wieder einmal zugenommen haben.

Alles dies kam nicht notwendig, nicht von selbst. Es kam, weil drei Jahrtausende hindurch der Geist sich behauptet hatte gegen die Wirklichkeit und ihren Staat, die ihn ihrer Natur nach nicht kennen. Da der Geist auch in den meisten einzelnen Menschen nur selten und zaghaft auftritt, um alsbald wieder zu verstummen, brauchte er von jeher eigene Stimmen, eine Menschenklasse, die nur ihm diente, nichts anerkannte neben dem Geist, nichts forderte als seine Sittlichkeit.

Dies sind die Priester, die Philosophen und die Dichter.

Es sind aber ebenso wohl alle Denkenden, alle Schaffenden, die um des Gedankens und des Werkes willen, nicht wegen ihres Nutzens und äußeren Vorteils das Leben bestehen. Sie geben ein Beispiel; und vielleicht ist das stumme Beispiel des Forschers oder Bildners stärker als unseres, die wir reden. Gewirkt haben wir alle, so lange Zeiten wir nun schon, ob Griechen, Christen oder Zweifler, das höhere Leben des Geistes verkünden und darstellen. Wir tun dies übrigens auch in unseren weltlichen Bildern.

Wir haben immer und zu allen Zeiten behauptet, das höchste, ja, das wahre Leben sei das des Geistes. Auf die Seele des Menschen komme es an, nicht auf die Taten des Staates. Alle Werke des Staates, seine Kriege, Geschäfte, Bauten, nannten wir gleichgültig neben den unseren – was nicht Überhebung war.

Thomas Mann

Es war nicht Überhebung, weil im Bewusstsein der Geistigen, aller Geistigen, ihr eigener Daseinsgrund entfernt und geschieden von dem des Staates lag. Dieser mochte sein Recht haben, sein Recht kam ihm von der zeitbedingten Menschenart. Sie wieder hatten das ihre, es gründete sich auf den Begriff des vollkommenen Menschen, etwas Ewiges, im Zeitlichen nie zu erreichen. Das Allgemeine, Ewige ist das Reich des Geistes, denn er will Wahrheit, Gerechtigkeit und den Menschen schlechthin. Was hätte er gemein mit dem Staat, der sterblich ist und der in Gerechtigkeit und Wahrheit nicht einmal einen Tag bestehen könnte.

Beziehungen zwischen Geist und Staat sind eigentlich undenkbar. Aber kann die Idee kein Verhältnis herstellen, die Wirklichkeit tut es. Praktisch haben sowohl die Kunst als auch die Religion und die Wissenschaft von jeher mit den politischen Mächten zu schaffen gehabt, immer fordernd, oft triumphierend, noch öfter leidend. Dies ist die herkömmliche Haltung der Geistigen, zu fordern, in ihren Forderungen entweder zu siegen oder zu unterliegen, dauernd aber im Gegensatz zu sein zu der politisch mächtigen Wirklichkeit. Von jenen Geistigen, die sich ihr unterwerfen, ist hier nicht die Rede, nur von den anderen.

Thomas Mann

Brief an den sozialdemokratischen preußischen Kultusminister Adolf Grimme (1933)

Sehr geehrter Herr Minister!

Es drängt mich, Ihnen noch einmal auszusprechen, wie leid es mir tut, dass mein augenblicklicher Gesundheitszustand mich zwingt, auf die Teilnahme an der für Sonntagvormittag angesetzten Kundgebung des Sozialistischen Kulturbundes zu verzichten. Sie wollten mir Gelegenheit geben, zu der Versammlung zu sprechen, und ich hatte mich darauf gefreut, das Bekenntnis zu erneuern, das ich vor zwei Jahren in einem schwierigen und kritischen Augenblick öffentlich und seitdem noch das eine und andere Mal abgelegt habe: das Bekenntnis zur sozialen Republik und zu der Überzeugung, dass der geistige Mensch bürgerlicher Herkunft heute auf die Seite des Arbeiters und der sozialen Demokratie gehört.

Als Mensch dieser Art empfinde ich tief das Falsche und Lebenswidrige einer Haltung, die auf die soziale, die politische und gesellschaftliche Sphäre hochmütig herabblickt und sie als zweiten Ranges bezeichnet im Verhältnis zu der Welt der Innerlichkeit, der Metaphysik, des Religiösen und so fort. Diese wertvergleichende Gegeneinanderstellung der persönlich-innerlichen Welt und der gesellschaftlichen, die Kontrastierung also von Metaphysik und Sozialismus, wobei dieser als unfromm, unheilig, materialistisch, als ein Wille zum Termitenglück hingestellt wird, ist heute nicht erlaubt. Es ist nicht erlaubt, in einer Welt, so widergöttlich und vernunftverlassen wie die unsere, dem Willen zum Besseren das Metaphysische, Innerliche und Religiöse als das Überlegene entgegenzustellen. Das Politische und Soziale ist ein Bereich des Humanen. Das humane Interesse, die humane Leidenschaft, das Gebundensein an das Problem des Menschen, die Sympathie mit seinem Los, dies Interesse und diese Leidenschaft umfassen beide Bereiche, den des Persönlich-Innerlichen sowohl wie die äußerliche Ordnung menschlichen Zusammenlebens.

Ich spreche als Künstler, und auch diese Form der Vertiefung ins Menschliche, die man Kunst nennt, ist eine Sache des humanen Interesses, der leidenschaftlichen Anteilnahme am Menschen. Die Kunst war ja immer und wird jederzeit sein das vollendete „Dritte Reich“, von dem große humane Geister geträumt haben und dessen Name heute so missbräuchlich geführt wird: die Einheit nämlich von Leiblichkeit und Geistigkeit, des Natürlichen und des Menschlichen. Was hat schöpferische Kunst je anderes getan, als die Natur mit Menschlichem zu durchdringen und aus ihr zu nehmen, was sie zu ihrer schöpferischen Steigerung des Lebens braucht? Kunst bestand immer in dieser Durchdringung und Vermenschlichung, das heißt Vergeistigung. Sie ist das Zünden des Geistes in der Materie, der natürliche Trieb zur Gestaltung und Vergeistigung des Lebens – denn auch solche Naturtriebe gibt es, man soll uns nicht einreden, es gebe nur finstere und zerstörende. Wo wäre der Künstler, der sich nicht in aller Naturverbundenheit, die zu seinem Wesen gehört, den geistigen Prinzipien der Ordnung, der Form, der Sinngebung verbunden fühlte und nicht den Trieb zur Durchgeistigung der Natur als seinen stärksten empfände!

Noch einmal, das Humane umschließt beide Welten, die innere und die äußere, und das Politisch-Soziale ist eines seiner Bereiche. Wir werden uns den Willen zu seiner Vermenschlichung und Vergeistigung, seiner Durchdringung mit Form und Vernunft, mit Freiheit und Gerechtigkeit nicht verleiden lassen durch den Vorwurf, eine solche Angelegenheit sei untergeordnet und ermangele des metaphysischen Sinnes, sie sei mit einem Wort bloßer Materialismus.

1. Analysieren Sie die essayistischen Texte von Heinrich und Thomas Mann:
   a) Notieren Sie Schlüsselbegriffe.
   b) Formulieren Sie die Kernthesen mit eigenen Worten.
   c) Untersuchen Sie die Argumentationsgänge in beiden Texten.
2. Nehmen Sie Stellung zu den von Heinrich und Thomas Mann aufgeworfenen Fragen aus heutiger Sicht.
3. ▷ **Referat/Facharbeit:** Die Familie Mann. Lebensläufe und Werke ▷ S. 19 ff., 36 f.

Neue Erzählweisen: Großstadt und Krieg

Alfred Döblin

Berlin Alexanderplatz
(1929)

Rumm rumm wuchtet vor Aschinger auf dem Alex[1] die Dampfframme. Sie ist ein Stock hoch, und die Schienen haut sie wie nichts in den Boden.

Eisige Luft, Februar. Die Menschen gehen in Mänteln. Wer einen Pelz hat, trägt ihn, wer keinen hat, trägt keinen. Die Weiber haben dünne Strümpfe und müssen frieren, aber es sieht hübsch aus. Die Penner haben sich vor der Kälte verkrochen. Wenn es warm ist, stecken sie wieder ihre Nasen raus. Inzwischen süffeln sie doppelte Ration Schnaps, aber was für welchen, man möchte nicht als Leiche drin schwimmen.

Rumm rumm haut die Dampfframme auf dem Alexanderplatz. Viele Menschen haben Zeit und gucken sich an, wie die Ramme haut. Ein Mann oben zieht immer eine Kette, dann pafft es oben, und ratz hat die Stange eins auf den Kopf. Da stehen die Männer und Frauen und besonders die Jungens und freuen sich, wie das geschmiert geht: ratz kriegt die Stange eins auf den Kopf. Nachher ist sie klein wie eine Fingerspitze, dann kriegt sie aber noch immer eins, da kann sie machen, was sie will. Zuletzt ist sie weg, Donnerwetter, die haben sie fein eingepökelt, man zieht befriedigt ab.

Alles ist mit Brettern belegt. Die Berolina stand vor Tietz[2], eine Hand ausgestreckt, war ein kolossales Weib, sie haben sie weggeschleppt. Vielleicht schmelzen sie sie ein und machen Medaillen draus.

1 **Aschinger auf dem Alex:** Café und Restaurant auf dem Alexanderplatz

2 **Berolina … vor Tietz:** Bronzestatue, die die Stadt Berlin verkörperte, vor dem Kaufhaus Tietz

Wie die Bienen sind sie über den Boden her. Die basteln und murksen zu Hunderten rum den ganzen Tag und die Nacht.
Ruller ruller fahren die Elektrischen, Gelbe mit Anhängern, über den holzbelegten Alexanderplatz, Abspringen ist gefährlich. Der Bahnhof ist breit freigelegt, Einbahnstraße nach der Königstraße an Wertheim vorbei. Wer nach dem Osten will, muss hinten rum am Präsidium vorbei durch die Klosterstraße. Die Züge rummeln vom Bahnhof nach der Jannowitzbrücke, die Lokomotive bläst oben Dampf ab, grade über dem Prälaten[3] steht sie, Schlossbräu, Eingang eine Ecke weiter.
Über den Damm, sie legen alles hin, die ganzen Häuser an der Stadtbahn legen sie hin, woher sie das Geld haben, die Stadt Berlin ist reich, und wir bezahlen die Steuern.
Loeser und Wolff mit dem Mosaikschild haben sie abgerissen, 20 Meter weiter steht er schon wieder auf, und drüben vor dem Bahnhof steht er nochmal. Loeser und Wolff, Berlin-Elbing, erstklassige Qualitäten in allen Geschmacksrichtungen, Brasil, Havanna, Mexiko, Kleine Trösterin, Liliput, Zigarre Nr. 8, das Stück 25 Pfennig, Winterballade, Packung mit 25 Stück, 20 Pfennig, Zigarillos Nr. 10, unsortiert, Sumatradecke, eine Spezialleistung in dieser Preislage, in Kisten zu hundert Stück, 10 Pfennig. Ich schlage alles, du schlägst alles, er schlägt alles mit Kisten zu 50 Stück und Kartonpackung zu 10 Stück, Versand nach allen Ländern der Erde, Boyero 25 Pfennig, diese Neuigkeit brachte uns viele Freunde, ich schlage alles, du schlägst lang hin.
Neben dem Prälaten ist Platz, da stehen die Wagen mit Bananen. Gebt euren Kindern Bananen. Die Banane ist die sauberste Frucht, da sie durch ihre Schale vor Insekten, Würmern sowie Bazillen geschützt ist. Ausgenommen sind solche Insekten, Würmer und Bazillen, die durch die Schale kommen. Geheimrat Czerny hat mit Nachdruck darauf hingewiesen, dass selbst Kinder in den ersten Lebensjahren. Ich zerschlage alles, du zerschlägst alles, er zerschlägt alles.
Wind gibt es massenhaft am Alex, an der Ecke von Tietz zieht es lausig. Es gibt Wind, der pustet zwischen die Häuser rein und auf die Baugruben. Man möchte sich in die Kneipen verstecken, aber wer kann das, das bläst durch die Hosentaschen, da merkst du, es geht was vor, es wird nicht gefackelt, man muss lustig sein bei dem Wetter. Frühmorgens kommen die Arbeiter angegondelt, von Reinickendorf, Neukölln, Weißensee. Kalt oder nicht kalt, Wind oder nicht Wind, Kaffeekanne her, pack die Stullen ein, wir müssen schuften, oben sitzen die Drohnen, die schlafen in ihre Federbetten und saugen uns aus.
Aschinger hat ein großes Café und Restaurant. Wer keinen Bauch hat, kann einen kriegen, wer einen hat, kann ihn beliebig vergrößern. Die Natur lässt sich nicht betrügen! Wer glaubt, aus entwertetem Weißmehl hergestellte Brote und Backwaren durch künstliche Zusätze verbessern zu können, der täuscht sich und die Verbraucher. Die Natur hat ihre Lebensgesetze und rächt jeden Missbrauch. Der erschütterte Gesundheitszustand fast aller Kulturvölker der Gegenwart hat seine Ursache im Genuss entwerteter und künstlich verfeinerter Nahrung. Feine Wurstwaren auch

3 **Prälat:** Gaststätte am Alexanderplatz

George Grosz: Friedrichstraße (1918)

außer dem Haus, Leberwurst und Blutwurst billig.
Das hochinteressante ‚Magazin' statt eine Mark bloß 20 Pfennig, die ‚Ehe' hochinteressant und pikant bloß 20 Pfennig. Der Ausrufer pafft Zigaretten, hat eine Schiffermütze auf, ich schlage alles.
Von Osten her, Weißensee, Lichtenberg, Friedrichshain, Frankfurter Allee, türmen die gelben Elektrischen auf den Platz durch die Landsberger Straße. Die 65 kommt vom Zentralviehhof, der Große Ring Weddingplatz, Luisenplatz, die 76 Hundekehle über Hubertusallee. An der Ecke Landsberger Straße haben sie Friedrich Hahn, ehemals Kaufhaus, ausverkauft, leer gemacht und werden es zu den Vätern versammeln. Da halten die Elektrischen und der Autobus 19 Turmstraße. Wo Jürgens war, das Papiergeschäft, haben sie das Haus abgerissen und dafür einen Bauzaun hingesetzt. Da sitzt ein alter Mann mit Arztwaage: Kontrollieren Sie Ihr Gewicht, 5 Pfennig. O liebe Brüder und Schwestern, die ihr über den Alex wimmelt, gönnt euch diesen Augenblick, seht durch die Lücke neben der Arztwaage auf diesen Schuttplatz, wo einmal Jürgens florierte, und da steht noch das Kaufhaus Hahn, leer gemacht, ausgeräumt und ausgeweidet, dass nur die roten Fetzen noch an den Schaufenstern kleben. Ein Müllhaufen liegt vor uns. Von Erde bist du gekommen, zu Erde sollst du wieder werden, wir haben gebauet ein herrliches Haus, nun geht hier kein Mensch weder rein noch raus. So ist kaputt Rom, Babylon, Ninive, Hannibal, Cäsar, alles kaputt, oh, denkt daran. Erstens habe ich dazu zu bemerken, dass man diese Städte jetzt wieder ausgräbt, wie die Abbildungen in der letzten Sonntagsausgabe zeigen, und zweitens haben diese Städte ihren Zweck erfüllt, und man kann nun wieder neue Städte bauen. Du jammerst doch nicht über deine alten Hosen, wenn sie morsch und kaputt sind, du kaufst neue, davon lebt die Welt.

Erich Maria Remarque

Im Westen nichts Neues (1929)

Trommelfeuer, Sperrfeuer, Gardinenfeuer, Minen, Gas, Tanks, Maschinengewehre, Handgranaten – Worte, Worte, aber sie umfassen das Grauen der Welt.
Unsere Gesichter sind verkrustet, unser Denken ist verwüstet, wir sind todmüde; – wenn der Angriff kommt, müssen manche mit den Fäusten geschlagen werden, damit sie erwachen und mitgehen; – die Augen sind entzündet, die Hände zerrissen, die Knie bluten, die Ellbogen sind zerschlagen.
Vergehen Wochen – Monate – Jahre? Es sind nur Tage. Wir sehen die Zeit neben uns schwinden in den farblosen Gesichtern der Sterbenden, wir löffeln Nahrung in uns hinein, wir laufen, wir werfen, wir schießen, wir töten, wir liegen herum, wir sind schwach und stumpf, und nur das hält uns, dass noch Schwächere, noch Stumpfere, noch Hilflosere da sind, die mit aufgerissenen Augen uns ansehen als Götter, die manchmal dem Tode entrinnen können.
In den wenigen Stunden der Ruhe unterweisen wir sie. „Da, siehst du den Wackeltopp? Das ist eine Mine, die kommt! Bleib liegen, sie geht drüben hin. Wenn sie aber so geht, dann reiß aus! Man kann vor ihr weglaufen."
Wir machen ihre Ohren scharf auf das heimtückische Surren der kleinen Dinger, die man kaum vernimmt, sie sollen sie aus dem Krach herauskennen wie Mückensummen; – wir bringen ihnen bei, dass sie gefährlicher sind als die großen, die man lange vorher hört. Wir zeigen ihnen, wie man sich vor Fliegern verbirgt, wie man den toten Mann macht, wenn man vom Angriff überrannt wird, wie man Handgranaten abziehen muss, damit sie eine halbe Sekunde vor dem Aufschlag explodieren; – wir lehren sie, vor Granaten mit Aufschlagzündern blitzschnell in Trichter zu fallen, wir machen vor, wie man mit einem Bündel Handgranaten einen Graben aufrollt, wir erklären den Unterschied in der Zündungsdauer zwischen den gegnerischen Handgranaten und unseren, wir machen sie auf den Ton der Gasgranaten aufmerksam und zeigen ihnen die Kniffe, die sie vor dem Tode retten können.
Sie hören zu, sie sind folgsam – aber wenn es wieder losgeht, machen sie es in der Aufregung meistens doch wieder falsch.
Haie Westhus wird mit abgerissenem Rücken fortgeschleppt; bei jedem Atemzug pulst die Lunge durch die Wunde. Ich kann ihm noch die Hand drücken; – „Is alle, Paul", stöhnt er und beißt sich vor Schmerz in die Arme.

Wir sehen Menschen leben, denen der Schädel fehlt; wir sehen Soldaten laufen, denen beide Füße weggefetzt sind; sie stolpern auf den splitternden Stümpfen bis zum nächsten Loch; ein Gefreiter kriecht fast einen Kilometer weit auf den Händen und schleppt die zerschmetterten Knie hinter sich her; ein anderer geht zur Verbandstelle, und über seine festhaltenden Hände quellen die Därme; wir sehen Leute ohne Mund, ohne Unterkiefer, ohne Gesicht; wir finden jemand, der mit den Zähnen die Schlagader seines Armes klemmt, um nicht zu verbluten, die Sonne geht auf, die Nacht kommt, die Granaten pfeifen, das Leben ist zu Ende.

Doch das Stückchen zerwühlter Erde, in dem wir liegen, ist gehalten gegen die Übermacht; nur wenige hundert Meter sind preisgegeben worden. Aber auf jeden Meter kommt ein Toter.

▷ S. 169 ff.

1. Analysieren Sie die beiden Romanauszüge von Döblin und Remarque unter den Aspekten: Thema, inhaltlicher Aufbau, ▷ **Erzählweise** und Intention und arbeiten Sie die Gemeinsamkeiten und Unterschiede heraus.
2. Informieren Sie sich in „Kindlers Literaturlexikon" oder in einem Romanführer über die beiden Romane.
3. Beide Romane sind verfilmt worden. Besorgen Sie sich die Verfilmungen in Landesbildstellen oder Videotheken und vergleichen Sie die Umsetzung der Inhalte und der Erzählweisen, die Sie in Ihrer Textanalyse herausgearbeitet haben, im Film. (▷ Kapitel B IV 3.2 „Verfilmung von Literatur", S. 468 ff.)

PROJEKTVORSCHLAG

Lassen Sie sich von Döblins Montage-Technik anregen, mit allen Kursmitgliedern einen Collage-Roman zu verfassen:

- Entwerfen Sie gemeinsam eine Story, die in Ihrer alltäglichen Umgebung spielt.
- Jede/r im Kurs übernimmt einen kurzen Abschnitt der Story und schreibt dazu im Stile Döblins ein Kapitel; dazu muss man sich an die entsprechenden Schauplätze begeben, alles, was man sieht und hört, möglichst genau notieren und ergänzen durch: Gedankenfetzen der Personen – Zitate aus Zeitungen, Lexika etc. – Reklameslogans – Bibelzitate – statistische Angaben – soziologische Untersuchungen – andere zur Montage geeignete Materialien.
- Die einzelnen Kapitel werden dann zusammengefügt und die Übergänge geglättet; schließlich brauchen Sie noch einen Titel für Ihren Roman.

Der journalistische Blick: Zeitkritik

Kurt Tucholsky

Staatsmorphium (1925)

Neulich mittag saß auf einer deutschen Anklagebank – also einem durchaus reputierlichen Ort – ein Ding, das der ziemlich guten Nachahmung eines Menschen glich. Es war ein ehemaliger Soldat.

Als der Stumpf noch ein Mensch war, hatte er während des Krieges derart schwere Verletzungen erlitten, daß die jahrelangen ununterbrochen anhaltenden Schmerzen nicht anders zu dämpfen waren als mit Morphium. Der Staat, der seinem entlaufenen Kaiser monatlich 50000 Mark zahlen kann, ungerechnet die Werte, die ER sich hat über die Grenze schieben lassen – der Staat hatte für das Bündel Schmerzen kein Geld, aber Morphium in natura. Der Mann bekam also, wie im Gerichtssaal angegeben wurde, „Staatsmorphium". Alle paar Tage ein paar Gramm.

Immer, wenn die Nerven dumpf aufheulen wollten, piekte die kleine Spritze in die schmutzige Haut, und dann legten sie sich wieder zu scheinbarer Ruhe. Wie hinter Watte tat es nur noch weh.

Sie hatten den Stumpf wegen Bettelei angeklagt, was gleichgültig ist, und der Staatsanwalt kam zu irgendeinem juristischen Resultat, die Einstellung des Verfahrens betreffend, was noch gleichgültiger ist. Verwaltungsmaßnahmen sind auch dann nicht der Nachprü-

fung wert, wenn sie sich Urteile nennen. Der Mensch ging im Dämmerzustand heraus. Er wußte gar nichts von sich. Er lebt ständig im Dusel: voll von Staatsmorphium.
Er ist nicht allein, sondern hat Kollegen: 60 Millionen. [R]

Kurt Tucholsky

Egon Erwin Kisch

Sing-Sing (1930)

Wir wissen nicht, warum das Gittertor, das von den Kanzleiräumen aus abwärts führt, goldgestrichen ist, wir treten ein durch das goldbestrichene Tor und sind starr vor Entsetzen. Schon allerhand haben wir gesehen, gelesen und gehört – aber das da! Das ist die Main Cell Hall, jetzt „Old Cellhouse“ genannt.
Man stelle sich einen rechtwinkligen Felsblock vor, etwa achtzig Meter lang, zehn Meter hoch, fünf Meter breit.
In diese achtzig Meter Seitenlänge sind vorne fünfundsiebzig Löcher gehackt und hinten auch fünfundsiebzig, obwohl der Block nur fünf Meter breit ist.
In die zehn Meter Höhe sind sechs Stockwerke gebohrt, jedes mit ungefähr zweimal fünfundsiebzig Höhlen.
Der Felsen ist kein natürlicher Felsen: Vor hundert Jahren wurde er aus grauem Stein aufgerichtet, solcherart, dass die Höhlungen frei blieben, nicht erst gehackt werden mussten.
Diese Arbeit leisteten Sträflinge, vielleicht Diebe, vielleicht Räuber, vielleicht Betrüger und vielleicht Meuchelmörder, an jener Stelle des Hudsonufers, wo einst die Sinck-Sinck-Indianer bestohlen, beraubt, betrogen und gemeuchelt worden waren von Menschen, die sich und ihren Nachkommen dadurch Reichtum, Macht, Ehre und Standesbewusstsein und vor allem das Recht errungen hatten, Verbrecher unnachsichtig zu strafen.
Die Sträflinge aber bauten für sich und ihre Nachkommen diese steinerne Wabe.
Drei Jahre arbeiteten sie, von 1825 bis zum Jahre 1828.
Fünfzig Jahre später, 1878, wurde der Bau als untauglich und gesundheitsschädlich erklärt, weil die Menschen in diesen Kerkerhöhlen unweigerlich an Lungenschwindsucht und Gicht zu Grunde gingen.
Nach weiteren fünfzig Jahren sind diese 930 feuchten, kalten, niedrigen, engen Steinlöcher noch im Gebrauch und 930 Menschen darin.
Manche für ein Jahr (Sing-Sings kürzeste Mieter) und viele für zehn Jahre, für fünfzehn, für Lebensdauer (Sing-Sing hat unter seinen 1730 Insassen nicht weniger als 128 Lebenslängliche, abgesehen von jenen, die jeweils im Totenhaus darauf warten, bis eine Partie Verurteilter beisammen ist und die Einschaltung des elektrischen Stromes sich lohnt …).
Die amtlichen Maße der Zellen lauten: 6 Fuß (180 cm) Höhe, an der Tür 18 Zoll (45 cm) und im Innern 3 Fuß (90 cm) Breite, 7 Fuß (210 cm) Länge.
Darin ist tagsüber ein Klappbett und ein Schemel, in der Nacht auch ein mit Exkrementen gefüllter Eimer und ein Mensch.
Das Kopfende des Bettes stößt an die Querwand, hinter der das Kopfende der jenseitigen Zelle ist, die Beine jedes Häftlings sind gegen die Tür gerichtet.
Eine gusseiserne Platte bildet die untere Hälfte der Tür, ein Gitter die obere. Diese Klapptür, von innen nicht zu öffnen, wird außerdem vom Gefängniswärter mit einem Schlüssel versperrt, und nachdem dies überall geschehen, senkt der Oberschließer noch eine Stahlstange herab, die sich als Riegel vor je fünfundsiebzig menschliche Obdache schiebt.

Benedikt Fred Dolbin: Egon Erwin Kisch (um 1939)

Auch waschen muss man sich auf dem Gang. Wo wäre denn in der Zelle Platz dazu?
Rings um den Zellenblock und über ihn ist ein Haus gestülpt. Der gemauerte Deckel ist größer als der Inhalt, und als Zwischenraum bleibt ein Korridor, auf dem die Wärter patrouillieren und die Gefangenen sich morgens in Reih und Glied stellen, um gemeinsam ihre Eimer zur Senkgrube zu tragen. […]
Hier, meine Herren, sehen Sie den berühmten Stuhl, der den Geist des Mittelalters mit der größten Erfindung der Neuzeit, der Elektrizität, vereinigt. Auf diesem Stuhl – bitte, Sie können ruhig darauf Platz nehmen, der Strom ist nicht eingeschaltet –, auf diesem Stuhl haben schon viele Männer und Frauen gesessen. […]
Über der Tür zum „Tanzsaal“ sehen Sie das Wort „Silence“. Es ist das einzige Wort, das in diesem Saal zu sehen ist, und es ist auch keines zu hören. Dort in den vier polierten Bankreihen sitzen die zwölf Zeugen, die großen goldglänzenden Spucknäpfe sind für den Fall da, dass einem der Zeugen zum Bewusstsein käme, er lebe im zwanzigsten Jahrhundert …
Die Elektrifizierungen finden hier um elf Uhr nachts statt, und zwar am Donnerstag, damit, wenn ein Zwischenfall sie verhindert, noch drei Tage übrig bleiben zur Vollstreckung des Gerichtsurteils: „… in der am Montag, dem …, beginnenden Woche vom Leben zum Tode zu bringen.“
Der Delinquent nimmt so auf dem Stuhle Platz, wie Sie jetzt dasitzen. Die Lederriemen sind daran befestigt, sie müssen nur noch über den Brustkorb, die Beine und die Arme des Mannes geschnallt werden, was kaum eine Minute dauert, da drei erfahrene Gefängniswärter am Werke sind. Ebenso schnell wird ein Kontakt auf seinem rechten Bein befestigt; ein zweiter legt sich, wenn man die in Salzwasser getauchte Ledermaske über sein Gesicht drückt, auf den heute geschorenen Hinterkopf.
Dann gibt unser Chefarzt, Dr. Sweet, dem Mann am Schalter das Zeichen. Der Mann am Schalter ist Mr. Robert Elliot aus Long Island. Der hat einen feinen Job – hundertfünfzig Dollar für jede Hinrichtung, für einen einzigen Griff am Hebel. Dabei ist er Executioner für mehrere Staaten. […]
Der Delinquent ist tot und wird in den Anatomiesaal geschafft, wo die Ärzte konstatieren, was aus einem lebendigen Menschen binnen zwei Minuten werden kann.
Daneben, meine Herren, ist die Leichenkammer mit sechs Regalen. Was diese kleine Kiste ist? Das ist ein Sarg. Die Verwandten des Hingerichteten können den Leichnam abholen; wenn sie es nicht tun, bestatten wir ihn in Ossining ohne Kreuz und ohne Namen.
Das ist alles, was in Sing-Sing sehenswert ist. Ich empfehle Ihnen, draußen noch einen Blick zu werfen auf den majestätischen Hudson, der mit funkelnden Opalen Fangball spielt, während drüben hinter den herrlichen Felsenpalisaden die Sonne untergeht, die Forste strahlen, alles Frieden und Freiheit atmet. Es ist eine Lust zu leben.

1. Bestimmen Sie die Textsorte für die beiden Texte von Kurt Tucholsky und Egon Erwin Kisch. Begründen Sie Ihre Zuordnung, indem Sie auf die den Text prägenden Merkmale und die Intentionen hinweisen.
2. a) Vergleichen Sie Kischs Text mit dem Romanauszug aus „Berlin Alexanderplatz“ von Döblin (▷ S. 371 ff.) im Hinblick auf die unterschiedlichen Arten der Wirklichkeitsdarstellung.
   b) Diskutieren Sie die Frage, ob bzw. inwiefern die beiden Texte heute noch Interesse wecken können und gelesen werden sollten.

Gebrauchslyrik: Sozialkritik

Erich Kästner

Kurt Schmidt, statt einer Ballade (1930)

Der Mann, von dem im weiteren Verlauf
die Rede ist, hieß Schmidt (Kurt Schm., komplett).
Er stand, nur sonntags nicht, früh 6 Uhr auf
und ging allabendlich Punkt 8 zu Bett.

10 Stunden lag er stumm und ohne Blick.
4 Stunden brauchte er für Fahrt und Essen.
9 Stunden stand er in der Glasfabrik.
1 Stündchen blieb für höhere Interessen.

Nur sonn- und feiertags schlief er sich satt.
Danach rasierte er sich, bis es brannte.
Dann tanzte er. In Sälen vor der Stadt.
Und fremde Fräuleins wurden rasch Bekannte.

Am Montag fing die nächste Strophe an.
Und war doch immerzu dasselbe Lied!
Ein Jahr starb ab. Ein andres Jahr begann.
Und was auch kam, nie kam ein Unterschied.

Um diese Zeit war Schmidt noch gut verpackt.
Er träumte nachts manchmal von fernen Ländern.
Um diese Zeit hielt Schmidt noch halbwegs Takt.
Und dachte: Morgen kann sich alles ändern.

Da schnitt er sich den Daumen von der Hand.
Ein Fräulein Brandt gebar ihm einen Sohn.
Das Kind ging ein. Trotz Pflege auf dem Land.
(Schmidt hatte 40 Mark als Wochenlohn.)

Die Zeit marschierte wie ein Grenadier.
In gleichem Schritt und Tritt. Und Schmidt lief mit.
Die Zeit verging. Und Schmidt verging mit ihr.
Er merkte eines Tages, dass er litt.

Er merkte, dass er nicht alleine stand.
Und dass er doch allein stand, bei Gefahren.
Und auf dem Globus, sah er, lag kein Land,
in dem die Schmidts nicht in der Mehrzahl waren.

So war's. Er hatte sich bis jetzt geirrt.
So war's, und es stand fest, dass es so blieb.
Und er begriff, dass es nie anders wird.
Und was er hoffte, rann ihm durch ein Sieb.

Der Mensch war auch bloß eine Art Gemüse,
das sich und dadurch andere ernährt.
Die Seele saß nicht in der Zirbeldrüse.
Falls sie vorhanden war, war sie nichts wert.

9 Stunden stand Schmidt schwitzend im Betrieb.
4 Stunden fuhr und aß er, müd und dumm.
10 Stunden lag er, ohne Blick und stumm.
Und in dem Stündchen, das ihm übrig blieb,
bracht er sich um.

Bertolt Brecht

Die Nachtlager (1931)

Ich höre, daß in New York
An der Ecke der 26. Straße und des Broadway
Während der Wintermonate jeden Abend ein Mann steht
Und den Obdachlosen, die sich ansammeln
Durch Bitten an Vorübergehende ein Nachtlager verschafft.

Die Welt wird dadurch nicht anders
Die Beziehungen zwischen den Menschen bessern sich nicht
Das Zeitalter der Ausbeutung wird dadurch nicht verkürzt
Aber einige Männer haben ein Nachtlager
Der Wind wird von ihnen eine Nacht lang abgehalten
Der ihnen zugedachte Schnee fällt auf die Straße.

Leg das Buch nicht nieder, der du das liesest, Mensch.

Einige Menschen haben ein Nachtlager
Der Wind wird von ihnen eine Nacht lang abgehalten
Der ihnen zugedachte Schnee fällt auf die Straße
Aber die Welt wird dadurch nicht anders
Die Beziehungen zwischen den Menschen bessern sich dadurch nicht
Das Zeitalter der Ausbeutung wird dadurch nicht verkürzt. R

1. a) Welche gesellschaftspolitische Grundhaltung spricht aus den beiden Gedichten von Brecht und Kästner?
   b) Beschreiben Sie die Form, den inhaltlichen Aufbau und die sprachliche Gestaltung der beiden Gedichte und entwickeln Sie von da aus Ihr Verständnis der Texte.
   c) Welches der Gedichte spricht Sie stärker an? Begründen Sie Ihr Urteil.
2. Sowohl Brechts als auch Kästners Gedicht hat man in ihrer Zeit einer so genannten „Gebrauchslyrik" zugeordnet. Wie verstehen Sie diesen Begriff? Können Sie ihn auf die beiden Gedichte anwenden?
3. Sammeln Sie, ausgehend von Gedichten Brechts und Kästners, weitere Beispiele von „Gebrauchslyrik", tragen Sie die Texte im Kurs vor und begründen Sie Ihre Auswahl.

4.2 Literatur im Dritten Reich (1933–1945)

Mit der so genannten „Machtergreifung" Hitlers 1933 änderte sich das Geistesleben in Deutschland grundlegend. Das nationalsozialistische Gleichschaltungsprogramm wurde sehr zügig auf die Medien und alle Künste angewandt. Meinungsfreiheit galt den neuen Machthabern als eine Gefahr, die sofort beseitigt werden musste. Das neu geschaffene Reichsministerium für Volksaufklärung und Propaganda kontrollierte in kürzester Zeit das gesamte Pressewesen, den Rundfunk, den Film und über die Unterabteilung der Reichsschrifttumskammer auch die Literatur. Willfährige Germanisten gingen daran, die Literaturgeschichte umzuschreiben: Die Klassiker wurden zu frühen Beispielen einer völkisch-national-antidemokratischen Traditionsbildung in Deutschland zurechtgelogen, der Jude Heinrich Heine, dessen bekanntes Lied von der Lorelei (▷ S. 299) kurzerhand zu einem Volkslied deklariert wurde, musste ebenso aus der Literaturgeschichte und aus den Regalen der Bibliotheken verschwinden wie der „verrückte" Franz
▷ S. 367 ff. Kafka. Die Werke der aufklärerisch-rationalen Literaturströmungen der ▷ Weimarer Republik wurden in einer als spontane Aktion des Volkszorns getarnten Bücherverbrennung am 10. Mai 1933 als unübersehbares Warnzeichen an ihre Autoren vernichtet. Diese flohen denn auch, wenn es nicht schon vorher geschehen war, ins Exil, sodass ein literarisches Leben, das diesen Namen verdient, in Deutschland weitgehend zum Erliegen kam. Zurück blieben unter dem Hakenkreuz die regimetreuen völkischen „Blut-und-Boden"-Schreiber und eine Reihe von Autoren, die sich als Vertreter einer so genannten **„inneren Emigration"** verstanden. Einige von ihnen blieben, weil sie anfangs dem Nationalsozialismus nicht rundum ablehnend gegenüberstanden (z. B. Gottfried Benn), andere, weil sie ihr Land aus unterschiedlichen Skrupeln und Überlegungen nicht verlassen wollten (z. B. Erich Kästner). Sie stellten ihre literarische Arbeit ein, wichen in politikferne Themen und Genres aus oder verschlüsselten ihre Botschaften des Nichteinverständnisses mit dem Regime so, dass die Zensur – aber häufig auch die Leser/innen – es nicht bemerkten.

Nationalsozialistische Literatur

Heinrich Anacker

Opfer (1939)

Fallen müssen viele
und in Nacht vergehn,
eh' am letzten Ziele
groß die Banner wehn.

Auch die übrig blieben,
tragen all ihr Mal
auf die Stirn geschrieben,
flammend' Notfanal.

Euch, die nach uns kommen,
hämmern wir es ein:
Was zum Glück soll frommen,
muss erblutet sein!

Bruno Brendel

12. September 1938 – Der Führer spricht …

Als seine Stimme durch den Äther schwang,
geschah's, dass unsre Herzen stille standen
und dass um uns die grauen Schatten schwanden
und dass ein Engel auf uns niedersprang

und über unsern Schmerz die ausgespannten
und starken Flügel hielt und dass der Klang,
der aus des Führers heißer Seele drang,
Altäre schuf, auf denen wir entbrannten

wie Heilige, in denen wunderbare,
inbrünstige Gebete sich vereinten.
Und als zu unsern Füßen all die Jahre,

in denen wir vor Leid zu sterben meinten,
erstanden, fand die jubelnde Fanfare
der Rettung neu Geborene, die weinten.

Arno Breker: Die Partei (um 1940)

Paul Jessen

Die heilige Pflicht (1942)

Treue oder Untreue, ich wusste rein gar nicht mehr, was daran recht war. Ich wusste nur so viel, dass ich so nicht ans Ende kam. Da fragte ich, was meine Pflicht sei. Und ob sie nicht auch zugleich deine Aufgabe sei. Und am Ende fand ich, wir seien nicht um unserer selbst willen da. Aber da war der Acker, der ist unsere Pflicht, weil er ewig ist; und da war unsere Sippe, die ist unsere andere Pflicht, weil sie ewig sein muss, um des ewigen Ackers willen. Sie hat ihren Schweiß darangegeben, die Sippe, dass dem Acker sein Recht wurde, und sie hat ihr Blut darangesetzt, dass ihm sein Schutz wurde. An diesen beiden Dingen zu werken, das musste unser Leben sein; ja!

Und ich fühlte, dass wir hinter dieser Verpflichtung mit unseren eigenen Wünschen und Süchten zurückzustehen hatten. […]

Wir werden nicht immer hier am Westwall liegen bleiben. Einmal wird der Tag kommen, da wird der Führer befehlen, und wir werden den Feind werfen, wo wir ihn treffen. Das weiß ich für gewiss. Das werden dann stolze Tage für uns und für das ganze Volk werden. Und auch die Trauer wird ihren Weg wieder in mannig ein Haus nehmen. Und auf etliche Höfe. Auch auf unseren?

Metta, du wirst dann wieder stark sein, wie ich dich ehedem sah. Und du wirst dann die Mutter mit ihren Kindern zu uns ins Haus holen, dass die Kinder darin groß werden. Es wird dann nach meinem Wunsch so werden, da du den Kindern nicht Mutter sein kannst, so musst du an ihnen meine Stelle einnehmen. Ziehe du sie groß, dass sie uns gleich werden in ihrem Denken und Tun. Was ich ihnen nicht mehr sein kann, das soll ihnen aus dir geschehen, dass sie hineinwachsen in die Kreyenreihe und ihren Schweiß an den Acker geben, wie wir es taten und die Väter und Mütter vor uns, aus der Ewigkeit her. In diesem Glauben kann ich stark werden, dass ich meine Pflicht erfülle für unser Volk […].

1. Untersuchen Sie diese Texte als Quellen für die nationalsozialistische Ideologie. Ziehen Sie auch Ihr Geschichtsbuch zu Rate.
2. Erörtern Sie die propagandistische Wirkung dieser Texte, indem Sie von der jeweiligen Zielgruppe ausgehen.

Innere Emigration

Georg Britting

Raubritter (1935)

Zwischen Kraut und grünen Stangen
Jungen Schilfes steht der Hecht,
Mit Unholdsaugen im Kopf, dem langen,
Der Herr der Fische und Wasserschlangen,
Mit Kiefern, gewaltig wie Eisenzangen,
Gestachelt die Flossen: Raubtiergeschlecht.

Unbeweglich, uralt, aus Metall,
Grünspanig von tausend Jahren.
Ein Steinwurf! Wasserspritzen und Schwall:
Er ist blitzend davongefahren.

Butterblume, Sumpfdotterblume, feurig,
gelblich rot,
Schaukelt auf den Wasserringen wie ein
Seeräuberboot.

Gottfried Benn

Einsamer nie – (1936)

Einsamer nie als im August:
Erfüllungsstunde – im Gelände
die roten und die goldenen Brände,
doch wo ist deiner Gärten Lust?

Die Seen hell, die Himmel weich,
die Äcker rein und glänzen leise,
doch wo sind Sieg und Siegsbeweise
aus dem von dir vertretenen Reich?

Wo alles sich durch Glück beweist
und tauscht den Blick und tauscht die Ringe
im Weingeruch, im Rausch der Dinge –:
dienst du dem Gegenglück, dem Geist.

Werner Bergengruen

Wandlung (1936)

Löse dich von Haus und Haft,
Eh der Herd verglimmt.
Denn zu Gottes Wanderschaft
Bist du vorbestimmt.

Raste stumm am falben Rain.
Laub ist braun gehäuft,
Da der graue Bitterwein
Aus der Wolke träuft.

Hufschlag hart am Straßenbord,
Wagenspur und Tritt
Löscht der blasse Regen fort
Und dich selber mit.

Namenloses Zeitenkind,
Baum im Wanderschuh!
Was am Prellstein hockt und sinnt,
Das bist nicht mehr du.

Gib dich der verborgnen Hand,
Die dich angerührt.
Hebe dich vom Grabenrand.
Geh. Du bist geführt.

Hermann Hesse

Leb wohl, Frau Welt (1944)

Es liegt die Welt in Scherben,
Einst liebten wir sie sehr,
Nun hat für uns das Sterben
Nicht viele Schrecken mehr.

Man soll die Welt nicht schmähen,
Sie ist so bunt und wild,
Uralte Zauber wehen
Noch immer um ihr Bild.

Wir wollen dankbar scheiden
Aus ihrem großen Spiel;
Sie gab uns Lust und Leiden,
Sie gab uns Liebe viel.

Leb wohl, Frau Welt, und schmücke
Dich wieder jung und glatt,
Wir sind von deinem Glücke
Und deinem Jammer satt. R

1. a) Untersuchen Sie, wie die Autoren der „inneren Emigration“ in ihren Gedichten das Verhältnis zur politischen Realität darstellen. Erörtern Sie mögliche Gründe dafür.
   b) Informieren Sie sich über die Biografie der Autoren und prüfen Sie, ob und in welcher Weise das Problem der „inneren Emigration“ reflektiert wird.
2. Untersuchen Sie die Gedichte im Hinblick auf Thematik, Motive, Perspektiven des Sprechers und lyrische Intention.

4.3 Exilliteratur (1933–1945)

Die **Exilliteratur** entwickelte unter den Bedingungen ihres so weit zerstreuten Erscheinungsgebietes ohne das muttersprachliche Zentrum, in das sie nur als Schmuggelware gelangen konnte, ein vielgestaltiges Erscheinungsbild. Gewiss fühlten sich die Autoren und Autorinnen durch den Abscheu gegenüber den Verhältnissen in Deutschland verbunden, dennoch blieben alle politisch-literarischen Sammlungsbewegungen im Kampf gegen den Nationalsozialismus Stückwerk. Zu verschieden waren die künstlerischen Temperamente und politischen Positionen. Einige der verbannten oder geflohenen Schriftsteller, die im Exil auf das Ende der Naziherrschaft warteten, vermochten den Lauf der Dinge nicht zu ertragen und nahmen sich das Leben (Kurt Tucholsky, Stefan Zweig). Anderen gelang es, unter den schwierigen, zum Teil lebensbedrohlichen Bedingungen des Emigrantendaseins ihr in der Weimarer Zeit oder auch schon früher begonnenes Lebenswerk fortzusetzen, sodass eine gewisse Kontinuität in der deutschen Literatur erhalten blieb.

Wichtige Autorinnen/Autoren und Werke

Thomas Mann (1875–1955): Joseph und seine Brüder; Doktor Faustus (Romane)
Bertolt Brecht (1898–1956): Furcht und Elend des Dritten Reiches; Leben des Galilei; Mutter Courage und ihre Kinder; Der gute Mensch von Sezuan; Herr Puntila und sein Knecht Matti; Der aufhaltsame Aufstieg des Arturo Ui; Schweyk im Zweiten Weltkrieg; Der kaukasische Kreidekreis (Theaterstücke); Gedichte
Anna Seghers (1900–1983): Das siebte Kreuz; Transit (Romane)
Klaus Mann (1906–1949): Mephisto; Der Vulkan (Romane)

Standpunkte

Klaus Mann

Brief an Gottfried Benn (1933)

Aus dem Exil in Südfrankreich schrieb Klaus Mann einen Brief an seinen Schriftstellerkollegen Gottfried Benn, der in Deutschland geblieben war und im Gegensatz zu so vielen anderen Künstlern nicht aus Protest gegen die Gleichschaltungspolitik der Nationalsozialisten im Bereich der Kultur aus der Preußischen Akademie der Künste ausgetreten war. Eine besondere Bedeutung erhält der Brief durch das denkwürdige Datum seiner Entstehung am 9. Mai 1933, einen Tag vor der Bücherverbrennung, die den Ungeist der neuen Machthaber besonders krass deutlich werden ließ.

Lieber und verehrter Herr Doktor *Benn*, erlauben Sie einem leidenschaftlichen und treuen Bewunderer Ihrer Schriften mit einer Frage zu Ihnen zu kommen, zu der ihn an sich nichts berechtigt als eben seine starke Anteilnahme an ihrer geistigen Existenz? Ich schreibe diese Zeilen nur in der Hoffnung, dass Sie mich als verständnisvollen Leser Ihrer Arbeiten etwas legitimiert finden, eine offene Frage an Sie zu richten. – In den letzten Wochen sind mir verschiedentlich Gerüchte über Ihre Stellungnahme gegenüber den „deutschen Ereig-

nissen“ zu Ohren gekommen, die mich bestürzt hätten, wenn ich mich hätte entschließen können, ihnen Glauben zu schenken. Das wollte ich keinesfalls tun. Eine gewisse Bestätigung erfahren diese Gerüchte durch die Tatsache, die mir bekannt wird, dass Sie – eigentlich als *einziger* deutscher Autor, mit dem unsereins gerechnet hatte – Ihren Austritt aus der Akademie *nicht* erklärt haben.
Da sind wir ja wohl beim entscheidenden Punkt. Wie gut habe ich Ihre Erbitterung gegen den Typus des „marxistischen“ deutschen Literaten (fatalster Vertreter: Kracauer[1]) immer verstanden, und wie sehr habe ich sie oft geteilt. Wie blöde und schlimm war es, wenn diese Herren in der Frankfurter Zeitung, im Börsencurier oder in ihren verschiednen Linkskurven[2] Dichtungen auf ihren soziologischen Gehalt hin prüften. Das war ja wirklich zum Kotzen, und niemand hatte mehr unter denen zu leiden als ich. Mit Beunruhigung aber verfolge ich schon seit Jahren, wie Sie, Gottfried Benn, sich aus Antipathie gegen diese aufgeblasenen Flachköpfe in einen immer grimmigeren *Irrationalismus* retteten. Diese Haltung blieb rein geistig und hatte für mich eine große Verführungskraft, wie ich gestehe – aber das hinderte nicht, dass ich ihre Gefahren spürte. Als ich unlängst in der „Weltbühne“ den Aufsatz über Sie und Ihre „Flucht zu den Schachtelhalmen“[3] las, konnte ich dem, der da gegen Sie polemisierte, beim besten Willen so ganz Unrecht nicht geben – ja: wenn ich genau nachdachte, fiel mir ein, dass ich eigentlich recht ähnliche Dinge ziemlich viel früher über Sie geschrieben hatte. Es scheint ja heute ein beinah zwangsläufiges Gesetz, dass eine zu starke Sympathie mit dem Irrationalen zur politischen Reaktion führt, wenn man nicht höllisch genau Acht gibt. Erst die große Gebärde gegen die „Zivilisation“ – eine Gebärde, die, wie ich weiß, den geistigen Menschen nur zu stark anzieht –; plötzlich ist man beim Kultus der Gewalt, und dann schon beim Adolf Hitler.
Ich habe zu Ihnen geredet, ohne dass Sie mich gefragt hatten; das ist ungehörig, ich muss noch einmal um Entschuldigung bitten. Aber Sie sollen wissen, dass Sie für mich – und einige andre – zu den sehr wenigen gehören, die wir keinesfalls an die „andre Seite“ verlieren möchten. Wer sich aber in dieser Stunde zweideutig verhält, wird für heute und immer nicht mehr zu uns gehören. Aber freilich müssen Sie ja wissen, was Sie für unsere Liebe eintauschen und welchen großen Ersatz man Ihnen drüben dafür bietet; wenn ich kein schlechter Prophet bin, wird es zuletzt Undank und Hohn sein. Denn, wenn einige Geister von Rang immer noch nicht wissen, wohin sie gehören –: die dort drüben wissen ja ganz genau, wer nicht zu ihnen gehört: nämlich der *Geist*.
Ich wäre Ihnen dankbar für jede Antwort.

Klaus Mann als Soldat der US Army 1944/45

Gottfried Benn antwortete Klaus Mann nicht persönlich, sondern in Form eines offenen Briefes an alle Emigranten in der „Allgemeinen deutschen Zeitung“ vom 25. Mai 1933. Darin spricht er den Exilschriftstellern die Berechtigung ab, „über die deutschen Vorgänge“ noch mitzureden, da sie ins Ausland geflohen seien und die nationale Bewegung nicht unmittelbar miterlebten. Schließlich bekennt er: „... ich erkläre mich ganz persönlich für den neuen Staat, weil es mein Volk ist, das sich hier seinen Weg bahnt.“

1 **Siegfried Kracauer** (1889–1966): Soziologe und Schriftsteller; Redakteur der „Frankfurter Zeitung“; Autor von kulturkritischen und filmtheoretischen Schriften, von Romanen und Erzählungen
2 Anspielung auf das publizistische Organ **„Die Linkskurve“** des „Bundes proletarisch-revolutionärer Schriftsteller Deutschlands“, gegründet 1928
3 Kritischer Artikel über Benns Wendung zu Ästhetizismus und Naturdichtung

Oskar Maria Graf

Verbrennt mich! (1933)

Der bayerische Schriftsteller Oskar Maria Graf erfuhr bei einem Aufenthalt in Wien davon, dass die Nationalsozialisten ihn bei ihrer Bücherverbrennungsaktion auf die „weiße Liste" empfehlenswerter Bücher gesetzt hatten, wohl weil sie ihn für einen politisch unbedenklichen Heimatdichter hielten. Am 12. Mai 1933 protestierte Graf dagegen mit seinem Aufruf „Verbrennt mich!", der in vielen ausländischen Zeitungen abgedruckt wurde. In einer Sonderaktion wurden daraufhin seine Bücher in München verbrannt, ihr Autor wurde ausgebürgert und ging wie so viele seiner Kollegen ins amerikanische Exil.

Wie fast alle linksgerichteten, entschieden sozialistischen Geistigen in Deutschland habe auch ich etliche Segnungen des neuen Regimes zu spüren bekommen: Während meiner zufälligen Abwesenheit aus München erschien die Polizei in meiner dortigen Wohnung, um mich zu verhaften. Sie beschlagnahmte einen großen Teil unwiederbringlicher Manuskripte, mühsam zusammengetragenes Quellenstudienmaterial, meine sämtlichen Geschäftspapiere und einen großen Teil meiner Bücher. Das alles harrt nun der wahrscheinlichen Verbrennung. Ich habe also mein Heim, meine Arbeit und – was vielleicht am schlimmsten ist – die heimatliche Erde verlassen müssen, um dem Konzentrationslager zu entgehen.

Die schönste Überraschung aber ist mir erst jetzt zuteil geworden: Laut „Berliner Börsencourier" stehe ich auf der „weißen Autorenliste" des neuen Deutschlands und alle meine Bücher, mit Ausnahme meines Hauptwerkes „Wir sind Gefangene", werden empfohlen! Ich bin also dazu berufen, einer der Exponenten des „neuen" deutschen Geistes zu sein!

Vergebens frage ich mich: Womit habe ich diese Schmach verdient?

Das „Dritte Reich" hat fast das ganze deutsche Schrifttum von Bedeutung ausgestoßen, hat sich losgesagt von der wirklichen deutschen Dichtung, hat die größte Zahl ihrer wesentlichsten Schriftsteller ins Exil gejagt, und das Erscheinen ihrer Werke in Deutschland unmöglich gemacht. Die Ahnungslosigkeit einiger wichtigtuerischer Konjunkturschreiber und der hemmungslose Vandalismus der augenblicklich herrschenden Gewalthaber versuchen all das, was von unserer Dichtung und Kunst Weltgeltung hat, auszurotten, und den Begriff „deutsch" durch engstirnigsten Nationalismus zu ersetzen. Ein Nationalismus, auf dessen Eingebung selbst die geringste freiheitliche Regung unterdrückt wird, ein Nationalismus, auf dessen Befehl alle meine aufrechten sozialistischen Freunde verfolgt, eingekerkert, gefoltert, ermordet oder aus Verzweiflung in den Freitod getrieben werden!

Und die Vertreter dieses barbarischen Nationalismus, der mit Deutschsein nichts, aber auch rein gar nichts zu tun hat, unterstehen sich, mich als einen ihrer „Geistigen" zu beanspruchen, mich auf ihre so genannte „weiße Liste" zu setzen, die vor dem Weltgewissen nur eine *schwarze* Liste sein kann!

Diese Unehre habe ich nicht verdient!

Nach meinem ganzen Leben und nach meinem ganzen Schreiben habe ich das Recht, zu verlangen, dass meine Bücher der reinen Flamme des Scheiterhaufens überantwortet werden und nicht in die blutigen Hände und die verdorbenen Hirne der braunen Mordbanden gelangen.

Verbrennt die Werke des deutschen Geistes! Er selber wird unauslöschlich sein, wie eure Schmach!

Oskar Maria Graf

1. Beschreiben Sie die Standpunkte der Schriftsteller Klaus Mann, Gottfried Benn und Oskar Maria Graf, soweit sie aus den Texten bzw. Zitaten erkennbar werden.
2. Formulieren Sie die Intentionen der beiden Texte Manns und Grafs und zeichnen Sie den Argumentationsaufbau nach.
3. Informieren Sie sich über den weiteren Werdegang Gottfried Benns und finden Sie heraus, ob Klaus Manns prophetische Warnung in Erfüllung ging.
4. Informieren Sie sich über die Schicksale von Klaus Mann und Oskar Maria Graf und verfassen Sie für die beiden Schriftsteller einen Gedenkartikel.

Das Leben im Exil

Klaus Mann

Der Wendepunkt (1942)

Klaus Mann lebte seit 1936 als Journalist in den USA. Dort schrieb er 1942 die Autobiografie „The Turning Point", die 1952 auf Deutsch unter dem Titel „Der Wendepunkt" erschien. Darin arbeitete er seine Emigrantenerfahrungen auf.

Manchmal träumte man, dass man in Deutschland sei, es war grauenhaft. Früher hatte man sich wohl im Traume nackt auf einen belebten Boulevard verirrt oder war in großem Kostüm auf eine Bühne getreten, um eine Rolle zu spielen, von der man kein Wort wusste, lauter Situationen von unleugbarer Peinlichkeit. Aber der neue Alp, der Emigranten-Angsttraum, war unvergleichlich ärger.

Es fing harmlos an. Man schlenderte eine Straße entlang, deren Aussehen bekannt anmutete, zu bekannt, wie einem allmählich klar wurde, bekannt auf eine bedrohliche, schaurig-intime Art. Es war eine deutsche Straße, man befand sich in München oder in Berlin: daher die Bangigkeit, die wachsende Beklemmung. Wie komme ich hierher? Was habe ich hier zu suchen? Und wie komme ich fort von hier? Während man sich dies fragte, versuchte man, möglichst unbekümmert zu erscheinen, ein sorgloser Passant, der das heitere Treiben auf dem Kurfürstendamm oder der Theatinerstraße genießt: Aber was nützt die nonchalante[1] Pose? Du bist erkannt, immer drohender werden die Blicke, mit denen die Vorübergehenden dich mustern. Plötzlich erinnerst du dich, dass du eine der verbotenen Zeitschriften sichtbar unter dem Arm trägst, ein Exemplar der „Neuen Weltbühne" oder des „Neuen Tagebuchs". Du möchtest dich der kompromittierenden Druckschrift entledigen, sie unbemerkt zu Boden gleiten oder doch mindestens in deiner Tasche verschwinden lassen: aber es ist zu spät: Du bist erkannt. Gibt es kein Entrinnen? Nein: denn nicht nur die Menschen sind gegen dich, auch die Häuser, das Pflaster, der feindlich verhüllte Himmel. Magst du immerhin rennen! Die Straße ist lang, du erreichst ihr Ende nicht, und selbst wenn du bis zum Ende der Straße kämest, die Häscher griffen dich, sie sind überall. Du rennst trotzdem, blind vor Angst, in keuchender Panik, ziellos, hoffnungslos. Die infernalische[2] Straße lässt dich rennen, zappeln, springen, da sie weiß, dass du rennst zwischen Mauern, Fahnen, Menschenmassen, die sich immer näher an dich drängen, immer gefährlicher um dich schließen: du rennst – bis du schweißgebadet erwachst.

Dieser sehr schlimme Traum kam häufig vor in Emigrantenkreisen. Es gab Zeiten, in denen ich diesen sehr schlimmen Traum beinahe jede Nacht träumen musste.

Deutschland, entfremdete, entstellte, grässlich gewordene Heimat, die wir nur im Alptraum schauen durften! Die Reichsgrenzen wurden zu einem feurigen Ring, hinter dem es nur die Vernichtung gab.

1 **nonchalant:** lässig

2 **infernalisch:** höllisch

Lion Feuchtwanger

Der Schriftsteller im Exil (1943)

Der Schriftsteller, der den Leserkreis seines eigenen Landes verliert, verliert mit ihm sehr häufig das Zentrum seiner wirtschaftlichen Existenz. Sehr viele Schriftsteller, die in ihrem eigenen Lande marktfähig waren, sind trotz höchster Begabung im Ausland nicht verkaufbar, sei es, weil ihr Wert vor allem im Sprachlichen liegt und dieses Sprachliche nicht übertragbar ist, sei es, weil ihre Stoffe den ausländischen Leser nicht interessieren. Den gut gemeinten Anregungen mancher Verleger, Konzessionen an den Geschmack des ausländischen Publikums zu machen, können und wollen viele exilierte Schriftsteller nicht nachkommen. Es ist erstaunlich, wie viele Autoren, deren Leistungen die ganze Welt anerkannt hat, jetzt im Exil trotz ernsthaftester Bemühungen völlig hilf- und mittellos dastehen.

Dazu kommt, dass viele Schriftsteller mehr als andere Exilanten leiden unter den läppischen kleinen Miseren, aus denen der Alltag des Exils sich zusammensetzt. Es ist keine große

Sache, in einem Hotel wohnen zu müssen und auf Schritt und Tritt bürokratischen Weisungen unterworfen zu sein. Aber einen weit gespannten Roman in einem Hotelzimmer zu schreiben ist nicht jedem Schriftsteller gegeben, es reißt an den Nerven; es reißt doppelt an den Nerven, wenn der Autor nicht weiß, ob er morgen noch dieses Hotelzimmer wird zahlen können, wenn seine Kinder ihn um Essen bitten und wenn die Polizei ihm mitteilt, dass binnen drei Tagen seine Aufenthaltsbewilligung abgelaufen ist.

Die Leiden der Verbannung sind nur in seltenen Augenblicken heroisch, sie bestehen zumeist in kleinen, albernen Misslichkeiten, denen sehr oft etwas leise Lächerliches anhaftet. Aber die Überwindung dieser kleinen äußeren Schwierigkeiten kostet im günstigsten Fall viel Zeit und Geld. Von mir zum Beispiel verlangte man in verschiedenen Ländern, ich solle Papiere beibringen, die ich als Flüchtling nicht haben konnte, ich solle mit Dokumenten aus meiner Heimat nachweisen, dass ich ich bin, dass ich geboren bin und dass ich Schriftsteller bin. Ich übertreibe nicht, wenn ich konstatiere, dass die Bemühungen, dies nachzuweisen, mich ebenso viel Zeit gekostet haben wie das Schreiben eines Romanes.

Die ökonomischen Schwierigkeiten und der aufreibende Kampf mit Nichtigkeiten, die nicht aufhören, sind das äußere Kennzeichen des Exils. Viele Schriftsteller sind davon zermürbt worden. Viele zogen den Selbstmord dem tragikomischen Leben im Exil vor.

Wer Glück hat, wer um all das herumkommt, der sieht sich bei seiner Arbeit inneren Schwierigkeiten gegenüber, von denen er sich in der Heimat nichts träumen ließ.

Da ist zunächst die bittere Erfahrung, abgespalten zu sein vom lebendigen Strom der Muttersprache. Die Sprache ändert sich von Jahr zu Jahr. In den zehn oder elf Jahren unseres Exils ist das Leben sehr schnell weitergegangen, es hat für tausend neue Erscheinungen tausend neue Worte und Klänge verlangt. Wir hören die neuen Worte für diese neuen Erscheinungen zuerst in der fremden Sprache. Immer und für alles haben wir den Klang der fremden Sprache im Ohr, ihre Zeichen dringen täglich, stündlich auf uns ein, sie knabbern an unserem eigenen Ausdrucksvermögen. Einem jeden unter uns kommt es vor, dass sich manchmal das fremde Wort, der fremde Tonfall an die oberste Stelle drängt.

Einige von uns haben es mit einigem Erfolg versucht, in der fremden Sprache zu schreiben: Wirklich geglückt ist es keinem. Es kann keinem glücken. Gewiss, man kann lernen, sich in einer fremden Sprache auszudrücken; die letzten Gefühlswerte des fremden Tonfalls lernen kann man nicht. In einer fremden Sprache dichten, in einer fremden Sprache gestalten kann man nicht. Einen Barbaren nannten die Griechen und Römer jeden, der sich nicht in ihrer Sprache ausdrücken konnte. Der Dichter Ovid, zu solchen Barbaren verbannt, hat in ihrer barbarischen Sprache gedichtet und wurde von ihnen hoch geehrt. Dennoch hat er geklagt: „Hier bin ich der Barbar, denn keiner versteht mich."

Seltsam ist es, zu erfahren, wie die Wirkung unserer Werke nicht ausgeht von der Fassung, in welcher wir sie geschrieben, sondern von einer Übersetzung. Der Widerhall, den wir hören, ist nicht der Widerhall des eigenen Worts. Denn auch die beste Übersetzung bleibt ein Fremdes. Da haben wir etwa um einen Satz, um ein Wort gerungen und nach langem Suchen haben wir den Satz, das Wort gefunden, die glückliche Wendung, die sich unserem Gedanken und Gefühl bis ins Letzte anschmiegte. Und nun ist da das übersetzte Wort, der übersetzte Satz. Er stimmt, es ist alles richtig, aber der Duft ist fort, das Leben ist fort. Sehr häufig verhält sich der übersetzte Satz zu dem unseren wie eine Übertragung der Bibel in Basic English zum Worte des Herren. Allmählich, ob wir es wollen oder nicht, werden wir selber verändert von der neuen Umwelt und mit uns verändert sich alles, was wir schaffen.

1. Tauschen Sie sich darüber aus, was Sie an Klaus Manns und Lion Feuchtwangers Schilderungen des Lebens im Exil am meisten berührt.
2. Suchen Sie in Tagebüchern, Briefen oder Werken emigrierter Autorinnen und Autoren weitere Äußerungen über den Alltag im Exil und stellen Sie diese in Form einer Wandzeitung zusammen.

▷ S. 19 ff., 36 f. 3. ▷ **Facharbeit/Referat:** Wie der Hinweis auf den lateinischen Dichter Ovid in Feuchtwangers Text zeigt, ist das Exil im Laufe der Geschichte immer wieder zum Schicksal von Schriftstellern geworden. Berichten Sie anhand ausgewählter Beispiele über exilierte Autorinnen und Autoren vom Altertum bis heute.

Gedichte im Exil

Bertolt Brecht

Schlechte Zeit für Lyrik (1939)

Ich weiß doch: nur der Glückliche
Ist beliebt. Seine Stimme
Hört man gern. Sein Gesicht ist schön.

Der verkrüppelte Baum im Hof
Zeigt auf den schlechten Boden, aber
Die Vorübergehenden schimpfen ihn einen Krüppel
Doch mit Recht.

Die grünen Boote und die lustigen Segel des Sundes[1]
Sehe ich nicht. Von allem
Sehe ich nur der Fischer rissiges Garnnetz.
Warum rede ich nur davon
Daß die vierzigjährige Häuslerin[2] gekrümmt geht?
Die Brüste der Mädchen
Sind warm wie ehedem.

In meinem Lied ein Reim
Käme mir fast vor wie Übermut.

In mir streiten sich
Die Begeisterung über den blühenden Apfelbaum
Und das Entsetzen über die Reden des Anstreichers.[3]
Aber nur das zweite
Drängt mich zum Schreibtisch. R

1 **Sund:** Meerenge in Dänemark, das Land der ersten Exilstation Brechts
2 **Häuslerin:** Dorfbewohnerin, die ein kleines Haus, aber kein eigenes Feld besitzt, sodass sie Lohnarbeit leisten muss
3 **Anstreicher:** spöttische Bezeichnung Brechts für den gescheiterten Kunstmaler Hitler, die Brecht in dieser Zeit in seinen Texten immer wieder benutzte

Carl Zuckmayer

Elegie von Abschied und Wiederkehr (1939)

Ich weiß, ich werde alles wiedersehn.
Und es wird alles ganz verwandelt sein,
Ich werde durch erloschne Städte gehn,
Darin kein Stein mehr auf dem andern Stein –
Und selbst wo noch die alten Steine stehen,
Sind es nicht mehr die altvertrauten Gassen –
Ich weiß, ich werde alles wiedersehen.
Und nichts mehr finden, was ich einst verlassen.

Der breite Strom wird noch zum Abend gleiten.
Auch wird der Wind noch durch die Weiden gehn,
Die unberührt in sinkenden Gezeiten
Die stumme Totenwacht am Ufer stehn.
Ein Schatten wird an unsrer Seite schreiten
Und tiefste Nacht um unsre Schläfen wehn –
Dann mag erschauernd in den Morgen reiten,
Wer lebend schon sein eignes Grab gesehn.

Ich weiß, ich werde zögernd wiederkehren,
Wenn kein Verlangen mehr die Schritte treibt.
Entseelt ist unsres Herzens Heimbegehren,
Und was wir brennend suchten, liegt entleibt.
Leid wird zu Flammen, die sich selbst verzehren,
Und nur ein kühler Flug von Asche bleibt –
Bis die Erinnrung über dunklen Meeren
Ihr ewig Zeichen in den Himmel schreibt.

(Geschrieben in Amerika, Herbst 1939)

Walter Mehring

Der Emigrantenchoral (1934)

Werft
eure Herzen über alle Grenzen,
Und wo ein Blick grüßt, werft die Anker aus!
Zählt auf der Wandrung nicht nach Monden,
Wintern, Lenzen –
Starb eine Welt – ihr sollt sie nicht bekränzen!

Schärft
das euch ein und sagt: Wir sind zu Haus!
Baut euch ein Nest!
Vergesst – vergesst
Was man euch aberkannt und euch gestohln!
Kommt ihr von Isar, Spree und Waterkant:
Was gibt's da heut zu holn?
Die ganze Heimat
Und das bisschen Vaterland
Die trägt der Emigrant
Von Mensch zu Mensch – von Ort zu Ort
An seinen Sohl'n, in seinem Sacktuch
mit sich fort.

Tarnt
euch mit Scheuklappen – mit Mönchskapuzen:
Ihr werdt euch doch die Schädel drunter beuln!
Ihr seid gewarnt: Das Schicksal lässt sich da nicht uzen –
Wir wolln uns lieber mit Hyänen duzen
Als drüben mit den Volksgenossen heuln!
Wo ihr auch seid:
Das gleiche Leid
Auf 'ner Wildwestfarm – einem Nest in Poln
Die Stadt, der Strand, von denen ihr verbannt:
Was gibt's da noch zu holn?
Die ganze Heimat
Und das bisschen Vaterland
Die trägt der Emigrant
Von Mensch zu Mensch – von Ort zu Ort
An seinen Sohl'n, in seinem Sacktuch mit sich fort.

Werft
eure Hoffnung über neue Grenzen –
Reißt euch die alte aus wie 'n hohlen Zahn!
Es ist nicht alles Gold, wo Uniformen
glänzen!
Solln sie verleumden – sich vor Wut
besprenzen–
Sie spucken Hass in einen Ozean!
Lasst sie allein
Beim Rachespein
Bis sie erbrechen, was sie euch gestohln
Das Haus, den Acker – Berg und Waterkant.
Der Teufel mag sie holn!
Die ganze Heimat
Und das bisschen Vaterland
Die trägt der Emigrant
Von Mensch zu Mensch – landauf
landab
Und wenn sein Lebensvisum abläuft
mit ins Grab.

1. Vergleichen Sie die Gedichte von Brecht, Mehring und Zuckmayer im Hinblick auf die Thematik, die perspektivische Darstellung, die formale Gestaltung und die zu Grunde liegende Intention.
2. Diskutieren Sie am Beispiel der drei Gedichte die Beziehung von Autor, lyrischem Ich und Adressat.

5 Literatur nach 1945

5.1 Literatur im geteilten Deutschland

Das Kriegsende 1945 markiert einen tiefen Einschnitt in der deutschen Geschichte. Das in Besatzungszonen aufgeteilte Deutschland stand vor der Aufgabe, in Auseinandersetzung mit der Schuld an Krieg und Völkermord einen politisch-gesellschaftlich-kulturellen Neuanfang zu finden. Dennoch bedeutete dieses Jahr 1945 keine „Stunde Null“, wie sie damals zum Teil proklamiert wurde. In allen Bereichen wurde auf Traditionen zurückgegriffen, die vor, aber auch während der nationalsozialistischen Herrschaft existiert hatten. Dabei sahen die Traditionsbezüge in den westlichen Zonen und in der Ostzone unter dem Einfluss der jeweiligen Besatzungsmächte ganz unterschiedlich aus. Im Rahmen des nun zwischen den Siegermächten ausbrechenden „Kalten Krieges“ wurde Deutschland in zwei Staaten, östlich und westlich des „Eisernen Vorhangs“, geteilt. Die anfänglichen Bemühungen der Schriftsteller, z. B. durch einen gesamtdeutschen Schriftstellerkongress 1947, die kulturelle und darüber auch die staatliche Einheit zu bewahren, scheiterten an den ideologischen Gegensätzen. Mit den beiden Staaten entwickelten sich auch zwei deutsche Literaturen, zwischen denen es jedoch mancherlei Bezüge und Verbindungen gab. Die nachfolgende Übersicht versucht die wichtigen Entwicklungsphasen und Tendenzen beider Literaturen aufzuzeigen.

ÜBERGREIFENDE ARBEITSVORSCHLÄGE

1. a) Verschaffen Sie sich einen Überblick über das gesamte Kapitel B III 5.1: „Literatur im geteilten Deutschland“. Bilden Sie dann Textgruppen, die Sie zu Vergleichen reizen; sei es, weil Sie Parallelen entdeckt haben, sei es, weil Ihnen Gegensätze aufgefallen sind.
   b) Diskutieren Sie die Frage, ob man auf Grund Ihrer Leseerfahrungen und Textvergleiche von zwei deutschen Literaturen sprechen kann.
2. **Fächerverbindender Projektvorschlag Deutsch – Geschichte**:
   Legen Sie Querschnitte durch die Zeit von 1945 bis 1989 an, wobei Sie sich auf ein Jahr oder einen kurzen Zeitblock von zwei bis fünf Jahren verständigen. Erstellen Sie dann Ost-West-Zeitbilder in Form von großen Wandzeitungen, in denen Sie die historisch wichtigen Ereignisse und Entwicklungstendenzen in Schrift und Bild dokumentieren, um sie dann mit literarischen Texten derselben Zeit zu kombinieren.

Die Literatur in der Bundesrepublik	**Zeitleiste**	**Die Literatur in der Deutschen Demokratischen Republik**
Die Nachkriegsliteratur Autoren der „inneren Emigration“ (z. B. Gottfried Benn) werden gegenüber den Exilautoren bevorzugt; Kahlschlag- und Trümmerliteratur: Kurzgeschichten (Wolfgang Borchert, Heinrich Böll); Gründung der Gruppe 47	1945	**Auseinandersetzung mit dem Faschismus, Festlegung der neuen Aufgabe der Literatur** Maßgebliche Beeinflussung der Literatur durch die in den Osten zurückkehrenden Emigranten, u. a. Bertolt Brecht, Anna Seghers, Johannes R. Becher, Ludwig Renn, Erich Weinert; Auseinandersetzung mit Faschismus und Krieg; Rolle und Funktion der Literatur wird festgelegt: Sie muss Tendenzen der gesellschaftlichen Realität gestalten, d. h. den Klassenkampf widerspiegeln.

Anschluss an die Moderne: neue Wege der Sprache Epik: Zeitkritik in der Form modernen Erzählens (Wolfgang Koeppen, Heinrich Böll, Günter Grass, Max Frisch); Drama: absurdes Theater (Wolfgang Hildesheimer) und die Komödien Friedrich Dürrenmatts; Lyrik: das „absolute Gedicht" nach dem Vorbild Gottfried Benns; hermetische Lyrik (Paul Celan, Ingeborg Bachmann) und konkrete Poesie (Eugen Gomringer, Ernst Jandl); Hörspiel als neue Gattung (Günter Eich)	1950	**Sozialistischer Realismus/ Aufbauliteratur** Forderung des 3. Parteikongresses der SED: Literatur muss sich am Aufbau der sozialistischen Gesellschaft orientieren; Aufbauliteratur, z. B. von Friedrich Wolf, Eduard Claudius, Erwin Strittmatter, Erich Loest, Heiner Müller, Peter Hacks; Sozialistischer Realismus als verbindliche Schreibweise: direkte Widerspiegelung der gesellschaftlichen Realität, Verständlichkeit für jedermann, Darstellung einer positiven Zukunftsperspektive, Inhalt hat Vorrang gegenüber der Form (Kampagne gegen Formalismus in der Kunst)
Die Politisierung der Literatur Epik: gesellschaftskritische Romane und Aufarbeitung der NS-Vergangenheit (Heinrich Böll, Günter Grass, Martin Walser); Drama: politisches Dokumentartheater (Peter Weiss, Rolf Hochhuth, Heinar Kipphardt); das neue kritische Volksstück (Franz Xaver Kroetz); Lyrik: politische Lyrik (Hans Magnus Enzensberger, Erich Fried); Protestsongs von Liedermachern (Franz Josef Degenhardt, Hannes Wader); Literatur der Arbeitswelt: Dortmunder Gruppe 61 (Max von der Grün), Protokoll- und Reportageliteratur (Erika Runge, Günter Wallraff)	1960	**Bitterfelder Weg/Ankunftsliteratur** Literatur des Bitterfelder Wegs (1959 bis 1964): Werktätige werden zum Schreiben angeregt, Schriftsteller recherchieren in den Betrieben (Erik Neutsch, Franz Fühmann, Erwin Strittmatter); Ankunftsliteratur: thematisiert wird das Leben in der entwickelten sozialistischen Gesellschaft (Brigitte Reimann, Hermann Kant, Christa Wolf, Uwe Johnson, Reiner Kunze, Günter Kunert, Wolf Biermann, Sarah Kirsch)
Die neue Subjektivität Epik: Romane der Selbstfindung und autobiografisches Schreiben (Nicolas Born, Peter Handke, Walter Kempowski, Elias Canetti); Lyrik: Alltagslyrik (Jürgen Becker, Nicolas Born, Karin Kiwus, Jürgen Theobaldy, Rolf Dieter Brinkmann, Renate Rasp, Wolf Wondratschek); Literatur der neuen Frauenbewegung (Verena Stefan, Brigitte Schwaiger, Gabriele Wohmann, Karin Struck, Christa Reinig, Barbara Frischmuth)	1970	**Liberalisierungstendenzen, der Fall „Biermann" und der Exodus vieler Schriftsteller** Liberalisierungstendenzen nach der Ablösung Ulbrichts: Literatur setzt sich kritisch mit brisanten Themen auseinander (Stefan Heym, Ulrich Plenzdorf, Brigitte Reimann, Maxie Wander, Volker Braun, Reiner Kunze); 1976: Ausbürgerung Wolf Biermanns nach einem Konzert in Köln; Protestwelle von über 70 Kulturschaffenden; Repressalien gegen die Protestierenden: Verhaftungen, Hausarreste, Publikationsverbote, Ausschlüsse aus Schriftstellerverband; Folge: über 100 Schriftsteller verlassen die DDR, u. a. Reiner Kunze, Günter Kunert, Jurek Becker, Monika Maron, Erich Loest, Sarah Kirsch

Postmoderne Reflexion von Geschichte (Peter Weiss), „Väter-Literatur“ (Christoph Meckel, Alfred Andersch, Brigitte Schwaiger); Spiel mit literarischen Traditionen (Patrick Süskind, Christoph Ransmayr); Lyrik als Form der Komik (Robert Gernhardt); Entfremdungserfahrungen, Suche nach einem neuen Ton des Schönen und Erhabenen (Botho Strauß, Peter Handke) (Einige Autoren, die nicht in der Bundesrepublik leben/lebten und Staatsbürger anderer Länder sind/waren, werden in der Übersicht mit aufgeführt, da ihre Werke in Westdeutschland erschienen und das literarische Leben dort stark beeinflussten.)	1980	**Kritik am Staat/„Tapetenwechsel“** Annäherung der beiden deutschen Literaturen: ähnliche Themen, z. B. wachsendes Katastrophenbewusstsein, Angst vor atomarer Bedrohung, Rückzug in die Innerlichkeit (Christa Wolf, Volker Braun, Christoph Hein, Irmtraut Morgner); neue, staatskritische Lyrikergeneration: Uwe Kolbe, Stefan Döring, Jan Faktor, Steffen Mensching, Lutz Rathenow

5.1.1 Themen und Tendenzen der Literatur in der Bundesrepublik

Bestandsaufnahme und Neuanfang

Heinrich Böll

Bekenntnis zur Trümmerliteratur
(1952)

Die ersten schriftstellerischen Versuche unserer Generation nach 1945 hat man als Trümmerliteratur bezeichnet, man hat sie damit abzutun versucht. Wir haben uns gegen diese Bezeichnung nicht gewehrt, weil sie zu Recht bestand: tatsächlich, die Menschen, von denen wir schrieben, lebten in Trümmern, sie kamen aus dem Kriege, Männer und Frauen in gleichem Maße verletzt, auch Kinder. Und sie waren scharfäugig: sie sahen. Sie lebten keineswegs in völligem Frieden, ihre Umgebung, ihr Befinden, nichts an ihnen und um sie herum war idyllisch, und wir als Schreibende fühlten uns ihnen so nahe, dass wir uns mit ihnen identifizierten. Mit Schwarzhändlern und den Opfern der Schwarzhändler, mit Flüchtlingen und allen denen, die auf andere Weise heimatlos geworden waren, vor allem natürlich mit der Generation, der wir angehörten und die sich zu einem großen Teil in einer merk- und denkwürdigen Situation befand: sie kehrte heim. Es war die Heimkehr aus einem Krieg, an dessen Ende kaum noch jemand hatte glauben können.

Wir schrieben also vom Krieg, von der Heimkehr und dem, was wir im Krieg gesehen hatten und bei der Heimkehr vorfanden: von Trümmern; das ergab drei Schlagwörter, die der jungen Literatur angehängt wurden: Kriegs-, Heimkehrer- und Trümmerliteratur.

Die Bezeichnungen als solche sind berechtigt: es war Krieg gewesen, sechs Jahre lang, wir kehrten heim aus diesem Krieg, wir fanden Trümmer und schrieben darüber. Merkwürdig, fast verdächtig war nur der vorwurfsvolle, fast gekränkte Ton, mit dem man sich dieser Bezeichnung bediente: man schien uns zwar nicht verantwortlich zu machen dafür, dass

Krieg gewesen, dass alles in Trümmern lag, nur nahm man uns offenbar übel, dass wir es gesehen hatten und sahen, aber wir hatten keine Binde vor den Augen und sahen es: ein gutes Auge gehört zum Handwerkszeug des Schriftstellers.
Die Zeitgenossen in die Idylle zu entführen würde uns allzu grausam erscheinen, das Erwachen daraus wäre schrecklich, oder sollen wir wirklich Blindekuh miteinander spielen?
[...]
Wer Augen hat zu sehen, der sehe! Und in unserer schönen Muttersprache hat Sehen eine Bedeutung, die nicht mit optischen Kategorien allein zu erschöpfen ist: wer Augen hat, zu sehen, für den werden die Dinge durchsichtig – und es müsste ihm möglich werden, sie zu durchschauen, und man kann versuchen, sie mittels der Sprache zu durchschauen, in sie hineinzusehen. Das Auge des Schriftstellers sollte menschlich und unbestechlich sein: man braucht nicht gerade Blindekuh zu spielen, es gibt rosarote, blaue, schwarze Brillen – sie färben die Wirklichkeit jeweils so, wie man sie gerade braucht. Rosarot wird gut bezahlt, es ist meistens sehr beliebt – und der Möglichkeiten der Bestechung gibt es viele –, aber auch Schwarz ist hin und wieder beliebt, und wenn es gerade beliebt ist, wird auch Schwarz gut bezahlt. Aber wir wollen es so sehen, wie es ist, mit einem menschlichen Auge, das normalerweise nicht ganz trocken und nicht ganz nass ist, sondern feucht – und wir wollen daran erinnern, dass das lateinische Wort für Feuchtigkeit Humor ist –, ohne zu vergessen, dass unsere Augen auch trocken werden können oder nass; dass es Dinge gibt, bei denen kein Anlass für Humor besteht. Unsere Augen sehen täglich viel: sie sehen den Bäcker, der unser Brot backt, sehen das Mädchen in der Fabrik – und unsere Augen erinnern sich der Friedhöfe; und unsere Augen sehen Trümmer: die Städte sind zerstört, die Städte sind Friedhöfe, und um sie herum sehen unsere Augen Gebäude entstehen, die uns an Kulissen erinnern, Gebäude, in denen keine Menschen wohnen, sondern Menschen verwaltet werden, verwaltet als Versicherte, als Staatsbürger, Bürger einer Stadt, als solche, die Geld einzahlen oder Geld entleihen – es gibt unzählige Gründe, um derentwillen ein Mensch verwaltet werden kann.
Es ist unsere Aufgabe, daran zu erinnern, dass der Mensch nicht nur existiert, um verwaltet zu werden – und dass die Zerstörungen in unserer Welt nicht nur äußerer Art sind und nicht so geringfügiger Natur, dass man sich anmaßen kann, sie in wenigen Jahren zu heilen.
Der Name Homer ist der gesamten abendländischen Bildungswelt unverdächtig: Homer ist der Stammvater europäischer Epik, aber Homer erzählt vom Trojanischen Krieg, von der Zerstörung Trojas und von der Heimkehr des Odysseus – Kriegs-, Trümmer- und Heimkehrerliteratur –, wir haben keinen Grund, uns dieser Bezeichnung zu schämen.

Hans Werner Richter

Fünfzehn Jahre Gruppe 47 (1962)

Der Ursprung der Gruppe 47 ist politisch-publizistischer Natur. Nicht Literaten schufen sie, sondern politisch engagierte Publizisten mit literarischen Ambitionen. Ihre Absicht ist nur aus dem Zusammenbruch des Dritten Reiches und aus der Atmosphäre der ersten Nachkriegsjahre zu erklären. Sie wollten unter allen Umständen und für alle Zukunft eine Wiederholung dessen verhindern, was geschehen war, und sie wollten zur gleichen Zeit mit den Grundstein für ein neues demokratisches Deutschland, für eine bessere Zukunft und für eine neue Literatur legen, die sich ihrer Verantwortung auch gegenüber der politischen und gesamtgesellschaftlichen Entwicklung bewusst ist. Sie hielten die deutsche Literatur und Publizistik nicht für schuldlos an dem Geschehenen. So glaubten sie, ganz von vorn beginnen zu müssen, mit neuen Methoden, unter anderen Voraussetzungen und mit besseren Zielen. Ihr ideeller Höhenflug ist symptomatisch für jene ersten Nachkriegsjahre.
Aus dieser Absicht heraus wandten sie sich gegen die „Kalligraphen", wie sie die Schönschreiber der Vergangenheit nannten, begannen die „Sklavensprache" zu roden, sie von dem Gestrüpp der Propagandasprache zu reinigen und sie gleichzeitig von der wortreichen, stilistisch übergewandten, nicht mehr klaren und nicht mehr verständlichen „inneren Emigrationsliteratur" zu befreien. Wolfgang Weyrauch, der damals noch nicht der

Gruppe 47 angehörte, nannte diesen Versuch „den Kahlschlag“ und schreibt 1949 im Nachwort zu einer Kurzgeschichtensammlung, die er „Tausend Gramm“ nannte:
„Wir sind glücklich darüber, dass unsre Einsamkeit beendet ist, dass die Vielfalt der Literaturen der ganzen Erde, ihre Thesen und die Zeugnisse ihrer Thesen, uns durchsäuert. Wir hatten das bitter nötig, und wir haben es bitter nötig. […]“
Die Kahlschlägler fangen in Sprache, Substanz und Konzeption von vorn an. Es sei erlaubt, das, was ich meine, durch ein Gedicht zu exemplifizieren, durch die außerordentlichen Verse Günter Eichs, die er „Inventur“ überschrieben hat …

Dies ist meine Mütze,
dies ist mein Mantel,
hier mein Rasierzeug
im Beutel aus Leinen

Konservenbüchse:
mein Teller, mein Becher,
ich hab in das Weißblech
den Namen geritzt.

Geritzt hier mit diesem
kostbaren Nagel,
den vor begehrlichen
Augen ich berge.

Im Brotbeutel sind
ein Paar wollene Socken
und einiges, was ich
niemand verrate,

so dient er als Kissen
nachts meinem Kopf.
Die Pappe hier liegt
zwischen mir und der Erde.

Die Bleistiftmine
lieb ich am meisten:
Tags schreibt sie mir Verse,
die nachts ich erdacht.

Dies ist mein Notizbuch,
dies meine Zeltbahn,
dies ist mein Handtuch,
dies ist mein Zwirn.

Die Männer des Kahlschlags schreiben die Fibel der neuen deutschen Prosa. Sie setzen sich dem Spott der Snobs und dem Verdacht der Nihilisten und Optimisten aus: Ach, diese Leute schreiben so, weil sie es nicht besser verstehen. Aber die vom Kahlschlag wissen, oder sie ahnen es doch mindestens, dass dem neuen Anfang der Prosa in unserem Land allein die Methode und die Intention des Pioniers angemessen sind. Die Methode der Bestandsaufnahme. Die Intention der Wahrheit. Beides um den Preis der Poesie. Wo der Anfang der Existenz ist, ist auch der Anfang der Literatur.
Dort hatten die Angehörigen dieses „jungen Deutschland“ die Möglichkeit, ihre Ideen zu leben, eine Möglichkeit, die angesichts der politischen und gesellschaftlichen Probleme, die in Deutschland zu lösen waren und immer noch zu lösen sind, vielleicht nur eine Narrenmöglichkeit ist. Es blieb ihnen die Gruppe 47. Sie ersetzte die nunmehr nach dem Verbot fehlende Zeitschrift als Kristallisationspunkt durch das Gespräch, durch Kritik und Diskussion. Hier sammelten sich alle Impulse, alle ideellen Bemühungen, alle Bestrebungen und alle Sehnsüchte nach einem neuen Anfang und nach einer Regeneration des gesamten deutschen gesellschaftlichen Lebens. Für viele Jahre war sie der einzige Kommunikationspunkt dieser jungen deutschen Schriftsteller und ersetzte für sie zugleich die literarische Öffentlichkeit, die nach dem Krieg nicht mehr bestand, im Dritten Reich nicht bestanden hatte und nun in einem geteilten, geschlagenen, moralisch und geistig ruinierten Deutschland, einem Land ohne jeden Zentralpunkt, ohne Hauptstadt und Metropole, bis heute noch nicht wieder voll besteht.
So war die Gruppe 47 gleichzeitig Zentralpunkt, Kaffeehaus, Metropole und Diskussionsbühne, setzte oft unbewusst Maßstäbe und wurde – als Ersatz für vieles Fehlende benutzt – doch zu einem eigenen Faktor und zu einer neuen Form der literarischen und publizistischen Kommunikation. Der Stuhl, auf dem der jeweils Vorlesende Platz nimmt, im Scherz „elektrischer Stuhl“ genannt, wurde literarisch meinungsbildend. Die Kritik, gezwungen, sich angesichts eines auch dem Kritiker gegenüber sehr kritischen Auditoriums unmittelbar und mündlich zu äußern, musste

selbst in einer maßstablosen Zeit Maßstäbe finden und bei aller Schärfe der Verurteilung oder Anerkennung eine kritische Disziplin üben, wie sie bis dahin nicht üblich war. Sie selbst war fortwährend der Kritik, ja oft der Lächerlichkeit ausgesetzt, und bei der jeder Gruppentagung innewohnenden „Kritik der Kritik" konnte auch der Kritiker im Auf und Ab der Wertungen „durchfallen", genau wie der Vorlesende.

1. Verdeutlichen Sie jeweils in einem ▷ Schaubild, wie Böll und Richter die literarische Arbeit ihrer Generation kennzeichnen. ▷ S. 33 ff.
2. a) Erläutern Sie Inhalt und Funktion der von Richter verwendeten Begriffe „Kahlschlag" und „Bestandsaufnahme".
   b) Wie definiert Richter die Rolle der Gruppe 47?
3. Untersuchen Sie die Texte von Eich (zitiert von Richter, s. o.), Borchert und Böll (▷ S. 393 ff.) daraufhin, ob und inwieweit sie dem literarischen Programm der „Trümmerliteratur" im Sinne Bölls entsprechen.
4. Böll plädiert in seinem literaturtheoretischen Bekenntnis für eine realistische Schreibweise.
   a) Erläutern Sie seine Realismusvorstellungen vor dem zeitgeschichtlichen Hintergrund.
   b) Vergleichen Sie Bölls Position mit anderen ▷ Realismusvorstellungen, die Ihnen bekannt sind. ▷ S. 326 ff.
5. Entwerfen Sie ein Bild der Nachkriegszeit, wie es sich für Sie aus den Texten von Günter Eich, Wolfgang Borchert und Heinrich Böll ergibt. Sie können dies wahlweise in Form einer Bildcollage, eines Essays oder eines Hörbilds tun, das sich aus Textzitaten und einer kommentierenden Sprecherrolle zusammensetzt.

Auseinandersetzungen mit Krieg und Zerstörung

Wolfgang Borchert

Mein bleicher Bruder (1946/47)

Noch nie war etwas so weiß wie dieser Schnee. Er war beinah blau davon. Blaugrün. So fürchterlich weiß. Die Sonne wagte kaum gelb zu sein vor diesem Schnee. Kein Sonntagmorgen war jemals so sauber gewesen wie dieser. Nur hinten stand ein dunkelblauer Wald. Aber der Schnee war neu und sauber wie ein Tierauge. Kein Schnee war jemals so weiß wie der an diesem Sonntagmorgen. Kein Sonntagmorgen war jemals so sauber. Die Welt, diese schneeige Sonntagswelt, lachte.

Aber irgendwo gab es dann doch einen Fleck. Das war ein Mensch, der im Schnee lag, verkrümmt, bäuchlings, uniformiert. Ein Bündel Lumpen. Ein lumpiges Bündel von Häutchen und Knöchelchen und Leder und Stoff. Schwarzrot überrieselt von angetrocknetem Blut. Sehr tote Haare, perückenartig tot. Verkrümmt, den letzten Schrei in den Schnee geschrien, gebellt oder gebetet vielleicht: ein Soldat. Fleck in dem niegesehenen Schneeweiß des saubersten aller Sonntagmorgende. Stimmungsvolles Kriegsgemälde, nuancenreich, verlockender Vorwurf für Aquarellfarben: Blut und Schnee und Sonne. Kalter kalter Schnee mit warmem dampfendem Blut drin. Und über allem die liebe Sonne. Unsere liebe Sonne. Alle Kinder auf der Welt sagen: die liebe liebe Sonne. Und die bescheint einen Toten, der den unerhörten Schrei aller toten Marionetten schreit: den stummen fürchterlichen stummen Schrei! Wer unter uns, steh auf, bleicher Bruder, oh, wer unter uns hält die stummen Schreie der Marionetten aus, wenn sie von den Drähten abgerissen so blöde verrenkt auf der Bühne rumliegen? Wer, oh, wer unter uns erträgt die stummen Schreie der Toten? Nur der Schnee hält das aus, der eisige. Und die Sonne. Unsere liebe Sonne.

Vor der abgerissenen Marionette stand eine, die noch intakt war. Noch funktionierte. Vor dem toten Soldaten stand ein lebendiger. An diesem sauberen Sonntagmorgen im niegesehenen weißen Schnee hielt der Stehende an den Liegenden folgende fürchterlich stumme Rede:

Ja. Ja ja. Ja ja ja. Jetzt ist es aus mit deiner guten Laune, mein Lieber. Mit deiner ewigen guten Laune. Jetzt sagst du gar nichts mehr, wie? Jetzt lachst du wohl nicht mehr, wie? Wenn deine Weiber das wüssten, wie erbärmlich du jetzt aussiehst, mein Lieber. Ganz erbärmlich siehst du ohne deine gute Laune aus. Und in dieser blöden Stellung. Warum hast du denn die Beine so ängstlich an den Bauch rangezogen? Ach so, hast einen in die Eingeweide gekriegt. Hast dich mit Blut besudelt. Sieht unappetitlich aus, mein Lieber. Hast dir die ganze Uniform damit bekleckert. Sieht aus wie schwarze Tintenflecke. Man gut, dass deine Weiber das nicht sehn. Du hattest dich doch immer so mit deiner Uniform. Saß alles auf Taille. Als du Korporal wurdest, gingst du nur noch mit Lackstiefeletten. Und die wurden stundenlang gebohnert, wenn es abends in die Stadt ging. Aber jetzt gehst du nicht mehr in die Stadt. Deine Weiber lassen sich jetzt von den andern. Denn du gehst jetzt überhaupt nicht mehr, verstehst du? Nie mehr, mein Lieber. Nie nie mehr. Jetzt lachst du auch nicht mehr mit deiner ewig guten Laune. Jetzt liegst du da, als ob du nicht bis drei zählen kannst. Kannst du auch nicht. Kannst nicht mal mehr bis drei zählen. Das ist dünn, mein Lieber, äußerst dünn. Aber das ist gut so, sehr gut so. Denn du wirst nie mehr „Mein bleicher Bruder Hängendes Lid“ zu mir sagen. Jetzt nicht mehr, mein Lieber. Von jetzt ab nicht mehr. Nie mehr, du. Und die andern werden dich nie mehr dafür feiern. Die andern werden nie mehr über mich lachen, wenn du „Mein bleicher Bruder Hängendes Lid“ zu mir sagst. Das ist viel wert, weißt du? Das ist eine ganze Masse wert für mich, das kann ich dir sagen. Sie haben mich nämlich schon in der Schule gequält. Wie die Läuse haben sie auf mir herumgesessen. Weil mein Auge den kleinen Defekt hat und weil das Lid runterhängt. Und weil meine Haut so weiß ist. So käsig. Unser Blässling sieht schon wieder so müde aus, haben sie immer gesagt. Und die Mädchen haben immer gefragt, ob ich schon schliefe. Mein eines Auge wäre ja schon halb zu. Schläfrig, haben sie gesagt, du, ich war schläfrig. Ich möchte mal wissen, wer von uns beiden jetzt schläfrig ist. Du oder ich, wie? Du oder ich? Wer ist jetzt „Mein bleicher Bruder Hängendes Lid“? Wie? Wer denn, mein Lieber, du oder ich? Ich etwa?

Als er die Bunkertür hinter sich zumachte, kamen ein Dutzend graue Gesichter aus den Ecken auf ihn zu. Eins davon gehörte dem Feldwebel. Haben Sie ihn gefunden, Herr Leutnant?, fragte das graue Gesicht und war fürchterlich grau dabei.

Ja. Bei den Tannen. Bauchschuss. Sollen wir ihn holen?

Ja. Bei den Tannen. Ja, natürlich. Er muss geholt werden. Bei den Tannen.

Das Dutzend grauer Gesichter verschwand. Der Leutnant saß am Blechofen und lauste sich. Genau wie gestern. Gestern hatte er sich auch gelaust. Da sollte einer zum Bataillon kommen. Am besten der Leutnant, er selbst. Während er dann das Hemd anzog, horchte er. Es schoss. Es hatte noch nie so geschossen. Und als der Melder die Tür wieder aufriss, sah er die Nacht. Noch nie war eine Nacht so schwarz, fand er. Unteroffizier Heller, der sang. Der erzählte in einer Tour von seinen Weibern. Und dann hatte dieser Heller mit seiner ewig guten Laune gesagt: Herr Leutnant, ich würde nicht zum Bataillon gehen. Ich würde erst mal doppelte Ration beantragen. Auf Ihren Rippen kann man ja Xylophon spielen. Das ist ja ein Jammer, wie Sie aussehn. Das hatte Heller gesagt. Und im Dunkeln hatten sie wohl alle gegrinst. Und einer musste zum Bataillon. Da hatte er gesagt: Na, Heller, dann kühlen Sie Ihre gute Laune mal ein bisschen ab. Und Heller sagte: Jawohl. Das war alles. Mehr sagte man nie. Einfach: Jawohl. Und dann war Heller gegangen. Und dann kam Heller nicht wieder.

Der Leutnant zog sein Hemd über den Kopf. Er hörte, wie sie draußen zurückkamen. Die andern. Mit Heller. Er wird nie mehr „Mein bleicher Bruder Hängendes Lid“ zu mir sagen, flüsterte der Leutnant. Das wird er von nun an nie mehr zu mir sagen.

Eine Laus geriet zwischen seine Daumennägel. Es knackte. Die Laus war tot. Auf der Stirn – hatte er einen kleinen Blutspritzer.

Heinrich Böll

Mein teures Bein (1950)

Sie haben mir jetzt eine Chance gegeben. Sie haben mir eine Karte geschrieben, ich soll zum Amt kommen, und ich bin zum Amt gegangen. Auf dem Amt waren sie sehr nett. Sie nahmen meine Karteikarte und sagten: „Hm.“ Ich sagte auch: „Hm.“ – „Welches Bein?“, fragte der Beamte.

„Rechts."
„Ganz?"
„Ganz."
„Hm", machte er wieder. Dann durchsuchte er verschiedene Zettel. Ich durfte mich setzen. Endlich fand der Mann einen Zettel, der ihm der richtige zu sein schien. Er sagte: „Ich denke, hier ist etwas für Sie. Eine nette Sache. Sie können dabei sitzen. Schuhputzer in einer Bedürfnisanstalt auf dem Platz der Republik. Wie wäre das?"
„Ich kann nicht Schuhe putzen; ich bin immer schon aufgefallen wegen schlechten Schuhputzens."
„Das können Sie lernen", sagte er. „Man kann alles lernen. Ein Deutscher kann alles. Sie können, wenn Sie wollen, einen kostenlosen Kursus mitmachen."
„Hm", machte ich.
„Also gut?"
„Nein", sagte ich, „ich will nicht. Ich will eine höhere Rente haben."
„Sie sind verrückt", erwiderte er sehr freundlich und milde.
„Ich bin nicht verrückt, kein Mensch kann mir mein Bein ersetzen, ich darf nicht einmal mehr Zigaretten verkaufen, sie machen jetzt schon Schwierigkeiten."

Der Mann lehnte sich weit in seinen Stuhl zurück und schöpfte eine Menge Atem. „Mein lieber Freund", legte er los, „Ihr Bein ist ein verflucht teures Bein. Ich sehe, dass Sie neunundzwanzig Jahre sind, von Herzen gesund, überhaupt vollkommen gesund, bis auf das Bein. Sie werden siebzig Jahre alt. Rechnen Sie sich bitte aus, monatlich siebzig Mark, zwölfmal im Jahr, also einundvierzig mal zwölf mal siebzig. Rechnen Sie das bitte aus, ohne die Zinsen, und denken Sie doch nicht, dass Ihr Bein das einzige Bein ist. Sie sind auch nicht der Einzige, der wahrscheinlich lange leben wird. Und dann Rente erhöhen! Entschuldigen Sie, aber Sie sind verrückt."
„Mein Herr", sagte ich, lehnte mich nun gleichfalls zurück und schöpfte eine Menge Atem, „ich denke, dass Sie mein Bein stark unterschätzen. Mein Bein ist viel teurer, es ist ein sehr teures Bein. Ich bin nämlich nicht nur von Herzen, sondern leider auch im Kopf vollkommen gesund. Passen Sie mal auf."
„Meine Zeit ist sehr kurz."
„Passen Sie auf!", sagte ich. „Mein Bein hat nämlich einer Menge von Leuten das Leben gerettet, die heute eine nette Rente beziehen. Die Sache war damals so: Ich lag ganz allein irgendwo vorne und sollte aufpassen, wann sie kämen, damit die anderen zur richtigen Zeit stiften gehen konnten. Die Stäbe hinten waren am Packen und wollten nicht zu früh, aber auch nicht zu spät stiften gehen. Erst waren wir zwei, aber den haben sie totgeschossen, der kostet nichts mehr. Er war zwar verheiratet, aber seine Frau ist gesund und kann arbeiten, Sie brauchen keine Angst zu haben. Der war also furchtbar billig. Er war erst vier Wochen Soldat und hat nichts gekostet wie eine Postkarte und ein bisschen Kommissbrot. Das war einmal ein braver Soldat, der hat sich wenigstens richtig totschießen lassen. Nun lag ich aber da allein und hatte Angst, und es war kalt, und ich wollte auch stiften gehen, ja, ich wollte gerade stiften gehen, da …"
„Meine Zeit ist sehr kurz", sagte der Mann und fing an, nach seinem Bleistift zu suchen.

Marie Luise Kaschnitz

Die Angst vor einem neuen Krieg (1947)

Es wird doch schon wieder das Lot
Gerichtet und Steine getragen,
Uhren gehen und schlagen,
Wir essen das tägliche Brot.
Warum, warum habt ihr Angst?

Wir fürchten uns nicht, nur
Daß der Krieg wiederkommt, nur

Daß sie uns, eh wir's gedacht,
Wieder verdingen,
Daß durch die stille Nacht
Die Flammen springen,
Daß uns die Saat verdirbt,
die kaum gesäte,
Daß das Land erstirbt,
Das kaum erspähte,
Der zage Schimmer
hinter dem Tann.
Und dann,
Dann
für immer. [R]

1. a) Arbeiten Sie anhand der Texte von Borchert und Böll (▷ S. 393 ff.) die erzähltechnischen Merkmale heraus, die für die Kurzgeschichten der Nachkriegszeit typisch sind.
   b) Charakterisieren Sie die Protagonisten der Kurzgeschichten. Finden Sie Übereinstimmungen?
2. a) Analysieren Sie das Gedicht von Marie Luise Kaschnitz (▷ S. 395) im Hinblick auf den lyrischen Sprecher, die sprachliche Gestaltung und die Aussageabsicht.
   b) Vergleichen Sie das Gedicht von Kaschnitz mit Günter Eichs „Inventur" (▷ S. 392).

Der Holocaust als Thema der Literatur

Paul Celan

Todesfuge (1948)

Schwarze Milch der Frühe wir trinken sie abends
wir trinken sie mittags und morgens wir trinken sie nachts
wir trinken und trinken
wir schaufeln ein Grab in den Lüften da liegt man nicht eng
Ein Mann wohnt im Haus der spielt mit den Schlangen der schreibt
der schreibt wenn es dunkelt nach Deutschland dein goldenes Haar Margarete
er schreibt es und tritt vor das Haus und es blitzen die Sterne er pfeift seine Rüden herbei
er pfeift seine Juden hervor lässt schaufeln ein Grab in der Erde
er befiehlt uns spielt auf nun zum Tanz

Schwarze Milch der Frühe wir trinken dich nachts
wir trinken dich morgens und mittags wir trinken dich abends
wir trinken und trinken
Ein Mann wohnt im Haus der spielt mit den Schlangen der schreibt
der schreibt wenn es dunkelt nach Deutschland dein goldenes Haar Margarete
Dein aschenes Haar Sulamith[1] wir schaufeln ein Grab in den Lüften da liegt man nicht eng
Er ruft stecht tiefer ins Erdreich ihr einen ihr andern singet und spielt
er greift nach dem Eisen im Gurt er schwingts seine Augen sind blau
stecht tiefer die Spaten ihr einen ihr andern spielt weiter zum Tanz auf

Schwarze Milch der Frühe wir trinken dich nachts
wir trinken dich mittags und morgens wir trinken dich abends
wir trinken und trinken
ein Mann wohnt im Haus dein goldenes Haar Margarete
dein aschenes Haar Sulamith er spielt mit den Schlangen

Er ruft spielt süßer den Tod der Tod ist ein Meister aus Deutschland
er ruft streicht dunkler die Geigen dann steigt ihr als Rauch in die Luft
dann habt ihr ein Grab in den Wolken da liegt man nicht eng

Schwarze Milch der Frühe wir trinken dich nachts
wir trinken dich mittags der Tod ist ein Meister aus Deutschland
wir trinken dich abends und morgens wir trinken und trinken
der Tod ist ein Meister aus Deutschland sein Auge ist blau
er trifft dich mit bleierner Kugel er trifft dich genau
ein Mann wohnt im Haus dein goldenes Haar Margarete
er hetzt seine Rüden auf uns er schenkt uns ein Grab in der Luft
er spielt mit den Schlangen und träumet der Tod ist ein Meister aus Deutschland

dein goldenes Haar Margarete
dein aschenes Haar Sulamith

1 **Sulamith:** Mädchenname aus dem „Hohen Lied" Salomons im Alten Testament

Nelly Sachs

Chor der Geretteten (1946)

Wir Geretteten,
Aus deren hohlem Gebein der Tod schon seine Flöten schnitt,
An deren Sehnen der Tod schon seinen Bogen strich –
Unsere Leiber klagen noch nach
Mit ihrer verstümmelten Musik.
Wir Geretteten,
Immer noch hängen die Schlingen für unsere Hälse gedreht
Vor uns in der blauen Luft –
Immer noch füllen sich die Stundenuhren mit unserem tropfenden Blut.
Wir Geretteten,
Immer noch essen an uns die Würmer der Angst.
Unser Gestirn ist vergraben im Staub.
wir Geretteten
Bitten euch:
Zeigt uns langsam eure Sonne.
Führt uns von Stern zu Stern im Schritt.
Lasst uns das Leben leise wieder lernen.
Es könnte sonst eines Vogels Lied,
Das Füllen des Eimers am Brunnen
Unseren schlecht versiegelten Schmerz aufbrechen lassen
Und uns wegschäumen –
Wir bitten euch:
Zeigt uns noch nicht einen beißenden Hund –
Es könnte sein, es könnte sein
Dass wir zu Staub zerfallen –
vor euren Augen zerfallen in Staub.
Was hält denn unsere Webe zusammen?
Wir odemlos gewordene,
Deren Seele zu Ihm floh aus der Mitternacht
Lange bevor man unseren Leib rettete
In die Arche des Augenblicks.
Wir Geretteten,
Wir drücken eure Hand,
Wir erkennen euer Auge –
Aber zusammen hält uns nur noch der Abschied,
Der Abschied im Staub
Hält uns mit euch zusammen.

Nelly Sachs

Erich Fried

Diese Toten (1985)

Hört auf, sie immer Miriam
und Rachel und Sulamith
und Aron und David zu nennen
in eueren Trauerworten!
Sie haben auch Anna geheißen
und Maria und Margarete
und Helmut und Siegfried:
Sie haben geheißen wie ihr heißt

Ihr sollt sie euch nicht
so anders denken, wenn ihr
von ihrem Andenken redet,
als sähet ihr sie
alle mit schwarzem Kraushaar
und mit gebogenen Nasen:
Sie waren auch blond
und sie hatten auch blaue Augen
sie waren wie ihr seid.
Der einzige Unterschied
war der Stern den sie tragen mussten
und was man ihnen getan hat:
Sie starben wie alle Menschen sterben
wenn man sie tötet
nur sind nicht alle Menschen
in Gaskammern gestorben

Hört auf, aus ihnen
ein fremdes Zeichen zu machen!
Sie waren nicht nur wie ihr
sie waren ein Teil von euch:
wer Menschen tötet
tötet immer seinesgleichen.
Jeder der sie ermordet
tötet sich selbst

Wolfdietrich Schnurre

Die Zwerge (1958)

Ihr Verbrechen: Sie waren zu klein. Nun marschieren sie auf des Ältestenrates Geheiß aneinandergekettet durch die Straßen der Stadt. Vorweg geht der Büttel: Er schellt ihr Vergehen aus und verliest die Begründung, weshalb sie verbrannt werden sollen. Jedoch niemand achtet auf ihn. Die sich über die Winzigkeit der Zwerge im Rate beschwerten, erkennen die Folgen ihrer Verleumdung nicht an, und die nicht wissen, dass die Zwerge angezeigt wurden, haben Angst, ihr Mitleid zu zeigen, und gehen gesenkten Kopfes vorüber. Die Zwerge sehen verstört aus; es ist schwer für sie zu begreifen, dass man größer sein muss, um unangetastet leben zu dürfen; sie glaubten, gerade ihre Unscheinbarkeit biete ihnen Gewähr, auf ewig unbeachtet zu bleiben. Nun ist das Gegenteil eingetreten. Einige schluchzen, und in den Staub ihrer Gesichter haben sich Tränenbäche gegraben; andere blicken ergeben auf ihre einwärts gedrehten Füße; und einer liegt bleich und den Bart zum Himmel gereckt auf einer Bahre, die vier andere tragen. Sie haben lange, schwarze Mäntel an, gefettete Locken stehen ihnen unter ihren hohen, mit lila Bändern geschmückten Hüten hervor. Jetzt zerrt sie der Büttel die Rathausstufen hinauf und verliest noch einmal ihr Vergehen: Zu klein, zu zierlich, zu flink; es ist immer dasselbe. Aber nicht einmal hier hört jemand ihm zu. Dem Büttel macht das nichts aus, er tut nur seine Pflicht. Also faltet er die Vergehensliste wieder zusammen, und der Zug schleppt sich weiter. Er schleppt sich an den Märkten vorbei und an Kinos, an Kirchen, Kasernen, und überall läutet der Büttel, setzt sich das leere Brillengestell auf die Nase und verliest die Anklagepunkte und die Höhe der Strafe. Nein, niemand möchte ihn hören, niemand ihn sehen, niemand Mitleid empfinden. Am Abend dann meldet sich der Büttel beim Ältestenrate zurück, und der Rat übergibt ihm die Liste der Bürger, die das Holz stiften müssen. Und der Büttel geht zu den Bürgern, und die Bürger stiften das Holz. Dann übergibt der Rat dem Büttel die Liste der Bürger, die das Reisig stiften müssen. Und der Büttel geht zu den Bürgern, und die Bürger stiften das Reisig. Dann übergibt der Rat dem Büttel die Liste der Bürger, die das Öl stiften müssen. Und der Büttel geht zu den Bürgern, und die Bürger stiften das Öl. Als der Scheiterhaufen errichtet und das Öl ausgegossen worden ist, schickt der Büttel die Zwerge im Auftrag des Rates hinauf und erhält dann von diesem das Zeichen. Umständlich rückt er sich das glaslose Brillengestell auf der Nase zurecht, dann reißt er den Span an, und gierig rast die Flamme die Zwerge entlang, wird größer und greller und heller und schneller und lockt aus dem Dunkel die Fenster der Bürger heraus; die Fenster der Bürger, die das Holz spendeten, die Fenster der Bürger, die das Reisig spendeten, die Fenster der Bürger, die das Öl spendeten: Starräugig, vom Feuer gebannt, das den Zwergen jetzt an den lila bebänderten Hüten emporzüngelt, stehen sie hinter den Gardinen und kühlen sich an den Scheiben die Stirn.

1. In den Texten auf S. 396 ff. wird auf unterschiedliche Weise versucht, den Massenmord an der jüdischen Bevölkerung zu einem Thema der Literatur zu machen.
   a) Beschreiben Sie die unterschiedlichen Versuche und ihre Wirkung auf Sie.
   b) Tauschen Sie sich darüber aus, welcher Text Sie am stärksten beeindruckt, und vergleichen Sie die Wirkung mit anderen künstlerischen Versuchen, den Holocaust zu thematisieren (Filme, Bilder).
2. Erarbeiten Sie Darbietungsmöglichkeiten für die vier Texte, die Ihnen angemessen erscheinen.

Zeitkritik und Sprachartistik

Ingeborg Bachmann

Reklame (1956)

Wohin aber gehen wir
ohne sorge sei ohne sorge
wenn es dunkel und wenn es kalt wird
sei ohne sorge
aber
mit musik
was sollen wir tun
heiter und mit musik
und denken
heiter
angesichts eines Endes
mit musik
und wohin tragen wir
am besten
unsre Fragen und den Schauer aller Jahre
in die Traumwäscherei ohne sorge sei ohne sorge
was aber geschieht
am besten
wenn Totenstille

eintritt

Hans Magnus Enzensberger

Bildzeitung (1957)

Du wirst reich sein
Markenstecher Uhrenkleber:
wenn der Mittelstürmer will
wird um eine Mark geköpft
ein ganzes Heer beschmutzter Prinzen
Turandots Mitgift unfehlbarer Tip
Tischlein deck dich:
du wirst reich sein.

Manitypistin Stenoküre
du wirst schön sein:
wenn der Produzent will
wird dich Druckerschwärze salben
zwischen Schenkeln grober Raster
mißgewählter Wechselbalg
Eselin streck dich:
du wirst schön sein.

Sozialvieh Stimmenpartner
du wirst stark sein:
wenn der Präsident will
Boxhandschuh am Innenlenker
Blitzlicht auf das Henkerlächeln
gib doch Zunder gib doch Gas
Knüppel aus dem Sack:
du wirst stark sein.

Auch du auch du auch du
wirst langsam eingehn
an Lohnstreifen und Lügen
reich, stark erniedrigt
durch Musterungen und Malz-
kaffee, schön besudelt mit Straf-
zetteln, Schweiß,
atomarem Dreck:
deine Lungen ein gelbes Riff
aus Nikotin und Verleumdung
Möge die Erde dir leicht sein
wie das Leichentuch
aus Rotation und Betrug
das du dir täglich kaufst
in das du dich täglich wickelst. R

Eugen Gomringer

3 variationen zu „kein fehler im system“ (1969)

1
kein fehler im system
kein efhler im system
kein ehfler im system
kein ehlfer im system
kein ehlefr im system
kein ehlerf im system
kein ehleri fm system
kein ehleri mf system
kein ehleri ms fystem
kein ehleri ms yfstem
kein ehleri ms ysftem
kein ehleri ms ystfem
kein ehleri ms ystefm
kein ehleri ms ystemf
fkei nehler im system
kfei nehler im system
kefi nehler im system
keif nehler im system
kein fehler im system

2
kein fehler im system
kein fehler imt sysem
kein fehler itm sysem
kein fehler tmi sysem
kein fehler tim sysem
kein fehler mti sysem
kein fehler mit sysem

3
kein system im fehler
kein system mir fehle
keiner fehl im system
keim in systemfehler
sein kystem im fehler
ein fehkler im system
seine kehl im fyrsten
ein symfehler im sekt
kein symmet is fehler
sey festh kleinr mime

1. a) Notieren Sie Ihr erstes Verständnis der drei Gedichte von Bachmann, Enzensberger (▷ S. 399) und Gomringer.
   b) Überprüfen Sie Ihr Primärverständnis der Gedichte durch eine detaillierte ▷ Analyse des inhaltlichen Aufbaus und der lyrischen Mittel. ▷ S. 220 ff.
2. a) Wenden Sie Gomringers Verfahren, einen Satz zu modifizieren, auf eines der Gedichte von Eich (▷ S. 392), Bachmann oder Enzensberger an.
   b) Vergleichen Sie Ihre Texte. Beschreiben Sie möglichst genau, welche Resultate Sie erzielt haben.

Wolfgang Koeppen

Das Treibhaus (1953)

Zu Beginn von Koeppens Roman reist der Bundestagsabgeordnete Keetenheuve im Nibelungenexpress nach Bonn. Er denkt über die Vergangenheit und über die Verhältnisse in der noch jungen Demokratie nach.

Was meinte das Volk, und wer war das eigentlich, das Volk, wer war es im Zug, wer auf der Straße, wer auf den Bahnhöfen, war es die Frau, die nun in Remagen die Betten ins Fenster legte, Geburtsbetten Kopulationsbetten Sterbebetten, Granatsplitter hatten das Haus getroffen, war es die Magd mit dem Melkeimer, die zum Stall wankte, so früh schon auf so früh schon müde, war er, Keetenheuve, das Volk? Er sträubte sich gegen den simplifizierenden Plural. Was sagte das schon, das Volk, war es eine Herde, zu scheren, zu scheuchen, zu leiten, setzte es sich aus Gruppen zusammen, die je nach Bedarf und nach der Sprechweise der Planer einzusetzen waren, in die Schlacht zu werfen, ins Grab zu treiben, der deutsche Junge im Einsatz, das deutsche Mädchen im Einsatz, oder waren Millionen von Einzelnen das Volk, Wesen ein jedes für sich, die für sich dachten, die selber dachten, die sich voneinander fort dachten, auseinander dachten, zu Gott hin dachten, zum Nichts hin oder in den Irrsinn hinein, die nicht zu lenken, nicht zu regieren, nicht einzusetzen, nicht zu scheren waren? Keetenheuve wäre es lieber gewesen. Er gehörte einer Partei an, die auf die Mehrheit setzte. Was meinte also das Volk? Das Volk arbeitete, das Volk bezahlte den Staat, das Volk wollte vom Staat leben, das Volk schimpfte, das Volk frettete sich so durch.

Es sprach wenig von seinen Deputierten. Das Volk war nicht so artig wie das Volk im Schullesebuch. Es fasste den Abschnitt Staatsbürgerkunde anders als die Verfasser auf. Das Volk war neidisch. Es neidete den Abgeordneten den Titel, den Sitz, die Immunität, die Diäten, den Freifahrschein. Würde des Parlaments? Gelächter in den Schenken, Gelächter auf den Gassen. Die Lautsprecher hatten das Parlament in den Stuben des Volkes entwürdigt, zu lange, zu willig war die Volksvertretung ein Gesangsverein gewesen, ein einfältiger Chor zum Solo des Diktators. Das Ansehen der Demokratie war gering. Sie begeisterte nicht. Und das Ansehen der Diktatur? Das Volk schwieg. Schwieg es in weiter wirkender Furcht? Schwieg es in anhänglicher Liebe? Die Geschworenen sprachen die Männer der Diktatur von jeder Anklage frei. Und Keetenheuve? Er diente der Restauration[1] und reiste im Nibelungenexpress.

Nicht alle Abgeordneten reisten im Bundesbahnbett. Andere kamen im Auto zur Hauptstadt gefahren, quittierten das Kilometergeld und standen sich gut dabei; sie waren die schärferen Hechte. Auf der Rheinstraße brausten die schwarzen Mercedeswagen neben dem Wasser stromabwärts. Stromabwärts der Schlick, stromabwärts das Treibholz, stromabwärts Bakterien und Kot und die Laugen der Industrie. Die Herren hockten neben ihrem Fahrer, sie hockten hinter ihrem Fahrer, sie waren eingenickt. Die Familie hatte einen strapaziert. Körperabwärts, unter dem Mantel, der Jacke, dem Hemd, lief der Schweiß. Schweiß der Erschöpfung, Schweiß der Erinnerung, Schweiß des Schlummers, Schweiß des Sterbens, Schweiß der Neugeburt, Schweiß des Wohingefahrenwerdens und wer weiß wohin, Schweiß der nackten, der bloßen Angst. Der Fahrer kannte die Strecke und hasste die Gegend. Der Fahrer konnte Lorkowski heißen und aus Masuren sein. Er kam aus den Tannenwäldern; da lagen Tote. Er gedachte der Seen in den Wäldern; da lagen Tote. Der Abgeordnete hatte ein Herz für die Vertriebenen. Das soll hier nun schön sein, dachte Lorkowski, ich scheiß doch auf den Rhein. *Er schiss auf den Rhein, Lorkowski, Abgeordnetenfahrer aus Masuren, Lorkowski, Leichenfahrer aus dem Gefangenenlager, Lorkowski, Sanitätsfahrer von Stalingrad, Lorkowski, NSKKfahrer aus Kraftdurchfreudetagen, alles Scheiße, Leichen Abgeordnete und Verstümmelte dieselbe Ladung, alles Scheiße, er schiss nicht nur auf den Rhein.*

Wolfgang Koeppen

1 **Restauration:** Wiederherstellung der alten politischen Ordnung nach einem Umsturz

1. a) Welchen Eindruck vom gesellschaftlichen und politischen Klima der frühen Jahre der Bundesrepublik vermittelt dieser Romanauszug?
   b) Charakterisieren Sie den Abgeordneten Keetenheuve und überlegen Sie, welcher Partei er angehören könnte.
   c) Untersuchen Sie die ▷ Erzählweise, die in diesem Auszug erkennbar wird. ▷ S. 169 ff.
   d) Machen Sie sich ein genaues Bild von der Komposition der Sätze, indem Sie den Text nach dem nachfolgenden Muster (▷ S. 402) typografisch umsetzen und zur Kennzeichnung der rhetorischen Mittel farbig bearbeiten. Erörtern Sie anschließend die erzählerische Intention der rhetorischen Gestaltung.

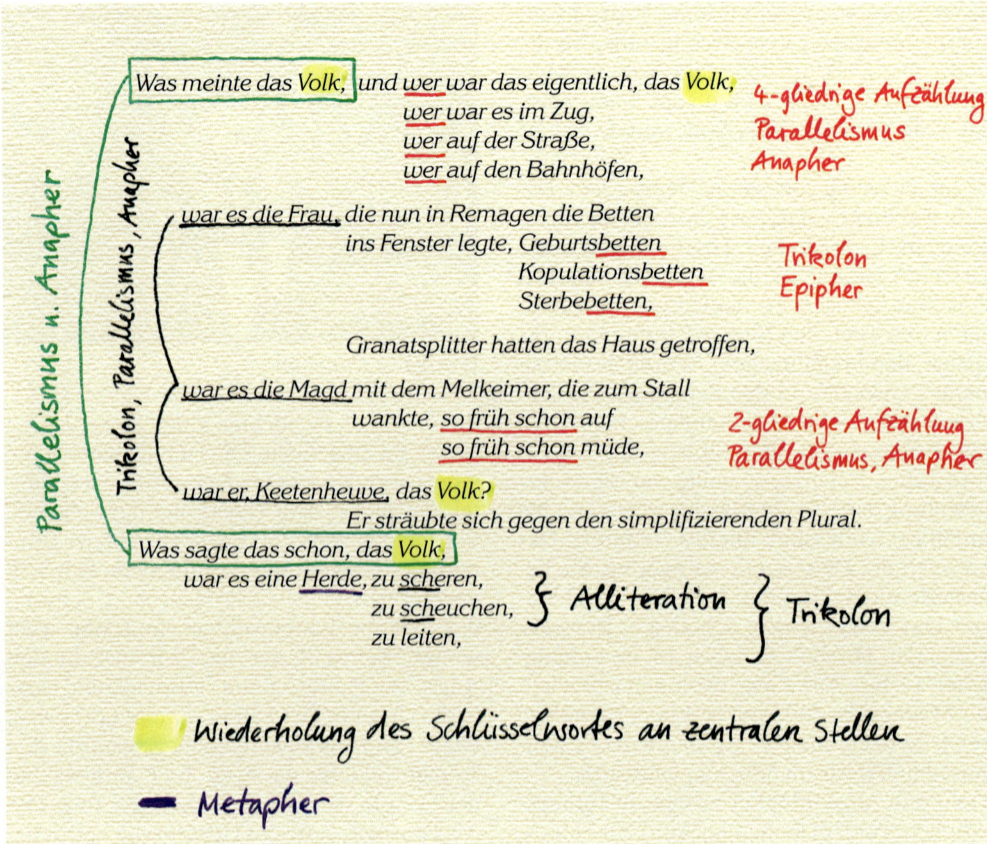

2. Informieren Sie sich in einem Romanführer oder in „Kindlers Literaturlexikon" über Wolfgang Koeppens Roman „Das Treibhaus".

Helga M. Novak

Feldwege zementiert (1978)

drei Meter breit sind die Feldwege
gebaut nach dem Muster von H-s Autobahn
eine Lage Schotter eine Lage Schutt
oder wie heißt der Bruchstein
zwischen jenen Schienen und Bohlen,
darüber dann zähflüssig Gemischtes
das immer heller wird unter der Sonne
unterbrochen von weichen Streifen aus Teer
schlecht gelaunt und mit brennenden Sohlen
marschiere ich blindlings durch Felder
das schneeige Band aus Beton flimmert
und mir zittern die Knie die Beine
auf dieser steinernen Brücke über die Natur

Ulla Hahn

Schöne Landschaft (1985)

Mitunter tut sich
der Himmel auf
zeigt sein Geheimnis
im Spiegel der Erde
Zeigt uns was
wir noch übrig ließen
von der Erde die einmal
sein Ebenbild war.

1. Setzen Sie die Gedichte von Helga M. Novak und Ulla Hahn in Bezug zu Ihnen bekannten Umweltproblemen.
2. Entwerfen Sie ein Wandbild mit einem der Gedichte im Mittelpunkt und passenden Abbildungen (z. B. aus Illustrierten).

Selbstfindung und Beziehungen

Ulla Hahn

Lied der Amsel (1995)

Flieg mit mir hinauf
auf diesen Ast und schau
auf dich hinunter:
Auf dich in den Blumen
auf dich in den Steinen
im Gras am Wasser
auf dich unterm Baum
du hier oben und
du da unten:
Das ist alles

Sarah Kirsch

Zuversicht (1974)

Er schläft und schläft.
Ich kann ihn nicht wecken.
Es wächst schon Moos
Aus allen Ecken.
Mein Haar wird groß
Ich wickle ihn ein.
Was soll werden? Es fiel mancher Stein
Ihm auf den Rücken
Ich kann mich nicht bücken.
Ich kann auch nicht warten. Ich pfeife.
Doch aus den Ohren wuchern ihm Büsche
und ich begreife:
Will ich seine schönbunten Augen jetzt sehen
Muß ich für Tage vonhinnen gehen.
Erst wird ers nicht wissen.
Später vermissen
Auf wird er springen
Vögel rieseln aussem Hemd
Die werden singen
Indes er sich kämmt
Eilenden Fußes die Berge durchsprengt.
Bald wird er mich finden
Gleich Unter den Linden. R

Friederike Mayröcker

falsche Bewegung (1981)

gestern
beim Auseinander-
gehen haben wir uns
beide Hände
gegeben –
aber nicht die Lippen
zum Kusz –
: eine plötzlich erstarrte
Umarmung?
frage ich mich
ruhelos
und in Tränen /
du blickst
ohne Lächeln
über die Schulter zurück

Erich Fried

Was es ist (1983)

Es ist Unsinn
sagt die Vernunft
Es ist was es ist
sagt die Liebe

Es ist Unglück
sagt die Berechnung
Es ist nichts als Schmerz
sagt die Angst
Es ist aussichtslos
sagt die Einsicht
Es ist was es ist
sagt die Liebe

Es ist lächerlich
sagt der Stolz
Es ist leichtsinnig
sagt die Vorsicht
Es ist unmöglich
sagt die Erfahrung

Es ist was es ist
sagt die Liebe

1. Vergleichen Sie die vier Gedichte auf S. 403.
   - Was versteht die jeweilige Sprecherin/der jeweilige Sprecher unter Liebe?
   - Untersuchen Sie die Funktionen der sprachlichen Bilder.
   - Beschreiben Sie die jeweilige lyrische Form.
2. a) Tragen Sie eines der Gedichte laut vor.
   b) Begründen Sie Ihre Auswahl. Gehen Sie dabei auf den Inhalt, die sprachliche Gestaltung und die lyrische Form ein.

Angelika Mechtel

Katrin (1976)

Ich habe seine Kinder geboren. Ich habe mich eingeordnet. Ich habe versucht, ihn zu sehen, wie ich sah, dass meine Mutter ihren Mann gesehen hatte. Ich habe gelernt, Windeln zu waschen, Kinder zu trösten und Ordnung zu halten.

Ich habe einmal Mathematik und Latein gelernt, Physik und Französisch. Ich war eine mittelmäßige Schülerin. Ich habe mich streicheln lassen und schlagen. Ich habe zurückgeschlagen; habe gelernt, dass er mir überlegen ist.

Ich habe meinen Leib beobachtet, wie er anschwoll. Ich habe die Geburten überstanden; habe mir gesagt, dafür bist du eine Frau. Ich habe mir zugeredet, ich wollte glücklich sein. Ich habe ihn zur Arbeit geschickt und das Essen gekocht.

Ich habe seine Angst gesehen, als ich im Fieber lag, und seine Ungeduld, wenn das Baby schrie.

Ich habe zugelassen, dass er meine Mutter fortschickte, weil sie in der Ein-Zimmer-Wohnung die Windeln am Ofen trocknete und die Milch vors Fenster stellte. Ich habe gelernt, dass er sagen durfte, was er dachte: Was sollen die Leute von uns denken? Ich habe nichts begriffen. Ich habe mich eingelebt.

Ich habe nach seinem Ärger gefragt. Ich habe ihm zugehört; habe seinen Chef begrüßt, Kollegen bewirtet.

Ich habe mich von seiner Mutter belehren lassen. Ich war freundlich zu ihr. Ich habe von ihr gelernt, wie er gewohnt war zu leben und was er am liebsten aß. Ich habe mich darauf eingestellt. Ich habe mir sagen lassen, wie sie ihre Kinder erzogen hat. Ich habe meinen Kindern beigebracht, bitte zu sagen und danke, einen Knicks zu machen oder einen Diener, die schöne Hand zu geben und Weihnachtslieder zu singen. Ich habe ihren Sohn kennen gelernt. Ich habe Angst gehabt.

Ich habe versucht, verständig zu sein und Nachsicht zu üben. Ich habe die Fehler bei mir gesucht. Ich habe immer gehofft, dass er auch mein großer Bruder sein könnte. Davon habe ich ihm nie etwas gesagt.

Ich habe ihm gesagt, dass ich ihn liebe. Ich habe Zärtlichkeit gelernt; habe die Kinder in Schutz genommen, wenn er wütend war; habe gelernt, dass er wütend sein durfte. Ich habe es mir erklären können. Ich bin nicht verzweifelt. Ich habe mir gesagt, dass ich glücklich bin.

Ich war glücklich, wenn er mich in seinen Armen begrub, wenn er freundlich war. Ich habe ihn trösten können, habe ihm Mut zugesprochen. Ich hatte mir einen sanften Mann gewünscht. Ich habe in geschlossenen Räumen geweint. Ich habe gewusst, dass Depressionen krankhaft sind. Ich habe mich allein gefühlt. Ich habe mir Mut gemacht. Ich habe gesehen, wie meine Hände den Händen meiner Mutter ähnlich wurden; habe mir gesagt, dass die täglichen Niederlagen nichts sind gegen meine Zuneigung. Ich habe mich nicht gefragt.

Wir haben die Anfänge überstanden. Ich habe gelernt, mit seinen Ängsten zu leben. Ich habe ihn geweckt, wenn er nachts in seinen Träumen schrie, habe ihm gesagt: Ich bin es. Ich habe mir seine Träume erzählen lassen. Ich habe zugehört. Ich habe gelernt, auch seine Schwester zu sein. Ich habe mir sagen lassen, dass ich eine mütterliche Ausstrahlung hätte. Ich habe mir gedacht, du musst warm und weich sein wie ein Muttertier; du musst eine Höhle sein. Ich habe unsere Kinder geliebt. Zuflucht, habe ich gedacht. Ich habe mich preisgeben wollen, aber ich habe es nicht gekonnt. Ich habe mich schuldig gefühlt.

Ich habe mir vorgestellt, dass es vorübergeht,

dass wir älter werden und ruhiger. Ich habe gelernt, dass ich einen Mann nicht mehr ändern kann. Ich habe mich nicht daran gehalten.
Ich habe gelernt, Latein zu vergessen und die höhere Mathematik.
Ich habe ihm Mut zugesprochen, als er arbeitslos wurde. Ich habe gelernt, Umzüge zu organisieren, Wohnungen einzurichten und mit dem Geld auszukommen. Ich habe die Krankheiten unserer Kinder überstanden. Ich habe Träume gehabt.
Ich habe Tabletten geschluckt gegen Kopfschmerzen, Tabletten gegen Schlaflosigkeit; ich habe Rückenschmerzen behandeln lassen und Blutarmut. Ich war eine Schlafwandlerin. Ich habe streiten gelernt; habe Grabenkämpfe geführt. Ich bin in die Verweigerung gegangen, ich habe kein Wort mehr mit ihm gesprochen. Ich bin wütend geworden, wenn er wütend war. Ich habe mir gewünscht, dass die Kinder schnell groß werden.
Ich habe kapituliert, habe mir die Pulsadern aufgeschnitten, aber ich habe nicht sterben wollen. Ich habe es zugelassen, dass er mir den Arm abband; dass er für den Hausarzt einen Unfall erfand. Ich habe gehofft, dass einer fragen würde.
Ich habe mich selbst gefragt.
Wir haben es überstanden. Ich habe ihm den beruflichen Erfolg gewünscht. Ich habe um zwei Kindergartenplätze gekämpft; habe die Oberschwester mit Geschenken bestochen. Ich habe die Pille genommen. Ich habe mir gesagt: Du kannst keine Angst mehr haben. Ich habe meine Gefühle abgewehrt; ich habe eine Grenze gezogen. Ich habe nicht mehr zugelassen, dass mich einer verletzt.
Ich habe Schreibmaschine schreiben gelernt und Stenografie. Ich habe eine Arbeit angenommen. Ich habe Selbstvertrauen gewinnen wollen. Ich habe Geld nach Hause gebracht. Zu Weihnachten habe ich einen Kreislaufkollaps überwunden.
Ich habe halbtags gearbeitet wegen der Kinder.

Angelika Mechtel

Wir haben uns Urlaub leisten können und Anschaffungen. Wir sind vorangekommen. Ich habe nicht auf die Zeit geschaut. Ich habe gesagt: Die Neunzig-Stunden-Woche bringt mich nicht um.
Meine Hoffnungen habe ich nicht aufgegeben, ich habe sie verschüttet.
Wir haben ein Haus gebaut; haben die Kinder aufs Gymnasium geschickt. Wir sind dem Elternbeirat beigetreten. Wir haben uns engagiert, wo wir selbst betroffen waren. Wir haben es vermieden, Erinnerungen nachzuhängen. Ich habe mich arrangiert; habe gelernt, mit seinem Temperament umzugehen. Ich bin nicht untergegangen. Ich habe wieder Latein und Mathematik gelernt, als die Kinder es lernten.
Ich habe es nicht aufgegeben, mich von meinem Glück zu überzeugen. Ich bin hartnäckig gewesen. Ich habe es für mich behalten. Unsere Tochter habe ich zum Protest erzogen.
Ich habe gelernt, allein zu sein.
Gestern habe ich meine Tochter in Begleitung eines jungen Mannes gesehen. Ich habe ihm davon erzählt. Ich habe gesagt: Sie ist dir ähnlicher als mir. Ich habe mich gefragt, ob das eine Chance ist.

1. a) Notieren Sie die Gedanken und Empfindungen, die der Text von Angelika Mechtel bei Ihnen auslöst.
   b) Besprechen Sie Ihre Aufzeichnungen, auch im Hinblick auf geschlechtsspezifische Reaktionen.
2. Analysieren Sie die erzählerischen Mittel, die den Text kennzeichnen. Achten Sie dabei besonders auf die Funktion der Wiederholungen.
3. Diskutieren Sie, ob und inwiefern sich die Frauenrolle in unserer Gesellschaft seit der Erscheinen dieses Textes 1976 verändert hat.

Gerold Späth

Angela Sutter – Ein Lebenslauf (1980)

Ich bin jetzt 17, bald 18. Ich habe keine Lust, meinen Senf plattzustreichen. Da heißt es höchstens, er sei noch grün. Ich stelle nur fest: Wir Jungen haben je länger, je weniger eine wirkliche Chance. Die Chancen der Jungen waren noch nie so gering, entgegen allem Anschein. Es heißt: Die Welt steht euch offen! Man bildet euch aus, man fördert euch, man hat tausenderlei Gesetze zu eurem Wohl erkämpft, noch nie hat es eine Jugend so leicht gehabt, noch nie ist eine Jugend so verwöhnt worden, noch nie war die Welt so jung!
Was man nicht alles sagen kann!
Ich sehe die Zukunft so zugemauert, wie die Landschaft hier zugemauert worden ist. Es ist alles durchorganisiert. Die Wände sind zwar nicht mehr kerkerfeucht, sie sind augenfreundlich. Eingesperrt und isoliert bist du aber mehr denn je. Wie zum Hohn heißt es noch, man werde uns dereinst eine Welt übergeben, die besser sei als damals, als man sie seinerseits von den Alten übernommen habe. Popanz mit Windloch! Erstens übergibt man uns rein gar nichts, wir müssen kriechen, sonst sind wir out. Und zweitens ist das keine Welt mehr, sondern ein Berufssklavengewimmel. Und drittens wollen die uns einreden, diese von ihnen angerichtete Sauerei sei unsere Welt.
Sorry, Sir! Ich brauche mir nur meine Schule in ihrer verheerenden Leerlauffreudigkeit anzusehen. Die Reportagen über Jugendliche in New York oder über die Sauereien mit dem Wal, mit dem Erdöl, mit Südamerika und so weiter brauche ich gar nicht. Ich muss nur den Lehrern ins Gesicht sehen, wenn sie uns, weil sie dafür bezahlt werden, den Unflat verkaufen, an dem sie selbst ersticken, diese gekauften Feiglinge.
Was ist „die Welt“? Diese kontinuierlich von Flachkopftechnokraten und perversen Hochleistungsfetischisten im Kreis herumjagende Irrwitzgesellschaft?
Ich will Jugendanwältin werden, sofern ich es aushalte. Falls ich nicht durchhalte, bin ich zur Auswanderung in hoffentlich lange noch nicht „entwickelte“ Gebiete entschlossen. Ich werde den Grad der mir angetanen persönlichen Vergewaltigung durch die herrschende Industriegesellschaft und ihre Zivilisation zurückdrehen. Ich bin mir trotz aller Zwänge und des idiotischen Drucks zu schade für den Schuss, für die totale Verweigerung, noch zu schade und hoffentlich lange noch.

1. a) Mit welchen unterschiedlichen gesellschaftlichen Normen sieht sich die jugendliche Ich-Erzählerin konfrontiert?
   b) Wie formuliert sie ihre Zukunftsperspektiven?
2. Den fiktiven Lebensläufen Gerold Späths liegt folgende Aufforderung zu Grunde: „Hier ist ein Blatt Papier, nimm das Blatt Papier und schreib etwas auf aus deinem Leben, oder schreib deinen Lebenslauf auf, oder schreib einfach auf, was du jetzt gerade denkst …“ Verfassen Sie selbst einen Text nach dieser Anweisung.

Strömungen und Tendenzen in der westdeutschen Literatur

In den Westzonen bzw. der Bundesrepublik Deutschland beherrschten zunächst keineswegs die zurückkehrenden Exilautoren die literarische Szene. Zu ihrer Enttäuschung waren ihre Erfahrung und ihr Beitrag beim Aufbau einer neuen demokratischen Kultur nicht gefragt. Das Interesse des Lesepublikums wandte sich stärker den Schriftstellern der so genannten ▷ „inneren Emigration“ zu. ▷ S. 378 ff. Eine Ausnahme bildete THOMAS MANN, der zwar auch politischen Verdächtigungen und Anfeindungen ausgesetzt war, dessen Werk aber in den 50er-Jahren fester Bestandteil des Literaturkanons wurde und als deutscher Beitrag zur Weltliteratur galt. Die neue Generation der Nachkriegsautoren sah sich vorerst außer Stande, Bilanz ziehende Romane, wie sie in der ▷ Weimarer Republik entstanden waren, vorzulegen. ▷ S. 367 ff. Ihre bevorzugte Form war die **Kurzgeschichte** in Anlehnung an die amerikanische Short Story. Diese Form ermöglichte knappe Wirklichkeitsausschnitte, Bestandsaufnahmen der in Trümmern liegenden Alltagswelt. Der Begriff der **Trümmer- oder Kahlschlagliteratur** wurde dafür geprägt.

Einige der Nachkriegsautoren trafen sich mit Kritikern einmal jährlich zu Lesungen und Diskussionen, aus diesen Treffen entwickelte sich die so genannte **Gruppe 47,** die bis zu ihrer Auflösung 1967 großen Einfluss auf das literarische Leben in der Bundesrepublik hatte. Diese ganz informelle Gruppe, die sich nie als Verband oder Verein verstand, bildete so etwas wie ein Zentrum literarischer Opposition gegen die gesellschaftliche Restauration in der Adenauer-Ära. Die Zeit der kritischen Auseinandersetzung mit der politisch-sozialen Entwicklung in Westdeutschland und die Aufarbeitung der nationalsozialistischen Vergangenheit begann auf breiter literarischer Front erst Ende der 50er-Jahre. 1959 erschienen „Billard um halb zehn" von HEINRICH BÖLL und „Die Blechtrommel" von GÜNTER GRASS, zwei Romane, die Zeitkritik und moderne Erzähltechnik verbanden. Vorläufer dieser Neuentwicklung in der Literatur der BRD waren die Romane Wolfgang Koeppens zu Anfang der 50er-Jahre. Ansonsten wendete sich die Literatur dieses Jahrzehnts von gesellschaftlich-politischen Fragen, von der zeitgenössischen Wirklichkeit ab. Tonangebend in der Lyrik war GOTTFRIED BENN, der eine Zeitlang mit dem Nationalsozialismus sympathisiert hatte und nun in der Abkehr von allem Politischen ein Bekenntnis zum **„absoluten Gedicht"** ablegte: Im absurden Lauf der Geschichte leuchte sinnhaft nur das dichterische Wort auf. Ergänzt wurde diese Tendenz durch ein bildmächtiges, ▷ expressionistischen Traditionen verhaftetes Sprechen im Gedicht und durch die optisch bzw. akustisch mit dem Material der Sprache spielenden Gebilde der **konkreten Poesie.** Auch auf dem Gebiet des Dramas stand das avantgardistische Formexperiment im **absurden Theater** mit seinen witzig-grotesken Szenarien und Ritualen im Vordergrund. ▷ S. 356 ff.

Die um 1960 einsetzende **Politisierung der Literatur** zeigte sich nicht nur in den zeitkritischen Romanen einiger Autoren der Gruppe 47, die damit der neuen deutschen Literatur auch international Ansehen verschafften, sondern auch in der Lyrik und im Drama. Das **politische Gedicht** gewann wieder wie in den 20er-Jahren, zur Zeit der ▷ „Neuen Sachlichkeit", an Bedeutung. Eines der Vorbilder für diese Art von gesellschaftlich engagierter Dichtung, das Werk BERTOLT BRECHTS, wurde nun in Westdeutschland zur Kenntnis genommen, die Brecht'schen Stücke setzten sich auf den Theaterspielplänen durch und wurden wie die Werke anderer aufklärerisch-gesellschaftskritischer Autoren der Weimarer Zeit und des Exils zur Schullektüre. Neben Brechts Stücken hielten zwei weitere Neuerungen auf den Bühnen Einzug: das **politische Dokumentartheater,** in dem zeitgeschichtliche Themen unter Verwendung von authentischem Material aufgearbeitet wurden, und das **kritisch-realistische Volksstück**. Zum ersten Mal wandte sich eine Gruppe von Autoren auch gezielt der Arbeitswelt zu, den Fabriken und Großraumbüros, die bis dahin in der Literatur kaum thematisiert worden waren (Dortmunder Gruppe 61). Ende der 60er-Jahre erreichte dieser Politisierungsprozess seinen Gipfelpunkt; in dem von HANS MAGNUS ENZENSBERGER herausgegebenen Kulturmagazin „Kursbuch" wurde der Tod der politisch ohnmächtigen Literatur verkündet und zur direkten gesellschaftsverändernden Aktion aufgerufen. ▷ S. 367 ff.

In den 70er-Jahren, in denen es der sozialliberalen Regierung gelang, die rebellischen Kräfte der APO (Außerparlamentarische Opposition) und der Studentenbewegung aufzufangen, setzte sich eine neue literarische Tendenz durch. Die nüchterne Erkenntnis, dass eine gelungene Synthese von Demokratie und Sozialismus, die Leitbild des Engagements in den 60er-Jahren gewesen war, vorerst bloße Utopie blieb, führte zu einer Rückbesinnung auf das eigene Ich, zu einer **neuen Subjektivität** der Literatur. Romane der Selbstfindung und verschiedene Formen autobiografischen Schreibens bestimmten die literarische Szene. Wichtige Impulse gingen dabei von den Schriftstellerinnen der neuen Frauenbewegung aus, die in einer dritten Welle nach der Zeit des ▷ Vormärz und der ▷ Jahrhundertwende für die Emanzipation der Frau auf allen Lebensgebieten kämpfte. Im Bereich der Lyrik war die Zeit des politischen Gedichts und der Protestsongs der Liedermacher vorbei. Erfahrungssplitter und persönliche Impressionen wurden in so genannten **Alltagsgedichten** thematisiert. ▷ S. 315 ff., 343 ff.

In den 80er-Jahren setzte sich die Tendenz, die eigene Lebensgeschichte schreibend zu verarbeiten, in Werken fort, in denen eine Auseinandersetzung mit der Väter-Generation stattfand („Väter-Literatur"). Das auffallendste Schlagwort für die Literatur dieser Zeit war indessen **„Postmoderne",** ein schillernder, vom Wortsinn her paradox erscheinender Begriff. Gemeint ist damit, dass in der jüngsten Zeit die geistigen und kulturgeschichtlichen Erscheinungen, die Kennzeichen der Moderne waren, keine prägende Kraft mehr haben. Ein einheitliches Sinn stiftendes Zentrum, wie es seit der ▷ Aufklärung z. B. das „Subjekt" als Bezugspunkt aller Literatur gewesen war, scheint aufgegeben worden; auch die für die Moderne kennzeichnenden avantgardistischen Bewegungen, die mit ihren Provokationen auf Kritik am Bestehenden, auf Reflexion und Änderung der Zustände abzielten, scheinen ihren Reiz verloren zu haben. Typisch für die als postmodern aufgefasste Literatur ist das Spiel mit tradierten Mustern, Mythen und Motiven. So lässt zum Beispiel PATRICK SÜSKIND in seinem Roman „Das Parfüm" den ▷ auktorialen Erzähler des 19. Jahrhunderts auferstehen, ohne damit an literarische Konzepte dieser Zeit anknüpfen zu wollen. In der Lyrik ist man, nachdem das moderne Gedicht zu einer nur vom individuellen Ausdruck bestimmten freien Form gefunden hatte, zu den traditionellen Gestaltungsmitteln gebundener Sprache, Reim und Metrum, zurückgekehrt, sieht darin aber etwas Spielerisch-Komisches. Bewusst gegen den Geist der Moderne gerichtet sind die Versuche einzelner Schriftsteller, ein letztlich romantisches Verständnis von Dichtung wieder aufleben zu lassen und einen neuen alten Ton des Erhabenen und Schönen anzuschlagen (Botho Strauß, Peter Handke).

▷ S. 260 ff.
▷ S. 170

Wichtige Autorinnen/Autoren und Werke:

Thomas Mann (1875–1955): Doktor Faustus; Felix Krull (Romane)
Gottfried Benn (1886–1956): Gedichte
Marie Luise Kaschnitz (1901–1974): Gedichte; Kurzgeschichten und Erzählungen
Wolfgang Koeppen (1906–1996): Das Treibhaus; Der Tod in Rom (Romane)
Günter Eich (1907–1972): Hörspiele; Gedichte; Kurzgeschichten
Max Frisch (1911–1991): Stiller; Homo faber; Mein Name sei Gantenbein (Romane); Biedermann und die Brandstifter; Andorra (Dramen); Tagebücher
Alfred Andersch (1914–1980): Sansibar oder Der Letzte Grund; Der Vater eines Mörders (Romane)
Peter Weiss (1916–1982): Die Ermittlung (Dokumentarstück)
Heinrich Böll (1917–1985): Billard um halb zehn; Ansichten eines Clowns (Romane); Die verlorene Ehre der Katharina Blum (Erzählung); Kurzgeschichten und Satiren
Paul Celan (1920–1970): Gedichte
Wolfgang Borchert (1921–1947): Draußen vor der Tür (Drama); Kurzgeschichten
Erich Fried (1921–1988): Gedichte
Friedrich Dürrenmatt (1921–1991): Der Besuch der alten Dame; Die Physiker (Dramen); Der Richter und sein Henker; Der Verdacht (Romane)
Ingeborg Bachmann (1926–1973): Gedichte
Siegfried Lenz (geb. 1926): Deutschstunde (Roman); Erzählungen
Martin Walser (geb. 1927): Ehen in Philippsburg; (Roman); Das fliehende Pferd (Novelle)
Günter Grass (geb. 1927): Die Blechtrommel; Der Butt; Die Rättin; Ein weites Feld (Romane); Katz und Maus (Novelle)
Hans Magnus Enzensberger (geb. 1929): Gedichte; Essays
Rolf Hochhuth (geb. 1931): Der Stellvertreter (Dokumentarstück), Eine Liebe in Deutschland (Roman)
Gabriele Wohmann (geb. 1932): Kurzgeschichten
Elisabeth Plessen (geb. 1944): Mitteilung an den Adel; Kohlhaas (Romane)

(Einige Autoren, die nicht in der Bundesrepublik leben/lebten und Staatsbürger anderer Länder sind/waren, werden in der Übersicht mit aufgeführt, da ihre Werke in Westdeutschland erschienen und das literarische Leben dort stark beeinflussten.)

5.1.2 Literatur in der Deutschen Demokratischen Republik

Auseinandersetzung mit dem Faschismus

In der sowjetischen Besatzungszone und der frühen DDR wurde die Literatur zunächst über einen längeren Zeitraum nachhaltig von den zurückgekehrten Emigranten beeinflusst (ANNA SEGHERS, BERTOLT BRECHT, LUDWIG RENN, ERICH WEINERT, JOHANNES R. BECHER u.a.).
Es gab keine Diskussion um die „Stunde Null“, stattdessen stand die Literatur – noch bis weit in die 60er-Jahre hinein – hauptsächlich im Zeichen der Auseinandersetzung mit dem Faschismus.

Anna Seghers

Wichtige Autorinnen/Autoren und Werke:

Ludwig Renn (1889–1979): Der spanische Krieg (Autobiografie)
Bruno Apitz (1900–1979): Nackt unter Wölfen (Roman)
Franz Fühmann (1922–1984): Das Judenauto (Erzählsammlung)
Dieter Noll (geb. 1927): Die Abenteuer des Werner Holt (Roman)

Johannes R. Becher

Die Asche brennt auf meiner Brust
(1948)

Die Asche brennt auf meiner Brust,
Ich weiß, ich hab davon gewusst
Und ließ das Opfer fahren.
Ich habe nicht die Hand gerührt,
Nur ab und zu hab ich gespürt,
Dass wir einst – Menschen waren.

Auf meiner Brust die Asche brennt,
Ich fleh empor zum Firmament,
Mich schuldig zu bekennen.
Des Opfers Name wird genannt
Und lässt, tief in mir eingebrannt,
Mein Herz vor Scham verbrennen …

Johannes R. Becher

Ihr Mütter Deutschlands …
(1946)

Ihr Mütter Deutschlands, die ihr habt verloren
Im Zweiten Weltkrieg eure Söhne, hört:
Der euch gefallen ist, wird neu geboren,
Und euer Heiligtum bleibt unzerstört,

Wenn ihr gewillt seid, Deutschland zu erretten,
Und gebt der Freiheit euer Mutterwort –
Dann schwebt ein Segen über Trümmerstätten
Und in uns leben eure Söhne fort!

Johannes Bobrowski
Bericht (1961)

Bajla Gelblung,
entflohen in Warschau
einem Transport aus dem Ghetto,
das Mädchen
ist gegangen durch Wälder,
bewaffnet, die Partisanin
wurde ergriffen
in Brest-Litowsk,
trug einen Militärmantel (polnisch),
wurde verhört von deutschen
Offizieren, es gibt
ein Foto, die Offiziere sind junge
Leute, tadellos uniformiert,
mit tadellosen Gesichtern,
ihre Haltung
ist einwandfrei.

1. a) Vergleichen Sie die drei Gedichte von Becher (▷ S. 409) und Bobrowski im Hinblick auf die Art und Weise der Auseinandersetzung mit dem Faschismus.
   b) Untersuchen Sie die sprachliche Form der Gedichte.
2. Erörtern Sie, inwieweit die von Becher verwendeten sprachlichen Muster dem Thema gerecht werden.

Sozialistischer Realismus

Der größte Teil der Literatur der 50er- und der frühen 60er-Jahre gehört zur so genannten **Produktionsliteratur.** Dabei kann man zwei Entwicklungsphasen unterscheiden: die **Aufbauliteratur** der 50er- und die **Literatur des Bitterfelder Weges** Anfang der 60er-Jahre.
Der 3. Parteikongress der SED 1953 forderte von der Literatur eine Orientierung am Aufbau des neu gegründeten DDR-Staates. Der positive Arbeitsheld sollte im Mittelpunkt der Werke stehen, die Literatur hatte die Aufgabe, Arbeitsfreude und Optimismus zu vermitteln.
Nach der 1. Bitterfelder Kulturkonferenz 1959 entwickelte sich die zweite Phase der Produktionsliteratur, die Literatur des Bitterfelder Weges. Die Arbeiter selbst wurden zum Schreiben ermuntert unter der Losung „Greif zur Feder, Kumpel – die sozialistische Nationalliteratur braucht dich!“ (Alfred Kurella). Berufsschriftsteller forderte man auf, sich durch Betriebsaufenthalte stärker als bisher mit der realen Arbeitswelt vertraut zu machen und darüber zu schreiben.
Als verbindlicher Schreibstil galt seit Beginn der 50er-Jahre der **sozialistische Realismus** mit Prinzipien wie: direkte Widerspiegelung der gesellschaftlichen Realität, Verständlichkeit der Literatur für jedermann, Darstellung einer positiven Zukunftsperspektive. Bestimmend waren dabei die dargestellten Inhalte, während die Form völlig untergeordnet sein sollte.

Wichtige Autoren und Werke der Aufbauliteratur:

Friedrich Wolf (1888–1953): Bürgermeister Anna (Drama)
Eduard Claudius (1911–1976): Menschen an unserer Seite (Roman)
Erwin Strittmatter (1912–1994): Katzgraben (Komödie)
Erich Loest (geb. 1926): Das Jahr der Prüfung (Roman)
Heiner Müller (1929–1995): Der Lohndrücker (Drama)

Wichtige Autoren und Werke des Bitterfelder Wegs:

Peter Hacks (1928–2003): Die Sorgen und die Macht (Drama)
Erik Neutsch (geb. 1931): Spur der Steine (Roman)
Franz Fühmann (1922–1984): Kabelkran und Blauer Peter (Reportagen)
Erwin Strittmatter (1912–1994): Ole Bienkopp (Roman)
Heiner Müller (1929–1995): Die Umsiedlerin oder Das Leben auf dem Lande (Drama)

Friedrich Wolf

Bürgermeister Anna (1950)
Erstes Bild

[Die 23-jährige Anna wird 1946 Bürgermeisterin in einem Dorfe. Sie löst den Großbauern Lehmkuhl in dieser Funktion ab. Anna will vieles verändern; sie setzt sich u. a. auch für einen Schulneubau ein. Im folgenden Auszug unterhält sich Anna mit ihrem heimgekehrten Freund Jupp Ucker.]

Jupp tritt schnell ein, geht auf Anna zu.

JUPP: Na also, Anne, bist wieder vernünftig?

ANNA: Setz dich, Jupp.

JUPP: Die draußen warten auf uns.

ANNA: Die draußen... freust dich gar nicht was auf mich?

JUPP *springt auf, umarmt sie*: Anne!

ANNA *nachgebend*: So lange warst du fort, Jupp.

JUPP: Und jetzt bin ich hier! Siehst du, Anne, die ganzen Jahre hab ich mich nachts oft herumgewälzt vor dem einen Augenblick, dass ich dich wieder hab, Anne, ganz nah...

ANNA: Ja?

JUPP: Und da bist du wie ein Eiszapfen, Anne, und machst solche Sprüch, du ... – *schaut sie an* – Bürgermeisterin? Doch jetzt Schluss mit dem Unsinn!

ANNA: Lassen wir das, Jupp!

JUPP *missverstehend*: Richtig, lassen wir das! Du bist mein liebes, strammes Mädel, so wie ich dich kenne und draußen von dir träumte.

ANNA: Hast du wirklich von mir geträumt, Jupp?

JUPP: Und ob!

ANNA: So wie du mich kanntest?

JUPP: Genau so!

ANNA: Und wenn ich inzwischen etwas anders geworden bin?

JUPP: Bist mit 'nem andern gegangen?

ANNA *lächelnd*: Muss es denn immer das sein, Jupp? – Sieh mal, Jupp, die sechs Jahre waren eine furchtbar lange Zeit. Für euch war das so: Ihr seid draußen marschiert im Schnee und in der Wüstensonne, ihr habt geschossen, wurdet verwundet und seid wieder marschiert; aber um euer eigentliches Leben hattet ihr euch nicht groß zu sorgen, um Essen, Wohnen, Arbeit; für uns hier fing das Leben aber damit erst an.

JUPP: Womit?

ANNA: Mit all dem, was uns so verändert hat. Da war zum Beispiel nach so 'ner Bombennacht mein Baubüro ein einziger Schutthaufen, und ich stand auf der Straße wie ein Neugeborenes, ohne alles; nun kam ich als Schreibhilfe in eine Lederfabrik, nach vier Wochen war die auch bloß noch 'ne Steinsammlung; so ging's ein halbes Dutzend Mal, überall standen die Mädels in langer Schlange, wartend, mit harten Ellenbogen; zuletzt wurde ich Maurerlehrling.

JUPP: Alle Achtung, hätt dich mal mauern sehen mögen!

ANNA: Das kannst du gleich hier. Denn am Kriegsende war's auch damit aus. Ich treckte[1] zurück in unser Dorf und half dem Bürgermeister...

JUPP: Dem Lehmkuhl?

ANNA: Weil ich die Büroarbeit schon kannte, vielleicht besser als er; da wählten sie mich zum neuen Bürgermeister.

JUPP: Na ja, das war so 'ne Art „technische Nothilfe"; aber mit dem ganzen Kram ist natürlich nun Schluss!

ANNA: Wie meinst du das?

JUPP: Wenn wir jetzt heiraten, legst du dein Amt doch nieder.

ANNA: Und wer soll meine Arbeit hier machen?

JUPP: Deine Arbeit hier? Das kann wohl jeder. *Plötzlich*. Im Übrigen, das Ganze hier ist ja einfach unnatürlich!

ANNA: Warum?

JUPP: Weil das keine Weibersach' ist.

ANNA: Bis jetzt ging's nicht schlecht.

JUPP: Sagst du! Doch der Lehmkuhl sagt eben, du kommandierst die Männer zum Schulbau grad wie Rekruten.

ANNA: Von Rekruten keine Spur; aber manches ist gewiss hier anders geworden.

JUPP *heftig*: Bei mir nicht! Und den Jupp Ucker wird niemand mehr kommandieren und erst recht kein Weiberrock!

ANNA *ruhig*: Wirst von selbst einsehen, was hier rechtens ist.

JUPP: Rechtens ist, was der Mensch braucht! *Er packt sie.*

ANNA *hat seine Hände gefasst und drückt sie herab*: Und was der Mensch zulässt.

1 **trecken:** wegziehen

JUPP: Waren wir dafür die Jahre draußen, dass die Mädels hier sind wie die Mauersteine?
ANNA: Willst du am ersten Tag gleich wissen, wie wir sind?
JUPP: Wenn ihr uns die Hände festklemmt wie mit Eisenklammern und der Krieg hier weitergehen soll…
ANNA: Wenn ihr heimkommt wie die Beutemacher…
JUPP: Der Mann wird sich wohl noch nehmen dürfen, was ihm zusteht!
ANNA: Die Frage ist bloß, ob er's kann?
JUPP *zornig*: Wir haben schon andres gekonnt – Frau Bürgermeister! Wollen sehen, wer hier Meister ist? *Er rennt hinaus und knallt die Tür zu.*
ANNA *ihm nachschauend*: Wollen sehen.

1. Untersuchen Sie den Dialog und setzen Sie sich mit den unterschiedlichen Auffassungen zur Rolle der Frau auseinander.
2. Spielen Sie die Szene im Alter-Ego-Verfahren: Hinter den handelnden Figuren Anna und Jupp formulieren zwei weitere Spieler/innen deren unausgesprochene Gedanken und Gefühle.

Wolf Biermann

Prolog für den Film „Spur der Steine" (1965)

Sie sehen hier ein DEFA-Stück!
Bleiben Sie sitzen, Sie haben Glück!
Frank Beyer ist der Regisseur
Das Ding handelt vom Parteisekretär
Und Arbeitsmoral
Und Suff im Lokal
Und Liebe im Mai
Mit Tränen dabei
Parteidisziplin
Mit Nackend-Ausziehn
Mit Plandiskussion
Und Hochleistungslohn

Mit Lug und Betrug!
Mit Manne Krug!
Als Baubrigadier
Kübelt er Bier
Ein Volkspolizist
Fliegt in den Mist
Ein Bürokrat
Schadet dem Staat

Ein Anarchist
Wird Kommunist!
'ne schöne Frau
Macht man zur Sau
Sie kriegt ein Kind
Man kriegt davon Wind
Ein Mann geht kaputt
In all dem Schutt
'ne Ehe zerbricht
Gekittet wird nicht!

Hier ist nichts gelogen! Nichts grad gebogen!
Hier wird nix frisiert und blank poliert!
Hier ist das Leben krass und klar
Verrückt und wahr, verrückt und wahr!

(Geschrieben für den Film „Spur der Steine", eine Auftragsarbeit für die DEFA. Nach dem 11. Plenum des ZK der SED 1965 wurde zuerst der Film von diesem Lied gesäubert und kurz darauf die DDR von diesem Film.)

Erik Neutsch

Spur der Steine (1964)

Trutmann, der Betriebsleiter der im Bau befindlichen Schkonawerke, führt den neuen Parteisekretär Horrath durch den Betrieb.

Trutmann wandte sich an Horrath und erklärte: „Die Projektierungsbüros. Vorgestern schickten sie uns die endgültigen Unterlagen für diesen Abschnitt der Salzkohle. Es zeigte sich, daß die Pfeiler falsch bemessen worden waren. Die Abstände zwischen ihnen müssen wenigstens um einen Meter erweitert werden. Sonst haben die Aggregate keinen Platz."
Horrath fragte: „Warum wartet ihr dann nicht ab, bis die korrekten Zeichnungen vorliegen?"
Trutmann fand die Frage naiv und entgegnete: „Mein lieber Horrath, Gesetz ist Gesetz. Sie tun gerade so, als ob es keinen Plan gäbe. Verstehen Sie denn nicht – der Plan schreibt uns doch vor, wann wir anfangen müssen. Der Plan drückt, die Investitionen sind freigegeben, aber die Projektierung schafft keinen

Vorlauf. Oft kriegen wir nur die Grobentwürfe, also richten wir uns danach. Meistens geht es ja auch gut..."
Ziehmer platzte unwillig dazwischen: „Wenn du's unbedingt wissen willst, Bursche... Hier am Kraftwerk bauen wir ins Blaue hinein, weil das Geld da ist. Drüben aber, am Wasserwerk..." Er stieß seinen Schädel in eine Richtung, die nicht auszumachen war. „Frag mal die Ballas[1]... Die besitzen zwar nun die genauen Projektierungsunterlagen... Doch sie müssen bald abbrechen, weil die Plansumme nicht reicht. Zu niedrig veranschlagt, kapierst du? Hier reißen wir ein, und dort drüben vergammelt inzwischen das Material..." Bitter fügte er hinzu: „Es gleicht sich alles aus, wie du siehst."
Horrath vernahm die Bitterkeit in den Worten des Brigadiers und fragte betroffen: „Ist das denn die Regel?"
Trutmann sagte schnell: „Die Ausnahme natürlich. Wo denken Sie hin, Horrath."
Ziehmer widersprach heftig: „Uns genügt es."
Horrath sagte: „Aber das muß sich doch ändern lassen. Das ist doch purer Wahnsinn."
[...]
Bis zur Frühstückspause hatte Balla gewartet, daß Kies geliefert würde. Das waren zwei und eine halbe Stunde. Wer Balla kannte, wußte, daß er damit bereits eine große Geduld bewiesen hatte. Mehr konnte man nicht von ihm verlangen; denn über zwei Stunden lang wegen Mangels an Material hier ein bißchen und dort ein bißchen auszuflicken, zu gammeln, wie die Zimmerer es nannten, hätte selbst für einen anderen Brigadier bedeutet, ihn zu versuchen. Balla jedoch war nicht wie ein anderer. [...]
„Kommt, packt eure Stullen ein. Frühstücken können wir draußen. Wir werden die Wege belagern. Es bleibt uns nichts anderes übrig."
Sie postierten sich an der Straßenkreuzung in der Nähe des Südtores, fünfhundert Meter von ihrem Objekt entfernt. Sie lauerten den Dumpern auf, die hier entlangfuhren, um den Kies von den Gruben an die Baustellen innerhalb des Werkes zu bringen. Als der erste Transporter mit der leuchtend gelben Ladung in der Wanne auftauchte, stellten sie sich

1 **die Ballas:** Brigade des Zimmermanns Hannes Balla, der Hauptfigur des Romans

Die Ballas in der Verfilmung von 1966

breitbeinig auf die Fahrbahn. Eine Hand hatten sie lässig in die Hosentasche geschoben, mit der anderen hielten sie das Brot und kauten genießerisch. Der Mann am Lenkrad erblickte die Zimmerer, hupte wütend, bremste scharf, daß der Staub in Spiralen aufwirbelte. Die drei wichen keinen Schritt zurück.
Der Motor summte. Der Fahrer schimpfte: „Seid ihr lebensmüde, ihr Idioten? Soll ich euch platt walzen?"
Balla zog die Hand aus der Tasche, lüftete seinen Hut, wünschte mit spöttischer Höflichkeit einen guten Morgen und erkundigte sich: „Wohin geht der Kies da?"
„Was geht das euch an, wohin der Kies geht", fluchte der Fahrer, wurde aber unsicher, als er die drohende Haltung der schwarzen Gestalten gewahrte, und gab Auskunft: „An die Salzkohle, wenn ihr's unbedingt wissen wollt. Also schert euch aus dem Wege. Laßt mich weiter."
Balla trat keinen Schritt zur Seite, sagte: „Wir machen dir einen Vorschlag zur Güte, Freund. Du fährst den Kies nicht an die Salzkohle. Du fährst ihn ans Wasserwerk. Zu den Ballas, du verstehst, nicht?"
Die Antwort kam zögernd: „Werde mich hüten. Die Salzkohle braucht ihn."
Balla sagte grinsend: „Am Wasserwerk wird er auch gebraucht, auf Ehre." Und als er sah, daß der Fahrer noch nicht bereit war, holte er eine Schachtel Zigaretten aus der Weste, schwang sich auf den Trittrost und schwenkte die Packung vor der Nase des Maschinisten hin und her. „Verdienst dir ein paar Glimmstengel nebenbei, Freund. Beste Sorte, Dubec, zwanzig Stück. Na, wie ist's?"
Der Mann druckste, schielte nach der Schach-

tel, prüfte die Marke. Jochmann mischte sich ein: „Sieh mal, dir kann es doch gleich sein, wohin der Kies rollt. Dein Geld stimmt, abgerechnet wird an der Grube. Aber wir, mein Lieber, wir kommen nicht auf unseren Kies, weil uns der Kies fehlt. Sag selbst, wie sollen wir ohne ihn betonieren?"
Der Fahrer griff nach den Zigaretten, murmelte: „Aber haltet die Schnauze, ja …" R

1. Stellen Sie die Probleme heraus, die im Textauszug angedeutet sind.
2. Welchen ersten Eindruck haben Sie von der Figur des Hannes Balla? Begründen Sie mit entsprechenden Textstellen.
3. Schreiben Sie eine Szene, in der Balla sein Handeln rechtfertigen muss.
4. Sehen Sie sich die Verfilmung von „Spur der Steine" an und diskutieren Sie, weshalb sie in der DDR bereits nach kurzer Zeit nicht mehr gezeigt werden durfte.
5. ▷ **Referat/Facharbeit:** ▷ S. 1 3
   Um die Literatur des sozialistischen Realismus hat es in Ost und West kontroverse Diskussionen gegeben, die bis heute nachwirken. Von westlicher Seite wurde sie oftmals als „platte Propagandaliteratur" kritisiert, später auch in der DDR selbst. Stellen Sie Ihren Mitschülerinnen und Mitschülern einige weitere Beispiele der Literatur des sozialistischen Realismus vor. Führen Sie eine Diskussion zur Wertung dieser Literatur und bilden Sie sich selbst ein begründetes Urteil.

Ankunft im Alltag

Im April 1964 fand die 2. Bitterfelder Konferenz statt, als deren Folge der Bitterfelder Weg nicht fortgesetzt wurde. In der Entwicklung der DDR war zu Anfang der 60er-Jahre eine tief greifende Zäsur zu verzeichnen: das Ende der Aufbauphase des Sozialismus und der Beginn der entwickelten sozialistischen Gesellschaft. So wurde nach dem Bau der Mauer in der Landwirtschaft die Kollektivierung abgeschlossen und in der Industrie schritt der Prozess der Verstaatlichung voran. Unter den Schriftstellern meldete sich jetzt verstärkt die junge Generation zu Wort, die in der DDR aufgewachsen war. Es entstanden Werke, die kritisch angelegt waren und oftmals die Eingliederung Jugendlicher in die Gesellschaft sowie das alltägliche Leben in der DDR beschrieben. ▷ S. 22 f., 29 f. ▷ BRIGITTE REIMANNS (1933–1973) programmatische Erzählung „Ankunft im Alltag" (1961) gab dieser Literatur den Namen **Ankunftsliteratur.** Die Kritik der Parteiführung konnte nicht verhindern, dass sich eine Generation junger Lyriker entwickelte, die eigene Wege beschritt. Diese Lyrikergeneration nahm die Parolen der Partei beim Wort, fragte ungeduldig nach der Verwirklichung der kommunistischen Ideale und erinnerte immer wieder an den marxistischen Traum von einer herrschaftsfreien Gesellschaft. Bevorzugte Themen der Lyrik waren das Verhältnis des Menschen zur Natur, die wissenschaftlich-technische Revolution, der Mauerbau, die Unterordnung des Individuums unter die Ansprüche der Gesellschaft, Hoffnung und Realisierung der kommunistischen Ideale, aber auch diesbezügliche Resignation, die Rolle der Stasi, das Konsumdenken und nicht zuletzt das Thema Liebe.

Wichtige Autorinnen/Autoren und Werke:

Hermann Kant (geb. 1926): Die Aula (Roman)
Christa Wolf (geb. 1929): Der geteilte Himmel; Nachdenken über Christa T. (Romane)
Günter Kunert (geb. 1929): Unschuld der Natur; Warnung vor Spiegeln (Gedichtsamml.)
Reiner Kunze (geb. 1933): Widmungen; Sensible Wege (Gedichtsammlungen)
Uwe Johnson (1934–1984): Mutmaßungen über Jakob; Zwei Ansichten (Romane)
Sarah Kirsch (geb. 1935): Landaufenthalt; Zaubersprüche (Gedichtsammlungen)
Karl Mickel (geb. 1935–2000): Lobverse und Beschimpfungen; Vita nova mea (Gedichtsamml.)
Wolf Biermann (geb. 1936): Mit Marx- und Engelszungen; Für meine Genossen (Gedichtsammlungen)

Karl Mickel

Der See (1963)

See, schartige Schüssel, gefüllt mit Fischleibern
Du Anti-Himmel unterm Kiel, abgesplitterte Hirnschal
Von Herrn Herr Hydrocephalos[1], vor unsern Zeitläuften
Eingedrückt ins Erdreich, Denkmal des Aufpralls
Nach rasendem Absturz: du stößt mich im Gegensinn
Aufwärts, ab, wenn ich atemlos nieder zum Grund tauch
Wo alte Schuhe zuhaus sind zwischen den Weißbäuchen.

Totes gedeiht noch! An Ufern, grindigen Wundrändern
Verlängert sichs, wächsts, der Hirnschale Haarstoppel
Borstiges Baumwerk, trägfauler als der Verblichene
(Ein Jahr: ein Schritt, zehn Jahr: ein Wasserabschlagen
Ein Jahrhundert: ein Satz). Das soll ich ausforschen?
Und die Amphibien. Was sie reinlich einst abschleckten
Koten sie tropfenweise voll, unersättlicher Kreislauf
Leichen und Laich.

Also bleibt einzig das Leersaufen
Übrig, in Tamerlans[2] Spur, der soff sich aus Feindschädel-
Pokalen eins an („Nicht länger denkt der Erschlagene“,
Sagt das Gefäß, „nicht denke an ihn!“, sagt der Inhalt).

So fass ich die Bäume (hoffentlich halten die Wurzeln!)
Und reiße die Mulde empor, schräg in die Wolkenwand
Zerr ich den See, ich saufe, die Lippen zerspringen
Ich saufe, ich saufe, ich sauf – wohin mit den Abwässern!
See, schartige Schüssel, gefüllt mit Fischleibern:

Durch mich durch jetzt Fluß inmitten eurer Behausungen!
Ich lieg und verdaue den Fisch. R

1 **Hydrocephalos:** Wasserkopf
2 **Tamerlan:** Nachkomme Dschingis-Khans (1336–1405); Heerführer der Mongolen, gründete in Asien ein gewaltiges Reich

Sarah Kirsch

Im Sommer (1976)

Dünnbesiedelt das Land.
Trotz riesiger Felder und Maschinen
Liegen die Dörfer schläfrig
In Buchsbaumgärten, die Katzen
Trifft selten ein Steinwurf.

Im August fallen Sterne.
Im September bläst man die Jagd an.
Noch fliegt die Graugans, spaziert der Storch
Durch unvergiftete Wiesen. Ach, die Wolken
Wie Berge fliegen sie über die Wälder.

Wenn man hier keine Zeitung hält
Ist die Welt in Ordnung.
In Pflaumenmuskesseln
Spiegelt sich schön das eigne Gesicht und
Feuerrot leuchten die Felder. R

Eva Strittmatter

Liebe (1980)

Wie furchtbar auch die Flamme war,
In der man einst zusammenbrannte,
Am Ende bleibt ein wenig Glut.
Auch uns geschieht das Altbekannte.
Dass es nicht Asche ist, die letzte Spur von Feuer,
Zeigt unser Tagwerk. Und wie teuer
Die kleine Wärme ist, hab ich erfahren
In diesem schlimmsten Jahr
Von allen meinen Jahren.
Wenn wieder so ein Winter wird
Und auf mich so ein Schnee fällt,
Rettet nur diese Wärme mich
Vom Tod. Was hält
Mich sonst? Von unsrer Liebe bleibt: dass
Wir uns halten. Kein Gras
Wird auf uns sein, kein Stein,
Solange diese Glut glimmt.

Solange Glut ist,
Kann auch Feuer sein.

Reiner Kunze

Sensible wege (1969)

Sensibel
ist die erde über den quellen: kein baum darf
gefällt, keine wurzel
gerodet werden

Die quellen könnten
versiegen

Wie viele bäume werden
gefällt, wie viele wurzeln
gerodet

in uns

R

1. a) Beschreiben Sie die Bilder mit eigenen Worten, die vor Ihren Augen entstehen, wenn Sie die beiden Gedichte von Karl Mickel und Sarah Kirsch (▷ S. 415) lesen.
   b) Zeichnen Sie skizzenartig zwei Bilder zu den Gedichten.
   c) Verfassen Sie zu den beiden Gedichten eine vergleichende ▷ Interpretation. ▷ S.
2. a) Erklären Sie die Sonderstellung des letzten Verses in Kunzes Gedicht „Sensible Wege“.
   b) Deuten Sie die Überschrift.
3. a) Analysieren Sie Eva Strittmatters Gedicht „Liebe“. Achten Sie besonders darauf, wie der Bildbereich „Feuer“ zur Beschreibung von „Liebe“ eingesetzt wird.
   b) Finden Sie selbst Bilder, die für Sie „Liebe“ symbolisieren. Verfassen Sie ein eigenes kurzes Gedicht ohne Reim.

Liberalisierungstendenzen und neue Repressalien

Mit dem Machtwechsel von Walter Ulbricht zu Erich Honecker im Jahre 1971 vollzog sich auch eine Wende in der Kulturpolitik der DDR. In der Folgezeit kam es zu einer **Liberalisierung** in der Literaturpolitik. Mit der **Ausbürgerung Wolf Biermanns** 1976 endete diese Periode. Die Repressalien gegenüber kritischen Schriftstellern verstärkten sich. Christa Wolf konnte man auf Grund ihrer Popularität das Wort nicht verbieten, sie publizierte weiterhin. Stefan Heym, Kurt Bartsch, Adolf Endler, Erich Loest u. a. wurden 1979 aus dem Schriftstellerverband ausgeschlossen. Reiner Kunze war es bereits 1976 so ergangen. Angesichts solcher Bedingungen verließen über 100 Schriftsteller die DDR, u. a. Sarah Kirsch, Reiner Kunze, Günter Kunert, Jurek Becker, Monika Maron, Erich Loest.

Wichtige Autorinnen/Autoren und Werke:

Stefan Heym (1913–2001): 5 Tage im Juni (Roman)
Maxie Wander (1933–1977): Guten Morgen, du Schöne (Protokolle)
Ulrich Plenzdorf (geb. 1934): Die neuen Leiden des jungen W. (Roman)
Brigitte Reimann (1933–1973): Franziska Linkerhand (Roman)
Volker Braun (geb. 1939): Gegen die symmetrische Welt; Training des aufrechten Gangs (Gedichtsammlungen)
Reiner Kunze (geb. 1933): Die wunderbaren Jahre (Kurzprosa, nur in der BRD erschienen)

Günter Kunert

Rennfahrer
(1972)

Wenn der Wagen anrollt, aufheult, über die Straßen herfällt, sie unter sich zu zwingen, sie zu verschlingen und hinter sich zu lassen als schrumpfende, hinter dem Heck schneller und schneller versinkende Asphaltspur, erhebt es den Fahrer in einen merkwürdigen Zustand: ein kalter, nüchterner und scharfer Rausch, der den Körper hinter der Maschine zittern macht: vor Lust und dem Gift, das in ihr steckt, dem Tropfen Angst. Und wäre ohne diesen Tropfen schal. Und gleicht der andern Lust, die Mann zu Weib treibt, weil auch diese auf nichts weiter zielt als sich selber und auf sonst nichts, nichts mehr. Der Fahrer rast nicht gen Irgendwo, weil er da wichtige Geschäfte hat, weil ihn dort etwas braucht und ruft, er fährt nur, um zu fahren.

Die Landschaft rauscht vorbei. In der Ferne die Berge währen länger im Blick als alles Nahe, Buschhafte, Blättrige, Bauschige, das, kaum aufgetaucht, sogleich zurückbleibt.

Plötzlich ein helles Bauwerk. Vielleicht lüde es ein, darin zu hausen, gemächlich aus dem Fenster auf den kriechenden Fluss zu schauen, läge es nicht bereits wieder im Rücken des Fahrers und eingeschmolzen in die Natur, aus der es kurz nur trat. Menschen fliegen vorüber; unkenntlich, wer und was für welche. So das Gesicht einer Frau, ungewiss, ob jung, ob dunkeläugig; vorüber schon im selben Tempo wie die Minuten, die Stunden.

Wo die Fahrt endet, ist ein weißer Streifen über den Beton gemalt, steht auf einem ausgespannten Tuch die kleine Lüge. ZIEL. Der Wagen rollt aus, der Fahrer hält an, hinter den Augäpfeln noch die sich überdeckenden Bilder der Fahrt. Von Helfern aus dem Wagen gehoben, geht er schwankend fort. Nirgendwo angekommen, nicht mehr unterwegs, betäubt von der übergroßen Dosis Erleben, bleibt er sich selber unverständlich und sein Tun ihm unbegreifbar.

1. Entwerfen Sie ein Wandbild mit dem Text von Günter Kunert im Mittelpunkt und dazu passenden Abbildungen (z. B. aus Sportzeitschriften).
2. Schreiben Sie ein Gedicht, das die Aussagen dieses Textes verkürzt, aber pointiert zum Ausdruck bringt.

Brigitte Reimann

Franziska Linkerhand (1974)

Brigitte Reimann (▷ S. 22 f., 29 f.) starb 1973 an Krebs. Ihr postum herausgegebener Roman „Franziska Linkerhand" blieb ein Fragment. Die Hauptfigur ist eine aus bürgerlichem Milieu stammende Architektin, die alles hinterfragt und gegen Gleichgültigkeit, Brutalität und Konformismus ankämpft.

Franziska spürte schon in der Diele, dass sich im Haus etwas veränderte, ein unbestimmbarer Geruch, eine Unruhe in der Luft lag, als habe sich ein altes, lange nicht mehr aufgezogenes Uhrwerk knirschend und ächzend in Bewegung gesetzt und hebe unter heiserem Rasseln zum Schlag an. Sie öffnete die Tür zum Blauen Zimmer, sah nackte Wände, schief hängende Jalousien, die Tapeten verblichen dort, wo letztens noch die Biedermeiermöbel gestanden hatten, die Kirschholzkommode und das geschweifte Sofa mit zierlich gestreiftem und geblümtem Bezug … hier hatte Franziska, im grünen Licht vom Garten, ihre Schulaufsätze geschrieben, die Briefe ihres jungen Ritters gelesen, hier hatte die Nachbarin, die Mutter der kümmerlichen Elfriede, gesessen, mit offenem Mund und stumm – an dem Tag, dachte Franziska, als der Große Ausverkauf begann. Jetzt stoßen sie die Reste ab, jetzt geht es zu Ende. Sie war zornig und ratlos: also verknüpfte sie doch noch eine sentimentale Empfindung mit dem Haus.

Linkerhand saß in der Bibliothek und las, eine Lupe vor den halb blinden Augen; Franziska platzte herein, ohne anzuklopfen. „Also, das geht zu weit. Madame verscherbelt, was nicht niet- und nagelfest ist. Sag mal, weißt du überhaupt, was hier geschieht?“

Linkerhand legte die Lupe aufs Buch. „Setz dich, mein Kind.“

Sie blieb stehen, auch hier, zwischen den übervertrauten Schränken, Bildern und Portieren, beunruhigt, körperlich bedrängt vom Geruch der Auflösung. In den Bücherreihen klafften breite Lücken. „Deine Bücher, deine Inkunabeln[1] … Das ist ja wohl nicht drin!“

Er beugte sich nach vorn und legte die Hand hinters Ohr, und Franziska schluckte die stumme Rüge für saloppe Redeweise und verbesserte sich folgsam. „Das ist nicht möglich, Vater, du verkaufst deine Bücher, geht es euch so schlecht?“

Er setzte die Brille ab, Fluchtbewegung, und verwandelte seine Tochter in einen zappelnden kleinen Schemen ohne Gesicht. „Ich habe lange gezögert, dich zu unterrichten“, sagte er. „Ich wünschte dich nicht zu belasten, womöglich mit deinem Gewissen in Konflikt zu bringen, da unserem wohlerwogenen Schritt Gesetze entgegenstehen, Gesetze, die inhuman zu nennen ich nicht anstehe –“ Er unterbrach sich, irritiert, er tastete nach seiner Brille: hörte er den bunten Schemen Franziska nicht lachen?

„Ach Papa“, sagte sie, „da hast du nun eine richtige feine Rede vorbereitet und willst doch bloß sagen, dass ihr abhaut – dass ihr euch absetzt, davonmacht, flüchtet, übersiedelt, such dir das passende Wort aus. Erlaubst du, dass ich rauche?“

1 **Inkunabel:** Werk aus der Frühzeit des Buchdrucks

Er nickte. Er sagte, er sei erleichtert zu hören, dass sie seine Mitteilung mit Gleichmut aufnehme, und Franziska zuckte die Schultern. „Warum nicht? Ich habe darauf gewartet, es ist mir schnuppe.“ Er schwieg, er drehte den Kopf nach dem Geräusch ihrer Schritte, als sie im Zimmer umherging, rauchend, den Daumen in den Gürtel gehakt, und sie fühlte seine verschwommen farblosen Augen auf sich gerichtet, seinen hilflosen Blick eines Kurzsichtigen, der sie rührte und erbitterte: der alte Mann, er ist weiß geworden, ein Schatten und überflüssig, er kann nicht mal allein über eine Kreuzung gehen, er kommt unter die Räder, in jedem Sinn unter die Räder, und ich wünschte, es wär mir wirklich schnuppe. „Nach Bamberg“, sagte sie, „und wieder ein Verlag, du lieber Gott, bei der Konkurrenz, und wie willst du ankommen gegen hundert Etablierte?“

„Zerbrich dir nicht meinen Kopf“, sagte Linkerhand. „Unser Name hat noch immer einen guten Klang … bei einer gewissen Schicht des lesenden Publikums, einer, zugegeben, kleinen Schicht.“

„Nach fünfzehn Jahren!“, rief sie bestürzt. „Wo lebst du denn? Niemand erinnert sich, niemand, wir sind erledigt und abgeschrieben, und auf den Namen gibt dir kein Mensch mehr Kredit … Der Zug ist durch.“ Sie wiederholte bockig, gereizt durch stumme Rüge: „Der Zug ist durch, ein für alle Male, und du hast den Anschluss verpasst. Du sitzt in deinem Zauberberg und spielst neunzehntes Jahrhundert, und Zola ist dir schon zu modern und ein brutaler Flachkopf, und als du mir den Hemingway zurückgabst, hast du ihn zwischen zwei Fingern gehalten wie eine eklige alte tote Ratte, und dabei hattest du keine drei Seiten gelesen. Und denkst du, ich weiß nicht, warum du nie nach meiner Arbeit fragst? Für dich sind wir Ingenieure ohne einen Funken Esprit, Handwerker ohne Idee, Nichtskönner und Verhunzer. Die Alten haben alles besser gemacht, Michelangelo war ein Titan, und Pöppelmann ist anbetungswürdig, ja ja ja, das kann ich schon singen, und du sollst auch Recht haben – wenn du nur einmal, ich bitte dich, Papa, nur ein einziges Mal zu bedenken geruhtest, dass wir nicht für Könige bauen und nicht aus der Schatztruhe von Königen schöpfen, dass wir – dass ihr, ihr den Krieg verloren habt und dass unsere Stadt zu vierzig Prozent zerbombt war ... Entschuldige. Ich wollte dich nicht anschreien. Es tut mir leid." Sie ging schnell zu ihm hinüber, versagte sich zwar eine herzliche Geste, die beiden peinlich gewesen wäre – etwa, ihn zu umarmen, seine Hand zu drücken, die bleiche, gedunsene, mit braunen Altersflecken gesprenkelte Hand, die auf der Tischplatte herumtappte –, setzte sich aber zu seinen Füßen auf den Teppich, spielte Respekt und kindliche Unterwerfung. „Wir geben ein hübsches Genrebild ab, Vater und Tochter ... Wetten, du hast nicht mal bemerkt, dass ich inzwischen erwachsen bin, ja, erwachsen und verständig – und verständnisvoll, vielleicht zu sehr, bis zur Schwäche."

1. a) Untersuchen Sie den Dialog zwischen Vater und Tochter und finden Sie heraus, wie Franziska zu der geplanten Ausreise ihrer Eltern aus der DDR steht.
   b) Inwiefern unterstreicht die verwendete Sprache die Dramatik der Auseinandersetzung?
2. Als Folge der Liberalisierungspolitik war es möglich, das Thema Ausreise in der Literatur zu behandeln. Die Gründe für die Ausreiseabsicht von Franziskas Vater werden allerdings nicht genannt.
   a) Stellen Sie sich vor, Franziska führt ein Tagebuch und macht einen Eintrag. Was könnte sie schreiben?
   b) Der Vater schreibt an Franziska einen Brief, in dem er ankündigt, dass er die DDR verlassen will.

Stefan Heym

5 Tage im Juni (1974)

[Stefan Heyms Roman „5 Tage im Juni" hat den blutig niedergeschlagenen Arbeiteraufstand in der DDR am 17. Juni 1953 zum Gegenstand. Das Werk konnte aber erst 1974 im Zuge der Liberalisierungspolitik veröffentlicht werden.]

Stefan Heym

Aus der Erklärung des Rundfunks im Amerikanischen Sektor (RIAS), gesendet am Mittwoch, 17. Juni, um 5.36 Uhr

In den letzten Wochen konnten wir Ihnen, liebe Hörer, über Arbeitsniederlegungen in allen Bezirken der Sowjetzone berichten ... Aber gestern ging es nicht mehr nur um die Normen. Aus dem Protest gegen eine willkürliche Lohnsenkung wurde ein Protest gegen das gesamte Regime, daraus wurde Forderung nach freien Wahlen und nach dem Rücktritt der Zonenregierung ... Nach dem Marsch der Arbeiter durch Berlin, abends in den spontanen Kundgebungen in allen Bezirken Ost-Berlins, wurde eine Parole ausgegeben, eine Anweisung, die über den gestrigen Tag hinausging. Und die hieß: Morgen geht es weiter. Wir treffen uns morgen früh um sieben Uhr auf dem Strausberger Platz. In einigen Betrieben haben bereits in dieser Nacht die Arbeitsniederlegungen begonnen ...

Aus der anschließend gesendeten Erklärung von Ernst Scharnowski, Vorsitzender des Landesverbandes Berlin (West) des Deutschen Gewerkschaftsbundes

... als dienstältester demokratischer Gewerkschaftler und Vorsitzender des Deutschen Gewerkschaftsbundes östlich der Elbe kann ich euch in der Ostzone und Ost-Berlin keine Anweisungen erteilen. Ich kann euch nur aus ehrlichster Verbundenheit gute Ratschläge geben ... Die Maßnahmen, die ihr als Ostberliner Bauarbeiter in voller eigener Verantwortung und ohne fremde Einmischung selbst beschlossen habt, erfüllen uns mit Bewunderung und Genugtuung ... Die gesamte Ostberliner Bevölkerung darf deshalb auf die stärksten und erfolgreichsten Gruppen der Ostberliner Arbeiterbewegung vertrauen ...

Tretet darum der Bewegung der Ostberliner Bauarbeiter, BVGer und Eisenbahner bei und sucht eure Strausberger Plätze überall auf. Je größer die Beteiligung ist, desto machtvoller und disziplinierter wird die Bewegung für euch mit gutem Erfolg verlaufen …
[…]

Mittwoch, 17. Juni 1953 *7.10 Uhr*

eilte Witte zu Halle sieben, wo sich, wie Greta Dahlewitz dem Genossen Sonneberg gemeldet hatte, Unruhe, ja Streikaktionen anbahnten. Erst sehen, was dort los ist, dachte Witte, und eingreifen; danach zum Betriebsfunk: was man über die Lautsprecher redete, hing weitgehend ab von der Entwicklung in den Werkhallen.
Doch wurde er aufgehalten: ein einzelner Mann, der auf ihn zulief und gestikulierte – Teterow. Teterow, atemlos, berichtete: „Die holen – die Leute heraus – aus der Gießerei – aus Halle zwei und drei – und fünf – und neun …“
„Und in den andern Abteilungen?“
Teterow zuckte die Achseln.
„Halle sieben?“
„Die?“ Teterow spuckte. „Die sind schon raus. Die waren die ersten.“
Witte überlegte. Der Umweg zu Halle sieben war ein Fehler gewesen; er hätte sofort zum Funkraum gehen sollen, sprechen, Stimme der Vernunft, in jedem Winkel des Werks.
„Da!“, sagte Teterow. […]
Die da auf ihn zukamen, hatten sich zu einer Kolonne formiert; an der Spitze sangen sie, Kallmann dirigierte mit erhobenem Arm –
„Brüder, zur Sonne, zur Freiheit …“
Irre, dachte Witte, irre. Irre auch er selber, ein Mann gegen weit mehr als hundert, zweihundert vielleicht, eine Stimme gegen Massengebrüll, große Geste, heroisch, aber zwecklos, um wie viel besser das Mikrofon, nur konnte er jetzt nicht mehr weg, sie hatten ihn gesehen, gesehen und erkannt; wenn er sich umdrehte und ging, war es schäbige Flucht.
Der Gesang zerflatterte, verstummte.
Witte sah die Gesichter: Pickel, Falten, Stoppelkinn; die Augen, unruhige, neugierige, skeptische, auch feindselige. Kallmann sagte etwas zu Bartel, der neben ihm lief; Bartel nickte. Nur Sekunden noch –
„Bleibt mal stehen“, rief Witte.
Vielleicht hatten sie ihn nicht alle gehört.
Witte tat einen Schritt auf sie zu, auf Bartel, herrschte ihn an: „Bleib stehen!“, suchte ihn an der Jacke zu packen, fahlblaue Arbeitsjacke, mehrmals geflickt, Bartel wich aus, glitt vorbei, auch Kallmann war vorbei, Witte sah den großen Klaus, den kleinen, „so wartet doch, hört doch!“, sie machten einen Bogen um ihn, der große links, der kleine rechts, es war eine lächerliche Situation, er redete auf die Einzelnen ein, sie ließen ihn stehen, wenn er sie griff, am Ärmel, an der Brust, schüttelten sie ihn ab, er konnte doch nicht mittrippeln mit ihnen, blaffendes Hündchen, das um Aufmerksamkeit bettelte, er erblickte Gadebusch, Gadebusch schien erschrocken zu sein, oder wütend, Witte brüllte ihn an, sinnlos: „Willst wohl zu deiner Schwester in Köpenick!“, und da begannen sie wieder zu singen, Witte erkannte Kallmanns Bass, der sich immer weiter entfernte –
„… Brüder, zum Lichte empor! …“
und dann waren es schon nicht mehr viele, die er hätte ansprechen können, sie waren vorbeigeflutet an ihm wie das Wasser am Brückenpfeiler, und die, die das alte Lied noch oder schon wieder kannten, sangen –
„… hell aus dem dunklen Verga-angnen …“
Am Schluss kam der rothaarige Mielich, grinste, riss das Maul auf, darin eine dicke, lange Zunge –
„… leuchtet die Zukunft hervor!“
Witte stürzte sich auf ihn, packte ihn, schüttelte ihn: „Welche Zukunft! Antworte!“
Einen Moment lang war Mielich verwirrt, dann brach er in Gelächter aus, ein blödes, meckerndes Gelächter. Witte ließ ihn los. Irre, dachte er, irre.

Bertolt Brecht

Die Lösung (1953)

Nach dem Aufstand des 17. Juni
Ließ der Sekretär des Schriftstellerverbands
In der Stalinallee Flugblätter verteilen
Auf denen zu lesen war, daß das Volk
Das Vertrauen der Regierung verscherzt habe
Und es nur durch verdoppelte Arbeit
Zurückerobern könne. Wäre es da
Nicht doch einfacher, die Regierung
Löste das Volk auf und
Wählte ein anderes? R

1. Informieren Sie sich über die Ereignisse des 17. Juni 1953 in der DDR mit Hilfe von geschichtlichen Nachschlagewerken.
2. a) Untersuchen Sie, wie in Heyms Roman das Aufeinandertreffen von Witte und den Arbeitern des Betriebs vom Erzähler gewertet wird.
   b) Die eigentliche Romanhandlung wird durch authentische Meldungen der Medien unterbrochen. Klären Sie die Funktion dieser Einschübe.
3. a) Welche Haltung nimmt der lyrische Sprecher in Brechts Gedicht „Die Lösung" zum Aufstand des 17. Juni ein?
   b) ▷ **Referat:** Berichten Sie über Bertolt Brechts Haltung gegenüber dem DDR-Staat zur Zeit des Arbeiteraufstands. ▷ S. 36 f.

Reiner Kunze

Die wunderbaren Jahre (1976)

SECHSJÄHRIGER

Er durchbohrt Spielzeugsoldaten mit Stecknadeln. Er stößt sie ihnen in den Bauch, bis die Spitze aus dem Rücken tritt. Er stößt sie ihnen in den Rücken, bis die Spitze aus der Brust tritt.
Sie fallen.
„Und warum gerade diese?"
„Das sind doch die andern."

DRAHT

Sie bedauert es, nicht an einer Sehstörung zu leiden. Wenn sie an einer Sehstörung litte, könnte sie eine Nickelbrille tragen. Die Eltern eines Schülers, der in der Schule eine Nickelbrille getragen hatte, sind verwarnt worden. Nickelbrillen seien imperialistischer Modeeinfluß, Dekadenz. Zum Beweis hatte der Klassenlehrer Bilder aus einer Westillustrierten vorgelegt, die langhaarige männliche Nickelbrillenträger zeigten.
An dem Morgen, an dem sie mit Nickelbrille zur Schule gehen könnte, würde sie gern gehen. Ihr Urgroßvater trug eine Nickelbrille. Er war Bergarbeiter. Ihr Großvater trug eine Nickelbrille. Er war Bergarbeiter. Zum Beweis würde sie die Fotos hinblättern.

BEWEGGRÜNDE

In E., sagte sie, habe sich ein Schüler erhängt. Am nächsten Morgen hätten Jungen verschiedener Klassen schwarze Armbinden getragen, aber die Schulleitung habe durchblicken lassen, daß die Armbinden als Ausdruck oppositioneller Haltung gewertet würden. Der Schüler sei Mitglied der Jungen Gemeinde gewesen und habe einen Zettel mit durchgekreuztem Totenkopf und der Aufschrift „Jesus Christus" hinterlassen. Als erste hätten die Abiturienten die Armbinden abgelegt, weil sie kurz vor den Prüfungen stehen.
Einigen Schülern, die nicht in die Klasse des Toten gehen, sei es vom Lehrer erlaubt worden, an der Beerdigung teilzunehmen, aber auf Anordnung des Direktors habe der Lehrer die Erlaubnis rückgängig machen müssen. Dem Pfarrer sei es nicht gelungen, den Direktor umzustimmen.
Die Parteimitglieder habe man angewiesen, Gespräche über den Toten zu unterbinden.
Am Tag der Beerdigung sei für die Zeit des Unterrichts ein Schülerwachdienst eingeführt worden, und die Schultür sei abgeschlossen gewesen. [R]

1. a) Untersuchen Sie die Thematik und die Intention des Textes. Welche Perspektive nimmt der Erzähler ein?
   b) Informieren Sie sich über den Ost-West-Konflikt in der zweiten Hälfte des vorigen Jahrhunderts (z. B. anhand Ihres Geschichtsbuchs) und erörtern Sie, inwiefern Kunzes Text diesen Konflikt spiegelt.
2. Erstellen Sie ein ▷ **Referat** über die Biografie des Schriftstellers Reiner Kunze. ▷ S. 36 f.

„Tapetenwechsel" – Kritik am Staat

In den 80er-Jahren entstanden in der DDR trotz aller Hindernisse und Repressalien wichtige Werke, die im Schwerpunkt folgende Themen behandelten: wachsendes Katastrophenbewusstsein angesichts der fortschreitenden Umweltzerstörung, Angst vor atomarer Bedrohung, gesellschaftliche Widersprüche und Rückzug in die Innerlichkeit. Ähnliche Tendenzen gab es auch in der Bundesrepublik, sodass man schon vor der Wiedervereinigung eine Annäherung der beiden deutschen Literaturen beobachten kann.

Wichtige Autorinnen/Autoren und Werke:

Christa Wolf: Kassandra (Roman)
Volker Braun: Hinze-Kunze-Roman; Langsam knirschender Morgen (Gedichtsammlung)
Irmtraut Morgner (1933–1990): Amanda (Roman)
Christoph Hein (geb. 1944): Drachenblut (Novelle); Die Ritter der Tafelrunde (Drama)

Günter Kunert

Das Telefon (1980)

Es ist ein weit verbreiteter Irrtum, das Telefon sei ein Mittel zur Verständigung zwischen Menschen, die räumlich getrennt sind. Dass es dem Handel, dem Verkehr und wer weiß wem noch diene, gehört ins Riesenreich der Fabel. Der kleine, schwarz glänzende Apparat ist das moderne Menetekel[1], das uns in fröhlichen Minuten, stillen Stunden durch seine grelle Glocke in die Hölle unseres Gewissens reißt. Unerwähnt sollen dabei die Stimmen bleiben, die aus dem Hörer dringen, der in umklammernder Hand so rasch feucht wird; die sonst durchschnittlich klingen, nehmen einen Ton von Bedrohlichkeit an, von Übelwollen, von Beleidigtsein, von tödlicher Gleichgültigkeit, als sprächen sie mit einem, mit dem schon nicht mehr zu rechnen ist. Aber nicht sie sind die unverständliche Feuerschrift an den kahlen Wänden unserer armen Seelen, sondern das Schweigen ist es.

Günter Kunert

Wenn nach dem schrillen Klingelklang und, nachdem man die Hördose ans Ohr gebracht, daraus nichts spricht als leise, rauschende Stille, aus welcher überspanntes Horchen ein schwaches Atmen vernehmen will, da öffnet sich der Abgrund in uns, und wir schauen suchend hinein, voller grässlicher Erwartung, den Anlass zu finden, der die stumme Bedrohung verursacht hat.

Da starren uns die verratenen Freunde an; anklagend heben ihre Hände diejenigen, die unsere Gleichgültigkeit im Elend ließ, deren Leben und Existenz wegen eines kleinen, unbedachten Fehlers ruiniert wurde und denen wir nicht Hilfe liehen, unserer Feigheit wegen. Vertane Liebe, verspielte Chancen wirbeln auf wie welke Blätter. Und eigne Irrtümer, geringe Schwächen, sie wuchern ins Gigantische unter der Stummheit, die aus dem Hörer sickert: ein Gift, das schleichend weiter wirkt und gegen das in unsern wohl versorgten, blinkenden Apotheken kein Gegengift zu kaufen ist.

1 **Menetekel:** unheildrohendes Zeichen (nach der Flammenschrift, die dem babylonischen König Belsazar an der Wand seines Palasts erschien)

▷ S. 36
1. Erstellen Sie eine ▷ Mind-Map, in der Sie Ihre persönlichen Assoziationen zum Begriff „Telefon" mit denen des Textes konfrontieren.

▷ S. 175 ff.
2. Erläutern Sie die ▷ parabelhaften Züge des Textes. Welche Übertragungsmöglichkeiten sehen Sie?
3. Vergleichen Sie Kunerts Parabel mit Kafkas Erzählung „Der Nachbar" (▷ S. 136 f.).

Uwe Kolbe
Hineingeboren (um 1975)

Hohes weites grünes Land,

zaundurchsetzte Ebene.
Roter
Sonnenbaum am Horizont.

Der Wind ist mein
und mein die Vögel.

Kleines grünes Land enges,
Stacheldrahtlandschaft.
Schwarzer
Baum neben mir.
Harter Wind.
Fremde Vögel.

Lutz Rathenow
Türen (1975)

Türen
können offen sein jedermann
Türen
können auffliegen bereitwillig
Türen
können verwehren den Zutritt

Komm einfach rein
EINTRITT OHNE ZU KLOPFEN
EINTRITT EINZELN
EINTRITT NUR NACH AUFFORDERUNG
ANMELDUNG IM ZIMMER NEBENAN
ZUTRITT VERBOTEN

Türen haben ihre Sprache
Türen haben ihre Macht

Bert Papenfuß-Gorek
Doch das KAOS käme (1990)

O STaat An GOttes Statt
STaatsGott O In GOttstedt
Goettersaat Spriesst
Wie Forgesehn
STaatsmahd Erfolg
Wie Abzusehn
    GOhott Huehott
    Der STaat Aha't

An Ueberhauptes Statt
  Hauptstadt
    Ohne Namen
      Ohne Ferne
        Das KAOS Kaeme
Komm,

Volker Braun
Tapetenwechsel (1989)

Die Verwaltung erklärt mir
Sie habe den Umbau längst in aller Stille vollzogen.
Aber das Haus ist nicht geräumiger
Die Treppe unbequem
Und sind die Zimmerchen heller?
Und warum ziehen die Leute aus und nicht ein?

R

1. Der Titel des Gedichts von Uwe Kolbe „Hineingeboren" ist als das programmatische Schlagwort für die in der DDR geborene Schriftstellergeneration angesehen worden. Stellen Sie dar, wie der lyrische Sprecher das Land sieht, in welches er hineingeboren wurde. Beobachten Sie die sprachlichen Besonderheiten des Gedichts.
2. Untersuchen Sie das Gedicht von Bert Papenfuß-Gorek im Hinblick auf die verwendete Wortwahl und optische Auffälligkeiten. Versuchen Sie die Intention des Autors herauszuarbeiten.
3. Interpretieren Sie die Gedichte von Volker Braun und Lutz Rathenow unter besonderer Berücksichtigung der darin enthaltenen Metaphern. Beziehen Sie dabei auch jeweils die Überschrift mit ein.

5.2 Deutschsprachige Literatur nach 1989

Mit den politischen Veränderungen nach der Maueröffnung 1989 und der Vereinigung der beiden deutschen Staaten 1990 ist auch eine neue Situation für die Literatur entstanden. Während sich die Autorinnen und Autoren in den 80er-Jahren nur sporadisch mit aktuellen politischen Themen auseinandersetzten, entstand nach der so genannten Wende eine Fülle von **Literatur zur Wiedervereinigung,** die in der Öffentlichkeit bisweilen zu lebhaften Kontroversen führte, allen voran GÜNTER GRASS' Fontane-Roman „Ein weites Feld" (1995).
Das aktuelle Thema der Wiedervereinigung wurde zum Teil verknüpft mit historischer Erinnerung, so z. B. in den Romanen „Die Verteidigung der Kindheit" (1991) von MARTIN WALSER und „Nicolaikirche" (1995) von ERICH LOEST; zum Teil bot die Vereinigung auch Anlass zu **(auto-)biografischem Schreiben,** z. B. für GÜNTER DE BRUYN („Zwischenbilanz", 1992), MONIKA MARON („Stille Zeile Sechs", 1991), WOLFGANG HILBIG („Ich", 1993) oder wiederum Martin Walser („Ein springender Brunnen", 1998, ▹ S. 429). In zahlreichen Prosatexten nach 1989 werden Lebensgeschichten vorgeführt, deren Protagonisten auf der Suche nach ihrem Platz in der heutigen Gesellschaft sind, oft in **postmodernem Schreibstil** wie z. B. in SIBYLLE BERGS Episodenroman „Ein paar Leute suchen das Glück und lachen sich tot" (1997) oder in ZOË JENNYS Roman „Das Blütenstaubzimmer" (1997, ▹ S. 427).
Als postmodern gilt auch der Rückgriff auf Geschichte und Mythos wie in ROBERT SCHNEIDERS verfilmtem Bestseller „Schlafes Bruder" (1992, ▹ S. 430), der eine fiktive Musikerbiografie des 19. Jahrhunderts entwirft, oder in MARCEL BEYERS „Flughunde" (1995, ▹ S. 500 f.), wo der Nationalsozialismus aus aktueller Perspektive beleuchtet wird.
So ist neben einer wieder stärkeren Verklammerung von Literatur, Politik und Moral und einer Hinwendung zum historisch-biografischen Schreiben die Vielfalt der Formen und Schreibstile ein Kennzeichen der gegenwärtigen Literatur.

Reaktionen auf die „Wende"

Heinz Czechowski

Die überstandene Wende
(November 1989)

Was hinter uns liegt,
Wissen wir. Was vor uns liegt,
Wird uns unbekannt bleiben.
Bis wir es
Hinter uns haben.

Adelheid Johanna Hess

Verfehlt (1991)

Wir
Fanden
Zusammen
Aber
Trafen uns
Nicht
Der Blick
In des andern
Augen
Sah nur
Uns selbst
Unser Reden
Kein Verstehen
Unser Schweigen
Kein Erkennen
Die Mauer
Im verkopften
Herz

Sarah Kirsch

Aus dem Haiku-Gebiet (1991)

Das neue Jahr: Winde
Aus alten Zeiten
Machen mir Zahnweh.

*

Unter dem Himmel des
Neuen Jahrs gehen die
Alten Leute.

*

Wie der Schnee sie auch
Verklärt – meine Heimat
Sieht erbärmlich aus.

*

Den Mond über der Havel
Hatte Schalck[1] wohl
Zurückgelassen.

*

Heul, sag ich, heul! Der Hund
Hilft mir das Jahr
Zu Ende zu bringen.

*

Normannenstraße[2]: ich sehe
Den Leuten zu beim
Reinemachen fürs neue Jahr.

*

Das Jahr geht hin
Noch immer trage ich
Reisekleider. R

1 **Alexander Schalck-Golodkowski**, Außenhandelsbeauftragter der DDR
2 **Normannenstraße:** Sitz des Ministeriums für Staatssicherheit in der DDR

Yaak Karsunke

zur schönen aussicht (1990)

die täter – so hört man – sind nicht
nur bereit ihren opfern
voll zu verzeihen nein mehr noch

sie sind entschlossen
die vergangenheit ruhen zu lassen
den blick nach vorne zu richten
& mit ihren opfern gemeinsam
einen neuen anfang zu wagen

gänzlich unbelastet von ihren
früheren taten

Günter Grass

Späte Sonnenblumen (1993)

November schlug sie, schwarz in schwarz vor Hell.
Noch ragen Strünke, sind der Farben Spott,
im Regen schräg und suchen sich Vergleiche,
auch Reime, etwa Gott und Leiche.

Noch immer tauglich, stehn sie mir Modell,
weil ausgesägt vor Himmeln, deren Grau
im Ausschnitt und total zerfließt,
drauf eine Meldung sich als Botschaft liest:

Geschieden sind wie Mann und Frau
nach kurzer Ehe Land und Leute.
Karg war die Ernte, reich die Beute.
Ach, Treuhand[1] hat uns abgeschöpft.
Wer bei Verdacht schon Sonnenblumen köpft,
dem werden Zeugen fehlen, den erwischt die Meute.
R

1 **Treuhand:** Institution, die sämtliche staatlichen Wirtschaftsbetriebe der DDR in Privatbesitz überführte

Kerstin Hensel

Vita (1993)

Wem dient ich? dient ich nicht
Dem eignen Schwein.
Wem sagt ich (halbwegs züngelnd) was
Allein zu sagen mir den Kopf bedrohlich knicken
Ließ? und alles bog man
Ab zum Nicken!
Nach Maulschelln heischt ich, da mich
Dieses rühmte, doch bläht sich mir das
Haupt vom Streicheln.
Das Speicheln hinter mir, vor mir das Schmeicheln.
Ich bin zerschlagen, vor ich schlage: was
Mich trifft.
Seh ich mich an und weiß: ich fresse Gift –
Es schluckt das Ekle mich, weil ich
Es bin. So häng ich
An dem alten
Simplen Sehnen: sein was
Nicht anficht – und erwach:
Zu viele Höfe waren für mich lohnend
Der ich, im Hinterhofe wohnend,
Doch nur das Saure, nicht die Sau rausließ.
Ist was vorbei? Bin ich
Der Mächtgen Konterfei
Des Machtlosen nun frei?

Durs Grünbein

Novembertage I. 1989 (1999)

An diesem Abend brach ein Stottern die Gesetze,
Ein Lesefehler hob die heiligen Verbote auf.
So nüchtern wie die Meldung in die Welt ging
Vor Mikrofon und Kamera, war jener Spuk vorbei,
Den sie verordnet hatten. Erstmals sah man
Die kommunistischen Auguren zögernd lächeln
Wie Spieler, die verlieren, und jetzt wissen sie,
Was sie, gewiegt in Sicherheit, vergessen hatten.
Mit einer letzten Drohung, einer Atempause,
Erklärten Greise meine Geiselnahme für beendet.
In dieser Nacht, als man die Schleusen aufzog,
Ergoss ein Menschenstrom sich in den hellen Teil
Der Stadt, die eine Festung war seit dreißig Jahren,
Geschleift von einem falschen Wort im Protokoll.
Bevor die Eisentore widerriefen, hob die Menge
Den Bann auf, der hier alle Muskeln lähmte.
Mit offnem Mund am Straßenrand ein Offizier
Stand wie verrenkt, weil kein Befehl mehr lenkte,
Das Machtwort ausblieb wie seit Jahren nie.
Als gegen Morgen auf den Boulevards im Westen,
Nach Feuerwerk und Kreisverkehr und Tränen,
Das Freibier ausging, war das Glück vollkommen.
Bei einer Kreuzung stand verlassen, abgebrannt
Bis zu den Rädern, ein *Trabant*[1], und die Besitzer
Hatten den Autoschlüssel an den Baum gehängt.
Von ihren Kindern angetrieben, ganze Clans
Zogen durchs Zentrum, orientierungslos und still.
Die Ersten schliefen schon, sie lagen eingerollt
Vorm Kaufhaus selig unter den Vitrinen,
Auf teurem Pflaster träumend freien Grund.

1 **Trabant** war die Bezeichnung für den ostdeutschen Volkswagen, ein Synonym für Auto, aber auch Gefolgsmann

Reiner Kunze

Die Mauer (1990)

Als wir sie schleiften, ahnten wir nicht,
wie hoch sie ist
in uns

Wir hatten uns gewöhnt
an ihren horizont

Und an die windstille

In ihrem schatten warfen
alle keinen schatten

Nun stehen wir entblößt
jeder entschuldigung [R]

1. Informieren Sie sich über den Herbst 1989. Ziehen Sie, wenn möglich, Filmmaterial über die Maueröffnung heran.
2. a) Welche Gefühlslagen werden in den Gedichten auf S. 424–426 angesprochen, welche Fragestellungen aufgeworfen?
   b) Inwieweit wird jeweils deutlich, dass sich der lyrische Sprecher/die lyrische Sprecherin in einer historischen Umbruchsituation sieht?
3. Politische Lyrik im engeren Sinne enthält eine eindeutige politische Tendenz. Kann man die vorliegenden Gedichte der so verstandenen politischen Lyrik zuordnen?

▷ S. 36 f.

4. ▷ **Referat**: Stellen Sie Ihrer Klasse einen Roman zur deutschen Wiedervereinigung vor. Erste Anregungen finden Sie auf S. 424.

Neue Orientierungen: Biografisches Schreiben

Zoë Jenny

Party (1997)

Aus dem Innern des Gebäudes dröhnen schnelle, dumpfe Schläge. Rea trägt einen grünen Mini und ein gelbes T-Shirt, das in der Dunkelheit fluoresziert; ich folge ihren hochgeschnürten Lederstiefeln, die über den Platz zum Eingang stapfen. Über dem Eingang hängt ein Transparent mit der Aufschrift *Tarne dich*. Drinnen herrscht eine tropische Hitze, und in der Halle, in der die Leute tanzen, ist ein Nebel, dass ich sofort die Orientierung verliere. „Schlachthof!", schreit mir Rea ins Ohr und zeigt mit dem Finger an die Decke, wo noch die Haken zu sehen sind, an denen einst Tierleiber hingen. „You are the greatest ravers of this planet!", ruft der DJ durchs Mikrofon, der gehetzt hinter einer erhöhten Anlage mit farbig blinkenden Lämpchen hin und her rennt. Auf jede Seite seines Gesichtes ist ein Schmetterlingsflügel gemalt. Die Tonströme, die der Schmetterlingsmensch auf uns herunterjagt, hüpfen wie tausend kleine Gummibällchen in meinem Bauch. Im Licht des Stroboskops sehe ich nur noch einzelne Körperteile. Auch die von Rea müssen darunter sein, aber ich kann sie nicht mehr erkennen. Ich selbst bin Teil einer großen Körpermaschine, die zittert und die sich aufbäumt und einen hysterischen Lärm veranstaltet, gegen die schreckliche Stille im Kopf. Hinter meinem Rücken bläst jemand in eine Trillerpfeife. Als ich mich umdrehen will, umklammern mich zwei Hände, verschränken sich über meinem Bauch. Ich blicke auf sie hinunter; es sind Männerhände. Ein Körper in einem Plastikanzug drückt sich wie ein Fisch an mich. Er schreit mir etwas ins Ohr, aber ich verstehe nichts und beiße in sein von einem Ring durchstochenes Ohrläppchen. Das Metall schmeckt nach kalter Milch. Ich behalte den Ohrring eine Weile im Mund; bis Rea mit schweren Schritten auf uns zukommt und mich aus der Umklammerung fortreißt. In der Nähe des Ausgangs lehnen wir uns an die Mauer. „Gehen wir", sagt sie, „diese Musik bringt mich um, ohne Ecstasy kann ich nicht tanzen."
Als wir auf den Ausgang zugehen, stellt sich der Junge vor uns hin. Der nasse Ohrring glänzt. Er hebt und senkt die Arme. Die Iris rollt in seinen Augen, als wolle sie herausspringen. Rea öffnet ihr Täschchen, nimmt einen Schnuller heraus und steckt ihn ihm in den Mund. Dann verschwindet er nuckelnd zwischen den Lichtblitzen. Von der Lärmmaschine in die Nacht gespuckt, stehen wir halb blind und taub auf dem Parkplatz.

---

1. Entwerfen Sie ein Gespräch zwischen der Ich-Erzählerin und ihrer Freundin Rea, das die beiden nach dem Party-Besuch führen.
2. a) Wie nimmt die Ich-Erzählerin die Party-Welt wahr? Unterscheiden Sie dabei zwischen Innensicht und Außensicht der Erzählerin.
   b) Untersuchen Sie die sprachlichen Wendungen und Bilder, die die besondere Atmosphäre des Party-Erlebnisses zum Ausdruck bringen.
3. Schreiben Sie selbst einen kurzen Prosatext zu einem erlebten oder erfundenen Party-Besuch.

Bernhard Schlink

Der Vorleser (1995)

Der Gymnasiast Michael lernt die 36-jährige Hanna kennen und verliebt sich in sie. Er darf ihr regelmäßig vorlesen und genießt die Liebe zu einer reifen Frau. Ihre Beziehung ist jedoch von einer anfangs rätselhaften Spannung überschattet, vor allem auch deshalb, weil sich Hanna weigert, über ihre Vergangenheit zu erzählen. Als sie plötzlich spurlos verschwindet, bleibt Michael ratlos zurück. Erst sieben Jahre später trifft er sie völlig unerwartet, als er sie in einem KZ-Prozess als Angeklagte von der Zuschauerbank aus erlebt. Das Rätsel löst sich für ihn erst hier …

Warum macht es mich so traurig, wenn ich an damals denke? Ist es die Sehnsucht nach vergangenem Glück – und glücklich war ich in den nächsten Wochen, in denen ich wirklich wie blöd gearbeitet und die Klasse geschafft habe und wir uns geliebt haben, als zähle sonst nichts auf der Welt. Ist es das Wissen, was danach kam und dass danach nur ans Licht kam, was schon da war?

Warum? Warum wird uns, was schön war, im Rückblick dadurch brüchig, dass es hässliche Wahrheiten verbarg? Warum vergällt es die Erinnerung an glückliche Ehejahre, wenn sich herausstellt, dass der andere die ganzen Jahre einen Geliebten hatte? Weil man in einer solchen Lage nicht glücklich sein kann? Aber man war glücklich! Manchmal hält die Erinnerung dem Glück schon dann die Treue nicht, wenn das Ende schmerzlich war. Weil Glück nur stimmt, wenn es ewig hält? Weil schmerzlich nur enden kann, was schmerzlich gewesen ist, unbewusst und unerkannt? Aber was ist unbewusster und unbekannter Schmerz?

Ich denke an damals zurück und sehe mich vor mir. Ich trug die eleganten Anzüge auf, die ein reicher Onkel hinterlassen hatte und die an mich gelangt waren, zusammen mit mehreren Paaren zweifarbiger Schuhe, schwarz und braun, schwarz und weiß, Wild- und glattes Leder. Ich hatte zu lange Arme und zu lange Beine, nicht für die Anzüge, die meine Mutter herausgelassen hatte, aber für die Koordination meiner Bewegungen. Meine Brille war ein billiges Kassenmodell und mein Haar ein zauser Mopp, ich konnte machen, was ich wollte. In der Schule war ich nicht gut und nicht schlecht; ich glaube, viele Lehrer haben mich nicht recht wahrgenommen und auch nicht die Schüler, die in der Klasse den Ton angaben. Ich mochte nicht, wie ich aussah, wie ich mich anzog und bewegte, was ich zu Stande brachte und was ich galt. Aber wie viel Energie war in mir, wie viel Vertrauen, eines Tages schön und klug, überlegen und bewundert zu sein, wie viel Erwartung, mit der ich neuen Menschen und Situationen begegnet bin.

Ist es das, was mich traurig macht? Der Eifer und Glaube, der mich damals erfüllte und dem Leben ein Versprechen entnahm, das es nie und nimmer halten konnte? Manchmal sehe ich in den Gesichtern von Kindern und Teenagern denselben Eifer und Glauben, und ich sehe ihn mit derselben Traurigkeit, mit der ich an mich zurückdenke. Ist diese Traurigkeit die Traurigkeit schlechthin? Ist sie es, die uns befällt, wenn schöne Erinnerungen im Rückblick brüchig werden, weil das erinnerte Glück nicht nur aus der Situation, sondern aus einem Versprechen lebte, das nicht gehalten wurde?

Sie – ich sollte anfangen, sie Hanna zu nennen, wie ich auch damals anfing, sie Hanna zu nennen – sie freilich lebte nicht aus einem Versprechen, sondern aus der Situation und nur aus ihr.

Ich fragte sie nach ihrer Vergangenheit, und es war, als krame sie, was sie mir antwortete, aus einer verstaubten Truhe hervor. Sie war in Siebenbürgen aufgewachsen, mit siebzehn nach Berlin gekommen, Arbeiterin bei Siemens geworden und mit einundzwanzig zu den Soldaten geraten. Seit der Krieg zu Ende war, hatte sie sich mit allen möglichen Jobs durchgeschlagen. An ihrem Beruf als Straßenbahnschaffnerin, den sie seit ein paar Jahren hatte, mochte sie die Uniform und die Bewegung, den Wechsel der Bilder und das Rollen unter den Füßen. Sonst mochte sie ihn nicht. Sie hatte keine Familie. Sie war sechsunddreißig. Das alles erzählte sie, als sei es nicht ihr Leben, sondern das Leben eines anderen, den sie nicht gut kennt und der sie nichts angeht. Was ich genauer wissen wollte, wusste sie oft nicht mehr, und sie verstand auch nicht, warum mich interessierte, was aus ihren Eltern geworden war, ob sie Geschwister gehabt, wie sie in Berlin gelebt und was sie bei den Soldaten gemacht hatte. „Was du alles wissen willst, Jungchen!“

1. a) Aus welcher Perspektive berichtet der Erzähler und welche Wirkung wird damit erzielt?
   b) Beschreiben Sie, welche Bedeutung Erinnerungen für den Erzähler und für Hanna haben.
2. Stellen Sie den Roman der Klasse unter Berücksichtigung der Frage nach Schuld, Verantwortung und Verständnis hinsichtlich Hannas Vergangenheit vor.

Martin Walser

Ein springender Brunnen (1998)

Walsers Zeit- und Lebensroman „Ein springender Brunnen" erzählt von Johann, einem Gastwirtssohn in Wasserburg am Bodensee, der von klein auf mit Sprache experimentiert und Schriftsteller werden will. Geschildert werden die Jahre zwischen 1932 und 1945: das Leben im Dorf, die erste Liebe, das Aufkommen des Nationalsozialismus, Kriegsdienst und Kriegsende und nicht zuletzt Johanns Interesse an Kunst.

Am nächsten Tag regnete es heftig, Johann fuhr wieder mit dem Zug in die Schule. Auf der Rückfahrt fiel ihm ein, was er in der vergangenen Nacht geträumt hatte. Er bemühte sich um eine Art Willenlosigkeit. Der Traum sollte ihm nicht gehorchen müssen. Lena und er in einem Doppelbett, sie sind allein im Zimmer, Lena ist Josefs Frau, Josef kommt dazu, das hätten Lena und er wissen müssen, dass sie so etwas nicht tun können, hier in Josefs Bereich, und Johann hatte Lena noch vorher gefragt, ob das nicht zu viel sei, die Frau des Bruders. Josef hatte von der Tür her nur ein Wort gesagt: Räuberzivil. Johann war in Josefs Jacke vor dem Spiegel gestanden. Aber er war auch ohne Kleider neben Lena im Bett gelegen.

Als Johann nach diesem Traum aufgewacht war, hatte er sich geschämt. […]

Als Johann wieder allein in seinem Zimmer saß und den Geräuschen zuhörte, die Wind und Regen mit den Jalousien an den vier Fenstern vollführten, musste er sich eingestehen, dass er es nicht über sich gebracht hatte, Lena den Traum zu erzählen, in dem sie Josefs Frau gewesen war. Diesen Traum hätte er ihr erzählen müssen. Sie erzählte ihm alles von sich. Er konnte ihr nicht alles erzählen. Jeden Tag gab es etwas, was er ihr nicht sagen konnte. Was er nicht sagen konnte, schreiben? Den Traum aufschreiben, dann Lena den aufgeschriebenen Traum lesen lassen? Eine Art Hoffnung, dass er durch das Aufschreiben den Traum beruhigen könnte. Oder dass die Beschämungskraft des Traums nachließe. Er musste den Traum aufschreiben. Er musste sich wehren.

Den Traum aufschreiben, das kam ihm vor wie etwas, was man nicht tun darf. Aber er tat's. Er musste es tun. Sich einfach der Sprache anvertrauen. Vielleicht kann sie etwas, was du nicht kannst.

Als er den Traum aufgeschrieben hatte, sah er, dass er nicht den Traum aufgeschrieben hatte, sondern das, was er für die Bedeutung des Traums hielt. Vom Traumüberfluss war nichts übrig geblieben. Solange er träumte, hat er alles verstanden, jetzt, aufgewacht, versteht er nur noch die Bedeutung. Er hatte den Traum durch Aufschreiben zerstört. Er hatte sich nicht der Sprache anvertraut, sondern geschrieben, was er hatte schreiben wollen. Er hatte dem Traum durch das Aufschreiben die Beschämungskraft nehmen wollen. Er hatte gezielt, anstatt sich anzuvertrauen. Er musste sich das Zielen abgewöhnen. Sich den Sätzen anvertrauen. Der Sprache. Das stellte er sich so vor: Auf einem Floß aus Sätzen über das Meer kommen, auch wenn dieses Floß, schon im Entstehen, andauernd zerflösse und andauernd, falls man nicht untergehen wollte, aus weiteren Sätzen wieder geschaffen werden müsste.

Wenn er anfängt zu schreiben, soll schon auf dem Papier stehen, was er schreiben möchte. Was durch die Sprache, also von selbst, aufs Papier gekommen wäre, müsste von ihm nur noch gelesen werden. Die Sprache, dachte Johann, ist ein springender Brunnen.

---

1. Kennen Sie das Bedürfnis, etwas aufschreiben zu wollen, z.B. Träume, Erlebnisse, Sehnsüchte? Besprechen Sie, zu welchen Schwierigkeiten die Schreibversuche führen können.
2. a) Analysieren Sie die ▷ Erzählweise des vorliegenden Romanauszugs. ▷ S. 169 ff.
   b) Stellen Sie sprachliche Besonderheiten des Textes im semantischen und syntaktischen Bereich zusammen. Interpretieren Sie die Funktion der Stilmittel im Kontext.
   c) Klären Sie die zentrale Metapher des „springenden Brunnens", ausgehend vom letzten Satz des hier vorgestellten Romanauszugs.

Robert Schneider

Schlafes Bruder (1992)

Robert Schneiders Roman „Schlafes Bruder" war einer der größten Publikumserfolge der 90er-Jahre, wurde in über zwanzig Sprachen übersetzt und von Joseph Vilsmaier im Jahre 1995 fürs Kino verfilmt. Der Beginn des Romans gibt einen Einblick in den Inhalt.

Wer liebt, schläft nicht

Das ist die Geschichte des Musikers Johannes Elias Alder, der zweiundzwanzigjährig sein Leben zu Tode brachte, nachdem er beschlossen hatte, nicht mehr zu schlafen.
Denn er war in unsägliche und darum unglückliche Liebe zu seiner Cousine Elsbeth entbrannt und seit jener Zeit nicht länger willens, auch nur einen Augenblick lang zu ruhen, bis dass er das Geheimnis der Unmöglichkeit seines Liebens zu Grunde geforscht hätte. Tapfer hielt er bis zu seinem unglaublichen Ende bei sich, dass die Zeit des Schlafs Verschwendung und folglich Sünde sei, ihm dereinst im Fegefeuer aufgerechnet werde, denn im Schlaf sei man tot, jedenfalls lebe man nicht wirklich. Nicht von ungefähr vergleiche ein altes Wort Schlaf und Tod mit Brüdern. Wie, dachte er, könne ein Mann reinen Herzens behaupten, er liebe sein Weib ein Leben lang, tue dies aber nur des Tags und dann vielleicht nur über die Dauer eines Gedankens? Das könne nicht von Wahrheit zeugen, denn wer schlafe, liebe nicht.
So dachte Johannes Elias Alder, und sein spektakulärer Tod war der letzte Tribut dieser Liebe. Die Welt dieses Menschen und den Lauf seines elenden Lebens wollen wir beschreiben.

1. Welche Erwartungen weckt dieser Romanbeginn im Hinblick auf Inhalte, Sprachstil und Erzählerrolle?
2. ▷ S. 36 f. ▷ **Referat:** Stellen Sie einen der auf S. 427 ff. auszugsweise abgedruckten Romane in Ihrer Klasse vor.

5.3 Zweisprachige Schriftsteller/innen in Deutschland

Seit vielen Jahren publizieren Schriftsteller/innen in der Bundesrepublik, deren Muttersprache nicht Deutsch ist. Unter ihnen sind z. B. Emigranten, die ab den 50er-Jahren aus den Mittelmeeranrainerstaaten in die Bundesrepublik eingereist sind. Einige schrieben zunächst in ihrer Muttersprache und veröffentlichten in Emigrantenzeitschriften, die meist im Eigendruck entstanden. Auch Exilierte, die auf Grund der politischen Verhältnisse ihre Herkunftsländer verlassen mussten und in Deutschland Asyl suchten, waren oft schriftstellerisch tätig. Mitunter wurden ihre Texte zweisprachig abgedruckt oder mussten erst vor der Veröffentlichung aus der Muttersprache ins Deutsche übersetzt werden. Indem auch ausländische Studentinnen und Studenten sowie Migrationskinder, die bereits in Deutschland geboren wurden, mehr und mehr zu den Autoren zählten, außerdem die meisten Emigranten die deutsche Sprache erlernten, wurde Deutsch zur Literatursprache für viele zweisprachige Schriftsteller/innen. Sie verfügten über unterschiedliche Schreiberfahrungen. Manche von ihnen waren bereits in ihrer Heimat Schriftsteller, andere wurden erst in der oder durch die Exilsituation zum Schreiben veranlasst. Den Schreibprozess bestimmen unterschiedliche Inhalte, oft Erfahrungen in der Fremde wie Sprach- und Identitätsverlust oder Orientierungssuche.
Da den Schriftstellern der Dialog mit anderen Nicht-Muttersprachlern wie auch mit deutschen Leserinnen und Lesern immer notwendiger erschien, gründeten einige von ihnen in den 80er-Jahren in Frankfurt/Main den „Polynationalen Literatur- und Kunstverein" („PoliKunst"). Lesungen, Ausstellungen und die Publikation von Jahrbüchern sowie Anthologiereihen folgten. Mittlerweile sind einzelne Autoren mit Erzähl- oder Gedichtbänden bekannt geworden wie RAFIK SCHAMI (*1946) mit seinen Märchen, GINO CHIELLINO (*1946) mit seiner Lyrik, FRANCO BIONDI (*1947) mit seinen Erzählungen oder EMINE SEVGI ÖZDAMAR (*1946) mit ihren Romanen.

1. a) Fassen Sie die Informationen über zweisprachige Schriftsteller/innen in Deutschland zusammen, indem Sie sie in das folgende Schema übertragen.
   b) Ergänzen Sie das Schema nach Lektüre und Besprechung der nachfolgenden Texte.
2. Nutzen Sie die strukturierten Informationen Ihres Schemas für einen abschließenden Kurzvortrag.

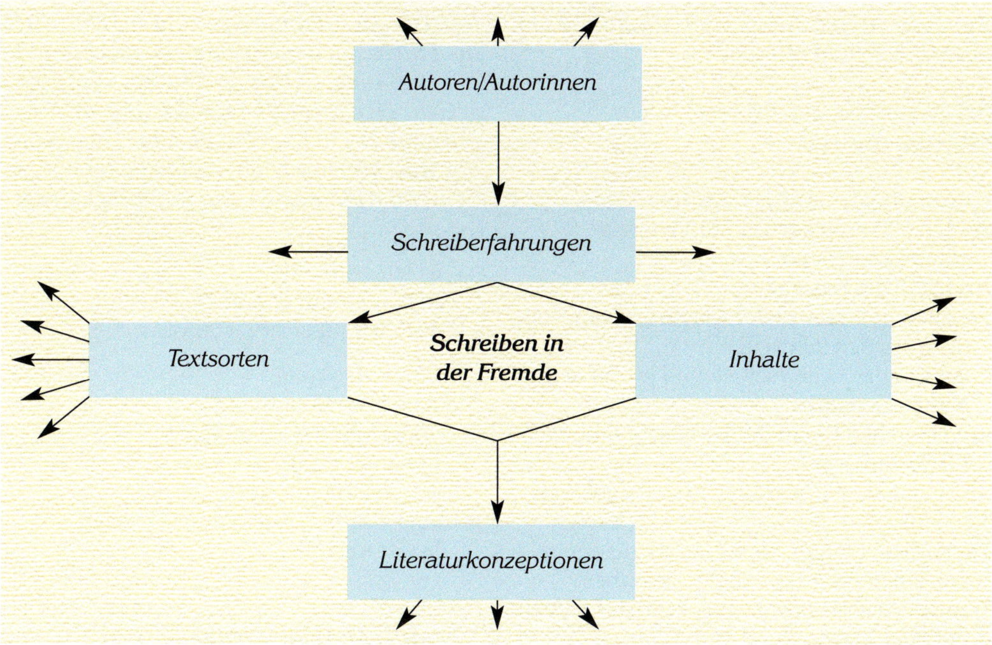

Srđan Keko

In zwei Sprachen leben (1983)

Srđan Keko, aus Jugoslawien, geboren 1950, kam 1965 zu den Eltern in die Bundesrepublik; lebt als Übersetzer, Dolmetscher, Fremdsprachenlehrer und Korrektor in Düsseldorf. Die Collage „In zwei Sprachen leben" ist zusammengestellt aus Zuschriften, die Keko auf einen Leserbrief erhielt, der in der „Rheinischen Post" veröffentlicht wurde.

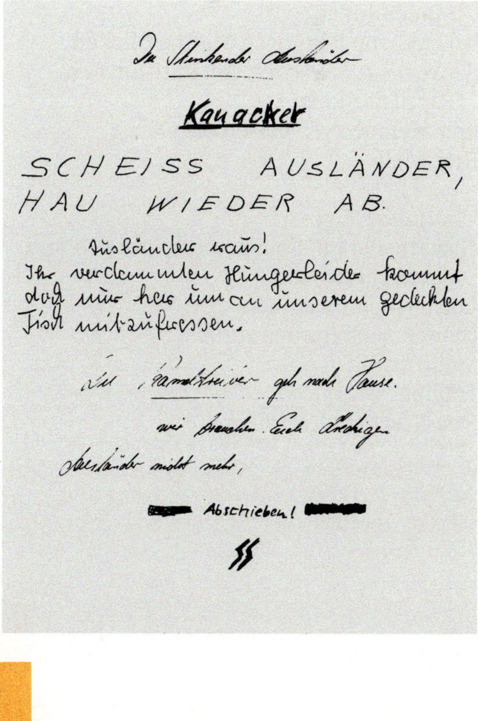

Ich lebe in zwei Sprachen.
In der einen finde ich Zuflucht, wenn die andere unmenschlich wird.

Costas Gianacacos
Überfüllt (1993)

Costas Gianacacos: 1956 in Ropoton-Thessalien (Griechenland) geboren; durch die Familienzusammenführung seit 1974 in der Bundesrepublik, Arbeit und Studium. Lebt in Nürnberg und München.

(Im Zug „Akropolis-Express" Athen–Saloniki–Ausland)

Junge Europäer, Apostel des Tourismus
Soldaten kehren nach achtundvierzigstündigem Urlaub
zurück in die Kaserne
Kleriker im Wagen erster Klasse wischen von der Stirn den Schweiß ab –
(heiß war das Leben seit eh und je und in der Kutte erst recht)
Ein Häufchen Kleinhändler mischt unter den Pfaffen mit –
(in der heiligen Erwartung, Macht ließe sich teilen)
Landarbeiter fahren nach Naussa zur Arbeit –
(noch einmal werden Früchte begraben)
Traurige Augen schwarz angekleideter Frauen mit dem Blick
nach innen gerichtet
Junge Mädchen – Schülerinnen und Studentinnen
belagert von hungrigen Männerblicken
Säcke bis zum Platzen voll mit Tomaten, Paprikaschoten
und Melonen versperren die Gänge
Kleinvieh

Überfüllter Zug
Gastarbeiter mit Sommererinnerungen und nachdenklichem
Lachen kehren zurück
Kehren nach Europa zurück
Staub
Träume
Das Geschrei des Balkans

José Bosch y Barrera
Zwei Aphorismen (1993)

José Bosch y Barrera, 1915 in Barcelona (Spanien) geboren, kämpfte auf der Seite der Republik im Bürgerkrieg 1936–39; emigrierte 1939 nach Frankreich und machte 1941 die Flucht nach vorne nach Deutschland in der Hoffnung, sich in die Sowjetunion abzusetzen. Der Krieg überraschte ihn in Augsburg, wo er blieb und noch lebt. Tätigkeiten als Maschinenarbeiter, Hilfsarbeiter u. v. m. Schreibt Aphorismen und nur auf Deutsch.

Jeder Mensch
ist lebenstüchtig;
es kommt nur darauf an,
welche Luft er atmen muss.

Etwas zu sagen,
was jedermann weiß,
findet keine Beachtung.
Etwas zu sagen,
was jedermann weiß,
aber worüber jedermann schweigt,
findet Anstoß.

Claudina Marques Coelho
Was verrät denn ein Name? (1983)

Claudina Marques Coelho, aus Angola, geboren 1947, in der Bundesrepublik seit 1973; lebt als Fremdsprachenlehrerin in Braunschweig.

Behörden. Ämter. Räume voller Papiere. Weiße Wände, wo die Zeit nichts zu suchen hat. Wo die Menschen aneinander vorbeireden und glauben, die kleinen Sorgen des Alltags vergessen zu können. Karteikarten und endlose Namen. Was macht ein Name aus dir? Ist es ein Etikett? Wieso haben die Germanen nur einen Nachnamen? Was macht man in Deutschland aus dieser Tradition? Wieso soll die Mutter hierzulande vergessen werden? Was wird aus ihrem Namen? In Deutschland kann man viele Vornamen haben, aber der Trend der modernen Zeiten neigt auch da zur Sparsamkeit. Bei uns sammelt man Namen. Mit den Namen der Eltern komponiert man die Namen der Kinder in den verschiedenen Variationen, und mein Bruder kann anders heißen als ich. Und das zur Verwirrung der Deutschen, die alles geregelt wissen wollen. Ich bin stolz auf meine Namen. Ich habe viele und möchte sie nicht verkürzen und noch weniger aufgeben. Ordnungsamt. Finanzamt. Arbeitsamt. Ausländeramt. Wo sich einige aus dem Leben einen Weltschmerz machen. Wo aus einer Person zwei gemacht werden. Misstrauisch beguckt ein Beamter die bunte Figur vor ihm, die in einer jungfräulichen Sprache zu erklären versucht, dass die verschiedenen Personen eine einzige Person sind. Weil ein Amt den ersten Zunamen wichtig findet und das andere Amt einen anderen. So entstehen neue Personen. So wird fast ein Attentat auf eine Person verübt, ihr Name wird demontiert und zerlegt. Steckt irgendetwas Merkwürdiges hinter einem Namen? Was verrät denn ein Name?

Franco Biondi

In der pizzeria der altstadt (1989)

Während sie am tisch nebenan
ein rundes ding aßen
das mit einer pizza Napoli
ähnlichkeit hatte
und dabei
über ihre versagten revolutionen
über die mangelnde internationale solidarität
über ihre reise in die gestrandeten träume
glatte sätze losließen

tranken wir
aus schaumbeschmierten gläsern
abgestandenes mainzer export
das ähnlichkeit mit uns selber hatte
und dabei schwiegen wir
über unsere enttäuschten hoffnungen
über die ausgebliebenen kontakte
über den weggespülten rückkehrwunsch

wartend, dass auch dieser tag
vom deutschen alltagspinsel weggewischt wird.
Und unsere sätze
zwischen jedem schluck
waren weder glatt noch gehobelt
eher ganz rau –
sie trugen in ihrer hülse
den rhythmus der maschinen
und den inhalt dieses abends
in der pizzeria der altstadt.

Franco Biondi

Deutsche Sprachübung (1983)

Franco Biondi, geboren am 8.8.1947 in Forli/Italien, kam 1965 in die Bundesrepublik. Etwa 10 Jahre arbeitete er in verschiedenen Berufen, z. B. als Chemie- und Akkordarbeiter in einer Bitumenfabrik, als Bandarbeiter bei Opel. In Abendkursen holte er die mittlere Reife und das Abitur nach, studierte Psychologie und leitet nun eine sozialpädagogische Beratungsstelle für Familien in der Nähe von Frankfurt.

Zum Erwerb des Aufenthaltsrechts

1. Lern bitte auswendig:

Wir sind nur zum Arbeiten da.
Unternehmer, Politiker und Behörden haben immer Recht.
Friedliches Unterordnen ist unbedingt notwendig.
Arbeitsruhe und Arbeitsordnung ist erste Arbeitnehmer- und Gastarbeitnehmerpflicht.
Die Deutsche Mark ist unsere Sonne, die uns braun macht.
Integriere dich vollständig in die deutsche Gesellschaft.

2. Setz die fehlenden Wörter ein:

(oben; folgen; über/Welt; einhalten; zurückhaltend; Arbeit/dankbar)
a)
Als Gastarbeiter muss man immer ___ sein.
Befehle muss man immer ___.
Verbote muss man immer ___.
Alles Gute kommt nur von ___.
Modell Deutschland ___ alles in der ___.
In Deutschland haben Gastarbeiter eine schöne ___ und müssen deshalb ___ sein.
b)
Testübungen für Erwerber des Aufenthaltsrechts:
(Arbeit/Leben nehmen; arbeitet; streikt/gemeldet)
Der Arbeitnehmer ___ und der Unternehmer lenkt.
Wer ___, ist wild und muss sofort der Unternehmensleitung ___ werden.
Man muss die ___ und das ___, wie sie/es ist.

Emine Sevgi Özdamar

Mutterzunge (1991)

Özdamar wurde 1946 in Malatya, Anatolien, geboren, entdeckte früh ihre Liebe zum Theater, besuchte die Schauspielschule in Istanbul und ging 1976 an die Ostberliner Volksbühne. „Alle meine Freunde haben gelacht, weil ich die einzige Türkin war, die nicht in die BRD, sondern in die DDR gegangen ist." Sie ist eine Verehrerin Brechts und will ihn vor Ort studieren. Später folgen Engagements im Bochumer Schauspielhaus, diverse Filmrollen und 1987 die Uraufführung und Regie ihres ersten eigenen Stückes am Frankfurter Schauspielhaus. 1991 erhielt sie den Ingeborg-Bachmann-Preis für die Erzählung „Das Leben ist eine Karawanserei" als Erste, die nicht mit Deutsch als Muttersprache aufgewachsen ist.

Emine Sevgi Özdamar

In meiner Sprache heißt Zunge: Sprache.

Zunge hat keine Knochen, wohin man sie dreht, dreht sie sich dorthin.
Ich saß mit meiner gedrehten Zunge in dieser Stadt Berlin. Negercafé, Araber zu Gast, die Hocker sind zu hoch, Füße wackeln. Ein altes Croissant sitzt müde im Teller, ich gebe sofort Bakschisch, der Kellner soll sich nicht schämen. Wenn ich nur wüsste, wann ich meine Mutterzunge verloren habe. Ich und meine Mutter sprachen mal in unserer Mutterzunge. Meine Mutter sagte mir: „Weißt du, du sprichst so, du denkst, dass du alles erzählst, aber plötzlich springst du über nichtgesagte Wörter, dann erzählst du wieder ruhig, ich springe mit dir mit, dann atme ich ruhig." Sie sagte dann: „Du hast die Hälfte deiner Haare in Alamania gelassen."
Ich erinnere mich jetzt an Muttersätze, die sie in ihrer Mutterzunge gesagt hat, nur dann, wenn ich ihre Stimme mir vorstelle, die Sätze selbst kamen in meinen Ohren wie eine von mir gut gelernte Fremdsprache. […]
Wenn ich nur wüsste, in welchem Moment ich meine Mutterzunge verloren habe. Ich lief einmal in Stuttgart um dieses Gefängnis da, da war eine Wiese, nur ein Vogel flog vor den Zellen, ein Gefangener im blauen Trainingsanzug hing am Fenstergitter, er hatte eine sehr weiche Stimme, er sprach in derselben Mutterzunge, sagte laut zu jemandem: „Bruder Yashar, hast du es gesehen?" Der andere, den ich nicht sehen konnte, sagte: „Ja, ich hab gesehn."
Sehen: *Görmek*.
Ich stand auf der Wiese und lächelte. Wir waren so weit weg voneinander. Sie sahen mich wie eine große Nadel in der Natur, ich wusste nicht, was sie meinten mit Sehen, war ich das oder ein Vogel, von einem Gefängnis aus, kann man nur sehen, fassen, fühlen, fangen. Pflücken, das gibt es nicht.
Görmek: Sehen

Ich erinnere mich an ein anderes Wort in meiner Mutterzunge, es war im Traum. Ich war in Istanbul in einem Holzhaus, dort sah ich einen Freund, einen Kommunisten, er lacht nicht, ich erzähle ihm von jemandem, der die Geschichten mit seinem Mundwinkel erzählt, oberflächlich. Kommunist-Freund sagte: „Alle erzählen so." Ich sagte: „Was muss man machen, Tiefe zu erzählen?" Er sagte: „*Kaza gecirmek*, Lebensunfälle erleben."
Görmek und *Kaza gecirmek*.

Noch ein Wort in meiner Mutterzunge kam mal im Traum vorbei. Ein Zug fährt, hält, draußen Verhaftungen, Hunde bellen, drei

Zugkontrolleure kommen, ich überlege mir, ob ich sagen soll: „Ich bin Italienerin.“ Meinen Pass, in dem Beruf *ISCI* (Arbeiter) steht, will ich verstecken, ich denke, wenn ich mich als Studentin oder als Künstlerin ausweisen kann, komme ich durch die Kontrolle durch, da ist eine Fotokopiermaschine groß wie ein Zimmer, sie druckt ein sehr großes Selbstporträt von mir als *ISCI* raus.
Görmek, Kaza gecirmek, ISCI.

Ich saß mal im IC-Zugrestaurant an einem Tisch, an einem anderen saß ein Mann, liest sehr gerne in einem Buch, ich dachte, was liest er? Es war die Speisekarte. Vielleicht habe ich meine Mutterzunge im IC-Restaurant verloren. Ich konnte am Anfang hier den Kölner Dom nicht angucken. Wenn der Zug in Köln ankam, ich machte immer Augen zu, einmal aber machte ich ein Auge auf, in dem Moment sah ich ihn, der Dom schaute auf mich, da kam eine Rasierklinge in meinen Körper rein und lief auch drinnen, dann war kein Schmerz mehr da, ich machte mein zweites Auge auch auf. Vielleicht habe ich dort meine Mutterzunge verloren.
Stehe auf, geh zum anderen Berlin. Brecht war der erste Mensch, warum ich hierher gekommen bin, vielleicht dort kann ich mich daran erinnern, wann ich meine Mutterzunge verloren habe.

1. a) Definieren Sie den Begriff „Fremde“ für sich.
   b) Versuchen Sie, diese Gedanken in einer Fremd-Sprache zu formulieren. Welche Erfahrungen beim Schreiben machen Sie?
2. Vergleichen Sie Ihre Definitionen mit den folgenden Gedanken des italienischen Schriftstellers Franco Biondi:
   „Die Fremde ist dem Menschen inhärent, als Conditio humana (menschliche Natur), die die Frage nach der eigenen Verlorenheit in der Welt bzw. nach der Beheimatung in der Welt aufwirft. Diese Frage führt nach meinem Empfinden zur Frage nach Beheimatung in sich selbst. [...] Was Fremde ist, will nicht überwunden sein, das ist kriegerisch. Fremde will begegnet sein. Erzeugt die Wahrnehmung von Fremde im schlimmsten Fall Angst, so wird sie im besten Fall von Neugier geleitet. Die Begegnung mit dem Fremden ist dann Teilnahme auf Gegenseitigkeit. Gegenseitige Beziehungen zum Fremden beginnen erst dann, wenn das Individuum sich beim Fremden selbst erkennt. So ist die Fremde Begegnung mit dem anderen und mit sich selbst.“
3. a) Welche kulturellen Begegnungen, Erfahrungen und Konflikte werden in den literarischen Texten auf S. 431–435 dargestellt?
   b) Arbeiten Sie heraus, was Sie über kulturelle Unterschiede bzw. Gemeinsamkeiten erfahren.
   c) Untersuchen Sie, welche Rolle die Sprache – die Muttersprache und die Zweitsprache – in den jeweiligen Texten spielt.
4. a) Überlegen Sie, warum sich zweisprachige Autorinnen und Autoren, die in Deutschland leben, entschließen konnten, in Deutsch zu schreiben und nicht in ihrer Muttersprache.
   b) Tauschen Sie sich darüber aus, welchen Beitrag Migrantenliteratur für das interkulturelle Verstehen leisten kann.
5. ▷ **Referat**: Entleihen Sie in der Bibliothek Einzelpublikationen oder Sammelbände von zweisprachigen Schriftstellern, die in deutscher Sprache schreiben, und stellen Sie sie im Kurs vor. ▷ S. 36 f.

PROJEKTVORSCHLAG

Organisieren Sie in Zusammenarbeit mit zweisprachigen Mitschülerinnen und Mitschülern einen Literaturabend, z. B. zu dem Thema „Als Fremder in Deutschland“, und stellen Sie Ihre Diskussionsergebnisse einem größeren Publikum vor. Auch selbst entworfene Bild-Text-Collagen, Aphorismen, Gedichte oder Kurzprosa könnten präsentiert werden.

Irmgard Ackermann (Hg.): In zwei Sprachen leben. dtv, München 1983
Habib Bektas (Hg.): Das Unsichtbare sagen! Prosa und Lyrik aus dem Alltag des Gastarbeiters. Neuer Malik Verlag, Kiel 1993
Niki Eideneier/Arzu Toker (Hg.): Kalimerhaba. Griechisch-Deutsch-Türkisches Lesebuch. Romiosini Verlag, Köln 1992
Paul Michael Lützeler (Hg.): Schreiben zwischen den Kulturen. Beiträge zur deutschsprachigen Gegenwartsliteratur. Fischer TB Verlag, Frankfurt/Main 1996
Zafer Şenocak u. a. (Hg.): Sirene. Zeitschrift für Literatur. Babel Verlag Bülent Tulay, München

IV Medien

1 Der Weg ins Medien- und Informationszeitalter

Mit der Entwicklung von Medien waren immer schon euphorische Hoffnung auf technologischen Fortschritt einerseits und die angstvolle Sorge um den Verlust kommunikativer Traditionen andererseits verbunden. Die meisten Formen medialer Vermittlung nehmen wir kaum bewusst als solche wahr. Mit Büchern, Zeitschriften, Fotos, Radio, Film, Fernsehen, Computer und Telefon gehen wir in unserem Alltag selbstverständlich um. Der nachwachsenden Generation wird regelmäßig vorgeworfen, dass die verstärkte Nutzung immer neuer Medien ihre Wahrnehmung der Umwelt verändere, und das heißt oft: einschränke.
Die folgenden Texte setzen sich mit der Frage auseinander, welche Struktur und welchen Einfluss vor allem die neuen Medien auf Gesellschaft, Kultur und Politik haben.

UMFRAGE ZUM MEDIENVERHALTEN VON JUGENDLICHEN UND ERWACHSENEN

1. Vergleichen Sie die Nutzung von Medien in Ihrer Klasse, indem Sie einen Tag lang Folgendes protokollieren: Welche Medien nutzen Sie? Wozu nutzen Sie sie? Wie lange nutzen Sie sie?
2. Befragen Sie eine andere Generation (Eltern, Großeltern) nach ihrem Umgang mit Medien.

1.1 Die Atomisierung der Welt

Hubert Burda

Das Unheimliche der Fotografie (1988)

Im folgenden Textauszug wendet sich der Verleger Dr. Hubert Burda anlässlich des 150. Geburtstages der Fotografie 1989 an die Leser/innen einer von ihm herausgegebenen Zeitschrift für Kunst und Kultur.

Das Unheimliche der Fotografie war und ist ihr unaufhaltsamer Siegeszug. Schon heute haben Fotobilder in der Information und Kommunikation, gesteigert noch durch die Nachkommen der Fotografie – Film und Fernsehen –, größere Bedeutung als das Wort. Die heutige Menschheit lebt in der Welt der Fotos, bewegter und unbewegter.
An diesem Punkt setzt auch die Kulturkritik ein, die hervorhebt, dass die Fotografie nur Abbildung, Wiedergabe, Reproduktion sei und die Menschen verleite, „erste Realität", also die Welt der unmittelbaren Wahrnehmung, und „zweite Realität", die Welt der Abbilder, der Fotos, zu verwechseln. Durch Fotografien werden uns heute banale, abstoßende und brutale Bilder unserer Welt geliefert. Verständlich, dass man sich fragt, wie können Fotografien, die uns in der Regel das Nicht-Künstlerische präsentieren, den Alltag oder das Hässliche also, zum Kunstwerk geraten. [...]
Ich möchte an dieser Stelle nicht verschweigen, dass ich mir auch der Gefahren der Fotografie bewusst bin. Die amerikanische Schriftstellerin Susan Sontag schrieb einmal: „Das Fotografieren ... verwandelt Menschen in Objekte, die man symbolisch besitzen kann." Die Gefahr liegt, meine ich, im Menschen, der fotografiert, nicht im Fotografieren selbst.

1. Welche kritischen Aspekte hebt Burda im Hinblick auf das Medium Fotografie hervor?
2. Diskutieren Sie über das Verhältnis von Wort und Bild in heutigen Zeitungen und im Fernsehen. Dabei können Sie sich auch auf den Text von Hubert Burda beziehen.

Neil Postman

Die Atomisierung der Welt durch die Medien des 19. Jahrhunderts (1999)

*Der amerikanische Medienkritiker Neil Postman (*1931) untersucht, wie zwei Erfindungen des 19. Jahrhunderts die Bedeutung von „Information" veränderten:*

Der Bedeutungswandel von Information wurde hauptsächlich durch die Erfindung der Telegrafie und Fotografie in den Vierzigerjahren des neunzehnten Jahrhunderts hervorgerufen. Besonders die Telegrafie gab der Idee der kontextlosen Information ihre Legitimation, der Vorstellung also, dass der Wert von Informationen nicht notwendigerweise von ihrer Bindung an irgendeine Funktion im Bereich des Gesellschaftlichen oder Politischen abhing. Sie kann für sich bestehen, einfach als Mittel zur Befriedigung der Neugierde. Durch den Telegrafen wurde die Information zu einer Ware, zu einem an sich ersehnenswerten „Ding", unabhängig von seinen möglichen Zwecken oder Bedeutungen. Dadurch machte die Telegrafie den öffentlichen Diskurs[1] zu einem in hohem Maße inkohärenten[2] Vorgang. Es entstand daraus, in der Formulierung Lewis Mumfords[3], eine Welt zerbrochener Zeit und zerbrochener Aufmerksamkeit. Die eigentliche Stärke des Telegrafen war seine Fähigkeit, Informationen zu transportieren, nicht aber, sie zu sammeln, zu erklären oder zu analysieren.

Ein weiteres Element, das neben der Telegrafie unserem Begriff von Information einen neuen Gehalt gab, war die Fotografie, denn bei der Fotografie geht es in erster Linie um die Welt des Faktischen, nicht des Disputs über Fakten oder der Schlussfolgerungen, die daraus zu ziehen wären. Die Art und Weise, in der die Fotografie Erfahrungen aufzeichnet, ist radikal anders, als wenn dies durch Sprache geschieht. Die Sprache ergibt nur dann einen Sinn, wenn sie als Abfolge von Aussagen präsentiert wird. Der Sinn wird entstellt, wenn ein Wort oder Satz aus, wie wir sagen, seinem Kontext herausgerissen wird. Die Fotografie hingegen erfordert keinen Kontext. Es ist gerade das Besondere an ihr, dass dabei Bilder aus ihrem Kontext genommen werden, damit sie auf neue Weise gesehen werden können. In einer Welt der fotografischen Bilder, schreibt Susan Sontag[4], „erscheinen alle Grenzen (‚Rahmen') als etwas Willkürliches. Alles kann isoliert und ohne Zusammenhang mit etwas anderem dargestellt werden: Nötig ist nur, dass der Bildgegenstand anders gerahmt wird."

Sontag meint damit die Fähigkeit der Fotografie zu einer besonderen Art von Realitätszerstückelung, des Herausreißens einzelner Momente aus ihren jeweiligen Zusammenhängen und des Nebeneinanderstellens von Ereignissen und Dingen, zwischen denen es keinen logischen oder historischen Zusammenhang gibt. Wie die Telegrafie schafft auch die Fotografie eine neue Welt in der Form einer Serie von idiosynkratischen[5] Ereignissen. In einer Welt der Fotografien gibt es keinen Anfang, keine Mitte und kein Ende, so wenig, wie die Telegrafie dies impliziert. Die Welt ist atomisiert. Es gibt nur die Gegenwart, und diese muss nicht Teil einer Geschichte sein, die erzählt werden könnte.

1 **Diskurs:** Gedankenaustausch
2 **inkohärent:** unzusammenhängend
3 **Lewis Mumford** (1895–1990): amerikanischer Soziologe
4 **Susan Sontag** (*1933): amerikanische Essayistin
5 **idiosynkratisch:** unverträglich

1. Erläutern Sie, was Postman mit der Atomisierung der Welt durch die genannten Medien meint.
2. Überprüfen Sie, ob und inwieweit Fernsehen und Internet eine Weiterentwicklung von Telegrafie und Fotografie darstellen.

1.2 Im weltweiten Info-Dorf: Ein Leben voller Gerechtigkeit, Gleichheit, Höflichkeit?

Neil Postman/John Perry Barlow

Streitgespräch über das Internet
(1997)

Die Wochenzeitschrift „Der Spiegel" führte das Gespräch mit dem Medienkritiker Neil Postman und dem Cyberspace-Experten und Medienbefürworter John Perry Barlow.

SPIEGEL: Warum, Mr. Postman, stehen Sie einem neuen Medium wie dem Internet so feindlich gegenüber?
POSTMAN: Was mich beunruhigt, ist die Tatsache, dass es uns von den wahren Problemen ablenkt. Wir haben nicht zu wenig Informationen, Daten, Nachrichten, sondern schon viel zu viel. Seit der Erfindung der Telegrafie im Jahre 1837 geht es nur noch darum, mehr Informationen möglichst schnell zu möglichst vielen Menschen zu bringen. 140 Jahre später reden Leute wie Bill Gates, Nicholas Negroponte und George Gilder noch immer über dasselbe. Dabei, denke ich, haben wir das Problem längst gelöst. Eigentlich sind diese selbst ernannten Visionäre doch reaktionär: Sie verkaufen Lösungen für längst bewältigte Probleme des 19. Jahrhunderts. Wir leben aber fast schon im 21. Jahrhundert, und es gibt eine Menge Aufgaben, die wir noch längst nicht bewältigt haben. Die Informationsflut lenkt uns von der Tatsache ab, dass in der Dritten Welt noch immer Kinder hungern ...
BARLOW: ... weil Lebensmittel nicht gerecht verteilt werden. Und dieses Verteilungsproblem ist ein Problem fehlender Informationen. Mit Verlaub, Sie sind doch ein Mann des 19. Jahrhunderts, Sie glauben noch immer an die Knappheit von Lebensmitteln und industriellen Gütern. Dabei können wir fast alle Waren schnell und billig in ausreichender Menge produzieren. Wir leben nicht mehr in der industriellen Epoche, sondern im Informationszeitalter. Da gewinnt derjenige den ökonomischen Wettbewerb, der über die wertvollsten Informationen verfügt.
POSTMAN: Okay, reden wir über Gewalt und Kriminalität. Ist das auch ein Informationsproblem?
BARLOW: Das hat wohl mit der menschlichen Seele und der Natur des Bösen zu tun.
POSTMAN: Auf jeden Fall können wir missbrauchten Kindern und verprügelten Frauen nicht durch mehr Informationen und eine andere Aufbereitung von Daten helfen.
SPIEGEL: Eines müsste Ihnen aber doch gefallen: Niemals zuvor war das Wissen der Menschheit für jedermann so einfach zugänglich. Auch die Fehler der Vergangenheit kann jeder, der einen PC und Anschluss ans Netz hat, nun zu Hause abrufen.
POSTMAN: Na und? Es gibt allein in den USA 17 000 Tageszeitungen, 12 000 Magazine, 27 000 Videotheken ...
BARLOW: ... jedes Jahr 70 000 neue Bücher ...
POSTMAN: ... und allein in meinem Briefkasten landen täglich 60 Milliarden Werbebriefe *(lacht)*. Da sorgt sich der Rektor der New Yorker Schule darum, wie er alle Klassen ans Internet bringt. Aber für 91 000 Kinder gibt es in dieser Stadt nicht einmal einen Stuhl, sie hocken in den Toiletten. Solange auch nur ein einziger Schüler keinen Platz im Klassenzimmer hat, würde ich nicht fünf Cent für einen Computer oder einen Anschluss ans Internet ausgeben. [...]
SPIEGEL: Und Sie, Mr. Barlow, glauben, dass mit dem neuen Medium Internet alles besser wird?
BARLOW: Die traditionellen Massenmedien haben jedenfalls alles nur noch schlimmer gemacht. Radio und Fernsehen gaukeln den Leuten eine Scheinwirklichkeit vor, und mit dieser Scheinwirklichkeit wird dann Politik gemacht. Das Fernsehen beispielsweise ködert Zuschauer mit spektakulären Bildern von Mord und Totschlag – mit dem Resultat, dass die Öffentlichkeit tatsächlich glaubt, es gebe mehr Verbrechen. Gegen diese Manipulation gibt es nur ein Heilmittel: Die Bürger brauchen direkten Zugriff auf alle Informationen und müssen in der Lage sein, Fragen zu stellen.
POSTMAN: Und es soll niemanden mehr geben, der eine gewisse Vorauswahl trifft?
BARLOW: Selbstverständlich muss es eine Vorauswahl geben. Aber es muss Schluss sein mit

dem kulturellen Filter, den die großen Konzerne mit ihren Druckereien und TV-Kanälen uns aufzwingen. Mir ist das im Golfkrieg klar geworden, als ich die Bilder von CNN sah. Das war eine perfekte Computersimulation. Erst als ich im Internet Berichte von Soldaten las, die an der Front waren, konnte ich mir einen Eindruck davon machen, was wirklich passierte.

POSTMAN: Ihre Kritik am Fernsehen könnte ja fast von mir sein. In einem meiner Bücher habe ich im Epilog geschrieben, dass man dem technischen Fortschritt nicht blind ohne moralische Grundsätze nachlaufen darf.

BARLOW: Schön und gut, aber Sie kommen mir vor wie ein Handwerker, der dem Hammer die Schuld gibt, wenn er sich auf den Finger klopft. Stattdessen müssen wir lernen, unsere Werkzeuge zu beherrschen.

POSTMAN: Schöner hätte ich es selbst nicht sagen können. [...]

BARLOW: Freiheit bedeutet auch für mich zuallererst die Freiheit, auszuwählen, was man tut und was man bleiben lässt. Also kann man sich auch dem Internet verweigern. Aber das Netz nimmt eine ganz wichtige Aufgabe wahr. Es stiftet Gemeinschaften. Die TV-Kultur hat unsere Gesellschaft atomisiert. In diesem Land fehlt so vielen Menschen das Gefühl für Gemeinschaft.

SPIEGEL: Und die Gemeinschaften sollen durch eine Kommunikation entstehen, in der jeder allein vor einer Maschine sitzt?

BARLOW: Niemand sitzt allein. In der Maschine sitzen andere. Die Maschine kreiert eine Umwelt, eine soziale Atmosphäre. [...]

SPIEGEL: Es soll Leute geben, die sich über das Netz ineinander verlieben. Auch zu Online-Heiraten ist es so schon gekommen.

POSTMAN: Das kann ich mir vorstellen. Es gibt ein Theaterstück über ein Liebespaar, das sich 25 Jahre lang nur Briefe schreiben konnte. Auf diesem Gebiet ist alles möglich, solange irgendwelche Reste von Kommunikation übrig sind, und wenn es Morse- oder Rauchzeichen sind.

1. Formulieren Sie die unterschiedlichen Positionen der beiden Medienkritiker in eigenen Worten und arbeiten Sie ihre Argumente heraus. Welche Argumentation überzeugt Sie mehr?
2. Nehmen Sie Stellung zu der Frage, ob die Entwicklungen im Bereich der neuen Medien für die Lösung der gesellschaftlichen Probleme nützlich oder schädlich sind.

Alexander Roesler

Bequeme Einmischung. Internet und Öffentlichkeit (1997)

Öffentlichkeit unter den Bedingungen der Massengesellschaft kann natürlich nicht mehr so funktionieren wie in der antiken Polis[1] oder in den Klubs der Aufklärung. Der Diskussionszusammenhang in diesen beiden Modellen war stark von der Idee einer unmittelbaren Kommunikation geprägt, wobei „unmittelbar" bedeutete, dass sich die einzelnen Diskutanten in einer Redesituation von Angesicht zu Angesicht befanden. Doch schon in der Zeit der Aufklärung begannen sich die unterschiedlichsten Medien, wie z. B. Zeitungen oder Privatbriefe, zwischen die einzelnen Menschen zu schieben und ihren Dialog zu vermitteln, und diese Entwicklung hat bis zu unserem Verständnis von „Öffentlichkeit" geführt, das ja im Wesentlichen eine Öffentlichkeit der Massenmedien meint. Das Problem der Massenmedien besteht aber darin, dass sie nur senden, dass sie nur eine eingleisige Kommunikation ermöglichen und damit den öffentlichen Dialog um sein wesentlichstes Merkmal berauben: dass er ein Gespräch ist. An Stelle der Diskussion ist die Verkündigung getreten, die Rückantwort verliert sich in der Einbahnstraße des Leserbriefs oder der Zuschauerreaktionen, die, wenn überhaupt, dann gekürzt und geschnitten veröffentlicht werden. Das Einzige, was noch an die Vorstellung einer Debatte erinnert, ist die Verkündigung eines anderen Mediums zu dem gleichen Thema, „öffentlich" im Sinne von „allen zugänglich" ist höchstens Information, keine aktive Teilnahme mehr. Die Diskussion, oder was von ihr übrig geblieben ist, führen andere: so genannte „Meinungsführer".

1 **Polis:** in der Antike griechischer Stadtstaat

Das Problem dieser Verkürzung von Öffentlichkeit liegt dabei nicht unbedingt an der Massengesellschaft, sondern an der Eigenschaft der Medien, keinen Dialog zu ermöglichen. Schon in den Dreißigerjahren, als der Rundfunk in Deutschland aufkam, träumte Bertolt Brecht von der Wirkung, die ein echtes Kommunikationsmedium auf die Entfaltung von Öffentlichkeit haben könnte: „Der Rundfunk ist aus einem Distributionsapparat[2] in einen Kommunikationsapparat zu verwandeln. Der Rundfunk wäre der denkbar großartigste Kommunikationsapparat des öffentlichen Lebens, ein ungeheueres Kanalsystem, d. h., er wäre es, wenn er es verstünde, nicht nur auszusenden, sondern auch zu empfangen, also den Zuhörer nicht nur hören, sondern auch sprechen zu machen, und ihn nicht zu isolieren, sondern in Beziehung zu setzen." [...]

Es scheint, als könne die Utopie, die Brecht 1932 entworfen hat, heute Wirklichkeit werden, und zwar durch eine neue und technisch bessere Umsetzung dieser Vorstellungen. Mit Hilfe des Internets ließe sich nämlich genau der Teil der Öffentlichkeit wieder herstellen, der in den anderen Massenmedien bislang ausgeschlossen bleiben musste – die eigene Mitwirkung. Informationen, Artikel, Statistiken usw. lassen sich zwar auch über das Internet verbreiten, darüber hinaus aber entstehen neue Möglichkeiten, die eine lebendigere Öffentlichkeit verheißen, eine Öffentlichkeit, die sich ihren alten Idealen wieder annähert und sie endlich einzulösen verspricht. Das Stichwort dazu lautet „Interaktivität". [...]

Die Vorteile, die Interaktivität über das Internet für die Realisierung von Öffentlichkeit bereithält, liegen auf der Hand. Die Merkmale von Öffentlichkeit, die aus den Vorbildern des antiken Marktplatzes und den Debattierzirkeln der Aufklärung gewonnen wurden, lassen sich im Internet technisch umgesetzt wieder finden, zum Teil sogar noch um einige zusätzliche Feinheiten bereichert.

Ein großer Vorteil, den die Vernetzung von Computern in der Massengesellschaft hat, ist die Auflösung des Raumes als Bedingung für Kommunikation. Die Teilnehmer am Internet können über die ganze Welt verstreut bleiben und dennoch miteinander kommunizieren; ein gemeinsamer Raum, an dem sie sich treffen, ist überflüssig. Darin kann man die Chance erblicken, eine Agora[3] im Zeitalter der Massen zu errichten, keinen physischen Raum, sondern einen virtuellen, der aber all das möglich machen kann, was wir als wesentlich für Öffentlichkeit begreifen. Die Zukunft des Internets, die ja wohl zunehmend auf Kommerzialisierung hinausläuft, wird sogar den Handel und den Verkauf von Waren ermöglichen – die *electronic agora*, von der Howard Rheingold spricht, gleicht auch da noch ihrem antiken Vorbild bis ins Detail.

Und auch die drei Merkmale, die Habermas[4] für „Öffentlichkeit" genannt hatte, finden sich im Internet verwirklicht. Zunächst die *Gleichheit*. Sie besteht insofern, als prinzipiell jeder, der über einen Computer, ein Modem und etwas Software verfügt, Teilnehmer des Netzes sein kann. Da die Preise dafür stetig sinken, sind noch nicht einmal die Anschaffungskosten eine unüberwindliche Hürde und also auch kein großartiges Selektionskriterium. Wie bei den Gesellschaften der Aufklärer wird im Internet auch vom Status abgesehen, denn wenn man einmal im Netz ist, spielt es keine Rolle mehr, wer man wirklich ist. Insofern ist auch die *Ebenbürtigkeit* und *Parität* verwirklicht, von der Habermas sprach. Darüber hinaus verwirklicht das Internet eine Gleichheit, von der die Aufklärer noch nicht einmal geträumt haben; vor dem Bildschirm verschwinden auch die Unterschiede in Geschlecht und ethnischer Zugehörigkeit, die Diskriminierungen, denen sich Behinderte und andere Randgruppen ausgesetzt sehen, usw. Tatsächlich haben Untersuchungen in den USA gezeigt, dass in den verschiedenen Kommunikationsarten im Internet Spontaneität und Gleichheit häufiger sind, während sexuelle Diskriminierung abnimmt. Die Tatsache, dass der andere nur über den Text existiert, den wir auf unserem Bildschirm von ihm sehen, macht uns wohl geneigter, ihn oder sie als ebenbürtig zu betrachten. Es scheint, als mache der Bildschirm alle gleich.

Das zweite Merkmal von Habermas, nämlich

2 **Distribution:** Verteilung, Vertrieb

3 **Agora:** Marktplatz in den griechischen Städten der Antike

4 **Jürgen Habermas** (*1929): deutscher Philosoph und Gesellschaftswissenschaftler

dass prinzipiell *alles Gegenstand des Diskurses*[5] sein kann, findet jeder bereits verwirklicht, der nur einen Blick ins Internet und in die Themen der zahllosen Newsgroups geworfen hat. Und falls dort etwas nicht zur Sprache kommen sollte, lässt sich daran sofort etwas ändern, durch Gründung einer neuen Newsgroup etwa oder durch eine der Aktionsformen, die im Internet möglich sind. Auch das dritte Merkmal, die *Unabgeschlossenheit* des Publikums, ist im Internet gewährleistet, es ist sogar dessen Prinzip, denn das Internet ist ja nichts anderes als ein Netzwerk aus einzelnen Computern, an das sich immer noch ein weiterer Computer anschließen kann und mit ihm weitere Teilnehmer. Wenn es momentan an die 50 bis 60 Millionen User gibt, was erst den Anfang bezeichnet, dann sieht man, in welche Dimensionen die antike Agora in ihrer elektronischen Verwirklichung anwachsen kann. Und nichts spricht prinzipiell dagegen, dass sich die ganze Welt vernetzt.

5 **Diskurs:** Kommunikation mit dem Ziel vernünftiger Wahrheitsfindung

1. Diskutieren Sie die gesellschaftlichen Vor- und Nachteile des Internets vor dem Hintergrund der Gleichheit der Teilnehmer, ihrer Möglichkeiten der Mitwirkung und der Qualität der Information.
2. Formulieren Sie eine eigene Stellungnahme zu den Chancen und Risiken des Internets in einer Ihnen geeignet erscheinenden Form: Essay, Glosse, Satire, Parodie, Leserbrief.

Adrian Suter

Höflichkeit im Internet – Ergebnis einer Internet-Recherche (2000)

Sieben Thesen zur Höflichkeit im Usenet[1]

Dieser Text entstand in de.soc.netzultur.umgangsformen, einer Newsgruppe[1], in der sehr kontrovers über höfliches Verhalten im Usenet diskutiert wird. Er umfasst sieben Thesen und dazu einige Erläuterungen. Es ist sinnvoll, vor dem Lesen einen Blick in die Netiquette[2] zu werfen, sie findet sich im Usenet in der Gruppe de.newusers.infos und im WWW unter http://www.dana.de/mod/netiquette.html.

Hier zunächst die Thesen pur:

1. Höflichkeit ist wünschenswert, aber optional[3].
2. Wie im realen Leben, so gibt's auch im Usenet unterschiedliche Wertmaßstäbe, was höflich und was unhöflich ist.
3. Höflichkeit im Usenet ergibt sich aus allgemeinen Höflichkeitsregeln, wie sie auch im realen Leben gelten, und usenetspezifischen Höflichkeitsregeln, die sich aus dem Charakter, der Tradition und der Subkultur des Mediums ergeben.
4. Viele Netiquette-Verstöße entstehen auf Grund der Unkenntnis über die Spezifika des Usenets und über die verschiedenen Möglichkeiten, wie man am Usenet teilnehmen kann.
5. Die Netiquette repräsentiert eine vergleichsweise strenge Auffassung in Bezug auf die Kriterien höflichen Verhaltens. Dies entspricht ihrer Zielsetzung, Anleitung zum Vermeiden von Fettnäpfchen zu sein.
6. Das Fehlen nonverbaler Kommunikationsmittel im Usenet macht es nötig, auf Netiquetteverstöße entweder gar nicht oder aber explizit hinzuweisen.
7. Hinweise auf Netiquetteverstöße verlieren an Glaubwürdigkeit, wenn sie selbst die Netiquette nicht respektieren. Sie sollten freundlich und im Normalfall per Mail gemacht werden. Zeigen sie keine Wirkung, ist meist Ignorieren die sinnvollste Konsequenz.

1 **Usenet:** spezieller Dienst im Internet zur Verwaltung von **Newsgroups** (Diskussionsrunden zu best. Themen)
2 **Netiquette:** Regeln für das soziale Verhalten im Internet
3 **optional:** nicht zwingend, nach eigener Wahl

1. Welche Unterschiede zwischen der Kommunikation von Angesicht zu Angesicht und der Kommunikation im Internet lassen sich ausmachen?
2. Stellen Sie die Neuerungen der „Netiquette" den üblichen Höflichkeitsformen gegenüber.
3. a) Berichten Sie Ihrer Klasse von Ihren Erfahrungen mit der Kommunikation im Internet.
   b) Verfassen Sie selbst einen Netiquette-Thesenkatalog für die Kommunikation im Internet.

Neil Postman

Information – Wissen – Erkenntnis
(1999)

Wie die Dinge derzeit stehen, jedenfalls in Amerika, sind Fernsehen und Radio Medien für Informations-Junkies, nicht für Leute, die sich für Ursachen interessieren. Einschieben will ich hier, dass zu den diversen Funktionen gesellschaftlicher Institutionen – der Kirchen, der Gerichte, der Schulen, der politischen Parteien, der Familien – auch die gehört, dass sie uns mit den „Weils" versorgen sollen, also helfen sollen, zu erkennen, weshalb eine Information wichtig oder irrelevant, gesellschaftlich akzeptabel oder blasphemisch[1], konventionell oder abseitig, sogar wahr oder falsch ist. Einige dieser Institutionen leisten diese Aufgabe nicht mehr mit derselben Überzeugungskraft wie früher, weshalb es besonders nötig ist, dass ein Wissensmedium verfügbar ist. Und für ein Wissensmedium gibt es keine fundamentalere Notwendigkeit als diejenige, klarzumachen, weshalb wir eine Information erhalten. Wenn wir das nicht wissen, wissen wir nichts Wissenswertes. Aber es gibt noch etwas anderes, was die Zeitungen für uns im technischen Zeitalter leisten müssen, und das hat mit dem Wort „Erkenntnis" zu tun. Ich glaube, dass Zeitungen anfangen müssen, ihre Aufgabe nicht nur als Wissensvermittler zu sehen, sondern auch als Erkenntnisvermittler.

Sie mögen das für zu weit gehend halten, aber ich werde „Erkenntnis" so definieren, dass es Ihnen als durchaus praktikabel vorkommen wird. Ich verstehe unter Erkenntnis die Fähigkeit, zu unterscheiden, welcher Informationsstand für die Lösung eines wichtigen Problems relevant ist. Wissen ist, wie ich gesagt habe, organisierte Information. Es ist eigenständig und beschränkt sich auf ein einziges System von Informationen über die Welt. Man kann über eine Menge Wissen über die Welt verfügen und dabei doch gänzlich ohne Erkenntnis sein. Bei Naturwissenschaftlern, Politikern, Unternehmern, Universitätsleuten und sogar bei Theologen ist das oft der Fall. Nehmen wir als Beispiel eine Geschichte über das Klonen. Es ist bloße Information, wenn man uns mitteilt, dass Wissenschaftler in Schottland ein Schaf geklont haben und einige ihrer Kollegen in Amerika einen Affen. Mit Wissen wird man uns versorgen, wenn man uns sagt, wie das Klonen vor sich geht und wie bald wir damit rechnen müssen, dass Menschen geklont werden, oder gar etwas über die Geschichte der Klonungsversuche.

Erkenntnis wäre es aber, wenn wir etwas darüber erführen, welches Wissenssystem wir benötigen, um den Vorgang des Klonens bewerten zu können. Die Naturwissenschaft kann uns dabei nicht weiterhelfen. Sie kann uns nur sagen, wie das Klonen funktioniert. Wodurch erfahren wir, ob wir deswegen froh oder traurig sein sollen? Wodurch erfahren wir, ob politische Maßnahmen ergriffen werden müssen, um dieses Geschehen unter Kontrolle zu halten? Wodurch erfahren wir, ob es sich dabei um einen Fortschritt oder einen Rückschritt handelt? Wer über solche Fragen nachzudenken beginnt, müsste auf das Wissen verwiesen werden, das wir Religion nennen, oder auf das Wissen, das wir Politik nennen, oder auf das Wissen, das wir Soziologie nennen. Wissen kann sich nicht selbst beurteilen. Wissen muss mit Hilfe des Rückgriffs auf anderes Wissen beurteilt werden, und hierin liegt der Kern der Erkenntnis.

Neil Postman

1 **blasphemisch:** gotteslästerlich

In Somalia gibt es, wie ich erfahren habe, hungernde Kinder. Welches Wissenssystem benötige ich, damit mir irgend etwas zu der Frage einfällt, wie dieses Problem zu lösen wäre? Ich habe erfahren, dass unsere Ozeane verschmutzt sind und die Regenwälder zerstört werden. Welches Wissenssystem brauche ich, um zu erkennen, wie diese Probleme womöglich gelöst werden könnten? Oder die Probleme des Rassismus und Sexismus? Oder das Verbrechensproblem? [...]

Ich kann mir eine Zukunft vorstellen, in der das, was ich über Erkenntnis gesagt habe, in Zeitungen etwas ganz Alltägliches sein wird. Ich habe keine genaue Vorstellung davon, wie es dazu kommen wird, obwohl ich mir gern eine Zeit vorstelle, in der wir neben den Meinungsseiten auch noch „Erkenntnisseiten" haben werden, die mit relevanten Fragen zu den Geschichten angefüllt sind, über die berichtet wird: Fragen, die sich an Leute richten, die über ein anderes Wissen verfügen als jenes, das die Artikel in direkter Weise aufrufen. Ich kann mir sogar eine Zeit vorstellen, in der die Nachrichten nicht nach den Standardformaten von Lokal-, Regional-, National- und Weltnachrichten organisiert sind, sondern nach anderen Prinzipien – den sieben Todsünden beispielsweise, nämlich Habgier, Lust, Neid, Stolz, Völlerei usw.

1. Erläutern Sie den Begriff „Informations-Junkies" (▷ Z. 3).
2. Untersuchen Sie arbeitsteilig verschiedene Medien (aktuelle Ausgabe einer Tageszeitung, Nachrichtensendung im Fernsehen, Info-Website im Internet etc.) und überprüfen Sie, wie hoch der Anteil von „Information", „Wissen" und „Erkenntnis" nach der Definition Postmans ist.
3. Führen Sie eine ▷ **Pro-und-Kontra-Debatte** über Postmans abschließenden Vorschlag zur Neugestaltung von Zeitungen durch. Sammeln Sie in Ihren Gruppen zunächst Argumente mit Hilfe des ▷ **Metaplan-Verfahrens** und bereiten Sie Ihre Eröffnungsstatements sorgfältig vor. ▷ S. 54 f. ▷ S. 11
4. Erörtern Sie, ob Postmans Vorschlag zur Neugestaltung von Zeitungen auch auf andere Medien übertragbar ist.

1.3 Projekte

PROJEKTVORSCHLÄGE: WAS LEISTEN DIE MEDIEN?

- Was die Massenmedien Presse, Rundfunk, Fernsehen und Internet hinsichtlich der Information und Mitwirkung ihrer Rezipientinnen und Rezipienten leisten, lässt sich am besten durch „Proben aufs Exempel" untersuchen:
  - Bilden Sie vier Gruppen und wählen Sie einen Tag aus, an dem sich je eine Gruppe über die Tageszeitungen, das Radio, das Fernsehen und das Internet zu einem aktuellen Thema informiert.
  - Referieren Sie am nächsten Tag im Kurs, wie sich das Thema aus der Sicht „Ihres" Mediums darstellt, und vergleichen Sie Ihre Informationen.
  - Diskutieren Sie Gemeinsamkeiten und Unterschiede. Achten Sie besonders darauf, welche Möglichkeiten der Auswahl, Reihenfolge und Dauer der Information die Rezipientinnen und Rezipienten im Umgang mit jedem der Medien haben.
  - Überlegen Sie gemeinsam, inwiefern Sie im Rezeptionsprozess produktiv werden können. Welche Medien öffnen und welche setzen Grenzen hinsichtlich der Mitbestimmung und Gestaltung von Information?
  - Bereiten Sie in Gruppen Ihre Ergebnisse für eine Präsentation vor: Stellen Sie die Aufbereitung des aktuellen Themas im jeweiligen Medium vor und kommentieren Sie den medientypischen Umgang mit Informationen. Wählen Sie geeignete Medien, mit denen Sie Ihre Arbeitsergebnisse vorstellen können (z. B. Video, Tonband, Zeitungsseite, Homepage).
- Lassen Sie einige der Medienkritiker, deren Texte in diesem Kapitel versammelt sind, in einer Talkshow auftreten. Bestimmen Sie einen Moderator oder eine Moderatorin und legen Sie das Thema des Streitgesprächs fest, z. B. „Wie gefährlich sind die neuen Medien?"

PROJEKTVORSCHLÄGE: KOMMUNIKATION IM INTERNET

- Häufig hört man, dass die schriftliche Kommunikation, etwa der Briefverkehr, sich durch die modernen Medien ändert. Erstellen Sie eine Sammlung von Briefen und E-Mails und vergleichen Sie diese im Hinblick auf Satzbau, Wortwahl, Formelhaftigkeit, Anredeformen. Untersuchen Sie sowohl private als auch geschäftliche Briefe bzw. E-Mails.
- Auch das Miteinander-Sprechen im Internet – das so genannte Chatten – unterscheidet sich durch die räumliche Distanz und das Fehlen der körpersprachlichen Dimension vom üblichen Gespräch. Chatter versuchen dies durch Abkürzungen und Emoticons abzudecken. Hier eine Sammlung von häufig verwendeten Kürzeln und Icons:

Kennwort: Smiley – Abkürzungen und Emoticons

afaik	as far as I know (soweit ich weiß)
asap	as soon as possible (so schnell wie möglich)
brb	be right back (bin gleich zurück)
fyi	for your information (zu deiner Information)
fyeo	for your eyes only (nur für dich bestimmt)
lol	laughing out loud (laut loslachen)
rofl	rolling on the flor laughing (sich vor Lachen am Boden kringeln)

:-) lächelnd, happy
:-)) sehr glücklich
:-(traurig
;-) augenzwinkernd
:-% verwirrt
:-| verstimmt, ernst
:-* Kuss
:-/ skeptisch
:-& sprachlos
:-# Lippen sind versiegelt
:-o erschrocken, erstaunt
:-D breites Lachen
:-P herausgestreckte Zunge
<:-) dumme Frage
@}-- Rose

- ☐ Erstellen Sie eine „Gebrauchsanweisung“ für den Auftritt in Chat-Runden. Gehen Sie dabei besonders auf die Frage von Täuschung und Glaubwürdigkeit ein.
- ☐ Denken Sie sich neue Abkürzungen und Emoticons aus. Gelingt es Ihnen, diese in der Chat-World zu etablieren?

THEMEN FÜR REFERATE/FACHARBEITEN

- **Kultfilme:** Recherchieren Sie, warum Jugendliche mehrfach in einen bestimmten aktuellen Film gehen. Führen Sie eine Umfrage in Ihrer Schule durch und interviewen Sie Kinobesucher vor/nach der Filmvorführung. Werten Sie auch die entsprechende Filmkritik in Zeitschriften aus.
- **Mediennutzung unterschiedlicher Generationen:** Vergleichen Sie die Mediennutzung der Vertreter/innen unterschiedlicher Generationen. Befragen Sie dazu Personen aus Ihrer Umgebung (z. B. Schule, Familie, Nachbarschaft). Untersuchen Sie die Art des genutzten Mediums sowie Ziel und Dauer der Nutzung.
- **Medienkritik – Kritik an der jüngeren Generation?** Befragen Sie Vertreter/innen Ihrer Generation und die einer älteren Generation einerseits nach deren Einschätzung des Arbeits-, Lern- und Freizeitverhaltens Jugendlicher, andererseits nach deren Einschätzung der Medien Fernsehen und Internet. Setzen Sie Ihre Ergebnisse in Beziehung zueinander und untersuchen Sie, inwiefern Vorurteile zwischen den Generationen bestehen.
- **Medienkritik durch die Medien:** Recherchieren Sie in verschiedenen Medien (z. B. im Fernsehen, in Zeitschriften, im Internet), inwiefern diese Selbstkritik oder Kritik am jeweils anderen Medium üben. Untersuchen Sie Art und Aufbau der Argumentation, die Überzeugungskraft und Wirksamkeit der jeweiligen Kritik.

2 Massenmedium Fernsehen

In der bis ins 19. Jahrhundert dominierenden **Buchdruck-Kultur** vollzog sich die Prägung sprachlicher Begriffe, die Urteilsbildung überhaupt, vorrangig durch die Lektüre und Analyse von Büchern. Zu Beginn des 21. Jahrhunderts dominiert jedoch ein anderes Medium die gesamtgesellschaftliche Urteilsbildung: das **Fernsehen.** Was bedeutet nun dieser Medienwandel für unsere Urteilsbildung?
Zunächst einmal ist die grundlegende (erkenntnistheoretische) Frage zu diskutieren, ob das Medium denn so entscheidend für die Urteilsbildung ist. Man könnte ja z. B. auch der Meinung sein, der Inhalt einer „Botschaft" sei entscheidend, das Medium dagegen, über das dieser Inhalt das Erkenntnissubjekt erreicht, sei unwichtig.
Wenn im Folgenden der Frage nachgegangen wird, welchen Einfluss das Fernsehen auf die Urteilsbildung der Menschen hat, dann beinhaltet schon diese Fragestellung einen hohen Grad an Verallgemeinerung, deren Zulässigkeit diskutiert werden kann. Bei der Lektüre der folgenden Texte sollte deshalb nicht aus den Augen verloren werden, dass pauschale Aussagen für den Einzelfall nur einen begrenzten Aussagewert haben. Natürlich gibt es nicht *das* Fernsehen, sondern viele national und regional recht unterschiedliche Fernsehprogramme, und es gibt auch nicht *die* Urteilsbildung *der* Menschen, sondern je individuelle Zuschauer, die sich auf Grund je individueller Fernsehgewohnheiten recht unterschiedliche Urteile bilden. Eingedenk dieser notwendigen Differenzierungen erscheint es aber dennoch interessant zu fragen, ob nicht doch so etwas wie allgemeine Trends beobachtbar sind.

UNTERSUCHUNG ZU DEN FERNSEHGEWOHNHEITEN JUGENDLICHER UND ERWACHSENER

1. Protokollieren Sie eine Woche lang, welche Fernsehsendungen Sie, Ihre Geschwister und Ihre Eltern ansehen.
2. Werten Sie Ihre Ergebnisse in der Klasse aus. Untersuchen Sie u. a.
   - die Nutzung des Fernsehens als Informationsmedium/als Unterhaltungsmedium;
   - die unterschiedliche Nutzung des Fernsehens in verschiedenen Altersgruppen;
   - die jeweilige Dauer der Fernsehnutzung.

   Erproben Sie verschiedene Formen von Diagrammen zur grafischen Darstellung Ihrer Ergebnisse, z. B. Torten- oder Säulendiagramme.

2.1 Fernsehen – Monopolist ganz eigener Art?

Pierre Bourdieu

Über das Fernsehen (1996)

Das Fernsehen hat eine Art faktisches Monopol bei der Bildung der Hirne eines Großteils der Menschen. Legt das Fernsehen den Akzent auf die „Vermischten Meldungen", so füllt es die Zeit mit Leere, mit nichts oder fast nichts, und klammert relevante Informationen aus, über die der Staatsbürger zur Wahrnehmung seiner demokratischen Rechte verfügen sollte. Damit ist die Tendenz zu einer Spaltung gegeben, einer Spaltung zwischen denen, die die so genannte seriöse Presse lesen können (soweit diese angesichts der Konkurrenz des Fernsehens seriös bleibt), die zur internationalen Presse, zu fremdsprachigen Rundfunknachrichten Zugang haben auf der einen Seite – und auf der anderen Seite denen, deren ganzes politisches Rüstzeug in den vom Fernsehen gelieferten Nachrichten, also in fast gar nichts besteht (abgesehen von der Information, die im puren Kennenlernen der meistgezeigten Männer und Frauen besteht, im Kennen ihrer Gesichter, ihrer Ausdrucksweisen, Dingen, die noch die kulturell Hilflosesten entziffern können – wodurch ihnen übrigens große Teile des politischen Führungspersonals suspekt werden). [...]

Die politischen Gefahren, die mit der üblichen Nutzung des Fernsehens verbunden sind, kommen daher, dass es erzeugen kann, was Literaturkritiker den *effet du réel* nennen, den Wirklichkeitseffekt: Es kann zeigen und dadurch erreichen, dass man glaubt, was man sieht. Diese Macht, etwas vor Augen zu führen, hat mobilisierende Wirkungen. Sie kann Gedanken oder Vorstellungen ins Leben rufen, aber auch Bevölkerungsgruppen konstituieren[1]. Die „Vermischten Meldungen", die Zwischenfälle und Unfälle des Alltags, können mit politischen, ethischen usw. Implikationen[2] aufgeladen werden, die starke und oft negative Gefühle auslösen wie Rassismus, Fremdenhass, Ausländerfeindlichkeit; noch der simple Bericht richtet ja, denn er impliziert immer eine soziale Konstruktion der Wirklichkeit, die sozial mobilisierende (oder demobilisierende) Folgen haben kann. Das eine ergab das andere, und das Fernsehen, das die Wirklichkeit wiederzugeben behauptet, wurde ein Instrument zur Schaffung von Wirklichkeit; aus dem Beschreiben der sozialen Welt durch das Fernsehen wird ein Vorschreiben. Das Fernsehen entscheidet zunehmend darüber, wer und was sozial und politisch existiert. [...]

Durch seine Reichweite und seinen außerordentlichen Stellenwert löst das Fernsehen Effekte aus, die, obwohl nicht völlig neu, doch sehr neuartig sind. Zum Beispiel kann das Fernsehen an einem Abend während der Acht-Uhr-Nachrichten mehr Menschen erreichen als die ganze französische Morgen- und Abendpresse zusammengenommen. Wenn die von einem solchen Medium gelieferten Meldungen aseptische, homogenisierte Omnibus-Meldungen[3] werden, liegen die möglichen politischen und kulturellen Auswirkungen auf der Hand. Das Gesetz ist altbekannt: Je breiter das Publikum ist, auf das ein Presseorgan oder überhaupt ein Kommunikationsmedium zielt, je stromlinienförmiger muss es sich verhalten; es muss alles Kontroverse meiden und sich befleißigen, „niemanden zu schockieren", wie es heißt, niemals Probleme aufzuwerfen, oder höchstens Scheinprobleme. Im täglichen Leben spricht man oft vom Wetter, weil man bei diesem Thema sicher sein kann, nicht auf Widerspruch zu stoßen – das Softthema schlechthin, wenn Sie sich nicht gerade als Urlauber mit einem Bauern unterhalten, der auf Regen wartet. Je breiter das Publikum ist, auf das ein Informationsmedium zielt, desto mehr problemfreie Omnibus-Themen stellt es in den Vordergrund. Das Thema wird entsprechend den Wahrnehmungskategorien des Rezipienten konstruiert. Deshalb kommt die ganze kollektive Anstrengung um Homogenisierung und Banalisierung, um „konform" und „unpolitisch" zu sein, die ich beschrieben habe, perfekt an, obwohl eigentlich kein Subjekt sie lenkt, obwohl sie niemals von irgendjemandem so gedacht und gewollt war. Solche Dinge beobachtet man oft in der sozialen Welt: Es ereignet sich etwas, das keiner will und das doch ganz den Anschein haben kann, als sei es gewollt („Man macht das, um ..."). Hier wird die vereinfachende Kritik gefährlich: Sie dispensiert[4] von der notwendigen Arbeit, Phänomene zu verstehen wie etwa dies, dass jenes höchst merkwürdige Produkt „Fernsehnachrichten" zu Stande kommt, ohne dass jemand es wirklich so will, ohne dass die Geldgeber spürbar einzugreifen hätten – ein Produkt für den Durchschnittsgeschmack, das Altbekanntes bestätigt und vor allem die mentalen Strukturen unangetastet lässt. Gewöhnlich spricht man von Revolutionen, wenn die materiellen Grundlagen einer Gesellschaft angetastet werden (durch Verstaatlichung von Kircheneigentum z. B.); es gibt aber auch symbolische Revolutionen, solche, die von Künstlern, Wissenschaftlern oder auch großen religiösen oder manchmal, seltener, von politischen Propheten ausgelöst werden – Revolutionen, die an die mentalen Strukturen rühren, das heißt: unsere Sicht- und Denkweisen verändern. Auf dem Gebiet der Malerei war dies der Fall bei Manet[5], der einen grundlegenden Gegensatz erschütterte,

1 **konstituieren:** festlegen, gründen
2 **Implikation:** nicht ausdrücklich genannte, aber mit gemeinte Aussage
3 **aseptische, homogenisierte Omnibus-Meldungen:** keimfreie, gleichförmige Für-alle-Meldungen
4 **dispensieren:** jemanden von etwas befreien
5 **Edouard Manet** (1832–1883): französischer Maler und Grafiker

eine Struktur, auf der die ganze akademische Ausbildung beruhte: den Gegensatz zwischen dem Zeitgenössischen und dem Antiken. Wenn ein so mächtiges Instrument wie das Fernsehen sich auch nur im Geringsten auf eine solche symbolische Revolution zubewegen würde, es würde, dessen bin ich mir sicher, sofort gebremst ... Aber ohne dass das irgendwer verbieten müsste, bloß von der Konkurrenz getrieben und den anderen erwähnten Mechanismen, tut das Fernsehen sowieso nichts dergleichen. Es ist den mentalen Strukturen des Publikums vollendet angepasst. Zu dieser Logik zählt auch der Moralingehalt[6] des Fernsehens, seine „Aktion-Sorgenkind"-Mentalität. „Gute Gefühle", sagte Gide[7], „bringen schlechte Literatur hervor"; aber gute Gefühle bringen hervorragende Einschaltquoten. Es wäre der Mühe wert, einmal über den Moralismus der Fernsehleute nachzudenken: Oft genug Zyniker, sind sie in ihren Äußerungen zu moralischen Fragen doch unwahrscheinlich konformistisch[8]. Unsere Nachrichtensprecher, Moderatoren, Sportreporter haben sich zu Moralaposteln entwickelt; mühelos schwingen sie sich zu Verkündern einer typisch kleinbürgerlichen Moral auf, die bestimmen, „was zu halten ist" von dem, was sie „die Probleme der Gesellschaft" nennen, von Aggressionen in den Vorstädten oder von der Gewalt an den Schulen.

6 **Moralin:** heuchlerische Moral

7 **André Gide** (1869–1951): französischer Schriftsteller

8 **konformistisch:** angepasst an die allgemeinen Wertvorstellungen

1. Untersuchen Sie den Argumentationsaufbau und die Überzeugungskraft der angeführten Beispiele in Bourdieus Kritik des Fernsehens.
2. Welche gesellschaftlichen und politischen Auswirkungen haben die so genannten „Omnibus-Meldungen"? Tauschen Sie sich über Ihre Erfahrungen mit den im Fernsehen behandelten Themen aus.
3. Nehmen Sie Stellung zum Zusammenhang zwischen der Popularität des Fernsehens und der Qualität seiner Beiträge.

2.2 Politik und Gesprächskultur im Fernsehen

Siegfried Frey

Politik im Fernsehzeitalter (1999)

Der Medienwissenschaftler Siegfried Frey gibt einen Überblick, wie Forscher verschiedener Fachrichtungen den Einfluss des Fernsehens auf die Politik einschätzen.

Zum einen gehört es, wie Schulz vermerkte, „zu den am besten belegten Annahmen über die Wirkung der Medien, dass sie eher bei den Urteilen oder Einstellungen zu Personen als zu Sachverhalten eintreten". Zum andern gewinnen, in Anbetracht der zunehmenden „Personalisierung" der politischen Macht, die Meinungen, die sich die Öffentlichkeit über Personen bildet, immer mehr an Gewicht. „Früher bestimmten Ideen die Politik, heute sind es Personen", so fasste beispielsweise Schwartzenberg die Ansicht vieler Beobachter des aktuellen politischen Geschehens zusammen. Dementsprechend trage heutzutage jegliches politische Konzept buchstäblich „ein Gesicht" – und zwar dasjenige des Politikers, der dieses Konzept vertritt.

Nun bringen zwar auch die Printmedien ihren Lesern die spontane mimische Aktivität führender Politiker nahe. Doch erst seit der Einführung des Fernsehens wurde es möglich, die das politische Leben bestimmenden Persönlichkeiten dem Publikum im Bewegtbild Tag für Tag in voller Aktion vor Augen zu führen. Die dazu verwendeten Videoclips, die wir – in Analogie zum Zitat in der wörtlichen Rede – als „visuelle Zitate" bezeichnet haben, geben dem Zuschauer die privilegierte Möglichkeit, Personen der Zeitgeschichte gewissermaßen aus nächster Nähe zu betrachten und sich selbst „ein Bild" von ihnen zu machen.

Dass diese scheinbar ganz normale Folge des technologischen Fortschritts völlig neue Rahmenbedingungen für den Kontakt zwischen Regierenden und Regierten geschaffen hat, ist lange Zeit kaum beachtet worden. Dabei hatten weitsichtige Autoren schon in der Frühzeit des Fernsehens darauf aufmerksam gemacht, dass mit der Verbreitung des neuen Mediums eine höchst ungewöhnliche Situation entstanden ist. Erstmals in der Geschichte der Menschheit, so machten etwa Horton and Wohl geltend, würden jetzt „selbst die erlauchtesten und illustersten Persönlichkeiten" dem einfachen Bürger so nahe vor Augen treten, „als gehörten sie zu dessen Bekanntenkreis". Dieser Umstand bringe für die Einschätzung prominenter Persönlichkeiten ganz neue Kriterien ins Spiel. Indem nämlich das Fernsehen dem Zuschauer „Nuancen des Aussehens und der Gestik zugänglich macht, an der sich normale soziale Wahrnehmung orientiert", würden bei der Beurteilung selbst hochrangiger Personen jene spontanen Informationsverarbeitungsprozesse aktiviert, derer sich die Menschen im Alltag, bei der Beurteilung ihrer sozialen Umgebung bedienen.

Auf die Implikationen[1], die sich daraus für die politische Meinungsbildung ergeben, hat in neuerer Zeit insbesondere die Arbeitsgruppe um den amerikanischen Politologen Roger Masters aufmerksam gemacht. Das bloße Erscheinen eines Kandidaten auf dem Bildschirm aktiviere, den Vorstellungen dieser Autoren zufolge, im Zuschauer autonome vegetative Prozesse[2], die eine spontane emotionale Stellungnahme zu der wahrgenommenen Person auslösen.

Diese auf das *Individuum* gerichtete affektive[3] Reaktion führe wiederum dazu, dass im Hinblick auf die Wahlentscheidung des Zuschauers die *Person des Kandidaten* oft weitaus wichtiger werde als die Frage, welcher Partei er angehört oder welche Sachposition er vertritt. Die tagtägliche optische Präsenz politischer Mandatsträger auf dem Bildschirm sei somit nicht nur die Hauptursache für die, seit den Fünfzigerjahren zu beobachtende, immer stärkere Personalisierung des politischen Wahlkampfs. Indem nämlich das Fernsehen vorwiegend den Augensinn bediene, leiste es vielmehr ganz massiv einer Entwicklung Vorschub, bei der sich die rationale Auseinandersetzung mit komplexen politischen Sachverhalten immer mehr verkürzt auf die Beurteilung von Personen bzw. „Persönlichkeiten".

Bezüglich der Frage nach den Stimuli[4], die die personalisierende Meinungsbildung maßgeblich bestimmen, vertraten Masters und seine Mitarbeiter die Ansicht, dass die ihm Rahmen von TV-Nachrichten scheinbar ganz beiläufig und unaufdringlich präsentierten „Stichproben" vom nonverbalen Verhalten politischer Akteure einen entscheidenden Einfluss auf deren Beurteilung durch die Öffentlichkeit nehme. Ja, die Wirkung der oft nur wenige Sekunden dauernden Einblendungen visueller Zitate, wie sie in den TV-Nachrichten aller Länder und Kulturen gang und gäbe sind, sei oft so übermächtig, dass sie – wie sich dies etwa an dem viel zitierten Fall Ronald Reagans erweise – eine „Art Tefloneffekt" zu Stande bringen könnten, demzufolge bestimmte politische Akteure selbst bei ihren Gegnern auf die Sympathie und Nachsicht für politische Positionen und Handlungen stoßen, die die Zuschauer anderen Politikern, denen das nonverbale Charisma[5] abgehe, höchst übel nehmen würden.

1 **Implikation:** Folge
2 **autonome vegetative Prozesse:** nicht dem Willen unterworfene Vorgänge im Körper
3 **affektiv:** stark gefühlbetont
4 **Stimulus:** Reiz, Antrieb
5 **Charisma:** besondere Ausstrahlung

1. a) Strukturieren Sie den Text, indem Sie wichtige Schlüsselbegriffe notieren und mit Pfeilen, Linien usw. in einen grafischen Zusammenhang bringen.
   b) Formulieren Sie die Kernthese Freys mit eigenen Worten.
2. Stellen Sie die Unterschiede zwischen Printmedien und Fernsehen in Form einer Tabelle gegenüber.
3. a) Inwiefern leistet die TV-Berichterstattung einer „Personalisierung der Politik" Vorschub?
   b) Erläutern Sie die Bezeichnung „Tefloneffekt".
4. Untersuchen Sie an ausgewählten Informationssendungen die von Frey angesprochene Personalisierungstendenz des Fernsehens. Welche Effekte ergeben sich durch das Medium zwangsläufig, welche Effekte sind inszeniert?

Gerhard Bliersbach

Das Paradox der Talkshow (2000)

Über das Muster der Sendung „Sabine Christiansen"

Ein Sommersonntag in der ARD nach einem Tatort: Sabine Christiansen in ihrer Diskussionssendung *Sabine Christiansen*. Der Vorspann, der ihren Namen hin und her schiebt wie ein Markenzeichen, folgt der Ästhetik eines Werbefilms für ein Kreditinstitut. Sabine Christiansen, die Propagandistin der Zugewandtheit – rührig, freundlich, interessiert und lächelnd. Das Thema der Sendung wird eingeblendet: *Schule, Uni, arbeitslos – versagt unser Bildungssystem?* Die große Kuppel am Berliner Kurfürstendamm (suggeriert die Studiodekoration), eine Mischung aus Petersdom und James-Bond-Filmarchitektur, öffnet sich, wir bewegen uns auf das Studio zu und sehen Sabine Christiansen, die ihr Publikum fernsehtypisch begrüßt.

„Herzlich willkommen! Schönen guten Abend, meine Damen und Herren: Unsere Bildungsinstitutionen waren einmal die Schrittmacher des gesellschaftlichen Wandels. Nun dürfen sie nicht zum Schlusslicht werden, hatte Roman Herzog in seiner Amtszeit wieder und wieder gemahnt. Eltern, Lehrer, Schüler und Studenten hörten es alle wohl, allein der Ruck – auf den warten alle weiter. *Schule, Uni, arbeitslos* ist daher trotz oder gerade in den Ferien jetzt unser Titel. Immer mehr Eltern fragen sich besorgt, welche Schule, welche Ausbildung denn noch zukunftstauglich ist fürs Kind. Unsere Schüler können und wissen weniger als die zum Beispiel in Singapur, Südkorea oder Japan. Gerade mal Platz 23 von 41 untersuchten Nationen belegen wir in einer internationalen Studie. Der Vorwurf also: Das deutsche Bildungssystem verschwende die Talente, es mache die Jugend nicht lebenstüchtig und strebe nur nach Mittelmaß. Schon jetzt absolvieren immer mehr Jugendliche Schulzeit und Studium im Ausland. Fehlt also der politische Wille in Deutschland, der jungen Generation bessere Zukunftschancen zu eröffnen? Geht sie mit Eichels Sparkurs noch tiefer in die Misere?"

Schule, Uni, arbeitslos – versagt unser Bildungssystem?, das Motto der Sendung enthält zwei Behauptungen und eine Befürchtung.

1. Wer studiert, dem droht die Arbeitslosigkeit.
2. Unsere Bildungsinstitutionen erziehen zur Arbeitslosigkeit.
3. Scheitern unsere Ausbildungsinstitutionen, scheitert unser Land.

Der Affekt einer altbekannten, schnell zu belebenden Beunruhigung wird mobilisiert: Was wird aus uns? Die Einleitung, die Sabine Christiansen vorträgt, transportiert einen Groll, der sich so aussprechen lässt: Wir treten auf der Stelle. Wir fürchten uns vor der Zukunft. Wir sind bald nur Mittelmaß. Das Ausland ist uns voraus. Unsere Regierung lässt uns im Stich. Sie spart an der falschen Stelle. Etwas läuft schief; wir können nicht zufrieden sein.

Eine Fernsehdiskussion benötigt Diskutanten. Die zwölfköpfige Redaktion der TV-Firma *Medienkontor*, welche die *Sabine-Christiansen*-Sendungen für die ARD produziert, hat unter Leitung des ehemaligen WDR-Journalisten Wolfgang Klein neun Fachleute ausgesucht und ins Studio gebeten. Sie werden von Sabine Christiansen wie Kombattanten[1] präsentiert, die sich in einer riesigen Arena zu bewähren haben:

„Heute Abend die Bundesministerin für Bildung und Forschung, Edelgard Bulmahn, guten Abend! Grüße Sie!" Beifallklatschen.

„Und darf ganz herzlich begrüßen den Mann, der 18 Jahre lang Werder Bremen gemanagt hat, und nun wird er Wissenschaftssenator:

1 **Kombattant:** Kampfteilnehmer

Willi Lemke. Herzlich willkommen! Sie wollen jetzt den Lehrern Beine machen! Grüße Sie!“ Beifallklatschen.

„Und die Kandidatin der Unionsparteien für das Bundespräsidentenamt, das war die Thüringer Professorin Dagmar Schipanski. Die frühere Vorsitzende des Wissenschaftsrats ist Rektorin an der TU Ilmenau. Guten Abend!“ Beifall.

„Unser rückständiges Hochschulsystem liefere einfach nicht die Leute, die man heute und morgen brauche, meint Paulus Neef. Er ist erfolgreicher Unternehmer aus der Computerbranche und ist Präsident des Multi-Media-Verbandes. Guten Abend!“ Beifall.

„Ganz gezielt Eliten fördern und praxisnah ausbilden will daher Heide Ziegler, Präsidentin der privaten *International University of Germany*.“ Beifall.

„Das deutsche Bildungssystem findet dagegen Hartmut Schiedermair ganz in Ordnung; man müsse nur in Ruhe und alter Tradition arbeiten können, meint der Präsident des Deutschen Hochschulverbandes. Guten Abend!“ Beifall.

„Und im Publikum bei uns zu Gast: Eltern, Studenten und Absolventen ausländischer Unis. Herzlich willkommen, und los geht's!“

Die Auswahl der Teilnehmer an einer Fernsehdiskussion, bemerkt der französische Soziologe Pierre Bourdieu, „ist das Ergebnis einer unsichtbar bleibenden Arbeit“, bei der unklar bleibt, wer nicht eingeladen wurde. Mit der Zusammensetzung der Runde hat die Redaktion über den Verlauf der Sendung entschieden; mit der Reihenfolge, in der die Moderatorin die Fachleute der elektronischen Arena überlässt, steuert sie die Diskussion von Beitrag zu Beitrag auf ihren unausgesprochenen Kurs.

Ein kurzer Film wird eingespielt. Seine Machart entspricht der Form jener Berichte, welche die *Tagesthemen* zur Illustration ihrer Nachrichten einsetzen. Die Wirklichkeit einer Nachrichtensendung zieht in die Wohnzimmer ein. Studenten werden befragt, wie sie ihre Zukunftschancen sehen, Lehrer zu ihren Unterrichtserfahrungen, Eltern zu ihrer Einschätzung der Schule, ein Unternehmer zur Qualifikation der Berufsanfänger. Der Tenor: Das Studium bereitet ungenügend auf die Berufstätigkeit vor, der Unterricht wird zunehmend schwierig und verliert an Niveau, die Berufsanfänger beherrschen die kulturellen Techniken schlecht, und eine Mutter ist mit einer staatlichen Schule unzufrieden – sie schickt ihre Kinder auf eine Privatschule. Es sieht schlecht aus. Wir können nur den Kopf schütteln, die Entschlossenheit der jungen Mutter bewundern und schon einmal überlegen, was wir mit unseren Kindern machen, oder gar bilanzieren, was wir mit ihnen machten, als wir sie den staatlichen Schulen überließen.

Schnitt. Wir sind wieder im Studio. Sabine Christiansen wendet sich zuerst Willi Lemke zu, dem ehemaligen Präsidenten des Fußballvereins Werder Bremen und jetzigen Wissenschaftssenator der Stadt Bremen: „Das haben Sie auch, Willi Lemke, Herr Senator. Sie haben auch als eingefleischter Sozialdemokrat Ihren zwölfjährigen Tim auf eine Privatschule geschickt.“

Das ist Fernsehnaturalismus. Auf die unzufriedene Mutter folgt der Bremer Wissenschaftssenator, der gleichfalls sein Kind auf die Privatschule schickt. Man kann auch sagen: So funktioniert eine Talkshow, welche die Illusion eines Gesprächs inszeniert. In einem Gespräch werden die Standpunkte ausgetauscht, Argumente gewogen, Belege des Für und Wider geprüft, Erklärungen gesucht. Hier geht es anders zu. Hier entscheidet die Moderatorin (und damit die Redaktion) über die Gültigkeit der Belege und der Argumente. Mit dem eingespielten Film und mit der überleitenden Frage an den unzufriedenen Bremer Vater hat Sabine Christiansen die Frage eines möglichen Versagens bereits beantwortet: Das Bildungssystem *hat* versagt, gibt sie zu verstehen. Und als Beleg fragt sie den, der sie bestätigt: Willi Lemke. Bereitwillig erläutert er seine Entscheidung: „Ja, wir waren mit der Ausbildung an der Grundschule sehr, sehr zufrieden. Das Kind kam auf die Orientierungsstufe, und mit einem Mal mussten wir mit Stundenausfall leben. Und in dieser Situation haben wir uns so geärgert, dass wir gesagt haben: Unser Kind soll die bestmögliche Ausbildung bekommen und vor allem den Unterricht, der dem Jungen zusteht. Deshalb haben wir uns entschieden, das Kind auf einer Privatschule anzumelden.“

1. a) Erstellen Sie ein Protokoll der beschriebenen Talkshow-Sequenz. Markieren Sie die Stellen, wo nach Meinung des Autors der Gesprächsverlauf manipuliert wurde.
   b) Erstellen Sie eine Liste der Mittel, mit denen nach Meinung des Autors manipuliert wird.
2. a) Untersuchen Sie eine Talkshow Ihrer Wahl und überprüfen Sie, ob auch hier die „Illusion eines Gesprächs" inszeniert wird. Erstellen Sie ein Sequenz-Protokoll der Sendung:

Sequenz	*Dauer*	*Personen/Redebeiträge*	*eigene Kommentare*
Begrüßung ...	...	...	...

   b) Werten Sie Ihr Protokoll nach folgenden Kriterien aus:
   - Kameraführung und -einstellungen, Schnitte
   - Gesprächsinhalte
   - Gesprächsmoderation
   - Intentionen der Gesprächsteilnehmer/innen
   - ▷ Strategien der Beeinflussung
   - ...

▷ S. 121 ff.

2.3 Gewalt und Fernsehen

Karl Otto Saur

Ist Fernsehen für Kinder schädlich? (1992)

Wenn Lehrer oder Psychologen sich ihr Wunschkind klonen könnten, dann müsste es wie Sarah, 10, sein. Das fröhliche, intelligente Mädchen spricht perfekt Russisch, geht in eine Hamburger Grundschule, paukt nebenbei Französisch und ist im Lernen überhaupt ein Ass. Vor Erwachsenen hat Sarah keine Scheu, bei Kindern ist sie sehr beliebt. Im Spiel sprüht die kleine Hamburgerin vor Fantasie; ihre Lieblingsheldin heißt Pippi Langstrumpf – ein Kind wie aus dem Bilderbuch?

Ein Kind der Fernsehgesellschaft: „Wenn ich gucken will", sagt Sarah, „dann gucke ich." Sarah will oft. Nachmittags läuft der Apparat nebenbei immer, „damit ich nichts verpasse". Während der Woche muss Sarah um acht ins Bett, aber am Wochenende stellt die Kleine die Flimmerkiste nach dem Aufstehen an, „um acht oder so", und samstags darf sie abends auch länger gucken, bis „elf, halb zwölf oder halb eins".

Selbst massenhafter TV-Konsum macht Kinder nicht zwangsläufig dumm, stumpf oder aggressiv – eine psychologische Untersuchung im Auftrag der Hamburgischen Anstalt für neue Medien widerspricht dem populären Vorurteil, dass Fernsehen eine Verblödungsmaschine sei. Der Münchner Psychologe Bernd Schorb und seine Kollegen zeigen, dass die Wirkung des Massenmediums vor allem von der Alltagswelt der Kinder abhängt: ob sie Freunde haben, welche Anregungen sie zu Hause erfahren, ob sie sich von den Eltern geliebt und verstanden fühlen.

Sarah, die aufgeweckte Vielseherin, wächst in einem kinderfreundlichen Klima heran. Mutter und Stiefvater, beide Akademiker, verstehen sich gut; die Familie wohnt in einem hübschen Viertel; Fernsehen liefert für Sarah nur einen unter vielen Reizen. Obwohl das Mädchen ebenso ausdauernd vor dem Kasten hockt wie andere Kinder, nimmt sie nur das auf, was sie wirklich interessiert, „sonst gehe ich raus". [...]

Ein teuflisches Medium sei das Fernsehen, predigt der Augsburger Pädagoge Werner Glogauer und versteigt sich zu der These, „mindestens jedes zehnte Gewaltverbrechen" von jugendlichen Tätern gehe „eigentlich aufs Konto der Medien".

Die Hamburger Studie hat untersucht, mit welchen Strategien kleine Zuschauer Gewalt- und Sex-Darbietungen im Fernsehen begegnen – und kam zu anderen Ergebnissen: Kinder gucken durchaus nicht einfach die Schieß- und Prügelwut ab, um dann selber aggressiv

zu werden. Aber sie übernehmen die Gut-und-Böse-Klischees, die in den von ihnen bevorzugten Programmen „durchgängig enthalten" sind. [...]
Gewalt ist nicht gleich Gewalt für die Kleinen: Jedes Kind, sagt Schorb, habe eine andere Angstschwelle. Was darunter bleibe, wirke „nicht beunruhigend oder belastend". [...]
Grusel- und Horrorfilme, stellt die Hamburg-Münchner Untersuchung fest, werden häufiger in sozial schwachen Familien gesehen, was aber nicht dazu führe, dass diese Kinder Brutalität besser verkraften. Auch Jörg, der am liebsten harte Action sieht, greift zum Kissen, wenn seine Angstschwelle überschritten wird, „oder ich mach meine Ohren ganz zu und mach meine Augen ganz zu und mach lalala".
Nur Sarah, die als einziges der untersuchten Kinder „aus unbelasteten Verhältnissen" stammt, nannte keine Gewaltformen, vor denen sie sich fürchtet. Sie findet Brutalität weder spannend noch lustig noch beängstigend. „Ist mir egal, weil irgendwann hört's ja auf." Sie konzentriert sich auf andere Handlungsteile und vermeidet konsequent, was sie verunsichern könnte. Falls ihr dennoch unangenehme TV-Erlebnisse zu schaffen machen und sie etwa nicht einschlafen kann, beruhigt sie sich mit Geschichten aus einer schöneren Märchenwelt: „Zum Beispiel Bibi Blocksberg oder Benjamin Blümchen."
Weil nicht alle Kinder wie Sarah sind, weil Arbeitslosigkeit, Armut und Alkoholismus immer mehr Familien belasten, dürfen nach Ansicht der Medienwissenschaftler die Pädagogen und Erzieher das Medium Fernsehen nicht nur verdammen – sie müssen es ernster nehmen.

Britta Paulekat

Medienaufklärung statt Zensur
(1997)

Im Juli-Magazin, einer Zeitschrift für die Nachwuchsmitglieder der FDP, erschien ein Beitrag der Rechts- und Sozialwissenschaftsstudentin Britta Paulekat, Bundesvorsitzende der Liberalen Hochschulgruppe.

Die polizeiliche Kriminalstatistik (PKS) weist aus: In den letzten zehn Jahren hat die Kriminalität Jugendlicher um 24,12 % zugenommen. Kritiker unserer modernen Mediengesellschaft sehen einen Hauptgrund für diesen rapiden Anstieg vor allem in der Vielzahl der medialen Gewaltdarstellungen, der lediglich durch Zensur zu begegnen sei.
Über die Nutzung des Internets durch Jugendliche gibt es zurzeit noch keine empirischen Erhebungen; bei der bisher geringen Nutzung durch diese Gruppe dürfte das hierdurch auftretende Gewaltpotenzial eher gering sein. Bemerkenswert ist jedoch die Verbreitungsmöglichkeit von Gewalt via TV oder Video: In fast jedem Haushalt existiert mindestens ein Fernsehgerät, jeder dritte Jugendliche besitzt ein eigenes Gerät. Der durchschnittliche wöchentliche Fernsehkonsum beläuft sich bei Jugendlichen auf 13,6 Stunden. „Vielseher" bringen es gar auf knapp 30 Stunden. Filmfavoriten sind hierbei bisher der Zensur der „Freiwilligen Selbstkontrolle" unterzogen – nicht unbedingt jedoch Garant für Gewaltfreiheit des Streifens. Zudem kann am privaten Videorekorder daheim die Altersbeschränkung mancher Filme problemlos unterwandert werden. Eine andere Möglichkeit der Überprüfung von Medien besteht durch die Bundesprüfstelle für jugendgefährdende Schriften. Diese wird konkret allerdings erst auf Antrag der Indizierung[1] tätig. Diese Fälle sind äußerst selten, zudem stellt es sich im wahrsten Sinne des Wortes als „Kinderspiel" heraus, den indizierten Film „unter der Ladentheke" zu erwerben. Fraglich auch: Unter welchen Kriterien darf ein Film zensiert werden? Sicher ist: Zensur macht neugierig auf den Inhalt, verleitet zum Ansehen „verbotenen" Filmmaterials. „Kinderspiel", im Englischen „Child's Play", lautete der Titel eines Horrorfilms, der laut Aussage gerichtspsychologischer Gutachter zwei englischen Kindern Motivation zur Tötung eines Kleinkindes gab. Die Kinder seien dabei detailgetreu nach Filmvorlage vorgegangen, so die Gutachter. Den Kindern ist hierbei nicht unbedingt Böswilligkeit zu unterstellen: Sie lernen auch durch Nachahmen. Kinder ahmen das Verhalten von Modellen nach, wenn ihnen dieses Verhalten lohnender erscheint als Handlungsweisen, auf die sie von alleine kommen

1 **Indizierung:** etwas auf die Liste der Medien setzen, deren Verbreitung verboten ist

konnten. Im Experiment zeigt sich, dass Kinder durch die Vorführung gewalttätiger Darstellung dazu gebracht werden können, aggressives Verhalten zu zeigen. Jedoch: je besser ein Kind oder Jugendlicher dazu fähig ist, eigene Interessen zu entwickeln, und je größer sein Erfahrungshorizont ist, desto weniger anfällig ist es für unkritische Nachahmung vorgefertigter Modelle, desto weniger üben Gewaltfilme Faszination aus. Ansatzpunkt für die Bildungspolitik: Schon in der Schule sollte im Rahmen medienkundlichen Unterrichtes eine intensive Auseinandersetzung auch mit visuellen Gewaltdarstellungen geschehen: Förderung der eigenen Kritikfähigkeit an Stelle pauschaler Zensur. Gewalt in den Medien kann zum aggressiven Verhalten von Jugendlichen beitragen. Inwiefern dies in der Realität tatsächlich stattfindet, ist nicht erwiesen. Sind jedoch die individuellen Rahmenbedingungen zur Delinquenz[2] gegeben, können gewalttätige Filme sicherlich im einen oder anderen Fall Auslöser einer kriminellen Handlung sein. Eine Zensur ist jedoch der falsche Weg: Die Gründe für gewalttätiges Verhalten liegen vielmehr im sozialen Umfeld. Benötigte Handlungskonsequenzen der Politik: Medienarbeit schon in Kindergarten und Schule, Schaffung attraktiver Freizeitmöglichkeiten, Bekämpfung der Jugendarbeitslosigkeit als Frustrations- und Langeweilefaktor.
Zensurbestrebungen sind illiberal und hier fehl am Platze, in diesem Fall ist die Ursache der Wirkung eine andere, als sie zu scheinen vermag: Nicht die Filme sind primär Auslöser von Kriminalität, sondern die sozial(politisch)en Defizite, die es zu beheben gilt. Medienaufklärung statt Zensur!

2 **Delinquenz:** Straffälligkeit

1. Erarbeiten Sie die Texte von Karl Otto Saur und Britta Paulekat in Gruppenarbeit. Formulieren Sie die Hauptaussagen als Thesen für ein Plakat.
2. Gestalten Sie eine ▷ **Podiumsdiskussion** zum Thema „Gewalt im Fernsehen“. Sammeln Sie hierzu weitere Materialien, die Sie in der Diskussion vorstellen können. ▷ S. 51

2.4 Projekte

PROJEKTVORSCHLAG: ANALYSE VON NACHRICHTENSENDUNGEN

Zeichnen Sie im Laufe des Tages die Nachrichtensendungen unterschiedlicher Kanäle auf und vergleichen Sie sie im Hinblick auf folgende Kriterien:

- Reihenfolge und Dauer der einzelnen Nachrichten
- Welche Nachrichten finden sich in allen Sendungen, welche nur in bestimmten?
- Mit welchen Bildern sind die Meldungen jeweils unterlegt?
- Wie werden die einzelnen Nachrichten direkt oder indirekt kommentiert?

Diskutieren Sie Ihre Ergebnisse. Stellen Sie insbesondere fest, für welche Zielgruppe und mit welchen Intentionen (Information, Meinungsbildung, Unterhaltung ...) die verschiedenen Sendungen produziert worden sind.

PROJEKTVORSCHLAG: ANALYSE VON TALKSHOWS

Bilden Sie Gruppen und wählen Sie sich eine Woche aus, in der sich jede Gruppe über eine Talkshow aus dem Programmangebot der verschiedenen Sender informiert. Vergleichen Sie die unterschiedlichen Sendungen:

- Welche Zielgruppe sollen die Sendungen ansprechen?
- Um welche Themen geht es?
- Welche Gäste sind eingeladen? Welche Kompetenzen bringen diese Gäste mit?
- Welche Intentionen verfolgt der Moderator/die Moderatorin?
- Welche Rolle spielen Kameraführung und -einstellungen, Schnitte etc.?
- Wie hoch sind Informationsgehalt und Unterhaltungswert?
- Haben Sie Ihre bisherige Meinung auf Grund der Sendung geändert?

3 Literatur – Film – Literaturverfilmung

3.1 Filmvergleich: „Lola rennt“ (1998) und „Zwölf Uhr mittags“ (1952)

Film ist ein faszinierendes, fesselndes Medium, in dem sich Fiktion und Wirklichkeit vermischen. 1895 flüchteten die Zuschauer bei der Vorführung eines Films der Brüder Lumière schreiend aus dem Kino. Als sie den kurzen Streifen „L'arrivée d'un train en gare“ sahen, glaubten sie, ein echter Zug rase auf sie zu. Kinobilder können Wirklichkeit immer noch derart perfekt illusionieren, dass wir meinen, real in das dargestellte Geschehen einbezogen zu sein.

1. Tauschen Sie sich über Ihre Filmerlebnisse aus: Welches sind Ihre aktuellen „Lieblingsfilme“? Welche älteren Filme schätzen Sie?
2. Welche Merkmale hat Ihrer Meinung nach ein guter Kinofilm? Begründen Sie Ihre Meinungen.

Der Film lenkt die Wahrnehmung des Betrachters durch sein Tempo und die Vorgabe bestimmter Blickwinkel in extremer Weise und zieht ihn so vor allem emotional in seinen Bann. Das Kameraobjektiv vertritt das Auge des Zuschauers und gibt die Wahrnehmungsweise des Dargestellten vor. Realitätsausschnitte, Nähe und Distanz zum gezeigten Objekt, Dauer und Intensität der visuellen Eindrücke drängen uns in eine bestimmte Interpretation des Dargestellten.
Der französische Filmkritiker Christian Metz sagt treffend: „Ein Film ist schwer zu erklären, da er leicht zu verstehen ist.“ Die als selbstverständlich erlebte Einheit eines Films entsteht erst im inszenierten Zusammenwirken verschiedener Zeichensysteme: Der Spielfilm ist ein **Bild-Sprache-Ton-Gefüge.** Die komplexe filmsprachliche Struktur kann in Bereiche unterteilt

werden, die sich fachspezifisch untersuchen lassen. Das Fach Deutsch kann sich dabei vor allem der Analyse der Erzählstruktur, der Erzählperspektive, der Zeitgestaltung, der Handlungsdramaturgie, der Figurenkonstellation und der Dialoge widmen. In ihrer komplexen Wirkung können diese Aspekte jedoch nur durchdrungen werden, wenn man zusätzlich die künstlerische Bildgestaltung und die Musik einbezieht, also **fachübergreifend** an einer Filmanalyse arbeitet.
Mit Hilfe filmischer Kategorien kann ein Film als kunstvoll gefügte Struktur erfasst werden. Darüber hinaus ist die mediale Wirklichkeit eines Films aber auch Ausdruck realer gesellschaftlicher Phänomene. Fragen der biografischen Voraussetzungen der Filmautorinnen und -autoren, der literatur- bzw. filmhistorischen Grundlagen, des Genres, der psychischen Wirkung und der soziologischen Zusammenhänge, in denen ein Film entstanden ist und auf die er gleichzeitig auch zurückwirkt, sind weitere wichtige Untersuchungsaspekte.
Mit dem Angebot des folgenden Kapitels können Sie jeden Spielfilm Ihrer Wahl analysieren. Die **Grundkategorien** und **Methoden der Filmanalyse** werden hier exemplarisch an den beiden Filmen „Lola rennt" von Tom Tykwer und „Zwölf Uhr mittags" („High Noon") von Fred Zinnemann vermittelt.

Werner Faulstich: Die Filminterpretation. Vandenhoek und Ruprecht, Göttingen 1995
Wolfgang Gast: Literaturverfilmung. Buchner, Bamberg 1993
Knut Hickethier: Film- und Fernsehanalyse. Metzler, Stuttgart, Weimar 1996
Werner Kamp/Manfred Rüsel: Vom Umgang mit Film. Volk und Wissen, Berlin 1998
James Monaco: Film verstehen. Rowohlt, Reinbek 1997

3.1.1 Die Struktur eines Spielfilms analysieren

1. Sehen Sie sich gemeinsam den von Ihnen gewählten Film an. Gehen Sie – wenn möglich – ins Kino, besorgen Sie sich aber auch eine Videokopie für die spätere Analyse.
2. a) Notieren Sie Ihre spontanen Eindrücke zum Film: Was ist beeindruckend und fesselnd, was abstoßend? Welche Figuren laden zur Identifikation ein, welche nicht?
   b) Diskutieren Sie anschließend über Ihre Wahrnehmung, Ihre Einschätzung der Figuren und der Handlung sowie über die Qualität des Films.
3. Wie erklären Sie sich die unterschiedliche Wirkung eines Films auf unterschiedliche Zuschauer/innen?
4. Die Filme „Lola rennt" und „Zwölf Uhr mittags" sollten Sie unmittelbar nacheinander ansehen. Stellen Sie Ihre Analyse unter folgenden Leitgedanken: Worin gleichen sich die beiden Filme?
   a) Sammeln Sie erste vergleichbare Aspekte in der Handlung, den Figuren, der Gestaltung etc.
   b) Formulieren Sie Ihre subjektive Wahrnehmung der Filme jeweils in Form einer kurzen Auslegungshypothese, z. B.: „In ‚Lola rennt' geht es um ..."

Um einen Spielfilm als komplexes konstruiertes Gefüge zu erfassen, bietet sich die so genannte Makroanalyse an, in der **Sequenzaufbau, Handlungsverlauf, Problementwicklung** und **Figurenkonstellation** untersucht werden.

BEOBACHTUNGSAUFGABEN ZUR FILMANALYSE

5. Sehen Sie sich die Filme ein zweites Mal an und bearbeiten Sie in Kleingruppen folgende **Beobachtungsaufgaben,** mit deren Hilfe Sie die Makrostruktur eines Films erfassen können:

- Erstellen Sie einen **Sequenzplan** zum Film. Eine Sequenz ist eine Handlungseinheit, die durch einen Ortswechsel oder die Veränderung der Figurenkonstellation von anderen inhaltlichen Einheiten abgegrenzt ist. Handlungsführung und Personenkonstellationen werden hier in ihrer Abfolge festgehalten. Gestalten Sie Ihren Plan so, dass rechts eine Spalte für Kommentare steht (▷ S. 456).

Sequenz	*Dauer*	*Figuren*	*Inhalt*	*Kommentar*
...	*...*	*...*	*...*	*...*
2. Büroszene	*38.–41. Minute*	*Lola, Vater, Geliebte*	*Streit*	*Lola verzweifelt, unruhige Kamera*
...	*...*	*...*	*...*	*...*

- Achten Sie auf **Leitmotive,** d. h. wiederkehrende Elemente mit symbolischer Bedeutung (in „Lola rennt" z. B. die Uhr, die Spirale, die Farbe Rot): An welchen Stellen und in welchen Variationen tauchen sie auf?
- In „Lola rennt" unterscheiden sich die Szenen durch verschiedene **filmtechnische Mittel,** z. B. Video, Zeichentrick, Foto, Schwarzweiß/Farbe, Zeitlupe, Zeitraffer, Unschärfe etc. Dadurch werden unterschiedliche Realitätsebenen gekennzeichnet. Untersuchen Sie, durch welche Kameraführung und durch welche Filmtechnik die einzelnen Szenen charakterisiert sind.
- Notieren Sie, welche **Musik** das Geschehen jeweils begleitet.
- Halten Sie mit Stichworten fest, welche Aussagen einzelner Filmfiguren oder **Dialoge** Ihnen bedeutsam erscheinen.

Stoff, Dramaturgie und Erzählformen

Der **Stoff einer Filmhandlung** kann auf verschiedenen Ebenen in unterschiedlicher Ausführlichkeit beschrieben werden:
Die **Story** ist eine sehr genaue und ausführliche Inhaltsangabe des Filmgeschehens. Der **Plot** ist das Grundmuster der Geschichte und der Handlungsmotivation der Figuren. Zu „Zwölf Uhr mittags" könnte er folgendermaßen lauten:

Kane, der Sheriff einer kleinen amerikanischen Stadt, gibt sein Amt zurück, um Amy zu heiraten. Da kündigt sich jedoch der Bandit Miller an, der in die Stadt zurückkehren will, um sich an Kane zu rächen und die Bevölkerung wie früher zu tyrannisieren. In der Entscheidung zwischen privatem Glück und Verantwortung der Gemeinschaft gegenüber kommt es zum Konflikt zwischen Kane und Amy. Während Kane erfolglos nach Verbündeten sucht, wird Miller von seinen Kumpanen erwartet. Kane nimmt den Kampf gegen die Gangster auf, in welchem Amy ihn nach anfänglicher Abkehr im entscheidenden Moment als Einzige unterstützt. Kane besiegt die Gangster und verlässt mit seiner Frau die Stadt.

Dieser Plot entspricht dem typischen Western: Der Kampf des Einzelnen gegen die Umwelt, gegen scheinbar überlegene Feinde, den Partner und sich selbst.
Der **Mythos** ist die überzeitliche Geschichte einer Filmhandlung, in „Zwölf Uhr mittags" wird der amerikanische Mythos von der Selbstverwirklichung des Einzelnen in feindlicher Umgebung verarbeitet.
Das **Thema** eines Films bezieht sich auf den grundsätzlichen Konflikt. In Zinnemanns Western ist es die Frage nach Gesetz und Ordnung und wie sich der Einzelne dazu stellt.

1. Skizzieren Sie Plot, Mythos und Thema von „Lola rennt".
2. a) „Zwölf Uhr mittags" gehört dem **Genre** des Western an. Sammeln Sie weitere Filmgenres, z. B. Liebesfilm, Märchenfilm ...
   b) Definieren Sie einzelne Genres über typische Merkmale.
   c) Entspricht „Lola rennt" einem Genre? Argumentieren Sie für einzelne Zuordnungen des Films.

3. Filme vereinen Elemente des ▷ **Dramas** und Elemente der ▷ **Epik**: Sammeln Sie dramatische und erzählerische Merkmale der beiden Filme. ▷ S. 195 ff., 159 ff.
4. Vergleichen Sie den dramaturgischen Aufbau in „Lola rennt" mit dem klassischer Dramen und konventioneller Hollywood-Filme wie z. B. „Zwölf Uhr mittags": Exposition (Einleitung), Konfliktaufbau, Höhepunkt, Retardierung (Verzögerung des Endes), Schluss (Happy End/offenes Ende/tragisches Ende).
5. Brauchen wir ein Happy End? Diskutieren Sie die letzte Episode von „Lola rennt".
6. Im Spielfilm übernimmt die Kamera die Aufgabe des Erzählers in der Literatur.
   a) Lassen sich Begriffe der literarischen ▷ Erzählkategorien (Erzählform, Erzählverhalten, Erzählhaltung, Darbietungsform des Erzählens) auf die Filme übertragen? ▷ S. 169 ff.
   b) Auf welche Schwierigkeiten stoßen Sie bei „Lola rennt"?

Tom Tykwer

Schicksal und Zufall (1998)

„Lola rennt" ist ein Film über die Möglichkeiten der Welt, des Lebens und des Kinos. Kein Film über die totale Determinierung[1] oder die totale Beliebigkeit, sondern ein Film in der schmalen Lücke dazwischen: im Niemandsland der Wünsche und Sehnsüchte, über die winzige Chance, die es im Leben gibt, etwas zu beeinflussen, dem Lauf der Dinge eine andere Richtung zu geben. Drei Reisen, drei Showdowns. Und wir müssen dem Publikum deutlich machen, dass jede Version ihr eigenes Geheimnis hat. Jede Version ist gleich wichtig, auf gleiche Weise extrem erlebt und gelöst. Dem Zuschauer muss nach wenigen Sekunden die Enttäuschung über die Wiederholung verfliegen und die Verstrickung neu ausbrechen: Hoffentlich klappt's diesmal besser! Was macht sie jetzt mit dem Vater? Welche Personen werde ich wieder sehen? Was macht Manni jetzt? Und diese Vorausschau muss schließlich komplett in den Hintergrund treten gegenüber der Angst um Lola, dass sie beim Überfall verhaftet wird, der Panik um Manni, dass er den Penner nicht einholt, und all den anderen neuen Varianten, die sich im weiteren Verlauf jeder Version entwickeln.
Die Welt ist ein Haufen Dominosteine und wir sind einer davon, sagt der Film; einerseits. Andererseits ist das wichtigste Statement am Ende: Nicht alles ist determiniert. Es gibt einen Platz für die Realisierung unserer Wünsche. Man muss es eben nur versuchen. Das ist so ähnlich wie beim Filmemachen, das ja auch manchmal wie ein Hindernislauf erscheint. Aber manchmal kommen dabei Filme raus, die trotzen den angeblichen Gesetzen des Erzählens und des Marktes und des Geldes, und die sind trotzdem mitreißend und klug, emotional und intelligent. Machen wir doch mal so einen.

1 **Determinierung:** Festgelegtheit, Vorherbestimmtheit

7. a) Was versteht Tykwer wohl unter den „Gesetzen des Erzählens" (▷ Z. 36 f.)?
   b) Erörtern Sie, inwiefern ein Film oder auch ein literarisches Werk gegen die „Gesetze des Erzählens" verstoßen darf.
8. a) Diskutieren Sie das Verhältnis von Determinierung und Offenheit des Lebens.
   b) Wie entscheidet sich das Schicksal eines Menschen? Reflektieren Sie Entwicklungen und Lebenswege aus der Ihnen bekannten Literatur. Diskutieren Sie das Problem auch aus Ihrer persönlichen Erfahrung.
9. a) Von welchen Faktoren sind Lolas jeweiliges Verhalten und der jeweils unterschiedliche Ausgang der Handlung abhängig?
   b) Untersuchen Sie, welche Rolle die folgenden Determinanten für das Schicksal der Figuren in „Lola rennt" spielen: Herkunft und Erziehung, Persönlichkeit/Charakter, Religion/Bestimmung, aktuelle gesellschaftliche Einflüsse, Umstände der Zeit und des Raumes, Zufall.
10. a) Kontrastieren Sie Ihre Ergebnisse aus „Lola rennt" mit „Zwölf Uhr mittags": Von welchen Faktoren hängt Kanes Schicksal ab?
    b) Wie könnte sich die Geschichte in „Zwölf Uhr mittags" durch einen lapidaren Zufall verändern? Bauen Sie ein neues Element in die Filmhandlung ein, sodass die Entwicklung der Geschichte anders verläuft, z. B.: Ein Telegrafenmast fällt auf die Schienen …

Figuren und Charaktere

Die Hauptfiguren aus „Lola rennt“ und „Zwölf Uhr mittags“: Lola und Manni, Amy und Kane

1. Charakterisieren Sie die Protagonisten der beiden Filme. Entsprechen sie typischen weiblichen bzw. männlichen Filmhelden?
2. Untersuchen Sie ein leitendes Thema der Filme im Vergleich, z. B. die Beziehung der Partner:
   a) Entwickeln Sie innere Monologe der Hauptfiguren in entscheidenden Situationen. Gehen Sie dabei arbeitsteilig vor, indem die Schülerinnen in Ihrem Kurs sich in die Lage der männlichen Filmhelden versetzen und die Schüler in die Lage der Filmheldinnen.
   b) Vergleichen Sie Ihre Monologe und diskutieren Sie Ihre Einschätzungen der Filmfiguren.
3. Welche Auffassung von Liebe vermitteln die Filme? Welches Bild von Frauen bzw. Männern wird dadurch entworfen?
4. a) Betrachten Sie Ihre Arbeitsergebnisse aus sozialhistorischer Perspektive: Was hat sich in den Jahrzehnten, die zwischen beiden Filmen liegen, an Rollenmustern und -erwartungen verändert?
   b) Belegen Sie Ihre Thesen mit Beispielen zu typisierten Rollenmustern aus anderen Filmen.
   c) Kontrastieren Sie diese Rollenmuster mit Ihren persönlichen Vorstellungen.
5. a) Spielen Sie eine kurze Filmszene mit einem wichtigen Dialog möglichst genau nach.
   b) Lassen sich durch das Nachspielen von Filmszenen vertiefende Erkenntnisse über das Verhalten der Filmfiguren gewinnen?

Dialoge untersuchen

Drehbuchauszug aus „Lola rennt“ (1998)

Lolas Augen wandern zur Seite: Manni liegt neben ihr. Beide rauchen. Sie sprechen ganz, ganz leise.
„Manni?“
„Mhm.“
„Liebst du mich?“
„Na sicher.“
„Wie kannst du sicher sein?“
„Weiß nicht. Bin's halt.“
„Aber ich könnte auch irgendeine andere sein.“
„Nee.“
„Wieso nicht?“
„Weil du die Beste bist.“
„Die beste was?“
„Na, die beste Frau.“
„Von allen, allen Frauen?“
„Klar.“
„Woher willst du das wissen?“
„Ich weiß es halt.“
„Du glaubst es.“
„Na gut, ich glaub's.“
„Siehste.“
„Was?“
„Du bist dir nicht sicher.“
„Sag mal, spinnst du jetzt, oder was?“
„Und wenn du mich nie getroffen hättest?“
„Was wär dann?“
„Dann würdest du jetzt dasselbe 'ner anderen erzählen.“
„Was erzähl ich denn?“
„Dass ich die Beste bin und so.“
„Ich brauch's ja nicht zu sagen, wenn du's nicht hören willst.“
„Ich will überhaupt nichts hören. Ich will wissen, was du fühlst.“
„Okay. Ich fühle, dass du die Beste bist.“
„Dein Gefühl. *(Pause)* Wer ist das, dein Gefühl?“
„Wie meinst du das?“
„Na, wer ist das, der da zu dir spricht.“
„Na ich. *(Überlegt)* Mein Herz.“
„Dein Herz sagt: ‚Guten Tag, Manni, die da, die ist es‘?“
„Genau.“
„Und du sagst dann: ‚Ach ja, recht herzlichen Dank für diese Information, auf Wiederhören bis zum nächsten Mal‘?“
„Genau.“
„Und du machst alles, was dein Herz dir sagt?“
„Na ja, das sagt ja nichts ... es fühlt halt.“
„Und was fühlt es jetzt?“
„Es fühlt, dass da jemand gerade zu viel blöde Fragen stellt.“
„Ach Mann, du nimmst mich überhaupt nicht ernst.“
„Ey. Lola, was ist los?“
„Ich weiß nicht.“
„Was ist denn?“
„Ich weiß nicht.“
„Willst du weg ... von mir?“
„Ich weiß nicht. Ich muss mich grad entscheiden ... glaub ich.“

---

1. Analysieren Sie den Dialog unter kommunikativen Aspekten:
   a) Geben Sie mit eigenen Worten wieder, worin der Kern des Konflikts besteht.
   b) Wie baut sich der Konflikt zwischen Lola und Manni auf?
   c) Welche Funktion hat die Szene in der Filmhandlung?
2. Untersuchen Sie vergleichend einen Dialog aus „Zwölf Uhr mittags“, den Sie für wesentlich in Bezug auf die Beziehung der Partner halten.

Zeit und Zeitgestaltung

In der Alltagsrealität gibt es Nebensächlichkeiten, Zufälle und Langeweile. Im Unterschied dazu zeigt die Spielhandlung eines Films meist nur Wesentliches, für die Geschichte und ihre Entwicklung Entscheidendes. Der Film rafft also in der Regel Zeit. Fred Zinnemanns „Zwölf Uhr mittags“ allerdings war einer der ersten Filme, in denen ▷ **erzählte Zeit** und **Erzählzeit** in ▷ S. 172 f.

Totale (T): Die Einstellung gibt eine räumliche Orientierung; die Zuschauer/innen erhalten eine Übersicht über das Geschehen. (Szene aus „Zwölf Uhr mittags“: Die Bewohner des Orts haben sich zurückgezogen. Kane tritt den Banditen allein gegenüber.)

Halbtotale (HT): Die Einstellung zeigt die Figuren in ihrer gesamten Körperlänge und in ihrer unmittelbaren Umgebung. Die Aufmerksamkeit soll auf Handlungen und Körpersprache gelenkt werden.
(Szene aus „Lola rennt“: Lola begegnet, ohne es zu wissen, dem Stadtstreicher, der das verlorene Geld an sich genommen hat.)

Halbnah (HN): Diese Einstellung wird häufig für kommunikative Situationen eingesetzt. Die Figuren sind etwa vom Knie an aufwärts zu sehen, ihre Mimik und Gestik lassen sich optimal erfassen. Die Einstellung unterscheidet sich kaum von der „amerikanischen“.
Amerikanisch (A): Der Begriff entstammt dem amerikanischen Westernfilm: Die Figur wird bis zur Hüfte gezeigt. Die Zuschauer/innen sollen sehen, wer bei Duellen zuerst den Colt zieht.
(Szene aus „Zwölf Uhr mittags“: Kane spricht mit Amy. Er wird den Kampf mit Miller gegen ihren Willen aufnehmen.)

Nah (N): Die häufig für Sprecher genutzte Einstellung zeigt die Person von der Brust an. Dabei tritt neben der Gestik besonders die Mimik in den Vordergrund.
(Szene aus „Lola rennt“: Der Polizist hat gerade, ohne es wirklich zu wollen, auf Lola geschossen.)

Groß (G): Die Einstellung dient der Darstellung von Gefühlen. Die Beobachtung von intimen Regungen im mimischen Ausdruck erzeugt eine große Identifikation der Betrachter/innen mit der Figur.
(Szene aus „Lola rennt“: Lola ist von der Kugel des Polizisten tödlich getroffen worden.)

Detail (D): In dieser Einstellung wird eine extreme Nähe der Zuschauer/innen suggeriert. Die ungewohnte Sicht intensiviert die emotionale Beteiligung. Die Nahsicht dient häufig der Spannungssteigerung.
(Szene aus „Lola rennt“: Lola hat beim Roulette all ihr Geld auf die 20 gesetzt.)

2. a) Schneiden Sie Beispiele für die Wirkung von Einstellungsgrößen aus einem Film Ihrer Wahl auf Video zusammen.
   b) Nutzen Sie das Video zur Veranschaulichung für einen Kurzvortrag über „Elemente der Filmsprache".
3. Untersuchen Sie, welche Einstellungen in einzelnen Filmen überwiegen und welche Wirkung auf den Betrachter jeweils erzielt werden soll.

Kameraperspektive

Durch die Position der Kamera werden die Zuschauer/innen in eine bestimmte Wahrnehmungsperspektive gedrängt. Neben der **Normalsicht,** die Authentizität und Objektivität suggeriert, kann die Unter- oder Aufsicht das Abbild von Realität verfremden.

Froschperspektive (Untersicht): Personen/Gegenstände werden als überlegen, mächtig, bedrohlich erlebt. Die Zuschauer/innen fühlen sich klein und unterlegen.

Vogelperspektive (Aufsicht): Personen/Gegenstände werden als untergeordnet, schwach, verloren erlebt. Die Zuschauer/innen fühlen sich überlegen, können aber auch die angstvolle Situation der Filmfigur miterleben.

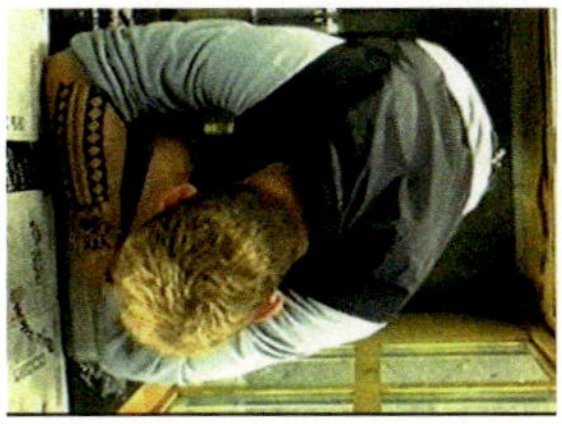

1. Untersuchen Sie in „Zwölf Uhr mittags" und „Lola rennt" die Perspektive auf die Uhren und die Wirkung, die erzeugt werden soll.
2. Untersuchen Sie in beiden Filmen, wann die Vogelperspektive beim Betrachter Angst oder Machtgefühl auslöst.

Kamerabewegung

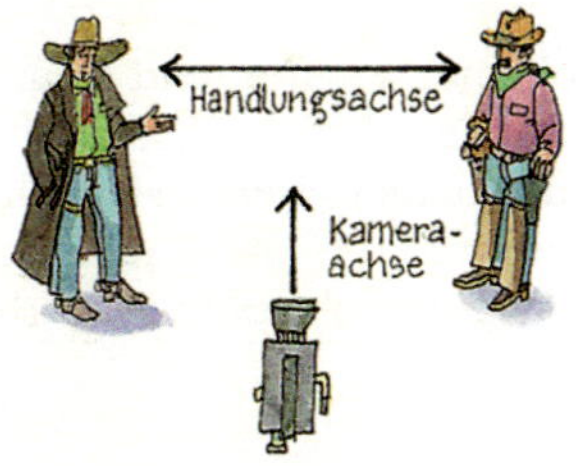

Im Film können sich prinzipiell zwei Dinge bewegen: die Objekte vor der Kamera und die Kamera selbst. Die Bewegung der Personen bzw. Gegenstände wird als **Handlungsachse** bezeichnet. Verläuft die Handlung vor der stillstehenden Kamera, so hat der Betrachter das Gefühl, distanzierter Beobachter der Szene zu sein.
Die Bewegung der Kamera selbst, die **Kameraachse**, erzeugt zumeist eine hohe Realitätsillusion und das Gefühl unmittelbaren Dabeiseins. Beim **Kameraschwenk** verändert die stillstehende Kamera den Winkel schräg zum Objekt, sodass dem Betrachter suggeriert wird, die Kamerabewegung entspräche seiner Kopfbewegung (Kane wirft seinen Sheriffstern in den Staub, die Kamera/der Blick folgt dem Objekt). Bei der **Kamerafahrt** bewegt sich die Kamera

ohne Winkelveränderung zum Objekt von der Stelle (die Kamera kreist auf Kopfhöhe um Lola und Manni, als sie von der Polizei umzingelt sind). Mit dem **Zoom** kann man Bewegung vortäuschen, indem bei unbewegter Kamera Objekte „herangeholt" bzw. „entfernt" werden (im Vorspann „rast" die Kamera auf Lolas Haus zu).
Handlungsachse und Kameraachse können sich entsprechen bzw. aufeinander zulaufen. Die Kamera bewegt sich z. B. unmittelbar hinter Lola oder Lola läuft frontal auf die Kamera zu. Den Zuschauerinnen und Zuschauern gestattet dies die größtmögliche Identifikation (Einheit von Kamera, also Blick des Zuschauers, und Geschehen). Blickt eine Filmfigur „aus dem Bild heraus" zum Betrachter, wird der Zuschauer unmittelbar ins Geschehen verwickelt. Die emotionale Rezeption wird intensiviert (Lola liegt im Sterben und blickt den Betrachter/Manni gedankenvoll an).
Gespräche werden häufig durch **Schuss-Gegenschuss-Verfahren** gestaltet. Die Handlungsachse wird dabei mit jedem Schnitt gewechselt. Die Zuschauer/innen nehmen wechselweise die Blickrichtung eines der Gesprächspartner ein. So können sie sich einerseits mit den Figuren identifizieren, aber zugleich auch die Reaktionen auf dem Gesicht des Gegenübers ablesen. Die emotionale Beteiligung der Zuschauer/innen wird mit diesem Gestaltungsmittel gesteigert.
Die **subjektive Kamera** bzw. **Handkamera** entspricht der Perspektive eines Menschen in Bewegung. Die Kamera wird mit der Hand bewegt, sie wackelt und erzeugt unpräzise Ausschnitte. Die Wirkung ist die der Authentizität. Nervosität und Irritation der Kameraführung übertragen sich auf den Betrachter, der das Gefühl hat, unmittelbar dabei zu sein.

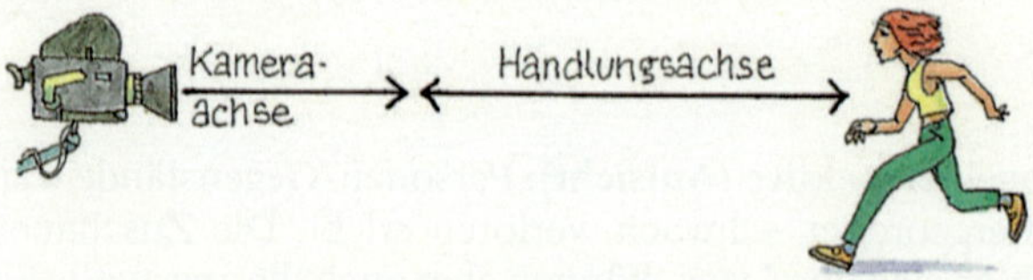

1. Untersuchen Sie in „Zwölf Uhr mittags" und „Lola rennt", in welcher Weise Bewegung festgehalten bzw. produziert wird.
   a) Wie verdeutlicht die Kameraführung Bewegung (Rennen) bzw. Unbeweglichkeit (Warten)?
   b) In welche Position werden die Betrachter/innen jeweils gebracht?
2. Untersuchen Sie die Wirkung des Schuss-Gegenschuss-Verfahrens in folgenden Gesprächen aus „Zwölf Uhr mittags": Amy und Helen (53. Filmminute), Kane und Harvey (57. Filmminute). Bei welchen Gesprächsinhalten bleibt der Zuschauer distanzierter Dritter und wann wird er emotional involviert?
3. In „Lola rennt" sind mehrere Szenen mit der Handkamera aufgenommen (Lolas Vater und seine Geliebte allein im Büro, der Stadtstreicher allein in der U-Bahn): Untersuchen Sie die Wirkung der Handkamera in Verbindung mit der Wirkung des Videomaterials, das hier eingesetzt wird.

Mise en scène (Das In-Szene-Setzen)

Mit dem Begriff **„Mise en scène"** wird die Bildkomposition bezeichnet. Figuren und Gegenstände werden im Filmbild wie auf einem Gemälde oder Foto inszeniert. Neben Perspektive, Achsenverhältnissen und Kameraführung sind Kategorien der Bildästhetik hilfreich: statischer (vertikale, horizontale Strukturen) und dynamischer (diagonale Strukturen) Bildaufbau, offene und geschlossene Form, Symmetrie und Asymmetrie, Flächeneinteilung, Beleuchtung, Farbe, Raumgestaltung, Tiefenwirkung, Schärfegrad.

1. Informieren Sie sich im Kunstunterricht über Bildgestaltungsmittel und deren Wirkungsmöglichkeiten.
2. Wählen Sie einzelne Kategorien aus, mit denen Sie Filme untersuchen möchten, z. B. Farbe und dynamische Komposition in „Lola rennt“, das Verhältnis von geschlossenen und offenen Formen sowie die Tiefenwirkung in „Zwölf Uhr mittags“.
3. a) Untersuchen Sie die Bildgestaltung und ihre Wirkung in den nachfolgenden Einstellungen.
   b) Sehen Sie sich die Filmbilder in ihrem Kontext an. Überträgt sich die Wirkung der Einzelbilder auf die folgenden Einstellungen?

Montage

Der französische Begriff **„Montage“** meint das Zusammenfügen einzelner Einstellungen, also die Schnittfolge der Filmbilder. Die „Organisation der Bilder in der Zeit“, wie der Filmwissenschaftler André Bazin die Montage nennt, ist das wesentlichste Gestaltungsmittel des Films. Sie gibt den Rhythmus vor, lenkt Assoziationen und erzeugt einen Sinnzusammenhang. Der russische Regisseur Wsewolod Pudowkin belegte in den 20er-Jahren die Wirkung der Montage mit einem Beispiel:

„Stellen wir uns vor, wir hätten drei Filmstücke: Auf dem einen ein lächelndes Gesicht, auf dem zweiten dasselbe Gesicht, aber angstvoll blickend, und auf dem dritten eine Pistole, die auf jemanden gerichtet wird. Kombinieren wir nun die Stücke in verschiedener Reihenfolge, und nehmen wir an, als Erstes würden wir das lächelnde Gesicht, dann die Pistole und dann das angstvolle Gesicht zeigen; das zweite Mal käme das angstvolle Gesicht zuerst, dann die Pistole und zuletzt das lächelnde Gesicht. Die erste Reihenfolge würde den Eindruck ergeben, dass derjenige, dem das Gesicht gehört, ein Feigling ist, in der zweiten Reihenfolge wäre er mutig.“

1. Den von Pudowkin beschriebenen Effekt können Sie mit Hilfe einer Videokamera und zweier Videorekorder selbst nachvollziehen: Filmen Sie eine alltägliche Szene (z. B. Rückgabe einer Klausur) und erproben Sie verschiedene Möglichkeiten der Montage.
2. Die angespannte Situation vor Eintreffen des Zuges wird in „Zwölf Uhr mittags“ durch die nachstehende Bilderfolge unterstrichen (▷ S. 466). Welcher Effekt wird erzeugt?

3. Vergleichen Sie die Bildmontage aus „Zwölf Uhr mittags“ (Abfolge der oberen neun Bilder) mit derjenigen in „Lola rennt“ kurz vor 12.00 Uhr (unteres Bild).
4. Untersuchen Sie die Montage in ausgewählten Sequenzen: In welcher Weise wird die Wahrnehmung jeweils gesteuert?
5. Vergleichen Sie Ihre Beobachtungen mit folgenden Montageformen:

Erzählende Montage: Die Einstellungen sind inhaltlich so aufeinander bezogen, dass man die Schnitte kaum wahrnimmt (z. B. Wechsel von Totale auf Nah bei demselben Motiv). Es können aber auch räumlich und zeitlich sehr unterschiedliche Einstellungen verbunden werden, solange die erzählerische Kontinuität, z. B. die Fortsetzung einer Handlung, gewahrt wird.
Kontrastmontage: Hier prallen Gegensätze aufeinander, die zu einer Stellungnahme auffordern (z. B. lachende Person in Gesellschaft/dieselbe Person traurig und allein).
Assoziationsmontage: Auch hier werden unterschiedliche Einstellungen miteinander konfrontiert, allerdings müssen die Zuschauer/innen selbst eine unmittelbare gedankliche Verbindung schaffen (z. B. schlafendes Gesicht/Südseelandschaft = die Person träumt von der Landschaft).
Analogmontage: Kontraste in Raum, Zeit oder Gesellschaft werden überbrückt, indem in unterschiedlichen Zusammenhängen eine gemeinsame Handlung/Haltung gezeigt wird (z. B.: ein Astronaut steigt aus seinem Raumschiff/eine Person steigt aus ihrem Auto).
Parallelmontage: Zwei oder mehr unterschiedliche Begebenheiten werden miteinander verschachtelt, indem sie mehrfach hintereinander abwechselnd gezeigt werden. So werden Handlungen spannungsvoll miteinander in Beziehung gesetzt (z. B. wartende Person an einer einsamen Straßenecke/ein heranrasendes Auto). Die Zuschauer/innen haben dabei mehr Informationen als die Filmfiguren.

Bild-Ton-Beziehung

Musik ist ein zentrales Element im Film, das die Zuschauer/innen emotionalisiert. Musik im Film kann unterschiedliche Funktionen haben: Sie kann das Geschehen kommentieren bzw. illustrieren, Leitmotiv sein, die Handlung durch Zäsuren (Einschnitte) oder Kontinuität strukturieren.

1. Beschreiben Sie die Musik der Filme „Lola rennt“ und „Zwölf Uhr mittags“.
   a) In welchen Variationen wird das Leitmotiv abgewandelt?
   b) In welcher Weise korrespondiert die Musik jeweils mit der Filmhandlung?
2. a) Welche Funktion haben der Song „What a difference a day makes“ und das klassische Stück „The Unanswered Question“ (Charles Ives) in „Lola rennt“ bezüglich des dargestellten Geschehens (Lolas Flucht und Tod)?
   b) Untersuchen Sie die Besonderheiten des Tons in der Szene mit Lola vor der Schaufensterscheibe des Supermarkts und in den „roten“ Szenen: Welche Wirkung entsteht in Bezug auf die Filmfiguren untereinander und in Bezug auf die Zuschauer/innen?
3. Erproben Sie folgende Möglichkeiten, um die Wirkung von Ton und Bild zu erfassen:
   a) Untersuchen Sie eine Szene ohne Ton oder ohne Bild: Beschreiben Sie die jeweilige Wirkung.
   b) Ändern Sie die Aussage einer ausgewählten Sequenz durch neu unterlegten Ton (Geräusche, Sprache, Musik).

PRODUKTIVE AUFGABEN ZUM FILM „LOLA RENNT“

- Entwickeln Sie eine vierte Episode zu „Lola rennt“, in der es zu einer weiteren unerwarteten Handlungsänderung kommt.
- Was passiert nach dem Ende der drei Episoden? Schreiben Sie eine Episode Ihrer Wahl weiter.
- Stellen Sie „und – dann...“-Fotosequenzen (Polaroid-Schnappschüsse) von Lolas, Mannis, des Vaters oder Ihrer eigenen weiteren Entwicklung her.
- Schreiben Sie eine Filmkritik/einen Essay für die Schülerzeitung zu „Lola rennt“ oder einem anderen Film. Werten Sie dazu auch verfügbare Produktionsmaterialien (Drehbuch, Interviews, Informationen zu Schauspielern und Regisseur) und Rezeptionsdokumente (Rezensionen, Zuschauerquoten, Verleih) aus.

3.2 Verfilmung von Literatur

Rainer Werner Fassbinder

Literatur und Leben (1982)

[...] Die Verfilmung von Literatur legitimiert sich, im Gegensatz zur landläufigen Meinung, keinesfalls durch eine möglichst kongeniale Übersetzung eines Mediums (Literatur) in ein anderes (Film). Die filmische Beschäftigung mit einem literarischen Werk darf also nicht ihren Sinn darin sehen, etwa die Bilder, die Literatur beim Leser entstehen läßt, maximal zu erfüllen. Dieser Anspruch wäre ohnehin in sich absurd, da jeder Leser jedes Buch mit seiner eigenen Wirklichkeit liest und somit jedes Buch so viele verschiedene Phantasien und Bilder provoziert, wie es Leser hat. Es gibt also keine endgültige objektive Realität eines literarischen Werkes, darum darf auch die Absicht eines Films, der sich mit Literatur auseinandersetzt, nicht darin liegen, die Bilderwelt eines Dichters als endgültig erfüllte Übereinstimmung verschiedener Phantasien zu sein. Der Versuch, Film als Ersatz eines Stückes Literatur zu machen, ergäbe den kleinsten gemeinsamen Nenner von Phantasie, wäre also zwangsläufig im Ergebnis medioker und stumpf. Ein Film, der sich mit Literatur und mit Sprache auseinandersetzt, muß diese Auseinandersetzung ganz deutlich, klar und transparent machen, darf in keinem Moment seine Phantasie zur allgemeinen werden lassen, muß sich immer in jeder Phase als eine Möglichkeit der Beschäftigung mit bereits formulierter Kunst zu erkennen geben. Nur so, mit der eindeutigen Haltung des Fragens an Literatur und Sprache, des Überprüfens von Inhalten und Haltungen eines Dichters, mit seiner als persönlich erkennbaren Phantasie zu einem literarischen Werk, legitimiert sich deren Verfilmung. [...] R

1. Vergleichen Sie die Positionen Fassbinders und Hickethiers zur Verfilmung von Literatur.
2. Erörtern Sie, welche gestalterischen Mittel und Ausdrucksmöglichkeiten für die Medien Film und Literatur jeweils charakteristisch sind: Was leistet das eine Medium, was das andere nicht kann?

Knut Hickethier

Der Film nach der Literatur ist Film (1989)

Von „Literaturverfilmung" zu reden heißt den ersten Schritt in die falsche Richtung tun: denn im Begriff der *Ver*filmung steckt bereits die erlittene *Ver*formung des Kunstwerks, eines Originals, das dabei seine Originalität verliert. Das Ergebnis kann nur eine schlechte Kopie, ein unvollständiger Ersatz im anderen Medium sein. [...]

Der Film aber ist immer zuerst Film, und dass seinem Drehbuch, ohnehin nur eine Zwischenstufe im Arbeitsprozess, einmal ein Roman zu Grunde gelegen hat, ist für das Filmische an ihm von peripherer[1] Bedeutung. Wir verstehen den Film, auch ohne den Roman zuvor gelesen zu haben.

Zwar kann, wer wollte das bestreiten, die vorangegangene Romanlektüre dem Filmesehen zusätzlichen Genuss (oder Enttäuschung) im Wiedererkennen von Erzähltem verleihen. Und ein Film, der sich von Titel, Handlungsstruktur und Figuren explizit auf einen Roman bezieht, fordert dazu auch in besonderer Weise heraus. Aber das rechtfertigt noch keine Sonderstellung literarisch fixierter Betrachtungsweise, die zwangsläufig das Erzählen in den Vordergrund stellt und darüber die präsentativen Aspekte des Films vernachlässigt. Wie jeder Text nur vor dem Hintergrund des gesamten bisherigen Geschriebenen zu denken ist, steht auch jeder Film im Kontext anderer Filme und enthält ungleich mehr Anspielungen und Verweise, unbewusst entlehnte Motive, Metaphern und assoziiert visuelle Erinnerungen, als sich in der Textvorlage erkennen lässt. Genrezusammenhänge, Verweise der Darsteller auf andere Rollen, die sie in anderen Filmen verkörpert haben, Kamera-, Regie- und Lichtstile, Architekturbedeutungen, Kleidungsstile etc. eröffnen eine Fülle anderer Bezugsebenen. Der spezielle Vergleich mit der literarischen Vorlage (noch nicht einmal mit dem Drehbuch) erscheint deshalb als eine unzulässige Verengung des Blicks.

1 **peripher:** am Rande liegend

Alexander Kluge

Literarische und filmische Mittel (1964)

Der Film lässt eine radikale Erweiterung der literarischen Mittel zu.
Begründung: Die Sprache ist seit Jahrhunderten gewöhnt, das, was sie beschreibt, zu harmonisieren; Grammatik, Metaphern, Begriffswelt zwingen den antagonistischen[1] Dingen ihr Schema auf. Die Sprache hält sich auf einem mittleren Niveau zwischen Konkretion und Abstraktion. Wenn es heißt „am Fuße des Berges", so gibt das keine exakte Anschauung, aber auch keinen exakten Begriff. Diese Eigenschaft der Sprache lässt breite Teile der Wirklichkeit abprallen. Es ist das Elend der literarischen Rhetorik, dass sie die Dinge einspinnen, aber nicht fassen kann. Der Film steht hier vor einer Herausforderung: Sein Material bleibt immer Anschauung; die Montage erlaubt aber, Begriffe zu bilden. Die kleinsten Einheiten des Films, Teile der so genannten „Filmeinstellung", entsprechen den Assoziationen. Der Versuch von Joyce[2] in *Finnegans Wake* oder von Hans G. Helms[3], die Worte in ihre assoziativen Bestandteile zu zerlegen und neu zusammenzusetzen, würde im Film nicht am Verständnisproblem scheitern; er ist ohnehin darauf angewiesen, in jedem Moment neue Sinneinheiten aus Anschauung und ihrer Montage herzustellen. [...] Er kann Sprachbewegungen und Bildbewegungen nicht nur gegeneinander setzen, sondern auch aus den Spannungsfeldern zwischen den filmischen Bewegungen eine weitere (im Film selbst gar nicht materialisierte) Bewegung im Hirn des Zuschauers erzeugen, die wiederum mit den Bewegungen des Films in Kontrast stehen kann usw.

1 **antagonistisch:** gegensätzlich, feindselig

2 **James Joyce** (1882–1941): irischer Schriftsteller, einer der Begründer des modernen Romans

3 **Hans G. Helms** (*1932): sprachschöpferischer Schriftsteller und Komponist

1. Suchen Sie Beispiele aus literarischen Vorlagen, die belegen, dass sich die Sprache auf „einem mittleren Niveau" hält.
2. Erläutern Sie die Behauptung, dass auch der Film eine „Bewegung im Hirn des Zuschauers" erzeuge, die im Film selbst nicht materialisiert ist.
3. Diskutieren Sie die These „Der Film lässt eine radikale Erweiterung der literarischen Mittel zu".

Formen der filmischen Adaption von Literatur

Die Filmwissenschaft unterscheidet drei Typen der filmischen Adaption von Literatur.
Die **stofforientierte Adaption** übernimmt nur einzelne Motive oder Handlungselemente einer literarischen Vorlage. Ihr geht es in erster Linie um den Film als eigenständiges Werk und weniger um die Literatur und ihre filmische Deutung.
Die **illustrierende Adaption** ist im Gegensatz dazu darum bemüht, den Text möglichst genau in filmische Bilder umzusetzen. Hier steht die Literatur im Vordergrund, welcher die filmischen Ausdrucksmöglichkeiten zu Gunsten der literarischen Werktreue untergeordnet bleiben.
Die **interpretierende Adaption** möchte Literatur durch filmspezifische Mittel auslegen. Sie befreit sich durch die Eigenständigkeit der filmischen Möglichkeiten einerseits von der literarischen Vorlage, ist aber dennoch eine konkrete Interpretation des Textes und seines Sinngehaltes. Film und Text stehen auf einer Ebene. Mögliche Formen dieser Art von Literaturverfilmung sind die historische Aktualisierung, die Umsetzung des Geschehens in ein anderes soziales Umfeld oder die Darstellung der persönlichen Rezeption des Textes durch den Filmemacher.

1. Diskutieren Sie, welche der drei Arten von Literaturverfilmung (▷ S. 469) Ihnen am ehesten zusagt. Welche Funktion kann und soll die Verfilmung von Literatur Ihrer Ansicht nach haben?
2. Was kann die Filmsprache möglicherweise zur Deutung eines Textes beitragen?
3. Recherchieren Sie, welche Verfilmungen zu Texten verfügbar sind, die Sie im Unterricht besprochen haben oder noch besprechen wollen. Fragen Sie in Landesbildstellen, Bibliotheken und Videotheken nach. Empfehlungen:
   - *Wolfgang Staudte:* Der Untertan (1951)
   - *Helmut Käutner:* Der Hauptmann von Köpenick (1956, s. u.)
   - *Stanley Kubrick:* 2001 – Odyssee im Weltraum (1968, ▷ S. 473 f.)/Eyes Wide Shut (1999)
   - *Luchino Visconti:* Der Tod in Venedig (1970)
   - *Rainer Werner Fassbinder:* Effi Briest (1974)
   - *Peter Beauvais:* Deutschstunde (1975, ▷ S. 472 f.)
   - *Eric Rohmer:* Marquise von O. (1976)
   - *Werner Herzog:* Woyzeck (1978)
   - *Volker Schlöndorff:* Homo Faber (1991)/Die Blechtrommel (1979)/Der junge Törless (1965)
   - *Steven Soderbergh:* Kafka (1992)
   - *Joseph Vilsmaier:* Schlafes Bruder (1995)

UNTERSUCHUNGSASPEKTE ZU LITERATURVERFILMUNGEN

- Inwiefern verschiebt der Film die Akzente der literarischen Vorlage? Sind die Akzentverschiebungen medienbedingt (z. B. auf Grund einer begrenzten Umsetzbarkeit in filmische Bilder) oder sind sie intendiert, um eine bestimmte Aussage zu treffen?
- In welchen Szenen wird auf Passagen verzichtet, die in der literarischen Vorlage von Bedeutung waren?
  - Untersuchen Sie, inwiefern der Sinngehalt entfallener Textstellen (z. B. in Dialogen) durch filmische Ausdrucksmöglichkeiten ersetzt wird.
  - Diskutieren Sie, welche Funktion die Reduzierung literarischer Komplexität im Film hat.
  - Welche Szenen und Sequenzen wurden zusätzlich in den Film aufgenommen? Welche Funktion erfüllen sie?
- Vergleichen Sie sprachliche und filmische Bilder.
  - Wie werden literarische Leitmotive und Metaphern in Filmbilder umgesetzt?
  - Inwiefern vermag der Film innere Vorgänge darzustellen?
- Vergleichen Sie die Handlungsführung in Text und Film.
  - Wie werden unterschiedliche Handlungsstränge verknüpft?
  - Welche zusätzlichen Möglichkeiten bieten die Mittel der Filmsprache?
- Vergleichen Sie die Wahrnehmungssteuerung durch den Erzähler im Text und durch die Kamera im Film.
  - Untersuchen Sie die Erzähl- und die Kameraperspektive.
  - Welche Wirklichkeitsausschnitte präsentiert uns der Text, welche der Film?
- Welche neuen Erkenntnisse hat Ihnen der Film für die literarische Vorlage eröffnet? Ermöglichen die filmischen Mittel neue Sichtweisen, die durch literarische Darstellungsmittel kaum zu erfassen sind?
- Schreiben Sie einen fiktiven Kommentar des Autors/der Autorin über die Verfilmung seines/ihres Textes.

Irmela Schneider

Aus einem Drama wird ein Film
(1990)

1956 verfilmte Helmut Käutner das Drama „Der Hauptmann von Köpenick" von Carl Zuckmayer. Der Film – mit Heinz Rühmann in der Hauptrolle – wurde ein großer Erfolg.

Vergleicht man Käutners Film mit seiner literarischen Vorlage sowie der ersten Verfilmung[1], so kann man allgemein festhalten: Käutner hat sich in den Szenen, die dem Drama hinzugefügt worden sind, in den meisten Fällen an die Vorgaben aus der ersten Verfil-

1 **erste Verfilmung:** Zuckmayers Stück wurde 1931 uraufgeführt und noch im gleichen Jahr von Richard Oswald verfilmt.

mung angelehnt. Allerdings hat er durch die Umstellung der Szenenfolge die Akzente in seinem Film verändert, und zwar sowohl im Vergleich zum Stück als auch zur ersten Verfilmung. Besonders hervorgehoben wird in seinem Film der Kontrast zwischen der Welt Voigts und der der oberen Gesellschaftsschichten, der Militärs und des Besitzbürgertums (repräsentiert in Wormser). Er hat, prononcierter[2] als seine literarische und filmische Vorlage, die kleinbürgerliche Welt idyllisiert und den Militarismus mit kabarettartigen Elementen inszeniert. [...]

Im Folgenden geht es darum, zu zeigen, wie Käutner seine Vorlage verändert und damit dem Film eine Bedeutungsebene verliehen hat, die einerseits zeitgeschichtlich aufschlussreich ist und den Film andererseits zugleich als einen typischen Käutner-Film ausweist.

Der Kontrast zwischen den beiden Welten des Films wird, bevor er optisch auftritt, akustisch markiert, nämlich durch die Eingangsmusik: Es beginnt mit Leierkastenmusik, die in Marschmusik übergeht. Militarismus und kleinbürgerliche Behaglichkeit stehen sich gegenüber. Dieser Gegensatz bestimmt die erste Sequenz, die damit das Filmthema exponiert[3]. Voigt läuft hinter marschierenden Soldaten her, von denen am Anfang nur die Stiefel zu sehen sind. Kalle, sein alter Kumpel (Wolfgang Neuss), hält ihn auf und fragt ihn, warum er denn den Soldaten hinterherlaufe, einer Welt, mit der sie beide nichts zu tun hätten. Kalle repräsentiert den Vertreter der Außenseiter, die sich ihre eigene Welt schaffen. Voigt hingegen fixiert seinen Blick auf die Stiefel der Soldaten: Er träumt davon, dass er solche Stiefel herstellen und damit an der Welt des Militarismus partizipieren könnte. Er will arbeiten – eine Zielvorstellung, die Kalle weder versteht noch akzeptiert. Die beiden trennen sich. Voigts Weg im Film entscheidet sich daran, in welchem Verhältnis er zu seinen alten Kumpanen steht. Auch Oswalds Film setzt ein mit Marschmusik und marschierenden Soldaten, aber er blendet, während die Musik noch zu hören ist, ins Gefängnis über, wo Voigt in der Schusterwerkstatt sitzt und der Musik lauscht.

Die 2. Sequenz des Films korrespondiert mit der 1. Szene des Schauspiels. Neben den Stiefeln, die als auffälliges Requisit das Bild am Anfang dominieren, kommt als weiteres militärisches Emblem die Uniform hinzu, die den Vorder- und Hintergrund des Bildes ausfüllt, wenn Voigt zögernd und ängstlich an der Tür nach Arbeit fragt. Käutner, bekannt dafür, dass er mit zahlreichen Requisiten arbeitet, die zu Symbolen werden, hat den Wormser'schen Uniformladen mit einem dreiteiligen Spiegel ausgestattet. Wenn von Schlettow sich in diesem Spiegel betrachtet, so sieht man die Uniform dreimal in der Vorderansicht gespiegelt und einmal – im Zentrum des Bildes – von hinten. Sie wird hier zum Handlungsträger. Die stattliche Gestalt von Schlettows (Erich Schellow) wird unwichtig, da die Uniform sie ersetzt.

Im Unterschied zur literarischen Vorlage, in der Voigt und die Uniform Handlungsträger sind, ist der Film von Beginn an durch die Stellung Voigts zwischen der Welt des Militarismus und der Welt Kalles bestimmt. Die Uniform hängt, wenn er sie zum ersten Mal in Wormsers Laden sieht, noch hinter einer Barriere. Von dieser unterschiedlichen Ausgangslage her motivieren sich die weiteren Veränderungen in der Sequenzfolge des Films im Vergleich zur Szenenfolge des Dramas wie auch zur ersten Verfilmung. Käutner zeigt in den folgenden 7 Sequenzen, die sich dem Auftreten der Uniform anschließen, jeweils Situationen, an deren Ende Voigt rausgeschmissen wird. Während Zuckmayer den Weg der Uniform und Voigts Erlebnisse des Scheiterns im Wechsel zeigt, steht im ersten Teil des Films die Unmöglichkeit für Voigt im Mittelpunkt, in der Gesellschaft Fuß zu fassen.

2 **prononciert:** deutlich, ausgeprägt
3 **exponieren:** herausstellen, hervorheben

1. Welche Veränderungen nimmt Käutner gegenüber der literarischen Vorlage und der Erstverfilmung vor?
2. Erstellen Sie eine Tabelle: Welche formalen Mittel sollen welche (inhaltliche) Wirkung haben?
3. Besorgen Sie sich eine Videoaufzeichnung von Käutners Verfilmung und untersuchen Sie die Wirkung der filmischen Mittel an ausgewählten Szenen/Sequenzen.

Siegfried Lenz

Literaturverfilmung am Beispiel des Romans „Deutschstunde" (1976)

In einem Interview der Sendung „Kultur aktuell: Magazin" vom 6. März 1976 äußert sich der Schriftsteller Siegfried Lenz (1926) zur Rolle und Aufgabe des Schriftstellers bei der Verfilmung eigener Werke. Der Hintergrund: Die Werke von Lenz gelten wegen ihrer linearen Handlungsführung als gut verfilmbar; zur Zeit des Interviews war sein Roman „Deutschstunde" verfilmt worden.*

AYCK: Greifen Sie in die Verfilmungen Ihrer Erzählungen und Romane ein? Nehmen Sie an der Drehbucharbeit teil?

LENZ: Nein, bisher habe ich das nicht getan. Ich habe mir nur mehrmals angeschaut, wie das gemacht wird, aber ich habe selbst noch kein Drehbuch geschrieben.

AYCK: Werden Texte und Inhalte Ihrer literarischen Arbeiten für ein Drehbuch verändert?

LENZ: Ich glaube, sie müssen verändert werden. Wenn man versucht ist, einen Text so getreu wie möglich zu verfilmen, ist man darauf angewiesen, bei dem Versuch, ihn in ein anderes Medium zu bringen, ihn zu verändern. Damit muss jeder Autor einverstanden sein – und nicht nur dies, er müsste davon ausgehen, dass ein Text, die literarische Vorlage, zwangsläufig verändert werden muss.

AYCK: Erkennen Sie Ihre Arbeiten in den Verfilmungen wieder?

LENZ: Ich erkenne sie durchaus wieder, natürlich verändert. Aber in jedem Fall blieben die Grundlinien gewahrt.

AYCK: Haben Sie den Eindruck, dass Sie bei einer Verfilmung nur Stichwortgeber, Anreger sind, ohne dass übertragen wird, was Sie in der Literatur einbringen?

LENZ: Als Geschichtenerzähler habe ich die Überzeugung, dass eine Geschichte sehr viel aushalten muss, wenn man sie in ein anderes Medium bringt, wenn man sie verfremdet, wenn man sie auf andere Weise wiedererzählt. Verfilmen heißt doch: auf andere Weise wiedererzählen, freilich mit ganz bestimmten Risiken, Risiken, die unter anderem darin bestehen, dass ein Filmangebot etwas sehr Definitives hat, dass man aber keine Möglichkeit besitzt, die beispielsweise der Leser hat, einen Text selbst zu inszenieren, je nach wechselnden Lagen und Betroffenheiten, sondern dass man mit dem vorlieb nehmen muss, was der Bildschirm, die Leinwand einem liefert. Aber das finde ich ganz in Ordnung.

AYCK: Fixiert der Film Romane und Erzählungen nicht sehr oft auf einen oberflächlichen Realismus – oder gibt er etwas Neues hinzu?

LENZ: Durchaus, es kommt auf den Text an. Selbstverständlich, wenn ein Text zu einem sehr genauen Realismus verpflichtet, sollte sich auch der Film daran halten. Ich habe es bei einigen verfilmten Erzählungen erlebt, dass alles das, was zwischen den Sätzen und Konflikten lag, sehr schön eingebracht wurde und vielleicht sogar noch die Vorlage übertroffen hat.

AYCK: Können Sie Erfahrungen aus den Verfilmungen für Ihre literarische Arbeit benutzen?

LENZ: Nein, das kann ich nicht. Ich kann natürlich Vergleiche ziehen, aber dieser Vergleich kann sich nicht unbedingt und nicht pünktlich in den Haushalt des Schreibens einbringen lassen.

AYCK: Wäre es etwas Wünschenswertes für Sie, sich einmal an einer Filmarbeit zu beteiligen, Literatur und Film zu verbinden?

LENZ: Einstweilen habe ich noch einige Geschichten zu erzählen. Aber ich kann es mir durchaus vorstellen, dass es sehr reizvoll ist, vom Anfang bis zum Ende dabei zu sein.

AYCK: Literatur und Film: Ist das nicht grundsätzlich doch ein Zwitter, ist es nicht immer wieder etwas, das sich gegenseitig erschlägt?

LENZ: In der großen Zeit Hollywoods und zu Anfang der Dreißigerjahre, als viele amerikanische Schriftsteller dem Film zuschrieben, also von Fitzgerald[1] bis William Faulkner[2] – die saßen alle da und bekamen jeden Sonnabend ihr Geld –, da sagte man im Sinne eines Trostargumentes zueinander, das Beste, was uns passieren kann, ist, wenn Hollywood eine Erzählung oder einen Roman kauft und keinen Film daraus macht. Das Zweitbeste ist, wenn ein guter Film aus der Vorlage entsteht.

1 **Francis Scott Fitzgerald** (1896–1940): amerikanischer Drehbuchautor

2 **William Faulkner** (1897–1962): amerikanischer Romancier und Drehbuchautor in Hollywood

Das ist natürlich ein ironisches Argument. Aber ich kann mir durchaus vorstellen, dass es sehr reizvoll ist, vom Anfang bis zum Ende etwas für den Film zu schreiben. Das habe ich selbst noch nicht versucht. Und ich kann mir auch nicht vorstellen, dass die beiden, wie Sie sagten, Gegner sein sollten oder von vornherein feindliche Brüder, sondern der eine versucht etwas mit Hilfe geschriebener Sinnlichkeit anschaulich zu machen und der andere mit vorgezeigter Sinnlichkeit, mit der Sinnlichkeit von Bildern, wobei natürlich der Leser immer die größere Freiheit hat als der Zuschauer. Ich möchte beinahe sagen, das Prosaangebot, das Textangebot, ist demokratischer als das Bild.

AYCK: Warum?

LENZ: Weil das Bild einfach nötigt, eine Figur, eine Landschaft, einen Konflikt in dieser unbedingten und einzigen Weise zu verstehen, wie man es vom Bildschirm her empfängt, während die Lektüre eines Textes sehr viel größere Freiheiten gibt.

AYCK: Aber auch Freiheiten zu Missverständnissen.

LENZ: Selbstverständlich. Die Missverständnisse sind mitgeliefert.

AYCK: Aber Missverständnisse, die zum Beispiel Ihren Roman *Deutschstunde* zu einem Entschuldigungsbuch für Nazis machen, das würden Sie doch nicht akzeptieren?

LENZ: Durchaus nicht, nein, so weit möchte ich auch nicht gehen. Andererseits gibt es natürlich auch die Möglichkeit des Missverstehens auf dem Bildschirm. Das haben wir in letzter Zeit oft genug erlebt. Aber das sind andere Arten von Missverständnissen.

AYCK: Sie sagten nach der Verfilmung der *Deutschstunde*, es sei eigentlich nicht mehr Ihr Buch in der Verfilmung.

LENZ: Aber ich war mit der Version einverstanden, die Peter Beauvais[3] abgeliefert hat. Ich habe ihm, als ich ihn während der Dreharbeiten besuchte, mehrmals gesagt, wenn er beispielsweise darüber bekümmert war, dass ganz bestimmte Unentschiedenheiten und Ambivalenzen des Romans in den Film nicht einzubringen waren, dass ich meine Version der *Deutschstunde* abgeliefert hätte und er jetzt mit seiner dran sei.

3 **Peter Beauvais** (*1916): Fernseh- und Filmregisseur, Schauspieler

1. Diskutieren Sie die Aussage von Siegfried Lenz, dass das Textangebot, also die Literatur, „demokratischer als das Bild" sei (▷ Z. 100 f).
2. Untersuchen Sie wichtige Passagen des Romans und der Verfilmung und präsentieren Sie das Ergebnis Ihrer Klasse.

Arthur C. Clarke

2001 – Odyssee im Weltraum (1968)

Stanley Kubricks Film „2001 – Odyssee im Weltraum" gilt als Klassiker der Science-Fiction-Filme. Arthur C. Clarke, der Autor der kurzen Erzählung „The Sentinel", die als Vorlage für den Film diente, baute während der Dreharbeiten die Erzählung zu einem Roman aus. Die folgenden Abschnitte eröffnen den Roman.

I Ur-Nacht

Auf dem Weg zum Untergang

Die Dürre hatte schon zehn Millionen Jahre angehalten, und die Herrschaft der schrecklichen Saurier war lange vorbei. Hier am Äquator, auf dem Kontinent, der eines Tages Afrika heißen würde, hatte der Existenzkampf ein neues Stadium von Grausamkeit erreicht. In diesem ausgetrockneten, ausgedörrten Land konnte nur der Kleinste oder der Schnellste oder der Zäheste gedeihen oder zu überleben hoffen. Die Menschenaffen der Steppe waren weder das eine noch das andere und unfähig, sich weiterzuentwickeln. Im Gegenteil, sie befanden sich auf dem Weg zum Untergang und waren bereits dem Verhungern nahe. Etwa fünfzig von ihnen bewohnten eine Reihe von Höhlen über einem kleinen unfruchtbaren Tal, durch das ein träger Strom floss, dem die schneebedeckten Berge des Nordens Schmelzwasser zuführten. In schlechten Zeiten versiegte der Fluss völlig, und das Gespenst des Durstes hielt den Stamm in seinen Klauen. Als der erste schwache Schimmer der Mor-

gendämmerung in die Höhle kroch, sah Mond-Schauer, dass sein Vater in der Nacht gestorben war. Er wusste natürlich nicht, dass der Alte sein Vater war, denn ein Wort wie Verwandtschaft lag jenseits seines Begriffsvermögens. Doch als er auf den ausgemergelten Körper blickte, überfiel ihn eine Art Unruhe, der erste Vorbote des Gefühls von Trauer.
Die beiden Kleinen wimmerten bereits vor Hunger, schwiegen aber sofort, als Mond-Schauer sie anknurrte. Eine der Mütter verteidigte das Kind, das sie nicht zu nähren vermochte, und knurrte ihn ihrerseits an. Er besaß nicht einmal mehr die Kraft, sie für die Anmaßung zurechtzuweisen.
Jetzt war es hell genug, die Höhle zu verlassen. Mond-Schauer packte den runzligen Körper und schleifte ihn hinter sich her.
Sowie er im Freien war, warf er die Leiche über seine Schulter und stand aufrecht – das einzige Lebewesen auf dieser Welt, das dazu im Stande war. Unter seinesgleichen war Mond-Schauer fast ein Riese. Er maß beinahe fünf Fuß und wog – obwohl stark unterernährt – über hundert Pfund. Sein haariger, muskulöser Körper glich dem eines Affen, sein Kopf dagegen ähnelte mehr dem eines Menschen. Die Stirn war niedrig, und über den Augenhöhlen befanden sich Wülste, doch die erste Phase der Menschwerdung war nicht zu übersehen. Als er auf die feindselige Welt des Pleistozäns[1] hinuntersah, lag bereits etwas in seinem Blick, das über die Ausdrucksfähigkeit eines Affen hinausging. In diesen dunklen, tief liegenden Augen gab es eine Empfindung von Bewusstsein – die erste Spur von Intelligenz, deren Ausreifung noch Äonen[2] erforderte und die vielleicht bald für immer zum Erlöschen kommen würde.

1 **Pleistozän:** erdgeschichtliche Periode, die vor ungefähr 1,8 Millionen Jahren begann
2 **Äonen:** Ewigkeiten

1. Vergleichen Sie Roman- und Filmbeginn.
2. Welche Passagen des Romanbeginns lassen sich nur schwer oder gar nicht verfilmen?
3. Überlegen Sie, wie eine möglichst „vorlagennahe“ Verfilmung gestaltet werden könnte.

3.3 Projekte

PROJEKT: LITERATUR VERFILMEN

- Wählen Sie einen kurzen, überschaubaren Text, mit dem Sie sich im Deutschunterricht beschäftigt haben, und schreiben Sie ihn in ein Drehbuch für eine Verfilmung um.
  - Untersuchen Sie den Text zunächst auf Passagen, die Sie für verfilmbar halten, und unterteilen Sie diese in einzelne Sequenzen bzw. Szenen.
  - Überlegen Sie, was mit den nicht verfilmbaren Passagen geschehen soll: Können sie entfallen oder müssen sie durch neu entwickelte Filmhandlungen ersetzt werden?
  - Schreiben Sie in arbeitsteiligen Gruppen ein Drehbuch, in dem Sie festhalten, welche filmischen Darstellungsmittel Ihnen für die Umsetzung einzelner Textpassagen geeignet erscheinen (z. B. Kameraeinstellungen, -perspektiven und -bewegungen).
  - Legen Sie eine Schnittfolge der Einzelbilder fest. Beachten Sie die Möglichkeiten unterschiedlicher Montageformen und der Schnittgeschwindigkeit.
  - Welche Kulissen (Räume, Landschaften) und Requisiten eignen sich?
  - Überlegen Sie auch, wie die Darsteller der literarischen Figuren wirken sollen. Welche Mimik, Gestik, Körperhaltung sollen sie haben?
  - Welche Textstellen wollen Sie wortwörtlich übernehmen (als Off-Kommentar oder als Dialog), welche Textstellen müssen Sie umschreiben (z. B. indirekte Rede zu wörtlicher Rede)?
- Tauschen Sie Ihre Drehbuchteile aus, überarbeiten Sie sie gemeinsam und erstellen Sie eine Endfassung. Setzen Sie Ihr Drehbuch in eine Videoverfilmung um und präsentieren Sie diese der Schulöffentlichkeit.

FILMPROJEKT: 5 x 5 x 5

- Tauschen Sie sich über so genannte Kultfilme aus.
  Benennen Sie das jeweils Bedeutsame dieser Filme: z. B. Figuren, typische Gesten und Verhaltensweisen, Dialoge, Konflikte, Requisiten, Besonderheiten in der filmsprachlichen Gestaltung, der Musik.
  Spielen Sie sich in kurzen Rollenspielen gegenseitig prägnante Szenen aus den Filmen so vor, dass man sie als Zitate erkennen kann.

- Drehen Sie in Gruppen von ca. fünf Personen einen Videofilm, der dem klassischen dramaturgischen Handlungsaufbau in fünf Akten folgt und fünf bekannte Filme zitiert. Beispiel:

  ***Exposition** (Einführung): Wie in „Spiel mir das Lied vom Tod" erwarten drei Gangster am Bahnhof die Ankunft des Zuges. Der Zug kommt an, ein Fremder steigt aus. Im Hintergrund sieht man auf dem Bahnsteig zwei „Men in Black", die gerade eine verdächtige Person abführen ...*
  ***Konfliktaufbau:** In einem Restaurant weist ein wohlhabender Mann seine junge Verlobte zurecht (Dialog zwischen Rose und Cal aus „Titanic"). Da taucht der Fremde auf ...*
  ***Höhepunkt:** Ein Blick auf die Uhr zeigt: Es ist kurz vor „Zwölf Uhr mittags" ...*
  ***Retardierung** (Verzögerung): ...*
  ***Schluss:** ...*

Tipps und Anregungen für die Umsetzung:

Dauer: Beschränken Sie sich auf kurze Filme (nicht mehr als fünfzehn Minuten). So wird die Konzentration auf Wesentliches, Prägnantes notwendig und Längen werden vermieden.

Kamerabewegung: Jede Kamerabewegung erzeugt Unruhe; sie muss daher eine inhaltliche Funktion haben. Vermeiden Sie häufiges Zoomen, Wackeln und heftige Schwenks, sofern diese nicht intendiert sind.

Tipp Um Probleme beim Schneiden zu vermeiden, sollte jede Kamerabewegung ein stehendes Anfangs- und Endbild haben.

Einstellungen: Die verschiedenen Einstellungsgrößen enthalten unterschiedliche Informationen und haben unterschiedliche Funktionen. Jede Einstellung sollte so gewählt sein, dass die Information von den Zuschauer/innen optimal erfasst werden kann.

Tipp Filmen Sie ein Objekt, eine Person zur Probe aus unterschiedlichen Entfernungen. Achten Sie bei der Montage auf Abwechslung bei den Einstellungsgrößen.

Montage: Die Montage ist das bewusste Gestalten einer Aussage, die wir in bestimmter Weise manipulieren können. Orientieren Sie sich an den unterschiedlichen Montageformen, um Aussagen durch Bilderfolgen und nicht nur durch Worte zu treffen.

Tipp Beim Kürzen zu lang geratener Einstellungen sollte man einen Zwischenschnitt einfügen, um Anschlussfehler zu vermeiden (z. B. wenn sich die Personen bewegt haben). Der Zwischenschnitt sollte etwas zeigen, was außerhalb der Einstellung liegt und sich nicht bewegt (▷ Montageformen, S. 467).

C Sprachbetrachtung

1 Kommunikation und Sprache – Wie Verständigung gelingen kann

1.1 Kommunikationsprobleme in Alltagssituationen

Loriot

Garderobe (1981)

Sie sitzt vor ihrer Frisiertoilette und dreht sich die Lockenwickler aus dem Haar. Er steht nebenan im Bad und bindet sich seine Smokingschleife.

Sie: Wie findest du mein Kleid?
Er: Welches ...
Sie: ... das ich anhabe ...
Er: Besonders hübsch ...
Sie: ... oder findest du das Grüne schöner ...
Er: Das Grüne?
Sie: Das Halblange mit dem spitzen Ausschnitt ...
Er: Nein ...
Sie: Was ... nein?
Er: Ich finde es nicht schöner als das, was du anhast ...
Sie: Du hast gesagt, es stünde mir so gut ...
Er: Ja, das steht dir gut ..
Sie: Warum findest du es dann nicht schöner?
Er: Ich finde das, was du anhast, sehr schön, und das andere steht dir auch gut ...
Sie: Ach! Dies hier steht mir also nicht so gut!?
Er: Doch ... auch ...
Sie: Dann ziehe ich das lange Blaue mit den Schößchen noch mal über ...
Er: Ah-ja ...
Sie: ... oder gefällt dir das nicht?
Er: Doch ...
Sie: Ich denke, es ist dein Lieblingskleid ...
Er: Jaja!
Sie: Dann gefällt es dir doch besser als das, was ich anhabe und das halblange Grüne mit dem spitzen Ausschnitt ...
Er: Ich finde, du siehst toll aus in dem, was du anhast!
Sie: Komplimente helfen mir im Moment überhaupt nicht!
Er: Gut ... dann zieh das lange Blaue mit den Schößchen an ...
Sie: Du findest also gar nicht so toll, was ich anhabe ...
Er: Doch, aber es gefällt dir ja scheinbar nicht ...
Sie: Es gefällt mir nicht? Es ist das Schönste, was ich habe!!
Er: Dann behalte es doch an!
Sie: Eben hast du gesagt, ich soll das lange Blaue mit den Schößchen anziehen ...
Er: Du kannst das lange Blaue mit den Schößchen anziehen oder das Grüne mit dem spitzen Ausschnitt oder das, was du anhast ...
Sie: Aaha! Es ist dir also völlig *Wurst*, was ich anhabe!
Er: Dann nimm das Grüne, das wunderhübsche Grüne mit dem spitzen Ausschnitt ...
Sie: Erst soll ich *das* hier anbehalten ... dann soll ich das Blaue anziehen ... und jetzt auf einmal das Grüne?!
Er: Liebling, du kannst doch ...
Sie: *(unterbricht)* ... Ich kann mit dir über Atommüll reden, über Ölkrise, Wahlkampf und Umweltverschmutzung, aber über ... *nichts ... Wichtiges!!* R

1. Beschreiben Sie das Kommunikationsproblem zwischen Mann und Frau. Woran scheitert die Verständigung?
2. Die Sprachwissenschaftlerin Deborah Tannen (▷ S. 543 ff.) vertritt die Auffassung, dass Männer anderen Gesprächsregeln folgen als Frauen. Überprüfen Sie diese These anhand des vorliegenden Dialogs.

Wenn wir uns mit anderen Menschen verständigen, sind wir oft so sehr auf Worte konzentriert, dass uns andere Aspekte der Kommunikation kaum noch auffallen. Dabei sind **nichtsprachliche Elemente der Kommunikation** wie Gestik, Mimik und andere Erscheinungsformen des Körperausdrucks genauso bedeutsam. Diese oft unbewussten Anteile der Kommunikation machen in starkem Maße unsere Wirkung auf andere Menschen aus. Menschen, die verbal etwas anderes ausdrücken als das, was ihre Körpersprache sagt, empfinden wir als wenig glaubwürdig. Zum Beispiel dementieren Persönlichkeiten des öffentlichen Lebens mit ihrem Körperausdruck manchmal das, was sie sagen. Nimmt man diese Einsichten ernst, dann muss man Kommunikation viel umfassender begreifen, als wir das im Alltag gemeinhin gewohnt sind.
Die Alltagskommunikation läuft oft nach eingespielten Mustern ab; was sie steuert, machen wir uns selten bewusst. Erst durch Störungen der Kommunikation, wie sie z. B. in Loriots Dialog zu Tage treten, werden wir manchmal auf einzelne Voraussetzungen der Verständigung aufmerksam. Im Folgenden werden verschiedene Faktoren der Kommunikation untersucht, die in unserem Alltag wirken.

3. Erproben Sie im Rollenspiel einen alternativen Gesprächsverlauf von Loriots Szene „Garderobe" (▷ S. 476). Beobachten Sie dabei die verbale und die nonverbale Ebene der Kommunikation.
4. a) Spielen Sie eine Alltagsszene zwischen Vater und Tochter oder Sohn, die folgendermaßen beginnt: VATER: „Du hast wieder dein Zimmer nicht aufgeräumt ..."
   b) Beobachten Sie arbeitsteilig Sprache, Stimmführung, Gestik, Mimik und Körperhaltung.
   c) Analysieren Sie die Spielszene. Achten Sie darauf, welchen Anteil verbale, paraverbale (auf die Stimmführung bezogene) und nonverbale Kommunikationselemente haben.
5. a) Führen Sie das Gespräch über das nicht aufgeräumte Zimmer mehrfach mit wechselnder Besetzung durch. Stellen Sie zusammen, welche Faktoren zum Gelingen, welche zum Misslingen der Kommunikation führen.
   b) Erproben Sie einen konstruktiven Gesprächsverlauf, indem Sie die folgenden Regeln für das Sprechen und für das Zuhören beachten:

Regeln für das Zuhören

1) Zeigen Sie, dass Sie zuhören. Wenden Sie sich dem Partner/der Partnerin zu und halten Sie Blickkontakt.
2) Fassen Sie zusammen. Wiederholen Sie mit eigenen Worten, was die Partnerin/der Partner gesagt hat, sodass diese/r sich verstanden fühlt.
3) Fragen Sie offen. Vermeiden Sie Unterstellungen.
4) Geben Sie positive Rückmeldungen, z. B.: „Das freut mich sehr, dass du das so klar und offen gesagt hast."
5) Melden Sie bei Bedarf zurück, was das Gesagte in Ihnen auslöst, z. B.: „Ich bin völlig verblüfft, dass du das so siehst."

Regeln für das Sprechen

1) Sprechen Sie von sich. Sagen Sie, was Sie bewegt.
2) Sagen Sie „Ich". Du-Sätze beinhalten oft Vorwürfe, die Gegenangriffe auslösen.
3) Beziehen Sie sich auf konkrete Situationen. Vermeiden Sie Verallgemeinerungen wie „immer" oder „nie".
4) Sprechen Sie konkretes Verhalten an. Schreiben Sie dem anderen als Person keine negativen Eigenschaften zu wie z. B.: „Du bist unordentlich!"
5) Bleiben Sie beim Thema. Wärmen Sie keine alten Probleme auf.

Lutz Schwäbisch/Martin Siems

Regeln für die Gruppendiskussion

Nach Ruth C. Cohn soll ein Gruppengespräch sich zwischen den Polen „Ich“ (Einzelner), „Wir“ (Gruppe) und „Es“ (Sache) ausbalancieren.

In Anlehnung an Cohn haben Schwäbisch und Siems diese Regeln als Trainingsprogramm für Gruppengespräche zur Selbsterfahrung ausformuliert:

1) Sei dein eigener Chairman[1].
2) Störungen haben Vorrang.
3) Wenn du willst, bitte um ein Blitzlicht[2].
4) Es kann immer nur einer sprechen.
5) Beachte deine Körpersignale.
6) Sage „ich“ statt „man“ oder „wir“.
7) Formuliere eigene Meinungen statt Fragen.
8) Sprich direkt.
9) Gib Feed-back, wenn du das Bedürfnis hast.
10) Wenn du Feed-back erhältst, hör ruhig zu.

1 **Chairman**, hier: Diskussionsleiter/in
2 **Blitzlicht**: Die Diskussionsteilnehmer/innen äußern sich der Reihe nach zu ihrem momentanen Gefühlszustand.

---

1. Erläutern Sie die einzelnen Regeln vor dem Hintergrund Ihrer Erfahrungen mit Gruppengesprächen.
2. Entwickeln Sie einen Beobachtungsbogen für die Team- und Gruppenarbeit, der sich an den drei Komponenten „Ich“, „Wir“ und „Sache/Aufgabe“ orientiert.

Samy Molcho

Körpersprache (1996)

Für uns Menschen gibt es immer zwei Kommunikationsebenen. Die eine ist verbal: Den Inhalt einer Information vermitteln wir durch das gesprochene Wort. Die zweite Ebene ist nonverbal: Körpersprache. Das subjektive Erlebnis dieser Gesprächssituation und die Gefühle und Einstellungen, die wir mit dieser Information verbinden, artikulieren wir selten durch Worte – aber sie sind in unserem Körperverhalten durch bestimmte Signale erkennbar. Es ist wichtig, *beide* Kommunikationsebenen richtig zu verstehen. Denn oft bleibt eine wichtige zusätzliche Information unausgesprochen, oder es gibt gar einen Widerspruch zwischen dem Gesagten und dem Gemeinten, der Verwirrung und Missverständnisse stiftet. Ich will das an zwei Beispielen zeigen.

Ein Kind möchte spielen gehen. Die Mutter sagt: „Aber natürlich, mein Schatz!“, beugt sich zu ihm hinunter, umfasst es bei den Schultern, gibt ihm einen Kuss und schiebt es mit einem Lächeln in Richtung Garderobe. Das Mädchen weiß: Mutter erlaubt es gern; sie bedeutet mir, auf mich aufzupassen, und erinnert mich, eine Jacke überzuziehen.

Die gleiche Situation und die Antwort: „Selbstverständlich kannst du spielen gehn!“ Und während die Mutter das sagt, hebt sie die Schultern (Verteidigungsstellung), lässt sie wieder fallen (Zeichen der Resignation), ihr Kopf zieht sich zurück, und Mund und Gesicht drücken Abwehr aus. Auf welche Information soll das Kind jetzt reagieren? Und wie fühlt es sich wohl, wenn es spielen geht?

Hier liegt ein klarer Widerspruch vor, und er ist auch für das kleine Mädchen ziemlich leicht zu erkennen. Doch leider gibt es viele Signale, die man nicht sofort registriert, die man sich erst bewusst machen muss. Man reagiert auf sie dennoch, denn der Körper ist unfähig, nicht zu kommunizieren. Aber dann entstehen Spannungen und Verkrampfungen, deren Ursprung verborgen bleibt.

Jeder Mensch wirkt durch seine Haltung und sein Verhalten auf seine Umgebung wie ein Reiz oder ein Reflex. Die anderen reagieren darauf positiv oder gleichgültig. In jedem Fall aber gibt es eine Rückkopplung, ein Feed-back. Wir können das auch an unseren eigenen Reaktionen feststellen. Das ist ein Grund mehr, auf die Reize zu achten, die wir selbst aussenden.

Es passiert doch nicht selten, dass wir jemanden aggressiv nennen oder eingebildet, weil wir ihn

eben so empfinden. Zugleich wissen wir aber von Dritten oder durch eigene Beobachtung, dass dieser Mensch Humor hat, Zärtlichkeit zeigen kann, Vertrauen weckt. Muss dann nicht die erste Frage sein: Kann es nicht an mir liegen? Vielleicht sende ich Reize, die ihn aggressiv auf mich reagieren lassen? Wie weit erlebt die Umwelt mich so, wie ich es mir denke?

Natürlich meint jeder von uns, er benehme sich seinem Gesprächspartner gegenüber angenehm und verständig. Dennoch ist die Antwort einmal distanziert, ein andermal aggressiv. Benehme ich mich da nun wirklich angenehm, oder löse ich doch durch mein Verhalten die Aggressivität aus? Weil wir unser gewohntes Verhalten nicht bewusst registrieren, nehmen wir diesen Rückkopplungseffekt als einen solchen meistens nicht wahr. Wir sagen: Das ist der andere, er verhält sich so. Und erkennen nicht, dass die Ursache bei uns liegt. Darum sage ich: Ändere deine Einstellung zu den Menschen, und die Menschen ändern ihre Einstellung zu dir.

Der Mensch ist ein Komplex von Wünschen und Widersprüchen. Man muss das im Ganzen sehen, um ihn zu verstehen. Das gilt auch für die Sprache seines Körpers. Man darf nicht einzelne Teile interpretieren, denn nur der gesamte Körper gibt uns ein Bild. Da kommt mir einer mit ganz offener Haltung und freiem Blick entgegen – ich denke fast, er könnte mich umarmen. Und dann reicht er mir, nein – er überlässt mir eine Hand, die die Berührung der meinen nicht erwidert, sondern ganz passiv bleibt. Das Zusammenspiel dieser Zeichen sagt mir: Er begegnet mir zwar aufmerksam, doch er legt Wert auf Abstand und wird sich nicht eigentlich „anrühren" lassen.

Körpersignale können auch mehrere Bedeutungen haben. Es hängt davon ab, wer sie aufnimmt und worauf sich das Interesse des Empfängers richtet. Lächeln ist ein freundliches Signal. Wenn eine zurückhaltende Frau unter zwei Bewerbern schließlich einem ihr Lächeln schenkt, so ist es für ihn ein Zeichen der Zustimmung und für den Rivalen ein Zeichen der Zurückweisung. Wenn sie gleichzeitig dem Rivalen die Hand auf den Arm legt, so kehrt sie diese Bedeutung wieder um, sie agiert mehrdeutig. [...] Es kommt eben immer darauf an, alle Daten in der jeweiligen Situation aufzunehmen und richtig zu deuten.

1. Betrachten Sie die Fotos genau.
   a) Entschlüsseln Sie möglichst detailliert die einzelnen Signale der Körpersprache.
   b) Stellen Sie die Szenen als ▷ **Standbild** nach und bringen Sie die Personen monologisch oder dialogisch zum Sprechen. ▷ S. 214
2. Listen Sie die wichtigsten Aussagen des Textes thesenartig auf und veranschaulichen Sie jede These mit einem Beispiel.
3. Samy Molchos Beispiel von der Mutter, die ihrer Tochter eine widersprüchliche Botschaft vermittelt (▷ Z. 18–32), lässt sich mit Watzlawick als „Doppelbindung" erklären (▷ Heiko Ernst, S. 488 f.).
   a) Entwerfen Sie in Kleingruppen Szenen, die einen Widerspruch zwischen verbaler und nonverbaler Botschaft enthalten.
   b) Entwickeln Sie Strategien, wie man in der jeweiligen Situation aus der Beziehungsfalle entkommen kann.

Friedemann Schulz von Thun

Berufsrolle und private Rolle (1998)

Eine Flughafenangestellte berichtet: „Uns wurde beigebracht, mit aufgebrachten Fluggästen angemessen umzugehen, zum Beispiel bei Flugverspätungen oder wenn ein Koffer nicht angekommen war. Zum Teil muss man sich dann schlimmste Beleidigungen und Beschuldigungen anhören. Wir lernten, darauf erstens sachlich und zweitens freundlich einzugehen, keinesfalls beleidigt oder aggressiv. Diese Reaktionsweise gefiel mir gut. Sie machte mich unangreifbar und überlegen. Als ich damit begann, in dieser Weise auch auf meine Freunde zu reagieren, nämlich betont sachlich und stets mit einem Lächeln, wäre ich sie beinahe losgeworden." [Das Rollenverhalten, das] in der einen (professionellen) Situation adäquat erscheint, wird in der anderen (privaten) Situation zu Recht als „daneben", als „Abfertigung" empfunden. Die Freundschaft lebt von der authentischen Auseinandersetzung; die Frage „Wie stehen und wie fühlen wir zueinander?" berührt ihren Lebensnerv. Am Flughafenschalter geht es darum aber überhaupt nicht. – Oder nehmen Sie den Vater, der als leitender Angestellter gewohnt ist, Probleme auf die schnellste Weise „einer effektiven Lösung zuzuführen". Wenn er mit [diesem beruflichen Rollenverhalten] abends den ehelichen Dialog bestreitet, kann es schief gehen, obwohl er es wirklich gut meint:

MUTTER: Stephan hat wieder eine Fünf geschrieben, ich mache mir allmählich Sorgen ...
VATER: Gut, also erstens: Gespräch mit der Lehrerin, bitte Terminabstimmung vornehmen. Zweitens: Disziplin und Arbeitsmoral als Werte stärker implementieren ...
MUTTER: Drittens lasse ich mich scheiden!
VATER: Bitte, Carlotta, auch von deiner Seite etwas mehr Gesprächsdisziplin, sonst kommen wir hier nicht weiter!

---

1. Kommentieren Sie die Beispiele Schulz von Thuns und formulieren Sie möglichst genau den Grund für das Misslingen der privaten Gespräche.
2. a) „Soziale Rollen bezeichnen Ansprüche der Gesellschaft an die Träger von Positionen, die von zweierlei Art sein können: einmal Ansprüche an das Verhalten der Träger von Positionen (*Rollenverhalten*), zum anderen Ansprüche an sein Aussehen und seinen ‚Charakter' (*Rollenattribute*). [...] Soziale Rollen sind Bündel von Erwartungen, die sich in einer gegebenen Gesellschaft an das Verhalten der Träger von Positionen knüpfen."
   Erläutern Sie diese Rollen-Definition des Sozialwissenschaftlers Ralf Dahrendorf anhand von selbst gewählten Beispielen.
   b) Dahrendorf ist der Ansicht, dass Kommunikation dann am besten gelingt, wenn alle Beteiligten die an sie gerichteten Rollenerwartungen voll erfüllen. Beurteilen Sie diese Auffassung kritisch im Hinblick auf die Beziehung zwischen Schülern und Lehrern.
3. Auch in der Schule sind für Lehrer/innen und Schüler/innen Rollen festgelegt. Nicht selten wird das berufliche Rollenverhalten auf den privaten Bereich übertragen. Entwerfen Sie wahlweise eine Karikatur oder eine satirische Szene zu einer der folgenden Situationen:
   a) Die Schülerrolle prägt die Kommunikationsweise eines Jugendlichen auch außerhalb der Schule.
   b) Die Lehrerrolle macht sich auch in außerschulischen Treffen von Schülern und Lehrern bemerkbar.

In der Regel kaum bewusst sind kulturelle Einflüsse auf das Kommunikationsverhalten.
Unter **Kultur** werden heute meist die einer gesellschaftlichen Gruppe oder einer Nation eigenen Ausdrucksformen verstanden, in denen sich gemeinsame Lebenserfahrungen dokumentieren. Eine Kulturgemeinschaft verfügt über eine „Landkarte von Bedeutungen", die Vorgänge und Sachverhalte für ihre Mitglieder in ähnlicher Weise verstehbar macht. Mitglieder anderer Kulturen, die diese „Landkarte von Bedeutungen" nicht beherrschen, verhalten sich kulturfremd; ihre Kommunikationsversuche in dem für sie ungewohnten kulturellen Raum sind oft zum Scheitern verurteilt, wie es Paul Watzlawick im folgenden Beispiel beschreibt.

Paul Watzlawick u. a.

Kuss ist nicht Kuss (1974)

Unter den während des Krieges in England stationierten amerikanischen Soldaten war die Ansicht weit verbreitet, die englischen Mädchen seien sexuell überaus leicht zugänglich. Merkwürdigerweise behaupteten die Mädchen ihrerseits, die amerikanischen Soldaten seien übertrieben stürmisch. Eine Untersuchung, an der u. a. Margaret Mead teilnahm, führte zu einer interessanten Lösung dieses Widerspruchs. Es stellte sich heraus, dass das Paarungsverhalten (*courtship pattern*) – vom Kennenlernen der Partner bis zum Geschlechtsverkehr – in England wie in Amerika ungefähr dreißig verschiedene Verhaltensformen durchläuft, dass aber die Reihenfolge dieser Verhaltensformen in den beiden Kulturbereichen verschieden ist. Während z. B. das Küssen in Amerika relativ früh kommt, etwa auf Stufe 5, tritt es im typischen Paarungsverhalten der Engländer relativ spät auf, etwa auf Stufe 25. Praktisch bedeutet dies, dass eine Engländerin, die von ihrem Soldaten geküsst wurde, sich nicht nur um einen Großteil des für sie intuitiv „richtigen" Paarungsverhaltens (Stufe 5–24) betrogen fühlte, sondern zu entscheiden hatte, ob sie die Beziehung an diesem Punkt abbrechen oder sich dem Partner sexuell hingeben sollte. Entschied sie sich für die letztere Alternative, so fand sich der Amerikaner einem Verhalten gegenüber, das für ihn durchaus nicht in dieses Frühstadium der Beziehung passte und nur als schamlos zu bezeichnen war. Die Lösung eines solchen Beziehungskonflikts durch die beiden Partner selbst ist natürlich deswegen praktisch unmöglich, weil derartige kulturbedingte Verhaltensformen und -abläufe meist völlig außerbewusst sind. Ins Bewusstsein dringt nur das undeutliche Gefühl: Der *andere* benimmt sich falsch.

1. Berichten Sie von Kommunikationssituationen, die Sie bei Auslandsfahrten oder mit Ausländern selbst erlebt haben, in denen kulturfremdes Verhalten eine Rolle gespielt hat.
2. Entwerfen Sie eine Situation, in der kulturfremdes Verhalten zu skurrilen Missverständnissen führt. Entwickeln Sie in Partnerarbeit einen Dialog mit pantomimischen Elementen.

Evelyn Horsch

Das „innere Team": Wie Selbstgespräche unsere Kommunikation steuern (1999)

Nach außen hin mögen wir mit einer Stimme sprechen. Doch in uns laufen in jeder Situation blitzschnelle Selbstgespräche ab, an denen mehr als nur eine Stimme beteiligt ist. Dieses Stimmengewirr erschwert häufig Entscheidungen und lässt unsere Kommunikation uneindeutig werden. Eine neue Theorie kann helfen, das „innere Team" zu moderieren und „Einstimmigkeit" zu erreichen

„War das ein Stress im Büro!" Hans Bütler betritt den Flur seiner Wohnung und wirft Jacke und Mütze auf die Bank. „Puh, jetzt erst einmal einen Tee!" – „Kannst du vielleicht mal deine Klamotten aufhängen?", kommt ihm seine Frau Heidrun entgegen. „Da rackere ich mich ab, um das Haus in Schuss zu halten, und du verbreitest Unordnung, wo du gehst und stehst!" Hans Bütler sagt nichts mehr. Seine Stimmung ist im Eimer. Den Rest des Abends geht er seiner Frau aus dem Weg. Würde Hans Bütler jetzt aufmerksam in sich hineinhören, könnte er feststellen, dass es in seinem Inneren ziemlich turbulent zugeht. Er mag schweigen, doch in ihm reden einige Stimmen durcheinander. Da empört sich ein aufgebrachtes Familienoberhaupt: „Was fällt ihr denn ein, mich so anzumachen! Schließlich verdiene ich hier die Brötchen!" An seiner Seite ein gekränkter Liebhaber: „Da freut man sich aufs Nachhausekommen, hat auf dem Heimweg so richtig warme Gefühle, und dann so etwas!" Irgendwo aus einer Ecke meldet sich vielleicht auch ein schuldbewusster Junge: „Na ja, ich bin auch wirklich ziemlich schlampig. Jetzt ist sie bestimmt sauer." Und im Hintergrund tönt ein verständnisvoller Heiliger: „Sie war doch überlastet, bei der vie-

len Arbeit, die sie hat, da kann sie schon mal die Beherrschung verlieren."

Der Chor dieser inneren Stimmen wogt in Herrn Bütler vermutlich hin und her. Da er aber nicht weiß, welche dieser Stimmen er nach außen tönen lassen soll, ist er lieber still. Und begibt sich einer Chance, seine Kommunikation mit seiner Frau zu bereichern, meint Friedemann Schulz von Thun. Der Hamburger Psychologieprofessor und Kommunikationstrainer hat eine neue Theorie entworfen, bei der es vor allem um eines geht: um den Umgang mit unserer inneren Vielfalt.

Lange Zeit haben sich Kommunikationswissenschaftler mehr damit beschäftigt, was *zwischen* Menschen abläuft, wenn sie miteinander reden, und weniger mit dem, was *in* ihnen vorgeht. Auch Schulz von Thun forschte jahrelang auf dem Gebiet der zwischenmenschlichen Kommunikation. Heute jedoch meint er: „Kommunikationstrainings bleiben oberflächlich, solange sie sich nur mit Äußerungen befassen. Dann können sie allenfalls Sprechblasen verändern." Gute Kommunikation erfordert nach seiner Auffassung eine „doppelte Stimmigkeit" – nach außen und nach innen. Stimmigkeit nach außen bedeutet: Was wir sagen, muss einerseits die Situation einbeziehen, in der wir uns befinden, und andererseits die Menschen, mit denen wir sprechen. Stimmigkeit nach innen bedeutet: Wir sollten so sprechen, dass möglichst die ganze Vielschichtigkeit unserer Persönlichkeit darin zum Ausdruck kommt.

Letzteres ist gar nicht so einfach. Denn oft sind wir innerlich keineswegs so klar, wie dies nach außen den Anschein hat, sondern sehr widersprüchlich. Innere Selbstgespräche, die blitzschnell in uns ablaufen, verhindern oft genug eine eindeutige Antwort.

„Kann ich deine Vorlesungsmitschriften kopieren?", fragt ein Kommilitone eine Mitstudentin. Diese zögert. Innerlich bauen sich in rasanter Geschwindigkeit die Mitglieder ihres Stimmenorchesters auf: „Meine ganze Arbeit? Soll ich seine Faulheit unterstützen?" – „Ach komm, sei doch nicht so penibel – Studenten untereinander müssen sich helfen!" – „Eine Hand wäscht die andere – wer weiß, vielleicht kann der dir auch mal unter die Arme greifen!" Ergebnis dieses inneren Disputes: Die Studentin druckst herum – und ärgert sich hinterher noch über ihre Unklarheit.

Diese innerseelische Vielfalt, Schulz von Thun nennt sie das „innere Team", trägt dazu bei, dass wir indirekt, ausweichend oder weitschweifig antworten, schlecht Ja oder Nein sagen können oder empört auffahren, nur um hinterher verlegen „Entschuldigung" zu murmeln. In seinem Buch *Miteinander reden 3* (Reinbek 1998) beschreibt der Kommunikationswissenschaftler ausführlich, wie wir uns innerlich verknoten, aber auch, wie wir einen Weg finden können, unsere „innere Pluralität" zu besserer Kommunikation mit anderen zu nutzen.

1. Stellen Sie sich vor, Sie sind mit folgender Situation konfrontiert: Ein Mitschüler oder eine Mitschülerin möchte die Hausaufgaben bei Ihnen abschreiben. Die Lehrperson hat eine Überprüfung angekündigt.
   a) Malen Sie sich die Situation genau aus und identifizieren Sie die unterschiedlichen Stimmen, die sich in Ihrem „inneren Team" zu Wort melden.
   b) Visualisieren Sie den inneren Konflikt in Anlehnung an die obige Zeichnung.
   c) Tauschen Sie Ihre Skizzen paarweise aus und entwickeln Sie gegenseitig Lösungsstrategien.
2. a) Stellen Sie anhand eines selbst gewählten Beispiels dar, welche Probleme sich ergeben können, wenn jemand seine inneren Widersprüche in ein Gespräch einfließen lässt.
   b) Entwickeln Sie Vorschläge, wie eine Sprecherin/ein Sprecher sicherstellen könnte, dass das „innere Team" einig und die Kommunikation damit unzweideutig wird.

3. Für Dahrendorf (▷ S. 480) gelingt Kommunikation dann am besten, wenn alle Beteiligten die an sie gerichteten Rollenerwartungen voll erfüllen. Wie würde demgegenüber Schulz von Thun geglückte Kommunikation definieren? Klären Sie seinen Begriff der „doppelten Stimmigkeit“.

1.2 Beziehungsstörungen als Thema der Gegenwartsprosa

Gabriele Wohmann

Ein netter Kerl (1978)

Ich habe ja so wahnsinnig gelacht, rief Nanni in einer Atempause. Genau wie du ihn beschrieben hast, entsetzlich.

Furchtbar fett für sein Alter, sagte die Mutter. Er sollte vielleicht Diät essen. Übrigens, Rita, weißt du, ob er ganz gesund ist?

Rita setzte sich gerade und hielt sich mit den Händen am Sitz fest. Sie sagte: Ach, ich glaub schon, daß er gesund ist. Genau wie du es erzählt hast, weich wie ein Molch, wie Schlamm, rief Nanni. Und auch die Hand, so weich.

Aber er hat dann doch auch wieder was Liebes, sagte Milene, doch, Rita, ich finde, er hat was Liebes, wirklich.

Na ja, sagte die Mutter, beschämt fing auch sie wieder an zu lachen; recht lieb, aber doch gräßlich komisch. Du hast nicht zuviel versprochen, Rita, wahrhaftig nicht. Jetzt lachte sie laut heraus. Auch hinten im Nacken hat er schon Wammen, wie ein alter Mann, rief Nanni. Er ist ja so fett, so weich, so weich! Sie schnaubte aus der kurzen Nase, ihr kleines Gesicht sah verquollen aus vom Lachen.

Rita hielt sich am Sitz fest. Sie drückte die Fingerkuppen fest ans Holz.

Er hat so was Insichruhendes, sagte Milene. Ich find ihn so ganz nett, Rita, wirklich, komischerweise.

Nanni stieß einen winzigen Schrei aus und warf die Hände auf den Tisch; die Messer und Gabeln auf den Tellern klirrten.

Ich auch, wirklich, ich find ihn auch nett, rief sie. Könnt ihn immer ansehn und mich ekeln.

Der Vater kam zurück, schloß die Eßzimmertür, brachte kühle nasse Luft mit herein. Er war ja so ängstlich, daß er seine letzte Bahn noch kriegt, sagte er. So was von ängstlich.

Er lebt mit seiner Mutter zusammen, sagte Rita. Sie platzten alle heraus, jetzt auch Milene.

Das Holz unter Ritas Fingerkuppen wurde klebrig. Sie sagte: Seine Mutter ist nicht ganz gesund, soviel ich weiß.

Das Lachen schwoll an, türmte sich vor ihr auf, wartete und stürzte sich dann herab, es spülte über sie weg und verbarg sie: lang genug für einen kleinen schwachen Frieden. Als erste brachte die Mutter es fertig, sich wieder zu fassen.

Nun aber Schluß, sagte sie, ihre Stimme zitterte, sie wischte mit einem Taschentuchklümpchen über die Augen und die Lippen. Wir können ja endlich mal von was anderem reden.

Ach, sagte Nanni, sie seufzte und rieb sich den kleinen Bauch, ach ich bin erledigt, du liebe Zeit. Wann kommt die große fette Qualle denn wieder, sag, Rita, wann denn? Sie warteten alle ab.

Er kommt von jetzt an oft, sagte Rita. Sie hielt den Kopf aufrecht.

Ich habe mich verlobt mit ihm.

Am Tisch bewegte sich keiner. Rita lachte versuchsweise und dann konnte sie es mit großer Anstrengung lauter als die anderen, und sie rief: Stellt euch das doch bloß mal vor: mit ihm verlobt! Ist das nicht zum Lachen!

Sie saßen gesittet und ernst und bewegten vorsichtig Messer und Gabeln.

He, Nanni, bist du mir denn nicht dankbar, mit der Qualle hab ich mich verlobt, stell dir das doch mal vor!

Er ist ja ein netter Kerl, sagte der Vater. Also höflich ist er, das muß man ihm lassen.

Ich könnte mir denken, sagte die Mutter ernst, daß er menschlich angenehm ist, ich meine, als Hausgenosse oder so, als Familienmitglied.

Er hat keinen üblen Eindruck auf mich gemacht, sagte der Vater.

Rita sah sie alle behutsam dasitzen, sie sah gezähmte Lippen. Die roten Flecken in den Gesichtern blieben noch eine Weile. Sie senkten die Köpfe und aßen den Nachtisch. R

ger. Er hing über die Brüstung, dass man Angst bekam, er würde vornüberfallen. Die Frau trat einen Schritt zurück, aber das schien ihn nur zu bestärken. Er ließ das Tuch fallen, löste seinen Schal vom Hals – einen großen bunten Schal – und ließ ihn aus dem Fenster wehen. Dazu lächelte er. Und als sie noch einen weiteren Schritt zurücktrat, warf er den Hut mit einer heftigen Bewegung ab und wand den Schal wie einen Turban um seinen Kopf. Dann kreuzte er die Arme über der Brust und verneigte sich. Sooft er aufsah, kniff er das linke Auge zu, als herrsche zwischen ihnen ein geheimes Einverständnis. Das bereitete ihr so lange Vergnügen, bis sie plötzlich nur mehr seine Beine in dünnen, geflickten Samthosen in die Luft ragen sah. Er stand auf dem Kopf. Als sein Gesicht gerötet, erhitzt und freundlich wieder auftauchte, hatte sie schon die Polizei verständigt.

Und während er, in ein Leintuch gehüllt, abwechselnd an beiden Fenstern erschien, unterschied sie schon drei Gassen weiter über dem Geklingel der Straßenbahnen und dem gedämpften Lärm der Stadt das Hupen des Überfallautos. Denn ihre Erklärung hatte nicht sehr klar und ihre Stimme erregt geklungen. Der alte Mann lachte jetzt, sodass sich sein Gesicht in tiefe Falten legte, streifte dann mit einer vagen Gebärde darüber, wurde ernst, schien das Lachen eine Sekunde lang in der hohlen Hand zu halten und warf es dann hinüber. Erst als der Wagen schon um die Ecke bog, gelang es der Frau, sich von seinem Anblick loszureißen.

Sie kam atemlos unten an. Eine Menschenmenge hatte sich um den Polizeiwagen gesammelt. Die Polizisten waren abgesprungen, und die Menge kam hinter ihnen und der Frau her. Sobald man die Leute zu verscheuchen suchte, erklärten sie einstimmig, in diesem Hause zu wohnen. Einige davon kamen bis zum letzten Stock mit. Von den Stufen beobachteten sie, wie die Männer, nachdem ihr Klopfen vergeblich blieb und die Glocke allem Anschein nach nicht funktionierte, die Tür aufbrachen. Sie arbeiteten schnell und mit einer Sicherheit, von der jeder Einbrecher lernen konnte. Auch in dem Vorraum, dessen Fenster auf den Hof sahen, zögerten sie nicht eine Sekunde. Zwei von ihnen zogen die Stiefel aus und schlichen um die Ecke. Es war inzwischen finster geworden. Sie stießen an einen Kleiderständer, gewahrten den Lichtschein am Ende des schmalen Ganges und gingen ihm nach. Die Frau schlich hinter ihnen her.

Als die Tür aufflog, stand der alte Mann mit dem Rücken zu ihnen gewandt noch immer am Fenster. Er hielt ein großes weißes Kissen auf dem Kopf, das er immer wieder abnahm, als bedeutete er jemandem, dass er schlafen wolle. Den Teppich, den er vom Boden genommen hatte, trug er um die Schultern. Da er schwerhörig war, wandte er sich auch nicht um, als die Männer schon knapp hinter ihm standen und die Frau über ihn hinweg in ihr eigenes finsteres Fenster sah.

Die Werkstatt unterhalb war, wie sie angenommen hatte, geschlossen. Aber in die Wohnung oberhalb musste eine neue Partei eingezogen sein. An eines der erleuchteten Fenster war ein Gitterbett geschoben, in dem aufrecht ein kleiner Knabe stand. Auch er trug sein Kissen auf dem Kopf und die Bettdecke um die Schultern. Er sprang und winkte herüber und krähte vor Jubel. Er lachte, strich mit der Hand über das Gesicht, wurde ernst und schien das Lachen eine Sekunde lang in der hohlen Hand zu halten. Dann warf er es mit aller Kraft den Wachleuten ins Gesicht.

1. a) Klären Sie, ausgehend vom Titel, die Pointe der Kurzgeschichte.
   b) Wodurch entsteht die Diskrepanz zwischen dem inneren Erleben der Frau und dem äußeren Geschehen?
2. a) Wie kommentiert die Erzähler-Figur Gedanken und Verhalten der Frau?
   b) Beschreiben und deuten Sie die Funktion der nonverbalen Kommunikation.
3. Schreiben Sie die Kurzgeschichte in eine Ich-Erzählung um. Wählen Sie dabei die Perspektive der Frau am Fenster. Was ändert sich dadurch an der Geschichte?
4. Stellen Sie sich vor, die Erzählung „Das Fenster-Theater“ soll verfilmt werden. Gliedern Sie das Geschehen in Szenen und entwerfen Sie Skizzen zu einem Drehbuch. Machen Sie Angaben zum Ort des Geschehens, den Personen und Handlungsschritten bis hin zur Ausformulierung von Dialogen.

1.3 Grundlegende Funktionen von Kommunikation und Sprache

Karl Bühlers Organon-Modell und seine Erweiterungen

KARL BÜHLER (1879–1963) hat die Ergebnisse seiner Sprachanalyse in einem **Organon-Modell** grafisch dargestellt:

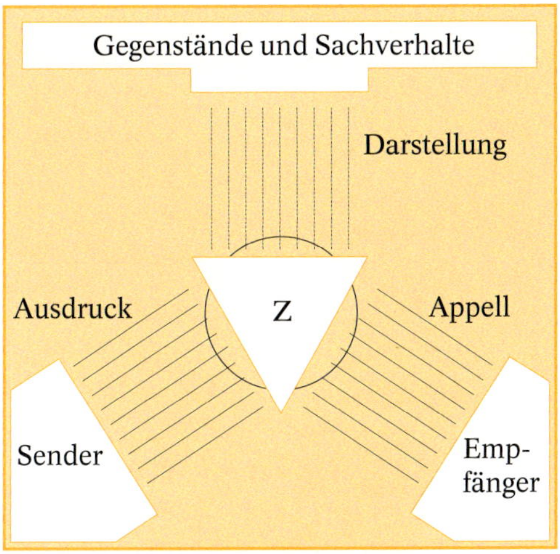

„Die Sprache", sagt Bühler, „ist dem Werkzeug verwandt; auch sie gehört zu den Geräten des Lebens, ist ein Organon [Werkzeug] wie das dingliche Gerät." Nach Bühler sind beim Sprechen immer drei Elemente beteiligt, die über das Sprachzeichen (Z) in Sinnbezug miteinander treten: (mindestens) ein Sender, (mindestens) ein Empfänger und Objekte der gegenständlichen Welt. Diese Gegenstände oder Sachverhalte sind Anlass der Kommunikation zwischen Sender und Empfänger, aber nicht ausschließlich. Die Sprachzeichen, die zwischen Sender und Empfänger gewechselt werden, können sich auch auf diese selbst richten. Wenn sich der Sinnbezug des Sprachzeichens auf den **Sender** selbst richtet, nennt Bühler diese Funktion des Zeichens **Ausdruck;** den auf den **Empfänger** zielenden Sinnbezug bezeichnet er als **Appell.** Die **Darstellung** ist der auf **Gegenstände** und **Sachverhalte** zielende Sinnbezug des sprachlichen Zeichens.
Die Sprecherabsicht **(Intention)** entscheidet darüber, welche dieser Funktionen in einer sprachlichen Äußerung jeweils überwiegt. Ein Sender, der beim Adressaten eine bestimmte Handlung auslösen will und der deshalb werbend, überredend, überzeugend oder befehlend spricht, rückt z. B. die Appellfunktion in den Vordergrund.
In jeder Mitteilung sind alle drei Funktionen der Sprache enthalten, wobei jedoch eine Funktion mehr oder weniger stark dominieren kann.
Sprachwissenschaftler wie ROMAN JAKOBSON (1896–1982) haben das Organon-Modell Bühlers weiterentwickelt. Für Jakobson hat die Sprache nämlich über die von Bühler genannten Funktionen hinaus weitere Aufgaben. Sie lassen sich schematisch so darstellen:

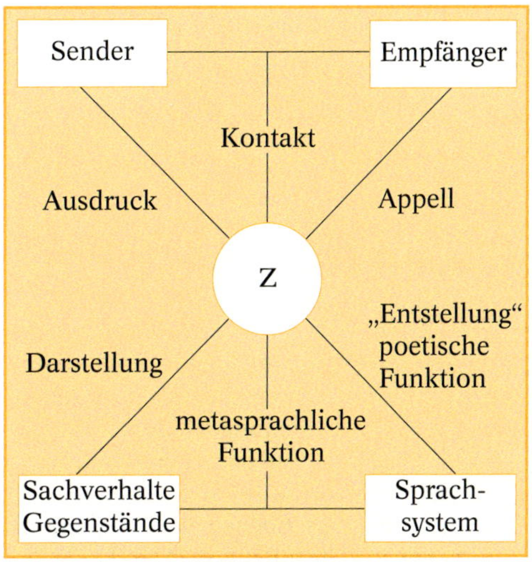

Für Jakobson ist die Aufrechterhaltung des **Kontaktes** zwischen Kommunikationspartnern eine wichtige Funktion des sprachlichen Zeichens. Der Wissenschaftler betont hier die soziale Funktion der Sprache.
Weiterhin führt er eine **metasprachliche Funktion** der Sprache an. Damit ist gemeint, dass sprachliche Äußerungen auch dazu dienen können, sich auf sich selbst zu beziehen.
Die **poetische Funktion** der Sprache erläutert UMBERTO ECO (*1932): „Als dichterisch gilt für gewöhnlich jene Redeweise, die, indem sie Laut und Begriff, Laute und Wörter in ein völlig neues Verhältnis zueinander bringt und Sätze in ungewohnter Weise zusammenfügt,

zugleich mit einer bestimmten Bedeutung auch eine neuartige Emotion vermittelt; und dies so sehr, dass die Emotion auch dann entsteht, wenn die Bedeutung nicht sofort klar wird."

Das Organon-Modell von Bühler und seine Fortentwicklung haben deutlich gemacht, dass jedes Element der Sprache, jedes Wort, in einen sozialen Prozess hineinwirkt, dass es auf unterschiedliche Arten und mit unterschiedlichen Intensitäten auf alle an einem Kommunikationsprozess Beteiligten zielt. Ist das Wort ein dichterisches, so liegt eine von allen anderen unterschiedliche Wirkungsweise vor. In seiner dichterischen Funktion wirkt das Wort – als ein Element des Sprachsystems – zunächst auf die Sprache selbst, und zwar durch ungewohnten Gebrauch, durch „Entstellung" seines normalen Sinns.

1. Ordnen Sie Ihnen bekannte Textsorten und Kommunikationsformen schwerpunktmäßig den Bühler'schen Sprachfunktionen „Ausdruck", „Darstellung" und „Appell" zu.
2. Klären Sie an Beispielen die metasprachliche und poetische Funktion der Sprache.

Heiko Ernst

Die Kommunikationsregeln nach Paul Watzlawick (1976)

Die Kommunikationstherapie versucht menschliche Probleme als Kommunikationsstörungen zu analysieren. Dabei gelten folgende Annahmen über die menschliche Kommunikation:

- Man kann nicht *nicht* kommunizieren. Auch Schweigen und Nichthandeln haben Mitteilungscharakter.
- Jede Kommunikation hat einen Inhaltsaspekt (Informationen, Daten, Fakten) und einen Beziehungsaspekt (die zwischenmenschliche Beziehung zwischen Sender und Empfänger). Auf der „sachlichen" Ebene werden also die Inhalte mitgeteilt, auf der „Beziehungs-Ebene" wird kommuniziert, wie Inhalte aufzufassen sind.
  Ein einfaches Beispiel: Jemand sagt: Du hast im Lotto gewonnen! (Inhalt) und grinst dabei (Beziehung). Der Empfänger schätzt die Nachricht auf der Basis des Grinsens ein und weiß, dass er auf den Arm genommen werden soll. Beziehungsaspekte drücken sich also unter anderem in Mimik, Gestik, Tonfall aus.
- Menschliche Kommunikation ist nicht in Kausalketten auflösbar. Niemand kann genau angeben, wer beispielsweise bei einem Streit wirklich „angefangen" hat. „Anfänge" werden nur subjektiv gesetzt, als so genannte „Interpunktionen".
- Es gibt eine digitale [verbale] und eine analoge [nonverbale] Kommunikation; die digitale bezieht sich auf Worte und Sätze, die bestimmten Objekten zugeordnet sind. Diese Sprache ist logisch, abstrakt und repräsentiert den Inhaltsaspekt. Die digitale Sprache vermittelt in erster Linie Informationen. Sie bietet keine Hinweise dafür, wie diese Information bewertet und interpretiert werden soll. Der Extremfall einer digitalen Kommunikation: ein sprechender Computer. – Die analoge Kommunikation hat eine viel direktere, engere Beziehung zu den Objekten, die sie repräsentiert. Sie basiert auf archaischen Kommunikationsformen und besitzt daher eine allgemeinere Gültigkeit und Verbreitung als die viel jüngere digitale Kommunikation. Analoge Kommunikation bezieht sich nicht auf Dinge (wie die digitale Kommunikation), sondern auf die Beziehung zwischen den Dingen (oder Menschen).

Man muss als Teilnehmer und Empfänger von Kommunikation ständig zwischen den beiden „Sprachen" übersetzen und rückübersetzen. Besonders die analoge Kommunikation birgt zahlreiche Fehlermöglichkeiten. Empfindungen werden in analoger Sprache ausgedrückt, weil sie sich der logischen digitalen Kommunikation entziehen. Hier liegt der Kernpunkt für das Entstehen von Störungen bei zwischenmenschlichen Beziehungen. Solche Kommunikationsstörungen, wie sie sich aus den oben geschilderten Annahmen der Kommunikationstheorie ergeben, treten besonders häufig auf,

- wenn Inhalts- und Beziehungsaspekte nicht übereinstimmen. Diese im Extremfall „schizophrenogene" Situation ist beispielsweise gegeben, wenn eine Mutter verbal (digital) Liebe von ihrem Kind verlangt, im Verhalten und im Ausdruck jedoch (analog) zu verstehen gibt, dass sie die Liebesbezeigungen des Kindes ablehnt. Sie wird beispielsweise bei Umarmungen, die sie zuvor als erwünscht signalisiert hat, steif wie ein Stock und kommuniziert dadurch: „Ich will deine Liebe nicht." Das Kind lebt somit in einer Doppelbindung *(double-bind)*: Es *soll* die Mutter lieben, *darf* das aber nicht.
- Wenn bestimmte Inhalte nicht wirkungsvoll digital kommuniziert werden können (aus welchen Gründen auch immer), kann eine Kommunikationsweise im Analogen gesucht werden, die oft in körperlichen Symptomen zum Ausdruck kommt („Ich brauche Liebe, siehst du nicht, wie krank ich bin?").

Viele Kommunikationsprobleme können erst dann von den Beteiligten durchschaut und gelöst werden, wenn sie aus dem eingefahrenen System heraustreten und über ihre Art, miteinander zu reden, reden („Metakommunikation").

1. Bis zur 8. Stunde des neuen Schuljahres hat Schüler Z. noch kein Wort im Unterricht von Herrn A. gesagt. Was mag der Lehrer denken, als er in der 8. Stunde nach einer Frage an die ganze Klasse zu Schüler Z. hinschaut und dieser, seinen Blicken sofort ausweichend, den Kopf zum Fenster wendet? Schreiben Sie – jeder für sich – eine Denkblase für Lehrer A. und vergleichen Sie die Inhalte.
2. „Man kann nicht *nicht* kommunizieren." Erläutern Sie diesen Satz von Paul Watzlawick u. a. anhand Ihrer Ergebnisse aus der ersten Arbeitsanregung.
3. Skizzieren Sie Ihnen vertraute Kommunikationssituationen, in denen ein Widerspruch zwischen Inhalts- und Beziehungsbotschaft zum Ausdruck kommt.
4. Paul Watzlawick hat an anderer Stelle formuliert: „Die Fähigkeit zur Metakommunikation ist die Grundvoraussetzung aller erfolgreichen Kommunikation." Erläutern Sie diese These anhand der folgenden Visualisierung:

Die „Feldherrenhügel" der Metakommunikation: Sender und Empfänger machen die Art, wie sie miteinander umgehen, zum Gegenstand des Gesprächs.

Friedemann Schulz von Thun

Die vier Seiten einer Nachricht
(1981)

Schauen wir uns eine „Nachricht" genauer an. Für mich selbst war es eine faszinierende „Entdeckung", die ich in ihrer Tragweite erst nach und nach erkannt habe, *dass ein und dieselbe Nachricht stets viele Botschaften gleichzeitig enthält.* Dies ist eine Grundtatsache des Lebens, um die wir als Sender und Empfänger nicht herumkommen. Dass jede Nachricht ein ganzes Paket mit vielen Botschaften ist, macht den Vorgang der zwischenmenschlichen Kommunikation so kompliziert und störanfällig, aber auch so aufregend und spannend.

Um die Vielfalt der Botschaften, die in einer Nachricht stecken, ordnen zu können, möchte ich vier seelisch bedeutsame Seiten an ihr unterscheiden. Ein Alltagsbeispiel:

Der Mann (= Sender) sagt zu seiner am Steuer sitzenden Frau (= Empfänger): „Du, da vorne ist Grün!“ – Was steckt alles drin in dieser Nachricht, was hat der Sender (bewusst oder unbewusst) hineingesteckt, und was kann der Empfänger ihr entnehmen?

1. Sachinhalt
(oder: Worüber ich informiere)
Zunächst enthält die Nachricht eine Sachinformation. Im Beispiel erfahren wir etwas über den Zustand der Ampel – sie steht auf Grün. Immer wenn es „um die Sache“ geht, steht diese Seite der Nachricht im Vordergrund – oder sollte es zumindest. […]

2. Selbstoffenbarung
(oder: Was ich von mir selbst kundgebe)
In jeder Nachricht stecken nicht nur Informationen über die mitgeteilten Sachinhalte, sondern auch Informationen über die Person des Senders. Dem Beispiel können wir entnehmen, dass der Sender offenbar deutschsprachig und vermutlich farbtüchtig ist, überhaupt, dass er wach und innerlich dabei ist. Ferner: dass er es vielleicht eilig hat usw. Allgemein gesagt: In jeder Nachricht steckt ein Stück Selbstoffenbarung des Senders. Ich wähle den Begriff der Selbstoffenbarung, um damit sowohl die gewollte Selbstdarstellung als auch die unfreiwillige Selbstenthüllung einzuschließen. Diese Seite der Nachricht ist psychologisch hoch brisant, wie wir sehen werden. […]

3. Beziehung
(oder: Was ich von dir halte und wie wir zueinander stehen)
Aus der Nachricht geht ferner hervor, wie der Sender zum Empfänger steht, was er von ihm hält. […]
Allgemein gesprochen: Eine Nachricht senden heißt auch immer, zu dem Angesprochenen eine bestimmte Art von Beziehung auszudrücken. Streng genommen ist dies natürlich ein spezieller Teil der Selbstoffenbarung. Jedoch wollen wir diesen Beziehungsaspekt als davon unterschiedlich behandeln, weil die psychologische Situation des Empfängers verschieden ist: Beim Empfang der Selbstoffenbarung ist er ein nicht selbst betroffener Diagnostiker („Was sagt mir deine Äußerung über dich aus?“), beim Empfang der Beziehungsseite ist er selbst „betroffen“ (oft im doppelten Sinn dieses Wortes).
Genau genommen sind auf der Beziehungsseite der Nachricht zwei Arten von Botschaften versammelt. Zum einen solche, aus denen hervorgeht, was der Sender vom Empfänger hält, wie er ihn sieht. In dem Beispiel gibt der Mann zu erkennen, dass er seine Frau für hilfebedürftig hält. – Zum anderen enthält die Beziehungsseite aber auch eine Botschaft darüber, wie der Sender *die Beziehung zwischen sich und dem Empfänger* sieht („so stehen wir zueinander“). Wenn jemand einen anderen fragt: „Na, wie geht es in der Ehe?“– dann enthält diese Sachfrage implizit auch die Beziehungsbotschaft: „Wir stehen so zueinander, dass solche (intimen) Fragen durchaus möglich sind.“ – Freilich kann es sein, dass der Empfänger mit dieser *Beziehungsdefinition* nicht einverstanden ist, die Frage für deplatziert und zudringlich hält. Und so können wir nicht selten erleben, dass zwei Gesprächspartner ein kräftezehrendes Tauziehen um die Definition ihrer Beziehung veranstalten.
Während also die Selbstoffenbarungsseite (vom Sender aus betrachtet) *Ich-Botschaften* enthält, enthält die Beziehungsseite einerseits *Du-Botschaften* und andererseits *Wir-Botschaften.* […]

4. Appell
(oder: Wozu ich dich veranlassen möchte)
Kaum etwas wird „nur so“ gesagt – fast alle Nachrichten haben die Funktion, auf den Empfänger *Einfluss zu nehmen.* In unserem Beispiel lautet der Appell vielleicht: „Gib ein bisschen Gas, dann schaffen wir es noch bei Grün!“
Die Nachricht dient also (auch) dazu, den Empfänger zu veranlassen, bestimmte Dinge zu tun oder zu unterlassen, zu denken oder zu fühlen. Dieser Versuch, Einfluss zu nehmen, kann mehr oder minder offen oder versteckt sein – im letzteren Falle sprechen wir von Manipulation. Der manipulierende Sender scheut sich nicht, auch die anderen drei Seiten der Nachricht in den Dienst der Appellwirkung zu stellen. Die Berichterstattung auf der Sachseite ist dann einseitig und tendenziös, die Selbstdarstellung ist darauf ausgerichtet, beim Empfänger bestimmte Wirkung zu erzielen (z. B. Gefühle der Be-

wunderung oder Hilfsbereitschaft); und auch die Botschaften auf der Beziehungsseite mögen von dem heimlichen Ziel bestimmt sein, den anderen „bei Laune zu halten“ (etwa durch unterwürfiges Verhalten oder durch Komplimente). Wenn Sach-, Selbstoffenbarungs- und Beziehungsseite auf die Wirkungsverbesserung der Appellseite ausgerichtet werden, werden sie *funktionalisiert*, d. h. spiegeln nicht wider, was ist, sondern werden zum Mittel der Zielerreichung. […] Die nun hinlänglich beschriebenen vier Seiten einer Nachricht sind im folgenden Schema zusammengefasst:

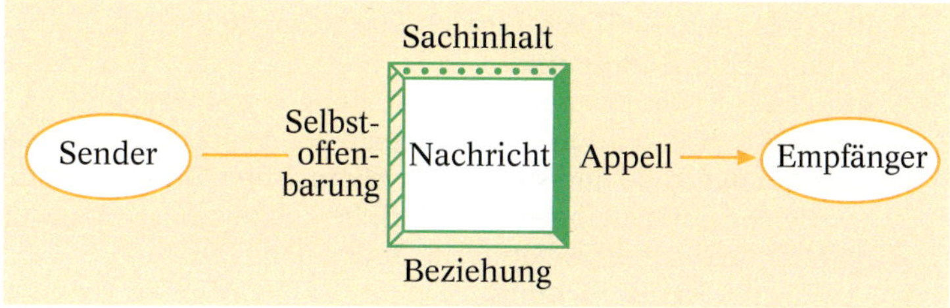

1. a) Erläutern Sie an konkreten Alltagsbeispielen die vier Seiten einer Nachricht.
   b) Wo zeigen sich Parallelen zwischen den Kommunikationsmodellen von Watzlawick (▷ S. 488 f.) und Schulz von Thun?
2. Erklären Sie die nebenstehend abgebildete Situation am Mittagstisch. Machen Sie dabei deutlich, dass die Nachricht nicht einfach empfangen, sondern auch interpretiert wird:

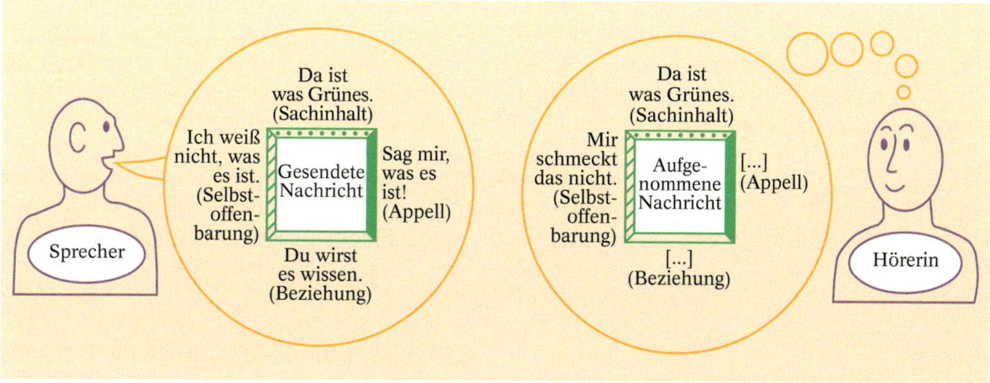

3. Lesen Sie einen der beiden Prosatexte zum Thema „Kommunikationsstörungen am Mittagstisch“ von Gabriele Wohmann und Martin Walser (▷ S. 483 ff.). Nutzen Sie die Beispielskizzen zur Deutung und Erklärung der Beziehungsstörungen.
4. Einem Schüler wird der Sachinhalt „Die Klassenarbeit ist mangelhaft“ mitgeteilt.
   a) Formulieren Sie unterschiedliche Sätze, die ein Lehrer dabei verwendet haben könnte.
   b) Schreiben Sie in einer Denkblase auf, wie der Schüler diesen Lehrersatz versteht und was ihm sonst noch durch den Kopf geht.
5. Vergleichen Sie die drei Kommunikations- bzw. Sprachmodelle von Karl Bühler (1934), Paul Watzlawick (1969) und Friedemann Schulz von Thun (1981) auf S. 487 ff.
   a) Erfassen Sie tabellarisch Gemeinsamkeiten und Differenzen.
   b) Wie beurteilen Sie die wissenschaftliche Entwicklung?

2 Sprache und Rhetorik: Redeanalyse

Grundkategorien der Redeanalyse

Eine systematische Analyse von Reden verlangt ein genaues Eingehen auf folgende Aspekte:

(1) **Redesituation/politisch-historischer Kontext:** Ort, Zeit, Medium, weltanschaulich-ideologischer Hintergrund
(2) **Inhalt der Rede:** Thema, Problemstellung, Kernaussagen
(3) **Redeabsicht:** Intention und Strategien der Aufwertung, Abwertung, Beschwichtigung
(4) **Struktur der Rede** und **sprachlich-rhetorische Mittel:** Aufbau der Argumentation, Wortfelder, Schlüsselbegriffe, politische Leitbegriffe, Schlagwörter, Leerformeln, rhetorische Figuren/Metaphorik, Satzbau und Stil
(5) **Vortrag der Rede/Wirkung**
(6) **Beurteilung und Wertung** der Rede

Eine detaillierte Darstellung zum Vorgehen bei der Redeanalyse und zu den Strategien der Beeinflussung finden Sie im Kapitel A 6.2: „Rhetorische Analyse: Reden untersuchen" (▷ S. 119 ff.), eine Übersicht über die rhetorischen Figuren befindet sich auf S. 225 ff.

2.1 Rhetorik und Aufrichtigkeit: Der Fall Sokrates

Rhetorik, die Kunst der Rede, war von jeher im öffentlichen Leben von großer Bedeutung. Seit dem Altertum existieren detaillierte Anleitungen zum Erlernen der Rhetorik, bis ins 19. Jahrhundert wurde sie an Schulen und Universitäten gelehrt. Eine der wichtigsten Redeformen war schon in der Antike die Gerichtsrede. Besondere Berühmtheit erlangte hier die Verteidigungsrede (Apologie) des Sokrates (470–399 v. Chr.). Dem Philosophen war vorgeworfen worden, die öffentliche Ordnung zu gefährden, indem er auf den Straßen und Plätzen Athens seine Mitbürger dazu veranlasste, anerkannte Wahrheiten kritisch zu hinterfragen. Er hatte darauf verzichtet, sich eine Verteidigungsrede gegen Bezahlung von einem Rechtskundigen schreiben zu lassen. Sokrates' Schüler Platon (427–347 v. Chr.), der bei der Verhandlung zugegen war, hat uns den nachfolgenden Anfang der Verteidigungsrede des Sokrates überliefert. Das Gericht, das aus 500 ausgewählten Athener Bürgern bestand, verurteilte Sokrates schließlich mit einer knappen Mehrheit von 280 Stimmen zum Tode durch den Giftbecher. Sokrates weigerte sich aus Respekt vor den Athener Gesetzen, die Flucht ins Exil anzutreten, und wurde hingerichtet.

Platon

Die Verteidigungsrede des Sokrates (399 v. Chr.)

Welchen Eindruck, meine athenischen Mitbürger, meine Ankläger auf euch gemacht haben, weiß ich nicht; ich meinesteils stand so unter dem Bann ihrer Worte, dass ich mich beinahe selbst vergaß: So überzeugend klangen ihre Reden. Und doch, von Wahrheit war kaum eine Spur zu finden in dem, was sie gesagt haben. Am meisten aber war ich erstaunt über eine von den vielen Lügen, die sie vorgebracht haben, über die Warnung nämlich, die sie an euch richteten, ihr solltet euch ja nicht von mir täuschen lassen, denn ich sei ein Meister der Rede. Dass sie sich nicht entblödeten, dies zu sagen trotz der Gewissheit, alsbald durch die Tatsachen von mir widerlegt zu werden, wenn es sich nämlich nunmehr herausstellt, dass ich nichts weniger bin als ein Meister der Rede, das schien mir der Gipfel aller Dreistigkeit zu sein, es müsste denn sein, dass sie den einen Meister der Rede nennen, der die Wahrheit sagt. Denn wenn sie es so meinen, dann habe ich keine

Bedenken, mich als Redner gelten zu lassen – nur eben nicht als einen von ihrer Art. Sie, die Kläger, haben, wie gesagt, so gut wie nichts Wahres vorgebracht; von mir aber sollt ihr die volle Wahrheit vernehmen. Aber, beim Zeus, meine Mitbürger, was ihr von mir zu hören bekommt, wird kein in Worten und Wendungen schön gedrechseltes und wohl verziertes Redewerk sein wie das dieser Ankläger, sondern ein schlichter Vortrag in ungesuchten Worten. Denn ich bin fest überzeugt von der Gerechtigkeit meiner Sache und keiner von euch möge mich anders als mit Vertrauen anhören. Es wäre doch auch in der Tat ein starker Verstoß, meine Mitbürger, wollte ich in diesen meinen Jahren vor euch auftreten wie ein Jüngling, der sich in künstlichem Redeschmuck gefällt. Und ich richte an euch, meine athenischen Mitbürger, recht dringend die folgende Bitte: Wenn ihr von mir bei meiner Verteidigung die nämliche Redeweise vernehmt, derer ich mich auf dem Markt an den Wechslertischen bediene, wo viele von euch mir zugehört haben, wie auch anderwärts, so wundert euch nicht und machet darob keinen Lärm. Es verhält sich damit nämlich folgendermaßen: Es ist heute das erste Mal, dass ich vor Gericht erscheine, siebenzig Jahre alt. Ich bin also ein völliger Fremdling in der hier üblichen Redeweise. Gesetzt nun, ich wäre hier ein Fremder im eigentlichen Sinne, so würdet ihr es offenbar verzeihlich finden, wenn ich mich derjenigen Sprache und Redeform bediente, in der ich erzogen bin. So wende ich mich denn jetzt an euch mit der, wie mir scheint, nicht unbilligen Bitte: Macht euch keine Gedanken über meine Redeweise, gleichviel, ob sie schlecht oder gut ist; richtet vielmehr euren Sinn und eure ganze Aufmerksamkeit darauf, ob, was ich sage, recht ist oder nicht; denn das ist die Pflicht und Aufgabe des Richters, wie es die des Redners ist, die Wahrheit zu sagen.

Sokrates

1. Zur Zeit des Sokrates ging man davon aus, dass ein Sachverhalt nur mit Hilfe einer geschliffenen Redekunst gedanklich geordnet und überzeugend dargestellt werden könne. Diskutieren Sie Sokrates' Einschätzung der Rhetorik und ihre mögliche Wirkung auf das Publikum.
2. a) Wie wird das Verhältnis von Wahrheit und Rhetorik gesehen? Erörtern Sie diese Frage aus der doppelten Perspektive des Sokrates und seiner Ankläger.
   b) Welches Verständnis von Sprache liegt dem Vortrag des Sokrates zu Grunde? Nehmen Sie kritisch Stellung zu seiner Wendung vom „schlichten Vortrag in ungesuchten Worten", mit dem er die Gerechtigkeit seiner Sache darzutun verspricht (▷ Z. 32 ff.).
   c) Untersuchen Sie, welche rhetorischen Mittel Sokrates selbst verwendet.
3. Wie hätten Sie sich an Sokrates' Stelle verteidigt? Formulieren Sie selbst einen Anfang der Verteidigungsrede.

Neil Postman

Medien und Wahrheitsfindung (1983)

Ein Beispiel für den Einfluss der Medien auf unsere Epistemologien[1] bietet der Prozess gegen den großen Sokrates. Zu Beginn seiner Verteidigungsrede vor den 500 Geschworenen entschuldigt sich Sokrates dafür, dass er keine Ansprache vorbereitet habe. Er erklärt seinen athenischen Mitbürgern, dass er ins Stocken geraten werde, er bitte sie, ihn deshalb nicht zu unterbrechen und ihn stattdessen für einen Fremden aus einer anderen Stadt anzusehen, und er verspricht ihnen, die Wahrheit zu sagen, ungeschminkt und ohne rhetorisches Beiwerk. So zu beginnen war für Sokrates gewiss charakteristisch, nicht jedoch für die Zeit, in der er lebte. Denn Sokrates wusste sehr genau, dass seine Mitbürger nicht der Ansicht waren, die Grundsätze der Rhetorik und der Ausdruck der Wahrheit hätten nichts miteinander zu tun. Uns Heutigen sagt das Plädoyer des Sokrates durchaus zu, weil wir gewohnt sind, in der Rhetorik nur eine meist hochtrabende, überflüssige Ausschmückung der Rede zu sehen. Aber für die Menschen, die sie erfanden, für die griechischen Sophisten des 5. vorchristlichen Jahrhunderts, und ihre Erben war die Rhetorik nicht nur Gelegenheit zu schauspielerischen Darbietungen, sie war vielmehr ein nahezu unerlässliches Mittel, um Belege und Beweise in eine Ordnung zu bringen, das heißt, sie war ein Mittel zur Mitteilung von Wahrheit.

Sie war nicht nur ein zentrales Element in der Bildung der Athener (von weit größerer Bedeutung als die Philosophie), sondern auch eine Kunstform von hohem Rang. Für die Griechen war die Rhetorik eine Form gesprochener Schriftlichkeit. Zwar setzte sie stets den mündlichen Vortrag voraus, aber ihre Macht, Wahrheit zu offenbaren, beruhte auf der Macht der geschriebenen Worte, Argumente in einer geordneten Abfolge zur Geltung zu bringen. Obwohl Platon (wie wir auf Grund der Verteidigungsrede des Sokrates vermuten dürfen) diese Wahrheitsauffassung in Zweifel zog, waren seine Zeitgenossen davon überzeugt, die Rhetorik sei das geeignete Mittel, um die „richtige Meinung" sowohl zu entdecken als auch zu artikulieren. Die Regeln der Rhetorik zu missachten, die eigenen Gedanken aufs Geratewohl zur Sprache zu bringen, ohne richtige Betonung, ohne die angemessene Leidenschaftlichkeit, das wirkte wie ein Affront gegen die Intelligenz der Zuhörer und erregte den Verdacht der Lügenhaftigkeit. Deshalb können wir annehmen, dass viele der 280 Geschworenen, die Sokrates dann für schuldig befanden, dies deshalb taten, weil ihnen seine Verfahrensweise mit Wahrhaftigkeit nicht vereinbar schien.

Mit diesem Beispiel möchte ich verdeutlichen, dass Wahrheitsbegriffe jeweils sehr eng mit den Perspektiven bestimmter Ausdrucksformen verknüpft sind. Die Wahrheit kommt nicht ungeschminkt daher und ist niemals so dahergekommen. Sie muss in der ihr angemessenen Kleidung auftreten, sonst wird sie nicht anerkannt, mit anderen Worten: „Wahrheit" ist so etwas wie ein kulturelles Vorurteil. Jede Kultur beruht auf dem Grundsatz, dass sich die Wahrheit in bestimmten symbolischen Formen besonders glaubwürdig ausdrücken lässt, in Formen, die einer anderen Kultur möglicherweise trivial oder belanglos erscheinen.

1 **Epistemologie:** Lehre von der Erkenntnis, der Urteilsbildung und Wahrheitsfindung

1. Wie schätzt Postman Sokrates' rhetorische Leistung in dessen Verteidigungsrede ein?
2. Welchen Zusammenhang sieht Postman zwischen Medien (Ausdrucksformen) und Wahrheit?
3. Setzen Sie sich kritisch mit Postmans These auseinander, Wahrheit sei „so etwas wie ein kulturelles Vorurteil" (▷ Z. 67/68).

Peter Ebeling: Das große Buch der Rhetorik. Englisch Verlag, Wiesbaden, 6. Aufl. 1988
Neil Postman: Wir amüsieren uns zu Tode. Urteilsbildung im Zeitalter der Unterhaltungsindustrie. Fischer Verlag, Frankfurt/Main, 9. Aufl. 1997
Rüdiger Safranski: Wie viel Wahrheit braucht der Mensch? Fischer TB Verlag, Frankfurt/Main 1993
Harald Weinrich: Linguistik der Lüge. Heidelberg 1974

2.2 Wahrheit und Lüge: Zwei Reden aus der Zeit des Nationalsozialismus

Otto Wels

Rede zum „Ermächtigungsgesetz“ (1933)

Am 30. 1. 1933 hatte Reichspräsident Hindenburg Adolf Hitler zum Reichskanzler berufen, der ein Kabinett mit Deutschnationalen und dem „Stahlhelm“ bildete. Der Brand des Reichstags in Berlin am 27. Februar 1933 wurde von den Nationalsozialisten den Kommunisten angelastet und war Vorwand für eine große Verhaftungswelle. Bei den Reichstagswahlen am 5. März 1933 erreichte die NSDAP 288 Mandate (44 %, zusammen mit den Deutschnationalen 52 %).
Am 23. März 1933 legte Hitler dem Reichstag in Berlin das „Gesetz zur Behebung der Not von Volk und Reich“ vor. Durch dieses sog. Ermächtigungsgesetz sollte der neuen Regierung für vier Jahre u. a. erlaubt sein, auch ohne Zustimmung des Reichstages die gesetzgebende und ausführende Gewalt auszuüben, was faktisch der Selbstentmachtung des Reichstags gleichkam. Am 23. 3. 1933 waren die kommunistischen Abgeordneten vom Reichstag bereits ausgeschlossen. Nur die 94 Abgeordnete zählende SPD-Fraktion stimmte schließlich gegen das Ermächtigungsgesetz. Otto Wels (1873–1939), seit 1919 einer der Vorsitzenden der SPD, die er von seiner anschließenden Emigration 1933 bis zu seinem Tode in Paris 1939 im Exil führte, nahm für die SPD-Fraktion am 23. 3. 1933 zum „Ermächtigungsgesetz“ in einer Rede vor dem Reichstag in der Berliner Kroll-Oper Stellung.

Meine Damen und Herren!
Der außenpolitischen Forderung deutscher Gleichberechtigung, die der Herr Reichskanzler erhoben hat, stimmen wir Sozialdemokraten umso nachdrücklicher zu, als wir sie bereits von jeher grundsätzlich verfochten haben. Ich darf mir wohl in diesem Zusammenhang die persönliche Bemerkung gestatten, dass ich als erster Deutscher vor einem internationalen Forum, auf der Berner Konferenz am 3. Februar des Jahres 1919, der Unwahrheit von der Schuld Deutschlands am Ausbruch des Weltkrieges entgegengetreten bin. Nie hat uns irgendein Grundsatz unserer Partei daran hindern können oder gehindert, die gerechten Forderungen der deutschen Nation gegenüber den anderen Völkern der Welt zu vertreten.
Der Herr Reichskanzler hat auch vorgestern in Potsdam einen Satz gesprochen, den wir unterschreiben. Er lautet: „Aus dem Aberwitz der Theorie von ewigen Siegern und Besiegten kam der Wahnwitz der Reparationen und in der Folge die Katastrophe der Weltwirtschaft.“ Dieser Satz gilt für die Außenpolitik; für die Innenpolitik gilt er nicht minder. Auch hier ist die Theorie von den ewigen Siegern und Besiegten, wie der Herr Reichskanzler sagte, ein Aberwitz.
Das Wort des Herrn Reichskanzlers erinnert uns aber auch an ein anderes, das am 23. Juli 1919 in der Nationalversammlung gesprochen wurde. Da wurde gesagt: „Wir sind wehrlos, wehrlos ist aber nicht ehrlos. Gewiss, die Gegner wollen uns an die Ehre, daran ist kein Zweifel. Aber dass dieser Versuch der Ehrabschneidung einmal auf die Urheber selbst zurückfallen wird, da es nicht unsere Ehre ist, die bei dieser Welttragödie zu Grunde geht, das ist unser Glaube bis zum letzten Atemzug.“ Das steht in einer Erklärung, die eine sozialdemokratisch geführte Regierung damals im Namen des deutschen Volkes vor der ganzen Welt abgegeben hat, vier Stunden bevor der Waffenstillstand abgelaufen war, um den Weitervormarsch der Feinde zu verhindern. – Zu dem Ausspruch des Herrn Reichskanzlers bildet jene Erklärung eine wertvolle Ergänzung.
Aus einem Gewaltfrieden kommt kein Segen; im Innern erst recht nicht. Eine wirkliche Volksgemeinschaft lässt sich auf ihn nicht gründen. Die erste Voraussetzung ist gleiches Recht. Mag sich die Regierung gegen rohe Ausschreitungen der Polemik schützen, mag sie Aufforderungen zu Gewalttaten und Gewalttaten selbst mit Strenge verhindern. Das mag geschehen, wenn es nach allen Seiten gleichmäßig und unparteiisch geschieht, und

wenn man es unterlässt, besiegte Gegner zu behandeln, als seien sie vogelfrei. Freiheit und Leben kann man uns nehmen, die Ehre nicht. Nach den Verfolgungen, die die Sozialdemokratische Partei in der letzten Zeit erfahren hat, wird billigerweise niemand von ihr verlangen oder erwarten können, dass sie für das hier eingebrachte Ermächtigungsgesetz stimmt. Die Wahlen vom 5. März haben den Regierungsparteien die Mehrheit gebracht und damit die Möglichkeit gegeben, streng nach Wortlaut und Sinn der Verfassung zu regieren. Wo diese Möglichkeit besteht, besteht auch die Pflicht. Kritik ist heilsam und notwendig. Noch niemals, seit es einen Deutschen Reichstag gibt, ist die Kontrolle der öffentlichen Angelegenheiten durch die gewählten Vertreter des Volkes in solchem Maße ausgeschaltet worden, wie es jetzt geschieht und wie es durch das neue Ermächtigungsgesetz noch mehr geschehen soll. Eine solche Allmacht der Regierung muss sich umso schwerer auswirken, als auch die Presse jeder Bewegungsfreiheit entbehrt.

Meine Damen und Herren! Die Zustände, die heute in Deutschland herrschen, werden vielfach in krassen Farben geschildert. Wie immer in solchen Fällen fehlt es auch nicht an Übertreibungen. Was meine Partei betrifft, so erkläre ich hier: Wir haben weder in Paris um Intervention gebeten noch Millionen nach Prag verschoben noch übertreibende Nachrichten ins Ausland gebracht. Solchen Übertreibungen entgegenzutreten wäre leichter, wenn im Inlande eine Berichterstattung möglich wäre, die Wahres vom Falschen unterscheidet. Noch besser wäre es, wenn wir mit gutem Gewissen bezeugen könnten, dass die volle Rechtssicherheit für alle wieder hergestellt sei. Das, meine Herren, liegt bei Ihnen.

Die Herren von der Nationalsozialistischen Partei nennen die von ihnen entfesselte Bewegung eine nationale Revolution, nicht eine nationalsozialistische. Das Verhältnis ihrer Revolution zum Sozialismus beschränkt sich bisher auf den Versuch, die sozialdemokratische Bewegung zu vernichten, die seit mehr als zwei Menschenaltern die Trägerin sozialistischen Gedankenguts gewesen ist und auch bleiben wird. Wollten die Herren von der Nationalsozialistischen Partei sozialistische Taten verrichten, sie brauchten kein Ermächtigungsgesetz. Eine erdrückende Mehrheit wäre Ihnen in diesem Hause gewiss. Jeder von Ihnen im Interesse der Arbeiter, der Bauern, der Angestellten, der Beamten oder des Mittelstandes gestellte Antrag könnte auf Annahme rechnen, wenn nicht einstimmig, so doch mit gewaltiger Majorität.

Aber dennoch wollen Sie vorerst den Reichstag ausschalten, um Ihre Revolution fortzusetzen. Zerstörung von Bestehendem ist aber noch keine Revolution. Das Volk erwartet positive Leistungen. Es wartet auf durchgreifende Maßnahmen gegen das furchtbare Wirtschaftselend, das nicht nur in Deutschland, sondern in aller Welt herrscht. Wir Sozialdemokraten haben in schwerster Zeit Mitverantwortung getragen und sind dafür mit Steinen beworfen worden. Unsere Leistungen für den Wiederaufbau von Staat und Wirtschaft, für die Befreiung der besetzten Gebiete werden vor der Geschichte bestehen. Wir haben gleiches Recht für alle und ein soziales Arbeitsrecht geschaffen. Wir haben geholfen, ein Deutschland zu schaffen, in dem nicht nur Fürsten und Baronen, sondern auch Männern aus der Arbeiterklasse der Weg zur Führung des Staates offen steht. Davon können Sie nicht zurück, ohne Ihren eigenen Führer preiszugeben. Vergeblich wird der Versuch bleiben, das Rad der Geschichte zurückzudrehen. Wir Sozialdemokraten wissen, dass man machtpolitische Tatsachen durch bloße Rechtsverwahrungen nicht beseitigen kann. Wir sehen die machtpolitische Tatsache Ihrer augenblicklichen Herrschaft. Aber auch das Rechtsbewusstsein des Volkes ist eine politische Macht, und wir werden nicht aufhören, an dieses Rechtsbewusstsein zu appellieren.

Die Verfassung von Weimar ist keine sozialistische Verfassung. Aber wir stehen zu den Grundsätzen des Rechtsstaates, der Gleichberechtigung, des sozialen Rechtes, die in ihr festgelegt sind. Wir deutschen Sozialdemokraten bekennen uns in dieser geschichtlichen Stunde feierlich zu den Grundsätzen der Menschlichkeit und der Gerechtigkeit, der Freiheit und des Sozialismus. Kein Ermächtigungsgesetz gibt Ihnen die Macht, Ideen, die ewig und unzerstörbar sind, zu vernichten. Sie selbst haben sich ja zum

Sozialismus bekannt. Das Sozialistengesetz hat die Sozialdemokratie nicht vernichtet. Auch aus neuen Verfolgungen kann die deutsche Sozialdemokratie neue Kraft schöpfen. Wir grüßen die Verfolgten und Bedrängten. Wir grüßen unsere Freunde im Reich. Ihre Standfestigkeit und Treue verdienen Bewunderung. Ihr Bekennermut, ihre ungebrochene Zuversicht verbürgen eine hellere Zukunft.

1. a) Für ein genaueres Verständnis der Rede von Otto Wels sind Kurzreferate zu folgenden Begriffen und Themen hilfreich: „Sozialismus", „Geschichte der SPD bis 1933", „Sozialistengesetz", „Folgen des Ersten Weltkriegs".
   b) Untersuchen Sie den argumentativen Einsatz des Begriffsfeldes „national/nationalsozialistisch", „sozial/sozialistisch/Sozialismus" in Wels' Rede.
2. a) Analysieren Sie, wie Wels eine partielle Zustimmung zu Aussagen Hitlers für seine prinzipielle Abgrenzung von der Regierung einsetzt.
   b) In welcher Weise werden außen- und innenpolitische Überlegungen miteinander verknüpft?
3. Überprüfen Sie, welche weiteren ▷ Strategien der Beeinflussung eingesetzt werden, und fassen Sie Ihre Ergebnisse schriftlich zusammen. ▷ S. 121 f.

Joseph Goebbels

Aufruf zum totalen Krieg (1943)

[Im Winter 1942/43 zeichneten sich die deutsche Niederlage im Zweiten Weltkrieg und der Zusammenbruch des nationalsozialistischen Regimes deutlich ab. Die Sinnlosigkeit einer Weiterführung des Krieges wurde durch die Vorgänge um Stalingrad im Januar 1943 offensichtlich. Die Front in Nordafrika stand unmittelbar vor dem Zusammenbruch, und die Alliierten beherrschten militärisch den Atlantik. In dieser aussichtslosen Lage hielt der Reichspropagandaminister Goebbels im Berliner Sportpalast am 18. Februar 1943 vor eigens ausgewähltem Publikum seine Rede zum totalen Krieg. Die Rede, die gleichzeitig über alle deutschen Rundfunksender ausgestrahlt wurde, sollte das Vertrauen zur nationalsozialistischen Führung wieder herstellen. Der Text wurde von Goebbels mehrfach überarbeitet; er selbst hielt ihn für ein rhetorisches Glanzstück der politischen Demagogie. Wie aus Tagebuchaufzeichnungen hervorgeht, machte sich Goebbels über den „Endsieg" wohl keine Illusionen mehr. Seine Verachtung für die völlige Manipulierbarkeit des Publikums geht aus einer Tagebuchnotiz zur Sportpalastrede hervor: „Wenn ich den Leuten gesagt hätte, springt aus dem dritten Stock des Columbushauses, sie hätten es auch getan." – Die folgende vom Reichspropagandaministerium veröffentlichte Druckfassung des Schlussteils der Rede enthält deutliche Übertreibungen in der Beschreibung des Publikumsverhaltens.]

Ihr also, meine Zuhörer, repräsentiert in diesem Augenblick die Nation. Und an euch möchte ich zehn Fragen richten, die ihr mir mit dem deutschen Volke vor der ganzen Welt, insbesondere aber vor unseren Feinden, die uns auch an ihrem Rundfunk zuhören, beantworten sollt. *(Nur mit Mühe kann sich der Minister für die nun folgenden Fragen Gehör verschaffen. Die Masse befindet sich in einem Zustand äußerster Hochstimmung. Messerscharf fallen die einzelnen Fragen. Jeder Einzelne fühlt sich persönlich angesprochen. Mit letzter Anteilnahme und Begeisterung gibt die Masse auf jede einzelne Frage die Antwort. Der Sportpalast hallt wider von einem einzigen Schrei der Zustimmung.)*

Die Engländer behaupten, das deutsche Volk habe den Glauben an den Sieg verloren.

Ich frage euch: Glaubt ihr mit dem Führer und mit uns an den endgültigen totalen Sieg des deutschen Volkes?

Ich frage euch: Seid ihr entschlossen, dem Führer in der Erkämpfung des Sieges durch dick und dünn und unter Aufnahme auch der schwersten persönlichen Belastungen zu folgen?

Zweitens: Die Engländer behaupten, das deutsche Volk ist des Kampfes müde.

Ich frage euch: Seid ihr bereit, mit dem Führer

als Phalanx[1] der Heimat hinter der kämpfenden Wehrmacht stehend, diesen Kampf mit wilder Entschlossenheit und unbeirrt durch alle Schicksalsfügungen fortzusetzen, bis der Sieg in unseren Händen ist?
Drittens: Die Engländer behaupten, das deutsche Volk hat keine Lust mehr, sich der überhand nehmenden Kriegsarbeit, die die Regierung von ihm fordert, zu unterziehen.
Ich frage euch: Seid ihr und ist das deutsche Volk entschlossen, wenn der Führer es befiehlt, zehn, zwölf, und wenn nötig, vierzehn und sechzehn Stunden täglich zu arbeiten und das Letzte herzugeben für den Sieg?
Viertens: Die Engländer behaupten, das deutsche Volk wehrt sich gegen die totalen Kriegsmaßnahmen der Regierung. Es will nicht den totalen Krieg, sondern die Kapitulation. *(Zurufe: „Niemals! Niemals! Niemals!")*
Ich frage euch: Wollt ihr den totalen Krieg? Wollt ihr ihn, wenn nötig, totaler und radikaler, als wir ihn uns heute überhaupt erst vorstellen können?
Fünftens: Die Engländer behaupten, das deutsche Volk hat sein Vertrauen zum Führer verloren.
Ich frage euch: Ist euer Vertrauen zum Führer heute größer, gläubiger und unerschütterlicher denn je? Ist eure Bereitschaft, ihm auf allen seinen Wegen zu folgen und alles zu tun, was nötig ist, um den Krieg zum siegreichen Ende zu führen, eine absolute und uneingeschränkte?
(Die Menge erhebt sich wie ein Mann. Die Begeisterung der Masse entlädt sich in einer Kundgebung nie da gewesenen Ausmaßes. Vieltausendstimmige Sprechchöre brausen durch die Halle: „Führer, befiehl, wir folgen!" Eine nicht abebbende Woge von Heilrufen auf den Führer braust auf. Wie auf ein Kommando erheben sich nun die Fahnen und Standarten, höchster Ausdruck des weihevollen Augenblicks, in dem die Masse dem Führer huldigt.)
Ich frage euch als Sechstes: Seid ihr bereit, von nun ab eure ganze Kraft einzusetzen und der Ostfront die Menschen und Waffen zur Verfügung zu stellen, die sie braucht, um dem Bolschewismus den tödlichen Schlag zu versetzen?

1 **Phalanx:** geschlossene Schlachtreihe

Ich frage euch siebentens: Gelobt ihr mit heiligem Eid der Front, dass die Heimat mit starker Moral hinter ihr steht und ihr alles geben wird, was sie nötig hat, um den Sieg zu erkämpfen?
Ich frage euch achtens: Wollt ihr, insbesondere ihr Frauen selbst, dass die Regierung dafür sorgt, dass auch die deutsche Frau ihre ganze Kraft der Kriegführung zur Verfügung stellt und überall da, wo es nur möglich ist, einspringt, um Männer für die Front frei zu machen und damit ihren Männern an der Front zu helfen?
Ich frage euch neuntens: Billigt ihr, wenn nötig, die radikalsten Maßnahmen gegen einen kleinen Kreis von Drückebergern und Schiebern, die mitten im Kriege Frieden spielen und die Not des Volkes zu eigensüchtigen Zwecken ausnutzen wollen? Seid ihr damit einverstanden, dass, wer sich am Krieg vergeht, den Kopf verliert?
Ich frage euch zehntens und zuletzt: Wollt ihr, dass, wie das nationalsozialistische Parteiprogramm es gebietet, gerade im Kriege gleiche Rechte und gleiche Pflichten vorherrschen, dass die Heimat die schweren Belastungen des Krieges solidarisch auf ihre Schultern nimmt und dass sie für Hoch und Niedrig und Arm und Reich in gleicher Weise verteilt werden?
Ich habe euch gefragt: ihr habt mir eure Antwort gegeben. Ihr seid ein Stück Volk, durch euren Mund hat sich damit die Stellungnahme des deutschen Volkes manifestiert. Ihr habt unseren Feinden das zugerufen, was sie wissen müssen, damit sie sich keinen Illusionen und falschen Vorstellungen hingeben. [...]
Wir alle, Kinder unseres Volkes, zusammengeschweißt mit dem Volke in der größten Schicksalsstunde unserer nationalen Geschichte, wir geloben euch, wir geloben der Front, und wir geloben dem Führer, dass wir die Heimat zu einem Willensblock zusammenschweißen wollen, auf den sich der Führer und seine kämpfenden Soldaten unbedingt und blindlings verlassen können. Wir verpflichten uns, in unserem Leben und Arbeiten alles zu tun, was zum Siege nötig ist. Unsere Herzen wollen wir erfüllen mit jener politischen Leidenschaft, die uns immer in den großen Kampfzeiten der Partei und des Staates wie ein ewig brennendes Feuer ver-

Der sog. „Volksempfänger“ überträgt eine Ansprache von Göring (1937)

zehrte. Nie wollen wir in diesem Kriege jener falschen und scheinheiligen Objektivitätsduselei verfallen, der die deutsche Nation in ihrer Geschichte schon so viel Unglück zu verdanken hat.

Als dieser Krieg begann, haben wir unsere Augen einzig und allein auf die Nation gerichtet. Was ihr und ihrem Lebenskampf dient, das ist gut und muss erhalten und gefördert werden. Was ihr und ihrem Lebenskampf schadet, das ist schlecht und muss beseitigt und abgeschnitten werden. Mit heißem Herzen und kühlem Kopf wollen wir an die Bewältigung der großen Probleme dieses Zeitabschnitts des Krieges herantreten. Wir beschreiten damit den Weg zum endgültigen Sieg. Er liegt begründet im Glauben an den Führer. So stelle ich denn an diesem Abend der ganzen Nation noch einmal ihre große Pflicht vor Augen.

Der Führer erwartet von uns eine Leistung, die alles bisher Dagewesene in den Schatten stellt. Wir wollen uns seiner Forderung nicht versagen. Wie wir stolz auf ihn sind, so soll er stolz auf uns sein können.

In den großen Krisen und Erschütterungen des nationalen Lebens erst bewähren sich die wahren Männer, aber auch die wahren Frauen. Da hat man nicht mehr das Recht, vom schwachen Geschlecht zu sprechen, da beweisen beide Geschlechter die gleiche Kampfentschlossenheit und Seelenstärke. Die Nation ist zu allem bereit. Der Führer hat befohlen, wir werden ihm folgen. Wenn wir je treu und unverbrüchlich an den Sieg geglaubt haben, dann in dieser Stunde der nationalen Besinnung und der inneren Aufrichtung. Wir sehen ihn greifbar nahe vor uns liegen: wir müssen nur zufassen. Wir müssen nur die Entschlusskraft aufbringen, alles andere seinem Dienst unterzuordnen. Das ist das Gebot der Stunde. Und darum lautet die Parole:

Nun Volk steh auf und Sturm brich los![2]

(Die letzten Worte des Ministers gehen in nicht enden wollenden stürmischen Beifallskundgebungen unter.)

2 Ausspruch von Theodor Körner (1791–1813), einem preußischen Offizier und „Dichter der Befreiungskriege“

1. a) Informieren Sie sich anhand von Geschichtsbüchern genauer über die politischen und organisatorischen Umstände, unter denen die Rede im Sportpalast (▷ S. 497 ff.) gehalten wurde.
   b) Zeigen Sie auf, welche Faktoren der Kommunikationssituation für die Rede von Bedeutung sind.
2. a) Ist Goebbels' Selbsteinschätzung seiner Rede als „rhetorisches Glanzstück" berechtigt? Begründen Sie Ihre Meinung auf der Grundlage einer Untersuchung der verwendeten ▷ rhetorischen Mittel. ▷ S. 225 ff.
   b) Vergleichen Sie die rhetorischen Strategien von Goebbels und Otto Wels (▷ S. 495 ff.): Auf welche Weise versuchen die beiden Redner ihr Publikum zu manipulieren bzw. zu überzeugen?
3. a) Überprüfen Sie die Wirkung der Rede anhand der Originalaufnahme.
   b) Vergleichen Sie auch die tatsächlichen Reaktionen des Publikums mit der Beschreibung der Reaktionen in der Druckfassung.

Die Sportpalastrede als Thema der Gegenwartsliteratur

Joseph Goebbels beging am 1.5.1945 mit seiner Frau Magda Selbstmord; seine Kinder wurden ebenfalls getötet.
In seinem Roman „Flughunde" beschreibt MARCEL BEYER (* 1965) die letzten Jahre des Dritten Reichs aus zwei Erzählperspektiven: Die eine ist die des Stimmenforschers Hermann Karnau. Flughunde, fledermausähnliche Tiere, die keinen Schall, nur ihre eigenen Ultraschalltöne wahrnehmen, sind für ihn Sinnbild einer Welt, die vor den Einflüsterungen fremder Stimmen geschützt ist. Als Wachmann im Berliner Führerbunker und erster Zeuge für Hitlers Tod ist er ebenso eine historische Figur wie Goebbels' älteste Tochter Helga, die zweite Erzählstimme des Romans. Im folgenden Textauszug kommt die achtjährige Helga als Hörerin und Zuschauerin der Sportpalastrede zu Wort. Im Roman wird dieser Teil der Handlung immer wieder unterbrochen durch den zweiten Erzähler Karnau, der eine Kehlkopfuntersuchung durchführt.

Marcel Beyer

Flughunde (1995)

Mein Papa spricht. Vor so vielen Leuten. Wie dicht sie beieinander stehen, sie können nicht mehr vorwärts oder rückwärts, sie können ihre Arme nicht mehr bewegen und ihre Bäuche scheuern aneinander. Zum ersten Mal dürfen wir dabei sein und mithören. Und wie die Luft riecht von den vielen Menschen. Hoffentlich lassen die uns bis zu unseren Plätzen durch, die Stühle sind längst schon alle besetzt. Wenn wir stehen müssen, können wir Mädchen gar nichts sehen und werden von den vielen Erwachsenen am Ende noch erdrückt. Mama schiebt einen Mann beiseite, der uns im Weg steht, und zeigt auf unsere Plätze: Für Mama, Hilde und für mich, von Papa für uns reserviert. Die Leute winken, als wir uns hinsetzen, und wir winken zurück. Jetzt fangen sie an zu jubeln, und Mama stupst mich an: Siehst du, da kommt Papa.
Wo?
Nicht hinter uns, schau doch nach vorne.
Da steht Papa am Rednerpult und blickt in die Menge. Er sieht in unsere Richtung. Ob er uns jetzt erkannt hat, ob er genau weiß, wo wir hier sitzen? Papa hat müde Augen, aber die Schatten darunter erkennt man nicht, weil er so stark beleuchtet ist. Er isst fast nichts mehr, nur noch Grießbrei und Milch, und er raucht ohne Pause. Jetzt aber fangen die Augen an zu glühen, Papa konzentriert sich, er will die ganze Euphorie der letzten Tage bündeln. Die Menschen spüren das, es wird ganz still. Papa beginnt zu reden.
Er spricht von den vielen Millionen Menschen, die alle im Moment seine Zuhörer sind, er sagt etwas über die Ätherwellen, und: Alle sind jetzt mit uns verbunden. Vielleicht hören sogar die Toten ihn, die letzten Stalingradkämpfer, die schon vor Wochen ihren Schlussbericht gefunkt haben. Die Leute rufen Bravo, sie rufen Heil, und wenn sie klatschen, ist das ein ungeheurer Lärm. Papa will uns ein ungeschminktes Bild der Lage entwerfen. Er ruft: Der Ansturm der Steppe. Die Zuhörer hängen an seinen Lippen, Papa sagt: Kindisch, diese

Erklärung ist kindisch. Wenn Papa kindisch sagt, sagt er das nie mit einem Lächeln, für uns ein Zeichen, mit ihm ist nicht zu scherzen.
Papa ruft: Sie verdient überhaupt keine Wiederholung, nein, Widerlegung meint er. Er achtet sehr auf seine Aussprache, damit man jedes Wort verstehen kann. Papa sagt: Friedensfühler, Papa sagt: Roboter, und noch einmal: Aufruhr der Steppe. Wie die Lautsprecher scheppern. Papa schreit jetzt richtig, um sich gegen den Krach durchzusetzen. Die Menge ist so aufgebracht, dass er immer wieder lange Pausen machen muss. Jetzt lachen die Zuhörer sogar. Und da ruft einer im Publikum: Lumpenluder. Wer war das? Wo? Das kam ganz aus unserer Nähe. Aber es ist zu spät, wir sehen niemanden mit offenem Mund. Papa meint: Das Totalste ist gerade total genug. [...]
Jetzt ist Papa bei: fünftens. Jetzt sechstens. Wie viele Fragen will Papa noch stellen? Und immer wieder schreien die Zuhörer aus vollem Hals ihr Ja als Antwort. Das Kreischen soll endlich aufhören, es ist so furchtbar laut, mir platzen bald die Trommelfelle.
Und siebtens. Achtens. Neuntens. Der Boden bebt vom Füßetrampeln, Arme fuchteln in der Luft. Zuhörer stellen sich auf die Stühle, sodass wir Kinder nichts mehr sehen können. Papa, sei bitte bald mit deiner Rede fertig, kein Mensch kann das noch lange ertragen. Der Hals schnürt sich. Das Blut pocht in den Schläfen. Wir können jetzt auch nicht hier raus. Nicht auf die Straße. An die frische Luft. Zu viele Leute, die den Weg versperren. Tatsächlich sagt Papa jetzt: zehntens und zuletzt.
Zum Glück. Bald können wir weg. Und endlich wieder Luft. Papa sagt: Kinder, wir alle, Kinder. Spricht er zum Schluss jetzt ein paar Worte über uns? Hilde schaut mich an, doch Papa meint: Kinder unseres Volkes. Etwas muss abgeschnitten werden, mit heißem Herzen und mit kühlem Kopf. Aber mein Kopf ist heiß. Schrecklich heiß. Alles glüht. Ganz tief Luft holen. Aber das geht nicht, es ist keine Luft mehr da. Nur noch Gestank und Schweiß. Wie Papa jetzt noch brüllen kann bei dieser Luft: Nun Volk.
Ja, Luft, die haben alle Luft hier weggenommen.
Steh auf.
Aufstehen. Raus.
Und Sturm.
Atmen.
Brich los.
Dass die Menschen jetzt noch Luft genug haben, um das Deutschlandlied zu singen. Jemand berührt meine Hand. Die ist ganz feucht. Mama fasst mich am Arm und sagt: Helga, es ist zu Ende. Wir fahren nach Hause, Papa will auch bald nachkommen.
Hilde ist schon von ihrem Platz aufgestanden. Wir gehen hinaus, die Luft, die frische Luft nun wieder. Wir sind ganz taub. Wir hören kaum, wie Mama sagt: Jetzt hat Papa zwei ganze Stunden lang nicht eine einzige Zigarette geraucht. Hilde sieht so erschöpft aus, als hätte sie das auch kaum ertragen können, als hätten Papa und die Zuhörer sie auch erschreckt, und sie sagt leise, als könnte sie gar nicht begreifen, was sie da erlebt hat: Hast du gesehen, Helga, am Ende war Papas Hemd ganz durchnässt.

1. Versuchen Sie, einzelne Passagen des Originaltextes der Rede (▷ S. 497 ff.) den Eindrücken der Erzählerin zuzuordnen.
2. Untersuchen und beurteilen Sie, wie der Autor die ungewöhnliche Rezeptionsperspektive inhaltlich und sprachlich realisiert.
3. Stellen Sie sich vor, Sie könnten das Mädchen Helga Goebbels aus Beyers Roman mit einem Brief erreichen: Reagieren Sie auf Helgas Erlebnis der Sportpalastrede, indem Sie ihr die heutige Wirkung dieser Rede zu vermitteln versuchen.

2.3 Leitbilder für die Zukunft: Reden der Gegenwart

Richard von Weizsäcker

Mitverantwortung aller Deutschen für die Wahrung der Menschenwürde (1992)

Die folgende Rede hielt der damalige Bundespräsident Richard von Weizsäcker bei der Abschlusskundgebung der bundesweiten Großdemonstration unter dem Motto „Die Würde des Menschen ist unantastbar" im Lustgarten in Berlin am 8. November 1992. Vorangegangen waren im Jahre 1992 gewalttätige Ausschreitungen gegen ausländische Mitbürger in Deutschland.

Warum haben wir uns heute hier versammelt? Weil uns unser Land am Herzen liegt. Und weil wir uns um Deutschland sorgen!

Machen wir uns nichts vor! Was im Laufe dieses Jahres geschehen ist, das hat es bei uns bisher noch nie gegeben in der Nachkriegszeit. Es geht bösartig zu: Schwere Ausschreitungen gegen Ausländerheime; Hetze gegen Fremde; Anschläge auf kleine Kinder; geschändete jüdische Friedhöfe; Verwüstungen in den Gedenkstätten der KZs Sachsenhausen, Ravensbrück und Überlingen; brutaler Rechtsextremismus, wachsende Gewalt gegen die Schwachen, egal, ob gegen Fremde oder Deutsche; Brandstifter und Totschläger sind unterwegs.

Und was tun wir deutschen Bürger dagegen? Die Sache herunterspielen? Wegsehen? Uns an tägliche Barbareien gewöhnen? Alles allein den Politikern überlassen, dem Staat mit seinem Gewaltmonopol?

Das dürfen wir niemals tun! Es ist doch unser eigener demokratischer Staat! Er ist so stark oder so schwach, wie wir selbst – jeder und jede von uns – aktiv für die Demokratie eintreten.

Das Gewaltmonopol des Staates ist notwendig. Aber es ist keine Wunderwaffe, die uns die Mitverantwortung abnimmt. Es hat den Zusammenbruch der Weimarer Republik nicht verhindert. Wir sollten nie vergessen, woran die erste Republik in Deutschland gescheitert ist: Nicht, weil es zu früh zu viele Nazis gab, sondern zu lange zu wenige Demokraten.

Dazu darf es nie wieder kommen. Es ist höchste Zeit, sich zur Wehr zu setzen. Wir alle sind zum Handeln aufgerufen.

Das Vertrauen des Auslands in die Stabilität der deutschen Demokratie ist für uns und für ganz Europa von großem Gewicht. Aber wir demonstrieren hier nicht mit dem Blick nach draußen. Wir wenden uns an die eigene Adresse. Unsere demokratische Verantwortungsgemeinschaft, unser Anstand stehen auf dem Spiel.

Zu dieser Gemeinschaft gehören wir alle, die hier versammelt sind: Frauen und Männer, Schülerinnen und Schüler; Alt und Jung; Arbeitnehmer, Betriebsräte und Unternehmer; Journalisten, Lehrer und Wissenschaftler; Künstler, Handwerker und Kaufleute; Pfarrer und Politiker; Dichter und Sportler; Gläubige und Ungläubige; Ost und West und Nord und Süd; Deutsche und Ausländer.

Natürlich können wir nicht immer reibungslos zusammenleben. Zu verschieden sind die Lebenschancen, zu gegensätzlich viele Interessen. Wir streiten über mehr Gerechtigkeit. Dennoch gibt es etwas ganz Entscheidendes, das uns über alle Konflikte hinweg verbindet, etwas, das uns unbedingt zusammenhält:

die Absage an die Gewalt,
die Zusage an die Würde des Menschen.

Daß wir diese Übereinstimmung täglich durchsetzen, das ist für unsere Demokratie absolut lebenswichtig.

Wir Deutschen haben es in einer langen Geschichte leidvoll erlebt, wohin das Faustrecht des Stärkeren oder die Diktatur führt. Immer ist die Humanität das Opfer. Der Mensch wird entrechtet, verfolgt, gedemütigt; er wird ein wehrloses Ziel der Gewalt. Aus dieser Erfahrung zieht unsere Verfassung die Lehre mit ihrem ersten Artikel: „Die Würde des Menschen ist unantastbar."

Sie steht jedem zu, unabhängig von Alter und Geschlecht, von Hautfarbe, Religion oder Nationalität. Sie hängt nicht ab von seinem Glück im Leben, von seinen Talenten oder Behinderungen, seinen Erfolgen oder Mißerfolgen.

Ob wir sie nun mit der Vernunft begründen oder ob wir als Christen sagen, daß der Mensch seine Würde als Ebenbild Gottes empfängt – im Ergebnis stimmen wir überein:

Die Würde ist der unaufgebbare sittliche Kern einer jeden Person. Sie ist das Fundament aller Grundrechte.

Das Grundgesetz sagt, daß es Sache aller staatlichen Gewalt ist, die Menschenwürde zu achten und zu schützen. Aber leben kann sie nur davon, daß jeder von uns sie als Verpflichtung versteht. Ich kann die Würde meines Nachbarn von meiner eigenen gar nicht trennen. Ich kann sie überhaupt erst empfinden, wenn ich den anderen in seiner Würde achten lerne. Und wenn ich nicht helfe, die seine zu schützen, beschädige ich seine und zugleich meine eigene Menschenwürde.

Wir wissen sehr wohl, wer vor allem auf diesen Schutz angewiesen ist: der Schwache, der sich nicht selber helfen kann; der Fremde, der mit den Verhältnissen nicht vertraut ist.

Das sind Grundregeln des menschlichen Anstands und Grundfesten unserer Zivilisation, an denen die Lebensfähigkeit unserer Demokratie hängt. Ohne sie würden wir in die Barbarei zurückfallen.

Wir haben in unserer Geschichte, neben Schrecken und Unrecht, eine gute Überlieferung. Jahrhunderte wurden bei uns vom humanen Geist beeinflußt, von großen Sozialarbeitern. Kant hat uns gelehrt, daß ohne die sittlichen Pflichten Freiheit undenkbar ist. Von Schiller und Beethoven stammt die europäische Hymne.

Menschliche Aufgeschlossenheit gegenüber allem Neuen, allem Fremden, allen Notleidenden hat eine starke Tradition bei uns, und sie ist unverändert lebendig.

Kein anderes Land in Europa hat nach dem Zweiten Weltkrieg so viele Menschen von draußen aufgenommen wie wir. Und es sind nicht zuletzt die Millionen ausländischen Arbeitnehmer mit ihren Familien, mit denen wir friedlich leben und die zum Wohlstand unseres Landes beitragen.

In zwei Stunden wird es dunkel. Mit Einbruch der Nacht beginnt nach dem Alten Testament der morgige Tag. Es ist der 9. November, ein deutsches Schicksalsdatum. Mehrfach in unserer Geschichte wurde er zum Fanal für einen gewalttätigen Verlust unserer Freiheit, unserer überlieferten Kultur, unserer Würde – am schrecklichsten, als die Juden beraubt, auf offener Straße gejagt und ihre Synagogen angezündet wurden.

Dann kam vor drei Jahren am 9. November der Tag der Freiheit. Deutsche hatten mit dem unerschütterlichen Mut der Gewaltlosigkeit Schwerter zu Pflugscharen gemacht. Sie boten den Unterdrückern die Stirn, aber mit Kerzen, nicht mit Gewalt. Und sie setzten sich durch.

Überall in der Welt freute man sich mit dem ganzen deutschen Volk und lernte von neuem, unser Land zu achten.

Wir dürfen es niemandem erlauben, dies wieder aufs Spiel zu setzen. Wir werden mit den anderen Völkern friedlich zusammenarbeiten. Wir werden Fremde gastlich aufnehmen, soweit unsere Kräfte reichen. So wie es auch früher geschah.

Und auch dies wollen wir nicht vergessen: Wir verdanken es nicht nur uns selbst und den Moskauer Reformern, sondern auch unseren französischen, britischen und amerikanischen Freunden, daß wir uns hier und heute mitten in unserer alten und wieder neuen Hauptstadt zu einer freien Demonstration versammeln können. Noch vor vier Jahren erschien dies als Traum. Doch es wurde möglich dank der Solidarität des Auslands mit Deutschland.

Jetzt müssen wir mit den neuen Herausforderungen fertig werden, mit der Zuwanderung und dem Asyl einerseits und andererseits mit der extremistischen Gewalt. Hüten wir uns, beides zu vermischen oder gar gleichzusetzen. Die Gewalttäter reiben sich doch nur die Hände, wenn wir ihnen auch noch diesen Vorwand liefern, mit dem sie jugendliche Mitläufer ködern. In Wahrheit sind ihnen die Angriffsziele egal. Wenn sie keine Asylbewerber finden, suchen sie sich ganz andere Opfer. Ja, sie vergreifen sich sogar an Behinderten, wie in Stendal geschehen.

Wir haben die Pflicht zu einem humanen Umgang mit den Zuwanderern. Nach dem Ende des Kalten Krieges bedroht uns in Europa eine neue Spaltung in die reichen und die armen Länder. Da die Grenzen offen sind, versuchen die Menschen, aus den Armutsgebieten auszuwandern. So war es immer in der Geschichte.

Weil wir für den massenhaften Zustrom bisher keine brauchbaren Rechtsregeln haben, sondern nur das Asyl, preßt sich nun alles durch dieses dafür gar nicht geschaffene Asylnadelöhr. Aber das gibt doch uns nicht das Recht, diese Ausländer als Asylbetrüger zu beschimpfen, wie es so oft geschieht. Vielmehr haben wir als Politiker die dringliche Pflicht, ein System zu schaffen, das die Zuwanderung steuert und begrenzt und zugleich das wahre Asylrecht schützt. [...]

Die Organe des Staates haben die Pflicht, das deutsche Gemeinwesen handlungsfähig zu erhalten, bedrohte jüdische Friedhöfe nicht schlechter zu schützen als Verfassungsorgane, die Rechtsordnung gegen Gewalttäter strikt anzuwenden, der haarsträubenden Verbreitung rechtsradikaler Hetzparolen nicht länger tatenlos zuzusehen, wo es nötig ist, Gesetze zu verschärfen.

Doch unsere Gewissen zu schärfen, ist jetzt noch wichtiger. Es reicht ganz und gar nicht, nur auf die Politik zu warten. Wir müssen unsere Augen aufmachen, um zu sehen, wo wir selbst als Bürger die Menschenwürde vor der Gewalt bewahren können. [...]

Es kann sehr wichtig sein, wenn gerade diejenigen Gruppen zusammenarbeiten, die üblicherweise im Alltag miteinander konkurrieren, wenn zum Beispiel junge IG-Metaller und junge Unternehmer zusammen das Gespräch mit den vielen vereinzelten, verunsicherten Jugendlichen suchen, ihnen zuhören und vielleicht zu einem friedlichen Anschluß verhelfen, oder wenn die Jungen Liberalen, die Jungsozialisten und die Junge Union gemeinsam dasselbe tun.

Groß ist bei alledem die Verantwortung der Medien. Mit ihrer Präsenz und Information haben sie einen tiefwirkenden Einfluß. Niemand kann sie und vor allem niemand soll sie beaufsichtigen. Sie sind der eigenen Kontrolle unterworfen. Selbstbeherrschung nennt man das. Möge sie geübt werden.

„Deutschland den Deutschen" – mit solchen Parolen ziehen Extremisten durch die Straßen. Was soll das heißen? Eine neue Verfassung? Ein anderer Artikel 1?

Dort steht nicht: „Die Würde des Deutschen ist unantastbar", sondern: „Die Würde des Menschen ist unantastbar". Dabei bleibt es; käme es anders, gerade dann wäre es um die Würde der Deutschen geschehen.

Wer vorgibt, im Interesse Deutschlands zur Gewalt zu greifen, der vergreift sich am Namen unserer Nation. Deutschland ist weder Schlagwort noch Schlagstock, sondern unser Land, das uns am Herzen liegt.

Wir haben Trennungen überwunden. Nun wollen wir keine neuen Grenzen entstehen lassen. Wir haben in Ost und West *ein* Schicksal, nicht zwei. Wir sind *eine* Verantwortungsgemeinschaft.

Wir haben unsere Schwierigkeiten im eigenen Land. Doch wir wissen, wie viele andere Völker es weit schwerer haben. Wir haben keinen Grund und kein Recht zur Furcht. Das heutige Deutschland ist nicht die Weimarer Republik.

Aber es gibt auch gar nichts zu beschönigen. Diese Demonstration, die ohne Beispiel ist, hat ihren Sinn nur darin, uns aufzurütteln. Wozu haben wir denn durch Übung gelernt und in einer friedlichen Revolution bewiesen, Demokraten zu sein? Darum, daß jetzt jeder und jede an ihrem Platz mitarbeiten, um unsere Zivilisation vor der Gewalt zu schützen. Daß wir alle zusammen für die Würde des Menschen einstehen.

Das ist unsere Verantwortung als freie Bürger.

R

---

1. Schreiben Sie zwei Zeitungsartikel zu der Rede Weizsäckers:
   a) einen Bericht, der über die Redesituation und den Inhalt informiert, und
   b) einen Kommentar, in dem Sie zu der von Weizsäcker vorgetragenen Position Stellung nehmen.
2. a) Untersuchen Sie detailliert die Verwendung des Pronomens „wir" mit seinen historischen, gesellschaftlichen und situativen Implikationen in dieser Rede.
   ▷ S. 121 f. b) Welche anderen ▷ Strategien der Beeinflussung können Sie der Rede entnehmen?
3. Deutschland und das Ausland: Vergleichen Sie die Aussagen Weizsäckers und Herzogs (▷ S. 505 f.) zu diesem thematischen Komplex.
4. Führen Sie anhand der Rede von Roman Herzog eine vollständige Redeanalyse durch. Nutzen Sie dazu den Fragenkatalog auf S. 119 ff. Gehen Sie nicht schematisch allen Fragen nach, sondern wählen Sie diejenigen aus, die Ihnen bei der Erschließung dieser Rede ergiebig erscheinen.

Roman Herzog

Aufbruch ins 21. Jahrhundert (1997)

In den letzten Jahren entwickelte sich in der bundesrepublikanischen Öffentlichkeit ein zunehmendes Krisenbewusstsein angesichts von Fragen wie: Kann die deutsche Wirtschaft dem Druck der „Globalisierung", der Erweiterung nationaler Märkte zu einem einzigen internationalen, standhalten? Kann die Arbeitslosigkeit wirksam bekämpft werden? Wie können die Renten gesichert werden, da es immer weniger junge und immer mehr alte Menschen gibt? – Der damalige Bundespräsident Herzog nahm zu diesen Fragen in einer viel beachteten Rede am 26. April 1997 anlässlich der Wiedereröffnung des Berliner Hotels Adlon Stellung.

Wir stehen wirtschaftlich und gesellschaftlich vor den größten Herausforderungen seit 50 Jahren: 4,3 Millionen Arbeitslose, die Erosion[1] der Sozialversicherung durch eine auf dem Kopf stehende Alterspyramide, die wirtschaftliche, technische und politische Herausforderung der Globalisierung.

Der Verlust wirtschaftlicher Dynamik, die Erstarrung der Gesellschaft, eine unglaubliche mentale Depression – das sind die Stichworte der Krise. Sie bilden einen allgegenwärtigen Dreiklang, aber einen Dreiklang in Moll. In der Tat: Verglichen mit den Staaten in Asien oder – seit einigen Jahren wieder – auch den USA, ist das Wachstum der deutschen Wirtschaft ohne Schwung. Und: In Amerika und Asien werden die Produktzyklen immer kürzer, das Tempo der Veränderung immer größer. Es geht auch nicht nur um technische Innovation und um die Fähigkeit, Forschungsergebnisse schneller in neue Produkte umzusetzen. Es geht um nichts Geringeres als um eine neue industrielle Revolution, um die Entwicklung zu einer neuen, globalen Gesellschaft des Informationszeitalters.

Wer Initiative zeigt, wer vor allem neue Wege gehen will, droht unter einem Wust von wohlmeinenden Vorschriften zu ersticken. Um deutsche Regulierungswut kennen zu lernen, reicht schon der Versuch, ein simples Einfamilienhaus zu bauen. Und dieser Bürokratismus trifft nicht nur den kleinen Häuslebauer. Er trifft auch die großen und kleinen Unternehmer und er trifft ganz besonders den, der auf die verwegene Idee kommt, in Deutschland ein Unternehmen zu gründen.

Der Verlust der wirtschaftlichen Dynamik geht Hand in Hand mit der Erstarrung unserer Gesellschaft. Die Menschen bei uns spüren, dass die gewohnten Zuwächse ausbleiben, und sie reagieren darauf verständlicherweise mit Verunsicherung. Zum ersten Mal werden auch diejenigen, die bisher noch nie von Arbeitslosigkeit bedroht waren, von Existenzangst für sich und ihre Familien geplagt.

Das ist ungeheuer gefährlich; denn nur zu leicht verführt Angst zu dem Reflex, alles Bestehende erhalten zu wollen, koste es, was es wolle. Eine von Ängsten erfüllte Gesellschaft wird unfähig zu Reformen und damit zur Gestaltung der Zukunft. Angst lähmt den Erfindergeist, den Mut zur Selbstständigkeit, die Hoffnung, mit den Problemen fertig zu werden.

Unser eigentliches Problem ist also ein mentales: Es ist ja nicht so, als ob wir nicht wüssten, dass wir Wirtschaft und Gesellschaft dringend modernisieren müssen. Trotzdem geht es nur mit quälender Langsamkeit voran. Uns fehlt der Schwung zur Erneuerung, die Bereitschaft, Risiken einzugehen, eingefahrene Wege zu verlassen, Neues zu wagen.

Innovationsfähigkeit fängt im Kopf an, bei unserer Einstellung zu neuen Techniken, zu neuen Arbeits- und Ausbildungsformen, bei unserer Haltung zur Veränderung schlechthin. Ich meine sogar: Die mentale und die intellektuelle Verfassung des Standorts Deutschland ist heute schon wichtiger als der Rang des Finanzstandorts oder die Höhe der Lohnnebenkosten.

Allzu oft wird versucht, dem Zwang zu Veränderungen auszuweichen, indem man einfach nach dem Staat ruft; dieser Ruf ist schon fast zum allgemeinen Reflex geworden. Je höher aber die Erwartungen an den Staat wachsen, desto leichter werden sie auch enttäuscht – nicht nur wegen knapper Kassen. Der Staat und seine Organe sind der Komplexität des modernen Lebens – mit all seinen Grenz- und Sonderfällen – oft einfach nicht gewachsen und sie können es auch gar nicht sein.

Wir brauchen wieder eine Vision. Visionen sind

1 **Erosion:** langsame Verwitterung, schleichender Verfall

nichts anderes als Strategien des Handelns. Das ist es, was sie von Utopien unterscheidet.
Wenn ich versuche, mir Deutschland im Jahre 2020 vorzustellen, dann denke ich an ein Land, das sich von dem heutigen doch wesentlich unterscheidet.
Erstens: Wäre es nicht ein Ziel, eine Gesellschaft der Selbstständigkeit anzustreben, in der der Einzelne mehr Verantwortung für sich und andere trägt und in der er das nicht als Last, sondern als Chance begreift? Eine Gesellschaft, in der nicht alles vorgegeben ist, die Spielräume öffnet, in der auch dem, der Fehler macht, eine zweite Chance eingeräumt wird. Eine Gesellschaft, in der Freiheit der zentrale Wert ist und in der Freiheit sich nicht nur durch die Chance auf materielle Zuwächse begründet.
Zweitens: Wäre es nicht ein Ziel, eine Gesellschaft anzustreben, die nicht mehr wie heute strikt in Arbeitsplatzbesitzer und Menschen ohne Arbeit geteilt ist? Arbeit wird in Zukunft anders sein als heute: Neue, wissensgestützte Berufe werden unqualifizierte Jobs verdrängen, und es wird mehr Dienstleistungen als industrielle Arbeit geben. Statt Lebensarbeitsplätzen wird es mehr Mobilität und mehr Flexibilität geben, auch zur besseren Vereinbarkeit von Beruf und Familie. Arbeit dient nicht nur dem Lebensunterhalt, Arbeit kann und soll auch Freude machen und Stolz vermitteln.
Drittens: Wäre es nicht ein Ziel, eine Gesellschaft der Solidarität anzustreben – nicht im Sinne der Maximierung von Sozialtransfers[2], sondern im Vertrauen auf das verantwortliche Handeln jedes Einzelnen für sich selbst und die Gemeinschaft?
Viertens: Ich erwarte eine Informations- und Wissensgesellschaft. Das ist die Vision einer Gesellschaft, die jedem die Chance einräumt, an der Wissensrevolution unserer Zeit teilzuhaben. Das heißt: bereit zum lebenslangen Lernen zu sein, den Willen zu haben, im weltweiten Wettbewerb um Wissen in der ersten Liga mitzuspielen. Dazu gehört vor allem auch ein aufgeklärter Umgang mit Technik.
Fünftens: Ich wünsche mir eine Gesellschaft, die die europäische Einigung nicht als Technik des Zusammenlebens versteht, sondern die Europa als Teil ihrer politischen und kulturellen Identität empfindet und bereit ist, diese in der bunter werdenden Welt zu bewahren und zu bewähren.
Sechstens: Ich wünsche mir deshalb eine Gesellschaft, die die internationale Verantwortung Deutschlands annimmt und sich für eine Weltordnung einsetzt, in der die Unterschiedlichkeit der Kulturen nicht neue Konflikt- und Kampflinien schafft. Auch im Inneren muss eine offene Gesellschaft entstehen, eine Gesellschaft der Toleranz, die das Zusammenleben von Menschen unterschiedlicher Kulturen möglich macht.
Wenn ich von der Zukunft unserer Gesellschaft rede, spreche ich zwangsläufig von der Jugend. Unsere Jugend ist das größte Kapital, das wir haben. Wir müssen ihr nur Perspektiven geben. Dazu gehört nicht nur, dass wir keine Schuldenpolitik zu ihren Lasten betreiben, mit der wir ihr alle Spielräume verbauen. Warum gibt es so wenige Angebote für Jugendliche zu einem freiwilligen sozialen Engagement? Es gibt sie doch wieder, die Jugendlichen, die dazu bereit sind. Egoismus allein ist nicht mehr „in“, gerade unsere Jugend ist wieder bereit, sich für die Gemeinschaft einzusetzen.
Wir Älteren aber müssen uns die Frage stellen: Was leben wir den jungen Menschen vor? Welche Leitbilder geben wir ihnen? Das Leitbild des ewig irritierten, ewig verzweifelten Versorgungsbürgers kann es doch wahrhaftig nicht sein!
Die Aufgaben, vor denen wir stehen, sind gewaltig. Die Menschen fühlen sich durch die Fülle der gleichzeitig notwendigen Veränderungen überlastet. Das ist verständlich, denn der Nachholbedarf an Reformen hat sich bei uns geradezu aufgestaut. Es wird Kraft und Anstrengung kosten, die Erneuerung voranzutreiben, und es ist bereits viel Zeit verloren gegangen. Niemand darf aber vergessen: In hoch technisierten Gesellschaften ist permanente Innovation eine Daueraufgabe! Die Welt ist im Aufbruch, sie wartet nicht auf Deutschland. Aber es ist auch noch nicht zu spät.

2 **Sozialtransfers:** Arbeitslosen-, Sozialhilfe etc.

3 Sprache – Denken – Wirklichkeit

3.1 Der Zeichencharakter der Sprache

Günther Anders

Der Löwe (1966)

Als die Mücke zum ersten Male den Löwen brüllen hörte, da sprach sie zur Henne: „Der summt aber komisch."
„Summen ist gut", fand die Henne.
„Sondern?", fragte die Mücke.
„Er gackert", antwortete die Henne. „Aber das tut er allerdings komisch."

Erich Fried

Definition (1964)

Ein Hund
der stirbt
und der weiß
dass er stirbt
wie ein Hund

und der sagen kann
dass er weiß
dass er stirbt
wie ein Hund
ist ein Mensch.

1. a) Halten Sie Ihre ersten Assoziationen zu den Texten von Anders und Fried in Stichworten fest.
   b) Erläutern Sie die Pointen der beiden Texte.
2. a) Sammeln Sie Alltagsbeispiele, in denen Wörter/Sätze und Bedeutung nicht eindeutig zugeordnet sind.
   b) Erörtern Sie den Zusammenhang von Sprache und Bedeutung.

Als ein historisch wandelbares System von Zeichen ist die Sprache ein sehr vielschichtiges Gebilde, das sich unter regionalen, sozialen und anderen Einflüssen laufend umgestaltet und differenziert. Bei aller Vielfalt unterliegen sämtliche menschlichen Sprachformen jedoch gemeinsamen Strukturgesetzmäßigkeiten, von denen einige in den folgenden Texten vorgestellt werden. Dabei geht es u.a. um folgende Fragen: Wie kann man mit Hilfe der Sprache neue, vorher unbekannte Sachverhalte zum Ausdruck bringen? Wie funktioniert das Zusammenspiel der einzelnen sprachlichen Zeichen, und was heißt es, wenn man sagt: „Sie bedeuten etwas"? Wie hängt die Lautstruktur eines Wortes mit der Bedeutung, die es vermitteln soll, zusammen? Wie ist es möglich, dass es in einer Sprache für ein und denselben Sachverhalt mehrere verschiedene Wörter geben kann (z.B. Möhre/Karotte)? Ist es möglich und sinnvoll, die in einer Sprachgemeinschaft üblichen Verbindungen von Wort und Bedeutung aufzulösen und neue Verbindungen an ihre Stelle zu setzen? Was reizt gerade junge Leute an solchen Ausbrüchen aus traditionellen sprachlichen Verbindungen? Geht es dabei vielleicht gar nicht so sehr um die Bezeichnung von Sachverhalten? Welche anderen Funktionen hat die Sprache noch?

Ferdinand de Saussures Theorie des sprachlichen Zeichens

Eine der wichtigen Erkenntnisse, die zur Entwicklung der modernen Sprachwissenschaft führten, war Ferdinand de Saussures Theorie des sprachlichen Zeichens (Anfang 20. Jahrhundert). Er definierte das Zeichen als die Verknüpfung eines Lautbilds mit einer Vorstellung (von einem Gegenstand, einem Sachverhalt etc.).

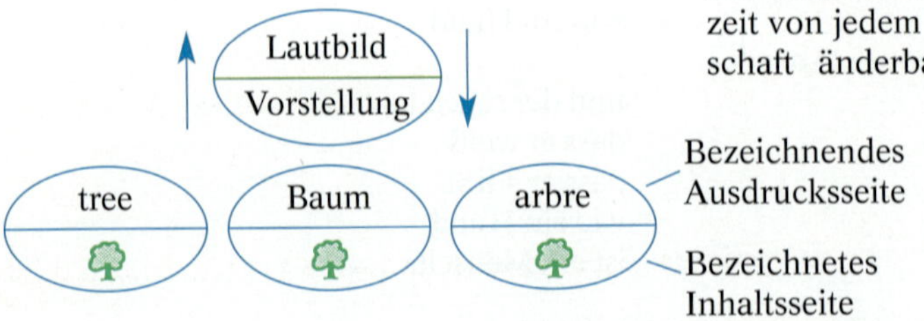

Die grafische Darstellung eines sprachlichen Zeichens in drei verschiedenen Sprachen verdeutlicht ein entscheidendes Merkmal von Saussures Zeichenbegriff: Es gibt keinen sachlichen Grund dafür, die Vorstellung des Gegenstands Baum mit einer ganz bestimmten Lautkette zu assoziieren. Warum sollen Franzosen andere sachliche Gründe haben als Engländer, um einen Baum mit „arbre“ und nicht mit „tree“ zu benennen? Die Zuordnung der beiden Seiten des sprachlichen Zeichens ist **willkürlich** (arbiträr), jedoch nicht jederzeit von jedem Mitglied einer Sprachgemeinschaft änderbar, wenn die Verständigung nicht gefährdet werden soll. Vielmehr ist durch **Konvention** geregelt, wie Inhalts- und Ausdrucksseite eines Zeichens (Bezeichnetes/Bezeichnendes) miteinander verbunden sind.

1. Erklären Sie, weshalb die Verbindung von Inhalts- und Ausdrucksseite des sprachlichen Zeichens frei und zugleich festgelegt ist.
2. Erläutern Sie anhand der folgenden Beispiele den Zusammenhang von Ausdrucks- und Inhaltsseite des sprachlichen Zeichens: „Sonnabend/Samstag“, „ein Bier/ein Helles“, „Lied/Song“, „Dame/Frau“.
3. Klären Sie den Satz Saussures: „In einem gewissen Sinn kann man zu gleicher Zeit von der Unveränderlichkeit und der Veränderlichkeit des Zeichens sprechen.“ Berücksichtigen Sie den Begriff der Konvention.

Peter Bichsel

Ein Tisch ist ein Tisch (1969)

Ich will von einem alten Mann erzählen, von einem Mann, der kein Wort mehr sagt, ein müdes Gesicht hat, zu müd zum Lächeln und zu müd, um böse zu sein. Er wohnt in einer kleinen Stadt, am Ende der Straße oder nahe der Kreuzung. Es lohnt sich fast nicht, ihn zu beschreiben, kaum etwas unterscheidet ihn von anderen. Er trägt einen grauen Hut, graue Hosen, einen grauen Rock und im Winter den langen grauen Mantel, und er hat einen dünnen Hals, dessen Haut trocken und runzelig ist, die weißen Hemdkragen sind ihm viel zu weit.

Im obersten Stock des Hauses hat er sein Zimmer, vielleicht war er verheiratet und hatte Kinder, vielleicht wohnte er früher in einer andern Stadt. Bestimmt war er einmal ein Kind, aber das war zu einer Zeit, wo die Kinder wie Erwachsene angezogen waren. Man sieht sie so im Fotoalbum der Großmutter. In seinem Zimmer sind zwei Stühle, ein Tisch, ein Teppich, ein Bett und ein Schrank. Auf einem kleinen Tisch steht ein Wecker, daneben liegen alte Zeitungen und das Fotoalbum, an der Wand hängen ein Spiegel und ein Bild.

Der alte Mann machte morgens einen Spaziergang und nachmittags einen Spaziergang, sprach ein paar Worte mit seinem Nachbarn, und abends saß er an seinem Tisch.

Das änderte sich nie, auch sonntags war das so. Und wenn der Mann am Tisch saß, hörte er den Wecker ticken, immer den Wecker ticken.

Dann gab es einmal einen besonderen Tag, einen Tag mit Sonne, nicht zu heiß, nicht zu kalt, mit Vogelgezwitscher, mit freundlichen Leuten, mit Kindern, die spielten – und das Besondere war, dass das alles dem Mann plötzlich gefiel.

Er lächelte.

„Jetzt wird sich alles ändern“, dachte er.

Er öffnete den obersten Hemdknopf, nahm

den Hut in die Hand, beschleunigte seinen Gang, wippte sogar beim Gehen in den Knien und freute sich. Er kam in die Straße, nickte den Kindern zu, ging vor sein Haus, stieg die Treppe hoch, nahm die Schüssel aus der Tasche und schloss sein Zimmer auf.

Aber im Zimmer war alles gleich, ein Tisch, zwei Stühle, ein Bett. Und wie er sich hinsetzte, hörte er wieder das Ticken, und alle Freude war vorbei, denn nichts hatte sich geändert.

Und den Mann überkam eine große Wut.

Er sah im Spiegel sein Gesicht rot anlaufen, sah, wie er die Augen zukniff; dann verkrampfte er seine Hände zu Fäusten, hob sie und schlug mit ihnen auf die Tischplatte, erst nur einen Schlag, dann noch einen, und dann begann er auf den Tisch zu trommeln und schrie dazu immer wieder: „Es muss sich ändern, es muss sich ändern!“

Und er hörte den Wecker nicht mehr. Dann begannen seine Hände zu schmerzen, seine Stimme versagte, dann hörte er den Wecker wieder, und nichts änderte sich.

„Immer derselbe Tisch“, sagte der Mann, „dieselben Stühle, das Bett, das Bild. Und dem Tisch sage ich Tisch, dem Bild sage ich Bild, das Bett heißt Bett, und den Stuhl nennt man Stuhl. Warum denn eigentlich?“ Die Franzosen sagen dem Bett ‚li‘, dem Tisch ‚tabl‘, nennen das Bild ‚tablo‘ und den Stuhl ‚schäs‘, und sie verstehen sich. Und die Chinesen verstehen sich auch.

„Weshalb heißt das Bett nicht Bild“, dachte der Mann und lächelte, dann lachte er, bis die Nachbarn an die Wand klopften und „Ruhe“ riefen.

„Jetzt ändert es sich“, rief er, und er sagte von nun an dem Bett „Bild“.

„Ich bin müde, ich will ins Bild“, sagte er, und morgens blieb er oft lange im Bild liegen und überlegte, wie er nun dem Stuhl sagen wolle, und er nannte den Stuhl „Wecker“.

Er stand also auf, zog sich an, setzte sich auf den Wecker und stützte die Arme auf den Tisch. Aber der Tisch hießt jetzt nicht mehr Tisch, er hieß jetzt Teppich. Am Morgen verließ also der Mann das Bild, zog sich an, setzte sich an den Teppich auf den Wecker und überlegte, wem er wie sagen könnte.

Dem Bett sagte er Bild.
Dem Tisch sagte er Teppich.
Dem Stuhl sagte er Wecker.
Der Zeitung sagte er Bett.
Dem Spiegel sagte er Stuhl.
Dem Wecker sagte er Fotoalbum.
Dem Schrank sagte er Zeitung.
Dem Teppich sagte er Schrank.
Dem Bild sagte er Tisch.
Und dem Fotoalbum sagte er Spiegel.

Also:

Am Morgen blieb der alte Mann lange im Bild liegen, um neun läutete das Fotoalbum, der Mann stand auf und stellte sich auf den Schrank, damit er nicht an die Füße fror, dann nahm er seine Kleider aus der Zeitung, zog sich an, schaute in den Stuhl an der Wand, setzte sich dann auf den Wecker an den Teppich und blätterte den Spiegel durch, bis er den Tisch seiner Mutter fand.

Der Mann fand das lustig, und er übte den ganzen Tag und prägte sich die neuen Wörter ein. Jetzt wurde alles umbenannt: Er war jetzt kein Mann mehr, sondern ein Fuß, und der Fuß war ein Morgen und der Morgen ein Mann.

Der alte Mann kaufte sich blaue Schulhefte und schrieb sie mit den neuen Wörtern voll, und er hatte viel zu tun damit, und man sah ihn nur noch selten auf der Straße.

Dann lernte er für alle Dinge die neuen Bezeichnungen und vergaß dabei mehr und mehr die richtigen. Er hatte jetzt eine neue Sprache, die ihm ganz allein gehörte.

Hie und da träumte er schon in der neuen Sprache, und dann übersetzte er die Lieder aus seiner Schulzeit in seine Sprache, und er sang leise vor sich hin.

Aber bald fiel ihm auch das Übersetzen schwer, er hatte seine alte Sprache fast vergessen, und er musste die richtigen Wörter in seinen blauen Heften suchen. Und es machte ihm Angst, mit den Leuten zu sprechen. Er musste lange nachdenken, wie die Leute den Dingen sagen.

Und es kam so weit, dass der Mann lachen musste, wenn er die Leute reden hörte.

Er musste lachen, wenn er hörte, wie jemand sagte:

„Gehen Sie morgen auch zum Fußballspiel?“

Oder wenn jemand sagte: „Jetzt regnet es schon zwei Monate lang.“ Oder wenn jemand sagte: „Ich habe einen Onkel in Amerika.“

Er musste lachen, weil er all das nicht verstand.

Aber eine lustige Geschichte ist das nicht. Sie hat traurig angefangen und hört traurig auf.
Der alte Mann im grauen Mantel konnte die Leute nicht mehr verstehen, das war nicht so schlimm.
Viel schlimmer war, sie konnten ihn nicht mehr verstehen. Und deshalb sagte er nichts mehr.
Er schwieg,
sprach nur noch mit sich selbst,
grüßte nicht einmal mehr.

1. Erläutern Sie Bichsels Erzählung mit Hilfe von Ferdinand de Saussures Theorie der Arbitrarität und Konventionalität sprachlicher Zeichen (▷ S. 508).
2. Diskutieren Sie mögliche Aussageabsichten der Erzählung „Ein Tisch ist ein Tisch“.
3. Verfassen Sie einen neuen Schluss für die Geschichte: Der alte Mann trifft auf eine Gruppe von Menschen, die Verwendung für seine Geheimsprache hat.

Helmut Seiffert

Die Dreidimensionalität des sprachlichen Zeichens (1983)

Syntaktische Zeichendimension

Der Zustand, zwar zu wissen, dass es sich bei bestimmten Gebilden um Zeichen (oder Marken für Zeichen) handelt, aber nicht zu wissen, *für was* die Zeichen stehen, ist allen Menschen aus mannigfachen Lebenssituationen sehr vertraut:
So sehe ich zum Beispiel irgendwo chinesische Schriftzeichen. Als gebildeter Mensch weiß ich natürlich sofort, dass es sich um Schriftzeichen und nicht etwa um zufällige Krakeleien oder um beim Füllhalterfüllen entstandene Tintenflecke handelt. Ich weiß also genau: Das sollen chinesische Buchstaben sein. Aber ich kann sie nicht lesen; ich kann sie weder in Sprachlaute umwandeln noch vermöchte ich – selbst wenn ich sie aussprechen könnte – zu sagen, was sie bedeuten sollen.
Die Verkehrszeichen sind zwar weit gehend internationalisiert. Trotzdem kann es uns in einem fremden Land passieren, dass wir ein Verkehrsschild mit einem Zeichen sehen, das wir nicht kennen. Auch dann sind wir wieder in dieser verzweifelten Situation: genau zu wissen, dass dort ein für uns unter Umständen wichtiges Zeichen steht, dessen Bedeutung wir aber nicht enträtseln können.
Wir nennen nun diese Dimension der Zeichen, in der sie zwar zu verstehen geben, dass sie Zeichen sind, nicht aber, wofür sie stehen, die *syntaktische* Dimension der Zeichen.
„Syntax“ heißt „Zusammenordnung“ und ist etwa so zu verstehen wie in der Grammatik auch, wo es ja „Satzlehre“ bedeutet: Man sieht eine Zusammenordnung, das heißt eine irgendwie gegliederte Folge von Zeichen (Buchstaben, Sprachlauten usw.), ohne zu wissen, was diese Zusammenordnung bedeutet.

Semantische Zeichendimension

Die *Bedeutung* eines Zeichens ist das, was das Zeichen uns *zu verstehen gibt.*
Wenn wir zum Beispiel eine fremde Sprache verstehen, so erfassen wir, was in dem fremdsprachigen Buch steht und was die Tischnachbarn sagen.
Die Dimension der Zeichen, in der sie uns auch ihre Bedeutung enthüllen, nennen wir die *semantische* Dimension. „Semantisch“ erfassen wir ein Zeichen also dann, wenn wir die Bedeutung kennen, die ihm beigelegt ist, wenn uns das bekannt ist, wofür sie stehen sollen.

Pragmatische Zeichendimension

Wenn ich als Fußgänger ein Stoppstraßenschild sehe, weiß ich zwar genau, was dieses Schild *bedeutet.* Aber diese Bedeutung betrifft mich nicht, da ich als Fußgänger zwar Fußgängerampeln, aber nicht Stoppschilder beachten muss. Für den Autofahrer hingegen ist das Stoppstraßenschild unmittelbar verbindlich. Er muss anhalten und kann dann erst über die Kreuzung fahren.
Am nächsten Morgen bringt die Post mir einen Steuerbescheid. Ich „verstehe“ die Be-

deutung dieses Bescheides dahin, dass ich aufgefordert werde, 600 DM Einkommensteuern nachzuzahlen. Aber bei diesem Verstehen des Textzusammenhanges kann ich es leider nicht bewenden lassen. Ich muss das Geld auch wirklich bezahlen.
Hieraus wird deutlich, dass es hinter der syntaktischen und der semantischen Dimension des Zeichens noch eine dritte gibt: die *pragmatische*. In dieser Dimension fordert mich das Zeichen zu einem bestimmten Handeln auf. Ich soll nicht nur verstehen, was es bedeutet, sondern tun, was mir durch es aufgetragen wird.

Zusammenfassung

1. Die *syntaktische* Zeichendimension hat es mit den Beziehungen der Zeichen *untereinander* zu tun.
2. Die *semantische* Zeichendimension hat es mit den Beziehungen zwischen den Zeichen und dem, *wofür sie stehen*, zu tun.
3. Die *pragmatische* Zeichendimension hat es mit den Beziehungen zwischen den Zeichen, dem, wofür sie stehen, und dem, was das Bezeichnete für die beteiligten Personen als *Handlungsaufforderung* darstellt, zu tun.

Den Gesamtbereich der Zeichentheorie, soweit sie sich mit dem Verhältnis der drei Dimensionen Syntaktik, Semantik und Pragmatik befasst, nennt man *Semiotik*.

1. „Da liegt ein Haufen Mist." – „Mach keinen Mist!" Analysieren Sie diese Sätze mit Hilfe der von Seiffert formulierten Einsichten in die syntaktische, die semantische und die pragmatische Zeichendimension.
2. Suchen Sie eigene Beispielsätze und erläutern Sie die Dreidimensionalität des sprachlichen Zeichens. Orientieren Sie sich an der folgenden Grafik.

Die drei Dimensionen des sprachlichen Zeichens

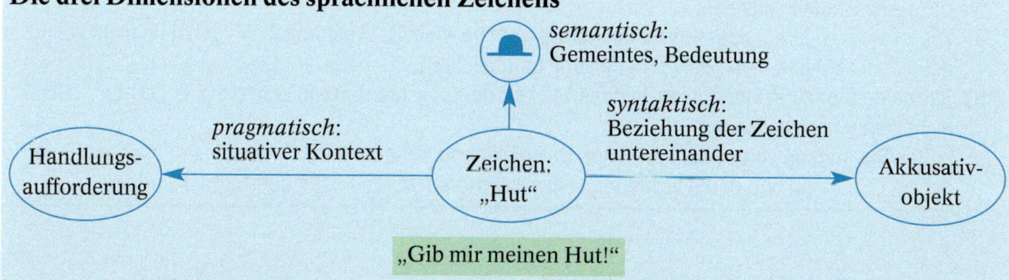

Ludwig Wittgenstein

Spiele – Versuch einer Definition
(1945)

Betrachte z. B. einmal die Vorgänge, die wir „Spiele" nennen. Ich meine Brettspiele, Kartenspiele, Ballspiele, Kampfspiele usw. Was ist allen diesen gemeinsam? – Sag nicht: „Es *muss* ihnen etwas gemeinsam sein, sonst hießen sie nicht ‚Spiele' " – sondern *schau*, ob ihnen allen etwas gemeinsam ist. – Denn wenn du sie anschaust, wirst du zwar nicht etwas sehen, was *allen* gemeinsam wäre, aber du wirst Ähnlichkeiten, Verwandtschaften, sehen, und zwar eine ganze Reihe. Wie gesagt: Denk nicht, sondern schau! – Schau z. B. die Brettspiele an, mit ihren mannigfachen Verwandtschaften. Nun geh zu den Kartenspielen über: Hier findest du viele Entsprechungen mit jener ersten Klasse, aber viele gemeinsame Züge verschwinden, andere treten auf. Wenn wir nun zu den Ballspielen übergehen, so bleibt manches Gemeinsame erhalten, aber vieles geht verloren. – Sind sie alle *„unterhaltend"*? Vergleiche Schach mit dem Mühlfahren. Oder gibt es überall ein Gewinnen und Verlieren oder eine Konkurrenz der Spielenden? Denk an die Patiencen. In

den Ballspielen gibt es Gewinnen und Verlieren; aber wenn ein Kind den Ball an die Wand wirft und wieder auffängt, so ist dieser Zug verschwunden. Schau, welche Rolle Geschick und Glück spielen. Und wie verschieden ist Geschick im Schachspiel und Geschick im Tennisspiel. Denk nun an die Reigenspiele: Hier ist das Element der Unterhaltung, aber wie viele der anderen Charakterzüge sind verschwunden! Und so können wir durch die vielen, vielen anderen Gruppen von Spielen gehen, Ähnlichkeiten auftauchen und verschwinden sehen. Und das Ergebnis dieser Betrachtung lautet nun: Wir sehen ein kompliziertes Netz von Ähnlichkeiten, die einander übergreifen und kreuzen. Ähnlichkeiten im Großen und Kleinen.
Ich kann diese Ähnlichkeiten nicht besser charakterisieren als durch das Wort „Familienähnlichkeiten"; denn so übergreifen und kreuzen sich die verschiedenen Ähnlichkeiten, die zwischen den Gliedern einer Familie bestehen: Wuchs, Gesichtszüge, Augenfarbe, Gang, Temperament etc. etc. – Und ich werde sagen: Die „Spiele" bilden eine Familie. […] Wie ist denn der Begriff des Spiels abgeschlossen? Was ist noch ein Spiel und was ist keines mehr? Kannst du die Grenzen angeben? Nein. Du kannst welche *ziehen*: Denn es sind noch keine gezogen. (Aber das hat dich noch nie gestört, wenn du das Wort „Spiel" angewendet hast.)
„Aber dann ist ja die Anwendung des Wortes nicht geregelt, das ‚Spiel', welches wir mit ihm spielen, ist nicht geregelt." – Es ist nicht überall von Regeln begrenzt; aber es gibt ja auch keine Regel dafür z. B., wie hoch man im Tennis den Ball werfen darf oder wie stark, aber Tennis ist doch ein Spiel und es hat auch Regeln.
Wie würden wir denn jemandem erklären, was ein Spiel ist? Ich glaube, wir werden ihm *Spiele* beschreiben, und wir könnten der Beschreibung hinzufügen: „Das, *und Ähnliches* nennt man ‚Spiele'." Und wissen wir selbst denn mehr? Können wir etwa nur dem andern nicht genau sagen, was ein Spiel ist? – Aber das ist nicht Unwissenheit. Wir kennen die Grenzen nicht, weil keine gezogen sind.

---

1. Fassen Sie mit eigenen Worten Wittgensteins Versuch, den Begriff „Spiel" zu definieren, zusammen. Legen Sie dazu eine Strukturskizze an.
2. a) Wie ist es zu erklären, dass Wörter der Alltagssprache wie z. B. „Spiel" nach Wittgenstein nicht genau zu definieren sind und dennoch Verständigung ermöglichen?
   b) Skizzieren Sie selbst Situationen, in denen sich Bedeutungsgrenzen von Wörtern (z. B. „schön", „Glück") nicht genau fassen lassen.
   c) Prüfen Sie anhand von selbst gewählten Beispielen, ob Wittgensteins Überlegungen auch auf Begriffe der Fachsprachen und deren Verwendung in wissenschaftlichen Texten übertragbar sind.

3.2 Bedeuten die Grenzen meiner Sprache die Grenzen meiner Welt?

Wenn wir davon ausgehen, dass es auf der einen Seite das denkende Erkenntnissubjekt gibt und auf der anderen Seite eine außerhalb des Denkens existierende Welt als Erkenntnisobjekt, so stellt sich die Frage, wie das Subjekt zur Erkenntnis der außer ihm existierenden Welt kommt.
Auf diese bis heute umstrittene philosophische Frage hat IMMANUEL KANT 1781 in seiner „Kritik der reinen Vernunft" eine komplizierte Antwort gegeben, die sich – recht vereinfacht – so formulieren lässt: Das Erkenntnissubjekt empfängt aus der Welt eine zunächst unstrukturierte Gesamtheit von Sinneseindrücken, die dann der Verstand mit seinen Kategorien ordnet. Die Sinne empfangen also lediglich das „Material" der Erkenntnis, die eigentliche Erkenntnisarbeit leistet der Verstand, durch seine Kategorien erst „denken" wir die Welt.
Aber was heißt „denken"? Handelt es sich dabei um einen von der Sprache unabhängigen Vorgang oder ist es „innere Sprache", also sprachabhängig?
Der Philosoph JOHANN GOTTFRIED HERDER (1744–1803) stellte in seiner „Metakritik zur Kritik der reinen Vernunft" (1799) die These auf, dass das Denken auf die Sprache angewiesen sei.

Ab dem Ende des 18. Jahrhunderts stellte man sich die Frage, ob nicht zwischen dem denkenden Ich und der zu erkennenden Welt die Sprache steht, die unsere Erkenntnisweise „überformt", wenn nicht gar lenkt. Dieser Gedanke musste provokant erscheinen im Vergleich zu der bis dahin vorherrschenden Sprachtheorie, nach welcher die Sprache als „neutrales" Medium zur bloßen Benennung der Gegenstände und Sachverhalte angesehen worden war (so z. B. die biblische Auffassung in *Genesis* 2, 18–20). Schließlich wäre die Konsequenz, dass wir als denkende Subjekte in den Wörtern und Satzbauplänen der Sprache „gefangen" wären, ihr nicht entrinnen könnten; unsere Wirklichkeitserkenntnis wäre abhängig von unserer Sprache.

1. „Die Grenzen meiner Sprache bedeuten die Grenzen meiner Welt." Erörtern Sie diese These Ludwig Wittgensteins und ihre Konsequenzen für die zwischenmenschliche Verständigung.

Benjamin Lee Whorf

Das „linguistische Relativitätsprinzip" (um 1940)

Nehmen wir zum Beispiel einmal an, es gäbe eine menschliche Art, die auf Grund eines physiologischen[1] Defekts nur die blaue Farbe sehen kann. Die Menschen dieser Art würden wohl kaum in der Lage sein, die Regel zu erkennen und zu formulieren, dass sie nur Blau sehen. Der Terminus „Blau" hätte für sie keinen Sinn. Ihre Sprache würde gar keine Termini für Farben enthalten. Und die Wörter, mit denen sie ihre verschiedenen Blauempfindungen bezeichnen würden, entsprächen unseren Wörtern „hell, dunkel, weiß, schwarz" etc., nicht aber unserem Wort „blau". Um die Regel oder Norm, „wir sehen nur Blau", erfassen zu können, müssten sie gelegentlich und ausnahmsweise auch Momente haben, in denen sie andere Farben sehen. Das Gesetz der Schwerkraft beherrscht unser Leben als eine Regel ohne Ausnahme, und es bedarf eigentlich keiner besonderen Feststellung, dass ein physikalisch völlig unvorgebildeter Mensch von dieser Tatsache keinerlei Bewusstsein hat. Der Gedanke eines Universums, in dem sich Körper anders verhalten als auf der Oberfläche der Erde, käme ihm gar nicht. Wie die blaue Farbe für jene angenommenen Menschen, so ist das Gravitationsgesetz für den unvorgebildeten Menschen Teil seines Hintergrundes und nicht etwas, das er von diesem isolierend abhebt. Das Gesetz konnte daher erst formuliert werden, als man die fallenden Körper unter dem Aspekt einer weiteren astronomischen Welt sah, in der sie sich auf orbitalen[2] Bahnen oder da und dorthin bewegen. Als die Linguisten so weit waren, eine größere Anzahl von Sprachen mit sehr verschiedenen Strukturen kritisch und wissenschaftlich untersuchen zu können, erweiterten sich ihre Vergleichsmöglichkeiten. Phänomene, die bis dahin als universal galten, zeigten Unterbrechungen, und ein ganz neuer Bereich von Bedeutungszusammenhängen wurde bekannt. Man fand, dass das linguistische System (mit anderen Worten, die Grammatik) jeder Sprache nicht nur ein reproduktives Instrument zum Ausdruck von Gedanken ist, sondern vielmehr selbst die Gedanken formt, Schema und Anleitung für die geistige Aktivität des Individuums ist, für die Analyse seiner Eindrücke und für die Synthese dessen, was ihm an Vorstellungen zur Verfügung steht. Die Formulierung von Gedanken ist kein unabhängiger Vorgang, der im alten Sinne dieses Wortes rational ist, sondern er ist beeinflusst von der jeweiligen Grammatik. Er ist daher für verschiedene Grammatiken mehr oder weniger verschieden. Wir gliedern die Natur an Linien auf, die uns durch unsere Muttersprachen vorgegeben sind. Die Kategorien und Typen, die wir aus der phänomenalen Welt herausheben, finden wir nicht einfach in ihr – etwa weil sie jedem Beobachter in die Augen springen; ganz im Gegenteil präsentiert sich die Welt in einem kaleidoskopartigen[3] Strom von Eindrücken, der durch unseren Geist organisiert werden muss – das aber heißt weitgehend: von dem linguistischen System in unserem Geist. Wie wir die Natur aufgliedern, sie

1 **Physiologie:** Wissenschaft, die Aufbau und Funktionen des Organismus untersucht

2 **orbital:** die Umlaufbahn betreffend

3 **kaleidoskopartig:** von ständig wechselnder Buntheit

in Begriffen organisieren und ihnen Bedeutungen zuschreiben, das ist weitgehend davon bestimmt, dass wir an einem Abkommen beteiligt sind, sie in dieser Weise zu organisieren – einem Abkommen, das für unsere ganze Sprachgemeinschaft gilt und in den Strukturen unserer Sprache kodifiziert ist. Dieses Übereinkommen ist natürlich nur ein implizites und unausgesprochenes, *aber sein Inhalt ist absolut obligatorisch*; wir können überhaupt nicht sprechen, ohne uns der Ordnung und Klassifikation des Gegebenen zu unterwerfen, die dieses Übereinkommen vorschreibt.

Diese Tatsache ist für die moderne Naturwissenschaft von großer Bedeutung. Sie besagt, dass kein Individuum Freiheit hat, die Natur mit völliger Unparteilichkeit zu beschreiben, sondern eben, während es sich am freiesten glaubt, auf bestimmte Interpretationsweisen beschränkt ist. Die relativ größte Freiheit hätte in dieser Beziehung ein Linguist, der mit sehr vielen äußerst verschiedenen Sprachsystemen vertraut ist. Bis heute findet sich noch kein Linguist in einer solchen Position. Wir gelangen daher zu einem neuen Relativitätsprinzip, das besagt, dass nicht alle Beobachter durch die gleichen physikalischen Sachverhalte zu einem gleichen Weltbild geführt werden, es sei denn, ihre linguistischen Hintergründe sind ähnlich oder können in irgendeiner Weise auf einen gemeinsamen Nenner gebracht werden (be calibrated).

Dieser ziemlich überraschende Schluss wird nicht so deutlich, wenn wir nur unsere modernen europäischen Sprachen miteinander vergleichen und vielleicht zur Sicherheit noch Latein und Griechisch dazunehmen. Unter diesen Sprachen herrscht eine Einstimmigkeit der Grundstrukturen, die auf den ersten Blick der natürlichen Logik Recht zu geben scheint. Die Einhelligkeit besteht jedoch nur, weil diese Sprachen alle indoeuropäische Dialekte sind, nach dem gleichen Grundriss zugeschnitten und historisch überkommen aus dem, was vor sehr langer Zeit eine Sprachgemeinschaft gewesen war; weil die modernen Dialekte seit langem am Bau einer gemeinsamen Kultur beteiligt sind; und weil viele der intellektuelleren Züge dieser Kultur sich aus dem linguistischen Hintergrund des Lateinischen und des Griechischen herleiten. Diese Sprachgruppe erfüllt daher die spezielle Bedingung des mit „es sei denn“ beginnenden Nebensatzes in der Formel des linguistischen Relativitätsprinzips am Ende des vorhergehenden Absatzes. Aus dieser Sachlage ergibt sich auch die Einstimmigkeit der Weltbeschreibung in der Gemeinschaft der modernen Naturwissenschaftler. Es muss aber betont werden, dass „alle modernen indoeuropäisch sprechenden Beobachter“ nicht das Gleiche ist wie „alle Beobachter“. Wenn moderne chinesische oder türkische Naturwissenschaftler die Welt in den gleichen Termini wie die westlichen Wissenschaftler beschreiben, so bedeutet dies natürlich nur, dass sie das westliche System der Rationalisierung *in toto*[4] übernommen haben, nicht aber, dass sie dieses System von ihrem eigenen muttersprachlichen Gesichtspunkt aus mit aufgebaut haben.

Deutlicher wird die Divergenz in der Analyse der Welt, wenn wir das Semitische, Chinesische, Tibetanische oder afrikanische Sprachen unseren eigenen gegenüberstellen. Bringen wir gar die Eingeborenensprachen Amerikas hinzu, wo sich einige tausend Jahre lang Sprachgemeinschaften unabhängig voneinander und von der Alten Welt entwickelt haben, dann wird die Tatsache, dass Sprachen die Natur in vielen verschiedenen Weisen aufgliedern, unabweisbar. Die Relativität aller begrifflichen Systeme, das unsere eingeschlossen, und ihre Abhängigkeit von der Sprache werden offenbar.

4 **in toto:** im Ganzen

1. Wie begründet Whorf den Zusammenhang von Sprache, Denken und Wirklichkeit? Fassen Sie das „linguistische Relativitätsprinzip“ mit eigenen Worten zusammen.
2. Welche Konsequenzen ergeben sich aus dem linguistischen Relativitätsprinzip nach Whorf für die Naturwissenschaften?

Dieter E. Zimmer

Wiedersehen mit Whorf (1986)

Wie ist es der Whorf-Hypothese ergangen? Nicht gut. Die Sprachen unterscheiden sich nicht willkürlich. Bei etwa gleicher Distanz zu den Dingen wird die gegenständliche Welt von allen auch etwa gleich aufgeteilt. Ähnliche kognitive[1] Prozesse führen dazu, dass unter ähnlichen Umständen auch ähnliche Konzepte[2] gebildet werden. Wo diese benannt werden und damit zu Begriffen gerinnen, entsteht kein Babel[3]. Auf der Ebene der konkreten Benennungen sind die Sprachen recht gut ineinander übersetzbar. Nimmt man hinzu, dass entweder universale kognitive Prozesse oder ein für alle gleiches genetisches Programm auch Grammatiken erzeugen, die sich auf einer tieferen Ebene gleichen, so scheint ausreichend dafür gesorgt, dass sich Menschen verschiedener Sprachen nicht allzu sehr missverstehen müssen, dass nicht jeder hoffnungslos in seine Sprache eingeschlossen ist und sich keinem Sprecher einer anderen Sprache je mitteilen kann. Wir alle ordnen die Welt nach den gleichen, sozusagen natürlichen Prinzipien, unsere Sprachen spiegeln diese Ordnung und unterscheiden sich in dieser Hinsicht auch nicht erheblich. Dass Kulturen einzelne Lebensbereiche mehr oder weniger fein differenzieren, je nachdem, wie wichtig sie für sie sind, bedeutet nicht, dass ihre Angehörigen verschieden wahrnähmen und verschieden dächten. Einem alten Wissenschaftsgerücht zufolge soll der Eskimo Wörter über Wörter für die verschiedenen Schneearten haben, der Europäer aber nur eins, eben *Schnee*. Das Gerücht irrt. Die Eskimosprache bescheidet sich mit zwei Wortstämmen, einem für den fallenden und einem für den liegenden Schnee. Und sobald der Europäer sich für Schnee zu interessieren beginnt, stehen ihm durchaus weitere differenzierende Wörter zur Verfügung: *Flocken*, *Firn*, *Harsch*, *Pulver*, *Sulz* ... Whorfs Vermutung, der Eskimo fände den Generalbegriff *Schnee* „fast undenkbar", war nicht nur vage, sondern falsch. Nicht die Sprache nämlich bestimmt, welche Ober- und Unterkategorien ein Einzelner oder ein Volk bilden kann, sondern etwas anderes: der Bedarf.

Dass jedoch alle Sprachen die konkrete Welt ähnlich klassifizieren, nach ähnlichen Prinzipien, jedoch ausschnittweise hier mehr, dort weniger differenziert, bedeutet nicht, dass auch bei abstrakteren Begriffen eine solche Übereinstimmung bestehen muss. Konkrete Begriffe strukturieren unsere Wahrnehmungen, abstrakte Begriffe sind die Bausteine unserer Interpretationen. Welche gebildet werden, wie sie voneinander abgesetzt werden, worauf sie sich erstrecken, mit welchen Nebenbedeutungen sie geladen werden, welche Gefühlsvaleurs[4] ihnen zuteil werden – darüber befinden nicht so sehr die Verbindlichkeiten unserer kognitiven Mechanismen, sondern mehr die gewundenen Entwicklungen und Zufälle der Kulturgeschichte, die hinter einer gewachsenen Sprache stehen. Kein Übersetzer muss befürchten, in irgendeiner Sprache keinen Begriff für „Wasser" oder „Auge" oder „Baum" anzutreffen. Bei „Sicherheit", „Empörung", „Urteil" kann er diese Gewissheit nicht haben. Bei „Instanz", „Parameter[5]" oder „Aufklärung" kann er, wenn er in die Sprache einer fernen Kultur übersetzt, von vornherein sicher sein, dass er sehr wahrscheinlich kein Äquivalent[6] vorfinden wird und sich mit notdürftigen Umschreibungen behelfen muss. [...]

Whorfs Hypothese ist also nicht rundheraus falsch. Aber erst recht ist sie nicht rundheraus richtig. Je stärker sie formuliert wird, desto falscher scheint sie zu werden.

Ganz sicher hilft die Sprache dem Denken ganz ungemein. Indem ein Konzept mit einem Wort belegt wird, wird es zu einer Art Gegenstand: Es existiert, auch wenn es gerade nicht gedacht wird, es erhält Dauer, man kann damit sehr leicht hantieren, ganze Gefüge von Konzepten zu neuen Aussagen zusammenstellen, man kann mit einem Wort ein Konzept in seinem Geist hervorrufen, man kann seine eigenen Konzepte mit anderen Menschen austauschen. Im Experiment wurde gezeigt, dass umfangreiche logische Probleme besser

1 **kognitiv:** gedanklich, das Denken betreffend
2 **Konzepte:** komplexe gedankliche Vorstellungen
3 **Babel:** Anspielung auf die „babylonische Sprachverwirrung" (Altes Testament)
4 **Valeur:** Wertigkeit, Grad der Intensität
5 **Parameter:** u. a. charakteristische Konstante (in der Mathematik)
6 **Äquivalent:** Gleichwertiges

gelöst werden, wenn man während der Arbeit an ihnen alle seine Denkschritte verbalisiert. Die Erfindung der Sprache hat die denkerischen Möglichkeiten des Menschen gewiss potenziert[7]. Und nur sprachlich gefasste Gedanken sind mitteilbar; alle anderen gehen mit dem, der sie denkt, zu Grunde.

Die Sprache hält ihre Sprecher nicht gefangen; denken lässt sich auch, wofür die Sprache keine bequemen oder gar keine Mittel zur Verfügung stellt. Aber wofür fertige Ausdrucksmittel bereitstehen, lässt sich leichter denken; und wofür es sehr geläufige Ausdrucksmittel gibt, am allerleichtesten.

Wenn verschiedene Sprachen nicht zu einem völlig verschiedenen Denken führen, so vor allem darum, weil sie alle auf einem ähnlichen Fundament ruhen. Die Grundbegriffe für die konkrete Welt und wahrscheinlich auch die Grundregeln ihrer grammatischen Verknüpfung sind für alle sehr ähnlich. Hier, bei den fundamentalen Kategorisierungen, werden alle Sprachen von ähnlichen kognitiven Mechanismen geformt. So treiben die Sprachen nie allzu weit auseinander: Verständigung bleibt möglich. Bei den abstrakten Begriffen aber kann sie schon sehr schwierig sein. Und die Bedeutungsnuancen, die den Begriffen durch die Kulturgeschichte ihrer Benutzer zugewachsen sind, sind oft schlechthin unübersetzbar. In einem sehr eingeschränkten Sinn hatte Whorf also Recht.

Alles dies sind keine klaren, handlichen, endgültigen Wahrheiten. Eher sind es die Reflexe erster tastender Versuche, nicht durch reine Introspektion[8] und Spekulation, sondern erstmals mit den Methoden kontrollierter Empirie[9] in den unwegsamen Dschungel unseres Geistes vorzudringen, dorthin, wo sich Worte und Gedanken der Benennbarkeit und dem Bewusstsein entziehen. Erst seit wenigen Jahrzehnten sind die kognitiven Wissenschaften dabei, etwas Licht in diese überaus undurchschaubaren Verhältnisse zu bringen. Wenn auch das meiste unaufgeklärt bleibt, so haben sie gar nicht so wenig geschafft. Noch vor dreißig Jahren wäre eine plakative Parole wie „Sprache bestimmt das Denken“ schlechthin unüberprüfbar gewesen.

Ronald Langacker schrieb einmal: „Die Beziehung zwischen Sprache und Denken zu analysieren ist ein wenig, als versuchte man eine Wolke zu umarmen.“ Er selber hoffte, davon mit mehr als einer Hand voll Nebeldunst zurückgekommen zu sein.

7 **potenziert:** vervielfacht

8 **Introspektion:** Selbstbeobachtung

9 **Empirie:** (wissenschaftliche) Beobachtung

---

1. a) Wie beurteilt D. E. Zimmer Whorfs „linguistisches Relativitätsprinzip“ und wie begründet er seine Thesen?
   b) Fassen Sie zusammen, wie Zimmer das Verhältnis der Sprachen untereinander und die Beziehung zwischen Sprache, Denken und Wirklichkeit bestimmt.
   c) Führen Sie eine Pro-und-Kontra-Diskussion zur Gültigkeit des „linguistischen Relativitätsprinzips“ durch.
2. a) Welche Probleme ergeben sich hinsichtlich der Verständigungsmöglichkeiten zwischen verschiedenen Sprach- und Kulturgemeinschaften nach Whorf und D. E. Zimmer?
   b) Diskutieren Sie über Verständigungsprobleme zwischen verschiedenen Sprach- und Kulturgemeinschaften auch in Ihrem konkreten schulischen Bereich.

Steven Pinker

Der Sprachinstinkt (1998)

Sprache ist kein kulturelles Artefakt[1], das wir auf dieselbe Weise erlernen wie das Lesen einer Uhr oder den Aufbau der Bundesregierung. Sie bildet vielmehr einen klar umrissenen Teil der biologischen Ausstattung unseres Gehirns. Sprache ist eine komplexe, hoch entwickelte Fertigkeit, die sich ohne bewusste Anstrengung oder formale Unterweisung beim Kind spontan entwickelt und sich entfaltet, ohne dass das Kind sich der ihr zu Grunde liegenden Logik bewusst wird; sie ist qualitativ bei allen Menschen gleich und von allgemeineren Fähigkeiten wie dem Verarbeiten von Informationen oder intelligentem Verhalten zu trennen. Aus diesen Gründen beschrei-

1 **Artefakt:** Kunsterzeugnis

ben einige Kognitionswissenschaftler Sprache als psychologisch eng umgrenzte Fähigkeit, als mentales Organ, neuronales System oder als Berechnungsmodul. Ich persönlich jedoch ziehe den zugegebenermaßen merkwürdigen Begriff „Instinkt" vor. In ihm drückt sich die Vorstellung aus, dass das Sprachvermögen der Menschen mehr oder weniger mit der Webkunst der Spinne vergleichbar ist. […] Sprache als einen Instinkt zu betrachten heißt, die öffentliche Meinung – insbesondere die von Geistes- und Sozialwissenschaften tradierte – umzukehren. Sprache ist genauso wenig eine kulturelle Erfindung wie der aufrechte Gang. […]

Die Komplexität der Sprache ist, vom Standpunkt des Wissenschaftlers aus betrachtet, Teil unseres biologischen Geburtsrechts. Sie ist nichts, was Eltern ihren Kindern beibringen oder was in der Schule verfeinert werden müsste; wie schon Oscar Wilde sagte: „Bildung ist etwas Wunderbares. Doch man sollte sich von Zeit zu Zeit daran erinnern, dass wirklich Wissenswertes nicht gelehrt werden kann." Die unbewussten grammatischen Kenntnisse eines Vorschulkindes sind weitaus komplexer als das dickste Handbuch des guten Sprachstils oder das modernste Computersprachsystem; Gleiches gilt für alle gesunden Menschen, sogar für den berüchtigten in halben Sätzen redenden Profisportler und den – äh, weißte – voll sprachunbegabten jugendlichen Skateboardfahrer. […]

Die Menschen denken nicht auf Deutsch, Englisch, Chinesisch oder Apache. Sie denken in einer Gedankensprache. Diese Gedankensprache ähnelt wahrscheinlich jeder dieser Sprachen ein wenig. Vermutlich besitzt sie Symbole für Konzepte und Symbolanordnungen, die angeben, wer wem was getan hat. […] Eine der fesselndsten Entdeckungen der modernen Sprachwissenschaft ist die, dass offenbar sämtlichen Phrasen[2] in allen Sprachen der Welt eine gemeinsame Struktur zu Grunde liegt.

2 **Phrase:** Satz, Satzteil

1. Diskutieren Sie Pinkers These, „dass das Sprachvermögen der Menschen mehr oder weniger mit der Webkunst der Spinne vergleichbar ist" (▷ Z. 22 ff.), aufgrund Ihrer Kenntnisse über das Sprechenlernen.
2. a) Vergleichen Sie die grammatischen Strukturen einfacher Sätze in verschiedenen Sprachen. Befragen Sie hierfür zweisprachig aufgewachsene Mitschüler/innen und Ihre Fremdsprachenlehrkräfte.
   b) Können Sie Hinweise darauf finden, „dass offenbar sämtlichen Phrasen in allen Sprachen der Welt eine gemeinsame Struktur zu Grunde liegt" (▷ Z. 58 ff.)?
3. ▷ **Referat/Facharbeit:** Noam Chomskys Erklärungsansatz zum Spracherwerb

▷ S. 19 ff., 36 f.

Noam Chomsky: Sprache und Geist. Suhrkamp Verlag, Frankfurt/M., 6. Aufl. 1996
Gerd Kegel: Sprache und Sprechen des Kindes. Westdeutscher Verlag, Opladen, 3. Aufl. 1987
Steven Pinker: Der Sprachinstinkt. Wie der Geist die Sprache bildet. Droemer/Knaur, München 1998
Gisela Szagun: Sprachentwicklung beim Kind. Beltz Verlag, Weinheim, 6. Aufl. 1996

FÄCHERVERBINDENDES PROJEKT

Das Verhältnis zwischen Sprache, Denken und Wirklichkeit aus Sicht der Biologie, Erziehungswissenschaften, Philosophie und Psychologie.

Geheimnis Gehirn – Wie wir beim Sprechen denken. In: bild der wissenschaft 11/94, S. 61 ff.
Hans Hörmann: Einführung in die Psycholinguistik. Wissenschaftliche Buchgesellschaft, Darmstadt, 3. Auflage 1991
Franz Mechsner: Wer sprach das erste Wort? Sprachevolution. In: GEO 9/1998, S. 76 ff.
Steven Pinker: Der Sprachinstinkt. Wie der Geist die Sprache bildet. Droemer/Knaur, München 1998
Dieter E. Zimmer: So kommt der Mensch zur Sprache. Über Spracherwerb, Sprachentstehung und Sprache & Denken. Heyne Verlag, München, 4. Auflage 1997

4 Sprache und Entwicklung

4.1 Sprachgeschichte

4.1.1 Die Entstehung des Deutschen

Die wesentlichen Phasen der Entstehung des Deutschen

Indogermanisch:	etwa 3000 v. Chr.
Germanisch:	ab etwa 200 v. Chr. (vorliterarisch)
Althochdeutsch:	ab etwa 600 n. Chr. (Klosterkultur)
Mittelhochdeutsch:	ab etwa 1100 n. Chr. (Ritterkultur)
Neuhochdeutsch:	ab etwa 1500 n. Chr. (Bürgerkultur)

Verzeichnis der Abkürzungen in den folgenden Texten über das Indogermanische und das Germanische

Adj.	= Adjektiv	gr., griech.	= griechisch
afries.	= altfriesisch	ide.	= indoeuropäisch
ags.	= angelsächsisch	idg.	= indogermanisch
ahd.	= althochdeutsch	kelt.	= keltisch
ai.	= altindisch	lat.	= lateinisch
Akk.	= Akkusativ	mhd.	= mittelhochdeutsch
anord.	= altnordisch	nhd.	= neuhochdeutsch
balt.	= baltisch	ndl.	= niederländisch
dän.	= dänisch	röm.	= römisch
e., engl.	= englisch	russ.	= russisch
frz.	= französisch	slaw.	= slawisch
germ.	= germanisch	v. u. Z.	= vor unserer Zeitrechnung

Fritz Tschirch

Das Indogermanische (1971)

Das Idg. ist die (hypothetisch erschlossene) Urform der meisten europäischen und vorderasiatischen Sprachen, bis zu der wir in die Vergangenheit hinauf vorzudringen vermögen. Infolge seiner wahrscheinlich sehr starken mundartlichen Aufspaltung und durch Abwanderung einzelner Glieder des Urvolkes entstanden, haben die Tochtersprachen aus diesem reichen Erbe ausgewählt. Die imponierende Leistung der vergleichenden Sprachwissenschaft des 19. Jahrhunderts hat in der Entdeckung und dem minuziösen Nachweis des festen Zusammenhangs der idg. Sprachen bestanden. Sie hat ihn vor allem (und am leichtesten einsehbar) durch Wortgleichungen geführt. Wenn das Zahlwort *drei* im Finnischen *kolme*, im Hebräischen *schalosch* lautet, so ist mit Händen zu greifen, dass diese drei Wörter trotz gleicher Bedeutung sprachlich nichts miteinander zu tun haben. Wenn aber derselbe Inhalt e. *three*, ndl. *drie*, dän., schwed. *tre*, frz. *trois*, lat. *tres*, ai. *trayas* heißt, so macht selbst dem Außenstehenden die Übereinstimmung der zwei Konsonanten des Anlauts sofort deutlich, dass hier dasselbe Grundwort in jeweils verschiedener Brechung vorliegt, all diese Sprachen also zusammengehören, miteinander verwandt sind. Betrachtet man [die Wortgleichungen] auf den Inhalt ihrer Aussage, also auf ihre so genannte Bedeutung hin, so stellt man überrascht fest: Einige Sachgruppen, die für den Menschen im Vordergrund seines natürlichen Lebens stehen, sind dicht damit besetzt; andere, und zwar nicht minder bedeutende, bleiben demgegenüber leer. Als zwingender Schluss ergibt sich daraus: Jene Lebensgebiete müssen schon in der Zeit der idg. Gemeinsamkeit eine wichtige Rolle gespielt haben, während diese erst nach räumlicher Trennung und Verselbstständigung der einzelnen Tochtervölker und -sprachen in deren Gesichtskreis getreten und für sie bedeutsam geworden sein können. Die linguistisch-kulturhistorische Methode ermöglicht ein Bild von den Grundlagen und von der allmählichen Entfaltung der Sach- wie der Geisteskultur der idg. sprechenden Völker, das weit über alles hinausführt, was der Spaten der Archäologen zu ergraben und was die Vorgeschichtsforscher aus diesen Bodenfunden zu erschließen vermocht haben und je werden erschließen können. Zu den am dichtesten mit idg. Erbwortgut besetzten Sachgebieten gehören die Bezeichnungen für die Haustiere. Wortgleichungen liegen vor für *Vieh*, *Au* „Schaf“, *Kuh*, *Stier*, *Ochse*, *Kalb*, *Schwein*, *Bock*, *Ziege*, *Hund*, *Pferd*, *Fohlen*, *Gans*, *Ente*, *Biene*, ferner *Euter* und *Herde*. Dazu gesellen sich kaum weniger zahlreiche Tätigkeiten und Produkte der Viehwirtschaft wie *melken*, *sieden*, *Joch*, *Wolle*, *Mark*, die alten Wörter für *Butter* (mundartlich *Anke*) und *Fleisch* (mundartlich *Mett*, e. *meat*), die vielen Bezeichnungen für das Kastrieren wie die Sicherheit in der sprachlichen Scheidung von verschnittenen und unverschnittenen männlichen Tieren.

Welche Bedeutung solchen Wortgleichungen zukommt, wird am Gegenbild deutlich. Für eine große Zahl von Bezeichnungen zur pflanzlichen Ernährung des Menschen wie *Korn*, *Roggen*, *Gerste*, *Hirse*, *Grütze*, *Mehl*, *Frucht*, *Halm*, *säen*, *mahlen* ist die Verwandtschaft der germ. Wörter auf entsprechende aus dem Gr., Lat., Kelt., Slaw., Balt., also auf westidg. Sprachen, beschränkt, während das Ostidg. unbeteiligt bleibt. *Hafer*, *dreschen*, *Darre*[1], *Tenne*[2], *Sense*, *Spaten* gar sind allein gemeingerm., haben keinerlei zumindest sichere Wortverwandte in anderen idg. Sprachen. Daraus muss geschlossen werden: Die Idg. haben eine entwickelte Viehzucht besessen und ihr Land als Weide, nicht als Acker genutzt. Sehr viel später, als sich ihre Gemeinsamkeit stark gelockert und die Westidg. sich zu einer selbstständigen Gruppe in Europa formiert hatten, sind sie dazu übergegangen, das offene Feld zur Gewinnung pflanzlicher Nahrung anzubauen. Zu geregelter Feldbestellung gelangten erst die Völker der einzelnen Tochtersprachen.

Den festen Grund der idg. Lebensordnung bildete die (Groß-) Familie. Das beweist die Fülle der Wortgleichungen für Verwandtschaftsbezeichnungen: *Vater*, *Mutter*, *Sohn*, *Tochter*, *Bruder*, *Schwester* und die Benennungen des älteren Deutsch für die Schwiegertochter und die Schwiegereltern: *Schnur*, *Schwäher* (*Schwager*), *Schwieger* sind als urverwandte Wörter mit unveränderter Bedeutung in sämtlichen idg. Sprachen vertreten. Daraus ergeben sich eine Festigkeit dieser Familiengemeinschaft und ein Familiensinn, die die Jahrtausende hindurch nicht die mindeste Änderung, Umbildung oder gar Erschütterung erfahren haben. Dass eine Wortgleichung für den Schwiegersohn fehlt (das frühere *Eidam* ist nur westgerm.), lässt die Besonderheit dieser Ordnung genauso scharf ins Licht treten wie die Tatsache, dass zu den idg. Wortgleichungen zwar das Wort *Witwe* gehört, die männliche Entsprechung dagegen sich allenthalben als späte einzelsprachliche Ableitung von diesem Grundwort darstellt. Das besagt: Die idg. Familie baute sich vaterrechtlich auf; die Frau trat in ihr völlig zurück, war dem Mann unbedingt untergeben. Bei der Heirat folgte sie dem Mann in die Familie seines Vaters, wurde seine *Schwiegertochter*; weil ihr Mann in der Lebensgemeinschaft ihrer Eltern praktisch nicht in Erscheinung trat, als *Schwiegersohn* im Grunde nicht vorhanden war, bedurfte es keiner eigenen Bezeichnung. Daher bedeutete der Verlust des Mannes für die Frau eine entscheidende Veränderung ihres äußeren wie inneren Lebens und forderte so ebenfalls ein besonderes Wort. Verlor dagegen der Mann seine Frau

1 **Darre:** Trocken- oder Röstvorrichtung
2 **Tenne:** festgestampfter Platz (in der Scheune), bes. zum Dreschen

durch den Tod, so änderte sich rechtlich nichts an seiner Stellung, nötigte nichts zu sprachlicher Fixierung dieses Falles. Erst die neueste Zeit, die die Ehe als innere Gemeinschaft der Gatten versteht, die durch den Tod zerrissen wird, befriedigt die junge Notwendigkeit nach einem Wort dafür durch die sprachlich unerhörte Ableitung eines Maskulinums *Witwer* vom Feminimum *Witwe*. Für diesen völlig isolierten Vorgang gibt es im germ. Bereich nur noch eine Parallele: Dem Wort *Braut*, der ursprünglichen Bezeichnung für die Jungvermählte, fehlte jahrtausendelang eine männliche Entsprechung. Als sie nötig wurde, wird sie vom Grundwort her entwickelt: *Bräutigam* ist wörtlich *„der Braut Mann*“ (*-gam* ist untergegangenes ahd. *gomo*, lat. *homo*)!

Damit ist unmittelbar einsichtig, dass und warum die idg. und germ. Entsprechungen für *Schwäher* und *Schwieger* im Gegensatz zu heute allein die Eltern des Mannes bezeichneten: In deren Familie lebten und gingen die Frauen der Söhne ja auf; die Eltern der Frau dagegen traten als Schwiegereltern überhaupt nicht in den Gesichtskreis der Familie des Mannes.

Schließlich versteht sich von daher die zunächst grotesk anmutende Tatsache, dass manche idg. Sprachen bis heute weder das Wort noch den Begriff *heiraten* in unserem Bedeutungsumfang kennen. In idg. Seh- und Denkweise nämlich bedeutet dieser für die Familienbildung grundlegende Vorgang für den männlichen wie weiblichen Partner rechtlich, physiologisch und seelisch etwas völlig Verschiedenes. Das belegen die dafür in den idg. Einzelsprachen ausgebildeten Ausdrücke unmissverständlich. Die lat. Bezeichnung für die Heirat des Mannes in *matrimonium* oder *uxorem ducere* besagt: „in die Mutterschaft“ oder „die Ehefrau führen“; die Bezeichnung für die Heirat der Frau *nubere* „verschleiern“ zielt auf das damit verbundene Brauchtum.

Entsprechend unterscheidet noch heute das Russ. das eine als *zenitjsja na* „sich mit einem Weibe versehen“ von dem andern als *vyjti za-muz* „hinter dem Mann hergehen“. Und selbst heute trennen wir unter der Spätwirkung dieser ursprünglichen Sicht sprachlich genau zwischen *Frau* als dem verheirateten und *Fräulein* als dem unverheirateten weiblichen Wesen, während es zu beiden nur das eine Gegenwort *Mann* gibt, das diesen für die Verwendung der weiblichen Bezeichnung ausschlaggebenden Befund vollkommen ignoriert. Der Oberbegriff für *Mann* und *Frau*: Mensch, entpuppt sich als substantiviertes Adj.: ahd. *mann-isc-o* ist wörtlich „der Männliche“ und belegt die unverändert einseitige männliche Sicht auch der Germanen.

Wilhelm Schmidt

Das Germanische (1969)

Die Herauslösung der gemeinsamen Vorstufe der heutigen germ. Sprachen ist offensichtlich in den letzten beiden Jahrtausenden v. u. Z. erfolgt. Es gilt als feststehend, dass spätestens um die Mitte des letzten Jahrtausends v. u. Z. sprachliche Veränderungen vollzogen waren, die es rechtfertigen, davon zu sprechen, dass gegenüber dem Ide. eine neue sprachliche Qualität erreicht war. Aus den „vorgermanischen“ Dialekten des Ide. war eine besondere Sprache entstanden, die wir das *Urgermanische* oder *Germanische* nennen. Beim Urgerm. sind wir – im Gegensatz zum Ide. – nicht allein auf Rekonstruktionen von Formen angewiesen. Wir besitzen für diese Zeit bereits die *ersten schriftlichen Belege in einer Runenschrift*[1] und bei antiken Autoren. So finden sich bei verschiedenen römischen Historikern und Schriftstellern zahlreiche Wörter germ. Herkunft, die die urgerm. Formen erkennen lassen, so beispielsweise bei Cäsar: *urus* „Auerochse“, alces „Elche“, bei Tacitus[2]: *framea*, „eine Art Speer“ (heute noch im *Pfriemen*), *glesum* „Bernstein“ (nhd. *Glas*, auch bei Plinius[3] überliefert), *barditus* „Schlachtgesang“; bei Plinius: *gant* „Gans“, *sapo* „Schminke“ (nhd. Seife). Eine andere wichtige Quelle unserer Kenntnis des urgerm. Sprachzustands sind die germ. Lehnwörter in

1 **Rune:** germanisches Schriftzeichen; es handelt sich um die Inschrift des sog. Helms von Negau, der wahrscheinlich aus dem 1. vorchristlichen Jahrhundert stammt: *harigasti teiwa* … was so viel heißt, wie „dem Heeres Gast [= Kriegsgott] Ziu geweiht“.

2 **Tacitus:** römischer Geschichtsschreiber (um 55 – nach 116 n. Chr.)

3 **Plinius** (d. Ältere): römischer Schriftsteller (23/24 bis 79 n. Chr.)

benachbarten Sprachen. So geht das bereits im 2. Jh. v. u. Z. in der lat. literarischen Überlieferung auftauchende *braces*, *braca* auf ein germ. **brokes*[4] zurück, das über die Kelten zu den Römern gelangt ist. Dieses Wort liegt auch vor in ahd. *brouh*, mhd. *brouch* „Hose um Hüfte und Oberschenkel“ (noch bei Hans Sachs als *bruch*) und in engl. *breeches* „Kniehose, Hose“.

Deutlich sichtbar ist die Entwicklung im Wortbestand des Germ. gegenüber dem Ide. Die Fortschritte auf dem Gebiet der Produktion (Ackerbau und Viehzucht), des Wohnwesens, der Technik und des Verkehrs spiegeln sich selbstverständlich in einer merklichen Bereicherung des Wortbestandes wider.

Die Entfaltung von Ackerbau und Viehzucht bei den Germanen beweisen u. a. folgende germ. Prägungen: *Bohne, braten, dengeln*[5], *Harke, hecheln, Herd, Leder, rösten, Schinken, sieden, Speck, Speiche.*

Germ. sind auch die Tiernamen: *Hahn, Huhn, Henne, Taube.* Die Fortschritte im Wohnwesen zeigen die germ. Bezeichnungen *Bank, Bett, Esse, First, Halle, Hof, Laube, Saal, Sparren, Span, Wand u. a.*

Zahlreiche Neubildungen weisen auf Seefahrt und Fischfang hin: *Aal, Dorsch, Ebbe, Fock, Hafen, Haff, hissen, Kahn, Kiel, Klippe, leck, Luke, Reuse, Schiff, Segel, Takel*[6], *Tran* u. a.

Die seefahrenden Germanen schufen auch die Namen der Himmelsrichtungen: *Nord, Ost, Süd, West.*

Eine wesentliche Ausweitung zeigt der Wortbestand gegenüber dem Ide. auch auf dem Gebiete des Kriegs- und Waffenwesens. Neu sind u. a. die Wörter: *Waffe, Spieß, Schwert, Schild, Helm, Bogen, Fehde, ringen, fliehen, zwingen, feige* (eigentlich „todwund“).

Die alten (besonders die poetischen) Bezeichnungen für Kampf und Waffen, Sieg und Ruhm haben sich in den germ. Personennamen erhalten, z. B. Gunter (*Gundahari* „Kampf“ + „Heer“), *Hildebrand* und *Hadubrand* (beide: „Kampf“ + „Schwert“), *Ludwig* („kampfberühmt“), *Brühnhild* („Brünne“ + „Kampf“), *Kriemhild* („Helm“ + „Kampf“), *Hedwig* und *Hildegund* (beide: „Kampf“ + „Kampf“).

Neue Wörter aus der Sphäre des Rechts- und Staatswesens und der Moral geben auch über Veränderungen des Überbaus Aufschluss: *Sache* (eigentlich „Streitsache“), *Ding* „Volksversammlung, Rechtssache“, *Friede* „rechtlicher Zustand, Sicherheit, Friede“, *Krieg* „Widerstreben, Streit, Rechtsstreit“, *Volk, König, Adel* u. a.

Verkehrsbeziehungen und kultureller Austausch bestanden in dem hier behandelten Zeitraum natürlich auch zu nichtgerm. Völkern. Diese Beziehungen führten sowohl zur Übernahme fremden Wortgutes in die germ. Sprachen wie auch zu deren Ausstrahlung auf andere Sprachen. Besonders stark war der Einfluss des *Lateinischen* auf die westgerm. Sprachen. Das hängt mit der Romanisierung des benachbarten Gallien und mit der teilweisen Besetzung germ. Gebiete durch die Römer zusammen. So führten zunächst die Kämpfe mit den Römern und später der Dienst in den Legionen der römischen Heere zur Bekanntschaft mit der römischen Militärorganisation. Das zeigen z. B. die lat. Lehnwörter: *Pfeil*, ahd. *pfil* < lat. *pilum* „Wurfspeer“, *Kampf*, ahd. *champf* < lat. *campus* „Schlachtfeld“.

Die im Gefolge der römischen Heere einherziehenden Marketender[7] und Händler brachten den Germanen, die bei ihrer Naturalwirtschaft kaum einen beschränkten Tauschhandel kannten, die ersten Fachausdrücke des Handels. So kommen *kaufen*, ahd. *koufon*, *Kaufmann*, ahd. *koufman* von lat. *caupo* „Schenkwirt, Händler mit Speisen und Trank“; andere hierher gehörige Wörter sind *Pfund*, ahd. *pfunt* < lat. *pondo*; Münze, ahd. *munizza* < lat. *moneta*.

Die bisher in Blockhäusern wohnenden Germanen lernten in den römischen Grenzgarnisonen die ihnen unbekannte Technik des Steinbaus mit den dazugehörigen Fachausdrücken kennen, z. B. *Mauer*, ahd. *mura* < lat. *murus*; *Kammer*, ahd. *chamara* < lat. *camera*; Keller, ahd. *kellari* < lat. *cellarium*; *Pfeiler*, ahd. *pfilari* < lat. *pilarium*; *Fenster*, ahd. *fenstar* < lat. *fenestra*; *Kalk*, ahd. kalk < lat. *calx*, Akk. *calcem* usw.

Unter den Neuerungen der Bodenkultur nahm der Weinbau, den die Römer an Mosel, Rhein, Main und Donau einführten,

4 * **bedeutet:** erschlossene, nicht belegte Wortform
5 **dengeln:** durch Hämmern schärfen
6 **Takel:** Gesamtheit der Vorrichtungen, die die Segel eines Schiffes tragen
7 **Marketender:** (früher) die Truppe begleitender Händler

den ersten Platz ein. Die Fachausdrücke des Weinbaus sind deshalb zu einem sehr großen Teil lat. Ursprungs, z. B. *Wein*, ahd. *win* < vulgärlat. *vino*; *Winzer*, ahd. *winzuril* < lat. *vinitor*; *Kelter*, ahd. *kelktra* < lat. *calcatura*; *Most* ahd. *most* < lat. *mustum*.
Zahlreiche Entlehnungen lat. Wortgutes wurden auf dem Gebiet der Verwaltung und der Rechtsprechung gemacht, z. B. *Kaiser*, ahd. *keisar* < lat. *Caesar*; *Zoll*, ahd. *zol(l)* < lat. *teloneum*; *Zins*, ahd. *zins* < lat. *census*; *Kerker*, ahd. *karkari* < lat. *carcer*: *Kette*, ahd. *ketina* < lat. *catena*.
Im 3. – 5. Jh. übernahmen die Germanen unter griech. und röm. Einfluss auch die Siebentagewoche. [...] Dabei wurden die Wochentage mit den Namen der Planeten bezeichnet (*dies Solis*[8], *Lunae*[9], *Martis*[10], *Mercurii*[11], *Jovis*[12], *Veneris*[13], *Saturni*[14]). Die germ. Wochentagsnamen sind zum größten Teil Lehnübersetzungen dieser Namen. So entsprechen dem lat. *Solis dies* (= Tag der Sonne) ahd. *sunnuntag* „Sonntag"; lat. *Lunae dies* (= Tag des Mondes) erscheint als ahd. *manatag* „Montag". Auf ähnliche Weise entstanden ahd. *ziostag* „Ziutag"[15]; anord. *odinsdagr* „Odinstag", afries. *wonsdei* „Wodanstag"[16], ahd. *donarestag* „Donarstag"; ags. *frigedag* „Friggtag", ahd. *friatag* „Freitag"; ags. *saturn (es)dag*, afries. *saterdei* ist lat. *Saturni dies*[17].

8 **Sol:** die Sonne; auch röm. Sonnengott
9 **Luna:** der Mond; auch röm. Mondgöttin
10 **Mars:** der Planet Mars; auch röm. Kriegsgott
11 **Mercurius:** der Planet Merkur; auch röm. Götterbote und Gott des Handels
12 **Iuppiter:** der Planet Jupiter; auch röm. Gott des Himmels und König der Götter
13 **Venus:** der Planet Venus; auch röm. Liebesgöttin
14 **Saturnus:** der Planet Saturn; auch röm. Gott des Ackerbaus
15 **Ziu** ist der germ. Kriegsgott, er entspricht dem röm. Mars
16 vgl. engl. *wednesday*
17 Die Bezeichnung *Samstag* geht dagegen auf eine Kontraktion der germanischen Benennung für den Tag der *Ambeth*, eine der in der Vorzeit verehrten drei *Bethen*, zurück: s' *Ambeths* Tag.

---

1. Rekonstruieren Sie auf Grund der Informationen der Texte von Tschirch und Schmidt Lebensumstände und gesellschaftliche Werte der sog. Indogermanen bzw. Indoeuropäer und der Germanen.
2. Untersuchen Sie am Beispiel des Wortfelds „Familie" (▷ S. 519 f., Z. 92 ff.) die Rollenverteilung von Mann und Frau im indogermanischen bzw. germanischen Kulturkreis.

Bedeutungswandel

Es gibt grundsätzlich zwei Arten von Wörtern: „Inhaltswörter" (Substantive/Nomen, Verben, Adjektive, Adverbien) und „Funktionswörter" (Artikel, Pronomen, Präpositionen, Konjunktionen). In den Funktionswörtern kristallisiert sich die Grammatik, sie schaffen ein Gerüst für den ganzen Satz. In der Entwicklung einer Sprache sind sie kaum von Veränderungen betroffen. Ganz anders verhält es sich mit den Inhaltswörtern. Sie sind ständig semantischen Beeinflussungen unterworfen, sei es, dass sich solche Wörter in ihrer Bedeutung im Laufe der Zeit mehr oder weniger stark verändern, sei es, dass neue Wörter, wie heute aus dem Englischen, in die Sprache aufgenommen werden. Diese Einflüsse werfen ein bezeichnendes Licht auf kulturelle Entwicklungen. So kann man folgende **Arten von Bedeutungswandel** unterscheiden:

- **Bedeutungserweiterung:** ahd. *thing / ding* (Rechtssache, Gerichtsverhandlung, Volksversammlung) wurde nhd. *Ding* (Sache, Gegenstand).
- **Bedeutungsverengung:** ahd. *faran* / mhd. *varn* (jede Art von Fortbewegung) wurde nhd. *fahren* (Fortbewegung auf Rädern).
- **Bedeutungsverbesserung:** ahd. *marahscalc* / mhd. *marschalc* (Pferdeknecht aus ahd. *marah* / Pferd und *scalc* / Knecht) wurde nhd. *Marschall* (höchster militärischer Rang).
- **Bedeutungsverschlechterung:** mhd. *schimpfen* (scherzen, spielen, spotten; vgl. nhd. „mit *Schimpf* und Schanden davonjagen") wurde nhd. *schimpfen* im Sinne von *schelten*.
- **Bedeutungsverschiebung:** mhd. *berillus*, *berille* (Beryll / Halbedelstein, aus dem Sehhilfen hergestellt wurden) wurde zu *Brille*.

- **Unterschiedliche Bedeutungsentwicklungen** in den germ. Sprachen: lat. *lacus* (See, Teich) wurde nhd. *Lache*, ital. *Lago* (*Lagune*!), ndt. *lake* (vgl. Salz*lake*), engl. *lake*.
- **Bedeutungsvarianten,** bezogen auf Wortfelder: *Fleischer, Metzger, Schlachter, Schlächter, Selcher, Fleischhauer*
- **Volksetymologien** (missverstandene Begriffe auf Grund von Lautähnlichkeiten): *Vielfraß* eigentlich aus dem Altnord.: *fiel* (Felsen) und *fras* (Katze); *Hängematte* eigentlich aus dem Haitischen *(h)amaca* (hängende Schlafstelle); *Maulwurf* eigentlich aus dem Ahd. *muha* (Haufen) + *werf* („Erdaufwerfer“)

1. Untersuchen Sie die Geschichte folgender Wörter mit Hilfe etymologischer Lexika:

   Bildung, fromm, Getreide, Knecht, Frau, Magd, Dirne, Zweck, Buchstabe, Kopf, Streik, Heil, heuer, Monat, Kartoffel, deutsch, Arbeit, faul, tüchtig, Geld, Mark, Dollar, Pfennig, Recht, Bürger, Bernstein, Welt, Sintflut, hässlich, Friede, Zaun

2. Untersuchen Sie Ortsnamen, aber auch Flurnamen Ihrer näheren Umgebung (z. B. Galgenberg, Brandhau etc.) hinsichtlich ihrer ursprünglichen Bedeutung.

Lautwandel

Unter dem Begriff des „Lautwandels“ versteht man sprachgeschichtliche Veränderungen vor allem im Konsonantenbestand der Sprachen. Es gibt auch Entwicklungen im System der Vokale; deren Bedeutung ist allerdings nicht so wesentlich, da die Struktur einer Sprache hauptsächlich von den Konsonanten geprägt ist. Sie entsprechen gleichsam dem „Skelett“ des Sprachkörpers. Die Ursachen sind dabei oft nicht eindeutig, der Einfluss von fremden Völkern und ihren Sprachen, mit denen man – kriegerisch oder friedlich – in Berührung kam, war dabei sicherlich von großer Bedeutung.
In ihrer Entwicklung hat die deutsche Sprache zwei tief greifende und prägende Phasen des Lautwandels durchgemacht: Es sind dies die so genannte **erste (germanische)** und **zweite (althochdeutsche) Lautverschiebung,** die relativ strengen Gesetzen gehorchten.

Germanische Lautverschiebung

Man geht davon aus, dass die germanische Kultur und Sprache am Ende der Jungsteinzeit, also im 3. vorchristlichen Jahrhundert, entstanden sind. Der Siedlungsraum der Germanen dürfte in dieser Zeit rund um die westliche Ostsee, zwischen Oder und Elbe, auf den dänischen Inseln und in Skandinavien gelegen haben. Kenntnisse haben wir vor allem aus Runeninschriften dieser Kultur.
Die älteste überlieferte germanische Inschrift auf dem Helm von Negau (wahrscheinlich aus dem 1. vorchristlichen Jahrhundert) lautet *harigasti teiwa;* mögliche Bedeutung: *„Dem Heergast Ziu geweiht“* (der germ. Kriegsgott *„Ziu“* steckt sprachlich noch in unserem *„Die*-nstag“ bzw. im englischen *„tue*-sday“).
Aus diesen „Germanen“ und ihren verschiedenen Volksgruppen mit entsprechenden Dialekten entwickelten sich im Laufe des frühen Mittelalters unterschiedliche Volksstämme, die wiederum die Basis für die späteren deutschen Dialekte darstellten.

Das folgende Schaubild (▷ S. 524) zeigt vereinfacht, wie durch die germanische Lautverschiebung das indogermanische Konsonantensystem in Bewegung geriet. Die Veränderung einer Konsonantengruppe zog die „Verschiebung“ weiterer nach sich, weil sonst lautliche Doppelungen entstanden wären.

Die germanische Lautverschiebung

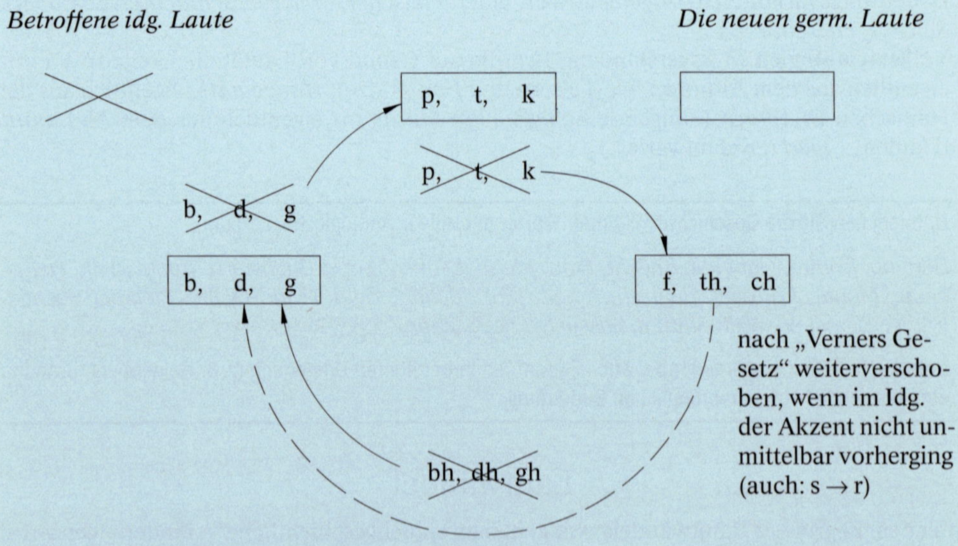

Wortbeispiele

	lat.	*ahd.*	*neuengl.*	*nhd.*
idg. p, t, k > germ. f, th, h				
p > f	pater	fater	father	Vater
t > th	tres	thri	three	drei
k > h	cornu	horn	horn	Horn
idg. bh, dh, gh > germ. b, d, g				
bh > b	ferre (lat. f = idg. bh)	beran	bear	ge-bären
dh > d	(griech.) thyra (griech. th = idg. dh)	tor, turi	door	Tor, Tür
gh > g	hortus (lat. h = idg. gh)	garto	yard	Garten
idg. b, d, g > germ. p, t, k				
b > p	lubricus (schlüpfrig)	slupfen	slip	schlüpfen
d > t	duo	twee	two	zwei
g > k	ager	ackar	akkar	Acker

Der grammatische Wechsel (Verners Gesetz)

Der dänische Sprachwissenschaftler KARL VERNER (1846–1896) stellte die folgende Gesetzmäßigkeit fest: Die idg. Verschlusslaute p, t, k wurden im Germanischen nur dann zu f, th, ch, wenn der idg. Wortakzent auf der unmittelbar vorhergehenden Silbe lag; sonst wurden p, t, k zu b, d, g „weiterverschoben“. So kam es, dass eigentlich nah verwandte oder gar zusammengehörige Wörter, die lediglich flektiert sind, unterschiedliche Aussprachen bzw. Schreibungen erhielten:

f – b	schnaufen – schnauben Hefe – heben Hof – hübsch	**h – g**	ziehen – zog Reihe – Riege Schwäher – Schwager
d – t	leiden – litt schneiden – Schnitt sieden – gesotten	**s – r**	genesen – nähren erkiesen – erküren Verlust – verlieren

1. Suchen Sie weitere Wortbeispiele, die die germanische Lautverschiebung erkennen lassen, aus den Texten von Fritz Tschirch und Wilhelm Schmidt (▷ S. 518 ff.).
2. Informieren Sie sich über die Germanen und stellen Sie Ihre Ergebnisse in einem Kurzvortrag der Klasse vor.

Althochdeutsche Lautverschiebung

Eine zweite Lautverschiebung, die zur Entstehung des Althochdeutschen aus dem Germanischen beitrug, spielte sich etwa zwischen dem 4. und 6. Jahrhundert ab.
Folgende Skizze zeigt vereinfacht die betroffenen Laute und die entsprechenden Bedingungen:

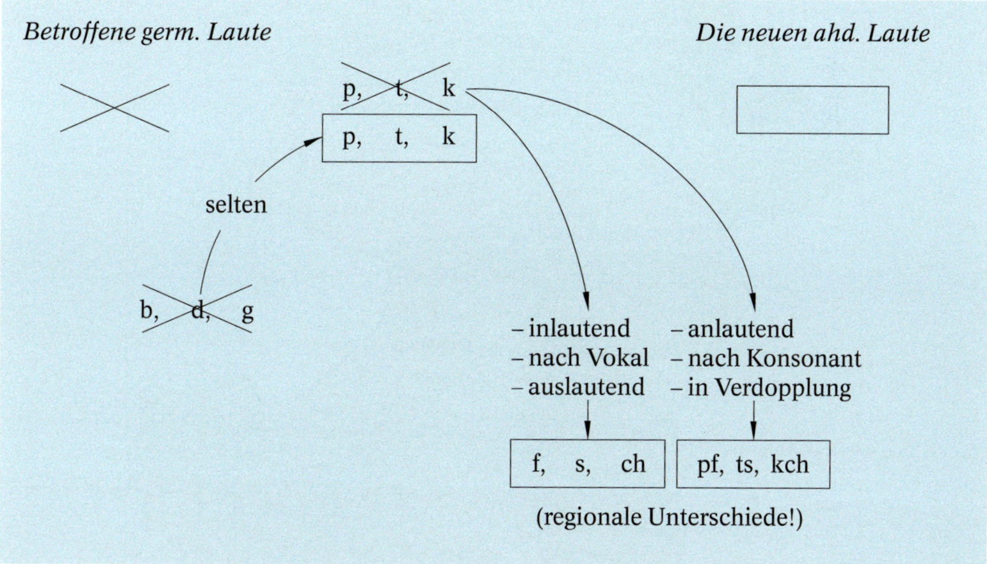

Die ahd. Lautverschiebung wirkte sich vor allem im süddeutschen Sprachraum aus, in ihrem weiteren Vordringen nach Norden verebbte sie immer mehr. So ergaben sich im Laufe der Zeit deutliche Trennungen zwischen den mehr oder weniger erfassten oberdeutschen, mitteldeutschen und niederdeutschen Sprachgebieten (▷ S. 526).

germ.		hochdeutsch	germ. (engl.)	niederdeutsch	hochdeutsch
p	→ Anlaut	pf	pipe	Pip	Pfeife
	→ In- und Auslaut	f	to help	helpen	helfen
t	→ Anlaut	z (= ts)	ten	ten	zehn
	→ In- und Auslaut	s (geschrieben: s, ss, sz)	water	Water	Wasser
k	→ Anlaut	k bleibt	to come		kommen
	→ In- und Auslaut	ch	to break	breken	brechen
d →		t	day	Dag	Tag
th →	meist (erst im 8. Jh.)	d	that	dat	dass das

Die Gliederung des deutschen Sprachraumes als Ergebnis einer etwa tausendjährigen sprachgeschichtlichen Entwicklung

1. Suchen Sie weitere Beispielwörter aus dem Englischen, Niederdeutschen und Hochdeutschen, mit denen Sie die Tabelle auf S. 526 ergänzen können.
2. a) Sammeln Sie mundartliche Ausdrücke. Machen Sie sich Ihren eigenen Sprachgebrauch bewusst, befragen Sie aber auch Ihre Eltern, Großeltern, Bekannten etc.
   b) Vergleichen Sie Ihre Ergebnisse in der Klasse. Lassen sich regionale oder generationenspezifische Verwendungen feststellen?

4.1.2 Die Entwicklung des Hochdeutschen

Peter von Polenz

Wirkungen des Buchdrucks – Luther und die Reformation (1970)

Wirkungen des Buchdrucks

Wenn man die erste Periode des Deutschen mit der Christianisierung und den Anfängen des Deutschschreibens im 8. Jh. beginnen lässt und die zweite Periode mit der ersten Blütezeit weltlicher Sprachkultur kurz vor 1200, dann sollte man auch für die dritte, zur Gegenwart hinführende Periode ein sprachsoziologisches Kriterium wählen:

Seit der Mitte des 15. Jh.s wird geschriebene deutsche Sprache durch die Erfindung des Buchdrucks einem unvergleichlich größeren Teil der Sprachgemeinschaft zugänglich. Der Weg zur Gemeinsprache und Hochsprache war vorher auf die mühevolle Herstellung einer begrenzten Anzahl von Handschriften angewiesen, die nur ein kleiner Kreis von Fachleuten oder Begüterten lesen oder kaufen konnte. Die Erfindung Gutenbergs machte es nun möglich, dass Bücher und Flugschriften in beliebig vielen und verhältnismäßig billigen Exemplaren vom Druckort aus in alle Teile des Reiches hinausgingen. Von welcher Bedeutung das für die Entwicklung der Schriftsprache war, lässt sich am besten ermessen, wenn man sich vergegenwärtigt, dass auch heute unsere Gemeinsprache weit weniger auf dem mündlichen Verkehr als auf der gedruckten Literatur beruht, ja dass eigentlich auch jetzt nur das Bücherdeutsch als eine einigermaßen einheitliche Gemeinsprache gelten kann, während die mündliche Verkehrssprache (auch der Gebildeten) in den verschiedenen Gegenden und sozialen Gruppen erhebliche Unterschiede zeigt.

Die geschäftlichen Interessen des Buchhandels wirkten darauf hin, dass man sich immer mehr bemühte, grob Dialektisches aus der gedruckten Sprache auszumerzen. [...]

Luther und die Reformation

Wie die Reformation, die eine neue Epoche in Kirche und Staat einleitende Bewegung des 16. Jh.s, ohne das neue Publikationsmittel des Buchdrucks sich nicht so schnell und folgenreich in einem großen Teil Deutschlands hätte durchsetzen können, so ist auch die Leistung des Reformators Martin Luther für die deutsche Sprachgeschichte nicht denkbar ohne die gedruckte Bibel, die die Entstehung der deutschen Gemeinsprache einen großen Schritt voranbrachte. So verkehrt es ist, das an eine lange Tradition anknüpfende Wirken Luthers als den allein ausschlaggebenden Antrieb zur Entstehung des Neuhochdeutschen hinzustellen, so sicher ist es, dass sich Art und Umfang seiner Pflege der Muttersprache in wesentlichen Punkten von der Tätigkeit seiner Vorgänger unterscheidet.

Eine tief greifende Wirkung war den Bestrebungen der Kanzleien und Buchdrucker schon deshalb versagt geblieben, weil ihnen die Volkstümlichkeit, der Einfluss auf die großen Massen fehlte. Auch Luther war zwar von Haus aus ein Gelehrter, dessen Tischgespräche in einer uns heute unvorstellbaren Weise Deutsch und Latein miteinander mischten. [...] Aber von dem Augenblick an, wo ihm seine reformatorische Berufung klar zum Bewusstsein gekommen war, betrachtete er sich als Seelenfischer, dem das Heil des Geringsten unter seinen Brüdern in Christo mehr gilt als der Beifall von Fürsten und Prälaten. So findet er denn auch, während ihn die höchsten Mächte des Reiches und der Kirche verfolgen und viele von den Humanisten ver-

Lucas Cranach d. Ä.: Martin Luther (1529)

ächtlich auf ihn herabblicken, seine mächtigste Stütze in der begeisterten Anhängerschaft der breiten Massen. Auf diese aber kann er nicht mit kunstvoll gedrechselten Perioden und Redefiguren einwirken; der schlichteste, geradeste, oft auch der derbste Ausdruck ist ihm der beste. Das hat Luther nicht nur von Anfang an gefühlt, sondern später auch klar erkannt. Leitet er doch seine 1523 erschienene Übersetzung der Bücher Mosis mit dem Bekenntnis ein, weder er selbst noch irgendein anderer, am allerwenigsten aber die fürstlichen Kanzleien hätten bisher die Kunst verstanden, deutsch zu schreiben. Er selbst hat sich diese Kunst mühsam und allmählich erarbeitet in einer schriftstellerischen Praxis von ungeheurem Umfang, vor allem aber in jahrzehntelangem Ringen mit dem Urtext der Bibel. Ihr hat er ein lebendiges deutsches Gewand geschaffen, in immer neuer Arbeit, die, im Ganzen von hinreißendem Schwung getragen, doch im Einzelnen von unerhörter Genauigkeit und Gewissenhaftigkeit zeugt. [...]
Die große Wirkung der Lutherbibel über das ganze deutsche Sprachgebiet hin beruht auf einer umfassenden sprachsoziologischen Bewegung, der Luther nicht durch philologische Akribie oder Eigenwilligkeit, sondern durch seine mutige Tat eines *volksnahen Übersetzungsstils* zum Durchbruch verholfen hat. Nur so ist es zu verstehen, dass die Grammatiker seit dem 16. Jh. nicht müde werden, die Sprachgestalt von Luthers Schriften als Vorbild zu empfehlen. [...]
Luthers Sprache ist kein Neuanfang, sondern das Sammelbecken aller damals lebendigen deutschen Sprachtraditionen. Er hat ausgiebig aus den Leistungen seiner Vorgänger und Zeitgenossen geschöpft, von den Mystikern und älteren Bibelübersetzungen – vor ihm gab es schon 14 gedruckte deutsche Bibeln, seit der des Straßburgers J. Mentel von 1466 – über die Perikopen und die Erbauungsliteratur bis zur mündlichen deutschen Predigersprache seiner Zeit. Wenn Luthers Wörter und Wendungen in großer Zahl auch in Bibelübersetzungen seiner Gegner wiederkehren, so war das nicht immer Plagiat. Luther war nur der Erste, der es wagte, in der Bibelübersetzung den allgemeinen, lebendigen Sprachgebrauch, auch der Alltagssprache, zu verwenden und sich der abstrakten Künsteleien des latinisierenden Humanisten- und Mönchsdeutsch zu enthalten. Sicher ist, dass eine Reihe ursprünglich dialektischer Wörter, wie z. B. *Splitter, schüchtern, Spuk, Motte, Knochen, schimmern, lästern, Scheune, bange, Wehklage* durch seinen Einfluss sich in der Gemeinsprache durchsetzten und dass zahlreiche aus der Bibel stammende Phrasen, wie etwa *sein Licht unter den Scheffel stellen, sein Scherflein beitragen, sein Pfund vergraben, mit seinem Pfunde wuchern, ein Stein des Anstoßes*, durch seine Übersetzung verbreitet worden sind. Er hat aus einer eigens angelegten Sprichwörtersammlung geschöpft. Sein Wortschatz ist erstaunlich reichhaltig. Er konnte in einem einzigen Satz z. B. zwischen *beschirmen, behüten* und *bewahren* variieren. [...]
Jedenfalls bedeutet – im Rückblick nach vier Jahrhunderten einer ganz anderen Stiltendenz der deutschen Hoch- und Schriftsprache – Luthers Sprachstil in der deutschen Sprachgeschichte den auf lange Zeit letzten Versuch, den ungezwungenen Sprachgebrauch, auch den der „Ungebildeten", als lite-

raturfähig anzuerkennen und selbst die Bibel in einer zeitgemäßen und allen verständlichen Sprachform darzubieten. Darin lag auch der rasche Erfolg der Lutherbibel. Später wurde es immer mehr üblich, sich vom bloßen „Sprachgebrauch" zu distanzieren und nur der hohen, gelehrt oder dichterisch geprägten Stilebene die Sprachrichtigkeit zuzuerkennen. So kam es, dass immer wieder deutsche Dichter – vom Sturm und Drang bis zu Bert Brecht – aus der akademisch-preziösen Richtung der neuhochdeutschen Schriftsprache ausbrachen und gern auf das „urwüchsige" Deutsch Luthers und seiner Zeit zurückgriffen.

Peter von Polenz

Zur Entwicklung des Hochdeutschen seit dem 18. Jahrhundert (1970)

Die ordnende, Systeme schaffende Tätigkeit, die während der *Aufklärungszeit* den verschiedensten Wissenschaften zugewendet wurde, kam auch der Sprachlehre und -pflege zugute. Der Sammlung des deutschen Wortschatzes in *Wörterbüchern* wird zunehmende Aufmerksamkeit gewidmet. [...]

Die seit dem Ende des 18. Jh.s nicht mehr akute sprachsoziologische Bedrängnis der deutschen Sprache durch die fremden Bildungssprachen hat die Bemühungen um eine „Sprachreinigung" bis ins 19. Jh. nicht abreißen lassen. Diese auch als *Purismus* oder „Fremdwortjagd" verspottete Bewegung erreichte ihren Höhepunkt mit *Joachim Heinrich Campe*, der 1807 ein „Wörterbuch der deutschen Sprache", 1801 und 1813 ein „Wörterbuch zur Erklärung und Verdeutschung der unserer Sprache aufgedrungenen fremden Ausdrücke" herausgab. Durch die allgemeine Richtung der Zeit unterstützt, haben diese und andere Arbeiten Campes einen beträchtlichen Einfluss auf den deutschen Wortschatz ausgeübt. Für viele Begriffe, die man sonst durch Fremdwörter auszudrücken pflegte, sind unter seinem Einfluss deutsche Wörter eingeführt worden, die heute neben den entsprechenden fremden oder statt derselben allgemein gebräuchlich sind. Zu den von Campe befürworteten und größtenteils wohl auch geschaffenen Verdeutschungen gehörten z. B. *Esslust* (*Appetit*), *Zerrbild* (*Karikatur*), *Kreislauf*, *Umlauf* (*Zirkulation*), *Farbengebung* (*Kolorit*), *Freistaat* (*Republik*), *Angelpunkt* (*Pol*), *Bittsteller* (*Supplikant*), *Heerschau* (*Revue*), *Stelldichein* (*Rendezvous*). Natürlich hatte Campe in diesen Bestrebungen eine Menge von Bundesgenossen, z. B. den „Turnvater" Fr. L. Jahn, von dessen Neubildungen zwar eine große Zahl (wie z. B. *Gottestum* für *Religion*, *Leuthold* für *Patriot*) ohne Erfolg blieb, der aber andererseits durch Wörter wie *Besprechung* für *Rezension*, *Volkstum* für *Nationalität* den deutschen Wortschatz bereichert hat.

Die *wissenschaftliche* Beschäftigung mit der deutschen Sprache beginnt – wenn man die Periode der normativen Grammatik als Vorbereitung auf anderer Ebene nimmt – mit der Leistung der Brüder *Jacob* und *Wilhelm Grimm*. Ihnen verdanken wir die Begründung der Wissenschaft von deutscher Sprache und Literatur („Germanistik") in vielen bahnbrechenden Untersuchungen auf allen ihren Gebieten (außer der Syntax) und vor allem die große Sammlung des deutschen Wortschatzes, das „Deutsche Wörterbuch" (ab 1854), von dessen 32 Bänden nach der entsagungsvollen Fortsetzungsarbeit mehrerer Forschergenerationen erst im Jahre 1961 der letzte Band erschienen ist.

---

1. Stellen Sie die Entwicklung des Hochdeutschen, wie sie sich aus den Texten Peter von Polenz' ergibt, in einem Schaubild dar.
2. Versuchen Sie sich selbst an der Übersetzung eines kurzen Textes aus dem Fremdsprachenunterricht, bei der Sie den sprachlichen Reichtum der Ihnen geläufigen Dialektausdrücke nutzen.
3. ▷ **Referat/Facharbeit:** Die Entwicklung der deutschen Orthografie von Luther bis heute

▷ S. 19 ff., 36 f.

4.2 Sprache und Norm

4.2.1 Sprachlenkung im Nationalsozialismus

Wolfgang Bergsdorf

Sprachlenkung im Nationalsozialismus (1980)

Das Naziregime hatte zunächst keine Theorie über Sprachlenkung und ihre Ziele. Die Methode ergab sich aus der Praxis, theoretische Überlegungen ergaben sich aus der erfolgreichen „Gleichschaltung". Goebbels notiert am 12. Februar 1942 in sein Tagebuch: „Ich veranlasse, dass von unserem Ministerium Wörterbücher für die besetzten Gebiete vorbereitet werden, in denen die deutsche Sprache gelehrt werden soll, die aber vor allem eine Terminologie pflegen sollen, die unserem modernen Staatsdenken entspricht. Es werden dort vor allem Ausdrücke übersetzt, die aus unserer politischen Dogmatik stammen. Das ist eine indirekte Propaganda, von der ich mir auf die Dauer einiges verspreche." Einige Wochen später schreibt er: „Von Attentaten soll man im Kriege weder im negativen noch im positiven Sinne reden. Es gibt gewisse Worte, die wir scheuen müssen wie der Teufel das Weihwasser, dazu gehören z. B. die Worte ‚Sabotage' und ‚Attentat'. Man darf solche Begriffe gar nicht erst in den Alltagsjargon übergehen lassen."

Goebbels' Vorschlägen liegt die Erwartung zu Grunde, mit einer gelenkten Sprache eine größere Bereitschaft zur Übernahme der eigenen Politik zu erzielen. Das von ihm gelenkte Propaganda-Ministerium hat mit einer Vielzahl von Maßnahmen versucht, Einfluss auf die politische Sprache zu nehmen. Die gleichgeschalteten Zeitungen und Rundfunkanstalten, die Bildungsinstitutionen und das alles umfangende Netz der NS-Massenorganisationen waren die Kanäle der Sprachlenkungsmaßnahmen. [...]

Die Umdeutung und Umbewertung von vorhandenen Begriffen [war] eine Methode im umfangreichen Katalog der ns. Sprachlenkung. [...] Beispiele typischer Nazi-Vokabeln im Meyers-Konversationslexikon von 1924 und 1936:

Arbeitsdienst
1924: Arbeitszwang
1936: die große Erziehungsschule zur ns. Volksgemeinschaft

Blutschande
1924: Inzest
1936: intime Beziehung zu einem Nicht-Arier

Blutvergiftung
1924: Toxämie: Blutvergiftung
1936: Verfallserscheinung in Völkern und Rassen

Intellekt
1924: schöpferische Fähigkeit
1936: Bezeichnung einer kritischen, subversiven und destruktiven Eigenschaft

Konzentrationslager
1924: während des Burenkrieges (1899 bis 1902) von England eingerichtete Lager für die burische Zivilbevölkerung, in denen Frauen und Kinder in Massen starben
1936: Besser Verwaltungs- und Erziehungslager.
Sie haben seit 1933 den Zweck,
a) Gewohnheitsverbrecher ... aufzunehmen,
b) Kommunisten und andere Feinde des ns. Staates ... vorübergehend unschädlich zu machen und zu brauchbaren Volksgenossen zu erziehen.

Ebenso wichtig sind Neubildungen von Begriffen und vor allem Übertragungen von Begriffen aus anderen Bereichen in die Politik. [...]

Arbeitsrasse
Rasse, die von Natur aus hart arbeitet

Aufartung
Ziel der Rassehygiene (d. h. Verbesserung des rassischen Bestandes)

Aufnordung
Das Bestreben, in einem aus mehreren Rassen gemischten Volk den Anteil der nordischen Rasse zu erhöhen

Blitzkrieg
schneller Bewegungskrieg

Euthanasie
(wörtl.: guter, schöner Tod) Tötung von Geisteskranken, Auslöschung von lebensunwertem Leben

Kulturdünger
Bezeichnung für rassisch und kulturell hoch stehende Völker, die sich mit weniger hoch stehenden vermischen, deren Kultur befruchten, aber selbst untergehen

Der vorschreibenden Sprachlenkung des Dritten Reiches entspricht die verbietende Sprachlenkung. Es gab eine Vielzahl von Begriffen, deren Gebrauch unerwünscht und verboten war.
Die folgende Auswahl der ursprünglich „Sprachregelung“, später „Tagesparolen des Reichspressechefs“ genannten Anordnungen des Propagandaministeriums an die Chefredakteure der Massenmedien schreibt Begriffe vor oder verbietet Begriffe: […]

Datum	**Anweisung**
20.2.1934	Es wird gebeten, überall das Wort „Volkstrauertag“ zu ersetzen durch das Wort „Heldengedenktag“.
22.8.1936	Auf Anordnung des Führers soll in Zukunft nicht mehr von den „Gefallenen“ der Bewegung, sondern immer nur von den „Ermordeten“ der Bewegung gesprochen werden. […]
28.7.1937	Es wird gebeten, das Wort Propaganda nicht mehr missbräuchlich zu verwenden. Propaganda ist im Sinne des neuen Staates gewissermaßen ein gesetzlich geschützter Begriff und soll nicht für abfällige Dinge Verwendung finden … kurzum – Propaganda nur dann, wenn für uns, Hetze, wenn gegen uns.
13.12.1937	Es ergeht die dringende Anweisung, dass ab heute das Wort „Völkerbund“ nicht mehr von der deutschen Presse verwendet wird. Dieses Wort existiert nicht mehr.
14.1.1939	An die deutsche Presse ergeht die strenge Anweisung, in Zukunft A. Hitler nicht mehr als „Führer und Reichskanzler“ zu bezeichnen, sondern nur noch als Führer.
1.9.1939	In allen Meldungen, Kommentaren usw. muss das Wort Krieg vermieden werden. Deutschland schlägt einen polnischen Angriff zurück. Das ist die Devise.
11.9.1939	Das Wort „tapfer“ soll nur auf deutsche Soldaten Anwendung finden.
16.11.1939	Das Wort „Friede“ muss viel mehr als bisher aus der deutschen Presse zurückgedrängt werden.
6.10.1941	Es soll nicht mehr von sowjetischen oder von sowjetrussischen Soldaten gesprochen werden, sondern höchstens von „Sowjetarmisten“ oder schlechthin von Bolschewisten, Bestien oder Tieren.
16.3.1942	Der Ausdruck „vaterländisch“ ist auch im positiv gemeinten Sinne nicht mehr zu verwenden.
16.3.1944	Das Reichsministerium für Volksaufklärung und Propaganda hat gebeten, das Wort „Katastrophe“ aus dem gesamten Sprachgebrauch auszumerzen und an Stelle des Wortes „Katastrophenschutz“ das Wort „Soforthilfe“ zu verwenden. […]

Charakteristisch für die Technik der Sprachzerstörung der Nazis war die Methode der Euphemisierung[1] von Begriffen. Wer den Begriff „Endlösung“ erfunden hat, erwarb sich einen Weltrekord an Zynismus. Diese Wortneuschöpfung soll mit einfachen sprachlichen Mitteln die endgültige Lösung eines Problems andeuten und ist zum Inbegriff einer sprachli-

1 **Euphemisierung:** beschönigende Umschreibung eines negativen Sachverhalts

chen Lüge geworden, hinter der sich die Ermordung von Millionen Menschen verbirgt. […]

Weiteres Kennzeichen der nationalsozialistischen Sprache war die emotionale Aufblähung durch Wörter aus dem militärischen und religiösen Bereich, die Gefühle aktivieren sollten. Hierzu gehörten: Einsatz, einsatzbereit, Einsatzwille, Arbeitseinsatz, Front, Rechtsfront, Arbeitsfront, Einheitsfront, Schlacht, Arbeitsschlacht, Erzeugungsschlacht, Geburtenschlacht, Ernährungsschlacht, Opfer, Blutopfer, Glaube, Vorsehung, Wegbereiter, Orden, Blutorden, Ordensstaat, Zeuge, ewiges Reich u. a. […]

Die Sprache der Nationalsozialisten war keine neue Sprache. Sie übernahm das meiste aus dem Deutsch der Weimarer Republik und des Kaiserreiches. Aber sie veränderten die emotiven Bestandteile vieler Begriffe und die Häufigkeit ihrer Verwendung. Was früher Sprachgebrauch einzelner Gruppen war, beschlagnahmten sie für den politischen Sprachgebrauch und unterwarfen Wörter, Wortgruppen und Satzverbindungen der Politik Hitlers.

PROJEKTVORSCHLÄGE: SPRACHLENKUNG

1. a) Stellen Sie selbst Materialien zur Sprache des Nationalsozialismus zusammen, z. B. aus politischen Reden (▷ S. 497 ff.), Verwaltungsdokumenten, literarischen Texten etc.
   b) Erörtern Sie Bedingungen und Auswirkungen nationalsozialistischer Sprachlenkung. Beziehen Sie dabei weitere historische Informationen, z. B. aus Ihrem Geschichtsbuch, mit ein.

Andersch, Alfred: Der Vater eines Mörders. Eine Schulgeschichte. Zürich 1982 (Diogenes Tb. 20498)
Brecht, Bertolt: Furcht und Elend des Dritten Reiches. Frankfurt 1972 (es 392)
Feuchtwanger, Lion: Die Geschwister Oppermann. Roman. Frankfurt 1990 (Fischer Tb. 2291)
Mann, Erika: Zehn Millionen Kinder. Die Erziehung der Jugend im Dritten Reich. München 1990 (dtv. 11125)
Hofer, Walther (Hg.): Der Nationalsozialismus. Dokumente 1933–1945. Frankfurt/M. 1957 (Fischer Tb. 172)
Höss, Rudolf: Kommandant in Auschwitz. Autobiografische Aufzeichnungen. München 1963 (dtv. 2908)
Loewy, Ernst: Literatur unterm Hakenkreuz. Das Dritte Reich und seine Dichtung. Eine Dokumentation. Frankfurt/M. 1969 (Fischer Tb. 1042)
Sternberger, Rolf/Storz, Gerhard/Süskind, W. E.: Aus dem Wörterbuch des Unmenschen. München 1962 (dtv. 48)

2. a) Informieren Sie sich, welche staatlichen Einflüsse auf die Sprache in der DDR existierten.
   b) Diskutieren Sie, ob und inwiefern diese Einflüsse mit der Sprachlenkung im Nationalsozialismus vergleichbar sind.
3. Formen indirekter Sprachlenkung finden sich überall dort, wo Begriffe zu einem bestimmten Zweck umgedeutet und „besetzt" werden sollen. Untersuchen Sie daraufhin
   a) Werbung,
   b) Boulevardmedien,
   c) politische Reden und Interviews.
   Achten Sie insbesondere auf folgende sprachliche Mittel:

- Begriffe, die eine positive Bewertung enthalten (Euphemismen)
- Begriffe mit negativer Bewertung
- verschleiernde Begriffe
- Tabuisierungen
- Stereotype
- wertende Schlagwörter
- archaisch wirkender Sprachgebrauch
- modernistischer Sprachgebrauch
- fachsprachliche Begriffe
- Dialektausdrücke
- Sprache des Kampfes bzw. Krieges
- Wortneuschöpfungen
- Wortspiele

4.2.2 Anglizismen in der Gegenwartssprache

Anglizismen im Alltag und in Fachsprachen

Das Anuga-Wörterbuch

Convenience Food:

Der Begriff „Convenience Food“ stammt aus dem Englischen und bezeichnet Lebensmittel, die schon weitgehend zubereitet sind und wenig Mühe machen. Dazu gehören Trocken- und Nassfertiggerichte sowie Tiefkühlkost. Als „Convenience Shops“ werden Geschäfte bezeichnet, in denen man wie an Tankstellen auf die Schnelle auch außerhalb der gewöhnlichen Ladenöffnungszeiten einkaufen kann.

Cook-Chill-System:

Das Cook-Chill-System ist eine moderne Technik der Lebensmittelindustrie zur Produktion und Konservierung von Speisen. Die Mahlzeit wird dabei nach dem Garen in der Industrieküche rasch abgekühlt, keimarm verpackt und kühl gelagert.

Ethnic oder Ethno Food:

Hinter „Ethnic“ oder „Ethno Food“ verbergen sich Lebensmittel, die nach Rezepturen aus fremden Ländern oder anderen Kulturkreisen zubereitet wurden. Rezepte aus Mexiko, China, Japan und dem Mittelmeerraum sind in Deutschland besonders beliebt. Ethnic-Food-Anhänger schätzen vor allem die exotischen und oft scharfen Gewürze.

Fast Food und Junk Food:

Unter „Fast Food“ versteht man Speisen in Schnellrestaurants, an Imbissbuden und Ständen, die ohne großen Zeitaufwand verzehrt werden können. Klassiker sind Currywurst und Hamburger. Mit „Junk Food“ werden Speisen bezeichnet, die ernährungsphysiologisch keinen hohen Wert haben, aber den Magen rasch füllen. Die Übersetzung des englischen Begriffs lautet „Ramsch- oder Mist-Essen“.

Wellness-Produkte:

Der Begriff „Wellness“ vereint die Trends Lust auf Genuss, Gesundheit und „Convenience“. Er steht für Suche nach „Wohlgefühl-Garantie“. „Wellness“-Produkte sollen gesundheitsfördernd sein. Beispiele sind Orangensaft mit Kalziumzusatz oder stilles Mineralwasser. *(1997)*

1. Die „Westdeutsche Zeitung“ veröffentlichte dieses Wörterbuch im Vorfeld der Anuga, einer bedeutenden Lebensmittel-Messe.
   a) Stellen Sie weitere Wörter zusammen, die im Deutschen verwendet werden und die offensichtlich englischen Ursprungs sind oder deren Ursprung Sie im Englischen vermuten. Sammeln sie zu zweit in zehn Minuten so viele Wörter wie möglich.
   b) Sortieren Sie das Wortmaterial nach verschiedenen Bereichen, z. B. Sport, Medien, Computer, Wirtschaft, Alltagskommunikation.
2. Schlagen Sie in sprachgeschichtlichen Wörterbüchern nach, wann die Bezeichnungen „Boot“, „Streik“, „starten“, „Sport“, „Training“, „Tennis“, „Lift“ und „Tunnel“ aus der englischen in die deutsche Sprache übernommen worden sind.

„Das ist ja fast Food!“

Sprachschützer unterstützen abgemahnten Diplom-Ingenieur bei der Lufthansa-Technik

„Wer deutsch spricht, riskiert Arbeitsplatz"

Dortmund (dpa) – Peter Vogelsang (52) war es leid, seinen „time frame" im Auge zu behalten, um die „alert line nicht zu overshooten". Als Diplomingenieur bei einer deutschen Firma, findet er, sollte er mit seinen Kollegen deutsch reden. Auch sieht er nicht ein, warum „ganz banale Dinge" im dienstinternen Schriftverkehr mit englischen Fremdwörtern bezeichnet werden sollen. Daher tauschte er die so genannten Anglizismen wiederholt gegen deutsche Vokabeln aus. Seine Arbeitgeberin, die Lufthansa Technik AG in Frankfurt, hat ihn deshalb abgemahnt und mit Entlassung bedroht: Das Unternehmen könne derlei „Manipulationen in einem sensiblen Sicherheitsbereich nicht dulden".

Der 52-Jährige klagt gegen diese „Disziplinierungsversuche" beim Arbeitsgericht in Frankfurt. Zugleich wandte er sich Hilfe suchend an den Steinhuder Professor Walter Krämer, dessen „Verein zur Wahrung der deutschen Sprache" (Sitz Dortmund) speziell gegen die Durchsetzung des Deutschen mit englischen Begriffen kämpft. Krämer ist empört: „Jetzt sind wir so weit: Wer in Deutschland deutsch spricht, muss um seinen Arbeitsplatz fürchten." Die Deutsche Lufthansa AG, deren 100-prozentige Tochter die Technik AG ist, habe sich „ein weiteres Mal als Vorreiter der internationalen Sprachversklavung ausgewiesen", sagte der Wissenschaftler. Sein Verein hatte das Flugunternehmen schon vor Bekanntwerden dieses Falles wegen „Englisch-Marotten" mit dem Titel „Sprachverhunzer" gebrandmarkt.

Die Lufthansa Technik AG wirft Vogelsang einen klaren Verstoß gegen die Dienstanweisung vor, in der „die Benutzung spezifischer Fachausdrücke zweifelsfrei geregelt" sei. Seine eigenmächtigen Übersetzungen – Beispiele: Tragflächen für wings oder Triebwerk für engine – führten „zu zusätzlichem Arbeits- und Zeitaufwand", weil sich die deutschen Begriffe in den „offiziellen Arbeitsunterlagen" nicht wieder fänden. Die von dem Maschinenbau-Ingenieur verwendeten Ausdrücke entsprächen „nicht dem Standard eines Wartungsbetriebs für Luftfahrtgerät". Wenn diese und ähnliche „Manipulationen" der Wochenberichte durch den Dienstleiter nicht unterblieben, werde man vor „einer Beendigung des Arbeitsverhältnisses" nicht zurückschrecken. […]

Der gescholtene Beschäftigte Vogelsang vertritt den Standpunkt, die Verwendung der von ihm übersetzten englischen Begriffe sei in einem deutschen Unternehmen „nicht notwendig". Das „ganze englische Imponiergehabe" trage vielmehr „zur Verwirrung" bei, zumal es sich nicht wirklich um Fachausdrücke, sondern um „ganz banale Bauteile eines Flugzeugs" handele. Die von ihm gewählten deutschen Wörter seien allesamt „gebräuchlich". Insofern seien Arbeitsverzögerungen ausgeschlossen. […]

Ein Gütetermin beim Arbeitsgericht Frankfurt ist gescheitert, der Prozess für nächstes Frühjahr anberaumt. *(1998)*

1. a) Was spricht für, was gegen den Standpunkt der Lufthansa Technik AG? Sammeln Sie Argumente mit Hilfe einer ▷ Mind-Map. ▷ S. 36
   b) Formulieren Sie Ihre Argumente so stichhaltig wie möglich aus und halten Sie sie schriftlich fest.
2. Organisieren Sie die Gerichtsverhandlung, in der über den Fall entschieden wird. Arbeiten Sie die Plädoyers von Anklage und Verteidigung, in denen Sie auch auf das Grundsatzproblem des Gebrauchs von Anglizismen im Deutschen eingehen, sorgfältig aus.
3. Schreiben Sie einen Zeitungskommentar, in dem Sie Ihren Leserinnen und Lesern anhand des vorliegenden Falls klarmachen, warum Spezialisten in vielen Berufen englische Fremdwörter verwenden/nicht verwenden müssen. Beziehen Sie dabei eine eindeutige Stellung in dem Meinungsstreit.

Ärgerliche Anglizismen

Der „Verein zur Wahrung der deutschen Sprache" hat es sich zur Aufgabe gemacht, unsere Sprache vor schädlichen Einflüssen aus anderen Sprachen zu bewahren. Der Vereinsvorsitzende, Walter Krämer, verwies vor kurzem auf die aus Sicht des Vereins „ärgerlichsten und überflüssigsten Anglizismen", die da lauten: „event", „kids", „statement", „highlight" und „service point". Für die Auswahl waren mehrere Kriterien maßgeblich. Zum einen müsse der englische Ausdruck in der deutschen Sprache bereits tief verankert sein. Zum anderen müsse es für das englische Wort mindestens drei treffendere deutsche Wörter geben. Außerdem müsse der englische Ausdruck geeignet sein, die zwischenmenschliche Verständigung zu behindern. „Man kann doch nicht die Bahnauskunft als service point bezeichnen, wenn man weiß, dass 45 Prozent der Bundesbürger und 80 Prozent der in Deutschland lebenden Ausländer kein Englisch können", sagte Krämer.
Eine weitere Bedingung für die Indizierung eines englischen Ausdrucks sei, dass er die deutsche Sprache ärmer mache. Dies gelte für die fünf indizierten Ausdrücke in besonderer Weise, weil sie die Vielfalt des Deutschen durch das Verdrängen treffenderer deutscher Wörter einebneten.
Krämer versicherte, dass der Verein kein „Klub von Fremdwortfressern" sei. Er begrüße neue Wörter aus anderen Sprachen immer dann, wenn sie die Sprache als Werkzeug der Verständigung bereicherten. Wie viele Menschen aber eine „unsinnige Verfremdung" der deutschen Sprache ablehnten, zeige die Mitgliederentwicklung des erst im vergangenen Jahr gegründeten Vereins: Innerhalb weniger Monate habe er rund 2200 Mitglieder gewonnen. *(1998)*

1. Entwickeln Sie eine „Ja, aber ..."-Argumentation:
   a) Stellen Sie die Bedingungen zusammen, unter denen nach Ansicht des „Vereins zur Wahrung der deutschen Sprache" englische Wörter ins Deutsche übernommen werden können.
   b) Stellen Sie dar, wann nach Ansicht der Sprachschützer ein in der deutschen Sprache auftauchendes englisches Wort zurückgedrängt werden sollte.
   c) Klären Sie, welche der von Ihnen gesammelten Wörter englischen Ursprungs (▷ Aufgabe 1, S. 533) von dem Sprachverein abgelehnt werden müssten und welche nicht.
   d) Formulieren Sie abschließend schriftlich eine „Ja, aber ..."-Position. Verwenden Sie darin auch Beispiele.
2. Definieren Sie mit Hilfe sprachwissenschaftlicher Nachschlagewerke den Begriff „Sprachpurismus".
3. ▷ **Referat/Facharbeit:** Stellen Sie historische Vorläufer des „Vereins zur Wahrung der deutschen Sprache" vor, z. B. die Sprachgesellschaften des 17. Jahrhunderts wie die „Fruchtbringende Gesellschaft" oder den 1885 gegründeten „Allgemeinen Deutschen Sprachverein". Klären Sie dabei die unterschiedlichen Ziele und Programme der einzelnen Sprachvereine im geschichtlichen Kontext. ▷ S. 19 ff., 36 f.

Dieter E. Zimmer

Von Deutsch keine Rede (1996)

Ein Plädoyer für nationale Zurückhaltung im Dienst der Verständigung

Als die Gesellschaft Deutscher Chemiker im Sommer 1994 beschloss, in zwei ihrer traditionsreichsten Zeitschriften, *Liebigs Annalen* und *Chemische Berichte*, nur noch englischsprachige Beiträge zuzulassen, stimmte die Chemie nicht mehr. Besonders bei den anorganischen Chemikern war die Erregung groß, eine Boykottbewegung begann sich zu formieren, und die Diskussion schwappte sogar auf die Leserbriefseiten der Tagespresse über. Die Rede war von der „Preisgabe eines Stücks nationaler Identität", von der „Tendenz zum kulturellen Einheitsbrei", von der „Ausrottung" der Sprache Lessings und Liebigs. Die Gesellschaft Deutscher Chemiker aber blieb fest: Ab Anfang 1997 wird es in beiden Zeitschriften keine deutschsprachigen Aufsätze und Meldungen mehr geben.
Die Gesellschaft hat Gründe. In den im deutschen Sprachraum herausgegebenen chemischen Fachzeitschriften für eine internationale Leserschaft tauchte Englisch erst nach dem

Zweiten Weltkrieg auf, aber seither befindet sich Deutsch dort auf einem stetigen Rückzug und nähert sich ohnehin der Nullgrenze. 1962 war ein Viertel der Beiträge in Englisch, um 1975 wurde die 50-Prozent-Marke passiert, 1987 waren es 72 Prozent. Weltweit sind heute über 80 Prozent aller Chemiepublikationen in Englisch abgefasst und nur noch knapp zwei Prozent in Deutsch. Selbst neun von zehn deutschsprachigen Chemikern publizieren – auch – auf Englisch.

Der vom Institute for Scientific Information (ISI) in Philadelphia ermittelte so genannte *impact factor* misst, wie oft wissenschaftliche Aufsätze im Durchschnitt zitiert werden – sozusagen die Resonanz, mit der ein Forschungsergebnis weltweit rechnen kann. Englischsprachige Aufsätze werden durchschnittlich 3,7-mal zitiert, russische 0,9-mal, deutsche 0,6-mal, französische und japanische 0,5-mal. Auf Englisch publizierte Studien, heißt das, finden ein sechsmal so hohes Echo wie deutsche. Der *impact* ist keine esoterische, von allen weltlichen Interessen abgehobene Größe – sonst würde kaum so viel Aufwand getrieben, ihn laufend zu ermitteln. Für das berufliche Fortkommen jedes einzelnen Wissenschaftlers überall auf der Welt ist es von entscheidender Wichtigkeit, dass er publiziert, wo er publiziert, dass er zitiert wird, wie oft und von wem er zitiert wird.

Für die Herausgeber und Verlage naturwissenschaftlicher Fachjournale ist der Fall somit klar. Jene beiden Chemiezeitschriften etwa gehen zu achtzig Prozent ins nichtdeutschsprachige Ausland. Deutschsprachige Beiträge finden dort nur wenige Leser. Sie lassen sich vor der Veröffentlichung auch nicht der internationalen *peer review* unterwerfen, die die Qualität und das Ansehen der Journale garantiert, denn selten finden sich genügend Fachleute, die nicht nur „ebenbürtig“, sondern auch noch des Deutschen mächtig sind.

Die Publikationssprache Deutsch, richtiger: Nichtenglisch, kapselt die Forschung gegen die nur zum kleinsten Teil deutschsprachige Fachöffentlichkeit ab, auf die sie sich doch in jedem Augenblick – nehmend wie gebend – bezieht. Da das den meisten Wissenschaftlern klar ist, veröffentlichen sie ihre großen, wichtigen Arbeiten gerne auf Englisch und nur die zweite Wahl auf Deutsch. Die im deutschen Sprachraum verlegten internationalen Fachzeitschriften laufen damit doppelte Gefahr, für ihre nichtdeutschen Abnehmer uninteressant zu werden – und bei der nächsten Sparrunde aus dem Anschaffungsetat dieser oder jener Bibliothek gestrichen zu werden. Der Wettbewerb ist hart und unbarmherzig, und für die Zeitschriften ist Englisch schlicht eine Überlebensfrage. […]

Mit Latein hatte die aufkeimende Wissenschaft einmal eine gemeinsame und sie einende Sprache. Ohne dass es sich danach gedrängt hätte, ist heute Englisch unter unseren Augen zur neuen Lingua franca[1] geworden. Es käme darauf an, das endlich nicht mehr als kulturelle Bedrohung, sondern als einmalige Chance zu begreifen, vor dieser Tatsache nicht davonzulaufen, sondern ihr mit Grazie entgegenzugehen.

1 **Lingua franca:** Verkehrssprache eines großen, verschiedensprachige Länder umfassenden Raums

1. a) Ermitteln Sie die zentralen Aussagen des Artikels von Dieter E. Zimmer und weisen Sie nach, mit welchem Beispielmaterial der Autor seine Thesen stützt.
   b) Wie eröffnet der Autor seinen Zeitungsartikel? Skizzieren Sie mögliche Alternativen und wägen Sie Vor- und Nachteile der verschiedenen Einleitungsmöglichkeiten ab.
   c) Beurteilen Sie die Argumentationsweise des Autors.

▷ S. 69 ff.

2. Verfassen Sie eine ▷ **Erörterung** zum Thema „Deutsch als Wissenschaftssprache“, indem Sie
   - die zentralen Thesen des Autors in ihrem gedanklichen Zusammenhang darstellen,
   - die Art und Weise beurteilen, wie der Autor argumentiert und wie er seine Argumente mit Beispielen untermauert,
   - Gründe anführen, wieso Sie sich der Argumentation des Autors (nicht/nur teilweise) anschließen können.

Roland Kaehlbrandt

Die verkannte Muttersprache (1996)

Das ungeliebte Deutsche gilt vielen hier zu Lande als komplizierter und konsonantischer Regionaldialekt, der Vorstellungen von Kohlsuppe, Hausmeisterrügen, Behördenfluren und Beförderungshinweisen zu wecken scheint. Das Eintreten für die innere Weiterentwicklung der deutschen Sprache und für die Stabilisierung ihrer grenzüberschreitenden Verbreitung gilt in weiten Kreisen als anrüchig oder zumindest als verschroben. Erinnert es nicht an Weltfremdheit, Chauvinismus und Größenwahn des Allgemeinen Deutschen Sprachvereins? Sprachpflege und Sprachbewusstsein sind in Deutschland historisch und ideologisch vorbelastet. Können sie vielleicht aber auch vernünftig, mit Maß gehandhabt werden? Dass das Deutsche in den 20er-Jahren über die Grenzen hinaus den Ruf einer ausgezeichneten Wissenschaftssprache genoss, dass es noch heute – gerade in Frankreich – auf Grund seines transparenten und ausbaufähigen Wortschatzes und seiner präzisen Ordnungsinstrumente für räumliche und zeitliche Beziehungen als geeignete Fremdsprache für die besseren Schüler gilt, nimmt bei uns kaum jemand zur Kenntnis. Größenwahn oder Kleinmut: Zwischen diesen Polen irrt und wirrt es mächtig. Ein vernünftiges, ausgewogenes Sprachbewusstsein ist nicht zu erkennen.

Die Dominanz des Englischen ist unstrittig. Dieter E. Zimmer hat das kenntnisreich dargelegt. Er hat aber auch davon abgeraten, sich noch dagegen zu wenden. Ist nicht die internationale Verständigung der Wissenschaftler ein entscheidender Vorteil für die Forschung? Können sich grenzüberschreitende Zusammenschlüsse wie die Europäische Union die Kosten der Vielsprachigkeit leisten? Da fällt es auf den ersten Blick schwer, anders als mit Nein zu antworten. Aber es drängen sich doch einige Gegenfragen auf. Ist es in wissenschaftsbasierten Gesellschaften wie den europäischen vertretbar, wenn wichtige Erkenntnisse nicht mehr in den Muttersprachen zu vermitteln sind? Ist es nicht auch ein demokratisches Erfordernis, dass entwicklungsentscheidende Erkenntnisse in die Muttersprache übertragen werden? Bei allem Verständnis für das berechtigte Anliegen der immer wieder zitierten Spitzenforschung, Nobelpreise zu gewinnen: Ist es wirklich zu begrüßen, dass ganze Fachwortschätze im Deutschen nicht mehr zur Verfügung stehen, und zwar in Schlüsselfächern wie den Biowissenschaften oder der Informatik? Wenn auch in diesen Fächern der Zug schon abgefahren ist: Ist es sachgerecht, dass andere Disziplinen, zum Beispiel die Sozialwissenschaften, auf dem besten Wege dazu sind?

Internationalität bedeutet doch nicht die Aufgabe eigener kultureller Identität, die zuallererst in der Sprache gründet, sondern das bewusste Anverwandeln anderer Kulturen und Wissenbestände. Dafür sorgt – besonders bei der Vermittlung von Fachwissen an die Allgemeinheit – die Übersetzung von fremdsprachigen Fachbegriffen. Sprachen erhalten sich so die Fähigkeit, neuartige Sachverhalte der eigenen Sprachgemeinschaft verständlich zu machen – eine eigentlich selbstverständliche Verpflichtung. Wissenschaftssprachen, auch die deutsche, bereichern schließlich auch die Gemeinsprache. Es ist daher nicht schlüssig, einerseits den „Ausbaurückstand" des Deutschen zu konstatieren und andererseits zum Bremsen der unnötigen inneren Anglisierung aufzufordern.

Die reine Funktionalität, mit der manche die Verwendung des Englischen begründen, ist häufig nicht überzeugend. Viele osteuropäische Wissenschaftler mit Deutschkenntnissen sind inzwischen gezwungen, auf Kongressen in der Bundesrepublik den Kopfhörer aufzusetzen, um der Simultanübersetzung zu lauschen. Die Konferenzsprache ist Englisch. Der Linguist Ulrich Ammon hat die bezeichnende Situation beschrieben, in der sich deutschsprachige Wissenschaftler „auf deutschem Boden vor deutschem Publikum auf Englisch abquälen". Ebenso bezeichnend sind Situationen wie jene, in der ein deutscher Wissenschaftler trotz Simultanübersetzung auf Englisch vorträgt, woraufhin ein französischer Kollege auf Deutsch antwortet. Kurz, eine gewisse Neigung zum öffentlichen Nachweis von Fremdsprachenkenntnissen, schärfer formuliert: eine Art Bildungsdünkel mag eine Ursache für die Dominanz des Englischen in deutschen Breiten sein. Das Verdikt „Die Spitzenforschung spricht englisch" erweist sich damit nur in Grenzen als Tatsachenbeschreibung. Häufig ist es Verbrämung des ambitiösen Anspruchs dazuzugehören. Eine Frage des Sprachbewusstseins also. Man mag von staatlicher Sprachpolitik wenig halten. Sprachpolitische Auswirkungen hat aber auch der Beschluss der Gesellschaft Deutscher Chemiker, in ihren beiden Fachzeitschriften nur noch englischsprachige Artikel zuzulassen.

[…]

Es gibt wohl ebenso gewichtige historische und kulturelle wie zweckgerichtete Gründe, die dazu führen, dass hierzulande die Dominanz des Englischen auf internationalem Parkett und sein zunehmendes Gewicht im deutschen Wortschatz als unumgänglich oder auch begrüßenswert angesehen werden. Darunter auch den, dass das Englische für viele Nachkriegsjahrgänge etwas durchaus Befreiendes hatte. Es war Reaktion auf eine vernagelte Alltagswelt, auf deutsche Untugenden wie Kadavergehorsam, Kasernenhofton und Autoritarismus. Unter der Last einer kompromittierenden Vergangenheit hat das Deutsche den Sprung in viele moderne oder postmoderne Wissensgebiete und Lebensbereiche nicht geschafft, obwohl es funktional alle Voraussetzungen dafür bietet. Das Englische hat dagegen den Trumpf, dass es ein anderes Lebensgefühl zum Ausdruck bringt. Doch ist Provinzialismus nicht mit semantischen Mitteln auszutreiben. Im Gegenteil: Viele Ausländer empfinden gerade die hektische Orientierung am angloamerikanischen Vorbild als unsouverän und provinziell. So forderte kürzlich ausgerechnet ein amerikanischer Humboldt-Stipendiat in der *FAZ* eine deutsche Kulturpolitik in universeller, weltbürgerlicher Absicht, da die deutsche Sprache so viele Schätze menschlicher Zivilisation in sich berge. „Der einzige mögliche Zweck einer deutschen Kulturpolitik, die nicht provinziell sein wollte, ist es", so der wohlmeinende Kritiker, „diese menschliche – eben nicht nur deutsche – Zivilisation zu kultivieren und zu schützen." Wir wollen nicht übertreiben: Ansätze zu einem neuen Sprachbewusstsein wären auch schon etwas.

▷ S. 69 ff.

3. Verfassen Sie im Anschluss an die beiden Artikel von Zimmer (▷ S. 535 f.) und Kaehlbrandt eine vergleichende ▷ **Erörterung** zum Thema „Deutsch als Wissenschaftssprache". Zeigen Sie darin auf,
   - welche Thesen die Autoren vertreten,
   - wie sie ihre Thesen argumentativ und mit Beispielen untermauern.

   Entwickeln Sie anschließend einen eigenen Standpunkt zu der Frage, ob sich auch Wissenschaftler/innen für die Erhaltung der Sprachenvielfalt einsetzen sollten.
4. Stellen Sie aus dem folgenden Text der Modemacherin Jil Sander die englischsprachigen Wörter nach Wortarten zusammen und bestimmen Sie sie grammatikalisch (z. B. „contemporary" = prädikatives Adjektiv, endungslos; „combinen" = engl. Verb; dt. Infinitivendung). Achten Sie auch auf den deutschen Satzkontext. Was fällt Ihnen an den Nomen auf?

Mein Leben ist eine giving-story. Ich habe verstanden, dass man contemporary sein muss, das future-Denken haben muss. Meine Idee war, die hand-tailored-Geschichte mit neuen Technologien zu verbinden. Und für den Erfolg war mein coordinated concept entscheidend, die Idee, dass man viele Teile einer collection miteinander combinen kann. Aber die audience hat das alles von Anfang an auch supported. Der problembewusste Mensch von heute kann diese Sachen, diese refined Qualitäten mit spirit eben auch appreciaten. Allerdings geht unser voice auch auf bestimmte Zielgruppen. Wer Ladyisches will, searcht nicht bei Jil Sander. Man muss Sinn haben für das effortless, das magic meines Stils.

(*Jil Sander, 1998*)

Englisch und Deutsch kontrastiv betrachtet:
Wichtige Wortbildungsregeln und Gesetze der Syntax

Englisch

- Konversion: Aus Wörtern einer Wortklasse lassen sich ohne jede Veränderung der entsprechenden Wortformen Wörter einer anderen Wortklasse gewinnen: *to repeat/repeat.*
- Verben haben im Präsens nur zwei Flexionsendungen, aber die Aspektunterscheidung: *think/thinking.*
- Beim Adjektiv wird nicht zwischen schwacher und starker Flexion unterschieden.
- Beim Nomen gibt es keine eindeutig aus der Endung ableitbare Bestimmung der Subjekt-/Objekt-Position im Satz.
- Historisch vergleichend spricht man vom Flexionsverfall im Englischen.
- Im englischen Satz steht vor dem finiten Verb stets das Subjekt.

Deutsch

- Aus Wortstämmen unterschiedlicher Art lassen sich zusammengesetzte Wörter bilden, z. B. *Führerscheinprüfungsamt.*
- Durch Präfixe erhält man neue, im Sinn veränderte Verben: *raten – verraten.*
- Adjektive lassen sich nominalisieren: *gut – das Gute.*
- Es gibt höchst unterschiedliche Pluralendungen: Frau*en*, Männ*er*, Tier*e*, Auto*s*.
- Abtrennbare Verbpräfixe stehen häufig am Satzende, z. B.: Er stimmte ihr *zu*.
- Es gibt strikte Regeln der Wortstellung für das finite Verb im Satz:
  - Zweitstellung im Aussagesatz,
  - Anfangsstellung im Fragesatz und beim Imperativ,
  - Endstellung in Nebensätzen, die durch Konjunktionen eingeleitet sind.

5. a) Ergänzen Sie, wenn möglich in Kooperation mit dem Englischunterricht, weitere Beispielwörter und -sätze zu den einzelnen Merkmalen des Englischen und des Deutschen.
   b) Beziehen Sie Ihre Erkenntnisse auf die Beispiele aus dem Jil-Sander-Text.
6. Aus der Perspektive anderer Sprachen bzw. Sprachfamilien (z. B. der Turksprachen oder der slawischen Sprachen) kann man auch Ähnlichkeiten zwischen den beiden germanischen Sprachen Englisch und Deutsch feststellen, sowohl im Hinblick auf den Wortbestand als auch im Hinblick auf den Satzbau. Suchen Sie Belege für die Verwandtschaft des Englischen und des Deutschen. Nutzen Sie dabei die Kenntnisse türkischer oder osteuropäischer Mitschüler/innen.
7. Im Folgenden können Sie mit englisch-deutschen Wortformen experimentieren und genauer über Schwierigkeiten der Wortflexion und der Orthografie nachdenken: Was geschieht bei der Einpassung englischer Fremdwörter in deutsche Sätze? Bilden Sie Beispielsätze mit den angegebenen grammatischen Operationen und beschreiben Sie genau Ihre Beobachtungen:
   - Verwendung im Plural/als Femininum: „the user", „the goalkeeper"
   - Verwendung in flektierter Form vor Nomen/in Steigerungsformen/als Nominalisierung: „cool", „soft", „groovy", „sexy"
   - Verwendung im Präsens und Perfekt Indikativ/im Passiv: „testen", „beamen", „capturen", „outen", „canceln", „zoomen"
   - Verwendung mit verschiedenen Präfixen/in verschiedenen Tempora: „to check", „to power"

Arnulf Deppermann

Anglizismen in Skatermagazinen
(1998)

Cut auf 24
Der Cut auf 24 hatte 4 Heats mit je 2 Runs à ca. 60 Sekunden, je nachdem will sagen, war Glückssache. Schön fahren = schön viel Zeit; nicht schön fahren = „15 Sekunden letzter Trick Danke Tschö." Alles klar? In der Physik heißt es doch immer, heiße Luft steigt nach oben?? Thermik, nein? Hat in Frankfurt nicht funktioniert, jedenfalls war es unten auf der Streetfläche noch sehr viel drückender als oben in den Zuschauerrängen, aber das liegt ja sowieso in Skateboardings Natur – die Physik zum Witz zu machen. […]

Jugendsprache oder Fachsprache?

Der Eingangstext stammt aus einem Skater-Magazin, einem typischen Szene-Medium, das sich an ein jugendliches Publikum wendet. Die Redakteure sind selbst aktive Skater (gewesen) und berichten über Contests[1], Personalia[2] und Trivia[3] aus der Szene, teilen Termine mit und führen Star-Interviews. Einen großen Raum nehmen Action-Fotos von Skateboarding-Kunststücken ein, die sich auf den ersten Blick oft nicht von den Anzeigen der Ausrüster unterscheiden lassen – wie überhaupt die Übergänge zwischen Werbung und redaktionellem Teil fließend sind.

Für Uneingeweihte, die nicht der Skater-Szene angehören, ist vieles, was hier zu lesen ist, schlichtweg unverständlich. Dies liegt aber kaum an den Eigenschaften, die Kulturkritiker wie Zeitgeister für Merkmale von „Jugendsprache" halten: Hyperbolik[4], Metaphernreichtum und neuartige Idiome[5], reduzierte Syntax, Laut- und Comicwörter. Einiges davon ist zwar tatsächlich anzutreffen. Doch der bestimmende Eindruck eines Textes wie des eingangs wiedergegebenen entsteht dadurch, dass eine Fachsprache verwendet wird, die fast ausschließlich aus Anglizismen besteht. Die meisten Ausdrücke sind Termini technici[6], also gerade nicht jugendsprachlich vage, sondern sehr genau definiert und nur unter spezifischen Bedingungen zu gebrauchen. Im Eingangstext bedeuten beispielsweise:

- *Cut*: Verringerung des Starterfeldes des Wettbewerbs durch eine Ausscheidungsprozedur;
- *Heats* und *Runs*: Durchgänge und (Kür-) Läufe.

[...]

Wie auch bei anderen Fachsprachen sind die Bildung neuer Ausdrücke und die Veränderung der Bedeutung von schon bestehenden dadurch motiviert, dass ökonomisch und präzise über Sachverhalte kommuniziert werden muss, die im gemeinsprachlichen Alltag entweder gar nicht begegnen oder in viel gröberer Weise schon genau genug bekannt sind. Skateboarder benötigen spezialisierte Ausdrücke, um Ausrüstungsgegenstände, unterschiedliche Arten von Hindernissen, Teile des Skateboards, Typen von Veranstaltungen etc. zu bezeichnen. Die Unverständlichkeit dieser Kommunikation für Uneingeweihte geht jedoch über das rein Sprachliche hinaus: Der Leser muss sich in der Welt des Skateboardings auskennen, um den Sinn und den Zusammenhang vieler Äußerungen, zahlreiche Anspielungen oder die Bedeutsamkeit von Produkt- und Personennamen zu erfassen. Um den Eingangstext zu verstehen, muss man etwa wissen, dass nach den Regeln des Skater-Contests jeder Teilnehmer nur dann 60 Sekunden Zeit für seine Kür hatte, wenn er „schön fährt": Sobald ihm einer seiner Tricks misslingt, muss er abbrechen. Die Aussage, es liege in der Natur des Skateboardens, „die Physik zum Witz zu machen", spielt dagegen darauf an, dass der Ehrgeiz der Skater darin besteht, Tricks zu beherrschen, die so raffiniert und halsbrecherisch sind, dass sie die Gesetze der Schwerkraft zu überwinden scheinen. [...]

Anglizismen zwischen Expertentum und Lebensstilsymbol

Dass die lexikalischen Besonderheiten der Skater-Sprache fast ausschließlich in Anglizismen bestehen, liegt natürlich daran, dass die nordamerikanische Szene für die europäischen Skater *die* Referenz-Kultur ist. Ob Ausrüstungen oder Accessoires, Musik oder Mode, Umgangsformen oder Zeitschriften-Design: Die US-Trends werden begierig aufgesogen und Touren durch die Vereinigten Staaten und Kanada bedeuten so viel wie die sprichwörtliche Pilgerfahrt nach Mekka. Skateboarding ist für den echten Skater nicht nur eine Form der körperlichen Betätigung, sondern Chiffre für einen umfassenden Lebensstil. Zum fachlichen Expertentum gesellt sich die Zugehörigkeit zu einer sozialen Gruppe, deren Mitglieder einander an bestimmten symbolischen Praktiken – Kleidung, Bewertungen, Ausdrucksweisen, Kommunikationsformen etc. – erkennen. Es verwundert daher kaum, dass Anglizismen neben ihrer ex-

1 **Contest:** Wettbewerb
2 **Personalia:** Angaben/Mitteilungen zu (bekannten) Personen
3 **Trivia:** Alltäglichkeiten, Klatsch und Tratsch
4 **Hyperbolik:** Übertreibung
5 **Idiom:** Redewendung
6 **Terminus technicus:** Fachausdruck

pertischen Verwendung gerne und häufig aus rein sozial-stilistischen Motiven benutzt werden – neben die Fachsprache tritt die Gruppensprache, der Soziolekt. Ein besonders drastisches Beispiel dafür ist der folgende Leserbrief an die Zeitschrift „Monster Skateboard Magazine“ (MSM, Nr. 137, S. 90), der von der Redaktion durch eine Überschrift und eine Anmerkung kommentiert wird:

Mish-mash-Gewäsh

Hey MSM,
First of all ein Super Lob an Euch. Das Mag ist echt 1. Klasse, wohl das beste in whole Germany. (...) Vor kurzem entschied ich mich, nach einjähriger Testphase, das MSM zu abonnieren. Alles lief glatt und schon bald konnte ich die Ausgabe #134 in den Händen halten. Doch was mussten meine sooooo von Euch verwöhnten Augen im zweiten per Postway zugestellten Mag entdecken? Eine „Hey Suckaz, wenn Ihr jetzt abot bekommt Ihr ein T-Shirt für umme“ Anzeige. Tja, da habe ich wohl Pech gehabt (...)

Anm. d. Red.: Hey, Daniel, wir finden das fuckin' superklassegood, that du uns einen sooooooo ehrlichen Slimerletter gewroten hast! Wer kommt too late, den beißen die dogs, dude! Eins of our Staffmitglieders hat himself just ein Handy zugelegt – three Wochen zu früh, es war nothing mit 30 Deutschmarks Startkapital, aber such is Leben. Warum soll es you better gehen wie us, fool!?!

1. Ordnen Sie von Ihnen verwendete Anglizismen in einer Tabelle danach, ob sie bloß jugendsprachliche oder auch fachsprachliche Bedeutung haben. Begründen Sie jeweils Ihre Zuordnungen.
2. Schreiben Sie einen fiktiven Leserbrief an die Redaktion des Skatermagazins
   a) als begeisterter „Insider“ der Szene;
   b) als bestürzter Leser, der seinem Ärger Luft macht.

Der Slang in der Snowboard-Szene

Air:	Sprünge über Kanten und Buckel; Sprung in der Halfpipe ohne Figur
Back-flip:	Rückwärts-Salto
Backscratcher:	Sprung, bei dem das Board zum Rücken hochgezogen wird
Backside:	Bezeichnung für den Stand oder die Fahrt des Snowboarders, bei dem die Fersenkante belastet wird
Banks:	Steilwandkurve aus Schnee
Base:	Lauffläche des Boards
Coping:	oberer Rand der Halfpipe
drop in:	Einfahren in die Halfpipe
fakie:	Rückwärtsfahren
Flip:	Salto
Flat:	Flachstück oder „Boden“ der Halfpipe

1. Ergänzen Sie die Liste und entwickeln Sie eine Werbeanzeige für einen Snowbard-Kurs.
2. Schreiben Sie eine Glosse, in der Sie in übertreibender Art und Weise mit solchen Fachbegriffen „um sich werfen“.

Projekt: Gegenwartssprache

FREMDWORT-ÜBERTRAGUNG IN FACHSPRACHE UND ALLTAGSSPRACHE

1. **Anglizismen in der privaten und öffentlichen Kommunikation**
   a) Untersuchen Sie authentische Sprachverwendungen in der privaten und öffentlichen Kommunikation im Hinblick auf den anglo-amerikanischen Bestand an Wörtern und Wendungen. Zeichnen Sie Alltagsgespräche auf und verfassen Sie selbst fiktive Dialoge zu folgenden Themen:
   - Sport/Fitness
   - Mode
   - Pop-Musik
   - Werbe-Management

   b) Untersuchen Sie audio-visuelle oder in den Printmedien veröffentlichte Werbetexte zu den Bereichen:
   - Tourismus
   - Genussmittel (Kaffee, Zigaretten, Getränke)
   - Auto
   - Kommunikation (Telefon/TV/Computer/Internet)
   - Investment/Banken

2. **Anglizismen in der Computersprache**
   a) Beschaffen Sie sich Gebrauchsanleitungen für PCs oder Drucker sowie Werbetexte für Software und untersuchen Sie sie auf ihren Sprachgebrauch hin. Listen Sie die fachsprachlichen Nomen und Verben auf und verschaffen Sie sich einen Überblick über den Anteil deutsch-/englischsprachiger Wörter.

   b) Falls Sie einen Internet-Anschluss nutzen können oder Erfahrungen mit dem Schreiben von E-Mails haben, können Sie Beispiele für die Veränderung des Schreibens unter dem Aspekt der „Sprachrichtigkeit" zusammentragen und analysieren. Stellen Sie einige der in solchen weltweiten Kommunikationen üblichen „Emoticons" (Sonderzeichen für Mailbox-Benutzer) vor und erklären Sie die Grenzen des ASCII-Codes für den deutschsprachigen Benutzer. Kennen Sie Beispiele von Network-Poesie oder satirische Texte, in denen im Stile amerikanischer Informatik-Studenten kommuniziert wird?

SPRACHEN IM KONTAKT – VORSCHLÄGE FÜR PROJEKTE, REFERATE UND FACHARBEITEN

1. a) Beschaffen Sie sich Informationen über die Haltung der Académie française zum „Franglais" und vollziehen Sie die Argumentationen der französischen Sprachkritik kritisch nach, wenn möglich in Kooperation mit dem Französischunterricht.

   b) In Frankreich wurden nach einer Untersuchung von D. E. Zimmer 86 % der englischen Computer- und Net-Speak-Ausdrücke ins Französische übersetzt. Sammeln und kommentieren Sie einige dieser Übersetzungen.
2. Tragen Sie sprachkritische Texte (Essays, Glossen, Leserbriefe) aus verschiedenen Medien zum Thema „Fremdwortgebrauch im Deutschen" zusammen. Ordnen Sie die Texte nach selbst gewählten Gesichtspunkten und organisieren Sie eine kommentierte Ausstellung, z. B. in Form einer Wandzeitung.
3. Informieren Sie sich über „fremdenfeindliche und fremdenfreundliche Phasen des Deutschen" (D. E. Zimmer) in der Geschichte seit dem 17. Jahrhundert. Kooperieren Sie dabei möglichst mit dem Fach Geschichte. Arbeiten Sie aus den Ihnen verfügbaren Literatur- und Sprachgeschichten Gründe für den „Sprachpurismus" heraus und kontrastieren Sie diese mit Positionen, die dem Fremdwortgebrauch liberal oder aufgeschlossen gegenüberstehen. Welche Sprachen lieferten jeweils für welche Sach- und Wirklichkeitsbereiche das „fremde" Wortmaterial?
4. Erörtern Sie Goethes Satz: „Die Gewalt der Sprache ist nicht, dass sie das Fremde abweist, sondern dass sie es verschlingt" mit Bezug auf aktuelle Diskussionen um „Reformen" in der Schreibung von Fremdwörtern.
5. Informieren Sie sich, was man unter einer Pidgin-Sprache versteht, und erörtern Sie, ob man von einer Pidginisierung des Deutschen (unter englischem Einfluss) sprechen kann.
6. Untersuchen Sie Sprachveränderungen, die durch kulturelle Begegnungen (z. B. Islamisierung; Orientierung am Westen) und durch Migration entstehen. Zwei- oder mehrsprachige Schülerinnen und Schüler recherchieren hierzu und informieren über historische Transfers sowie über ihre Wahrnehmung von aktuellen Sprachkontakten.

4.2.3 Sprachliche Varietäten: Männersprache – Frauensprache

Geschlechtsspezifisches Gesprächsverhalten

Deborah Tannen

Warum Männer und Frauen aneinander vorbeireden (1993)

Celia Roberts und Tom Jupp beobachteten eine Lehrerkonferenz an einer weiterführenden Schule in England und fanden heraus, dass die Argumente der Frauen bei den männlichen Kollegen nicht ins Gewicht fielen, weil die Frauen dazu neigten, sich bei ihren Ausführungen auf eigene Erfahrungen zu stützen oder die Auswirkungen der Schulpolitik am Beispiel einzelner Schüler auszuführen. Die männlichen Teilnehmer der Konferenz argumentierten von einer ganz anderen Warte aus, indem sie kategorische[1] Behauptungen über Richtig und Falsch aufstellten.
Dieses unterschiedliche Verhalten lässt sich auch bei häuslichen Diskussionen feststellen.

Ein Mann erzählte mir, dass er Zweifel an dem logischen Denkvermögen seiner Frau habe. Er erinnerte sich zum Beispiel, dass er im Verlauf eines Gesprächs einmal einen Artikel aus der *New York Times* erwähnt hatte, in dem die These vertreten wurde, dass die heutigen Studenten nicht mehr so idealistisch seien wie die Studenten der 60er-Jahre. Er hielt diese Behauptung für zutreffend. Seine Frau bezweifelte die These und begründete ihre Meinung damit, dass ihre Nichte und die Freunde ihrer Nichte sehr wohl Ideale hätten. Der Mann reagierte ungläubig und spöttisch auf die unlogische Argumentation seiner Frau; für ihn war es offenkundig, dass ein einzelnes persönliches Beispiel weder als Beweis noch als Argument herangezogen werden kann – sondern höchstens anekdotischen Wert hat. Es kam ihm gar nicht in den Sinn, dass es sich hier nicht um einen Mangel an Logik, sondern um eine andere Logik handeln könnte.

1 **kategorisch:** allgemein gültig

1. a) Erklären Sie die Verständigungsschwierigkeiten zwischen Mann und Frau in den beiden Beispielen.
   b) Wie begründet Deborah Tannen das unterschiedliche Gesprächsverhalten?
2. Nehmen Sie Stellung zu der Schlussfolgerung Tannens, dass es sich bei der Argumentationsweise der Frau „um eine andere Logik handeln könnte".
3. Sammeln Sie eigene Beobachtungen zu den Kommunikationsrollen von Mann und Frau in Ihrem Freundeskreis, Ihrer Familie oder in der Schule und werten Sie diese aus.

Senta Trömel-Plötz

Gesprächsstrategien von Frauen und Männern (1982)

Ich fasse kurz zusammen, was wir aus gesprächsanalytischen, also soziologischen Untersuchungen darüber wissen, wie Frauen anders sprechen und welche Hypothesen von linguistischer Seite über Frauensprache aufgestellt wurden. Von beiden Forschungsrichtungen her sind die Charakterisierungen so, dass Frauensprache eher als Defizit gesehen wird und weniger als Stärke.
1. Frauen ergreifen weniger oft das Wort und liefern kürzere Redebeiträge. Frauen führen mehr Themen ein als Männer, aber bringen weniger Gesprächsthemen zu Ende, weil sie nicht von Männern unterstützt werden. Sie leisten aber ihrerseits Gesprächsarbeit, indem sie die Männer bei der Durchführung ihrer Themen unterstützen.
2. Frauen stellen mehr Fragen als Männer; darunter sind neben Informationsfragen auch Behauptungen, die als Fragen formuliert werden, und Fragen, mit denen sie ihr Rederecht erzwingen oder sich Aufmerksamkeit verschaffen müssen. Sie scheinen also Fragen dazu zu benutzen, dass sie eine Reaktion bekommen, die sonst ausbliebe. Auch andere Mechanismen wie Übertreibung oder größere

Variabilität in der Intonation deuten darauf hin, dass Frauen garantieren müssen, dass sie überhaupt gehört werden.

3. Frauen beziehen sich häufiger auf vorhergegangene Redebeiträge, d.h., sie gehen mehr auf ihre Gesprächspartnerinnen und -partner ein, sie benutzen mehr Pronomina wie *ich*, *meiner* Ansicht nach, es ist *mir* aufgefallen, d.h., sie sind persönlicher. Frauen gebrauchen öfter *bitte*, Frauen entschuldigen sich mehr.

4. Frauen lassen sich unterbrechen. In der Tat werden Frauen systematisch von Männern unterbrochen, d.h., alle Frauen, unabhängig von ihrem Status und dem des unterbrechenden Mannes, werden unterbrochen, und Frauen werden in regelmäßigen Abständen unterbrochen. Frauen hingegen unterbrechen umgekehrt Männer kaum. So gibt es Untersuchungen von Unterhaltungen, in denen 96 Prozent aller Unterbrechungen von Männern kamen.

Deborah Tannen

Andere Worte, andere Welten (1997)

Dass Männer Frauen dominieren, steht außer Frage; was ich zur Diskussion stelle, sind Ursprung und Mechanismus von Dominanz und anderer zwischenmenschlicher Absichten und Wirkungen. Ich werde zeigen, dass der Ursprung von Dominanz oder einer beliebigen zwischenmenschlichen Absicht oder Wirkung nicht an sprachlichen Strategien wie Unterbrechung, Wortreichtum, Schweigen und dem Anschneiden von Gesprächsthemen festzumachen ist, wie behauptet worden ist. Ebenso kann der Ursprung weiblicher Ohnmacht nicht an sprachlichen Strategien wie Indirektheit, Schweigsamkeit, Stillschweigen und Bestätigungsfragen festgemacht werden, wie ebenfalls behauptet worden ist. Das lässt sich deshalb nicht aufrechterhalten, weil die gleichen sprachlichen Mittel für unterschiedliche, sogar gegensätzliche Zwecke verwendet werden und in verschiedenen Zusammenhängen unterschiedliche, sogar gegensätzliche Wirkungen haben können. Also kann eine Strategie, die scheinbar oder wirklich beabsichtigt zu dominieren, in einem anderen Zusammenhang bzw. durch eine/n andere/n Sprecher/in beabsichtigen oder dazu verwendet werden, eine Verbindung herzustellen. Ebenso kann eine Strategie mit der scheinbaren oder tatsächlichen Absicht, eine Verbindung zu schaffen, in einem anderen Zusammenhang bzw. durch eine/n andere/n Sprecher/in beabsichtigen oder dazu verwendet werden, Dominanz herzustellen.

Anders gesagt, die „wahre" Absicht oder das „wahre" Motiv einer beliebigen Äußerung lässt sich nicht allein aus der Untersuchung der sprachlichen Form bestimmen. Zum einen sind Absichten und Wirkungen nicht deckungsgleich. Zum anderen ist die menschliche Interaktion[1] eine „gemeinsame Produktion" […]: Alles, was geschieht, ist das Ergebnis der Interaktion aller Teilnehmer/innen. Der Ursprung der Mehrdeutigkeit und Vieldeutigkeit sprachlicher Strategien, den ich hier untersuchen werde, ist die paradoxe Beziehung zwischen der Dynamik von Macht und von Solidarität.

1 **Interaktion:** der Umgang von Menschen miteinander

---

1. a) Fassen Sie die Thesen von Senta Trömel-Plötz und Deborah Tannen zusammen.
   b) Worin liegt der zentrale Unterschied in der Argumentation der beiden Sprachforscherinnen?
2. a) Entwickeln Sie einen Beobachtungsbogen zum verbalen und nonverbalen Gesprächsverhalten von Mann und Frau. Gehen Sie dabei von den in den beiden Texten beschriebenen Phänomenen aus und ergänzen Sie diese.
   b) Analysieren Sie mit Hilfe Ihres Beobachtungsbogens Fernsehdiskussionen, Unterrichtsgespräche oder informelle Kommunikationssituationen und werten Sie Ihre Beobachtungen gemeinsam aus.
3. Wie sind die Probleme, die sich aus dem unterschiedlichen Gesprächsverhalten von Frauen und Männern ergeben, zu lösen? Entwickeln Sie eigene Vorschläge und beziehen Sie den nachfolgenden Text von Deborah Tannen „Verständnis ist alles" in die Diskussion mit ein.
4. Organisieren Sie eine Talkshow zum Thema „Geschlechtsspezifisches Gesprächsverhalten", in der zwei von Ihnen die Positionen der Sprachforscherinnen Deborah Tannen und Senta Trömel-Plötz vertreten.

Deborah Tannen

Verständnis ist alles (1993)

Wenn Erwachsene ihr Gesprächsverhalten schon als Kinder in getrennten Welten sozialer *Peer*-Kontakte lernten, dann ist Kommunikation zwischen Männern und Frauen interkulturelle Kommunikation. Obwohl jeder Stil im Rahmen seiner eigenen Gesetzlichkeit gut funktioniert, kommt es zu Missverständnissen, weil die Stile sich unterscheiden. Männer und Frauen als Angehörige verschiedener Kulturen zu begreifen eröffnet die Möglichkeit, eine Erklärung für zu Recht bestehende Unzufriedenheiten zu finden, ohne der einen oder anderen Seite vorzuwerfen, dass sie sich falsch oder unverständlich verhält.

Wenn wir die Unterschiede im Gesprächsstil erkennen, werden sie nicht verschwinden, aber wir können gegenseitige Missverständnisse und Schuldzuweisungen vermeiden. Zu verstehen, warum unsere Partner, Freunde und sogar Fremde sich auf eine bestimmte Art und Weise verhalten, ist tröstlich, auch wenn wir ihre Haltung nicht teilen können. Es macht die Welt zu einem vertrauteren Territorium. Und wenn andere verstehen, warum wir selbst so sprechen und handeln, wie wir es tun, bewahrt uns das vor der schmerzlichen Erfahrung, auf Unverständnis und Kritik zu stoßen. […] Wir alle möchten – mehr als alles andere – gehört werden – aber nicht nur gehört werden. Wir möchten verstanden werden – gehört werden für das, was wir zu sagen glauben, für das, von dem wir wissen, dass wir es gemeint haben. Je besser wir verstehen, wie Männer und Frauen Sprache benutzen, desto seltener ertönt vielleicht der Vorwurf: „Du kannst mich einfach nicht verstehen.“

Sexistischer Sprachgebrauch

Senta Trömel-Plötz / Ingrid Guentherodt / Marlis Hellinger / Luise F. Pusch

Richtlinien zur Vermeidung sexistischen Sprachgebrauchs (1981)

Eine der signifikantesten Strömungen in unserer heutigen Gesellschaft ist der Feminismus – die Bestrebung, in allen gesellschaftlichen Bereichen für Frauen eine faire und gerechte Behandlung zu erreichen. Als Linguistinnen wenden wir uns einem zentralen Bereich zu, dem der Sprache. Da Sprechen in einem wichtigen Sinn gesellschaftliches Handeln ist, können Menschengruppen durch sprachliche Äußerungen diskriminiert werden: Gastarbeiter und noch mehr Gastarbeiterinnen, Studenten und noch mehr Studentinnen können durch Schimpfwörter abgewertet und beleidigt werden, politisch Unliebsame können verbal diskreditiert werden, Jüdinnen und Juden, Schwarze, Zigeunerinnen und Zigeuner, Prostituierte, psychisch Kranke, Homosexuelle können negativ definiert und sprachlich gedemütigt werden. Wenn solche Diskriminierung auf Grund der Geschlechtszugehörigkeit geschieht – und das heißt in unserer männlich dominierten Gesellschaft, dass sie Frauen betrifft –, sprechen wir von Sexismus. Sexistische, d. h. Frauen diskriminierende, frauenfeindliche Einstellung ist ein allgemeines Phänomen, das so sehr in unserer Gesellschaft verankert ist und in unser aller Leben eingeht, dass wir es kaum bemerken. Es schlägt sich natürlich auch in der Sprache nieder. Das Ziel dieser Richtlinien für nichtsexistischen Sprachgebrauch ist deshalb, sexistische Sprache zu identifizieren und alternative Gebrauchsweisen anzubieten, die nicht frauenfeindlich und diskriminierend sind.

Sprache ist sexistisch, wenn sie Frauen und ihre Leistungen ignoriert, wenn sie Frauen nur in Abhängigkeit von und Unterordnung zu Männern beschreibt, wenn sie Frauen nur in stereotypen Rollen zeigt und ihnen so über das Stereotyp hinausgehende Interessen und Fähigkeiten abspricht und wenn sie Frauen durch herablassende Sprache demütigt und lächerlich macht. […]

Natürlich wird gesellschaftliche Änderung im Zuge der Frauenbewegung sprachliche Änderung nach sich ziehen. Als Linguistinnen wissen wir, dass das Tempo für solche Änderung langsam ist, als Feministinnen ist uns dieses Tempo zu langsam. Da Sprache mit zu den gesellschaftlichen Bedingungen gehört, unter denen wir leben, wollen wir von Seiten der Sprachwissenschaft zur gesellschaftlichen Änderung beitragen, indem wir sprachliche Änderung propagieren. Sexistische Sprache benützen heißt diskriminieren, Vermeidung sexistischer Sprache ist gesellschaftliche Änderung.

Anhand einiger Beispiele zeigen wir nun sexistischen Sprachgebrauch auf und bieten alternative Formulierungen an. Wir unterscheiden *vier Arten* frauenfeindlichen Sprachgebrauchs (die Kategorien überschneiden sich zum Teil):

1. Sprache, die Frauen ignoriert und ausschließt, weil der Mann als Standard und Norm für den Menschen schlechthin gilt. Frauen werden dann nicht genannt, sondern nur „mit gemeint", und ihre Gegenwart, ihre Beiträge, ihre Leistung werden nicht beachtet, vernachlässigt und vergessen.

Sexistischer Sprachgebrauch	*Alternativen*
Sehr geehrte Herren	Sehr geehrte Damen und Herren
Liebe Kollegen	Liebe Kolleginnen und Kollegen
An die Familie Peter Dörsch	An Frau Eva Dörsch und Herrn Peter Dörsch
	An Eva Dörsch und Peter Dörsch mit Kindern
Die Väter des Grundgesetzes	…
Die Männer des 20. Juli	…
…	…

2. Sprache, die Frauen immer in Abhängigkeit vom Mann darstellt, d. h. Frauen über Männer definiert und Frauen als zweitrangig und untergeordnet beschreibt. Dies zeigt sich in der asymmetrischen Benützung von Namen und Titeln und in der festgefahrenen Anordnung, in der Männer immer zuerst genannt werden.

Sexistischer Sprachgebrauch	*Alternativen*
An Herrn und Frau Dörsch	An Frau Dörsch und Herrn Dörsch
Zum Empfang bitten wir Herrn Dr. Kurt Müller und Gemahlin/Gattin	Zum Empfang bitten wir Herrn Dr. Kurt Müller. Diese Einladung gilt für zwei Personen.
	Zum Empfang bitten wir Frau Dr. Maria Müller-Offenbach und Herrn Dr. Kurt Müller.
Thomas Mann mit Frau Katja	…
…	…

3. Sprache, die Frauen nur in den traditionellen Rollen mit den so genannten weiblichen Eigenschaften und Verhaltensweisen darstellt, d. h., Frauen werden zunächst als Hausfrauen, Ehefrauen und Mütter etikettiert. Wenn dieses Etikett nicht zutrifft, ist die betreffende Frau untypisch und eine Ausnahme. Wenn Frauen sich aus diesem engen Rahmen hinausbewegen, werden sie wieder nur in dienenden, helfenden und unterstützenden Funktionen eingesetzt.

Sexistischer Sprachgebrauch	*Alternativen*
Mädchen und Männer	Mädchen und Jungen, Frauen und Männer
Damen und Männer	Damen und Herren, Frauen und Männer
Fräulein!	(Im Restaurant:) Bitte! / Entschuldigen Sie! / Würden Sie uns die Karte bringen, bitte?
Fräulein Seil	…
Sekretärin gesucht	…
…	…

4. Abwertende Sprache, durch die Frauen herablassend behandelt oder degradiert werden. Hier handelt es sich um Äußerungen, in denen Frauen in jedem Kontext, nicht nur im Schönheitswettbewerb, nach ihrem Aussehen beurteilt werden, in denen ihnen mangelnde Intelligenz, mangelnde Reife, mangelnde Kraft, mangelndes Durchhaltevermögen zugeschrieben wird, dabei ein Übermaß an List und Tücke, Emotionalität, Unbeherrschtheit und Geschwätzigkeit. Die Folge ist, dass Frauen nicht mehr als Individuen, als Menschen gesehen und respektiert werden.

Sexistischer Sprachgebrauch	*Alternativen*
das schwache/schöne Geschlecht	das weibliche Geschlecht, Frauen
unsere Skimädchen/Tennisdamen	…
…	…

Dies ist zusammenfassend die Situation, wie sie sich in sexistischer Sprache darstellt. Frauen sind oft unsichtbar und werden vergessen; kommen sie vor, dann sind sie zweitrangig und nur in bestimmten Rollen zugelassen, hauptsächlich, wo sie dem Mann dienen. Außerhalb dieses Bereiches sind sie hilflos und hysterisch und werden abgewertet, ob als Frauen, Karrierefrauen oder alte Weiber.
Dagegen wollen wir Frauen sichtbar machen, indem wir sie explizit nennen und anreden, indem wir sie an erster Stelle nennen, bis Frauen und Männer gleichrangig vorkommen, indem wir sie in anderen Rollen zeigen außer den üblichen; und indem wir Degradierung in der Sprache nicht mehr dulden.
Richtlinien für nichtsexistischen Sprachgebrauch, die es seit fast zehn Jahren in Amerika gibt, haben dort zu einer weitgehenden Änderung des Bewusstseins über diskriminierende Sprache beigetragen. Wir hoffen, dass diese erste Formulierung von Richtlinien für das Deutsche auch hier dazu beiträgt, dass wir unter humaneren Bedingungen zusammenleben.

1. Diskutieren Sie die Ausgangsthese der Autorinnen, dass wir in einer männlich dominierten Gesellschaft leben, in der eine frauenfeindliche Einstellung „ein allgemeines Phänomen" sei.
2. a) Die Autorinnen unterscheiden vier Arten sexistischen Sprachgebrauchs. In welchem Verhältnis stehen diese Kategorien zueinander?
   b) Suchen Sie weitere Beispiele sexistischen Sprachgebrauchs, tragen Sie sie in die vier Tabellen ein und machen Sie eigene Änderungsvorschläge.
3. Untersuchen Sie arbeitsteilig verschiedene Zeitungen und Illustrierte im Hinblick auf sexistischen Sprachgebrauch.

Empfehlungen zur Gleichstellung der Frau bei amtlicher Wortwahl
(1991)

Bundesregierung beschließt Bericht über maskuline und feminine Personenbezeichnungen in der Rechtssprache

Sprache ist der Spiegel unseres Denkens. Deshalb ist die Forderung nach einer frauenfreundlichen Sprache keine bloße Stilübung, sondern ein Beitrag zur Gleichbehandlung von Männern und Frauen in der sozialen Wirklichkeit. Diesen Standpunkt vertritt die Bundesregierung bei der Vorlage eines Berichts über „maskuline und feminine Personenbezeichnungen in der Rechtssprache“. Zwar werden schematische Lösungen, die die Lesbarkeit von Texten erschweren, abgelehnt. Der Bericht enthält jedoch eine Vielzahl von Formulierungsalternativen, die als Richtschnur dienen.

Die Arbeitsgruppe hat die Forderung aufgestellt, dass es sprachlich unmissverständlich zum Ausdruck kommen müsse, wenn Frauen gemeint oder mit gemeint sind. Wenn eine Frau angesprochen werde, müsse sie sich auch durch die Anredeform bezeichnet fühlen. Die Arbeitsgruppe hat Empfehlungen ausgearbeitet, wie Frauen individuell angesprochen werden können:

- In Vordrucken sollen Frauen in der femininen Form unterzeichnen können (z. B. die „Standesbeamtin“ oder die „Passinhaberin“).
- Bei Eidesformeln sollen Frauen ihrem Geschlecht gemäß angesprochen werden (statt „Pflichten eines Rechtsanwalts“ „Pflichten einer Rechtsanwältin“).
- Maskuline Behördenbezeichnungen sollen durch sächliche ersetzt werden oder durch feminine, wenn eine Frau das betreffende Amt leitet („das Ministerium“ oder „die Ministerin“ statt „der Minister“).

1. a) Beurteilen Sie die Empfehlungen der Bundesregierung für eine frauenfreundlichere Amtssprache.
   b) Kennen Sie entsprechende Richtlinien aus anderen Bereichen des öffentlichen Lebens?
2. Die Sprachwissenschaftlerin Hildegard Gorny stellt als Lösungsansatz für einen geschlechtergerechten Sprachgebrauch bei Personenbezeichnungen das **Splitting** vor:
   „Das so genannte Splitting ist zwar umständlicher als die ungesplitteten Formen. Dennoch wird es heute immer häufiger praktiziert, weil bessere Lösungen noch nicht gefunden worden sind. In der Diskussion befinden sich:
   - die Klammer: Leser(in)
   - der Schrägstrich: Leser/in
   - die Paarformel: Leserin und Leser
   - das Binnen-I: LeserIn“

   a) Untersuchen Sie die Verwendung der unterschiedlichen Splittingformen im Hinblick auf Häufigkeit und Kontexte, z. B. in Stellenanzeigen und unterschiedlichen journalistischen Textsorten.
   b) Nehmen Sie Stellung zu den einzelnen Splitting-Formen. Welche Regelung beim Gebrauch von Personenbezeichnungen bevorzugen Sie selbst?

Projektvorschlag: Schreiben Frauen anders?

Irmtraut Morgner

Leben und Abenteuer der Trobadora Beatriz nach Zeugnissen ihrer Spielfrau Laura (1974)

Irmtraut Morgner versetzt ihre mittelalterliche Heldin, die Minnesängerin Beatriz de Diaz, auf wunderbare Weise in die Gegenwart des DDR-Alltags. In den folgenden Romanauszügen wird eine Caféhausszene mit unterschiedlichen Geschlechterrollen und Perspektiven erzählt.

Als Laura mit Wesselin auf dem Arm zur angegebenen Morgenzeit das Etablissement betrat, pfiff Benno Pakulat eine Tonleiter rauf und runter und sah sich Laura an, auch rauf und runter. Als sie an seinem Tisch vorbeiging, sagte er „Donnerwetter“. Dann unterhielt er sich mit einem Mann über ihre Schuhe, denen hohe Absätze fehlten, den Brustumfang schätzten sie auf fünfundneunzig. Alter auf fünfunddreißig. […]

Als neulich unsere Frauenbrigade im Espresso am Alex Kapuziner trank, betrat ein Mann das Etablissement, der meinen Augen wohl tat. Ich pfiff also eine Tonleiter rauf und runter und sah mir den Herrn an, auch rauf und runter. Als er an unserem Tisch vorbeiging, sagte ich „Donnerwetter“. Dann unterhielt sich unsere Brigade über seine Füße, denen Socken fehlten, den Taillenumfang schätzten wir auf siebzig. Alter auf zweiunddreißig. […]

---

1. a) Untersuchen Sie die perspektivischen und sprachlichen Differenzen der beiden Szenen.
   b) Setzen Sie die beiden Erzählanfänge fort.
2. Suchen Sie selbst Situationen mit typischem geschlechtsspezifischem Rollenverhalten und schreiben Sie dazu Texte und Gegentexte.

WEITERE PROJEKTVORSCHLÄGE: WEIBLICHE UND MÄNNLICHE PERSPEKTIVEN IN DER LITERATUR

- Untersuchen Sie zum Thema „Frauenrollen im Drama“ z. B. die folgenden Texte:
  Aristophanes: Lysistrata
  Sophokles/Anouilh: Antigone
  Gotthold Ephraim Lessing: Emilia Galotti (▷ S. 195 f., 276 ff.)
  Henrik Ibsen: Nora
  Botho Strauß: Kaldewey, Farce.
  Mögliche Untersuchungsaspekte:
  - das Rollen- und Kommunikationsverhalten von Frauen und Männern
  - direkte und indirekte Wertungen bezüglich der Geschlechter
  - thematische Aspekte im Zusammenhang mit den Geschlechterrollen, z. B. Eifersucht, weiblicher Widerstand gegen Unterdrückung, Gefühlskultur etc.
- Gibt es eine weibliche Ästhetik? Prüfen Sie diese Frage am Beispiel von Liebeslyrik oder moderner Kurzprosa. Wählen Sie kontrastierende Texte von Autorinnen und Autoren aus dem gleichen Entstehungszeitraum, z. B.:
  Gottfried Benn: D-Zug (1912)
  Else Lasker-Schüler: Ein Lied der Liebe (1911)
- Prüfen Sie unterschiedliche Formen von Wirklichkeitserfahrung im modernen Roman.
  - Feministische Prägungen, z. B. bei
    Ingeborg Bachmann: Malina
    Christa Wolf: Kassandra (▷ S. 164 ff.)
    Marlen Haushofer: Die Wand
  - Viristische Tendenzen, z. B. bei
    Max Frisch: Homo faber
    Christoph Hein: Der Tangospieler
    Thomas Brussig: Helden wie wir
- Analysieren Sie das Hexenthema in der Literatur: Märchen, Romane, Dramen. Beispiele:
  Friedrich Schiller: Die Jungfrau von Orleans
  Arthur Miller: Hexenjagd
  Irmtraut Morgner: Amanda
  Eveline Hasler: Anna Göldin – letzte Hexe
- Gibt es geschlechtsspezifische Unterschiede in der Wiedergabe autobiografischer Erfahrungen in Tagebüchern, Briefen, Reportagen?
- Untersuchen Sie das Bild der Frau im Trivialroman, in Filmen und Fernsehserien, in der Werbung.

Autoren- und Quellenverzeichnis

Adelung, Johann Christoph (1732–1806): *Aufklärung und Vorurteile,* S. 262. Aus: Max Hermann Jellinek: Geschichte der neuhochdeutschen Grammatik von den Anfängen bis auf Adelung. Bd. 1. Heidelberg 1913, S. 334
Aichinger, Ilse (*1921): *Das Fenster-Theater,* S. 485 f. Aus: Der Gefesselte. Erzählungen. Fischer Verlag, Frankfurt/M. 1953
Albrecht von Johansdorf (vor 1172 – nach 1209): *Ich vant âne huote,* S. 244. Aus: Des Minnesangs Frühling. Nach Karl Lachmann, Moritz Haupt und Friedrich Vogt, neu bearb. von Carl von Kraus. S. Hirzel Verlag, 34. Aufl. 1967, S. 121. Übers. von Wolfgang Häring
Alemann, Ulrich von: *Grenzen schaffen Frieden,* S. 87. Aus: Die ZEIT, 4. 2. 1999
Anacker, Heinrich (1901–1971): *Opfer,* S. 378. Aus: Hirts Deutsches Lesebuch. Hg. von Johann Eilemann u. a. Ferdinand Hirt Verlag, Breslau 1939, S. 248
Anders, Günther (1902–1992): *Einfälle,* S. 133. Aus: Die ZEIT, 4. 3. 1966. *Der Löwe,* S. 507. Aus: Der Blick vom Turm. München 1968, S. 33–34.
Aristoteles (384–322 v. Chr.): *Kennzeichen der Tragödie,* S. 199. Aus: Theorie des Dramas Aristoteles. Hg. von Ulrich Staehle. Reclam Verlag, Stuttgart 1973, S. 8–12 (gekürzt)
Arnim, Bettina von (1785–1859): *Aus einem Brief an Goethes Mutter,* S. 306. Aus: Frauenbriefe der Romantik. Hg. von Katja Behrens. Insel Verlag, Frankfurt/Main 1981; *In der Armenkolonie,* S. 315 f. Aus: Dieses Buch gehört dem König. In: Klassenbuch 1. Ein Lesebuch zu den Klassenkämpfen in Deutschland. 1756–1880. Hg. von H. M. Enzensberger u. a. Luchterhand Verlag, Darmstadt/Neuwied 1985, S. 132–134, 136
Asar, Mevlüt (* 1951): *Dilemma der Fremde,* S. 31. Aus: Dilemma der Fremde. Gedichte. Ortadogu Verlag, Oberhausen 1986, S. 10–11
Aston, Louise (1814–1871): *Lied einer schlesischen Weberin,* S. 320. Aus: Deutsche Dichterinnen vom 16. Jh. bis zur Gegenwart. Hg. von Gisela Brinker-Gabler. Fischer Tb, Frankfurt/M. 1978, S. 200
Augustinus (354–430 n. Chr.): *Vom Gottesstaat,* S. 241. Aus: Bekenntnisse und Gottesstaat. Sein Werk ausgew. von Joseph Bernhart. Kröner Verlag, Stuttgart 1965, S. 316
Bachmann, Ingeborg (1926–1973): *Reklame,* S. 399. Aus: Werke. Hg. von Christine Koschel, Inge Weidenbaum u. Clemens Münster. Verlag R. Piper, München/Zürich 1978, S. 114
Bahr, Hermann (1863–1934): *Symbolisten,* S. 352 f. Aus: Literarische Manifeste der Jahrhundertwende 1890–1910, Hg. von E. Ruprecht u. D. Bänsch. Metzlersche Verlagsbuchhandlung, Stuttgart 1970, S. 170–171
Becher, Johannes Robert (1891–1958): *Die Asche brennt auf meiner Brust,* S. 409; *Ihr Mütter Deutschlands…* , S. 409. Aus: Als namensloses Lied. Gedichte. Verlag Philipp Reclam jun., Leipzig 1981, S. 220, 212
Benn, Gottfried (1886–1956): *Einsamer nie –,* S. 380; *Morgue. Schöne Jugend,* S. 348. Aus: Sämtliche Gedichte. Klett-Cotta, Stuttgart 1998
Bergengruen, Werner (1892–1964): *Wandlung,* S. 380. Aus: Gestern fuhr ich Fische fangen. Arche Verlag, Hamburg/Zürich 1992, S. 60
Bergsdorf, Wolfgang: *Sprachlenkung im Nationalsozialismus,* S. 530 ff. Aus: Martin Greiffenhagen: Kampf um Wörter. Carl Hanser Verlag, München 1980, S. 65 ff.
Beyer, Marcel (*1965): *Flughunde,* S. 500 f. Aus: Flughunde. SuhrkampTB Verlag, Frankfurt/M. 1995, S. 157–158, 168–169
Bichsel, Peter (*1935): *San Salvador,* S. 194. Aus: Eigentlich möchte Frau Blum den Milchmann kennen lernen. 21 Geschichten. Suhrkamp Verlag, Frankfurt/M. 1993; *Ein Tisch ist ein Tisch,* S. 508 ff. Aus: Kindergeschichten. Suhrkamp Verlag, Frankfurt/M. 1997, S. 21–31
Biermann, Wolf (*1936): *Prolog für den Film „Spur der Steine“,* S. 412. Aus: Alle Lieder. Verlag Kiepenheuer & Witsch, Köln 1991, S. 159–160
Biondi, Franco (*1947): *Deutsche Sprachübung,* S. 433. Aus: In zwei Sprachen leben – Berichte, Erzählungen, Gedichte von Ausländern. Hg. von Irmgard Ackermann. dtv, München 1983; *In der pizzeria der altstadt,* S. 433. Aus: Werkheft. Hg. von Rüdiger Krechel u. Ulrike Reeg. iudicium Verlag (Goethe Institut München) München 1989, S. 30–31
Bliersbach, Gerhard: *Das Paradox der Talkshow,* S. 449 f. Aus: Psychologie heute, 2/2000, S. 46–49
Bobrowski, Johannes (1917–1965): *Bericht,* S. 410. Aus: Schattenland Ströme. Gedichte. Union Verlag Berlin 1981, S. 73
Böll, Heinrich (1917–1985): *An der Brücke,* S. 191 f. Aus: Erzählungen. Kiepenheuer &Witsch, Köln 1994; *Bekenntnis zur Trümmerliteratur,* S. 390 f. Aus: Essayistische Schriften und Reden 1952–1963. Hg. von Bernd Balzer. Verlag Kiepenheuer & Witsch, Köln 1979, S. 31–35; *Mein teures Bein,* S: 394 f. Aus: Erzählungen. A. a. O.
Bölsche, Wilhelm (1861–1939): *Die naturwissenschaftlichen Grundlagen der Poesie,* S. 336. Aus: Die naturwissenschaftlichen Grundlagen der Poesie. Prolegomena einer realistischen Ästhetik. Neu hg. von Johannes J. Braakenburg. Max Niemeyer Verlag, Tübingen 1976, S. 24–25
Borchert, Wolfgang (1921–1947): *Das Brot,* S. 192 f.; *Mein bleicher Bruder,* S. 393 f. Aus: Das Gesamtwerk. Rowohlt Verlag, Hamburg 1959
Bourdieu, Pierre (1930–2002): *Über das Fernsehen,* S. 445 ff. Aus: Über das Fernsehen. Suhrkamp Verlag, Frankfurt/M., 1. Aufl., 1998, S. 23–67 (Auszüge)
Bosch y Barrera, José (*1915): *Zwei Aphorismen,* S. 432. Aus: Das Unsichtbare sagen! Prosa und Lyrik aus dem Alltag des Gastarbeiters. Hg. von Habib Bektas. Neuer Malik Verlag, Kiel 1993, S. 73
Braun, Volker (*1939): *Durchgearbeitete Landschaft,* S. 232. Aus: Gegen die symmetrische Welt. Suhrkamp Verlag, Frankfurt/M. 1974; *Tapetenwechsel,* S. 423. Aus: Neue Deutsche Literatur, Heft 1. Aufbau Verlag, Berlin 1989
Brecht, Bertolt (1898–1956): *Die Bühne begann zu erzählen,* S. 203; *Die dramatische und die epische Form des Theaters,* S. 202; *Entdeckung an einer jungen Frau,* S. 235; *Die Lösung,* S. 420; *Die Nachtlager,* S. 377; *Schlechte Zeit für Lyrik,* S. 386; *Die Straßenszene als Grundmodell für episches Theater,* S. 206; *Über das Frühjahr,* S. 230. Aus: Gesammelte Werke in 20 Bänden. Hg. vom Suhrkamp Verlag in Zusammenarbeit mit Elisabeth Hauptmann. Suhrkamp Verlag, Frankfurt/M. 1967. Bd. 15, S. 264 f.; Bd. 17, S. 1009 f; Bd. 8, S. 160 f.; Bd. 10, S. 1009; Bd. 8, S. 373–374; Bd. 9, S. 743 f.; Bd. 16, S. 546–548; Bd. 8, S. 314; *Was ist mit dem epischen Theater gewonnen?* S. 207. Aus: Schriften zum Theater 3. 1933–1947. Suhrkamp Verlag, Frankfurt/M. 1963, S. 102; *Weise am Weisen ist die Haltung,* S. 178. Aus: Gesammelte Werke. A. a. O. Bd. 12, S. 375
Brendel, Bruno: *12. September 1938 – Der Führer spricht …,* S. 379. Aus: Politische Lyrik. Hg. von W. Gast. Klett, Stuttgart 1976, S. 33
Brinkmann, Rolf Dieter (1940–1975): *Gedicht,* S. 220. Aus: Westwärts 1 & 2. Rowohlt Verlag, Reinbek 1975, S. 41
Britting, Georg (1891–1964): *Raubritter,* S. 380. Aus: Sämtliche Werke. Bd. 2: Gedichte. List Verlag, München 1996, S. 47
Buber, Martin (1878–1965): *Die fünfzigste Pforte,* S. 176 f. Aus: Erzählungen der Chassidim. Manesse Verlag, Zürich 1994, S. 185
Büchner, Georg (1813–1837): *Dantons Tod,* S. 323 f.; *Der hessische Landbote,* S. 321 ff. Aus: Büchners Werke in einem Band. Aufbau-Verlag, Berlin/Weimar 1974, S. 65–67, 87; S. 3–5, 9–10
Burda, Hubert: *Das Unheimliche der Fotografie,* S. 436. Aus: PAN. Zeitschrift für Kunst und Kultur 10/1988, S. 3
Celan, Paul (1920–1970): *Todesfuge,* S. 396. Aus: Ausgewählte Gedichte. Zwei Reden. Suhrkamp Verlag, Frankfurt/M. 1969, S. 18–19
Clarke, Arthur C. (* 1917): *2001 – Odyssee im Weltraum,* S. 473 f. Aus: 2001 – Odyssee im Weltraum. Übers. von Egon Eis. Heyne Verlag, München 2000, S. 25 f.
Claudius, Matthias (1740–1815): *Kriegslied,* S. 237. Aus: Werke. Hg. von U. Roedl. Cotta Verlag, Stuttgart, 6. Aufl. 1965; *Über Empfindsamkeit,* S. 227 f. Aus: Asmus omnia sua secum portans. Vierter Teil (1775). In: Sämtliche Werke. Winkler Verlag, München 1968, S. 223–224
Coelho, Claudina Marques (*1947): *Was verrät denn ein Name?* S. 432 f. Aus: In zwei Sprachen leben – Berichte, Erzählungen, Gedichte von Ausländern. Hg. von Irmgard Ackermann. dtv, München 1983, S. 229
Conrady, Karl Otto: *Kleines Plädoyer für Neutralität der Begriffe Lyrik und Gedicht,* S. 217. Aus: Brücken schlagen. Hg. von Joseph Kohnen u. a. Verlag Peter Lang, Frankfurt/M. 1994, S. 35–37

Czechowski, Heinz (* 1937): *Die überstandene Wende,* S. 424. Aus: Von einem anderen Land. Gedichte zur deutschen Wende. Hg. von Karl Otto Conrady. Edition Suhrkamp Leipzig, Frankfurt/M., S. 7
Deppermann, Arnulf: *Anglizismen in Skatermagazinen,* S. 539ff. Aus: Der Deutschunterricht. Friedrich Verlag, Velbert, 6/1998, S. 70ff.
Dietmar von Aist (vor 1139 – um 1171): *Abschied am Morgen,* S. 233. Aus: Des Minnesangs Frühling. Nach Karl Lachmann, Moritz Haupt und Friedrich Vogt, neu bearb. von Carl von Kraus. S. Hirzel Verlag, 34. Aufl. 1967, S. 39. Übers. von Wolfgang Häring
Döblin, Alfred (1878–1957): *Berlin Alexanderplatz,* S. 371ff. Aus: Berlin Alexanderplatz. dtv, München 1968, S. 144–146; © Walter Verlag, Olten
Dohm, Hedwig (1833–1919): *Frauenarbeit,* S. 340f. Aus: Die wissenschaftliche Emancipation der Frau. In: Emanzipation. Ala Verlag, Zürich 1977, S. 11–16
Droste-Hülshoff, Annette von (1797–1848): *Der Weiher,* S. 312. Aus: Sämtliche Werke. Hg. von Clemens Heselhaus. Wiss. Buchgesellschaft, Darmstadt 1966
Dürrenmatt, Friedrich (1921–1991): *Uns kommt nur noch die Kommödie bei,* S. 207f. Aus: Theaterprobleme. In: Theater-Schriften und Reden. Diogenes Verlag, Zürich 1985, S. 122ff.
Eco, Umberto (*1932): *Autor, Werk und Leser,* S. 147. Aus: Nachschrift zum „Namen der Rose". Übers. von Burkhart Kroeber. Carl Hanser Verlag, München 1990, S. 24–26
Eichendorff, Joseph von (1788–1857): *Aus dem Leben eines Taugenichts,* S. 304f.; *Mondnacht,* S. 300; *Sehnsucht,* S. 303; *Wünschelrute,* S. 307. Aus: Werke und Schriften. Hg. von Gerhart Baumann. Cotta'sche Buchhandlung, Stuttgart o. J., Bd. 2, S. 349–351, 306, 35, 112
Enzensberger, Hans Magnus (*1929): *Bildzeitung,* S. 399. Aus: Gedichte 1955–1970. Suhrkamp Verlag, Frankfurt/M. 1978, S. 14f.; *das ende der eulen,* S. 231. Aus: Landessprache. Suhrkamp Verlag, Frankfurt/M. 1960, S. 30f.; *Unsere Landessprache und ihre Leibwächter,* S. 70f. Aus: Die ZEIT, 24.8.1979
Ernst, Heiko: *Die Kommunikationsregeln nach Paul Watzlawick,* S. 488f. Aus: Was ist Kommunikationspsychologie? Aus: Psychologie heute. Oktober 1976, S. 62
Fassbinder, Rainer Werner (1946–1982): *Literatur und Leben,* S. 468. Aus: Die ZEIT, 25. 6. 1982
Feuchtwanger, Lion (1884–1958): *Der Schriftsteller im Exil,* S. 384f. Aus: Ein Buch nur für meine Freunde. Fischer Verlag, Frankfurt/M. 1984
Fleming, Paul (1609–1640): *Wie er wolle geküsset sein,* S. 251. Aus: Deutsche Dichtung des Barock. Hg. von Karl Pörnbacher. Carl Hanser Verlag, München 1979, S. 56f.
Fontane, Theodor (1819–1898): *Effi Briest,* S. 159f.; *Frau Jenny Treibel,* S. 329f. Aus: Sämtliche Werke. Romane. Erzählungen. Gedichte. Hg. v. Walter Keitel. Wiss. Buchgesellschaft, Darmstadt 1963, Bd. 4, S. 7–11, 427–431; *Was verstehen wir unter Realismus?,* S. 328f. Aus: Die deutsche Literatur in Text und Darstellung. Bürgerlicher Realismus. Hg. von Andreas Huyssen. Reclam Verlag, Stuttgart 1977, Bd. 11, S. 56–57
Forster, Georg (1754–1794): *Schilderung der kurfürstlichen Residenz Mainz,* S. 280. Aus: Die Residenz Mainz. In: Klassenbuch 1. Ein Lesebuch zu den Klassenkämpfen in Deutschland. 1756–1850. Hg. von Hans Magnus Enzensberger u. a. Luchterhand Verlag, Darmstadt/Neuwied 1972, S. 65f.
Frauenlob (d. i. Heinrich von Meißen, um 1250–1318): *Die Dreiteilung der Gesellschaft,* S. 241. Sangspruch Nr. VII. Aus: Leichs, Sangsprüche, Lieder. Hg. von Karl Stackmann und Karl Bertau. Göttingen 1981, S. 479 f. Übers. von Wolfgang Häring
Frey, Siegfried: *Politik im Fernsehzeitalter,* S. 447f. Aus: Die Macht des Bildes. Der Einfluss der nonverbalen Kommunikation auf Kultur und Politik. Bern 1999, S. 95–97 (gekürzt)
Fried, Erich (1921–1988): *Definition,* S. 507. Aus: Warngedichte, Carl Hanser Verlag, München 1964, S. 120; *Diese Toten,* S. 398. Aus: Kalender für den Frieden. Bund Verlag, Köln 1985; *Was es ist,* S. 403. Aus: Liebesgedichte, Angstgedichte, Zorngedichte. Wagenbach Verlag, Berlin 1983, S. 24
Friedrich der Große (1713–1786): *Um sich davon zu überzeugen ...,* S. 148. Aus: De la littérature allemande, Berlin 1780. In: Der unbegabte Goethe. Der Dichter in misswollenden Zeugnissen seiner Mitlebenden. Carl Hanser Verlag, München/Wien 1998, S. 10
Frischmuth, Barbara (* 1941): *Die Art der Betrachtung,* S. 186ff. Aus: Die Klosterschule. Rowohlt, Reinbek 1980, S. 20–23
Gadamer, Hans-Georg (1900–2002): *Einander verstehen heißt, sich in etwas verstehen – der hermeneutische Zirkel,* S. 143. Aus: Einander verstehen – Die letzte Epoche der Philosophie. Klett Verlag, Stuttgart 1974, S. 118–119
George, Stefan (1868–1933): *komm in den totgesagten park,* S. 354. Aus: Das Jahr der Seele. Handschrift des Dichters. Klett-Cotta, Stuttgart 1968; *Über Dichtung,* S. 355. Aus: Werke. Hg. von Robert Boehringer, Klett-Cotta, Stuttgart 1984, 4. Aufl., Bd. 2, S. 530–531
Gianacacos, Costas (*1956): *Überfüllt,* S. 432. Aus: Das Unsichtbare sagen! Prosa und Lyrik aus dem Alltag des Gastarbeiters. Hg. von Habib Bektas. Neuer Malik Verlag, Kiel 1993, S. 28
Goebbels, Joseph (1897–1945): *Aufruf zum totalen Krieg,* S. 497ff. Aus: Günter Moltmann: Goebbels' Rede zum totalen Krieg am 18. Februar 1943. Vierteljahrshefte für Zeitgeschichte 12 (1964), Heft 1, S. 13–43
Goethe, Wolfgang Johann (1749–1832): *An den Mond,* S. 273. Aus: Sämtliche Werke. Artemis-Gedenkausgabe, Zürich 1949 (Nachdruck dtv, München 1977), Bd. 1, S.70–72; *Ganymed,* S. 271; *Gedichte sind gemalte Fensterscheiben,* S. 215. Aus: Goethes Werke. Hamburger Ausgabe. Hg. v. Erich Trunz. Beck Verlag, München 1981. Bd. 1, S. 130, 326; *Gespräch mit Eckermann,* S. 181. Aus: J. P. Eckermann: Gespräche mit Goethe. Leipzig 1913, S. 203f.; *Das Göttliche,* S. 296. Aus: Goethes Werke. Hamburger Ausgabe. A. a. O., Bd. 1, S. 147–149; *Epigramme,* S. 295. Aus: Friedrich Schiller: dtv-Gesamtausgabe. Sämtliche Gedichte. München 1965, Bd. 2, S. 5, 10 ,78, 79; *Iphigenie. IV,1,* S. 294f. Aus: Goethes Werke. Hamburger Ausgabe. A. a. O., Bd. 5; *Die Leiden des jungen Werthers.* S. 270, 272, 275f. Aus: Sämtliche Werke. Artemis-Gedenkausgabe, A. a. O., Bd. 4, S. 270f., 290f., 375, 503–504; *Mächtiges Überraschen,* S. 292; *Mahomets-Gesang,* S. 291f.; *Maifest,* S. 234; *Natur und Kunst,* S. 288; *Prometheus,* S. 279. Aus: Goethes Werke. Hamburger Ausgabe. A. a. O., Bd. 1, S. 294; 42–44; 30f.; 245; 322; *Wilhelm Meisters Lehrjahre,* S. 292ff. Aus: dtv-Gesamtausgabe. München 1962, S. 12–14; *Willkommen und Abschied,* S. 234. Aus: Goethes Werke. Hamburger Ausgabe. A. a. O., Bd. 1, S. 28f.; *Zum Schäkespears Tag,* S. 269. Aus: Sämtliche Werke. Artemis-Gedenkausgabe, A. a. O., Bd. 4, S. 122–125;
Gomringer, Eugen (*1925): *3 variationen zu „kein fehler im system",* S. 400. Aus: konstellationen. ideogramme. stundenbuch. philipp reclam jun., Stuttgart 1977, S. 47f.
Graf, Oskar Maria (1894–1967): *Verbrennt mich!,* S. 383. Aus: Oskar Maria Graf in seinen Briefen. Hg. von Gerhard Bauer und Helmut F. Pfanner. Süddeutscher Verlag, München 1984, S. 67f.
Grass, Günter (*1927): *Späte Sonnenblumen,* S. 425. Aus: Novemberland. 13 Sonette. Steidl Verlag, Göttingen 1993, S. 11
Greiner, Ulrich: *Bücher für das ganze Leben,* S. 154f. Aus: DIE ZEIT, 23. 5. 1997
Grillparzer, Franz (1791–1872): *Der Halbmond glänzet am Himmel,* S. 313. Aus: Sämtliche Werke. Bd. 1. Hg. von Peter Frank und Karl Pörnbacher. Carl Hanser Verlag, München 1961, S. 182f.
Grimmelshausen, Hans Jakob Christoffel von (1622–1676): *Der Abenteuerliche Simplicissimus Teutsch,* S. 254f. Aus: Der Abenteuerliche Simplicissimus Teutsch. Winkler Verlag, München o. J., S. 11–15
Groebel, Peter: *Tagebuch führen,* S. 132. Aus: Jugendliche und Erwachsene '85. Generationen im Vergleich. Hg. vom Jugendwerk der Deutschen Shell. Leske u. Budrich, Leverkusen 1985, Bd. 4
Grünbein, Durs (*1962): *Novembertage I. 1989,* S. 426. Aus: Nach den Satiren. Suhrkamp Verlag, Frankfurt/M. 1999, S. 64–65
Gryphius, Andreas (1616–1664): *Es ist alles eitel,* S. 253. Aus: Komm güldner Friede. Lyrik des Barock. Hg. von Ernst Ginsberg. dtv, München 1964, S. 43; *Thränen des Vaterlandes,* S. 256. Aus: Die deutsche Literatur. Ein Abriß in Text und Darstellung. Barock. Hg. von Renate Fischetti. Reclam, Stuttgart 1975, Bd. 4, S. 69–70
Günderode, Karoline von (1780–1806): *Der Kuss im Traume,* S. 306. Aus: Der Schatten eines Traums. Gedichte, Prosa, Zeugnisse von Zeitgenossen. Hg. von Christa Wolf. Luchterhand Verlag, Darmstadt/Neuwied 1979, S. 68
Hahn, Ulla (*1946): *Für den, der fragt,* S. 219f. Aus: Unerhörte Nähe. Deutsche Verlags-Anstalt, Stuttgart 1988; *Lied der Amsel,* S. 403. Aus: Epikurs Garten. Deutsche Verlags-Anstalt, Stuttgart 1995, S. 18; *Schöne Landschaft,* S. 402. Aus: Freu-

denfeuer. Deutsche Verlags-Anstalt. Stuttgart 1985, S. 71; *Winterlied,* S. 221. Aus: Herz über Kopf. Deutsche Verlags-Anstalt, Stuttgart 1981, S. 27
Handke, Peter (* 1942): *Ich bin ein Bewohner des Elfenbeinturms,* S. 145 f. Aus: Prosa, Gedichte, Theaterstücke, Hörspiele, Aufsätze. Suhrkamp Verlag, Frankfurt/M. 1969, S. 263–264
Harpprecht, Klaus: *Glucksende Peinlichkeit,* S. 115. Aus: Die ZEIT, 21. 1. 1999
Hartmann von Aue (um 1160–nach 1210): *Maniger grüezet mich alsô,* S. 245. Aus: Deutsche Gedichte des Mittelalters. Übers. und erläutert von Ulrich Müller u. Gerlinde Weiss. Reclam, Stuttgart 1993, S. 122–125
Hassenstein, Friedrich: *Was ist ein Gedicht?* S. 215 f. Aus: Gedichte im Unterricht. In: Taschenbuch des Deutschunterrichts. Bd. 2: Literaturdidaktik. Hg. von Günter Lange u. a. Schneider Verlag Hohengehren, Baltmannsweiler 1994, S. 599–603
Hauptmann, Gerhart (1862–1946): *Die Weber,* S. 338 ff. Aus: Sämtliche Werke. Hg. von E. Haß. Propylän Verlag, Berlin 1966, Bd. 1, S. 351–355
Heine, Heinrich (1797–1856): *Ich weiß nicht, was soll es bedeuten,* S. 299. Aus: Buch der Lieder. Verlag Lambert Schneider, Heidelberg o. J., S. 115–116; *Die schlesischen Weber,* S. 320. Aus: Sämtliche Schriften. Hg. von Klaus Briegleb. Carl Hanser Verlag, München/Wien 1976, Bd. 7, S. 455
Hensel, Kerstin (*1961): *Vita,* S. 425. Aus: Frauen dichten anders. 181 Gedichte mit Interpretationen. Hg. von Marcel Reich-Ranicki. Insel Verlag, Leipzig/Frankfurt/M. 1998, S. 819
Herzog, Roman (*1934): *Aufbruch ins 21. Jahrhundert,* S. 505 f. Aus: Reden und Essays aus den Jahren 1989 bis 1997. Hg. von Wilhelm Boeger, Cornelsen Verlag, Berlin 1997, S. 118–122 (gekürzt)
Hess, Adelheid Johanna (* 1949): *Verfehlt,* S. 424. Aus: Wortstau. Corvinus Presse, Berlin 1992,© A. J. Hess
Hesse, Hermann (1877–1962): *Der alte Mann,* S. 239. Aus: Gesammelte Dichtungen. Bd. 5. Suhrkamp Verlag, Frankfurt/M. 1952, S. 774; *Leb wohl Frau Welt,* S. 380. Aus: Die Gedichte. Hg. von Volker Michels, Suhrkamp Verlag, Frankfurt/M.
Heym, Georg (1887–1912): *Tagebucheintragung,* S. 358. Aus: Dichtungen und Schriften. Gesamtausgabe, Bd. 3. Beck Verlag, Hamburg/München 1960, S. 128–129; *Der Krieg,* S. 359. Aus: Menschheitsdämmerung. Hg. von Karl Pinthus. Rowohlt, Hamburg 1959, S. 79; *Ophelia I,* S. 348. Aus: Das lyrische Werk. Hg. von K. L. Schneider. dtv o. J., S. 160
Heym, Stefan (1913–2001): *5 Tage im Juni,* S. 419 f. Aus: 5 Tage im Juni. Buchverlag Der Morgen, Berlin 1990, S. 300–301, 321–323
Hickethier, Knut: *Der Film nach der Literatur ist Film,* S. 468. Aus: Literaturverfilmungen. Hg. von Franz-Josef Albersmeier u. Volker Roloff, suhrkamp taschenbuch materialien 2093, Frankfurt a. Main 1989
Hoddis, Jakob van (1887–1942): *Morgens,* S. 231; *Weltende,* S. 358. Aus: Weltende. Arche Verlag, Zürich 1958
Hofmann von Hofmannswaldau, Christian (1616–1679): *Vergänglichkeit der schönheit,* S. 252. Aus: Gedichte. Ausgew. von Helmut Heißenbüttel. Fischer Bücherei, Frankfurt/M. 1968, S. 68; *Die Welt,* S. 253. Aus: Gedichte und Interpretationen. Renaissance und Barock. Hg. von Volker Meid. Reclam, Stuttgart 1982, Bd. 1, S. 356
Hofmannsthal, Hugo von (1874–1929): *Ein Brief,* S. 364 f. Aus: Erzählungen. Fischer Verlag, Frankfurt/M. 1986, S. 126–128; *Vorfrühling,* S. 343 f. Aus: Gedichte und kleine Dramen. Insel Verlag, Frankfurt/M. 1982, S. 7
Hölderlin, Friedrich (1770–1843): *Hyperions Schicksalslied,* S. 296. Aus: Gesammelte Werke. Bertelsmann Verlag, Gütersloh 1955, S. 288
Holz, Arno (1863–1929): *Die Kunst. Ihr Wesen und ihre Gesetze,* S. 336. Aus: Das Werk. Band X, Berlin 1925; *Phantasus,* S. 345. Aus: Traum und Wirklichkeit. Hg. von Ulrich Hamm u. Gerhard Pick. Ernst Klett Verlag, Stuttgart 1998, S. 16
Holz, Arno/Schlaf, Johannes (1862–1941): *Papa Hamlet,* S. 337 f. Aus: Papa Hamlet. Hg. von Theo Meyer. Suhrkamp Verlag, Frankfurt/M. 1979, S. 78–82
Horsch, Evelyn: *Das „innere Team“: Wie Selbstgespräche unsere Kommunikation steuern,* S. 481 f. Aus: Psychologie heute, März 1999, S. 56–57
Hufschmidt, Wolfgang: *Schumanns Vertonung von Eichendorffs „Mondnacht“,* S. 301. Aus: Willst zu meinen Liedern deine Leier drehen? Dortmund 1986, S. 23 ff.
Ionesco, Eugène (* 1912): *Ganz einfache Gedanken über das Theater,* S. 208 f. Aus: Ganz einfache Gedanken über das Theater. Übers. von Serge Stauffer. In: Spektaculum V. Suhrkamp Verlag, Frankfurt/M. 1963, S. 58
Jacobs, Jürgen: *Last der Vergangenheit,* S. 150 f. Aus: Kölner Stadt-Anzeiger 53/2000
Jandl, Ernst (1925–2000): *wien: heldenplatz,* S. 126. Aus: Gedichte 1. Luchterhand Verlag, Darmstadt/Neuwied 1985, Bd. 1
Jaspers, Karl (1883–1969): *Wahre und falsche Aufklärung,* S. 261 f. Aus: Einführung in die Philosophie. Piper Verlag, München 1974, S. 67–69
Jenny, Zoë (* 1974): *Party,* S. 427. Aus: Das Blütenstaubzimmer. Frankfurter Verlagsanstalt 1997, S. 105–107
Jessen, Paul: *Die heilige Pflicht,* S. 379. Aus: Die heilige Pflicht. Drei Erzählungen. Ludwig Kirchler Verlag, Darmstadt 1942, S. 30 ff.
Joffe, Jessica R.: *Nur noch Bonds und Futures?* S. 53. Aus: Die ZEIT, 30.12.1998, S.9
Kaehlbrandt, Roland: *Die verkannte Muttersprache,* S. 537 f. Aus: Die ZEIT vom 6.9.96 (gekürzt)
Kästner, Erich (1899–1974): *Kurt Schmidt, statt einer Ballade,* S. 377. Aus: Gesammelte Schriften für Erwachsene. Gedichte. Verlag Droemer Knaur, München/Zürich o. J., Bd. 1, S. 167–168; © Atrium Verlag, Zürich
Kafka, Franz (1883–1924): *Auf der Galerie,* S. 179 f. Aus: Sämtliche Erzählungen. Hg. von Paul Raabe. Fischer TB Verlag, Frankfurt/M. 1972, S. 129; *Gib's auf,* S. 366; *Kleine Fabel,* S. 366; *Der Nachbar,* S. 136 f. Aus: Gesammelte Werke. Beschreibung eines Kampfes. Hg. von Max Brod. Fischer TB Verlag, Frankfurt/M. 1983, S. 87, 91, 100 f.; *Prometheus,* S. 278. Aus: Sämtliche Erzählungen. A. a. O., S. 306; *Der Prozess,* S. 162 f. Aus: Der Prozess. Fischer Verlag, Frankfurt/M. 1965, S. 9–13; *Der Steuermann,* S. 366. Aus: Sämtliche Erzählungen. A. a. O., S. 319; *Vor dem Gesetz,* S. 177 f. Aus: Gesammelte Werke. A. a. O., S. 120–121
Kammler, Clemens: *Kann uns nur noch ein Kanon retten?,* S. 155. Aus: Der Deutschunterricht. Friedrich Verlag, Velbert, 7/1997, S. 97 ff.
Kant, Immanuel (1724–1804): *Beantwortung der Frage: Was ist Aufklärung?* S. 260. Aus: Werke in sechs Bänden. Hg. von Wilhelm Weischedel. Darmstadt 1964, Bd. VI, S. 53–61
Karsunke, Yaak (*1934): *zur schönen aussicht,* S. 425. Aus: Grenzfallgedichte. Hg. von Anna Chiaroni u. Helga Pankoke. Aufbau Verlag, Berlin 1991
Kaschnitz, Marie Luise (1901–1974): *Die Angst vor einem neuen Krieg,* S. 395 ; *Hiroshima,* S. 239. Aus. Gesammelte Werke. Hg. von C. Büttrich und N. Müller. Bd. 5: Die Gedichte. Insel Verlag, Frankfurt/M. 1985, S. 146 f., 258 f.
Keko, Srdan (*1950): *In zwei Sprachen leben,* S. 431. Aus: In zwei Sprachen leben – Berichte, Erzählungen, Gedichte von Ausländern. Hg. von Irmgard Ackermann. dtv, München 1983, S. 175
Keller, Gottfried (1819–1890): *Der grüne Heinrich,* S. 327 f. Aus: Die deutsche Literatur. Ein Abriß in Text und Darstellung. Hg. von Andreas Huyssen. Reclam Verlag, Stuttgart 1974, Bd. 11, S. 138–140; *Romeo und Julia auf dem Dorfe,* S. 331 ff. Aus: Sämtliche Werke. Hg. von Clemens Heselhaus. Carl Hanser, München 1957, Bd. 2, S. 124 ff.
Kirsch, Sarah (*1935): *Aus dem Haiku-Gebiet,* S. 425. Aus: Erlkönigstochter. Deutsche Verlagsgesellschaft, Stuttgart 1992; *Im Sommer,* S. 415; *Die Luft riecht schon nach Schnee,* S. 236. Aus: Rückenwind. Gedichte. Aufbau Verlag 1976, S. 59, 12; *Zuversicht,* S. 403. Aus: Zaubersprüche. Langewiesche-Brandt, Ebenhausen 1974, S. 70
Kisch, Egon Erwin (1885–1948): *Sing-Sing,* S. 375 f. Aus: Nichts ist erregender als die Wahrheit. Reportagen aus vier Jahrzehnten. Hg. von Hans Schmieding. Büchergilde Gutenberg, Frankfurt/M. 1981, Bd. 1, S. 259–260, 265–267
Kluge, Alexander (* 1932): *Literarische und filmische Mittel,* S. 469. Aus: Texte zur Poetik des Films. Hg. von Rudolf Deutz. Reclam Verlag, Stuttgart 1982, S. 150 f.
Koeppen, Wolfgang (1906–1996): *Das Treibhaus,* S. 400 f. Aus: Das Treibhaus. Suhrkamp Verlag, Frankfurt/M. 1972, S. 35–37
Kolbe, Uwe (*1957): *Hineingeboren,* S. 423. Aus: Hineingeboren. Gedichte 1975–1979. Aufbau Verlag, Berlin 1980, S. 48
Korn, Karl: *Glossen,* S. 115 f. Aus: Frankfurter Allgemeine Zeitung, 19.6.1961
Kornfeld, Theodor: *Ein Sand=Uhr,* S. 253. Aus: Die Deutsche Literatur. Bd. 3: Das Zeitalter des Barock. Hg. von Albrecht Schöne. C. H. Beck Verlag, München, 2. Aufl. 1978, S. 739

Kunert, Günter (*1929): *Das Bild der Schlacht am Isonzo,* S. 178; *Dornröschen,* S. 132. Aus: Tagträume in Berlin und andernorts. Carl Hanser Verlag, München 1972, S. 12, 82; *Mondnacht,* S. 273. Aus: Stilleben. Gedichte. Carl Hanser Verlag, München 1977, S. 25; *Rennfahrer,* S. 417. Aus: Tagträume in Berlin und andernorts. A. a. O., S. 26; *So soll es sein,* S. 215. Aus: Im weiteren Fortgang. Carl Hanser Verlag, München 1974, S. 30; *Das Telefon,* S. 422. Aus: Kurze Beschreibung eines Moments der Ewigkeit. Kleine Prosa. Verlag Philipp Reclam jun., Leipzig 1980, S. 85

Kunze, Reiner (*1933): *Sensible wege,* S. 416. Aus: Sensible Wege. Rowohlt Verlag, Reinbek 1969, S. 14; *Die Mauer,* S. 426. Aus: ein tag auf dieser erde. S. Fischer Verlag, Frankfurt/M. 1998; *Die wunderbaren Jahre,* S. 421. Aus: Die wunderbaren Jahre. S. Fischer Verlag, Frankfurt/M. 1976, S. 9, 30, 64

Der von Kürenberg (12. Jh.): *Ich zôch mir einen valken,* S. 243. Aus: Des Minnesangs Frühling. Nach Karl Lachmann, Moritz Haupt und Friedrich Vogt, neu bearb. von Carl von Kraus. S. Hirzel Verlag, 34. Aufl. 1967, S. 5. Übers. von Wolfgang Häring

Lasker-Schüler, Else (1869–1945): *Ein Liebeslied,* S. 236; *Weltende,* S. 357. Aus: Sämtliche Gedichte. Hg. von f. Kemp. Suhrkamp Verlag, Frankfurt/M., S. 209 f., 88

Leicht, Robert: *Justizmord,* S. 117. Aus: Die ZEIT, 21.1.1999

Lenau, Nikolaus (1802–1850): *An den Frühling;* S. 312. Aus: Lenaus Werke. Hg. von W. Pietze. Aufbau Verlag, Berlin/Weimar 1970, S. 181 f.

Lenz, Siegfried (* 1926): *Literaturverfilmung am Beispiel des Romans „Deutschstunde“,* S. 472 f. Aus: Texte zur Poetik des Films. Hg. von Rudolf Deutz. Reclam Verlag, Stuttgart 1982, S. 168–171

Lessing, Ephraim Gotthold (1729–1781): *Emilia Galotti,* S. 276 ff. Aus: Emilia Galotti. Ein Trauerspiel in fünf Aufzügen. Reclam Verlag, Stuttgart 1979, S. 25–28; *Hamburgische Dramaturgie,* S. 204; *Nathan der Weise,* S. 265 f. Aus: Werke in 8 Bänden. Hg. von Herbert G. Göpfert. Carl Hanser Verlag, München 1970–1979, Bd. 4, S. 578 f., 587 f., 595 f.; 273 ff.; *Suche nach der Wahrheit,* S. 176; *Der Tanzbär,* S. 267; *Zeus und das Schaf,* S. 267. Aus: Ausgewählte Werke. Carl Hanser Verlag, München o. J., Bd. 3, S. 269–271; Bd. 2, S. 4, 45

Lichtenberg, Georg Christoph (1742–1799): *Aphorismen,* S. 264. Aus: Eine Milchstraße von Einfällen. Aphorismen. Hg. von Katharina Kewitsch. J. Berg Verlag, München 1985, S. 21

Lichtenstein, Alfred (1889–1914): *Punkt,* S. 360. Aus: Aufbruch in die Moderne. Hg. von Ulrich Hamm u. Gerhard Pick. Ernst Klett Verlag, Stuttgart 1998, S. 21

Liebknecht, Wilhelm (1826–1900): *Beitrag zu einer Parteitagsdebatte der SPD,* S. 334. Aus: Die deutsche Literatur. Ein Abriß in Text und Darstellung. Hg. von Walter Schmähling. Reclam Verlag, Stuttgart 1977, S. 83 f.

Loriot (d. i. Vicco von Bülow, *1923): *Garderobe,* S. 476. Aus: Loriot's Dramatische Werke. Diogenes Verlag, Zürich 1981, S. 111–113

Logau, Friedrich von (1604–1655): *Abgedankte Soldaten,* S. 237. Aus. Das Buch der Gedichte. Hg. von Karl Otto Conrady. Cornelsen Verlag, Berlin 1990

Lukas (1. Jh. n. Chr.): *Das Gleichnis vom Sämann* (8,4–15), S. 175. Aus: Die Bibel. Einheitsübersetzung. Pattloch Verlag, München 1987, S. 1052 f. © Andreas & Andreas Verlagsbuchhandlung, Salzburg

Mann, Heinrich (1871–1950): *Geist und Staat,* S. 369 f. Aus: Dichtkunst und Politik. Essays. Claassen Verlag, Hamburg 1960, S. 229–302

Mann, Klaus (1906–1949): *Brief an Gottfried Benn,* S. 381 f. Aus: Gottfried Benn. Eine Ausstellung des Deutschen Literaturarchivs im Schiller-Nationalmuseum Marbach am Neckar 1968, S. 198 ff., Rowohlt Verlag, Reinbek; *Der Wendepunkt,* S. 384. Aus: Ein Lebensbericht, Rowohlt, Reinbek 1984 (Auszug)

Mann, Thomas (1875–1955): *Brief an den sozialdemokratischen preußischen Kultusminister Adolf Grimme,* S. 370 f. Aus: Gesammelte Werke. Band XII: Reden und Aufsätze 4. S. Fischer Verlag, Frankfurt/M. 1960, S. 678–680; *Der Zauberberg,* S. 163 f. Aus: Der Zauberberg. Fischer TB Verlag, Frankfurt/M. 1991, S. 5–6

Mayröcker, Friederike (*1924): *falsche Bewegung,* S. 403. Aus: Gute Nacht, guten Morgen. Gedichte 1978–1981. Suhrkamp Verlag, Frankfurt/M. 1982, S. 42

Mechtel, Angelika (1943–2000): *Katrin,* S. 404 f. Aus: Die Träume der Füchsin. Deutsche Verlags-Anstalt, Stuttgart 1976, S. 7–11

Mehring, Walter (1896–1981): *Der Emigrantenchoral,* S. 387. Aus: Staatenlos im Nirgendwo. Die Gedichte, Lieder und Chansons 1933–1974. Claassen Verlag, Düsseldorf 1981, S. 17

Mereau, Sophie (1770–1806): *Das Blüthenalter der Empfindung,* S. 274. Aus: Das Blüthenalter der Empfindung. Metzler Verlag, Stuttgart 1982, S. 54–56

Meyer, Hilbert: *Standbild bauen,* S. 214. Aus: Unterrichtsmethoden II. Cornelsen Scriptor, Berlin 1995, S. 352–353 (verändert)

Mickel, Karl (1935–2000): *Der See,* S. 415. Aus: Schriften I. Gedichte 1957–1974. Mitteldeutscher Verlag, Halle/Leipzig 1990, S. 74

Migner, Karl: *Kennzeichen des modernen Romans,* S. 167 f. Aus: Theorie des modernen Romans. Kröner Verlag, Stuttgart, 1970, S. 69–70, 106–108

Mörike, Eduard (1804–1875): *An die Geliebte,* S. 235; *Denk es, o Seele,* S. 313; *Im Frühling,* S. 229; *Septembermorgen,* S. 230. Aus: Sämtliche Werke. Bd. I. Hg. von J. Perfahl. Winkler Verlag, München 1967

Molcho, Samy: *Körpersprache,* S. 478 f. Aus: Körpersprache. Goldmann Tb, München 1996, S. 17–18

Moréas, Jean (1856–1910): *Der Symbolismus,* S. 352. Aus: Le Figaro, Paris, 18.9.1886. Zitiert nach: Der Symbolismus in Wort und Bild. Skira Klett-Cotta Verlag, Stuttgart 1979, S. 71

Morgenstern, Christian (1871–1914): *Fisches Nachtgesang,* S. 346. Aus: Sämtliche Galgenlieder. Manesse Verlag, Zürich 1985, S. 35; *Frühling,* S. 344. Aus: Auf vielen Wegen. 4. Aufl., München 1923, S. 9

Morgner, Irmtraut (1933–1990): *Leben und Abenteuer der Trobadora Beatriz nach Zeugnissen ihrer Spielfrau Laura,* S. 549 f. Aus: Leben und Abenteuer der Trobadora Beatriz. Aufbau Verlag, Berlin 1975, S. 169 (1. Buch, 3. Kap.), 480 (4. Buch, 19. Kap.)

Musil, Robert (1880–1942): *Das Fliegenpapier,* S. 88 f. Aus: Prosa. Dramen. Späte Briefe. Hg. von Adolf Frisé, Rowohlt Verlag, Hamburg 1957, S. 15–18

Neumann, Gerhard: *Interpretation zu Kafkas „Der Nachbar“,* S. 139 f. Aus.: Kafka-Handbuch. Hg. von Hartmut Binder. Bd. 2. Kröner Verlag, Stuttgart 1979, S. 322–323

Neutsch, Erik (*1931): *Spur der Steine,* S. 412 ff. Aus: Spur der Steine. Mitteldeutscher Verlag, Halle (Saale) 1964, S. 65–66, 73–75

Nietzsche, Friedrich (1844–1900): *Über Wahrheit und Lüge im außermoralischen Sinne,* S. 363 f. Aus: Sämtliche Werke. Kröner Taschenbuchausgabe, Bd. 71. Kröner Verlag, Stuttgart 1976, S. 608–610

Novak, Helga M. (* 1935): *Feldwege zementiert,* S. 402. Aus: Margarete mit dem Schrank. Gedichte. Rotbuch Verlag, Berlin 1978, S. 12

Novalis (d. i. Georg Philipp Friedrich von Hardenberg, 1772–1801): *Wenn nicht mehr Zahlen und Figuren,* S. 307. Aus: Schriften. Hg. von Paul Kluckhohn u. Richard Samner. Das dichterische Werk. Verlag G. Kohlkammer, Stuttgart 1977, Bd. 1, S. 344 f.

Opitz, Martin (1597–1639): *Carpe diem,* S. 251. Aus: Die deutsche Literatur. Texte und Zeugnisse. Das Zeitalter des Barock. Hg. von Albrecht Schöne. C. H. Verlagsbuchhandlung, München 1968, S. 703 f.

Özdamar, Emine Sevgi (*1946): *Mutterzunge,* S. 434 f. Aus: Mutterzunge. Rotbuchverlag, o. J., Hamburg 1991, S. 7

Papenfuß-Gorek, Bert (*1956): *Doch das KAOS käme,* S. 423. Aus: Soja. Druckhaus Galrev, Berlin 1990, S. 21

Paulekat, Britta: *Medienaufklärung statt Zensur,* S. 452 f. Aus: JuLi magazin, 4/1997

Perec, Georges (1936–1982): *Anton Voyls Fortgang,* S. 128. Aus: Anton Voyls Fortgang. Hg. und übersetzt von Eugen Helmlé, Zweitausendeins Verlag, 3. Aufl., Frankfurt/M. 1998, S. 9

Pfeffel, Gottlieb Konrad (1736–1809): *Der freie Mann,* S. 283. Aus: Das große deutsche Gedichtbuch. Hg. Von Karl Otto Conrady. Athenäum Verlag, Frankfurt/M. 1977, S. 194

Pinker, Steven: *Der Sprachinstinkt,* S. 516 f. Aus: Der Sprachinstinkt. Wie der Geist die Sprache bildet. Übers. v. Martina Wiese. Doemersche Verlagsanstalt Th. Knaur Nachf., München 1998, S. 21 ff. © Kindler Verlag, München

Pinthus, Kurt (1886–1975): *Die Überfülle des Erlebens,* S. 103. Aus: Lyrik des Expressionismus. Hg. von Silvio Vietta. Max Niemeyer Verlag, München/Tübingen 1976, S. 9–10

Plath, Sylvia (1932–1963): *Die Zeit festhalten,* S. 133. Aus: Briefe nach Hause. Hg. von Aurelia Schober Plath. Carl Hanser Verlag, München/Wien 1979, S. 42

Platon (427–347 v. Chr.): *Die Verteidigungsrede des Sokrates,* S. 492 f. Aus: Apologie des Sokrates und Kriton. Übersetzt und erläutert von Otto Apelt. Felix Meiner Verlag, Leipzig 1922, S. 23 f.

Polenz, Peter von: *Wirkungen des Buchdrucks – Luther und die Reformation,* S. 527 f.; *Zur Entwicklung des Hochdeutschen seit dem 18. Jahrhundert,* S. 529. Aus: Geschichte der deutschen Sprache. Walter de Gruyter Verlag, Berlin 1970, S. 85–92, 111–115
Postman, Neil (1931–2003): *Die Atomisierung der Welt durch die Medien des 19. Jahrhunderts,* S. 437; *Information – Wissen – Erkenntnis,* S. 442 f. Aus: Die zweite Aufklärung. Vom 18. ins 21. Jahrhundert. Berlin 1999, S. 112 f., 119–124; *Medien und Wahrheitsfindung,* S. 494. Aus: Wir amüsieren uns zu Tode. Urteilsbildung im Zeitalter der Unterhaltungsindustrie. Fischer Verlag, Frankfurt/M. 1997 (gekürzt)
Postman, Neil/Barlow, John Perry: *Streitgespräch über das Internet,* S. 438 f. Aus: Spiegel special: Der digitale Mensch. 3/1997
Rathenow, Lutz (*1952): *Türen,* S. 423. Aus: Offene Fenster 5. Verlag Neues Leben, Berlin 1975, S. 75
Reich-Ranicki, Marcel (* 1920): *Wer schreibt, provoziert die Gesellschaft,* S. 146 f. Aus: Die Welt, 15. 4. 1961
Reimann, Brigitte (1933–1977): *Franziska Linkerhand,* S. 417 ff. Aus: Franziska Linkerhand. Verlag Neues Leben, Berlin 1974, S. 126–129
Remarque, Erich Maria (1898–1970): *Im Westen nichts Neues,* S. 373 f. Aus: Im Westen nichts Neues. Kiepenheuer & Witsch, S. 98–99
Richter, Hans Werner (1908–1993): *Fünfzehn Jahre Gruppe 47,* S. 391 ff. Aus: Almanach der Gruppe 47. Hg. von Hans Werner Richter. Rowohlt Verlag, Reinbek 1962, S. 8–21
Rilke, Rainer Maria (1875–1926): *Ball,* S. 354; *Herbst,* S. 345. Aus: Werke. Insel Verlag, Wiesbaden 1955, Bd. 2, S. 395; Bd. 1, S. 156
Rimbaud, Arthur (1854–1891): *Ophelia,* S. 347. Aus: Sämtliche Dichtungen. Verlag Lambert Schneider, Heidelberg 1982, S. 25
Rinsum, Annemarie van: *Das Problem der Gattungen,* S. 158. Aus: Fischer Kolleg. Das Abitur-Wissen. Literatur. Hg. von Hermann Stadler und Karl Dickkopf. Fischer TB Verlag, Frankfurt/M., 4. Aufl. 1979, S. 17–18
Ritter, Roman (*1943): *Zeilenbruch und Wortsalat,* S. 221. Aus: Zeilenbruch und Wortsalat. Eine Polemik gegen die Laberlyrik. In: Kürbiskern. Literatur, Kritik, Klassenkampf. Hg. von Friedrich Hitzer u. a. Damnitz Verlag, München 1982, Heft 1, S. 88
Roesler, Alexander: *Bequeme Einmischung. Internet und Öffentlichkeit,* S. 439 ff. Aus: Mythos Internet. Hg. von Stefan Münker u. Alexander Roesler. Suhrkamp Verlag, Frankfurt/M., 1. Aufl. 1997, S. 171 ff. u. S. 179 ff. (gekürzt)
Rühm, Gerhard (*1930): *Sonett,* S. 222. Aus: Gesammelte Gedichte und visuelle Texte. Rowohlt Verlag, Reinbek 1970, S. 174
Sachs, Nelly (1891–1970): *Chor der Geretteten,* S. 397. Aus: Fahrt ins Staublose. Suhrkamp Verlag, Frankfurt/M. 1961, S. 50 f.
Sander, Jil: *Mein Leben ist eine giving-story,* S. 538. Aus: Dieter E. Zimmer: Deutsch und anders – die Sprache im Modernisierungsfieber. Rowohlt Verlag, Reinbek 1998, S. 51
Saur, Karl Otto: *Ist Fernsehen für Kinder schädlich?,* S. 451 f. Aus: DER SPIEGEL, 5/1992
Schiller, Friedrich (1759–1805): *Ankündigung der Monatszeitschrift „Die Horen“,* S. 287 f.; *Idealisierung als Aufgabe des Dichters,* S. 289. Aus: dtv-Gesamtausgabe. Hg. von Gerhard Fricke. dtv, München 1966, Bd. 20, S. 62–64, 166; *Die Räuber. I. Akt, 2. Szene,* S. 281. Aus: Sämtliche Werke in 6 Bde., Säkularausgabe. Fackelverlag, Stuttgart 1984, Bd. 2, S. 32–36; *Die Schaubühne als moralische Anstalt betrachtet,* S. 205. Aus:Was kann eine gute stehende Bühne eigentlich bewirken? In: Sämtliche Werke. Hg. von Gerhard Fricke u. Herbert G. Göpfert. Carl Hanser Verlag, München 1960, Bd. 5, S. 823–831; *Teilung der Erde,* S. 286 f. Aus: dtv-Gesamtausgabe. A. a. O., Bd. 1, S. 179
Schlegel, August Wilhelm (1767–1845): *Vorlesungen über schöne Literatur und Kunst,* S. 181. Aus: Ludwig Tieck: Schriften. 1829. Bd. 11, S. LXXXIV ff.
Schlink, Bernhard (* 1944): *Der Vorleser,* S. 427 f. Aus: Der Vorleser. Diogenes Verlag, Zürich 1995, S. 38–40
Schmidt, Wilhelm: *Das Germanische,* S. 520 ff. Aus: Geschichte der deutschen Sprache. Verfasst von einem Autorenkollektiv unter Leitung von Wilhelm Schmidt. Volk und Wissen Verlag, Ost-Berlin 1969, S. 33 ff. (gekürzt)
Schneider, Irmela: *Aus einem Drama wird ein Film,* S. 470 f. Aus: Literatur und Film: Der Hauptmann von Köpenick. In: Filmgeschichte. Bd. 3. Hg. von W. Faulstich und H. Korte. Fischer Verlag, Frankfurt/M. 1990, S. 278 f.
Schneider, Robert (*1961): *Schlafes Bruder,* S. 430. Aus: Schlafes Bruder. Reclam Leipzig 1998, S. 9
Schnurre, Wolfdietrich (1920–1989): *Die Zwerge,* S. 397 f. Aus: Jahresring 1958/59. Später unter dem Titel: Die Hinderlichen. In: Das Los unserer Stadt. Verlag Walter, Olten/ Freiburg 1959, S. 43–44
Schräder-Naef, Regula: *Suche im Internet,* S. 25 f. Aus: Rationeller Lernen lernen. Beltz Verlag, 19., völlig überarb. Aufl., Weinheim/Basel 2000, S. 116–118
Schubart, Christian Friedrich Daniel (1739–1791): *Die Fürstengruft,* S. 282. Aus: Werke in einem Band. Hg. von Ursula Wertheim u. Hans Böhm. Aufbau Verlag, Berlin 1988, S. 303–305
Schulz von Thun, Friedemann: *Berufsrolle und private Rolle,* S. 480. Aus: Miteinander reden. Bd. 3: Das „innere Team“ und situationsgerechte Kommunikation, Rowohlt Verlag, Reinbek 1998, S. 274–275; *Die vier Seiten einer Nachricht,* S. 489 ff. Aus: Miteinander reden. Bd. 1. Rowohlt Verlag, Reinbek 1981, S. 26–29 (gekürzt)
Schwäbisch, Lutz/Siems, Martin: *Regeln für die Gruppendiskussion,* S. 478. Aus: Anleitung zum sozialen Lernen für Paare, Gruppen und Erzieher. Kommunikations- und Verhaltenstraining. Rowohlt Taschenbuchverlag, Reinbek 1974, S. 243–245
Seegers, Ulf: *Die Zukunft aktiv mitgestalten,* S. 52 f. Aus: Die ZEIT, 30.12. 1998, S. 9
Seiffert, Helmut: *Die Dreidimensionalität des sprachlichen Zeichens,* S. 510 f. Aus: Einführung in die Wissenschaftstheorie. Bd. 1. Verlag C. H. Beck, München, 12. Aufl. 1996, S. 110–116 (gekürzt)
Seiler, Annette: *Schreiben,* S. 132. Aus: Jugendliche und Erwachsene ’85. Generationen im Vergleich. Hg. vom Jugendwerk der Deutschen Shell. Leske u. Budrich, Leverkusen 1985, Bd. 4
Simmel, Johannes Mario (*1924): *Interview mit der „Frankfurter Rundschau“,* S. 152. Aus: Frankfurter Rundschau, 2.2.1974
Späth, Gerold (*1939): *Angela Sutter – Ein Lebenslauf,* S. 406. Aus: Commedia. Fischer Verlag, Frankfurt/M., 1980, S. 15–16
Stadler, Ernst (1883–1914): *Der Aufbruch,* S. 238; *Form ist Wollust,* S. 356. Aus: Dichtungen. Verlag Heinrich Ellermann, Hamburg 1954
Steenfatt, Margret: *Im Spiegel,* S. 188 f. Aus: 7. Jahrbuch der Kinderliteratur. Hg. von Hans-Joachim Gelberg. Beltz Verlag, Weinheim/Basel 1984, S. 218–219
Stolberg, Friedrich Leopold Graf zu (1750–1819): *Natur,* S. 270. Aus: Über die Fülle des Herzens. Hg. von Jürgen Behrens. Reclam Verlag, Stuttgart 1970, S. 9
Storm, Theodor (1817–1888): *Verteidigung der Novelle,* S. 181. Aus: Theorie des bürgerlichen Realismus. Hg. von G. Plumpe. Reclam Verlag, Stuttgart 1985, S. 268
Stramm, August (1874–1915): *Sturmangriff,* S. 360; *Patrouille,* S. 360; *Vorfrühling,* S. 344. Aus: Menschheitsdämmerung. Hg. von Kurt Pinthus. Rowohlt Verlag, Hamburg 1956, S. 87, 164–165
Strittmatter, Eva (* 1930): *Liebe,* S. 416. Aus: Ich mach ein Lied aus Stille. Gedichte. Aufbau Verlag, Berlin/Weimar 1980, S. 30
Susman, Margarete (1874–1966): *Expressionismus,* S. 356 f. Aus: Expressionismus. Hg. von Paul Raabe. dtv, München 1965, S. 156–157
Suter, Adrian: *Höflichkeit im Internet – Ergebnis einer Internet-Recherche,* S. 441.
Aus: http://www.christkath.ch/usenet/thesen.htm
Tannen, Deborah: *Andere Worte, andere Welten,* S. 544. Aus: Kommunikation zwischen Männern und Frauen. Campus Verlag, Frankfurt/M./New York 1997, S. 26–27; *Verständnis ist alles,* S. 545; *Warum Männer und Frauen aneinander vorbeireden,* S. 543. Aus: Du kannst mich einfach nicht verstehen. Goldmann Verlag, München 1993, S. 46, 95–96
Theobaldy, Jürgen (*1944): *Schnee im Büro,* S. 109. Aus: Zweiter Klasse. Rotbuchverlag, Berlin 1976, S. 23
Trakl, Georg (1887–1914): *Der Gewitterabend,* S. 346; *Grodek,* S. 360. Aus: Dichtungen und Briefe. 3. Aufl. Otto Müller Verlag, Salzburg 1974, S. 16; S. 94
Troll, Thaddäus (1914–1980): *Rotkäppchen auf Amtsdeutsch,* S. 131. Aus: Die Geschichte von Rotkäppchen. Hg. von Hans Ritz. Muriverlag, Göttingen o. J.
Trömel-Plötz, Senta: *Gesprächsstrategien von Frauen und Männern,* S. 543 f. Aus: Frauensprache: Sprache der Veränderung. Fischer Tb, Frankfurt/M. 1982, S. 133

Trömel-Plötz, Senta/Guentherodt, Ingrid/Hellinger, Marlis/Pusch, Luise f.: *Richtlinien zur Vermeidung sexistischen Sprachgebrauchs,* S. 545 ff. Aus: Linguistische Berichte 71, Vieweg Verlag, Wiesbaden 1981, S. 1–7 (Beispiele jeweils gekürzt)
Tschirch, Fritz: *Das Indogermanische,* S. 518 ff. Aus: Geschichte der deutschen Sprache. Erich Schmidt Verlag, 2. Aufl. 1971, S. 15 ff. (gekürzt)
Tucholsky, Kurt (1890–1935): *Staatsmorphium,* S. 374 f. Aus: Gesammelte Werke. Hg. von Mary Gerold-Tucholsky u. Fritz J. Raddatz. Rowohlt Verlag, Reinbek 1975, Bd. 4, S. 260–261
Tykwer, Tom: *Schicksal und Zufall,* S. 457. Aus: Lola rennt. Hg. v. Michael Töteberg. Rowohlt TB, Reinbek 1998, S. 117
Varnhagen von Ense, Rahel (1771–1833): *Aus einem Brief an eine Freundin,* S. 305. Aus: Gesammelte Werke. Briefe und Tagebücher aus verstreuten Quellen. Hg. von Konrad E. Feilchenfeldt, Uwe Schweikert u. Rahel E. Steiner. Matthes und Seitz Verlag, München 1983, Bd. IX, S. 74
Vogt, Ludgera: *Literarische Wertung im Zeitalter der Pluralisierung,* S. 148 f. Aus: Der Deutschunterricht. Friedrich Verlag, Velbert, 6/1998, S. 29 ff.
Walser, Martin (*1927): *Ein springender Brunnen,* S. 429. Aus: Ein springender Brunnen. Suhrkamp Verlag, Frankfurt/M. 1998, S. 374–375, 403–405; *Lebendiger Mittagstisch,* S. 484. Aus: Jagd. Suhrkamp Verlag, Frankfurt/M. 1988, S. 30–32
Walser, Robert (1878–1956): *Ovation,* S. 179. Aus: Das Gesamtwerk. Suhrkamp Verlag, Frankfurt/M., S. 32–34 © Carl Seeling-Stiftung, Zürich
Walther von der Vogelweide (um 1170–um 1230): *Ich hân mîn lêhen,* S. 248; *Ich saz ûf eime steine,* S. 247; *Under der linden,* S. 245 f. Aus: Gedichte. Übers. von Peter Wapnewski. Fischer Bücherei, Frankfurt/M. 1962, S. 175, 124 f., 80 f.
Watzlawick, Paul u. a.: *Kuss ist nicht Kuss,* S. 481. Aus: Menschliche Kommunikation. Formen, Störungen, Paradoxien. Hans Huber Verlag, Bern/Stuttgart/Wien 1974, S. 20
Weerth, Georg (1822–1856): *Das Hungerlied,* S. 319. Aus: Weerths Werke in zwei Bänden. Ausgewählt von Bruno Kaiser. Aufbau-Verlag, Berlin/Weimar 1967, Bd. 1, S. 50
Weiss, Peter (1916–1982): *Notizen zum dokumentarischen Theater,* S. 209 ff. Aus: Notizen zum dokumentarischen Theater. In: Rapporte. Suhrkamp Verlag, Frankfurt/M. 1981, S. 91 ff.
Weißenborn, Birgit: *Einleitung zu den Briefen der Karoline von Günderode,* S. 18 f. Aus: „Ich sende dir ein zärtliches Pfand". Die Briefe der Karoline von Günderode. Insel Verlag, Frankfurt/M. u. Leipzig, 1992, S. 10–20
Weizsäcker, Richard von (*1920): *Mitverantwortung aller Deutschen für die Wahrung der Menschenwürde,* S. 502 ff. Aus: Presse- und Informationsamt der Bundesregierung, Bulletin Nr. 122, Bonn 12.11.1992, S. 1121–1122
Wellershoff, Dieter (*1925): *Literatur als Simulationstechnik,* S. 144 f. Aus: Literatur und Veränderung. Versuche zu einer Metakritik der Literatur. Kiepenheuer & Witsch, Köln 1969, S. 8–10
Wels, Otto (1873–1939): *Rede zum „Ermächtigungsgesetz",* S. 495 ff. Aus: Zeitgeschehen aus erster Hand. Hg. von Schmidt/Pleticha. Arena Verlag, Würzburg 1967, S. 118–122
Werth, Wolfgang: *Hat er sein Lehen?,* S. 248 f. Aus: Frankfurter Allgemeine Zeitung, 27.9.1997
Weyrauch, Wolfgang (1907–1980): *Wozu sind Gedichte da?* S. 218 f. Aus: Expeditionen. Deutsche Lyrik seit 1945. Hg. von W. W. Paul. List Verlag, München 1959
Whorf, Benjamin Lee (1897–1939): *Das linguistische Relativitätsprinzip,* S. 513 f. Aus: Sprache, Denken, Wirklichkeit – Beiträge zur Metalinguistik und Sprachphilosophie, Rowohlt TB Verlag, Reinbek 1963, S. 8–12
Wieland, Christoph Martin (1733–1813): *Über Rechte und Pflichten der Schriftsteller,* S. 263. Aus: Was will Literatur. Aufsätze, Manifeste und Stellungnahmen deutschsprachiger Schriftsteller zu Wirkungsabsichten und Wirkungsmöglichkeiten der Literatur. Hg. von Josef Billen u. Helmut H. Kock. Schöningh Verlag, Paderborn 1975, Bd. 1: 1730–1917, S. 68 ff.
Wilhelm II. (1859–1941): *Aus einer Rede anlässlich der Enthüllung eines Denkmals zur preußisch-deutschen Geschichte,* S. 335. Aus: Die deutsche Literatur. Ein Abriß in Text und Darstellung. Hg. von Walter Schmähling. Reclam Verlag, Stuttgart 1977, S. 31
Winckelmann, Johann Joachim (1717–1768): *Gedanken über die Nachahmung der griechischen Werke in der Malerei und Bildhauerkunst,* S. 289 f. Aus: Winckelmanns Werke in einem Band. Hg. von Helmut Holzhauer. Aufbau Verlag, Berlin/Weimar, 4. Aufl. 1986, S. 1 ff.
Wittgenstein, Ludwig (1889–1951): *Spiele – Versuch einer Definition,* S. 511 f. Aus: Philosophische Untersuchungen, §§ 66–69, Suhrkamp Verlag, Frankfurt/M., 1977, S. 277–279
Wohmann, Gabriele (*1932): *Die Klavierstunde,* S. 189 f. Aus: Erzählungen. Langewiesche-Brandt-Verlag, Ebenhausen 1966, S. 67–70; *Ein netter Kerl,* S. 483. Aus: Habgier. Erzählungen. Rowohlt TB Verlag, Reinbek 1978, S. 68–70
Wolf, Christa (*1929): *Kassandra,* S. 164 ff. Aus: Kassandra. Luchterhand Verlag, Darmstadt/Neuwied 1983, S. 5–8
Wolf, Friedrich (1888–1953): *Bürgermeister Anna,* S. 411 f. Aus: Das dramatische Werk. Aufbau Verlag, Berlin 1988, S. 210–212
Wolfenstein, Alfred (1883–1945): *Städter,* S. 98. Aus: Die gottlosen Jahre. S. Fischer Verlag, Berlin 1914, S. 25 © Frank T. Wolfenstein
Wolff, Wilhelm (1808–1864): *Das Elend und der Aufruhr in Schlesien,* S. 316 ff. Aus: Die deutsche Literatur in Text und Darstellung. Hg. von Florian Vaßen. Reclam Verlag, Stuttgart 1975, Bd. 10, S. 222–225
Zimmer, Dieter E. (* 1934): *Von Deutsch keine Rede,* S. 535 f. Aus: Die ZEIT vom 19. 7. 96, S. 26 (gekürzt); *Wiedersehen mit Whorf,* S. 515 f. Aus: So kommt der Mensch zur Sprache. Über Spracherwerb, Sprachentstehung, Sprache & Denken. Haffmans Verlag, Zürich 1986, S. 158–163
Zola, Émile (1840–1902): *Vorwort zur 2. Auflage von „Thérèse Raquin",* S. 335. Aus: Thérèse Raquin. Übersetzt von Ernst Sander. Reclam Verlag, Stuttgart 1975
Zuckmayer, Carl (1896–1977): *Elegie von Abschied und Wiederkehr,* S. 386. Aus: Werkausgabe 1920–1975. Bd. 3: Gedichte. Fischer TB Verlag, Frankfurt/M. 1976, S. 135

Unbekannte/ungenannte Autorinnen und Autoren:
Das Anuga-Wörterbuch, S. 533. Aus: Westdeutsche Zeitung, 8.10.97
Ärgerliche Anglizismen, S. 535. Aus: Pädagogik 11/98, S. 58
Das Blutgericht, S. 319. Aus: Die deutsche Literatur in Text und Darstellung. Hg. von Florian Vaßen. Reclam Verlag, Stuttgart 1975, Bd. 10, S. 187–188
Drehbuchauszug aus „Lola rennt", S. 459. Aus: Lola rennt. Hg. Michael Töteberg. Rowohlt TB, Reinbek 1998, S. 58–60
Dülmen, S. 21 f.; *Luise Hensel,* S. 22; *Anna-Katharina Emmerick,* S. 22. Aus: W. Gödden/J. Nölle–Hornkamp: Dichter – Stätten – Literatouren. Ardey-Verlag, Münster 1992
Empfehlungen zur Gleichstellung der Frau bei amtlicher Wortwahl, S. 548, Presse- und Informationsamt der Bundesregierung, Bonn, 22. 4. 1991
Haus der Stile, S. 75, Aus: Gerd Brenner/Renate Hußling-Weitz: Besser in Deutsch – Texte verfassen. Cornelsen Scriptor, Berlin 1992, S. 23
Kennwort Smiley – Abkürzungen und Emoticons, S. 444. Aus: AOL. Das Startmagazin fürs Internet. Hamburg 2000, S. 119
Lernen im Cyberspace, S. 49. Aus: Wirtschaftswoche. Sonderheft „Start in die Zukunft", 01/1999
Immer mehr Bundesbürger greifen zum Buch, S. 157. Aus: Stuttgarter Zeitung, 12. 7. 2000
Der Prozess der Literaturvermittlung, S. 156. Aus: Walter Hömberg: Verlag, Buchhandel, Bibliothek. In: Literaturwissenschaft. Hg. von Helmut Brackert und Jörn Stückrath. Rowohlt, Reinbek 1992, S. 390
Regeln für das Zuhören; Regeln für das Sprechen, S. 477. Aus: Joachim Engl/Franz Thurmaier: Wie redest du mit mir? Fehler und Möglichkeiten in der Paardiskussion. Herder Verlag, Freiburg 1995
Stimmen der Zeit, S. 307 ff. Aus: Das Jahrhundert der Widersprüche. Musik im 19. Jh. Hg. von Elmar Bozzetti. Verlag Moritz Diesterweg, Frankfurt/M. 1991
„Wer deutsch spricht, riskiert Arbeitsplatz", S. 534. Aus: Ruhr-Nachrichten vom 2.11.98
Wer kauft wie viele Bücher, S. 156: Börsenverein des Deutschen Buchhandels

Textartenverzeichnis

Glossen

Interviews

Kurzprosa

Literaturtheoretische Texte

Medientheoretische Texte

Parabeln

Philosophische Texte

Bildquellenverzeichnis

S. 10 o.: David Ausserhofer Berlin; **S. 10 u., 38, 51, 56, 66, 99 o., 193, 479:** Thomas Schulz, Hohen Neuendorf; **S. 12, 13, 14, 463 u., 464:** Thomas Binder, Magdeburg; **S. 15, 57, 58, 477, 482, 489, 491, 507, 533, 548:** Amelie Glienke, Berlin; **S. 21, 199, 237, 285 M., 300, 303, 306, 309, 312, 313, 317, 318, 339, 340, 360, 361, 493:** Bildarchiv Preußischer Kulturbesitz, Berlin; **S. 317, 318, 339, 360:** © VG Bild-Kunst, Bonn 2001; **S. 23, 29, 30:** © Aufbau Verlag, Berlin; **S. 31:** © Ortadogu Verlag, Oberhausen 1986; **S. 32 l.:** © Sekretariat für gemeinsame Kulturarbeit in NRW, 1995; **S. 32 M.:** © RAA, Essen, 1996; **S. 49:** © ALTO, Walter Röhl, Bokholt-Hanredder; **S. 52:** TCL/Bavaria, Gauting; **S. 89, 128, 178, 189, 204, 290, 390, 419, 422, 484, 485:** Ullstein Bilderdienst, Berlin; **S. 98:** © Ludwig Meidner-Archiv, Jüdisches Museum, Frankfurt/M.; **S. 99 u., 121, 260:** Bilderberg, Hamburg; **S. 109, 165, 191, 218, 221, 401, 405, 434:** Isolde Ohlbaum, München; **S. 54, 119, 144, 145, 146, 147, 187, 397, 409:** dpa, Frankfurt/M.; **S. 136:** Jules Stauber © Cartoon Caricature Contor, München; **S. 137, 366:** Klaus Wagenbach Verlag, Berlin; **S. 139, 192, 201, 230, 233, 238, 243, 247, 250 l., 252, 271, 273, 285 l., 289, 305, 315, 322, 328, 343 r., 345 u., 370, 372, 375, 376, 379, 528:** Archiv für Kunst und Geschichte, Berlin (S. 343 Succession Picasso; S. 238, 343, 345, 372 © VG Bild-Kunst, Bonn 2001); **S. 180:** Artothek, Peissenberg; Musée du Louvre, Paris. Foto: Cliché Musées Nationaux, Paris © VG Bild-Kunst, Bonn 2001; **S. 230:** Von der Heydt-Museum, Wuppertal © Eva Grossberg; **S. 231, 263, 285 r.:** Schiller Nationalmuseum, Marbach; **S. 232:** © VG Bild-Kunst, Bonn 2001; **S. 240:** Horst Dieter Schlosser: dtv-Atlas zur deutschen Literatur. Graphiken von Uwe Goede © 1983 Deutscher Taschenbuch Verlag, München; **S. 250 r.:** Gero v. Wilpert: Deutsche Literatur in Bildern. Alfred Kröner Verlag, Stuttgart 1965; **S. 269:** Stiftung Weimarer Klassik, Weimar; **S. 279:** Öffentliche Kunstsammlung, Kupferstichkabinett Basel; Foto: Martin Bühler; **S. 286:** Artothek, Peissenberg; Städelsches Kunstinstitut, Frankfurt/M.; **S. 293:** Interfoto, München; **S. 299, 301:** Hans-Reinhard Wirth, Berlin; **S. 327:** Aus der Graphischen Sammlung der Zentralbibliothek Zürich; **S. 343 l., 359:** Lenbachhaus, München © VG Bild-Kunst, Bonn 2001; **S. 344 o.:** Otto Dix Haus, Schaffhausen © VG Bild-Kunst, Bonn 2001; **S. 344 u., 346 o., 348 o., 351, 353, 356, 358 u.:** Artothek, Peissenberg; **S. 345 o.:** Catalogue Raisonné. Werkverzeichnis Bd. 3. Hg. v. Daniel Wildenstein, Taschen Verlag o. J., Nr. 1366; **S. 346 u.:** © Judith Rothschild Foundation, New York; **S. 347 o.:** Landesmuseum Linz, © VG Bild-Kunst, Bonn 2001; **S. 347 u.:** © VG Bild-Kunst, Bonn 2001; **S. 348 u.:** © The Munch-Museum/ The Munch Ellingsen Group, VG Bild-Kunst, Bonn 2001, Foto: © Svein Andersen; **S. 358 o.:** Archiv für Kunst und Geschichte, Berlin © Ludwig Meidner-Archiv, Jüdisches Museum, Frankfurt/M.; **S. 361:** Sächsische Landesbibliothek, Abt. Deutsche Fotothek, Dresden © VG Bild-Kunst 2001; S. 379: Arno-Breker-Museum and Breker-edition, Bonn **S. 413:** Filmmuseum Potsdam © Progress Filmverleih; **S. 442:** Peter Peitsch, Hamburg; **S. 449:** Lars Reimann, Berlin; **S. 454 links:** © Prokino, Filmverleih GmbH, München; **S. 454 r., 458 u., 460 l., 461 unten, 462 (2), 463 o., 465 l., 466:** High Noon. Fred Zinnemann, USA 1952 **S. 458 o., 460 r., 462 (4x), 463 M., 465 r., 466 u.:** XFilm, Creative Pool GmbH, Berlin; **S. 461 o.:** Filmmuseum Potsdam; **S. 476:** Südwestfunk Baden-Baden; **S. 499:** Süddeutscher Bilderdienst, München; **S. 526:** Achim Norweg, München; **S. 545:** Jan Tomaschoff © Cartoon Caricature Contor, München

Nicht in allen Fällen war es uns möglich, den Rechteinhaber der Abbildungen ausfindig zu machen. Berechtigte Ansprüche werden im Rahmen der üblichen Vereinbarungen abgegolten.

Sachregister

Zu diesem Buch gibt es ein passendes Arbeitsheft: „Abitur Baden-Württemberg"
(ISBN-13: 978-3-464-63101-0 / ISBN-10: 3-464-63101-X)

Redaktion: Matthias Grupp
Umschlaggestaltung: Knut Waisznor
Lay-out und technische Umsetzung: Ralf Franz, Stürtz AG Berlin

www.cornelsen.de

Dieses Werk berücksichtigt die Regeln der reformierten Rechtschreibung und Zeichensetzung.
Bei den mit [R] gekennzeichneten Texten haben die Rechteinhaber einer Anpassung widersprochen.

2. Auflage, 1. Druck 2006/06

Alle Drucke dieser Auflage sind inhaltlich unverändert und können im Unterricht nebeneinander verwendet werden.

Druck: CS-Druck CornelsenStürtz, Berlin

Ausgabe ohne CD: ISBN-13: 978-3-464-63099-0 / ISBN-10: 3-464-63099-4
Ausgabe mit CD Klausurentraining: ISBN-13: 978-3-464-63102-7 / ISBN-10: 3-464-63102-8

Inhalt gedruckt auf säurefreiem Papier aus nachhaltiger Forstwirtschaft.

Allgemeine Geschichte

1849	Ende der Frankfurter Nationalversammlung
1866	Preußisch-österreichischer „Bruderkrieg“; Gründung des Norddeutschen Bundes unter preußischer Führung
1870–1871	**Deutsch-Französischer Krieg,** 1871 wird der preuß. König Wilhelm I. in Versailles zum dt. Kaiser proklamiert („klein-dt. Lösung“)
1871	**O. v. Bismarck** dt. Reichskanzler (bis 1890); „Kulturkampf“ mit dem Ziel der Trennung Kirche – Staat
1878	„Gesetz gegen die Ausschreitungen der Sozialdemokratie“
1888	Wilhelm II. dt. Kaiser; im Zeitalter des Imperialismus Bemühungen des Dt. Reiches um einen „Platz an der Sonne“ (Kolonien)
1905	Marokko-Krise (1906 nach dt. Zurückweichen beigelegt)
1911	Das Dt. Reich sendet zwecks Einschüchterung ein Kanonenboot nach Agadir („Kanonenboot-Politik“)
1914–1918	**Erster Weltkrieg**
1917	Oktoberrevolution in Russland
1918	revolutionäre Unruhen in Deutschland
1918	allgemeines Wahlrecht für Frauen
1919	Weimarer Nationalversammlung; **Unterzeichnung des Friedensvertrages in Versailles**
1920	Kapp-Putsch (von rechts) in Berlin, Freikorps, kommunistische Aufstände
1929	**„Schwarzer Freitag“** an der New-Yorker Börse, Weltwirtschaftskrise
1933	**Hitlers „Machtergreifung“**
1939–1945	**Zweiter Weltkrieg**
1945	**Atombombenabwürfe** über Hiroshima und Nagasaki durch die Amerikaner
1948	UNO-Erklärung der Menschenrechte
1949	**Gründung der Bundesrepublik Deutschland und der Deutschen Demokratischen Republik** Mao Tse-tung ruft die VR China aus
1958	EWG-Vertrag tritt in Kraft
1961	**Bau der Berliner Mauer**
1963	Vertrag über die **deutsch-französische Zusammenarbeit** (Adenauer – de Gaulle)
1968	Studentenunruhen in der Bundesrepublik
1970	Deutsch-polnischer Vertrag in Warschau; **„Ostpolitik“** (Willy Brandt)
ab 1985	Liberalisierung Osteuropas (Gorbatschow)
ab 1986	verschärftes Bewusstsein der Umweltprobleme
1990	**3. Oktober 1990 Deutsche Einheit**
1991	Golfkrieg; Zerfall der UdSSR und des Ostblocks
ab 1991	Bürgerkrieg in Jugoslawien
1999	**Europäische Währungsunion**
2001	Terroranschlag auf das World Trade Center in New York

Deutsche Literaturgeschichte

Poetischer Realismus 1848–1890

F. Hebbel (1813–1863): „Maria Magdalena“; G. Freytag; **Th. Storm** (1817–1888): „Der Schimmelreiter“; **Th. Fontane** (1819–1898): „Effi Briest“; **G. Keller** (1819–1890): „Der grüne Heinrich“; C. F. Meyer; W. Raabe; W. Busch

Naturalismus 1880–1900

G. Hauptmann: „Die Weber“ (1892); A. Holz, J. Schlaf

Gegenströmungen zum Naturalismus

„Wiener Impressionismus“: A. Schnitzler (1862–1931); H. v. Hofmannsthal (1874–1929);

Symbolismus: St. George (1868–1933); R. M. Rilke (1875–1926); H. Hesse (1877–1962);

Th. Mann erste Werke: „Buddenbrooks“ (1901); „Der Tod in Venedig“ (1912).

Expressionismus 1905–1925

E. Lasker-Schüler, A. Stramm, G. Benn, G. Heym, G. Trakl, F. Werfel 1919: **„Menschheitsdämmerung“** als expressionist. Gedichtsammlung; 1912–1926 Werke **F. Kafkas;**

seit 1926 entwickelt **Bertolt Brecht** (1898–1956) das **„epische Theater“;** E. M. Remarque: „Im Westen nichts Neues“ (1929); große **Romane der Moderne** von H. Mann (1871–1950), **Th. Mann** (1875–1955), A. Döblin (1878–1957), R. Musil (1880–1942); Reportagen von Egon Erwin Kisch (1889–1948); Literatur der sozialistischen Bewegung: W. Bredel, E. Mühsam

„Literatur unterm Hakenkreuz“: W. Vesper u. a.; **„Innere Emigration“:** Ina Seidel, W. Bergengruen u. a.; **Exilliteratur:** Th. u. H. Mann, B. Brecht, L. Feuchtwanger M. Horkheimer/Th. W. Adorno: „Dialektik der Aufklärung“ (ersch. 1947 in Amsterdam); **„Trümmerliteratur“** W. Borchert: „Draußen vor der Tür“ (1947), H. Böll

Zwei deutsche Literaturen: BRD – DDR

Gruppe 47 (–1967) Richter, Bachmann, Böll u. a.; **Sozialistischer Realismus** der DDR-Literatur; F. Dürrenmatt (Schweiz): „Besuch der alten Dame“ (1956); M. Frisch (Schweiz): „Homo faber“ (1957); G. Grass: „Die Blechtrommel“ (1959); 1960–1970: starke **Politisierung** der bundesdeutschen Literatur; Gruppe 61: Literatur der Arbeitswelt; seit 1970: **„Neue Subjektivität und Innerlichkeit“** in der bundesdeutschen Literatur; 1972: **H. Böll Nobelpreis;**

seit 1980: **Postmoderne Literatur** (P. Süskind, C. Ransmayr, M. Beyer, Sibylle Berg)

seit 1975: **Literatur der Neuen Frauenbewegung**